Sports
and
Recreational
Activities
14th ed.

스포츠와 레크리에이션 활동

Dale P. Mood · Frank F. Musker · Judith E. Rink 지음

이범진 · 김명경 · 조윤경 옮김

명인문화사

스포츠와 레크리에이션 활동

1쇄 펴낸 날 2012년 1월 30일

지은이 Dale P. Mood · Frank F. Musker · Judith E. Rink
옮긴이 이범진 · 김명경 · 조윤경
펴낸이 박선영
펴낸곳 명인문화사

편집 및 표지디자인 박종희
교 정 남경희

등 록 제2005-77호(2005.11.10)
주 소 서울시 송파구 석촌동 58-24 미주빌딩 202호
이메일 myunginbooks@hanmail.net
전 화 02)416-3059
팩 스 02)417-3095

I S B N 978-89-92803-38-0
가 격 27,000원
ⓒ 명인문화사

Sports and Recreational Activities_14th edition

Dale P. Mood, Frank F. Musker, Judith E. Rink

contents 차례

서문

집필 목적

『스포츠와 레크리에이션 활동』을 집필한 목적은 광범위한 신체활동 기초 지식에 대한 최신 정보를 제공하는 데 있다. 신체활동의 생리적, 심리적, 그리고 사회적 효과는 많은 의료진과 체육 및 레크리에이션 지도자 등에 의해 강조되어 왔으며, 일반인들 역시 이러한 전문가의 충고에 관심을 기울이고 있다. 대부분의 통계 데이터에서는 신체활동에 참여하는 사람들이 과거에 비해 증가하고 있다는 것을 보여주고 있지만, 이러한 증기세는 여선히 국민 건강 기준에는 미치지 못하고 있는 실정이다. 특히 규칙적인 신체활동에 참여하는 젊은 사람들의 수가 몇 년간 증가하다가 이제는 감소하고 있다는 것이 최근 여러 연구결과에서 나타나고 있다. 안전, 즐거움, 그리고 동기부여 등의 이유로, 참여자가 신체활동을 올바르게 시작하고 다양한 활동을 접해보는 것은 중요하다고 할 수 있다. 본 집필진은 신체활동 참여가 삶의 질을 풍성하게 만든다는 사실 뿐만 아니라, 이 책에서 제공되고 있는 기초개념의 이해가 신체활동을 증진시킨다는 점을 믿는다.

『스포츠와 레크리에이션 활동』은 참여자와 지도자 두 그룹을 위해 집필되었다. 개인에게 적합한 스포츠 및 레크리에이션 프로그램 참여를 고려하고 있는 사람들은 이 책에서 소개되고 있는 33개의 대중적인 신체활동 내용으로부터 많은 것을 얻을 수 있을 것이다. 체육교사, 레크리에이션 지도자, 놀이시설 관리자, 그리고 캠프 상담가 등은 지도자 훈련이 잘 되어있든 아니든 간에 이 책에서 다루고 있는 모든 신체활동들의 기초 이론을 배울 수 있다. 이 책은 현재의 지도자나 미래에 지도자가 될 학생이 다소 생소한 신체활동을 지도할 때 활용할 수 있는 소중한 참고자료로서의 가치를 가지고 있다.

대부분의 경우, 각 장은 올림픽 역사를 포함한 간략한 역사적 배경, 필수장비의 선택 및 관리에 대한 정보, 기본규칙 요약, 기초 기술 및 테크닉에 대한 설명, 전략, 안전문제, 지도 시 고려사항, 용어 해설, 서면자료, 그리고 시청각 자료 및 웹 사이트 등이 포함된 참고문헌으로 구성되어 있다. 이 책을 통해 지식을 습득한 참여자와 지도자는 신체활동이 얼마나 즐거운 것인지를 새삼 깨닫게 될 것이다.

이 책의 변화

지난 수년 동안 스포츠와 레크리에이션활동은 내용면에 있어 많은 부분 동일하지만, 변경된 부분도 많다. 예를 들어, 이 책에서는 새로운 장비의 발명, 규칙 개정, 새로운 테크닉의 발견, 그리고 웹 자료를 포함한 참고자료의 증가를 반영하는 개정이 이루어졌다. 최근 탁구와 배구 규정은 상당부분 변경이 있었으며, 이에 대한 구체적인 내용은 해당 영역에서 다루어지고 있다. 근래에 들어서는 스포츠와 레크리에이션에 여성의 참여가 높아지면서 이에 따른 많은 규정(예: 농구)의 변경이 있었다. 이 책은 단위환산 및 새로운 의복과 테크닉에 따른 관련 사진의 변경 등도 새롭게 다루고 있다.

각 영역별 구성의 일관성

집필진은 책에서 다루고 있는 많고 다양한 내용을 각 영역별로 일관성 있게 구성하기 위해 심혈을 기울였다. 일반적으로 각 장은 학습목표, 역사, 장비 및 시설, 규칙과 에티켓, 기초기술 및 테크닉, 전략, 지도 시 고려사항, 그리고 마지막으로 용어, 권장도서, 시청각 자료, 웹 사이트 등과 같은 보충 정보로 구성되어 있다.

새로운 도해

새로운 사진과 그림이 상당수 추가되었으며, 가장 최근에 개발된 테크닉과 지도법을 묘사하기 위해 기존의 도해를 대체 혹은 변형시켰다. 사진 한 장이 백 마디 말보다 더 낫다는 점을 감안한다면, 이 책에 나오는 수많은 삽화들은 많은 정보를 이해시키는 효율적인 방법이 될 수 있다. 그러나 의도한 사진이나 그림을 찾는다는 것이 그리 단순한 일은 아니다.

이 책은 도해의 질을 높여 독자들이 활동의 뉘앙스를 사실적으로 볼 수 있도록 최선의 노력을 기울였다.

주석과 비디오

이 책에서 다루지 못하는 활동 관련 구체적인 내용을 위해, 각 장별로 추가 읽을거리와 참고자료 목록이 제시되어 있다. 참고자료의 상당부분을 위한 간략한 주석도 제공되고 있다. 특정 활동에 대해 더 깊이 알고자 하는 독자들은 이러한 참고자료 목록을 통해 자신들이 원하는 자료를 선택할 수 있을 것이다.

새로 추가된 부록 C에서는 적합한 비디오 자료에 대한 목록이 열거되어 있어 관련 비디오테이프를 어디에서 구입할 수 있는 지에 대한 안내를 해주고 있다. 지도를 위해 재능이 뛰어난 선수들과 최고 수준의 경기를 담은 비디오테이프와 DVD를 보여주는 경우가 날로 증가하고 있다. 본 집필진은 이러한 추가적인 자료가 계속해서 현장지도에 도움이 되기를 기대해본다.

부록

부록 A는 몇몇 경기장 재원을 담고 있고, 부록 B는 미터법과 영국식 단위환산을 위한 지침을 제공하고 있으며, 부록 C는 앞서 언급했듯이 관련 비디오 자료 목록이 제시하고 있다.

Dale P. Mood
Frank F. Musker
Judith E. Rink

1 서론

최상의 건강이야말로 인간이 소유할 수 있는 가장 값진 재산이라는 데 이의를 제기할 사람은 없을 것이다. 이러한 건강의 중요성은 "인생에서 가장 어리석은 짓은 다른 이익을 위해 건강을 등한시 하는 것이다"라고 표현한 독일 철학자 쇼펜하우어(Schopenhauer)의 말에 잘 나타나 있다.

건강을 증진하고 최적의 건강 상태를 유지하기 위해서 모든 연령대의 사람들은 신체활동에 참여할 필요가 있다. 그러나 연령대별로 권장되는 신체활동 유형은 매우 다양하다.

건강유지에 신체활동이 얼마나 중요한지는 미국 대통령의 건강관리계획안을 보아도 잘 알 수 있다. 최근 백악관 주치의들은 대통령의 컨디셔닝 프로그램 (conditioning program)에 철저한 의료관리 외에도 걷기, 조깅, 하이킹, 골프, 수영, 승마 등과 같은 운동을 포함시켰다. 최근 신체활동은 미국 질병예방 및 건강증진 본부와 보건복지부의 협력으로 만들어진 건강한 국민 2010(Health People 2010)의 핵심요소로 포함되는 등 범국가적인 운동으로 확산되고 있다.

신체활동은 최적의 건강상태를 유지할 수 있다는 가치 외에도 사회적 효과와 여가활동으로서의 가치도 가진다. 이러한 신체활동의 장점들은 과거에 비해 현재 더욱 더 중요하게 여겨지고 있다.

많은 고등학교와 대학의 학생들이 체육수업에 필수로 참여하고는 있지만, 몇몇 교육기관들은 이러한 제도를 폐지하고 체육을 선택과목으로 변경해왔다. 그 결과 고등학교의 경우 체계화된 체육수업에 참여하는 학생이 줄어들었고, 사정이 조금 나은 대학의 경우에도 체육관련 강의를 수강하는 학생수가 제자리에 머무는 수준이다.

최근 몇 년 동안 미국에서 스포츠와 레크리에이션 활동에 참여하는 성인의 수가 조금씩 증가해오고 있는 것은 사실이다. 그러나 이러한 신체활동 참여도의 증가 추세는 보건 당국의 목표에는 여전히 미치지 못하고 있는 실정이다. 최근 비만 인구의 증가에 대한 관심은 미국사회에서 운동부족이 얼마나 심각한 지를 보여준다. 아이러니하게도 공립학교의 체육수업에서 제공하는 수준 높은 일일 신체활동에 참여하는 어린이의 수는 매년 감소해오고 있다. 이러한 현상의 주요 원인은 지방예산의 부족이며, 바로 이 점이 공중보건 당국자들이 염려하는 바이다. 성인 비만은 물론 어린이 비만 문제도 점점 악화되고 있다. 오늘날 많은 과학적 증거에서 알 수 있듯이, 국민건강을 전반적으로 증진시키기 위해서는 어릴 때부터 지속적으로 신체활동에 참여하는 것이 중요하다. (공립학교에서의 체육수업 참여와 같이) 일찍부터 신체활동에 참여할 수 있는 제도적 장치가 있기는 하지만 이것은 점점 줄어드는 추세이다. 그러나 장기적인 관점에서 보았을 때 당장의 예산부족 때문에 이러한 정책을 펴는 것은 지극히 근시안적인 행태일 수 있다.

미국 성인들에게서 나타난 신체활동 참여도의 소폭 상승은 여가 시간의 증대에 기인한다고 볼 수 있다. 미국인들은 과거에 비해 일하는 날이 더 적어진 반면, 더 잦아지고 길어진 휴가를 즐길 수 있는 여건을 가지고 있다. 또한, 스포츠와 레크리에이션 시설은 놀라울 만큼 많아졌고 접근성도 용이해져 더욱 더 다양한 계층의 사람들이 참여할 수 있는 여건이 마련되었다.

그러나 여가 시간이 늘었다는 것은 단지 미국인이 스포츠와 레크리에이션 활동에 참여할 기회가 생겼다는 것이지, 왜 그들이 그렇게 하는지에 대한 이유를 설명하지는 않는다. 마찬가지로, 시설 확충 역시 다양한 계층의 사람들에게 운동참여 기회가 주어졌다는 것을 반영할 뿐, 그것이 운동선택의 이유를 의미하지는 않는다.

교육자, 사회학자, 의사 등 전문가들은 왜 우리가 신체활동에 참여하는지를 설명하는 수많은 이론들을 제시해오고 있다. 비록 이러한 이론들이 내세우는 주장은 다양하지만, 상당부분 공통된 내용들이 있다. 이러한 내용의 몇 가지 예로는 창의적인 욕구만족, 타고난 동물적 본능의 표현, 과도한 에너지 분출, 삶의 여러 상황들에 대한 준비, 짜릿함을 위한 위험 노출 등이 있다.

신체활동의 효과, 특히 생리학적 및 건강관련 효과에 대한 인식이 사람들 사이에서 점점 확산되고 있다. 이러한 신체활동 효과의 몇 가지 영역과 관련 내용은 교재의 2장, '건강관련 체력'에서 다루어지고 있다. 다음에서 제시되고 있듯이, 스포츠와 레크리에이션 활동 참여는 생리학적 효과 이외에 다른 영역에도 긍정적인 영향을 미치는 것으로 알려져 있다.

심리적 요인

삶의 많은 상황들은 긴장과 정서적 스트레스를 유발하여 결국 걱정, 불안, 공포, 그리고 욕구불만에 이르게 한다. 심리적 요인은 측정이 어렵기 때문에 이에 대한 결정적인 과학적 근거를 제시하기는 어렵지만, 신체활동이 체력 향상에 이바지 하는 것과 마찬가지로 정서 안정 및 정신건강에 긍정적인 도움이 된다는 연구결과가 존재한다. 재미있는 스포츠에 참여함으로써 다른 일들을 잊어버릴 수 있고 여러 가지 문제들이 마음속에 쌓이는 것을 예방할 수 있다. 또한, 운동은 사회적으로 수용된 방식으로 감정을 풀 수 있도록 돕는다. 신체활동은 어떤 보편적이고 근원적인 충동을 만족시키는 수단이자 자기표현을 위한 도구이다. 운동기술을 성공적으로 향상시켜 본 경험이나 신체활동 참여는 자신감 향상과 성공적인 성취감으로부터 오는 만족을 얻을 수 있게 하는 훌륭한 수단이 된다. 양궁, 볼링, 달리기, 수영, 체조, 그리고 골프와 같은 개인 운동을 통해 자신뿐만 아니라 다른 사람들과의 경쟁이 가능하게 된다. 신체활동 참여를 통해 얻을 수 있는 개인적 이득 및 성취가 동기 및 자신감과 긍정적인 관계가 있다는 사실은 많은 연구결과들에서 지속적으로 보고되고 있다.

어느 정도의 위험은 거의 모든 스포츠 또는 신체활동 참여에 존재한다 하더라도, 최근에 등장한 '익스트림 스포츠(extreme sports)'만큼 흥미진진한 스포츠는 없을 것이다. 1980년대 중반에 들어서, 인라인 스케이트(24장 참조)가 표준형 롤러스케이트를 대체하면서,

지금은 미국에서만 1,730만 이상의 사람들이 일 년에 최소 한 번 이상 인라인 스케이트를 즐기고 있다. 1995 년에는 거의 700만 대의 산악자전거가 팔렸다. 실내 암벽타기용 벽은 체육관, 사설 운동 시설, 그리고 심지 어는 백화점의 특정 매장에서도 찾아볼 수 있다. 스노 보드, 스카이다이빙, 암벽타기 등에 참여하는 동호인 은 2000년에 접어들면서 급격히 증가하고 있다. 몇몇 방송국의 스포츠 채널에서는 산악자전거와 1998년 동 계올림픽에서 선보인 하프파이프 스노보드(halfpipe snowboard: 파이프를 1/2로 잘라 놓은, U자 모양의 구조로 제설작업이 된 슬로프에서 타는 스노보드 - 역자 주)와 같은 익스트림 스포츠 대회를 중계방송하 고 있다.

위험을 감수해야 하는 익스트림 스포츠의 이러한 증 가 추세가 단지 일시적으로 지나가는 유행인지, 아니 면 시대적 변화인지는 현재로서는 알 수 없다. 확실한 것은 요즘 위험 요소가 많은 신체활동 참여를 통해 모 험을 즐기고자 하는 심리적 특성에 흥미를 느끼고 또 실제로 체험하고자 하는 사람들이 많이 늘었다는 것 이다. 익스트림 스포츠에 대한 부가적인 정보는 이 장의 마지막 부분에 열거된 웹 사이트를 참고하라.

지식

선진사회의 삶의 방식에 있어 중요한 요인 중 하나는 보통 시민이 참여자가 아니라면 관람자로서라도 스 포츠를 알고 이해할 수 있는 능력을 가지는 것이다. 그러므로 다양한 스포츠와 신체활동의 규정과 전략 을 잘 알고 있는 것이 좋다. 또한, 에디겟 상식, 안전 수칙, 장비, 역사, 가치, 기술, 그리고 기타 요인들에 대한 지식을 가짐으로써 팀 경기, 2인 1조 경기, 또는 개인별 경기의 관람 또는 참여의 즐거움이 배가될 수 있다.

사회적 가치

신체활동의 중요한 측면 중 하나는 개인의 사회화에 도움이 된다는 것이다. 우리는 사회적 갈등의 시대에 살고 있기 때문에, 사회구성원들에게 긍정적인 사회 적 관습을 주입시키는 일은 매우 중요하다. 신체활동 프로그램은 광범위한 사회적 이해를 형성할 수 있는 무수한 기회를 제공한다. 실제로 스포츠에 대한 공동 이해를 통해 이질적인 문화와 사회 사이의 접촉이 이 루어진다.

선진사회에 사는 사람들의 공통된 사회이익은 스 포츠에 대한 라디오와 텔레비전 방송, 신문과 잡지의 스포츠면 기사, 그리고 모든 연령층의 대화 등의 광범 위한 공표를 통해 성취되고 있다. 타인과 잘 지내며 더불어 살 수 있는 방법을 배우기에는 스포츠와 신체 활동에 참여하는 것보다 더 좋은 것은 없을 것이다. 이러한 스포츠와 신체활동 상황에 참여하는 개인은 민주사회에서 성공적이고 행복한 삶을 영위하는 것과 같은 특성을 보여야만 한다. 가장 성공적인 침어를 위 해서는 예의, 자기통제, 창의성, 협동심, 그리고 성실 함이 반드시 실천되어야 한다. 스포츠와 신체활동 상 황에서는 리더뿐만 아니라 따르는 자의 경험 모두로 부터 배울 수 있는 것이 많다. 성공적인 스포츠 참여 가 암시하는 것은 참여자가 좋은 스포츠가 무엇인지 를 알고, 누가 이기고 지든 간에 참여가 이루어지고 있는 그 자체에 의미를 부여하는 것이다. 특히 팀 경 기에 참여함으로써, 개개인은 팀의 경기력을 최대화 시키기 위한 팀원들 간의 협력방안과 자신의 감정을 조절하는 법을 배울 수 있다.

사람늘은 종종 자기가 속한 사회의 특성에 따라 행 동한다. 다른 사람들과 어울리는 욕구를 충족시키는 방법 중의 하나는 신체활동에 참여하는 것이다. 모두 가 같은 뜻을 가지고 스포츠에 참여하면, 이는 그 가 치를 오래 지속할 수 있는 친근감을 제공한다.

레크리에이션

기술의 발달은 우리를 많은 육체적 노동으로부터 자유롭게 하였으며, 활용할 수 있는 여가 시간의 증가로 인해 레크리에이션이 현대인의 삶에 중요한 비중을 차지하고 있다.

사람들은 여가 시간을 건설적으로 또는 비생산적으로 사용할 수 있다. 신체활동 프로그램의 목적 중 하나는 여가 시간을 현명하게 활용하는 법을 가르치는 것이다. 사람들은 건전한 레크리에이션 활동, 특히 스포츠가 삶을 즐거움으로 가득 차게 하는데 적합한 중요한 기회라는 점을 주지해야만 한다.

도움이 될 수 있는 레크리에이션이 반드시 정교하거나 비용이 많이 드는 것은 아니다. 모든 이에게 이용 가능한 단순한 형태의 많은 레크리에이션 활동들도 최상의 만족감을 줄 뿐만 아니라, 육체적, 정신적, 그리고 정서적 건강을 유지하는 데 큰 도움이 된다 (27장의 걷기 영역 참조).

신체활동 프로그램관련 요인

스포츠와 신체활동 참여를 통한 혜택을 최대로 누리기 위해서는 많은 것들을 고려해야 한다.

트레이닝과 컨디셔닝

일부 체육교사들과 스포츠 감독들은 '컨디셔닝(conditioning)'과 '트레이닝(training)'에는 분명한 차이가 있다고 주장하고 있다. 컨디셔닝은 일반적으로 특정 활동에서의 기술 향상을 위한 노력뿐만 아니라, 적절한 영양섭취, 휴식, 긴장완화, 수면, 그리고 규칙적인 운동 등과 같은 개념과 관련이 있다. 반면에, 트레이닝은 특정 기술을 연마하거나 숙련될 때까지 어떤 동작의 반복적인 연습을 지속적으로 실시하는 것을 의미하고 있다. 이러한 트레이닝의 예로, 수영, 골프, 테니스, 또는 육상 트랙과 같은 스포츠 종목에서 요구하는 기술을 가능한 최대한도로 향상시켜 숙련된 경지에 이를 수 있도록 노력하는 과정을 들 수 있을 것이다. '트레이닝'과 '컨디셔닝'은 의미에 있어 중복된 점이 있는데, 그 이유는 일반적으로 둘 중 한 영역이 좋아지면, 다른 영역에도 긍정적인 영향이 미치기 때문이다.

적정수준의 **체력** 향상과 유지를 위해 필요한 것은 어느 정도 수준의 신체활동에 정기적으로 참여하는 것이다. 일반적으로 건강유지를 위해서는 일주일에 최소 3–5회, 회당 30분 정도의 중강도 신체활동에 참여해야 한다고 권장되고 있다. 이러한 수준에 도달하기 위해서는, 처음에 가벼운 운동으로 시작하여 시간이 지남에 따라 운동 강도를 점차적으로 높이는 것이 가장 좋다. 이러한 방법을 통해 운동참여자는 근육에 대한 과도한 스트레스 및 경련을 예방할 수 있다. 신체활동 지속시간은 참여 활동에 대한 개인의 신체반응 정도와 과거의 트레이닝 시간 등에 기초하여 조절되어야 한다. 연령 및 현 신체적 수준과 같은 요인들 역시 최초 운동 강도와 지속시간을 결정하는 데 고려되어야 할 것이다. 전체적인 근 효율성을 최대한으로 높이기 위해서는 주요 근육들이 어떤 식으로든 모두 활용되는 활동에 참여해야 한다. 많은 스포츠 종목들은 제한된 특정 근육군의 반복적인 사용을 요구하는 경우가 대부분이므로, 가능한 다양한 스포츠에 폭넓게 참여하는 것이 좋다.

그러나 최근 신체활동의 **건강효과**(주로 수명과 삶의 질)를 연구하는 병리학자들은 저강도의 신체활동 참여라도 건강에 이롭다는 주장을 해오고 있다. 그들의 연구결과에 의하면, 하루 30분의 저강도 신체활동을 통한 에너지 소비도 (10분씩 3회 나눠서 실시하는 것조차도) 심장질환의 위험 감소와 수명 증가와 같은 건강 효과를 낼 수 있다고 보고하고 있다. 활기차게 걷는 운동처럼 단순한 활동을 정기적으로 실시하는 것 역시 건강 증진에 기여하는 바가 크다고 할 수 있다. 우리 몸이 아직 준비가 안 된 상태에서 고강도의 신체활동에 참여하는 것은 현명하지 못한 일이다. 준비된 몸 상태를 만들기 위해서는 몸에 어느 정도 스트레스와 과부하가 주어져야 한다. 그러나 특정 수준의 몸 상태를 유지하기 위해서는 그 수준에 도달하기 위해 필요한 운동보다 낮은 강도의 활동이 필요하다. 또한, 신체활동 참여를 중지하게 되면, 몸 상태는 현 수준을 만드는 데 걸린 시간과 거의 같은 비율로 나빠질 것이라는 견해가 지배적이다.

좋은 몸 상태를 가진다는 것은 대부분의 스포츠에 참여할 수 있는 충분한 조건이 갖춰졌다는 것을 의미한다. 그러나 한 가지 유념해야 할 것은 스포츠 종목에 따라 특별한 트레이닝이 필요한 경우도 있다는 것이다. 컨디셔닝과 트레이닝 효과는 연령에 따라 차이가 날 수 있는데, 나이가 상대적으로 어릴수록 이러한 효과는 더 빨리 나타난다고 볼 수 있다.

신체검사

장기적이고 힘는 신체활동에 참여하기 위해서는 반드시 의사의 정규 의료 검진을 먼저 받아야 한다. 운동 스트레스 검사를 포함한 의료적 검사는 매번 강조해도 지나치지 않을 만큼 중요한 사안으로, 특히 40세 이상인 사람들에게 중요하며, 전 연령에 걸쳐서 주기적인 진단이 이루어질 필요가 있다. 대체로 의학진단의 결과는 대부분의 사람들에게 운동이 필요하다는 점을 나타내줄 것이다. 그러나 심장에 문제가 있다는 결과가 나온 사람들에게는 무제한의 격렬한 운동은 해가 될 것이다.

사전대책

운동 프로그램은 개개인에 맞게 구성되어야 한다는

것에는 이견이 있을 수 없다. 초기 체력수준, 의료적 상태, 흥미, 연령, 그리고 시설 완비 등이 사전에 고려되어야 할 요소들이다.

힘든 신체활동을 수행하기 전, 반드시 실천해야 할 상식적인 내용은 근육관련 상해의 위험요소를 제거하기 위해 **점진적인 준비운동**과 근육 스트레칭을 실시해야 한다는 점이다. 준비운동은 팔, 다리, 그리고 상체를 포함한 대근운동으로 시작한다. 사실 이러한 대근운동은 준비운동이나 유연성 운동 시 반드시 신경써서 실시되어야 한다.

고강도의 힘든 신체활동의 경우, 그 강도를 서서히 낮추는 것이 좋다. 운동 강도의 점차적인 감소 없이 체력을 소진한 후 바로 휴식을 취하게 되면 어지러움과 구역질뿐만 아니라, 수행한 운동이 특히 격렬한 경우에는 정신을 잃을 수도 있다. 실제로, 최고의 운동선수들 모두는 예방책으로 운동 강도를 서서히 낮추어 몸이 이에 적응할 수 있도록 한다.

힘들고 격렬한 운동을 마치면서 **강도를 서서히 낮추이아** 하는 데에는 그만한 이유가 있다. 운동 수행 중 근육에 충분한 산소와 영양분을 계속 공급하기 위해 심박수는 빨라지게 된다. 이렇게 빨라진 심박수는 동맥속의 혈액을 근육으로 보낸 후 최종적으로 정맥으로 보내게 된다. 인체의 정맥 체계에는 혈액을 심장으로 되돌리도록 도와주는 역동적인 기능이 없기 때문에 혈류를 되돌릴 수 있는 도움을 받을 수 있느냐 없느냐는 근육 활동에 달려있게 된다. 정맥이 혈액으로 가득 차게 되면, 근 수축에 따른 압력이 정맥의 얇은 벽면에 펌프 동작을 일으켜 혈액을 신체 중심으로 돌려보낸다. 민일 힘든 활동을 갑자기 중지하더라도, 동맥속에 남아 있는 여분의 혈액을 근육으로 보내는 심장의 기능은 한동안 지속된다. 활동 중지로 인해 근육이 갑자기 활동하지 못하게 되기 때문에 이 여분의 혈액을 심장으로 다시 되돌려 보낼 수 있는 힘이 부족하게 된다. 그 결과, 이 여분의 혈액이 근육 내에 고이게 되는 울혈 현상이 나타나거나, 뇌와 같은 기관에 혈액이 충분히 공급되지 못하게 될 수도 있다. 격렬한 운동 다음 강도를 서서히 낮추는 동안 근육은 사지에 공급된 혈액을 인체의 중요 기관들로 돌려보내는 작업을 계속한다.

스포츠를 위한 트레이닝과 컨디셔닝 프로그램을 시작하는 데 있어 주의를 기울인다 하더라도 근육이 아프거나 뭉쳐지는 경우가 생길 수 있다. 이 경우, 가벼운 운동은 통증이 있는 근육에 피를 제공하는 심장의 펌프활동을 도와줌으로써 노폐물을 빠른 속도로 제거해 준다.

또 다른 예방조치로는 과노작(overexertion: 운동 참여 시 너무 심하게 애를 씀 – 역자 주)을 피하는 것이다. 과노작이 심각할 경우, 과도한 정신적 스트레스를 받을 수 있다. 연령에 상관없이 심한 운동 후 회복능력은 한 번에 참여할 수 있는 신체활동의 양과 한도를 나타내는 좋은 지표가 된다. 회복은 제때에 이루어져야 한다. 그러나 운동 후 10분이 지나도 호흡과 심박수가 여전히 높게 상승하거나, 1~2시간의 휴식을 취하였는데도 피로나 허약해진 증상을 보인다던지, 아니면 운동 다음날 피로한 기색이 역력하다면, 그 운동은 너무 심했거나 길었다는 것을 의미하는 것이다.

격렬한 운동과 관련하여 유념해야 할 마지막 예방조치로, 본 운동의 강도를 서서히 낮추는 과정이 모두 끝난 후 적절한 정리운동 시간이 반드시 주어져야 한다는 것이다. 본 운동이 끝나고 샤워를 하기 전 정리운동을 3~6분 정도 실시해야 한다. 그렇지 않으면, 따뜻한 물이 신체의 열 발산을 막아 땀을 계속 흘리게 될 것이다. 샤워를 하고 옷을 입은 상태로 땀을 심하게 흘리게 되면 추운 날 비에 젖었을 때 느끼는 심한 오한과 같은 결과를 초래할 수 있다.

물론, 지역과 환경 조건에 따라 예방조치가 필요할 수도 있다. 예를 들면, 매우 더운 날씨 속에서 신체활동을 수행할 때에는 수분 보충과 체온 상승에 주의를 기울여야 한다. 고지대에서 격렬한 운동을 할 경우 우선 환경적응부터 필요하다. 대개의 경우, 운동으로 인한 불편함과 부상은 상식적으로 대처하게 되면 예방할 수 있다.

휴식과 수면

이상적인 육체적, 정신적, 그리고 정서적 건강 상태를 유지하기 위해서는 충분한 휴식과 수면이 필요하다. 보통 사람의 경우, 8~9시간의 수면이 필요하다고 알려져 있다고는 하지만 이 수면량은 개인과 연령에 따라 차이가 있다. 성장기 어린이는 성인보다 더 많은 양의 수면이 필요하다. 신체활동 수준이 비슷한 사람들이라 하더라도 필요한 수면 시간에는 차이가 있을 수 있다. 규칙적인 휴식과 수면은 매우 중요하다. 충분한 휴식과 수면을 취하지 않은 채 격렬하고 힘든 신체활동에 참여하는 것은 도움이 되기보다는 오히려 해가 될 수 있다. 따라서 개개인은 자신의 육체적·정신적 건강과 웰빙의 느낌을 유지하는 데 필요한 휴식과 수면이 어느 정도인지를 판단할 수 있는 방법을 배울 것을 권장한다.

식사와 영양

균형 잡힌 식사는 이상적인 영양 상태를 유지하기 위해 필수적이다. 영양은 육체적, 정신적, 그리고 정서적 건강에 기초가 된다. 신체활동에 참여하는 사람들은 좌식생활 습관을 가지고 있는 사람들보다 더 많은 음식을 필요로 한다. 신체활동 참여는 에너지를 필요로 하며, 이러한 신체 에너지의 주 원천이 되는 것은 음식이다. 신체활동을 통하여 상실되는 수분과 전해질을 보충하는 것 역시 중요하다.

일반적으로 격렬한 신체활동, 특히 정서적 스트레스가 만연한 경쟁적 활동을 수행하기 전에는 많은 음식을 먹지 않는 것이 최선이다. 그러한 상황에서 우리 몸은 음식을 소화시키고 흡수하는 데 어려움을 겪게 된다.

마지막으로, 식사는 신체활동과 함께 체중 조절의 주요 요인이기도 하다. 비록 신체활동이 체중 감소에 도움이 되기는 하지만, 운동으로 소비한 칼로리 양은 적절한 식이요법을 통하여 줄이는 칼로리 양에 비하면 극히 적다고 할 수 있다. 만일 과체중인 사람이 음식의 과다 섭취를 억제하고 체중 감소를 위해 운동을 실시한다면, 그 운동은 도움이 될 수 있다.

의복과 청결

스포츠에 참여할 때 적절한 복장을 착용하는 것은 중요하다. 땀과 냄새를 일으키는 심한 운동에 참여할 때에는 외출복에서 운동복으로 갈아입는 것이 매우 중요하다. 운동복조차도 먼지와 땀으로 범벅이 된다면 다른 사람들에게 불쾌감을 줄 수 있다. 그러므로 여벌의 운동복을 준비하여 가능한 깨끗한 상태를 유지하는 것이 중요하다. 알맞은 신발과 양말의 착용은 특히 중요하다. 실내용 운동화 또는 다른 스포츠 신발은 발을 보호하기 위해 꼭 맞아야 한다. 발에 맞지 않은 신발을 신으면 물집이 쉽게 생기게 된다. 너무 조이거나 운동 수행을 방해하는 의복은 피해야 한다.

개인의 위생과 사회적 이유 둘 다를 위해서라도 고강도 신체활동에 참여한 후에는 반드시 샤워를 해야 한다. 샤워를 하게 되면 피부가 깨끗해질 뿐만 아니라, 감염의 위험도 감소시킬 수 있다. 어떤 이들은 찬물로 간단히 샤워한 다음 따뜻한 물로 하는 샤워를 좋아하는 반면, 다른 이들은 따뜻한 물로 시작하여 쾌적한 만큼의 찬물로 온도를 시서히 낮추면서 하는 샤워를 더 좋아한다. 장시간의 뜨거운 샤워는 운동으로 인한 혈류의 변화를 회복시키는 신체능력을 방해하기 때문에 피하는 것이 좋다.

부상과 질병

최근 연구의 상당수는 면역체계의 효율성 증가가 신체 상태의 향상과 관련이 있다는 가설을 지지하고 있다. 마치 근육이 과부하의 스트레스에 적응하면서 강해지는 것처럼, 면역 체계 역시 적응하면서 감염에 대한 저항력이 높아진다는 것을 가정해볼 수 있다. 그러나 감기 또는 독감에 걸리게 되면, 이와 싸워 이기기 위해 상당한 양의 에너지 증가가 필요하기 때문에 이러한 감염에 의한 질병에 걸렸을 때는 신체활동 참여를 중지하는 것이 최선책이다.

신체활동 참여 중 입은 부상은 증상이 경미하다 하더라도 반드시 치료해야 한다. 약간 긁히거나 베인 상처는 가능한 빨리 치료해주어야 한다. 베이거나 긁힌 부위에 감염이 의심되면 즉시 의사의 진료를 받도록 해야 한다. 체육관과 샤워실은 다양한 감염의 온상이 될 수 있다. 운동 참여자들은 '무좀'에 걸리지 않도록 신경써서 샤워를 하고 몸을 말려야 한다. 심각하게 삐거나 타박상에 의해 멍이 든 경우, 현장에서 바로 응급처치를 한 후 의사에게 검사를 받도록 해야 한다.

안전성

스포츠와 신체활동은 가능한 한 안전해야 한다. 운동 참여자는 자신과 다른 사람들의 부상예방을 위한 모든 예방조치를 취해야 한다. 일반적으로 게임과 스포츠의 장비, 규칙, 그리고 규정 등은 선수들을 최대한 보호하도록 설계되어 있다. 몇몇 스포츠 종목(예: 미식축구)과 신체활동 유형은 몸을 보호하기 위한 특수 장비를 필요로 함에도 불구하고, 이런 장비를 착용하지 않은 채 참여를 하다가는 심각한 부상을 당할 수 있다.

특정 스포츠에서의 고난이도 기술은 초보자가 시도하기에는 위험할지도 모른다는 점을 인지하고 있어야 한다. 예를 들면, 기술이 미흡한 초보자가 고난이도 텀블링 동작을 시도하게 되면 부상을 입을 위험이

높아지게 된다. 부상과 사망사고의 상당수는 예방될
수 있기 때문에 모든 이들은 안전에 각별히 신경을 써
야한다.

참고문헌

Healthy people 2010: The cornerstone for prevention.
  2005. ODPHP Communications Support Center
(Stock No. H0020). Rockville, MD: U.S. Department
of Health and Human Services.

웹사이트

익스트림 스포츠에 대한 정보:
  www.allextremesports.com
*Healthy People 2010*에 대한 정보:
  www.healthypeople.gov

2 건강관련 체력

이 장을 완벽하게 습득한 뒤, 독자들은 다음과 같은 사항들을 할 수 있어야 한다.

▸ 신체활동의 중요성과 신체활동이 건강, 삶의 질, 그리고 전반적인 웰빙과 어떻게 연관되어 있는지를 이해할 수 있다.
▸ 건강관련 체력의 구성요소를 구분하여 정의할 수 있다.
▸ 심폐지구력, 근력 및 근지구력, 유연성 등의 향상과 체성분에 긍정적인 영향을 미칠 수 있는 운동 또는 트레이닝 프로그램을 개발할 수 있다.
▸ 개인의 건강관련 체력을 평가할 수 있다.

'체력(physical fitness)'이라는 말을 들으면 여러 가지 의미가 떠오를 것이다. 어떤 사람은 체력하면, 그리스 신화에 나오는 우람한 근육질의 미소년인 '아도니스(Adonis)'처럼 울퉁불퉁한 근육들로 이루어진 근사한 몸을 가진 역도 선수를 떠올리곤 한다. 반면 다른 사람은 장거리달리기로 단련된 마라톤 선수와 같이 역도선수와는 상반된 마른 체형의 사람을 상상하기도 한다. 사실 위에서 언급된 두 가지 경우 모두 체력을 제대로 묘사하고 있지 않다. 오히려 이상적인 체력을 가진 사람은 일상생활에서의 기능적 부분을 수행하면서도 육체적인 스트레스를 심하게 받지 않는 것을 의미한다. 체력이 가지는 더 중요한 의미는 건강한 육체를 통하여 체력저하 및 신체활동 부족으로 인해 생길 수 있는 질병의 위험으로부터 벗어나는 것이다. 이러한 이유로 오늘날 흔히 사용되고 있는 체력이란 '건강관련 체력(HRPF: Health-Related Physical Fitness)'을 의미하는 것이다. 이 장에서는 바로 건강관련 체력을 집중적으로 다루고 있으며, 특히 체력에 대한 전통적인 정의와의 차이점, 구성요소, 일상에서의 체력 향상 및 유지 방법, 관련 문헌에서의 과학적 근거 제시, 평가 방법 등으로 구성되어 있다. 지난 50여 년 동안 신체적으로 비활동적인 생활방식과 질병률 및 사망률 증가와의 관계를 설명하기 위해 질병의 원인 및 그것의 영향력을 연구하는 학문영역인 병리학이 널리 활용되어 왔다. 많은 질병들은 신체적으로 비활동적인 생활습관에서 비롯되기 때문에 근본적으로 운동기능성 저하의 증상을 가지는 것으로 알려져 있다. 신체활동 부족과 질병과의 관계에 대한 문헌의 과학적 근거가 명확해짐에 따라 급기야 1996년에 미국 보건복지부와 산하기관인 질병관리본부 및 공중위생국에서는 이러한 문제점을 지적하고 미 국민 전체의 신체활동수준을 높이기 위한 범국가적 실천운동을 요약한 "신체활동과 건강: 공중위생 보고서(*Physical Activity and Health: A report of the Surgeon General*)"를 발표하기에 이르렀다.

미국 보건복지부는 미래를 위한 준비차원에서 2010년까지 달성할 목적들을 집약한 '건강한 국민 2010 (*Healthy People 2010*)'을 개발하였다. 이러한 목적들은 미 국민의 건강증진을 돕기 위한 지방자치단체, 지역사회, 전문가단체, 그리고 개인의 의견을 수렴하여 개발되었다. '건강한 국민 2010'은 1979 공중위생보고서(*Healthy People, 1979*)와 '건강한 국민 2000'(1990)의 전미건강증진 및 질병예방 목적(*National Health Promotion and Disease Prevention Objectives*)에 열거되어 있는 발기내용들에 기초하여 만들어졌다. '건강한 국민 2010'은 두 가지 목표를 가지고 있다. 첫 번째 목표는 건강한 삶의 질과 기간을 증진시키는 것이며, 둘째로는 사회계층들 간에 일어나고 있는 건강관련 격차를 제거하는 것이다. '건강한 국민 2010'에서는 건강을 위한 10가지 주요 지침들을 제시하고 있는데, 신체활동, 과체중 및 비만, 흡연, 약물남용, 책임감 있는 성적행동, 정신건강, 상해 및 폭력, 쾌적한 환경, 면역, 그리고 건강관리방법 등을 포함하고 있다. 흥미로운 사실은 이 지침들 중 첫 번째에서 다섯 번째까지는 모두 생활습관과 관련된 특성을 가지고 있다는 점이다. 특히 건강관련 체력은 첫 번째와 두 번째 지침인 신체활동과 과체중 및 비만과 직접적으로 관련되어 있다.

운동 또는 신체활동이 삶의 질에 미치는 영향에 대해 우리가 이해하고 있는 것은 "인간은 먹는 것만으로는 건강할 수 없으며, 반드시 운동을 해야만 한다" 라고 주장한 히포크라테스(기원전 460~370년)에서도 찾아볼 수 있다. 과거 수년 동안 체력의 구성요소와 체력저하에 대한 관심은 주로 병역을 수행하기에 신체적으로 적절하지 못한 전쟁시기와 관련성이 있었다. 그러나 이 시대 사람들의 **부적절한 체력**의 의미는 오늘날 인지되고 있는 체력과는 약간 차이가 있다. 예를 들면, 과거에는 사람들이 시력저하, 평발, 또는 매독 등의 이유로 병역에 부적절하다고 판명 받는 경우가 많았다.

또한 전통적인 '체력'검사는 유전의 영향을 받아 쉽게 변화될 수 없는 특성들(예: 스피드, 민첩성, 재빠름)을 주로 측정하였다. 50년 전만 하더라도 체력검사에서는 전력질주, 왕복달리기, 소프트볼 던지기, 멀리뛰기 등을 통하여 스피드, 민첩성, 그리고 파워를 측정하였다. 이러한 검사항목들의 상당부분은 훈련을 한다고 해서 쉽게 얻어지는 것이 아닐뿐더러 건강과의 관련성에 대해서도 알려진 바가 없다. 반면에, 건강관련 체력의 구성요소들은 훈련이 가능하고 변화를 기대할 수 있으며, 무엇보다도 중요한 것은 건강, 질병, 그리고 삶의 질과 관계가 있다는 사실이다.

운동 또는 신체활동?

지난 수년 동안 체력의 핵심은 '운동'이었다. '고통 없이 얻는 것은 없다'와 '최대한의 활동'의 문구들은 적절한 신체를 가지는데 필요한 공통적인 기대를 표현하였다. 그러나 운동생리학자, 의사, 병리학자 및 관련 연구자들은 자신들의 연구결과에 근거하여 어떻게 하면 건강한 성인을 위한 체력을 육성할 수 있을지에 대한 보다 더 정확한 정보를 제공해오고 있다. 15,000명 이상의 생리학자, 의사, 체육 및 건강관련 교육자들이 회원으로 가입되어 있는 전문가단체인 미국대학스포츠의학회(ACSM: American College of Sports Medicine)에서는 건강한 성인이 되기 위해 필요한 체력육성 지침을 만들었다. 이 지침의 내용은 표 2.1에서 제시되

표 2.1. 건강한 성인의 심폐기능, 근력과 유연성을 발달시키고 유지시키기 위하여 미국대학스포츠의학회(ACSM)가 권장하는 운동의 양과 질

심폐기능과 체성분

1. 운동 빈도는 주 3~5일
2. 운동 강도:
   최대심박수*의 55/65%~90%
   최대산소섭취량의 40/50%~85%
   각 영역의 범위 중 낮은 쪽 수치를 체력수준이 가장 낮은 사람에게 적용하는 것이 좋다.
3. 운동 시간은 하루에 활동을 20~60분 지속적으로 실시하거나 10분씩 나누어 실시한다.
   운동 시간은 강도에 따라 다를 수 있다. 강도가 높을수록 시간은 짧아지게 된다. 반면, 강도가 낮을수록 시간은 길어져야 건강효과를 볼 수 있다.
4. 활동 유형으로는 대근육 운동으로, 리듬감과 유산소 성격을 띄며, 주어진 시간동안 지속적으로 수행될 수 있는 형태의 활동을 선택해야 한다(예: 걷기, 하이킹, 수영, 조깅, 자전거타기, 크로스컨트리스키, 에어로빅댄스, 조정, 계단 오르기 등).

근력 및 근지구력, 체성분, 그리고 유연성

저항성 운동 역시 반드시 실시되어야 한다. 8~10개의 다른 운동 형태를 각각 한 세트씩 주 2~3일 정도 실시할 것을 권장한다. 모든 대근육군이 단련될 수 있도록 해야 한다. 한 운동형태 당 여러 세트를 실시함으로써 부가적인 효과를 얻을 수 있다. 대부분의 사람들은 한 운동형태의 세트 당 8~12회 반복을 실시하도록 한다. 연령이 높은 사람(50세 이상)의 경우, 무게를 더 낮추고 반복횟수를 더 늘리는 것이(10~15회 정도) 더 적절하다.
유연성 운동도 반드시 실시되어야만 한다. 운동을 통해 관절의 가동범위(range of motion: ROM)를 향상시키고 유지하는 것은 매우 중요하다. 일주일에 2에서 3번에 걸쳐 주요 근육군을 풀어 주는 스트레칭을 해야 한다. 기본저으로 스트레칭은 정적(펴고 당기기)이면서/또는 동적(근육군을 움직이면서 하는 스트레칭)이어야 한다.

자료: ACSM 1998.
*최대심박수는 220-나이로 산출될 수 있다. 예를 들면, 20세 성인의 최대심박수는 분당 약 200회가 된다(220-20=200).

고 있다. 여기서 강조하는 점은 '체력(fitness)'이다. 또한, 이 지침서는 다양한 **신체활동** 강도 수준이라 할지라도 나름대로 건강관련 효과가 있을 수 있다는 점을 제시하고 있다.

ACSM에 의하면, "권장 기준보다 낮은 강도의 신체활동으로 특정질병(만성 및 퇴행성 질환)의 위험이 감소되고 신진대사력(metabolic fitness)이 증대될 수도 있겠지만, 체력(예: 심폐체력) 향상을 위해서는 양과 질적인 면에서 충분하지 않을 수 있다. … ACSM에서는 상대적으로 낮은 강도이지만, 더 많은 빈도와 기간 동안 수행하는 정기적 운동의 건강효과 가능성을 인정하고 있다"(ACSM, 1998). 신체활동은 운동이 될 수 있지만, 건강에 유익한 **체력**을 확보하기 위하여 신체활동의 강도를 높일 필요가 없다는 점이 과학적으로 증명되었다. 한 예로, 1995년 페이트(Pate)와 동료들은 보통 수준의 신체활동의 건강효과에 대한 보고서를 출판하기도 하였다.

이 장에서는 삶의 질 향상과 질병예방을 도모하는 활동들을 묘사하고 있다. 적정체력을 가진 상태에서 강도 높은 운동을 하여 높은 수준의 체력에 도달한 사람이 건강하다는 것은 확연한 사실이나. 그러나 본 교재는 근육이 발달한 역도선수나 마라톤 선수가 되지 않고서도 건강관련 체력, 건강 상태, 그리고 삶의 질을 향상시킬 수 있는 근거와 수단을 독자들에게 제공할 것이다.

많은 전문가단체들은 건강에 있어 신체활동의 중요한 역할과 관련하여 자신들의 입장을 표명한 성명서를 개발해 왔다 (표 2.2). 표 2.3은 몇몇 전문가단체의 리스트를 보여주고 있다. 신체활동 저하 정도에 따른 질병에 관한 리스트는 표 2.4에서 묘사되고 있다. 모로우와 동료들(Morrow et al. 1999)의 연구결과는 사람들이 신체활동의 심폐기능 향상 효과는 잘 알고 있지만 신체적으로 활동적인 생활습관을 통해 얻을 수 있는 신진대사기능 향상 효과에 대해서는 잘 알지 못한다는 점을 시사하고 있다.

표 2.2. 미국질병관리 및 예방 센터와 대학스포츠의학회
에서 권장하고 있는 신체활동 참여수준

미국의 모든 성인들은 30분 또는 그 이상의 중강도 신체활동을
가능한 매일 하는 것이 좋다

자료: Pate et al. 1995.

표 2.3. 신체활동이 건강과, 또는 삶의 질에 미치는 긍정
적인 영향에 대하여 보고서 또는 정책서를 발표
하는 기관들

국제스포츠의학연맹(International Federation of Sports Medicine)
국제심장병연맹(International Society and Federation of
    Cardiology)
미국공중위생국(Surgeon General of the United States)
미국당뇨병협회(American Diabetic Association)
미국대학스포츠의학회(American College of Sports Medicine)
미국소아과학회(American Academy of Pediatrics)
미국심장협회(American Heart Association)
미국암학회(American Cancer Society)
미국질병관리 및 예방 센터(U.S. Centers for Disease Control
    and Prevention)
세계보건기구(World Health Organization)
영국왕립의사회(Royal College of Physicians)

자료: Pate et al. 1995.

표 2.4. 신체활동부족과 관련된 질병

고혈압
골다공증
뇌졸중
당뇨병
비만
심장병
암(특히 직장암)
우울증, 불안, 감정조절 능력 결여(정신건강)

건강관련 체력의 구성요소

건강관련 체력의 3가지 주요 구성요소는 유산소 능력,
체성분, 그리고 근골격계 발달(근력 및 근지구력과 유

연성 포함)이다. 이 장에서는 3가지 요소들의 구체적
인 내용과 이들의 중요성에 대하여 설명하고 있다.

유산소성 체력

유산소성 체력이라는 용어는 종종 체력이라는 용어와
혼용되어 사용되고 있다. 그 이유는 아마도 유산소성
(혹은 심폐)체력이 상위개념인 체력의 상당부분을 차
지하고 있기 때문일 것이다. 본질적인 의미에서 본다
면, 유산소성 체력이란 호흡한 공기로부터 산소를 최
대한 많이 끌어내어 최대 운동부하 시 그것을 활용할
수 있는 능력을 말한다. 이러한 유산소성 체력과 여러
건강요인들 간의 상관관계는 많은 연구들에 의해 증
명되어 오고 있다. 예를 들면, 유산소성 체력이 상대
적으로 좋은 사람은 심장병으로 일찍 사망하거나 뇌
졸중, 당뇨병, 고혈압, 암 등과 같은 질병에 걸릴 확률
이 그만큼 낮으며, 과체중이나 비만의 위험도 감소시
킬 수 있다. 유산소성 체력은 수행하는 운동 또는 신
체활동의 유형, 빈도, 강도, 그리고 시간과 관계가 있으
며 (ACSM, 1998; Kesaniemi et al., 2001), 신체활동
에 대한 '용량작용(dose-response)'원리가 이러한 관
계를 잘 설명해주고 있다. 용량작용이란 유산소 운동
량이 증가되면 그만큼 건강과 삶의 질도 더 좋아진다는
것을 의미한다.

　도해 2.1은 6개의 선행연구들의 결과로서, 신체활
동 참여수준 증가와 그에 따른 용량작용 효과를 묘사
하고 있다. 운동 또는 신체활동 '용량'은 다양한 방법
으로 증가시킬 수 있다. 예를 들면, 유산소운동의 참
여 빈도, 강도, 또는 시간을 증가시켜 용량작용 효과
를 볼 수 있다. 그러나 이러한 용량작용 원리가 반드
시 많은 양의 운동을 실시해야만 건강효과를 볼 수
있다는 것은 아니다. 미국의 건강관련 통계센터인 전
미통계센터(National Center for Health Statistics,
2005)에서는 "미국 전체 성인의 약 40% 정도는 여가

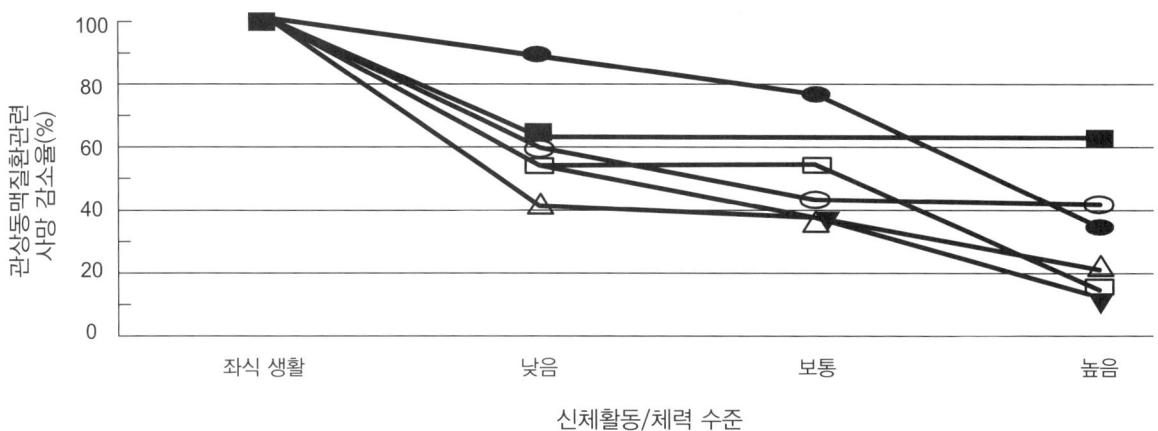

도해 2.1. 용량작용효과(신체활동증가 또는 체력수준 향상)와 관상동맥질환관련 사망률 감소에 대한 6개 선행연구결과

자료: Blair and Connelly 1996. Reprinted with permission from *Research Quarterly for Exercise and Sport*, Vol 67, No. 2, 193–205, copyright 1996 by the American Alliance for Health, Physical Education, and Dance, 1900 Association Drive, Reston, VA 20191.

시간에 어떠한 운동이나 스포츠, 또는 신체적으로 활동적인 취미활동에 참여하지 않고 있다"라고 보고하고 있다. 또한, 레저시간 동안 신체활동을 하는 사람들의 연령대별 분포를 보면, 18~29세가 가장 적었다. 한편, 체력 수준이 심각하게 떨어져 있는 사람일수록 신체활동을 통한 건강위험 요소의 감소 효과는 더 크게 나타나는 것이 일반적인 현상이다. 도해 2.2에서 보는 바와 같이, 남녀 모두 체력수준이 점차적으로 향상되면서 (사망원인과 상관없이)사망률이 감소되는 것을 알 수 있다. 도해 2.3 역시 신체적으로 활동적인 사람들의 뇌졸중 예방과 관련된 유사한 정보를 제공하고 있다.

체성분

건강관련 체력의 체성분 영역은 신체 내 체지방량 및 상대적 분포와 관련이 있다. 오늘날 선진국의 국민들은 과거에 비해 상대적으로 더 많은 체지방을 가지고 있으며, 이러한 현상은 전 연령대에 걸쳐서 일어나고 있다. 미국질병관리본부 및 예방 센터의 보고서에 의하면,

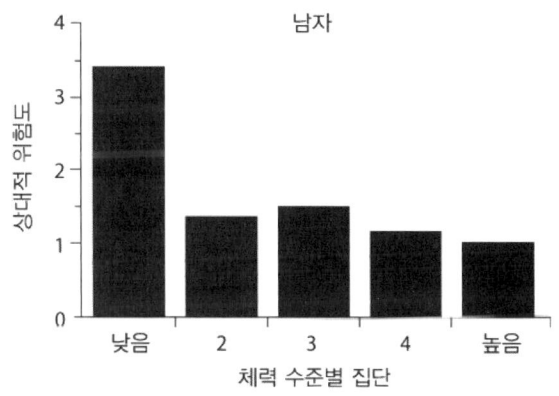

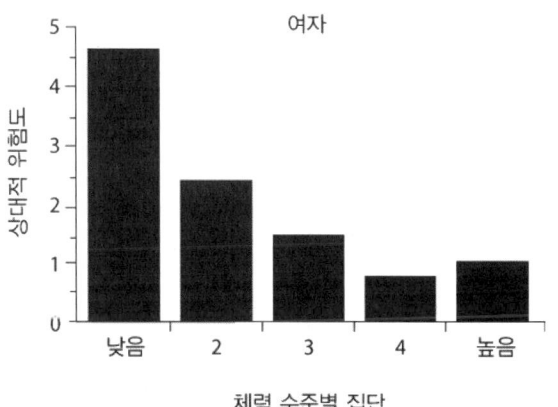

도해 2.2. (연령 보정)인구 10,000명 당 전체 사망률

자료출처: Blair et al. 1989

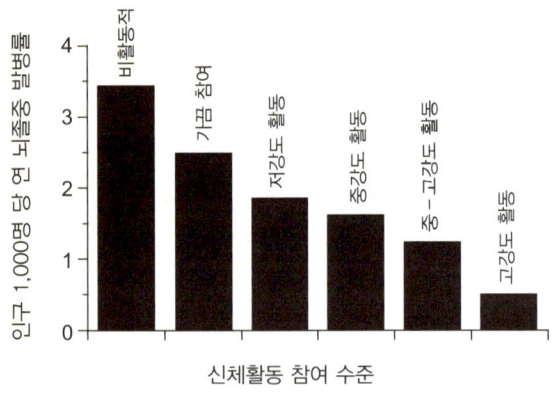

도해 2.3. (연령 보정) 매년 1,000명 당 뇌졸중 발병률
자료출처: Blair, 1993

성인의 50% 이상이 과체중이며 비만인구는 1991년 12%에서 2001년에는 20.9%로 증가했다. 과도한 체지방은 심장질환, 고혈압, 당뇨병 등 다양한 질병으로 건강에 부정적인 영향을 미치게 된다. 체지방 증가와 관련된 위험요소는 도해 2.4에서 묘사되고 있다. 도해 2.4에서 강조하고 있는 것은 체지방이 증가할수록 관상동맥질환, 2형 당뇨병(성인기 발생), 고혈압 등이 발병할 위험성이 높아진다는 사실이다. 신체사이즈와 여러 질병과의 관계에 대해서는 상반된 연구결과들이 존재하고 있지만, 체중증가가 특정질병(고혈압, 당뇨병, 심장질환, 뇌졸중, 담낭질환, 골관절염, 수면무호흡증, 다양한 유형의 암 등)과 밀접한 관계가 있다는 것만큼은 확실하다. 연구결과들은 과체중인 사람들도 체력 향상을 통해 건강 위험요소들을 감소시킬 수 있다는 것을 보여주고 있다 (Blair & Brodney, 1999; Blair & Church, 2004). 이러한 과학적 증거로 알 수 있는 것은 특정 질병이 체중 요인만으로 발병하는 것이 아니라 전반적인 체력 수준이 더 큰 원인이라는 사실이다 (Barlow et al., 1995; Brodney et al., 2000).

한 가지 알아야 할 중요한 사실은 체중만이 위험요소의 전부는 아니라는 것이다. 인간의 신체는 '여러 형태의 체성분으로 구성'될 수 있다. 이러한 체성분은 한 이론적 모형에서 제시하는 바와 같이 지방, 제지방(근육과 뼈), 그리고 기타 조직(예: 내장기관)을 포함한다. 체중은 많이 나가지만 그의 대부분이 제지방으로 구성되어있는 사람의 경우, 체중으로 인한 건강상 위험수위는 체중의 대부분이 지방으로 구성된 사람만큼 높지 않을 것이다. 체성분에서 알아야 할 또 한 가지 고려사항은 신체 내 체중의 분포이다. 체중이 허리에 집중 분포되어 있는 사람은 몸 전체에 걸쳐 고루 분

전미 심장, 폐, 혈액 학회, 2000			관상동맥질환, 2형 당뇨병 및 고혈압 발병 위험도	
			허리둘레	
	BMI	비만군	남성〈40 in 여성〈35 in	남성〉40 in 여성〉35 in
저체중	〈18.5			
정상	18.5-24.9			
과체중	25.0-29.9		증가함	높음
비만	30.0-34.9	I	높음	매우 높음
고도 비만	35.0-39.9	II	매우 높음	매우 높음
초고도 비만	40.0+	III	최고치	최고치

도해 2.4. 다양한 방법들에 의한 체지방 평가치와 관상동맥질환, 2형 당뇨병 및 고혈압과의 관계

포되어 있거나 엉덩이에 분포되어 있는 사람보다는 질병의 위험도가 상대적으로 더 높다. 미국심장협회 (AHA)는 심장질환의 위험수위를 증가시킬 수 있는 허리둘레(배꼽 바로 위 측정)기준치를 다음과 같이 제시하고 있다.

여성 – 허리둘레 치수 35인치(88cm) 이상

남성 – 허리둘레 치수 40인치(102cm) 이상

근골격계 체력

근골격계에 대해서는 건강 위험요소 감소에 대한 논의와 지원이 그다지 크지 않다. 그럼에도 불구하고 한 연구결과에서는 근골격계 체력이 향상되면 (모든 원인에 의한)사망의 위험성이 감소하는 걸로 나타났다(FitzGerald et al., 2004). 근골격계 체력이 건강관련 체력의 구성요소로 포함된 주된 이유는 일상생활 활동들을 수행하는 데 충분한 근력이 필요하기 때문이다. 분명한 것은 운동을 통해 근육은 그 크기(근비대)와 강도가 증가한다는 것이다. 즉, 건강관련 체력의 근골격계 영역은 본질적으로 '기능적 역할'이 주가 되는데, 그 이유는 적절한 근골격계 체력을 유지해야만 어느 정도의 힘과 지구력을 요구하는 일상생활 활동들을 수행할 수 있기 때문이다. 한편, 건강과 관련된 적정 근력 및 근지구력에 있어 알아야 할 두 가지 중요한 측면이 있다. 첫째, 많은 체력 검사들은 복부 근력과 허리 통증 감소의 관계에 대한 이론적 근거를 이유로 복부근육의 강화 및 지구력을 위한 테스트 항목들을 포함하고 있다. 그렇지만 이러한 이론적 관계가 관련 문헌의 지지를 받기에는 과학적 증거가 부족하다. 그럼에도 불구하고, 이론적, 물리치료적 관점에서는 척추를 바로잡기 위해 복부 근력과 근지구력이 중요하다. 근력이 중요한 또 다른 이유는 튼튼한 뼈의 형성 때문이다. 여성의 골다공증은 최근까지 많은 관심을 받아오고 있다. 골다공증은 건강에 영향을 미치는 요인으로서 그 중요성이 더욱 부각되고 있는데, 그 이유는 사람의 수명이 늘어난 만큼 이 질병의 영향력도 그만큼 늘어나기 때문이다. 골다공증은 성별에 상관없이 발병할 수 있지만 여성의 발병빈도가 훨씬 높은 걸로 나타나고 있다. 연령증가로 인한 골다공증을 예방할 수 있는 가장 좋은 방법은 젊었을 때 튼튼하고 견고한 뼈를 가지는 것이다. 모든 사람들은 나이를 먹을수록 뼈 밀도가 낮아진다. 이렇게 퇴화가 시작될 때, 뼈로부터 '광물질이 제거'되고 부러지기 쉬운 상태인 '골절 역치(자극에 대해 반응하기 시작하는 분계점 – 역자 주)' 현상을 지연시키기 위해서는 가능한 많은 조직으로 뼈가 형성되어 있어야 한다. 뼈 밀도를 높이는 데에는 다이어트 보조식품이나 제약품의 복용이 좋다고 알려져 있지만, 뼈에 연결된 근육에 스트레스를 주는 것 역시 뼈 밀도 형성에 도움이 되는 좋은 방법이다. 근육이 자극을 받게 되면, 연결된 뼈 역시 자극을 받게 되고, 이로 인해 뼈 형성이 완성된다. 예를 들면, 테니스 선수가 주로 사용하는 팔은 그렇지 않은 팔보다 뼈 밀도가 더 높은데, 그 이유는 연습과 시합 중에 주로 사용하는 팔을 상대적으로 더 많이 사용하기 때문이다. 그러므로 육체적 활동을 통해 뼈에 스트레스를 주는 것은 뼈 밀도를 강화시키는 것을 의미한다. 운동과 골다공증의 관계에 대한 과학적 증거는 마커스(Marcus 2001)의 연구결과에서 제시되고 있다. 또한, 미국공중위생국(U.S. Surgeon General)의 보고서인 "뼈 건강과 골다공증(Bone Health and Osteoporosis, 2004)"에서도 뼈 건강에 대한 신체활동의 중요한 역할을 묘사하고 있다.

건강관련 체력을 위한 트레이닝

건강관련 체력을 위한 트레이닝을 실시할 때에는 몇 가지 고려사항들로 구성된 일반적인 지침을 따라야 한다. 이러한 지침은 표 2.5에서 제시되고 있다. 이외에도, 건강관련 체력의 각 구성요소별 지침도 있다. 앞에서 강조되었듯이, 이 장에서는 개인의 건강증진과 질병의 위험을 감소하는 데 초점을 맞추고 있으며, 올림픽 운동선수를 만들고자 하는 것은 결코 아니다. 그러므로 여기에서 제시된 지침을 잘 실천하면 건강상태의 향상을 기대할 수 있을 것이다. 표 2.6에서 명시되어 있듯이, 신체활동 수준을 높이게 되면 건강과 삶의 질 향상을 도모할 수 있을 것이다.

표 2.5. 건강관련 체력을 위한 트레이닝의 일반적 원리

특정성의 원리

트레이닝은 원하는 특정 효과에 구체적이어야 한다. 유산소 트레이닝은 유산소 능력을, 근력 트레이닝은 근력을, 그리고 유연성 트레이닝은 유연성을 향상시키는데 알맞게 실시되어야 할 것이다. 부가적으로, 근력과 유연성 트레이닝은 단련시키고자 하는 특정 근육군과 관절에 효과가 나타날 수 있도록 실시되어져야 한다.

과부하의 원리

체력수준의 향상은 체력시스템(유산소, 근골격계, 또는 유연성)이 현재의 능력이상을 발휘하도록 요구될 때 달성된다. 즉, 트레이닝을 실시하면서 신체가 받는 "부하"를 점차적으로 증가시킴으로써(세포나 조직에 정상적 자극보다 좀 더 강한 강도의 자극을 제공 - 역자 주) 체력수준이 향상되는 것이다. 만일 현재의 체력수준에 만족한다면, 지금 하고 있는 것을 계속하라. 그러나 현재의 체력수준을 향상시키고자 한다면, 자신의 체력시스템에 대한 부하를 점차적으로 증가시켜야 할 것이다.

점진적 저항의 원리(점진성 또는 진전의 원리)

체력수준 향상을 위해 가장 좋은 것은 수행하는 운동량을 점진적으로 늘리는 것이다. 여기서 운동이라 함은 본질적으로 유산소 또는 근력운동을 의미한다. 초기단계에서 편안한 수준의 신체활동을 시작한 후, 점차적으로 에너지 소비량을 늘려가야 한다.

가역성의 원리

가역성의 원리란 트레이닝 또는 활동적인 생활을 중지하게 되면, 불행하게도 우리 몸이 과거의 좋지 못했던 몸 상태로 돌아간다는 것을 의미하고 있다.

표 2.6. 신체활동과 심혈관 건강에 대한 국립건강연구소(NIH)의 합의구축위원회의 성명서 요약

모든 미국인들은 자신들의 능력에 맞는 수준의 신체활동을 규칙적으로 실시해야 한다. 어린이와 마찬가지로 성인도 최소 30분의 중강도 신체활동을 가능한 한 매일 실시한다는 목표를 세워야 한다. 대부분의 미국인들은 일상생활에서 신체활동 참여가 거의 또는 전혀 이루어지지 않고 있으며, 축적된 연구 결과들은 이러한 비활동적인 생활이 심혈관 질환의 주요 위험인자가 된다고 경고하고 있다. 그러나 중강도 수준의 신체활동에 참여하게 되면 많은 건강관련 혜택을 얻을 수 있다. 현재 이 정도 수준의 신체활동 참여가 이루어지고 있는 사람들조차도, 더 활동적으로 변하거나 강도가 더 높은 신체활동에 참여함으로써 건강 및 체력에 대한 부가적인 혜택을 볼 수 있을 것이다.

자료: National Institutes of Health, *Journal of the American Medical Association* 1996에서 인용.

유산소성 체력

유산소성 체력을 보유하기 위해 비용을 들여 스포츠클럽에 가입하거나 값비싼 운동복을 구입할 필요는 없다. 다양한 생활방식 형태를 조금만 변화시키는 것만으로도 유산소성 체력수준을 향상시키는데 많은 도움이 된다. 중요한 것은 최소 30분 이상의 중고강도 신체활동 참여가 거의 매일 이루어져야 한다는 점이다. 점심시간에 걷기, 일하는 곳이나 상점의 현관에서 멀리 주차하기, 또는 계단 이용하기 등과 같이 일상생활에서의 조그만 변화만으로도 건강을 향상시킬 수 있다. 집안일(정원 가꾸기, 낙엽 쓸기, 가구 옮기기, 아이 돌보기 등)을 하는 것 역시 신진대사율의 증가를 가져오므로 유산소성 체력에 긍정적인 영향을 미칠 수 있을 것이다. 유산소 트레이닝 프로그램의 예시는 표 2.7에 나와 있다.

체성분

단지 '훈련'만으로는 체성분 특성을 건강범위 내로 유지시키지 못한다. 음식을 통해 섭취한 칼로리(calories:

열량의 단위로, 영양학에서는 Kcal을 의미함 – 역자주) 양이 신체활동 및 생명유지를 위한 단순 활동을 통해 소모되는 칼로리 양과 같은 경우를 '등 칼로리 균형'이라고 한다. 만일 소모된 양보다 더 많은 양의 칼로리를 섭취하게 되면, '양성 칼로리 균형' 상태가 되어 체중(그리고 지방)이 증가하게 될 것이다. 반면에, 섭취한 양보다 더 많은 양의 칼로리를 소모하게 되면, '음성 칼로리 균형' 상태가 되어 체중이 감소될 것이다. 신체조성과 칼로리의 관계는 이처럼 단순한 원리가 적용되고 있다. 만일 다음 해에 현재와 똑같은 생활을 한다고 가정한 상태에서, 신체활동(약 7~8분 정도의 걷기)을 통해 하루에 50칼로리를 추가로 소모하고 일일섭취량을 50칼로리(대략 쿠키 1개의 칼로리 양) 줄이게 되면 일 년 동안 지방 10파운드의 감소를 기대할 수 있을 것이다. 음성 칼로리 균형은 일 년 동안 하루에 약 100칼로리(1년에 총 36,500 칼로리) 정도로 맞추는 것이 좋다. 그리고 1파운드의 지방이 증가하거나(양성 칼로리 균형) 또는 감소하기(음성 칼로리 균형) 위해서는 약 3,500칼로리를 추가로 섭취하거나 소모해야 한다. 불행하게도 대부분의 사람들은 자신들의 칼로리 균형에 대해 많은 관심을 가지지 않기 때문에 대부분은 20~45세 사이에 약 45파운드의 지방증가를 초래하게 된다. 그러나 지방이 증가하더라도 전체적인 체중의 변화는 그리 많지 않을 수 있다. 신체활동 참여도가 감소하게 되면, 제지방 조직은 지방조직으로 대체된다. 그리고 지방 수준이 증가함으로써, 질병에 걸릴 위험도 그만큼 높아지게 된다. 체중감소를 위한 이상적인 목표는 25세가 된 후부터 1년에 1파운드의 감소를 시도하는 것이다. 그렇다고 해서 매년 1파운드의 체중감소를 계획한다는 것은 아니다 (그럴 경우, 궁극적으로는 사람의 존재가 사라지게 됨!). 여기에서 핵심은 성인기 동안 적정 체중을 유지할 수 있도록 생활방식의 변화와 이상적인 칼로리 균형 상태에 대한 결정을 스스로 내리라는 것이지, 퇴행

표 2.7. 유산소 트레이닝 프로그램

준비운동	10~15분 정도의 유연성 활동 및 미용체조
본 운동	
건강증진 목적	20~30분 정도의 중·고강도 신체활동
체력향상 목적	표 2.1의 ACSM 지침에 따른 고강도 활동을 15~20분 정도 지속
정리운동	10~15분 정도의 유연성 활동

성 질병의 위험도를 높일 수 있는 체중상태로 만든다는 의미는 아니다.

체중 감소와 관련해서 주목해야 할 중요한 사항은 '스포츠 환원(sport reduction)' 현상이 통하지 않는다는 것이다(스포츠에 참여한다고 해서 체중감소가 자연적으로 발생하지는 않음 – 역자 주). 특수 장비를 구입하거나 유행하고 있는 특정 다이어트 방법을 일시적으로 사용해서 복부 혹은 엉덩이 둘레를 줄이고자 노력하는 사람들을 종종 접할 수 있을 것이다. 그러나 불행하게도 이러한 도구들과 다이어트는 효과가 없다. 중요한 것은 살아가는 생활방식을 변화시키고 유지해야 한다는 점이다. 특정 신체부위의 지방을 빼기 위해 그 부위의 근육군만 운동을 실시하는 것은 별 효과가 없다는 것을 알게 될 것이다. 물론 그렇게 하면 그 신체부위의 근력은 향상될 수도 있겠지만, 체지방에는 큰 변화가 없다. 따라서 체지방 감소에 가장 좋은 방법은 일반적인 유산소 운동을 통해 음성 칼로리 균형 상태를 만드는 것이다. 이런 식으로 접근하게 되면, 지방이 신체의 어느 곳에 저장되어 있더라도 제거할 수 있을 것이다.

체중 유지는 칼로리 균형에 달려있기 때문에, 신체활동으로 얼마나 많은 칼로리를 소비하고 동시에 음식을 통해 얼마나 많은 칼로리를 섭취해야 하는지를 결정하는 것은 흥미로운 일이다. 식품의 열량표에 나와 있는 칼로리를 기록함으로써 섭취한 칼로리 양을 계측할 수 있다. 또한, 신체활동 유형별 칼로리 소모

량이 열거되어 있는 다양한 표들에 기초하여 칼로리 소모량을 추정할 수도 있다. 표 2.8에서 제시되고 있는 칼로리 소모량은 150파운드의 체중을 가진 사람에 대한 기준치이다. 만일 체중이 덜 나간다면, 칼로리 소비량도 그만큼 더 줄어들 것이다. 반면에, 체중이 더 나간다며, 칼로리 소비량도 그만큼 더 많아져야 한다. 체중이 100파운드 정도의 사람이라면, 표 2.8에 나와 있는 값들에 0.7을 곱해야 하며, 200파운드의 경우에는 1.3을 곱해야 한다. 표 2.8을 활용하게 되면, 자신이 참여하고 신체활동을 통해 얼마나 많은 칼로리를 소비하는지를 추정할 수 있다.

근골격계 체력

특정성, 과부하, 그리고 점진성의 원리 역시 근골격계의 근력, 근지구력 및 유연성 발달에 중요하다. 신체의 특정 부위에서의 근골격계 체력 변화를 도모하기 위해서는 그 부위에 대한 운동이 실시되어야만 한다.

표 2.8. 신체활동 유형별 칼로리 소모량 추정치

활동	시간당 칼로리 소모량
6mph(시속 10km) 속도의 자전거 타기	240
12mph(시속 20km) 속도의 자전거 타기	410
크로스컨트리 스키	700
5.54mph(시속 9km) 속도의 조깅	740
7mph(시속 11km) 속도의 조깅	920
줄넘기	750
제자리 뛰기	650
10mph(시속 16km) 속도의 달리기	1280
분당 25yd(22.86m) 페이스의 수영	275
분당 50yd(45.72m) 페이스의 수영	500
테니스(단식)	400
2mph(시속 3km) 속도의 걷기	240
3mph(시속 5km) 속도의 걷기	320
4.5mph(시속 7km) 속도의 걷기	440

미국 심장, 폐, 혈액 협회(National Heart, Lung, and Blood Institute)의 데이터에 근거함.

근력 트레이닝 프로그램을 이해하기 위해서는 몇 가지 용어의 정의를 알아야 할 필요가 있다.

최대반복횟수(RM: Repetition Maximum) : 지정된 횟수 만에 들어 올릴 수 있는 최대 무게. 예를 들면, 1-RM은 한 번에 들어 올릴 수 있는 최대무게인 반면, 10-RM은 10회를 들어 올릴 수 있는 최대무게를 의미한다.
반복횟수(reps: Repetitions) : 특정 운동을 반복적으로 수행한 횟수를 말한다(예: 벤치프레스 10회).
세트(Set) : 정해진 반복회수를 완료한 횟수를 말한다 (예: 벤치프레스 10회를 3세트 실시함).

한 가지 중요한 트레이닝 원리로, 초기 단계에서는 쉽게 들어 올릴 수 있는 무게로 시작해서, 원하는 근력 및 근지구력 수준에 도달할 때까지 세트와 반복횟수를 서서히 늘려가야 한다. 일반적으로 무게를 늘리고 반복횟수를 줄이면 근력향상에 더 좋은 반면, 무게를 줄이고 반복횟수를 늘리면 근지구력 향상에 더 좋다. 웨이트 종류는 프리 웨이트(free weights), 기구 사용, 지속적인 저항 등 다양하게 선택할 수 있으며, 각각의 기구는 근력과 근지구력 향상을 위해 사용될 수 있다. 표 2.9는 근골격계 체력 향상을 위한 트레이닝 프로그램의 예시를 보여주고 있다. 또한, 이 책의 22장의 웨이트 트레이닝 내용도 참고해보자.

앞에서 언급한 근력 및 근지구력 트레이닝의 원리는 유연성 트레이닝에도 유사하게 적용될 수 있다. 먼저 동작가동범위 내에서 원하는 관절을 천천히 움직이는 것으로 시작한다. 그런 다음, 장기간에 걸쳐 점차적으로 움직임 양을 늘려가면서 동작가동범위를 넓혀가도록 한다. 유연성의 대표적 운동인 윗몸 앞으로 굽히기를 예를 들어보자. 이 운동은 서서 하거나 앉아서 할 수 있지만, 앉은 자세로 시작하는 것이 더 안전할 것이다. 그러나 앉아서 하는 동작을 처음 시

표 2.9. 근력 및 근지구력 트레이닝 프로그램

근력 트레이닝				
주	빈도	세트	반복횟수	운동부하
1~3	주 2일	2	6~10회/세트	12-RM
4~20	주 3일	3	6~10회/세트	6-RM
21+(유지)	주 3일	3	6~10회/세트	6-RM
근지구력 트레이닝				
주	빈도	세트	반복횟수	운동부하
1~3	주 2일	2	15회/세트	1-RM의 40%
4~20	주 3일	3	15+회/세트	1-RM의 60%
21+(유지)	주 1~2일	3	15+회/세트	1-RM의 60%

자료: Howley and Franks 2003. 저자로부터 데이터 사용에 대한 승인 하에 수정되었음. *Health Futness Instructor's Handbook*, 4th ed. (Champaign, IL: Human Kinetics), 308.

도할 때에는 발목 근처에 겨우 도달하는 수준에 그치게 될지도 모른다. 일단 동작이 만들어지면 5~10초 정도 자세를 유지한 다음 준비자세로 돌아온다. 이러한 방식으로 운동을 8~10회 정도 반복한다. 이러 식으로 몇 주가 지나고 나면, 윗몸을 앞으로 굽혀 손이 발가락을 향해 뻗을 수 있을 정도로 유연성이 향상되었다는 것을 알 수 있을 것이다. 유연성은 가역성의 원리에 특히 민감한 영역이다. 유연성은 관련 운동을 시속석으로 연습하지 않으면 쉽게 잃어버리게 된다.

건강한 생활습관 시작하기와 유지하기

신체활동, 다이어드, 또는 운동 프로그램을 시작하는 것은 결코 쉽지 않은 일이다. 또한 프로그램에 지속적으로 참여하는 것 역시 쉽지 않다. 운동 프로그램 참여 중 그만두는 비율은 상당히 높은 편이다. 운동 프로그램 참여의 지속성에 영향을 미치는 중요한 요인은 현재 참여 가능한 활동 유형들 중 참여자 스스로 할 수 있다고 생각되고 지속적으로 할 수 있는 것들을 선택하는 것이다. 너무 성급하게 시작하는 것은 피로와

부상을 초래할 수 있어, 결국 참여 동기 저하로 이어지게 된다. 건강한 생활을 위한 행동방식을 실천하고 유지시키기 위해서는 시작하고자 하는 프로그램이 참여자의 요구를 충족시킬 수 있어야 한다. 이러한 사실은 신체활동, 다이어트, 금연, 안전벨트 착용, 또는 치아관리를 위한 치실 사용 등 행동방식의 변화가 무엇이든 간에 마찬가지이다. 동기 유발을 통해 신체적으로 활동적인 생활방식을 가지도록 유도하는데 사용되는 여러 가지 중재 전략들은 개인의 욕구와 흥미 수준에 지속적으로 맞춰져야 한다. 많은 연구들은 '변화의 단계(stages of change)'라는 이론적 모형을 통해 개인의 장·단기 목표를 지속적으로 충족시킬 수 있는 중재 전략들을 제시해오고 있다. 표 2.10은 신체활동관련 변화에 대한 준비 상황을 단계별로 묘사하고 있다. 한 가지 유념해야 할 것은 각 단계에서의 참여자에 대한 동기부여는 다를 수 있으며, 특정 집단의 사람들에게 효과적인 중재 전략이 다른 집단에서는 통하지 않을 수도 있다는 점이다. 부가적으로, 마틴과 그 동료들(Martin et al., 2000)은 신체활동이 건강에 중요하다고 믿는 사람들이 그렇지 않은 사람들에 비해 건강 효과를 볼 수 있을 만큼의 충분한

표 2.10. 변화에 대한 단계별 준비 상황

심사숙고 이전 단계(Precontemplation)
나는 운동/걷기를 규칙적으로 하고 있지 않으며, 가까운 미래에도 시작할 생각이 없다.

심사숙고 단계(Contemplation)
나는 운동/걷기를 규칙적으로 하고 있지는 않지만, 시작할 생각은 해오고 있다.

준비단계(Preparation)
나는 규칙적인 운동 또는 걷기를 시작하려고 노력하고 있거나 가끔 실시한다.

시작 전 단계(Subaction)
나는 현재 주 3회 이내의 고강도 운동 또는 주 5회 이내의 중강도 운동을 실시하고 있다.

중강도 신체활동 시작 단계(Action for moderate physical activity)
나는 지난 1~6개월 동안 주 5회 이상의 중강도 운동(또는 주당 2.5시간 이상)을 실시해 오고 있다.

중강도 신체활동 유지 단계(Maintenance for moderate physical activity)
나는 주 5회 이상의 중강도 운동(또는 주당 2.5시간 이상)을 7개월 이상 실시해 오고 있다.

고강도 신체활동 시작 단계(Action for vigorous physical activity)
나는 지난 1~6개월 동안 주 3~5회의 고강도 운동을 실시해 오고 있다.

고강도 신체활동 유지 단계(Maintenance for vigorous physical activity)
나는 주 3~5회의 고강도 운동을 7개월 이상 실시해 오고 있다.

신체활동에 참여할 가능성이 더 높다는 연구결과를 발표하였다.

건강관련 체력 구성요소별 평가

유산소성 체력

유산소성 체력은 최대 운동 수행 시 활용되는 최대산소섭취량(VO2max)을 측정할 수 있는 트레드밀 검사 (treadmill test)를 통해 가장 정확하게 평가될 수 있다. 불행하게도 트레드밀 검사는 특정 장비와 전문성이 요구되기 때문에 대부분의 검사자들에게는 실용적이지 못하다는 단점을 가지고 있다. 이런 까닭으로, 유산소성 체력의 현장검사 항목들이 개발되어 왔다. 이러한 현장검사들 중 가장 널리 알려진 것은 특정 거리(1mile)의 완주에 걸리는 시간 또는 특정 시간(12분) 내에 걷거나 달린 거리를 측정하는 방법이다. 표 2.11은 1마일 걷기/달리기 검사(1mile walk /run test)의 결과와 평가 분류 기준을 제시하고 있다.

체성분

체지방과 관련된 위험 수준을 파악하는 데에는 여러

표 2.11. 1마일 걷기/달리기 검사의 규준 데이터

적용대상(30~69세)		
분류	남성	여성
매우 좋음	〈10:13	〈11:41
좋음	10:13~11:42	11:41~13:08
평균 상위 범위	11:43~13:13	13:09~14:36
평균 하위 범위	13:14~14:44	14:37~16:04
보통	14:45~16:23	16:05~17:31
나쁨	〉16:23	〉17:31

적용대상(18~30세)		
백분위수a	남성	여성
90	11:08	11:45
75	11:42	12:49
50	12:38	13:15
25	13:38	14:12
10	14:37	15:03
나쁨	〉16:24	〉17:32

자료: Jackson, Solomon, and Stusek 1992. Reprinted with permission from *Research Quarterly for Exercise and Sport*, Vol 63, NO. 1, A52, copyright(1992) by the American Alliance for Health, Physical Education, Recreation and Dance, 1900 Association Drive, Reston, VA 20191.
백분위수는 특정 점수 또는 그보다 낮은 점수를 갖는 사람들의 전체에 대한 백분율을 의미한다. 예를 들면, 20세의 남자가 1마일 걷기 검사를 11:08에 완주했다면, 그의 기록이 이 검사를 한 모든 남자들의 90%보다 더 좋다는 것을 의미한다.

가지 방법이 있다. 이 장에서는 세 가지 방법에 대해 설명하고자 한다.

첫 번째 방법은 신체질량지수(Body Mass Index: BMI)의 평가이다. BMI는 신장에 대한 체중의 비율을 측정하는 방법이다. 만일 두 사람의 신장이 같다면,

정상 체중보다 더 많이 나가는 사람이 질병에 걸릴 위험이 상대적으로 더 높다(단, 몸무게 추가분이 제지방이 아닌 주로 지방으로 구성된 경우). BMI는 kg 단위의 체중을 m 단위의 신장 제곱으로 나누어 산출해낸다 (체중 kg / 신장 m^2). 이것의 대안으로 사용될 수 있는

표 2.12. 신체질량지수(BMI) 계산

체중 (lb)	신장(in)																체중 (kg)
	48	49	50	51	52	53	54	55	56	57	58	59	60	61	62	63	
100	30.6	29.3	28.2	27.1	26.1	25.1	24.2	23.3	22.5	21.7	20.9	20.2	19.6	18.9	18.3	17.8	45.5
105	32.1	30.8	29.6	28.4	27.4	26.3	25.4	24.5	23.6	22.8	22.0	21.3	20.5	19.9	19.2	18.6	47.7
110	33.6	32.3	31.0	29.8	28.7	27.6	26.6	25.6	24.7	23.9	23.0	22.3	21.5	20.8	20.2	19.5	50.0
115	35.2	33.7	32.4	31.2	30.0	28.8	27.8	26.8	25.8	24.9	24.1	23.3	22.5	21.8	21.1	20.4	52.3
120	36.7	35.2	33.8	32.5	31.3	30.1	29.0	27.9	27.0	26.0	25.1	24.3	23.5	22.7	22.0	21.3	54.5
125	38.2	36.7	35.2	33.9	32.6	31.4	30.2	29.1	28.1	27.1	26.2	25.3	24.5	23.7	22.9	22.2	56.8
130	39.8	38.1	36.6	35.2	33.9	32.6	31.4	30.3	29.2	28.2	27.2	26.3	25.4	24.6	23.8	23.1	59.1
135	41.3	39.6	38.0	36.6	35.2	33.9	32.6	31.4	30.3	29.3	28.3	27.3	26.4	25.6	24.7	24.0	61.4
140	42.8	41.1	39.5	37.9	36.5	35.1	33.8	32.6	31.5	30.4	29.3	28.3	27.4	26.5	25.7	24.9	63.6
145	44.3	42.5	40.9	39.3	37.8	36.4	35.0	33.8	32.6	31.4	30.4	29.3	28.4	27.5	26.6	25.7	65.9
150	45.9	44.0	42.3	40.6	39.1	37.6	36.2	34.9	33.7	32.5	31.4	30.4	29.4	28.4	27.5	26.6	68.2
155	47.4	45.5	43.7	42.0	40.4	38.9	37.5	36.1	34.8	33.6	32.5	31.4	30.3	29.3	28.4	27.5	70.5
160	48.9	47.0	45.1	43.3	41.7	40.1	38.7	37.3	35.9	34.7	33.5	32.4	31.3	30.3	29.3	28.4	72.7
165	50.5	48.4	46.5	44.7	43.0	41.4	39.9	38.4	37.1	35.8	34.6	33.4	32.3	31.2	30.2	29.3	75.0
170	52.0	49.9	47.9	46.6	44.3	42.6	41.1	39.6	38.2	36.9	35.6	34.4	33.3	32.2	31.2	30.2	77.3
175	53.5	51.4	49.3	47.4	45.6	43.9	42.3	40.8	39.3	37.9	36.7	35.4	34.2	33.1	32.1	31.1	79.5
180	55.0	52.8	50.7	48.8	46.9	45.1	43.5	41.9	40.4	39.0	37.7	36.4	35.2	34.1	33.0	32.0	81.8
185	56.6	54.3	52.1	50.1	48.2	46.4	44.7	43.1	41.6	40.1	38.7	37.4	36.2	35.0	33.9	32.8	84.1
190	58.1	55.8	53.5	51.5	49.5	47.7	45.9	44.3	42.7	41.2	39.8	38.5	37.2	36.0	34.8	33.7	86.4
195	59.6	57.2	55.0	52.8	50.8	48.9	47.1	45.4	43.8	42.3	40.8	39.5	38.2	36.9	35.7	34.6	88.6
200	61.2	58.7	56.4	54.2	52.1	50.2	48.3	46.6	44.9	43.4	41.9	40.5	39.1	37.9	36.7	35.5	90.9
205	62.7	60.2	57.8	55.5	53.4	51.4	49.5	47.7	46.1	44.5	42.9	41.5	40.1	38.8	37.6	36.4	93.2
210	64.2	61.6	59.2	56.9	54.7	52.7	50.7	48.9	47.2	45.5	44.0	42.5	41.1	39.8	38.5	37.3	95.5
215	65.7	63.1	60.6	58.2	56.0	53.9	51.9	50.1	48.3	46.6	45.0	43.5	42.1	40.7	39.4	38.2	97.7
220	67.3	64.6	62.0	59.6	57.3	55.2	53.2	51.2	49.4	47.7	46.1	44.5	43.1	41.7	40.3	39.1	100.0
225	68.8	66.0	63.4	60.9	58.6	56.4	54.4	52.4	50.5	48.8	47.1	45.5	44.0	42.6	41.2	39.9	102.3
230	70.3	67.5	64.8	62.3	59.9	57.7	55.6	53.6	51.7	49.9	48.2	46.6	45.0	43.5	42.2	40.8	104.5
235	71.9	69.0	66.2	63.7	61.2	58.9	56.8	54.7	52.8	51.0	49.2	47.6	46.0	44.5	43.1	41.7	106.8
240	73.4	70.4	67.6	65.0	62.5	60.2	58.0	55.9	53.9	52.0	50.3	48.6	47.0	45.4	44.0	42.6	109.1
245	74.9	71.9	69.0	66.4	63.8	61.5	59.2	57.1	55.0	53.1	51.3	49.6	47.9	46.4	44.9	43.5	111.4
250	76.4	73.4	70.5	67.7	65.1	62.7	60.4	58.2	56.2	54.2	52.4	50.6	48.9	47.3	45.8	44.4	113.6
	1.22	1.24	1.27	1.30	1.32	1.35	1.37	1.40	1.42	1.45	1.47	1.50	1.52	1.55	1.57	1.60	

신장(m)

(계속)

표 2.12. (계속) 신체질량지수(BMI) 계산

체중(lb)	신장(in)															체중(kg)
	64	65	66	67	68	69	70	71	72	73	74	75	76	77	78	
100	17.2	16.7	16.2	15.7	15.2	14.8	14.4	14.0	13.6	13.2	12.9	12.5	12.2	11.9	11.6	45.5
105	18.1	17.5	17.0	16.5	16.0	15.5	15.1	14.7	14.3	13.9	13.5	13.2	12.8	12.5	12.2	47.7
110	18.9	18.3	17.8	17.3	16.8	16.3	15.8	15.4	14.9	14.5	14.2	13.8	13.4	13.1	12.7	50.0
115	19.8	19.2	18.6	18.0	17.5	17.0	16.5	16.1	15.6	15.2	14.8	14.4	14.0	13.7	13.3	52.3
120	20.6	20.0	19.4	18.8	18.3	17.8	17.3	16.8	16.3	15.9	15.4	15.0	14.6	14.3	13.9	54.5
125	21.5	20.8	20.2	19.6	19.0	18.5	18.0	17.5	17.0	16.5	16.1	15.7	15.2	14.9	14.5	56.8
130	22.4	21.7	21.0	20.4	19.8	19.2	18.7	18.2	17.7	17.2	16.7	16.3	15.9	15.4	15.1	59.1
135	23.2	22.5	21.8	21.2	20.6	20.0	19.4	18.9	18.3	17.8	17.4	16.9	16.5	16.0	15.6	61.4
140	24.1	23.3	22.6	22.0	21.3	20.7	20.1	19.6	19.0	18.5	18.0	17.5	17.1	16.6	16.2	63.6
145	24.9	24.2	23.5	22.8	22.1	21.5	20.8	20.3	19.7	19.2	18.7	18.2	17.7	17.2	16.8	65.9
150	25.8	25.0	24.3	23.5	22.9	22.2	21.6	21.0	20.4	19.8	19.3	18.8	18.3	17.8	17.4	68.2
155	26.7	25.8	25.1	24.3	23.6	22.9	22.3	21.7	21.1	20.5	19.9	19.4	18.9	18.4	17.9	70.5
160	27.5	26.7	25.9	25.1	24.4	23.7	23.0	22.4	21.7	21.2	20.6	20.0	19.5	19.0	18.5	72.7
165	28.4	27.5	26.7	25.9	25.1	24.4	23.7	23.1	22.4	21.8	21.2	20.7	20.1	19.6	19.1	75.0
170	29.2	28.3	27.5	26.7	25.9	25.2	24.4	23.8	23.1	22.5	21.9	21.3	20.7	20.2	19.7	77.3
175	30.1	29.2	28.3	27.5	26.7	25.9	25.2	24.5	23.8	23.1	22.5	21.9	21.3	20.8	20.3	79.5
180	31.0	30.0	29.1	28.3	27.4	26.6	25.9	25.2	24.5	23.8	23.2	22.5	22.0	21.4	20.8	81.8
185	31.8	30.8	29.9	29.0	28.2	27.4	26.6	25.9	25.1	24.5	23.8	23.2	22.6	22.0	21.4	84.1
190	32.7	31.7	30.7	29.8	28.9	28.1	27.3	26.6	25.8	25.1	24.4	23.8	23.2	22.6	22.0	86.4
195	33.5	32.5	31.5	30.6	29.7	28.9	28.0	27.3	26.5	25.8	25.1	24.4	23.8	23.2	22.6	88.6
200	34.4	33.4	32.3	31.4	30.5	29.6	28.8	28.0	27.2	26.4	25.7	25.1	24.4	23.8	23.2	90.9
205	35.3	34.2	33.2	32.2	31.2	30.3	29.5	28.7	27.9	27.1	26.4	25.7	25.0	24.4	23.7	93.2
210	36.1	35.0	34.0	33.0	32.0	31.1	30.2	29.4	28.5	27.8	27.0	26.3	25.6	25.0	24.3	95.5
215	37.0	35.9	34.8	33.7	32.8	31.8	30.9	30.0	29.2	28.4	27.7	26.9	26.2	25.5	24.9	97.7
220	37.8	36.7	35.6	34.5	33.5	32.6	31.6	30.7	29.9	29.1	28.3	27.6	26.8	26.1	25.5	100.0
225	38.7	37.5	36.4	35.3	34.3	33.3	32.4	31.4	30.6	29.7	28.9	28.2	27.4	26.7	26.1	102.3
230	39.6	38.4	37.2	36.1	35.0	34.0	33.1	32.1	31.3	30.4	29.6	28.8	28.1	27.3	26.6	104.5
235	40.4	39.2	38.0	36.9	35.8	34.8	33.8	32.8	31.9	31.1	30.2	29.4	28.7	27.9	27.2	106.8
240	41.3	40.0	38.8	37.7	36.6	35.5	34.5	33.5	32.6	31.7	30.9	30.1	29.3	28.5	27.8	109.1
245	42.1	40.9	39.6	38.5	37.3	36.3	35.2	34.2	33.3	32.4	31.5	30.7	29.9	29.1	28.4	111.4
250	43.0	41.7	40.4	39.2	38.1	37.0	35.9	34.9	34.0	33.1	32.2	31.3	30.5	29.7	29.0	113.6
	1.63	1.65	1.68	1.70	1.73	1.75	1.78	1.80	1.83	1.85	1.88	1.91	1.93	1.96	1.98	
	신장(m)															

자료: Morrow et al. 2005

BMI 산출 공식은 (703 x lb 단위의 체중) / (in 단위의 신장)^{2}이다. 체중과 신장에 따른 BMI 값들은 표 2.12에, 그리고 산출된 개인별 BMI가 어느 범주에 포함되는 지는 표 2.13을 통해 비교해 볼 수 있다. 또한, 도해 2.4에 제시된 값들과 비교할 수도 있다.

체성분을 간단하게 평가할 수 있는 두 번째 검사는 허리둘레를 측정하는 것이다. 허리둘레 길이가 길면 길수록 심혈관질환의 위험은 그만큼 더 높아지게 된

표 2.13. 신체질량지수 결과의 평가

저체중	〈18.5
정상	18.5~24.9
과체중	25.0~29.9
비만	〉29.9

자료: U.S. Centers for Disease Control and Prevention and American Heart Association guidelines.

다. 앞에서 언급한대로, 남자의 경우, 허리둘레 길이가 40인치(102cm) 이상, 그리고 여성의 경우에는 35인치(88cm) 이상이면 질병의 위험이 상대적으로 높은 수준이다.

체성분을 파악하기 위한 세 번째 방법은 피부 아래에 분포된 지방의 측정을 통해 체지방량을 추정하는 것이다. 피하지방 측정(skinfold measures)은 피부두께 집게(skinfold calipers)에 의해 측정된 지방 수준에 기초하여 총 체지방량을 추정할 수 있다. 일반적으

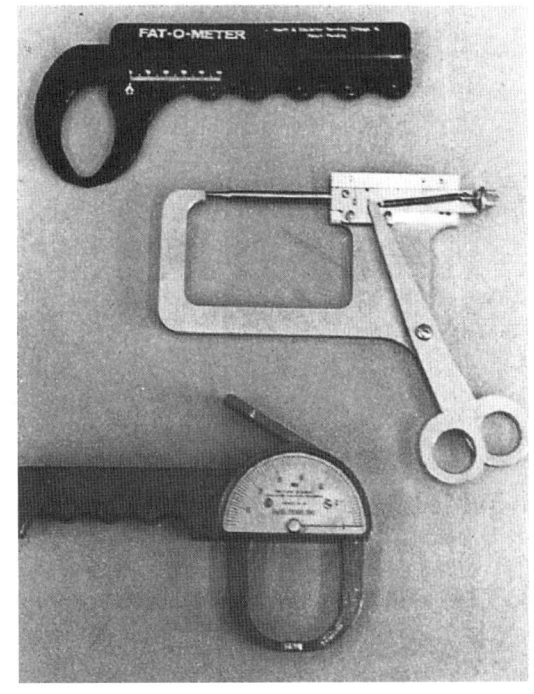

도해 2.5. 피하지방 측정도구(Skinfold calipers)

남자 측정부위

가슴(Chest)
겨드랑이 앞쪽과 젖꼭지 사이 중앙을 대각선으로 측정

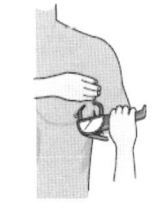
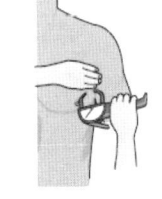

복부(Abdominal)
배꼽 옆 2cm 떨어진 부위 측정

허벅지(Thigh)
다리의 긴장을 풀고 무릎은 약간 구부린 채 오른쪽 허벅지의 중앙을 수직으로 측정

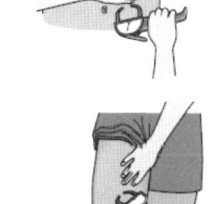

여자 측정부위

삼두근(Triceps)
팔을 아래로 뻗고 팔꿈치를 편 상태에서 상완 뒤쪽 팔꿈치와 어깨점 사이 중앙을 수직으로 측정

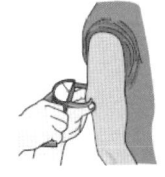

옆구리(Suprailium)
겨드랑이 앞쪽에서 수직 선상에 있는 힙 부위를 대각선으로 측정

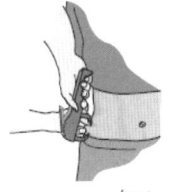

허벅지(Thigh)
다리의 긴장을 풀고 무릎은 약간 구부린 채 오른쪽 허벅지의 중앙을 수직으로 측정

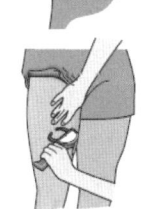

도해 2.6. 피하지방 측정방법

로, 지방이 쌓이는 신체부위는 성별에 따라 다르므로, 남녀의 피하지방 측정 부위 역시 다르다. 남자의 경우, 가슴, 복부, 그리고 허벅지를 측정하는 반면, 여자는 삼두근, 장골능 상부, 그리고 허벅지를 측정한다. 도해 2.6에서는 이러한 측정방법이 어떻게 이루어지는지를 잘 보여주고 있다. 측정된 피하지방 값은 표 2.14를 활용하여 총 체지방량으로 변환할 수 있다. 그런 다음, 표 2.15에 기초하여 체지방 결과를 평가하면 된다. 남녀의 체지방률이 각각 25%와 33% 이상이면, 질병에 걸릴 위험이 상당히 높다고 할 수 있다.

근골격계 체력

근력과 유연성은 동작의 특정성 때문에 측정하기가 어렵다. 이에 대한 추가적인 정보는 교재의 22장에 나오는 역기들기 지침을 참고하도록 한다. 근력과 유연성에 대한 측정의 어려움에도 불구하고, 체중에 따른 근력과 상체 근 지구력 검사에 대한 규준 데이터는 표 2.16과 2.17에 제시되고 있다.

복부 근력 및 근지구력을 측정하는 검사 방법은 많이 개발되어 있다. 이 중에서 널리 사용되고 검사 중 하나는 개인이 1분 동안 수행할 수 있는 윗몸일으키기 횟수이다. 이 검사를 시작하기 위해서는, 먼저 바닥에 등을 대고 눕고 무릎은 굽혀서 허벅지와 종아리 사이가 거의 90도가 되도록 자세를 취한다. 그리고 양 팔을 가슴 앞에서 교차시키면서 양손을 반대쪽 어깨에 각각 위치시킨다. 그런 다음, 파트너는 참여자의 양발을 잡아 바닥에 고정시키도록 한다. 참여자는 시작 구호와 함께 1분 동안 할 수 있는 최대 반복횟수의 윗몸일으키기를 실시한다. 윗몸일으키기 1회가 수행되기 위해서는, 팔이 가슴에 붙은 채로 팔꿈치가 허벅지에 닿은 후 등 중앙이 바닥에 닿게 되는 준비자세로 되돌아와야 한다. 윗몸일으키기 검사 결과는 표 2.18의 규준 데이터와 비교하여 분석하도록 한다.

근력 및 근지구력과 마찬가지로, 유연성도 신체부위와 관절이 가지는 특성 상 많은 방법들에 의해 측정될 수 있다. 일반적으로 많이 사용되는 검사는 앉아윗몸앞으로굽히기(혹은 좌전굴이라고도 알려져 있음 – 역자 주)이다. 이 검사에는 특별한 측정도구가 필요하다 (도해 2.7 참조). 윗몸앞으로굽히기 검사를 수행하기 위해서는, 먼저 신발을 벗고 앉은 후 양발을 뻗은 상태에서 측정 도구의 수직면에 밀착시킨다. 그런 다음, 손바닥을 아래로 하고 양손의 손가락 끝이 일치하도록 하여 포갠 후 앞으로 신전시킨다(손을 앞으로 쭉 뻗기 – 역자 주). 이때, 참여자는 자신의 무릎을 편 상태에서 앞으로 최대한 많이 뻗도록 한다. 이 동작을 4회 반복하는데, 최대치인 마지막 4번째 뻗기에서 1초동안 자세를 유지해야 한다. 검사 점수는 최대로 뻗은 길이를 cm로 기록한다. 검사 중 의도적인 반동은 사용할 수 없고, 대신 부드럽게 미끄러지듯 앞으로 뻗어야 한다. 검사 결과는 표 2.19에 나와 있는 규준과 비교하여 분석하도록 한다.

신체활동의 시작이 너무 이르거나 늦은 경우는 결코 없다

어떤 사람들은 자신들의 나쁜 몸 상태, 과체중, 또는 유연성 부족이 오랫동안 지속되어 왔기 때문에 신체활동 프로그램의 참여를 시작하는 것이 아무 소용이 없을 거라고 믿을지도 모른다. 역설적으로 표현하자면, 프로그램을 시작하기에 너무 이르거나 너무 늦은 경우는 결코 없다. 연구 결과에 의하면, 초등학교 연령의 어린이들도 트레이닝을 통해 유산소성 체력, 신체조성, 그리고 근력을 향상시킬 수 있다. 표 2.20은 신체활동의 중요성에 대한 국가적 차원의 공동 성명을 도출해내기 위해 개최된 한 학술회에서 제시한 어린이와 청소년의 신체활동 지침 내용을 보여주고 있다. 한 가지 유념해야

표 2.14. 피하지방 측정치(가슴, 복부, 허벅지 합계)와 체지방률 변환 값 – 남자

피하지방 합계(mm)	전년도 나이(세)								
	22 이하	23~27	28~32	33~37	38~42	43~47	48~52	53~57	58 이상
8-10	1.3	1.8	2.3	2.9	3.4	3.9	4.5	5.0	5.5
11-13	2.2	2.8	3.3	3.9	4.4	4.9	5.5	6.0	6.5
14-16	3.2	3.8	4.3	4.8	5.4	5.9	6.4	7.0	7.5
17-19	4.2	4.7	5.3	5.8	6.3	6.9	7.4	8.0	8.5
20-22	5.1	5.7	6.2	6.8	7.3	7.9	8.4	8.9	9.5
23-25	6.1	6.6	7.2	7.7	8.3	8.8	9.4	9.9	10.5
26-28	7.0	7.6	8.1	8.7	9.2	9.8	10.3	10.9	11.4
29-31	8.0	8.5	9.1	9.6	10.2	10.7	11.3	11.8	12.4
32-34	8.9	9.4	10.0	10.5	11.1	11.6	12.2	12.8	13.3
35-37	9.8	10.4	10.9	11.5	12.0	12.6	13.1	13.7	14.3
38-40	10.7	11.3	11.8	12.4	12.9	13.5	14.1	14.6	15.2
41-43	11.6	12.2	12.7	13.3	13.8	14.4	15.0	15.5	16.1
44-46	12.5	13.1	13.6	14.2	14.7	15.3	15.9	16.4	17.0
47-49	13.4	13.9	14.5	15.1	15.6	16.2	16.8	17.3	17.9
50-52	14.3	14.8	15.4	15.9	16.5	17.1	17.6	18.2	18.8
53-55	15.1	15.7	16.2	16.8	17.4	17.9	18.5	19.1	19.7
56-58	16.0	16.5	17.1	17.7	18.2	18.8	19.4	20.0	20.5
59-61	16.9	17.4	17.9	18.5	19.1	19.7	20.2	20.8	21.4
62-64	17.6	18.2	18.8	19.4	19.9	20.5	21.1	21.7	22.2
65-67	18.5	19.0	19.6	20.2	20.8	21.3	21.9	22.5	23.1
68-70	19.3	19.9	20.4	21.0	21.6	22.2	22.7	23.3	23.9
71-73	20.1	20.7	21.2	21.8	22.4	23.0	23.6	24.1	24.7
74-76	20.9	21.5	22.0	22.6	23.2	23.8	24.4	25.0	25.5
77-79	21.7	22.2	22.8	23.4	24.0	24.6	25.2	25.8	26.3
80-82	22.4	23.0	23.6	24.2	24.8	25.4	25.9	26.5	27.1
83-85	23.2	23.8	24.4	25.0	25.5	26.1	26.7	27.3	27.9
86-88	24.0	24.5	25.1	25.7	26.3	26.9	27.5	28.1	28.7
89-91	24.7	25.3	25.9	26.5	27.1	27.6	28.2	28.8	29.4
92-94	25.4	26.0	26.6	27.2	27.8	28.4	29.0	29.6	30.2
95-97	26.1	26.7	27.3	27.9	28.5	29.1	29.7	30.3	30.9
98-100	26.9	27.4	28.0	28.6	29.2	29.8	30.4	31.0	31.6
101-103	27.5	28.1	28.7	29.3	29.9	30.5	31.1	31.7	32.3
104-106	28.2	28.8	29.4	30.0	30.6	31.2	31.8	32.4	33.0
107-109	28.9	29.5	30.1	30.7	31.3	31.9	32.5	33.1	33.7
110-112	29.6	30.2	30.8	31.4	32.0	32.6	33.2	33.8	34.4
113-115	30.2	30.8	31.4	32.0	32.6	33.2	33.8	34.5	35.1
116-118	30.9	31.5	32.1	32.7	33.3	33.9	34.5	35.1	35.7
119-121	31.5	32.1	32.7	33.3	33.9	34.5	35.1	35.7	36.4
122-124	32.1	32.7	33.3	33.9	34.5	35.1	35.8	36.4	37.0
125-127	32.7	33.3	33.9	34.5	35.1	35.8	36.4	37.0	37.6

(계속)

표 2.14. (계속) 피하지방 측정치(가슴, 복부, 허벅지 합계)와 체지방률 변환 값 − 여자

피하지방 합계(mm)	전년도 나이(세)								
	22 이하	23~27	28~32	33~37	38~42	43~47	48~52	53~57	58 이상
23-25	9.7	9.9	10.2	10.4	10.7	10.9	11.2	11.4	11.7
26-28	11.0	11.2	11.5	11.7	12.0	12.3	12.5	12.7	13.0
29-31	12.3	12.5	12.8	13.0	13.3	13.5	13.8	14.0	14.3
32-34	13.6	13.8	14.0	14.3	14.5	14.8	15.0	15.3	15.5
35-37	14.8	15.0	15.3	15.5	15.8	16.0	16.3	16.5	16.8
38-40	16.0	16.3	16.5	16.7	17.0	17.2	17.5	17.7	18.0
41-43	17.2	17.4	17.7	17.9	18.2	18.4	18.7	18.9	19.2
44-46	18.3	18.6	18.8	19.1	19.3	19.6	19.8	20.1	20.3
47-49	19.5	19.7	20.0	20.2	20.5	20.7	21.0	21.2	21.5
50-52	20.6	20.8	21.1	21.3	21.6	21.8	22.1	22.3	22.6
53-55	21.7	21.9	22.1	22.4	22.6	22.9	23.1	23.4	23.6
56-58	22.7	23.0	23.2	23.4	23.7	23.9	24.2	24.4	24.7
59-61	23.7	24.0	24.2	24.5	24.7	25.0	25.2	25.5	25.7
62-64	24.7	25.0	25.2	25.5	25.7	26.0	26.7	26.4	26.7
65-67	25.7	25.9	26.2	26.4	26.7	26.9	27.2	27.4	27.7
68-70	26.6	26.9	27.1	27.4	27.6	27.9	28.1	28.4	28.6
71-73	27.5	27.8	28.0	28.3	28.5	28.8	29.0	29.3	29.5
74-76	28.4	28.7	28.9	29.2	29.4	29.7	29.9	30.2	30.4
77-79	29.3	29.5	29.8	30.0	30.3	30.5	30.8	31.0	31.3
80-82	30.1	30.4	30.6	30.9	31.1	31.4	31.6	31.9	32.1
83-85	30.9	31.2	31.4	31.7	31.9	32.2	32.4	32.7	32.9
86-88	31.7	32.0	32.2	32.5	32.7	32.9	33.2	33.4	33.7
89-91	32.5	32.7	33.0	33.2	33.5	33.7	33.9	34.2	34.4
92-94	33.2	33.4	33.7	33.9	34.2	34.4	34.7	34.9	35.2
95-97	33.9	34.1	34.4	34.6	34.9	35.1	35.4	35.6	35.9
98-100	34.6	34.8	35.1	35.3	35.5	35.8	36.0	36.3	36.5
101-103	35.3	35.4	35.7	35.9	36.2	36.4	36.7	36.9	37.2
104-106	35.8	36.1	36.3	36.6	36.8	37.1	37.3	37.5	37.8
107-109	36.4	36.7	36.9	37.1	37.4	37.6	37.9	38.1	38.4
110-112	37.0	37.2	37.5	37.7	38.0	38.2	38.5	38.7	38.9
113-115	37.5	37.8	38.0	38.2	38.5	38.7	39.0	39.2	39.5
116-118	38.0	38.3	38.5	38.8	39.0	39.3	39.5	39.7	40.0
119-121	38.5	38.7	39.0	39.2	39.5	39.7	40.0	40.2	40.5
122-124	39.0	39.2	39.4	39.7	39.9	40.2	40.4	40.7	40.9
125-127	39.4	39.6	39.9	40.1	40.4	40.6	40.9	41.1	41.4
128-130	39.8	40.0	40.3	40.5	40.8	41.0	41.3	41.5	41.8

자료: Pollack, Schmidt, and Jackson 1980. Reprinted with permission. ⓒ American Society of Contemporary Medicine & Surgery. (Michael L. Pollack, PhD; Donald H. Schmidt, MD; and Andrew S. Jackson, PED. Measurement of Cardio-Respiratory Fitness and Body Composition in the Clinical Setting. *Comp Ther.* 1980; 6[9]: 12−27.

표 2.15. 체지방률 결과의 이해

남자

평가	나이(세)					
	18~25	26~35	36~45	46~55	56~65	66+
심한 저지방	4-7	8-12	10-14	12-16	15-18	15-18
저지방	8-10	13-15	16-18	18-20	19-21	19-21
보통 이하	11-13	16-18	19-21	21-23	22-24	22-23
보통	14-16	19-21	22-24	24-25	24-26	24-25
보통 이상	18-20	22-24	25-26	26-28	26-28	25-27
비만	22-26	25-28	27-29	29-31	29-31	28-30
고도 비만	28-37	30-37	30-38	32-38	32-38	31-38

여자

평가	나이(세)					
	18~25	26~35	36~45	46~55	56~65	66+
심한 저지방	13-17	13-18	15-19	18-22	18-23	16-18
저지방	18-20	19-21	20-23	23-25	24-26	22-25
보통 이하	21-23	22-23	24-26	26-28	28-30	27-29
보통	24-25	24-26	27-29	29-31	31-33	30-32
보통 이상	26-28	27-30	30-32	32-34	34-36	33-35
비만	29-31	31-35	33-36	36-38	36-38	36-38
고도 비만	33-43	36-48	39-48	40-49	39-46	39-40

자료: Reprinted from *Y's way to Physical Fitness*, 3rd ed., with permission of the YMCA of the USA, 101 N. Wacker Drive, Chicage, IL 60606.

표 2.16. 근력 검사(1-RM LB/LB BODY WEIGHT*)의 규준 데이터

남자

평가	나이(세)				
	20~29	30~39	40~49	50~59	60+
매우 좋음	>1.26	>1.08	>0.97	>0.86	>0.78
좋음	1.17-1.25	1.01-1.07	0.91-0.96	0.81-0.85	0.74-0.77
보통	0.97-1.16	0.86-1.00	0.78-0.90	0.70-0.80	0.64-0.73
적당함	0.88-0.96	0.79-0.85	0.71-0.77	0.65-0.69	0.60-0.63
나쁨	<0.87	<0.78	<0.71	<0.64	<0.59

여자

평가	나이(세)				
	20~29	30~39	40~49	50~59	60+
매우 좋음	>0.78	>0.66	>0.61	>0.54	>0.55
좋음	0.72-0.77	0.62-0.65	0.57-0.60	0.51-0.53	0.51-0.54
보통	0.59-0.71	0.53-0.61	0.48-0.56	0.43-0.50	0.41-0.50
적당함	0.53-0.58	0.49-0.52	0.44-0.47	0.40-0.42	0.37-0.40
나쁨	<0.52	<0.48	<0.43	<0.39	<0.36

자료: *The Physical Fitness Specialist Manual*, The Cooper Institute for Aerobic Research, Dallas, Texas, revised 1988; used with permission.

표 2.17. 벤치프레스(BENCH PRESS) 근지구력 검사의 규준 데이터

남자(80파운드의 중량을 분당 30회 반복하는 속도)

평가	나이(세)					
	18~25	26~35	36~45	46~55	56~65	66+
매우 좋음	45-38	43-34	40-30	35-24	32-22	30-18
좋음	34-30	30-26	28-24	22-20	20-14	14-10
보통 이상	28-25	25-22	22-20	17-14	14-10	10-8
보통	22-21	21-18	18-16	13-10	10-8	8-6
보통 이하	20-16	17-13	14-12	10-8	6-4	〈5
나쁨	13-9	12-9	10-8	6-4	4-2	〈3
매우 나쁨	〈9	〈6	〈6	〈3	0	0

여자(35파운드의 중량을 분당 30회 반복하는 속도)

평가	나이(세)					
	18~25	26~35	36~45	46~55	56~65	66+
매우 좋음	50-36	48-33	46-28	42-26	34-22	26-18
좋음	32-28	29-25	25-21	22-20	20-16	14-12
보통 이상	25-22	22-20	20-17	17-13	15-12	11-9
보통	21-18	18-16	14-12	12-10	10-8	8-5
보통 이하	16-13	14-12	11-9	9-6	7-4	4-2
나쁨	12-8	9-5	8-4	5-2	3-1	〈3
매우 나쁨	5-1	〈3	〈3	〈2	0	0

자료: Reprinted from *Y's way to Physical Fitness*, 3rd., with permission of the YMCA of the USA, 101 N. Wacker Drive, Chicago, IL 60606.

표 2.18. 윗몸일으키기 검사(분당)의 규준

남자	나이(세)			
체력 수준	29 이하	30~39	40~49	50+
매우 좋음	〉60	〉45	〉42	〉38
좋음	48	37	32	26
적당함	40	23	20	15
나쁨	25	18	15	10
매우 나쁨	〈18	〈12	〈10	〈6

여자	나이(세)			
체력 수준	29 이하	30~39	40~49	50+
매우 좋음	〉50	〉40	〉35	〉25
좋음	40	34	26	20
적당함	32	15	10	7
나쁨	20	12	6	3
매우 나쁨	〈12	〈8	〈2	〈1

표 2.19. 앉아윗몸앞으로굽히기 검사의 규준(cm)

남자	나이(세)			
체력 수준	29 이하	30~39	40~49	50+
매우 좋음	〉42	〉48	〉4	〉43
좋음	36	43	41	38
적당함	30	23	25	20
나쁨	16	18	13	13
매우 나쁨	〈10	〈12	〈8	〈5

여자	나이(세)			
체력 수준	29 이하	30~39	40~49	50+
매우 좋음	〉42	〉53	〉53	〉48
좋음	38	50	48	46
적당함	32	36	30	30
나쁨	22	30	25	23
매우 나쁨	〈18	〈20	〈15	〈15

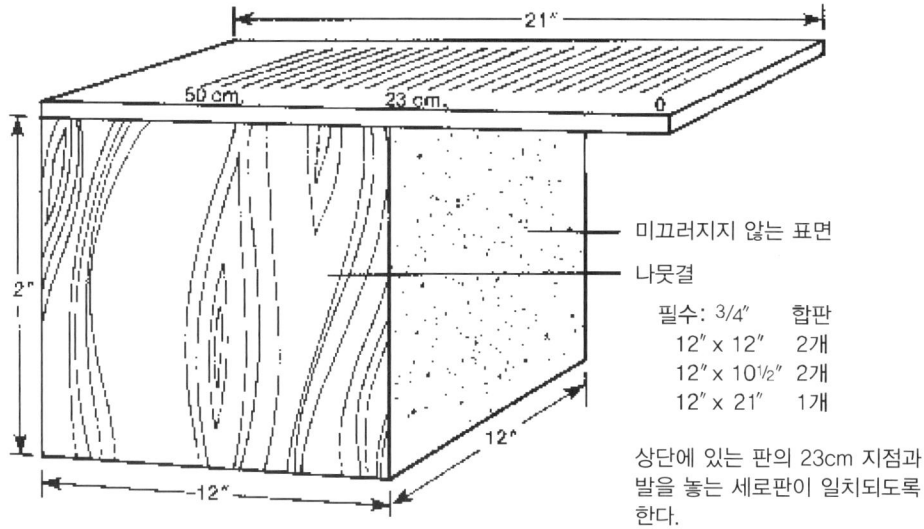

미끄러지지 않는 표면
나뭇결

필수: 3/4″ 합판
12″ x 12″ 2개
12″ x 10½″ 2개
12″ x 21″ 1개

상단에 있는 판의 23cm 지점과
발을 놓는 세로판이 일치되도록
한다.

도해 2.7. 앉아윗몸앞으로굽히기 검사에 필요한 측정도구와 재원

표 2.20. 청소년 신체활동 지침에 대한 성명서

청소년을 위한 신체활동 지침. 청소년기에 건강과 관련하여 신체활동이 왕성해야 하는 이유는 두 가지로, 청소년기 동안 신체적 및 심리적 건강 향상과 웰빙(well-being)을 증진시키는 것이 첫 번째 이유이며, 두 번째로 성인기에도 활동적인 생활을 유지할 가능성이 높아져 미래의 건강한 생활을 준비할 수 있기 때문이다.

지침 1: 모든 청소년들은 집, 학교, 그리고 지역사회 기관에서 제공하는 놀이, 게임, 스포츠, 노동, 교통수단, 레크리에이션, 체육수업, 또는 정규 운동프로그램 참여를 매일 또는 거의 매일 실시하여 신체적으로 활동적인 생활을 해야만 한다.

청소년들은 자신들의 생활방식의 한 부분으로 다양한 신체활동들을 실시해야 한다. 이 활동들은 재미있어야 하며, 다양한 근육군과 저항운동의 형태를 포함해야 한다. 운동 강도 또는 지속시간보다는 에너지 소모와 매일 운동하는 습관의 형성이 더 중요하게 고려되어야 한다. 청소년들이 계단 이용하기, 보도에서 걷기 혹은 자전거 타기, 걸으면서 친구와 대화하기, 주차장의 먼 곳에 주차하기, 또는 집안 일하기 등을 통해 신체활동을 자신들의 일과처럼 실천할 것을 장려한다.

지침 2: 일상에서의 생활습관관련 활동 외에도, 20분 이상의 중·고강도 활동을 주 3회 이상 실시할 것을 권장한다.

중·고강도 활동은 최소한 빠르게 걷기 또는 속보만큼 힘든 활동들을 말한다. 대근육군을 사용하는 다양한 활동들을 스포츠, 레크리에이션, 집안 일, 교통수단, 노동, 학교의 체육수업, 또는 정규 운동프로그램의 일부로 포함시킬 것을 권장한다. 몇 가지 예를 들어보면, 빠르게 걷기, 조깅, 계단 오르기, 농구, 라켓 스포츠, 축구, 댄스, 수영, 스케이팅, 저항훈련, 잔디 깎기, 힘든 가사일, 크로스컨트리 스키, 그리고 자전거 타기 등이 포함된다.

자료: Sallis and Patrick 1994, Reprinted by permission from J.F.Sallis and K. Patrick, 1994, "Physical Activity Guidelines for Adolescents: Consensus Statement," Pediatric Exercise Science, 6(4): 306-308.

할 것은 이 지침서에서 제시하고 있는 일일 신체활동 수준이 성인의 그것과 거의 유사하다는 점이다. 이와 유사하게, 80대 고령자에 대한 연구에서도 트레이닝을 통한 기능적 능력 향상이 보고되고 있다.

도해 2.8은 미국 텍사스(Texas)주 달라스(Dallas)시에 소재한 쿠퍼병원의 환자들을 대상으로 한 연구결과로시, 특징 시점에서 다음 시점까지의 질병관련 위험요소의 변화를 나타내고 있다. 이 연구에 참여한

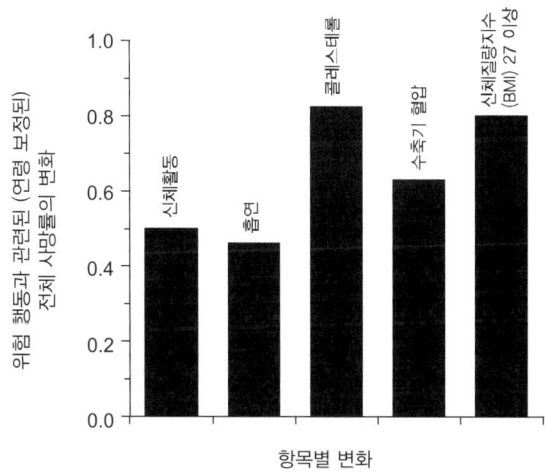

도해 2.8. 위험 행동 변화에 따른 전체 사망률의 감소(자료: Blair 1993.)

성인들의 경우, 최초 검사 시에는 특정 위험요소(예: 비활동적, 흡연, 높은 콜레스테롤 수치, 고혈압 혹은 높은 체지방률 등)를 가지고 있었다. 그러나 이러한 위험요소와 관련된 나쁜 생활습관을 고친 후(예: 활동적, 금연, 정상 콜레스테롤 수치, 혈압 수준의 정상 혹은 체지방 감소 등)에 실시한 두 번째 검사 결과에서는 모든 연구 참여자들이 위험요소로부터 벗어난 걸로 나타났다. 이 연구에서 중요한 것은 병원에 처음 방문했을 때 비활동적이었던 참여자들이 두 번째 측정을 위한 방문 시에는 활동적으로 변하였을 뿐만 아니라, 질병에 걸릴 위험도 현저하게 감소되었다는 점이다. 물론 두 번째 방문 시기에 활동적으로 변했다는 결과가 마라톤 선수나 고강도의 훈련을 받는 선수가 되었다는 것을 의미하지는 않는다. 그것은 단지 연구 참여자들이 신체활동 참여도를 높인 결과로 체력이 향상되었다는 것을 의미한다. 이러한 연구결과는 신체활동을 통해 유산소성 체력 수준을 향상시키는 것은 건강증진을 위해 매우 중요한 일이라는 점을 시사하고 있다.

이 책의 여러 영역들에 나오는 많은 내용들은 평생 동안 활동적인 생활을 지속하는데 필요한 기술 발달에 도움이 된다. 모든 사람들이 수영, 달리기, 또는 조깅을 좋아하지는 않는다. 자신이 좋아하고 평생 동안 활동적으로 살아가는 데 도움이 되는 활동을 선택하라. 그렇게 한다면, 건강, 삶의 질, 그리고 전반적 웰빙 수준 모두 향상될 것이다.

신체 활동

'운동' 혹은 '신체활동'의 건강효과는 오랫동안 많은 관심을 받아왔다. 그리고 최근에는 '생활체육'에 더 많은 관심이 집중되고 있다. 생활체육의 취지는 사람들이 자신의 생활습관을 변화시키도록 도와 좌식생활에서 벗어나도록 하는 것이다. 생활체육의 몇 가지 예를 들어보면, 직장 혹은 학교 건물로부터 되도록 멀리 주차하기, 버스를 타는 대신 걷기, 승강기 대신 계단 이용하기, 노동력을 절감해 주는 장비의 사용을 자제하기, 그리고 가능한 모든 일을 '옛날 방식'으로 처리하기 등이 있을 수 있다. 다른 말로 표현하자면, 하루 동안에 수행하는 활동 하나 하나에 더 많은 에너지를 소비할 수만 있다면, 이는 곧 더 많은 칼로리를 태우는 것이 될 뿐만 아니라, 신체적으로 활동적인 생활을 통해 얻을 수 있는 건강 효과의 잠재력도 커지게 된다는 것이다. 그러나 모로우(Morrow)와 동료 연구자들이(2004) 보고한 바에 따르면, 성인들은 대체적으로 일상생활에서의 신체활동보다는 전통적인 체력활동이 건강에 더 효과가 있다고 알고 있다.

신체활동에 대한 관심이 고조됨에 따라, 보도계(흔히 만보계/만보기로 알려져 있음 - 역자 주)의 인기도 날로 확산되고 있다. 보도계의 재질과 모델은 (가격에 따라) 다양하다. 어떤 보도계는 활동 수행에 걸린 시간만 측정하는 반면, 다른 것은 시간뿐만 아니라, 거리와 칼로리 소비 추정치까지도 측정할 수 있다. 가장 단순한 종류의 보도계는 개인이 하루 동안 걸은 스텝(발자국) 수를 측정한다. 보통 가격이 싼 보도계는 운동 강도를 측정할 수 없기 때문에, 이러한 종류를 사용하게 되면 건강효과를 위한 스텝 수가 어느 정도인지를 결정하는 데 종종 어려움을 겪게 된다. '건강효과'를 위한 보도계의 목표 스텝 수에는 다양한 의견이 있지만, 그래도 가장 선호하는 목표는 하루에 10,000보를 걷는 것이다. 그러나 이 목표 역시 타당성은 그다지 높지 않은 걸로 알려져 있다. 보도계의 스텝 수가 운동 목적을 가지기 위해서는 수행하는 신체활동이 미국질병관리 및 예방센터(U.S. Centers for Disease Control and Prevention)에서 제시하고 있는 30분 정도의 중고강도 운동 기준을 충족시킬 수 있어야 한다. 운동수행 효과를 알아보기 위한 한 가지 방법으로, 먼저 하루 동안 취한 스텝 수를 보도계를 통해 파악한 후, 이 수치에 약 3,500 스텝 수를 더하면 된다. 예를 들어, 만일 어떤 사람이 평상 시 활동을 통해 5,000보의 수치가 나왔다면, 이것의 최종 목표는 하루에 8,500보를 걷거나 뛰는 것이 된다. 여기서 중요한 것은 추가적으로 부가된 3,500 스텝은 각각 최소 10분의 지속시간으로 세 차례에 걸쳐 나누어 실시하고 반드시 운동을 목적으로 해야 한다. 이 방법에 대한 대안으로, 한 번에 30분을 실시하는 것도 괜찮다. 물론 이때 취하는 스텝 역시 본질적으로는 중·고강도 수준의 운동 수행에 의해 만들어져야 한다. 보도계를 사용한 적정 운동량을 파악하는 또 다른 방법으로, 먼저 하루 동안의 스텝 수를 기준으로 설정한 후 이 기준치보다 3,500~5,000보 더 많은 수치에 도달할 때까지 스텝 수를 점차적으로 늘려간다. 한 번 더 강조하지만, 3,500보는 사무실이나 직장에서 단순히 '돌아다니기'를 통해 만들어진 스텝이 아니라, 10분 정도의 활동을 몇 차례 나누어 실시하여 축적된 30분간의 운동을 통해 만들어진 스텝을 의미한다. 운동참여자는 보도계 사용을 통해 자신의 신체활동량을 스스로 관리할 수 있게 되어 비활동적인 날이 언제였는지를 파악할 수 있게 된다.

표 2.21. 미국인들을 위한 2005 식이요법 지침

- 건강증진, 심리적 웰빙, 그리고 이상적인 체중을 위해 좌식 생활습관을 버리고 규칙적인 신체활동을 실시하라.
  - 성인기에 만성질환의 위험을 감소시키기 위해 거의 매일 직장 또는 집에서 일상생활 활동 강도보다 높은 중강도 신체활동을 최소한 30분 실시하라.
  - 대부분의 경우, 더 많은 건강 효과는 더 높은 강도나 지속시간이 더 긴 신체활동 참여에 의해 얻을 수 있다.
  - 성인기에 점차적으로 불어나는 체중을 예방하고 적정 체중의 유지 및 관리를 돕기 위해서는, 칼로리 섭취 권장량의 초과 없이 거의 매일 중·고강도 운동을 약 60분 정도 실시하라.
  - 성인기에 체중을 감소시키기 위해서는, 칼로리 섭취 권장량의 초과 없이 매일 중강도 운동을 최소 60분에서 90분 정도 실시하라. 이 정도의 운동을 실시하기 위해서는 경우에 따라, 건강관리 제공자(예: 의사)와의 상담이 필요할 수도 있다.
- 심혈관 기능 및 유연성 강화를 위한 운동, 그리고 근력 및 근지구력 향상을 위한 저항운동 및 미용 체조 등을 실시하여 적정 체력 수준을 달성하라.

한 정보를 제공하고 있다. 신체활동과 관련된 지침 내용은 표 2.21에서 제시되고 있다. 이러한 지침 내용은 건강 효과와 체중조절을 위해 얼마나 많은 양의 신체활동이 필요한지를 알려주고 있다. 건강관련 혜택을 평생 동안 누리기 위해 중요한 것은 건강한 식이요법과 활동적인 생활방식의 유지를 위해 노력하는 것이다.

식이요법 지침

2005년 미국인들을 위한 식이요법 지침이 개정되었다. 이 지침에서는 체중감소 및 유지와 관련된 에너지 균형에 대한 구체적인 내용이 포함되어있다. 식이요법 지침은 '과학적인 연구결과에 기초한 정보를 제공하여 건강을 증진시키고 다이어드와 신체활동을 통해 주요 만성질환의 위험을 감소시키는 데' 그 목적이 있다. 이 지침은 음식과 영양, 체중조절을 위한 활동, 그리고 신체활동을 어떻게 선택해야 하는지에 대한 중요

인터넷 자료

표 2.22에서는 건강 및 체력과 관련된 웹 사이트 목록이 나열되어 있다. 이 사이트들 중 많은 곳들은 최근 연구결과에 기초한 새로운 내용을 소장하고 있어, 정기적으로 방문하게 되면 신체활동과 건강, 삶의 질, 그리고 전반적인 웰빙 간의 관계에 대한 개정된 정보들을 만날 수 있을 것이다.

표 2.22. 웹사이트

아래에 열거된 웹사이트들 중 많은 곳은 건강관련 체력 정보의 핵심 사이트인 http://webct.unt.edu/public/PHEDI000AJ/index.html 에서도 접속할 수 있다.

2005년미국인식생활지침
  http://www.healthierus.gov/dietaryguidelines/
건강한 국민 2010(Healthy People 2010)
  http://www.healthypeople.gov/
건강한 미국
  http://www.healthierus.gov/
건강한 체중관리 파트너십
  http://www.consumer.gov/weightloss/index.htm
관절염재단
  http://www.arthritis.org/
듀크대학다이어트/피트니스센터
  http://www.dukecenter.org
미국골다공증재단
  http://www.nof.org/
미국관절염, 근골격, 피부병연구소
  http://www.niams.nih.gov/
미국노화연구소
  http://www.nia.nih.gov/
미국농무부: 식품영양정보센터
  http://www.nal.usda.gov/fnic/
미국농무부 건강한 식사 인덱스
  http://209.48.219.53/
미국당뇨병, 소화기, 심장병연구소
  http://www.niddk.nih.gov/
미국당뇨병협회
  http://diabetes.org
미국대학스포츠의학회
  http://www.acsm.org/
미국마약남용연구소
  http://www.nida.nih.gov/
미국쉐이프업
  http://www.shapeup.org/
미국신체활동증진연합
  http://www.ncppa.org/
미국심장, 폐, 혈액연구소
  http://www.nhlbi.nih.gov/
미국심장협회
  http://www.americanheart.org/
미국알코올남용 및 중독연구소
  http://www.niaaa.nih.gov/
미국암연구소
  http://www.nci.nih.gov/
미국암학회

  http://www.nci.nih.gov/
미국정부 소비자 정보센터
  http://www.consumer.gov/
미국정신건강연구소
  http://www.nimh.nih.gov/
뼈건강과 골다공증: 일반의학보고서
  http://www.hhs.gov/surgeongeneral/library/bonehealth/
세계건강네트워크
  http://www.pitt.edu/HOME/GHNet/GHNet.html
신체질량지수계산기
  http://www.nhlbisupport.com/bmi/bmicalc.htm
신체활동과 건강: 일반의학 보고서
  http://www.cdc.gov/nccdphp/sgr/sgr.htm
영양정책증진센터
  http://www.usda.gov/cnpp/
음식물피라미드가이드
  http://www.nal.usda.gov/fnic/Fpyr/pyramid.gif/
질병관리 및 예방본부
  http://www.cdc.gov/
체중관리정보네트워크
  http://www.niddk.nih.gov/index.htm

교육 시 고려사항

1. 건강관련 체력은 하나의 독립된 형태로 분리해서 지도할 수도 있고, 학교 또는 신체활동 프로그램의 한 부분으로 지도할 수도 있다. 참여자의 태도와 습관을 감안한다면, 장기적인 프로그램 참여 효과의 성취는 체력발달과 유지를 모두 도모할 수 있을 만큼의 충분한 활동량의 체력운동을 여러 세션으로 나누어 실시할 때 가장 잘 나타날 것이다.

2. 체력 발달 및 유지의 '필요성'과 '방법' 모두 지도한다. 이론과 실기를 병행한 지도를 실시한다.

3. 나이가 많은 학생들에게 가장 효과적인 프로그램은 체력 평가, 프로그램 설계 및 실시 방법에 대한 개인별 지도이다.

4. 개개인에게 맞는 프로그램을 준비하고 프로그램의 효율성을 평가하기 위해 참여 학생과 사전 및 사후 검사를 실시한다. 학생의 진전 상태뿐만 아

니라, 프로그램 및 개인별 목표와 관련한 현 수준에 대한 정보를 학생과 나누도록 한다.

5. 한 가지 이상의 체력 영역에 대한 운동을 실시할 수 있도록 지도안을 계획한다.

6. 운동 후 휴식시간을 활용하여 체력의 개념을 설명한다.

7. 책임감을 길러준다. 학생들이 수업시간 외에도 체력단련을 할 수 있도록 독려하고, 스스로 다양한 운동 유형들로 구성된 체력 프로그램을 만들 수 있는 능력을 길러준다.

8. 체력검사는 프로그램의 일부분이어야 한다. 파트너를 활용한다던지, 또는 검사 유형에 따라 장소를 여러 곳으로 나누어 실시하여 가능한 검사 시간을 줄이도록 한다.

9. 최대운동수행을 이끌어낼 수 있는 방법을 모색한다. 장소, 장비, 그리고 시간을 최대한 활용한다.

10. 참여 활동이 정확하게 수행되고 있는지 확인한다.

11. 해가 될 수 있는 운동에 관한 정보를 알려준다.

12. 학생들에게 '준비-변화 단계(stages of readiness to change)'의 이론적 모형을 이해시켜, 현재 하고 있는 신체활동량을 결정하고 현 시점에서의 신체활동관련 행동에 대한 중재를 스스로 할 수 있도록 도와준다.

13. 연구자들은 신체활동에 참여하지 않는 가장 큰 이유로, '시간 부족'을 들고 있다. 그러나 적절한 시간 관리와 신체활동이 장기간에 걸쳐 '축적'된다는 점에 주목한다면, 모든 사람들이 건강효과를 얻을 수 있을 만큼의 신체활동에 참여할 시간은 평상시에도 충분하다는 것을 알 수 있다.

14. 자기 동기부여(self-motivation)가 활동적인 생활방식으로의 변화와 유지를 위한 중요한 결정요인이라는 사실은 널리 알려져 오고 있다. 참여 학생들과 함께 자기 동기부여의 중요성과 신체적으로 활동적인 생활을 위한 동기부여를 어떻게 할 것인지에 대해 논의하도록 한다(예: 건강 효과, 사회적 측면, 자기 자신에 대한 좋은 느낌, 에너지 향상, 심리적 향상 등).

용어 해설

가역성(reversibility) 향상된 체력 수준은 영원한 것이 될 수 없다는 이론으로, 현 수준을 유지 또는 더 나은 수준으로 끌어올리기 위한 훈련을 중지한다면 체력 수준은 원래의 나쁜 상태로 되돌아 올 수 있다.

건강관련 체력(health-related physical fitness) 체력이 건강, 삶의 질, 그리고 질병의 위험 감소와 관련되어 있다고 알려진 요소들 즉, 유산소 능력, 체성분, 근골격계 기능(근력 및 근지구력, 유연성)으로 구성되어 있음을 의미한다.

고혈압(hypertension) 혈압이 비정상적으로 높은 상태.

골다공증(osteoporosis) 뼈의 탈광물 혹은 광물질 탈실(미네랄의 급속한 손실 - 역자 주) 현상으로, 뼈 밀도가 낮아져서 쉽게 부러질 수 있다.

과부하 원리(overload principle) 하나 또는 그 이상의 신체 시스템에 평상시보다 더 많은 스트레스를 주어야 체력이 향상될 수 있다는 이론.

근골격계 체력(musculoskeletal fitness) 건강관련 체력의 한 영역으로, 근육 시스템에 긍정적인 영향을 미쳐 근력 및 근지구력과 관절의 유연성을 향상시킨다.

근비대증(hypertrophy) 근세포 크기가 비이상적으로 커지는 현상.

만성질환(chronic diseases) 장시간에 걸쳐 발병하는 질환 또는 질병.

무산소(anaerobic) 산소를 사용하지 않음. 무산소 활동 유형들은 짧은 시간 안에 수행되며 많은 양의 산소 소비를 필요로 하지 않는다. 역기 들기와 단거리 속주 등이 대표적인 무산소 활동에 포함된다.

병리학(epidemiology) 질병의 원인을 규명하고, 그것이 사회에 미치는 영향을 연구하는 의학의 한 학문분야.

비만(obesity) 체지방량이 과도하게 많은 상태.

신체질량지수(BMI: body mass index) 신장에 대한 체중의 상대적인 비율로서, 체중(kg)÷신장(m^2)로 산출된다.

운동 강도(exercise intensity) 신체활동이 가지는 격렬함 또는 에너지 소모 정도. 흔히 활동 수행동안의 심박수에 의해 측정된다.

운동 빈도(exercise frequency) 운동에 참여하는 횟수를 의미하며, 주로 일주일 단위로 표기(예: 주 3회).

운동부족병(hypokinetic diseases) 비활동적인 생활습관으로 인해 발병되는 질병.

유산소 운동(aerobic exercise) 산소 시스템의 활용을 필요로 하는 운동 유형. 일반적으로 산소 시스템은 신체활동이 대략 4~5분 이상 지속될 때 사용된다.

유산소성 체력(aerobic fitness) 심폐계에 긍정적 영향을 미쳐 지구력 수준의 향상을 도모하는 체력 요소.

제지방량(lean body mass) 지방을 제외한 모든 조직 즉, 근육, 뼈, 각종 내장기관, 무기질, 체수분 등을 포함.

지속 시간(duration) 운동 또는 신체활동에 참여한 시간.

체성분(body composition) 신체를 구성하고 있는 체지방(fat mass)과 뼈, 근육, 그리고 기타 조직들을 포함하는 제지방(fat-free mass)의 구성 비율에 대한 분석.

최대반복횟수(RM) 웨이트 트레이닝의 적정 강도 수준을 결정하기 위한 근력 검사의 일종으로, 1회(1-RM) 또는 10회(10-RM) 반복하여 들 수 있는 최대 무게를 의미한다.

최대예비심박수(maximum heart rate reserve) 최대심박수와 휴식 시 심박수간의 차이

특정성(specificity) 신체활동 또는 운동의 효과가 사용된 특정 근육들에서만 나타난다는 것을 의미한다.

피부두께측정(skinfold measurement) 피부두겹측정, 피하지방두께측정, 또는 피하지방측정이라고도 불리며, 피부를 집어 그 아래에 분포된 (피하)지방을 계측하여 체지방량을 추정할 수 있다.

참고문헌

ACSM. 1998. Position stand: The recommended quantity and quality of exercise for developing and maintaining cardiorespiratory and muscular fitness, and flexibility in healthy adults. *Medicine and Science in Sports & Exercise*, 30 : 975.91.

Barlow, C., Kohl, W., Gibbons, L., and Blair, S. 1995. Physical fitness, mortality and obesity. *International Journal of Obesity*, 19 :S41.S44.

Blair, S. N. 1993. C. H. McCloy research lecture: Physical activity, physical fitness, and health. *Research Quarterly for Exercise and Sport*, 64 : 365.76.

Blair, S. N., and Brodney, S. 1999. Effects of physical inactivity and obesity on morbidity and mortality: Current evidence and research issues. *Medicine and Science in Sports & Exercise*, 31 (Suppl):S646. 62.

Blair, S. N., and Church, T. S. 2004. The fitness, obesity, and health equation: Is physical activity the common denominator? *Journal of the American Medical Association*, 292 (10): 1232-34.

Blair, S. N., LaMonte, M. J., and Nichaman M. Z. 2004. The evolution of physical activity recommendations: How much is enough? *American Journal of Clinical Nutrition*, 79 : S913 .20.

Bone health and osteoporosis: A report of the surgeon general. 2004. Rockville, MD: U.S. Department of Health and Human Services, Office of the Surgeon General.

Brodney, S., Blair, S., and Lee, C. 2000. Is it possible to be overweight or obese and fi t and healthy? In C. Bouchard (Ed.), *Physical activity and obesity* (pp. 355 -71). Champaign, IL: Human Kinetics.

Dietary guidelines for Americans. 2005. Washington, DC: Department of Health and Human Services.

Fitz Gerald, S. J., Barlow, C. E., Kampert, J. B., Morrow, J. R., Jr., Jackson, A. W., and Blair, S. N. 2004. Muscular fitness and all-cause mortality: Prospective observations. *Journal of Physical Activity & Health*, 1 :7-18.

Golding, L., Myers, C., and Sinning, W. 1989. *Y's way to physical fitness*. Champaign, IL: Human Kinetics.

Health, United States, 2005. 2005. Hyattsville, MD: National Center for Health Statistics.

Howley, E. T., and Franks, B. D. 2003. *Health fitness instructor's handbook* (4th ed.). Champaign, IL: Human Kinetics.

Jackson, A., Solomon, J., and Stusek, M. 1992. Onemile walk test: Reliability, validity, and norms for young adults [Abstract]. *Research Quarterly for Exercise and Sport*, 63 : A52.

Kesaniemi, Y., Danforth, E., Jr., Jensen, M., Kopelman, P., Lefebvre, P., and Reeder, B. 2001. Consensus statement: Doseresponse issues concerning physical activity and health: An evidence-based symposium. *Medicine and Science in Sports & Exercise*, 33 (Suppl): S351-58.

Kohrt, W. M., Bloomfield, S. A., Little, K. D., Nelson, M. E., Yingling, V. R. 2004. Physical activity and bone health. *Medicine and Science in Sports & Exercise*, 36 :1985-96.

Marcus, R. 2001. Role of exercise in preventing and treating osteoporosis. *Rheumatic Diseases Clinics of North America*, 27 (1): 131-41.

Martin, S., Morrow, J., Jr., Jackson, A., and Dunn, A. 2000. Variables related to meeting the CDC/ACSM physical activity guidelines. *Medicine and Science in Sports and Exercise*, 32 :2087-92.

Morrow, J. Jr., Jackson, A., Bazzarre, T., Milne, D., and Blair, S. 1999. A one-year follow-up to *Physical Activity and Health: A Report of the Surgeon General:* What Americans know about physical activity and disease. *American Journal of Preventive Medicine*, 17 (1):24-31.

Morrow, J. R., Jr., Jackson, A. W., Disch, J. G., and Mood, D. P. 2005. *Measurement and evaluation in human performance* (3rd ed). Champaign, IL: Human Kinetics.

Morrow, J. R., Jr., Krzewinski-Malone, J. A., Jackson, A. W., Bungum, T. J., and FitzGerald, S. J. 2004. American adults' knowledge of exercise recommendations. *Research Quarterly for Exercise and Sport*, 75 :231.37.

Pate, R. R., Pratt, M., Blair, S. N., Haskell, W. L., Macera, C. A., Bouchard, C., Buchner, D., Ettinger, W., Heath, G. W., King, A. C., Kriska, A., Leon, A. S., Marcus, B. H., Morris, J., Paffenbarger, R. S., Jr., Patrick, K., Pollock, M. L., Rippe, J. M., Sallis, J. F., and Wilmore, J. H. 1995. Physical activity and public health: A recommendation from the Centers for Disease Control and Prevention and the American College of Sports Medicine. *Journal of the American Medical Association*, 273: 402-07.

Physical activity and cardiovascular health: NIH consensus development panel on physical activity and cardiovascular health. 1996. *Journal of the American Medical Association*, 276: 241. 46.

Physical activity and health: A report of the surgeon general. 1996. Atlanta: U.S. Department of Health and Human Services, Centers for Disease Control and Prevention. National Center for Chronic Disease Prevention and Health Promotion.

Pollack, M. L., Schmidt, D. H., and Jackson, A. S. 1980. Measurement of cardiorespiratory fitness and body composition in the clinical setting. *Comprehensive Therapy*, 6 (9):12-27.

Sallis, J. F., and Patrick, K. 1994. Physical activity guidelines for adolescents: Consensus statement. *Pediatric Exercise Science*, 6 :302-14.

추가 읽을거리

American College of Sports Medicine. 1993. Physical activity, physical fitness, and hypertension. *Medicine and Science in Sports and Exercise*, 25 : i-x.

American College of Sports Medicine. 1995. ACSM position stand on osteoporosis and exercise. *Medicine and Science in Sports and Exercise*, 27 : i-vii.

Blair, S. N. Cheng, Y., and Holder, J. S. 2001. Is physical activity or physical fitness more important in defining health benefits? *Medicine and Science in Sports & Exercise*, 33 (Suppl): S379-99.

Blair, S. N., and Connelly, J. C. 1996. How much physical activity should we do? The case for moderate amounts and intensities of physical activity. *Research Quarterly for Exercise and*

Sport, 67 :193−205.

Blair, S. N., Dunn, A. L., Marcus, B. H., Carpenter, R. A., and Jaret, P. 2001. *Active living every day: 20 weeks to lifelong vitality*. Champaign, IL: Human Kinetics. 활동적 생활습관을 들이고 유지하도록 하는 행동 프로그램.

Blair, S. N., Kampert, J. B., Kohl, W. H., III, Barlow, C. E., Macera, C. A., Paffenbarger, R. S., Jr., and Gibbons, L. W. 1996. Influences of cardiorespiratory fitness and other precursors on cardiovascular disease and all-cause mortality in men and women. *Journal of the American Medical Association, 276* :205−10.

Blair, S. N., Kohl, H. W., III, Barlow, C. E., Paffenbarger, R. S., Jr., Gibbons, L. W., and Macera, C. A. 1995. Changes in physical fi tness and all-cause mortality: A prospective study of healthy men and women. *Journal of the American Medical Association, 273* :1093−98.

Blair, S. N., Kohl, H. W., III, Paffenbarger, R. S., Jr., Clark, D. G., Cooper, K. H., and Gibbons, L. W. 1989. Physical fi tness and all-cause mortality: A prospective study of healthy men and women. *Journal of the American Medical Association, 262* :2395−2401.

Brown, K., Thomas, D., and Kotecki, J. 2002. Physical activity and health: An interactive approach. Sudbury, MA: Jones and Bartlett Publishers.

Calle, E. E., Thun, M. J., Petrelli, J. M., Rodriguez, C., and Heath C. W., Jr. 1999. BMI and mortality in a prospective cohort of U.S. adults. *New England Journal of Medicine,* 341: 1097−1105.

Corbin, C. B., Lindsey, R., Welk, G. J., and Corbin, W. R., 2001. *Fundamental concepts of fitness and wellness*. New York: McGraw-Hill.

Corbin, C. B., Wel, G. J., Vorbin, W. R., and Welk, K. A. 2004. *Concepts of physical fi tness: Active lifestyles for wellness* (12th ed.). New York: McGraw-Hill.

DiPietro, L. 1995. Physical activity, body weight, and adiposity: An epidemiologic perspective. *Exercise and Sport Science Reviews, 23* :275−303.

Fahey, T. D., Insel, P. M., and Roth, W. T. 2005. *Fit & well: Core concepts and labs in physical fitness and wellness* (6th ed.). New York: McGraw-Hill.

Ford, E. S., Ford, M. A., Will, J. C., Galuska, D. A., and Ballew, C. 2001. Achieving a healthy lifestyle among United States adults: A long way to go. *Ethnicity & Disease,* 11: 224−31.

Franklin, B. A., Fagard, R., Farquhar, W. B., Kelley, G. A., and Ray, C. A. 2004. Exercise and hypertension. *Medicine and Science in Sports & Exercise, 36* :533−53.

Glassberg, H., and Balady, G. J. 1999. Exercise and heart disease in women: Why, how, and how much? *Cardiology in Review,* 7: 301−08.

Gordon, P. M., Newcomer, R., and Krummel, D. A. 2001. Physical activity and osteoporosis: Disparities between knowledge and practice. *West Virginia Medical Journal,* 97 (3): 153− 56.

Greenberg, J., Dintiman, G., and Myers, B. 2004. *Physical fitness and wellness* (3rd ed.). Champaign, IL: Human Kinetics. 행동변화와 동기부여 전략에 주목하였음.

Haapanen, N., Miilunpalo, S., Pasanen, M., Oja, P., and Vuori, I. 1997. Association between leisure time, physical activity, and 10-year body mass change among working-aged men and women. *International Journal of Obesity Related Metabolic Disorders,* 21: 288−96.

Haapanen, N., Miilunpalo, S., Vuori, I., Oja, P., and Pasanen, M. 1996. Characteristics of leisure time physical activity associated with decreased risk of premature all-cause and cardiovascular disease mortality in middle-aged men. *American Journal of Epidemiology,* 143: 870−80.

Haapanen, N., Miilunpalo, S., Vuori, I., Oja, P., and Pasanen, M. 1997. Association of leisure time physical activity with the risk of coronary heart disease, hypertension and diabetes in middleaged men and women. *International Journal of Epidemiology*, 26: 739–47.

Healthy people 1979: The Surgeon General's report on health promotion and disease prevention. Washington, DC: Government Printing Offi ce (Stock Number 017–001–00146–2).

Healthy people 2000: Midcourse review and 1995 revisions. 1995. Washington, DC: U.S. Department of Health and Human Services, Public Health Service.

Healthy people 2000: National health promotion and disease prevention objectives, full report, with commentary. 1990.

DHHS Publication Number (PHS)91–50212. Washington, DC: U.S. Department of Health and Human Services, Public Health Service.

Hockey, R. V. 1996. *Physical fitness: The pathway to healthful living* (8th ed.). Dubuque, IA: W. C. Brown /McGraw-Hill. 운동과 체력의 중요성에 대해 과학적이면서도 실용적인 정보 제공. 독자들이 자신의 체력수준을 평가한 후 최적의 체력을 성취하기 위한 프로그램을 설계하고 실천할 수 있도록 씌어짐.

Hoeger, W. W. K., and Hoeger, S. A. 2000. *Lifetime physical fitness and wellness: A personalized program.* 6th ed. Stamford, CT: Wadsworth /Thomson Learning.

Hoeger, W. W. K., and Hoeger, S. A. 2004. *Lifetime physical fitness and wellness.* Florence, KY: Brooks/Cole.

Jackson, A. W., Morrow, J. R., Jr., Hill, D. W., and Dishman, R. K. 2004. *Physical activity for health and fitness: An individualized lifetime approach.* Champaign, IL: Human Kinetics. 각종 질병에 대한 신체적 비활동성과 병리학적 근거에 기초한 평생 체력접근법 제시.

Kavanagh, T. 2001. Exercise in the primary prevention of coronary artery disease. *Canadian Journal of Cardiology*, 17: 155–61.

Kohl, H. W., III. 2001. Physical activity and cardiovascular disease: Evidence for a dose response. *Medicine and Science in Sports & Exercise*, 33 (Suppl): S472–83.

Kravitz, L. 2003. *Anybody's guide to total fitness.* 7th ed. Dubuque, IA: Kendall/Hunt.

Lee, I. M., Manson, J. E., Hennekens, C. H., and Paffenbarger, R. S., Jr. 1993. Body weight and mortality: A 27-year follow-up of middle-aged men. *Journal of the American Medical Association*, 270: 2823–28.

Lee, I. M., Sesso, H. D., and Paffenbarger, R. S., Jr. 2000. Physical activity and coronary heart disease risk in men: Does the duration of exercise episodes predict risk? *Circulation*, *102* (9): 981–86.

Lee, I., and Skerrett, P. J. 2001. Physical activity and all-cause mortality: What is the dose- response relation? *Medicine and Science in Sports & Exercise 33* (Suppl): S459–71.

Marcus, B. H., and Forsyth, L. H. 1999. How are we doing with physical activity? *American Journal of Health Promotion*, 14: 118–24.

McArdle, W. D., Katch, F. I., and Katch, V. L. 2001. *Exercise physiology: Energy, nutrition, and human performance.* Philadelphia: Lippincott Williams & Wilkins.

McCauley, E., and Randolph, D. 1995. Physical activity, aging, and psychological well-being. *Journal of Aging and Physical Activity*, 3 :67–96.

Miller, D., and Allen, T. 1995. *Fitness: A lifetime commitment.* Needham Heights, MA: Allyn & Bacon.

Morbidity and Mortality Weekly Report. March 9, 2001. Physical activity trends-United States 1990–1998, 166–69.

Nutrition and your health: Dietary guidelines for Americans. 5th ed. 2000. Washington, DC: U.S. Department of Agriculture, U.S. Department of Health and Human Services.

Oguma, Y., Sesso, H. D., Paffenbarger, R. S., Jr., and Lee, I. M. 2002. Physical activity and all cause mortality in women: A review of the evidence. *British Journal of Sports Medicine*, *36* (3):162–72.

Paffenbarger, R. S., Jr., Hyde, R. T., Wing, A.

L., Lee, I-M., and Kampert, J. B. 1993. The association of changes in physical activity level and other lifestyle changes with mortality among men. *New England Journal of Medicine*, 328 :538–45.

Powell, K. E., and Blair, S. N. 1994. The public health burdens of sedentary living habits: Theoretical but realistic estimates. *Journal of the American Medical Association*, 248 :1073–76.

Pratt, M., Macera, C. A., and Wang, G. 2000. Higher direct medical costs associated with physical inactivity. *Physician and Sportsmedicine*, 28 (10): 63–70.

Promoting physical activity: A guide for community action. 1999. Champaign, IL: Human Kinetics for the U.S. Department of Health and Human Services.

Rejeski, W. J., Brawley, L. R., and Schumaker, S. A. 1996. Physical activity and health- related quality of life. *Exercise and Sport Sciences Reviews*, 24 :71–108.

Rockhill, B., Willett, W. C., Manson, J. A. E., Leitzmann, M. F., Stampfer, M. J., Hunter, D. J., and Colditz, G. A. 2001. Physical activity and mortality: A prospective study among women. *American Journal of Public Health*, 91 : 578–83.

Sacco, R. L. 2001. Newer risk factors for stroke. *Neurology 57* (Suppl): S31–34.

Seidell, J. C., Verschuren, W. M. M., van Leer, E. M., and Kromhout, D. 1996. Overweight, underweight, and mortality: A prospective study of 48,287 men and women. *Archives of Internal Medicine*, 156 :958–63.

Sesso, H. D., Paffenbarger, R. S., Jr., and Lee, I. M. 2000. Physical activity and coronary heart disease in men: The Harvard Alumini Health Study. *Circulation*, *102* (9):975–80.

Shephard, R. J., and Shek, P. N. 1995. Cancer, immune function, and physical activity. *Canadian Journal of Applied Physiology*, 20 :1–25.

Troiano, R. P., Macera, C. A., and Ballard-Barbash, R. 2001. Be physically active each day. How can we know? *Journal of Nutrition*, *131* (Suppl): S451–60.

Vuori, I. M. 2001. Dose-response of physical activity and low back pain, osteoarthritis, and osteoporosis. *Medicine and Science in Sports & Exercise*, *33* (Suppl): S551–96.

Wannamethee, S. G., and Shaper, A. G. 2001. Physical activity in the prevention of cardiovascular disease: An epidemiological perspective. *Sports Medicine*, 31 (20):101–14.

3 골프

이 장을 완벽하게 습득한 뒤, 독자들은 다음과 같은 사항들을 할 수 있어야 한다.

▶ 골프의 가치와 장점을 인지한다.

▶ 적합한 골프 장비를 선택하고 각 클럽의 사용법을 이해한다.

▶ 골프의 기본 스윙과 몇 가지 특정한 샷들을 구사하기 위한 적절한 기술을 연습한다.

▶ 골프 룰을 인지하고 에티켓에 익숙해진다.

▶ 초보자에게 골프의 기본을 가르친다.

▶ 골프와 관련한 다양한 용어를 제대로 사용한다.

골프는 현대 스포츠 중 가장 도전적이고 매력적인 운동이다. 200야드(183미터) 이상 공을 날릴 때의 흥분과 1.2미터(4피트)짜리 퍼팅을 매끈하게 성공시켰을 때의 만족감이란 언제나 사람의 마음을 사로잡는다. 긴장을 풀고 즐거움을 느끼기 위해 배우든, 개인적인 명예를 위해 뛰어난 실력을 갖추려는 열망을 가졌든 마찬가지이다. 골프코스만큼 엄청난 다양성과 아름다움을 선사하는 경기장에서 치러지는 스포츠는 드물다.

역 사

골프는 가장 오랜 역사를 지닌 현대 스포츠 중 하나이다. 골프의 기원에 대해서는 역사학자들마다 의견이 분분하지만 5백 년 이상 전부터 스코틀랜드에서 골프가 플레이된 것은 분명해 보인다. 1457년 스코틀랜드 의회는 골프를 금지하는 법규를 만들었다. 골프 때문에 사람들이 적의 침입에 맞서기 위해 필요한 궁술 연습을 소홀히 한다는 이유에서였다. 오래된 회화나 스케치를 보면 당시 네덜란드, 벨기에, 프랑스에서 골프와 유사한 게임을 했다는 사실을 알 수 있다. 네덜란드

어인 콜프(kolf)는 '클럽(club)'이라는 의미이며 오늘날 이 스포츠가 골프라고 불리게 된 기원이라고 보는 의견도 있다. 스코틀랜드가 얼마만큼을 창조하고 얼마만큼을 다른 나라의 것에서 차용했건 간에 현재 전 세계에 알려진 것과 같은 골프의 기원이 스코틀랜드라는 사실은 분명한 듯 하다. 스코틀랜드 파이프 주(Fife)에 위치한 세인트앤드루스(St. Andrews)가 현존하는 최고(最古)의 골프코스라고 추정된다.

초기의 코스(course), 또는 링크(link)는 오늘날의 것과는 상당히 달랐다. 당시 골프는 해안용 경기였고 해변에서 내륙 깊숙한 곳까지 연결된 넓게 펼쳐진 땅에서 치러졌다. 그러한 상황 때문에 골프 경기장을 '링크'라고 부르게 되었고, 이는 실제로 해변에 있는 골프코스라는 의미이다.

홀의 위치가 명확한 계획을 따르는 것은 아니었다. 주변 풍경은 부분적으로 덤불, 나무 등으로 덮여있었다. 장애물이 없는 공간은 마무리 지점, 즉 퍼팅 그린으로 선택되었다. 한 라운드의 기준이 되는 홀의 수는 1858년 처음 공식적으로 18홀이라고 정해졌다.

골프가 탄생한 곳은 아니지만 누가 뭐래도 오늘날 골프 최강국은 미국이다. 미국에서 골프 클럽이 형성된 것은 18세기 마지막 해였지만 오늘날과 같은 골프 경기가 미국에서 치러진 것은 90여년 밖에 되지 않았다. 미국 동부에서 몇몇 클럽이 시작된 뒤 인기가 치솟아 사설 클럽과 공립 클럽의 수가 크게 증가했다. 오늘날 대부분의 고등학교와 대학교에서 단체 교습이 이루어지고 있다. 대학의 경우 주로 자체적으로 소유한 골프 코스를 운영하고 있으나 고등학교의 경우 사설 및 공립 코스를 이용한다. 최근 메이저 대회가 TV에서 중계된 덕에 골프에 대한 일반인의 관심도 증가했다. 실제로 도시 지역의 수요를 충족시키기에는 골프 코스의 수가 부족한 것이 현실이다. 1980년, 미국 골프협회(National Golf Foundation)는 2000년까지 하루에 한 개씩 골프 코스가 건설되어도 부족할 것이

라고 예상했다. 하지만 1989년, 2000년까지 하루에 5개씩 골프 코스가 새로 건설되어도 부족할 것이라고 말을 바꿨다. 현재 미국에서만 3,800만 명이 골프에 참여하고 이들이 1년 동안 즐기는 라운딩의 수는 5억 회에 달한다.

오늘날 골프는 더 이상 부유층의 경기가 아니다. 다양한 경제수준을 가진 사람들이 플레이하며 연령과 성별은 물론 실력이 차이나는 사람들도 즐길 수 있다.

실제로 골프는 평생 누릴 수 있는 즐거움을 제공하는 스포츠이다. 한 번이나 두 번만 타이밍이 잘 맞고 방향성이 좋은 샷을 해도 충분한 희열을 느껴 다시 골프장을 찾게 된다.

골프의 사회적 측면은 다음과 같다. 우선 다양한 사람들이 완벽하게 조화를 이룰 수 있고 기분을 전환하여 마음을 비우고 새롭게 할 수 있으며 도시 거주자들이 햇살과 자연을 만끽할 수 있다. 또한 경제활동을 하는 사람들에게 부담이 적은 한적한 신체활동을 제공하고, 골퍼들은 상대는 물론 자신과도 경쟁하며, 매 홀마다 별개의 경쟁과 도전을 하게 된다. 그리고 연령, 키, 몸무게와 상관없이 모든 사람들이 즐길 수 있다. 여가활동으로서 골프는 가장 바람직한 스포츠 중 하나이다.

프로골프의 경우 미국에서 운영되는 PGA와 LPGA가 가장 큰 투어이다. 남자선수들이 참가하는 PGA에서는 최경주가 7승으로 한국인으로서는 가장 많은 승수를 쌓았고 2009년에는 양용은이 PGA 챔피언십에서 우승했는데, 이는 한국인은 물론 아시아인으로서는 처음으로 메이저대회에서 우승한 기록이다. LPGA에서는 1998년 박세리의 맥도날드 LPGA 챔피언십과 U.S.오픈 우승을 시작으로 해마다 많은 선수들이 우승을 기록하고 있다. 한국에서도 KPGA와 KLPGA가 운영되고 있다.

개 요

골프 코스는 주로 18홀로 구성된다. 1번, 9번, 10번, 18번 홀 부근에 클럽하우스가 있는 경우가 많다. 한 번의 라운딩은 9홀, 18홀, 27홀 등 9의 배수에 해당하는 모든 수의 홀에서 치러질 수 있고, 홀의 길이와 전체적인 생김새는 각 홀마다 다르다. 각 홀에는 해저드가 있으며, 이는 샷이 잘못될 경우 페널티를 가하는 역할을 한다. 각 홀에서 가능한 스트로크를 적게 하는 것이 목표이다. 두 개의 티 마커 사이에서 티샷을 하면 플레이가 시작되고 그 뒤로 페어웨이를 거쳐 그린에서 끝난다. 페어웨이 주변은 일반적으로 러프로 둘러싸여있고 그린은 벙커로 둘러싸인다. 그린 위에서는 공을 굴려 핀, 즉 깃대로 표시된 홀컵으로 넣는다.

장 비

골프 장비는 계속 발전되어 왔다. 공의 종류, 스틸, 그라파이트, 티타늄 재질의 샤프트, 티의 종류, 샌드웨지와 같은 유틸리티 클럽 등이 개발되었다.

복장

복장은 편안하되 코스가 위치한 지역의 풍습에 맞아야 한다. 티셔츠는 안 되지만 청바지는 허용되는 등 코스마다 복장에 대한 제한이 다르다.

스파이크가 달린 골프화는 플레이어에게 중요한 장비이다. 하지만 없을 경우 테니스화를 신어도 된다. 최근 소프트 스파이크를 의무화한 코스가 늘어났는데, 이는 금속 스파이크보다 그린을 덜 손상시키기 때문이다.

클럽

골프를 즐기고 만족스러운 플레이를 하기 위해 가장 값비싼 골프클럽을 사용할 필요는 없다. 또한 저렴한 장비로 플레이한다고 게임에 불리한 입장에 처하는 것도 아니다. 자신의 실력에 맞고 믿을 만한 제조사가 만든 클럽을 구매하는 것이 만족도가 높고 오래 사용할 수 있는 클럽을 선택하는 분별 있는 원칙이다.

골프클럽은 길이와 무게, 샤프트 유연성, 그리고 다른 특성들(도해 3.1)이 다양하다. 클럽 길이는 보통 사용자의 신장에 의해 결정되고 클럽 무게는 어떤 느낌이 드느냐에 따라 개인마다 선호하는 것이 다르다. 스윙이 빠른 골퍼의 경우 주로 클럽 샤프트가 더 단단해야 한다. 골프 강사나 클럽 전문가에게 어떤 클럽을 구매해야 할지 자문을 구하라.

초보자 세트

초보 골퍼들은 많은 돈을 주고 모든 클럽이 포함된 세트를 구매할 필요가 없다. 대신 중고 세트나 초보자 세트를 구매하는 편이 바람직하다. 또한 초보자 세트와는 달리 대부분 적당한 가격으로 품질이 뛰어난 클럽을 모두 갖출 수 있다는 것이 중고 세트 구매의 장점이다. 초보자 세트의 경우 3번 우드, 퍼터, 3번, 5번, 7번, 9번 아이언을 포함한다.

우드

가장 잘 알려진 우드는 1번 우드인 드라이버, 3번 우드, 5번 우드이다 (도해 3.2). 그러나 최근 7번이나 9번 우드도 골퍼의 가방에서 심심치 않게 볼 수 있다. 우드는 아이언에 비해 샤프트가 길고 무게가 무겁기 때문에 클럽페이스의 로프트나 닐트(기울기)가 비슷한 아이언 클럽보다 비거리가 더 나간다. 현재 나무로 우드 클럽을 만드는 경우는 드물고 대부분 금속으로 만들어진 헤드가 표준이다. 그러나 금속으로 만들어

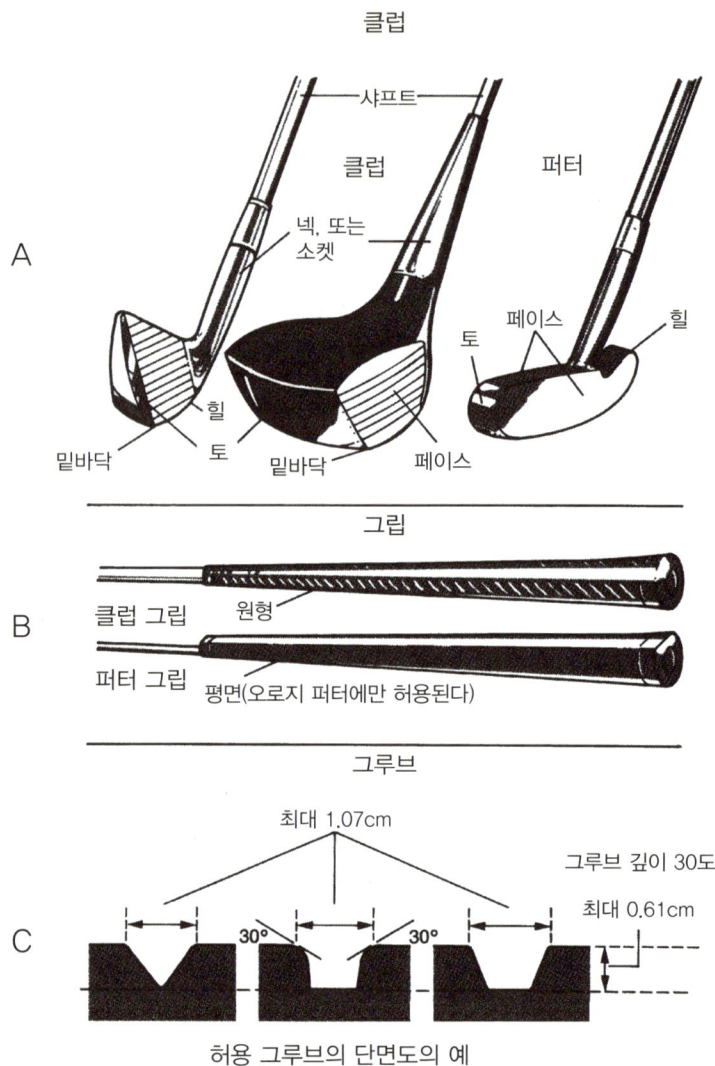

도해 3.1. 클럽의 구조 A. 클럽, B. 그립, C. 그루브

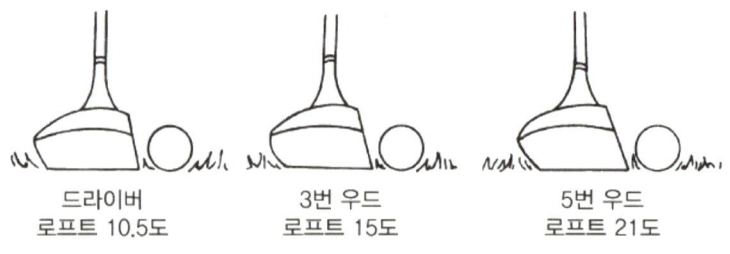

도해 3.2. 우드

졌어도 여전히 '우드'로 불린다.

경험 수준, 성별, 연령 등 너무도 다양한 변수가 있

기 때문에 개인마다 골프공을 얼마나 멀리 보낼 수 있는지 정확한 거리를 언급하기는 힘들다. 그러나 대략

추정할 수 있는 거리는 다음과 같다.

드라이버. 드라이버는 주로 비거리가 많이 나가야 하는 티샷에 사용된다. 보통 남성의 경우 180~260야드 (165~238m), 여성의 경우 150~220야드(137~201m) 나 간다.

3번 우드. 3번 우드는 공이 페어웨이에서 벗어났을 때 또는 장타보다 정확한 티샷이 요구될 때 사용된다. 남 성의 경우 165~240야드(151~219m), 여성의 경우 140~ 210야드(128~192m) 정도 나간다.

5번 우드. 5번 우드는 주로 페어웨이에서 벗어난 지역에서, 또는 일부 파3홀에서 사용된다. 보통 남성의 경우 150~125야드(137~197m), 여성의 경우 130~190야 드(119~174m) 나간다.

7번과 9번 우드. 이 두 클럽은 러프를 탈출하거나 라이가 나쁠 때 사용되는 유틸리티 우드이다. 다수의 골퍼들은 로프트가 심한 7번과 9번 우드 대신 롱 아이 언(2, 3, 4번)을 사용한다.

아이언

아이언은 페어웨이에서 샷을 하거나 짧은 홀에서 티 샷을 할 때 사용된다. 초보자의 경우 주철 아이언(cast iron)이나 무게중심 분산형 아이언(perimeter weighted iron, 헤드의 뒷면을 파서 무게를 분산시킨 아이언 – 역자 주)이 사용하기 편하고 더 적합하다. 반면 비거 리를 조절하고자 하는 숙련된 골퍼들에게는 단조 아 이언(forged iron)이나 블레이드 아이언(blade iron, 헤드의 뒷면이 막혀있는 아이언 – 역자 주)이 적합하 다. 공을 보내고자 하는 거리에 따라 적절한 아이언을 선택한다 (도해 3.3). 각각의 아이언과 그에 따른 거리 는 도해 3.3과 3.4를 참고하라.

퍼터. 퍼터는 그린이나 그린 바로 밖에서 퍼팅을 할 때 사용된다. 현재 다양한 형태의 퍼터가 출시 중이므 로 각자 취향에 맞게 선택하면 된다.

피칭웨지, 샌드웨지, 또는 로브웨지. 이 클럽들은 러 프와 페어웨이에서 125야드(114m) 이내의 짧은 어프 로치샷을 할 때, 그리고 깊은 러프나 모래벙커를 탈출 하는 트러블샷을 할 때 사용된다. 적절하게 사용하면 다재다능한 클럽이다.

골프공

수많은 제조사들이 골프공을 생산하고 있다. 골프공 은 한 개, 또는 여러 개의 단단한 조각으로 만들어진 공에서부터 작고 단단한 핵심을 고무 밴드로 감싼 뒤 내구성이 강한 커버로 봉인한 것까지 다양하다.

개인마다 느낌과 플레이 스타일에 따라 권장되는 공은 다르다. 따라서 라운딩에 나설 때는 몇 가지 다른 유형의 공을 지참하는 것이 바람직하다.

체육관, 소규모 필드, 또는 연습장에서는 플라스틱 공이 사용되기도 한다.

골 프 코 스

골프코스는 지형을 최대한 활용하여 조성된다. 완전 한 골프코스는 18개의 홀로 구성되며 100 에이커 정도 의 면적을 필요로 한다. 더 좁은 면적에서 짧은 홀로 구성된 9홀, 또는 18홀짜리 코스가 다수 세워졌으며 그로 인해 짧은 시간 안에 라운딩을 마칠 수 있게 되 었다. 파3인 홀로 18홀을 구성할 경우 3시간 전후로 라운딩이 끝나는데, 그러한 코스가 점점 인기를 얻고 있다.

잘 조성된 골프코스는 미리 설계 계획을 세우므로 각 홀은 저마다 특성이 있는 동시에 일정한 요소는 공 통적으로 포함하고 있다.

각 홀은 티와 티마커, 페어웨이, 러프, 나무, 바운 더리, 모래벙커, 그린, 홀컵, 깃대로 구성되며 가끔 워 터헤저드가 추가되기도 한다. 골프코스 설계자의 창 조성에 따라 벙커와 워터헤저드의 배치는 물론 그린

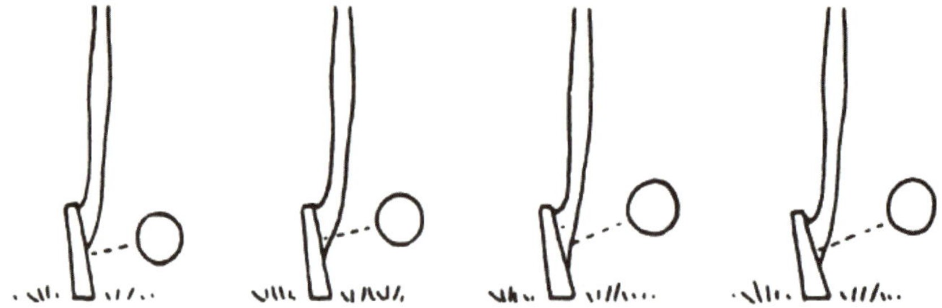

	No. 2	No. 3	No. 4	No. 5
남자:	210–225 yds (192–205 m)	195–210 yds (178–192 m)	180–195 yds (164–178 m)	165–180 yds (151–164 m)
여자:	170–180 yds (155–164 m)	160–170 yds (146–164 m)	150–160 yds (137–146 m)	140–150 yds (128–137 m)

	No. 6	No. 7	No. 8	No. 9	wedge
남자:	155–165 yds (143–151 m)	145–155 yds (132–143 m)	135–145 yds (123–132 m)	125–135 yds (115–123 m)	100–125 yds (91–115 m)
여자:	130–140 yds (119–128 m)	120–130 yds (110–119 m)	110–120 yds (101–110 m)	100–110 yds (91–101 m)	80–100 yds (73–91 m)

도해 3.3. 다양한 아이언의 피치 각도와 숙련된 골퍼의 대략적인 비거리.

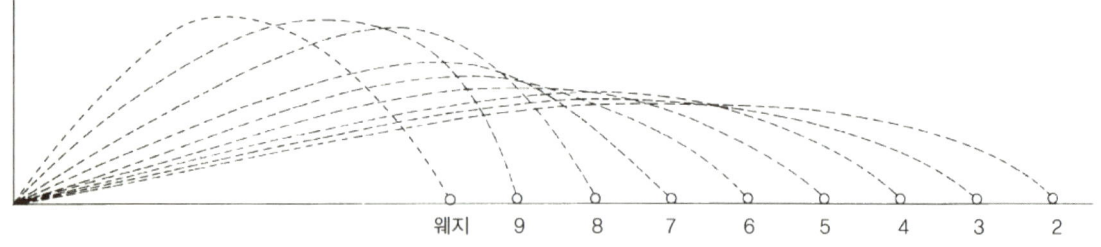

도해 3.4. 같은 스윙으로 각 아이언을 사용했을 때(남성 골퍼)의 탄성, 또는 공의 비행거리.

의 모양과 크기가 결정된다 (도해 3.5).

파는 티잉 그라운드 중앙에서 페어웨이 가운데를 거쳐 그린 중앙까지의 거리에 의해 결정된다. 250야드 (229m) 이하인 홀은 보통 파3에, 251~470야드(230~430m)인 홀은 파4에, 471~600야드(431~549m)인 홀은 파5에 해당된다. 파3인 홀에서는 일반적으로 한 번

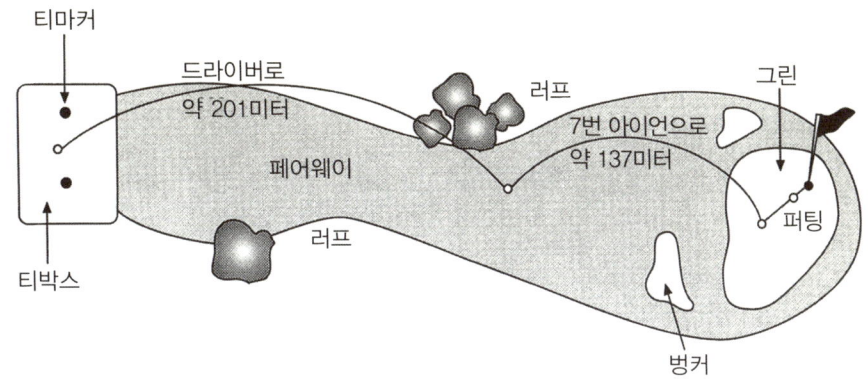

도해 3.5. 343미터 파4홀.

의 샷으로 그린에 도달한 뒤 두 번의 퍼팅으로 공을 홀 컵에 굴려 넣어 파를 기록한다. 파4인 홀에서는 두 번째 샷 이전에 그린에 도달해야 하고 파5인 홀에서는 3 번째 이내에 올려야 한다. 챔피언십을 치르는 코스는 보통 파72, 또는 홀 당 평균 스트로크 수가 4이다. 일 반적으로 골프코스는 파3홀 4개, 파4홀 10개, 파5홀 4 개로 구성된다.

　여성의 경우 각 홀의 거리, 헤저드 등 난이도에 따라 남성과 파가 다르다.

　예로 제시한 스코어카드(도해 3.6)에는 성별, 각 홀의 거리, 홀 핸디캡(난이도에 따른 홀의 순위)을 고려한 파를 확인할 수 있다.

연 습 시 설

1. 야외 연습장과 퍼팅그린.
2. 공간이 넓은 모든 장소, 체육관이 가장 적합하다.
3. 2, 3장의 큰 천을 벽 앞에 걸고 그물을 양 옆에 설치하면 실내연습장 같은 환경을 만들 수 있다.
4. 공을 놓고 칠 매트.
5. 클럽과 공(그물이 없을 경우 플라스틱 공을 사용하는 것이 좋다).

6. 퍼팅을 할 수 있는 털이 짧고 큰 러그.
7. 퍼팅한 공을 집어 넣을 퍼팅컵(유리잔도 사용할 수 있다).

기본 기술과 기법

특정한 클럽과 샷의 유형은 저절로 분류가 가능하므로 이 책에서는 그러한 방법의 이점을 살려 내용을 정리했다. 여기에서는 오른손잡이의 경우만 고려해서 기법을 설명했으므로 왼손잡이의 경우 방향을 반대로 바꿔야 한다.

골프그립

1. 열 손가락 그립(Ten-finger grip). 손이 작고 악력이 약하거나 손가락이 매우 짧은 골퍼들이 사용하기도 한다.
2. 인터로킹 그립(Interlocking grip). 단단한 감을 좋아하는 골퍼들이 선호한다.
3. 오버래핑 그립(Overlapping grip), 또는 바든 그립(Vardon grip). 가장 많은 골퍼들이 가장 많이 사용하는 그립(이제부터 설명할 것이다).

	1	2	3	4	5	6	7	8	9	
남자 티(흰색)	457	357	187	525	341	374	340	148	353	3082
대회용 티	474	371	199	543	362	388	352	180	369	3240
파	5	4	3	5	4	4	4	3	4	36
핸디캡	7	15	1	11	13	3	9	17	5	
여성용 티(붉은색)	406	342	174	485	343	349	334	141	342	2916
파	5	4	3	5	4	4	4	3	4	36
핸디캡	7	3	5	1	15	11	9	17	13	

플레이어들은 벽으로 차단된 연습용 안전지대와 울타리가 쳐진 구덩이를 침범하거나 체인으로 가로막은 곳을 넘어가서는 안 된다. 다음의 로컬룰이 적용될 때를 제외하고 모든 규칙은 미국프로골프협회(USGA: United States Golf Association)가 관장한다. **로컬룰** ● 고정된 나무로부터 두 클럽 이내에서 공을 드롭해야 하며 벌타는 주어지지 않는다. ● 포장된 이동로나 도로에서는 항상 드롭이 허용되며 벌타는 없다. ● 벽으로 차단된 연습용 안전지대는 아웃오브바운즈에 해당한다. ● 오렌지색 말뚝으로 표시되었을 경우 줄을 두른 오목한 부분에 공이 떨어지면 공이 놓인 곳 바로 뒤, 홀컵에서 먼 쪽에 드롭하며 거리의 제한이 없고 벌타가 주어지지 않는다. ● 워터헤저드: 3, 6, 10, 14, 15번 홀.

	10	11	12	13	14	15	16	17	18	IN	TOTAL	HDCP	NET
	404	348	487	166	366	363	375	178	439	3116	6198		
	411	369	506	184	380	381	394	203	466	3294	6534		
	4	4	5	3	4	4	4	3	5	36	72		
	2	10	14	16	6	8	4	12	18				
	383	340	418	149	351	347	358	155	441	2942	5858		
	4	4	5	3	4	4	4	3	5	36	72		
	4	14	2	18	10	12	8	16	6				

● 돌로 만들어진 배수용 수로—돌이 스탠스나 스윙에 방해가 될 경우 두 클럽 길이 이내로 드롭하며 벌타는 없다. ● 아웃오브바운즈는 흰색, 또는 녹색의 윗부분만 흰색인 말뚝으로 표시한다. 4번 홀의 경우 말뚝으로 표시되었으므로 오른쪽만 아웃오브바운즈에 해당된다. ● 말뚝으로 표시되었으므로 연습장소는 아웃오브바운즈이다. ● 잔디가 떨어져 나갈 경우 이를 제자리에 갖다 놓고 그린 위에 볼마크를 움직이면 안 된다. ● 티잉그라운드와 그린에서 9,14미터(30피트) 이내의 지역에서는 전기카트의 시동을 꺼 놓는다. ● 전기 카트는 이동로와 지정된 장소에서 벗어나지 않아야 한다. ● 풀카트는 티잉그라운드, 벙커와 그린 사이의 구역, 또는 그린으로부터 3미터 이내의 지역에 놓으면 안 된다. 4번 홀 측면 워터헤저드.

도해 3.6. 스코어카드의 예.

왼손을 펴고 다섯 손가락을 모두 붙인 채 중지 가운데 마디에서 손바닥 아랫부분을 가로지르도록 클럽을 대각선으로 놓는다. 손으로 감싸듯 클럽을 쥐어 손가락으로 클럽을 지탱한다. 엄지와 검지 사이에 생긴 V자 모양의 끝은 오른쪽 어깨 부근을 향해야 한다. 어드레스 자세에서 클럽을 쥐었을 때 검지에서 약지까지의 첫 번째 마디가 보여야 한다. 검지와 중지로 클럽을 쥔 상태에서 엄지 아래의 손바닥 부분을 클럽에 대고 1/4 정도 틀어서 엄지가 클럽 위로 오게 한다. 왼손을 정확하게 틀어야 백스윙 정점에서 손목을 젖힐 수 있다. 또한 왼팔을 사용하여 역방향(backhand)으로 볼을 칠 수 있다. 이때 팔을 편안하게 펴고 백스윙 정점에서 손목이 젖혀지도록 주의하며 왼팔만으로 클럽헤드를 스윙해야 한다.

먼저 오른손 중지의 가운데 마디가 그립에 닿아야 오른손이 제 위치에 올 수 있다. 손을 닿으면 이 중지의 마디가 그립 아래가 아닌 오른쪽 측면에 와야 한다. 그 상태에서 엄지를 왼쪽에, 샤프트와 대각선을 이루게 놓고 손을 닿으면 중지로 클럽을 감쌀 수 있다. 클럽헤드의 감을 주로 손가락으로 통제해야 더 많은 파워와 통제능력을 꾀할 수 있다. 오른손 손바닥으로 왼손 엄지를 부드럽게 삼싸야 한다. V자 모양으로 벌어진 왼손 검지와 중지로 오른손 새끼손가락을 감싼다 (오버래핑 그립).

어떤 그립을 사용하든 왼쪽 손등과 오른쪽 손바닥이 목표지점을 정면으로 향해야 한다는 점을 명심하라. 또한 그립을 가볍게 쥐어야 골프 스윙에 필요한 파워를 만들어내고 클럽페이스를 회전시킬 수 있다는 사실도 기억하라.

스탠스

다양한 발의 위치는 도해 3.7을 참고하라.

스퀘어 스탠스. 발, 무릎, 골반, 어깨가 공의 궤적과

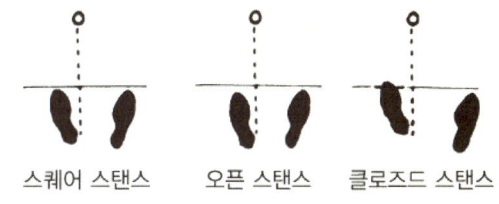

스퀘어 스탠스   오픈 스탠스   클로즈드 스탠스

도해 3.7. 다양한 발 위치.

평행을 이루는 스탠스를 말한다. 아무런 제한도 받지 않고 몸을 어느 쪽으로든 움직일 수 있으므로 긴 거리의 우드 및 아이언샷에는 스퀘어 스탠스가 사용된다. 양 무릎을 살짝 구부리고 발가락 끝은 약간 바깥쪽을 향한 상태에서 체중은 발 전체에 골고루 분산시킨다. 양팔은 어깨에서 아래로 늘어뜨리며 몸에서 먼 쪽을 향하되 앞으로 나가서는 안 된다. 몸은 자연스럽게 앞으로 구부리지만 심할 정도여서는 안 된다. 시선은 공에 고정시킨다.

오픈 스탠스(open stance). 왼발을 공의 궤적보다 약간 뒤로 물러나게 하되 무릎과 골반, 어깨는 스퀘어 스탠스와 같은 위치에 놓는다. 오픈 스탠스는 우드샷에서는 잘 사용되지 않지만 아이언샷에서는 자주 사용된다. 왼발의 회전과 피벗을 제한하는 경향이 있지만 팔로우스루는 더 향상된다. 오픈 스탠스는 페이드니 슬라이스샷에서 빛을 발하지만 거리가 줄어들 수 있다.

클로즈드 스탠스(closed stance). 오른발을 공의 궤적보다 약간 뒤에 놓고, 무릎, 골반, 어깨는 스퀘어 스탠스와 같은 위치에 놓는다. 클로즈드 스탠스는 우드샷에서 자주 사용되며 드로우나 훅이 나기 쉽다.

스윙

골프 스윙의 단계는 도해 3.8을 참고하라.

템포

일정한 템포를 유지하는 것은 제대로 된 골프 스윙을

도해 3.8. 스윙의 단계

E

F

G

H

갖추는 데 가장 중요한 요소 중 하나이다. 스윙 전체 과정 동안 좋은 리듬과 부드러움을 유지해야 효율적이고 일관된 골프 스윙을 만들어낼 수 있다. 초보자들은 공을 너무 강하게 치려 하는데, 그로 인해 템포가 무너지고 리듬이 깨지며, 수많은 미스샷이 나오게 된다. 훌륭한 골프 스윙을 만드는 요소는 여러 가지가 있지만 실제로 힘보다 적절한 템포와 클럽헤드의 스피드가 훨씬 더 중요하다. 초보 골퍼들은 매 샷마다 일관된 템포, 또는 리듬을 유지하도록 노력해야 한다. '뒤로', '잠깐 기다려', '통과해' 등의 간단한 열쇠가 되는 단어를 말하거나 백스윙 때 '하나, 둘, 셋'을 센 뒤 다운스윙과 팔로우스루 때 똑같이 셋을 세는 것도 리듬감을 키워 훌륭한 샷을 만드는 방법이다. 템포에 대한 개념을 이해하고 일관된 템포를 유지하게 되면 초보자들은 견실한 골프 스윙을 만들 때 필요한 근간을 다

지게 되는 셈이다. 적절한 리듬을 갖지 않으면 공을 정확하게 때리기 힘들고 너무도 많은 힘이 낭비된다. 골프 스윙은 일반적으로 속도가 점점 빨라진다. 처음부터 끝까지 일관된 리듬을 유지하며 백스윙은 천천히 했다가 다운스윙에서는 속도를 높이는 것이다. 어드레스 자세에서 백스윙 정점까지 클럽이 이동하는 시간과 백스윙 정점에서 다운스윙과 팔로우스루(follow-through)를 끝낼 때까지 걸리는 시간은 대략 같다.

목표점 선택하기

공을 치기 전에 가장 먼저 준비해야 할 일은 목표점을 선택하는 일이다. 항상 정확히 목표점이나 의도한 목표선 위에 떨어지지는 않지만 목표점을 미리 정하지 않고서는 어떻게 샷을 해야 할지 가늠하기 힘들다.

어드레스하기

어드레스를 취할 때 플레이어는 그립을 정확하게 잡고 클럽 바닥이 잔디와 평행을 이룬 상태에서 클럽헤드를 지면에 댄다. 보통 양발은 어깨 너비 정도로 벌리지만 긴 클럽을 사용할수록 발을 더 넓게 벌리는 등, 사용할 클럽에 따라 달라지기도 한다. 양 팔은 어깨로부터 자연스럽게 늘어뜨려야 하며, 이때 너무 뻗어 몸이 펴지면 안 된다. 우드의 경우 공을 왼발 뒤꿈치의 안쪽 부분과 일직선상에 놓는다. 클럽의 길이와 내고자 하는 거리가 짧을수록 공을 왼발에서 오른쪽으로 떨어진 곳에 가깝게 놓지만 스탠스 중앙에서 멀리 떨어지는 경우는 드물다.

왜글

왜글(waggle)은 샷을 하기 전에 취하는 동작이며 개인의 취향에 따라 다양한 형태를 띤다. 골퍼가 긴장을 풀고 그립을 조정하며 얼라인먼트를 점검하고 스윙을 시작할 준비를 하는 것이 왜글의 목적이다. 골퍼들은

주로 몸을 약간 움직이거나 클럽 헤드를 조금 들어올리며, 이를 통해 균형과 위치를 점검하게 된다. 샷을 할 준비가 되었다고 느낀 골퍼가 풀 스윙을 시작하기 전에 잠시 주춤하는 순간이 있다. 그 순간 골퍼는 샷을 준비하는 과정에서 긴장을 풀게 된다.

백스윙

백스윙을 시작하기 전에 골퍼들은 공에 시선을 고정시켜야 한다. 어깨와 골반을 회전시키며 스윙을 시작해야 하고 이와 동시에 클럽헤드를 뒤로 움직인다. 왼팔은 일직선에 가까워야 하고 클럽헤드는 지면 위에 놓는다. 백스윙 중간부터 손목을 꺾기(cock) 시작한다. 오른쪽 팔꿈치는 지면을 향하고 양발에 분산시켰던 체중은 오른발로 이동한다. 왼쪽 무릎을 안쪽으로 회전시키고 왼발을 오른쪽으로 굴리며, 이때 왼쪽 뒤꿈치는 지면에 붙인다. 백스윙 정점에서 왼쪽 어깨는 공을 향하고 클럽은 지면과 평행한 상태에서 목표점을 향해야 한다.

다운스윙

왼쪽 다리부터 다운스윙을 시작하면 부드럽게 방향을 전환할 수 있다. 왼발은 땅에 고정시키고 양 무릎과 골반은 목표점을 향해 회전시킨다. 무릎을 약간 구부리면 오른쪽에서 왼쪽으로 체중을 이동할 때 움직임이 편안해진다. 왼쪽부터 회전이 시작되는 느낌이 들어야 한다. 손목은 팔이 지면과 평행을 이룰 때까지 젖혀진 상태를 유지해야 한다. 체중은 왼쪽으로 이동하고, 체중을 거의 이동시켜야 몸의 왼쪽으로 히팅포지션을 단단하게 고정할 수 있다. 클럽헤드가 공에 맞는 임팩트 순간 공이나 클럽헤드에서 손을 지나 왼쪽 어깨까지 일직선을 이루어야 한다. 클럽헤드가 공에 맞은 뒤에도 머리를 고정시키고 시선을 공에 집중해야 한다.

팔로우스루

임팩트가 이루어진 뒤 백스윙 때 왼팔이 그랬듯이 오른팔이 거의 직선을 이루어야 한다. 머리는 자연스럽게 들되 오른쪽 어깨가 몸 아래로 움직일 때 앞으로 이동해서는 안 된다. 양팔은 목표점을 향해 가능한 멀리 뻗는다. 양쪽 손목은 팔을 최대한 뻗은 뒤부터 젖혀지기 시작하여 양손이 머리 위로 올라가며 마무리된다.

스윙 플레인

백스윙 시 클럽은 라인 오브 플라이트(line of flight, 공의 위치와 목표점을 연결한 직선 및 그 연장선 – 역자 주)보다 약간 몸 쪽으로 들어와야 하며, 이때 그려진 면, 즉 플레인은 다운스윙을 할 때 어깨에서 목 사이를 지나는 동안에도 유지되어야 한다. 이는 훌륭한 골프스윙을 하기 위한 한 가지 열쇠이다. 다운스윙에서 플레인을 유지하기 위해서는 제대로 동작을 연결시켜야 한다. 어깨와 팔로 스윙을 시작한 뒤 골반과 다리를 오른쪽으로 45도 각도로 회전시킨다. 손목은 자연스럽게 젖힌다. 골반과 다리를 회전시키며 다운스윙을 시작한 뒤 어깨와 팔을 다시 왼쪽으로 움직인다. 팔목은 자연스럽게 펴서 임팩트 순간 완선히 직선을 이루게 한다. 이렇듯 연속된 동작을 취하면 골퍼는 샷을 정확히 통제를 유지하며 라인 오브 플라이트의 약간 안쪽에서 바깥쪽으로 공을 스윙할 수 있다. 이 연속동작에서 조금이라도 벗어날 경우 클럽헤드가 플레인에서 이탈하여 공이 일관되지 않게 날아가거나 공의 궤적에 수많은 결함, 또는 문제가 발생한다. 이 연속동작과 더불어 클럽헤드는 임팩트 순간 라인 오브 플라이트와 직각이 되게 하는 것이 훌륭한 골프 스윙을 하는 데 가장 중요한 요소이다.

흔히 저지르는 잘못

초보자가 골프스윙을 배울 때 흔히 저지르는 잘못은

다음과 같다.

1. 체중을 오른쪽 다리에 실을 때 몸을 돌리는 대신 머리를 돌리거나 움직인다.
2. 백스윙의 속도가 너무 빨라 적절한 템포가 깨지고 균형을 잃는다.
3. 왼팔을 구부린다.
4. 오른쪽 어깨를 든다.
5. 너무 낮거나 평평하게, 또는 스윙 플레인에서 너무 안쪽으로 백스윙을 한다.
6. 원래 위치에서 머리를 든다.
7. 백스윙 정점에서 너무 오래, 또는 너무 짧게 동작을 멈춘다.
8. 다운스윙을 하체로부터 시작하지 않는다.
9. 손목의 꺾임(cocking)을 너무 빨리 풀어 제대로 된 연속동작이 깨지며, 이때 클럽은 올바른 플레인보다 앞으로 이동한 궤도를 따라 움직인다.
10. 임팩트 순간 오른손의 힘을 너무 많이 사용하여 오른쪽 어깨가 내려가고, 그로 인해 클럽헤드가 공 뒤쪽에 맞는다 (이를 뒤땅을 친다고 표현한다 – 역자 주).
11. 양손을 높이 들어 팔로우스루를 마무리하지 못하고 체중이 왼쪽 다리로 이동한다.
12. 목표점을 향해 클럽을 휘두르지(sway) 않고 공을 때린다(hit).
13. 양쪽 팔, 어깨, 상체, 다리를 조화롭게 사용하지 않고 팔만 사용하여 스윙을 한다.

쇼트스윙

각 클럽마다 다른 스윙을 배울 필요가 없다는 것이 한결같은 의견이다. 플레인은 클럽 길이에 따라 조금씩 다르지만 스윙을 하기 위해 반드시 배워야 할 것에는 차이가 없다. 골프백에 있는 가장 짧은 클럽으로 가능한 것보다 짧은 거리를 내야 할 때는 스윙을 짧게 해서

거리를 조절해야 한다. 쇼트스윙은 풀스윙의 일부분을 생략하는 것이며 백스윙의 크기로 샷의 거리를 조절한다. 하프스윙을 할 때는 풀스윙보다 몸의 회전과 손목의 움직임을 줄여 백스윙의 정점에 도달할 때까지 클럽을 완전히 젖히지 않게 된다. 스윙이 짧을수록 손목과 몸의 움직임은 적어진다. 팔로우스루는 백스윙과 같이 한다. 1/4 백스윙을 했다면 팔로우스루도 1/4만 하는 식이다. 그 외에는 풀스윙에서 설명한 기본과 같다. 다양한 길이의 쇼트스윙을 연습하여 공이 얼마나 멀리 갈지 판단하고 정확한 거리감을 키워야 한다. 짧은 거리의 샷을 하더라도 임팩트 순간 클럽헤드의 속도는 빨라져야 한다.

피치샷

피치샷(pitch shot)을 할 때는 피칭웨지(pitching wedge), 샌드웨지(sand wedge), 로브웨지(lob wedge)를 사용한다. 피치샷은 높이 뜨는 특성을 지녔으므로 벙커나 헤저드를 넘겨 그린에 떨어뜨릴 때 사용하며 그린에서 조금밖에 구르지 않는다. 스퀘어나 약간 오픈한 스탠스를 취하고 쇼트스윙에서 설명했듯이 필요한 거리는 백스윙의 크기로 조절한다. 특히 거리가 짧은 샷을 할 때 컨트롤을 높이기 위해 클럽을 짧게 잡는 골퍼들도 있다. 스윙이 짧으므로 몸의 움직임도 최소화된다. 손목의 꺾임도 훨씬 줄이고 왼팔은 힘을 주지 않은 상태에서 편다. 백스윙과 같은 크기로 팔로우스루를 해야 하며, 이때 공을 정확히 맞히거나 강하게 때리려고 플레인과 다르게 스윙하지 않도록 주의해야 한다.

풀스윙과 마찬가지로 쇼트스윙이나 피치샷에서도 템포는 매우 중요하다. 샷의 거리가 얼마가 됐든 공을 공중으로 퍼 올리듯 띄우려 하지 말고 클럽헤드를 통과시키며 공을 때리는 것이 중요하다. 클럽 자체가 공을 충분히 띄울 수 있게 설계되어 있다.

칩샷

핀까지 오픈샷을 해야 하고 넘겨야 할 장애물이 없을 때 7, 8, 9번 아이언을 사용하여 칩샷을 한다.

피치샷과 비슷한 스탠스를 취하고 체중을 어드레스 자세에서 약간 앞에 놓는다. 클럽페이스의 기울기, 즉 로프트가 적어야 피치샷보다 공이 더 멀리 이동하고 많이 구른다. 칩샷에서도 거리는 백스윙 크기로 조절하고 팔로우스루는 백스윙과 같은 크기로 해야 한다. 특정한 거리를 보낼 수 있는 적절한 백스윙 크기를 판단하기 위해서는 다양한 크기의 백스윙을 연습해야 한다. 공을 최대한 그린 가장자리에 가깝게 떨어뜨린 뒤 홀컵까지 굴릴 수 있는 클럽을 선택한다. 짧은 칩샷은 퍼팅스트로크와 같은 방식으로 할 수 있다. 칩샷을 할 때도 적절한 템포와 리듬이 중요하며 평소와 다른 템포로 공을 짧게 치지 않도록 주의해야 한다. 칩샷을 할 때 공통적으로 지켜야 할 규칙은 공을 띄워 핀까지의 거리 중 1/3을 보낸 뒤 나머지 2/3는 구르게 해야 한다는 것이다.

퍼팅

골퍼의 스타일이나 사용하는 퍼터에 상관없이 퍼팅을 할 때 지켜야 할 원칙들이 있긴 하지만 퍼팅은 기본적으로 개인에 따라 다른 형태를 띨 수 있다. 퍼팅을 할 때 개인의 취향에 따라 스탠스를 넓거나 좁게 취할 수도, 오픈 스탠스나 클로즈드 스탠스를 취할 수도 있다. 그러나 몸과 머리를 고정시키고 퍼터블레이드를 공 바로 뒤에 놓는 원칙은 반드시 지켜야 하며, 그 위치는 홀컵과 공을 연결하는 일직선 위이며 퍼터를 직선으로 팔로우스루할 방향과 같다. 퍼팅을 잘 하는 사람들은 대부분 머리를 공 바로 위에 오게 하고 시신을 공에 고정한다. 이제 퍼팅 지침으로 사용할 수 있는 몇 가지 내용을 소개할 것이다. 그러나 기술적인 면은 개인의 기호에 따라 크게 달라질 수 있다. 퍼팅의 거리는 백스윙 크기로 조절한다. 짧은 퍼팅을 할 때는 백스윙을 작게 하고 긴 퍼팅을 할 때는 백스윙을 크게 하는 것이다. 그러나 퍼팅의 길이와 상관없이 템포는 일관되게 유지해야 한다.

스탠스

1. 목과 어깨를 살짝 구부린 채 몸을 거의 편다.
2. 양발은 8~12인치(20~30cm) 정도 벌린다.
3. 스퀘어 스탠스를 취한다.
4. 체중은 양발에 골고루 싣는다.
5. 왼팔을 상체에 가까이 붙인 상태를 유지한다.
6. 오른팔 아래쪽은 오른쪽 허벅지 가까이 붙인다.
7. 공을 왼발 인스텝에 놓는다.
8. 머리는 공 바로 위에 위치하고 시선은 공에 고정시킨다.
9. 공은 퍼터 페이스 중앙에 놓는다.

그립

1. 왼쪽 손등과 오른쪽 손바닥이 퍼팅라인과 직각을 이룬다.
2. 양손 엄지는 그립의 가장 윗부분에 온다.

스윙

'골프스윙의 체크포인트'를 보라.
1. 스윙은 짧고 지면 위로 낮게 가져간다.
2. 공을 굴리고자 하는 방향과 직선으로 한다.
3. 긴장을 완전히 풀고 천천히 안정되게 스윙을 한다.
4. 몸이나 머리를 움직이지 않는다.
5. 클럽헤드는 끝까지 뻗는다.
6. 홀컵에 도달하기에 충분한 힘으로 공을 때린다.

그린 읽기

1. 공 뒤에 서서 관찰하여 공이 굴러갈 각도, 소위 말하는 브레이크를 판단한다.

골프스윙의 체크포인트

1. 오버래핑그립
   a. 왼손 손가락으로 그립을 잡는다. 이때 V자 모양으로 구부러진 손가락 끝이 어깨 너머를 향해야 한다.
   b. 오른손은 샤프트 너무 아랫부분을 잡지 않는다. 오른손으로 만들어진 V자는 오른쪽 어깨 아래에서 위치해야 한다.
   c. 양손 엄지는 샤프트 측면에 위치한다.
   d. 오른손 새끼손가락으로 왼손 검지를 덮는다.
2. 스탠스
   a. 스퀘어: 양발을 공의 비행선과 동일한 거리로 놓는다.
   b. 오픈: 왼발을 오른발보다 공의 비행선에서 멀리 놓는다.
   c. 클로스: 오른발을 왼발보다 공의 비행선에서 멀리 놓는다.
3. 스윙
   a. 목표점을 선택한다.
   b. 백스윙
      i. 공에 시선을 고정한 채 머리를 올바른 위치에 놓는다.
      ii. 어깨와 골반을 회전하며 백스윙을 시작한다.
      iii. 왼팔은 편 상태를 유지하되 긴장을 푼다.
      iv. 클럽헤드는 지면을 향해 낮은 위치를 유지해야 한다.
      v. 백스윙 중간부터 손목을 젖히기 시작한다.
      vi. 오른쪽 팔꿈치가 지면을 향하게 한다.
      vii. 몸이 회전함에 따라 체중을 왼발에서 오른발로 옮긴다.
      viii. 백스윙 정점에서 왼쪽 어깨는 공을 향하고 클럽은 목표점을 향한 채 지면과 평행을 이룬다.
   c. 다운스윙
      i. 왼팔로 다운스윙을 시작한다.
      ii. 왼발은 지면에 평평하게 놓는다.
      iii. 몸이 회전함에 따라 체중을 오른발에서 왼발로 옮긴다.
      iv. 양 무릎을 구부려 움직임을 자유롭게 한다.
      v. 왼쪽에서 잡아당긴다는 느낌으로 스윙을 한다.
      vi. 양손이 지면과 평행인 위치에 오면 손목의 꺾임을 푼다.
      vii. 임팩트 순간 공, 양손, 왼쪽 어깨는 거의 일직선을 이룬다.
      viii. 왼쪽 다리를 펴고 스윙이 완전히 끝날 때까지 이를 유지한다.
   d. 팔로우스루
      i. 백스윙 때 왼팔이 그랬던 것처럼 오른팔을 편다.
      ii. 오른쪽 어깨를 잡아당기면서 머리를 자연스럽게 든다.
      iii. 스윙이 완전히 끝날 때까지 그립을 고정시켜 움직이지 않게 해야 하지만 너무 꽉 쥐어서는 안 된다.
      iv. 양팔은 가능한 멀리 뻗는다.
      v. 팔을 최대한 뻗은 다음에 손목이 회전하기 시작한다.
      vi. 손을 높이 들며 피니시를 한다.
4. 퍼팅에 대한 제안
   a. 퍼터 블레이드를 지면에 평평하게 놓는다.
   b. 양발의 발가락은 공의 진행방향과 평행하게 놓는다.
   c. 왼발 위치에서 공을 퍼팅한다.
   d. 퍼터 블레이드를 지면 위로 낮게 가져간다.
   e. 퍼팅을 하는 동안에는 처음부터 끝까지 몸이나 머리를 움직여서는 안 된다.
   f. 머리는 공 위에 오고 시선은 공에 고정시킨다.

---

2. 잔디를 확인하여 잔디 결이 퍼팅에 도움이 될지 방해가 될지 판단한다. 잔디의 색이 연할수록 잔디가 홀컵 쪽으로 결이 진 것이고, 이는 공이 더 빨리 구른다는 의미이다.

모래벙커

모래벙커(sand bunker)에서 벙커샷을 제대로 구사하면 타수를 많이 줄일 수 있다. 공에서 약 5cm 뒤의 모래 부분을 쳐서 모래가 공을 벙커 밖으로 밀어내게 하면 훌륭한 벙커샷을 칠 수 있다. 공에서 얼마나 멀리 떨어진 모래 부분을 치느냐에 따라 거리가 달라진다. 클럽이 모래에 파묻히지 않고 공 아래의 모래를 통과하도록 끝까지 부드럽게 스윙을 마쳐야 하며 팔로우스루와 피니시 동작은 강하게 해야 한다.

일반적인 원칙

1. 모래벙커는 깊고 부드러운 모래부터 얕고 단단한 진흙이나 모래까지 형태가 다양하므로 벙커마다 샷이 달라진다.

2. 벙커에 들어갈 때는 턱이 가장 낮은 부분을 지나 들어가야 한다. 그래야 벙커 턱을 망가뜨리거나 모래 표면을 심각하게 훼손하지 않을 수 있다.

3. 공 앞에 서서 양발을 앞뒤로 움직이면 양발이 모래에 충분히 박혀 안정적인 스탠스를 취할 수 있다.

4. 어드레스를 취했을 때 공을 치기 전에 클럽헤드가 모래에 닿으면 페널티가 주어진다.

5. 벙커샷을 하고 난 뒤에는 클럽헤드나 갈퀴로 샷을 하느라 흐트러진 모래를 정리해야 한다.

익스플로전샷(explosin shot)

1. 그립, 스탠스, 스윙은 짧고 높은 어프로치샷을 할 때와 거의 같다.

2. 양발을 충분히 모은 뒤 모래에 잘 고정시키고 오픈 스탠스를 취한다.

3. 그립을 확실히 고정시켜야 하지만 그렇다고 힘을 주어서는 안 된다.

4. 스윙은 충분히 길게 위쪽으로 가져가 U자 모양을 만든다.

5. 클럽헤드가 모래를 밀어낸 뒤 다시 모래가 공을 움직이므로 모래를 때린 뒤 클럽헤드를 멈춰서는 안 된다. 팔로우스루는 끝까지 강하게 한다.

6. 클럽헤드로 퍼낸 모래의 양이 얼마인지, 또는 클럽헤드로 공 뒤로 얼마나 떨어진 지점의 모래를 치는 지에 따라 공의 이동거리가 결정된다. 따라서 공이 그린에 가까울수록 퍼내는 모래의 양은 많아진다.

경사면 라이

경사면 라이에서 플레이할 때 골퍼는 스탠스를 조정하여 상대적으로 공의 위치도 지형에 맞춰 놓아야 한다. 또한 오버스윙을 하지 않고 지형의 변화에 따른 스윙의 감에 익숙해지기 위해 한두 차례 연습 스윙을 한다.

일반적인 원칙

1. 오버스윙하지 말라.

2. 정확하게 샷을 하라.

3. 클럽헤드가 지면을 따라 움직이게 하라.

오르막 라이

1. 오르막 경사에서는 풀샷이나 훅샷이 나오는 경향이 있으므로 오른쪽을 겨냥하라.

2. 발을 거의 모은 채 공 가까이 스탠스를 취한다.

3. 오른발에 더 많은 체중을 싣는다.

4. 정상적인 스탠스를 취했을 때보다 공을 왼쪽에 놓는다.

내리막 라이

1. 슬라이스가 나는 경향이 있으므로 왼쪽을 겨냥한다.

2. 경사도가 높을 경우 공을 띄우기 힘든 우드를 피하라.

3. 평상시 스탠스보다 공을 오른쪽에 놓는다.

4. 양쪽 어깨를 수평으로 유지하여 공 뒤의 땅을 때리지 않도록 한다.

공이 발보다 낮을 때

1. 슬라이스가 자주 발생하므로 왼쪽으로 치우쳐 샷을 한다.

2. 체중을 발가락에 실어야하므로 평소보다 넓게 오픈 스탠스를 취하라.

3. 클럽을 길게 잡아 톱볼이 나는 것을 방지하고 공이 클럽헤드에 맞은 뒤 낮은 자세를 유지하는 데 집중한다.

4. 평지에서 할 때처럼 몸을 회전시키지 말라. U자 모양의 스윙이 훨씬 더 자연스럽다.

공이 발보다 높을 때

1. 풀샷이나 훅샷이 나는 경향이 있으므로 오른쪽으로

치우쳐 샷을 한다.

2. 클럽을 짧게 잡는다.

3. 스윙을 천천히 한다. 빨리 할 경우 몸이 뒤로 젖혀져 톱볼이 발생한다.

4. 클럽 토, 즉 헤드 끝 부분에 공이 맞는 경향이 있으므로 가까이서 샷을 한다.

러프에서의 플레이

러프에서 샷을 할 때는 약간 오픈한 상태에서 스탠스를 단단히 고정한다. 클럽을 더 세우면서 백스윙을 한다. 다운스윙을 하여 공을 친 뒤 피니시를 강하게 한다. 공을 충분히 띄울 수 있는 클럽을 선택해야 러프를 탈출할 수 있다. 최우선 목적으로 삼아야 하는 것이 바로 러프에서 탈출하는 일이다.

일반적인 원칙

1. 거리를 많이 내려고 무리하게 샷을 하지 말라.

2. U자 형태의 스윙을 하라.

3. '행운의 샷'을 기대하며 무모한 샷을 하기보다 안전한 샷을 하라.

4. 클럽페이스를 약간 열어 클럽이 부드럽게 풀 사이를 통과하게 하고 풀이 길 경우 클럽을 빨리 든다.

5. 러프샷을 할 때마다 다른 자세를 취해야 하므로 매번 다르게 판단해야 한다.

규 칙

1. 예외로 규정된 경우를 제외하고 규칙에 따라 플레이를 해야 한다. 로컬룰은 프리퍼드 라이(preferred lie, 로컬 룰의 하나이며 경기자가 페널티 없이 바꿀 수 있는 공의 위치를 말한다 – 역자 주), 또는 '윈터룰(winter rule, 잔디를 깎은 흔적이 있는 곳

에서 공을 집어 들어서 전후좌우 6인치(15cm) 내에서 공을 놓고 칠 수 있는 룰을 말하며, 페어웨이, 프린지 안에 있을 때 해당된다 – 역자 주)'을 허용하며, 이 경우 로컬룰에서 규정하는 거리 안에 공이 놓이되 홀에 가까운 쪽으로 옮겨져서는 안 된다 (플레이어가 페널티 없이 바꿀 수 있는 공의 위치).

2. 공은 클럽의 헤드 부분으로 쳐야 한다.

3. 홀컵에서 가장 먼 곳에 공이 위치한 플레이어부터 샷을 한다.

4. 공이 아웃오브바운즈(OB: Out-of-Bounds)로 들어갈 경우 플레이어는 방금 샷을 한 지점에서 다음 샷을 한다. 티샷이 아웃오브바운즈로 들어갔을 경우 티샷을 다시 하며, 그 외의 경우에는 드롭을 한다. 벌타나 거리의 손해가 페널티에 해당한다. (해당 홀 타수에 2타가 더해진다.) 공의 일부분이라도 인바운드에 놓이면 공은 유효한 상태를 유지한다.

   주의: 공이 아웃오브바운즈에 들어간 것으로 생각될 경우 플레이어는 공을 찾지 못할 때를 대비하여 잠정구(provisional ball)를 친 뒤 그 장소를 떠날 수도 있다.

5. 매치 플레이에서 공이 상대의 공을 맞혀 홀컵에 들어가게 했다면 상대는 마지막 샷으로 홀아웃한 것으로 간주된다. 상대의 공에 맞고 멈춰있던 공이 움직였을 경우 그대로 두거나 원래 자리에 놓을 수 있다. 스트로크 플레이의 경우 움직여진 공은 최대한 원래에 가까운 지점에 놓아야 한다. 퍼팅에 앞서 상대에게 공을 마크하라고 요구할 권리가 있다.

   플레이어는 깃대를 꽂아둘 수도, 뽑을 수도 있다. 그러나 스트로크 플레이에서 퍼팅한 공이 홀컵에 꽂힌 깃대나 깃대를 잡고 있던 사람에게 맞으면 2벌타의 페널티가 주어진다. 매치 플레이에서 상대나 상대의 캐디가 깃대를 잡고 있는 상황이라면 상대는 그 홀을 잃는다. 플레이를 하는 사

람의 캐디가 깃대를 잡고 있었다면 그가 해당 홀에서 패한다.

6. 표면에 불순물이 있어 스트로크에 어떠한 것이든 영향을 줄 수 있더라도 플레이어나 파트너, 캐디는 이를 제거하거나 눌러 평평하게 만들 수 없다. 단, 퍼팅은 예외이다. 고정되지 않은 방해물은 퍼팅라인에서 제거할 수 있으며 그린 위의 볼 마크는 퍼팅하기 전에 고쳐도 된다.

7. 샷을 하기 전에 고정된 것, 또는 자라는 것을 옮기거나 구부리거나 훼손할 수 없다. 샷의 경로를 가린다고 나뭇가지를 잡고 있거나 샷하기 편하게 공의 라이를 만들기 위해 잡초를 짓밟는 행위도 여기에 포함된다.

8. 옷, 목재, 자동차, 수리 중인 지면 등의 장해물 위에 놓이거나 접했을 때 벌타 없이 공을 들어 홀과 가깝지 않은 쪽으로 옮길 수 있다. 이때 팔을 지면과 평행하게 뻗은 상태에서 몸 앞에 공을 드롭하며 이렇게 드롭된 공은 홀과 가깝지 않은 쪽, 한 클럽 이내의 거리이어야 한다.

9. 8번에서 언급한 장애물이 스윙에 방해가 되면 구제의 대상이 된다. 플레이어는 아무런 방해 없이 스윙을 할 수 있는 가상 가까운 시점을 찾는다. 그런 다음 홀에서 가깝지 않은 쪽으로 한 클럽 이내의 거리 안에서 공을 드롭하고 이때 페널티는 주어지지 않는다.

10. 공이 헤저드 안에 놓일 경우 라이를 개선하기 위해 어떠한 조치도 취할 수 없다. 공 앞에 어드레스를 취하거나 백스윙을 하는 동안 클럽이 지면에 닿아서는 안 된다. 또한 공을 치기 전에 플레이어는 그 어떤 것도 건드리거나 움직여서는 안 된다. 이를 위반할 경우 1벌타가 주어진다.

11. 공이 승인된 워터헤저드(recognized water hazard) 안에 놓이거나 그 안에서 공을 잃어버렸을 경우 공이 물 안에 빠졌든 아니든, 헤저드 안의 캐주얼 워터(casual water, 비가 와서 고인 물 – 역자 주)이든 아니든 상관없이 플레이어는 1벌타를 받고 핀을 기준으로 헤저드 뒤쪽이나 안에서 공을 드롭할 수 있다. 헤저드 뒤쪽에서 드롭할 경우 플레이어는 공이 헤저드로 들어갈 때 지나간 경계선의 지점보다 핀에서 먼 곳에 위치해야 하고 워터헤저드 안에서 드롭할 경우 플레이어는 공이 물로 들어간 지점보다 핀에서 먼 곳에 위치해야 한다. 티샷이 이런 상황에 처했을 경우 1벌타를 받고 원래 샷을 했던 곳과 최대한 가까운 지점에서 티샷을 다시 할 수 있다. 공이 캐주얼 워터, 즉 비고의적 헤저드에 놓이거나 그 안에서 공을 찾을 수 없을 경우 플레이어는 공이 놓인 곳에서 최대한 가까운 마른 땅 위, 홀과 가깝지 않은 곳에 벌타 없이 드롭을 할 수 있다.

12. 필드에 갖고 나갈 수 있는 클럽의 수는 최대 14개이다. 클럽샤프트의 길이와 클럽헤드의 크기는 규격에 맞아야 한다.

13. 5분 안에 찾지 못할 경우 공은 잃어버린 것으로 간주한다.

에티켓

학생들은 골프 에티켓을 신중하게 익혀 그 내용대로 행동해야 한다. 골프는 예의를 중시하는 경기로 만들어졌고 지금도 여전히 예의를 중요하게 생각한다. 누구나 반드시 지켜야 할 규칙은 다음과 같다.

1. 최대 네 명까지 한 조로 라운딩을 할 수 있으며 각자 클럽을 소지해야 한다.

2. 한 사람이 스트로크를 하는 동안 다른 사람들은 움직이거나 말해서는 안 되며, 공 근처나 바로 뒤에 있어서도 안 된다. 휴대전화 등의 전자장비의 전원도 꺼두어야 한다.

3. 퍼팅그린에서 공이 홀에 가장 가까이 놓인 사람이 다른 사람이 퍼팅하는 동안 깃대를 잡는다.

4. 다른 골퍼의 퍼팅라인을 밟지 않고 홀컵에 너무 가까이 가지 않도록 특히 주의한다(홀컵 주변을 손상시킬 수 있다).

5. 앞서가는 조가 플레이를 마치고 필드를 비울 때까지 플레이를 해서는 안 된다.

6. 잃어버린 공을 찾을 경우 다른 조의 플레이어들이 먼저 지나가도록 해야 한다. 뒤따라오는 플레이어들에게 먼저 플레이하라고 신호를 보내고 그 시점부터 추월한 조의 플레이어들이 필드를 비울 때까지 기다려야 한다.

7. 샷을 하는 동안 잔디가 패일 경우(디봇) 이를 원래 위치에 놓고 눌러준다.

8. 다른 골퍼들이 따라오고 있을 경우 코스의 어떤 위치에서도 샷을 연습해서는 안 된다.

9. 적절한 플레이 속도를 유지하고 앞 조와 한 홀 반 정도 간격을 둔다.

10. 속도가 느린 조는 빠른 조가 추월할 수 있게 해야 한다.

11. 해당 골프장의 로컬룰을 준수해야 한다.

12. 모든 샷은 골프 규칙에 따라 플레이되어야 한다.

13. 홀컵에서 공이 가장 멀리 위치한 플레이어가 가장 먼저 샷, 또는 퍼팅을 한다.

14. 퍼팅그린에서 자신은 물론 다른 플레이어의 어프로치샷 때문에 그린이 손상될 경우 이를 복구해야 한다.

15. 파트너, 또는 상대 선수와 보조를 맞춰 이동하라.

16. 티샷은 티마커 사이의 경계선 위나 그 뒤에서 해야 한다.

17. 필드에서 자신이 샷한 공에 누군가 맞을 위험이 있을 때는 미리 경고해야 한다.

18. 카트와 골프백은 항상 그린 밖, 그린과 다음 홀 사이에 놓아야 한다.

19. 샷을 한 뒤 벙커에 발자국이 남았다면 이를 정리한다.

20. 그린에서 깃대를 잡고 있을 때는 그림자가 홀컵을 가리지 않게 서있어야 한다.

21. 모든 플레이어들이 홀아웃을 하고 난 뒤에는 깃대를 제자리에 꽂고 뒤따르는 조를 위해 즉시 그린을 비운다.

22. 투섬이나 스리섬, 포섬 플레이에서 한 명이 공을 잃어버릴 경우 나머지 멤버도 공을 찾아야 한다.

23. 언제나 플레이어는 예의바르게 행동해야 한다.

골프는 에티켓이 까다로우며 다른 플레이어들을 배려해야 하는 경기이다. 어떠한 경우든 누군가 규칙을 위반하면 즐거움 역시 사라진다. 이를 제대로 지켜야 골프 에티켓을 쉽게 이해할 수 있고 골프의 기쁨과 즐거움을 누릴 수 있다.

교육 시 고려 사항

1. 기본 스윙은 일반적으로 7, 8, 9번 아이언을 사용한 풀스윙부터 시작한다. 기본 자세가 확실해질 때까지 공을 사용하지 않고 연습하는 것이 바람직하다. 처음에는 연습용 공(whiffle ball)을 사용하는 것이 좋다. 그렇게 하면 학생들은 일정한 장비로 충분한 연습을 할 수 있다. 반복연습은 필수다. 네트를 설치하면 공을 줍느라 시간을 낭비할 필요가 없다.

2. 기본 스윙을 익히고 난 뒤 짧은 거리는 물론 먼 거리의 목표점을 정해 스윙하도록 하면 학생들은 샷의 파워를 최대로 높이고 폼의 중요성을 인식할 수 있다.

3. 다른 아이언과 우드샷은 기본 스윙을 다양화하는 차원에서 가르친다. 우드와 다른 아이언을 사용할 때의 중요한 차이점은 물론 스윙의 기본 요소에 중점을 둔다. 필요한 기본 교육을 실시한 뒤에 우드

한 가지와 9번 아이언이나 웨지로 홀을 향하여 플레이하는 방법, 그리고 먼 거리에 있는 목표지점을 공략하는 법을 가르친다.

4. 퍼팅의 원칙을 가르치되 퍼팅 유형의 다양함은 허용한다.

5. 우드, 몇 가지 아이언, 그리고 퍼터에 익숙해지면 쇼트스윙, 피치샷과 칩샷, 여러 가지 라이에 따른 전략 등을 설명한다. 단순히 개념을 언급하는 데 그치지 않고 각 상황에 맞게 개별적으로 연습하게 한다.

6. 가능하다면 교육기간이 끝나기 전에 학생들을 데리고 라운딩을 하되 이것이 마지막 행사가 되어서는 안 된다. 학생들이 특정한 코스에 나갈 준비를 하고 골프 에티켓과 규칙을 복습하게 한다. 라운딩을 마치면 배우고자 하는 의욕도 강해지고 실제로 골프를 치며 얻은 경험과 문제를 서로 공유하게 된다.

7. 수업을 시작하며 안전수칙에 대해 강조하라. 필드나 수업장소에서 이동하는 행위에 대해 엄격한 기준을 세워라. 예를 들어 연습장에서 어떤 플레이어는 자기에게 할당된 공들을 다른 사람들보다 먼저 끝낼 수 있고, 이미 끝난 플레이어는 자기가 친 공을 줍는 경향이 있다. 이는 아직 치고 있는 사람의 타구 방향에 서 있는 결과를 낳는다. 또한 샷을 할 때는 반드시 사방으로 다른 골퍼와 안전거리를 확보하도록 하라.

용어 해설

90도 룰(ninety-degree rule) 골프 카트에 의한 골프코스의 손상을 최소화하기 위한 규정. 골프 카트는 공과 수평인 곳까지 카트 전용도로로 이동해야 한다. 그런 다음 공이 있는 곳까지 바로 페어웨이를 가로질러 간 뒤 샷을 하고 다시 전용도로로 돌아온다.

그로스 스코어(gross score) 스트로크 플레이에서 실제로 친 샷의 수이며 핸디캡은 적용되지 않는다.

그린(green) 홀컵 주변에 잔디를 짧게 깎은 부분.

그립(grip) 클럽의 손잡이, 또는 클럽을 쥐는 방법.

깃대(flagstick) 홀컵의 위치, 그리고 때로 홀 번호를 표시한다. 깃대는 홀컵 안에 꽂는다.

데드(dead) 공중에서 떨어진 뒤 구르지 않는 공.

도그렉(dogleg) 한쪽으로 구부러진 홀.

두꺼운 샷(fat) 공에 닿기 전에 땅을 때리는 샷을 의미하며, 이 경우 커다란 디봇이 생기고 거리는 줄어든다.

드라이버(driver) 1번 우드.

디봇(divot) 스윙을 할 때 클럽헤드에 파인 잔디 조각.

라운드(round) 연속된 홀. 주로 18홀로 이루어진다.

라이(lie) 코스에서 공이 놓인 위치.

러프(rough) 페어웨이 주변의 거친 땅과 풀이 긴 지역.

로프트(loft) 샷을 올려치는 것이나 클럽페이스의 각도를 말함.

림 더 컵(rim the cup) 퍼팅한 공이 홀컵 가장자리까지 굴러갔지만 컵 안으로 떨어지지 않는 것.

링크(links) 코스 전체.

메달 플레이(medal play) 1라운드에서 기록한 전체 스트로크 수를 바탕으로 겨루는 경기방식이며 '스트로크 플레이'라고도 부른다.

매치 플레이(match play) 매 홀마다 승부를 겨루는 경기방식.

매치(match) 경기.

바나나 볼(banana ball) '슬라이스(slice)'를 의미하는 속어.

버디(birdie) 파보다 1타 적은 스코어로 홀을 마무리하는 것.

벙커(bunker) 땅이 노출된 부분이나 모래로 만들어진 헤저드이며 주로 인공적으로 만들어진다.

보기(bogey) 파보다 1타 많은 스코어로 홀을 마무리하는 것.

샌디(sandy) 벙커샷 다음에 한 번의 퍼팅으로 홀아웃하는 것.

샤프트(shaft) 클럽헤드를 지탱하는 막대.

섕크(shank) 심각하게 잘못 친 샷으로서 공이 클럽페이스 바깥 부분, 주로 노우즈(헤드 끝)에 맞아서 발생한다.

스윙 스루(swing through) 골퍼가 공을 치기에 앞서 지정한 목표 지점.

스탠스(stance) 발의 위치.

스트로크(stroke) 공을 겨냥하여 스윙하는 행위이며 공을 놓쳐도 스트로크에 해당된다.

슬라이스(slice) 오른손잡이 골퍼의 경우 오른쪽으로 휘는 공.

아너(honor) 전 홀에서 가장 낮은 스코어를 기록하여 다음 홀에서 가장 먼저 티샷을 할 권리를 말함.

아이언(iron) 헤드가 금속으로 만들어진 클럽. 페어웨이에서 가장 자주 사용되는 클럽이다.

얇은 샷(thin shot) 클럽헤드가 공의 너무 윗부분을 때리는 샷을 일컫는 용어이며, 이 경우 공이 별로 뜨지 않고 종종 슬라이스가 난다.

어드레스(address) 몸과 클럽을 공을 칠 위치로 가져가서 클럽을 지면에 내려놓는 행위.

어웨이(away) 홀컵에서 가장 멀리 위치한 공으로 가장 먼저 플레이된다.

어프로치샷(approach shot) 그린을 향해 치는 샷.

업 앤드 다운(up and down) 피치샷이나 칩샷을 한 뒤 한 번의 퍼팅으로 공을 홀컵에 넣는 것.

업(up) 상대보다 앞선 홀이나 스트로크 수.

에이스(ace) 티샷이 홀컵에 들어가는 것. 홀인원이라고도 함.

에이프런(apron) 그린 바로 밖을 둘러싼 부분.

우드(wood) 헤드가 나무로 만들어진 클럽.

위프(whiff) 공을 맞히지 못한 스윙.

왜글(waggle) 공 앞에서 어드레스를 할 때 준비하기 위한 동작.

이글(eagle) 파보다 2타 적은 스코어로 홀을 마무리하는 것.

캐디(caddie) 플레이어를 보조하는 사람으로서 공을 지켜보고 클럽을 운반하는 등의 일을 한다.

캐리(carry) 공중에서 공이 이동하는 거리.

캐주얼 워터(casual water) 영구적 워터헤저드가 아닌 경우. 공이 캐주얼 워터에 놓일 경우 벌타 없이 공을 옮길 수 있다.

컵(cup) 최종적으로 공을 집어넣는 구멍. 흔히 홀컵이라고 한다.

코스 레이팅(course rating) 각 홀의 상대적인 난이도.

클럽(clubs) 공을 치기 위해 사용되는 도구.

토(toe) 샤프트에서 멀리 떨어진 클럽헤드의 앞부분.

톱볼(topped) 중심보다 높은 곳을 맞아 지면을 많이 구르는 공.

트랩(trap) 벙커. 페어웨이와 그린 주변의 움푹한 곳으로 주로 모래가 채워져 있다.

티(tee) 공을 놓고 드라이브샷을 치는 못 모양의 도구이며 주로 나무로 만들어지고 공의 높이를 높여준다.

티잉그라운드(teeing ground) 각 홀의 시작 위치, 또는 두 개의 마커로 표시된 부분.

파(par) 한 홀에서 기록해야 하는 타수, 또는 모든 스트로크를 합한 숫자.

페널티 스트로크(penalty stroke) 벌타. 규칙을 위반했을 때 플레이어나 팀의 스코어에 더해지는 스트로크.

페어웨이(fairway) 티와 그린 사이에 잔디를 깎거나 잘 관리된 지역.

페이스(face) 클럽헤드 중 공과 접촉하는 표면.

포어(fore) 다른 플레이어가 자신이 친 공에 맞을 위험이 있을 때 이를 알리는 소리.

포섬(foursome) 네 명이 한 조가 되는 것.

푸시-샷(push-shot) 오른손잡이 골퍼의 경우 오른쪽, 45도 각도로 치는 샷.

풀-샷(pull-shot) 오른손잡이 골퍼의 경우 왼쪽, 45도 각도로 치는 샷.

프레스(press) 근육이 지나치게 긴장되거나 스윙을 지나치게 강하게 하는 것. 또한 퍼팅이나 스윙을 하기 전에 손을 약간 앞으로 움직이는 행위.

플레이 스루(play through) 속도가 느린 플레이어들이 속도가 빠른 플레이어들로 하여금 앞질러 가게 하는 경우.

핀(pin) 홀컵의 위치를 표시하기 위해 그 안에 꽂은 깃대.

프린지(fringe) 에이프런을 보라.

해브드(halved) 한 홀, 또는 18홀 경기가 끝난 뒤 기록된 동점.

핸디캡(handicap) 18홀 라운딩을 하는 동안 골퍼가 파를 기록할 수 있도록 주어지는 스트로크 수를 말하며 플레이어의 평균타수에서 파를 뺀 숫자를 근거로 계산한다.

헤드(head) 공을 때리는 데 사용되는 클럽의 부분.

헤저드(hazard) 코스에 원래 존재하거나 인공적으로 만들어진 장애물.

홀 아웃(hole out) 한 홀의 마지막 스트로크.

홀 하이(hole high) 그린까지 정확한 거리를 날아갔지만 방향이 잘못된 샷.

홀(hole) 공을 집어넣는 컵.

홀드(holed) 공이 홀컵에 들어갔을 때 '홀드'되었다고 말한다.

훅(hook) 오른손잡이 골퍼가 쳤을 경우 왼쪽으로 휘어지는 샷.

힐(heel) 샤프트가 시작되는 클럽헤드의 안쪽 부분.

추가 읽을거리

Burr, B. 1997. *Golf for lefties*. Indianapolis, IN: Masters Press. 왼손잡이 골퍼를 위해 만들어진 책. 드라이브샷에서 퍼팅까지 골프의 모든 것을 담고 있다.

Chmiel, D., and Morris K. 2001. *Golf past 50*. Champaign, IL: Human Kinetics.

Craig, E. 2004. *The golf doctor*. New York, NY: Sterling Publishing.

Fahey, T. D. 1995. *Basic golf*. Mountainview, CAL Mayfield. 역사, 규칙, 장비, 기본기술에 대한 개요와 더불어 골프에 대한 기본지식을 다루고 있다. 골퍼용 컨디셔닝 및 골프와 관련된 부상도 짧게 언급되어 있다.

Frank, J. 1999. *Precision putting*. Champaign, IL: Human Kinetics.

Glad, W., and Beck C. 1999. *Focused for golf*. Champaign, IL: Human Kinetics.

Gould, D., and Fitzgerald, J. 1998. *Precision wedge and bunker shots*. Champaign, IL: Human Kinetics.

Johnson, R., and Armstong, B. 2000. *Golf: The game for everyone*. Boston, MA: American Press.

Madonna, B. 2001. *Coaching golf successfully*. Champaign, IL: Human Kinetics.

McColl, G. 2005. *Golf basics*. New York, NY: Sterling Publishing.

McCord. G. 1999. *Golf for dummies*. 2nd ed. New York: IDG Books Worldwide. 프로 골퍼와 해설자들이 유머를 섞어가며 모든 골퍼들에게 필요한 내용을 전수한다.

McDonald, D., and Goodman R. 1998. *Precision woods and long iron shots*. Champaign, IL: Human Kinetics Publishers. 자신의 기술을 평가하는 방법은 물론 티잉그라운드에서의 드라이브샷, 페어웨이, 우드, 롱 아이언, 파5홀에 대비한 전략, 그리고 창조적인 샷을 담고 있다.

Moore, B. 1997. *Golf*. Dubuque, IA: McGraw-Hill.

Nance, V. 1998. *Golf*. 8th ed. Dubuque, IA: McGraw-Hill. 골프의 역사, 기술, 규칙, 에티켓, 장비, 프로 조직을 다루고 있다.

Novosel, J., and Garrity, J. 2004. Tour tempo. New York, NY: Doubleday.

Owens, D., and Bunker, L. K. 1995. *Golf: Steps to success*. 2nd. ed. Champaign, IL: Human Kinetics. 어떤 실력을 가진 골퍼라도 사용할 수 있는 80가지 이상의 드릴과 연습 기술을 제공한다. 실행 목적, 실행하는 동안 기억해야 할 핵심 포인트, 기술적 발전 등 이론과 반복연습이 연결되는 프로그램을 제공한다. 강사용 지침도 담겨 있다.

Perkins, K., Garriga, I., and Stokes, R. 1999. *Golf everyone*. winston-Salem, NC: Hunter Textbooks.

Snead, J., Johnson, J., and O'Connor, R. 2000. *Golf today*. Stamford, CT: Wadsworth/Thomson Learning.

Sole, M. 2004. *Golf step-by-step*. New York, NY: Sterling Publishing.

St. Pierre, D. 2004. *Golf fundamentals*. Champaign, IL: Human Kinetics.

United States Golf Association. 최신판. *Rules of golf*. Far Hills, NJ: United States Golf Association. 골프 공식 규칙을 담고 있다.

Valiante, G. 2005. *Fearless golf*. New York, NY: Doubleday.

Williams, J. 2000. *Playing from the rough: The women of the LPGA hall of fame*. Reston, VA: American Alliance for Health, Physical Education, Recreation and Dance.

골프잡지

Golf Digest

Golf for Women

Golf Illustrated, www.golfillestrated.com

Golf Magazine

Golf World

서점이나 자판대에서 구매하거나 정기구독 할 수 있다. 골프 기초에서 대회 결과, 여행정보 등 골프와 관련한 모든 내용을 담을 기사를 제공한다.

자료

비디오

Golfworks, 4820 Jackson Rd., Newark, OH 43055.

Professional Golf Association, 100 Ave. of the Champions, P.O.Box 12458, Palm Beach Gardens, FL 33410.

그 외 비디오 자료는 부록 C를 참조하라.

CD-롬

Fundamentals of a model swing, deluxe edition (Windows). 8시간 반이 넘는 시간 동안 반복연습과 이론교육을 통해 완벽한 스윙을 마스터할 수 있는 단계별 교육을 제공한다.

Golf tips: Breaking 100(Dos). 초급 및 중급 골퍼들을 위한 기초학습을 담고 있다.

웹 사이트

www.golfonline.com/instruction
양방향 계산도구를 사용하여 골프 실력을 향상시킬 수 있는 개인별 조언을 제공한다.

www.lpga.com
골퍼, 특히 여성 골퍼들이 게임을 향상시키는 데 도움이 될 링크를 제공한다.

www.pgtaa.com
코스 지형에 맞춰 골프를 가르치는 방법을 소개한다.

www.pga.com/instruction/guide
골프의 기초부터 시작하여 골프 스윙의 모든 요소에 대해 조언을 제공한다.

www.teachkidsgolf.com
실력별 레슨이 담긴 어린이용 레슨 비디오를 무료로 제공한다. 어린이와 주니어 골프들에게 골프 기술을 개발하는 방법과 골프 플레이 방법, 그리고 즐겁게 배우는 방법 등을 보여준다.

www.usgtf.com
미국골프강사연맹(U.S. GolfTeachers Federation)에서 제공하는 무료 레슨 비디오.

www.usga.org
골프 규칙, 핸디캡, 클럽, 공, 에티켓, 아마추어 자격에 대한 정보를 제공한다.

4 농구

이 장을 완벽하게 습득한 뒤, 독자들은 다음과 같은 사항들을 할 수 있어야 한다.

▶ 농구 경기의 역사에 대해 설명 할 수 있다.
▶ 농구 경기의 기본 규정과 남녀 경기의 차이점을 설명할 수 있다.
▶ 패스, 드리블, 그리고 슛에서의 기초기술들에 대한 시범을 보일 수 있다.
▶ 공격 및 수비 전략의 일반적인 원칙에 대해 설명할 수 있다.
▶ 농구의 기초기술들을 지도할 수 있다.

역 사

농구는 1891년 당시 매사추세츠의 스프링필드(Springfield, Massachusetts)에 소재한 YMCA 대학 체육 부장이었던 네이스미스(James A. Naismith) 박사에 의해 처음 소개되었다. 최초의 공식 농구대회는 1982년에 개최되었다. 농구는 동계시즌에 체육관에서 흥미를 유발시킬 수 있는 게임을 찾는 과정에서 고안되었다.

초창기에는 복숭아 바구니를 농구골대로 사용하였다. 매번 득점상황이 발생할 때마다 바구니에서 공을 꺼낸 후 다시 플레이를 재개하였다. 플레이를 다시 시작할 때에는 코트 중앙에서 점프볼을 실시하였다. 오늘날 농구경기에서처럼 골을 허용한 팀이 농구골대 아래로 떨어지는 공을 잡아 엔드라인에서 새로 시작하는 방식이 시작된 것은 한참 뒤의 일이다.

농구 경기는 미국 내 놀이터, 지역사회 체육센터, 체육관, 초·중등학교 및 대학에 이르기까지 급속도로 확산되어 왔다.

1899년에는 여성들이 자신들을 위한 농구 규정을 만들고, 1901년에는 최초로 여성을 위한 『농구 가이드(*Basketball Guide*)』란 책이 출간되기도 하였다.

올림픽 남자 농구의 역사

농구는 1904년 세인트루이스 올림픽에서 시범종목으로 채택되었고, 1936년이 되어서야 비로소 정식종목이 되었다. 1936년 베를린올림픽의 농구 결승은 실외의 클레이코트에서 열렸는데, 미국이 캐나다를 19대 8로 물리치면서 금메달을 차지하였다. 미국은 1948년(프랑스에 65:21로 승리), 1952년(구소련인 소비에트연방에 36:25로 승리), 1956년(소비에트연방에 85:55로 승리), 1960년(소비에트연방에 81:57로 승리), 1964년(소비에트연방에 73:59로 승리), 그리고 1968년(유고슬라비아에 65:50으로 승리)에 각각 금메달을 차지하며 올림픽 농구종목을 장악하였다. 올림픽 역사에서 미국이 최초로 금메달을 놓친 것은 너무나도 유명한 1972년 뮌헨올림픽 농구결승에서 이의제기를 통해 마지막 3초를 다시 얻은 구소련이 최종스코어 50대 49로 미국에 승리했을 때였다. 1976년 미국은 유고슬라비아를 95대 72로 누르면서 금메달을 다시 찾아오게 된다. 1980년 미국이 보이콧한(boycott, 당시 소련의 아프가니스탄 침공에 반발하여 미국이 모스크바올림픽에 불참한 사건 – 역자 주) 모스크바올림픽에서는 유고슬라비아가 이탈리아에 86대 77로 승리하면서 금메달을 차지하였다. 1984년 LA올림픽에서 미국은 스페인을 96대 65로 물리치면서 다시 한 번 더 금메달을 차지하였다. 1988년 서울올림픽에서 미국은 동메달에 그치면서 올림픽 농구종목 역사상 최악의 성적을 냈다.

미국 남자팀은 1988년 올림픽 3위의 불명예를 씻기 위한 일환으로, 미 프로농구(NBA: National Basketball Association)선수들을 올림픽 대표 팀에 선발하였다. '드림팀(Dream Team)'으로 명명된 미국 대표팀은 11명의 프로선수들과 1명의 대학선수로 구성되어졌다. 새롭게 구성된 미국 팀은 1992년 바르셀로나올림픽에서 크로아티아를 117대 85로 물리치면서 금메달을 차지하였다. 1996년 미국 조지아 주 애틀랜타에서 개최된 하계올림픽에서도 NBA 프로선수들로 구성된 '드림팀 2기(Dream Team 2)'의 미국 팀이 유고슬라비아를 95대 69로 쉽게 이기면서 금메달을 차지하였다. 이 대회에서 유고슬라비아와 리투아니아는 각각 은메달과 동메달을 차지하였다. 2000년 호주 시드니에서 열린 하계올림픽에서는 미국이 프랑스에 승리하면서 금메달을 차지하였고, 동메달은 리투아니아에게 돌아갔다. 2004년 그리스의 아테네에서 개최된 올림픽에서는 아르헨티나가 이탈리아를 누르고 금메달을 차지하였다. 이 대회에서 미국은 동메달에 그쳤다. 이때가 바로 프로선수의 올림픽 출전이 허용된 이후 프로선수들로 구성된 미국 대표 팀이 유일하게 금메달을 놓친 대회였다.

올림픽 여자 농구의 역사

여자 농구는 1976년 올림픽에 처음 추가되었으며, 이 대회에서 금메달은 구소련이, 그리고 은메달은 미국이 차지하였다. 1980년 올림픽에서도 불가리아를 104대 73으로 물리친 구소련이 금메달을 차지하였다. 미국 여자팀은 1984년 올림픽에서 한국에 84대 55로 승리하면서 처음 금메달을 차지하였으며, 다음 대회인 1988년 올림픽에서도 유고슬라비아에 승리하면서 올림픽 2연속 우승의 영광을 안았다. 1988년 올림픽 이후, 미국농구협회는 월드게임(World Games, 올림픽 경기에 채택되지 않은 스포츠의 종합국제경기대회로 모나코의 몬테카를로에 본부를 둔 국제스포츠연맹총회[GAISF:General Assembly of International Sports Federation]가 주최하며 매 4년마다 개최됨 – 역자 주)과 올림픽을 포함한 국제대회에 프로선수의 출전을 허용하기로 결정하였다. 1992년 스페인의 바르셀로나에서 열린 올림픽에서 미국 여자팀은 쿠바에 88대 74로 승리하면서 동메달을 차지하였다. 애틀랜타

올림픽의 여자농구 결승에서는 브라질에 111대 87로 승리한 미국이 금메달을 차지하였다. 이 대회에서 은메달은 브라질이, 그리고 동메달은 호주가 차지하였다. 호주 시드니에서 열린 2000 하계올림픽에서도 미국은 호주를 76대 54로 물리치면서 금메달을 목에 걸었다. 이 대회의 은메달과 동메달은 호주와 브라질에게로 각각 돌아갔다. 2004년 올림픽에서는 호주에 승리한 미국이 금메달을, 그리고 러시아가 동메달을 차지하였다.

농구는 유소년, 고등학교, 대학, 그리고 프로 경기를 통해 번창해 왔다. 특히 농구리그에 참여하는 여학생의 수가 급격히 증가하였다. 1997년 여름과 가을에는 여성을 위한 미 여자프로농구협회(WNBA: Women's National Basketball Association)와 미 농구리그 (ABL: American Basketball League)의 두 프로농구 리그가 시작되었다. 그러나 한 시즌이 끝난 후, ABL은 없어지고 WNBA만 남아 여자프로리그를 이끌어오고 있다. 늘어만 가는 여자농구경기의 관람객 수가 말해주듯, 미국 여자프로농구의 인기는 앞으로도 계속될 것으로 기대된다.

코트 및 장비

농구 코트는 아무런 장애물이 없는 직사각형의 편평한 바닥으로, 최대 면적이 대학부는 94×50피트(28.65 ×15.24m), 그리고 고등부는 84×50피트(25.60× 15.24m)이다 (도해 4.1).

백보드(backboard)는 너비가 6피트(1.83m)이고 높이가 4피트(1.22m)이며, 코트 양쪽 끝 중앙에 위치하고, 각 엔드 라인으로부터 4피트(1.22m) 떨어진 바닥에서 위로 9피트(2.74m) 지점에 설치된다. 백보드는 경재(활엽수로 된 목재 – 역자 주), 철, 또는 유리로 만들어질 수 있다 (도해 4.2).

바스켓은 위아래가 개방되어 있는 해먹(hammock) 그물(그물침대처럼 아래로 매달려 있는 형태 – 역자 주)로, 백보드와 연결되어 있는 지름 18인치(45.7cm)의 철제 링(백보드와의 거리는 15.2cm)에 매달려 있으며, 바닥으로부터의 높이는 10피트(3.05m)이다.

남자용 농구공은 원형으로 원주의 길이가 30인치(76.2cm)이다. 여자용 농구공의 원주길이는 28.5~29.0 인치 (72.4~73.7cm)이다.

코치와 선수 모두가 주로 염려하는 것은 발의 보호와 편안함일 것이다. 농구선수를 위한 신발과 양말은 발에 딱 맞고, 발목이 삐거나 물집 및 발뒤꿈치에 멍이 드는 것과 같이 불필요한 부상과 불편함을 피하는 데 도움이 되는 그런 디자인이 좋다.

일반적인 규정

미국의 농구규정은 연합위원회(Joint Basketball Rules)인 아마추어운동선수연합(AAU: Amateur Athletic Union), 전미여성스포츠위원회(NAGWS: National Association for Girls and Women in Sport), 전미대학스포츠협회(NCAA: National Collegiate Athletic Association), YMCA(Young Men's Christian Association), 전미고등학교연맹(NFSHSA: National Federation of State High School Associations), 캐나다아마추어농구협회(Canadian Amateur Basketball Association), 미국농구협회(USA Basketball), 그리고 공인심판위원회에 의해 매년 개정되고 있다.

농구경기

통상적으로 홈팀은 경기에 사용할 공을 제공하고, 원정팀은 전반전 코트를 선택한다. 중립코트에서 경기를 할 경우에는 동전 던지기를 통해 홈팀 혹은 코트 선

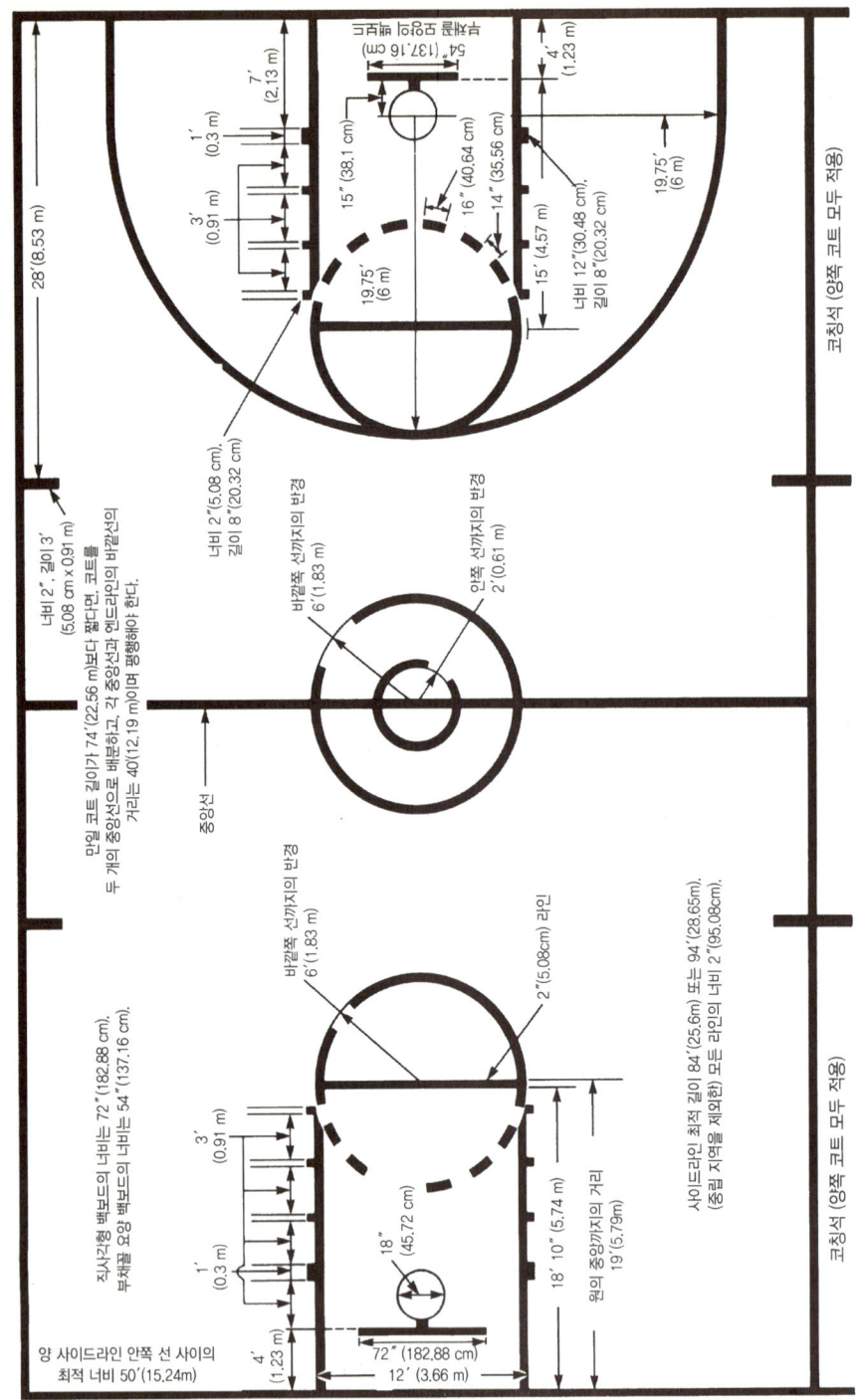

도해 4.1. 남녀 농구코트. 좌측 코트 끝에는 대학부경기를 위한 큰 사이즈의 백보드를, 그리고 우측 코트 끝에는 고등부경기를 위한 작은 사이즈의 백보드를 보여주고 있다. 자유투라인에 있는 점선의 반원의 권장 제원은 길이가 각각 16인치(40.64cm)인 8개의 점과 각 점선간의 간격이 14인치(35.56cm)로 된 7개의 공간으로 구성되는 것이 좋다. 코트 밖으로 최소 3피트(0.91m)이상, 바람직하게는 10피트(3.05m) 이내에는 아무런 장애물이 없어야 한다. 만일 이것이 불가능하다면, 영역라인의 안쪽 선으로부터 3피트(0.91m) 안쪽으로 1-인치(2.54cm)의 얇은 점선을 만들어야 한다. 고등부와 대학부 코트에서의 3점 숫 라인은 바스켓으로부터 19.75피트(6m) 떨어진 지점에 그려진다. 그러나 많은 코트들은 이보다 더 작다. 코트 면적은 여자와 남자농구 모두 같다.

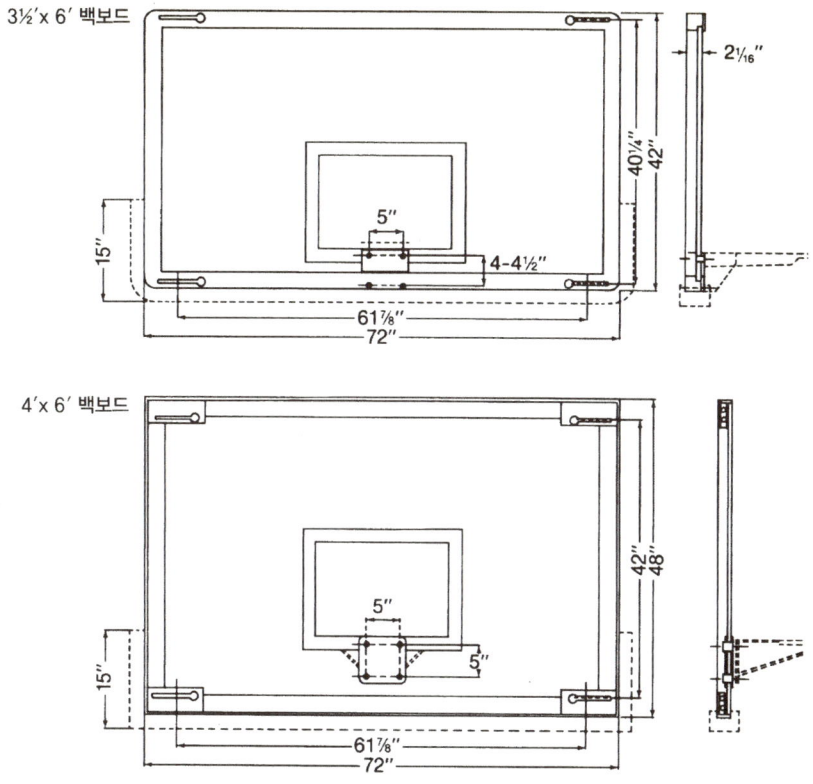

도해 4.2. 농구 골대.

택권을 누가 가질지 결정한다. 양 팀은 하프타임에 코트를 바꾸게 된다. 코트의 절반은 한 팀에게는 프런트 코트가 되고 상대팀에게는 백코트가 된다.

공격 팀은 패스 및 손으로 공 건네기, 던지기, 바운스와 드리블, 또는 여의치 않다면 공간 이동을 통해 득점을 노리고 수비 팀은 실점을 막는데 총력을 기울여야 한다.

농구경기의 한 팀은 포워드 2명, 가드 2명, 그리고 센터 1명 등 총 5명의 선수로 구성된다. 일반적으로, 포워드는 바스켓과 가장 가까이에서 플레이를 하고, 가드는 팀에서 가장 빠른 플레이를 수행하며, 그리고 센터는 포워드와 가드 사이에서 플레이 한다. 현대 농구경기에서는 선수의 포지션에 대하여 전통적인 명칭 대신 새로운 용어를 사용하고 있다. 오늘날 선수들은

자신들의 포지션에 대한 번호를 부여받는다. 보통 1번 포지션은 포인트가드를 의미한다. 이 선수의 주요 역할은 상대편 코트로 공을 가져가서 공격 패턴을 형성시키는 것이다. 2번 포지션은 슈팅가드를 의미한다. 2번 선수는 볼 다루는 솜씨가 뛰어나고 포인트가드보다 더 많은 득점이 기대되는 선수이다. 만일 어떤 팀이 세 명의 가드로 공격라인을 형성한다면, 3번 포지션의 선수는 빅 가드(big guard)가 된다. 이 선수는 상대 공격을 차단하는 능력을 보유하고 있을 뿐만 아니라, 공격 시에는 수비 팀으로부터 파울을 얻어내는 역할을 담당한다. 가드와 포워드를 각각 2명씩으로 하는 대형의 경우, 3번 포지션은 스몰 포워드(small forward)로 불린다. 이 시스템에서의 3번 선수의 역할은 리바운드를 잡아내고, 득점을 많이 하는 것이다. 4번 포지

션은 파워 포워드(power forward)를 의미한다. 보통 이 포지션의 선수는 3번 선수보다 키가 더 크고 더 강한 특성이 있다. 4번 선수의 주요 역할은 리바운드와 바스켓 주위에서 쉽게 득점을 하는 것이다. 이 선수는 종종 하이-포스트(high-post) 선수로 불리기도 한다. 마지막으로 5번 포지션의 선수는 센터이다. 이 선수는 보통 팀 내에서 키가 가장 큰 선수이며, 로우-포스트(low-post) 선수로 불리기도 한다. 센터는 주로 리바운드, 바스켓 주위에서의 득점, 그리고 상대팀의 파울을 유도하는 역할을 맡는다. 모든 선수들은 포지션과 상관없이 자유투를 잘 던져야 한다.

농구경기는 센터코트(통상적으로 코트 중앙)에서 양팀의 점프볼(jump ball)로 시작된다. 그리고 매 필드골 상황이 발생한 이후에는, 실점한 팀이 자신의 코트 엔드라인 뒤에서 바로 플레이를 재개한다.

개인 파울(personal foul)에 의한 자유투를 모두 던진 후에는, 상대선수가 자신의 팀 바스켓 뒤에서 바로 플레이를 재개할 수 있다. 그러나 자유투가 테크니컬 파울(technical foul)에 의한 것이라면, 자유투를 던진 팀이 코트 중간 사이드라인 밖에서 플레이를 재개한다.

선수가 영역라인 밖에 있는 바닥에 접촉하거나 라인을 밟은 경우, 공이 나간 것으로 간주한다. 패스한 공이 영역라인을 벗어난다 하더라도 공을 던진 선수 혹은 받은 선수가 라인을 밟거나 벗어나지 않았다면, 플레이를 계속할 수 있다. 아웃된 공의 드로우인(throw-in: 공이 영역라인을 나간 후 공격권을 가진 팀에 의해 새로 플레이하는 방법 – 역자 주)은 어떤 선수가 해도 상관없다. 드로우인을 하는 선수는 심판이 지정해준 공이 나간 지점에서 반드시 5초 내에 처리해야 한다. 드로우인을 할 때에는 한 번의 좌우 사이드스텝이 허용되고, 점프 또는 뒤로 두 발짝 이상 물러설 수도 있으며, 한 손 또는 양손을 사용할 수도 있다.

남녀농구경기에 공통으로 적용되는 규정

1. 선수 등번호는 유니폼 앞뒤에 반드시 표시되어야 한다.
2. 더블 파울의 경우, 점프볼을 실시한다.
3. 볼 다툼(tie balls: 양 팀의 선수 간에 2명 또는 그 이상의 선수가 공을 한손 또는 두 손으로 꽉 잡아 헬드 볼이 선언되는 상황 – 역자 주), 숏, 드리블, 가로채기 등과 같은 상황에서 손은 공의 일부로 간주된다.
4. 반칙을 범하면 볼 소유권을 잃게 된다.
5. 드리블로 인정되지 않는 경우:
   a. 골이 들어간 경우
   b. 공을 놓친 경우
   c. 볼 컨트롤을 위한 시도:
      (1) 다른 선수가 컨트롤하고 있는 공을 가볍게 치는 경우
      (2) 다른 선수가 손을 뻗어 잡고자 하는 공을 가볍게 치는 경우
      (3) 패스된 공을 가로막아 다시 살리는 경우
      (4) 숏한 공을 가로막아 다시 살리는 경우
6. 자유투 선상에는 6명의 선수만이 설 수 있다. 자유투를 당하고 있는 팀의 선수가 맨 안쪽 라인 지역에 서고, 자유투 공격권을 가진 팀 동료가 그 다음 자리에 위치한다.
7. 점프볼 상황에서 심판이 공을 토스하기 전이라면, 상대선수들은 원의 제한구역 내에서 자리를 바꿀 수 있다.
8. 점프볼 상황에서 자기 자리를 구축한 선수들은 공이 토스될 때까지 움직이면 안 된다.
9. 경기 개시를 위한 점프볼 이후에 일어나는 점프볼 상황에서의 볼 소유권은 양 팀이 번갈아가면서 가지게 된다. 따라서 경기 개시 점프볼을 놓친 팀이 다음에 발생하는 첫 번째 점프볼 상황에서 볼 소유

권을 가지게 되며, 그 다음은 상대팀에게 소유권
이 넘어가는 방식으로 진행된다.

10. 게임 시계는 필드골이 성공적으로 만들어진 순간
과 연장전의 마지막 순간에 멈추게 되며, 이때 선
수교체는 허용되지 않는다.

규정의 차이점

고등부와 대학부 농구경기의 규정에는 약간의 차이가
있다. 예를 들면, 고등부의 경우 숏 제한시간(shot clock)
이 없다.

대학부 남자와 여자농구 규정의 두 가지 중요한 차
이점은,

1. 여자농구의 숏 제한시간은 30초이고 남자는 35초
이다. 공격권을 가진 팀은 일단 공을 소유하게 되
면 시계가 0을 가리키거나 또는 공을 빼앗기기 전
에 숏을 날려야 한다.

2. 남자농구의 경우, 소유하고 있는 공은 10초 이내
에 상대코트로 넘어가야하지만, 여자경기에는 이
러한 규정이 없다. (현재 한국의 경우, 대한농구협
회의 규정을 따르고 있는데, 남녀 구분 없이 백코
트에서 플레이가 시작된 공은 8초 이내에 상대고
트로 넘어가야 하며, 숏 제한시간은 24초이다. ‒
역자 주).

남녀농구에서 흔히 발생하는 바이얼레이션

1. 공을 가지고 있는 상황에서 패스, 숏, 혹은 드리블
없이 2 스텝 이상을 밟은 경우.

2. 발 또는 다리 하단부(무릎 이하)로 공을 찬 경우.

3. 공을 가진 채 영역 선을 밟은 경우.

4. 경기 개시 점프볼 상황에서 토스된 공이 건드려지
기 전에 중앙원 선상의 자리를 떠난 경우.

5. 자유투 라인 안에서 3초 이상 머무는 경우(공격 팀).

6. 자유투 규정을 어긴 경우.

7. 5초 이내에 경기 재개를 하지 못한 경우.

8. 더블 드리블.

9. 공이 상대팀 코트(front court)로 넘어간 후 다시
자기 팀 코트(backcourt)로 돌아온 경우.

10. 테크니컬 파울:
   a. 타임아웃을 너무 자주 부를 때
   b. 교체선수를 기록원이나 담당 심판에게 보고하
지 않았을 때
   c. 스포츠맨십에 어긋난 행동을 보였을 때
   d. 규정에 어긋난 유니폼 또는 번호를 사용할 때
   e. 백보드나 골대 터치가 규정을 어겼을 때

11. 개인 파울:
   a. 차징(charging: 상대방에게 부딪쳐서 공격을
저지하는 신체 접촉 플레이 ‒ 역자 주)
   b. 블로킹(blacking: 상대방의 진행을 몸으로 방
해하는 것 ‒ 역자 주)
   c. 푸싱(pushing: 상대선수를 미는 행위 ‒ 역자 주)
   d. 홀딩(holding: 상대를 누르거나 안는 행위 ‒ 역
자 주)
   c. 트리핑(tripping: 상대선수의 발을 걸어 진로를
방해하는 행위 ‒ 역자 수)
   f. 해킹(hacking: 상대선수의 공을 노리거나 움직
임을 제약하기 위해 손을 내밀다가 때린 행위 ‒
역자 주) 또는 니잉(kneeing: 상대선수를 무릎
으로 가격하는 행위 ‒ 역자 주)

바이얼레이션을 범하게 되면, 공은 상대팀에게 넘
어간다. 파울을 범한 경우에는 상대팀에게 자유투 2
개(첫 번째 시도가 성공한 경우에 한해서) 또는 공격
권을 준다. 자유투와 공격권 중 어떤 것을 선택할 것
인가에 대한 결정은 특정 파울을 범했거나, 경기 등급
(고등부 혹은 대학부), 그리고 팀 파울 수에 달려있다.
대학부의 경우, 6번째 팀 파울부터 원앤원 자유투(첫
번째 시도가 성공한 경우에만 보너스로 두 번째 자유

투가 주어짐 – 역자 주)가 상대팀에게 주어진다. 팀 파울이 10개가 되면 2개의 자유투가 주어진다. 숏 동작에서의 파울에도 2개의 자유투가 주어진다. 파울이 적용된 숏이 골대에 들어가게 되면, 골은 인정되고 자유투 1개가 더 주어진다. 선수 퇴장에 영향을 미치는 것은 개인 파울뿐이다. 각 선수에게 주어진 개인 파울은 4개뿐이며, 5번째 파울을 범하게 되면 5반칙 퇴장으로 남은 경기시간 동안 뛸 수 없게 된다.

심판진

중·고등부 농구리그의 심판진은 주심 1명과 부심 1명으로 구성된다. 대학부의 경우, 3명의 계시원과 2명의 기록원(계시원 1명과 기록원 1명의 보조를 받음)이 동원된다. 이 중 세 번째 계시원은 30초 혹은 35초 공격제한 시간을 체크하는 역할을 맡는다. 남자대학농구 1부 A리그(Division 1A)에서는 3명의 심판진이 경기를 진행하고 있다. 이들 중 1명은 주심이며 2명은 부심이 된다. 대학부 경기를 관장하는 3명의 심판진의 호각에는 소형마이크가 달려있어, 호각을 불때마다 신호가 계시체계에 전달되어 시간이 자동적으로 멈추도록 되어있다. 이것은 계시원이 심판의 호각소리를 듣고 수동으로 시간을 정지시키는 과정이 관중석의 시끄러운 함성으로 인해 방해를 받지 않도록 하기 위해 적용된 시스템이다. 최근에 와서는 선수들의 빠른 스피드뿐만 아니라, 공격과 수비의 형태 및 전략 등이 복잡해짐에 따라, 많은 고등학교 농구협회들도 3명의 심판진을 구성하는 시스템을 도입해오고 있다.

스코어

필드골은 2점, 자유투는 각각 1점씩 부여된다. 3점 라인 뒤에서 숏한 필드골의 경우 3점이 부여된다.

코칭 박스

코칭 박스는 본부석 테이블과 선수벤치가 있는 곳과 같은 방향에 위치하며 경기 코트의 바깥쪽에 선으로 표시되어 있다. 코칭 박스 영역은 엔드라인 연장선, 사이드라인, 코트중앙 표시의 연장선과 선수벤치를 포함한다. 엔드라인과 코트중앙 표시 라인은 길이 3피트(0.9m)에 너비 2인치(5cm)이며, 이 두 라인들의 색깔은 구분이 가능하도록 대조되어야 한다.

경기 시간

미국의 남녀 대학부 경기는 전·후반 각각 20분이며, 하프타임에 15분간의 휴식을 취할 수 있다. 경기가 동점상황에서 종료되면, 승패가 날 때까지 5분씩 연장전을 펼치게 된다.

미국 고등부의 경우, 8분씩 4쿼터(four quarters) 경기를 하며, 하프타임에 10분과 매 쿼터가 끝날 때마다 1분간의 휴식 시간이 주어진다. 경기가 동점상황에서 종료되면, 승패가 날 때까지 3분씩 연장전을 펼치게 된다.

대한농구협회에서는 공식대회의 경기 시간을 10분 4피리어드(중학교 경기는 8분 4 피리어드)로 규정하고 있다. 각 피리어드의 휴식시간은 2분씩이며, 하프타임 휴식은 15분 동안 주어진다. 만일 4피리어드의 경기가 끝났을 때 스코어가 동점이 되었으면, 승패가 가려질 때까지 5분씩의 연장전이 주어진다.

기초기술과 테크닉

패스

농구경기를 성공적으로 수행하기 위해서는 패스가 대단히 중요하다. 팀이 득점기회를 잡기 위해서는 공을 빠르고 정확하게 컨트롤하면서 상대코트로 재빠르게 이동해야 한다.

　패스를 잘하는 것도 중요하지만, 패스된 공을 잘 받을 수 있는 방법을 익히는 것 역시 중요하다. 공이 자신에게 날아오면 손가락을 벌리면서 힘을 빼도록 한다. 그런 다음, 공이 손가락에 닿았을 때 팔을 몸 쪽으로 약간 당겨준다. 일단 볼 컨트롤이 가능해지면, 손으로 공 양쪽을 잡으면서 패스 동작을 취한 후 재빠르게 패스를 하거나 슛을 할 준비를 한다.

패스 시 유의사항

1. 패스된 공을 쉽게 놓치게 되는 원인은 팔에 너무 힘이 들어가 있었기 때문이라는 것을 명심한다.
2. 패스된 공을 손으로 잡을 때까지 공을 끝까지 주시한다.
3. 공과 다투지 마라. 즉, 공을 완전히 컨트롤하기 전에는 패스를 하지 마라.
4. 패스하는 것을 너무 급하게 서두르지 말고 안정된 자세를 유지하라.
5. 항상 머리를 들고 좌우를 살펴 패스할 팀 동료를 찾아라.
6. 팀 동료가 공을 요구할 때에는 상대 수비의 위치를 파악한 후 패스를 시도하며, 이때 방향은 수비수로부터 최대한 먼 쪽으로 패스하라.
7. 패스된 공을 향해 움직여라.
8. 움직이고 있는 동료에게 패스할 경우, 동료선수가 진행하고 있는 방향 앞쪽에 패스하여 이동속도를 늦추게 하거나 방향을 바꾸지 않도록 하라.
9. 볼 컨트롤이 어느 정도 수준에 올라왔다면, 상대방을 속일 수 있는 패스방법을 배워라. 예를 들면, 한쪽 방향을 쳐다보면서 다른 방향으로 패스를 하거나 혹은 위로 패스하는 척 하면서 아래로 패스하는 동작 등을 연습하도록 한다.
10. 시선을 분산시키는 '스플릿 비전(split vision)' 연습을 통해, 정면을 바라보면서 실제로는 시야의 양끝에도 들어오지 않는 팀 동료에게 패스하는 연습을 한다.
11. 안 보이는 곳으로 무작정 패스하지 마라.

체스트 패스/푸시 패스

체스트 패스 혹은 푸시 패스(chest/push pass)는 먼저 양손으로 공을 잡고, 팔꿈치는 몸에 붙이며, 엄지손가락을 안쪽으로 향하게 한 상태에서 나머지 손가락들을 벌려준다. 그런 다음, 패스 받을 팀 동료를 향해 한 스텝을 밟으면서 손목스냅을 강하게 주고 엄지와 나머지 손가락으로 밀면서 공을 재빠르게 내던지는데, 이때 양팔을 패스방향으로 쭉 뻗어주며 팔로우스루(follow-through)를 한다.

플립 패스

가까이에서 서로 주고받을 때 사용하는 패스가 바로 플립 패스(flip pass)이다. 이 패스는 상대수비의 압박이 심할 때 동료선수에게 공을 튕겨 주거나 혹은 거의 손으로 전달하듯 패스하는 기술이다. 플립 패스를 수행하는 선수는 상대수비와 패스를 받을 동료선수 사이에 위치하도록 노력해야 한다. 동료 선수가 패스된 공을 가장 잘 받도록 하기 위해서는, 공을 부드럽게 튕겨야 한다. 플립 패스 기술은 다른 선수가 만들어 놓은 스크린 사이로 (골대를 향해) 드라이빙 해가는 동료선수에게 공을 건네줄 때 매우 효과적이다.

바운스 패스

바운스 패스(bounce pass)는 한손 또는 양손으로 수행할 수 있으며, 주로 공이 패스할 선수와 패스를 받을 동료선수 사이의 수비선수를 지나가도록 하는데 사용된다. 양손으로 하는 바운스 패스는 공 잡는 요령은 체스트 패스와 유사하지만, 공 잡는 위치는 약간 더 낮게, 즉 허리 높이 정도에서 잡는다. 그런 다음, 충분히 힘을 주어 공 잡은 손을 아래로 뻗으면서 팀 동료를 향해 공을 바운스 시킨다. 한 손으로 하는 바운스 패스는 드리블 중간에 바로 패스를 할 때 자주 사용된다. 바운스 패스는 짧은 패스용으로만 사용되어야 하며, 공이 바운스 되는 지점은 패스 거리의 중간 또는 3/4 지점이어야 한다.

투-핸드 오버헤드 패스

투-핸드 오버헤드 패스(two-hand overhead pass)는 양손으로 공을 잡고 던진다. 공을 잡은 양손을 머리 위로 그리고 약간 뒤로 한 상태에서 손목에 강하게 스냅을 주고 팔을 뻗으면서 공을 던진다. 팔로우스루를 위해 양손과 팔을 패스방향을 따라 끝까지 뻗어준다.

오프-더-드리블 패스

오프-더-드리블 패스(off-the-dribble pass)는 드리블에 능숙한 선수에 의해 사용될 수 있다. 이 패스를 위해 선수는 공간이 난 동료선수를 찾아 드리블하고 있던 공을 정지 동작 없이 그대로 패스한다. 오프-더-드리블 패스는 상대 수비가 빈 공간의 동료선수에게 대응하기 전에 공을 전달할 수 있으며, 특히 속공상황에서 매우 효과적으로 활용된다.

베이스볼 패스

베이스볼 패스(baseball pass)를 위해 허리 앞에서 공을 잡고 있는 자세에서 야구의 던지기자세로 바꿔야 하며, 이때 몸은 패스하는 방향으로 틀어준 다음, 공 잡은 손을 뒤로 빠르게 젖힌다. 패스 받을 선수를 향해 스텝을 밟으면서 완전한 팔 동작과 손목 스냅을 사용해 공을 던진다. 팔로우스루 단계에서는 손가락을 비틀지 말고 앞으로 쭉 뻗어주어 공이 휘지 않도록 해야 한다.

원-핸드 훅 패스

원-핸드 훅 패스(one-hand hook pass)에서는 공의 반대편 신체 면을 패스 받을 선수를 향해 돌린 상태에서 공을 엉덩이 부위로부터 위로 그리고 뒤쪽으로 올린다. 공 아래를 잘 벌린 손가락으로 컨트롤 한 상태로 손목위에 공을 얹어놓듯이 한 후, 팔로 훅 동작을 취하면서 머리 위에서 강한 손목 힘으로 공을 던지고 나서 (팔로우스루를 위해) 손을 앞으로 쭉 뻗어준다.

피벗

피벗(pivot)은 공을 잡고 있는 선수가 상대선수를 교묘히 피하기 위해 사용하는 기술이다. 피벗을 전방에서 수행하기 위해서는, 한 발을 마룻바닥에 고정시킨 후 다른 발로 전방 좌우를 왔다 갔다 하면서 상대선수를 교란시킨다. 후방으로 하는 피벗의 경우, 한 발을 고정시킨 후 뒤쪽에 위치한 다른 발로 반원을 그리면서 수행한다.

드리블

자세를 낮추고 머리를 들어서 하는 드리블(dribbling) 방법을 익혀라. 수비수로부터 먼 쪽의 손으로 드리블하고, 자신의 몸을 사용하여 공을 보호한다. 손가락은 벌리고 손목과 손가락의 힘을 뺀다. 공은 손가락을 사용하여 아래로 그리고 전방으로 밀듯이 컨트롤하며, 이때 공을 때리지 않도록 주의한다.

공은 항상 허리 아래에 위치하도록 한다. 드리블의 바운스가 높지 않도록 주의한다. 공을 상대코트로 보내는 데에는 패스가 드리블보다 더 빠르므로, 가능하다면 드리블보다는 패스를 하는 것이 좋다.

업-앤-언더 페이크 패스 앤 드리블

업-앤-언더 페이크 패스 앤 드리블(up-and-under fake

pass and dribble)을 위해 상대 수비수 앞에서 숏 준비 자세를 취한 후, 점프 숏을 하는 것처럼 공을 위로 들어 올리는 동작을 취한다. 그런 다음, 수비수가 가까이오거나 숏 블록을 위해 껑충 뛰어오르면, 몸을 낮춰 수비수의 한쪽 면을 따라 빠르게 드라이브해 들어간다. 이때 드리블은 상대선수로부터 가장 먼 쪽의 손으로 해야 한다.

페이크 패스 앤 드리블

페이크 패스 앤 드리블(fake pass and dribble)에서는 공을 허리 높이에서 잡은 상태로 공과 머리를 오른쪽으로 움직이면서 속임수를 쓴다. 수비수가 속임수 방향으로 움직이면 오른발로 크로스 스텝을 밟으며 방향을 왼쪽으로 재빨리 바꾼 후, 수비수로부터 가장 먼 쪽인 왼손으로 공을 드리블해 나간다.

슈팅(shooting)

슈팅의 역학적 원리

슈팅은 농구경기를 위해 반드시 익혀야 하는 기술이다. 좋은 슈터가 되고자 한다면, 샷과 관련된 기본적인 원리를 알아야 하며, 슈팅 시 흔히 발생하는 문제점들에 대해서도 잘 인식하고 있어야 한다. 다음에 나오는 슈팅 방법들은 거울을 보면서 연습할 수 있다. 손목 스냅을 과감히 사용한 다음 공이 손으로부터 자연스럽게 릴리스 될 때까지 팔로우스루를 해준다. 이 연습은 벽이나 백보드에 숏을 날리면서 하는 것이 좋다. 중요한 것은 정확성이 아니라 릴리스를 얼마나 부드럽게 할 수 있느냐이다.

선수는 슈팅의 역학적 원리를 이해하기 전에 바스켓의 어느 지점을 조준해야 하는가를 먼저 알아야 한다. 좋은 슈터들은 날아가는 공에 시선이 따라가는 대신 슈팅 전 과정동안 바스켓에만 집중한다. 바스켓의 어느 부분을 향해 숏을 날려야 하는지에 대한 코치 및 교사의 견해는 다양하다. 어떤 이는 골대 앞부분을 겨냥해야 한다고 믿는 반면, 다른 이는 골대의 뒷부분에 초점을 맞춰야 한다고 강조하고 있다. 이 두 방법들 중 어떤 것을 선택할지에 대한 현명한 결정을 내리기 위해서는 먼저 공과 바스켓의 관계를 분석해볼 필요가 있다.

종종 사실이 아닌 것처럼 보일수도 있지만, 실제로 공은 농구 골대 안에서 충분한 공산을 가진나 (도해

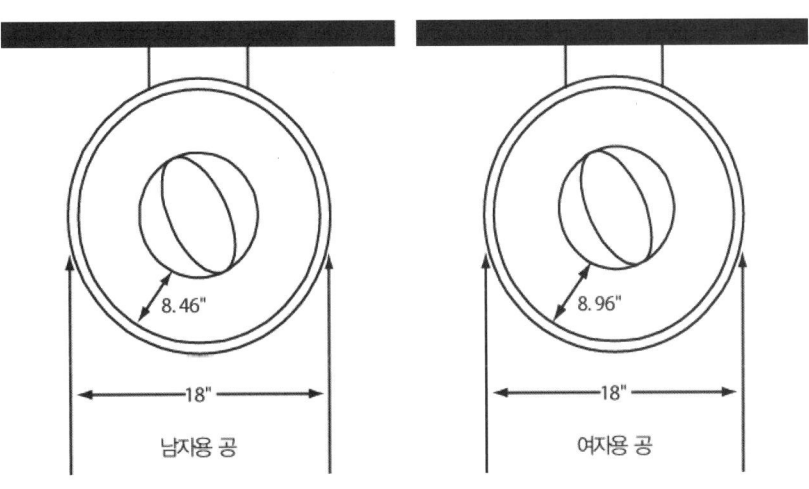

8.46"

18"

남자용 공

8.96"

18"

여자용 공

도해 4.3. 바스켓 크기

도해 4.4. 숏 조준(바스켓 중앙)

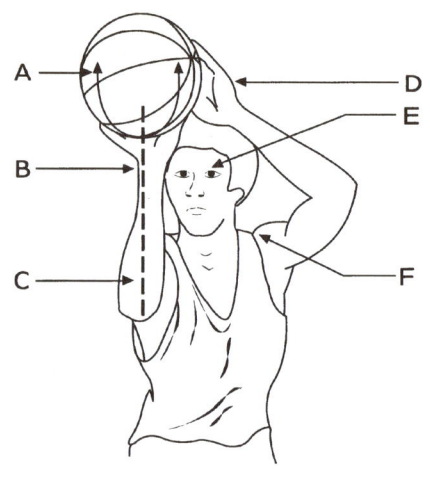

도해 4.5. 정면에서 바라본 슈팅 자세. 자세한 내용은 본문 참조.

4.3 참조). 이러한 사실은 바스켓의 중앙을 보고 숏을 날리는 것이 가장 좋다는 것을 의미하며, 그 이유는 다음에서 제시되고 있는 상황에서의 오차 정도를 어느 정도 보완해줄 수 있기 때문이다. 샷이 짧다 하더라도, 바스켓 중앙을 조준하였다면 여전히 골인될 가능성이 높다. 샷이 약간 긴 경우에도 공은 골대 뒤 언저리에 맞고 골인될 수 있다. 또한, 설사 숏의 오류 정도가 너무 크다 하더라도, 백보드에 맞고 골인 될 수 있다 (도해 4.4).

정면에서 바라본 슈팅 자세(도해 4.5). A, 공에 백스핀(backspin)이 들어가도록 손가락에서 구르듯이 숏을 날린다. 백스핀은 공이 골대에 맞았을 때 튕겨 나오는 것을 막아준다. B, 손목을 꺾은 상태로 손가락 위에 공을 놓아야 하며 손바닥에 닿지 않도록 해야 한다. C, 팔꿈치는 목표 지점과 동일선상에 위치해야 한다. 슈터가 숏을 쏘기에 편하다면, 팔꿈치를 바깥쪽으

로 약간 벌리는 것도 괜찮다. D, 반대쪽 손은 편한 자세로 공에 갖다 놓는다. 그렇다고 해서, 이 손이 슈팅 동작을 방해해서는 안 된다. E, 시선은 항상 바스켓을 향하고 있어야 한다. 숏을 날린 후 공이 길거나 짧은 상황에서 흔히 발생하는 결과들을 주시하도록 한다. F, 양 어깨는 바스켓과 정면을 향하게 해야 한다.

측면에서 바라본 숏(도해 4.6). A, 공의 전방 가장자리는 슈팅을 할 팔꿈치와 거의 수직선상에 위치해야 한다. B, 보조역할의 반대쪽 손은 편안한 자세로 공에 놓지만, 숏 동작을 절대로 방해해서는 안 된다. C, 공은 손가락 위에 놓여 있어야 한다. D, 시선은 샷의 모든 단계, 특히 릴리스단계에서 바스켓을 향해 있어야 한다. E, 어깨는 바스켓과 정사각형이 되도록 해야 한다.

뒤에서 바라본 슈터(도해 4.7). A, 손가락은 모두 벌린 상태에서 공을 잡은 손으로 백스핀을 넣어 숏을 날린다. 적절한 백스핀이 유지되기 위해서는, 공이 집게손가락과 가운데손가락 사이 부위에서 떠나야 한다. B, 엄지와 집게손가락의 벌린 형태는 V모양을 형성하고 있어야 한다. C, 손목은 반드시 꺾여있어야 한

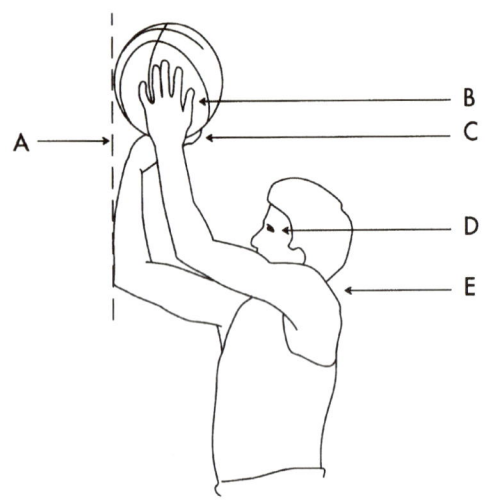

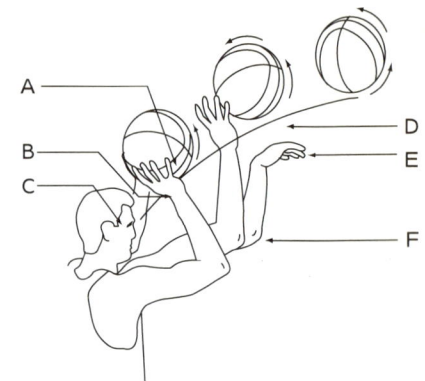

도해 4.8. 릴리스 동작. 자세한 내용은 본문 참조.

도해 4.6. 옆에서 바라본 슈팅 동작. 자세한 내용은 본문 참조.

릴리스 동작(도해 4.8). A, 공이 손가락에서 구르 이 하여 던진다. B, 손목이 뒤로 말린 듯 꺾어준다. 시선은 골대에 고정한다. D, 공은 되도록 슈팅 빙 쪽의 눈 너머로 릴리스 되도록 해야 하며, 그렇지 은 경우, 공이 슈터의 시야를 가림으로써 집중력 결 를 초래할 수 있다. E, 릴리스 후에는 팔로우스루 제대로 이루어졌는지 신경 써야 한다. 슈터는 숏한 이 마치 골대 안으로 들어간다는 상상을 하면서 우스루를 수행해야 한다. F, 팔꿈치는 바스켓을 고 있어야 한다.

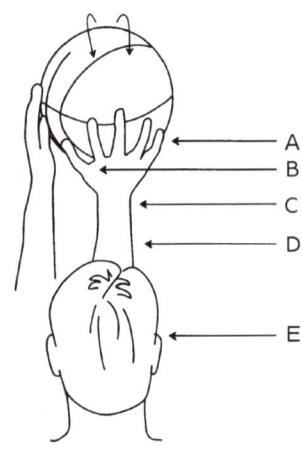

도해 4.7. 뒤에서 바라본 슈터. 자세한 내용은 본문 참조.

점프 샷

점프 샷(jump shot)은 농구경기에서 가장 많이 하는 기술 중 하나이다. 이 기술은 흔히 드리블 시도하는 경우가 많지만, 경기에 임하는 선수라 떠한 상황에서도 점프 샷을 구사할 수 있어야 드리블을 하다가 멈춰 선 후 컨트롤된 샷을 날려 동시에 손은 뒤에 그리고 팔꿈치는 공 밑에 위치 며, 반대쪽 손으로 지지하면서 공을 머리 위로 다. 점프의 최고점에서 지지를 하고 있던 손을 떠 우측 전완의 신전과 손목의 적절한 스냅을 이용 공을 릴리스 한다.

다. D, 슈터의 전완(팔꿈치 아래의 팔 부위 – 역자 주) 은 바스켓과 동일선상에 위치해야 한다. E, 공은 목표 물을 동일선상에서 보고 있는 슈팅 눈(오른손으로 숏 할 경우, 오른쪽 눈이 슈팅 눈이 됨 – 역자 주) 너머로 릴리스 돼야 한다. 실제상황에서는 골대에 대한 조준 없이 자연스러운 동작으로 숏을 날려야 한다.

원-핸드 세트 샷(One-hand set shot)

원-핸드 세트 샷(one-hand set shot)에서는 턱 높이 정도에서 양손으로 공을 잡는데, 손가락은 모두 벌려 공 옆에서 약간 뒤쪽으로 해서 놓고, 엄지손가락은 공의 뒷면 정중앙에 위치시키며, 양발은 너무 벌리지 말고 슈팅하는 쪽의 발을 반대쪽 발보다 약간 앞으로 더 내민 상태로 준비 자세를 취한다. 슈팅 핸드(shooting hand: 슛을 날리는데 직접 관여하는 손으로 오른손잡이의 경우, 오른손이 슈팅 핸드가 됨 – 역자 주)가 공 뒤쪽 아래에 오도록 공을 올려놓는다. 공을 올린 상태에서 무릎을 굽힌 후 발로 바닥을 차면서, (오른손으로 슛을 할 경우) 지지를 하고 있는 왼손을 떼고, 강한 손목 스냅과 팔의 신전을 이용하여 슛을 날린 다음, 팔로우스루로 마무리 한다. 고등부 경기의 경우, 많은 선수들이 상대적으로 거리가 더 먼 3점 샷을 시도할 때 이 기술을 사용한다.

레이업 샷

레이업 샷(layup shot)에서는 오른발을 바닥에 놓았을 때 드리블을 멈춘 다음, 왼발로 스텝을 밟고, 오른쪽 무릎을 들어 올림과 동시에 왼발로 점프를 하면서, 공중으로 높이 뛰어오른다. 그런 다음 공을 슈팅 핸드로 옮긴 후, 이 슈팅 핸드를 머리 앞에서 위쪽으로 가능한 높이 들어올린다. 마지막으로 공이 백보드에 부드럽게 놓일 수 있도록 손가락 끝으로 공을 놓아준다. 주의해야 할 점은, 샷을 위해 양손으로 공을 위로 들어 올린 후 지지하고 있는 손을 공에서 너무 빨리 떼지 말아야 한다.

훅 샷

훅 샷(hook shot)은 양손으로 공을 높이 들어 올린 다음, 바스켓과 반대방향의 오른손으로 공을 넘긴 후 지지를 해주고 있던 손(왼손)을 떼어낸다. 오른팔을 완전히 편 상태로 공을 쓸어올리듯 슛을 날린다. 왼발로 짧은 스텝을 밟은 후 위로 뛰어오른 후 샷을 구사한다. 공이 릴리스 되는 지점을 상대수비수로부터 가능한 멀리 하여야 샷 블로킹(슛이 상대선수의 손 또는 신체부위에 의해 제지당하는 상황 – 역자 주)을 피할 수 있다.

수비

농구경기에서 주로 사용되는 수비대형은 대인방어(one-on-one)와 지역방어(zone defense)이다. 대인방어에서는 각 선수가 상대선수 1명씩 전담해서 맡게 된다. 지역방어의 경우, 각 선수는 정해진 지역 혹은 특정 구역을 책임지게 된다.

지역방어를 사용하는 가장 큰 이유 중 하나는 자유투 라인 지역에 단단한 수비벽을 형성하여 상대공격수가 이를 뚫고 들어와 쉽게 레이업 샷을 구사하지 못하도록 하는 데 있다. 모든 선수들은 상대방이 가진 공이 이동함과 동시에 바로 수비에 들어가서 바스켓을 노리는 패스를 차단해야 한다. 전술적으로 지역방어기 효과적일 수 있는 싱황은 다음과 같다:

1. 적은 공간에서 플레이 할 때.
2. 팀 파울이 적용되었을 때.
3. 팀에 리바운드에 뛰어난 선수가 있으며, 이 선수를 항상 바스켓 근처에 배치시킬 수 있는 상황일 때.
4. 상대선수들의 신장이 우세할 때.
5. 상대선수들의 외곽 숏이 약할 때.
6. 상대팀에 기량이 매우 뛰어난 선수가 1~2명 있고, 이들에 대한 수비수들의 대인방어 능력이 떨어질 때.

스탠스

수비수는 발을 약간 벌린 상태에서 한쪽 발을 앞으로 내민 스트라이드 자세(stride position)를 취하고, 무

룸과 엉덩이를 약간 굽혀주면서 등을 바로 펴야 한다. 만일 왼쪽 팔을 들고 오른쪽 팔을 옆으로 편다면, 왼쪽 발이 앞으로 나가 있어야 한다. 반대로, 오른쪽 팔을 올린다면, 오른쪽 발이 앞으로 나가 있어야 한다. 수비수는 이와 같은 자세를 통해 어떤 방향으로든 빨리 움직일 수 있게 된다.

수비수의 역할

수비수는 상대공격수와 바스켓 사이에 자신의 자리를 잡도록 해야 한다. 긴급한 수비 상황에서는 수비수가 빨리 자리를 잡아야 자신의 손과 팔로 상대공격수의 패스를 방해할 수 있게 된다.

수비수의 목표

1. 상대공격수 가까이에서 팔을 휘저으며 귀찮게 한다.
2. 상대공격수의 숏 블로킹(blocking)을 시도한다(너무 일찍 점프하지 않도록 함).
3. 만일 상대선수가 완전하게 공을 잡고 있지 않다면, 그것을 움켜잡아 볼 타이(tie up the ball, 두 명 혹은 ㄱ 이상의 양 팀 선수들이 공을 차지하기 위해 서로 잡고 있는 상황으로, 점프볼 또는 아웃오브바운드의 후속조치가 취해짐 – 역자 주)를 유도한다.
4. 불안정하게 잡고 있는 상대방의 공을 쳐낸다.
5. 드리블하고 공을 가로챈다.
6. 상대공격수가 자신의 팀 동료에게 패스한 공이 빗나가도록 한다.
7. 패스된 공에 대한 가로채기를 시도한다.

1:1 대인방어와 지역방어

농구를 처음 배우는 학생들의 경우, 1:1 대인방어와 지역방어의 차이점을 이해하는 것이 중요하다. 1:1 대인방어에서는 각 선수가 상대공격수를 한 명씩 맡아서 수비한다. 이 수비 시스템은 선수들의 체력이 뛰어

날 때 효과적으로 사용할 수 있는 수비 대형이다. 1:1 대인방어의 또 다른 장점은 신장이 비슷하고 포지션이 동일한 상대선수를 맡아 수비할 수 있다는 점이다. 예를 들면, 가드 대 가드, 포워드 대 포워드, 그리고 센터 대 센터 등과 같이 자신과 매칭 되는 상대선수를 수비하는 것이다. 그러나 수비 팀이 공격 팀에 비해 스피드, 신장, 리바운드 기술, 그리고 슈팅 능력 등이 떨어진다면, 대인방어가 아닌 지역방어를 활용하는 것이 더 적절할 것이다.

지역방어의 경우, 각 선수는 상대 공격수를 상대하는 것이 아니라, 코트의 특정지역에 대한 수비를 책임지게 된다. 지역방어에서는 상대공격수가 아닌 공의 위치에 집중해야 한다. 상대공격수들이 어디로 움직이는 것과는 상관없이, 각자 맡은 지역을 수비해야한다. 이러한 지역방어의 4가지 대표적인 유형에는 2-1-2, 2-3, 1-3-1, 그리고 1-2-2 대형이 있다. 각 대형에서의 지역방어 구역은 도해 4.9에서 묘사되고 있다.

A. 2-1-2 지역방어. 이 대형은 자유투 라인과 그 주변에서의 압박수비가 필요한 대부분의 경우에 적용하는 지역방어이다. 이러한 수비형태는 공격 팀으로 하여금 공을 좌우로만 패스하노톡 하여 결국 외곽 숏을 남발하게 만든다.

B. 2-3 지역방어. 이 대형에서는 3명의 장신 선수들을 바스켓 주위에 위치시켜, 공격수들로 하여금 먼 거리에서 숏을 쏠 수밖에 없도록 하는 수비형태이다. 만일 팀에 3명의 장신 선수가 없다면, 점프력과 리바운드 능력이 뛰어난 선수들로 하여금 그 역할을 대신하도록 한다.

C. 1-3-1 지역방어. 이 수비대형은 공격수들로 하여금 수비라인의 맨 앞에 있는 수비수 너머로 패스하도록 하는 경우가 많아, 패스 실책을 유도해 공격권을 빼앗을 기회를 엿볼 수 있다.

D. 1-2-2 지역방어. 이 대형은 압박형태의 수비대

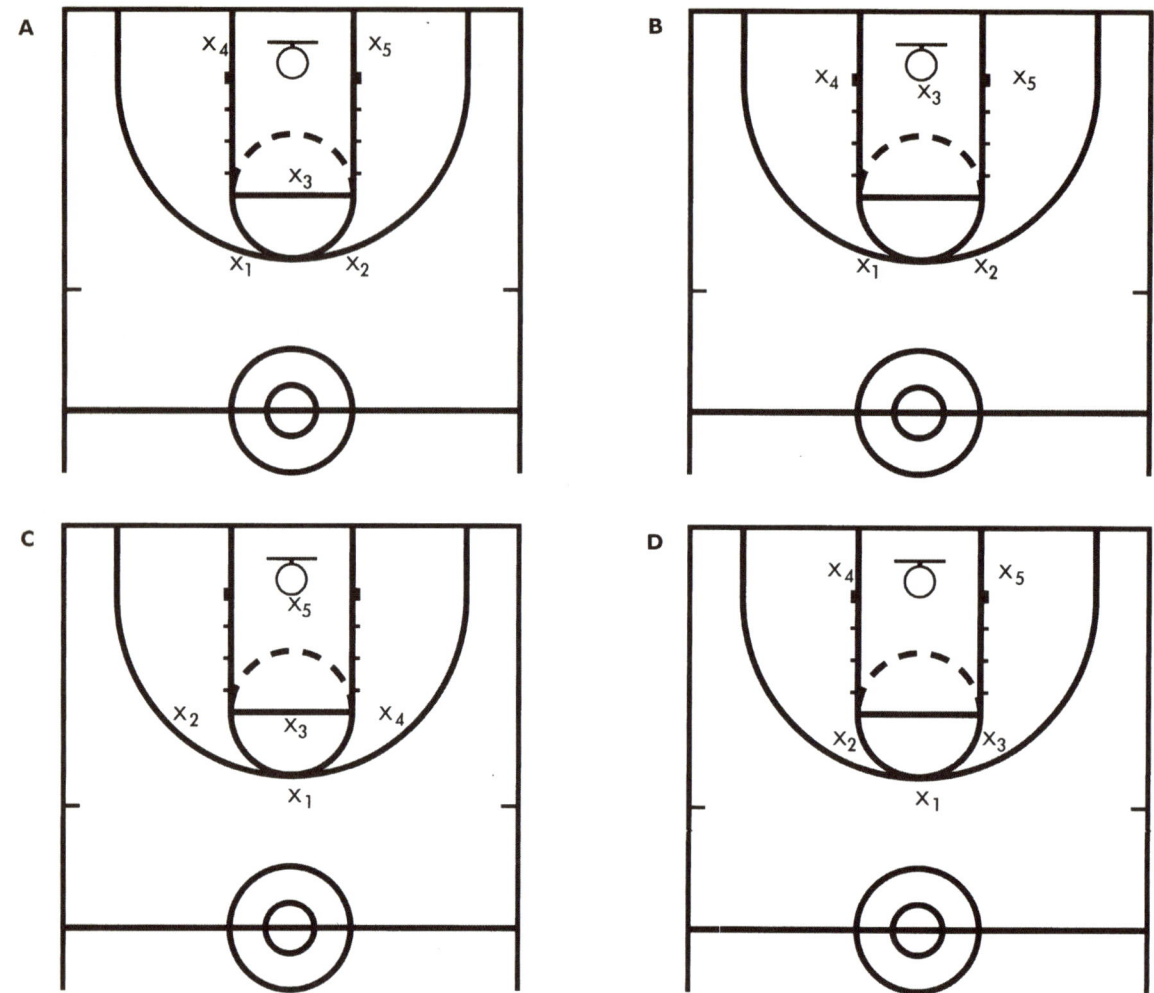

도해 4.9. 기본적인 수비대형에서의 포지션. A, 2-1-2 지역방어. B, 2-3 지역방어. C, 1-3-1 지역방어. D, 1-2-2 지역방어.

형으로, 상대팀으로 하여금 바스켓에서 멀리 떨어진 곳에서 공격이 이루어지도록 하는 장점이 있다. 이 지역방어 대형이 잘 이루어지기 위해서는, 상대적으로 신장이 더 작고 빠른 선수들의 활약이 필요하다.

공격

농구경기에서의 공격 전술은 상대 팀의 수비 대형에 따라 다양하게 전개될 수 있다. 공격 전술은 수비 팀이 2-1-2, 2-3, 1-3-1, 또는 3-2 지역방어와 1:1 대인방어 대형 중 어떤 것을 사용하는지에 따라 적절히 대처할 수 있어야 한다.

지역방어에 대한 가장 일반적인 공격방식은 빠르고 날카로운 패스를 통해 상대 수비수를 혼란시켜 수비벽을 무너뜨리는 것이다. 다른 형태의 공격전술로는 공수대형을 다르게 하는 방식(2-1-2 수비대형에

1-3-1 공격대형으로 맞섬)과 오버로딩(over-loading: 수비가 약한 지역에 공격수를 추가로 투입) 등이 있다.

1:1 대인방어에 대한 기본적인 조치로는 기브-앤-고(give-and-go: 2:1 패스)와 픽-앤-롤(pick-and-roll: 한 선수가 공을 소유하고 있는 상태에서 같은 팀의 다른 선수가 공을 소유한 선수에게 스크린을 걸어준 상황에서 공을 소유한 선수가 스크린이 있는 방향으로 돌파를 하고, 그때 재빨리 스크린에 서있던 선수는 골밑으로 들어가서, 돌파를 한 선수로부터 패스를 받아 득점을 하는 방법 – 역자 주)이 있다. 이러한 전술의 의도는 수비수에게 스크린을 한 다음, 공간이 난 공격수에게 공을 연결시키는데 있다. 일명 프리랜싱(freelancing)이라고 불리는 1:1 대인공격(player-to-player offense) 역시 자주 사용되지만, 세트 플레이에서 더 자주 활용하는 전술이다.

기본적인 공격 대형

가장 효과적인 공격 대형을 결정하기 위해서는 먼저 팀 내 선수들의 능력을 파악하는 것이 중요하다. 복잡한 공격 대형에 대한 구체적인 내용은 이 교재에서 다루어지지 않겠지만, 여기서는 미국 내 상위권 대학 팀들의 주요 공격 내형인 '모션 공격(motion offense)'에 대해서만 알아보기로 한다. 모션 공격은 복잡하고 진일보된 공격 대형으로, 이 시스템에서 선수들은 공격 지역 내에서 자유롭게 플레이할 수 있는 기회를 가지게 된다. 그러나 이 대형에서도 명심해야할 기본 개념들이 몇 가지 있다. 먼저 선수들은 자신들이 움직일 때마다, 동료선수가 열린 공간에서 숏 기회를 잡거나 바스켓으로 드라이빙해 들어갈 수 있도록 항상 스크린을 할 준비를 해야 한다. 패스는 항상 쉽게 할 수 있는 방법을 찾고, 바스켓 더 가까이에서 숏을 날릴 수 있는 동료선수에게 공을 연결시키도록 노력해야 한다. 이 공격 시스템에서는 팀의 조직력이 매우 중요하다. 모든 선수들은 팀의 공격력에 일조해야 한다. 이

시스템에서의 득점과 어시스트는 모든 선수들이 골고루 하도록 되어 있으며, 이런 점에서 1~2명의 선수들에게 공격력이 집중되어 있는 싱글 혹은 더블 포스트 공격대형(single- or double-post offense)과는 차이가 있다.

네 가지 기본적인 공격 대형들에서의 선수 포지션은 도해 4.10에서 묘사되고 있다.

A. 싱글 포스트 공격대형(single-post offense). 이 대형은 바스켓 주변 지역에서 플레이할 수 있는 장신센터를 보유한 팀에게 적합하다. 이때 센터는 바스켓 가까이에서 어느 정도 숏을 잘 쏠 수 있어야 한다.

B. 더블 포스트 공격대형(double-post offense). 이 대형은 바스켓 주변에 두 명의 장신 선수들을 배치시키는 것을 제외하고는 싱글 포스트 대형과 유사하다.

C. 셔플 공격대형(shuffle offense). 이 대형의 성공은 빠르고 정확한 패스에 달려있는데, 선수들은 주로 한 방향으로 패스를 한 후 반대방향으로 이동하여 동료선수를 위한 스크린을 시도한다.

D. 플렉스 공격대형(flex offense). 이 대형은 다른 공격대형에 비해 수비수들을 훨씬 더 많이 분산시킴으로써, 오픈 샷을 위한 스크린 기회가 자주 온다.

유념해야 할 사항

1. 숏 기회를 잡거나 패스공간을 만들어내는데 필요할 때에만 드리블을 하도록 한다.
2. 되도록 드리블보다는 패스를 통해 공을 이동한다. 패스가 더 빠르다는 점을 명심한다.
3. 군더더기 없는 동작으로 패스와 볼 캐치를 할 수 있도록 연습한다. 이러한 능력은 효과적인 공격을

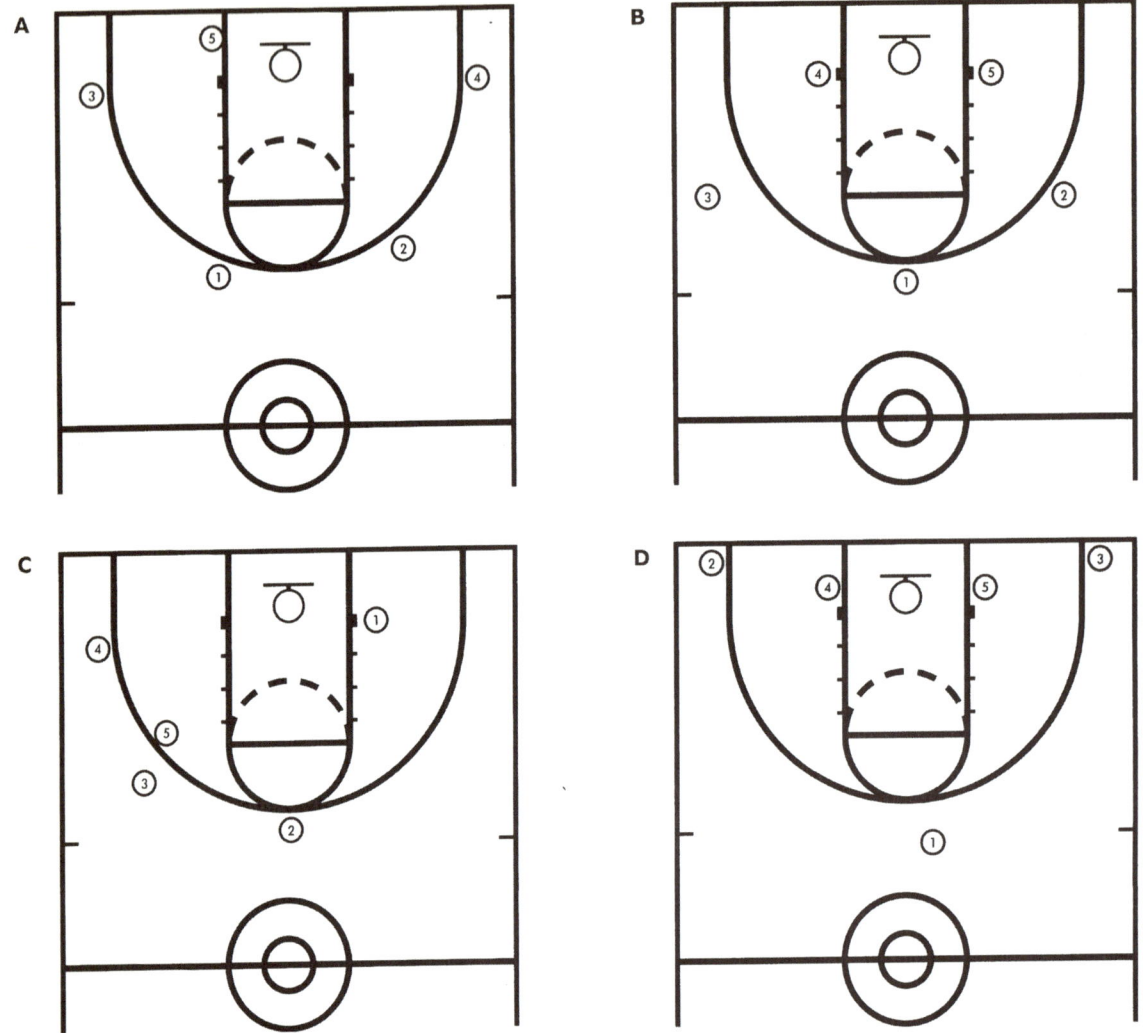

도해 4.10. 기본적인 공격대형에서의 포지션. A, 싱글 포스트 공격대형. B, 더블 포스트 공격대형. C, 셔플 공격대형. D, 플렉스 공격대형.

위해 매우 중요하다.

4. 일관성 있는 슈팅 자세와 집중력을 키워 슛 성공률을 높이도록 한다.

5. 상대적으로 더 어려운 샷을 연습하기 전에 레이업과 짧은 거리의 성공확률이 높은 샷들을 완벽하게 구사할 수 있도록 한다.

6. 팀의 공격패턴에서 주로 사용하는 샷들을 가장 많이 연습하도록 한다.

7. 코트 내 선수들의 위치에 대한 균형에 신경을 쓰도록 한다. 슛을 날릴 때마다 팀 동료 한 명 이상은 리바운드를 위해 바스켓 주위에 자리를 잡고, 동시에 한 명의 동료선수는 상대선수들의 속공을 저지하기 위해 백코트에 위치하도록 한다.

8. 리바운드 기술을 향상시키기 위해 양쪽 코트의 엔드라인 근처에서 상대선수보다 더 안쪽에 자리 잡도록 최대한 노력한다.

9. 수비를 위한 자세를 정확하게 익혀 실제로 수비할 때 공이나 사람을 놓치지 않도록 한다.

10. 적절한 체력수준을 유지하도록 한다. 농구선수는 코트의 한 쪽 끝에서 반대쪽 끝까지 왔다 갔다 하면서 공격과 수비를 잘 수행할 수 있는 능력을 갖춰야 한다.

11. 항상 적절한 몸 상태를 유지하도록 한다. 선수가 격렬한 운동을 해오다가 운동 강도의 조절이나 어떤 적응기간 없이 운동을 중지하게 되면 부상이 발생할 수 있다.

12. 농구는 팀 스포츠라는 사실을 명심해야 한다. 최고의 선수가 항상 최고의 팀플레이를 하는 것은 아니다. 팀플레이를 잘 하는 선수는 자신이 가지고 있는 최상의 운동수행 능력을 동료 선수들의 플레이를 돕는 데 사용한다.

교육 시 고려사항

1. 나이가 어린 학생들에게 농구 기초기술을 지도할 때에는 직고 밝은 색의 공을 사용하도록 한다.

2. 드리블 개인기를 위해 장애물을 활용할 때에는 먼저 단순한 상황을 연출하여 연습하도록 한다(예: 한 지점에서 전방, 좌측, 우측, 그리고 후방으로 이동; 드리블 속도와 수준을 변화시킴; 정지 후 드리블 시작; 다른 사람들 혹은 장애물 사이로 드리블 해나감).

3. 먼저 제자리에서 다양한 유형의 패스를 연습하면서 패스 기술을 익혀가도록 한다. 제자리에서의 패스 기술이 어느 정도 수준에 도달했다면, 바로 움직이는 사람에게 패스하는 연습 단계로 넘어가는 데, 이때 공을 받는 사람과의 거리 및 움직임을 다양하게 하면 더 효과적이다. 패스는 빠르게 하고 공을 받는 사람이 움직이는 앞쪽으로 해야 한다

는 점을 강조한다.

4. 드리블과 패스 기술의 접목을 시도하는데, 특히 이 두 기술의 부드러운 연결을 강조한다(패스에서 드리블로, 그리고 드리블에서 패스로 연결). 여러 선수들이 함께 참여하는 팀 전술에서 패스를 받기 위해 공간을 파고드는 연습을 강조한다.

5. 파울 샷, 세트 샷, 그리고 레이업의 기초기술을 지도한다. 난이도가 낮은 상황에서 이러한 기술들의 기본기가 잡히고 나면, 곧바로 드리블과 패스가 가미된 세트 샷과 레이업의 복합기술을 지도한다.

6. 1:1 상황에서의 공격과 수비를 위한 플레이를 시작하도록 한다. 학생들에게 드리블을 하고 있는 상대선수로부터 공을 빼앗을 수 있는 수비 포지션과 공을 지속적으로 소유할 수 있는 공격 전략을 지도한다.

7. 초보자는 농구의 '스페이스(space)' 게임을 익히기 위해 2:2와 3:3 상황에서의 연습을 충분히 해야 한다. 스페이스 게임에서의 공격수들은 공간과 패스 기회를 만드는데 최선을 다해야 하는 반면에, 수비수늘은 공간과 패스 기회를 차단하는데 전력을 다해야 한다. 이 게임에서의 지도 초점은 공을 가진 사람과 패스를 받을 사람뿐만 아니라, 공을 가지고 있지 않은 공격수의 움직임에도 맞춰져야 한다. 수비의 경우에는 상대방의 공격기회를 차단하는 데 초점을 맞춰서 지도한다.

8. 학습자들이 많은 경우, 축소된 공간을 여러 곳으로 나누어 플레이 하도록 하는 것이 효과적이며, 특히 이러한 방법은 현재 연습하고 있는 플레이 형태가 5:5가 아닌 그보다 적은 인원수로 하는 형태라면 더 효과적일 것이다.

9. 특정 규칙을 지정해주어 더 좋은 플레이를 수행할 수 있도록 하고(예: 드리블 불가, 패스 3회 등) 플레이가 지속될 수 있도록 바이얼레이션이나 경기 중지 상황 등을 조절한다 (예: 트래블링 바이얼레

도해 4.11. 농구 심판의 신호.

이선에 대한 융통성, 파울 샷과 점프볼 규정을 적용하지 않음).

10. 지역방어를 소개하면서 수비공간에 대한 개념을 이해시키도록 한다. 먼저 세 명의 선수들만으로 지역방어 대형을 만들어본다. 이후 수비수의 수를 늘려가면서 다른 형태의 지역방어를 추가적으로 지도한다.

11. 수업 내용의 영역별 단위가 바뀔 때마다, 이전 단위에서의 매 수업 시 배웠던 기술을 활용한 약식 경기를 실시한다. 기술 지도는 수업단위별로 단계별로 진행될 수 있도록 한다. 학기 초 몇 시간 만에 모든 기초기술들을 연마하고, 학기 말에는 모든 플레이를 수행하는 방식의 수업 단위를 만들지 않도록 한다.

12. 심판의 신호는 도해 4.11을 참조하라.

용어 해설

10초 룰(ten-second rule) 공을 가진 팀이 중앙선을 넘는데 주어진 제한시간으로, 공을 소유한 순간으로부터 10초 안에 넘어가야 한다.

24초 룰(twenty-four-second rule) 미국 프로농구협회인 NBA에서의 공격제한 시간은 24초이며, 아마추어 국제대회에서는 30초를, 그리고 남녀 대학부 경기에서는 35초와 30초를 각각 적용한다.

3초 룰(three-second rule) 공격수가 자유투 구역 내에서 자리를 잡고 머무를 수 있는 제한시간을 말하며, 3초 이상 머무를 수 없다.

개인 파울(personal foul) 다양한 형태의 신체적 접촉으로 인한 파울을 의미하며, 아마추어 경기에서는 5반칙, 그리고 프로 경기에서는 6반칙을 범한 선수는 퇴장시킨다(우리나라의 경우 여전히 5반칙 퇴장이 적용되고 있음 - 역자 주).

공격자 파울(offensive foul) 공격수가 범한 개인 파울이지만, 벌칙으로 자유투를 주는 경우는 드물다.

기브 앤 고(give and go) 한 선수가 동료선수에게 패스한 후 바스켓을 향해 돌진하면서 다시 패스를 받아 레이업을 시도함.

대인방어(player-to-player defense) 수비의 한 형태로 팀의 각 선수가 상대 공격수 한 명씩 전담하여 수비를 하는 것을 말한다.

더블 드리블(double dribble) 드리블을 하다가 공을 잡은 후 다시 드리블을 하는 행위.

덩크(dunk) 바스켓을 향해 혹은 더 위를 향해 뛰어오른 다음 공을 골대 안으로 집어넣는 기술이다. 이러한 샷이 강렬하고 극적일 때를 '슬램덩크'라고 부른다.

드리블(dribble) 걷거나 달리면서 한 손으로 공을 지속적으로 바운스 하면서 컨트롤하는 행위. 바이얼레이션의 일종인 더블 드리블은 정지 후 다시 드리블을 하는 행위를 말한다.

레이업(layup) 백보드를 기준삼아 바스켓 가까이에서 한 손으로 공을 던져 넣는 동작.

리바운드(rebound) 바스켓 혹은 백보드를 맞고 튀어 나오는 공을 양 팀 선수 중 한 명이 다시 잡아서 플레이를 계속 해나가는 것을 말한다.

바스켓(basket) 바스켓은 두 가지 의미를 가진다. 첫째, 철제의 원형 골대로서 공이 이것을 통과하게 되면 점수를 부여받게 된다. 둘째, 필드 골을 의미한다.

바이얼레이션(violation) 파울로 분류되어 있지 않은 모든 규칙 위반을 뜻한다. 이에 대한 벌칙으로 볼 소유권을 빼앗기게 된다.

백보드(backboard) 바스켓이 붙어있는 면으로 우드, 철, 또는 유리 재질로 만들어지며, 선수들은 주로 공을 백보드에 바운드시켜 바스켓에 넣는 샷을 구사한다.

백코트(backcourt) 공격당하고 있는 바스켓으로부터 멀리 떨어진 반대쪽 하프코트로서, 흔히 가드를 '백코트 선수'라고 부른다.

벤치(bench) 5명의 선발선수들을 제외한 후보진.

볼 소유권 교대 규정(alternate-possession rule) 경기 개시를 위한 점프볼 이후에 일어나는 점프볼 상황에 대해서는 양 팀이 번갈아가면서 볼 소유권을 가지게 되는 규정이다.

블로킹(blocking) 수비수가 공격수의 진보를 방해하는 행위로 파울에 해당된다.

세트 샷(set shot) 한 자리에서 고정된 자세로 시도하는 필드 골을 의미하는 것으로, 공을 릴리스 할 때 양발이 바닥에 붙어 있어야 한다. 이 샷은 먼 거리에서 슛을 날릴 때 주로 사용된다.

센터 점프(center jump) 점프볼이라고도 하며, 심판이 양 팀의 센터 사이에 공을 토스함으로써 경기를 시작하는 방식.

속공(fast break) 공격의 한 형태로 수비수들이 수비대형을 갖추기 전에 빠르게 공격을 시도하는 것을 의미한다.

스위치(switch) 수비 기술 중 하나로 대인방어에서 전담하고 있는 공격수들이 빠르게 자리를 바꿀 때, 이들에 대한 전담 수비수의 역할도 바꾸는 것을 의미한다.

스틸(steal) 수비수가 공격수의 손에 있는 공을 빼앗거나 패스를 가로채는 것을 말한다.

쓰리 포인터(three-pointer) 이것은 두 가지 의미를 가진다. 첫째, 숏 동작에 파울을 당한 선수의 샷이 그대로 바스켓에 들어가 필드 골이 인정되고 보너스로 얻은 자유투 1개 마저 성공시킨 것을 의미한다. 둘째, 코트의 3점 라인 밖에서 던진 숏이 들어가서 득점하는 것을 의미한다.

압박(press) 공격수를 가까이에서 심하게 괴롭히는 수비의 한 형태이다. '풀 코트 프레스(full-court press)'는 코트 전체에 걸쳐 압박을 실시하지만, '하프 코트 프레스(half-court press)'는 공이 중앙선을 넘어왔을 때에만 실시한다.

어시스트(assist) 팀 동료가 골을 넣는데 결정적인 기여를 한 패스나 공 넘김.

오버 앤 백(over and back) 공이 프론트 코트로 한번 넘어간 후 다시 백코트로 되돌아온 경우.

자유투 라인(free-throw line) '파울 라인(foul line)'이라고도 하며, 바스켓으로부터 15피트(4.5m) 떨어진 곳에 그어진 선으로, 자유투를 쏘는 선수는 반드시 이 선 뒤에 서서 숏을 시도해야 한다.

자유투 레인(free-throw lane) '파울 레인(foul lane)'이라고도 하며, 바스켓 아래의 엔드라인과 자유투 라인에 의해 규정된 제한구역으로 2개의 연결선에 의해 지정되어 있으며, 선의 길이는 대학부 경기가 12피트(3.6m) 그리고 프로경기가 18피트(5.4m)이다.

자유투(free throw) 상대팀의 파울에 대한 벌칙으로 주어지고, 파울 라인으로부터 아무런 장애물 없이 숏을 날릴 수 있으며, 자유투 1개를 성공하면 1점을 얻게 된다.

점프볼(jump ball) 심판이 양 팀 선수 사이에 공을 토스하는 행위로 플레이 시작을 의미한다. 점프볼은 경기 시작할 때에만 실시한다.

점프 샷(jump shot) '점퍼'라고도 불리며, 공격수가 필드 골을 시도할 목적으로 수직 점프 후 숏을 날리는 것을 의미한다.

지역방어(zone) 수비의 한 형태로 각 선수는 상대 공격수가 아닌 코트의 특정 지역을 맡아서 수비한다.

차징(charging) 공격수가 이미 코트에서 자리를 잡고 있는 수비수에게 달려드는 행위로 파울에 해당된다.

턴오버(turnover) 필드 골의 시도 없이 공의 소유권을 잃어버리는 것을 의미한다.

테크니컬 파울(technical foul) 비신사적인 행위 또는 특정 테크니컬 규정을 위반한 경우(예: 고의로 경기를 지연하는 일, 심판의 허가 없이 선수를 바꾸는 일, 번호를 마음대로 바꾸는 일, 선수가 경기장 밖으로 마음대로 나가는 일 등 - 역자 주). 이 파울에 대한 벌칙으로 상대팀에게 자유투 1개와 볼 소유권을 준다.

트래블링(traveling) 발의 이동에 대한 규칙 위반이라는 뜻이다. 피벗 풋은 플로어에 두 발이 닿고 있을 때, 설정해야 할 의무적인 고정 다리이며, 이 발을 떼고 드리블하는 것은 위반이며 또한 공을 갖고 2발자국 이상 걷거나 움직이는 것 역시 규칙 위반이 된다.

트랩(trap) 공을 가지고 있는 한 명의 공격수에게 두 명 이상의 수비수들이 집중적으로 달려들어 공을 놓치게 하거나 빼앗는 것을 의미한다.

트레일러(trailer) 속공 상황에서 동료선수의 뒤를 따르는 선수를 말하며, 앞선 동료의 공격이 여의치 않을 때 패스를 받아주는 역할을 한다.

팁 인(tip-in) 리바운드를 위해 공중에 떠 있는 상황에서 손가락으로 공을 툭 쳐서 바스켓에 넣는 필드 골을 말한다.

파밍(palming) 드리블 중 규정에 어긋나게 공을 잡는 바이얼레이션(공을 손바닥 위에 얹어서 드리블을 하는 규칙 위반 - 역자 주).

포스트(post) 공격수가 공격하고 있는 코트의 자유투라인 바로 바깥쪽 엔드라인 부근에 위치하는 것을 의미한다. 로우 포스트(low post)는 바스켓 쪽에 더 가까이 있는 것을 의미하는 반면, 하이 포스트(high post)는 자유투라인에 더 가까이 위치하는 것을 의미한다.

프론트 코트(front court) 공격을 받고 있는 바스켓 쪽의 하프코트.

피봇(pivot) 자유투 레인의 헤드나 주변에서 바스켓을 등지고 선 공격수가 취한 자세로, 주로 공을 받은 후 회전하여 슛을 쏘거나 달려 들어오는 동료선수에게 공을 넘겨주기도 한다.

픽(pick) 적법한 행위로 동료선수에게 슛을 할 공간을 만들어주기 위해 자리를 선점하여 상대 수비수를 견제하거나 막아주는 것을 말한다.

픽 앤 롤(pick-and-roll) 스크린을 이용해 득점 찬스를 만드는 2대2 플레이. 스크린 도움을 받은 공격자가 수비수를 따돌리고 드리블을 수행한 다음 스크린을 걸어준 선수에게 다시 패스하는 방식

필드 골(field goal) 자유투가 아닌 코트에서 던진 슛에 의한 득점.

핸드오프(handoff) 동료선수에게 (패스하는 대신) 공을 넘김

헬드 볼(held bal) 공격수와 수비수가 서로 동시에 공을 껴안고 있어 그 소유를 판단할 수 없게 되면, 볼 소유권 교대 규정이 적용된다.

훕(hoop) 훕은 바스켓의 골대와 바스켓(혹은 득점)의 두 가지 의미를 가진다.

훅 샷(hook shot) 몸을 틀면서 공을 든 한손을 옆으로 뻗고 머리 위쪽으로 반원을 그리듯이 던지는 샷.

추가 읽을거리

이래에 제시된 것들은 농구와 관련된 수많은 자료들 중 일부분만을 소개하고 있다.

American Sport Education Program. 2001. *Coaching youth basketball*. 3rd ed. Champaign, IL: Human Kinetics.

Atkins, K. 2004. *Basketball offenses and plays*. Champaign, IL: HumanKinetics.

Krause, J. 1999. *Basketball skills and drills*. 2nd ed. Champaign, IL: HumanKinetics.

Krause, J. 2002. *Coaching basketball*. 3rd ed. Dubuque, IA: McGraw-Hill.

Krause, J. 2003. *Interactive basketball skills and drills*. 3rd ed. Champaign, IL: Human Kinetics. 제1부는 농구의 개인기술에, 제2부는 일반적인 팀공격과 수비 원리에 초점을 맞춤.

Lieberman-Cline, N., and Roberts, R. 1996. *Basketball for women: Becoming a complete player*. Champaign, IL: Human Kinetics. 정신적 접근을 다루고 기술 발전을 위한 도움말 제공. 낸시 리버만(Nancy Liberman)의 경기 경험 다룸.

National Basketball Conditioning Coaches Association. 1997. *NBA power training*. Champaign, IL: Human Kinetics. 프로농구팀의 체력과 컨디셔닝 훈련에 대한 심층조명

NCAA *official basketball rules*. Current edition. College Athletics Publishing Service, Shawnee Mission, Kansas.

Nix, C. 2000. *Skills, drills and strategies for basketball*. Scottsdale, AZ: Holcomb Hathaway Publishers.

Oliver, J. 2004. *Basketball fundamentals*. Champaign, IL: Human Kinetics.

Paye, B. 2001. *Youth basketball drills*. Champaign, IL: Human Kinetics.

Rose, L. 2004. *The basketball handbook*. Champaign, IL: Human Kinetics.

Wilkes, G. 1998. *Basketball*. 7th ed. Dubuque, IA: McGraw-Hill. 농구의 필수기술, 공격 및 수비 플레이 정보, 전략, 경기 규칙, 스포츠맨십 다룸.

Wissel, H. 2004. *Basketball-steps to success*. 2nd ed. Champaign, IL: Human Kinetics.

Women's Basketball Coaches Association. 2000. *WBCA's offensive basketball drills*. Champaign, IL: Human Kinetics.

Women's Basketball Coaches Association. 2001. *WBCA's defensive basketball drills*. Champaign, IL: Human Kinetics.

Wooten, M. 2003. *Coaching basketball successfully*. 2nd ed. Champaign, IL: Human Kinetics.

자료

웹의 검색엔진을 통해 찾아보면 2,150개 이상의 사이트들이 농구와 관련된 비디오를 제공하고 있다는 사실을 알 수 있다.

비디오

Coach to coach: The ultimate clinic on the art of coaching. NBA 최고의 코치들이 그들의 전문분야에 대한 심층클리닉 지도.

그 외 비디오 자료는 부록 C를 참조하라.

웹사이트

국제농구의회
  www.bcibasketball.org

미국농구코치회
  http://nabc.fansonly.com

미국청소년농구
  www.yboa.org

미국청소년농구투어
  www.aybtour.com

미국휠체어농구협회
  www.nwba.org

여자농구코칭협회
  www.wbca.org

5 럭비

이 장을 완벽하게 습득한 뒤, 독자들은 다음과 같은 사항들을 할 수 있어야 한다.

▸ 럭비의 발달사와 가치를 이해한다.
▸ 럭비 장비를 선택하고 실전에 대비한다.
▸ 럭비 규칙과 점수 습득 과정을 설명한다.
▸ 럭비의 기본 기술을 수행한다.
▸ 다양한 위치에서 요구되는 기술과 임무를 설명한다.
▸ 사전준비 활동과 권장사항을 사용하여 럭비의 기초를 가르친다.

역 사

족히 2,000년 이상 축구와 유사한 공놀이가 행해졌다. 중세시대를 거친 뒤에도 파괴되지 않고 살아남은 수많은 기록과 회화, 스케치를 통해 수 세기 동안 이 축구와 닮은 경기가 영국제도(British Isles)에서 치러졌다는 사실을 알 수 있다.

럭비풋볼은 1823년, 잉글랜드의 럭비학교(Rugby School) 선수인 엘리스(William Webb ellis)가 볼을 팔에 낀 채 달려가 골라인을 통과하며 처음 시작되었는데, 이는 당시 스포츠맨십에 어긋나는 행동이었다. 하지만 이러한 형태의 경기는 이후 40년 넘게 엄청난 인기를 얻었고 사람들은 풋볼이라는 말이 나오면 "어떤 종류?"라고 물었다. 그리고 19세기 중반 이후, 럭비 규칙은 풋볼과 차별화되었다.

풋볼로부터 파생된 지 약 20년 뒤, 북잉글랜드에서 클럽들이 형성되었고 이 클럽들은 마침내 럭비리그(Rugby League)를 형성했다. 럭비리그는 고용선수가 되고자 하는 선수들 덕에 생겨났고 이는 프로선수의 초기 형태라 할 수 있다. 럭비연합(Rugby Union) 지지자들은 돈을 받고 경기를 치른다는 발상을 받아들이지 않았고 그 결과 1900년대 초반 이후 럭비의 규범(code)은 두 가지로 나뉘었다. 현재 럭비연합과 럭비리그는 전혀 다른 두 가지 경기로 치러진다.

럭비가 한국에 소개된 것은 1920년대 초로 주로 경성전기, 철도청, 경성사범학교 등을 중심으로 경기가 펼쳐졌다. 본격적으로 보급이 시작된 것은 1929년 3월, 조선 럭비 축구협회가 창설되면서부터이다. 이에 따라 보성전문학교, 배재고등보통학교, 양정고등보통학교, 중앙고등보통학교 등이 팀을 구성했으며, 그 중 1929년 5월에 창단한 보성전문학교 럭비팀은 일본인 학교와 경기를 가지면서 기량을 향상시켜 1929년 10월에는 일본 관서지부 추계 럭비리그전에 출전해 우승하기도 했다. 그 후 럭비는 제2차 세계대전 중 일제에 의해 배척을 받기도 했으나 광복 이듬해인 1946년 3월 대한 럭비 축구협회가 창설되면서 그 기틀이 마련되었다. 한국전쟁 이후에는 육, 해, 공군 사관학교를 비롯하여 여러 군부대에서 군 전력증강을 목적으로 팀이 구성되기도 했다.

한국은 1982년 제8회 아시아 선수권대회, 1986년 제10회 아시아 선수권대회에서 우승하는 등 아시아에서는 럭비 강국으로 꼽히고 있다. 전국 소년 체육대회와 전국 체육대회를 제외하고 2009년 한 해 동안 개최된 국내 대회로는 전국 춘계 럭비리그전, 코리안 럭비리그, 충무기 전국 중고 럭비대회, 대통령기 전국 종별 선수권대회, 강원도배 생활체육 전국 7인제 럭비대회, 문화관광부 장관기 전국 중고 럭비대회, 전국 종합 럭비 선수권대회가 있다.

가치

럭비는 동료와 기술을 연결하여 득점하는 팀 경기이다. 또한 럭비는 달리며 진행되는 게임이며 경기가 진행되는 동안 모든 선수들이 적극적으로 참가해야 한다. 그리고 참가자들이 팀 정신과 협동심을 키우고 큰 만족을 얻을 수 있는 경기이다.

선수들이 끊임없이 움직여야 하므로 럭비는 심혈관지구력을 발달시킨다. 럭비에 필요한 기본 기술은 신체를 단련하는 모든 프로그램의 주요 요소와 마찬가지로 속도와 균형감각, 협응성, 근력과 파워 등이다. 럭비 구조의 특성 상 즐거움을 최대한 누리려면 좋은 컨디션을 유지해야 한다. 럭비는 드물게 파워는 물론 심혈관지구력과 근지구력을 필요로 하는 종목이다. 또한 신체접촉이 발생하므로 플레이어들은 그러한 상황에 맞게 신체를 단련해야 한다. 피트니스, 근력 트레이닝, 파워 개발 등이 강력히 요구된다. 농구, 축구 등과는 달리 단기간 내에 적응하기 어려우므로 심혈관계 훈련을 할 때는 대부분 손으로 볼을 잡은 채 하는 것이 바람직하다. 근력과 파워 역시 필드 안에서 개발할 수 있지만 필드 밖에서 적절한 프로그램을 병행해야 한다.

시즌 전에는 지구력과 근력을 키우는 컨디셔닝에 힘쓰고 각 기술을 발전시키는 데 중점을 두어야 한다. 시즌 중에는 대부분의 시간을 팀을 만드는 데 사용해야 하며, 이때 플레이를 개선하고 조화시키며 각각의 기본 기술을 연마해야 한다. 신체적 건강과 유연성을 유지하면 부상을 예방할 수 있다. 훈련 전은 물론 특히 훈련이 끝난 뒤에 스트레칭을 해주는 것이 중요하다. 10~15분 정도 목, 흉부, 아래쪽 등, 팔, 허벅지, 슬와부근, 종아리 등의 주요 근육군을 서서히 풀어주되 특히 핵심근육을 발달시키는 데 중점을 두어야 한다.

장비

복장

럭비는 모든 연령의 사람들이 즐길 수 있는 경기이다. 장비도 많이 필요하지 않지만 적절한 클리츠(cleats)를 반드시 갖추어야 하며 이는 부츠라고도 부른다. 클리츠는 가죽으로 만들어진 것이어야 하며 고무나 플라스틱, 또는 알루미늄으로 된 미끄럼막이가 바닥에 장착되어 지면을 꽉 잡아야 한다. 프롭-포워드(prop-forward)와록-포워드(lock-forward)는 목이 긴 부츠를 많이 신지만 선수 대부분은 길이가 짧은 부츠를 신는다. 보호기능이 추가된 부츠도 개발되었고 포워드들은 그러한 제품을 선호한다. 그러나 보호 장치 때문에 킥이 어려워지므로 권장할 만한 것은 아니다. 또한 규칙 상 발가락 부분 중앙에 징 한 개가 달린 부츠를 금하고 있다. 그 외에 기본적인 유니폼에 속하는 것은 양말, 반바지, 럭비셔츠가 있다. 충격을 받았을 때를 대비하여 마우스가드를 착용하는 것이 좋다. 럭비 규칙에서는 헤드기어와 어깨보호대의 두께를 1센티미터로 제한하고 있으며 부드러운 재료만을 사용하도록 되어있다. 겉으로 드러나지 않는다 해도 장신구나 날카로운 물건, 단단한 물체 등은 허용되지 않는다.

공

럭비공은 타원형이며 가죽이나 승인 받은 재질로 만들고, 네 장의 조각을 이어 붙인다. 무게는 13 $\frac{1}{2}$~15 $\frac{1}{2}$ 온스(378~434g)이다.

필드

럭비는 길이 100미터(109.3yd), 폭 70미터(76.8yd) 이하인 직사각형 경기장에서 이루어진다 (도해 5.1). 공간의 여유나 선수의 연령에 따라 거리가 더 짧고 면적이 좁은 경기장에서 치러지는 경우도 많다. 중앙을 가로질러 그려진 하프웨이라인(halfway line)을 기준으로 진영이 나뉜다. 골라인 중앙에 두 개의 골포스트가 세워져있고 높이는 3.4미터(3.7yd) 이하이며 5.6미터(6.1yd)의 크로스바가 얹어진다. 크로스바는 3미터(3.3yd) 높이에 위치한다. 골라인과 데드볼라인(dead-ball line) 사이의 인골(in-goal) 지역은 22미터(24yd) 이하여야 한다.

럭비에서 경기장은 '피치(pitch)', 사이드라인은 '터치라인(touchline)'이라고 부른다. 선수가 볼을 차거나 볼이 굴러 아웃-오브-바운드 상태가 되는 것을 '터치로 볼을 보내다(putting the ball into touch)'라고 말한다.

22미터(24yd) 라인은 양 진영의 골라인으로부터 22미터 지점에 표시된다. 여기서부터 골라인 사이에서 볼을 차서 직접 터치(아웃 오브 바운즈)로 보내면 볼이 있던 자리에서 플레이가 중지되고, 다시 그 자리에서 터치라인을 넘을 수 있으므로 22미터(24yd) 라인은 매우 중요한 의미를 지닌다. 선수가 22미터(24yd) 라인 앞에서 직접 터치로 볼을 차면 아웃-오브-바운즈가 일어난 곳이 아니라 선수가 볼을 찬 지점과 직각을 형성하는 사이드라인에서 아웃-오브-바운즈(또는 라인-아웃)가 시작되어야 한다. 경기장 측면을 표시하는 두 개의 터치라인은 볼이 터치 상태가 되는 지점을 의미한다. 점선으로 표시된 5미터(5.5yd) 라인은 라인-아웃 대형에서 첫 번째 열을 형성하는 선수의 위치이며, 라인-아웃은 15미터(16.4yd) 표시 안에서만 이루어져야 한다. 필드를 가로질러 점선으로 표시된 10미터(10.9yd) 라인은 심판이 킥오프가 정해진 거리인 10미터를 갔는지를 판단하는 기준이다.

골라인 앞의 5미터(5.5yd) 표시는 수비하는 팀이 자신의 골라인으로 볼을 가져와 터치를 기록했을 때 5미터(5.5yd) 스크럼을 형성하는 위치이다. 터치 플래그(touch flag)는 골라인과 터치라인이 만나는 네 곳의 모서리에 위치한다. 또한 하프웨이라인과 양쪽의 22미터 라인을 표시하기 위해 터치라인 밖을 따라 터치 플래그를 꽂는다.

규칙

경기임원

경기의 통제와 규칙의 집행은 주심 한 명이 담당한다.

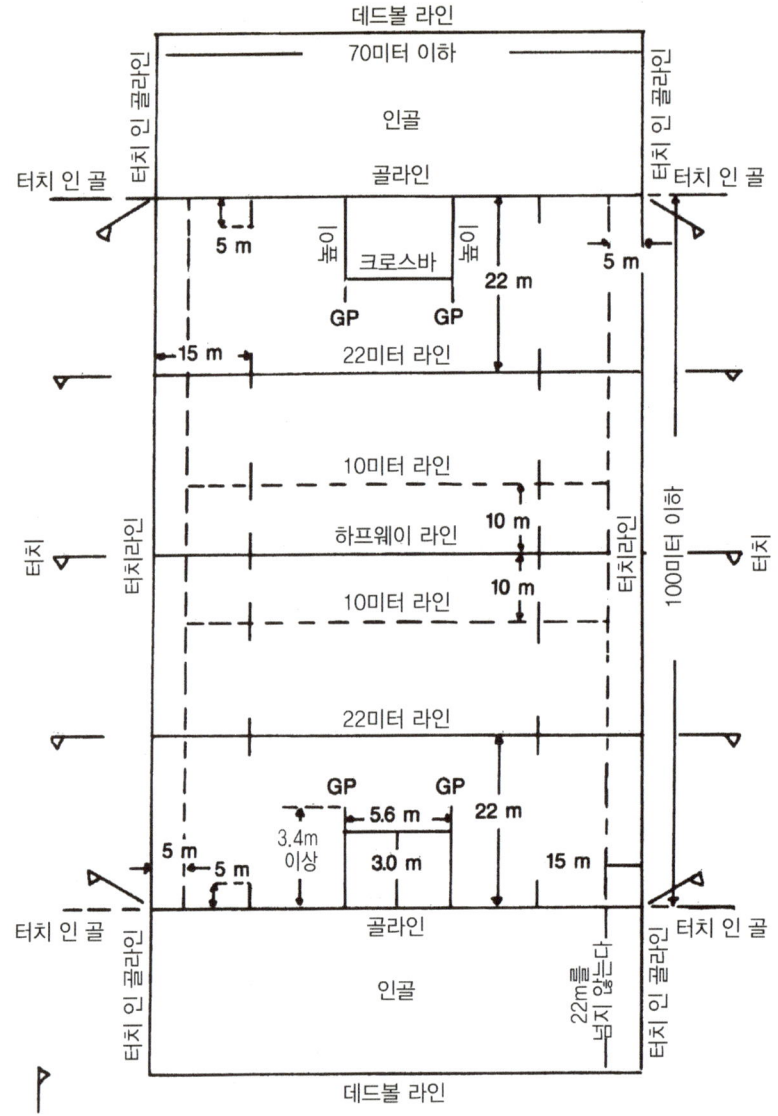

도해 5.1. 럭비 필드.

선심(line judge, 또는 touch judge) 두 명은 사이드라인을 관할하며 공이 아웃-오브-바운즈가 되었을 때 주심에게 이를 알린다. 또한 규칙위반이 일어날 가능성이 있는 곳에서 주심을 보조한다.

주심은 경기 시간과 스코어를 기록한다. 선수들은 경기가 진행되는 도중 필드를 떠나거나 다시 들어오려면 주심의 허가를 받아야 한다.

경기시간

럭비 경기는 전후반 각각 40분 동안 진행된다. 전반과 후반 사이의 간격은 10분 이내로 하며 후반에는 코트를 바꾼다.

주심은 필요할 경우 전반과 후반이 끝난 뒤 연장시간을 더할 수 있다. 선수 부상 때문에 경기가 중단될 경우를 예로 든다면, 주심은 부상당한 선수가 다시 일어나거나 피치를 떠날 때까지 소요된 시간의 절반을 연장한다.

선수와 포지션

럭비는 두 팀이 펼치는 경기이며, 각 팀은 15명의 선수로 이루어진다. 포워드 여덟 명—프롭 두 명, 후커 한 명, 록 두 명, 프랭커 두 명, No. 8 한 명—과 백 일곱 명—스크럼 하프 한 명, 플라이 하프 한 명, 센터 스리-쿼터 두 명, 윙 스리-쿼터 두 명, 풀백 한 명이다.

선수교체

국제 럭비 위원회(IRB: the International Rugby Board)는 부상이나 전술적으로 필요할 경우 일곱 명까지 선수를 교체할 수 있도록 하고 있으며, 교체 선수 수가 많은 가장 큰 원인은 럭비 경기가 갈수록 치열해지고 있다는 데 있다. 그 중 두 명은 앞줄에 위치한 선수에 할당되고 나머지 다섯 명은 포지션과 상관없이 교체할 수 있다. 교체돼 경기장 밖으로 나온 선수는 다시 경기에 참가할 수 없으나 피를 흘려 교체된 선수는 지혈을 한 뒤에 다시 포지션으로 돌이킬 수 있으며 이는 현재 '블러드 시브(blood sub)'라고 불린다.

경기의 기본적인 목표

럭비의 기본적인 목표는 러닝과 패스를 통해 공을 앞으로 움직여 골이나 트라이라인(try line)을 통과하는 것이다. 공격진영의 선수는 골라인 안에 공을 내려놓아야 한다.

선수의 기본직인 플레이 권한

1. 포지션에 상관없이 모든 선수들은 공을 잡거나 집은 뒤 달릴 수 있다.

2. 공을 소유하고 있는 선수는 공을 찰 수 있다.

3. 전진하는 방향으로는 패스할 수 없다. 하지만 수평을 이루거나 뒤쪽으로 하는 패스는 가능하다.

4. 공을 가진 상대편 선수에게 태클을 할 수 있다. 태클 당한 선수는 공을 패스하거나 공을 놓은 뒤 일어나 즉시 이동해야 한다.

5. 공을 갖지 않은 상대 선수를 방해할 수 없다.

6. 공을 소유하게 된 선수는 같은 팀 선수에게 패스를 시도할 수 있지만 무릎 등 발을 제외한 신체 부분이 땅에 닿지 않아야 한다.

7. 패스를 받는 선수는 패스를 하는 선수보다 앞에 있으면 안 된다. 따라서 공격하는 팀의 모든 선수들은 공이나 공을 가진 선수 위치에 그려진 가상의 선 뒤에 있어야 한다.

경기의 시작

주심은 각 팀의 주장을 불러 동전던지기를 하고, 이긴 팀 주장은 킥오프를 할지 리시브를 할시, 어느 쪽 진영을 사용할지를 선택한다. 예를 들어 이긴 팀 주장이 킥오프를 할지, 리시브를 할지를 선택한다면 다른 팀 주장은 진영을 선택한다.

킥오프는 하프웨이라인 중앙에 꽂은 원형 티나 모래 위에 공을 놓고 이루어진다. 이때 상대 팀은 방해를 할 수 없다. 주심이 휘슬을 부는 순간 공을 앞으로 차며, 이때 상대 진영의 10미터 라인을 넘겨야 한다. 후반전에도 같은 방식으로 경기가 시작된다. 득점이 이루어진 뒤 경기를 재개할 때는 반드시 드롭킥으로 킥오프를 해야 한다.

킥오프를 할 때 반대 팀 선수들은 자신의 진영 10미터 라인 뒤에 위치해야 하고 킥오프를 하는 팀은 이 라인을 넘겨 공을 보내야 한다. 공이 바운드되지 않고 터치라인을 넘을 경우 반대 팀은 이 킥을 인정하고 공을 다시 잡거나 필드 중앙에서 스크럼을 형성한다.

킥오프는 대부분 10~15미터(10.9~16.4yd)를 보내 공을 다시 획득하는 것이 목적이지만 상대 진영 깊숙한 곳에 공을 보내도 된다. 그러나 공이 골라인을 지나가면 상대팀이 미드필드에서 스크럼을 형성하므로 유의해야 한다.

득점

트라이(Try). 공을 가진 선수가 상대의 골라인을 통과하여 골에어리어 안, 지면에 공을 놓으면 트라이를 성공시켜 득점을 한다.

트라이=5점

골킥(Conversion). 트라이를 득점한 팀은 득점이 이루어진 지점에서 공을 차 골포스트 사이의 크로스바를 넘겨 2점을 추가로 획득할 수 있다. 이때 공을 플레이스킥(place-kicked)이나 드롭킥(drop-kicked)으로 차야 한다. 같은 팀 선수들은 키커 뒤에 위치해야 하며, 주로 하프웨이라인 뒤에서 킥오프된 공을 받을 준비를 한다. 상대 팀은 골라인 뒤에 남아 있다가 키커가 공을 향해 움직이면 차지(charge), 즉 점프(jump)를 할 수 있다.

페널티골(Penalty goal). 페널티는 높은 태클, 위험한 플레이, 방해 행위 등 중대한 규칙위반이 발생했을 때 주어진다. 페널티골을 얻은 팀은 규칙위반이 발생한 곳에서 공을 차 골포스트의 크로스바 위를 넘기고 성공하면 3점을 얻는다. 이때 공은 드롭킥이나 플레이스킥으로 차야 한다. 수비하는 팀은 킥이 이루어지는 지점에서 10미터(10.9yd) 떨어져야 하고 킥이 이루어지는 동안 움직일 수 없다. 또한 키커를 상대로 차지할 수 없다.

페널티골=3점

드롭골(Drop goal). 드롭골은 선수가 필드 어디에서든지 드롭킥을 할 때 득점된다. 페널티골과 마찬가지로 공을 골포스트 사이, 크로스바 위를 통과시켜야 하

며 경기가 진행되는 도중에 이루어진다. (흥미로운 사실은 드롭골은 미식축구에서도 허용되지만 미식축구가 발전하는 동안 '예술'같은 드롭킥은 완전히 사라졌다는 것이다.) 플레이 도중 한 팀이 드롭킥을 시도할 때 수비하는 팀은 차지를 하거나 키커가 킥을 하지 못하게 막을 수 있다.

드롭골=3점

스크럼

비고의적인 오프사이드나 전진 패스 등 경미한 규칙 위반이 발생하여 의도하지 않게 경기가 중단되면 스크럼(Scrum) 형성이 선언된다. 포워드 여덟 명이 스크럼을 형성하는데, 이때 1열에 포워드 세 명(루스-헤드 프롭[loose-head prop], 후커, 타이트-헤드 프롭[tight-head prop] 포워드)이, 2열에 두 명(록)이, 3열에 한 명(No.8)이, 그리고 측면에 두 명(플랭커)이 포진한다. 이들은 서로 밀착한 채 상대편을 민다. 이를 **스크럼**(도해 5.2)이라고 부른다. 스크럼 하프(scrum

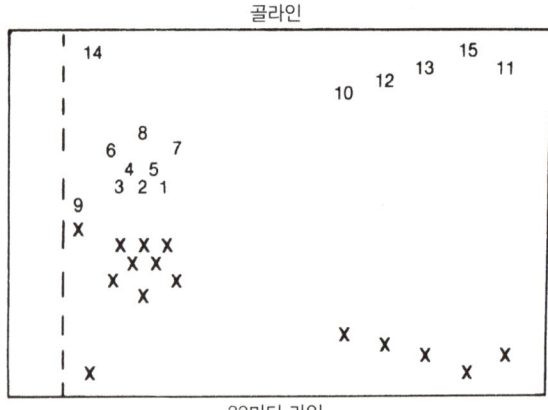

골라인

22미터 라인

도해 5.2. 스크럼 포지션 X표시는 선수 위치. 숫자는 각 포지션에서의 선수 숫자이다. 1번 루스 헤드 프롭, 2번 후커, 3번 타이트 헤드 프롭, 4, 5번 록, 6, 7번 플랭커, 8번 No.8, 9번 스크럼 하프, 10번 플라이 하프, 11번 레프트윙, 12, 13번 센터 스리 쿼터, 14번 라이트윙, 15번 풀백.

half)는 양 팀의 1열에 위치한 포워드 사이에 형성된 공간(tunnel)에 공을 떨어뜨리는 것으로서 각 팀의 후커들은 공을 '낚아채(hook)' 스크럼 뒤에 있는 같은 편 선수들에게 보내는 역할을 한다. 공이 곧장 터널을 지나 밖으로 나가면 스크럼을 다시 형성해야 한다. 스크럼을 형성했을 때 선수들은 손으로 공을 만져서는 안 된다. 공은 스크럼 하프에 의해 스크럼의 밑 부분(선수 여덟 명의 발)에서 이동되어야 하고 주로 플라이 하프에게 패스된다.

럭

럭(Ruck)은 프리, 또는 오픈 플레이에서 가장 자주 발생하며, 플레이어가 태클을 당해 바닥에 쓰러진 뒤나 양 팀 선수 한 명 이상이 밀집하여 땅에 떨어진 공을 다툴 때가 해당된다. 럭은 공, 주로 공을 가진 선수를 두고 선수 세 명(두 명과 한 명)이 서로 얽힌 상태에서 밀 때 경기 기술로서 형성되기도 한다. 럭은 주로 상대 선수를 공에서 멀리 떨어뜨리려고 할 때 실행된다. 선수들은 일어서 있어야만 하고 서로 연결된 상대선수와의 사이 지면에 놓인 공에 손을 대서는 안 된다. 선수들이 발로 공을 뒤로 보내면 공은 럭에서 빠져나와 다시 플레이된다. 공이 즉시 빠져나오지 않으면 안전을 위하여 주심은 스크럼을 선언할 수 있다. 전진하던 팀이 풋-인(put-in)을 한다.

몰

경기 도중 공을 가진 선수가 바닥에 쓰러지지 않은 상태에서 한 명 이상의 양 팀 선수가 그 선수를 둘러쌌을 때 몰(maul)이 이루어진다. 공을 가진 선수가 다른 선수들로부터 벗어나거나 공이 방출되어 다른 선수에게 전해지면(공을 뒤로 보내 자신의 팀 동료에게 전한다) 몰이 종료된다. 공이 다시 플레이되지 않을 경우 주심

은 스크럼 형성을 선언한다. 몰이 이루어졌을 때 공을 갖고 있던 팀은 공을 빼내서 살려야만 한다. 또한 공이 대형 밖으로 빠져나갈 때까지 공을 소유한 채 앞으로 움직여야 한다. 몰이 더 이상 앞으로 나아가지 않고 공이 밖으로 빠져나오지 못하면 주심은 스크럼을 선언하고 수비하는 팀이 풋-인을 한다.

라인-아웃

공이나 공을 가진 선수가 터치라인을 건드리거나 넘어가면 공은 '인터치(in touch)', 즉 아웃-오브-바운즈 상태가 되고 라인-아웃(line-out, 도해 5.3)에 의해 경기가 재개된다. 양 팀의 포워드로 이루어진 '팩(pack)'이 공을 받기 위해 터치라인과 직각으로, 즉 골라인과 평행하게 정렬해 있는 상태에서 공을 터치가 된 지점에서 그 사이로 던진다. (도해 5.3) 아웃-오브-바운즈가 되기 전에 공을 소유하던 팀에게 경기 중단의 책임이 있다고 간주되어 공을 던져 라인-아웃함으로써 경기를 재개하는 권한은 상대팀에게 돌아간다. 스크럼 하프는 라인-아웃 측면에 위치하지만 나른 백들은 라인-아웃으로부터 10미터(10.9yd) 뒤에 머물러야 한다. 라인-아웃을 실행할 때 공이 직선으로 던져지지 않을

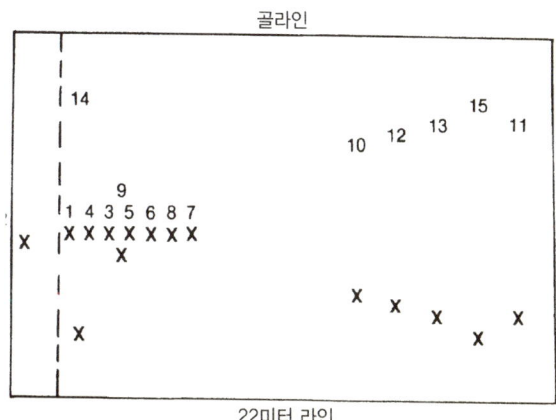

도해 5.3. 라인-아웃 포지션

경우 주심은 새로 공격권을 얻은 팀에게 15미터(16.4야드) 이내에서 스크럼을 형성하거나 다시 라인-아웃을 시도하게 한다. 선수들은 공이 던져질 때까지 공이 지나갈 공간, 즉 채널(channel)을 비워두어야만 한다. 이때 수비팀은 공을 다툴 수는 있지만 상대 선수를 공격할 수는 없다. 공이 라인-아웃 상태에서 움직이지 않으면 몰이 된다. 라인-아웃 대형의 중앙선이 1미터(1.1야드) 움직이거나 공이 뒤로 패스되어 백에게 전달되면 라인-아웃이 종료된다.

파울

선수들은 다음과 같은 행위를 해서는 안 된다.
1. 상대선수를 때리거나 치거나 차거나 밟거나 발을 거는 행위
2. 위험하거나 팔을 뻗은 상태로 태클하는 행위 (이때 말하는 태클이란 어깨 위로 이루어지는 것으로 규정되는데, 공을 가진 선수의 목을 팔로 조르지 않는 경우 허용된다. 이를 숄더차지(shoulder charge)라고 부른다.)
3. 공을 갖지 않은 상대선수를 공격, 방해하거나 붙잡는 행위
4. 방해, 또는 의도적인 지연행위 (수비선수들이 럭 상태에서 손으로 공을 플레이하거나 의도적으로 공을 공격하여 공이 밖으로 나오지 못하게 할 때 주로 선언된다.)
5. 의도적으로 공을 앞으로 치거나 던지는 행위
6. 다음과 같은 경우 파울에 해당되지 않는다.
    a. 공이 지면이나 선수의 몸을 맞고 앞으로 튕겨나갔을 때
    b. 공을 가진 선수에게 숄더차지를 하여 팔로 몸을 감았을 때
    c. 공을 잡기 위해 앞으로 쳐냈지만 공이 지면에 닿기 전에 뒤로 움직였을 때

7. 스포츠맨십에 어긋나는 플레이
8. 선수의 몸이나 무릎이 지면에 닿은 상태로 공을 플레이하는 행위
9. 고의로 스크럼이나 몰을 무너뜨리는 행위
10. 공을 잡기 위해 공중으로 점프한 선수를 태클하는 행위

오프사이드

공격하는 팀 선수가 공을 가진 같은 팀 선수보다 앞에 위치했을 때 오프사이드에 해당된다. 오프사이드를 저지른 선수가 공을 잡거나 상대 선수를 방해, 또는 태클할 경우 페널티가 선언된다. 럭이나 몰을 형성하지 않는 수비수는 대형을 형성하는 같은 팀 선수들의 가장 뒤에 위치한 발보다 뒤에 서야 한다. 오프사이드 페널티가 가장 많이 선언되는 경우는 공격팀이 공을 빼내기 전에 수비의 이점을 노려 고의적으로 제일 뒤에 있는 발을 앞으로 움직일 때이다. 오프사이드가 선언되면 벌칙이 적용되어 공격팀은 위반행위가 일어난 지점에서 페널티킥을 하거나 마지막으로 공이 플레이된 지점에서 스크럼을 형성하여 프리 플레이를 할 수 있다.

오프사이드 위치에 선수가 있더라도 같은 팀 선수가 공을 차거나 지닌 채 달려 그 선수를 지나면 오프사이드에 해당되지 않는다. 선수가 오프사이드 위치에서 벗어날 수 없고 즉시 후퇴하며 상대 선수를 방해하지 않으면 페널티는 주어지지 않는다. 이때 불가피하게 신체접촉이 발생하면 그 선수는 '비고의적 오프사이드'에 해당되어 스크럼을 형성한다.

주심이 페널티를 줄 경우 오프사이드를 범한 팀은 10미터(10.9yd) 후퇴해야 한다. 반면 상대팀은 다음 네 가지 중 한 가지를 선택할 수 있다. (1) 터치로 공을 차거나 공이 아웃-오브-바운즈가 된 지점으로부터 라인-아웃을 한다. (2) 공을 갖고 그 지점을 뚫고 지나간

다. (3) 스크럼을 형성한다. (4) 그 지점에서 페널티킥을 시도한다.

기본 기술과 기법

모든 선수들은 패스, 공을 갖고 달리기, 킥, 럭, 몰, 태클의 기본 기술을 연습하여 충분히 익혀야 한다. 그런 다음 포지션 별로 필요한 기술을 연습해야 한다.

패스

공을 패스하기 위해서는 타이밍과 균형감각, 정확성, 통제력이 모두 필요하다. 가능한 공을 팀 동료에게 부드럽게 전하는 것을 목표로 한다. 받는 선수의 몸 앞으로 패스하여 동료가 달리는 상태에서 쉽게 공을 받도록 해야 한다.

1. 공을 몸 앞에 놓고 양손으로 잡는다.
2. 패스하려는 쪽을 바라보고 상체를 돌리며 몸 앞을 가로지르도록 양손을 휘두른다. 그렇게 하면 공을 정확히 리시버 앞에 전달할 수 있다. 왼쪽으로 패스할 경우 체중을 오른쪽에서 왼쪽으로 이동시킨다.
3. 공이 양손에서 완전히 떠나면 공을 받은 선수의 앞이나 뒤로 움직여 패스를 지원한다.

패스 받기

좋은 패스는 움직이는 리시버 정면으로 전달되어야 한다. 리시버는 양손을 뻗은 채 손에 들어올 때까지 공을 계속 주시해야 한다. 그렇게 하면 더 빨리 공을 잡아 신속하게 패스가 이루어질 수 있다.

킥 받기

공중에 뜬 공을 잡을 때는 공이 날아가는 방향으로 공보다 먼저 도착해 있어야 한다. 그런 다음 공을 계속 주시한 채 양손으로 감싸 안고 가슴으로 가져간다. 상체를 돌려 양쪽 어깨가 터치라인과 평행한 상태에서 어깨 위에서 공을 캐치하면 공이 그라운드에 떨어지더라도 녹온(knock-on)을 방지할 수 있다.

선수가 22미터 라인 밖에 서있을 경우 페어캐치, 즉 '마크(mark)'를 요구할 수 있다. "마크!"를 외치는 동시에 깨끗하게 공을 캐치해야 한다. 주심은 마크가 유효한지 판단할 권리가 있고 휘슬을 불어 마크가 주어졌다는 사실을 알린다. 그런 다음 프리킥이 주어진다. 이는 미식축구의 페어캐치와 비교했을 때 매우 중요한 차이점이다. 미식축구에서는 주로 한 팀이 상대의 움직임을 저지하려는 수비 상황에서만 선언되는 반면 럭비에서는 상대의 녹온으로 인해 공중에 뜬 공을 잡을 때에도 마크를 외칠 수 있다.

공 갖고 달리기

공을 갖고 달릴 때는 상대선수는 물론 같은 팀 선수들의 위치도 파악해야 한다. 팀 동료에게 공을 패스하거나 필요할 경우 킥을 할 순비를 해둔다. 혼자서 너무 멀리 달리지 말라. 상대선수들이 태클을 할 때 근처에 지원해줄 팀 동료가 없는 상황이 발생할 수도 있다. 가능한 터치라인과 평행하게 달린다. 달리는 상태에서 패스할 때는 상대선수보다 같은 팀 선수들이 더 많도록(같은 공간에 있도록) 상황을 만들어 득점할 기회를 노린다.

사이드스텝

사이드스텝(side step)은 상대선수를 반대방향으로 보내 1대1 대치 상황에서 벗어나는 방법이다. 적절하게 체중을 이동하고 몸의 움직임을 변화시키면 어떤 방향에서든 가능하다.

1. 우선 직선으로 상대에게 다가간다.
2. 오른쪽으로 사이드스텝을 하고자 한다면, 체중을 오른다리에 실은 채 몸을 왼쪽으로 움직여 상대선수가 같은 방향으로 따라오게 만든다.
3. 이제 왼발을 지면에 단단히 놓은 채 몸을 오른쪽으로 강하게 움직여 반대편으로 가는 상대선수를 따돌린다.

핸드오프

사이드스텝을 할 시간이 없을 경우 핸드오프(handoff), 다른 말로 스티프암(stiffarm)을 실행할 수 있다.

1. 상대가 접근하는 동안 공을 팔 아래에 끼우고 태클러로부터 최대한 멀리 떨어뜨린다.
2. 태클러와 가까운 쪽의 팔을 구부린 상태에서 상대의 어깨에 놓는다. (절대로 주먹을 쥐어서는 안 된다.)
3. 상대의 어깨에 놓은 팔을 일직선으로 펴며 태클러를 밀어낸다.

킥

공을 킥하기 위해서는 타이밍과 균형감각, 통제력이 필요하다. 킥의 기본 형태는 펀트(punt), 드롭킥, 그러버(grubber), 플레이스킥의 네 가지가 있다.

펀트

1. 왼손을 공의 측면 아래쪽에 놓고 오른손을 뒷면 위쪽에 놓은 채 양손으로 공을 잡는다.
2. 왼발을 한 발짝 내딛으며 공을 떨어뜨린다.
3. 체중을 왼발로 옮긴다.
4. 머리를 공 바로 위에 오게 한 상태에서 오른쪽 무릎을 구부린다.
5. 공을 건드릴 수 있도록 오른발을 앞으로 휘두른다. 이때 체중은 왼발에 실은 상태를 유지한다.

6. 손에서 떨어질 때와 발에 닿을 때 공의 방향은 같아야 한다(공이 회전하거나 기울면 안 된다 - 역자 주).
7. 팔로우스루를 하는 동안 발가락은 앞을 향해야 한다. 체중은 계속 왼발에 놓고 뒤로 몸을 기울인다.

드롭킥

1. 공을 상하로 길게 세운 채 양손으로 공의 측면을 잡는다.
2. 몸 앞으로 공이 떨어질 때 공을 주시한 채 왼발을 한 발짝 앞으로 내딛는다.
3. 공이 땅에 닿는 순간 오른발 인스텝으로 공을 차며, 이때 발목을 구부리지 않는다.
4. 머리를 숙여 공을 주시한 채 팔로우스루를 한다. 오른쪽 발목을 구부리지 않는 것이 중요하다.
5. 팔로우스루를 실행하는 동안 체중은 왼쪽 다리에 신는다. 약간 측면으로 공을 떨어뜨리는 방식을 선호하는 선수도 있다. 이때 스트레이트-온 드롭킥과 똑같은 원칙을 고수하되 다리를 완전한 아크를 그리며 흔들면 된다.

그러버

그러버 킥은 키커나 공격 선수가 공을 다시 획득하기 위한 전술로서 고안된 킥이다.

1. 달리는 동안 공을 길게 세운 채 양손으로 공의 측면을 잡는다.
2. 드롭킥을 할 때와 같이 공을 떨어뜨린다.
3. 공이 땅에 닿기 직전에 공의 위쪽 절반을 찬다.
4. 발끝은 펴고 머리는 아래를 향한다.
5. 공은 그라운드를 따라 구르며 튕겨야 하는데, 세 번 바운스될 때마다 공을 차서 10~15미터를 이동시킨다.
6. 수비수 사이로 공을 차면 수비수들이 공을 가로채거나 막지 못한다.

7. 그러버 킥이 가장 위력을 발휘하는 순간은 수비라인이 공격라인 바로 앞에 있을 때이다.

플레이스킥

드롭킥과 마찬가지로 플레이스킥은 세 가지 유형이 있다. 스트레이트-온(straight-on), 라운드 더 코너(round-the-corner), 토피도(torpedo)이다.

스트레이트-온

1. 원형 럭비 티(tee, 골프 등에서 샷을 하기 위해 공을 올려놓는 도구 – 역자 주) 위에 공을 세운 상태에서 오른발을 공 바로 뒤에 놓는다.
2. 4~6발자국 뒤로 물러나서 안정된 상태를 유지한다.
3. 고개를 숙여 공에 시선을 고정한 채 달리기 시작한다.
4. 왼다리를 공에서 약간 왼쪽, 조금 못 미친 곳으로 가져간다.
5. 발가락에 공이 닿아 부딪치는 순간 오른쪽 다리를 펴며 휘두른다.
6. 공이 날아가는 방향을 향해 팔로우스루를 한다.

라운드-더-코너

1. 비스듬한 각도로 공을 향해 접근하며, 이때 왼발은 공에서 약간 왼쪽, 조금 못 미친 곳으로 가져간다.
2. 완전한 아크를 그리며 오른발을 휘두른다.
3. 왼쪽 다리에 체중을 싣고 공을 주시한 채 오른쪽 다리를 크게 흔든다.

토피도

1. 골포스트에서 비스듬한 각도로 지면에 공을 놓는다.
2. 스트레이트-온과 같은 방식으로 킥을 한다.

스크럼 짜기

푸싱 포지션

상체를 숙이되 엉덩이보다 어깨의 위치가 높아야 한다. 턱을 들면서 등을 편다. 상체와 허벅지, 그리고 허벅지와 종아리는 약 90도 각도를 이루어야 한다. 양 무릎은 지면과 가깝게 낮춰야 한다. 양 다리는 넓게 벌린다 (도해 5.4).

힘

푸싱의 힘은 전적으로 다리에서 나온다고 해도 과언이 아니다.

트랙션

미는 순간 발바닥이 최대한 지면에 많이 닿는 상태를 유지한다. 발끝을 바깥으로 향하는 것도 도움이 된다.

힘의 이동

같은 팀 선수를 밀 때 가능한 그 선수의 척추와 일직선을 이루며 밀어야 한다. 또한 엉덩이 뒤에서 밀어 푸

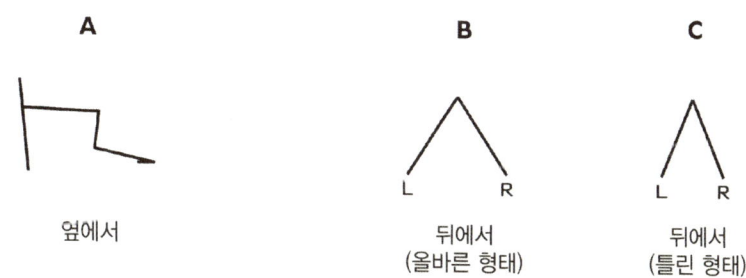

도해 5.4. 스크럼 짤 때의 푸싱 포지션. A는 옆에서, B는 뒤에서 본 올바른 형태의 모습이다. C는 잘못된 포지셔닝을 뒤에서 본 모습이다.

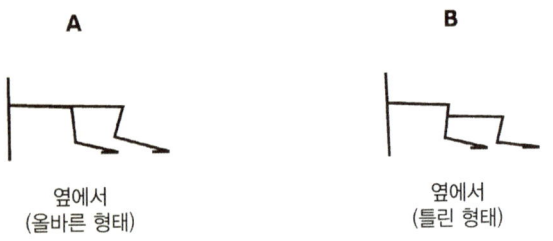

도해 5.5. 힘의 이동. A, 옆에서 본 올바른 포지셔닝. B, 옆에서 본 잘못된 포지셔닝.

시를 받는 선수가 무릎에 추진력을 갖게 되어야 한다. 그렇지 않으면 루스 헤드 프롭으로 밀 경우 푸시를 받은 선수는 튕겨져 나간다 (도해 5.5).

자세를 낮춰라

추진력의 근원이 낮을수록, 즉 낮은 곳에서부터 힘이 가해져야 더 큰 힘을 발휘할 수 있다. 엉덩이를 어깨보다 낮게 유지한 채 발을 뒤로, 무릎을 지면과 가까이 움직여 상체를 낮춘다.

추진력

힘을 가하는 순간 양 무릎을 약간 낮추고 머리를 들어 양 다리를 이용하여 앞으로 민다.

로킹

도저히 앞으로 나아갈 수 없고 뒤로 밀리지 않는 것이 최선인 상황도 생긴다. 그럴 때는 양 무릎을 꽉 닫아라 (도해 5.6).

측면이동

스크럼 자세가 낮아지는 즉시 체중을 오른발에 싣고 왼발을 살짝 안쪽으로 옮긴 뒤 오른발을 오른쪽으로 가져가는 동작을 반복한다. 그렇게 하면 스크럼 전체를 오른쪽으로 옮겨 상대 팀이 여덟 명으로 추진력을 형성하기 힘들게 만들 수 있다.

1열

상대의 시야에 들어오기 때문에 1열에 위치한 선수들은 어깨 자세를 도해 5.7처럼 취해야 한다. 어깨를 너무 들거나 내리면 같은 팀 팩의 힘이 직접 상대에게 전달되지 않으므로 가능한 여덟 명이 수평을 유지해야 한다.

최근 예전처럼 1열이 상대 후커를 향해 안쪽이 아닌 앞쪽으로 푸시를 하는 방식에 특별한 주의가 요구되고 있다. 오늘날 주심은 일직선으로 늘어서 안쪽이나 위쪽이 아닌 앞쪽과 낮은 쪽으로 상대 1열을 미는 행위를 위험한 포지션, 또는 의심스러운 포지션으로

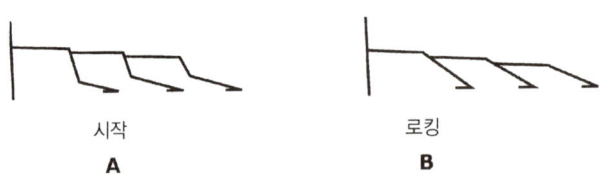

도해 5.6. 로킹. A, 시작 자세. B, 로킹 포지션.

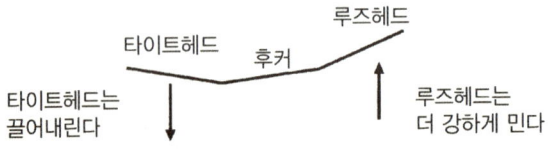

도해 5.7. 상대 선수들의 어깨가 이런 모양이어야 한다.

간주하고 있다. 또한 프롭들이 스크럼을 무너뜨리거나 약하게 만들기 위해 상대 선수들을 끌어내리려 하는 경우가 자주 발생한다. 그러한 행동은 규칙에 어긋나므로 페널티가 주어진다.

플랭커는 실제로 앞쪽보다 안쪽으로 더 강하게 민다. 플랭커는 자신의 힘을 받는 프롭의 다리와 엉덩이 바깥쪽을 대각선 방향으로, 후커의 머리를 향해 민다. 이러한 방식으로 푸시를 하는 목적은 1열을 돕기 위해 스크럼의 밀착된 상태와 결속력을 높이는 것이다 (도해 5.8).

태클하기

태클을 하기 위해서는 재능과 집중력, 타이밍, 자신감이 필요하다. 최고의 코치들은 태클의 기술적인 면은 물론 태클하는 태도도 중요하게 여긴다. 태클하기는 볼 핸들링 다음으로 필요한 기술이다. 한 번에 한 가지씩 연습하여 자신감을 쌓는 것이 태클을 배우는 최선의 방법이다. 정확한 기술을 갖춘다면 부상을 입지 않으면서 상대를 쓰러뜨릴 수 있다. 태클은 헤드-온(head-on), 사이드-온(side-on), 프롬 비하인드(from behind)의 세 가지 기본 형태가 있다. 또 다른 형태의 태클인 스마더링 대클(smothering tackle)이 사용되는 경우도 있다. 이 태클은 상대를 양팔로 감아 그 선수가 전진하거나 공을 패스하지 못하게 하는 것이다.

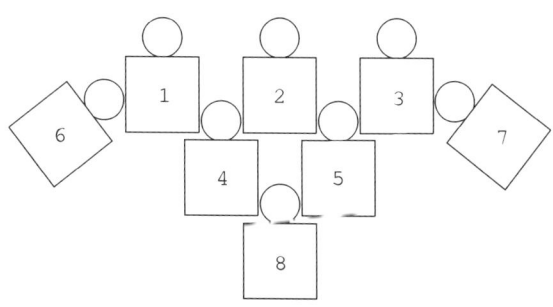

도해 5.8. 스크럼 안쪽으로 푸시를 하는 플랭커(6번과 7번)의 모습.

헤드-온 태클

1. 상대가 어떻게 접근하는지 판단을 내린 뒤, 어깨와 체중을 이용하여 접촉할 준비를 한다.
2. 상대가 다가오면 한쪽 다리로 땅을 디딘 상태에서 태클에 들어간다.
3. 상대의 허리 부분에 머리 측면을 댄다. 이 상태에서 상대의 양 다리를 양팔로 단단하게 감싼다.
4. 계속 팔을 조이고 탄력을 이용하여 상대를 바닥에 쓰러뜨린다.
5. 자리에서 일어나 경기를 계속한다.

사이드-온 태클

사이드-온 태클에는 헤드-온 태클과 같은 기본원칙이 적용된다.

1. 태클의 대상인 상대선수와 일직선상의 위치에 선다.
2. 한쪽 다리로 추진력을 얻어 상대의 양 무릎 바로 위에 머리를 댄다.
3. 머리 위치가 상대 몸보다 뒤로 나온 상태에서 양팔로 상대의 양쪽 다리를 삼싼다.
4. 다리를 고정시킨 채 탄력을 이용하면 상대를 쓰러뜨릴 수 있다.
5. 자리에서 일어나 경기를 계속한다.

프롬 비하인드 태클

1. 자세를 낮춘 채 한쪽 다리로 추진력을 얻는다.
2. 머리가 닿지 않게 한 상태에서 상대의 양 무릎 위에서 접촉이 이루어진다. 양팔로 상대선수의 양쪽 다리를 단단히 감싼다.
3. 다리를 고정시킨 채 탄력을 이용하면 상대를 쓰러뜨릴 수 있다.

플레이 포지션

포워드

'팩(pack)'이란 포워드 여덟 명이 하나의 단위로 경기를 한다는 의미에서 붙여진 이름이다. 이를 발판으로 백들이 플레이한다. 포워드는 공격의 최전방에 위치하며 공의 소유권을 가장 많이 따내는 포지션이다. 공을 소유한 상태에서 포워드는 직접 앞으로 나아갈 수도, 백들에게 공을 전달할 수도 있다. 신체적 조건과 타고난 재능에 따라 어떤 위치의 포워드를 맡을지가 결정된다.

각 포지션에 따라 다른 기술이 요구되지만 공통적으로 뛰어난 체력, 힘, 기동력이 요구된다. 또한 백보다 체구가 크고 신체를 많이 사용한다. 스크럼의 뒤쪽 열에 위치한 포워드들은 빠르고 공격적인 반면 앞쪽 열에 위치하는 다섯 명의 포워드는 대부분 힘을 위주로 한 플레이를 한다. 후커는 스크럼을 형성하는 선수들 중 발이 빨라야 하고 주로 팀에서 키가 가장 큰 두 명이 담당하는 록은 스크럼 대형 뒤에서 푸시하는 원동력이자 라인-아웃에서 공을 던질 때 목표가 되는 중요한 역할을 한다.

백

각각의 백은 포지션 별로 특수한 기술을 필요로 하지만 일반적으로 백들은 러닝, 태클, 공 핸들링, 패스, 킥 기술을 습득해야 한다. 또한 속도, 협응성, 플레이를 읽는 능력이 요구된다. 스크럼 하프는 포워드와 백을 연결하는 역할을 하며 포워드가 획득한 공을 백-라인, 즉 백들이 형성한 라인에 전달할 수 있어야 한다. 플라이 하프는 백-라인을 정렬시키고 플레이를 결정하며 백들의 위치를 적절하게 지정한다. 수비의 주축을 이루는 열을 형성하므로 백-라인은 상대 공격을 저지하는 데에도 중요한 역할을 한다.

공격

공격(offense, 또는 attack)은 상대 수비와 간격을 만드는 동시에 하나의 단위로 전진해야 한다. 그러기 위해 1대1 상황에서 상대를 따돌리고 수적 우위를 확보하며 힘으로 상대 백을 밀어낸다. 공격 팀은 전진하는 동안 공의 소유를 유지하고 공을 가진 선수를 지원한다. 다양한 공격을 시도하고 수비가 조직화되는 것을 막아야 한다. 이를 수비의 '와해(disfiguring)'이라고 한다.

수비

조직화, 질서, 압박은 수비의 열쇠이다. 수비 팀은 위치를 사수하고 상대가 모든 공격력을 갖추기 전에 공격 팀이 전진하는 것을 막으려 한다. 강력하고 과감한 태클, 태클러 지원, 빠른 판단력, 상황 적응력 등을 갖추면 상대의 전진을 어렵게 만들 수 있다. 미식축구와 마찬가지로 럭비는 태클이 성공할 때까지 멈추지 않고 '지속되는(continuous)' 경기이므로 태클을 할 때마다 수비수가 다시 결집하고 조직화되어야 한다.

훌륭한 수비수들은 공격 팀이 전진하는 것을 막는 과정에서 서로 의사소통을 한다. 예상치 못한 상황에 대비하고 새로 공격수가 다가오거나 다음에 어떤 상황이 벌어질지 서로 알려야 한다. 태클은 공격을 저지하는 중요한 수단이므로 훌륭한 수비는 훌륭한 태클러에 의해 만들어진다.

정식 경기에 앞선 활동

미니럭비

한 팀 당 15명인 정식 경기를 배우기 전에 럭비라는 경기를 접할 수 있는 수단으로 미니럭비(mini-rugby)가 활용된다. 미니럭비는 경기장이 작고 선수의 수도 적으며 단순하지만 흥미로워 초보자에게 이상적이라는 장점을 지니고 있다. 또한 참가자들은 전체 게임의 다양한 포지션을 경험할 수 있는 기회를 얻는다.

경기장은 69×38미터(75.4×41.5yd)이다. 각 팀은 아홉 명, 즉 포워드 네 명 ― 1열에 두 명, 록 한 명, 플랭커 한 명 ― 과 백 다섯 명 ― 스크럼 하프와 플라이 하프, 센터, 윙, 풀백 각각 한 명씩 ― 으로 구성된다.

풀사이즈 럭비 피치에서 하프라인을 기준으로 한쪽 필드만 사용할 수도 있다. 이 경우 경기는 센터라인에서 시작되고 기존의 15미터 라인에서 '드롭 아웃'이 이루어진다.

이때 적용되는 규칙은 다음과 같다.

1. 라인-아웃은 없다.
2. 킥은 장려되지 않는다.
3. 15미터 구역 안에서만 터치를 향해 직접 킥이 허용된다.
4. 페널티로 골을 향한 킥이 허용되지 않는다.
5. 트라이가 득점될 경우 골포스트 앞에서 골킥이 이루어진다.

페널티가 주어질 때 상대 팀은 7미터(7.6yd) 뒤로 물러나고 공격 팀은 '공을 받아' 플레이를 한다. 태클은 정식 경기와 똑같이 허용된다. 오프사이드, 온사이드, 녹온, 드로우 포워드 등의 규칙 역시 정식 경기와 같이 적용된다. 전후반 각각 20분씩 지속된다. 미니럭비 훈련의 목적은 직선으로 달리기, 훌륭한 태클, 공격 시 신속하게 오버랩 상황 만들기, 수비 압박하기 등의 기술을 배우고 향상시키는 것이다.

터치럭비

터치럭비(touch rugby)는 훈련 도중 실행할 수 있다. 참가 인원의 수에 따라 필드의 크기는 달라진다. 터치럭비는 상대의 골라인 뒤에 공을 내려놓아 터치함으로써 트라이를 득점하는 방식으로 이루어진다. 선수들은 공을 패스하고 소유한 채 달려 전진한다.

터치럭비에서는 태클과 킥이 허용되지 않는다. 대신 공을 소유한 선수와 접촉(터치)하기 위한 시도를 한다. 각 팀에서 공을 갖고 전진하는 선수는 네 명이다. 상대 선수가 공을 가진 채 전진하는 선수를 만지면 플레이가 종료된다. 네 명이 모두 공을 지닌 상태에서 터치를 당하면 수비 팀에게 차례가 돌아가 네 명이 플레이를 펼쳐 득점을 노린다. 각 플레이는 발로 공을 건드려 같은 팀 선수에게 패스하며 시작된다.

라인-아웃이나 스크럼은 없지만 녹온과 오프사이드는 존재하며 이 경우 공은 자동적으로 상대 팀에게 넘어간다. 터치럭비의 목적은 참가자들이 공을 다루는 기술을 향상시키고 공격 상황을 신속하게 인식하며 달리는 상태에서 팀 동료를 지원하는 연습을 하는 것이다.

그리드

그리드(grids)는 가로, 세로 약 5미터(5.5야드)인 경기상에서 한 팀 당 2~10명의 선수로 구성된 두 팀이 대결하는 형식이다. 그리드의 목적은 연출된 상황에서 기본 기술을 향상시키는 데 있다. 정사각형의 필드 안에서 경기를 하면 패스 등 특정한 기술을 반복 연습할 수 있다. 예를 들어 다섯 명이 참가하고 그 중 세 명은 트라이의 득점을 시도하고 나머지 두 명은 이를 저지하게 할 수 있다. 이를 통해 태클, 의사결정, 패스, 팀 동료의 활용, 공을 소유한 채 달리기 등의 기술을 향상시킬 수 있다. 참가자의 수와 경기 규칙은 연습 목적에 맞게 변형될 수 있다.

교육 시 고려사항

1. 안전에 대한 우려가 있으므로 어린 학생들에게는

태클을 가르치지 않는 것이 바람직하다. 한 팀 당 3~10명이고 규칙을 변형한 터치럭비가 적합하다.

2. 럭비공은 축구나 풋볼에서 사용되는 공과 무게와 모양이 다르고 그로 인해 공 다루기 및 킥 방식이 달라져 독특한 특성을 지니게 된다. 스피드볼, 축구, 풋볼 등 다른 종목을 경기한 경험이 있다면 도움이 될 수도 있지만 어느 정도 럭비공으로 연습해야 한다.

3. 공을 다루는 기술을 연습하는 목적은 경기에 최대한 활발히 참가하기 위한 것이다. 그리고 대부분의 경우 이는 패스, 캐치, 킥 기술을 파트너와 연습해야 한다는 의미가 된다. 실제 게임에 참가해 보면 거리, 방향, 필요한 힘의 세기는 때에 따라 달라질 것이다.

4. 처음 공격 및 수비 플레이를 접할 때는 경기장의 절반만 사용하는 투-온-원(two-on-one) 방식을 사용할 수도 있다. 그런 다음 전략이 개선되면 공격 및 수비 플레이를 추가로 더할 수 있다. 실제 경기는 필드 전체를 사용하는 투-온-투(two-on-two) 방식으로 치러진다.

5. 득점 형태와 아웃-오브-바운즈 규칙에 대해서는 필요할 때마다 조금씩 교육한다. 풋볼과 차별화되는 럭비의 오프사이드 규칙을 지속적으로 교육한다.

6. 충분한 기술과 이해를 갖출 때까지 경기를 하지 않는다.

7. 권장할 만한 반복연습은 다음과 같다.

   a. '매끄럽게' 패스하기 위한 패싱 연습을 한다. 럭비에서 패스는 여러 가지 기술 중에서도 가장 기본적인 것이다. 럭비의 패스는 리듬, 패스의 빠르기, 속도, 달리기의 가속, 거리와 정확성 등이 모두 결합되어야 한다.

      (1) 네 명이 4미터(4.4yd) 간격을 두고 일렬로 선다. 1번부터 2번, 3번, 4번까지 공을 재빨리 패스한다.

      (2) 손에 공이 전해지면 4번은 20미터(22yd) 앞에 있는 원뿔을 향해 전력질주 한다. 이때 다른 세 명도 4번과 함께 전력질주 한다.

      (3) 원뿔에 도착하면 4번은 3번에게 공을 패스하고 3번은 10미터(11yd)를 전력질주 하여 다음 원뿔로 향한다.

      (4) 두 번째 원뿔에 도착하면 3번은 2번에게 공을 패스하고 2번은 또 다시 10미터(11yd)를 전력질주 하여 다음 원뿔로 향한다.

      (5) 세 번째 원뿔에 도착하면 2번은 1번에게 공을 패스하고 1번은 나머지 세 명이 다시 일직선을 이루었는지 확인한 다음 마지막으로 1번에서 2번, 3번, 4번으로 재빨리 패스를 한다.

   이 방법은 정확성, 속도, 거리, 정렬 등 정확한 패스를 위해 필요한 기술을 익히는 것은 물론, 계속 반복해서 실행할 경우 체력도 단련할 수 있다.

   b. 루프(loop), 즉 외부지원 반복연습을 한다. 럭비 선수가 계속해서 계발해야 할 가장 중요한 기술 중 하나는 공을 가진 선수를 지원하는 것이다.

      (1) 패스를 연습할 때와 마찬가지로 네 명이 약 4미터(4.5yd) 간격을 두고 일렬로 서서 1번부터 4번까지 횡으로 공을 패스한다. 패스를 한 플레이어는 마지막 플레이어를 지원하기 위해 그 주변까지 전력질주로 달려간다.

      (2) 그런 다음 각 플레이어는 둥그렇게 모여 '고리'를 형성하는데, 이는 30미터(33yd)이내에서 이루어져야 한다. 30미터 지점에서 4번은 공을 바닥에 내려놓고 다른 세 명의 플레이어가 다시 정렬할 때까지 기다린 뒤 같은 방향으로 루프 훈련을 다시 시작한다.

      (3) 이 훈련을 할 때 거리는 15미터(16.7yd)를

넘어서는 안 된다. 그래야 모든 선수들이 패스가 이루어질 때마다 주어진 움직임을 실행하여 외곽에 공간을 만들 수 있다.

(4) 훈련을 하는 동안 플레이어들은 50~60미터(55~66yd)를 이동하므로 이 방법은 체력증진에도 사용할 수 있다.

c. 스탠딩 태클 훈련을 한다. 럭비는 신체접촉이 많은 스포츠이므로 공을 가진 선수는 언제 다른 선수와 충돌할지 알아야 한다. 수비수가 방해하려는 대상은 주로 공을 가진 선수이다. 이때 발생하는 충돌을 '스탠딩 태클(standing tackle)'이라고 부른다. 공을 가진 선수에게서 공을 빼앗기 위해 이 방법을 사용한다. 스탠딩 태클을 피하는 것도 공격의 중요한 목표이다.

(1) 반복훈련 a, b와 비슷한 형태로 네 명의 플레이어가 일렬로 선다. 2번이나 3번이 공을 갖고 달리면 나머지 세 명은 그 선수를 뒤따른다. 공을 가진 선수는 약 10~15미터(11~16.5yd)를 달리고 난 뒤 공을 바닥에 내려놓고 5미터(5.5yd)를 후퇴하여 다른 선수들과 마주한 채 선다.

(2) 뒤따르는 선수들 중 한 명이 '볼'을 외치고 공을 낚아챈 뒤 멈춰선 선수에게 돌진한다. (이때 공 앞에서 적절한 기술로 손을 고정시키고 뒤에서부터 떠올리듯 공을 낚아챈다.)

(3) 멈춰있던 선수와 신체접촉이 발생하면 달려오던 선수는 공을 양손으로 잡고 균형을 유지한 채 급격히 양 어깨를 회전하여 태클러와 직각을 이룬다.

(4) 다음 플레이어는 바깥쪽 어깨를 이용하여 그 사이로 끼어든다. 이때 공을 향해 돌진하는 듯한 동작으로 공을 가진 선수에게 어깨를 들이밀어 태클러가 공을 빼앗는 것을 막는다.

(5) 마지막 플레이어는 필드 깊숙한 곳에 서 있다가 공을 다시 획득하는 장면을 보면 패스를 외치고 재빨리 패스를 받아 10~15(11~16.5yd)미터를 달린 뒤 공을 바닥에 내려놓고 뒤로 이동한다. 가로, 세로 60미터인 공간 안에서 전체 과정을 3~4회 반복한다.

용어 해설

22미터(24야드) 드롭-아웃(22-meter[24-yd] drop-out) 공격 팀이 엔드존에 공을 터치다운하고 난 뒤 경기를 다시 시작하기 위해 수비를 했던 팀이 공격을 위해 하거나 공이 데드-공 라인을 넘어갔을 때 22미터 라인에서 하는 드롭킥.

골킥(conversion) 트라이를 득점한 뒤 공을 차서 크로스바를 넘겨 2점을 추가로 획득하려는 시도.

공격 팀(attacking team) 공을 소유한 팀.

골(goal) 트라이와 골킥을 득점하여 얻는 것. 7점에 해당된다.

녹-온(knock-on) 공을 붙잡기 위해 차는 행위.

데드-볼 라인(dead-ball line) 경기장 끝에 있는 선

드로우인(throw-in) 공이 아웃-오브-바운즈가 된 뒤 라인-아웃으로 공을 집어넣어 게임을 다시 시작하는 방법.

드롭골(drop goal) 경기가 진행되는 가운데 공을 드롭킥하여 바를 넘기는 행위.

드롭킥(dropkick) 하프발리 상태에서 공을 차는 행위.

라인-아웃(line-out) 공이 경계선을 넘어갔을 때 게임을 다시 시작하는 방법.

럭(ruck) 양 팀 선수 한 명 이상이 경기장에서 선 채로 서로 미는 행위이며 공은 양 진영 사이, 바닥에 놓는다.

마크(mark) 한 곳에 정지한 상태에서 공을 정확히 받은 선수에게 주어진다. 이 선수는 "마크"라고 외쳐야 한다.

몰(maul) 양 팀 선수 한 명 이상이 공을 가진 선수를 둘러싸고 움직임을 저지하여 힘을 겨루기 시작하는 것.

비고의적인 오프사이드(accidental offside) 선수가 의도하지 않게 오프사이드를 범한 경우.

수비 팀(defending team) 공격 팀의 득점을 막는 동시에 공을 가로채려는 팀.

스크럼(scrum) 비고의적인 규칙위반이 일어난 뒤 게임

을 다시 시작할 때 사용되는 방법.

인-골 지역(in-goal area) 골라인과 데드-볼 라인 사이의 지역. 엔드존.

인 터치(in-touch) 아웃-오브-바운즈 상태가 되는 공을 인 터치 되었다고 말함.

킥오프(kickoff) 전후반을 시작할 때와 한 팀이 트라이를 득점한 뒤 게임을 시작할 때 사용하는 방법.

트라이(try) 선수가 공을 가진 채 상대편 골라인을 통과하여 바닥에 내려놓았을 때 얻는 득점. 4점에 해당된다.

파울(foul) 규칙의 위반.

팩(pack) 포워드 여덟 명.

페널티골(penalty goal) 주심이 경기 규칙 위반에 대해 페널티를 부과했을 때 플레이스킥이나 드롭킥으로 공을 크로스바 위로 넘겨 득점하는 형태로 3점에 해당된다.

하프웨이 라인(halfway line) 필드 중앙을 표시하는 라인.

추가 읽을거리

Biscombe, T., Drewett, P., and Rutherford, D. 1998. *Rugby: Steps to success*. Champaign, IL: Human Kinetics.

Green, M., and Jansen, J. 1999. *The art of coarse rugby*. Jersey City, NJ: Parkwest Publishing.

Greenwood, J. 2003. *Total rugby*. 5th ed. London: A+C Black.

Greenwood, J. 2004. *Think rugby: A guide to purposeful team play*. 4th ed. London: A+C Black.

Guthrie, P., and Brown, M. 2004. *Rugby for dummies*. Ontario, Canada: John Wiley and Sons.

Hale, G. 2002. *Rugby tough*. Champaign, IL: Human Kinetics.

Luger, Dan. 2004. *Complete conditioning for rugby*. Champaign, IL: Human Kinetics.

Mitchell, C. 1997. *Rugby*. Mechanicsburg, PA: Stackpole Books.

Sheryn, C. 2004. *Rugby for real*. London: A+C Black.

Williams, T., and Hunter, G. 2000. *Rugby skills, tactics, and rules*. Willowdale, Canada: Firefly Books.

자료

비디오

Focus on rugby, Trace Videos, Reedswain, Inc. 62 Byers Rd., Chester Springs, PA 19425.

Mini rugby barbarians style, Rugby Football Union, Twickenham, Middlesex, England.

This is mini rugby, Welsh Rugby Union, 28 St. Marys St., Cardiff, Wales.

Film of the United States-International Games may be obtained through *Rugby(newspaper)*, published by Rugby Press, Ltd., 527 Madison Ave., New York, NY 10022.

Rugby skills training, Queensland Rugby Union, Australia, On Set Production(Telephone: 07= 75−1651).

Video films of international games may be obtained through Trace Video Sports Club, c/o Brandon Hall, Bos 1167, Natchez, MS 39120.

그 외 비디오 자료는 부록 C를 참조하라.

벽신문

벽신문(wall chart)은 웨일스 럭비연합(Welsh Rugby Union)에서 구할 수 있다. 주소는 28 St. Marys St., Cardiff, Wales이다.

웹 사이트

국제럭비이사회(International Rugby Board [Rules, regulations, etc]) www.irfb.com

미국럭비축구연합(United States of America Rugby Football Union) www.usarugby.org

럭비 뉴스레터 www.scrum.com

럭비 매거진(Rugby Magazine[Monthly News-U.S.]) www.inch.com/ rugby

럭비 정보 www.uidaho.edu

럭비 투데이(Rugby Today[daily news-international]) www.rugby today.com

럭비의 세계(World of Rugby) www.worldofrugby.com

얼티밋 럭비(Ultimate Rugby_ http://Ultimaterugby.on.ca

터치 럭비 http://touch-canada.hypermart.net 또는 www.austouch.com.au

플래닛 럭비(Planet Rugby) www.rugbyrugby.com

6 레슬링

이 장을 완벽하게 습득한 뒤, 독자들은 다음과 같은 사항들을 할 수 있어야 한다.

▶ 다양한 형태의 레슬링 종목과 장비 및 시설에 대한 지식을 습득한다.
▶ 레슬링 규칙과 고등부 및 대학부 경기의 차이점을 설명한다.
▶ 준비자세, 테이크다운, 탈출, 역공, 그리고 포인트 홀드와 같은 기초기술들을 수행한다.
▶ 초보자에게 레슬링 기초기술들을 지도한다.
▶ 레슬링의 안전수칙과 과학적 원리를 설명한다.

역 사

레슬링은 두 사람이 서로 상대하는 가장 원시적인 형태이자 가장 오래된 싸움의 한 형태이다. 심지어 오늘날 어린이들의 경우, 특별한 지도 없이도 맨손으로 서로를 잡고 몸싸움을 벌이는 것을 보면, 레슬링이 가장 오래된 스포츠라는 것이 그리 놀랄만한 일은 아니다.

인류문명이 시작될 때, 레슬링은 전쟁준비를 위한 훈련용으로 활용되었다. 역사에 기록되어 있지는 않지만 여러 과학적인 정황을 살펴볼 때, 석기시대에도 레슬링의 형태는 존재하였다는 것이 설득력을 얻고 있다. 이 시대의 사람들은 개인 간의 문제뿐만 아니라, 동물과의 생존경쟁에서도 힘과 지략으로 이기기 위해 육체적 싸움은 불가피하였을 것으로 추측된다.

약 15,000~20,000년 전에 만들어진 것으로 추정되는 프랑스 동굴의 벽화와 그림들에서는 서로 맞잡고 싸우고 있는 사람들과 오늘날 많은 레슬링 자세들과 유사한 지렛대 모양의 자세들이 묘사되어 있다.

고고학자들은 오늘날 이라크의 바그다드 지역 근처로 추정되는 메소포타미아(Mesopotamia)에서 기원전 약 2800년경에 만들어진 꽃병을 발견하였는데, 이것의 표면에는 레슬링을 하고 있는 두 사람의 그림이 그려져 있었다. 그리고 다른 고대 그림, 꽃병, 모자이크, 문헌 등에서도 레슬링이 이집트 문화의 중요한 부분이었다는 점을 강조하고 있다. 예를 들어, 이집트 중부 나일강변의 한 마을인 베니하산(Beni Hasan)에 있는 사원묘지의 벽에는 레슬러들을 형상화한 상형문자가 200개 넘게 발견되었는데, 이것들은 대략 기원전 2500~3000년경에 만들어진 것으로, 그림 내용을 보면 이집트에서의 레슬링은 이미 5,000년 전에 최고의 전성기를 누리고 있었다는 사실을 알 수 있다. 이집트에서의 레슬링은 경쟁적이면서도 뚜렷한 목표가 있었으며, 승자를 결정짓는 엄격한 규칙에 의해 진행되었고 동시에 성공적인 수행을 위해서는 노하우(know-how), 힘, 그리고 지구력이 요구되었다.

싸움으로서의 레슬링은 고대시대의 분쟁 해결을 위한 수단이었다. 레슬링과 관련된 자료는 성경에서도 찾아볼 수 있다. 예를 들면, 성경의 창세기 32장 24절에는 "야곱이 혼자 남겨진 후 한 남자는 날이 저물 때까지 그와 함께 레슬링을 하였다"라고 적혀있다. 레슬링은 여러 세대를 거쳐 오면서 점차적으로 발전하여 오늘날 스포츠의 한 형태로 자리 잡게 되었다.

길가메시(Gilgamesh), 야곱(Jacob), 율리시스(Ulysses), 그리고 밀로(Milo)와 같은 고대 영웅 들 모두 레슬러로서의 명성을 어느 정도는 얻었지만, 레슬링을 스포츠로 격상시킨 것은 그리스인들이었다. 이 시대에 레슬링이 번창하게 된 계기는 이것이 운동으로서의 가치를 가지고 있을 뿐만 아니라, 전 국민이 합심하여 전쟁을 준비하는데 필요한 일상생활의 주요 활동이었기 때문이다. 레슬링은 그리스 스포츠의 핵심으로 5종경기의 주요 이벤트가 되었다. 그리스 사람들은 레슬링이 다른 어떤 신체활동보다 더 강하고 민첩하며 신성하다고 믿었으며, 레슬링 경기에서 사용되는 용어들을 일상생활에서 주로 사용하였다.

비록 그리스 신화에서는 레슬링이 아테네의 전설적인 영웅인 테세우스(Theseus)에 의해 발명되었다고 나와 있지만, 오늘날 우리가 알고 있는 체계적이고 과학적인 형태의 레슬링은 이집트 혹은 아시아에서 그리스로 처음 소개되었다는 것이 일반적인 견해이다. 그 이유로, 많은 역사학자들은 아테네의 그림들에서 묘사되고 있는 사람들 간의 움켜잡은 모습이 이집트의 베니하산(Beni Hasan) 마을의 그림들에 나와 있는 그것들과 유사하다는 점을 들고 있다.

역사학자들은 그리스인들이 참여한 레슬링 경기에는 두 개의 스타일, 즉 전형적인 레슬링인 '오도팔리(Orthopali)'와 복싱과 레슬링이 결합된 난폭한 형태의 '판크라티온(Pankration)'이 있었다고 증언하고 있다. 전자의 경우, 목표는 선 자세에서 상대방을 땅에 내치는 것이었다. 이런 식으로 3번 중 2번을 먼저 쓰러뜨리는 자가 승리하였다. 판크라티온은 상대방을 몰아붙여 경기를 포기하도록 하면 승리하게 되는 방식이었다. 이 스타일에서는 상대방을 깨무는 것을 제외하고는 모든 것이 허용되었다. 따라서 판크라티온에서는 펀치와 킥이 가장 많이 사용되었다.

기원전 2세기 후반에 레슬링은 로마로 전파되지만, 그리스에서의 인기만큼 대중적이지는 못하였다. 또한, 레슬링은 동양권 특히 일본에서도 많은 인기를 얻었다. 일본 최초의 레슬링 경기는 기원전 23년에 열렸다는 기록도 남아있다. 중국의 오대십국시대(서기 907~960)에는 많은 유명한 레슬러들의 활약상이 기록으로 전해지고 있다.

중세시대 후기 영국에서는 마을 간의 레슬링 시합이 수시로 열렸으며, 거의 모든 마을 축제의 오락 프로그램에 포함되기도 하였다. 스포츠연보에 보고된 것들 중 가장 눈에 띄는 것 중 하나는 영국의 헨리 8세와 프랑스의 프랑수아 1세가 동맹을 맺기 위해 만난 자리에서 열렸던 레슬링 시합이다. 이 시대의 영국과 프랑스의 왕은 유럽에서 가장 강력한 군주로 군림하고 있었다. 불행하게도, 이 역사적인 시합이 문헌에 기록은 되어 있지만, 구체적인 결과에 대해서는 자세히 묘사되고 있지 않다.

크리스토퍼 콜럼버스(Christopher Columbus)가 신대륙에 발을 내딛기 훨씬 전에도 북미와 남미의 인디언들은 스포츠로서의 레슬링 경기를 하고 있었다. 이후 레슬링은 초기 유럽 이주민들의 사교모임에서 인기 있는 오락으로 발전하였다. 알려진 바와 같이, 독립전쟁에서 식민지 주민들을 이끌고 영국에 맞서 싸운 조지 워싱턴(George Washington)은 전쟁 전에는 칼라-앤-엘보우 스타일 레슬링(collar-and-elbow style of wrestling) 식민지 챔피언이었다. 에이브러햄 링컨(Abraham Lincoln) 역시 레슬링 기술로 유명한 미국 대통령으로, 특히 프리-포-올(free-for-all: 모든 사람들이 참여할 수 있으며 정해진 규칙이 없는 경기 형태 – 역자 주)과 캐치-애즈-캐치-캔(catch-as-catch-can: 상대의 모든 신체부위를 잡을 수 있는 난폭한 경기 형태 – 역자 주) 레슬링 경기에서 발군의 기량을 과시하였다. 비록 미국 레슬링이 독립전쟁 시대에 시작되었고, 시민전쟁 동안 연합군에 의해 대중적인 인기를 얻게 되었다고는 하지만, 최초의 조직화된 전미 레슬링 토너먼트는 1887년에야 비로소 개최되었다.

레슬링이 가장 오래된 스포츠 중 하나이지만, 아마추어 스포츠로서의 미국 레슬링 역사는 50여년 정도밖에 되지 않는다. 미국 최초의 조직화된 대학 간 레슬링 시합은 1900년 펜실베이니아대학교(University of Pennsylvania)와 예일대학교 간의 경기였다. 아마도 미국에서 아마추어 레슬링의 발전에 가장 큰 영향을 미친 사건은 1927년 전미대학운동선수협회(NCAA: National Collegiate Athletic Association)에 의해 만들어진 레슬링규칙위원회(Wrestling Rules Committee)의 설립일 것이다. 1900년 이전에는 모든 시합이나 토너먼트에 참여하기 전에 코치들이 규칙, 체중, 경기시간 등에 대해 일일이 동의를 해야만 했었다. 레슬링규칙위원회의 위원장은 네브래스카대학교(University of Nebraska) 체육학과의 학과장이었던 클랩 박사(Dr. R.

G. Clapp)가 맡았으며, 그는 이후 오랫동안 위원회를 이끌었다. 클랩 박사는 자신의 이전 경력, 통찰력, 그리고 헌신적인 노력으로 위원회의 레슬링 규칙 제정을 이끌었으며, 이는 미국 대학에서의 아마추어 레슬링이 급진적으로 발전하는 계기가 되었다. 이렇게 제정된 규칙이 대학부 레슬링 시합에 적용되면서, 1928년에는 공식 규칙을 적용한 최초의 NCAA 레슬링대회가 개최되었다. 국제 자유형 레슬링의 변형을 위해 제정된 새로운 규칙은 캐치-애즈-캐치-캔, 또는 포크스타일(folkstyle) 레슬링으로 불리는 미국스타일의 레슬링 개발을 이끌어내기도 하였다.

오늘날 레슬링의 가치는 전 세계적으로 잘 알려져 있다. 레슬러들은 가장 좋은 몸 상태를 가졌을 뿐만 아니라, 가장 훈육이 잘된 운동선수들로 인식되고 있다. 레슬링이 가지는 속성으로 인해 참여하는 사람들의 특성도 45kg의 정력적인 사람에서 130kg의 거구까지 매우 다양하다. 중등학교 수준에서는 남녀 모두 참여가 가능하며 체육수업에서도 함께 지도를 받을 수 있다. 또한, 레슬링은 시각장애, 청각장애, 그리고 지체장애를 가진 사람들도 참여할 수 있는 스포츠이다.

기본적으로 레슬링에 필요한 것은 스피드, 힘, 사고력, 그리고 용기이다. 레슬링의 스타일에는 캐치-애즈-캐치-캔, 자유형, 그레코로만형, 유도, 그리고 스모가 있다. 이 중 자유형과 그레코로만형은 국제 공인 레슬링 스타일이자 올림픽게임의 정식종목이기도 하다. 미국의 학교 간 (고등부와 대학부) 시합에서 사용되는 것은 국제 레슬링 스타일의 변형으로 흔히 포크스타일 혹은 캐치-애즈-캐치-캔 레슬링이라고 불린다. 자유형과 그레코로만형에서는 상대를 던지거나 넘어뜨려 핀(pin: 핀폴이라고도 하며, 핀을 누르듯이 상대방의 양 어깨를 완전히 매트에 붙이고 폴승을 거두는 것 – 역자 주)에 이르게 하는 것을 강조한다. 자유형에서는 타임 어드밴티지(time advantage)나 탈출

(escape)에 대한 점수가 부여되지 않는다. 포크스타일에서의 선수들의 움직임은 자유형보다 훨씬 더 빠르며, 세 명의 심판진을 필요로 한다. 그레코로만형은 기본적으로 자유형과 같은 규칙과 점수제가 적용되지만, 자유형이나 포크스타일과 다르게 상대의 허리 아래 부위를 잡을 수 없으며, 잡을 때 다리를 사용할 수 없다. 자유형과 그레코로만형 레슬링의 목표는 상대방을 잡고 기술을 넣어 지면에 넘어뜨리고, 양쪽 어깨 모두가 매트에 닿도록 누르면서, 주심이 폴승을 선언할 때까지 이 자세를 유지하는 것이다. 폴이 선언되면, 자동적으로 경기가 끝나게 된다. 만일 폴(핀에 의한)이 아니라면, 점수를 많이 획득한 선수가 승리하게 된다. 반면, 미국 스타일의 레슬링은 매트로 가져간 상대방을 컨트롤하는 능력을 더 많이 강조하고 있다. 이 스타일의 경우, 매트 포지션에서 주도권을 가지고 있는 선수가 상대선수를 제압하여 폴승을 위한 포지션을 이끌어내는 것이 중요하다.

근대올림픽의 시작부터 1924년 이전까지의 레슬링 규칙은 개최국의 선호도에 따라 매우 달랐다. 이러한 규칙은 1924년 파리올림픽에서 어느 정도 일관성을 가지게 되있으며, 자유형과 그레코로만형 두 개의 세부종목으로 나뉘게 되었다. 이후 여러 해를 거치면서 위대한 업적을 남긴 레슬러들과 레슬링 팀들이 여러 나라들로부터 나왔다. 1960년대 이전까지는 터키, 스웨덴, 미국, 서독, 그리고 구소련이 강세를 보였다. 1960년대 이후의 레슬링은 동유럽의 (전)공산국가들이 주도하였다. 이 국가들은 올림픽에서 20개의 금메달(자유형과 그레코로만형의 체급별에서 각각 10개씩)을 따면서 스포츠강국으로서의 위상을 전 세계에 알렸다.

1972년 뮌헨올림픽에서는 이 공산국가들이 15개의 금메달(소련이 9개)을 가져갔다. 이 대회에서 미국은 여섯 경기 동안 단 1점도 허용하지 않은 게이블(Dan Gable)을 포함하여 총 3개의 금메달을 획득했다.

1972년에서 1980년까지 소련 레슬러들의 강세는 계속해서 이어졌다. 1984년 LA올림픽을 위해 미국은 경쟁력 있는 레슬링 팀을 구성하여 좋은 결과(자유형에서 금메달 7개, 은메달 2개와 그레코로만형에서 2개의 금메달)를 얻었지만, 소련의 대회 불참으로 인해 이러한 성과의 의미는 퇴색되기도 하였다. 1988년 서울올림픽에서 미국은 2개의 금메달을 포함하여 총 5개의 메달을 따는데 그친 반면에, 소련은 4개의 금메달을 포함하여 총 9개의 메달을 획득하였다.

1992년 미국올림픽 레슬링 팀은 자유형에서 금메달 3개, 은메달 2개, 그리고 동메달 1개 등 총 6개의 메달을 획득하였다. 이 종목에서 올림픽 챔피언에 등극한 미국선수로는 136파운드의 존 스미스(John Smith), 180파운드의 잭슨(Kevin Jackson), 그리고 286파운드의 바움가트너(Bruce Baumgartner)가 있다. 또한, 미국은 동 대회의 그레코로만형에서 은메달 1개(220파운드의 코슬로스키)와 동메달 1개(150파운드의 로드니 스미스)를 가져갔다.

1996년 올림픽에서 미국 대표팀은 자유형에서 금메달 3개, 은메달 1개, 그리고 동메달 1개를 포함하여 총 5개의 메달을 획득하였다. 125.5파운드의 크로스(Kendall Cross), 136.5파운드의 브랜즈(Tom Brands), 그리고 220파운드의 앵글(Kurt Angle)이 올림픽 챔피언의 주인공들이었다. 그리고 149.5파운드의 샌더스(Townsend Sanders)와 286파운드의 바움가트너(Bruce Gartner)가 각각 은메달과 동메달을 가져갔다. 그레코로만형 종목에서는 114.5파운드의 폴선(Brandon Paulson), 125.5파운드의 홀(Dennis Hall), 그리고 286파운드의 갸프리(Matt Ghaffari)가 각각 은메달을 목에 걸었다.

2000년 올림픽게임에서는 가드너(Rulon Gardner)가 그레코로만형 97~130kg급에서 금메달을 따며 세계를 깜짝 놀라게 하였다. 그는 결승에서 연장전 끝에 카렐린(Alexandre Kareline)을 1:0으로 물리쳤다. 카렐린은 오랫동안 이 종목에서 사실상 최강자로 군림해온 선수였다. 브랜즈(Terry Brands)와 맥아일래비(Lincoln McIlravy) 역시 자유형 54~58kg와 63~69kg에서 각각 3위를 차지하면서 미국에 동메달을 안겨주었다.

그리스 아테네에서 열린 2004올림픽에서 미국의 가드너(Rulon Gardner)는 자신의 아마추어 레슬링 마지막 경기인 그레코로만형 120kg급에서 동메달을 획득하며 개인 통산 올림픽 메달을 하나 더 추가하였다. 미국은 레슬링 전체종목에서 총 6개의 메달을 획득하여 일본과 함께 전체 메달 집계 공동 2위를 차지하였다. 이 대회에서는 러시아가 총 메달 수 10개로 전체 1위를 차지하였다. 미국 남자팀의 메달 상황을 살펴보면, 샌더슨(Cael Sanderson)이 84kg급에서 금메달, 아바스(Stephen Abas)가 55kg급에서 은메달, 그리고 켈리(Jamill Kelly)가 66kg급에서 은메달을 각각 획득하였다. 미국 여자팀의 경우, 맥만(Sara McMann)이 63kg급에서 은메달을 그리고 미란다(Patricia Miranda)가 48kg급에서 동메달을 차지하였다.

미국은 포크스타일과 자유형 레슬링에 여성을 포함시키면서 새로운 발전을 도모하였다. 사실 오늘날 미국에서 가장 빠르게 성장하고 있는 레슬링 영역은 여자 자유형 레슬링이다.

타이틀 나인(Title IX)은 1972년에 만들어진 교육법 수정안(1972 Education Amendments Act)으로서 주 핵심 내용은 고등학교와 대학이 주정부의 재정지원을 받기 위해서는 운동부를 포함한 모든 교육영역에서 성별에 따른 차별을 금지해야 한다는 것이다. 이 법안으로 인해, 어린 여자선수들은 남자팀에 소속되어 남자선수와 시합을 할 수 있게 되었지만, 여자선수들끼리의 시합은 최근에 와서야 이루어지게 되었다. 여자 자유형 레슬링은 경기 시간이 5분이 아닌 4분이라는 점을 제외하고는 남자 자유형과 똑같은 규칙이 적용된다.

여자 레슬링은 거의 모든 연령대에서 매우 빠르게 성장하고 있다. 오늘날에는 남녀 모두 중고등부와 대학부 레슬링에 참여하고 있으며, 체육수업 현장에서 함께 지도를 받고 있다. 1997년 미시건 주는 미국 최초의 여자 고교 레슬링대회를 개최하였다. 이 대회에는 10개의 체급에 총 120명의 여자 레슬러들이 참여하였다. 1998년에는 대회 규모가 커지면서 38개 주를 대표하는 272명의 소녀들이 참여하였다. 여자 대학부 역시 성장을 거듭해 오고 있다. 1993년 미네소타-모리스대학교(University of Minnesota-Morris)가 미국에서 처음으로 여자 레슬링을 정규 대학스포츠 팀으로 창단하였다. 이후 많은 타 대학들에서도 여자 레슬링 프로그램을 공식적인 대학스포츠로 도입하였으며, 셀 수 없을 정도로 많은 여자 대학생들이 남자 레슬링 프로그램에 가입해오고 있다.

미국 레슬링을 관리하고 있는 협회인 USA 레슬링(USA Wrestling)은 1989년 이래로 여자 자유형 국가대표팀을 세계여자자유형레슬링대회(Women's Freestyle World Championship)에 참여시켜 오는 등 지원을 아끼지 않고 있다. USA 레슬링은 미국 레슬링의 총괄기관으로서 미국 아마추어 레슬링의 발전을 위한 중요한 역할을 할 뿐만 아니라, 미국 여자레슬링의 성장에 크게 기여해오고 있다. 현재 USA 레슬링은 어린 여자 아이들이 레슬링에 참여하고 운동선수로 성장할 수 있는 새로운 기회도 많이 제공해주고 있다.

매 트

고등부 시합에서 사용하는 레슬링 매트는 원형으로 지름이 28피트(8.5m)이다. 레슬링 경기가 펼쳐지는 지역에서 바깥쪽으로 약 5피트(1.52m) 정도까지는 안전매트를 깔아 주변을 안전하게 해야 한다. 레슬링 매트는 두께가 균일해야 하는데, 4인치(10.2cm)보다는 얇아야 하지만, 최소 1인치(2.54cm)의 충격방지용 매트보다는 더 두꺼워야 한다 (도해 6.1A). 대학부 경기를 위한 매트의 길이(사각형일 경우 가로와 세로 길이; 원형일 경우 지름)는 32피트(9.7m)보다는 길어야 하지만 42피트(12.8m)보다는 짧아야 한다. 경기장 주변에는 최소한 5피트(1.52m) 너비의 안전매트가 깔려있어야 한다. 매트는 충격을 흡수할 수 있는 것으로, 두께가 약 2인치(5cm) 정도인 헤어펠트 매트(hair felt mat: 모직이나 털을 압축해서 만든 부드럽고 두꺼운 매트 – 역자 주)이어야 한다. 매트 중앙에는 지름이 10피트(3.04m)인 원이 그려져 있어야 한다 (도해 6.1B).

또한, 매트 중앙에는 길이 1인치(2.54cm)인 두 개의 시작 라인이 자리하고 있다. 한쪽 라인은 10피트 원의 지름 선상에 오고, 반대쪽 라인은 첫 번째 라인으로부터 10인치(25.4cm) 떨어진 곳에 평행하게 위치하게 된다. 이 두 개의 라인들 양쪽 끝을 1인치(2.54cm) 선으로 연결하여 매트 중앙에 하나의 박스 형태를 만든다. 시작 라인의 한쪽은 초록색(홈팀을 향하도록 함)이며 반대쪽은 붉은색(원정팀을 향하도록 함)이다 (도해 6.1C).

장 비

레슬링 유니폼 (도해 6.2)은 상하의 일체형 운동복을 전신타이즈와 함께 입거나 전신타이즈 없이 운동복만 입는다. 선수들은 알맞게 재단한 원피스나 투피스 형태의 유니폼을 선택할 수 있다. 유니폼의 안쪽 솔기는 최소한 4인치(10cm) 이상 되어야 한다. 발목까지 오는 레슬링 신발은 가볍고 뒷굽이 없어야 하며 끈으로 묶을 수 있어야 한다. 그리고 반드시 보호용 귀마개를 착용해야 한다. 또한, 선수들은 어떠한 식으로든 식별이 가능해야 한다(예: 붉은색 혹은 초록색 발목 양말).

주 요 규 칙

레슬링 규칙은 매년 여러 규정위원회에서 수정의 대상이 되고 있으며, 모든 스포츠를 통틀어 가장 변화가 심하다. 레슬링의 점수제와 체중 등급에 대한 규정이 자주 바뀌는 것은 매우 흔한 일이다. 따라서 여기에서 제시하고 있는 주요 규칙들은 가장 최근에 수정된 레슬링 규정집과 비교해볼 필요가 있다. 규칙에 관한 세부사항들은 『NCAA 대학 간(intercollegiate) 그리고 학교 간(interscholastic) 가이드』와 『전미고등학교체육협회 레슬링 규정집』을 참고할 것을 권장한다.

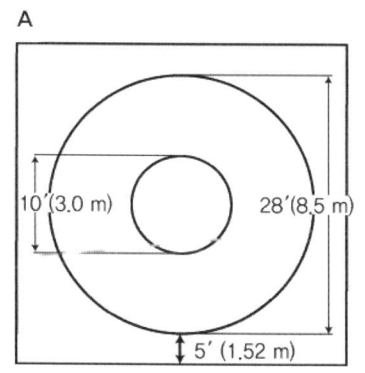
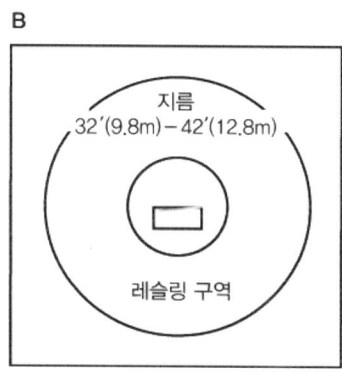
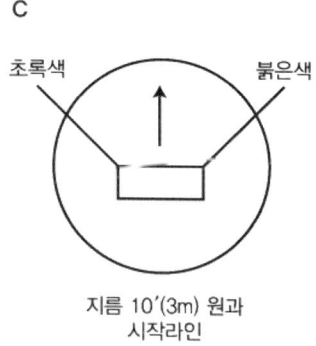

도해 6.1. 매트 사이즈. A. 고등부. B. 대학부. C. 시작 라인

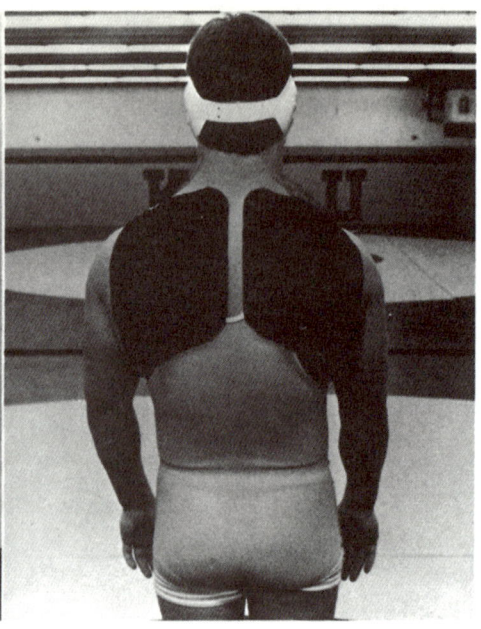

도해 6.2. 공식 유니폼의 앞뒤면. 앞면의 바지 안쪽 솔기가 4인치라는 것을 보여주고 있다. 뒷면에서는 피닝 영역(pinning area)을 보여주고 있다.

체급별 분류

대학부

대학 간 레슬링대회에서의 체급별 분류는 다음과 같다:

125파운드(56.7kg) 이하

133파운드(60.3kg) 이하

141파운드(63.9kg) 이하

149파운드(67.6kg) 이하

157파운드(71.1kg) 이하

165파운드(74.8kg) 이하

174파운드(78.9kg) 이하

184파운드(83.4kg) 이하

197파운드(89.3k) 이하

헤비급(183-285파운드) (82.9-129.2kg)

모든 대학 간 시합에서는 계체량 시 체중 오차를 허용하지 않는다.

고등부

103파운드(46.7kg) 이하

112파운드(50.8kg) 이하

119파운드(54.0kg) 이하

125파운드(56.7kg) 이하

130파운드(59.0kg) 이하

135파운드(61.2kg) 이하

140파운드(63.5kg) 이하

145파운드(65.8kg) 이하

152파운드(68.9kg) 이하

160파운드(72.6kg) 이하

171파운드(77.5kg) 이하

189파운드(85.7kg) 이하

215파운드(97.5kg)는 각 주(state)의 협회의 내규에 따라 선택

275파운드(124.7kg)

215파운드 체급을 사용하지 않을 경우, 275파운드

급 선수의 최소 체중은 188파운드(85.3kg)이다.

고등부 시합은 미국고등학교체육협회에 의해 관리된다.

레슬러, 코치, 그리고 학부모들이 가지고 있는 많은 문제들 중 하나는 체중감량을 위한 다이어트와 탈수현상이다. 레슬링 선수들의 체중은 적정 수준보다 심각할 정도로 낮으며, 이러한 현상은 어느 스포츠 종목에서도 찾아볼 수 없다. 좀 더 낮은 체급에 출전하기 위해 다이어트와 수분함량 조절을 시도함으로써 많은 레슬링선수들은 심각한 의료적 문제에 직면하고 있다. 많은 의학적 근거에서 찾아볼 수 있듯이 심한 다이어트와 수분섭취 부족은 선수의 신체에 위험할 뿐만 아니라, 경기력에도 전혀 도움이 되지 않는다.

2005년 미국고등학교체육협회(NFHS) 산하 레슬링 규정위원회는 고등학교 레슬링 선수들의 체중 조절 및 감소와 관련된 많은 규칙들을 바꾸고 수정하였다. 그런 다음, NFHS 이사회는 이러한 개정된 규칙들을 승인하였다. 가장 눈에 띄는 수정안의 개요는 선수의 체중관리 프로그램을 위해 체지방 분석결과를 활용할 것과 수분섭취를 제한하지 말도록 하는 것이다. 개정된 규정에 의하면, 선수 개인의 비중(신체질량 – 역지 주)은 1.025를 넘지 말아야 하고, 체지방률이 (남자의 경우) 7퍼센트 (여자의 경우) 12퍼센트 이상이어야 하며, 주 당 체중의 1.5퍼센트 이상의 감소가 일어나지 않도록 매주 모니터를 해야 한다.

건강 측면에서 보면, 빠르고 급격한 체중감소를 유발하는 속성 다이어트는 사형선고나 다름없다. 수분섭취를 제한함으로써 체수분의 균형을 파괴하는 것 역시 건강에 매우 해롭다. 이러한 위험 요소들은 특히 성장기의 어린 선수들에게 해롭다.

칼로리 및 수분 섭취 제한, 그리고 더운 환경에서의 과도한 운동 등으로 인한 급격한 체중 감소가 경기력 저하, 열 관련 외상, 그리고 건강 악화로 인한 삶의 질 저하로 이어질 수 있기 때문에, USA 레슬링은 다음과 같은 규칙들을 제정하였다.

1. 탈수증(dehydration: 수분을 섭취하지 않음 – 역자 주)과 관련하여, 뜨거운 방이나 샤워, 박스, 사우나, 스팀실, 열기구, 이뇨제(diuretics: 소변 양을 증가시키는 약제 – 역자 주), 그리고 완하제(laxatives: 변을 쉽게 보도록 하는 약제 – 역자 주)의 사용과 음식 및 수분 섭취의 과도한 억제, 억지로 구토를 일으키는 것 등을 금지한다.

2. 목적과 상관없이, 땀에 의한 증기가 통과되지 않는 옷들(예: 고무 혹은 고무재질의 나일론)의 사용을 금지한다.

3. 이러한 규칙을 어겼을 경우, 사용금지 조항에 의해 대회 참가 자격이 박탈될 수 있다.

고등부와 대학부 규칙의 주요 차이점

인저리 타임(Injury time)

고등부: 회복을 위해 1분 30초가 주어진다.

대학부: 회복을 위해 2분이 주어진다.

라이딩 타임(Riding time)

고등부: 해당사항 없음

대학부: 상대방을 1분 혹은 그 이상 잡고 있으면 1점을 획득한다.

폴(Fall)

고등부: 2초

대학부: 1초

경기 수(Number of matches)

고등부: 정규시간 경기를 기준으로 하루에 5경기 이내

대학부: 관련 규정 없음

체중 허용치(Weight allowance)

고등부: 계체량이 끝난 후 각 체급별로 2파운드의 체중증가까지는 허용된다. 체중 증가분은 경기출전 대기일 수와 상관없이, 최대 2파운드로 제한된다.

대학부: 체중 증가를 허용하지 않는다.

계체량(Weigh-in)

고등부: 경기 시작 전 30분에서 1시간 이내

대학부: 첫 번째 경기 시작 전 1시간 이내

경기시간(Duration of bout)

고등부: 2분씩 3라운드로 진행된다(연장전과 토너먼트 규정은 최신 규정집 참고).

대학부: 총 3라운드로 1라운드는 3분, 2와 3라운드는 각각 2분씩 진행된다(토너먼트-오버타임, 1분씩 3라운드, 패자부활전-2분씩 3라운드).

체급 제한(Weight class restriction)

고등부: 레슬러들은 계체량 시 나온 실제 체중보다 한 체급 위의 경기에 출전할 수 있다. 무제한급 선수의 체중은 최소 184파운드(83.4kg) 이상이어야 한다.

대학부: 실제 체급보다 높은 어떠한 체급에도 출전할 수 있다. 무제한급 선수의 체중은 최소 177파운드(80.3kg) 이상이어야 한다. 계체량 시 나온 체중보다 두 체급 위의 경기에 출전한 선수는 다시 원래의 체급으로 되돌아 올 수 없다.

경기 방식

제1라운드의 경우, 한 선수는 초록색 지역에 그리고 상대선수는 붉은색 지역에서 선 상태로 서로 마주보며 시작된다. 이들 레슬러들은 먼저 가까이 와서 서로 악수를 한 다음 각자의 시작라인으로 되돌아간다. 그

런 다음, 레퍼리가 호각을 불면 레슬링 경기가 시작된다. 1라운드 혹은 다른 라운드에서 폴승을 거두게 되면, 전체경기가 끝나게 된다. 만일 1라운드에서 폴이 일어나지 않으면 원반던지기를 실시한다. 원반던지기의 승자는 위, 아래, 또는 중립 자세를 선택하거나 3라운드까지 선택을 연기할 수 있다. 만일 레슬러가 선택을 연기하면 상대선수가 2라운드에서 위, 아래, 그리고 중립 자세 중 하나를 선택하게 된다. 만일 레슬러가 선택을 연기하지 않으면 상대선수는 3라운드에서 위, 아래, 그리고 중립 자세 중 하나를 선택할 수 있게 된다. 모든 레슬링 경기의 시작은 레퍼리의 호각으로 시작된다. 경기 중 폴이 일어나지 않았다면 점수제에 의해 승패가 결정된다. 레슬러들은 승자가 선언되거나 페널티(표 6.1)가 부여될 때까지 각자의 지정된 위치로 돌아가 기다려야 한다. 만일 3라운드가 종료된 시점에서 동점상황이 발생하면, 휴식 없이 바로 1분간의 서든 빅토리(sudden-victory: 서든데스라고도 하며, 연장전의 개념으로 점수를 먼저 얻는 선수가 승자가 되는 방식 – 역자 주) 시간이 주어진다. 서든 빅토리 라운드는 중립 자세로 시작된다. 이 방식에서는 누구든 먼저 점수를 얻는 선수가 승자가 된다. 만일 서든 빅토리 라운드 종료 시에도 승자가 가려지지 않으면 30초 동안의 타이브레이크(tiebreak)가 2회 주어지게 된다. 타이브레이크에서의 포지션에 대한 선택은 정규라운드가 끝날 때 결정되는데, 정규라운드에서 페널티 점수나 탈출에 의한 점수를 제외한 최초 득점을 올린 선수에게 선택권이 주어진다. 이 결정에는 1분 혹은 그 이상의 타임 어드밴티지도 포함된다.

탈출 그리고/혹은 페널티 점수가 유일한 득점인 경우의 포지션 선택은 원반던지기의 승자에게 돌아가게 된다. 주심은 서든 빅토리 라운드가 종료된 후 방해물이 없는 매트에 원반을 던진다. 토스에서 이긴 레슬러는 위나 아래 중 하나의 포지션만을 선택할 수 있다. 타이브레이크 1라운드에서 30초 동안 수비(아래) 자

표 6.1. 반칙행위에 따른 페널티.

반칙 행위	규정(조-항)	1차 위반	2차 위반	3차 위반	4차 위반	5차 위반
불필요한 거친 행위[a]	6-5	1점	1점	2점	실격	–
위법적인 잡기[a]	6-9	1점	1점	2점	실격	–
테크니컬 바이얼레이션	6-11—6-19	1점	1점	2점	실격	–
고의로 시간을 지연시킴	6-11(6-11-g)	경고	1점	1점	2점	실격
부당한 방법으로 시작	6-18	주의	주의	1점	1점	1점
잘못된 시작 자세	6-19					
비신사적 행위[b] – 경기 전후 팀원의 결원	6-4	팀 점수 1점 감점	실격; 팀 점수 1점 감점; 잔여경기 제외[c]	–	–	–
비신사적 행위[b] – 경기 중	6-4	팀 점수 1점 감점	팀 점수 1점 감점	팀 점수 2점 감점	실격	–
부정 경기	6-6	실격; 팀 점수 1점 감점 그리고 상대에게 승리 부여	–	–	–	–
고의성이 짙은 위법행위 – 레슬러	6-7	실격; 팀 점수 1점 감점; 잔여경기 제외[c]; 상대에게 승리 부여	–	–	–	–
기관 대표		팀 점수 1점 감점; 잔여경기 제외[c]				
매트지역의 컨트롤	4-13	경고	경고	팀 점수 1점 감점	팀 점수 2점 감점	팀 점수 2점 감점; 잔여경기 제외[c]
레퍼리 항의[d]	4-15 8-5-h					
피부, 외부에 금지된 물질이나 유니폼 혹은 장비 착용	6-8	참가자의 남은 인저리 타임에 제거 혹은 교정되지 않으면 실격[e]	–	–	–	–
탈수 금지 위반	3-5	다음 수분보충 시까지 경기출장 정지	시즌 내내 경기출장 정지	–	–	–
연습 바이얼레이션 – 연습 – 실내온도	3-7	다음 조건 충족 시까지 경기출장 정지	시즌 내내 경기출장 정지	–	–	–
심판진의 흡연	8-9	경기 행정요원에게 보고	–	–	–	–
피부 전염병	3-9	실격	–	–	–	–

* 부당한 방법으로 시작하기와 올바르지 못한 시작자세를 취하는 것을 제외한 네 가지 반칙 행위들의 조합은 실격 처리될 것이다. 참가자들은 바이얼레이션, 위법적 잡기, 불필요한 거친 행위, 비신사적 행위, 또는 부정 경기로 인해 실격처리 되었다 하더라도 나머지 경기에서 제외되지는 않는다(예외규정은 4-22-d 참조). 고의성 짙은 위법행위로 실격처리 된 참가자들은 더 이상 경기에 참여할 수 없게 되며, 획득한 점수와 등수 모두를 박탈당하게 된다. 4-22-d 참조.

[a] 불필요한 거친 행위, 테크니컬 바이얼레이션, 그리고 위법적 잡기의 경우, 공격 포인트 외 추가 점수가 부여된다.

[b] 코치, 운동트레이너, 매니저, 그리고 의료진에게 부여되는 페널티는 경기 혹은 토너먼트 기간 동안 누적된다. 참가자의 경우, 페널티는 한 경기에서만 누적된다. 페널티는 기관별로 누적된다.

[c] 잔여 경기에서 제외한다는 것은 해당 반칙이 일어난 후의 나머지 경기 모두를 의미한다. 이것은 하루가 될 수도 있고 여러 날이 될 수도 있다.

[d] 레퍼리 항의는 각 경기마다 해당 기관에 누적된다.

[e] 심판은 도구 및 장비 혹은 유니폼 착용의 교정이 필요하다고 판단되면, 공식적인 타임아웃을 선언할 수 있다.

테크니컬 바이얼레이션 요약

고의적인 시간지연(6-11)	레슬링 영역 내에서 도망 다니기(6-15)
시간 지연(6-11-g)-(시간 지연 조항)	타월로 몸 닦기(6-16)
양손을 맞잡고 조르기(6-12)	옷 잡기 등(6-17)
피겨-포 시저스(6-13)	부정 시작(6-18)
허락 없이 매트를 떠나는 행위(6-14)	잘못된 시작 자세(6-19)

세를 취한 선수는 2라운드에서 30초 동안 공격(위) 자세를 취하게 된다.

폴에 가까운 상태로 3점을 획득한 상태에서 수비선수가 부상을 입거나 출혈이 발생하면, 폴에 가까운 상태로 인정하여 4점이 주어진다.

대학부 경기에서는 상대방 위에 올라타 제압하면서 1분 혹은 그 이상의 시간을 보내게 되면, 타임 어드밴티지(time advantage)가 적용되어 최대 1점이 주어진다.

대학부와 고등부 경기에서 양쪽 레크리러들이 매트를 벗어나게 되면, 주심은 그들을 매트 중앙으로 이동시킨 후, 이전 자세에서 공격을 하고 있던 선수를 위에 놓고 경기를 재개시킨다. 만일 이동 전, 공격 주도권이 어느 선수에게도 없었다면 중립자세로 경기를 재개한다.

고등부와 대학부 경기의 점수제

관련 용어 해설

폴(fall) 폴은 경기가 끝나는 것을 의미하며 양쪽 어깨나 견갑골이 매트에 접촉된 상태가 1초(대학부) 혹은 2초(고등부) 동안 유지되었을 때 발생한다. 폴을 이끌어낸 선수가 그 경기의 승자가 된다.

테크니컬 폴(technical fall) 테크니컬 폴 역시 경기 종료를 의미하며 상대선수와의 점수 차가 15점이 되었을 때 선언된다.

메이저 디시전(major decision) 메이저 디시전은 팀 점수제로, 3라운드가 종료되었을 때 승리한 선수의 점수가 상대선수의 점수보다 8점에서 14점이 많을 때 적용된다.

판정(decision) 판정은 점수 차가 8점 미만일 때 적용된다.

기권(default) 기권은 한 선수가 어떤 이유로 더 이상 경기를 진행할 수 없을 때 적용된다.

실격(disqualification) 실격은 한 선수가 페널티 표에 나와 있는 특정 행위를 범하여 경기 참여 자격을 상실할 때 적용된다.

몰수패(forfeit) 한 선수가 어떤 이유로 경기장에 나타나지 않은 경우에는 몰수패로 인정되어 상대선수에게 승리가 돌아간다.

메디컬 경기중지(medical forfeit) 메디컬 경기중지는 닥터 스톱(doctor stop)이라고도 하며, 한 선수가 경기 중에 부상이나 질병으로 인해 더 이상 경기 진행이 불가능하다고 의료진이 판단했을 때 선언된다.

폴이 일어나지 않은 경기의 점수제

1. 상대방을 선 자세에서 매트로 넘어뜨리게 되면 2점이 주어진다.
2. 매트에서의 수비자세로부터 탈출(escape)에 성공하면 1점이 주어진다.
3. 매트에서의 수비 자세를 역전시키면 2점이 주어진다.
4. 공격중인 선수가 상대선수를 제압하여 폴에 가까운 상황을 만드는 과정에서, 이러한 공격 자세를 2초간 유지하게 되면 2점이 그리고 5초간 유지하면 3점이 각각 주어진다.
5. 상대선수를 위에서 누르면서 1분 혹은 그 이상이 경과되면, 타임 어드밴티지를 적용하여 1점이 주어진다. 타임 어드밴티지의 최대 점수는 1점이다.

팀 점수제

팀 간의 경기에서는 다음과 같이 개인전 결과에 따른 팀 점수제가 적용된다.

1. 폴(양쪽 어깨가 매트에 접촉하여 2초[고등부] 혹은 1초[대학부]가 경과한 경우)의 경우, 6점이 주어진다.
2. 판정
   a. 점수 차가 15점일(테크니컬 폴) 때, 5점이 주어진다.
   b. 점수 차가 8점에서 14점 사이일(메이저 디시전)

때, 4점이 주어진다.

　　c. 점수 차가 8점 미만일 때, 3점이 주어진다.

3. 몰수 경기로 승리했을 때, 6점이 주어진다.

4. 기권승일 때, 6점이 주어진다.

5. 실격으로 승리했을 때, 6점이 주어진다.

　미국식 포크스타일 레슬링은 참여 수준이 매우 다양하고 관련 조직들이 너무 많기 때문에 매년 경기 규칙, 점수제, 그리고 체급분류 등에 대한 수정 보완이 이루어지고 있다. 따라서 이 교재를 사용하는 학습자는 반드시 NCAA, 전미고등학교체육협회, 그리고 USA 레슬링의 최신 규정집과 안내책자를 참고하는 것이 좋다.

잡기관련 반칙

반칙으로 간주되는 잡기 형태에는 90도 이상의 각도로 하는 해머록(hammerlock: 상대방의 팔을 등 쪽으로 감아서 꺾는 행위 – 역자 주), 트위스트 해머록(twisting hammerlock: 해머록 동작에서 비틀기를 수행하는 행위 – 역자 주), 프론트 헤드록(front headlock: 상대방의 목을 양팔로 옆구리에 끼고 죄는 행위 – 역자 주), 스트레이트 헤드 시저스(straight head scissors: 두 다리 사이에 상대방의 얼굴을 끼워 죄는 행위 – 역자 주), 풀 넬슨(full nelson: 두 팔을 상대방의 양쪽 겨드랑이 밑에 집어넣고 목이나 뒷머리를 내리누르는 행위 – 역자 주), 스트랭글 홀드(strangle holds: 목 조르기 – 역자 주), 올 바디 슬램(all body slam: 상대를 높이 들어 올렸다가 매트에 메치는 행위 – 역자 주), 토우 홀드(toe holds: 상대편의 다리를 잡고 굽히는 과정에서 발목을 꺾거나 비트는 행위 – 역자 주), 트위스팅 니 록(twisting knee lock: 무릎을 상대편의 몸에 끼워서 상대편을 꼼짝 못하게 하거나 비트는 행위 – 역자 주), 키 록(key lock), 오버헤드 더블-암 바(overhead double-arm bar: 양팔을

머리 위에서 과도하게 꺾는 행위 – 역자 주), 벤딩(bending), 트위스팅(twisting), 머리나 팔 다리의 동작 가동범위를 넘어서는 과도한 기술, 중립자세에서 양손을 뒤로 잡은 상태로 더블-암 바를 수행, 뒤로 선 자세에서 수행하는 모든 플레이, 그리고 보복행위로서의 잡기 등이 있다. 이러한 위법성 잡기는 심판의 신호에 의해 구분된다. 도해 6.3에 나와 있는 심판 신호체계를 참고해보자.

기초기술 및 테크닉

이곳에서의 설명은 한쪽 방향에서만 이루어지고 있다. 그러나 테크닉에 대한 모든 설명은 좌-우 혹은 우-좌 등 방향을 바꿔서 적용할 수 있다.

레슬링 포지션

중립 자세

레슬러들은 중립자세(neutral position)로 1라운드를 시작한다. 이때 한 선수의 한쪽 발은 반드시 초록색 시작 라인 위에 위치해야 하고, 상대선수의 한쪽 발은 붉은색 시작 라인에 놓여있어야 한다 (도해 6.1). 각 선수의 반대쪽 발은 시작 라인의 연장선상에 나란히 놓거나 뒤쪽에 놓아야 한다. 그런 다음, 양 선수는 서로 다가가 악수를 한 후 주심의 호각소리와 함께 경기를 시작한다. 시각장애를 가진 레슬러들의 경기에서는 서로 손가락을 접촉한 상태로 중립자세를 취하고 경기 내내 이러한 자세를 유지한다.

매트에서의 시작 자세(레퍼리 포지션)

　수비 자세. 수비를 해야 하는 레슬러는 양손을 매트 중앙에 놓고 무릎을 꿇는다. 이때 수비 자세를 취하는 선수는 양쪽 무릎 모두 매트에 닿아 있어야 하며 어깨

도해 6.3. 레슬링 심판의 신호.

너비보다 더 넓게 벌리면 안 된다. 무릎을 꿇은 자세에서 다리는 평행이 되어야 하고 발가락은 바깥으로 나가면 안 될 뿐만 아니라, 밑으로 접혀 들어가서도 안 된다. 손바닥 역시 매트에 접촉해 있어야 하며 무릎 앞쪽으로 12인치(30cm) 이내에 위치해야 한다 (도해 6.4).

공격 자세. 공격권을 가진 레슬러는 양쪽 혹은 한쪽 무릎을 매트에 대고 같은 쪽 발을 수비선수의 옆에 놓은 상태로, 머리를 수비선수의 등 중앙선상 위에 위치

시킨다. (오른쪽 혹은 왼쪽) 손바닥을 수비선수의 허리라인 선상에 있는 배꼽 부위에 가볍게 갖다 대고, 반대쪽(오른쪽 혹은 왼쪽) 손바닥으로는 수비선수의 팔꿈치 뒷면을 느슨하게 잡는다. 이때 공격자의 무릎과 다리는 인접한 수비선수의 다리와 접촉되지 말아야 하며 수비선수의 발과 나란히 위치하거나 앞쪽에 있어야 한다.

선택적 공격 자세. 공격권을 가진 레슬러는 공격 자세에 대한 선택을 할 수 있는데 양발, 한발, 혹은 양

도해 6.4. 무릎을 꿇은 기본적인 시작자세.

무릎으로 체중을 지지한 채 수비선수의 옆 혹은 뒤에 위치할 수 있다. 이때 공격자는 양손을 수비선수의 등에 올려놓아야 한다. 공격자의 손만이 수비선수의 등과 접촉할 수 있다. 수비선수는 앞에서 설명한 수비자세를 취하고 있어야 한다 (도해 6.5).

레슬링 목표

공격

1. 테이크다운(takedown): 상대선수를 매트에 넘어뜨림.
2. 컨트롤(controlling): 매트 위에서 상대선수를 제압.
3. 브레이크(breaking): 상대선수를 매트에 넘어뜨리면서 균형을 잃게 만듦.
4. 피닝(pinning): 상대선수의 어깨 견갑골 부위를 매트에 닿도록 하여 2초간 유지.

수비

1. 리버스 포지션(reverse position): 수비 자세에서 공격 자세로 바꾸는 것.
2. 이스케이프(escaping): 수비 자세에서 상대 공격수로부터 잡혀 있다가 탈출하는 것.

테이크다운 기술

테이크다운을 위한 유리한 기회를 잡기 위해, 레슬러는 좌우로 움직이면서 상대방을 압박하는 다양한 형태의 셋업을 사용할 수 있다. 시선은 앞을 보고 있더라도, 후방에서 일어나는 상대방의 모든 움직임을 감지할 수 있도록 뒤쪽에도 신경을 써야 한다. 상대방을 압박하는 방법의 예로, 오른손으로 상대방의 머리 뒤쪽을 감싸 쥐면서 동시에 왼손을 상대방의 이두근(bicep)에 갖다놓는다. 이 상태에서 오른손을 당기면서 왼손을 밀어준다. 셋업이란 상대방을 테이크다운 시키는데 필요한 모든 움직임이나 동작을 의미한다.

페니트레이션 스텝(penetration step)은 테이크다운을 위한 시작단계로 상대방을 넘어뜨리기 위해 아래로 파고들어가는 기술로 다양한 방법들이 있다. 공격자는 무릎을 굽혀 허리를 숙인 상태로 균형을 잘 유

도해 6.5. 선택적 공격 시작자세.

지하면서 상대방의 허벅지 뒷면을 잡아 가능한 멀리 밀어낸다. 이때 머리는 세우고 양팔은 몸 쪽으로 당겨 준다. 공격자는 자신의 힙을 상대방에게 가까이 가져 가는데 집중해야 한다.

덕 언더. 덕 언더(duck under) 기술을 위해 공격자는 선 자세에서 자신의 오른쪽 무릎을 내리면서, 왼손으로 상대선수의 오른쪽 팔꿈치를 잡고 팔을 위로 들어올린다. 상대선수의 다리 한쪽 혹은 양쪽 모두를 잡으면서 균형을 잃도록 만든다.

상대선수의 저항. 수비를 하고 있는 레슬러는 무릎을 내리고 뒤로 물러서면서 공격자의 머리를 매트 쪽으로 밀어내려고 할 것이다.

팔 당기면서 뒤로 가기. 이 기술(arm drag and go-behind)은 선 자세에서 시작한다. 이 기술의 목표는 선 자세에서 상대방의 뒤쪽을 차지하는 것이다. 오른손으로 상대선수의 왼쪽 손목을 잡은 다음, 왼손으로 상대방의 왼쪽 팔꿈치 위쪽 팔을 잡은 상태에서 상대방의 몸이 어느 정도 돌아갈 때까지 양손을 왼쪽으로

당긴다. 그런 다음, 오른손이 상대방의 허리 부위를 타고 내려오면서 오른발을 상대방의 뒤쪽에 내딛는다. 마지막으로 상대방의 허리를 양손으로 감싸 쥔다 (도해 6.6).

상대선수의 저항. 수비선수는 공격자가 팔을 당기려 할 때, 정면을 바라보면서 계속 저항할 것이다.

발목 당겨 메치기. 이 기술(drop with leg trip)의 목표는 상대선수의 뒤쪽에서 매트에 내치는 것이다. 양손으로 상대선수의 허리를 감싸 쥐고 머리는 상대방의 왼쪽 힙에 놓는다. 이 자세에서 왼쪽 무릎을 내리면서 왼손으로 상대방의 왼쪽 발목을 잡는다. 이때 공격자의 오른쪽 다리는 상대선수의 오른쪽 다리 앞에 놓여 있어야 한다. 그런 다음, 공격자는 상대선수의 발목을 잡아당기면서, 오른쪽 어깨로 상대방의 엉덩이를 밀어붙인다.

상대선수의 저항. 움츠린 몸을 펴면서 상대방의 손을 뿌리치려고 할 것이다.

어깨에 들어 올려 다리 잡아 넘어뜨리기. 이 기술(high-

도해 6.6. 팔 당기면서 뒤로 가기.

도해 6.7. 하이 - 크로치 포지션.

crotch to single-leg takedown)은 타이-업 자세(tie-up position: 한 손으로 상대선수의 머리를 감싸 쥐고 반

대쪽 손으로 상대의 이두근을 잡은 자세 – 역자 주)에서 상대방의 팔꿈치를 들어올림과 동시에 안쪽으로 파고 들어간다. 일단 가까이 접근했다면, 공격자는 자신의 머리와 어깨를 상대선수의 왼쪽 팔 아래로 빼내고, 동시에 오른팔을 상대의 다리 사이로 넣으면서 등쪽으로 뻗어 올린다. 그리고 왼손으로 상대선수의 오른손을 잡아당겨 올린다. 이것이 바로 하이-크로치(high-crotch) 자세이다 (도해 6.7). 이 자세의 경우, 공격자는 자신의 오른쪽 무릎을 매트로 내림과 동시에 상대선수의 왼쪽 다리를 아래로 떨어뜨리면서 싱글-레그 테이크다운(single-leg takedown)을 수행한다. 공격자는 상대선수의 왼쪽 다리와 발을 당기면서 동시에 어깨로 밀어붙여 상대를 뒤쪽으로 넘어뜨리는 테이크다운을 성공시킬 수 있다 (도해 6.8).

상대선수의 저항. 수비선수는 들어 올려지지 않으려고 자신의 한쪽 다리를 공격자의 양쪽 다리 사이에 놓고 버틸 것이다.

파이어맨즈 테이크다운. 파이어맨즈 테이크다운

도해 6.8. 싱글 - 레그 테이크다운.

(fireman's takedown) 기술은 칼라-바이셉 타이-업 (collar-biceps tie-up: 한 손을 상대선수의 목 앞쪽에 대고, 반대쪽 손으로 상대의 이두근을 잡는 자세 – 역자 주)자세에서 상대방의 이두근을 잡고 있는 왼손을 삼두근(triceps) 부위로 이동시킨다. 공격자는 자신의 오른발을 상대선수의 양발 사이에 집어넣으면서 왼쪽 무릎을 아래로 떨어뜨린다. 그런 다음, 머리를 상대선수의 오른팔 아래로 빼내면서 상대를 아래로 끌어당긴다 (도해 6.9). 그리고 나서, 상대선수의 목에 있던 오른손을 내려 상대의 다리 사이에 끼워 넣어 등 쪽으로 뻗어 올린다. 다음으로, 공격자는 자신의 왼쪽 힙을 매트로 내리면서 왼손 혹은 왼팔로 상대선수를 아래로 당기고, 동시에 오른팔로 상대를 들어올린다. 마지막으로, 공격자는 머리를 바깥쪽으로 향하게 하고, 오른팔이 상대선수의 몸을 가로지르게 하여 상대의 어깨 아래쪽에서 오른손으로 잡을 수 있도록 한다 (도해 6.10).

상대선수의 저항. 수비선수는 (공격자에게 삼두근 부위를 잡힌) 자신의 오른팔을 뿌리치려 할 것이고, 매트로부터 들어 올려지지 않기 위해 얼굴을 앞뒤로

움직이면서 자신의 왼팔을 공격자 몸 중심 아래나 다리 사이에 놓으려 할 것이다.

브레이크다운과 라이드

브레이크다운과 라이드(breakdowns and rides)에서 브레이크다운이란 시작 자세에서 레슬러의 손과 무릎이 매트에 닿는 것을 의미한다. 이 상태에서는 몸의 중심(center of gravity)이 낮고 기저면이 4개이기 때문에 상대선수를 브레이크다운 시킨다는 것은 어려운 일이다. 이 기술의 핵심은 상대선수의 기저면 중 하나를 빼앗는 것이다.

팔 당겨 허리에 잠그기. 이 기술(bar arm and waist lock)은 시작 자세에서 상대방의 팔을 잡아당기면서 매트 쪽으로 밀어붙이는데, 이때 팔은 상대의 허리부위에서 잡아당긴다 (도해 6.11).

상대선수의 저항. 팔이 잠겼을 때, 아래에 있던 수비선수는 공격자를 향해 구르려고 할 것이다. 그러고 나서, 수비 선수는 자유로운 왼팔로 공격자의 팔을 감싸 쥐려고 할 것이며 동시에 공격자의 허리를 잡으면서 빠져나오려고 할 것이다.

도해 6.9. 파이어맨즈 테이크다운—시작 동작.

도해 6.10. 파이어맨즈 테이크다운-완성 단계.

반대 팔과 발목 잡아 넘기기. 이 기술(far ankle and far arm)의 목표는 상대선수의 아래로 재빨리 파고들어 상대의 팔꿈치 위쪽 팔을 잡는데 있다. 팔을 잡았으면, 그것을 자신에게로 당기고, 동시에 반대 손으로 상대의 발목을 잡는다. 그런 다음, 상대방을 신체 지렛대 원리를 이용하여 한쪽으로 넘긴다 (도해 6.12).

상대선수의 저항. 이 기술에 대항하는 최선책으로, 수비선수는 자신의 오른팔을 바깥쪽으로 뿌리치려 할 것이다(반대쪽의 경우, 왼팔).

그레이프바인 앤 암 바. 이 기술(grapevine and arm bar)은 위쪽에 위치한 공격선수의 움직임이 매우 빨라야만 성공할 수 있다. 공격수는 재빨리 수비선수의 뒤쪽으로 이동하여 자신의 오른발을 수비선수의 팔과 다리에 끼워 넣어 감싼다. 그런 다음, 공격자는 자신의 몸이 수비수를 가로지르게 하여 놓는다. 이 자세에서 공격자는 아래의 수비선수의 팔을 잡는다.

상대선수의 저항. 수비선수는 공격수의 의도를 예상하고 발이 자신의 팔과 다리 사이로 들어오지 않도록 저항할 것이다. 그럼에도 불구하고 공격수의 발이 들어오면, 수비선수는 공격자가 원하는 것보다 더 많

도해 6.11. 팔 당겨 허리에 잠그기.

도해 6.12. 반대 팔과 발목 잡아 넘기기.

이 들어오도록 할 것이다 (도해 6.13).

그레이프바인 앤 바 넬슨. 그레이프바인 앤 바 넬슨 (grapevine and bar nelson)은 앞에서 설명한 그레이 프바인 기술을 수행하면서, 오른쪽 전완을 상대선수 의 목 뒤쪽에 위치시키고, 왼팔을 상대의 왼팔 아래쪽 에서 밀면서 양손을 잠근다(bar nelson: 바 넬슨).

그레이프바인 앤 하프 넬슨. 그레이프바인 앤 하프 넬 슨(grapevine and half nelson)에서는 앞에서 설명한 그레이프 바인 기술을 수행하면서 왼팔을 수비선수의

왼팔 아래쪽으로 가져가 전완이 상대의 목 뒤쪽에 오 도록 한다(half nelson: 하프 넬슨).

스파이럴 브레이크다운. 스파이럴 브레이크다운 (spiral breakdown)을 위해 공격자는 자신의 오른손 을 아래의 수비선수의 오른쪽 허벅지 안쪽으로 넣은 후 바깥쪽으로 파고든다. 또한, 공격자는 왼쪽 전완을 수비선수의 왼쪽 전완 뒤쪽으로 가져가 전방으로 밀 어낸다. 동시에, 공격자는 시계방향으로 회전한다.

도해 6.13. 그레이프바인 앤 암 바.

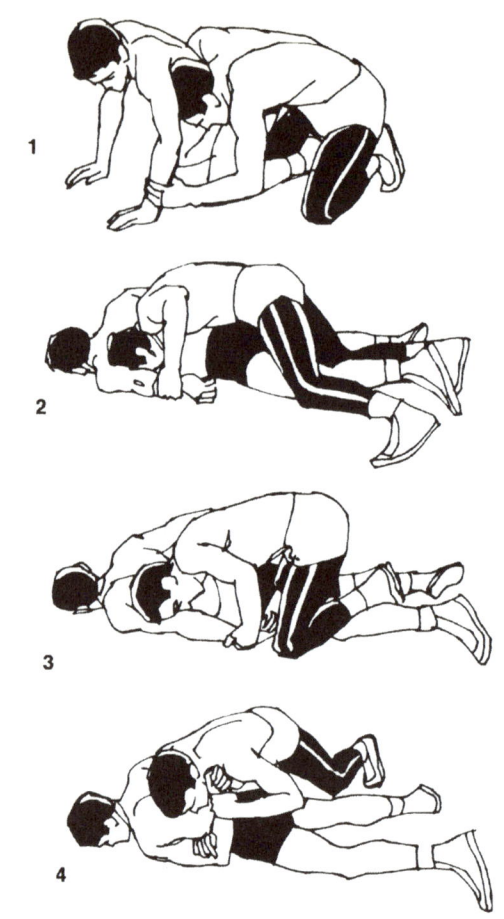

도해 6.14. 헤드 프라이 앤 니어 암.

헤드 프라이 앤 니어 암. 이 브레이크다운 기술(head pry and near arm)을 수행하기 위해 공격자는 먼저 자신의 오른쪽 무릎을 아래의 수비선수의 다리 사이로 가져간다. 그런 다음, 왼손으로 수비선수의 팔을 타고 손목까지 미끄러져 내려간다. 아래에 위치한 수비선수의 옆에서 팔을 들어 올리는 동안, 공격자는 자신의 머리를 수비선수의 팔 뒤쪽에 놓으면서 압박을 가한다. 이 압박은 오른쪽 허벅지가 전방으로 가하는 압박과 함께 수비선수를 매트로 내몰게 된다 (도해 6.14).

상대선수의 저항. 아래에 위치한 수비 선수는 공격자의 손이 자신의 팔꿈치에서 손목으로 이동할 때 팔을 앞쪽으로 당기려고 할 것이다.

탈출과 역공(Escapes and reversals)

일어서기. 일어서기(stand-up)를 위해 수비자세의 레슬러는 양손으로 매트를 밀쳐내고, 팔꿈치를 뒤로 그리고 상대 공격수의 갈비뼈 쪽으로 가져가면서, 머리와 상체를 들어 한쪽 발을 밖으로 빼낸다. 이 상태에서 레슬러는 매트 뒤쪽에 남아있는 발과 다리로 지지하게 되는데, 이때 상대공격수가 발목을 잡거나 다리를 걸지 못하도록 유의해야 한다. 다음으로, 수비선수는 상대방의 양손을 잡아당겨 양쪽으로 벌려주면서 등을 사용하여 뒤로 밀어붙인다. 상대방은 이러한 동작에 저항하려고(이 저항은 수비 레슬러가 일어서도록 도와줌) 하거나 뒤로 밀려나가게 된다. 마지막으로, 양 선수 모두 선 자세가 되었을 때, 수비 자세였던 선수는 상대방의 손을 계속해서 잡아당기면서 몸을 돌려 마주본다 (도해 6.15).

상대선수의 저항 – 반대쪽 발목잡기(far-ankle pick-up). 공격자는 수비선수의 손목에 감싸있던 팔을 뿌리치면서 수비선수의 발목을 잡고 들려할 것이다 (도해 6.16).

상대선수의 저항 – 누르기(forward jam). 공격자는 레퍼리 포지션을 유지하면서 수비선수가 일어서지 못하도록 위에서 눌러 꼼짝 못하도록 할 것이다 (도해 6.17).

상대선수의 저항 – 발목잡기(near-ankle pick-up). 레퍼리 포지션에서 공격자는 가까운 쪽의 팔을 뒤로 내어 수비선수의 발목부위를 잡고 들어 올리려 할 것이다 (도해 6.18).

상대선수의 저항 – 상체잡고 앞으로 걸어 넘어뜨리기(body lock and forward trip). 만일 수비선수가 일어섰다면, 공격자는 양손으로 수비선수의 허리를 단단히 감싸 쥐고, 한발을 수비선수의 한쪽 발 앞쪽으로 내어 끼운 후 앞으로 밀어붙여, 수비선수로 하여금 발을 헛디뎌 매트로 넘어지게 할 것이다 (도해 6.19).

앉아서 나오기. 앉아서 나오기(sit out)에서는 먼저 오른발을 앞으로 내민다. 그런 다음, 왼발을 전방 바깥쪽으로 차낸다. 이 상태에서 (도해 6.20, 2) 수비선수는 허리를 감싸고 있는 공격자로부터 벗어나기 위해 오른쪽 팔꿈치로 밀어내고, 동시에 왼팔을 앞으로 강하게 스윙하면서 (오른쪽으로) 몸을 돌리거나 회전한다 (도해 6.20에서 묘사된 것처럼).

상대선수의 저항. 공격자는 수비선수가 왼쪽 다리를 차려고 할 때, 왼팔을 아래로 누르면서 제압하려 할 것이다.

스위치. 스위치(switch)는 수비선수가 자신의 오른손을 왼손 너머로 교차시키면서 시작된다(레퍼리 포지션이 오른쪽인 경우). 그리고 나서, 체중을 왼발에 놓는다. 이 상태에서 오른발을 앞쪽으로 그리고 왼쪽

으로 찬다. 힙이 매트에서 계속해서 떨어져 있도록 해야 한다. 수비선수는 자신의 왼팔을 공격자의 왼팔위로 뻗어 왼쪽 허벅지를 안쪽으로부터 잡는다. 그런 다음, 뒤로 기울면서 상대 공격자의 어깨를 누른다. 이제 오른발을 피벗하면서 공격자의 허리를 감싸 쥔다 (도해 6.21).

상대선수의 저항. 수비선수가 발을 찬 직후 피벗을 시도할 때, 공격자는 상대의 오른팔을 무너뜨리려 할 것이다.

옆으로 구르기. 옆으로 구르기(side roll)에서 수비자세의 레슬러는 공격자의 오른팔을 잡아 몸에 밀착시키면서 오른쪽 손목을 잠근 다음, 상대선수를 자신의 몸 너머 아래쪽으로 구르게 하거나, 또는 상대방의 오른팔을 양 다리 사이에서 잡는다(crotch hold: 크로치 홀드). 도해 6.22를 참조해보자.

피닝 홀드(Pinning holds)

파사이드-롤 투 리버스 넬슨 앤 크래들. 이 동작 (farside-roll to reverse nelson and cradle)은 레퍼리 포지션에서 시작된다. 수비자세의 레슬러는 왼쪽 다리를 펴고, 동시에 위쪽에 있는 공격자의 (오른쪽)손목을 잡는다. 그런 다음, 수비선수는 오른쪽 다리를 왼쪽으로 가져와 오른쪽 어깨에 떨어뜨리면서 공격자의 몸 위로 구른다. 공격자의 우측면이 매트에 닿을 때, 수비선수는 얼굴을 돌려 상대방을 바라본다 (도해 6.22, 4). 이제 수비선수는 자신의 왼팔을 공격자의 오른쪽 어깨 위에 올려놓고 상대편의 뒤통수에 팔을 돌려 목을 조르는 기술인 하프넬슨을 시도한다. 마지막으로, 수비선수는 자신의 오른팔을 상대공격자의 양 다리 사이에 집어넣어 왼쪽 다리를 들어 올린 다음, 양손을 잠근다. 이렇게 상대공격자의 양손과 팔을 다리와 머리 주변에서 감싸면서 잠그는 동작을 크래들(cradle)이라고 한다.

암 바 앤 하프 넬슨. 암 바 앤 하프 넬슨(arm bar and

도해 6.17. 누르기.

도해 6.19. 상체잡고 앞
으로 걸어 넘어뜨리기.

도해 6.18. 발목 잡기.

도해 6.15. 일어서기.

도해 6.16. 반대쪽 발목 잡기.

도해 6.20. 앉아서 나오기와 돌리기.

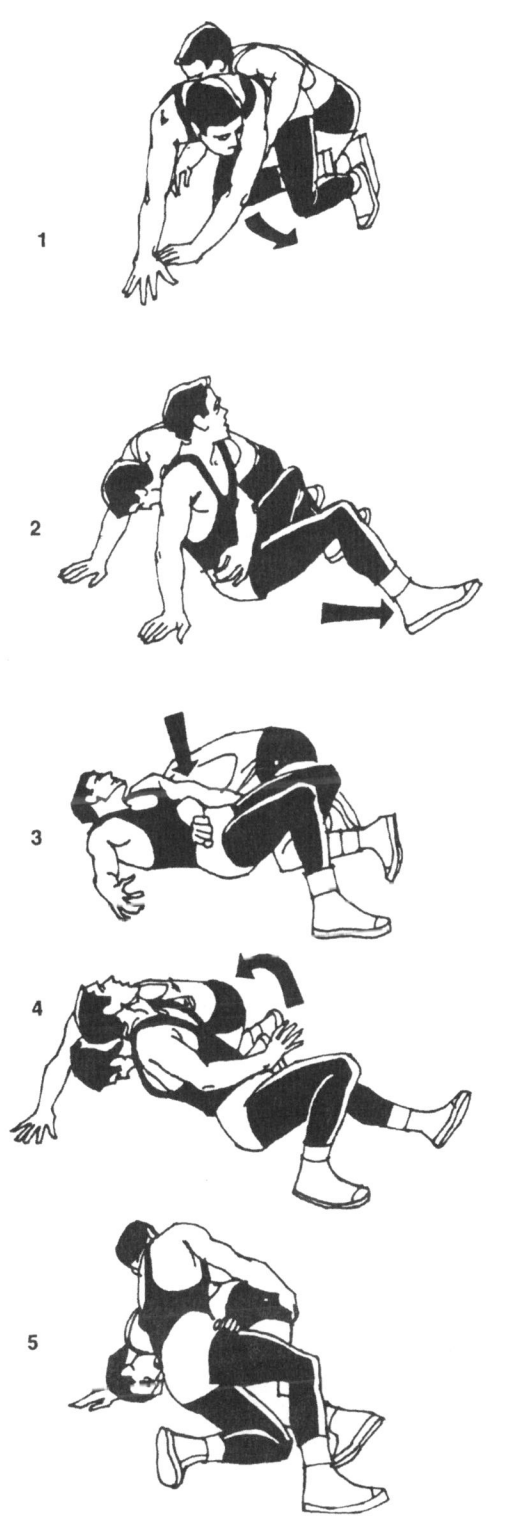

도해 6.21. 스위치.

도해 6.22. 옆으로 구르기.

half nelson)의 경우, 위에서 공격하는 선수는 앞에서 설명한 니어-암 브레이크다운(near-arm breakdown: 수비선수의 등 뒤에 붙어서 몸통과 한쪽 팔을 잡고 누르는 기술 – 역자 주)을 수행하고 있다. 그런 다음, 왼손을 들어 아래쪽의 수비선수 등에 올려놓는다. 오른손으로 오른쪽으로 최대한 움직이면서 하프 넬슨을 시도한다. 그리고 무릎을 축으로 시계반대방향으로 회전하면서 수비선수를 돌려 등이 매트에 닿게 한다.

이러한 연속동작을 '치킨 윙(chicken wing)'이라고 한다 (도해 6.23).

쓰리-쿼터 넬슨. 이 동작(three-quarter nelson) 역시 레퍼리 포지션에서 시작된다. 위에서 공격하는 선수는 자신의 오른쪽 무릎을 아래쪽에서 수비하고 있는 선수 뒤에 놓는다. 그런 다음, 위쪽의 공격자는 아래쪽 수비선수의 허리에 올려놓은 오른팔을 떼어낸 다음, 오른손을 수비선수 아래로 뻗어 그 선수의 머리

뒤를 양손으로 감싸 쥔다. 다음으로, 공격자는 수비선수의 머리를 아래로 당기면서 왼쪽으로 방향을 튼다. 아래쪽의 수비선수가 계속 구르지 못하도록 공격자는 자시의 오른쪽 다리로 수비선수의 다리를 제압하고 있어야 한다 (도해 6.24).

하프 넬슨 앤 크로치 홀드. 하프 넬슨 앤 크로치 홀드 (half nelson and crotch hold)에서 공격자는 레퍼리 포지션에서 브레이크다운(breakdown)을 시도하면서

도해 6.23. 치킨 윙.

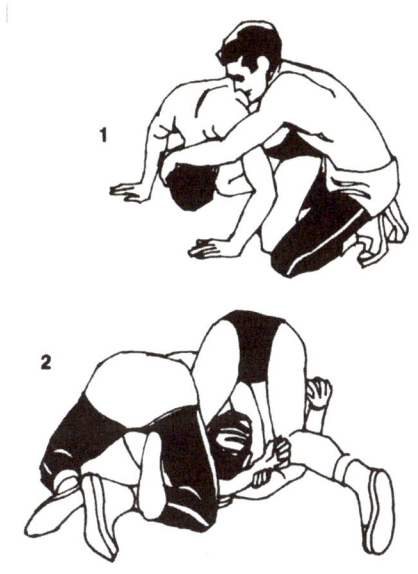

도해 6.24. 쓰라-쿼터 넬슨.

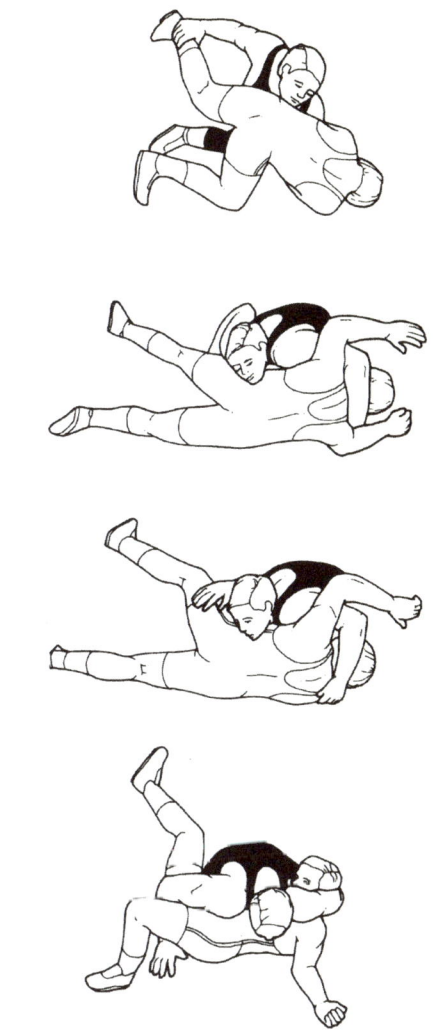

도해 6.25. 하프 넬슨 앤 크로치 홀드.

수비선수를 매트에 편평하게 눕힌다. 그런 다음, 공격자는 수비선수의 머리와 가장 가까이 있는 자신의 팔을 가까운 쪽의 상대 팔 아래쪽에서 머리 뒤로 가져가면서 하프 넬슨을 시도한다. 공격자는 반대쪽 팔로 수비선수의 위쪽 다리를 잡고 들어 올리면서 등이 매트에 닿도록 밀어붙인다. 공격자는 한 손으로 하프 넬슨 동작을, 그리고 다른 손으로는 안쪽에서 크로치 홀드(crotch hold: 상대방의 다리 가랑이를 껴안은 자세에서 내리누르는 동작 – 역자 주)를 계속해서 유지한다(도해 6.25).

　니어 크래들. 니어 크래들(near cradle) 기술의 설명을 위해 양 선수가 레퍼리 포지션을 취한 상태에서, 공격자는 수비선수의 왼쪽에 있다고 가정해보자. 이때 만일 아래쪽의 수비선수가 왼쪽 무릎을 매트에서 떼어내면서 일어서려고 한다면, 위쪽의 공격자는 아래의 수비선수 허리를 감싸고 있던 오른팔을 풀어 상대의 왼쪽 무릎 뒤쪽에 갖다 놓아야 한다. 동시에, 공격자는 수비선수의 앞쪽으로 위치를 이동하면서 자신의 왼팔을 수비선수의 왼쪽 팔꿈치에서 머리를 감싸 쥘 수 있는 위치로 이동시킨 후, 자신의 가슴 아래에서 상대의 머리를 조여준다. 공격자는 양손을 함께 당기면서 상대방을 오른쪽으로 그리고 앞쪽으로 밀어붙이는 동작을 통해 상대선수를 피닝 포지션(pinning position)에 몰아넣을 수 있어야 한다(도해 6.26).

　길로틴. 이 동작(guillotine)은 무릎을 꿇고 앉은 자세나 레퍼리 포지션에서 시작할 수 있다. 수비선수의 등을 가로질러 올라탄 자세에서 공격자는 아래의 수비선수 몸 너머로 뻗으면서 자신의 오른손을 매트 위에 놓고 지탱한다. 그런 다음, 공격자는 자신의 왼손으로 수비선수의 왼쪽 손목을 잡는다. 그리고 나서, 공격자는 수비선수의 왼팔을 들어 머리 너머로 넘긴 다음, 매트로 내리면서 상대의 어깨를 매트에 밀착시킨다 (도해 6.27).

상대선수의 저항. 수비선수는 공격자가 왼팔을 들지 못하도록 저항할 것이다.

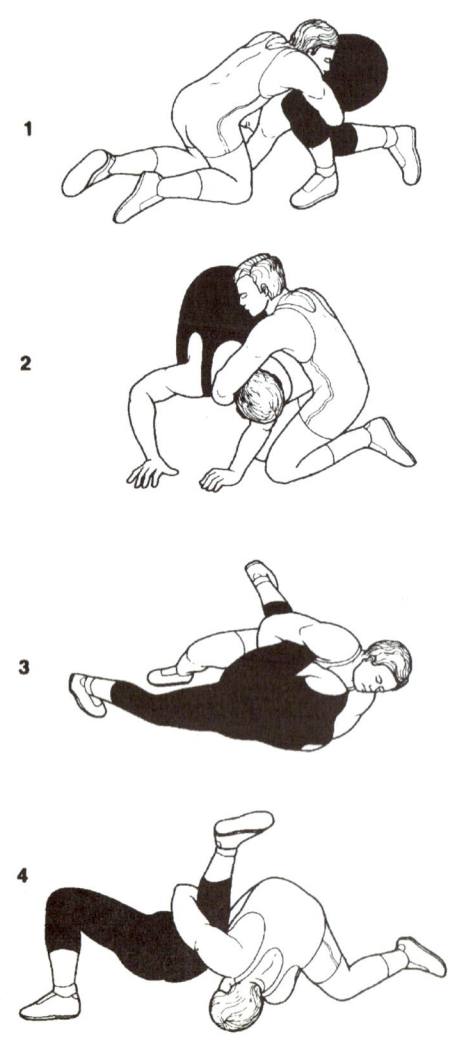

도해 6.26. 니어 크래들.

도해 6.27. 길로틴.

안전

레슬링 참여자의 안전을 위해 필요한 모든 예방책들을 마련해야 한다. 레슬링 규칙은 부상예방을 통해 더 안전한 경기를 펼치고 참여자들이 더 많은 것을 얻어갈 수 있도록 지속적으로 개정을 해오고 있다. 레슬러들은 슬램(slam), 헤드록(headlock), 헤드 시저스(head scissors), 트위스팅 니 록(twisting knee lock), 넥 렌치(neck wrench), 그리고 최근 규정집에 추가된 피겨-포 오버시저스(figure-four overscissors)와 같은 위법적인 잡기 기술의 사용에 관한 규칙들에 대해 지속적으로 모니터를 하고 정기적인 교육을 실시해야 한다. 지도자는 레슬링 수업 초반에 이러한 위법적인 잡기 기술들뿐만 아니라, 길로틴(guillotine), 치킨 윙(chicken wing), 전방에 서서 하는 헤드록(standing front headlock), 그리고 팔을 묶인 채 테이크다운(takedown with arms with tied up)을 당하는 것과 같이 경기 중 일어날 수 있는 위험 상황들에 대해 충분히 설명하고 시범을 보여야 한다.

통상적으로 레슬링 지도는 테이크다운에 사용되는 기술들을 먼저 가르치면서 시작한다. 정규 레슬링 경기는 중립자세에서 시작하기 때문에 지도 역시 스탠딩 테크닉을 먼저 가르치는 것이 당연한 일일 것이다. 그러나 레슬링 지도에 있어 간과하기 쉬운 안전 문제들 중 하나는 잘 알려진 바와 같이, 지도 초기에 일어나는 심각한 부상이며, 이것은 스탠딩 포지션에서 매트로 넘어질 때 주로 발생한다. 레슬링 상해의 주요 원인으로 자주 거론되는 것으로 부적절한 준비운동이 있다. 보통 사람들은 레슬링 경기의 시작이 스탠딩 포지션에서 이루어진다는 사실을 심각하게 받아들이지 않는다. 초보자의 경우, 경험 및 자신감 부족으로 인해 매트에 넘어질 때 몸이 경직되어 있기 때문에 부상을 당할 위험이 더 높다.

레슬링 기술을 지도하는 안전한 방법 중 하나는 전통적인 지도방법에서 벗어나 매트에 무릎을 꿇은 다운 포지션에서 지도하는 것이다. 이 방법이 효과적인 세 가지 이유는: (1) 참여자가 기초 기술을 수행하면서 자신감을 얻을 수 있는 기회가 생기고, (2) 참여자가 매트 감각을 어느 정도 익힐 수 있는 기회를 제공하며, 그리고 (3) 스탠딩 포지션에서 넘어질 때, (a) 상대선수 위에, (b) 매트 가장자리에, 또는 (c) 엉성한 자세로 넘어지면서 일어날 수 있는 부상의 발생 빈도를 줄일 수 있다.

적절한 지도와 위험요소를 가진 잡기 등을 금지하는 규칙들에 대한 교육 외에도, 다음에서 제시하고 있는 일반적 안전 제반 사항을 잘 지켜야 한다.

1. 레슬링 경기장 가까운 곳에 사용가능한 전화기를 비치해 둔다. 전화기 옆 눈에 잘 띄는 곳에 응급전화번호(119)를 붙여놓아야 한다.
2. 레슬링 경기장 근처에 응급장비가 잘 구비된 응급실이 구비돼 있어야 한다.
3. 사고 기록지가 레슬링 경기장 안에 비치되어 있어야 한다. 교사/코치는 사고 발생 후 24시간 내에 기록지를 자세히 작성해야 한다.
4. 훈련 전·후 각 레슬러의 체중을 기록하는 일일 기록지가 체중계 옆에 비치되어 있어야 한다. 각 레슬러의 체중에 대한 세심한 관리는 레슬러의 웰빙(well-being)을 유지하는 방법 중 하나이다.
5. 준비운동 없이 레슬링에 참여하는 것을 금한다. 새로운 잡기 기술을 연습할 때, 상대는 전력이 아닌 50% 정도의 수준으로 저항한다.
6. 2인 1조의 그룹을 만들 때에는 체중, 신장, 그리고 운동자질이 가능한 비슷한 참여자들끼리 한 조가 되도록 한다.
7. 매트 가장자리에 사람들을 두어 참여자가 매트로부터 바닥에 떨어지는 것을 막도록 한다.
8. 레슬러의 몸 상태를 점차적으로 향상시킨다.
9. 손톱과 발톱을 짧게 손질한다.
10. 참여자는 레슬링을 할 때, 반지나 다른 보석류 및

장신구를 착용하면 안 된다.

11. 참여자는 자신이 사용하는 모든 개인 장비를 항상 깨끗이 청소해야 한다.

12. 잡기 기술의 지도는 레퍼리 포지션에서 먼저 시작한다.

13. 모든 열상 혹은 찰과상은 즉시 치료되어야 한다.

14. 최소한 1년에 한번은 매트의 탄성 정도를 체크해야 한다.

혈액의 수혈을 통한 병원체의 전염을 막는 것을 포함한 전염병 예방수칙도 잘 따라야 한다.

1. 매트의 청결 및 소독 상태를 확인한다.

2. 레슬러들은 훈련이 끝날 때마다 비누로 몸을 깨끗이 씻고(온수 샤워), 개인 장비 및 옷가지들을 깨끗이 세탁한다. 이러한 습관은 피부감염 예방에 도움이 될 것이다.

3. 자주 사용하는 레슬링 매트는 매 수업이 끝난 후 소독을 실시해야 한다. 사용 빈도가 그리 높지 않은 매트의 경우에는 하루 일과를 마감하는 시점에 청소를 실시한다. 매트를 얼마나 자주 청소해야 하는지를 결정하는 중요한 요인으로는 사용 빈도, 온도 및 습도, 그리고 활동 유형 등이 있다.

4. 매트 소독에 권장되는 두 가지 소독제품으로는 OSHA (Occupational Safety and Health Adiminstration: 미국산업안전보건국)가 승인한 오-실소독제(O-Syl Disinfectant)와 암필소독제(Amphyl Disinfectant)가 있다. 이 두 가지 제품들은 모두 물을 섞어 사용해야 하며, 백스터 사이언티픽프로덕츠사(Baxter Scientific Products)로부터 구입이 가능하다. 네바다 주의 환경청(Nevada Department of Environmental Health and Safety)에서는 매트를 청소하고 소독하는데 세제 (예: 차아염소산나트륨 용액) 사용을 권장하고 있다.

5. 만일 일반 세제를 사용한다면, 반드시 1(세제): 9 (물)의 비율로 희석해서 사용해야 한다. 세제는 매일 새로 섞어주고 뿌리기 좋게 스프레이 병에 담아

둔다. 소독을 뿌린 후 수건으로 매트를 닦아주어야 한다. 오염된 수건은 적절한 절차에 의해 처리하거나 소독 처리해야 한다.

6. 매트 아래의 바닥을 청소하기 위해 매트를 정기적으로 떼어내야 한다. 떼어낸 매트는 양쪽 면 모두 청소를 하고 말린 후 원래의 자리에 놓는다. 어떠한 상황에서도 대걸레와 물통으로 매트를 청소하는 것은 삼가야 한다. 이것은 곰팡이나 다른 미생물들의 번식을 조장하는 일이다.

7. 혈액 처리는 먼저 종이 타월로 오염된 지역을 닦아내고, 새로운 종이 타월에 청소용 스프레이를 뿌리고 나서 1분 정도 기다린 다음, 그 지역을 다시 닦아낸 후 사용한 타월을 의료물질 전용 쓰레기통에 보관한다. 그러고 나서, 매트에 청소용 스프레이를 다시 뿌린 후 타월로 닦아내면서 말린다. 혈액과의 접촉 시에는 반드시 1회용 라텍스(고무) 장갑을 착용해야 한다.

8. 사람의 혈액과 체액은 모두 HIV, HBV, 또는 기타 혈액관련 전염 병원체를 가지고 있다고 생각하고 적절히 대처해야 한다(혈액관련 전염 병원체에 대한 소속기관의 규정과 대처방안 확인).

9. 매트 청소를 책임지고 있는 모든 사람들은 반드시 고무장갑과 눈과 호흡기를 보호하는 승인된 장비를 착용해야 한다.

10. 비록 HIV가 사람의 침을 통해서는 전염되지 않는다고 알려져 있지만, 마우스피스, 호흡 재생용 주머니, 그리고 다른 호흡관련 장비들을 비치하여 호흡관련 응급상황 시 구강 대 구강 호흡법의 대체수단으로 사용할 수 있도록 해야 한다.

레슬러 행동 강령

1. 올바른 생활을 한다. 먹는 것, 마시는 것, 그리고

파티를 조심한다. 자신의 체급에 적합한 체중을 지속적으로 유지한다. 자신의 이상적인 체력상태를 유지하기 위해 너무 부족하거나 과하지 않은 훈련을 실시한다. 충분한 휴식을 취한다. 운동을 방금 시작했다 하더라도 청결에 신경 쓴다.

2. **올바른 훈련을 실시한다.** 코치에게 도전하라. 훈련 일정을 세우고 그에 따른다. 항상 자신보다 나은 레슬러와 연습한다. 훈련 중 가끔은 다칠 수 있다는 점을 명심한다.

3. **보고 묻는다.** 레슬링을 하지 않을 때 아무 생각 없이 있지 않는다. 다른 참여자가 구사하는 새로운 기술을 찾도록 노력한다. 새로운 기술 수행 중간에 끼어들어 새로운 움직임에 대해 질문하고 배우도록 한다.

4. **준비한다.** 레슬링의 과학적 원리에 대해 안다. 레슬링의 모든 기술들을 알고 그것들에 대해 성공적으로 대응할 수 있어야 한다. 점수제를 이해한다. 페널티 시스템에 대해 알고 있어야 한다.

5. **레슬링을 한다.** 어떤 움직임을 펼칠 지 그리고 상대가 그것을 성공적으로 대응했을 때에는 또 어떻게 할 것인지를 미리 계획한다. 상대의 의도를 미리 알아차리도록 한다. 상대의 체중 중심을 보고 재빨리 움직이도록 한다.

6. **악수를 한다.** 승패와 상관없이 경기가 끝났을 때에는 예의를 표한다.

레슬링 기초 과학

교사나 코치는 무엇에 기초하여 훈련, 연습, 그리고 기술 분석에 대한 올바른 판단을 하는가? 이에 대한 해답은 운동생리학, 운동역학, 그리고 운동학습 이론에 의해서이다. 독자는 왜 이러한 과학적 이론들이 중요할까 하고 의문이 생길지도 모른다. 간단히 이야기하자면, 교사나 코치는 운동학습 이론을 통해 지도법, 시간, 빈도, 그리고 연습의 본질에 대한 올바른 판단을 내릴 수 있기 때문이다. 운동생리학 이론 역시 이들로 하여금 주어진 상황에 맞는 훈련 양과 유형에 대한 올바른 판단을 할 수 있게 한다. 또한, 운동역학 이론을 통해 교사나 코치는 적절한 테크닉을 선택할 수 있고, 운동수행에서 일어나는 잘못된 점의 원인을 밝혀낼 수 있다. 이들 과학적 이론들이 항상 해결책을 그 자리에서 바로 내주지는 못한다 하더라도, 최소한 해결의 실마리는 제공해 줄 수 있다.

역학적 원리

레슬링 코치들은 다양한 기술 수행 시 신체에 작용하는 힘(forces)과 이로 인해 파생되는 효과들에 관심이 많다. 코치들이 다양한 레슬링 테크닉(테이크다운, 브레이크다운, 리버스, 이스케이프, 상대의 저항, 그리고 피닝 콤비네이션)을 이해하고 지도하기 위해서는 이러한 테크닉 수행이 만들어내는 효과와 그것을 둘러싼 힘의 원리를 이해해야 한다.

레슬러는 다양한 잡기 기술을 구사하는데 있어 생체역학의 기초 원리(biomechanical principles)를 잘 활용하면 여러 가지로 이득을 볼 수 있다. 이러한 기초 원리의 예로 역학적 힘의 확대율(mechanical advantage)을 들 수 있다. 역학적 힘의 확대율이란 상대적으로 긴 길이(D)에 작용한 비교적 적은 힘(f)은 상대적으로 짧은 길이(d)에서는 큰 힘(F)을 발휘하게 된다는 원리이다. 이 원리는 일상생활에서 쉽게 볼 수 있는 자동차의 범퍼 잭(bumper jack: 주로 자동차 타이어를 갈때 차체를 들이 올릴 때 쓰는 기구 – 역자 주)에도 적용된다. 이 경우, 잭 손잡이를 여러 번 위 아래로 눌러주어야 하며(적은 힘), 그 결과 힘을 받는 그 길이를 통해 차체가 들리게 된다(큰 힘).

레슬러들은 적은 힘으로 큰 힘을 얻기 위해 역학적

힘의 확대율을 극대화시키길 원한다. 이러한 역학적 힘의 확대율을 얻기 위해 레슬러들이 사용하는 주요 원리는 지렛대이다. 레슬러의 경우, 다리 혹은 팔이 지주목이 된다. 팔이 지주목이 되는 시점은 레슬러가 상대를 잡았을 때이다.

컨디셔닝 원리

아마추어 레슬링은 최적의 몸 상태(physical conditioning)를 필요로 하기 때문에 많은 사람들은 레슬링을 가장 강인한 체력이 요구되는 스포츠 중 하나로 인식해오고 있다. 일반적으로 높은 수준의 몸 상태를 가지는 것이 성공적인 레슬링 수행의 필수요소 중 하나임에는 의심의 여지가 없다.

다음은 몸 상태를 향상시키고자 하는 사람이 반드시 알아야 할 중요한 원칙과 모든 운동선수를 위한 트레이닝 및 컨디셔닝 원리(conditioning principles)이다.

1. **과부하(overload)**. 과부하 원리에서 제시하고 있는 것은 신체의 모든 기관이나 시스템이 기존에 적응된 부하보다 더 많은 부하를 받아야 신체 능력을 향상시킬 수 있다는 것이다. 인간의 신체는 장시간의 근육활동으로 인해 몸에 부과된 다양한 요구들에 적응하는 경향이 있다. 따라서 과부하를 위한 운동은 빈도, 강도, 그리고 시간 등을 조절하여 몸에 주는 스트레스 수준을 높여주어야 한다.

2. **진전(progression)**. 트레이닝은 편안한 수준에서 시작하여, 시간이 지남에 따라 점차적으로 높여가야 한다. 이러한 진전을 이루기 위해서는 각 운동 변인, 즉 빈도, 강도, 시간, 혹은 이들 모든 변인들의 조합을 조절해야 한다.

3. **가역성(retrogression)**. 몸 상태의 향상을 위해서는 트레이닝을 거의 매일 실시하는 것이 필요하다. 운동을 전혀 못하는 상황이 여러 날 이어지면 전체적인 수행능력이 떨어지게 될 것이며, 장기간 동안

의 운동부족은 가역성 현상을 가져오게 될 것이다.

4. **회복(recovery)**. 일일 및 전체 트레이닝 프로그램에는 충분한 양의 회복기가 반드시 포함되어 있어야 한다. 힘든 운동은 매일이 아닌 이틀에 한 번씩 실시될 수 있도록 일정을 만든다.

5. **수확체감의 원리(principle of diminishing returns)**. 최대 운동수행 상태에 더 가까워질수록, 트레이닝과 컨디셔닝과 관련하여 더 많은 시간과 노력이 동원되어야 하며, 이러한 원리는 약간의 운동수행 향상에도 적용된다.

6. **개인차(individual differences)**. 동일한 컨디셔닝 프로그램을 받았다 하더라도, 각 개인의 향상도와 발달 수준은 다를 수 있다.

7. **특수성(specificity)**. 트레이닝 효과는 운동에 관련된 근육에서만 나타난다.

유산소 및 무산소 트레이닝

레슬링 경기 동안에는 신체의 모든 생리적 시스템이 동원된다. 레슬링에 필요한 높은 수준의 몸 상태를 만들기 위한 트레이닝 프로그램을 계획하기 위해서는 생리학적 트레이닝 원리의 이해, 경기 동안 요구되는 매개변수의 인식, 그리고 일반적인 컨디셔닝과 특정 스포츠를 위한 컨디셔닝의 관계에 대한 이해가 필요하다.

레슬링 경기 중 레슬러는 기본적으로 두 가지 에너지 경로에 의해 특정 기술 수행에 필요한 에너지를 공급한다. 에너지 공급에 대한 각 경로의 기여도는 운동 강도와 시간에 따라 다를 수 있다. 만일 높은 강도의 운동을 60초 간 실시한다면, 에너지 공급의 대부분은 무산소 경로(anaerobic pathway)를 통해 이루어진다. 반면에 운동이 60초 이상 지속된다면, 에너지는 유산소 경로(aerobic pathway)를 통해 공급되기 시작할 것이다. 유산소 경로 시스템이 상대적으로 더 효율적이긴 하지만, 무산소 경로를 통해 공급되는 양만큼의

에너지를 생산해내지는 못하기 때문에 운동 강도의 감소가 불가피하게 된다.

레슬링은 짧은 시간에 폭발적인 힘을 사용해야 하는 매우 높은 강도의 운동으로, 6 혹은 7분간의 한 경기 동안에 고강도의 동작들이 간헐적으로 반복되는 특성을 가지고 있다. 또한, 레슬링은 앞에서 언급한 두 개의 에너지 경로 시스템을 위해 고강도 트레이닝이 요구되는 스포츠이기도 하다.

유산소 시스템은 모든 운동선수의 컨디셔닝을 위한 기초로 여겨지고 있다. 특정 스포츠에서의 트레이닝에 참여하기 전에 반드시 기본적인 유산소 능력을 구축해야 한다. 이러한 유산소 능력을 갖추게 되면, 특정 스포츠에 필요한 컨디셔닝 수준에 도달할 수 있게 되고, 그 결과 높은 수준의 운동 수행이 가능하게 된다. 부가적으로, 유산소 능력이 뛰어난 선수는 무산소 운동 수행으로부터 회복이 상대적으로 더 빠르고, 저강도 운동 시 고에너지 인산의 재결합(resysthesis of the high-energy phosphate)이 더 빨리 일어난다.

트레이닝 중, 유산소 에너지 경로에 대해 교사나 코치가 신경 써야 할 두 가지 요소는, 활동 중인 근육에 에너지를 공급하는 심혈관 시스템의 능력, 그리고 공급된 산소를 추출해내어 사용하는 근 섬유의 능력이다. 운동생리학자들은 산소 운반 기능이 향상되기 위해서는 지속적인 트레이닝(continuous training)이 가장 좋은 반면, 근 세포 수준에서의 산소 활용도를 높이는 데에는 인터벌 트레이닝(interval training)이 가장 좋다고 제언하고 있다. 트레이닝관련 첫 번째 요소인 심혈관 시스템의 능력에서는 스포츠 특정성(sport-specific)이 아닌 트레이닝 특정성(training specific)이 중요하다. 다시 말하자면, 조깅, 사이클, 수영, 크로스킨트리, 스키 등 어떤 스포츠에 참여하는가가 중요한 것이 아니라, 어떤 운동을 최대심박수의 70퍼센트 수준에서 20분 이상 지속적으로 하느냐가 중요하다는 것이다. 그러나 두 번째 요소(산소 활용도)에서는 활동 근육에서만 생리학적 적응이 일어나므로 트레이닝의 초점은 스포츠 특정성에 맞춰져야하고, 이를 위해서는 특정 기술 수행에 관여하는 근육군, 움직임, 그리고 저항의 패턴이 반드시 동원되어야만 한다. 근 섬유에서의 산소 추출 및 활용성을 향상시키기 위해, 레슬러는 특정 레슬링 동작을 사용하는 인터벌 트레이닝을 실시해야만 한다.

무산소 능력은 최초 30~90초 내에 최대한의 힘을 발휘하는데 필요한 에너지 최대량과 관련이 있다. 무산소 에너지 경로를 위한 트레이닝 역시 트레이닝과 스포츠 특정성 모두가 필요하다는 점에서 유산소 트레이닝의 두 번째 요소와 유사하다고 할 수 있다. 무산소 시스템의 가장 큰 단점은 활동 근육에 젖산이 축적된다는 것이다. 트레이닝은 이러한 젖산 축적에 대한 내성을 높이는 효과가 있다. 그 결과, 레슬러는 더 오랜 시간 동안 최대 힘을 발휘할 수 있게 된다. 결국 높은 수준의 젖산 축적에 반복적으로 노출됨에 따라 트레이닝 적응(training adaptation)이 일어나게 된다.

유산소 및 무산소 능력을 향상시키는 가장 좋은 방법에 대해 코치들은 다양한 생각을 가지고 있다. 그럼에도 불구하고, 어떤 운동생리학자들은 다음에 나오는 방식처럼 접근한다면 의미 있는 트레이닝 효과를 얻을 수 있다고 주장하고 있다.

1. 1분 동안 전력을 다하고 난 다음 4~5분간의 휴식을 취하거나, 또는 운동과 휴식의 비율을 1:4 혹은 1:5로 한다.
2. 30~80초 범위 내에서 전력을 다하고, 운동과 휴식의 비율을 1:2 혹은 1:3으로 한다.
3. 2~3분 동안 최대 유산소 능력의 90~100퍼센트를 발휘하고, 운동과 휴식의 비율을 1:1로 한다.

운동학습 원리

교사와 코치는 다양한 운동기술 학습과 수행 단계에

내재되어 있는 일반적 본질에 대한 이해가 필요하다. 운동학습의 기초를 통해, 코치나 교사는 특정 레슬링 기술을 위한 적절한 지도 및 연습방법을 만들어 낼 수 있다. 다음은 연습과 관련된 몇 가지 일반적 원리이다.

1. 일정한 비율은 아니더라도, 연습량은 학습의 질에 영향을 미친다.
2. 연습 공간이나 분배 역시 운동 수행과 학습에 영향을 미치는 것으로 알려져 있다(massed practice-집중 연습, distributed practice-분산 연습).
3. 육체적으로 피로한 상태에서의 연습은 운동학습보다 운동수행에 더 많은 영향을 미치게 된다.
4. 운동 기술을 전체로 연습할 것인지 아니면 부분적으로 나누어 연습할 것인지에 대한 결정은 그 기술의 복잡성과 구성에 달려있다(과제 구성, 과제의 복잡성).
5. 연습에 다양성을 주는 것은 새로운 기술 습득을 위해 중요하다.
6. 심상훈련 역시 새로운 기술 습득과 좋은 운동 수행에 도움이 될 수 있다.

교육 시 고려사항

1. 학생들을 체급별로 나누어 경기를 시킨다.
2. 스탠딩 포지션에 앞서 레퍼리 포지션에서 잡기를 시작한다.
3. 잡기 기술에서의 수비는 적절한 테크닉을 구사할 수 있을 때까지 수동적으로 저항하도록 지도한다. 그런 다음, 점차적으로 저항 정도를 높여간다.
4. 공격과 수비 동작을 섞어서 연습한다. 연습 시 공격자와 수비자 모두에게 원하는 동작에 대한 선택권을 부여하여 동작 선택과 관련한 의사결정 능력에 초점을 맞춘다.
5. 훈련 중 일어날 수 있는 위법성 잡기들을 소개하고, 발생할 때마다 바로바로 지적해준다.
6. 공격과 수비 기술들이 어느 정도 숙달되면, 매 수업 시 미니 경기를 펼칠 수 있는 기회를 제공해 준다. 미니 경기 시간을 규칙과 점수제를 가르치는 기회로 삼는다. 특정 동작의 사용을 요구하거나 독려하면서 경기를 레슨의 한 부분으로 활용한다(예: 특정 동작에 더 많은 점수를 부여함).
7. 학생들이 수준 미달의 테크닉을 보일 때에는 다시 기초부분으로 돌아간다. 반복 연습을 시킨다. 고급 기술 동작을 소개하더라도 앞선 동작들에 대한 연습을 지속적으로 시키도록 한다.
8. 초보자의 경우, 이유가 기술 수준이든 혹은 몸 상태 때문이든 간에, 안전한 운동 수행을 할 수 없다면, 필요한 만큼 위법성 동작들을 규정하는 등 규칙을 수정하도록 한다.
9. 동급 체급 내에서 경기 파트너를 가능한 자주 바꾸도록 한다.

훈련방법

레슬링 훈련에서는 역학적 원리가 적절히 강조되어야 한다. 이러한 원리에 기초한 훈련은 레슬링 기술을 지도하고 숙련시키는데 있어 몸과 정신 상태의 강인함을 효과적으로 통합시킬 수 있기 때문에 훈련시간을 많이 단축시킬 수 있다. 주의해야 할 점은 훈련이 너무 복잡하거나 지루하지 않도록 해야 한다는 것이다. 다음은 레슬링 훈련방법을 개발하거나 사용할 때, 교사/코치가 알아야 할 몇 가지 제반사항들이다.

1. 훈련을 적절히 실시하는 것이 무엇보다 중요하다.
2. 훈련 수행에 대한 시범과 더불어 설명이 주어져야 한다.
3. 훈련은 규율, 순서, 그리고 올바른 관리의 특성을 가져야만 효과적이다.

4. 훈련내용은 단순한 프로그램에서 점차 복잡한 프로그램으로 구성한다.

5. 모든 훈련방법들은 레슬링과 관련된 역학적 원리에 의해 적절히 강화되어야 한다.

6. 흥미를 잃어 정체기가 나타나지 않게 해야 한다.

준비운동 방법

달리기, 스프롤, 커들(cuddle), 그리고 회복 훈련

레슬링을 잘 모르는 사람들은 이것이 네 가지 독립된 훈련방법으로 생각할 수도 있지만, 레슬링 지도에 있어서는 하나의 훈련방법으로 간주되고 있다. 이 훈련방법의 목적은 (1) 레슬링 기초기술들(스프롤, 커들)을 지도하고, (2) 체인 레슬링(chain wrestling)을 소개하며, 그리고 (3) 준비운동을 실시하기 위함이다.

실시 요령은 먼저 레슬러들이 제자리에서 달리기를 시작하고, 호각소리에 **스프롤**(sprawl: 매트를 향해 양손을 바로 내리고, 발과 함께 양다리를 뒤로 벌리면서 등 쪽으로 아치를 만듦)을 실시한 직후, 좌측 혹은 우측으로 **커들**(cuddle: 좌측 혹은 우측으로 굴러 대아와 삽은 자세를 취한 후, 다리를 들어 머리 쪽으로 던져주면서 수비를 위한 시작자세를 취한 다음, 중립자세로 되돌아와 회복)을 실시한다. 회복은 양쪽 무릎을 매트로 가져감과 동시에 체중을 뒤쪽 발 위에 놓은 상태에서 양손으로 매트를 밀면서 일어선 자세로 되돌아온 후 계속해서 달리는 것을 포함한다. 교사나 코치는 트레이닝 상태와 수업 혹은 팀의 경험을 위해 적절하다고 느끼는 한 이러한 서킷 트레이닝을 자주 시켜주도록 한다.

매드에서의 사전 훈련방법

패시브-저항 훈련

패시브-저항(passive-resistance) 훈련을 위해 먼저 레슬러들을 2인 1조로 그룹을 만든다. 그런 다음, 각 조의 한명을 공격자로 지정한다. 지정된 공격자는 코치의 지시에 따라 셋업(setups), 테이크다운(takedowns), 라이드(rides), 브레이크다운(breakdowns), 핀(pins), 이스케이프(escapes), 리버스(reversals), 그리고 카운터(counters) 등을 수행한다. 반면, 상대선수는 약간의 저항만으로 움직인다. 이때, 레슬러의 저항은 하나의 완전한 수비형태가 아니라, 충분한 저항에 필요한 올바른 움직임에 초점을 맞춰야 한다. 적절한 시간이 지난 후, 두 사람의 포지션을 바꿔서 실시한다.

포인트-오브-콘택트 훈련 혹은 '플로팅 드릴'

포인트-오브-콘택트(point-of-contact) 훈련 혹은 플로팅 드릴(floating drill)의 경우, 레퍼리 포지션에서 위쪽에 위치한 공격자는 자신의 가슴을 상대 수비수의 등에 대지만, 팔이나 다리로 잡기를 시도하지 않는다. 이 상태에서 아래에 위치하고 있는 수비수는 상대 공격자로부터 벗어나기 위해 이동, 회전, 앉기, 비틀기, 또는 매트에 구르기 등을 수행할 수 있지만, 상대를 잡거나 조르는 행위는 허용되지 않는다. 이 훈련의 목적은 수비자가 최소한의 노력으로 포지션의 유리한 고지를 점령하는데 있다.

스피닝 훈련

스피닝(spinning)은 매우 좋은 컨디셔닝 활동이면서도 효과적인 레슬링 기술연마에 도움이 된다. 한 레슬러로 하여금 수비 자세를 취하도록 한다. 상대 레슬러는 자신의 가슴을 상대 수비수 등에 올려놓는다. 그런 다음, 위쪽의 공격수는 지시에 따라, 가슴을 수비수 등에 올린 자세를 유지하면서, 오른쪽 혹은 왼쪽으로 돈다(spin). 이렇게 스피닝하는 레슬러는 한 번에 180도를 돌아 두 번째 움직임에 한 바퀴를 완전히 돌아야 한다(360도). 레슬러들은 이런 식으로 매 20~30초 마다 포지션을 바꾸도록 한다.

페이스 변화를 위한 훈련방법

챌린지 훈련

이 훈련은 게임형태로, 챌린지(challenge) 훈련이라고 불리는 이유는 상대하는 양쪽 레슬러들 혹은 양 팀 모두에게 도전적이기 때문이다. 이 훈련방법의 요령은 먼저 반 혹은 팀을 두 개의 그룹으로 나눈다. 그런 다음, 교사/코치는 한 그룹을 챌린지로 지정한다. 그리고 다른 그룹에게는 챌린지 그룹을 막아내는 역할을 부여한다. 훈련방법의 예시들은 다음과 같다.

1. 한 그룹의 구성원들은 선 자세를 유지하도록 지시받는다. 그리고 다른 그룹에게는 서 있는 사람들을 넘어뜨리고 일어서지 못하도록 하라는 과제(챌린지)를 준다.

2. 한 그룹은 엎드려 누운 자세를 유지하도록 한 반면, 다른 그룹은 누워있는 사람들을 돌려 등대고 누운 자세를 만든 후, 이 자세를 유지하도록 지시한다.

3. 한 그룹은 최소한 신체의 한 부분이 매트 선상에 접촉해 있도록 한 반면, 다른 그룹은 몸이 매트에서 떨어지게 하도록 지시한다.

주어진 챌린지 활동의 마지막 부분에서 레슬러들로 하여금 자신들의 마지막 포지션을 유지하도록 지시한 후 점수를 부여한다. 점수는 각 챌린지 활동이 끝난 후 집계한다. 그런 다음, 각 그룹의 역할을 바꿔서 실시한다. 이때 각 그룹은 같은 과제를 수행하고, 동시에 그것을 막는 역할을 수행한다. 코치는 상상력과 창의성을 발휘하여 과제를 정하고, 과제 수에 대한 제한은 두지 않는다.

레슬링 리드-업 스턴트/게임

여기에서는 수업시간 및 사전(lead-up: 리드-업) 게임으로서의 레슬링 프로그램에 사용할 수 있는 몇 가지 스턴트와 게임들을 묘사하고 있다. 체육수업을 하는 동안, 레슬링을 위한 사전 활동으로서 여러 형태의 스턴트 동작들을 실시하는 것이 좋다.

치킨 혹은 루스터 파이팅

치킨 혹은 루스터 파이팅(chicken or rooster fighting)은 일명 닭싸움으로 잘 알려진 게임으로, 참가자들은 손을 뒤로 하여 한쪽 발목을 뒤쪽에서 잡은 상태로, 반대발로 균형을 유지하면서 상대의 균형을 무너뜨려야 하는 게임이다.

도그 레슬링

도그 레슬링(dog wrestling)에서 두 명의 참가자들은 양손과 무릎을 서로 마주 댄 상태에서 끈이나 타월을 머리 뒤쪽으로 하여 묶어준다. 양쪽 머리를 세운 상태로 뒤로 당겨진 자세를 유지해야 한다. 각 참가자는 서로 당기면서 상대를 매트에 넘어뜨리게 하는 게임이다.

풋 푸시

풋 푸시(foot push)를 위해 참가자들은 서로 마주보고 바닥이나 매트에 앉는다. 무릎을 굽힌 채 양발을 서로 마주 댄다. 그런 다음, 양쪽 참가자들은 자신들의 손을 등 뒤쪽에 대고, 손가락을 바깥쪽을 보게 한 상태로, 스스로를 지탱한다. 이 게임의 목적은 상대의 발에서 나오는 힘을 저지하면서 자신의 발을 펴는 것이다.

핸드 레슬

핸드 레슬(hand wrestle)을 위해 참가자들은 마주보고 선 상태에서 서로 한손씩 맞잡고, 같은 쪽 발 바깥쪽을 맞댄다. 이 게임의 목적은 상대를 시작자세에서 움직이게 하는 것이다.

홉 앤 풀

홉 앤 풀(hop and pull)은 먼저 수업 혹은 팀을 두 편으로 가른다. 각 사이드는 한 줄로 서서 마주보고 선다. 양쪽에 있는 참가자들 모두 앞으로 나아간 후, 상대의 오른손을 맞잡고, 동시에 각자의 왼발을 든다. 신호가 떨어지면, 참가자들은 서로 상대를 골라인까지 당기도록 한다. 이때 왼발이 바닥이나 매트에 떨어지면, 게임에서 지게 된다.

용어 해설

교착상태(stalemate) 양 선수 중 어느 누구도 상황을 개선시키지 않는 것을 의미하며, 이럴 경우, 레퍼리는 경기를 중단시킨 후 다시 재개시킨다.

그레코로만형(Greco-Roman) 국제 레슬링 경기의 정식종목이며, 상·하체를 잡고 넘기는 자유형과는 달리 허리 윗부분만을 잡고 공격과 방어를 할 수 있도록 제한되어 있다.

기권(default) 한 선수가 경기를 더 이상 할 수 없게 되었을 때, 상대방에게 승리가 돌아간다.

니어 폴(near fall) 상대방을 폴(fall)에 가까운 위험한 상태로 몰아넣는 것을 말한다.

라이딩 타임 혹은 타임 어드밴티지(riding time or time advantage) 상대를 제압하는 유리한 포지션의 공격자는 타임 어드밴티지를 가지게 된다. 공격자가 이러한 자세를 1분 이상 유지하면 1 득점이 주어진다.

리버설(reversal) 수비 자세에서 공격자세로의 이동 동작을 말한다.

매트에서의 시작자세(starting position on the mat) 수비선수가 양손을 매트 중앙에 놓고 무릎을 꿇은 자세를 말한다. 공격자는 상대수비수의 옆쪽에 무릎을 꿇고 앉은 채, 가까운 쪽의 팔로 상대의 몸을 감싸 안으면서 손바닥이 배꼽 위에 오노록 하고, 반대쪽 손은 상대의 팔꿈치 뒷면에 갖다놓는다.

몰수(forfeit) 상대가 나타나지 않음으로 인해 승리를 가져가는 것을 의미한다.

발한실 혹은 사우나(sweatbox or hot box) 레슬러들이 땀을 흘려 체중감소를 시도하는 열 관련 공간으로 금지된 시설이다.

브레이크다운(breakdown) 레퍼리 포지션에서 위에 위치하고 있는 공격자가 아래쪽에 위치한 수비수의 손과 무릎을 제압하여 매트에 편평하게 눕히는 기술이다.

브릿지(bridge) 레슬러가 자신의 등으로 아치를 그리며 머리와 발로 스스로를 지탱하는 포지션을 의미한다.

스모(sumo) 일본의 국기이기도 한 전통스포츠이다. 이 스포츠의 목적은 상대를 힘으로 몰아붙여 경기장 밖으로 내몰거나 신체 일부를 바닥에 닿도록 만드는 것이다. 스모에서는 힘과 엄청난 신체사이즈가 강조된다. 많은 스모 레슬러들의 체중은 350~400파운드 정도이다.

스탠드-업(stand-up) 수비 자세에서 탈출하여 재빨리 일어서는 동작을 말한다.

싯 아웃(sit out) 레퍼리 포지션에서 아래쪽에 위치한 레슬러가 양발을 앞으로 던지면서 앉은 자세를 만들어내는 기술이다.

실격(disqualification) 한 선수가 페널티 표(표 35.1)에 나와 있는 규칙 위반으로 경기에 참여하지 않는 상황일 때 선언된다.

아웃-오브-바운스(out-of-bounds) 양 선수 중 어느 누구의 신체부위 일부가 경기장의 경계선 밖으로 나간 경우를 말한다.

암 드래그(arm drag) 뒤쪽에서 테이크다운을 수행하기 위한 예비동작을 말한다.

유도(judo) 1850년 이후 나온 고대 일본 무예인 주짓수(jujitsu)의 변형된 형태이다. 유도는 수비 전술, 신체훈련, 그리고 인격수양을 강조한다.

이스케이프(escape) 상대방의 공격에서 벗어나 중립자세를 취하는 것을 말한다.

자유형(freestyle) 국제 레슬링 경기의 정식종목으로, 다리를 포함해 신체의 어느 부위라도 붙잡아 공격할 수 있다.

중립자세(neutral position) 양쪽 선수 중 어느 누구도 우세하지 않은 상태의 포지션을 의미한다.

카운터(counter) 레슬링에서, 상대방이 건 기술을 이용해 그대로 되받아넘기는 기술을 말한다.

크래들(cradle) 상대의 머리와 무릎을 동시에 제압하는 동작을 말한다.

타임 어드밴티지(time advantage) 상대선수를 위에서 제압하는 자세를 유지하는데 걸린 시간을 말하며, 한 경기당 1점 이상은 주어지지 않는다(고등부에는 적용되지 않음).

테이크다운(takedown) 서 있는 상대선수를 매트로 넘어뜨려 제압하는 것을 말한다.

테크니컬 폴(technical fall) 상대선수와의 점수 차가 15점 일 때 주어진다.

판정(decision) 한 경기에서 폴이 일어나지 않은 경우, 득점을 더 많이 한 레슬러가 승리하게 된다.

포지션 오브 어드밴티지(position of advantage) 상대를 제압하고 있는 상태를 의미한다.

포크스타일(folkstyle) 미국 고등부와 대학부에 적용되고 있는 대중화된 레슬링 종목 형태. 자유형과 유사하지만 똑같지는 않다.

폴(fall) 한 선수의 양 어깨가 1~2초 동안 매트(mat)에 닿았을 경우를 말하며, 핀이라고도 한다.

핀(pin) 폴(fall)의 동의어.

하프 넬슨(half nelson) 목 부위를 공격하는 기술 중 하나이다. 상대방의 등 뒤에서 한쪽 옆구리 밑을 통해 한 팔을 집어넣고, 목이나 뒷머리에 손을 걸어 목을 제압하는 기술을 말한다.

해머록(hammerlock) 반칙행위로, 상대방의 팔을 등 쪽으로 감아서 꺾는 행위를 말한다.

추가 읽을거리

Carr, G. 2004. *Sport mechanics for coaches*. 2nd ed. Champaign, IL: Human Kinetics.

Coaching youth wrestling. 2002. 2nd ed. American Sport Education Program. Champaign, IL: Human Kinetics.

Amateur Athletic Union of the United States. Current ed. *Official wrestling guide*. New York: AAU.

Gable, D. 1999. *Coaching wrestling successfully*. Champaign, IL: Human Kinetics. 이 책은 성공적인 레슬링 지도의 열쇠를 제공한다.

National Collegiate Athletic Association. Current ed. *Official wrestling guide*. New York: NCAA.

National Federation of State High School Associations. Current ed. *Wrestling Rules Book*. Customer Service, P. O. Box 20606, Kansas City, MO 64195-0606.

U.S. Olympic *Committee's Sport Series*. 2004. 레슬링의 기초 설명. Torrance, CA: Griffin Publishing Group.

자료

비디오

Fundamentals of wresting with Greg Shoemaker (2 videos). 스탠스, 다양한 셋업, 결함 보완, 테이크다운, 수비테이크다운, 이스케이프, 리버스, 핀 포함.

Granby System videos. Grandby System Wrestling, 4817 Admiration Dr., Virginia Beach, VA 23464.

Wrestling classic and Wrestling's greatest heroes (2 videos). Corbin House, 227 Corbin Place, Brooklyn, NY 11235.

Wrestling for the 90's (video). National Federation of State High School Associations, 11724 NW Plaza Circle, P.O. Box 20626, Kansas City, MO 64195.

그 외 비디오 자료는 부록 C를 참조하라.

추가정보를 위한 자료

USA 레슬링(USA Wrestling)
6155 Lehman Dr.
Colorado Springs, CO 80918
719-598-8181
Fax: 719-598-9440

USA 레슬링, 여자레슬리위원회(USA Wrestling, Women's Wrestling Committee)
6155 Lehman Dr.
Colorado Springs, CO 80918
719-598-8181
Fax: 719-598-9440

웹 사이트

국제레슬링뉴스(Wrestling International News
Magazine)
http://www.win-magazine.com/

국제레슬링연구소/박물관(International Wrestling
Institute and Museum)
http://www.wrestlingmuseum.org/

네바다 레슬링 포럼(Nevada Wrestling Forum)
http://nevadawrestling.proboards43.com/

댄게이블닷컴(Welcome to Dan Gable.com!)
http://www.dangable.com/

레슬링몰/테이크타운 라디오(The Wrestling Mall /
Takedown Radio)
http://www.thewrestlingmall.com/
takedownradio/

레슬링리포트닷컴(WrestlingReport.com)
http://www.wrestlingreport.com

레슬링USA(Wrestling USA Magazine)
http://www.wrestlingusa.com

매트닷컴(TheMat.com)
http://www.themat.com/

미국레슬링코치협화-아마추어 레슬링(National Wrestling
Coaches Association—Amateur Wrestling) http://
www.nwcaonline.com/

7 무용: 상연용과 오락용

이 장을 완벽하게 습득한 뒤, 독자들은 다음과 같은 사항들을 할 수 있어야 한다.

▶ 다양한 형태의 무용을 구분하고 각 무용의 발달과정을 이해한다.
▶ 동작의 기본을 시연한다.
▶ 동작의 요소들(공간, 시간, 질)과 독창성이 어떻게 현대의 무용에 적용되는 지를 이해한다.
▶ 스퀘어 댄스를 준비하고 가르친다.
▶ 포크댄스를 준비하고 가르친다.
▶ 사교댄스 형태를 이해한다.

오늘날 모든 학문적 수준에서의 무용 강좌는 점차 범위가 넓어지고 내용이 풍요로워지고 있다. 국가적인 차원에서, 무용 프로그램이 다양화되면서 그 일반화는 어려워졌다. 무용의 커리큘럼 구성은 신체적인 교육과 예술을 모두 다루고 국가적으로 지정된다. 지난 몇십 년 동안 무용은 점진적으로 변화했다. 한 가지 중요한 변화는 사회학 및 인류학 교과과정과 접목하면서 문화적 활동으로서의 틀을 갖춰가고 있다는 것이다. 또 다른 변화는 라반(Rudolf Laban)의 동작 개념과 발달이론을 사용하여 초등교육에서 무용을 가르치고 있다는 것이다.

학교에서 실시하는 무용 프로그램은 종종 광범위하게 정의되는 두 가지 형태의 무용을 포함하는데, 오락용과 상연용이 바로 그것이다. 오락용 무용에는 국제적인 포크댄스(세계적인 무용), 사교댄스(볼룸댄스), 스퀘어 댄스, 힙합(클럽댄스), 컨트리 라인 댄스가 있다. 이런 타입의 무용은 대개 건강, 사교, 즐거움을 얻기 위한 것이 목적이다. 이런 무용은 주로 문화적인 측면을 일부 포함하는 레저 활동에 해당한다.

이에 비해 상연용 무용은 몸과 동작을 대개 관객과의 소통 수단으로 사용한다. 상연 결과에 중점을 두는 상연용 무용에서는 제작과 상연 과정이 중요하다. 학생들은 자신만의 무용을 기획하고 상연하는 기본 기술을 배울 수 있다. 무용 상연 목표에는 여러 가지가 있다. 관객들을 즐겁게 하기, 메시지 전하기, 교육하기, 교화하기, 자극하기 등이다. 그러나 대부분의 경우 무용의 주요 목적은 오락적인 측면보다는 예술적인 측면에 있다. 학교에서 배우는 형태는 현대의 무용과 독창적인 무용(동작 교육)이지만, 무용 과목에서 발레, 재즈, 서구식을 탈피한 무용 형태에 대한 인식이 점차 강해지고, 무용을 세계적인 예술의 형태로서 받아들이고자 하는 바람이 커지고 있다.

오락용 무용의 인기가 높아지고 있다는 것은 클럽, 강좌, 상연회, 축제, 협회, 발표회, 비디오 등이 확산되는 현상을 통해 알 수 있다. 오락용 무용의 인기는 조금씩 꾸준히 변화해왔다. 지난 십년 동안 유행 양상에는 브레이크 댄스에서부터 컨트리 라인 댄스, 탱고, 람바다, 아이리쉬 스텝 댄스에 이르기까지 많은 변화가 있었다. 많은 무용 종류들이 쇠퇴기 이후에 다시 부활하는 현상을 보였는데, 예를 들면 디스코, 탭댄스, 스윙댄스는 지난 십년 동안 다시 인기를 끈 것들이다.

비언어적 대화의 수단으로서 무용은 빠르게 언어장벽을 초월하고 문화적 공간을 자극할 수 있다. 실제로 세계적으로 알려진 포크댄스는 21세기 초부디 타문화에 대한 상호교류를 촉진하기 위해 미국 교육과정에 채택되었다. 일반 지역사회에서의 무용은 문화적 이해, 공유하는 역사, 가치관을 확인하는 데 종종 중요한 역할을 한다. 미국 전역의 인종적 공동체는 정기적으로 축제를 주관하고 정치적 참여를 강화한다. 이러한 문화적 이벤트에서 무용은 중요한 역할을 한다.

가드너(Howard Gardner)의 신체운동지능 이론을 기반으로 하는 무용 교육 전문가들은 초창기 무용 교육의 중요한 토대였던 독창적인 무용과 현대적인 무용을 권장하는 경향이 있다. 이러한 방식은 신체지각, 동작의 기본요소 이해, 문제 해결력, 독창성, 자기표현을 중요시한다. 무용에 참여해보면 흥미롭고 매력적이고 즐겁다는 것을 금방 알게 되기 때문에, 청소년 (미국 문화에서 무용을 해보도록 권유하지 않는) 시기는 관심을 불러일으키기에 가장 적절한 때이다. 몇 년만 지나면 기술적인 요령과 스타일, 그리고 무용 창작 시 독창적인 요소를 포기하지 않으면서 더욱 복잡한 안무를 소화해내는 데 중점을 두게 될 것이다. 여기서 설명하는 개요에 나오는 각 종류의 무용이 잠재적으로 특별한 기여를 할 것이다.

책을 읽거나 공연 관람 혹은 영화와 비디오를 통해서도 분명히 무용에 대한 이해의 폭을 넓힐 수 있다. 그러나 직접 참여하는 방식을 통해서만이 어떤 종류의 무용을 가르치거나 충분히 이해하는데 필요한 신체운동지능을 개발시킬 수 있다. 커리큘럼에 무용 활동을 포함하고자 하는 교사라면 특수 훈련이 필요하다. 대학교의 무용 교과과정은 무용, 체육 교육, 초등교육을 전공하는 학생들에게 제공된다. 전문 교육개발 프로그램은 교수 역량을 넓히고자 하는 교사들에게 유용하다.

교과과정으로서 무용은 융통성이 있고 거이 모든 환경에 성공적으로 도입하거나 채택할 수 있다. 무용 프로그램을 만드는 것은 특징 참가자의 요구를 검토한 후 결정했을 때 가장 효과적이다. 그러나 이렇게 만들어 놓은 무용 프로그램은 발전 상황에 따라 초점이 변화하는 일이 종종 발생한다. 한 가지 흔히 나타나는 단계는 처음에는 무용을 오락용 목적으로 채택했는데, 참가자들의 무용 지식, 능력, 자기표현력 등이 늘어나면서 점차 자연스럽게 만족스러운 완성도를 얻기 위해 상연 기회를 추구한다는 것이다.

춤의 역사

사람들은 언제나 춤을 추었다. 태고 때부터 사람들은 삶의 일부로서 율동적인 동작의 형태로 춤을 사용했다. 학자들은 춤이 인류의 대화 수단이 된 최초의 한 형태에 속한다고 주장한다. 역사를 보면 춤은 중요한 통과의례 의식에 결부되는 종교의식의 일환으로서 제례용으로 사용했으며, 유희, 사교, 교육, 치유, 전쟁 준비, 생각과 감정 표현의 수단으로서도 사용했다. 전 세계적으로 실시된 최근의 연구에서는 춤을 문화적 활동으로 정의하며 여러 문화에서 갖고 있는 풍성하고 다양한 형태의 춤에 대해 보고한다.

동작의 기본원리

동작의 기본원리를 이해하는 것은 무용 학습에서 아주 중요한 요소이다. 이 기본원리는 동작의 기본적인 구성요소로 여겨지는데, 즉 복잡하고 다양한 언어로 보면 가나다라에 해당하는 것이다. 이 기본적인 구성요소는 표현하는 예술의 한 형태로서의 풍요로움을 동작으로 전달하기 위해 수많은 방법으로 서로 결합되고 어우러진다. 이 기본원리는 독특한 언어, 구조, 개념적 체계를 지닌 동작의 언어이다.

이론가들은 수년 동안 춤에 대해 연구, 분석, 교육을 하기 위한 목적으로 동작의 기본원리를 설명하려고 노력했다. 라반은 동작의 복합성을 이해하기 위해 개념적 및 실질적 체계를 개발시키는 데 전 생애를 보냈다. 그의 견해는 미국, 캐나다, 유럽 전역에서 무용 및 활동 교육프로그램에 폭넓게 수용되었다.

라반은 모든 동작을 몸(body), 공간(space), 질(effort) 이렇게 세 가지가 연결되는 측면에서 설명할 수 있다고 보았다.

몸(body)

라반은 적어도 여섯 가지의 몸 동작이 이루어져야 한다고 주장했는데, 중심 이동(weight shift), 제스처(gesture), 이동(traveling), 점프(jumping), 턴(turning), 밸런스(balancing)가 그것이다. 중심 이동은 몸이 한쪽에서 다른 한쪽으로 이동하게 하는 동작을 말한다. 가장 분명히 이해할 수 있는 예가 바로 스텝이다. 또 한 가지 예는 앉은 자세에서 체중을 한쪽 엉덩이에서 반대쪽 엉덩이로 바꿔 싣는 것이다.

제스처는 체중이 실리지 않는 동작으로 정의하는데, 굽히기, 뻗기, 회전하기, 구부리기, 펴기, 내밀기, 몸 접기, 비틀기 등이 있다. 도해 7.1과 7.2를 참고할 것.

이동은 몸이 한쪽에서(대개 공간) 다른 쪽으로 움직이게 하는 것을 말한다. 이동하는 방법에는 여러 가지가 있으며 다른 몸동작을 일부 포함하기도 한다. 이동 방법의 예를 들면, 걷기(몸의 다른 부분으로), 달리기, 구르기, 기듯이 나아가기, 살금살금 움직이기, 미

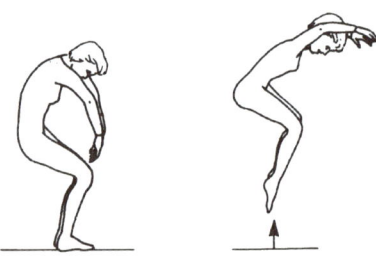

도해 7.1. 굽히기

앞으로

옆으로

도해 7.2. 뻗기

*끄*러지기 등이 있다.

이동 시 발의 패턴을 살펴보면 발을 사용하여 몸의 중심을 이동하는 방법이 다섯 가지가 있다.

워크, 런, 리프(walk, run, leap) (도해 7.3) 몸의 중심을 한쪽 발에서 반대쪽 발로 이동한다.

홉(hop) (도해 7.4) 몸의 중심을 한쪽 발에서 같은 발로 이동한다.

점프(jump) (도해 7.5) 몸의 중심을 두 발에서 같은 두 발로 이동한다.

아쌍블레(assemble) 몸의 중심을 한 발에서 두 발로 이동한다.

시손(sissonne) 몸의 중심을 두 발에서 한 발로 이동한다.

위의 패턴들 중 워크와 런을 제외하고는 나머지 모두 공중으로 뛰어 오르는 동작이다. 이들 동작들은 도약과 착지라는 요소를 사용함으로써 이루어진다.

위 다섯 가지 기본적인 중심 이동 동작들에 숙달되고 나면, 다른 모든 무용 스텝들이 어떻게 간단히 조합 혹은 응용이 되는지 이해하기 쉽다. 아래의 스텝들은 일반적으로 여러 가지 형태의 무용에서 볼 수 있는 것들이다.

갤럽(gallop) 리프와 워크의 조합. 동작의 첫 부분인 리프는 리드미컬하면서 길고, 다른 발로 움직이는 워크는 리드미컬하면서 짧다.

스킵(skip) 워크와 홉의 조합. 이 동작은 같은 발로 한다. 동작의 첫 부분인 스텝은 리드미컬하면서 길고, 두 번째 부분인 홉은 짧다.

슬라이드(slide) 두 가지 워킹 스텝의 조합. 앞을 향하는 스텝 혹은 동작의 첫 부분은 리드미컬하면서 길고, 다른 발로 하는 두 번째 스텝은 앞으로 나간 발쪽으로 움직이고 몸의 중심을 그 쪽으로 이동하며 리드미컬하면서 짧다.

도해 7.3. 리프

도해 7.4. 홉

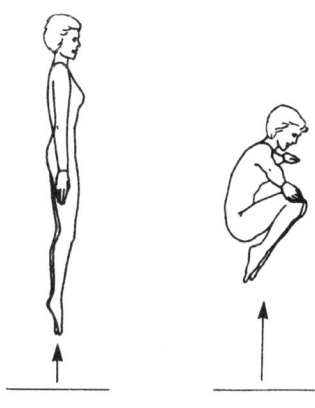

도해 7.5. 점프

투-스텝(two-step) 느린 원 스텝에 이어서 빠른 투 스텝을 실시하는 형태의 조합

쇼티시(schottische) 세 번의 워크와 한 번의 홉의 조합. 각 동작은 리드미컬하면서 동작 시간이 동일하

다. 홉은 중심 이동에서 재미있는 응용동작이 이루어진다.

스텝-홉(step-hop) 같은 발로 홉에 이어 실시하는 워크의 조합. 동작의 첫 번째와 두 번째는 리드미컬하면서 동작 시간은 동일하다.

특히, 스킵, 슬라이드, 갤럽은 동일하게 율동적인 패턴을 보이며 무용 조합으로 서로 쉽게 연결할 수 있다. 방향 변화나 플로어 패턴을 추가하면('공간'에 대한 항목 참조) 흥미롭고 재미있는 시도가 될 수 있다.

턴(turn)은 몸이 향하는 방향의 전환으로 정의된다. 턴은 8분의 1턴에서부터 한 번에 여러 가지 턴을 하는 식에 이르기까지 다양한 각도로 실시한다.

밸런스(balance)는 동작 중 일시적으로 정지하는 것을 말하는데, 몸이 역동적인 균형 상태를 찾고 몸의 형태가 인상 깊은 상태를 취하는 시점에서 이루어진다.

몸의 기본 동작은 댄스 컴비네이션을 시도할 때 출발점으로 아주 효과적으로 사용된다. 예를 들면, 지도자는 다음과 같은 순서를 사용하여 흥미로운 댄스 컴비네이션을 만들 수 있다. 중심 이동을 하면서 제스처를 취하고, 이어서 움직이는 패턴의 동작이 이루어지고, 터닝 점프로 정점에 이르고, 밸런스 형태를 잡으면서 마무리하는 것이다. 이 같은 일련의 동작을 시도하는 것은 학생들 모두에게 흥미를 불러일으키고 즐거움을 선사할 것이다.

공간(space)

무용가들은 공간을 사용하고 자신의 몸으로 그 공간이 형태를 갖추게 한다. 그러므로 공간의 기본적인 요소들을 이해하는 것은 무용 교육에 꼭 필요한 부분이다. 공간의 기본 요소에는 개인 공간(personal space), 일반 공간(general space), 방향(directions), 높이(levels), 플로어 패턴(floor patterns), 형태(shape)가 있다.

개인 공간은 스텝이나 이동 동작 없이 바로 몸 주변으로 바로 뻗을 수 있는 공간을 말한다. (라반은 이를 일컬어 'kinesphere[키네스피어]'라는 용어를 썼다. 어린 학생들을 지도하는 교사는 이 용어를 'space bubble[스페이스 버블]'이라 칭하곤 한다.) 각자 자신의 개인 공간을 절대 벗어나면 안 된다. 공동 공간으로 움직일 때는 개인 공간과 함께 움직인다. 개인 공간을 인식하도록 교육하는 것은 여러 가지 이점이 있는데, 가장 중요한 것은 다른 사람들과 부딪히지 않고 자유롭고 안전하게 움직일 수 있도록 개인 공간을 충분히 확보할 수 있도록 하는 것이다.

모든 동작이 그렇듯이 무용은 공간에서 방향을 취해야 한다. 무용가는 앞으로, 뒤로, 위로, 아래로, 오른쪽으로, 왼쪽으로, 사선으로 동작을 할 수 있다. 공간의 방향을 연구하면 쉽게 재미있는 동작 패턴을 만들 수 있게 되는데, 특히 높이(위나 아래로), 방향 전환(턴), 리듬(빠르거나 느리게), 플로어 패턴(경로) 등과 같은 여러 개념들이 포함될 경우에 더욱 그렇다.

플로어 패턴은 움직이는 동안 무용가가 사용하는 공간 경로를 말한다. 일반적인 플로어 패턴은 선형, 커브형, 지그재그형, 나선형이 있다.

무용가, 교사, 안무가는 공간 활용을 어떻게 해야 무용의 표현력을 강화할 수 있을지를 생각해야 한다. 예를 들면 무대 한쪽 구석으로 조명을 비추고 이 제한된 작은 공간에서 실시하는 무용은 상연 공간 전체를 사용하며 활기차게 움직이는 것과는 아주 색다르게 표현을 전달할 수 있다.

질(effort): 동작의 질

동작의 질은 동작의 역동성, 표현력과 관련이 있다. 무용가는 동작에 색깔을 입히고 음영을 표현하기 위해 관객에게 전하는 효과를 교묘하게 변경하면서 의도에 따라 여러 가지 방법으로 힘을 사용한다.

라반(Laban)과 로렌스(F.C. Lawrence)는 인간의 동작은 여러 가지 동작의 질을 통해 그 사람의 내면의 사고를 드러낸다는 것을 발견했다. 그러면서 이들은 질적 요소를 시간(time), 공간(space), 무게(weight), 흐름(flow) 이렇게 네 가지로 나누었다.

시간은 활기찬가 혹은 무기력한가와 같이 동작하는 이의 시간에 대한 견해와 관련이 있다. 느리게 혹은 오랫동안 이어지는 동작은 시간에 대한 견해가 관대한 것을 나타내며 지속적(sustained)이라는 말로 (느긋하고 늘어지는 일처럼) 묘사한다. 급작스럽고 긴박하게 느껴지는 속도가 빠른 동작은 급격(sudden)하다는 말로(기습 점프의 놀라움처럼) 묘사한다.

공간은 무용가의 초점과 관련이 있다. 중복되는 초점의 넓은 범위를 간접적이고 융통성 있게 다룰 수 있으며, 혹은 아주 명확한 초점을 직접적이고 분명하게 드러낼 수도 있다.

무게는 체중을 적극적으로 사용하는 것과 관련 있다. 약한(light) 무게는 중력을 지탱하고, 압력이 감소하고, 섬세하게 동작할 수 있다. 강한(strong) 무게는 압력, 파워, 힘이 증가한다. 체중을 소극적으로 사용하면 넘어지거나 둔해진다.

흐름은 몸의 긴장감의 양이 커지거나 적어지는 것을 말한다. 자유로운 흐름(free-flow)이 나타나는 동작은 억제되지 않고, 자유분방하고, 제한하거나 멈추기 어렵다. 제한된 흐름(bound)이 나타나는 동작은 통제되거나 제한을 받는다. 이런 동작은 억제감이 느껴진다.

동작의 질에 대해 면밀히 연구함으로써 컴비네이션에서 학생들은 폭넓은 표현력을 배운다.

록하트(Alieene Lockhart)는 물리적 특성과 신체가 부위로의 에너지 방출을 판단기준으로 하여 동작의 질을 여러 가지 방식으로 범주화했다. 록하트는 동작의 질을 스윙(swinging), 지속성(sustaining), 충격성(percussing), 정지(suspending), 진동(vibrating),

붕괴(collapsing)로 분류했다.

스윙은 가장 빈번하게 사용되며 몸동작에서 자연적으로 일어난다. 스윙은 약간의 자극, 중력 이용하기, 잠시 멈추었다 반복하기가 특징이다. 이런 동작들은 자유로움, 개방성, 편안함 같은 감정을 전달한다.

지속적인 동작은 완만하고, 부드럽고, 갑작스럽거나 급격한 동작이 없다. 이렇게 하려면 근육을 최대한 조절해야 한다. 지속적인 동작은 평온함, 절제미, 억제감, 때로는 신비함을 이끌어낸다.

힘이 갑자기 나타났다가 사라지는 급격하고 공격적인 동작은 충격성 동작의 질을 상징한다. 강렬함, 폭발성, 직접성, 공격성 같은 감정은 충격성 동작을 통해 나타난다.

두 가지의 상반된 힘이 동등할 때는 일시 중지로 동작을 표현한다. 이런 동작의 질을 설명하는 한 예는 리프의 정점 위치에서 위를 향하는 힘과 아래를 향하는 중력의 힘이 동등할 때의 순간이다. 기대감, 절정, 숨막힐듯한 감정을 표현하는 데 사용된다.

진동은 빠르게 반복되는 충격성 동작으로 인해 나타난다. 이런 동작은 제한된 범위 내에서 에너지가 간헐적으로 분출되는 것이 특징이다. 이 동작의 질은 공포나 분노를 표현할 때 가장 흔히 사용된다.

붕괴는 근육의 긴장이 무너지고 중력에 압도당하는 시점에 일어난다. 이 동작은 점진적이고 절제된 형태로 혹은 갑작스러운 형태로 할 수 있다. 이 동작의 질은 속수무책, 체념, 무력감 같은 감정을 표현한다.

리듬 그리고 리듬과 무용과의 관계

리듬은 사람들이 몸을 흔들게 만든다. 리듬은 세계의 근원인 우주의 고동이다. 리듬이 우리 삶의 일부가 아니라면 우리는 살아있지도 못하고 살 수도 없을 것이다. 심장의 고동과 폐의 호흡은 리듬을 설명하는 가장 좋은 예이다. 계절의 변화, 해안 암석층의 모양, 하늘의 별, 조수간만, 꽃과 나무의 일정한 변화 이런 것들이 모두 자연이 만들어내는 리듬을 설명하는 사례들이다. 우리 삶의 양상에서도 리듬을 발견할 수 있다. 이처럼 규칙적으로 순환하는 패턴은 패션계, 정치, 경제 부분의 변화 그리고 우리가 살아가는 동안 마주치는 수많은 사회적 변화에서도 찾을 수 있다.

리듬이란 말을 정의하자면 완만하거나 불규칙하고, 약하거나 강할 수 있는 일련의 파동을 말한다. 시간을 작은 단위로 묶어 나누어보면 이렇다. 무용가가 주목해야 할 리듬적 요소는 다음과 같다.

기본 비트(underlying beat) 무용을 하는 내내 나타나는 일정한 박자. 이 비트는 단위로 분할되며 이것으로 무용을 수행하는 박자나 시간을 계획한다.

액센트(accent) 아주 강하고 견고한 형태에서부터 가볍고 약한 형태에 이르기까지 다양하게 변화시킬 수 있는 강조점이나 동작의 힘.

프레이즈(phrase) 리드미컬한 음절과 동작 패턴에 통일감과 완성감을 주는 몇 박자로 이루어진 동작의 한 단위

상연용 무용 형태
현대의 무용

미국에서는 21세기에 접어들면서 새로운 형태의 무용이 창안되었다. 다섯 명의 선구자들이 유럽에서 도입된 무용 스타일(발레, 사교댄스, 뮤지컬 레뷔)에 반기를 들고 미국적인 문화와 정서에 어울리는 새로운 형태의 무용을 만드는 데 착수했다. 그 결과로 나온 것이 현대 무용의 시초였다.

많은 사람들이 최초의 현대 무용가로 여기는 이사도라 던컨(Isadora Duncan)은 발레의 인위적인 동작, 딱딱한 스타일, 궁정 배경 등의 특징에서 탈피했다.

던컨은 몸의 중심부(명치)에서 나오는 자유롭고 자연스러운 동작을 개발했다. 또한 빅토리아 시대 여성들이 입던 몸을 구속하는 복장들과 코르셋을 거부했다. 헐렁하고 풍성하게 늘어지는 그리스식 튜닉을 입고 맨발로 춤을 추었다.

당대의 미국 무용가 풀러(Loie Fuller)는 무대에서 환상적인 효과를 내기 위해 조명, 지지대, 천을 사용하는 시도를 했다. 이 두 무용가는 미국에서 성공하기 위해 고군분투했지만 이들의 예술적 공헌을 더 잘 이해하고 받아들였던 것은 미국이 아닌 유럽 관객들이었다.

던컨과 풀러의 뒤를 이어 데니스(Ruth St. Denis)와 숀(Ted Shawn)이 등장했는데, 이들은 연극조와 기교를 무용에 다시 도입했고, 1915년에 로스앤젤레스에서 현대무용을 가르치는 최초의 학교인 데니숀 스쿨(Denishawn school)을 설립했다. 숀의 주요 업적은 남성들을 미국의 현대무용으로 끌어들인 것과 국제적인 무용 공연 장소인 메사추세츠 주의 버크셔에 현대무용극장 제이콥스 필로우(Jacob's Pillow)를 설립한 것이다.

데니숀 스쿨에서는 장래의 교사들과 무용인들을 양성하고, 데니숀 무용단에서는 1920년대에 13개 지역 전국 순회공연을 함으로써 신생 장르의 발전을 도모했다. 이런 노력을 한 사람들 중에는 세 명의 선구자인 차세대 현대 무용가들 그레이엄(Martha Graham), 와이드먼(Charles Weidman), 험프리(Doris Humphrey)도 포함된다. 이 세 사람 모두 1920년대 말 뉴욕시에 정착하여 무용을 지도하고, 공연하고, 새로운 안무를 창조했으며 결국 학교까지 설립하게 되었다.

미국의 현대 무용 및 뮤지컬 극장이 발전하는데 기여한 다섯 번째 선구자는 독일 출신의 무용가이자 교사, 안무가인 홀름(Hanya Holm)이다. 홀름은 라반이 1900년대 초에 처음 그랬던 것처럼 현대 무용에서 독일 전통의 최상급 수준을 대표했으며, 이는 독일의 표

현주의 무용가 비그만(Mary Wigman)에 의해 더욱 발전되었다. 독일과 미국의 현대 무용 형태는 거의 동시에 시작되었지만, 독일의 현대 무용은 제2차 세계대전으로 더 발전하지 못했고 많은 독일 무용가들이 미국이나 영국으로 거처를 옮겼다.

1930년대에 뉴욕시는 현대 무용과 현대 예술의 중심지가 되었다. 이 시기에 버몬트주의 베닝턴 대학에서는 체육교육과 교수들이 뛰어난 예술가들이 지도하는 무용 강의에 참여했고, 또 거기서 배운 무용을 교수들이 자신의 학생들에게 가르치면서 현대 무용의 개념과 기술은 전국적으로 퍼져나갔다. 그 결과로 오늘날에는 많은 대학이 체육 혹은 예술 학부 내에 무용학과를 개설해놓고 있다. 대학교의 무용 프로그램은 다양한 동작 형태 훈련방법 뿐 아니라 무용에 대한 교수법, 역사, 철학 그리고 음악, 제작, 안무, 동작 분석, 부상 예방 등을 포함하여 다양한 범위에서 폭넓은 학습을 할 수 있도록 하고 있다. 무용은 교사, 공연예술가(텔레비전, 영화, 혹은 무대에서의), 안무가, 무용치료사, 학자가 되려는 많은 학생들에게 전문적인 예비 교육 역할을 하고 있다.

현대 무용은 모든 동작의 기본을 바탕으로 이루어지고, 모든 연령대의 사람들이 효과적으로 배울 수 있다는 점에서 특별한 기여를 하고 있다. 현대 무용은 개개인의 정신, 신체, 감정, 영혼에 영향을 미치기 때문에 대단히 중요하다. 궁극적으로 현대 무용은 개성, 창의, 자신만의 안무 스타일의 개발을 강조한다.

기술

현대 무용 기술은 몸과 운동감각 지각 기능을 조절하는 법을 개발하며 동작의 범위를 확장시킨다. 준비운동은 몸이 어려운 동작을 수행할 수 있도록 미리 준비하게 하는 역할을 한다. 제자리에서 하는 형태의 운동은 근력과 유연성, 정렬, 밸런스를 증진시키고, 동작

의 표현형식을 확대한다. 연습실 내 공간 길이를 활용하는 컴비네이션은 공중 감각과 민첩성, 시간 조절 감각, 그리고 선행한 모든 동작을 사용해 실제로 '춤을 출 때'의 완성도를 향상시킨다. 각 항목은 다음 단계를 위한 준비과정이 된다.

음악에 맞춘 일련의 운동이 아니라 무용을 가르치려면 지도자는 학생들에게 실연을 해보일 수 있을 만큼 기술적으로 능숙해야 한다. 리듬에 흥미롭게 변화를 주는 동시에 프레이즈가 명확해야 한다. 초보자의 동작 표현력을 증진시키기 위해서는 지도자가 많은 종류의 동작과 변형 동작을 해보여야 한다. 무용 수업은 내용과 스타일이 다채로워야 하며, 어떤 수준의 학생이든 표현력을 발휘하는 예술로서의 무용을 경험할 수 있도록 도와야 한다. 학생들은 수업 시간에 마치 무대에서 공연하듯이 집중력을 갖고 진지하게 해야 한다.

우리가 나름대로 하루 일과를 이끌어 나가는 방식으로 무용에서도 그렇게 독창적으로 할 수 있기만 하다면, 학생들 누구나 어떤 수준에 오르면 동작에 창의력을 발휘할 수 있게 된다. 현대 무용은 동작에서의 개인의 독창성을 더욱 발전시킨다. 현대 무용 수업에서 학생들은 먼저 동작을 연구하고 그런 다음 동작의 문제점을 해결할 기회를 갖게 된다. 학생들은 즉석에서 사전 계획 없이 떠오르는 대로 동작을 수행하는 법을 배운다. 그런 다음 무용 패턴 혹은 무용 작품을 계획한다. 초보 작품 연구에서는 학생들에게 동작의 요소들을 자기만의 방식으로 연구하도록 한다. 가령, 시간과 리듬, 힘의 대비, 공간 요소들을 변경시키는 연구가 이루어질 수 있다. 안무 경험이 쌓임에 따라 학생들은 더 길게, 더 수준 높은 창작을 할 기회가 주어진다. 이 같은 창작은 테마 혹은 아이디어를 갖추게 되며 도입, 전개, 절정, 결말로 구성된다.

영감의 원천은 우리 주위의 모든 것 그리고 내 안에 있는 모든 것에서 나온다. 무용 작품은 아이디어나 감정, 흥미로운 프레이즈, 혹은 음악, 시, 문학, 그림,

조각 등과 같은 예술 형식을 바탕으로 한다. 무용 창작을 하는 데는 무용 창작을 하는 사람들 수만큼이나 수많은 접근방법이 있다. 어떤 사람은 무용이 무엇인가에 대해 먼저 이해하는 것부터 시작한다. 또 어떤 사람은 특수한 이미지 혹은 특별한 아이디어를 표현하고 싶은 욕구에 이끌리며 무용 연습실로 향한다. 때로는 다른 무용가들과 리허설을 하는 과정에서 안무가의 의도가 변하기도 한다. 안무는 작가가 수필이나 시를 쓰는 것과 마찬가지로 시행착오의 과정을 겪는다. 대개 훌륭한 최종 산물은 틀만 잡힌 미완성의 초안을 수없이 거친 후에 탄생하곤 한다.

창작품을 평가할 때는 다음과 같은 질문에 대답해보는 방법이 유용하다. 내가 만든 안무의 의도가 관객들에게 분명하게 전달되는가? 모든 부분이 전체적으로 연결되는 조화로운 작품을 만들었는가? 참신하고 개성 있고 안무의 목표와 잘 어우러지는 표현형식을 찾기 위해 동작의 질(안무의 언어)을 충분히 연구했는가?

아래에 나열한 것은 초보자가 동작 연구를 시작할 때 도움을 줄 수 있는 아이디어이다.

1. 이동, 밸런스, 점프, 턴, 스윙, 붕괴, 다리 제스처, 머리 제스처를 어떤 순서로든 포함하는 자신만의 프레이즈를 창조한다. 이것이 자신의 테마이다. 여기에 변화를 주는데, 두 배 빠르거나 두 배 느리게, 더 작게 혹은 크게, 모두 낮은 높이로, 방향을 바꾸어서, 전체적으로 점프를 넣는 방법을 찾는 등의 방식으로 변화를 준다. 자신의 프레이즈를 두 가지의 대비되는 음악을 선택해 시도해보고 그에 따른 반응이 어떻게 달라지는지 살펴본다. 그밖에 어떤 식으로 자신의 프레이즈에 변화를 줄 수 있을까? 자신이 새롭게 발견한 요소를 사용하는 간단한 무용을 만들 수 있을 것이다.

2. 동작의 정반대 특성을 연구한다. 예를 들면 강력한 것과 섬세한 것의 대비를 들 수 있다. 이런 요소들을 몸의 각 부분에 따로 따로 하나씩 적용해본다. 이동하거나 한 자리에서, 지면 부근에서나 공중에서 시도해본다. 빠르게, 느리게, 크게, 작게 시도해본다. 대비되는 특성에 따라 나타나는 서로 다른 느낌에 주목한다. 이런 것들 중 어떤 것이 더 마음에 드는가? 이렇게 두 가지의 대비되는 요소로 정반대 특성을 보여주는 작품(간단한 무용 작품)을 만든다. 생각해볼 수 있는 또 다른 대비들로는 견고하고 느슨함, 자극적이고 부드러움, 멀고 가까움 등이 있다. 자신만의 독창적인 아이디어를 찾아보라!

3. 파트너와 함께 흥미로운 몸의 형태와 몸의 상호관계를 표현해본다. 파트너의 몸의 형태가 만들어내는 부족한 부분을 나는 어떻게 채울 수 있을까? 자신의 체중이 파트너의 체중에 의해 균형을 이루는 상호관계를 찾아본다. 높이의 대비를 점검해본다. 서로 얽힌 형태 혹은 공간을 더 많이 활용한 형태는 어떠한가? 정말 마음에 드는 2인 1조 형태 네 가지를 만들어보고, 한쪽에서 다른 쪽으로 흥미롭게 이동하는 방법을 찾아본다. 이동 시간은 짧게 혹은 길게 만들 수 있다.

4. 가을 낙엽, 솔잎, 조개, 산호, 혹은 다른 여러 가지 자연 물질들을 연구해본다. 모양, 질감, 무게, 밀도를 생각해본다. 이러한 사물의 특징을 어떻게 동작으로 표현할 수 있을까? 그 사물처럼 보이도록 요구하는 과제가 주어지진 않을 것이다. 단지 그 사물이 지닌 본질적인 특징을 동작으로 표현해내기만 하면 되는 것이다.

안무는 창조적인 연구의 한 형태이다. 안무는 시간이 걸리고, 인내력, 상상력을 요한다. 무용가는 연습실에서 연습을 하고, 동작 아이디어를 시험하면서 아주 많은 시간을 보낸다. 완성된 작품은 철저한 연구 과정의 산물이다. 이것은 정신적, 육체적, 감정적 노력을 요하는 과제이지만, 최종 결과물은 그러한 노력의 가치를 충분히 발휘한다. 왜냐하면 그 순간에는 무용가가 그동안 터득한 완성된 표현법과 발견물을 실현하는 순간이기 때문이다.

발레

역사

발레 기술은 16세기에 궁중 무용에서 시작되었다. 발레의 기본 스텝은 17세기에 파리 왕립무용학교(Royal Academy of Dance)의 보샹(Beauchamps)이 체계화했다. 19세기 초에 블라시스(Carlo Blasis)는 그 당시의 발레 이론과 과정을 설명한 두 권의 책을 출판했다. 그의 설명은 그때부터 지금까지 발레 훈련의 기본이 되고 있다. 발레는 18세기에서 19세기 초에 전성기를 거쳤지만, 19세기 후반기에는 대중적 관심이 줄어들었다. 디아길레프(Serge Diaghilev)가 러시아에서 망명한 발레단 발레 루스(Ballet Russe)를 이끌고 1909년 파리로 갔을 때 서유럽은 러시아 발레의 예술적인 대담함과 혁신에 놀랐다. 이런 현상은 다시 서유럽에 발레에 대한 흥미를 자극했다. 20년 동안 이름뿐이던 발레가 이 시기에는 활기찬 예술 형태로 변모되었다.

1940년대에 미국에서는 두 곳의 주요 발레단 발레 시어터(Ballet Theatre, 나중에 아메리칸 발레 시어터 American Ballet Theatre로 변경됨)와 뉴욕시티 발레(New York City Ballet)를 갖게 되었다. 그때부터 발레는 미국 전역에서 번성했으며, 시와 지역 단위의 많은 인원으로 구성되고 또 현재까지도 활동하고 있는 많은 발레단이 생겼다.

발레 교육

발레는 예전보다도 오늘날 중등학교 무용 프로그램의 일부로 훨씬 더 많이 사용된다. 엄격하게 지도하는 교육은 강력한 기술을 형성한다 (도해 7.6). 학교 교육에 무용 수업을 포함하기를 주저했던 교사들은 어린이들

도해 7.6. 현대 무용을 중력을 사용해 학생이 시연하는 모습.(출처: Alina Prax)

이 발레에 가장 빠른 반응을 나타내는 것을 보고 놀라워한다. 무용의 다른 모든 측면이 그렇듯이, 학생들의 갈망과 열정, 진도의 양, 모든 무용 교육에서 형식의 적합성을 결정하는 것은 교육의 역량이다.

재즈

역사

재즈댄스는 아프리카 전통, 아일랜드식 나막신 춤(clog dance), 민스트럴 쇼(minstrel show), 보드빌(vaudeville), 사교댄스, 그 외 여러 원천에서 유래되었다. 재즈의 실제 기원은 미국이다. 당김음(syncopation)은 리듬 면에서 재즈를 자극적으로 만든다.

재즈댄스 교육

재즈 교육과정은 디스코 댄스에서 가져온 인기 있는 동작 또는 스텝에서부터 고유한 형태 및 동작 스타일이나 리듬을 흥미롭게 변형한 형태에 이르기까지 다양하다. 재즈는 현대의 인기 높은 문화와의 강한 유대관계 때문에 계속해서 변화하고 있다.

재즈댄스 교육에서 재즈의 방대한 역사에 대해 가르치면 학생들은 당대의 미국인 생활상을 풍부하게 표현하는 방법으로서 이 예술 형태의 중요성을 이해하기 시작한다.

탭댄스

역사

탭댄스는 아프리카, 아일랜드, 영국 문화가 결합하여 생겨난 미국 무용이다. 미국 남부에서 흑인과 백인이 서로의 댄스 스타일을 모방하면서 시작되었고, 1800년대 중반에는 북부 도시로 확산되며 발전되었다. 탭댄스는 민스트럴 쇼(minstral show: 흑인 분장을 하고 흑인의 음악·춤·의상·언어 등을 흉내 내는 미국의 독특한 뮤지컬 형식의 쇼 – 역자 주) 순회공연을 통해서, 또 나중에는 보드빌(춤, 노래, 곡예 등을 혼합한 극 – 역자 주) 순회공연을 하는 동안 인기를 얻었다. 그러나 흑인과 백인은 서로 따로 공연을 했는데, 그러다가 결국 백인이 흑인 분장으로 흑인을 묘사하는 독특한 기법(얼굴을 검게 칠한 백인 공연가들이 아프리카계 미국인 공연가들을 흉내내는 것)을 사용하게 되었다.

아일랜드의 지그(Jig), 영국의 나막신 춤(clog dancing), 복잡한 아프리칸 리듬과 어우러진 아프리카식 댄스 스텝 등의 춤이 함께 결합함으로써 탭댄스는 다른 모든 종류의 댄스와 차별화되었다. 초창기 형태는 맨발로 추는 방식이었으며 '벅 앤드 윙(buck and wing)'이라고 하는 스타일로 발끝을 사용했다. 1900년대에는 더욱 율동적이고 부드럽고 규칙적인 형태의 새로우면서도 복잡한 스텝이 도입되었다. 이 시기에 탭댄스는 보드빌 쇼에서 공연한 쇼보트(Showboat)로, 특히 브로드웨이 무대에서 공연한 지그펠드 폴리스(Ziegfeld Follies)와 다른 여러 쇼들로 대단히 큰 인기를 끌었다. 1920년대부터 1930년대에 로빈슨(Bill 'Bojangles' Robinson)이 발끝을 사용해 우아하게 리듬에 맞춰 아주 정확하게 동작하는 새로운 스타일의 탭댄스를 창안해 대중화했다.

탭댄스는 1930년대에 브로드웨이 무대와 할리우드 뮤지컬 영화에서 전성기를 구가했다. 엄청나게 많은 작품이 제작되었고, 때로는 수백 명의 무용수를 고용하기도 했다. 이런 쇼와 영화 중 다수의 작품이 현재 미국 연예오락물 역사에서 '명작'으로 일컬어지고 있다. 그런 작품들로는 아르데코 양식을 사용한 버클리(Busby Berkeley)의 많은 영화들, 애스테어(Fred Astaire) 역동성과 탭댄스가 어우러지는 켈리(Gene Kelly)의 영화들이 있다. 1960년대에서 1970년대에 탭댄스는 인기가 하락하는 쇠퇴기를 겪었는데, 콜즈(Honi Coles)와 로저스(Ginger Rogers)의 낭만적인 영화들, 그리고 같은 소수의 거장들만 미국과 유럽 등지에서 공연 및 지도 활동을 계속 했다.

1980년대에는 탭댄스가 오락 및 연예의 형태로 다시 되살아나면서 '사랑은 비를 타고(Singin' in the Rain)', '온 유어 토우스(On Your Toes)', '쇼보트(Showboat)', '42번가(42nd Street)', '화이트 나이츠 앤 탭(White Nights and Tap)'과 같은 많은 브로드웨이의 명작을 재구성해 상연하게 되었다. 그리고 하인즈 형제(Gregory and Maurice Hines), 글로버(Savion Glover) 같은 재능 있는 신인 예능인들이 주연을 맡은 '세련된 숙녀들(Sophisticated Ladies)', '코러스 라인(A Chorus Line)', '탭댄스 키드(The Tap Dance Kid)',

'젤리의 마지막 잼(Jelly's Last Jam)'과 같은 여러 새로운 작품이 나왔다.

1990년대에는 전통적인 아일랜드식 스텝 댄스 작품인 '리버댄스(Riverdance)', 난타 동작이 난무하는 '스탬프(Stomp)', 브로드웨이의 '브링 인 다 노이즈, 브링 인 다 펑크(Bring in Da Noise, Bring in Da Funk)' 등의 뮤지컬에 대한 대중적 흥미가 강렬해지고 또 계속 지속되었다. 이런 현상은 호주의 '탭 독스(Tap Dogs)'와 리버댄스의 속편인 '로드 오브 더 댄스(Lord of the Dance)'와 같은 비슷한 많은 쇼들이 성공하는데 도화선 역할을 했다.

탭댄스 교육

탭댄스 교육은 1900년대 초에 공립학교에서 시작되었다. 현재는 수백 명의 지도자들, 주로 사설 댄스교실, 레크리에이션 센터가 있어서 탭댄스를 계속 지도하고 있다. 1970년대 후반부터 탭댄스 교육에 대한 대중적 관심이 계속되었고, 최근에는 탭댄스 본래의 형태인 전통적인 아일랜드식 스텝 댄스에 대한 관심이 부쩍 커지면서 댑댄스 교육 열기가 높아지고 있다.

탭댄스는 발레, 재즈, 현대 무용이 그렇듯이 표준화된 표현형식을 갖고 있다. 그렇지만 탭댄스가 다른 무용과 다르게 느껴지는 큰 차이점은 탭댄스는 발로 두들기는 춤으로 인식한다는 데 있다. 탭댄스에서는 정확한 리듬 패턴과 음악적 감각을 터득하는 것이 중요하다. 어린이들은 발과 밸런스를 정교하게 조절하는 것이 필요한 탭댄스 수업에 본격적으로 들어가기 전에 창의적인 형태로 먼저 시작하는 것이 좋다.

오락용 무용

모든 오락용 무용은 함께 움직이고 단체로 혹은 파트너와 함께 즐기면서 리듬에 맞춰 동작하는 형식을 포함한다. 이런 형식으로는 남녀 혼성 활동이 이상적인데, 이는 서로 쉽게 섞이고 함께 움직일 수 있게 하는 편안한 기반을 조성한다. 그리고 모든 연령대별로 맞는 무용이 있다.

오락용 무용의 성장을 촉진한 것은 녹음 기술의 발전이다. 음악을 적당한 가격으로 쉽게 구할 수 있는 환경은 연주자를 동반하는 데 따른 비용 문제나 번거로움을 해결해준다. 더욱이 검증된 좋은 음악은 초보자들에게 의욕을 자극한다. 가정에서 연습하거나 무리를 나누어서 할 때 음악 테이프를 사용할 수 있다. 대규모 인원만이 댄스 음악을 사용할 수 있던 예전과는 달리, 지금은 개인이 집에서 연습하기 위한 용도로 오케스트라를 집에서 활용할 수 있다.

교사, 녹음장치, 무용기술이 최신식으로 받쳐주기만 한다면, 학생들은 교실에서 동네 클럽으로 혹은 취미를 즐기기 위한 레크레이션 교실로 쉽게 이동하며 참여할 수 있다. 어떤 교사들은 수업에 커뮤니티 댄스를 포함하거나 졸업 후에도 참여 가능성을 높이기 위해 학기 중 한번 이상 출석하도록 하고 있다.

수업 첫날부터 즐거움을 얻을 수 있게 하는 것이 오락용 무용 수업의 일부이다. 학생들이 성취도에 따른 만족감을 즐길 수 있기까지는 그리 오랜 시간이 걸리지 않는다. 또 더 까다로운 컴비네이션이나 더욱 난해한 리듬에 도전하는 것은 물론이고, 동시에 새로운 안무, 스텝, 혹은 무용에 계속해서 도전해야 한다. 오락용 무용에서 활용 가능한 기술의 범위는 대단히 폭이 넓다.

공간 제한 때문에 모든 타입의 오락용 무용을 고려할 수 없게 만들기 때문에, 새롭게 응용한 형태가 늘 인기를 얻는다. 예를 들면, 컨트리 웨스턴 라운드 댄스, 컨트리 웨스턴 스윙 댄스, 라운드 댄스가 현재 큰 인기를 끌고 있다. 아래에서는 스퀘어 댄스(square dance)만 자세히 살펴보면서, 포크댄스와 사교댄스를

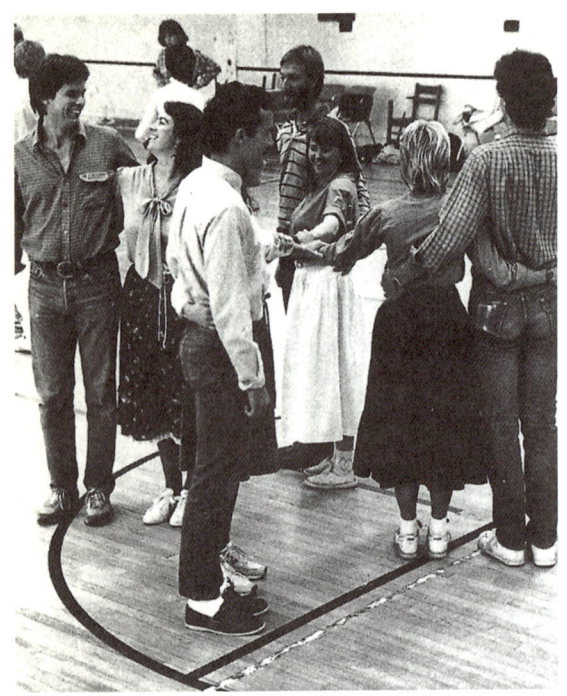

도해 7.7. 왼손 스퀘어를 하는 스퀘어 댄서들

간략히 소개한다.

아메리칸 스퀘어 댄스

역사

아메리칸 스퀘어 댄스(도해 7.7)는 영국에서 시골 지역에 거주하는 사람들 사이에서 개발된 영국의 컨트리 댄스로 처음에 시작되었다. 1600년대 초에는 특히 대도시에서는 이 댄스의 인기가 그리 높지 않았다. 그러다가 1651년에 플레이포드(John Playford)가 최초의 영국 컨트리 댄스 서적을 출판한 것이 자극제가 되어 컨트리 댄스의 인기에 가속도가 붙었다. 이 책에 포함된 대부분의 댄스는 '롱웨이스(longways)'로 알려졌으며, 후에 프랑스에서는 이를 일컬어 콩트르(contre) 댄스라고 불렀다. 콩트르 댄스에서는 참가자들이 두 줄로 앞 사람과 마주보며 선다. 다양한 동작 순서를 통해 참가자들은 라인의 한 지점에서 옆 지점으로 혹은 한 라인에서 다른 라인으로 자리를 옮기며 동작한다.

플레이포드의 책이 나오기 전에는 궁정 댄스가 성행했다. 궁정 댄스는 때때로 난해한 댄스 스텝이 포함되고 참가자가 낭만적이거나 경박한 태도를 취하는 형태였다. 사람들이 댄스를 선택하는 문제에 관하여 플레이포드가 쓴 책의 취지를 이해하려면 17세기 초에 영국에서 만연했던 분위기를 살펴볼 필요가 있다.

영국 시민들의 일부는 정부의 변화를 촉구하는 정치운동을 벌이고 있었다. 이는 내전을 촉발했고 그 결과로 왕의 참수 사건으로 이어졌다. 이 사건이 일어나기 전에 교회와 국가의 분리를 촉구했던 청교도파는 자신들만의 정부를 세우기 위해 아메리카로 건너갔다. 자신들만의 정부를 건설하겠다는 희망의 표현이자 저항의 증거로 청교도파와 그에 찬성하는 다른 무리들은 궁정 댄스 참가를 거부하고 단순한 스타일의 영국 컨트리 댄스를 선호했다. 청교도파였던 플레이포드는 서적을 출판함으로써 이러한 요구에 부응하고자 했다. 그의 책은 영국 정부에 불만을 품은 사람들 사이에서 찬사를 받았을 뿐 아니라 미국의 기호와도 잘 맞았다.

이때부터 아메리칸 스퀘어 댄스는 점점 진화했다. 궁정 댄스의 화려함과 격식, 그리고 가장 유명한 사람들의 호의로 선택받는 사교 예절 대신, 도착 순서에 따라 줄을 지어가며 춤을 추었다. 난해하고 까다로운 발동작은 사라지고, 음악의 박자에 맞춰 발을 일정하게 움직이는 동작이 대신했다. 궁정 댄스 참가자들 사이에서 볼 수 있는 경박한 태도는 자취를 감추고, 이러한 동작 패턴의 효과를 함께 만들어내기 위해서는 모든 참가자들의 통일된 움직임을 강조하는 양상이 그 자리를 대신했다. 사람들의 결속력을 강조했고 행동에 대한 평등에 중점을 두었다. 오늘날의 아메리칸 스퀘어 댄스는 여전히 이러한 원칙에 기반을 두고 있다.

초기부터 아메리칸 스퀘어 댄스는 국가가 기반을 두고 건설되어야 하는 이상의 표본이 되었고, 시민들은 그렇게 되기까지 그 이상을 실현하기 위해 노력했다. 그것이 바로 북아메리카의 포크댄스이며, 그렇게 된 배경은 식민지 시대 초기부터 문화의 일부였기 때문만이 아니라 댄스의 본질이 사람들의 철학과 가치관을 반영하는 것이었기 때문이다.

1700년대 초에 컨트리 댄스에서 역시 즐거움을 발견했던 프랑스인들은 이 댄스를 사각형 대형의 댄스 형태로 프랑스에 도입했다. 프랑스 사람들은 컨트리 댄스는 활동성이나 재미가 충분치 않다고 여겼다. 그러나 컨트리 댄스에 사각형 대형을 적용하면 모든 참가자들에게 활동성을 더욱 부여하면서도 컨트리 댄스와 비슷한 특징을 낼 수 있다는 것을 알게 되었다. 이 같은 혁신의 결과로 탄생한 새로운 스타일의 댄스를 프랑스에서는 코티용(cotillion)이라고 불렀다.

프랑스 혁명이 일어나자 이 코티용 댄스에는 더욱 혁신이 가해졌다. 프랑스에서 발생하고 있는 문화적 변화에 따라 템포가 더 빨라지고 스텝이 더 복잡해졌다. 사람들은 변화와 재미를 요구하고 있었고, 그러한 요구를 발산할 곳을 이 댄스에서 찾았다.

1800년대 중반에 사람들은 더 이상 이 코티용에 만족할 수 없었다. 짧고 단순한 동작 패턴으로는 흥미를 계속 유지하기엔 부족했다. 문화의 모든 측면은 더욱 복잡해지고 있었고, 댄스 또한 그처럼 복잡해지는 문화적 환경에 부응할 수밖에 없었다. 프랑스 사람들은 하나의 댄스에 다섯 혹은 여섯 가지의 코티용을 결합해 더욱 복잡한 댄스를 만들었다. 프랑스어로 카드리유(quadrille)라고 하는 이 댄스는 도입되자마자 영국과 미국에서 인기를 끌었다.

미국 댄스에 나타난 최초의 혁신은 '콜러(caller: 기본동작을 전달하면서 댄스를 진행하는 사람 – 역자주)'의 출현과 함께 시작되었다. 콜러의 등장은 아메리칸 스퀘어 댄스를 다른 모든 댄스와 차별화했고, 이 댄스를 미국 포크댄스로 분류할 명분을 제공했다. 1800년대 초 콜러가 등장하기 전에(1812년 전쟁 중 혹은 직후) 참가자들은 각각의 댄스를 모두 암기했다. 그러나 댄스 프로그램의 진행을 맡는 콜러가 있었기에 참가자들은 '기본원리' 혹은 댄스 패턴(원형, 도시도(do-si-do), 행진 등)을 알고 있기만 하다면 새롭고 낯선 댄스를 잘 수행할 수 있게 되었다. 이러한 변화는 댄스를 배울 수 있는 새로운 방법을 예고했다. 더 이상 기본원리의 순서를 기억할 필요가 없어졌다. 이러한 개념에 부응하면서 콜러의 신호는 진화했다. 콜러는 자신이 원하는 방향으로 댄스를 구성할 수 있었다. 이것은 다음에 어떤 신호가 나올지 모르는 기대요소를 창출하였고 이런 식으로 여러 해 동안 스퀘어 댄스를 이끌었다. 하나의 댄스를 성공적으로 완성하려면 참가자들은 기본원리, 듣는 능력, 협조, 시간 조절, 리듬만 신경 쓰면 되었던 것이다.

1800년대 중반부터 후반 경에는 노래하며 춤을 추는 싱잉 콜(singing call) 형태가 등장했다. 오늘날 인기 높은 음악이 그 때부터 사용되었고(새로운 댄스를 안무할 때의 관행), 안무가가 개발한 일련의 동작은 파트너를 서로 바꾸는 방식이었다. 이러한 방식은 동작을 세 번 더 반복하면 무용수들이 처음 자리로 돌아오면서 원래의 파트너와 만나게 되는 식으로 수행한다.

1800년대 후반에는 왈츠, 폴카, 그 외 다른 여러 가지 커플댄스가 유럽과 미국 동부 지역에서 굉장히 선풍적인 인기를 끌었다. 그에 따라 이들 도시에서는 볼룸댄스가 사교댄스 중에서도 가장 선호하는 댄스의 형태로 자리 잡았고, 컨트리 댄스와 스퀘어 댄스는 댄스 프로그램에서 사라졌다. 미국 동부 지역에서는 아메리칸 스퀘어 댄스를 작은 마을에서나 조금씩 볼 수 있게 되었다.

반면 미국 서부에서는 콜러가 서부 평원에서의 삶을 묘사하는 노래를 흥얼거리면서 수행하는 아메리칸 스퀘어 댄스가 선풍적인 인기를 끌고 있었다. 이 지역에서는 커플이 마주보며 춤추는 방식을 압도적으로 선호했다. 그러나 1900년대 초에 서부의 신도시들에서 볼룸댄스가 유행하게 되었고, 이곳에서도 역시 스퀘어 댄스는 작은 마을, 농장 등지에만 남게 되었다.

1900년대 초에서 제2차 세계대전 때까지 아메리칸 스퀘어 댄스에는 변화가 거의 없었다. 대부분의 경우 댄스에 참여하는 사람들은 지난 시절의 댄스를 하는 것에 만족했다. 아메리칸 스퀘어 댄스의 진화에 대한 연구는 사회적 불안기와 정치적 격변기에 발생하는 댄스의 변화를 잘 보여준다. 따라서 필연적으로 제2차 세계대전이 아메리칸 스퀘어 댄스의 새로운 스타일이 등장하도록 촉진했다는 이야기다.

전쟁 중에 미군위문협회(United Service Organizations), 종교 단체, 기타 단체들에서 공익요원의 사회활동을 주장했다. 스퀘어 댄스는 낯선 사람들 사이에서 사회적 결속력을 자극하기에 딱 맞는 활동처럼 보였다. 전쟁 후에는 이런 경험을 즐거워했던 젊은 남성들 다수가 고향의 이웃들에게 그와 비슷한 경험을 선사하기 위해 콜러 역할을 자처했다. 아메리칸 스퀘어 댄스는 순식간에 굉장한 인기를 끌었고 이 같은 인기와 더불어 댄스에 많은 변화가 나타났다.

인기는 서부 지역에서 크게 상승했고 동부 쪽으로도 순식간에 퍼졌다. 1941년 남부 캘리포니아에서는 대략 10곳의 클럽과 5명의 콜러가 있었다. 1948년 11월에는 30명의 콜러와 75곳의 클럽이 생겼다. 그로부터 6개월 후인 1949년 5월에는 이 수치가 더욱 증가하여 한 지역에 400개의 단체가 생겨났다. 1950년 말에는 로스앤젤레스에만 어림잡아 50,000명의 댄서가 있었고 전국적으로는 500만 명이나 되었다.

1940년 후반에서 1950년대 초에는 미국 동해안 지역에서 새로운 스타일, 즉 현대식 아메리칸 스퀘어 댄스가 큰 인기를 끌었다. 지역마다 몇 가지의 차이점이 있었는데, 그 이유는 댄스의 역사가들이 주장하기로는 스퀘어 댄스가 마침내 국가적 댄스, 즉 아메리칸 포크댄스로 부상한 것이 바로 이 시기였다는 것이다.

1940년대에서 1970년대까지 발전한 스퀘어 댄스는 20세기 초의 스퀘어 댄스와는 굉장히 달라졌다. 1940년 이전에는 10가지에서 12가지의 기본 동작이 있었는데 현재는 800가지가 넘는다. 지금도 존재하는 스퀘어 댄스 레코드 회사에서는 매달 20가지 이상의 새로운 싱잉 콜을 발표한다. 커뮤니티 댄스에 참가할 준비를 하려면 1년에서 2년의 교육을 받아야 한다. 단순히 커플이 마주보고 춤을 추는 서부식의 스퀘어 댄스는 더 이상 하지 않는다. 그 대신 전통적인 원형을 따라 정렬하기, 이동하기, 스타 스루(star-thru) 등의 동작이 사용된다. 참가자들은 댄스가 아니라 기본동작을 수행하는 법을 배운다. 콜을 듣는 능력, 순서에 맞는 동작하기, 춤을 추는 동안 기본동작을 올바른 시점에 정확하게 하기, 음악의 비트, 템포, 악절에 맞춰 춤추기, 댄스에 사용되는 다양한 동작과 기본동작을 하는 동안 스텝 적절히 밟기 등의 요소에 중점을 둔다.

오늘날에는 600만에서 1천만 명의 사람들이 미국의 스퀘어 댄스 클럽에 가입한 것으로 추정된다. 많은 사람들이 스퀘어 댄스에 한 달에 적어도 두 번 이상 참여하며, 또 어떤 사람들은 일주일에 2~3회 참가하는 경우도 흔하다. 아메리칸 포크댄스는 다른 어떤 국가적인 포크댄스보다도 참가하는 사람이 더 많다. 문화가 변화하면서 댄스도 계속해서 변화를 겪는다. 그 문화에 속한 사람들의 가치를 분명히 표현하는 것이 바로 역동적이고 활기 넘치는 포크댄스이다.

스퀘어 댄스의 목적

1. 참가자들이 새로운 능력을 발휘함으로써 만족감과 자부심을 얻게 한다.
2. 품위를 갖게 한다.
3. 협조 능력을 길러준다.
4. 자제심을 기르도록 돕는다.
5. 타이밍과 리듬 감각을 길러준다.

6. 이성을 편안하게 대할 기회를 제공한다.

7. 정서적 및 사회적 가치관을 개발시킬 기회를 제공한다.

8. 모든 사람들에게 친목 및 즐거움을 드높이는 활동 기회를 제공한다.

스퀘어 댄스의 구성

스퀘어 댄스는 네 커플이 한 조로 실시한다. 여성은 항상 남자의 오른쪽에 자리 잡는다. 콜러의 앞에 있는 커플이 커플 1이다. 커플 3은 커플 1을 마주보고 선다. 특별한 이유가 없는 한 이 두 커플이 헤드(head) 커플이 된다. 커플 2는 커플 1의 오른쪽에 선다. 커플 4는 커플 2 맞은편에 선다. 커플 2와 커플 4는 사이드(side) 커플이 된다. 홈 위치가 시작 지점이다. 만일 댄스를 하는 동안 한 커플이 실수를 한다면 "스퀘어 더 세트(Square the set)"라는 구호가 불리고 모든 커플은 시작 지점으로 돌아간다.

파트너의 상대적 위치

남성의 오른쪽에 있는 여성이 항상 ㄱ 남성의 파트너가 된다. 남성의 왼쪽에 있는 사람은 그 남성의 코너(corner)라고 한다. 또한 여성의 오른쪽에 있는 남성은 이 여성의 코너가 된다. 댄스를 하는 동안에는 남성이 처음의 파트너와 떨어질 수 있다. 만일 그런 상황이 생겨 파트너라는 단어를 외치면 그 남성은 그 순간에 파트너를 오른쪽으로 다시 오게 할 수 있다. 파트너는 가급적이면 항상 손을 잡는다.

셔플 스텝(Shuffle Step)

댄스는 하나의 기본요소에서 다른 요소로 바꿔가면서 민첩하고 활기찬 셔플 스텝으로 실시한다. 한 비트 혹은 한 카운트에 한 스텝을 사용한다. 발을 지면에 대고 앞으로 미끄러뜨린다. '서클 라이트(Circle right)'일 때는 오른쪽으로 움직일 때 오른쪽 발을 옆으로 움직인 다음 왼쪽 발을 오른쪽 발 앞으로 옮긴다. 이 일련의 동작을 원 중앙을 향해 발끝으로 계속 반복한다.

스퀘어 댄스의 구성

기본동작(basic) 개별 동작으로, 예를 들면, '앞으로 가기, 뒤로 가기' 등이 있다.

댄스(dance) 음악 한 곡에 맞춰 커플이 춤을 출 수 있는 피겨의 조합.

스퀘어 댄스의 제목(name of square dance) 대개 주요 피겨를 일컫는데, 예를 들면 'Ducking for the Oyster' 'Taking a Peek' 등이 있다. 댄스는 사용하는 음악의 제목으로 구분할 수 있다.

프레이즈(phrase) 8 혹은 16카운트를 구성하는 기본 동작의 수

피겨(figure) 프레이즈가 조합된 한 군을 말하며, 대개 커플이 동작을 시작해서 처음 지점으로 돌아올 때까지가 64카운트이다.

스퀘어 댄스 시작하기

"파트너와 인사(Honor your partner)"라는 구호로 시작한다. 참가자는 먼저 코너에게 인사를 하고 그 다음엔 파트너에게 인사를 한다.

스퀘어 댄스의 기본 기술

그랜드 라이트 앤 레프트(grand right and left) 절반 구간 8카운트, 전 구간 16카운트. 파트너가 서로 마주 보고 오른손을 잡는다. 이 상태로 옆을 스쳐 지나서 다시 마주보게 되는 사람의 손을 반대쪽 손으

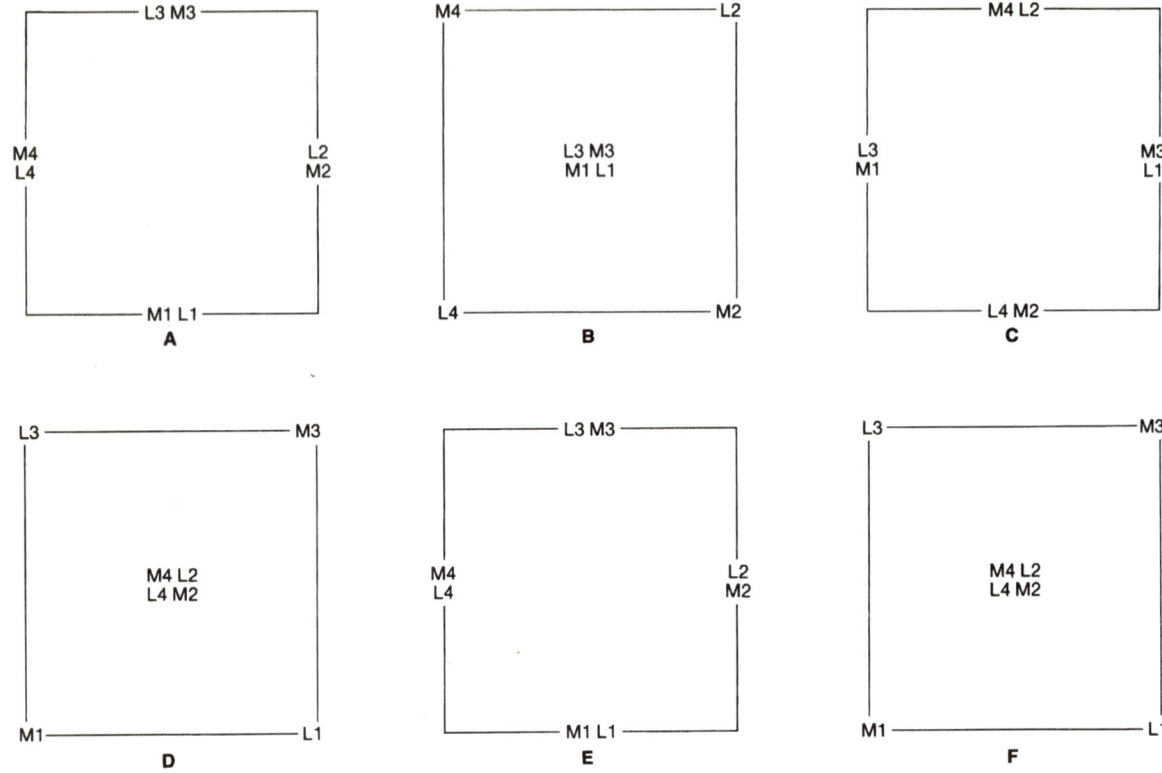

도해 7.8. 스퀘어 댄스. 자세한 내용은 본문을 참조.

로 잡는다. 이런 식으로 처음 자리로 올 때까지 오른쪽, 왼쪽으로 바꿔가며 원을 돌며 행진한다.

그랜드 스퀘어(grand square) 32카운트. 모든 참가자가 전체 정방형의 모퉁이 쪽으로 작은 정방형을 그리며 움직인다 (도해 7.8A). 커플 1과 3은 네 스텝을 앞으로 전진하고 중앙에서 만난다. 커플 2와 4는 마주보며 뒤로 후진하여 세트의 모퉁이 쪽으로 이동한다 (도해 7.8B). 커플 1과 3이 서로 마주보는 파트너와 함께 등이 측면을 향하게 하여 안쪽 손을 서로 잡고 네 스텝 후진한다(이제 이 두 사람은 커플 2와 4가 처음 있던 자리에 오게 된다). 그리고 이와 동시에 남자 4와 여자 2, 남자 2와 여자 4는 서로 마주보며 네 스텝을 전진하여 커플 1과 3이 처음 있던 자리로 온다 (도해 7.8C). 이 순서를 도해

7.8D와 도해 7.8E에서 보이는 것처럼 계속 한다. 그러면 모든 커플이 각각 시작 지점으로 되돌아오게 된다. 그 다음에는 이 전 순서를 거꾸로(첫 4카운트가 도해 7.8F에서 나와 있음) 하기 위해, 커플 2와 4가 중앙으로 이동하고 커플 1과 3이 세트의 모퉁이로 이동한다.

다이브 포 디 오이스터(dive for the oyster) 16카운트. 첫 번째와 두 번째 커플이 춤을 추며 마주 본다. 모두 손을 잡고 왼쪽으로 원의 반을 돈다. 첫 번째 커플이 네 스텝 전진 후진을 하는 동안 두 번째 커플이 손을 잡고 팔을 올린다. 다시 모두 손을 잡고 원의 반을 돌고 시작지점으로 돌아온다.

도시도(do-si-dos) 8카운트. 파트너, 코너, 혹은 맞은편 사람이 상대방과 서로 마주보고 서서 서로의 오

른쪽으로 오른팔을 스치면서 앞으로 갔다 뒤로 돌아 나온다.

라이트 앤 레프트 스루(right and left thru) 절반 구간 8카운트, 전 구간 16카운트. 두 커플이 서로 마주 본다. 오른손을 각자 마주보는 상대방에게 내밀고, 오른손을 잡고 지나간다. 그런 다음 즉시 자신의 파트너와 서로 왼손을 잡고 남성이 오른팔을 여성 뒤로 돌려 커티시 턴(courtesy-turn)을 함으로써 두 커플이 서로 마주보게 돌아온다 (커플이 서로 자리가 바뀐 상태).

라이트 핸드 라운드 더 파트너(right hand round the partner) 8카운트. 파트너는 서로 오른손을 잡고 마주보며 시계방향으로 돈 다음 시작지점으로 돌아온다. 이 기본동작은 알망드 레프트와 정반대가 된다 (그리고 때로는 이를 '알망드 라이트[allemande right]'라고 부른다).

레이디스 체인(ladies' chain) 8카운트. 헤드 혹은 사이드의 두 여성이 원 중앙 쪽으로 서로의 오른손을 스치면서 지나간다. 앞으로 나간 다음에 만나는 상대 남성에게 왼손을 내민다. 남성은 여성의 왼손을 자신의 왼손으로 잡고, 오른손은 여성의 허리에 댄다. 그리고 모두가 원을 시계 반대방향으로 돌면서 시작지점으로 돌아온다.

밸런스(balance) 파트너의 뒤로 두 스텝 움직여 인사한다.

밸런스와 스윙(balance and swing) 커플이 밸런스를 한 다음, 손이나 팔을 잡고 앞으로 투스텝을 하고, 서로의 주위를 두 번 돈다.

샤셰 라운드 유어 코너(sashay round your corner) 8카운트. 측면 슬라이딩 스텝을 사용하고 항상 중앙을 향하면서, 남성은 코너(오른쪽 옆 여성)의 왼쪽으로 해서 바깥쪽 방향으로 코너를 돌아 원래의 자리로 돌아온다.

서클(circle) 절반 지점까지 8카운트, 전 구간 16카운

트. 참가자들이 손을 잡고, 정해진 방향으로 약간 틀고, 셔플 스텝으로 돈다. 이는 왼쪽으로나 오른쪽으로 모두 할 수 있다. 여성, 남성, 모두에게 요청할 수 있다.

스타(star) 8카운트. 지정된 파트너들이 지정된 손을 원 중앙으로 내밀어 서로 잡고 원 안에서 하나의 원을 그리며 돌고 시작지점으로 돌아온다. 참가자들은 라이트 스타 혹은 레프트 스타를 하도록 요청받을 수 있다.

시소 라운드 유어 온(seesaw round your own) 8카운트. 남성은 측면 슬라이딩 스텝을 사용해 코너의 오른쪽으로 해서 바깥쪽 방향으로 코너를 돌아 원래의 자리로 돌아온다.

알망드 레프트(allemande left) 8카운트. 남성은 코너의 여성과 왼손 혹은 왼팔을 잡는다. 그런 다음 시계 반대방향으로 돌고 시작지점으로 돌아온다.

어라운드 댓 커플, 테이크 어 피크(around that couple, take a peek) 16카운트 앞으로, 뒤로 움직인다. 커플 1은 커플 2를 마주본다. 커플 1이 앞으로 가고, 서로 떨어지고, 서로 비라보면서 커플 2를 시나쳐 간다. 그런 다음 다시 시작지점으로 돌아온다.

위브 더 링(weave the ring) 절반 구간 8카운트, 전 구간 16카운트. 그랜드 라이트 앤 레프트와 동일하며 손을 잡는 것만 다르다.

포워드 앤 백(forward and back) 8비트 혹은 8카운트. 정해진 커플이 원의 중앙을 향해 네 스텝을 전진했다가 네 스텝으로 후진한다.

프롬나드(promenade) 절반 구간 8카운트, 전 구간 16카운트. 커플들이 마치 악수하듯이 오른손을 잡고 나란히 선다. 남성은 원의 안쪽으로, 여성은 원의 바깥쪽으로 하여 서로 시계 반대방향으로 마주 한다. 남성이 오른팔을 자신의 왼손 아래 대고 여성의 왼손을 잡는다. 셔플 스텝을 하며 원을 돈다.

피겨의 구성

"코너에게 인사, 파트너에게 인사, 모두 손 잡기"

왼쪽으로 절반 돌기	8 카운트
모두 전진하고 후진하기	8 카운트
오른쪽으로 절반 돌기	8 카운트
왼쪽으로 전체를 돌기	16 카운트
오른쪽으로 전체를 돌기	16 카운트
모두 전진하고 후진하기	8 카운트
	64 카운트

"코너에게 인사, 파트너에게 인사"

코너와 도시도하기	8 카운트
도시도하기	8 카운트
모두 손잡고 왼쪽으로 돌기	16 카운트
헤드가 전진하고 후진하기	8 카운트
사이드가 전진하고 후진하기	8 카운트
모두 손잡고 오른쪽으로 돌기	16 카운트
	64 카운트

"테이크 어 피크"

왼쪽으로 계속 돌기	6 카운트
헤드가 오른쪽 커플을 돌면서 '테이크 어 피크'하기	16 카운트
사이드가 오른쪽 커플을 돌면서 '테이크 어 피크'하기	16 카운트
오른쪽으로 계속 돌기	16 카운트
	64 카운트

스퀘어 댄스용 음악

패터송(patter song), 호다운(hoedown)

패터송은 타이밍과 리듬을 맞추기 위해 사용된다. 대개 친숙한 멜로디가 아니며, 대체로 기본 기술을 가르치는 목적으로 사용한다.

싱잉 콜(singing call)

싱잉 콜 음악은 멜로디가 명확하며, 특정 피겨를 위해 작곡한 싱잉 콜도 있다. 예를 들면, 'Oh Johnny!', 'Hot Time in the Old Town Tonight', 'Hello, Dolly!', 'Cabaret', 'Buffalo Girls', 'Pop Goes the Weasel' 등이다.

포 크 댄 스

포크댄스는 전통적인 춤으로, 한 집단, 국민, 혹은 종교의 문화적 유산의 일부이다. 민속춤으로 개발하여 평범한 사람들이 참여했다. 이와 반대로 일부 민속춤은 고도의 기술을 가진 무용수들이 추는 예술의 형태로 진화하였다.

유래

포크댄스는 국제적인 춤이다. 일부는 추수, 결혼식, 축일과 같이 특별한 일을 기념하는 방법으로 시작하기도 했다. 또 어떤 것은 임무 수행, 종교의식, 군사적 예절 등에서 파생되었다. 그러나 대부분은 즐거움을 얻는 수단이 되는 기분전환용 취미거리로 진화되었다.

포크댄스는 '국민의' 춤이었기에 '국민에 의한' 춤으로 변화했다. 어떤 사람은 여기에 손뼉치기를 넣기도 하고 춤을 더욱 즐겁게 만들기 위해 턴을 포함하기도 한다. 또 어떤 사람은 뒤를 따라가며 춤을 추는데, 이 같은 변화는 널리 확산되었다. 이는 오늘날까지 이어진다. 거의 모든 댄스가 지역마다 다르지만, 기본적인 스타일, 스텝, 대형은 각각의 댄스에 특별한 멋을 부여한다.

형태

포크댄스는 다양한 형태로 구성된다. 어떤 것은 다른 사람을 건드리지 않으면서 혼자 춤을 추기도 한다. 어띤 것은 줄 혹은 원 혹은 끊어진 원(한쪽 끝에 리더가 있음) 형태를 그리며 양쪽에 있는 사람들과 서로 손을 잡고 춤을 추기도 한다. 옆 사람과 손을 잡고, 팔을 걸고, 어깨나 허리에 손을 올리고, 손가락 깍지를 끼고 춤을 춘다. 때로는 헐렁한 벨트를 착용해 양쪽에 있는 사람들이 잡을 수 있게 하는데, 특히 라인 댄스에서 동작이 매우 격렬한 경우에 남성들이 그렇게 한다.

둘, 셋, 여섯, 혹은 여덟 명 기준으로 하는 댄스는 더욱 조직적이다. 단체 대형은 짧은 라인에서 한 개의 원형, 이중 원형, 평행 라인, 정방형, 스타형, 심지어는 삼각형에 이르기까지 아주 다양하다. 파트너와 함께 하는 댄스에서는 서로 움직이는 위치나 방식이 명확한데, 예를 들면 클로즈드형(볼룸댄스 자세처럼 마주보고 닫힌 자세가 된다), 오픈형(나란히 선다), 어깨-허리형(남자의 손이 여성의 허리에 놓이고 여성의 손은 남성의 어깨에 놓인다.), 나비형(파트너가 마주보고, 손을 잡고, 팔은 어깨 높이로 바깥쪽으로 뻗는다)

현재는 인원에 관계없이 파트너 없이 추는 댄스가 가장 인기를 얻고 있는 것 같다. 이런 춤은 빠르게 체계화되어 누구나 합류하여 함께 즐길 수 있게 되었다. 나양한 보임의 편안한 분위기에 사용하기 알맞은 춤이다. 커플댄스와 그룹 댄스는 시작부터 더욱 조직적이어서 어떤 사람들은 제외될 수 있다.

기본적인 댄스 스텝

포크댄스에서 사용하는 기본 동작은 워킹(혹은 스텝), 런, 홉, 스킵, 슬라이드, 갤럽이다. 전통적인 포크댄스 스텝은 다양한 리듬에 따라 적용되는 이 같은 기본 동작의 조합으로 구성된다. 아래에는 일반적인 포크댄스 스텝을 간략하게 설명했다. '클로스(close)'는 빌을 모으고 스텝을 하는 것을 말하며, L은 left(왼쪽), R은 right(오른쪽) 이다.

투스텝(two-step) (2/4 혹은 4/4 박자) 리듬은 빠르게, 빠르게, 느리게, 마지막은 그대로 유지.

스텝	클로스	스텝	홀드(hold)
L	R	L	

폴카(polka) (2/4 박자) 홉은 빠르면서 1카운트 직전에 여린박이 온다. 리듬은 투스텝에서 빠르게, 빠르게, 느리게로 변화한다.

홉	스텝	클로스	스텝
L	R	L	R

쇼티시(schottische) (4/4 박자) 일정한 리듬으로 4카운트에 네 동작을 한다. 때로는 스텝, 클로스, 스텝, 홉, 또 어떤 경우에는 스텝 대신 런을 넣는다.

스텝	스텝	스텝	홉
L	R	L	L

왈츠 박스(waltz box) (3/4박자) 6카운트에 여섯 스텝을(음악의 두 소절) 일정한 리듬으로 한다. 리듬은 느리게, 느리게, 느리게이다.

진진 스텝	사이드	클로스
L	R	L

후진 스텝	사이드	클로스
R	L	R

마주르카(mazurka) (3/4박자) 세 동작을 3카운트에 균일한 시간에 한다. 스타일 응용에는 홉 동작을 하면서 동시에 왼발이 오른쪽 정강이를 교차하는 동작을 포함한다.

스텝	클로스	홉
L	R	R

방향, 리듬, 스타일을 변경하면서 기본 동작들을

조합하면, 기존에 알려져 있고 사용된 바 있는 수백 가지의 포크댄스에 놀랄 만큼 다양성을 부여한다. 여기에 설명한 스텝은 자주 사용함으로써 정착된 작은 예를 든 것이다.

국가별 특징

아래의 국가별 간략한 설명은 댄스 스타일에서 볼 수 있는 지역적 차이를 나타낸 것이다. 각 지역에서 얻을 수 있는 매력적인 요소가 많이 있으므로 학생들에게 유용하다(이 장의 끝부분에 나오는 '유래' 항목을 참조할 것).

그리스. 남자가 스텝 변화를 알리기 위해 손수건을 흔듦으로서 끊어진 원 형태의 댄스를 이끄는 것이 일반적이다. 남자는 라인을 기본 스텝을 유지하면서 현란하게 즉흥적으로 춤을 춘다. 종종 여자가 별도의 라인에 위치하여 동작이 더욱 절제되기도 한다.

독일. 왈츠, 폴카, 쇼티시처럼 규칙적인 패턴을 갖는 커플댄스가 일반적이다. 또한 복잡한 손뼉치기 동작, 정확한 리듬으로 나는 듯이 빠르게 몸을 움직이는 동작도 특징이다.

멕시코. 힘차게 구르면서 빠른 발동작과 발끝으로 두들기는 동작은 자칫 경박해질 수 있는 커플댄스에 재미를 부여한다. 남자가 손을 등 뒤로 대고 여성은 치맛자락을 잡으면 다리와 발에 동작이 집중된다.

스칸디나비아. 부드럽게 턴 동작을 하는 커플댄스가 일반적이다. 가장 많이 알려져 있는 것이 스웨덴의 함보(hambo)이다. 또한 남자들이 추는 박력 있는 춤과 익살스러운 유쾌한 댄스도 있다.

스코틀랜드. 전통적인 백파이프 음악에 맞추어서 정교한 춤을 추는 무용수들은 발끝을 세우고, 몸을 곧게 펴고, 손은 세심하게 동작한다. 플링(flings), 릴(reel), 쇼티시, 검무 등이 알려져 있다.

아일랜드. 복잡하고 정확한 발동작이 지그(jig)와 혼파이프(hornpipe) 같은 아일랜드 솔로 댄스의 특징이다.

영국. 가볍고 경쾌한 런 스텝으로 동작하는 커플용 컨트리 댄스는 부드럽고 미끄러지는 듯 움직이는 효과를 나타낸다. 팔을 자유롭게 흔들고 몸은 곧게 편 상태로 하는 동작을 무용수들은 재미있는 패턴으로 포함시킨다.

유고슬라비아. 대부분의 전형적인 무용은 콜로(kolo)이다. 콜로에서는 리더가 스텝 변화를 알리기 위해 손수건을 흔든다. 많은 콜로 댄스가 이 나라의 다양한 슬라브 민족들만큼이나 다채롭다. 어떤 것은 조용하고, 어떤 것은 쾌활하다. 또 어떤 것은 큰 소리로 스텝을 알려야 할 만큼 활기차고 떠들썩하다.

이스라엘. 종교적 무용은 희망, 기쁨, 용기를 표현한다. 국가적 무용은 유럽, 아시아, 중동의 동작들을 혼합하면서 이스라엘의 많은 종교단체들이 단결하도록 하는 역할을 한다. 이스라엘 무용이 원형을 사용하는 것은 결속력을 상징한다. 유능한 안무가들은 전통적인 스텝과 형태를 바탕으로 새로운 무용을 창조한다. 호라(hora)는 이스라엘의 국가적 무용이다.

헝가리. 템포의 갑작스러운 변화, 발뒤꿈치에서 내는 딸깍 소리, 각자의 즉흥 댄스 등은 차르다시(csardas) 같은 댄스의 일부이다.

사교댄스

세트 패턴이 없는 커플댄스는 인기가 매우 높은데, 크게 사교댄스나 볼룸댄스로 분류된다. 커플댄스는 편안하고 긴장감이 없는데, 이는 세트 패턴으로 수행하는 댄스에서는 볼 수 없는 특징이다. 각 커플 동작은 다른 사람들과 관계없이 독립적으로 움직인다. 일부 경우에는 파트너끼리도 서로 독립적으로 움직이며 마음대로 즉흥 댄스를 하기도 한다. 그러나 대부분의 사교댄스는 남자가 이끄는 것이 특징이며, 여성은 남성이 선택하고 지시하는 스텝, 스타일, 리듬의 변화를 따른다.

유래

격식을 차리는 사교댄스는 르네상스 시대 때 유럽의 궁정 무용에서 시작되었다. 그 당시에는 귀족들에게 올바른 스텝을 가르치고 개발시키기 위해 무용 지도자들이 고용되었다. 오늘날의 무용수와 무용 지도자들은 새로운 스텝과 스타일을 지속적으로 창안해내고 있다. 인기 있는 음악, 영화, 텔레비전, 무대 공연 등은 모두 미국을 열광시키는 새로운 댄스에 영감을 주는 것들이다.

한 시대의 사교댄스는 그 후의 세대에서 포크댄스로 정착하는 경향이 있다. 재미있는 컴비네이션을 반복하고 세트 형태를 갖추기 시작하면서 댄스를 다른 사람들이 기록하고 모방할 수 있게 되었다. 왈츠, 폴카, 쇼티시, 마주르카는 모두 초창기의 사교댄스들이다. 무도장에서 가끔 폴카가 보이긴 하지만, 왈츠만이 현대의 볼룸댄스로 계속 이어지고 있다. 광란의 20년대를 휩쓴 찰스톤(Charleston of the Roaring Twenties)은 이미 댄스 서적에도 나온다. 현재 급격한 인기를 얻고 있는 댄스는 시간이 지나면 아마 찰스톤과 같은 운명이 될 것이다. 인기 높은 사교댄스에 끊임없는 변화가 나타나는 것은 틀림없는 사실인 것 같다. 그러나 댄스 형식이 자리 잡게 하는 데는 세트 기준과 필요한 스텝이 갖춰져야 하며, 특히 댄스 경연대회에 사용되는 댄스는 더욱 그러하다.

기본 스텝

"음악에 맞춰 걸을 수 있기만 하다면 누구나 춤을 출수 있다!" 이것은 사교댄스 강좌에서 흔히 처음 하는 말로, 모든 형태의 사교댄스가 걷기 스텝을 바탕으로 한다는 사실을 강조하는 것이다. 특색 있는 음악에 따른 스타일, 리듬, 패턴 구성의 차이점은 서로 다른 형태로 나타난다. 모든 형태에 공통되는 기본 스텝을 몇 가지 응용하면 다음과 같다.

로킹(rocking) 제자리에서 앞, 뒤, 옆으로 하는 스텝을 말한다.

밸런싱(balancing) 두 번의 클로스 스텝에 이어서 하는 긴 스텝을 말한다. 무게중심을 이동하는 것은 클로스 스텝에서는 극히 미미한 경우다.

클로징(closing) 한 발을 다른 발 쪽으로 옮기고 무게중심을 이동한다. 스텝은 앞, 뒤, 혹은 옆으로 할 수 있다.

피보팅(pivoting) 어느 한 방향으로 회전하는 것을 말한다. 무용수는 제자리에 머물거나 축을 중심으로 이동할 수 있다.

헤지테이팅(hesitating) 무게중심을 이동하지 않은 채 지면에서 떨어진 발을 잡으면서 멈추는 것을 말한다.

사교댄스의 형태

일반적인 사교댄스의 리듬 패턴을 이해하려면 아래의 내용을 참고한다. 기호 S는 slow(느린 스텝), 기호 Q는 quick(빠른 스텝)을 의미한다.

폭스 트롯(Fox-trot). 폭스 트롯은 1913년 지그필드쇼에서 폭스(Harry Fox)가 공연한 빠른 스텝 댄스에서 진화한 미국 댄스이다. 현재는 약간의 기복이 있는 동작을 가미하여 지면을 미끄러지듯 움직이는 부드러운 형태로 변화했다. 폭스 트롯은 꿈결처럼 나른하고 느리거나 아니면 빠르고 경쾌하게 할 수 있다. 협소한 공간에서는 제자리에서 하는 댄스로, 또는 공간이 넓다면 광범위한 동작으로(원 스텝 QQQQQ, 투 스텝

QQS, 매직 스텝 SSQQ) 할 수 있다

스윙(Swing). 1920년대의 린디(lindy)에서부터 1930년대의 지터벅(jitterbug)이 현대의 스윙 댄스이다. 기본 스텝은 변형동작이 있는 6카운트의 린디이다. 음악은 경쾌하지만 훌륭한 스윙 댄서들은 동부 스윙 댄스의 전형적 특징인 개별 턴, 교체, 위치 변화 등을 부드럽게 동작한다. 서해안 지역에서는 좀 더 느리고 더 복잡한 형태로 발전되었다.

왈츠(Waltz). 가장 오래된 볼룸댄스 형태이자 클로즈드(혹은 왈츠) 포지션(closed position) 으로 춤을 춘 최초의 댄스인 왈츠는 19세기 초에 미국으로 처음 유입되었을 때만 해도 아주 충격적이었다. 그 이전에는 비엔나에서 슈트라우스 왈츠 음악과 함께 크게 유행했다. 아마도 17세기 독일에서 시작된 것으로 보인다. 왈츠라는 이름은 '회전하다'란 뜻의 독일어에서 유래하였으며, 왈츠의 특징인 부드럽고 미끄러지는 듯한 스텝의 턴 동작은 계속 이어지고 있다 (SSS).

차차(Cha-cha). 차차는 1950년대 중반의 맘보(mambo)에서 발전된 쿠바 댄스로, 빠른 쓰리 스텝이 특징이다. 무용수들은 종종 떨어져서 기본적인 '스텝, 스텝, 차, 차, 차' 댄스를 바탕으로 자유로운 동작을 한다. 라틴 리듬이 매력적이고 독특하다 (SSQQQ).

룸바(Rumba). 룸바는 1930년에 쿠바에서 미국으로 전파되었다. 차차와 마찬가지로 하반신 동작이 특징으로, 무릎과 발동작을 섬세하게 함으로써 자연스럽게 엉덩이를 미묘하게 흔들게 된다. 무용수들은 비교적 절제된 이 라틴 댄스에서 포지션을 변경하면서 재미있는 패턴을 만든다.

탱고(Tango). 아르헨티나에서 소위 '정지의 댄스(dance with stop)'라고 일컫는 탱고는 1913년에 유럽을 경유해 미국으로 전파되었다. 탱고는 고양이 같이 가볍고 느린 스텝을 하다가 멈추고 갑작스럽게 방향을 전환하는 것이 특징이며, 팬(fan) 스텝과 코르테(corté) 스텝이 많다 (SSQQS).

삼바(Samba). 이 경쾌하고 활기 넘치는 댄스는 브라질에서 전파되었다. 삼바는 무릎 동작이 많이 포함되며, 무용수들이 몸을 흔들고 턴을 할 때면 마치 좌우로 흔들리는 진자와 비슷하다. 1939년에 뉴욕의 세계박람회 때 미국으로 도입되었다 (QQS).

현대 무용(Contemporary dances). 언제나 학생들에게 관심을 끌며 오늘날 인기 있는 춤이다. 때때로 이 춤을 댄스 문학 속에서 발견하기도 한다. 1960년대에서 1970년대까지 몇 년 동안은 디스코, 접촉하지 않고 추는 파트너 댄스가 대유행을 했다. 그 다음에는 라인 허슬(line hustle)이 등장했는데, 이 춤은 파트너 없이 추는 춤이었고, 개개인이 동시에 동일한 스텝을 한다. 현재는 볼룸댄스와 커플댄스의 인기가 다시 부활했다. 재미있는 컴비네이션을 창안하기 위해 댄스 교실들이 경합을 벌이면서 새로운 스텝이 계속해서 나온다. 현대식 무용에 댄스 교실이라는 풍경을 넣는다는 것은 즐겁고 자극적이다.

교육 시 고려사항

스퀘어 댄스

1. 동작을 설명하고 학생들에게 기본원리를 영상으로 보여준다.
2. 칠판을 사용하여 '세트'를 그려 놓고 홈, 헤드, 사이드, 파트너, 코너 등의 포지션을 설명한다.
3. '파트너에게 인사하기(Honor your partner)'의 의미를 설명하고, 학생들이 코너에게 인사하는 법, 파트너에게 인사하는 법을 실습할 기회를 준다.
4. 셔플 스텝을 가르친다. 학생들이 셔플 스텝에 숙달될 때까지 실행하고 반복하게 한다. 손을 잡고, 앞으로 전진, 뒤로 후진, 오른쪽으로 돌기, 왼쪽으로 돌기 등의 동작을 하게 한다.
5. 비트 혹은 카운트를 설명하고 실연해 보인다. 그

리고 스퀘어 댄스의 프레이즈에 대해 설명한다. 녹음기를 사용해 카운트를 하면서 학생들에게 비트와 프레이즈를 들려준다.

6. 모든 학생들이 기본 기술과 콜에 익숙해지고 빠르게 반응할 때까지 각 기본요소들을 가르친다.

포크댄스와 사교댄스

1. 가급적이면 학생들에게 음악에 맞춰 수행하는 댄스를 볼 기회를 제공한다.

2. 복잡한 스텝 패턴과 함께 기본 스텝을 직접적으로 가르친다(반드시 올바른 그룹 대형으로 할 필요는 없다). 필요하다면 속도를 늦추고 지시어(예를 들면 스텝, 클로즈, 스텝, 홀드)를 사용한다. 정확한 속도에 이를 때까지 실행 속도를 점차 높인다. 그러다가 음악을 추가한다. 그룹 대형으로 시작하기 전에 스텝이 자동적으로 나올 수 있을 때까지 개별 연습을 충분히 하게 한다.

3. 복합적인 그룹 대형(포크댄스)을 이룬 상태에서, 먼저 함께 똑같이 하는 코러스 부분을 가르치고, 그 다음 다른 패턴을 가르친다. 학생들과 댄스의 각 부분을 연습하는데, 처음에는 느리게, 그 다음엔 좀 더 빠르게, 그 다음에 음악과 함께 맞추는 식으로 하고 나서, 연습한 각 부분을 연결해 전체적으로 실행한다.

4. 새로운 동작이 추가되면 부분별로 반복한다.

5. 학습 분위기를 격식 없이 편안하게 유지하되, 좋은 기술은 강조한다. 그렇게 해야 댄스를 더욱 즐겁게 할 수 있다.

6. 학생들이 배우는 댄스의 가짓수가 증가하면 복습할 기회를 제공한다. 새로운 댄스만 연습하지 않게 한다.

7. 지역적 정보를 알려주는 것과 댄스를 배우는 것을 적절히 배분한다(포크댄스).

8. 스텝의 명칭을 사용함으로써 나중에 같은 스텝을 사용할 다른 댄스에서 활용할 수 있게 한다.

9. 학생들에게 여러 파트너들과 춤을 출 기회를 제공하기 위해 골고루 섞는다.

추가 읽을거리

일반 댄스

Laban, R. 1963. *Modern educational dance*. London: MacDonald & Evans.

Laban, R. 1966. *The mastery of movement*. London: MacDonald & Evans.

McGreevy-Nichols, S. 2005. *Building dances*. 2nd ed. Champaign, IL: Human Kinetics.

Scheff, H. 2005. *Experiencing dance—from student to dance artist*. Champaign IL: Human Kinetics.

상연용 댄스

Hammond, S. 2004. *Ballet basics*. 5th ed. New York, NY: McGraw-Hill.

Kassing, G., and Jay, D. 1998. *Teaching beginning ballet technique*. Reston, VA: American Alliance for Health, Physical Education, Recreation and Dance.

Laban, R., and Lawrence, F. C. 1947. *Effort*. London: MacDonald & Evans.

Penrod, J., and Plastino, J. 2005. *The dancer prepares: Modern dance for beginners*. 5th ed. New York, NY: McGraw-Hill. 학생들에게 현대 무용의 기술, 조합, 용어를 가르친다.

Schrader, C. 1996. *A sense of dance: Exploring your movement potential*. Reston, VA: American Alliance for Health, Physical Education, Recreation and Dance.

오락용 댄스

일반 댄스

Duke, J. 1996. *Recreational dance: Ballroom, Cajun and country western*. Boston, MA: American

Press.

Lane, C. 2000. *Christy Lane's complete book of line dancing*. 2nd ed. Champaign, IL: Human Kinetics.

볼룸댄스

Smith, C. 1995. *Ballroom dance – dance at a glance*. Boston, MA: American Press.

사교댄스

Duke, R. 1996. *Social dance*. Boston, MA: American Press.

탭댄스와 재즈댄스

Hatchett, F. 2000. *Frank Hatchett's jazz dance*. Champaign, IL: Human Kinetics.

Kraines, M., and Pryor, E. 2005. *Jump into jazz: The basics and beyond for jazz dance students*. 5th ed. New York, NY: McGraw-Hill.

Lihs, H. 1993. *Jazz dance*. 2nd ed. Boston, MA: American Press.

정기간행물

Dance Teacher Now, SMW Communications, 3020 Beacon Blvd., West Sacramento, CA 95691.

Dancemagazine, 33 W 60th St., New York, NY 10023.

Journal of Physical Education, Recreation and Dance, American Alliance for Health, Physical Education, Recreation and Dance, 1900 Association Dr., Reston, VA 22091.

Sets in Order, National Square Dance Magazine, 462 N Robertson Blvd., Los Angeles, CA 90048.

자료

댄스 교육자료와 기록물

American Alliance for Health, Physical Education, Recreation and Dance, 1900 Association Dr., Reston, VA 22091. 모든 유형의 댄스에 대한 서적, 테이프, 영화, 교육 계획, 자료 이용 가이드를 제공한다.

World of Fun, 819 NW 92nd St., Oklahoma City, OK 73114. 초보자 포크댄스에 관한 완벽한 교육 자료와 어린이와 성인용 음악 자료를 제공한다.

World Tone Music, 230 Seventh Ave., New York, NY 10011. 포크댄스와 스퀘어댄스 교육을 위한, 일부에는 교육지침도 포함된 방대한 오디오테이프와 레코드 컬렉션을 제공한다.

비디오

아래의 단체 혹은 도서관에서 미리보기, 대여, 판매용으로 다양한 비디오테이프를 이용할 수 있다.

Home Vision, P.O. Box 800, Concord, MA 01742.

Kimbo Educational, P.O. Box 477K, Long Beach, NJ 07740. 많은 레코드, 오디오카세트, 슬라이드, 비디오테이프 자료를 보급한다.

Media for the Arts, 360 Thames St., Newport, RI 02840.

Princeton Book Company/Dance Book Club, P.O. Box 57, Pennington, NJ 08534.

University of California, Extension Media Center, 2176 Shattuck Ave., Berkeley, CA 94704. 미리보기, 대여, 구매용 음반을 제공한다.

그 외 비디오 자료는 부록 C를 참조하라.

8 배구

이 장을 완벽하게 습득한 뒤, 독자들은 다음과 같은 사항들을 할 수 있어야 한다.

▶ 배구의 발달 배경을 이해하고 일반적인 규칙 및 장비에 대해 설명한다.

▶ 패스, 세트/토스, 스파이크, 서브, 그리고 블로킹과 같은 기초기술을 연습한다.

▶ 팀플레이 개념과 공격 및 수비전술에 대해 설명한다.

▶ 배구의 기초 이론과 실기를 지도한다.

역 사

배구는 1895년 미국의 매사추세츠(Massachusetts)주 홀리오크(Holyoke)시의 YMCA 체육부장 이었던 모건(William J. Morgan)에 의해 고안되었다. 그는 겨울철에 많은 사람들이 작은 체육관 안에서 할 수 있는 실내게임이 무엇이 있을까를 고민하다가 배구를 개발하게 되었다. 초창기 배구게임은 테니스의 기본원리를 적용하면서도 네트를 더 높였으며, 선수들은 리켓 대신 손으로 농구볼의 블레이드(bladder: 농구 볼의 바깥쪽 가죽커버를 붙이기 이전 형태로 고무재질로 만들어지며, 가볍고 탄력성이 좋음 – 역자 주)를 치면서

플레이를 하였다.

YMCA는 배구게임이 미국과 세계 여러 나라들에서 번창하는데 지대한 공헌을 하였다. 미국의 경우, 배구는 주로 운동장, 레크리에이션 센터, 캠프 등에서 행해지고 있으며, 중등 및 대학수업과 대학 내 동아리 활동(intramural programs)으로 활용되고 있다. 최근에는 배구가 미국 내 고등학교와 대학의 여자 운동 프로그램에서 가장 인기 있는 스포츠로 거듭나고 있다. 또한, 배구는 세계 1, 2차 대전에서 그랬듯이, 군인들이 선호하는 레크리에이션 활동이기도 하다.

YMCA는 1922년 처음으로 전미배구대회(National Volleyball Championship)를 개최하였다. 매년 개최

169

되는 YMCA 토너먼트와 1928년부터 시작된 USVA오픈 배구대회(United States Volleyball Association Open Championship)를 통해 배구는 즐기기 위한 스포츠뿐만 아니라, 경쟁 스포츠로서도 손색이 없는 대중스포츠로 자리를 잡아가게 되었다.

배구는 1964년 동경올림픽에서 처음 정식종목으로 채택되었다. 그 당시 배구는 세계 여러 나라들에서 시행되고 있었지만, 특히 구소련과 일본이 배구를 집중적으로 육성하였다. 일본 여자팀은 상대방의 모든 공격을 몸을 던져 받아내는 등 악착스럽고 끈기 있는 수비로 높은 경기력을 보여주었다. 반면, 구소련은 파워풀한 공격력을 자랑하였다. 1976년 올림픽에서 폴란드 남자팀이 구소련을 누르고 금메달을 차지한 것을 제외하고는, 1980년 올림픽까지 남녀 배구에 걸린 모든 금메달은 구소련과 일본의 차지였다(구소련 남녀 각각 금 3개, 일본 남자 금 1개, 여자 금 2개). 올림픽 여자배구의 경우, 1964년부터 1980년까지 구소련과 일본이 금메달 혹은 은메달을 놓친 때는 일본이 보이콧한 1980년 올림픽 한번 뿐이었다(동독이 은메달을 가져감).

1984년까지의 올림픽에서 미국 남자배구팀이 거둔 성적 중 가장 높은 것은 1968년에 기록한 7위였으며, 여자팀 역시 같은 올림픽대회에서 8위를 차지한 것이 가장 높은 성적이었다. 그러나 1984년(구소련이 보이콧한 때) 미국 남자배구팀은 금메달을 그리고 여자팀은 은메달(중국이 금메달)을 차지하였다. 1988년 올림픽에서는 구소련 여자팀이 페루 팀에 승리하면서 금메달(중국이 동메달)을 목에 걸었지만, 미국 남자팀은 구소련 팀에 13-15, 15-10, 15-4, 그리고 15-8로 승리하면서 올림픽 2연패를 달성하였다. 1992년 바르셀로나올림픽에서는 미국 남녀 배구팀 모두 동메달을 차지하였다. 이 대회에서의 남자부 금메달은 브라질, 그리고 여자부는 쿠바에게로 돌아갔다. 1996년 올림픽게임에서의 미국 남녀 배구팀은 모두 메달을 획득

하지 못하였다. 이 대회에서는 네덜란드가 남자부에서, 그리고 쿠바가 여자부에서 각각 금메달을 차지하였다. 2000년 호주 시드니에서 열린 올림픽에서 미국 여자팀은 브라질에 패하면서 동메달을 차지하였고, 남자팀은 5패로 전체 11위를 기록했다. 이 대회의 여자부 금메달은 쿠바에게 돌아갔으며, 남자부에서는 유고슬라비아가 금메달을 차지하였다.

오늘날 배구게임은 공격과 수비를 포함한 팀 전략과 높은 수준의 개인 기술을 필요로 한다. 배구의 변형된 형태인 비치발리볼은 모래사장이나 해변에서 보통 2:2로 플레이한다. 최근에는 팀 당 4명씩 하는 미니배구가 미국전역에서 인기를 끌고 있다.

경기장 및 장비

남녀 배구게임은 직사각형의 코트에서 플레이를 하며, 이 코트는 팽팽하게 쳐진 네트를 중심으로 둘로 나눠진다. 네트의 맨 위쪽에서 바닥까지의 높이는 남자가 7피트 $11^{5}/_{8}$인치(2.43m)이고, 여자는 7피트 $4^{1}/_{8}$인치(2.24m)이다 (도해 8.1). 백어택 공격라인은 센터라인에서 9피트 10인치(3m) 지점에 가로질러 있다. 엔드라인에서 뒤쪽으로 직각으로 8인치(20cm) 떨어진 양쪽 지점에 두께가 6인치(15.2cm)인 두 개의 라인이 그어지게 되는데, 이는 각 팀의 서브 지역을 나타낸다. 이 라인들은 양쪽 사이드라인의 연장선상에 놓이게 된다. 선수는 엔드라인 뒤쪽 그리고 사이드라인 내 어느 곳에서도 서브를 넣을 수 있다. 배구경기는 한 팀에 6명의 선수들로 구성되며, 3명은 전위 플레이어 그리고 나머지 3명은 후위 플레이어로 구분되어 진다.

가죽재질의 배구공은 공기를 넣었을 때, 원 둘레가 $25^{5}/_{8}$인치(65cm)이고, 무게는 9~10온스(260~280g)이다. 공의 사이즈를 본다면, 배구공은 농구공보다는

약간 작고 축구공 혹은 수구공과 유사하다. 무릎 패드는 반드시 착용해야 하는 장비는 아니지만 안전을 위해 착용할 것을 권장한다.

배구경기는 후위의 우측 선수(right back player)의 서브에 의해 시작된다. 서브를 넣는 선수는 반드시 양발이 서비스 지역 안에 있어야 하며 서브는 엔드라인 범위 내에서 수행할 수 있다. 서브 지역의 우측 영역 라인은 코트의 우측 사이드라인까지이며, 좌측 영역 라인은 좌측 사이드라인까지이다. 서브는 손바닥 혹은 팔의 특정 부위로 공을 쳐서 네트를 넘기고, 동시에 '네트 안테나(net antennae)'라고 불리는 사이드라인의 연장선상 내에서 공이 날아가는 것을 포함한다. 만일 공이 네트에 맞고 넘어가면, 플레이 상황으로 간주한다. 서브를 받는 리시빙 팀(receiving team)은 반드시 공이 바닥에 닿기 전에 상대코트로 리턴이 되도록 해야 한다. 각 팀은 최대 3회까지 볼 터치를 한 후 상대코트로 넘겨야 한다(이때 블로킹은 볼 터치로 포함되지 않는다.). 이런 식으로 한쪽 팀이 에러를 범할 때까지 공의 랠리는 계속된다. 현재 국제대회, 대학부, 고등부, 유소년 등 모든 대회에 적용되고 있는 점수제는 랠리 점수제(rally scoring)로, 매 서브 때마다 리시빙 팀 혹은 공격 팀이 득점을 올리게 된다.

배구경기에서 공은 바로바로 처리되어야 한다. 즉, 공이 손이나 팔 등에서 잠깐 동안이라도 머물러 있으면 안 된다. 한 선수가 공을 두 번 연속 치는 것은 금지된다(예외: 블로킹과 공 접촉 허용에 관한 규칙에 의하면, 상대코트로부터 넘어오는 공에 대한 블로킹, 오버헤드, 세트(한국과 일본에서는 주로 토스라고 불림 – 역자 주) 시 손가락에 의한 볼 터치 후 다시 공을 치는 것은 허용된다.). 서브를 넣는 선수는 실점을 하거나 경기가 끝날 때까지 서브를 계속해서 넣어야 한다. 사이드아웃 상황이 발생하면, 상대팀은 시계방향으로 자리를 로테이션한 후 서브를 넣어야 한다. 이러한 로테이션 시스템을 통해 코트의 모든 선수들 서브 기회를 가질 뿐만 아니라, 모든 포지션에서 플레이 할 수 있게 된다. 공이 서브될 때, 양 팀의 모든 선수들은 각자의 로테이션 포지션에 정확히 위치하고 있어야 한다. 그러나 서브된 후에는 자리를 바꿀 수 있다.

주요 규칙 및 규정

여기에서는 미국배구협회(USVA)의 규칙 및 규정을 다루고 있으며 이 규정은 국제대회, 대학부, 그리고 유소년 클럽 대항 등에도 적용가능하다. 그러나 고등부 대회 규정은 약간 다르다.

경기장과 코트 규격

코트 규격에서는 남녀에 따른 네트 높이만이 유일한 차이점이다. 남자부 경기를 위한 정규 코트 사이즈는 도해 8.1에 나와 있다.

심판진

1. 첫 번째 심판은 주심으로 공의 인플레이 여부와 득점 혹은 사이드아웃 상황을 결정하고 반칙에 대한 페널티를 선언하는 역할을 한다. 주심은 경기 전체에 관한 통제권을 가지며, 판정시비가 생겼을 때 최종 결정권을 가진다.
2. 두 번째 심판은 주심을 보조하는 부심으로, 주로 네트와 센터라인 바이얼레이션, 선수교체, 그리고 선수들의 위치 및 오버랩(overlap: 후위의 선수와 전위의 선수가 겹쳐서 위치하는 것 – 역자 주) 등을 감시한다. 부심은 주심과 마주한 반대쪽 지주 근처 경기 코트 밖에 서서 역할을 수행한다.
3. 기록원은 주심과 마주하여 코트의 반대쪽에 마련된 기록석에서 점수, 선수교체, 타임아웃 횟수 등

을 기록하고, 서버의 로테이션 상황을 감독한다.

4. 일반적으로 배구경기에는 2명의 선심이 필요하며, 이들은 양쪽 코트 엔드라인과 사이드라인이 만나는 모서리 지점에 서로 대각선 방향으로 위치한다 (도해 8.1). 선심은 사이드라인과 엔드라인 선상에서의 플레이 상황과 서브 에러에 대한 결정을 한다. 세계배구연맹(FIVB)에서 주관하는 세계대회 및 공식대회에서는 4명의 선심을 두고 있다.

선수 및 선수교체

1. 공식경기에서 각 팀은 6명의 선수만이 코트에서 뛸 수 있다. 선수들의 포지션은 네트로부터 우측 전위(right front), 센터 전위(center front), 그리고 좌측 전위(left front)이며, 후방코트에서는 우측 후위(right back), 센터 후위(center back), 그리고 좌측 후위(left back)로 구분된다.

2. 선수들은 자신들의 로테이션 순서에 의해 서브를 넣어야 한다. 모든 선수들은 서브를 넣기 전까지는 로테이션 자리에 정확히 위치하고 있어야 한다 (좌우, 전후 모두). 전위의 경우, 센터 전위는 반드시 좌우 전위 사이에 위치해야 한다. 마찬가지로 후위에서도 센터 후위의 위치는 좌우 후위 사이이어야 한다. 또한, 후위의 선수는 자신의 앞에 있는 전위의 선수와 오버랩이 되면 안 된다. 즉, 좌측 후위 선수의 위치는 좌측 전위 선수보다 더 뒤에 있어야 한다. 그러나 좌측 후위 선수가 센터 전위 선수보다 더 뒤에 있을 필요는 없다. 왜냐하면, 이 경우에는 선수 위치에 대한 사이드 투 사이드 혹은 프론트 투 백 규정(side-to-side or front-to-back relationship: 전위 혹은 후위에 있는 선수들끼리 양 옆으로 서야하고, 후위의 선수는 반드시 전위의 선수보다 뒤에 위치해야 한다는 규정 – 역자주)이 적용되지 않기 때문이다. 서브를 넣은 후 선

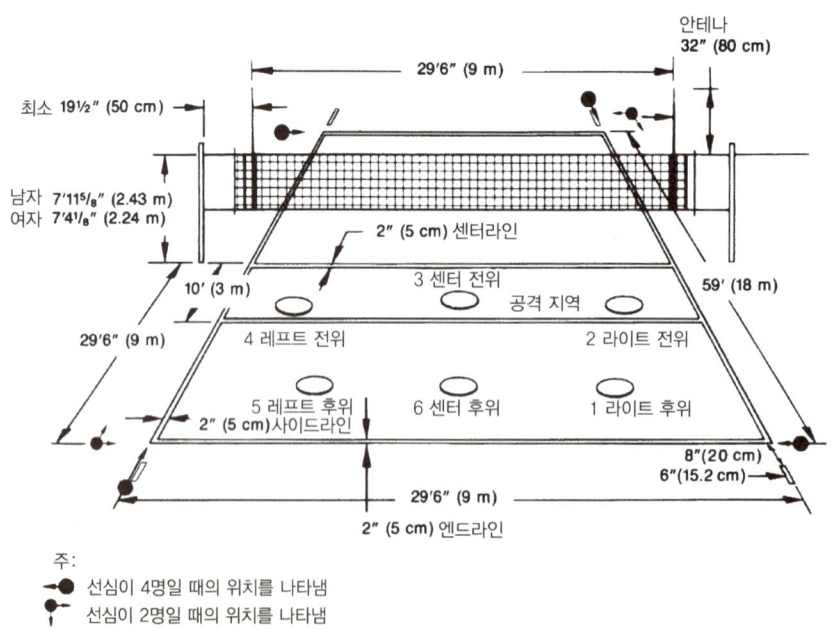

도해 8.1. 배구 코트.

수들은 코트 내 어느 곳이든 자유로이 이동할 수 있다. 그러나 후위에 있는 선수들이 전위로 이동할 수는 있지만, 공격은 금지된다.

3. 선수는 플레이 상황이 아니라면 언제든지 교체가 가능하다. 이때 교체선수는 미리 기록원에게 알려야 하며, 심판으로부터 승인을 받아야 한다. 세트 당 팀별 선수교체 횟수에는 제한이 있다(최대 6회). 만일 한 선수가 교체 후 다시 경기에 들어갈 때에는 반드시 서브순서에 의한 원래의 자리로 가야 한다.

4. 국제대회, 대학부 혹은 클럽 대회에 적용되는 "리베로(libero)" 규정에 의하면, 후위에 위치하는 리베로는 여러 명의 선수들과 여러 번 교체될 수 있다고 명시되어 있다. 그리고 리베로는 서브나 블로킹을 할 수 없다. 또한, 리베로는 팀 동료들과 대조되는 색깔의 유니폼, 셔츠, 또는 재킷을 입어야 한다. 이러한 선수교체 규정은 현재 적용되고 있다. 2000년 미국 대학부 및 고등부 대회부터 적용되고 있는 규정에 의하면, 최대 18회의 선수교체가 허용되며, 선수 개인당 교체 횟수에는 제한이 없다. 한국의 경우, 세트 당 팀별로 최대 6명의 교대가 허용되며, 한명 혹은 그 이상의 선수가 동시에 교대될 수 있다(역자 주).

서브와 포지션의 로테이션

1. 경기 시작 시, 서브 혹은 코트의 선택은 동전던지기에 의해 결정된다. 그리고 나서 매 세트마다 양 팀이 번갈아가면서 첫 서브권을 가진다. 세트 스코어가 동률을 이루게 되면 마지막 세트에서 승부를 가리게 되는데, 이때 최종 세트의 첫 서브권은 역시 동전던지기에 의해 결정된다.

2. 사이드아웃이 선언될 때까지 우측 후위의 선수가 서브를 계속해서 넣어야 한다. 사이드아웃이 선언되면, 서브권은 상대팀에게로 넘어간다.

3. 서브를 리시브하는 팀은 선수들은 시계방향으로 자리를 로테이션 해야 하며, 상대서브에 대한 사이드아웃이 선언될 때까지는 자기 자리를 지켜야 한다.

4. 한 세트가 끝나면, 양 팀은 코트를 바꾸게 되는데, 이때 선수들의 로테이션에 대한 변화를 줄 수 있다. 대학부와 유소년 클럽 대회에서의 마지막 세트에서는 한 팀이 8점에 도달했을 때 코트를 바꿔야 한다. 그러나 고등부 대회에서는 마지막 세트 중간에 코트를 바꾸지 않는다.

5. 서버는 코트에서 완전히 벗어난 상태로 엔드라인 뒤쪽 어느 지역에서든 서브를 넣을 수 있다. 서버는 반드시 한 손으로 공을 쳐서 네트를 넘겨 상대 코트 안에 떨어지게 해야 한다. 서브된 공이 네트를 건드리거나 혹은 건드리지 않고 넘어간 경우, 또는 공이 떨어진 지점과 상관없이 상대방에 의해 터치된 경우에는 유효가 된다. 현재 대부분의 배구대회에서는 "렛(let: 네트 맞고 넘어간 서브)" 서브는 유효한 걸로 규정하고 있다. 이것은 최근에 개정된 규칙이다.

볼 리턴

1. 공은 어느 방향으로든지 리턴 할 수 있다. 선수는 신체 어느 부위로든 공을 칠 수 있다.

2. 공이 네트 지주대 사이와 그 연장선에서 리턴 되는 것은 인플레이로 간주하며, 이 과정에서 공이 공중에서 네트 상단 부위를 건드려도 무방하다.

3. 선수는 네트와 접촉하지 않는 상태에서 네트 근처에 있는 공을 살려낼 수 있다.

4. 공을 한번 터치한 이상 다른 선수의 볼 터치가 이루어지기 전에는 다시 접촉할 수 없다(단, 네트에서의 블로킹 후에는 다음 터치가 가능하다.).

후위 선수의 플레이 제한 규정

1. 후위 선수는 블로킹을 수행할 수 없다.
2. 후위 선수는 공격지역 안에서는 스파이크를 수행할 수 없지만, 공격라인(attack line: 어택라인) 뒤에서는 할 수 있다.
3. 후위 선수는 공격라인 연장선 어느 곳에서든(코트 바깥쪽) 네트 높이 위에서 공을 쳐 상대코트로 넘길 수 없다.

반칙

자신의 팀 선수가 아래에 열거된 반칙 중 하나를 범하게 되면, 상대팀에게 1점을 허용하게 된다.

1. 서브 순서를 지키지 않았거나 규정에 어긋난 서브를 넣었을 때.
2. 볼 캐칭(catching)이나 홀딩(holding), 또는 규정에 어긋난 리턴을 하였을 때.
3. 블로킹을 포함하여 네트 위에서 볼 터치가 처음으로 이루어지는 경우를 제외하고 두 번 연속으로 공을 터치하였을 때.
4. 네트와 접촉하였을 때. 강하게 친 공이 네트를 밀쳐내어 상대선수에게 접촉한 경우에는 네트 터치로 보지 않는다. (주: 양 팀 선수가 동시에 네트 터치를 범한 경우에는 두 선수 모두에게 반칙이 선언되며, 이로 인한 페널티는 적용되지 않고 서브는 그대로 반복된다.) 볼 플레이와 상관없는 사소한 네트 접촉은 반칙으로 보지 않으며, 선수의 머리카락이 네트에 닿는 경우 등이 이에 해당된다. 볼 플레이 상황은 선수가 공을 직접 처리하는 경우, 상대를 속이기 위한 시간차 공격에 트릭으로 참여하는 경우, 또는 블로킹을 시도하는 경우를 포함하며, 이러한 상황에서의 네트 터치는 명백한 반칙행위이다.
5. 공을 세 번 만에 상대코트로 넘기지 못했을 때.
6. 볼 플레이에 직접 관여하지 않는 상황에서 센터라인을 완전히 넘어가는 것은 허용된다. 예를 들면, 세터가 네트 위치에서 뛰어오르는 과정에서 발이 센터라인을 넘어가는 것에 대해서는 반칙이 선언되지 않는다. 또 다른 예로, 세터가 후위에서 네트 쪽으로 뛰어오다 발이 센터라인을 넘어가더라도 반칙은 선언되지 않는다. 그러나 선수가 점프를 하기 전, 또는 세팅한 후 착지과정에서 센터라인을 넘어가는 것은 볼 플레이의 일부로 간주되기 때문에 반칙이 선언된다. 한 가지 알아야 할 것으로, 볼 플레이 상황 여부와 상관없이 선수가 센터라인을 넘어가 상대선수와의 접촉이 발생하면 반칙이 선언된다.
7. 의도적이든 아니든 간에 신체 일부가 네트 아래로 넘어가 상대선수의 플레이를 방해하였을 때.
8. 서브를 넣기 전에 선수의 포지션을 바꿨을 때. 서브를 넣기 전, 각 팀의 선수들은 지정된 자리에 있어야 한다.
9. 선수교체 혹은 타임아웃 규정을 어겼을 때.
10. 불필요하게 경기를 지연시켰을 때.

타임아웃

1. 타임아웃은 공이 플레이되지 않을 때, 팀 주장이나 코치의 요청에 의해 심판이 선언할 수 있다.
2. 플레이 재개가 바로 이루어질 수만 있다면 선수교체를 위한 타임아웃도 요청할 수 있다.
3. 타임아웃의 시간과 횟수는 대회에 따라 다르다.
4. 세트 사이의 타임아웃은 대회에 따라 다를 수 있지만, 통상 2분 정도 주어진다.

스코어

1. 합법적인 방법으로 공을 네트 너머로 넘기지 못하

면 1점을 허용하게 된다.

2. 고등부와 유소년 클럽 대회에서의 배구경기는 5전 3선승제로 구성되며, 15점의 마지막 세트를 제외하고는 모두 25점제가 적용되고 있다. 대학부의 경우, 마찬가지로 5전 3선승제이지만, 30점제가 적용되고 있다. 마지막 세트는 다른 대회와 같이 15점제이다. 대회 수준 혹은 세트와 상관없이 최종 스코어에서 듀스가 되었을 때에는 2점을 먼저 얻는 팀이 그 세트를 승리하게 된다.

3. 어떤 지역 대회 규정에서는 17점제를 적용하기도 하는데, 이 경우 처음 네 세트는 듀스를 적용하고 마지막 세트에서는 적용하지 않는다. 또한, 흔하지는 않지만 듀스 상황에서 적용되는 2점차 승리 규정을 제외하는 경우도 있는데, 이때 가능한 최종 스코어는 17–16이다.

기초기술 및 테크닉

배구는 손 기술과 점프, 비틀기, 뻗기, 그리고 치기 등과 관련된 민첩성을 요구하는 스포츠 게임이다. 또한 적절한 신체조절과 근육의 조화로 이루어진 치기 동작이 지속적으로 요구된다.

패스(Pass)

배구경기의 거의 모든 플레이 상황에서 요구되는 가장 기본이 되는 기술은 팀 동료에게 공을 패스하는 능력이다. 이 기술은 팀 승리를 결정하는 중요한 요소이기도 하다.

언더핸드 패스(Underhand pass)

언더핸드 패스는 서브, 낮게 오는 공, 그리고 스파이크를 받아내는데 주로 사용된다 (도해 8.2). 언더핸드

도해 8.2. 언더핸드 패스.

패스의 일종인 '디그(dig)'는 상대공격을 받아 올리는데 사용된다. '디그' 동작에서는 몸을 일반적인 언더핸드 패스 자세보다 더욱 낮추고 넓게 해야 한다. 배구경기의 공식 규정에서는 공이 신체일부에서 정지되거나 구르는 것을 금지하고 있다. 언더핸드 패스 시이러한 반칙이 일어나지 않기 위해, 선수는 양손을 모아 움켜쥐면서 두 가지 손 자세 중 자신에게 맞는 것을 선택한다. 언더핸드 패스의 두 가지 손 자세로는 (1) 주먹진 한쪽 손을 반대 손바닥 안에 넣는 피스트 인사이드 피스트(fist inside fist)와 (2) 한쪽 손바닥을 반대쪽 손바닥 위에 놓는 팜 인사이드 팜(palm inside palm)가 있다. 선수들은 어떤 손 자세를 사용하든 간에 엄지손가락을 모아주고, 손목은 코트 바닥을 향해 뻗어 패스와 디그를 위한 편평한 플랫폼(platform)을 만들

A

B

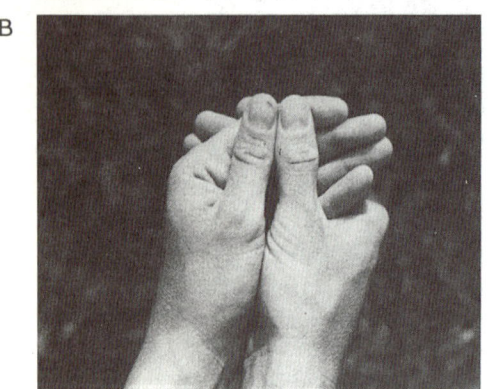

도해 8.3. 언더핸드 패스를 위한 손 자세. A, 피스트 인사이드 피스트. B, 팜 인사이드 팜

어 주어야 한다 (도해 8.3).

언더핸드 패스를 시도하는 선수는 가능한 빨리 이동하여 공 뒤쪽에서 자세를 취해야 하며, 이때 무릎은 굽혀주고, 양발을 어깨 너비만큼 벌린 상태로 상체를 앞으로 약간 숙여준다. 양쪽 손과 팔은 평행이 되도록 모아서 뻗어주고, 팔꿈치를 잠근 상태로 공을 쳐올려준다. 이때 양손은 바닥을 향하고 있어야 하며, 공 접촉 지점은 손목 위쪽의 전완 아래부위이다. 공을 칠 때, 팔 동작은 어깨 지점에서 아치를 그리며 위로 올려줌과 동시에 무릎을 펴면서 몸을 위로 들어 올려준다.

세트/토스(Setting/Tossing)

세터는 낙하하고 있는 공 선상 아래로 이동하여 자세를 취하면서 세트하고자 하는 방향을 바라본다. 그런 다음, 얼굴 앞쪽 그리고 위쪽으로 약 15cm 지점에서 양손으로 '윈도우(window: 양손의 엄지와 검지가 서로 가까이에서 마주하도록 하면서 삼각형 모양이 나오도록 한 자세)'를 만드는데, 이때 양쪽 상완은 거의 수평이 되도록 하고, 손목은 꺾어주며, 그리고 손가락은 벌려준다. 세트에서의 볼 터치는 엄지와 검지의 안쪽 면에서 이루어져야 한다. 볼 터치 시에는 무릎을 펴면서 손가락, 손목, 그리고 팔의 스프링 동작이 동시에 일어나면서 공을 전방으로 밀어 올린다. 또한, 세팅 시에는 오른발에서 왼발로의 체중 이동이 확연히 나타나야 한다 (도해 8.4).

도해 8.4. 세트.

스파이크(Spiking)

스파이크는 상대코트를 향해 공을 위에서 아래로 강하게 내리치는 동작을 말한다. 이러한 파워풀한 공격기술을 완수하기 위해서는 어프로치, 점프, 그리고 팔동작이 조화를 이루어야 한다. 아웃사이드 공격수의 스파이크를 위한 준비 지점은 사이드라인과 공격라인 근처이다. 이곳으로부터 3~4 스텝을 밟으면서 어프로치를 수행하는데, 마지막 스텝은 주로 사용하는 발로 수행되어야 한다.

점프를 위한 이륙 동작 시, 몸을 수직방향으로 치솟게 하는 방법 중 하나는 스텝을 짧게 하는 잔발 스텝(step-close takeoff)을 수행하는 것이다.

마지막 스텝을 밟는 동안 양발의 뒤꿈치 모두를 바닥에 닿도록 한 다음, 체중을 발가락으로 이동시킨다. 그리고 양쪽 발뒤꿈치가 바닥에 닿았을 때, 양팔을 뒤쪽 어깨높이 정도까지 스윙시켜준다. 그런 다음 팔을 앞으로 그리고 위로 스윙시키면서 공중으로 이륙한다. 오른손잡이 선수가 스파이크를 하는 경우, 왼팔은 어깨 바로 위로 뻗어주고, 동시에 오른팔은 굽혀 던지기 자세를 취한다. 왼쪽 팔꿈치로 스윙을 리드하면서 스파이크를 수행하는 쪽의 팔을 뻗어 손바닥의 아랫면(heel of open-hand)으로 공을 친다. 이때 중요한 것은 손목 스냅을 재빠르게 넣어 공에 톱스핀을 주는 것이다 (도해 8.5). 공격수들은 다양한 각도 혹은 킬존(kill zone: 수비코트의 빈 공간으로 스파이크의 대상 지역이 되는 곳)으로 공을 스파이크 할 수 있는 능력을 길러야 한다. 또한, 공격수들은 공을 칠 수 있는 각이 나오지 않을 때 '상대의 블로킹을 활용'하는 기술도 배양해야 한다. 이 말의 의미는 정상적인 공격이 어려운 상황일 때 상대 블로커로부터 터치아웃을 이끌어내는 것을 말한다.

티핑(Tipping)

팁(tip)이란 손가락 끝으로 가볍게 터치한 샷을 말한

도해 8.5. 스파이크.

다. 이 기술에서의 팔 동작은 스파이크와 유사하지만, 공격수의 스윙동작은 더 느리다. 티핑은 네트 위 높은 곳에서 공을 가볍게 쳐 상대 블로킹을 넘기거나 코트의 빈 공간으로 보내는 기술이다. 공격 성공률을 높이기 위해서는 팁과 다른 연타 공격을 잘해야 한다.

서브(Serving)

경기 초반, 타임아웃이나 선수교체 후, 또는 경기 후반부에서는 서브를 절대로 미스하면 안 된다. 그리고 서브를 넣을 때는 되도록 코트 깊숙한 곳이나 교체되어 들어온 선수와 기존 선수 사이로 날려 보내거나,

또는 상대팀 전력을 분석하여 누가 리시브 능력이 떨어지는지를 파악하여 그 선수를 타깃으로 한다. 모든 선수들은 항상 자신의 서브가 아웃되지 않도록 집중해야 한다.

일반적으로 서브권을 가진 팀이 공격에 있어 더 유리하지만, 좋지 못한 서브는 오히려 상대팀에게 공격 찬스를 내주게 되므로, 정확하고 위협적인 서브를 배워야 한다. 서브의 성공여부는 전적으로 정확성, 컨트롤, 그리고 지속성에 달려 있다. 서브를 넣는 사람은 어떤 서브를 구사하든지 간에 공을 되도록 상대코트 후위 코너 지역이나 리시브 능력이 가장 떨어지는 상대선수에게 보내는 것이 좋다. 또한 네트를 살짝 넘어가 전위 지역에 떨어지는 짧은 서브 역시 상대공격수들로 하여금 공을 패스하게 하여 공격을 방해할 수 있으므로 시도해볼만하다.

서브 종류

가장 배우기 쉽고 컨트롤이 용이한 것은 언더핸드 서브이다. 반면, 오버핸드 서브는 공의 스피드가 빠를

뿐만 아니라, 상대 리시버를 현혹시킬 수 있는 비행궤도를 가지게 된다. 사이드암 서브(sidearm serve) 역시 경기에서 사용될 수 있다. 최근에 와서는 거의 모든 대회에서 점프 서브의 사용 빈도가 높아지고 있다.

언더핸드 서브(Underhand serve)

언더핸드 서브는 가장 쉽고 단순하기 때문에 초보자용으로 적합하다.

이 서브를 수행하는 요령으로, 먼저 네트를 향해 서서 왼발을 오른발 앞에 놓고(오른손잡이의 경우), 공은 허리 높이 정도에서 왼손 위에 올려놓은 다음, 공을 놓으면서 반대쪽 손으로 쳐준다. 이때 공을 치는 쪽 팔의 스윙은 볼링의 스윙동작처럼 수행한다. 공을 타구한 후에는 팔과 손의 스윙을 멈추지 말고 공이 날아가는 방향을 따라 계속 이어가면서 팔로우스루를 수행한다 (도해 8.6A).

오버핸드 서브(Overhand serve)

오버핸드 서브에는 플로트(floater)와 톱스핀(topspin)의 두 가지 유형이 있다. 플로트 서브는 스피드가 빠르고 공이 흔들리면서 날아가므로 상대선수들의 리턴을

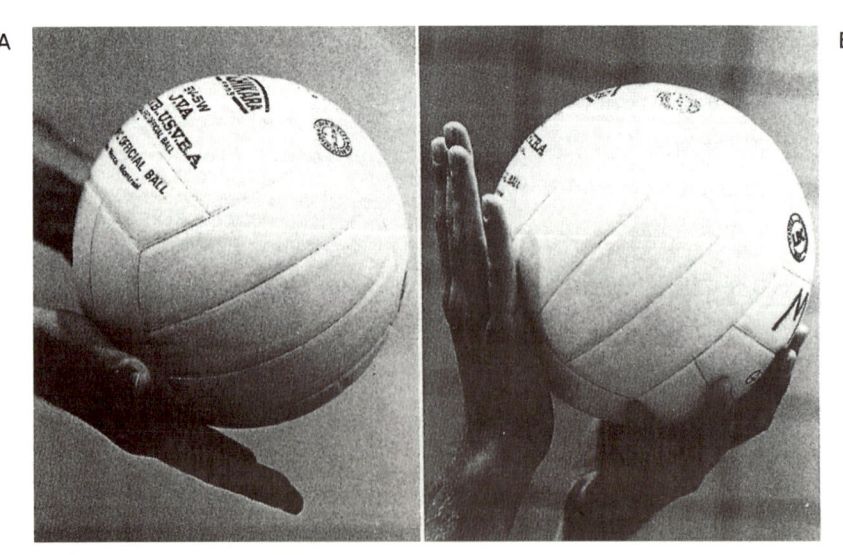

도해 8.6. 언더핸드(A)와 오버핸드(B) 플로트 서브.

어렵게 만든다는 것이 가장 큰 강점이다. 반면에 톱스 핀 서브는 플로트 서브보다 스피드가 떨어지기 때문에 공이 날아오는 것을 예측하기기 더 쉬운 측면도 있지만, 공이 네트 너머에서 바닥으로 바로 떨어진다는 장점도 있다.

오른손잡이의 경우, 공을 우측 어깨 앞쪽 위 공중으로 약 2~3피트(0.8m) 정도 토스한다. 이때 중요한 것은 공과의 접촉이 이루어지기 전 최소한의 스텝을 밟는 것이다. 모든 테크닉에서 그러하듯이, 서브에서도 동작이 더 많을수록 에러확률도 그만큼 더 높아진다는 것을 알아야 한다. 선수는 몸의 옆면을 네트를 향하게 한 채 발을 벌려 선다. 공이 낙하하여 원하는 타구 지점에 도달했을 때, 접었던 팔을 뻗어 공을 친다. 공과의 접촉은 손바닥과 손가락 면에서 거의 동시에 일어나지만, 가장 먼저 접촉되는 부위는 손바닥 아랫면(heel of the hand)이다. 공의 중앙을 타구한 후 약간의 팔로우스루를 주게 되면 공이 공중에 뜨는 플로트 서브가 되지만, 공의 중앙 아래쪽을 치면서 손목 스냅을 이용해 공 상단부위로 굴려주듯이 하면 톱스핀 서브가 된다. 오버핸드 서브는 파워풀한 배구경기에 참여하는 선수들이 가장 많이 사용하는 서브이다 (도해 8.6B).

사이드암 서브(Sidearm serve)

사이드암 서브는 선수들이 잘 사용하지 않는 서브 유형이다. 이것의 가장 큰 장점은 공이 날아오면서 좌우로 흔들리거나, 비행궤도가 상대를 현혹시킬 수 있는 커브를 형성하기도 한다는 것이다. 연습을 통해 정확한 사이드암 서브를 익힌 다음, 시합 중 페이스 조절을 위해 사용한다면 효과적일 것이다.

기술 수행 요령으로, 먼저 엉덩이 높이 정도에서 잡은 공을 토스한 후 팔을 바닥과 평행하게 스윙한다. 오른손잡이의 경우, 몸의 왼쪽 면을 네트를 향하게 한 채, 테니스의 포핸드 스탠스와 같이 왼발을 앞으로 내밀고 포암 스윙(forearm swing: 테니스의 포핸드 스트로크에서의 전완 스윙 동작 – 역자 주)처럼 팔을 스윙한다.

점프 서브(Jump serve)

점프 서브는 상대적으로 더 높은 곳에서 공과의 접촉이 이루어지므로 서브의 각도가 가파르다. 이 서브 동작은 스파이크와 유사하며(공을 치는 각도는 다름), 대부분의 배구대회에서 사용빈도가 늘고 있다.

서브 리시브

서브 리시브는 지정된 공격수에게 공을 세팅해주기 위해 후위에서 전위로 패스되어야 한다. 리시빙 팀의 성공 여부는 서브의 비행궤도를 예측할 수 있는 능력과 정확한 패스에 달려있다.

오버핸드 서브는 공격형 무기로서의 잠재력을 가지고 있기 때문에, 이러한 서브의 리시브를 위한 포메이션이 필요하다. 초보 수준의 선수들에게 효과적일 수 있는 서브 리시브 대형은 "W 포메이션"이다. 이 대형에서 전위의 양쪽 선수들은 각자의 사이드라인을 따라 뒤쪽으로 이동하고, 전위의 중앙에 있는 선수는 네트 가까이에 위치한다. 후위의 중앙 선수는 엔드라인에서 공격라인 쪽으로 약 12피트(3.7m) 떨어진 곳인 후방코트의 중앙쯤에 위치하면서 서브 리턴의 핵심 선수로서의 역할을 해야 한다. 후위의 양쪽 선수들은 엔드라인으로부터 약 6~7피트(2m) 정도 떨어진 지점에 서도록 한다. 이렇게 자리를 잡고 나면 도해 8.7에서 보여주고 있듯이 W 대형이 완성된다. 이 대형은 서브 리시브의 핵심 선수인 후위의 중앙 선수로부터 튕겨 나온 공을 처리하는데 가장 효과적이다. 경기력이 뛰어난 팀은 서브 리시브를 전담하는 선수로 4명, 3명, 또는 2명까지도 지정하기도 한다.

블로킹(Blocking)

블로킹은 수비용 기술로 한 명 혹은 여러 명의 선수들

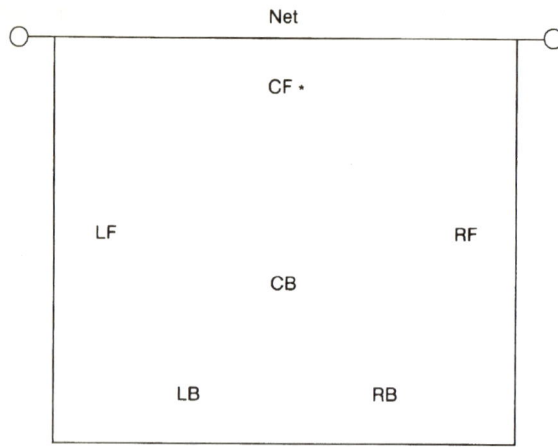

도해 8.7. W - 서브 리시브 대형.

로 상대의 스파이크를 막거나 네트 근처에서 이루어지는 모든 볼 처리를 포함한다. 기본적으로 블로킹은 전위에 위치한 수비수(혹은 수비수들)가 스파이크를 수행하는 상대공격수 바로 앞에서 팔을 뻗으면서 공중으로 점프하여 공을 막고, 동시에 블로킹 벽에 막힌 공이 공격자의 코트에 떨어지도록 하는 기술이다. 효과적인 블로킹을 위해, 블로커는 스파이크 공격수의 점프 타이밍을 잘 맞춰야 한다. 여러 명의 선수들이 함께 블로킹에 참여하여 동시에 볼 접촉이 이루어지는 것은 합법적인 플레이로 간주된다.

네트 플레이

네트로부터 공을 살려내기 위해서는 몸을 사이드라인쪽으로 향하게 한 채, 다리를 벌리고 굽히면서 쭈그리고 앉은 자세를 취해야 한다. 공이 네트에서 튕겨 나오면 언더핸드 패스 기술을 사용하여 공을 위로 그리고 뒤쪽으로 쳐내어 동료선수로 하여금 다음 플레이를 하도록 한다. 선수들은 네트 플레이를 위해 공의 구질을 알 필요가 있는데, 공이 네트 상단부위에 맞은 경우, 거의 다가 네트를 따라 수직으로 떨어진다. 반면에, 공이 네트 아래부위에 맞게 되면, 보통 바깥쪽으로 튕겨 나온다. 따라서 네트에서의 볼 처리를 하는 선수는 공이 어디에 맞는지를 파악한 후 상황에 맞게 자리를 잡아야 한다. 물론 가장 좋은 플레이는 공을 네트에 보내는 일이 없도록 하는 것이다.

팀플레이

배구게임은 단순히 공을 쳐 네트를 넘기는 것이 아니다. 기본적으로 배구게임은 공격과 수비 모두에서 팀플레이를 요구한다. 팀플레이가 자연스럽게 이루어지고 수행된다면, 모든 선수들의 참여 재미는 극대화될 것이다.

공격

공격은 후위로부터 네트에 위치한 세터에게로의 패스로 시작된다. 그런 다음, 세터는 예정된 공격수를 향해 위로 그리고 네트에서 약 2~3피트(0.8m) 떨어진 지점을 향해 공을 올려준다.

공격은 상대방이 공을 처리할 수 없는 플레이 상황을 만들기 위해 사용된다. 이를 위해서는 팀플레이가 요구된다. 공격수는 상대코트의 빈 공간을 향해 스파이크를 수행해야 한다. 공격수는 가끔 공을 티핑하여 상대 블로커들의 머리 위로 살짝 넘기는 속임수를 쓰거나, 터치아웃을 위해 블로커의 손을 보고 쳐내기를 시도하기도 한다.

기본적인 공격 형태는 4-2 대형으로, 4명의 공격수들과 공을 가장 잘 다루는 2명의 세터로 이루어진다. 이 대형에서 세터는 항상 전위의 중앙 선수와 자리를 바꾸게 된다. 공격의 성공 여부는 다섯 명의 선수들이 예정된 공격수에게 공을 패스해주는 능력에 달려있다. 두 명의 세터와 가장 뛰어난 공격수들이 서로 대각선 방향에 위치할 수 있도록 서브순서를 조절해야 한다. 4-2 공격대형에서 세터는 항상 전위에서 세팅을 하고 두 명의 공격수를 활용한다 (도해 8.8). 이 공격수들은 둘 다 세터 앞에 위치하거나 혹은 한 명씩 앞뒤에 설 수 있다. 좀 더 진보된 형태의 공격대형 (6-2)에서는 세터가 후위에 위치하면서 3명의 공격수들을 두게 된다 (도해 8.8). 또 다른 형태의 공격대형으로 5-1 대형이 있으며, 이 대형에서는 세터 중 한명이 공격수로 참여한다 (도해 8.8 참조).

수비

대개의 경우, 포메이션 플레이(시합 중 선수들이 맡은 구역에서 플레이하는 것을 의미함 – 역자 주)를 이상적인 수비방법으로 간주하는데, 그 이유는 가장 효과적으로 블로킹을 할 수 있으며 강한 타구를 받아 올리는 데 좋기 때문이다. 보통 블로킹은 두 명(혹은 세 명)의 전위 선수들이 함께 참여한다. 이때 후위의 선수들은 수비 2선에 위치하게 된다. 디그(dig)를 수행할 선수는 반드시 손을 허리 높이에 놓고 낮게 쭈그리고 앉은 상태로 낮고 빠르게 스파이크된 공을 받아 올릴 준비를 해야 한다.

상대팀에 의해 공이 세팅되기 전에, 베이스 디펜스(base defense)대형이 이루어져야 한다 (도해 8.9). 이 수비대형은 코트의 중앙 수비를 강조한 것으로 상대팀의 세팅 상황에 따라 적절히 수정이 가능하다. 도해 8.10에서 보는 바와 같이, 상대팀이 바깥쪽에서(좌측 사이드) 높은 오픈공격을 시도할 때에는 로테이션 디펜스(rotation defense)가 적합하다. 이 대형에서 전위의 중앙과 우측 선수는 블로커가 되고, 후위의 우측가 전위의 좌측 선수는 상대의 티핑 공격에 내비하며, 후위이 중앙과 좌측 선수는 나머지 코트 지역을 커버한다.

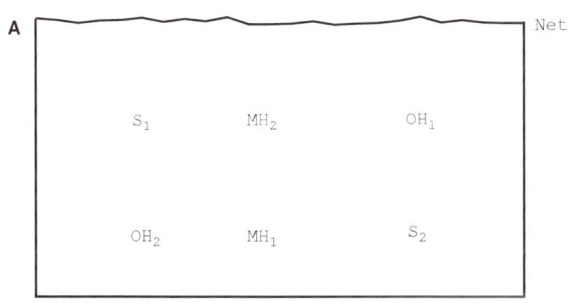

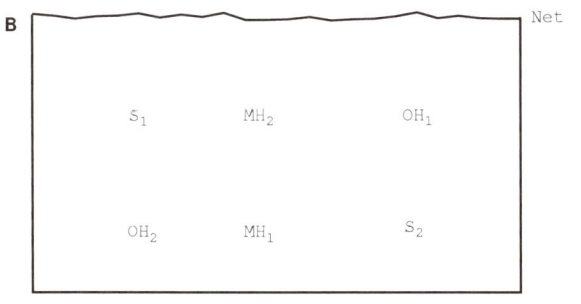

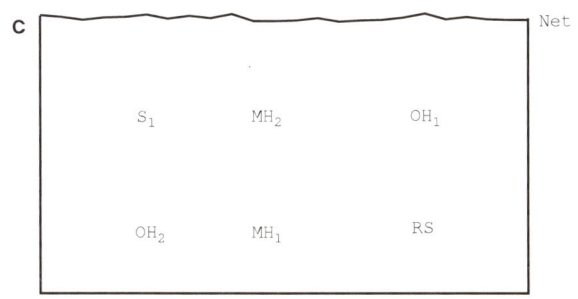

도해 8.8. 공격 대형. A, 4-2(S1이 두 명의 전위 공격수들에게 세트를 해줌). B, 6-2(S2가 공격수들에게 세트를 해줌 –S1은 공격수 1명에 의해 대체됨). C, 5-1(세터 1명).

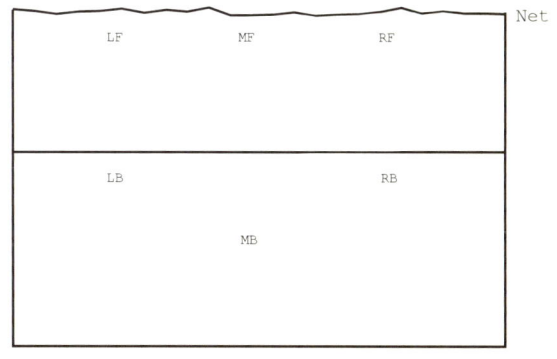

도해 8.9. 기본 수비 포지션

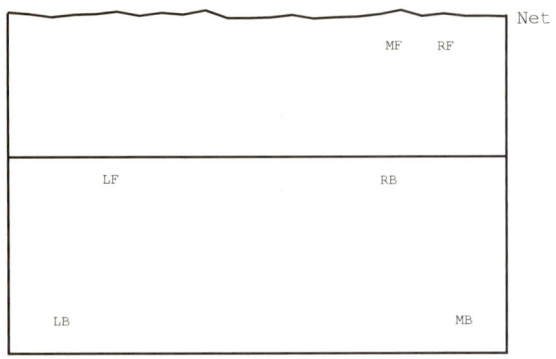

도해 8.10. 로테이션 수비.

교육 시 고려사항

1. 셔플(shuffle)과 홉(hop) 스텝과 같은 기본 움직임과 더불어 가장 먼저 지도해야 할 기술은 패스이다. 패싱 기술은 가장 기본 기술이며, 이것을 숙련시키지 않으면 다른 기술들을 배우는데 어려움을 겪게 될 것이다. 언더핸드 패스를 위한 단계별 지도는 다음과 같다.

   a. 공이 튕겨 나올 수 있는 곳에서 적절한 자세를 취하게 한다. 양발을 어깨 너비보다 약간 더 넓게 벌린 상태로 한 발을 조금 앞으로 내밀도록 한다. 그리고 상체를 약간 앞으로 숙이면서 양쪽 어깨가 무릎 앞쪽에 오게 한다. 양팔을 바깥으로 뻗고, 팔꿈치를 완전히 펴서 볼 접촉 시 공이 잘 튕겨 나갈 수 있도록 견고한 플랫폼을 만들어준다. 처음에는 패스를 리바운딩 기술로 생각할 것을 요구한다. 그런 다음, 학생이 정확한 자세에 익숙해지면, 어깨로부터 팔을 약간 스윙하도록 하여 공을 목표물에 보내는 연습을 시킨다. 초보자에게 효과적인 패스 연습으로 벽을 사용하는 방법이 있다.

   b. 파트너와 함께 제자리에서 정확한 자세로 패스를 주고받게 한다. 그런 다음, 점차적으로 움직이면서 패스가 이루어지도록 지도한다.

   c. 약간의 팔 스윙을 하도록 하여 설정된 목표물로의 패스가 이루어지도록 자극을 준다(이것 역시 파트너와 함께 할 수 있음). 그리고 나서 공을 치기 전에 좀 더 큰 동작을 시도하도록 지도한다.

   d. 배구에서 3인 1조로 구성된 그룹 활동은 가치 있는 지도 개념이다. 이 게임 형태의 연습은 여러 상황들에 적용될 수 있으며, 흔히 삼각 대형 게임(game of triangles)이라고도 한다. 3명의 사람들과 두 개의 공을 사용하여, 패스 연습을 위한 삼각 대형을 만들도록 한다.

^^^^^^^^^^네트	Th – 공을 던지는 사람	공을 두 개 사용함으로써 연습 페이스와 각 학생의 타구 반복횟수를 늘릴 수 있다. 네트 반대쪽에 공을 던짐으로써 난이도를 높이고 좀 더 실제 게임과 같은 상황을 연출할 수 있다.
Th. T.	P – 패스	
	T – 타깃	
P	. – 공	

패스를 시도하는 사람은 가능한 항상 네트를 향해 패스하도록 하여 올바른 공간 이해력을 기르도록 지도한다.

2. 다음으로 지도해야 할 기술은 지속적인 플레이를 가능케 하는 오버헤드 세트(overhead set)이다. 다음에 나오는 지침에 따라 세트 기술을 지도하도록 한다.

   a. 먼저 세트의 기초기술로서, 파트너의 머리 위로 공을 띄워주는 단순한 토스에 대한 지도를 시작한다. 그리고 어느 정도 기본기가 갖춰지면, 삼각 대형에서의 연습으로 넘어가도록 한다.

^^^^^^^^^^^네트　T – 타깃
T.　　　S　　　Th – 던지는 사람
　　　　　　　S – 세터
　Th.　　　　. – 공

연습은 세터에게 공 던지기, 타깃을 향해 볼 세트하기(이때 공은 스파이크 공격을 할 수 있도록 네트 가까이에 세트되어야 한다.), 그리고 T가 볼 캐치하기 순서로 실시한다.

이 연습 방법의 변형된 형태로서, 타깃을 세트 뒤쪽에 위치시켜 백 세트(back set) 연습을 실시할 수도 있다.

b. 연습을 좀 더 실전처럼 하기 위해 다음과 같이 포메이션을 변화시켜보자.

^^^^^^^^^^^^네트
Th.　　　S

　　P

P에게 공을 던져주면(혹은 토스해주고), P는 S(세터)에게 공을 패스해준 다음, S는 Th(타깃의 역할 병행)를 향해 바깥쪽으로 세트를 수행한다. 이 연습은 Th를 S 뒤쪽으로 이동시킨 후 백 세트 대형으로 반복해서 실시한다.

c. 연습을 실전처럼 하기 위해 4인 1조의 그룹을 만든 후, Th를 네트 너머의 상대코트에 포진시키는 포메이션의 변화를 주도록 한다. 이 포메이션의 형태는 다음과 같다(2개의 공 사용).

　　Th.
^^^^^^^^^^^^네트
T.　　　S
　　P

Th는 P에게 공을 던져주고(혹은 토스해주고), P는 S(세터)에게 공을 패스한 다음, S가 T를 향해 높게 세트해준다.
이 연습은 T를 S 뒤쪽에 위치시킨 후 백 세트로 실시하면서 변화를 줄 수 있다.

5인 1조의 그룹을 만든 후 백 세트를 위해 제 2의 타깃을 우측 사이드라인 쪽에 포진시킨다. 이럴 경우, 세터는 패스된 공을 전·후방으로 세트할 수 있게 된다.

3. 1:1, 2:2, 그리고 4:4등의 파트너 혹은 그룹 연습에 어느 정도 숙달되면, 기초 공격 및 수비 전략이 가미된 협력 플레이를 지도한다. 몇 가지 공격 전략을 살펴보면:

a. 상대코트의 빈 공간으로 공을 보내는 플레이(코트 후방과 사이드 쪽으로)

b. 공의 방향을 바꾸는 플레이.

c. 볼 타구의 강도를 조절하는 플레이(팁 혹은 스파이크)

d. 초보자가 알아야 할 중요한 수비 전략으로, 모든 공을 홈베이스로 리턴시켜 공간을 내주지 않도록 해야 한다.

4. 코트 사이즈가 커지면, 그때 서브를 소개한다. 서브 기술을 익히기 위해서는 먼저 언더핸드 패스를 할 수 있어야 한다.

5. 학생들이 여러 방향에서 날아오는 서브를 언더핸드 패스로 받아 방향을 바꿔가며 세트할 수 있을 때까지 서브, 언더핸드 패스, 그리고 세트를 함께 연습시킨다.

6. 세트와 언더핸드 패스의 지속성이 달성되었을 때, 스파이크와 디그(dig)를 소개한다.

7. 공격 기술을 처음 지도할 때에는 공을 토스해주어 정확성을 조절해준다.

8. 간이 게임이 형태에서 점차적으로 정규 게임으로 만들어간다. 수업이 진행되는 동안 변형된 형태의 게임, 즉 선수 수, 코트 사이즈, 그리고 사용할 기술 유형들에 대한 변화를 주면서 게임에 참여할 수 있도록 한다. 학생들이 한 손으로 공을 처리하지 않도록 한다(필요하다면, 이러한 행위에 대해 반칙 규정을 만들어 적용). 좋은 플레이가 나올 수 있도록 규칙을 변형시킨다(예: 팀 당 3회 혹은 필요한 만큼 공을 칠 수 있도록 함).

용어 해설

게임 포인트(game point) 게임의 마지막 점수.

경기 지연(delaying the game) 의도적으로 게임을 느리게 진행하는 행위.

다이빙(dive) 수비 기술로 떨어지는 공을 받아 올리기 위해 앞으로 몸을 날리는 동작을 말한다.

더블 파울(double foul) 동시에 발생한 파울.

데드 볼(dead ball) 인플레이가 아닌 상황에서의 공.

런-스루(run-through) 떨어지는 공을 달려가면서 받아 올리는 패스 기술.

렛 서브(let serve) 공이 네트에 맞고 넘어간 서브. 렛 서브의 인플레이 인정 여부는 대회마다 다를 수 있다.

로테이션(rotation) 사이드 아웃 상황에서 서브를 넣기 전에 시계방향으로 자리를 이동하는 것을 말한다. 또한, 로테이션은 수비 시스템의 한 형태이기도 하다.

롤(roll) 공을 살려내기 위한 수비 기술이다. 롤은 어떤 방향으로든지 실시될 수 있다.

리베로(libero) 후위에 있는 어떤 선수와도 대체가 가능한 수비전문 선수를 말한다. 리베로는 경기수행과 선수교체에 있어 특별한 규정을 적용받는다.

매치(match) 대회 유형에 따라 3전 2선승 혹은 5전 3선승 게임에서 승리하는 것을 말한다.

몰수 게임(defaulted game) 한 팀에 6명의 선수들이 구성되지 않아 부전승(혹은 부전패)되는 상황.

바이얼레이션(violation) 공을 들어 올리거나, 두 번 연속 치는 행위, 또는 한 팀에서 네 번 만에 네트를 넘기는 것과 같은 파울을 말한다.

블로킹(blocking) 수비를 위한 플레이로서, 네트 위 혹은 근처에서 상대팀이 리턴하려는 공을 막거나 정지시키는 행위를 말한다.

사이드-아웃(side-out) 상대방의 성공적인 플레이로 인해 서브권을 잃게 된 경우를 말한다.

서브 지역(service area) 엔드라인 뒤쪽의 모든 영역.

서브 연한(term of service) 사이드-아웃이 선언될 때까지 서브를 계속 넣는 것을 의미한다.

세트(set) 스파이크를 위해 공을 높게 올려주는 패스로, 일반적으로 팀의 두 번째 플레이가 된다.

스위치(switch) 전략적으로 선수의 자리를 바꾸는 것을 의미한다.

스파이크(spike) 네트 위에서 강하게 친 공격성 타구.

서브(service) 팀의 우측 후위 선수에 의해 공이 인플레이가 되도록 하는 행위.

에이스(ace) 서브 에이스라고도 하며, 상대수비가 받아내지 못한 서브를 말한다.

점수(point) 상대선수의 반칙이나 볼 리턴의 실패로 인해 1점을 획득하게 되는 것을 말한다.

캐링 더 볼(carrying the ball) 반칙행위로 공을 잡는 것을 말한다. 공은 반드시 신체부위로부터 확실히 튕겨 나와야 한다.

캐치(catch) 공이 특정 신체부위에서 정지되는 것을 의미한다.

커버(cover) 팀의 동료 공격수나 블로킹 뒤쪽에 자리를 잡으면서 떨어지는 공을 살려내거나 블로킹 벽을 살짝 넘어오는 팁을 받아 올리는 것을 의미한다.

킬(kill) 수비 팀이 받아내지 못하거나 블로킹으로 막을 수 없는 스파이크를 말한다.

타임아웃(time-out) 휴식, 선수교체, 혹은 부상 등의 이유로 게임을 중지시키는 것을 말한다.

팁(tip) 공격 페이스의 변화를 줄 목적으로, 스파이크 대신 공을 가볍게 터치하여 상대 수비수를 교란시키는 기술.

풋 폴트(foot fault) 서브를 넣기 전이나 넣는 동안 엔드라인을 밟거나 넘는 행위, 또는 발이 센터라인을 완전히 넘어가는 행위로 반칙이다.

헬드 볼(held ball) 공이 손이나 팔에서 잠시 동안 머문 경우를 말한다.

추가 읽을거리

Dearing, J. 2003. *Volleyball fundamentals*. Champaign, IL: Human Kinetics.

Dunphy, M., and Wilde, R. 2000. *Volleyball today*. 2nd ed. Stamford, CT: Wadsworth /Thomson.

Kluka, D. A., and Dunn, P. J. 2000. *Volleyball*. 4th ed. Dubuque, IA: McGraw-Hill. 일련의 움직임에 대한 분명한 사진과 함께 배구만의 독특한 특징, 시각적 기술 향상, 심판 수행에 대한 장, 배구의 역사 제공.

Kus, S., 2004. *Coaching volleyball successfully*. Champaign, IL: Human Kinetics.

McGown, C., Fronske, H., and Moser, L. 2001. *Coaching volleyball: Building a winning team*. San Francisco: Benjamin Cummings.

Navalta, S. 2002. *Championship volleyball for players*. Dubuque, IA: Kendall/Hunt Pub.

Pellett, T. 1999. *Volleyball*. Scottsdale, AZ: Holcomb

Hathaway Publishers.

Scates, A., and Linn, M. 2003. *Complete conditioning for volleyball*. Champaign, IL: Human Kinetics.

Schakel, D. 1997. *Volleyball inside out*. 3rd ed. Boston: American Press.

Schodell, D., and Reymand, C. 2002. *The volleyball coaching bible*. Champaign, IL: Human Kinetics.

Stokes, R., and Haley, M. 2001. *Volleyball everyone*. 4th ed. Winston-Salem, NC: Hunter Textbooks. 다수의 삽화, 지도/학습자료, 체크리스트, 퀴즈, 자료, 수비 및 공격 전략, 드릴 포함.

U.S. Volleyball Association. Current edition. *Official volleyball reference guide*. Colorado Springs: U.S. Volleyball Association.

Viera, B. L., and Ferguson, B. J. 1996. *Volleyball: Steps to success*. 2nd ed. Champaign, IL: Human

Kinetics. 기초 배구 수업을 듣는 학생을 위한 기본 자료.

Wise, M. 1999. *Volleyball drills for champions*. Champaign, IL: Human Kinetics

자료

비디오

그 외 비디오 자료는 부록 C를 참조하라.

웹사이트

미국배구(USA Volleyball): www.usavolleyball.org

미국배구코치협회(American Volleyball Coaches Association): www.avca.org

배구기관에의 링크(Links to volleyball organizations) http://dmoz.org/Sports/Volleyball/organizations/

9 배낭여행

이 장을 완벽하게 습득한 뒤, 독자들은 다음과 같은 사항들을 할 수 있어야 한다.

▶ 배낭여행에 필요한 적절한 장비를 선택하고 관리한다.
▶ 안전한 배낭여행을 계획한다.
▶ 배낭여행의 상황 조정 및 안전의 중요성을 인식한다.
▶ 비포장길에서의 예절을 이해한다.
▶ 초보자들에게 배낭여행의 기초를 가르친다.

역 사

옛날부터 사람들은 생필품을 운반하는 기본적인 방법으로 등에 짐을 실었다. 그러나 말, 마차, 철도, 자동차, 비행기, 그 외에 다른 많은 효율적인 형태의 이동수단이 생기면서 등에 짐을 싣고 장거리를 걸어야 할 필요가 없어졌다. 오늘날 배낭여행가들은 자립정신, 레저, 즐거움의 수단으로서 원초적인 방식으로 기본적인 필수품을 등에 지고 다닌다. 최소한의 도구와 약간의 지식만 있으면 여행가들은 다른 형태의 운송수단으로는 쉽게 갈 수 없는 장소에 이를 수 있다. 배낭여행가들이 얻는 보상은 아름다운 풍경, 한적한 장소, 방대한 자연환경에서 느끼는 경외감 등이다. 거기에는 '고된 방법을 굳이 선택하는' 데 대한 짜릿한 기쁨과 성취감이 있다. 그것은 한적한 여행길을 걷는 과정에서 경험하는 미지의 세계와 모험에 대한 도전이다. 건강 상태가 양호하고 고생을 감수할 의지가 있는 사람이라면 누구나 준비만 충분히 함으로써 배낭여행의 활기찬 삶을 즐길 수 있다. 자연 속을 자유롭게 여행한다는 것은 우리가 받은 유산을 경험한다는 것이며, 지구가 선사하는 중요한 교훈들을 배운다는 것이다.

장비

현대의 배낭여행 장비는 대단히 효율적이고 등에 이고 다녀야 하는 중량을 최소화할 수 있도록 잘 만들어졌다. 다소 가격이 높기 때문에 모든 장비를 전부 갖추려면 엄청난 돈을 투자해야 한다. 그렇게 많은 돈을 투자할 때는 일단 구입하기 전에 모든 품목을 면밀히 현명하게 따져봐야 한다. 그러면 막대한 경비를 지출하지 않고도 달리 대체할 수 있는 품목이 생길 것이다. 만일 가능하다면 원하는 타입의 장비를 빌리거나 렌트하여 그 장비가 기대했던 만큼 필요성이 있는지 어떤지 살펴본다. 맨 처음에는 기초적인 필수품만 먼저 구입하고, 추가 품목들은 경험이 쌓이고 경제력이 뒷받침될 때 구입하는 것이 좋다.

등산화, 양말, 각반

질 좋고 튼튼한 가죽 등산화는 배낭여행을 자주 하는 여행가에게는 필수 품목이다. 등산 시에는 발에 착용하는 종류의 품목들이라면 전부 볼 수 있는데 심지어는 새들도 포함된다. 하지만 발을 보호하고 편안하게 해주는 것은 바로 질 좋은 등산화이다. 등산화를 선택할 때는 장거리를 견딜 수 있을 만큼 튼튼하고, 밑창 부분이 바위나 자갈에 긁혀도 잘 마모되지 않으면서, 걸을 때 거의 모든 면이 닿아서 견인력을 제공해주는 것을 고른다. 오늘날 나오는 대부분의 등산화는 비브람(Vibram)이라고 하는 내구성이 매우 좋은 합성 고무 재질의 밑창으로 만들어졌다. 중량이 가벼운 등산화는 가격도 적당하면서 보호기능을 제공하고 신발을 길들이는 시간도 줄여준다.

초보자는 실제 필요한 것보다 더 무겁고 가격이 높은 등산화를 구입하는 경향이 있다. 그러므로 질 좋은 제품을 판매하는 평판이 좋은 등산용품 전문점을 찾는 것이 도움이 될 것이다. 아주 중요한 것은 잘 맞는 신발을 신고, 내리막을 걸어가는 동안 발가락이 신발 앞부분에 닿지 않을 만큼 큰 것을 고르는 것이다. 신발이 잘 맞는지 판단하려면 경사진 판자 위에 서서 발가락 위치를 점검한다. 잘 맞는지 판단하는 기준은 단단한 물체를 발로 여러 번 차보았을 때 발가락이 신발 끝 부분과 닿지 않는지 살피는 것이다. 어떤 경우든 신발은 등산을 시작하기 전에 미리 잘 길들여놓아야 한다. 신발은 장거리 여행을 하기 전에 기회가 있을 때마다 길들여놓아야 본격적인 여행을 할 때 발에 물집이 생기는 것을 예방할 수 있다. 등산화를 길들이는 가장 좋은 방법에 대해서는 많은 견해가 있지만 자주 신는 것을 권장한다. 신발의 착용감이 좋고 편안하게 하려면 신발 표면에 보호용 방수제를 바른다. 이렇게 하면 가죽의 수명을 늘리고 발을 건조하게 유지해줄 것이다.

양말은 신발과 더불어 중요한 품목으로, 대부분의 여행가들은 양말을 두 켤레 신는다. 안쪽에 신는 양말은 대개 울, 폴리프로필렌 혹은 그와 비슷한 재질로 된 가벼운 것으로 발의 땀을 외부로 배출해주고, 겉쪽에 신는 양말은 대개 두툼한 울 재질로 신발 안쪽의 발에 쿠션 역할을 해준다. 매일 깨끗한 양말로 갈아 신고, 적어도 한 켤레 이상의 양말을 준비한다. 양말은 밤에 세탁해서 건조시키고, 혹시라도 여행을 시작할 즈음에 다 마르지 않은 상태라면 배낭 겉쪽에 핀으로 고정시켜 매달아 놓는다.

나일론이나 고어텍스 각반(gaiter, 발목과 바지 끝 사이로 들어오는 이물질과 바람을 차단해주는 목 긴 반장화 – 역자 주)은 먼지와 눈 같은 파편이 등산화 내부로 들어가지 않도록 돕는다. 각반은 대개 옆이나 뒤에 지퍼가 있어서 신발을 벗지 않고도 신고 벗을 수 있게 되어 있다.

가벼운 테니스화도 야영지에서 사용할 대체용 신발로 유용하다. 장시간의 여행을 마치고 난 후 테니스화로 바꿔 신으면 발에 바람이 통하게 하면서 하루 종일 사용했던 등산화는 건조시킬 수 있다. 테니스화는 무거운 짐을 감당하기엔 적당하지 않지만, 야영지의 환경적 스트레스가 적은 상황에서는 유용하다.

배낭

배낭은 비용 투자를 주로 많이 하는 품목이며 사용자의 요구사항을 충족시킬 수 있어야 한다. 크기는 사용자에 따라 달리 선택한다. 배낭 크기 혹은 용량은 여행의 기간과 유형에 따라 결정한다. 용량은 3,500에서 7,000입방인치(57.4~114.7cu/dm)로 다양하다. 배낭 가격은 크기와 품질에 따라 달라진다. 5,400입방인치(88.6cu/dm)의 고급 배낭은 가격대가 200달러에서 400달러 정도이다.

전통적인 스타일의 배낭은 외부 프레임 형태를 갖추고 있다. 이런 배낭은 배낭을 빼고 짐만 싣기 위해 프레임을 사용하고자 할 경우에는 배낭을 프레임에서 분리할 수 있다. 프레임은 가벼운 중량의 금속 소재로 만드는데 대개 관형 알루미늄 합금이 사용된다.

내부 프레임 배낭은 배낭여행가들에게 인기가 높은 형태이다. 내부 지지대가 배낭과 이어져있어 튼튼하고 외관이 보기 좋다. 지지대를 때로는 제거하여 등의 윤곽선에 맞게 모양을 잡을 수도 있다. 내부 프레임 배낭은 사용자가 배낭의 크기를 조절할 수 있도록 압축끈이 장착되어 있어야 한다.

내부 프레임과 외부 프레임 배낭 모두 어깨, 허리, 가슴에 패드가 들어간 벨트가 있어야 한다. 어깨 벨트는 충분히 조절할 수 있어야 하고 무거운 짐이 어깨에서 미끄러지지 않도록 고정할 수 있어야 한다. 가슴 벨트는 배낭이 좌우로 미끄러지지 않도록 앞에서 연결되어야 한다. 패드가 들어가 있고 조절 가능한 허리 벨트는 배낭 무게의 상당 부분을 엉덩이에서 지탱하게 해준다. 무게의 양이 엉덩이와 어깨 사이로 분산되는 기능은 사람마다 선호할 수도 선호하지 않을 수도

있으며 여행하는 동안 조절할 수 있다.

일반적으로 무거운 물건은 외부 프레임 배낭의 위쪽에 둔다. 내부 프레임 배낭은 무거운 물건들을 사용자 등 쪽의 중간 부분에 넣게 되어 더 쉽게 이동할 수 있다. 침낭이나 옷 같은 가벼운 물건들은 배낭 하단 부분에 넣는 것이 가장 좋다. 편리하게 사용하려면 자주 쓰는 물건은 상단 부근에 넣는다.

여행용 배낭은 대개 나일론이나 질긴 코듀라(Cordura) 재질로 만든다. 봉제 상태나 솔기 부분을 꼼꼼히 살피는 것도 중요하다. 솔기 부분이 얼마나 튼튼한지를 나타내는 척도는 인치당 땀수이다. 일반적으로 땀수가 많을수록 더욱 튼튼하다. 솔기 부분이 약하면 무거운 짐을 감당하지 못하고 찢어질 수 있다. 솔기는 봉합선 방수처리제를 사용해 안쪽에서 붙이거나 방수처리를 한다.

배낭은 대개 위쪽에서 물건을 넣지만, 일부 제조사에서는 옆이나 아래쪽에서 물건을 넣는 방식을 도입하고 있다. 분리가 되는 옆주머니 혹은 스톰 플랩(storm flap, 비바람을 차단하기 위해 덧대어진 천 - 역자 주) 같은 부가적인 부속물이 있으면 사용자가 자주 사용하는 물건을 더 쉽게 찾을 수 있고 가방의 방수기능을 높일 수 있다.

내부 프레임 형태와 외부 프레임 형태 중에서 고를 때는 편안함과 목적에 맞게 선택한다. 내구성 측면을 중요하게 생각한다면 외부 프레임 배낭을 선택한다. 어떤 이들은 외부 프레임 형태는 배낭이 사용자의 등에서 더 멀리 떨어지기 때문에 더 편안하다고 느낀다. 내부 프레임 배낭은 등반과 스키를 비롯하여 장시간의 여행에 알맞다. 이런 배낭은 몸에 놓이는 위치와 짐을 고정시키는데 사용하는 끈이 많아서 밸런스 기능이 탁월하다.

짧은 여행 동안 기본적인 필수품들을 가지고 다닐 수 있는 룩색(rucksacks)이나 당일산행용 배낭(daypacks)도 유용하다. 어떤 배낭은 상단부가 분리 가능하여 전

대 용도로 바꿔 사용할 수 있다. 이것은 공간과 중량을 줄여준다.

복장

등산용 복장으로 주로 필요한 조건은 산행 시의 기온에 알맞고 편안한지 여부다. 배낭여행 대부분이 상당히 낮은 기후에서 이루어지므로, 밤과 이른 아침에는 울이나 양모 재질의 옷이 바람직하다. 때로는 활동 중에 폴리프로필렌 재질의 방한용 긴 내의를 입으면 몸을 더 따뜻하게 해주고, 밤에는 취침용 의복을 입는다. 울 섬유는 젖었을 때 대부분의 다른 물질에 대해 단열효과를 낸다. 양모나 양털 섬유는 울보다 더 빠르게 수분을 외부로 배출하고 상당히 가볍다. 가장 권장하지 않는 것이 면이나 면혼방 섬유다. 면은 젖었을 때 단열효과를 내지 못하고 건조가 느리다. 대개 옷을 여러 벌 '겹쳐' 입고 기온과 활동수준에 따라 겹쳐 입은 옷의 수를 조절하는 방법이 가장 좋다. 옷을 겹쳐 입을 때는 몸 바로 위에 입는 옷은 단열효과가 있는 재질이 좋고, 나일론이나 고어텍스 섬유의 옷으로 그 위를 덮는 것이 가장 바람직하다. 오리털 재킷과 조끼는 가볍고 몸이 열을 보존하는데 대단히 효과적이지만, 젖었을 때는 단열효과가 낮다.

만일 비가 올 것 같다면 적당한 우천용 의복을 필수적으로 준비하는데, 입고 있던 다른 옷과 바꿔 입을 수 있는 것이어야 한다. 악천후로부터 몸을 보호할 수 있는 가벼운 비옷이 있으면 유용하다. 어떤 형태의 비옷은 몸의 수분이 배출되지 않고 옷 안에 축적되게 하는 재질로 만드는데, '통기성' 있는 섬유로 된 것이라면 이런 문제를 해결할 수 있다. 레인 챕스(rain chaps, 다리에 끼우고 벨트를 연결하는 슬리브 형태)는 종종 우비나 레인 판초와 함께 사용한다. 판초는 섬유나 비닐로 된 커다란 방수천으로 중앙에 구멍이 있어 그 부분으로 머리를 집어넣어 입는 망토 형태의 옷이다. 판초도 침낭이나 텐트가 땅의 수분을 흡수하는 것을 방지하는 바닥깔개용으로도 활용할 수 있다. 쉽게 찢어질 수 있는 가벼운 비닐 우비는 가장 필요한 순간에 사용하지 못할 수 있으므로 피하는 게 좋다.

추운 날씨에는 울 워치 캡(watch cap, 챙이 없는 니트 모자 – 역자 주) 혹은 양모 스키 모자를 사용할 것을 권한다. 만약 머리, 목, 귀를 잘 덮어주지 못한다면 이들 부위를 통해서 체온의 약 50퍼센트가 손실될 수 있다. 또한 모자는 침낭을 머리까지 덮지 않는다면 취침 시에도 쓰고 잘 수 있다. 극심하게 추운 날씨에는 안감이 합성 양털로 되어 있고 그 위를 나일론이나 고어텍스로 덮은 장갑이나 벙어리장갑을 끼면 따뜻함과 보호기능이 높아진다.

여행 중 몸을 더욱 따뜻한 상태로 유지해주는 옷은 폴리프로필렌 같이 무게가 가벼운 합성 재질로 만든 것이다. 이런 옷은 활동 중에 몸에서 나는 땀을 외부로 배출해준다. 피부도 선크림을 바르거나 옷으로 최대한 덮어 태양으로부터 보호해야 한다. 넓은 챙이 달린 모자와 두건을 쓰면 태양으로부터 목을 보호해주므로 권장한다. 긴 소매가 달린 티셔츠와 내의도 태양과 곤충으로부터 피부를 보호해준다. 어떤 환경에서는 머리와 복을 보호하기 위해 모기장이 필요할 때도 있다.

빛을 비추면 어두운 곳에서도 눈에 잘 띌 수 있는 반사작용이 있는 재질로 된 옷도 준비하는 것이 현명하다. 만일의 경우 일행 중 누군가가 보이지 않는 일이 발생할 수 있으므로 이 점은 매우 중요하다.

침낭

고된 하이킹을 하는 동안 약간의 불편한 기억도 하룻밤 숙면을 취하고 나면 말끔히 사라진다. 기온이 낮은 환경에 적합한 침낭은 힘든 여행을 하고 온 날 밤에 잠을 잘 잘 수 있도록 돕는다. 침낭은 다양한 크기와 모양으로 나오며 단열기능도 몇 가지 형태로 제공한다.

기억할 것은 열을 생성해주는 침낭은 없다는 것이다. 단지 체온에서 나오는 열 손실을 막는 기능만 할 뿐이다. 미라형(mummy-style) 침낭이 아마 배낭여행가들에게 가장 인기가 높을 것이다. 단열효과를 위해 오리털을 선택하기도 한다. 그러나 오리털은 젖었을 경우에는 효율성이 떨어지고 열 손실을 막는 기능이 거의 없다. 데이크론(Dacron), 할로필Ⅱ(HollofilⅡ), 폴라가드(Polarguard), 화이버필Ⅱ(FiberfilⅡ) 같이 단열작용을 위해 사용하는 합성섬유는 거의 오리털 같은 효과가 있으며 습기의 영향을 덜 받는다는 이점이 있다. 그러나 단열기능이 있는 합성재질로 만든 침낭은 대개 오리털 침낭과 보온 효과는 비슷하지만, 무게가 30퍼센트 가량 더 무겁다. 침낭이 오리털이든 합성섬유 재질이든 간에, 침낭은 속이 조밀하게 채워지지 않아야 한다. 그렇게 속이 꽉 채워진 제품은 섬유의 단열 기능을 압박하고 방해한다. 침낭은 건조한 장소에 매달아서 보관해야 한다. 대부분의 침낭 커버는 립스탑 나일론(ripstop nylon) 재질로 만들어졌으며 수많은 색상으로 구할 수 있다. 미적인 목적으로 쓸 것이 아니라면 색상은 별로 중요하지 않지만, 땀을 배출해주는 가볍고 튼튼한 것은 필수요소다. 침낭 커버는 방수 재질로 만든 것이 아니어야 하는데, 몸의 수분의 상당량이 침낭 안에 고여서 급격히 열이 손실되게 하기 때문이다. 비박색(bivouac sack) 혹은 비비색(bivy sack)이 따뜻함과 보호 효과를 주기 때문에 종종 사용하기도 한다.

야영지에서는 침낭을 공기에 쐬어 주어야 한다. 초저녁에 침낭을 펴면 기존의 단열 효과를 다시 얻을 수 있다. 또한 아침에 침낭을 나무에 매달아두면 밤새 몸에서 나와 쌓여 있던 수분이 증발하게 할 수 있다.

침낭 패드와 에어 매트리스

바닥깔개 외에 땅의 습기가 침낭이나 텐트 바닥으로 흡수되는 것을 피하려면 땅을 통한 열 손실을 막는 방법이 필요하다. 이것은 폼(foam) 패드나 에어 매트리스를 사용하면 해결할 수 있다. 대부분의 일반 에어 매트리스는 폼 패드도 그렇듯이 열 손실을 막지 못하지만, 배낭여행용으로 특수 제작한 에어 매트리스를 구입할 수 있다. 폼 패드는 두 가지의 기본 형태가 있는데, 클로즈드 셀(closed-cell) 혹은 오픈 셀(open-cell) 구조로 된 것이다. 클로즈드 셀 패드는 커버가 따로 필요하지 않으며 바닥깔개용으로도 활용할 수 있지만, 오픈 셀 패드는 습기를 흡수하고 바닥깔개가 더 필요하다. 방수재질로 감싼 폼 패드는 습기로부터 보호하는 기능이 추가된다. 겨울에는 종종 두 가지 타입의 패드를 모두 가지고 다닌다.

텐트와 간이천막

배낭에 넣어가지고 다니는 물품 중 가장 무거운 것 가운데 하나가 소형 텐트로, 대개 립스탑 나일론 혹은 그와 비슷한 가벼운 재질로 만들며 폴대와 골조는 알루미늄 소재다. 어떤 장소에서는 텐트가 전혀 필요하지 않지만 비나 눈이 올 때는 덮개 같은 것을 갖추는 것이 상당히 바람직하다. 어떤 사람들은 무게가 가벼운 타프(tarp)(혹은 튜브 텐트)를 선택하는 반면, 어떤 사람들은 텐트를 선호한다. 타프는 보슬비가 내릴 때 유용하지만, 모기나 다른 곤충들 접근을 막는 데는 텐트만큼 효과적이지 않다.

습기를 차단해줄 장치로서 그리고 특수 바닥천을 가지고 다닐 필요성을 배제하기 위해 텐트에 방수 바닥이 있는 제품을 고른다면 아주 편리하다. 어떤 텐트는 벽과 천장도 방수 재질로 만들어져서 수분이 텐트 내부, 주로 텐트 윗부분으로 침투하지 못하게 한다. 방수 바닥이면서 벽과 천장은 습기를 외부로 배출할 수 있도록 다공성 재질로 된 것이 좋다. 이런 것은 텐트 상부를 완전히 덮는 텐트 플라이 같은 덮개가 추가적으로 필요하다.

　텐트는 종종 '2인용', '3인용' 등으로 구분한다. 텐트를 구입하기 전에는 텐트 내부의 공간이 설명대로 넓이가 적당한지 확인하기 위해 텐트를 설치한 상태를 살펴봐야 한다. 2인용 텐트 대부분은 평균적인 성인 두 명이 편안하게 느낄 만큼 공간이 충분하지는 못하고 짐이나 다른 장비를 놓을 공간이 거의 없다. 텐트는 전통적으로 A 프레임 모양이지만, 선택사항은 다양하게 고를 수 있다. 지오데식(geodesic)형 텐트는 궂은 날씨에 사용하는 배낭여행용으로 인기가 높다. 바닥이 없는 I-폴대형 텐트는 무게가 중요한 고려사항일 때 많이 선택한다. 대부분의 배낭여행가들은 비용 때문에 복합 섬유 재질 대신 알루미늄 폴대형 텐트를 선택한다. 전실은 저장 공간을 추가적으로 제공한다. 어떤 사람들은 전실 안에서 음식 조리를 하기도 하지만 이 공간에서 조리를 하는 것은 일반적으로 권장하지 않는다.

　텐트 솔기 부분은 봉합이 잘 되어 있고 외부의 힘이 가해졌을 때 변형되는 부분을 보강한 것이어야 한다. 배낭여행용으로 나오는 일반적인 텐트는 크기, 재질, 폴대와 골조의 무게에 따라 다르지만 무게가 5~10파운드(2.3~4.5kg)이다. 텐트 개폐문은 정확하게 잘 맞아야 하며 대개 지퍼 형태이다. 개폐문은 지퍼의 품질이 중요하다. 따뜻한 날씨에는 텐트 플랩을 열어둔다면 단단히 닫히는 방충망은 필수이다. 날씨와 상관없이 텐트는 바람이 강해질 경우에 날아가는 것을 방지하도록 골조가 지면에 잘 고정되는 것이어야 한다.

음식 조리와 취사용품

취사용품에는 여러 가지 형태가 있는데 대부분의 여행용품점에서 구입할 수 있다. 취사용품은 경중량에 초소형 제품으로 나온다. 냄비와 팬은 부피를 줄이기 위해 한 용기 안에 다른 용기가 들어가는 구조로 되어 있다. 냄비와 팬은 알루미늄 재질이며 망가지지 않을 정도 두께이다. 테프론 코팅 처리가 된 프라이팬은 조리할 수 있는 음식 종류가 다양하고 세척이 용이하다. 튼튼한 핸들과 뚜껑이 달린 냄비는 뚜껑을 프라이팬으로 활용할 수 있다. 고무 코팅을 한 샤넬 록스(Channel locks) 공구 하나만 있으면 냄비 집게로 쓰기에도 좋다.

　스테인리스 스틸 혹은 강화 플라스틱 식기 제품도 좋다. 강화 플라스틱은 스테인리스 스틸에 비해 더 가볍고 극심하게 추운 날씨에도 입술에 달라붙지 않는다. 덜어먹는 용도의 접시나 보울은 강화 플라스틱 재질을 금속에 비해 선호한다. 음식은 금속 용기에 담으면 빠르게 식는다. 수저와 보울을 다용도 끈으로 연결하면 개인 식기 세트를 한꺼번에 다룰 수 있다. 단열 기능이 있는 뚜껑 있는 플라스틱 컵은 음료를 따뜻하게 마실 수 있고, 입술이 데지 않으며, 쏟는 일도 줄일 수 있다. 큰 수저, 스패출라(spatula, 탄력성이 있는 얇은 주걱 – 역자 주), 깔때기, 질긴 알루미늄 호일 등의 부가적인 도구들도 있으면 편리하다. 어떤 타입의 취사용품을 선택할 지는 경험을 바탕으로 선택한다. 몇 번의 여행 경험을 하고 나면 이런 도구들을 선택하기 쉬워질 것이다.

캠핑용 스토브

휴대용 버너가 아무리 요긴하다 할지라도 대부분의 자연보호 구역에서는 허용되지 않는다. 자연보호 구역에 미칠 영향을 최소화하기 위해 많은 이들이 작은 캠핑용 스토브를 가지고 다닌다. 배낭여행가들이 증가하면서 야외에서의 화기사용 금지 조치가 증가하고 있다. 따라서 캠핑용 스토브 사용은 환경적 관심이 커지면서 인기가 높아지고 있는 추세이다. 대부분의 캠핑용 스토브는 경량이면서 어느 고도에서나 매우 효율적이다. 캠핑용 스토브는 여러 가지 연료를 사용하는데, 무연 가솔린, 등유, 압축 프로판가스, 부탄가스 등이 있다. 이 중 무연 가솔린을 가장 많이 사용한다.

스터노(Sterno)나 헥사민(hexamine) 같은 다른 연료들도 사용하지만 대개는 열전달률이 상당히 낮다. 부탄 연료는 효과적인 사용을 위해 연료통을 어느점 이상으로 유지해야 한다. 그래서 여행자들이 아침식사를 준비할 때 부탄 연료를 제대로 사용할 수 있으려면 밤에 잘 때 이것을 텐트 안에 놓고 자야 한다! 휴대용 스토브와 연료는 위험할 수 있기 때문에 배낭 속에 넣어 가지고 다닐 때 항상 주의해야 한다. 무연 가솔린 같은 액상 연료는 전용 금속 통에만 담아 가지고 다녀야 한다. 연료통은 배낭 바깥쪽 주머니의 하단에 넣어야 연료가 새더라도 즉시 확인할 수 있어 실수로 점화되는 것을 막을 수 있다. 스토브 수리 도구세트를 꼭 가지고 다니고, 야영하기 전에는 스토브를 시험 가동해보아야 한다. 극심하게 추운 곳에서는 알루미늄 윈드 쉴드(wind shield; 바람막이 장치 – 역자 주)가 있으면 캠핑용 스토브의 효율성을 더욱 증대시킨다.

'흔적 남기지 않고 야영하는 것'과 다른 사람들의 즐거움을 위해 환경을 보호하는 것은 현명한 여행가의 임무이다. 취사 시에는 반드시 지반이 튀어나온 곳처럼 지면이 튼튼한 곳에서 해야 한다. 그리고 식사 메뉴는 취사 구역에서 이루어지는 취사과정을 최대한 줄일 수 있는 방법으로 준비한다.

주머니에 넣는 장비들

몇 가지 품목은 여행자의 바지 주머니나 배낭 상단부에 넣어가지고 다녀야 한다. 나무 성냥 같은 비상용 물품은 방수 용기 안에 담아 주머니에 넣는다. 접이식 주머니칼이나 다용도 용구도 구비해야 하며, 칼은 어디에 놓여 있는지 항상 기억하고 있어야 한다. 칼은 아마도 가장 '잃어버리기 쉬운' 것이면서 또한 가장 요긴한 물건 중 하나일 것이다.

작은 호각도 바지 주머니에 넣어가지고 다니면서 필요할 경우 비상 신호로 사용해야 한다. 호각 소리는 사람 목소리가 들리지 않는 아주 먼 거리에서도 들을 수 있다. 호각은 불어서 소리를 낸 다음 작은 소리로 가늘어진 이후에도 오랫동안 지속된다. 여행자가 익숙하지 않은 장소를 다닐 때는 콤파스를 주머니에 넣어가지고 다닌다.

이러한 도구들은 배낭을 분실할 경우를 대비해 몸에 지니고 있어야 한다. 이런 물건은 비상 시에 상황을 극복할 수 있도록 돕고 배낭이 없는 곳에서 유용하게 활용할 수 있어 아주 중요하다.

장비 선택하기

제한된 경비로 장비를 구입하려는 예비 배낭여행가들은 물건 구입 시 아주 신중해야 한다. 품질보다는 가짓수에 비중을 두고 구입하기보다는 품질 좋은 품목을 몇 가지만 구입하는 게 더 낫다. 또한 오랫동안 써야 하는 물건은 바로 구입하기보다 빌리거나 렌트하여 먼저 실제로 사용해보는 것을 권장한다. 그리 필수적이지 않은 장비들이 부족하다면, 일단 더 많은 지식이 쌓이고 적합한 장비를 구입할 수 있게 될 때까지 임시로 대용품을 사용한다.

아래의 목록은 초보자의 장비 구입 계획에 도움이 될 것이다. 이 목록은 대부분의 지역을 여행할 때 필요한 장비를 나열한 것이지만, 현지의 환경에 따라 물품을 추가하거나 빼는 게 바람직하다. 항상 품질, 중량, 부피, 내구성을 먼저 고려한다. 야영지에서는 장비용품점을 아무리 찾아봐야 찾을 수 없다는 사실을 반드시 기억해야 한다!

배낭여행 체크리스트

방수커버가 있는 배낭

개인용품

합성섬유 셔츠
합성섬유 바지
합성섬유 양말
우비
등산화
합성섬유 내의
합성섬유 자켓
스웨터
파카
윈드팬츠
모자
장갑/벙어리장갑

취침장비

침낭
취침용 패드
플라이가 포함된 텐트
방수천
텐트 골조

취사용품

스토브
연료
조리용 냄비/프라이팬
플라스틱 용기/수저
머그컵
휴대용 정수기
물병
수세미

식료품

아침식사
점심식사
저녁식사
여행 중 중식
음료
비상 식량

기타 품목

구급용품
손전등과 여분의 전구
　　및 배터리
성냥/라이터
지도/콤파스
수리 도구
카메라
나일론 끈
공책/연필
쓰레기봉투
호가/거울
선글라스
방충제
입술보호제
선크림
개인 위생용품
주머니칼
시계
처방 의약품
콘택트렌즈
수건
캠핑용 샌들/신발

특별한 장비의 필요성을 판단하려면 지리 책임자나 자신이 배낭여행을 계획한 곳으로의 경험이 많은 여행가에게 자문을 구해야 한다.

여 행 계 획 짜 기

장소 정하기

여행을 계획할 때 가장 중요한 일은 적당한 장소를 선택하는 것이다. 배낭여행의 가장 좋은 특징 중 하나가 특정 장소에 국한되지 않고 누릴 수 있는 자유이다. 많은 사람들이 '부시왝(bushwhack)', 즉 어떤 정해진 길에 국한되지 않고 어느 방향이든 원하는 길을 따라 여행하는 전국 횡단여행을 즐긴다. 이런 여행이 허용되는 곳에서는 다른 곳에서는 얻을 수 없는 호젓함을 누릴 수 있다. 초보자는 이와 같은 부시왝 여행을 할 때, 여행을 어렵게 만들 수 있는 환경적 특징을 빠르게 알아차려야 하고 더 나은 경로가 있는 길을 판단해야 한다. 경험이 쌓여서 전국 횡단여행의 이점을 누릴 수 있게 되기 전까지는 다른 사람들이 다녔던 경로를 따르는 것이 가장 바람직하다. 어떤 지역들은 산행길이 잘 알려져 있으며 풍경이 아름다운 것으로 유명한데, 그 때문에 특정 시기에는 여러 지역을 담당하는 기관들에서 캠핑하는 사람들 수를 제한하는 쿼터제를 실시한다. 그렇게 하지 않으면 산행로 사용률이 지나치게 많아지고 야영지에 너무 많은 사람을 수용함으로써 길이 쉽게 마모된다. 그런 지역으로 하이킹을 하고 싶은 사람이라면 하이킹이 허용되는지, 또 미리 신청해야 하는지 알아보아야 한다. 야영을 허용하는 대부분의 지역은 공공 사용 지역이고 주립공원, 자연보호관리기관 혹은 그와 유사한 기관에서에서 관리하는 땅이 포함된다. 많은 관리기관에서 각기 담당하는 지역에 관한 정보를 알리고 요청이 있을 경우에는 자료를 제공해준다. 여행 장소를 선택할 때는 지형의 특성, 기존의 산행로, 지역 규범, 물 같은 시설이나 야영 장소를 사용할 수 있는지 여부 등을 알아보아야 한다.

정해진 산행로는 기점에서부터 시작되고, 주차시설은 대개 차량 수가 제한된다. 만일 여행이 처음 시작한 곳과 같은 곳에서 끝난다면 그 곳에 차량을 남겨두는 것이 바람직하다. 만일 산행로가 처음 시작한 곳과 다른 곳에서 끝난다면 여행이 시작하는 곳까지 데려다주고 끝나는 곳까지 데리러 와 줄 사람이 필요하다.

초보자라면 가까운 장소를 택해 산행에서 쓰는 장비를 사용하면서 캠핑을 해보는 것이 좋다. 그 과정에서 만일 뭔가 순조롭지 않다면 집에서 멀리 떨어진 외딴 곳에서 발생할 위험요소나 큰 불편함 없이도 좋은 경험을 얻을 수 있다. 또 하나의 좋은 아이디어는 집 근처에서 하룻밤 숙식을 하면서 '취침' 장비를 사용해보고 그러한 장비의 적합성 여부를 판단해보는 것이다. 배낭여행자가 가지고 다닐 수 있는 물건들은 제한적이다. 필요하지만 배낭에 넣지 않으면 소용이 없고, 또 넣었지만 필요치 않으면 불필요한 짐만 늘리는 셈이다. 빼놓고 오는 게 더 나을 물품과 꼭 가지고 가야 할 물품을 판단하기 위해서는 실제로 직접 경험해보는 것보다 더 나은 방법이 없다.

흔적 남기지 않기

미국 산림청(U.S. Forest Service)에서 1970년대 초에 LNT(Leave No Trace: 흔적 남기지 않기) 프로그램을 만들었지만 겨우 최근에야 미국에서 캠핑의 영향을 최소화하는 기준으로 대중 및 사설 기관들에서 적용하고 있다. 네 개의 연방 기관, 토지관리국(Land Management), 미국 산림청, 야생동물보호청(Wildlife Service), 국립공원청을 비롯해 야외활동지도자학교(NOLS: National Outdoor Leadership School) 같은 사설기관들에서는 LNT 프로그램을 계속 개선하고 있다. 이 프로그램의 취지는 단순하다. 즉 야외활동 특히 자동차를 사용하지 않는 레저 활동으로 인한 피해를 줄이는 것이다 (Pokorny, 2001). 아래의 일곱 가지 원칙은 사람들의 활동으로 인

한 환경적 피해를 최소화하기 위해 만든 것이다.

• 미리 계획하고 준비한다.
• 지표면이 단단한 곳에서 야영한다.
• 쓰레기를 제대로 처리한다.
• 캠프파이어로 인한 피해를 최소화한다.
• 야생동물을 보호한다.
• 다른 관광객들을 배려한다.

LNT 원칙에 대한 세부사항과 효율적으로 실행하는 방법은 야외활동지도자학교에서 출판한 LNT 기술과 윤리(Leave No Trace Skills and Ethics) 안내서를 참고한다.

체크 목록

초보자가 할 수 있는 가장 중요한 것 중 하나는 여행에 필요한 것들에 대한 목록을 만들고 짐을 챙길 때 점검하는 것이다. 이것은 집에서 짐을 쌀 때 중요한 물품을 빼놓는 실수를 방지하며 준비과정을 체계화할 수 있도록 돕는다.

식료품

적당한 식료품을 준비하는 것은 중요하다. 여행을 계획하는 사람은 여행 중의 에너지 소비를 고려해야 하는데, 이 소비량은 일상생활의 활동에 비해 훨씬 높으며, 식욕도 일반 산행을 할 때보다 훨씬 높다. 초보자에게 아주 좋은 연습이 되는 것은 적당한 식료품 양을 판단해 준비하는 것이며 그 양보다 약간 더 넣는 것이 좋다. 중요하게 고려해야 할 사항은 식료품의 무게이다. 대부분의 식료품 중에서 많은 부분을 차지하는 것이 물이다. 식료품을 준비할 때 물의 양을 줄이면 가져가야 할 짐의 총 무게를 줄이는데 도움이 된다.

무게를 줄일 수 있는 주요 항목은 식료품인데, 만

일 여행이 며칠 이상으로 길어질 경우에는 식료품의 일부 종류는 건조식품으로 준비하는 것이 중요하다. 식료품을 잘 준비하려면 냉동건조 식품이 유용하며, 혹은 식료품에 포함된 수분의 양을 여러 방법으로 제거하는 것이 좋다. 일반 여행용품점에 가면 다양한 종류를 고를 수 있다. 식료품을 선택할 때 가장 큰 고민은 가격이 높다는 점이다. 냉동건조 식품은 장기 여행에 가장 적합한 품목이긴 하지만, 무게가 약간 더 나가더라도 영양가 높은 다른 제품들을 수퍼마켓에서 구입할 수 있다. 사전답사 여행을 할 때는 참가하는 사람들의 입맛에 맞는 건조식품을 구입하기 위해 슈퍼마켓 제품도 포함한다. 슈퍼마켓의 식품을 선택할 때는 상업적인 목적으로 포장이 과도하게 덮인 제품은 포장을 벗기고 공간 절약을 위해 다시 작게 포장한다. 준비 품목 지도를 할 때는 각 물품에 대한 사항도 포함해야 한다.

여행자들이 식료품을 얻기 위해 종종 택하는 한 방법은 '현장에서' 구하는 것이다. 그러나 이 방법은 성공을 단정할 수 없을 뿐 아니라, 주변에서 천연 먹을거리를 구할 가능성이 낮거나 현지의 규정에 따라 금지하는 경우가 많기 때문에 불가능할 수도 있다. 일부 지역에서는 생선, 베리류, 때로는 과일 등을 얻을 수 있는 것도 사실이지만, 먹을거리를 효과적으로 입수할 수 있을 만큼 경험이 충분하지 않다면 식료품 공급에 관한 한 일반적인 방법을 택하는 게 현명하다.

필요한 식료품의 양은 여행 일수, 기후, 여행의 강도 등에 따라 다르다. 날씨가 춥고 지형이 까다로운 여행이라면 칼로리 필요량이 늘어난다. '일반적인' 여행을 계획하는 '평범한' 여성의 경우, 하루 칼로리 필요량이 2,500에서 3,000칼로리 정도이다. '평범한' 남성의 경우, 하루 칼로리 필요량이 3,500에서 4,000칼로리 정도이다. 십대 청소년들의 경우에는 그 두 배 정도 필요하다.

식단

일부 여행자들은 형식적인 체계 같은 것을 몹시 싫어하지만, 초보자는 여행지에서 먹게 될 식단에 대해서는 서면 계획서를 이용하는 것이 도움이 된다. 변동 가능성은 항상 존재하지만, 이렇게 계획을 따로 하지 않는다면 필요한 음식의 양을 결정하기란 어려울 것이다. 식료품을 구입할 때는 각각의 식단에서 먹게 될 항목들을 하나로 묶어서 생각하는 것이 좋다. 그런 다음 그렇게 묶은 것들을 따로따로 비닐봉투에 담고 '토요일 아침식사', '일요일 저녁식사' 이런 식으로 정해진 식사시간 별로 라벨을 붙인다. 특이한 식단의 경우에는 며칠간 정도의 여행에서라면 별다른 문제를 일으키진 않겠지만, 그래도 식단 계획을 할 때 가정에서 하는 것과 동일한 방식을 따라야 할 것이다. 즉, 균형 있는 식단을 계획한다면 다양한 음식을 포함해야 한다. 에너지 소비가 높기 때문에 식단에 탄수화물을 많이 포함하는 것이 바람직하지만, 다른 음식들도 소홀히 하면 안 된다. 물은 여행 중 자주 소량씩 마시는 것이 피로를 방지하는 데 도움이 된다.

여행 중 중식

중식으로는 조리과정이 거의 혹은 전혀 필요치 않은 식사를 계획하는 것이 좋다. 그리고 대부분의 여행자들은 산행 활동 중에는 칼로리가 높은 음식을 소량씩 먹는 것이 편리하다고 생각한다. 선호하는 것은 '고프(gorp)'라고 하는 혼합식품이다. 이 용어의 어원은 확실치 않은데, '품질 좋고 오래된 건포도와 땅콩(gorp: good old raisins and peanuts의 약자)'를 의미하는 것으로 여겨지기도 한다. 이 용어의 어원이 무엇이든 간에 혼합식품은 훌륭한 아이디어다. 여행자의 입맛에 따라 말린 과일, 초콜릿, 다양한 종류의 견과류, 시리얼, 그리고 그 외에 칼로리가 높으면서도 날씨가 더울 때 찐득해지지 않는 다른 식품들 등으로 구성해도 좋다.

물

물은 여행자에게 필수 식품이면서 자주 소비하는 품목이다. 경험이 많지 않은 여행자는 물을 필요량보다 적게 마시는 경향이 있는데, 일부러라도 적절한 섭취량을 준수해야 한다. 탈수증상이 생기지 않으려면 필요량보다 더 많이 마시는 게 좋다. 이것은 날씨가 더울 때는 특히 더 중요하며, 일반 물병 마개도 준비해야 한다.

분말 스포츠 음료나 전해질 음료는 미네랄 손실을 줄여주고 근육경련 발생도 줄여준다. 필요하지 않은 수분은 자연적인 신체 대사과정으로 배출되며, 너무 적게 마시기보다는 필요량보다 많이 마시는 게 좋다.

산행 중에 깨끗한 물을 얻기란 어렵지만, 유용한 지도를 사용하는 사전답사, 안내책자, 현지 문의 등의 방법을 이용하면 훨씬 수월하게 얻을 수 있다. 람블편모충(giardia lambliea)은 설사, 헛배부름, 더부룩함, 탈수 등의 증상을 일으킬 수 있다. 이런 편모충이나 그 외 다른 박테리아와 바이러스를 사멸시키거나 제거하기 위해서는 물을 정수할 수 있는 사전방지책을 준비해야 한다.

때로는 장거리 여행을 할 때 물을 가지고 다녀야 하지만, 어떤 경우에는 샘, 개울, 호수 등에서 쉽게 구할 수도 있다. 안전한 물인지 의심스러울 때는 배낭에 넣어 가지고 온 화학약품을 사용해 정수 처리한다. 염소제제(halazone: 할라존) 같은 제품은 약국이나 여행용품점에서 구입할 수 있다. 이런 제품은 유효기간이 한정적이기 때문에 용기에 적힌 날짜를 반드시 확인한다. 이와 마찬가지 효능을 제공하는 방법으로는 일반 가정에서 쉽게 구할 수 있는 물질로 가능하다. 아이오딘팅크제(tincture of iodine)를 깨끗한 물 1쿼트당 3방울 비율로(만일 물이 깨끗하지 않다면 이 양의 두 배로) 사용한다. 이 화학제제는 강하게 흔들어 섞음으로써 물에 완전히 녹여야 하고, 그런 다음 이 물을 마시기 전에 최

소 30분 이상 동안 그대로 둔다. 약간 화학약품 맛이 나긴 하지만 위장장애를 일으키거나 다른 심각한 질병을 겪게 되는 것 보다는 이렇게 마시는 것이 훨씬 이롭다. 어떤 사람들은 아이오딘 알러지 반응이 있을 수 있으므로 포터블 아쿠아(Portable Aqua) 같은 정수제를 사용할 것을 권한다. 여행 기간이 긴 경우에는 시판되는 정수 필터를 사용하는 것도 좋다. 이런 필터는 세라믹 필터로 물에 포함된 불순물을 자동적으로 걸러주는데, 최근에는 비교적 값이 저렴해졌다.

지도와 안내책자

현지 안내책자는 그 지역의 지형과 전반적인 자연적 특징들을 이해하는 데 큰 도움이 된다. 이런 자료는 해당 지역의 많은 특징을 제공하는데 고도, 형세, 수원지, 야영지, 지역의 역사, 그 외 많은 정보가 포함된다. 지도는 여러 여행용품점에서 구입할 수 있으며, 현지에서 구할 수 없더라도 각 지역에 있는 관광안내소에서 얻을 수 있다.

배낭 챙기기

가져갈 모든 품목을 정리했으면 배낭 안에 넣어야 하는데, 용도에 따라 특정 순서별로 넣는다. 일반적으로 가볍고 부서지지 않는 물건은 배낭 하단부분에 넣고, 무거운 물건은 상단 부분과 정면 부근에 넣는다. 무거운 물건의 대부분은 위쪽으로 어깨 부근에 두는 것이 중요하다. 자주 사용할 것 같은 물건이나 필요할 때 신속히 꺼내야 할 물건은 굳이 가방을 풀어야 하는 과정을 피할 수 있도록 옆주머니에 넣는다. 우의는 반드시 쉽게 꺼낼 수 있어야 하고, 우의와 지도를 넣는 주머니가 따로 만들어져 있는 배낭이 많이 나와 있다. 가장 효율적인 방법은 주머니를 여러 개 사용하는 것이다. 예를 들면 파란색 주머니에는 여분의 옷을, 빨

간색 주머니에는 음식을 담는 식이다.

　배낭의 기본적인 무게를 35~60파운드(15.9~27.3kg) 이하로 유지하도록 한다. 이 정도는 배낭, 텐트, 침낭 등의 필수품을 모두 포함하고, 식료품 같은 소모성 품목은 제외한 무게이다. 최대 총중량은 사람에 따라 크게 차이가 나지만, 대략적으로 총 중량은 체중의 3분의 1을 초과하면 안 된다. 이 정도는 무거운 짐에 속하며, 초보자라면 이보다 더 낮은 중량으로 짐을 꾸리도록 제한하는 것이 바람직하다.

구급상자

구급상자는 배낭여행가들이 챙겨야 할 기본적인 품목 가운데 하나이다. 시판되는 구급상자를 구입하면 되지만, 현지의 약국에서 쉽게 구할 수 있는 것들만 모아서 세트를 구성할 수도 있다. 아래 목록은 이런 구급상자를 만드는 데 필요한 물품들이다.

　살균제
　반창고(특대형을 포함하여 다양한 크기로)
　살균 거즈 패드
　몰스킨 면포
　집착 테이프
　입술보호제
　핀셋
　바늘
　옷핀
　삼각건
　스네이크 바이트 키트(독사교상 응급치료제 – 역자 주)
　과민성쇼크 응급용품(특수한 경우)
　필요할 것으로 예상되는 다른 품목들도 포함한다. (개인 의약품, 여분의 콘택트렌즈 등)

산행 과정

컨디션 조절 및 안전수칙

여행자가 몸 상태를 좋게 유지하고 장기간 동안 무거운 배낭을 메고 걸어 다닐 수 있는 것은 중요하다. 이 책의 제2장에서 신체적 활동능력을 주제로 이야기했다. 여행을 하기 전에 컨디션을 조절하면 체력을 증진하고 하이킹을 더욱 즐겁게 만들 수 있다. 컨디션 조절은 적절한 기간 동안 수행해야 하며 도보, 조깅, 그리고 그와 비슷한 활동들로 전반적인 컨디션을 증진시킬 수 있는 것을 포함한다. 어찌 됐건 여행자는 강도를 점차 늘려가며 산행을 하고 지정된 시간 안에 감당할 수 있는 것보다 더 먼 거리를 시도하면 안 된다. 여행의 목표는 체력 소모가 아니라 즐거움에 있는 것이다. 몇 킬로미터의 산행을 시도할 때는 먼저 천천히 그리고 '준비운동'으로 시작하는 것이 현명하다. 만약 산행길의 첫 구간에서 고도가 현저히 높아질 경우에는 이 점이 특히 더 중요하다.

　발은 특별히 주의를 기울여야 하는데, 통증이 발생하면 즉시 조치를 취해야 한다. 맨 처음 나타나는 증상이 주로 발뒤꿈치나 발가락에 나는 듯한 삭얼삼이다. 이 증상이 나타나면 바로 활동을 중단해야 한나! 여기서 계속 더 걸으면 빠르게 물집이 생기고 산행을 다시 시작하기 어려울 만큼 '절뚝'거리게 된다. 이때는 신발과 양말을 벗고 통증 부위를 살핀다. 몰스킨 면포를 해당 부위에 붙인다. 몰스킨 면포는 약국에서 구입할 수 있으며 표면이 부드러워 마찰을 줄여주고 피부에 붙일 수 있도록 접착제가 발라져 있다. 몰스킨을 붙인 후에는 발전용 파우더를 바르고 양말과 신발을 갈아 신고, 산행을 재개할 때는 발뒤꿈치 상태에 각별히 주의를 기울이면서 움직인다. 물집은 터뜨리기보다는 건드리지 않는 게 훨씬 이롭다. 물집이 작은 경우라면 반창고와 파우더를 사용하면 된다. 가급적이면 물집을 터뜨리는 것은 피해야 한다. 만약 물집을 터뜨려야 한다면 바늘을 사용하는데 바늘 끝이 붉게 변하고 확실히 멸균이 될 때까지 가열한 후 사용한다. 피부에 미치는 영향이 가급적 적게 하고, 살균제를 바르고, 상처 부위는 반창고나 그와 비슷한 드레싱 조치를 해 덮어야 한다. 만일 발의 물집이 심각한 상태라면 산행을 하루 정도 늦추고 감염을 예방하고 상처가 더 악화되지 않도록 하기 위한 조치를 취한다. 여행하기 며칠 전에 미리 벤조인 제제(Tuf-Skin: 터프 스킨)를 사용하면 발의 피부를 단단하게 하는데 도움이 되며 물집이 생기는 것을 예방한다.

단체로 산행을 할 때는 다른 사람들보다 더 빠르게 걷고 싶어 하는 사람들이 꼭 있기 마련이다. 자신보다 늦게 걷는 사람들 뒤에서 걷다보면 짜증을 유발할 수 있으므로 그럴 때는 속도가 빠른 사람이 앞서 가게 하는 것이 좋다. 단 일행이 함께 움직이는 상태는 유지해야 한다! 자주 뒤돌아보면서 내 뒤에 오는 사람이 눈에 보이는 상태를 유지하는 것이 한 방법이며, 일행이 필요 이상으로 흩어졌다 싶을 때는 잠시 멈추어 기다린다. 더 빠른 속도로 걷고자 하는 사람 입장에서는 다소 짜증이 날 수 있지만, 일행이 함께 움직이는 상태를 확실하게 유지하는 방법은 가장 느린 사람을 앞서게 하고 다른 사람이 그 앞으로 나가지 않게 하는 것이다. 경험 많은 여행자들은 한 명을 단독으로 깊은 자연보호구역 안으로 보내고 때로는 그곳에 계속 머물게 한다. 더욱 안전한 방법은 최소 한 명의 파트너와 함께 움직이고 항상 서로가 어디쯤에 있는지 알게 하는 것이다. 이와 같은 '2인조제'는 어떤 사람이 심각한 비상사태에 빠질 경우 도움을 줄 수 있다.

여행자들이 부상을 입는 주요 원인이 추락 사고인데, 불필요한 위험요소를 제거하려면 사고방지책을 세워야 한다. 다리가 부러지거나 발목을 접질리는 일은 결코 유쾌한 일이 아니고, 깊은 자연보호구역 속에서 산행을 하던 중이라면 심각한 문제가 될 수 있다. 얼음, 축축한 바위, 성긴 바위들을 걷다보면 특정 부

상들을 일으킬 수 있는데, 이때 섣불리 특수한 지식이나 트레이닝 방법을 시도하면 안 된다. 낙하 사고를 피하고 험한 지형을 극복하는 데는 산행용 지팡이가 큰 도움이 된다. 어떤 제품은 접을 수 있어서 사용하지 않을 때는 배낭에 간단히 넣어가지고 다닐 수 있다. 모든 사람이 각자 자신의 안전을 책임져야 하고 언제라도 다른 사람을 도울 준비가 되어 있어야 한다.

TCP(Trip Control Plan, 여행관리계획) 계획서는 비상시에 특정 일원의 위치를 알아낼 수 있도록 그리고 만일 필요하다면 긴급구조대에게 적절한 장소를 알려줄 수 있도록 산행 출발 전에 누군가가 가지고 있어야 한다. TCP 계획서에는 산행 거리, 고도 높낮이, 예상 소요시간, 이정표, 가능성 있는 야영지 등에 대한 정보를 가급적 명확히 해야 한다. 기존에 정해진 대부분의 산행로는 일종의 등록 절차가 있는데, 기점에서 산행로를 따라 조금 올라가면 나오는 관리사무소에서 이루어진다. 좋은 계획안은 만일 지정된 시간에 어떤 사람과 연락이 닿지 않는다면 누군가에게 그 사람을 찾기 시작하도록 하는 것이다. 비상사태는 아니지만 속도가 늦어진다면 일행에게 자신의 안전여부를 가급적 빨리 보고해야 한다.

산길을 내려갈 때, 특히 피로가 현저히 쌓이고 사고가 가장 일어나기 쉬운 시점인 산행 막바지쯤에 이르면 더욱 각별히 주의를 기울여야 한다. 하산하는 동안에는 풀과 나무, 성긴 바위, 썩은 통나무 등에 위험 요인이 가려지기 쉽고 그 외 다른 여러 가지 위험요소들이 갑자기 나타날 수 있다. 산에서 발생하는 번개는 극도로 위험하다. 뇌우가 발생하면 높은 지대나 홀로 서 있는 나무 쪽으로는 가지 말고 가장 낮은 곳으로 피한다.

산림 해충 및 짐승

해충의 영향으로 발생하는 염증의 수준은 대개 해충

의 크기에 반비례한다. 초보자라면 산에 있을 사자, 섬뜩한 곰, 그 외 야생 동물들이 두려울 것이다. 하지만 모기, 흑색 날벌레, 각종 '무는 벌레들', 그와 비슷한 곤충들은 몸집이 커다란 동물들보다 훨씬 더 고통을 겪게 만든다. 일반적으로 말하자면 어떤 동물과 직면했을 때 침입자는 바로 여행자라는 사실을 이해해야 한다. 대부분의 동물들은 혼자 있기를 원할 뿐이다. 뱀은 사람들이 두려워하지만 대부분은 유해하지 않다. 작은 가터뱀은 종종 일부 산악지대에서 불쑥 나타나곤 하지만, 이 뱀은 그저 여행자들과 같은 목적으로, 즉 시원한 물을 얻기 위해 그 곳에 나타난 것일 뿐이다. 방울뱀은 위험한데 대부분은 걷는 동안, 특히 길옆에 앉거나 튀어나온 바위 턱 쪽으로 갈 때 주의 깊게 살피면서 행동하면 피할 수 있다. 좋은 방충제는 곤충을 처치하는 데 상당히 도움이 되며 다른 동물들에게 사용해도 효과가 있다. 어떤 동물이든 괴롭히거나 적대감을 보이면 안 된다. 기억할 것은 바로 우리가 동물의 서식처에 들어온 침입자라는 사실이다!

개인 위생

개인 위생관리는 가정에서와 마찬가지로 한다. 중요한 것은 각자 청결을 유지하는 것이고, 목욕을 가정에서처럼 규칙적으로 할 수는 없지만 목욕을 해야 할 필요성은 더 많아질 것이다. 작은 개울을 개인 욕조처럼 사용하거나 설거지 혹은 빨래를 하는 장소로 사용하면 안 된다. 물이 대개 차가우며, 물고기와 다른 생물들에게 영향을 미치는 수질균형이 쉽게 깨질 수 있기 때문이다. 물은 냄비에 담아 와서 가열, 세탁 혹은 목욕용으로 사용해도 된다. 생물분해성 비누를 사용하는데, 일반 비누에 비해 토양이 이 물질을 훨씬 빠르게 분해할 수 있기 때문이다. 비눗물은 개울로 흘러들어가는 곳에 버리면 안 된다. 큰 냄비 하나에 양말과

그릇을 함께 넣고 빨래와 설거지를 하는 방법이 그리 개운치는 않겠지만 가정에서 사용하는 대야까지 챙긴다면 짐의 무게가 늘어난다. 설거지가 끝나면 냄비에 물을 넣어 완전히 헹구고 끓여두면 위생상 안전하며 다음 식사 준비 때 그대로 사용해도 괜찮다. 여기서 냄비를 완전히 헹구는 것이 중요한데, 만일 이 세제를 제대로 헹구지 않아 섭취할 경우에는 강한 설사 작용을 일으키기 때문이다.

좋은 배변 습관도 들여야 하는데, 산행로와 물가에서 최소 150피트(45m) 정도 떨어진 곳으로 가서 작은 구멍에 배설물을 처리하는 것도 포함된다. 소위 이 '고양이 구멍(cat hole)'은 적어도 6인치(15.2㎝) 깊이가 되어야 하며 다른 유기물질 주변의 흙으로 구멍 위를 덮는다.

산행 예절

산행을 하는 여행자라면 누구나 똑같은 권리를 가지며 서로 다른 여행자들을 존중해야 한다. 좁은 길에서는 속도가 빠른 사람이 있으면 길을 비켜주고 정중히 인사하면서 먼저 지나가게 한다. 미국 서부 지역에서는 말 떼가 여행가들과 같은 산행로를 사용하고 종종 여행가들이 카우보이보다 더 많이 존중받는 일도 없다. 여행가들이 짐말과 자주 마주치긴 하지만 때로는 '짜증이' 날 때도 있다. 만일 말 떼가 다가오거나 말 떼가 나를 앞질러간다면 적어도 20피트(6m) 정도 길에서 떨어져 비탈 쪽으로 내려서서 조용히 동물들이 다 지나가기를 기다려야 한다. 갑작스런 이동이 있거나 큰 소음을 내면 말들이 갑자기 달려 나가 이탈할 수 있고, 혹은 산 옆으로 추락할 수도 있다. 서부 지역뿐 아니라 동부 지역에서도 산행 시에 여행가들이 설상차, 크로스컨트리 스키어, 산악자전거 여행가들과 마주친다. 이럴 때 가장 좋은 것은 길을 비켜주고 먼저 지나가게 하는 것이다.

야영지

일부 산행지에서는 캠핑이 정해진 구역에서만 허용된다. 환경적 피해를 막고 그 후에도 그곳을 방문할 다른 많은 사람들을 위해 주변의 환경을 유지하기 위해서는 그런 규정을 준수하는 것이 중요하다. 캠핑에 제한규정이 따로 없을 경우에는 야영지를 물가 주변으로 잡는 것이 편리하다. 지반이 평평한 곳이면 더욱 좋지만 일부 지역에서는 그런 곳을 찾기 어렵다. 화기 사용은 신중해야 하며 야영지를 떠나기 전까지 최대한 그곳의 자연 상태를 훼손하지 않도록 주의한다. 화기는 완전히 끄고 화기를 사용한 흔적은 없애야 한다. 완전히 태우지 못한 쓰레기는 모두 가지고 가야 한다. 여행자들은 자칭 자연의 수호자로서, 자연을 이용할 때 최대한 피해를 줄이려고 노력하며 그 자리에 머물렀던 흔적은 아무것도 남기지 말아야 한다. '피해를 최소화하는 캠핑', '가지고 온 것은 가지고 가기', '사진은 찍고 발자국만 남기기' 와 같은 문구는 야영지 관리를 위해 여행자들이 해야 할 행동지침을 알려준다.

저체온증

야외에서 사람들을 가장 고통스럽게 하는 것이 저체온증이다. 이 상태에 이르면 심부체온이 정상체온 이하로 떨어진다. 상태가 호전되지 않으면 사망에 이를 수 있다. 저체온증은 사람이 얼어 죽는 것이 아니다! 주로 일어나는 저체온증은 야외 온도가 화씨 30도에서 50도(약 영하 1도에서 영상 10도) 사이일 때 나타난다. 저체온증은 낮아진 체온이 문제가 되지만 대개는 사람의 몸이 그러한 상황에 효율적으로 대처한다. 날씨가 갑자기 변화하면 발생할 수 있으므로 세찬 폭풍우를 만났을 때 미처 대비하지 못한 여행자들에게서 이 증상이 나타날 수 있다. 젖은 옷과 바람에 노출되는 환경이 결합하였을 때 종종 이런 증상이 나타난다. 이런 환경은 정상적인 신체 기능으로 보완할 수 있는

것보다 더욱 빠르게 몸에서 열을 빼앗아가고, 그로 인해 체온이 낮아지는 결과를 초래한다. 그러므로 여행자는 풍속냉각 지수를 잘 알고 있어야 한다.

저체온증의 초기 증상을 재빨리 알아채고 즉각적으로 대처하는 것이 대단히 중요한데, 그러한 증상으로는 오한이 계속되고, 기민성이 사라지고, 손을 제어하지 못하는 것 등을 들 수 있다. 하지만 이러한 증상들은 무슨 일이 일어나고 있는지 미처 알아채기도 전에 일어나는 경향이 있다. 저체온증을 예방하는 네 가지 수칙은 다음과 같다.

1. 몸을 건조하게 하고 바람을 피한다.
2. 오한이 이미 시작되었다면 비와 바람을 피하고, 필요할 경우에는 그 날 정해진 목표를 접고, 대피장소로 '몸을 피한다'. 텐트를 세워서 유용한 대피소로 활용한다.
3. 일행들에게서 오한, 불분명한 발음, 기억력 저하, 비틀거림, 나른함, 뚜렷한 피로감 등의 증상이 나타나고 있는지 살핌으로써 저체온증 여부를 살핀다.
4. 저체온증 응급처치 방법은 다음과 같다. 환자를 대피소로 옮기고, 젖은 옷을 벗기고, 마른 옷으로 갈아입힌다. 따뜻한 침낭에 눕히고, 따뜻한 음료를 마시게 하고, 만일 가능하다면 불을 피운다. 환자가 잠들지 않게 한다. 기억할 것은 저체온증을 항상 염두에 두어야 하며, 증상이 보이기 시작하면 저체온증에 대처할 준비를 해야 한다. 지체하면 안 된다!

고온 스트레스

여행자가 마주치게 되는 또 하나의 골칫거리는 고온 스트레스다. 열탈진과 열사병을 피하려면 예방조치를 취해야 하는데, 혹시 이런 질환이 발생하게 된다면 증상을 인식하고 치료하는 것이 중요하다.

열은 열전도, 열전달, 발산, 증발 작용에 의해 몸에서 배출된다. 체온을 조절하는 가장 중요한 과정은 바

로 땀이다. 땀은 증발하면서 몸을 식힌다. 산행을 하는 동안 열은 땀을 통해 일부 손실되지만 그 양은 미미하다. 땀의 증발은 상대습도, 풍속, 실외 기온의 영향을 받는다. 습도가 높으면 특히 힘든데, 그것은 땀이 증발하는 속도가 감소하기 때문이다.

고온 스트레스에 대한 예방책, 인식, 치료의 단계는 다음과 같다.

1. 적당량의 음료와 소금을 가지고 다니면서 섭취함으로써 기본적인 필요량이 고갈되는 것을 방지한다.
2. 적당히 휴식을 취하고 몸을 식힐 기회를 갖는다. 그늘이 많은 곳에서는 자주 멈추어 휴식을 취한다.
3. 피로, 근육경련, 복부 통증, 메스꺼움 등의 증상으로 열탈진 증세를 판단한다. 맥박은 정상이지만, 피부는 축축하고 창백하며, 일반적인 경우와는 달리 체온이 상승하지 않을 수 있다. 혀와 입안이 마르고, 기력이 없고 컨디션 조절이 안 되고, 정신이 혼미할 수 있다.
4. 열탈진 증세가 나타나면 환자를 시원한 곳으로 옮기고 몸에 물을 보충해준다. 전해질 음료나 스포츠 음료는 수분과 미네랄을 한꺼번에 보충해준다.
5. 열사병은 발열 증상으로 판단한다. 맥박이 빠르게 뛰고, 피부가 뜨겁고 건조하며 붉게 변하며, 팔다리를 뜻대로 움직이지 못하며, 때로는 의식을 잃기도 한다.
6. 열사병은 차가운 물을 사용해 즉시 체온을 낮추고, 부채질을 해주며, 팔다리를 주물러준다. 이때는 가급적 빨리 병원을 찾는다.

교육 시 고려사항

배낭여행 및 조난구조 응급처치 훈련 경험이 아주 풍부한 사람만이 여행을 계획하는 다른 사람들을 지도할 수 있다. 미국에서는 와이오밍주 랜더 지역에 있는 야외활동지도자학교와 같은 기관에서 훈련하는 것을 권장한다. 이런 훈련을 제대로 하는 것은 비상상황이 발생해도 도움을 구할 사람을 찾기 어려운 외딴 곳에서 여행을 할 때 특히 중요하다. 지도자는 여행을 계획하는 단체의 훈련 상태와 경험을 잘 고려해야 한다. 훈련 상태가 적합하지 않고 준비가 부족하고 장비가 빈약한 여행자들이라면 편하게 할 수 있는 당일여행 이상을 계획하면 안 된다.

용어 해설

A 프레임(A-frame) 삼각형 모양의 텐트

I-폴대형 텐트(I-pole tent) 중앙에 폴대가 한 개 있는 형태의 중량이 가벼운 텐트

가슴 끈(sternum strap) 가방의 어깨끈을 연결하는 나일론 끈

각반(gaiters) 눈이나 흙이 신발 속으로 들어가는 것을 막기 위해 사용하는 나일론 혹은 직물로 된 발목 띠

고프(gorp) 산행 중에 먹는 고칼로리 식품으로, 'good old raisins and peanuts'의 약자.

구급상자(first-aid kit) 산행 중에 발생하는 사고 시에 즉각적으로 응급처치를 할 수 있는 모든 용품이 들어 있는 상자

내부 프레임 배낭(internal frame pack) 내부에 프레임이 상착된 형태의 배낭.

람블편모충증(giardiasis/giardia) 수인성 질병

레인 챕스(rain chaps) 다리에 끼우고 벨트로 고정시키게 되어 있는 슬리브

로프트(loft) 침낭의 두께

몰스킨(moleskin) 물집을 예방하기 위해 사용하는 면포

미라형 침낭(mummy-style bag) 갑자기 추워질 때 사용하기 적합한 침낭으로 여행자들에게 가장 인기 있다.

배낭(pack) 금속 프레임으로 받쳐주는 형태이고 칸이 구분된 가방

벤조인(benzoin) 발의 피부를 딱딱하게 하기 위해 미리 사용하는 조제약

봉합선 방수처리제(seam sealer) 솔기 부분에 방수처리를 하기 위해 사용하는 특수 접착제

비박(bivouac) 임시 캠프

비박색(bivouac sack) 침낭 커버

산림의 해충 및 짐승(trail pests) 고통과 위험을 야기하는 동물로. 이런 동물과 마주쳤을 때 침입자는 바로 여행자 자신이라는 것을 기억해야 한다. 해충을 퇴치하는 데는 좋은 방충제가 도움이 된다.

산행 기점(trailhead) 정해진 산행로가 시작되는 장소

산행 예절(trail etiquette) 다른 여행자들을 항상 존중한다.

생물분해성 비누(biodegradable soap) 토양이 빠르게 분해한다는 점 때문에 여행가들이 사용하는 비누의 한 종류

스톰 플랩(storm flap) 습기와 바람이 들어오는 것을 막기 위해 옷이나 텐트 위에 있는 덮개

식단(menus) 식사 때마다 먹게 될 음식에 대해 서면으로 작성한 계획서

액상 연료(liquid fuel) 캠핑에서 사용하는 연료 중 하나로, 금속 용기에 들어있으며 배낭에 넣을 때는 바깥쪽 주머니에 넣는다.

야영지(campsite) 취침과(혹은) 불을 피우기 위한 장소. 일부 산행지에서는 야영을 정해진 구역에서만 허용하기도 한다.

양털(fleece) 단열 효과를 내고 빨리 마르게 하는 합성 섬유

여행 관리계획서(TCP: trip control plan) 여행에 관한 자세한 기술서로, 출발 시간과 도착 시간, 경로 세부 사항 등을 포함한다.

열탈진(heat stress) 여행자들이 종종 마주치는 흔한 증세. 습도가 높은 곳에서는 특히 많이 나타난다.

외부 프레임 배낭(external frame pack) 외부에 프레임이 장착된 형태의 가방

잡동사니 주머니(stuff sack) 끈으로 조여서 닫는 형태의 나일론 가방

저체온증(hypothermia) 심부체온이 정상체온 이하로 떨어질 때 나타나는 증상. 야외활동을 할 때 여행자들을 가장 위험에 빠트리는 증상이다.

전실(vestibule) 텐트의 확장된 공간으로 앞이나 뒤에 설치한다.

지도(maps) 하이킹을 하기 위해 선택한 장소의 지형과 전반적인 특징을 판단하는 길잡이

지오데식 돔(geodesic dome) 돔 형태로 된 텐트

체크리스트(checklist) 가져가야 할 물품들을 적은 목록.

이것은 혹시라도 빼놓고 가는 일이 없도록 하는데 아주 중요하다.

파일(pile) 폴리에스테르로 만든 부드러운 섬유

폼 슬리핑 패드(foam sleeping pad) 지면을 통해 빼앗기는 열손실을 막기 위해 사용하는 패드

할로존(halazone) 안전이 의심되는 지역의 물을 정화하는 제제

허리 벨트(hip belt) 패드가 들어간 허리 벨트

효력 불가(dead out) 야영지를 떠나기 전에 이루어져야 할 모든 화기의 상태.

흔적 남기지 않기 (LNT: leave no trace) 자연환경을 이용할 때 상태를 보존하도록 돕는 방법 및 윤리강령

참고문헌

Pokorny, T. 2001. *Leave no trace skills and ethics*. North America, Boulder, CO: LNTINOLS.

추가 읽을거리

Fletcher, C., and Rawlins, C. 2002. *The Complete Walker IV*. New York, NY: Random House.

Harvey, M. 1999. *The national outdoor leadership school's wilderness guide*. New York, NY: Simon and Schuster.

Kestenbaum, R. 2001. *The ultra light backpacker: The complete guide to simplicity and comfort on the trail*. New York, NY: McGraw-Hill.

Pearson, C. (Ed.). 1997. *NOLS cookery*. Mechanicsburg, PA: Stackpole Books.

Seaburg, E., and Dudley, E. 1994. *Hiking and backpacking*. Champaign, IL: Human Kinetics.

Tilburg, C. 2005. *Introducing your kids to the outdoors*. Mechanicsburg, PA: Stackpole Books. 어린이들과 함께 여행을 계획하고, 준비물을 챙기고, 일정을 짜는 방법.

Yaffe, L. 2003. *Backpack gourmet*. Mechanicsburg, PA: Stackpole Books. 가정에서 여행용 식료품을 준비하는 방법, 여행용 식품의 수분을 줄이는 방법, 여행 중 섭취할 식료품을 포장하는 방법을 설명한다.

자료

Dupont Fibrefi ll Marketing Division, Centre Road Bldg., Wilmington, DE 19898. 할로우필 II(Hollowfil II), 콸로우필(Quallowfil), 서모라이트(Thermolite)에 관한 정보.

Mountain Equipment Co-op, 1655 W Third Ave, Vancouver, BC Canada V6J 1K1. 전반적인 야외 활동 복장 및 장비에 대한 카탈로그.

Patagonia, 1609 Babcock St., P.O. Box 8900, Bozeman, MT 59715. 파타고니아(Patagonia) 제품에 대한 정보.

WL Gore, Rte 213, P.O. Box 1220, North Elkton, MD 21921. 고어텍스(Gore-Tex)에 대한 정보.

비디오, 영화, 슬라이드

그 외 비디오 자료는 부록 C를 참조하라.

웹사이트

교육기관

국립아웃도어리더십스쿨(National Outdoor Leadership School)
www.nols.edu

아웃워드 바운드(Outward Bound)
www.outwardboundwilderness.org

트레일 월더니스 스쿨(Trails Wilderness School)
www.trailsws.com

지도

내셔널 지오그래픽(National Geographic)
http://maps_nationalgeographic.com/trails

미국지질연구소(U.S. Geologic Survey)
http://topomaps.usgs.gov

트레일스(Trails)
www.trails.com

환경

국립공원청(National Park Service)
www.nps.gov

흔적 남기지 않기(Leave No Trace)
www.lnt.org

10 배드민턴

이 장을 완벽하게 습득한 뒤, 독자들은 다음과 같은 사항들을 할 수 있어야 한다.

▶ 스포츠로서의 배드민턴 가치를 평가한다.
▶ 배드민턴 장비의 선택과 관리에 있어 중요한 고려사항들을 숙지한다.
▶ 배드민턴 게임의 규칙과 배점 방식을 이해한다.
▶ 정확한 그립 잡기, 손목 동작, 준비 자세, 발동작(footwork), 스트로크, 그리고 샷에 대해 설명한다.
▶ 배드민턴 전략과 에티켓을 이해한다.
▶ 학생들에게 배드민턴 기초를 지도한다.
▶ 배드민턴 대회 출전에 필요한 기술, 체력, 그리고 운동선수의 능력을 배양한다.
▶ 배드민턴 용어의 정의를 정확하게 이해하고 사용한다.

역 사

라켓 형태의 도구와 깃털로 된 사물을 가지고 하는 게임은 오랜 역사를 가지고 있다. 기원 후 15세기경 오늘날의 배드민턴과 유사한 게임인 제기차기(shuttlecock kicking)가 중국에서 성행하였으며, 12세기 이전 영국 왕실 기록에도 이 게임에 대한 내용이 언급되고 있다.

배틀도어(battledore, 코르크로 만든 볼에 새의 깃털을 꽂아 빨래방망이로 쳐서 넘기는 게임 – 역자 주) 셔틀콕이 영국의 왕 제임스 1세가 통치하던 시대에 유행했던 사실을 감안한다면, 미국으로 이주한 초창기 영국 정착민들이 이 게임을 즐겼다는 것이 그리 놀랄만한 일은 아닐 것이다.

1700년대에 활동한 화가인 맹고키(Adam Mangoki)가 그린 '어린왕자 설콘식(Young Prince Sulkonsik)'의 초상화를 보면, 폴란드 왕족의 어린 자제들이 셔틀콕과 라켓을 들고 오늘날 배드민턴 서브 자세와 유사한 스탠스를 취하고 있다. 이탈리아의 플로렌스(피렌체)에 소재한 우피즈 미술관에 전시되어 있는 샤르댕(Jean Simeon Chardin, 1699~1779)의 초상화에도 한 소녀가 라켓과 셔틀을 들고 있는 모습이 나온다.

미국인 화가 윌리엄스(William Williams, 1727~1791)의 작품으로 뉴욕시에 있는 미국 최대 미술관인 메트로폴리탄 미술관에 전시되어 있는 '마스터 스테판 크로스필드(Master Stephen Crossfield)의 초상화'에서는 한 젊은 남자가 배틀도어(라켓)와 셔틀콕을 들고 있는 모습을 볼 수 있다.

코트 영역을 나누고 승리를 목적으로 하는 근대 배드민턴 경기는 1873년 전후에 인도에서 본국으로 돌아온 영국의 육군 사관생도들이 글로스터셔(Gloucestershire) 지역의 뷰포트 공작(the Duke of Beaufort)의 영지인 배드민턴(Badminton)이라는 곳에서 게임을 재현한 것이 그 시초라고 널리 알려져 있다. 1878년에는 뉴욕시 배드민턴 클럽이 설립되었다. 뉴욕시 역사박물관의 기록에 의하면, 이 클럽이 세계에서 가장 오래된 배드민턴 조직으로 인정받고 있다. 이 클럽은 25년 동안 뉴욕의 손꼽히는 사교모임 중 하나로 여겨졌다. 애스터(Astor), 루즈벨트(Roosevelt), 록펠러(Rockefeller), 그리고 밴더빌트(Vanderbilt)와 같은 저명인사들이 회원 명부에 이름을 올리고 있었다. 미국에서의 배드민턴은 유명한 운동선수들과 할리우드 배우들을 포함한 수많은 사람들이 경기를 즐겼던 1930년대가 가장 전성기였다.

미국배드민턴협회인 American Badminton Association은 1936년에 최초로 설립된 후, 1977년에 공식명칭을 United States Badminton Association으로 변경하였다.

두 번째로 오래된 배드민턴 클럽은 1899년 아일랜드에서 설립되었다. 이 조직은 1934년에 설립된 국제배드민턴연맹(IBF: International Badminton Federation)의 창단 회원단체이기도 하였다(현재 국제배드민턴협회의 명칭은 세계배드민턴협회로 변경되었으며, 영문 표기도 WBF: World Badminton Federation 로 변경되었음 – 역자 주). 최초의 국제 경기는 1903년 아일랜드의 수도 더블린에서 개최된 영국과 아일랜드의 경기였다. 초창기 국제배드민턴협회는 9개의 국제배드민턴 조직들로 구성되었다. 1939년까지 가입한 조직들이 15개로 늘어났으며, 현재 전 세계적으로 130개 이상의 회원 조직들이 가입되어 있다. 남자부 팀 경기인 토마스 컵(The Thomas Cup) 대회가 1956년 처음 개최되었다. 이상하게도 이 대회에서 우승한 유럽 국가는 아직까지도 나오지 않고 있다. 지금까지 개최된 18번의 대회에서 말레이시아, 인도네시아, 그리고 중국이 남자부 우승을 나눠 가졌다. 여자부 팀 경기인 우버컵(Uber Cup)대회에서는 미국이 1956~1964년 사이에 세 번 우승을 기록하였다. 그리고 나머지 12번의 우승컵은 중국, 일본, 그리고 인도네시아가 차지하였다. 현재 토마스와 우버컵 대회는 매년 개최되고 있다. 세계 혼합복식 경기인 수디르만컵(Sudirman Cup) 대회는 1989년 처음 개최된 이래로 매 홀수 년마다 개최되고 있으며, 인도네시아, 한국, 그리고 중국이 우승을 나누어 차지해오고 있다. 이외에도 아시안게임(Asian Games), 영연방경기대회(British Commonwealth Games), 동남아시안게임(South East Asian Games), 그리고 범미주경기대회(Pan American Games) 등의 국제경기들이 있다. 1977년 최초의 공식 세계대회가 스웨덴 말모(Malmo)에서 개최된 이래로 매 홀수 년도마다 열리고 있다.

배드민턴은 1972년 뮌헨올림픽에서 시범종목으로, 그리고 1988년 서울올림픽에서는 전시종목으로 채택되었다. 배드민턴은 1992년 스페인 바르셀로나에서 개최된 올림픽에서 처음 정식종목으로 채택되었다. 표 10.1은 1992년부터 2004년까지의 올림픽 배드민턴 종목에서 57개의 메달을 획득한 국가들을 보여주고 있다. 1992년에는 혼합복식 종목이 없었다. 중국이 총 메달 수의 35%를 차지하여 단연 앞서있으며, 한국(26%)과 인도네시아(23%)가 그 뒤를 따르고 있다. 중국은 특히 여자 단식과 복식에서 강한 면모를 보이고 있으며, 인도네시아는 남자 단식, 그리고 인도네시아와 한국이 남자 복식에서의 12개 메달 중 10개를 나눠 가져갔다. 1992년 이래로 수여된 19개의 금메달 중 8개는 중국, 5개는 인도네시아와 한국, 그리고 나머지 1개는 덴마크가 차지하였다.

표 10.1. 1993~2004년 올림픽 배드민턴 종목에서의 국가 간 메달 획득 수

	남자 단식	남자 복식	여자 단식	여자 복식	혼합 복식	합계
중국	3	1	5	8	3	20
덴마크	2	0	1	0	1	4
영국	0	0	0	0	2	2
인도네시아	5	5	2	0	1	13
한국	1	5	3	4	2	15
말레이시아	1	1	0	0	0	2
네덜란드	0	0	1	0	0	1

참여 가치

배드민턴은 모든 사람들에게 재미와 체력을 제공한다. 이 운동은 쉽게 배울 수는 있지만 완숙된 기술 수준에 도달하기는 쉽지 않다. 초보자는 배드민턴을 시작하자마자 즐거움과 운동효과를 볼 수 있으며 중급자들의 경우, 실력만 비슷하다면, 한 게임만으로도 매우 격렬한 고강도 운동 효과를 볼 수 있다. 운동관련 연구결과에 의하면, 한 게임을 마친 배드민턴 선수는 야구 선수가 9회 동안 던지는 것보다 더 많은 팔 동작을 사용한다. 또한, 최고의 기량을 가진 배드민턴 선수는 미식축구의 러닝 백(running back) 혹은 엔드(end)가 60분 동안 달리는 거리보다 더 많이 뛴다고 한다.

배드민턴은 여성, 남성, 그리고 어린이까지 모두 참여할 수 있는 가족 스포츠이다. 배드민턴은 작은 공간의 활용이 가능하고 실내/외에서도 할 수 있으며, 비용이 적게 들기 때문에 모든 사람들이 쉽게 참여할 수 있다. 미국의 경우, 대회에 출전하고자 하는 우수 선수들을 위해 거의 모든 지역에서 실내 배드민턴 대회가 열리고 있다. 미국배드민턴협회(USA Badminton)의 인가를 받아 지역 배드민턴 클럽에서 개최하는 대회들은 지역 및 전국대회에서 남녀 단식, 복식, 그리고 혼합복식 경기를 제공하고 있으며, 연령별로 21세, 18세, 16세, 14세, 12세 이하로 나뉘는 주니어부, 연령제한 없는 연합부, 그리고 35세 이상부터 80대까지 5년

간격으로 참여하는 시니어부로 분류되고 있다.

장비 선택 및 관리

모든 스포츠에서 좋은 플레이를 하기 위해서는 먼저 좋은 장비를 갖춰야한다. 배드민턴도 예외는 아니다.

라켓

1. 대부분의 라켓은 알루미늄, 철제, 또는 탄소, 그라파이트(graphite), 세라믹, 혹은 붕소 등의 합금으로 제조된다. 탄소 그라파이트 합금으로 만든 라켓은 매우 가볍고 파워가 높아 우수 선수들 사이에서 인기가 많다.
2. 라켓 무게는 개인의 근력과 편한 느낌에 따라 다르다. 대부분의 학교나 대회에서 사용되는 라켓의 무게는 3~4온스(86~114g) 정도이다.
3. 라켓은 전체적으로 무게가 고르게 분산되거나 헤드 부위가 다른 부위에 비해 약간 더 가벼워야 한다.
   a. 일반적으로 복식 선수들은 상대적으로 가벼운 라켓을 선호하는 데, 그 이유는 더 빠른 샷을 구사할 수 있기 때문이다.
   b. 균형 중심은 보통 손잡이 바닥으로부터 11~13 1/2인치(27.5~ 33.8cm)떨어진 지점이다.

4. 손잡이(그립):

    a. 사이즈는 손 크기에 따라 다르다.

    b. 보통 라켓의 그립 둘레는 3 1/4~3 3/8인치 (8.3~9.1cm) 정도이다.

    c. 여러 사이즈들을 잡아보고 그 중에서 자신에게 가장 잘 맞는 것을 고르도록 한다.

5. 줄:

    a. 나일론은 거트(gut)에 비해 상대적으로 습기에 더 강하고, 가격이 저렴하며, 오래 가기 때문에 초보자들에게 적합한 제품이다.

    b. 거트는 비싸고, 나일론에 비해 수명이 더 짧으며, 습기에 취약해 특별관리가 필요하다. 합성 거트는 탄성이 좋고 플레이 하는데 용이하여 우수 선수들이 선호하는 재질이다.

    c. 거트와 나일론 줄의 장력은 보통 14~20파운드 (6.4~9kg)이다.

6. 라켓 관리:

    a. 닳거나 해진 줄은 끊어지기 전에 교체하여 장력이 느슨해지는 것을 예방해야 한다.

    b. 라켓은 열 또는 냉기가 심하지 않은 곳에 보관해야 한다.

셔틀콕(셔틀)

셔틀은 거위 깃털이나 나일론으로 만들어진다. 셔틀은 종류가 다양하며, 가격도 깃털의 질과 제조 양식에 따라 천차만별이다. 일반적으로 대회에서는 깃털로 만든 셔틀이 사용되지만, 잘 부러지는 특성으로 인해 수명은 한 두게임 정도이다. 깃털은 끝이 뾰족하거나 둥근 모양으로 되어 있다. 깃털로 된 셔틀은 건조해지는 것을 예방하기 위해 약간 습한 환경에서 보관해야 한다. 이러한 환경을 만드는 방법으로, 수건을 물에 적신 후 짜서 튜브(셔틀을 보관하는 길쭉한 통 – 역자 주)를 감싼 채 24시간 보관하여 사용하거나 습기가 있는 종이 타월을 튜브 끝에 올려놓기도 한다. 나일론 셔틀은 수명이 길고 특별한 관리가 필요하지 않기 때문에(가능하면 습한 환경에서 보관하는 것이 좋음) 초보용으로 가장 적합하다.

국제배드민턴협회(IBF)는 셔틀콕의 정규 속도에 대한 규정을 가지고 있다. 규정 4조의 셔틀콕 정규 속도 규정에 의하면, 선수가 코트의 후방 영역선(back boundary line) 중앙(사이드라인과 평행한)에 서서 셔틀콕을 중간 정도의 힘을 가지고 언더핸드 풀 스윙으로 타구한 셔틀콕은 반대편 코트의 복식 서브 뒤쪽 라인으로부터 전후 9인치(22.9cm) 떨어진 지점에 낙하되어야 한다고 명시되어 있다.

배드민턴 수업을 하는 학생들과 교사들은 셔틀콕 검사방법을 숙지하고 현장에서 실제로 검사를 할 수 있어야 한다. 도해 10.1에 나와 있듯이, 셔틀은 깃털이든 나일론 제품이든 그것의 속도가 적절한지 테스트를 해보는 것이 좋다. 기상 조건(온도와 습도)과 고도는 셔틀콕 속도에 많은 영향을 미친다. 셔틀 속도가 너무 빠르거나 느린 경우에는 경기의 승패가 단순히 힘이 더 강한 쪽에 유리할 수 있지만, 정규속도의 셔틀콕으로는 스피드, 체력, 속임수, 컨트롤, 그리고 파워 등 여러 요인늘에 의해 승패가 결정된다.

네트 규격

배드민턴 네트의 높이는 기둥이 세워져있는 코트 바닥으로부터 5피트 1인치(1.53m)이다. 네트 기둥은 코트의 사이드 영역 라인 선상에 위치하며 네트를 편평하게 지탱할 수 있을 정도로 견고히 세워져야 한다. 이것이 현실적이지 못하다면, 너비가 112인치(3.75cm) 이내의 얇은 기둥이나 지지대 등으로 사이드라인의 아래에 고정시켜 네트 끈을 수직으로 들어 올려서 사이드라인의 위치를 알려줄 수 있는 다른 방법을 사용해야 한다. 복식경기 영역 라인이 그려진 코트라면, 플레이

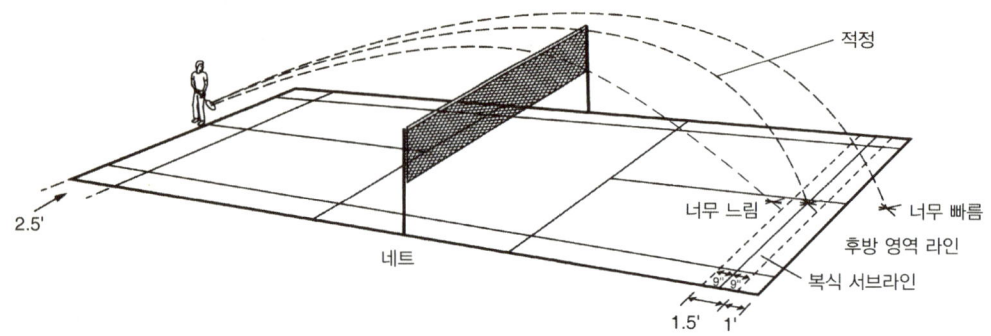

도해 10.1. 셔틀콕 스피드 검사. 타구된 셔틀콕은 어느 쪽이든 서비스라인 전후 9인치(22.9cm) 내에 떨어져야 한다.

하고 있는 경기가 단식이든 복식이든 간에 코트는 복식경기의 영역라인 선상에 위치해야 한다.

　네트는 어두운 색상의 질 좋은 순수 끈 또는 합성섬유로 만들어지며 그물망 두께는 5/8~3/4인치(1.6~1.9cm)를 넘지 않아야 한다. 네트는 양쪽 기둥 사이에서 완전히 펴져 있어야 하며 깊이는 세로 길이가 약 2피트 6인치(75cm)이다. 지면으로부터 네트의 상단 부위는 중앙이 5피트(1.5m), 양쪽 기둥 부위가 5 피트 1인치(1.53m)이고, 네트의 상단 끝 부분은 3인치(7.5cm)의 흰색 테이프로 마감처리 되어 있으며, 이 테이프 사이에 들어가 있는 끈 또는 밧줄이 양쪽 기둥 상단부에 연결되어 네트를 팽팽하게 잡아당길 수 있도록 되어 있다.

다. 배드민턴 코트를 집에 만들 때에는, 단식과 복식 겸용 코트를 그려도 된다. 복식경기를 위한 코트의 길이는 13.4m로 단식경기를 위한 코트와 같지만, 폭은 0.92m 더 넓다 (도해 10.2).

　국제대회에 사용되는 정규코트의 천장 높이는 바닥으로부터 최소 30피트(9m) 이상은 되어야 한다.

규 칙

배드민턴 경기의 목표는 라켓으로 셔틀콕을 쳐서 네트 너머로 주고받으면서 셔틀이 지면에 닿지 않도록 함과 동시에, 셔틀이 상대코트로부터 되돌아올 수 없도록 만드는 것이다.

코 트 그 리 는 방 법

2개 이상의 배드민턴 코트를 옆에 붙여서 만들고자 할 때에는, 코트와 코트 사이에 최소 4피트(1.3m)의 공간을 두어야 한다. 야외 뒤뜰 같은 곳에 코트를 만들 때에는, 테이프 또는 석회가루를 사용하여 영역라인을 그릴 수 있다. 실내체육관에서의 영역라인은 너비가 1.5인치(3.8cm)인 흰색 또는 노란색 라인으로 정의된

점수(서브권)

과거에 적용되었던 공식대회에서의 복식과 남자 단식 경기는 15점제로 서브권이 부여되었다. 이 제도에서는 서브권을 가진 선수 혹은 팀이 공격 포인트를 올렸을 때에만 점수가 부여되었다 (역자 주). 양쪽 점수가 모두 14점일 때, 먼저 14점에 도달한 쪽이 3점 선승제인 '세팅'의 선택권을 가지게 된다. 이 시스템이 적용되면, 3점을 먼저 획득한 쪽이 그 경기를 승리하게 된

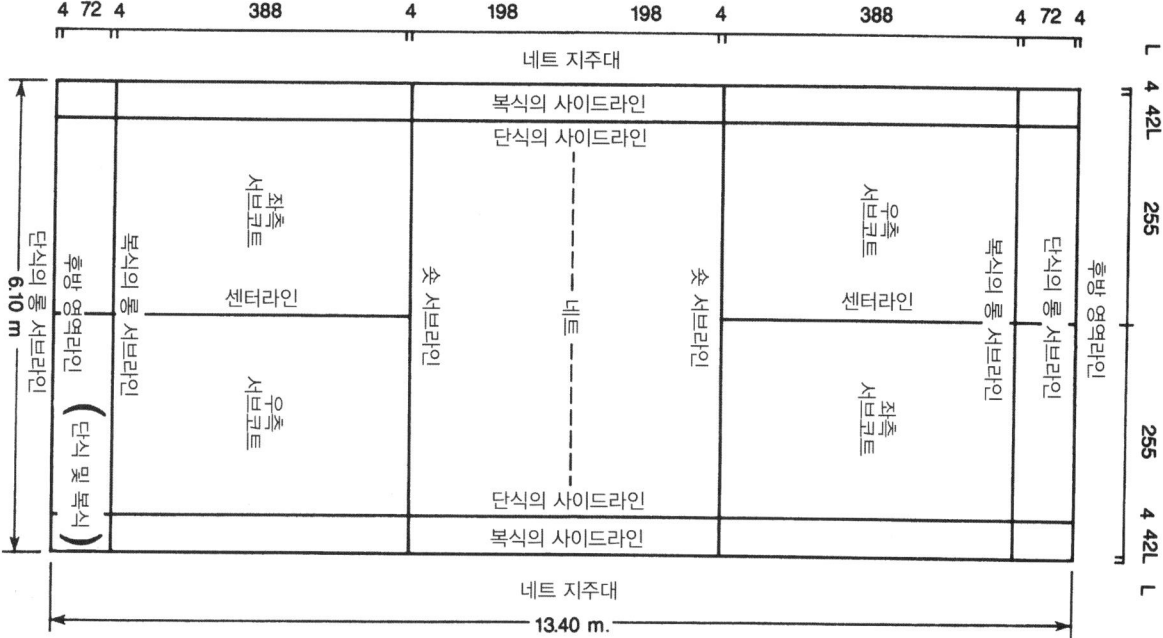

도해 10.2. 배드민턴 단식 및 복식 코트 규격

다. 이 세팅 시스템은 양쪽의 점수가 모두 14점이 된 후 다음 서브를 넣기 전에 반드시 적용되어져야 한다.

여자 단식경기는 11점제이다. 양쪽 점수가 모두 10점일 때 먼저 10점에 도달한 쪽이 3점 선승제인 세팅의 선택권을 가지게 된다.

배드민턴 경기는 3전 2승제로 승부를 가리게 된다. 코트는 두 번째와 세 번째(게임 스코어 1:1이 되었을 경우) 게임 시작할 때 바꾼다. 마지막 세 번째 게임의 경우, 15점제 경기에서는 8점을, 11점제 경기에서는 6점을 먼저 획득하였을 때 코트를 바꾸어야 한다. 학교 내 대회 및 특정 대회의 패자부활전에서는 21점제 한 게임만 진행하기도 한다. 21점제 경기에서는 한 선수가 11점을 먼저 획득하게 되면 코트를 바꾸며 스코어가 20~20이 되더라도 세팅 규정은 적용하지 않는다. 만일 선수들이 코트 바꾸는 것을 잊어버렸다면, 실수가 발견되는 즉시 코트를 바꾸고 스코어는 그대로 진행한다.

점수(랠리 포인트)

세계배드민턴협회(WBF)는 2006년 5월 6일 일본 동경에서 열린 정기총회에서 "랠리 포인트 시스템(서브권이 없어도 해당 랠리에서 이긴 편이 득점하게 되는 시스템)"으로 배드민턴 국제규정을 변경하였다(남녀단식, 복식, 혼합복식 모두 포함). 현재 한국의 모든 공식대회에서도 변경된 랠리 포인트 시스템을 적용하고 있다. 이에 따라 공식경기에서는 21점 듀스, 3세트 경기가 되었으며, 듀스가 계속될 경우 30점에 먼저 도달하는 쪽이 승리하게 된다. 코트 변경의 원리는 서브권 점수제와 동일하나, 마지막 세트에서는 어느 편이든 11점을 먼저 선취하면 코트를 바꾸게 되어 있다 (랠리 포인트 제도에 대한 추가 정보는 세계배드민턴협회와 대한배드민턴협회의 경기규칙에 근거함).

폴트(fault)

폴트는 서브를 실패한 선수에 의해 만들어지며, 만일

그 폴트가 사이드아웃 상황이라면, 스코어에는 변화가 없다(랠리 포인트에서는 매 폴트 시 점수 부여 – 역자 주).

폴트가 되는 상황은 다음과 같다.

1. 서브 넣을 때, 셔틀이 서브 넣는 선수의 허리보다 높은 위치에서 타구되었을 때, 또는 라켓 샤프트가 아래로 향하는 것이 충분하지 못해 라켓의 헤드 부분이 잡고 있는 손 전체보다 아래에 있다는 것이 확실하게 보이지 않는 경우(도해 10.3).

2. 서브 넣을 때, 셔틀이 지정된 서브코트에 떨어지지 않은 경우, 전방 서브라인에 미치지 못한 경우, 후방 서브라인을 넘어서는 경우, 또는 지정 서브 코트의 사이드라인을 벗어나는 경우.

3. 서브 차례가 온 선수의 발이 서브 코트 안에 있지 않거나, 또는 서브를 받는 상대방 선수의 발이 서브가 넘어올 때까지 대각선 방향에 있는 서브 코트에 있지 않은 경우.

4. 서브를 넣기 전 혹은 넣는 동안, 상대방을 속이기 위한 페인트 동작을 하거나 의도적인 보크(속임수)를 하는 경우, 또는 불공평한 이득을 보기 위해 서브 넣거나 받는 것을 지연시키는 경우.

5. 서브 넣을 때 혹은 플레이 도중, 셔틀이 코트 영역 밖으로 나간 경우, 네트를 넘어가지 못한 경우, 지붕이나 벽에 접촉한 경우, 또는 선수의 몸이나 옷에 맞은 경우. 라인 위에 떨어진 셔틀은 서브 코트 또는 플레이 코트 영역 안에 떨어진 것으로 간주한다.

6. 플레이중인 셔틀이 네트를 넘어가기도 전에 상대방 선수에 의해 타구된 경우. 그러나 셔틀을 친 후 라켓이 스트로크 진행 방향 상 네트를 넘어가는 것은 인정된다.

7. 플레이 도중, 선수가 자신의 신체부위, 라켓, 또는 옷으로 네트를 건드린 경우.

8. 스트로크 수행 시 셔틀이 라켓에 걸린 경우(즉, 라켓 줄에 잡혔거나 매달린 경우), 한 선수가 두 번의

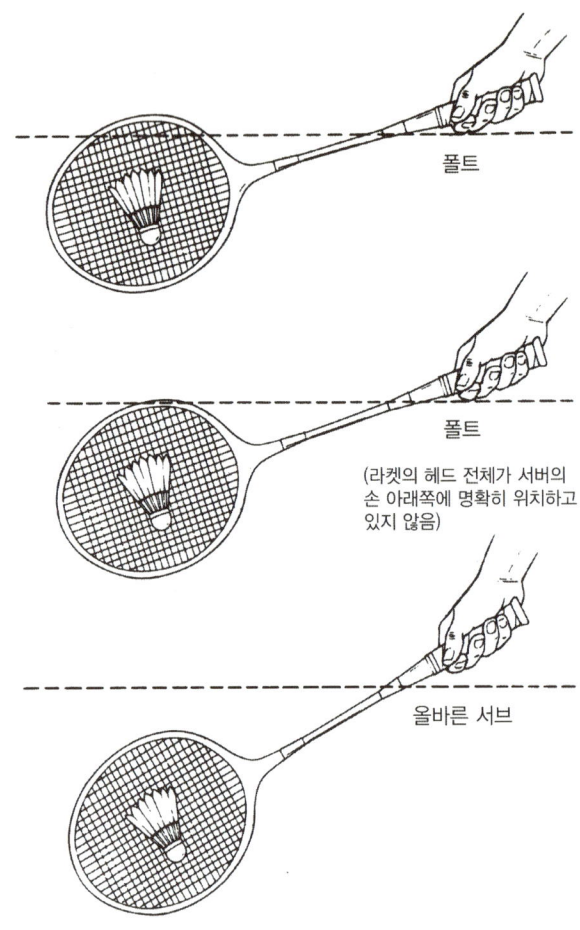

폴트

폴트

(라켓의 헤드 전체가 서버의 손 아래쪽에 명확히 위치하고 있지 않음)

올바른 서브

도해 10.3. 올바른 서브와 폴트

스트로크로 셔틀을 두 번 연속 쳤을 경우, 또는 두 사람이 셔틀을 동시에 쳤을 경우.

9. 상대 선수를 방해했을 경우.

일반적인 규정

서브 넣는 사람은 상대 선수가 준비되기 전에는 서브를 넣지 말고, 상대방이 서브 리턴을 시도할 준비가 되었다고 생각될 때 서브를 넣는다.

서브를 넣는 선수와 받는 선수는 모두 자신에게 지정된 서브 코트의 제한구역(전후방 서브라인과 중앙

및 사이드라인으로 구분됨) 내에 위치해야 하며, 서브가 타구되어 넘어갈 때까지 이 선수들은 정지자세로 양발의 일부가 코트 지면에 붙어있어야 한다. 서브를 넣는 선수든 받는 선수든, 발이 라인 선상에 있거나 조금이라도 밟고 있다면, 그것은 서브 코트 밖에 있는 것으로 간주한다. 서브와 상관없는 파트너들은 상대 선수를 시야를 막거나 방해하지 않는 범위 내에서 어느 위치에 있어도 상관없다.

서브 또는 랠리 중, 셔틀이 네트에 맞고 넘어가거나, 스트로크가 정당하게 이루어졌다면, 플레이는 계속 진행된다. 셔틀이 기둥 바깥쪽에서 넘어오더라도 상대방 코트의 영역 라인 선상 또는 내에 떨어지게 되면 유효하다. 예상치 못한 상황이나 우연히 발생한 방해물에 대해 주심은 '렛(let)' 결정을 내릴 수 있다.

서브 또는 랠리 중, 셔틀이 네트에 걸린 경우에도 렛 판정이 내려진다.

서브를 받는 선수가 서브가 타구되기 전 미리 움직이거나 지정 서브 코트 안에 위치하지 않고, 서브를 넣는 선수 역시 서브규정에 위반하여 두 선수가 동시에 폴트를 받게 되는 경우, 렛 판정이 내려진다.

렛 판정이 내려지면, 이진 서브는 무효가 되므로 마지막으로 서브 넣었던 선수가 다시 서브를 넣는다.

서브를 넣는 중 헛스윙으로 셔틀을 완전히 놓치게 되면, 폴트를 받게 된다.

만일 한 선수에게 네트 가까이에서 셔틀을 공격할 기회가 왔다면, 상대 선수는 자신의 라켓을 네트 쪽으로 뻗어야 한다. 이때, 수비자는 공격자의 스트로크를 방해하지 않는 범위 내에서 자신의 라켓을 위로 들어 올려 얼굴이 가격되는 것을 막을 수 있다.

주심의 역할은 선수의 이의 제기 없이 '폴트' 혹은 '렛'을 명령할 수 있고, 서브를 넣기 전 논란의 여지가 있는 득점과 관련된 이의제기에 대한 결정을 내리며, 자유재량으로 선심과 서브 부심을 선임할 수 있다. 최종 결정은 주심이 하지만, 선심과 부심의 확인절차가 필요하다. 단, 이러한 절차가 있다 하더라도 공격과 수비의 폴트 최종 결정권은 주심에게 있다.

단식경기(서브권과 랠리 포인트 모두 적용)

단식경기에서의 양 선수들은 서브 스코어가 0점 혹은 짝수일 때 자신들이 위치한 코트의 오른쪽 서브 코트에서, 서브 스코어가 홀수일 때는 왼쪽 코트에서 서브를 넣거나 받아야 한다. 이러한 절차는 세팅 상황이 발생한다 하더라도 변하지 않는다.

득점을 획득할 때마다 양 선수 모두 서브 코트를 바꿔야 한다.

복식경기(서브권)

최초 서브권이 결정되면, 우측 서브 코트의 선수가 대각선상에 위치한 반대쪽 서브 코트의 상대 선수를 향해 서브를 넣으면서 경기가 시작된다. 상대 선수가 서브된 셔틀이 바닥에 닿기 전에 쳐서 되돌려 보낸 이후, 인사이드(서브를 넣는 쪽)와 아웃사이드(받는 쪽)가 번갈아가면서 셔틀을 치게 되며, 이러한 플레이 상황은 폴트 결정이 내려지던지 아니면 랠리가 중지될 때까지 계속된다. 만일 (최초 서브를 넣은 후)인사이드가 폴트를 범했다면, 서브권을 잃게 되고, 반대쪽 우측 서브 코트에 위치한 상대 선수가 서브를 넣게 된다. 그러나 아웃사이드가 서브 리턴에 실패하거나 폴트를 범한 경우에는 인사이드에 득점이 부여된다. 득점 획득과 함께 인사이드 선수들은 좌측 서브 코트로 이동하여 대각선 방향의 반대쪽 서브 코트에 있는 상대 선수에게 서브를 넣게 된다. 한쪽 사이드에서 플레이를 하는 동안, 서브는 좌우측 서브 코트에서 대각선 방향의 반대쪽 서브 코트를 향해 번갈아 가면서 넣게 되며, 서브 코트의 좌우 이동은 인사이드가 점수를 획득했을 때만 가능하다.

매 세트의 첫 서브는 우측 서브 코트에서 실시한다. 서브는 라켓으로 타구되자마자 상대편 코트로 넘어가게 된다. 이후 셔틀은 바닥 혹은 지면에 닿거나 폴트/렛 상황이 발생되지 않는 한 계속 플레이 중인 것으로 간주된다. 서브를 넣고 난 후, 서브를 넣은 선수와 받은 선수는 각자 자신의 코트 사이드 내에서 위치를 자유롭게 취할 수 있게 된다.

서브는 지정된 선수에 의해서만 받게 되어있으며, 이때 지정 선수가 아닌 옆의 파트너가 서브된 셔틀을 건드리거나 치게 되면, 인사이드에게 점수를 빼앗기게 된다. 동일한 경기에서 한 선수가 서브를 두 번 연속 받을 수는 없다.

경기를 시작하는 사이드의 한 선수만이 첫 번째 세트의 서브권을 부여받게 된다. 다음 세트에서는 각 파트너가 서브권을 가지며, 그런 다음 두 선수가 순서대로 서브를 넣게 된다. 이전 경기에서 승리한 팀이 항상 다음 경기의 첫 서브권을 가지게 되지만, 서브를 넣고 받는 선수는 자유로이 선택할 수 있다.

아웃사이드가 랠리에서 이겼다 하더라도 그 랠리의 시작 서브를 받는 선수가 올바른 서브 코트가 아닌 지역에 서서 준비 자세를 취했더라면, 주심은 다음 서브가 진행되기 전에 렛 결정을 내려 랠리 결과를 번복할 수 있다.

앞에서 언급된 상황에서 폴트를 범한 사이드가 랠리에서 지게 되면, 실책으로 간주하고 이를 범한 선수의 위치는 수정되지 않는다.

한 선수의 잘못된 자리바꿈이 고의가 아니었고, 이러한 실책이 다음 서브를 넣고 난 후에야 발견되었다면, 실책은 유효하지만 렛 결정은 내릴 수 없을 뿐만 아니라, 선수위치도 수정되지 않는다.

플레이는 첫 번째 서브 이후로 경기가 끝날 때까지 계속되고, 첫 번째와 두 번째 세트 사이에 90초간의 휴식시간과 두 번째 세트 이후 다음 세트까지 5분 이내의 휴식시간이 주어진다. 모든 휴식 시간동안에는 코치의 지도가 가능하다.

복식경기(랠리 포인트)

랠리 포인트 시스템의 복식경기에서는 서브한 편이 점수를 얻지 못했거나 혹은 짝수의 점수를 획득한 경우에는 우측 서비스 코트에서, 그리고 홀수의 점수를 획득한 경우에는 왼쪽 서비스 코트에서 서브를 넣는다. 서브 넣는 선수의 대각선 방향에 있는 반대편 선수가 리시버가 되며, 서브와 리시브 선수 모두 랠리에서 이기면 점수를 얻게 된다. 즉, 서비스 사이드가 랠리에서 이기면 서비스 사이드가 점수를 얻고 계속해서 서브를 넣게 된다. 반면, 리시브 사이드가 랠리에서 이기면 리시브 사이드가 점수를 얻으면서 새롭게 서비스 사이드가 되는 것이다.

* 자료출처: 세계배드민턴연맹(WBF)의 경기 규정 2010년도 개정안.

기 초 기 술

라켓 그립

1. 전형적인 포핸드 그립: 선수는 마치 라켓과 악수하듯이 손잡이를 잡는다. 라켓 손잡이를 말단부위의 손금과 평행하게 손을 가로질러 놓는다 (도해 10.4A). 그런 다음, 중간, 약지, 그리고 새끼손가락으로 손잡이를 잡는다 (도해 10.4B). 마지막으로 집게손가락과 엄지손가락을 사용하여 라켓을 컨트롤하면 된다 (도해 10.4C).

2. 백핸드 그립: 부가적인 힘을 가하기 위해 라켓 잡은 손을 왼쪽으로 약간 돌리고 엄지손가락을 손잡이 옆면에 사선으로 밀착시키는 것 외에는 포핸드 그립과 유사하다. 경기를 잘 하기 위해서는 플레이 중 그립변화가 자동적으로 일어나야 한다 (도해 10.4D).

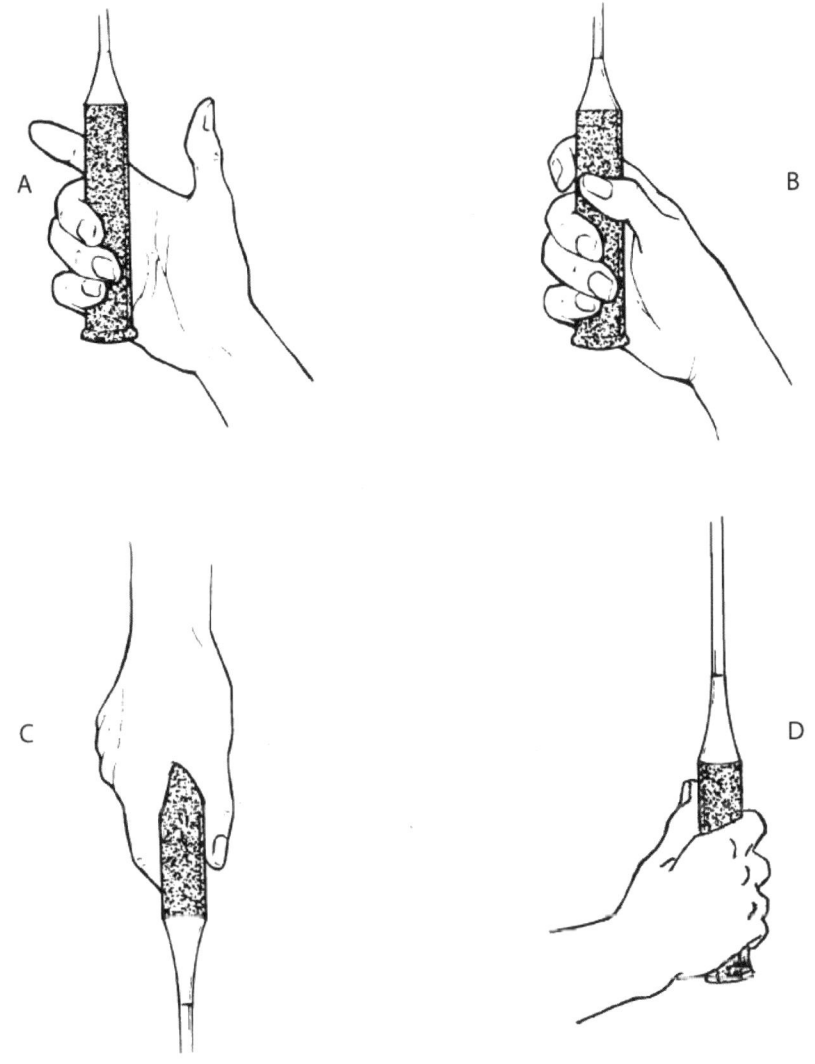

도해 10.4. 라켓 그립(오른손잡이의 경우)

3. 전형적인 그립은 포핸드와 백핸드 스트로크 모두에 사용될 수 있다.

4. 셔틀을 타구하기 전 라켓을 잡은 손, 손목, 그리고 팔에는 힘을 빼야 하지만, 손가락들은 손잡이를 단단히 잡고 있어야 한다.

5. 다른 라켓스포츠에 비해, 배드민턴 라켓은 손바닥이 아닌 손가락으로 그립을 잡는다.

손목 동작

1. 손목 동작은 상대방을 속이고자 할 때 주로 사용된다. 단순한 손목 동작 한번으로도 셔틀의 비행궤도에 대한 상대 선수의 예측력을 흐리게 할 수 있기 때문에, 손목 동작은 셔틀의 방향을 조정할 뿐만 아니라, 상대 선수를 잘못된 방향으로 유인할 수도 있다.

2. 모든 샷을 준비하는데 있어, 선수는 손목으로 라켓을 뒤로 완전히 젖힌 자세를 유지해야 한다. 전방으

로의 스윙 동작은 머뭇거림 없이 진행되어야 하며, 이때 팔로우스루는 매우 중요하다.

준비 자세와 발동작

배드민턴 코트에서의 원활한 움직임을 위해, 선수는 반드시 '준비 자세'를 지속적으로 유지해야 한다. 코트에서의 이상적인 시작 위치는 복식 서브라인의 전후방 라인의 중간쯤 되는 중앙선에 양발을 벌리고 선 자세이다. 만일 상대 선수가 셔틀을 치기 전에 적절한 시작 위치를 잡을 수 없다면, 그쪽으로의 이동을 멈추고 셔틀이 타구된 방향으로 가서 대응하도록 한다. 상대 선수가 셔틀을 치기 전에 미리 움직이는 것은 삼가야 한다.

배드민턴에서의 올바른 스탠스는 야구에서 내야수가 내야땅볼을 처리하기 위해 취하는 스탠스와 유사하다. 체중은 발바닥의 볼 부위로 지탱하고 양발은 안정적으로 균형을 유지할 수 있을 만큼 충분히 벌려야 하는데, 이때 양발사이의 간격은 대략 2 1/2피트 정도이다. 준비 자세에서 몸은 어느 방향으로든 재빠르게 움직일 수 있어야 한다. 그리고 무릎은 약간 굽히도록 한다. 라켓은 헤드가 어깨 높이 정도에 올 수 있도록 하고 라켓 움직임에 불편함이 없도록 몸에서 떨어뜨려 잡는다.

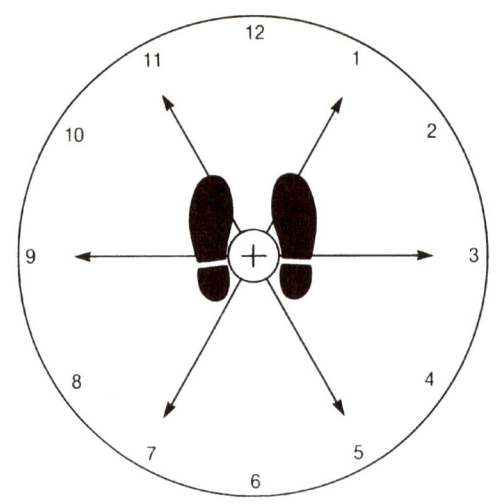

도해 10.5. 발동작(Footwork).

준비 자세에서, 양발은 시계의 12시 방향에 위치한다 (도해 10.5). 코트를 적절하게 커버하는 방법으로, 준비 자세에서 1시, 3시, 그리고 5시 방향에서 날아오는 셔틀에 대해서는 포핸드 스트로크로 빠르게 대응할 준비를 갖추어야 한다. 포핸드 스트로크를 위해 코트 우측으로 이동하는 것은 신체의 중력 중심이 셔틀 진행 방향에 따라 이동된다는 것을 의미한다. 준비 자세에서 7시, 9시, 그리고 11시 방향에서 날아오는 셔틀에 대해서는 백핸드 스트로크를 위한 준비를 해야 한다.

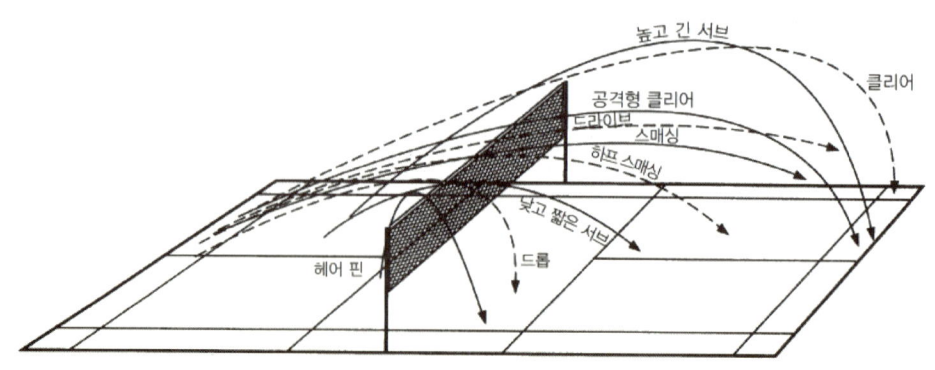

도해 10.6. 배드민턴 스트로크.

스트로크

배드민턴 스트로크는 오버헤드(overhead), 사이드암
(sidearm), 그리고 언더핸드(underhand) 스윙 패턴이
있으며, 신체의 포핸드(forehand)와 백핸드(backhand)
사이드 모두에 의해 수행될 수 있다. 백핸드 스윙 패
턴에서의 스트로크는 셔틀을 몸 앞에다 놓고 타구해
야 한다(in-front-of-the-body stroke). 서브와 다른
모든 샷 역시 이러한 스트로크 패턴으로 수행되며, 샷
의 종류는 셔틀 비행궤도의 높이와 낙하지점에 따라
다양하다 (도해 10.6).

서브

높고, 긴 서브

높고 긴 서브(high, deep serve)는 언더핸드 포핸드 서
브로, 셔틀을 코트의 후방 영역선 근처 깊은 곳에 떨어
지게 하기 위해 높이 치는 것을 말한다 (도해 10.7).

1. 준비 자세: 오른손잡이 선수의 경우, 양발을 벌린
   상태에서 왼발을 약간 앞으로 내민다. 라켓이 전방
   으로 스윙되면서 백스윙 시 뒤쪽에 있던 체중을 앞
   으로 이동시킨다. 양발은 코트에 붙어 있어야만 하
   며, 발이 떨어지는 '스테핑(stepping)'동작을 범하
   면 폴트를 받게 된다 (도해 10.7A).
2. 손목을 뒤로 꺾게 되면, 갈매기 날갯짓 모양의 백스
   윙을 만들 수 있다 (도해 10.7B).
3. 타구 직전에는 꺾인 손목을 풀어준다 (도해 10.7 B, C).
4. 팔로우스루: 셔틀은 몸 옆이 아닌 앞에서 정확히 타
   구되도록 한다. 언더핸드 스트로크의 팔로우스루
   에서 라켓은 셔틀을 친 후 왼쪽 어깨 너머로 계속해
   서 진행되어야 한다 (도해 10.7D).

낮고 짧은 서브

낮고 짧은 서브(low, short serve)는 셔틀이 네트 위를
낮게 넘어가고, 네트를 넘어선 직후에는 아래로 떨어

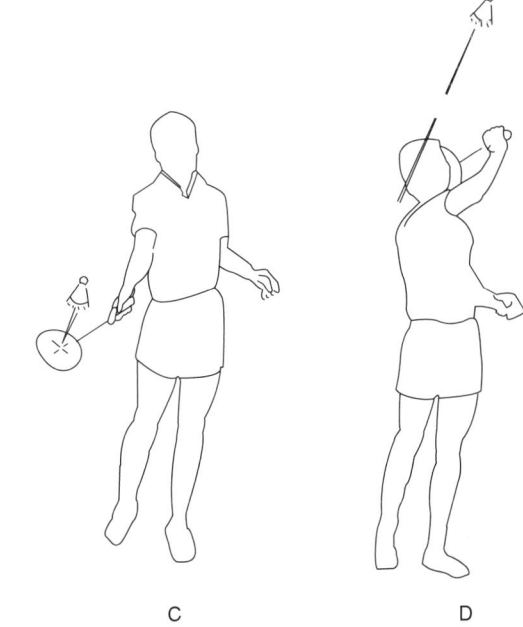

도해 10.7. 포핸드 서브 요령

지는 궤도를 가지며, 상대방 서브 코트 전방라인 가까운 지점에 낙하되는 등의 특성을 가지고 있다.

낮고 짧은 서브의 준비자세, 신체 회전, 체중 전환 등에 필요한 대부분의 기초기술은 높고 긴 서브 요령과 같으나, 몇 가지 다른 점은 다음과 같다.

1. 낮고 짧은 서브는 '푸시' 유형의 서브(셔틀을 치는 것이 아니라 밀듯이 수행하는 서브 – 역자 주)로서, 전완(라켓 사이드의 아래팔 – 역자 주)의 큰 회전 없이 거의 손목꺾기에 의해 서브가 이루어진다 (도해 10.7B).

2. 원하는 편평한 궤도를 위해 가능한 허리높이와 가까운 지점에서 셔틀을 타구해야 한다.

드라이브 서브

배드민턴에서의 드라이브 서브(drive serve)는 야구의 라인드라이브를 치는 것과 흡사하다. 이 서브는 상대 선수의 서브 리턴이 어깨 아래에서 이루어지도록 유도할 수 있다.

드라이브 서브의 준비자세, 신체 회전 등에 필요한

대부분의 기초기술은 높고 긴 서브 요령과 같으나, 다른 점은 다음과 같다.

1. 셔틀 타구 시 라켓 잡은 손목을 약간 풀어주고, 상완(라켓 사이드의 위팔 – 역자 주)은 네트를 향해 뻗어준다.

2. 라켓 잡은 손목의 꺾임은 높고 긴 서브에 비해 절반 수준이므로 완전한 아치형을 그리는 팔로우스루는 만들어지지 않는다 (도해 10.7C).

플릭 서브

플릭 서브(flick serve)는 상대적으로 발이 느리거나 지친 상대선수를 베이스라인(코트의 양쪽 뒤 끝을 표시하는 경계선 – 역자 주)으로 몰기 위한 목적을 가진다. 이 서브는 드라이브성 파워로 빠르기는 하지만 셔틀의 비행궤도는 상대선수의 뻗은 라켓을 넘을 정도의 높이면 충분하다. 플릭 서브의 효과와 비행궤도는 나중에 묘사될 공격형 클리어의 그것들과 유사하다. 도해 10.8의 서브 유형에 따른 비행궤도를 살펴보자.

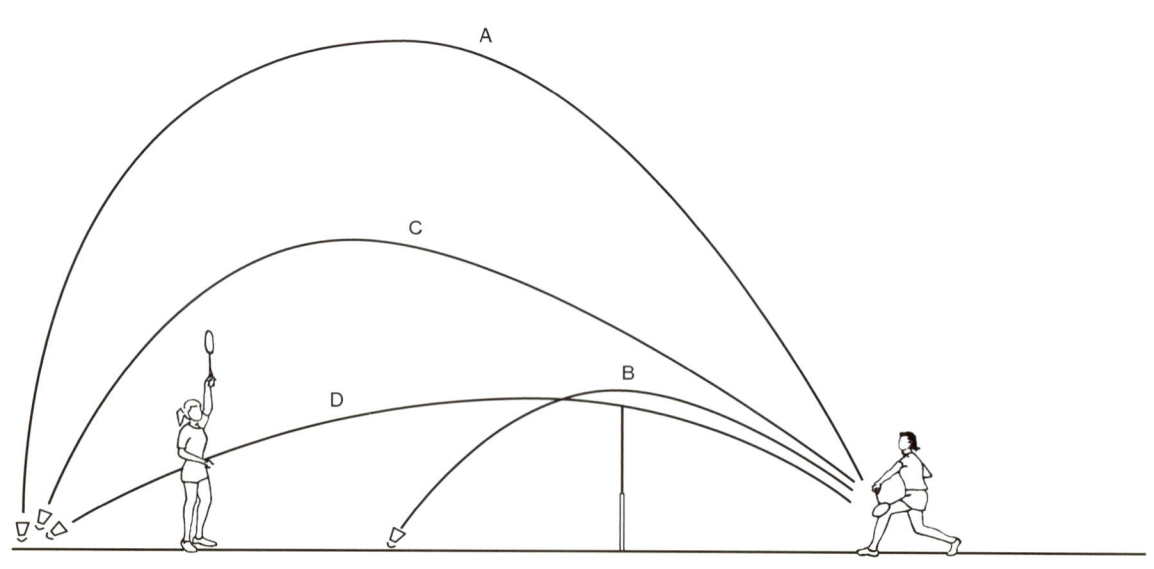

도해 10.8. 서브 유형에 따른 셔틀콕의 궤도. A. (높고 긴)롱 서브. B. (낮고 짧은)숏 서브. C. 플릭 서브. D. 드라이브 서브

포핸드 오버헤드 스트로크

포핸드 오버헤드 스트로크는 체중을 뒤쪽 발에 놓은 상태로 시작하여, 오른발에서 왼발로의 체중 이동에 의해 수행된다. 이때 신체회전도 동시에 일어나게 된다. 샷을 수행할 때에는 전완을 안쪽으로 회전시켜 임팩트 순간에 필요한 파워를 이끌어낸다 (도해 10.9).

1. 균형을 잡기 위해 양팔을 위로 올린 채 어깨 위로 떨어지는 셔틀을 보면서 준비 자세를 취한다 (도해 10.9A).
2. 백스윙 단계에서는 오른쪽 다리를 전방 위쪽으로 들어올리고, 손목을 뒤로 꺾은채(뒤로 완전히 젖힌) 라켓을 몸 뒤로 가져가면 된다. 백스윙에서 중요한 것은 옆에서 봤을 때 라켓 헤드가 네트와 직각이 되어야 한다는 점이다 (도해 10.9B).
3. 전완의 회내, 상완의 내회전, 그리고 꺾은 손목을 풀어 완전히 펴주면서 라켓과 셔틀의 접촉이 이루어져야 한다. 도해 10.10은 다양한 오버헤드 샷을 구사할 때의 라켓과 셔틀의 접촉 각도를 보여주고 있다. 유념해야 할 것은 라켓을 잡은 쪽 다리에서 반대쪽 다리로 체중이동이 되면서 몸을 위로 추진시키는 동시에 라켓과 셔틀 접촉 시 양발은 공중에 떠 있는 형상이 된다는 점이다 (도해 10.9C).
4. 전완의 회전(회내: 손목을 안쪽으로 돌림 – 역자 주)과 상완의 내회전을 완료하면서 팔로우스루를 수행한다(이때 라켓의 헤드는 아래로 내리면서 네트와 직각이 되도록 함). 팔꿈치와 손의 위치는 계속해서 머리 높이를 유지하면서 왼발로 착지를 한다 (도해 10.9D).
5. 다음 샷을 위한 준비 자세를 취한다 (도해 10.9E).

수비형 클리어 샷

1. 높은 비행궤도를 만들어 내기 위해 라켓을 수직선 상보다 약간 더 뒤로 젖힌다 (도해 10.10A).
2. 셔틀과의 접촉은 오른쪽 어깨(또는 머리) 위 높은

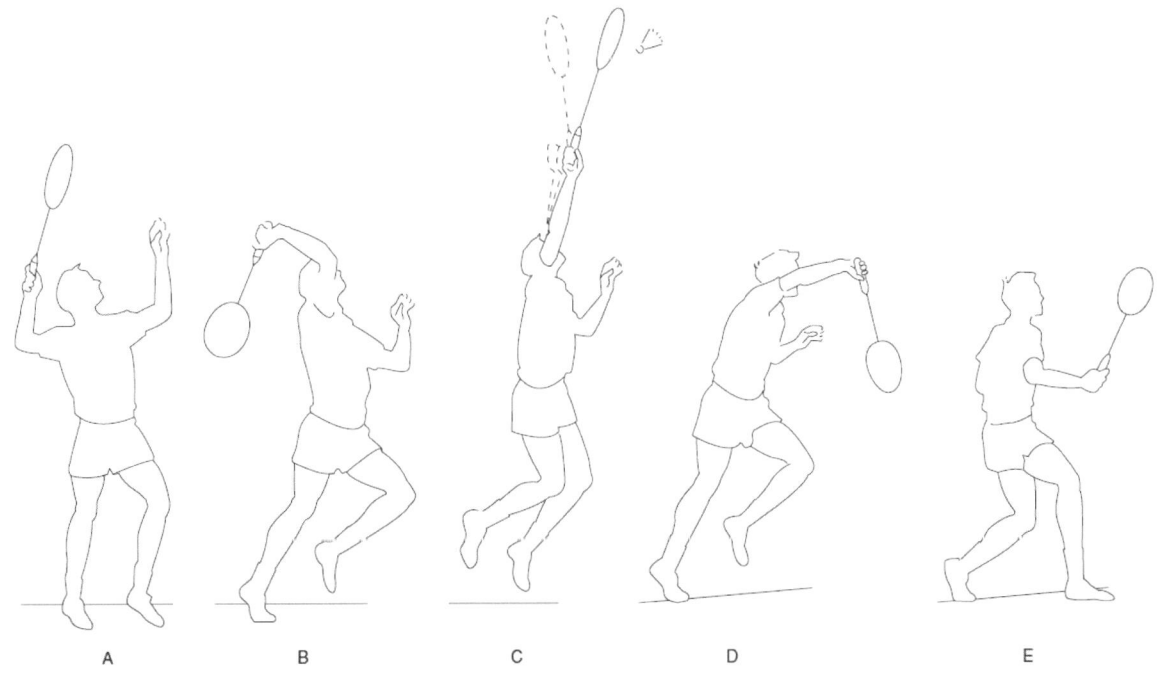

도해 10.9. 포워드 오버헤드 샷 요령.

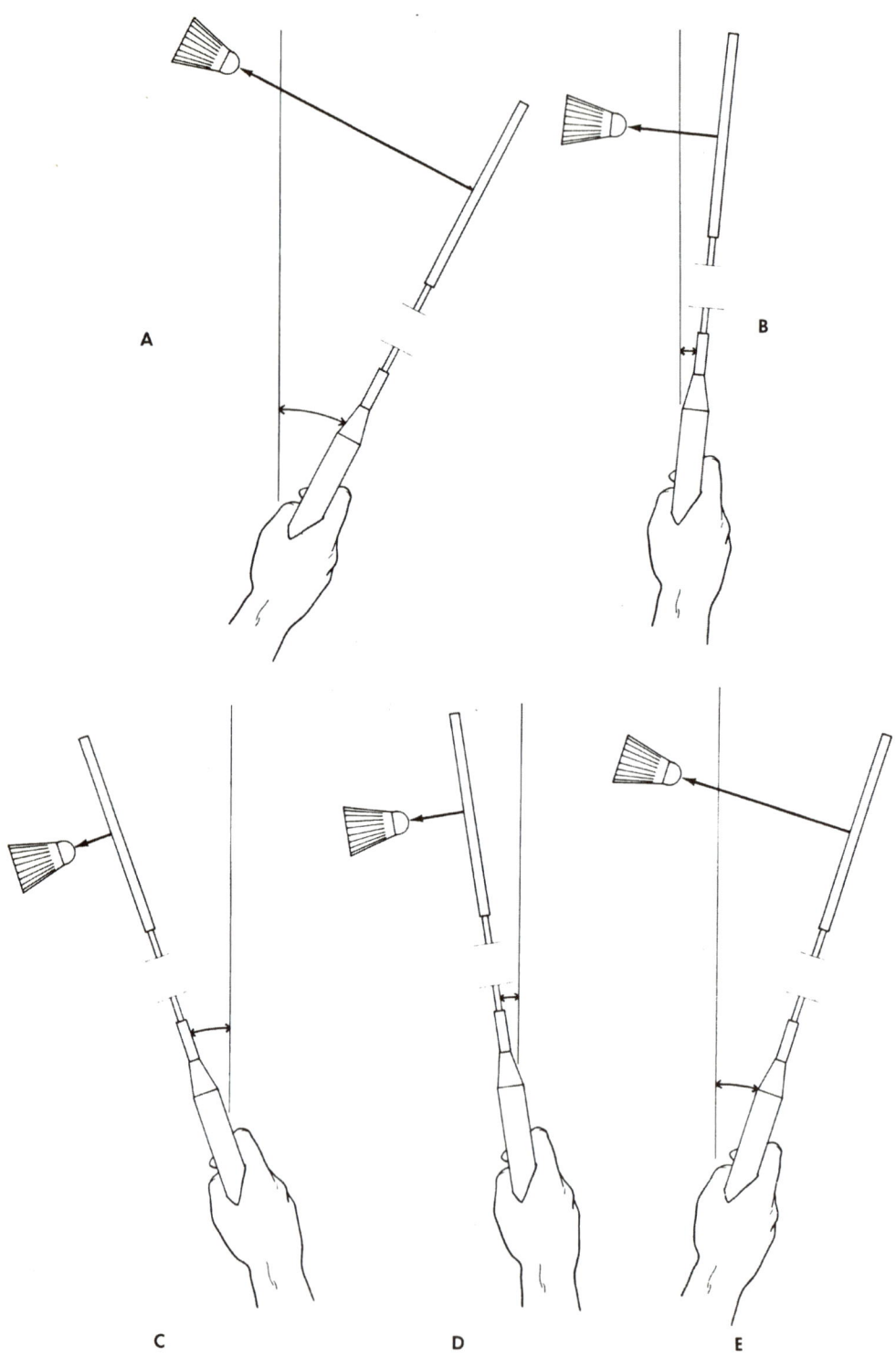

도해 10.10. 배드민턴 샷 유형에 따른 라켓의 타구 지점. A, 수비형 클리어. B, 공격형 클리어. C, 스매싱. D, 빠른 공격형 드롭. E, 루프 드롭.

곳에서 이루어지도록 한다.

3. 셔틀을 높이 그리고 상대방 코트 깊은 곳으로 친 후 적절한 코트 지점에서 다음 샷을 받기 위한 자세를 취한다.

공격형 클리어 샷

1. 공격형 클리어 샷 요령은 셔틀 접촉 시 라켓을 바닥과 거의 수직이 되게 하여 편평한 비행궤도를 만드는 것 외에는 수비형 클리어와 동일하다 (도해 10.10B).

2. 공격형 클리어는 빠르고 강한 샷으로, 상대선수가 셔틀을 칠 수 없도록 상대 코트 깊숙한 곳으로 보내는데 주로 사용된다.

3. 이 샷의 목적은 자세가 흐트러진 상대선수 너머로 셔틀을 지나가게 하는 것이다.

스매싱

1. 스매싱은 셔틀과의 접촉이 몸에서 비교적 먼 곳에서 이루어지고 라켓이 약간 앞으로 기울어져 있다는 것을 제외하고는 오버헤드 클리어의 확장된 형태로 보면 된다 (도해 10.10C).

2. 샷이 완료되는 시점에서의 몸은 네트 정면을 바라보고 있어야 한다.

3. 몸의 회전은 팔꿈치로 리드해야 한다. 셔틀 접촉 시 팔은 거의 완전히 펴져 있어야 한다.

4. 상대선수를 속이기 위해 스매싱하는 척 하면서 클리어 또는 드롭을 구사하기도 한다.

5. 셔틀 접촉 직전에 전완 회전과 손목 신전을 과도하게 실시하면 스매싱의 가속도를 높일 수 있다.

6. 경사각이 큰 스매싱은 강하고 편평한 스매싱보다 받기가 더 어렵다. 도해 10.11을 참고하라.

드롭

1. 빠른 공격형 드롭을 위한 라켓-셔틀 접촉 지점의 각도는 스매싱 접촉지점의 각도와 거의 유사하다. 이 샷은 스매싱하는 것처럼 타구하되, 터치는 부드럽게 해야 한다 (도해 10.10D).

2. 루프 드롭(loop drop)의 라켓 각도는 수비형 클리어의 각도와 유사하다 (도해 10.10E).

백핸드 오버헤드 스트로크

1. 백핸드 샷을 위한 마지막 스텝 동작에서는 등이 네트를 보고 있어야 한다 (도해 10.13A). 도해 10.12의 오버헤드 샷 종류에 따른 비행궤도를 살펴보자.

2. 셔틀을 향하여 오른발로 스텝을 취하면서 우측 발꿈치를 들어 올리고 전완을 안쪽으로 회전(회내: 아래팔을 안쪽으로 돌려줌 - 역자 주)시키면서 백스윙을 한다. 백핸드 샷을 구사할 때 손목이 굽히지

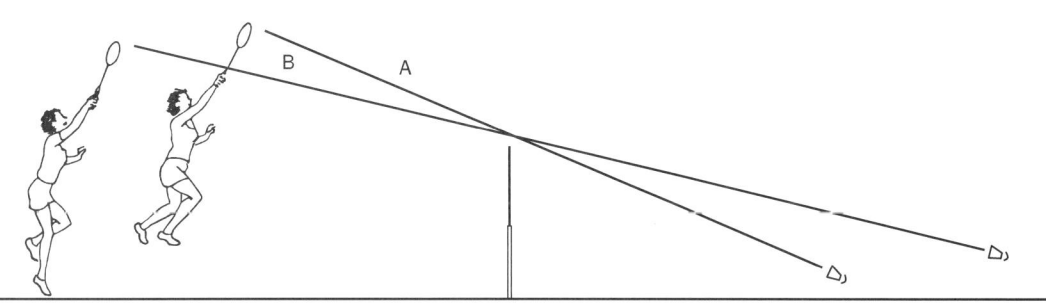

도해 10.11. 스매싱 궤도. A. (경사각이 큰)스티프 스매싱. B. (경사각이 완만한)플랫 스매싱.

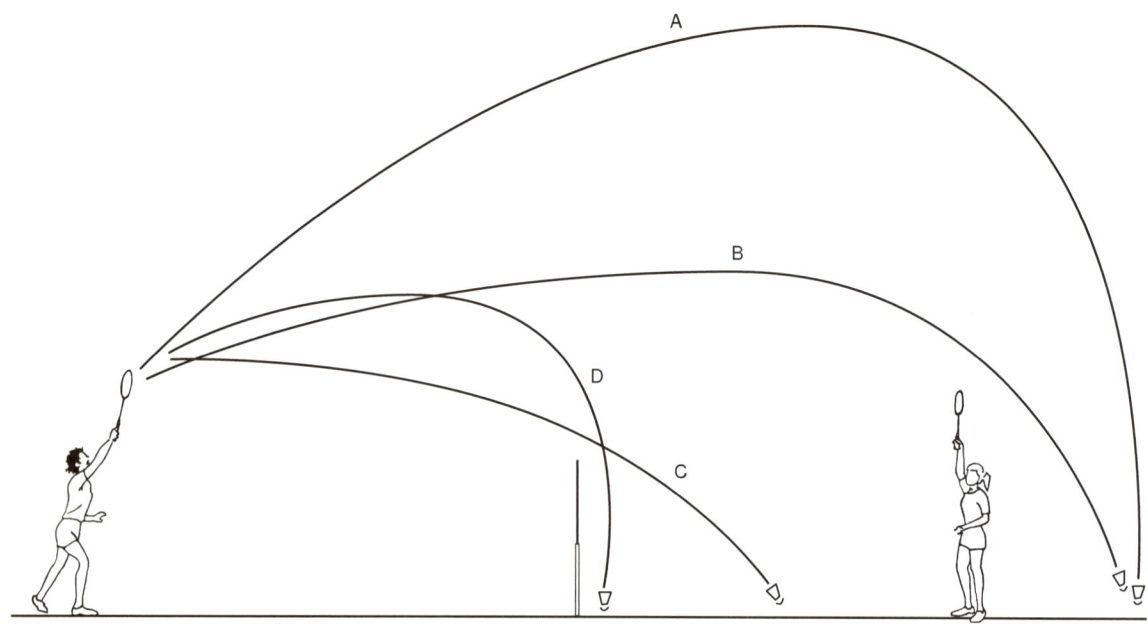

도해 10.12. 오버헤드 샷의 궤도. A, 수비형 클리어. B, 공격형 클리어. C, 공격형 드롭. D, 루프 드롭.

않도록 해야 한다 (도해 10.13B).

3. 라켓-셔틀 접촉을 향해 가속시킨다. 팔꿈치는 완전히 펴져야 하고 라켓 면은 네트와 수직이 되도록 한다 (도해 10.13C).

4. 전완을 바깥쪽으로 회전(회외: 아래팔을 바깥쪽으로 돌려줌 – 역자 주)시키고 손목을 최대한 펴서 라켓-셔틀 접촉을 시도한다. 라켓-셔틀 접촉 직후, 팔꿈치는 그대로 유지하고 라켓 헤드는 힘이 완전히 빠진 것처럼 보이도록 하여 네트를 향하도록 한다. 다양한 오버헤드 샷 종류에 따른 라켓-셔틀 접촉 시 각도를 구분하기 위해 도해 10.10을 참고하라. 라켓-셔틀 접촉은 라켓 잡은 쪽의 발이 바닥에 닿는 동시에 혹은 닿기 직전에 이루어져야 한다. 대부분의 백핸드 오버헤드 스트로크에서는 양발로 지면을 차면서 셔틀을 치는 것이 효과적이다. 라켓-셔틀 접촉은 우측 어깨 바로 위가 아닌 몸 옆인 1~2시 방향(맞은편에서 봤을 때)에서 이루어진다 (도해 10.13D).

사이드암 스트로크

드라이브

사이드암 드라이브는 포핸드 혹은 백핸드로 셔틀을 빠르게 타구하며 강한 드라이브, 하프코트 드라이브, 수비형 및 공격형 클리어, 그리고 루프 드롭샷과 같은 다양한 비행궤도를 만들어 낼 수 있다 (도해 10.14). 포핸드 드라이브 동작은 야구의 사이드암 던지기 동작과 유사하다.

1. 포핸드와 백핸드 상관없이, 팔꿈치로 리드하면서 손목 스냅(손목을 뒤로 젖히거나 꺾었다가 앞으로 풀어주는 동작 – 역자 주)을 이용하여 타구한다.

2. 셔틀 접촉 시 팔을 펴준다.

3. 드라이브 샷은 일반적으로 스매싱에 대한 수비의 일환으로 사용된다.

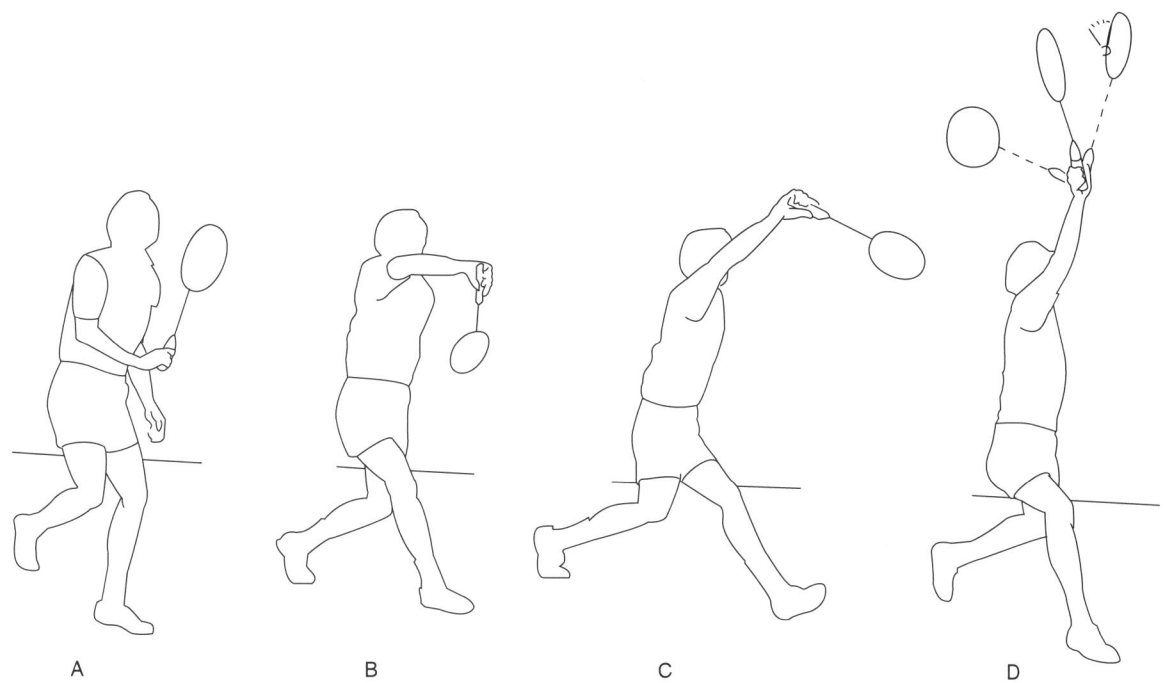

도해 10.13. 백핸드 오버헤드 스트로크 요령.

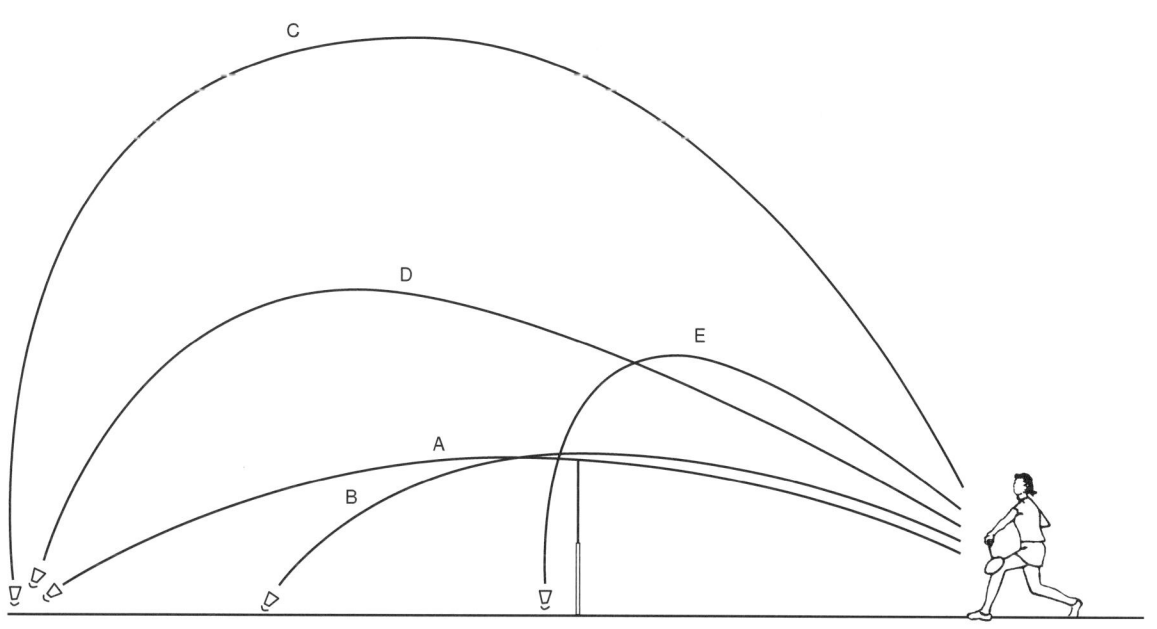

도해 10.14. 사이드 암 샷 유형에 따른 궤도. A, 하드 드라이브. B, 하프코트 드라이브. C, 수비형 클리어. D, 공격형 클리어. E, 루프 드롭.

언더핸드 스트로크

언더핸드 스트로크는 서브 동작과 같은 원리를 가지며, 손목 스냅을 사용하여 스윙을 밑에서 위로 그리고 머뭇거림 없이 스윙을 이어간다. 언더핸드 스트로크는 수비형 및 공격형 클리어, 루프 드롭, 그리고 하프코트 드라이브 샷을 구사할 때 사용될 수 있다 (도해 10.15).

네트 스트로크

네트 스트로크는 정교함을 요하는 스트로크이다. 따라서 다른 샷과 달리 라켓을 너무 꽉 잡을 필요는 없다.

1. 가능한 네트 상단부와 가까운 곳에서 셔틀을 타구한다.
2. 전완을 회전시키지 말고 손목 스냅을 이용한 팔 동작을 사용한다.
3. 셔틀을 향해 라켓을 뻗어서 친다.
4. 대부분의 선수들은 드롭 샷을 구사하거나 네트 플레이를 할 때 라켓 손잡이를 꽉 잡는 경향이 있다.

어라운드 헤드 스트로크

어라운드 헤드 스트로크(around-the-head stroke)는 몸 왼쪽 어깨 위 머리주변에서 아치를 그리면서 셔틀을 타구하는 기술이다.

1. 타구 시 몸은 네트 정면을 보고, 체중은 오른발에서 왼발로 이동한다.
2. 스윙이 완료되는 시점에 오른쪽 다리는 앞으로 스윙 돼야한다.
3. 클리어, 스매싱, 또는 드롭 샷 중 어떤 것을 수행할 것인지는 셔틀 타구 시 라켓의 각도에 따라 결정된다.
4. 이 스트로크는 코트를 가로지르는 스매싱을 구사할 때 특히 효과적이다.

전 략

단식

1. 상대선수가 서브 리턴을 위해 코트 뒤쪽에 있다면, 짧은 서브를 넣는 것이 유리하나, 그렇지 않다면

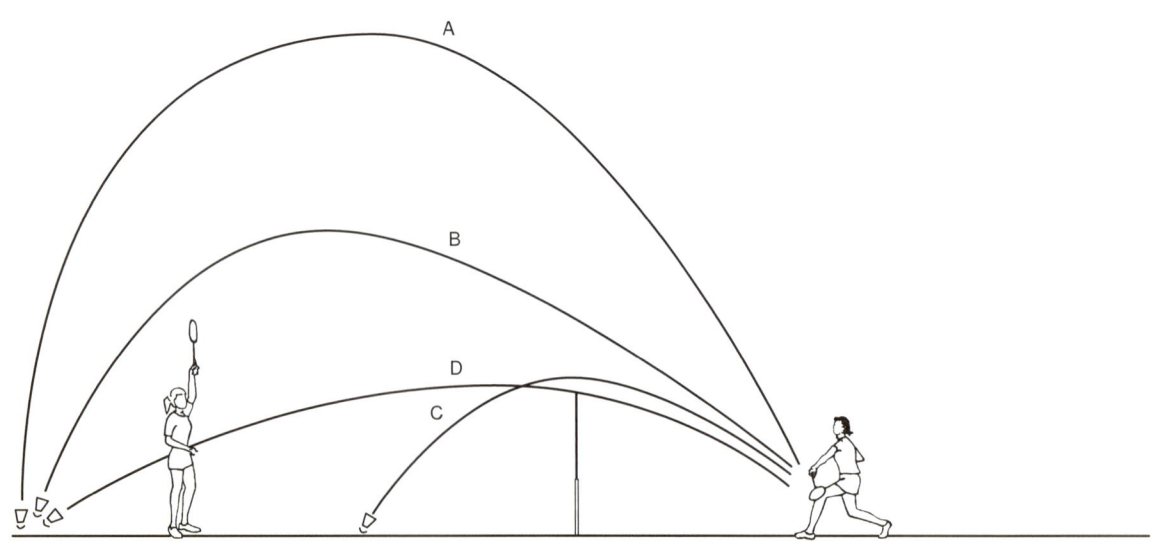

도해 10.15. 언더핸드 샷 유형에 따른 궤도. A. 수비형 클리어. B. 공격형 클리어. C. 루프 드롭. D. 하프코트 드라이브.

서브는 되도록 길게 넣도록 한다.

2. 서브를 길게 또는 짧게 넣을지는 상대선수의 장·단점을 파악한 후 결정한다.

3. 높게 떠서 날아오는 서브는 드롭이나 클리어 샷으로 대응하도록 한다.

4. 낮게 오는 서브는 공격형 클리어나 드라이브 샷으로 처리하도록 한다.

5. 스매싱은 상대선수의 오른쪽 엉덩이, 또는 어깨를 향해 공격하도록 한다.

6. 스매싱에 대한 리턴은 스매싱이 이루어진 곳으로부터 최대한 멀리 떨어진 곳으로 드롭 샷을 구사하도록 한다.

7. 상대코트의 사이드라인을 따라 드라이브를 구사하도록 한다.

8. 자기 자리에서 플레이를 펼치고, 상대선수의 플레이를 미리 예측하지 않는다.

9. 상대선수의 약점을 잘 활용하되, 그것이 상대선수로 하여금 약점을 보완하는 계기가 되지 않도록 한다.

10. 긴 샷과 드롭 샷을 번갈아 구사하여 상대선수가 셔틀 리턴을 위해 많이 뛰게 만든다. 일단 상대선수의 자세가 흐트러지면, 스매싱으로 승부를 결정짓는다.

11. 대부분의 크로스 코트 샷은 앞으로 곧게 뻗어나가는 샷으로 리턴 되어져야 한다. 이러한 형태의 샷은 안정적이며, 상대선수로 하여금 코트를 가로질러 뛰게 하는 장점이 있다.

12. 서브가 효과적이지 못하다면, 위험부담이 높은 샷으로 득점을 노려본다. 상대선수의 서브를 받을 때는 가장 자신있는 샷으로 대응하여 쉽게 점수를 내주는 일이 없도록 한다.

복식

1. 플레이 대형:

a. 좌·우 대형(side by side): 코트를 반으로 나누어 두 사람이 각각 맡고 자신의 코트 전·후방으로 오는 셔틀을 책임지고 처리하는 형태의 플레이를 말한다. 이 대형의 단점으로는, 먼저 혼자서 네트로부터 코트 후방까지 뛰어다니며 커버하기가 쉽지 않고, 효과적인 스매싱이나 공격형 샷을 구사하기 어려울 뿐만 아니라, 상대방의 리턴이 코트 중앙으로 날아올 때 누가 처리할 것인지에 대한 혼란이 생길 수 있다.

b. 전·후 대형(front and back): 두 사람이 코트의 전방과 후방을 각각 맡는 형태로, 전위의 선수는 모든 네트 샷뿐만 아니라, 후위의 파트너가 처리하는 것보다 더 유리한 경우라면 어떠한 샷도 처리가 가능하다.

c. 혼합 대형(combination): 혼합 대형은 앞에서 언급한 두 대형들의 장점을 최대한 살릴 수 있는 플레이 대형이다. 플레이 중 후위의 선수가 백핸드 샷을 구사할 필요가 없도록 파트너와 함께 시계반대방향으로 로테이션 한다. 이 대형에서 공격을 위한 플레이 대형은 전·후 대형으로, 그리고 수비 시에는 좌우 대형을 갖춘다.

2. 파트너가 리턴하기 쉽도록 플레이한다. 클리어가 짧게 되면, 파트너가 상대선수의 공격에 노출되게 되므로 주의해야 한다.

3. 서브는 가능한 중앙선과 전방 서브 라인의 코너를 향해 낮고 짧게 넣는다.

4. 긴 서브는 스매싱으로 처리하되, 가끔씩 드롭 샷을 구사하는 것도 효과적일 수 있다.

5. 짧은 서브는 앞으로 대시하면서 공격한다.

6. 네트 너무 가까이에서 플레이 하지 않도록 한다. 네트 플레이를 위한 가장 적절한 위치는 전방 서브 라인 바로 뒤가 된다.

7. 전·후 대형의 상대팀이 낮은 서브를 넣을 경우, 이에 대한 리턴은 사이드라인 쪽 코트 중앙으로 보내

는 것이 가장 효과적이다.

8. 높고 깊은 샷은 거의 대부분 스매싱으로 처리하되, 방향은 중앙선과 좌우 대형에서의 양 선수 사이로 공격하는 것이 좋다. 전후 공격 대형에서 이러한 스매싱 전략은 상대선수로 하여금 리턴이 짧을 수밖에 없도록 만들기 때문에 대개 다음 샷에서 승부가 결정 나게 된다.

배드민턴 경기를 위한 체력훈련

기술 수준과 상관없이 비슷한 실력을 갖춘 배드민턴 선수들끼리의 경기라면, 체력이 경기의 승패를 좌우할 만큼 중요한 요인이 된다. 배드민턴 선수의 스태미너, 힘, 그리고 스피드를 향상시키기 위한 체력훈련 프로그램은 다양한 기술 훈련방법들과 실제 시합의 플레이 상황을 재현한 훈련을 반드시 실시해야 한다.

스포츠에서 요구하는 체력훈련 프로그램의 세 가지 일반적인 분류는 다음과 같다.

1. '전통적인 체력훈련(traditional fitness training)'. 이것은 윈드 스프린터(wind sprints: 운동선수가 연습으로 뛰는 단거리 경주 – 역자 주), 달리기, 줄넘기, 서킷웨이트레이닝(circuit weight training: 근력운동과 휴식을 주기적으로 번갈아가면서 하는 트레이닝 방법 – 역자 주), 그리고 유연성체조 등을 포함하고 있다. ― 각각에 대한 예시들은 아래에 열거되어 있다.

   a. 윈드 스프린터(wind sprints): 6세트의 초고강도 운동; 10초간의 운동 후 30초 휴식.

   b. 달리기(running): 6~8세트의 고강도 운동, 30초간의 운동 후 60초 휴식.

   c. 1세트의 지속적인 유산소 운동(달리기/사이클/줄넘기), 분당 120회의 줄넘기를 10~60분 동안 실시.

   d. 웨이트트레이닝 혹은 서킷웨이트트레이닝(weight training or circuit weight training): 이 훈련은 다양한 기계(Universal Gym, Nautilus 등) 혹은 프리웨이트로 몸통, 상지, 그리고 하지의 주요 근육군들을 단련시키는 운동으로 구성된다. 배드민턴 선수들은 토레이즈(정상적인 체중을 지지하는 선 자세에서 발뒤꿈치를 고정하고 발가락을 들어 올린 자세 – 역자 주), 다리와 몸통에서의 굽힘 및 신장, 삼두근의 신장 외에도 전완, 손목 그리고 어깨운동을 많이 실시해야 한다.

2. '그림자 훈련(shadow drills)'. 실제 플레이 상황에서의 달리기와 점핑 운동으로 구성된 그림자 훈련법은 배드민턴에 필요한 체력뿐만 아니라, 균형감, 스텝, 코트 스피드 등을 향상시킬 수 있다. 훈련효과를 극대화시키기 위해, 선수는 배드민턴 라켓을 들고 지정된 코트 위치에서 실제로 배드민턴 샷을 구사하는 것처럼 해야 한다. 그림자 훈련은 정해진 플레이 형태로 진행되거나 지도자의 지시에 의해 수행될 수 있으며, 윈드 스프린터와 같은 훈련 인터벌을 적용한다 (10초 훈련/30초 휴식, 30초 훈련/60초 휴식, 1~3분 훈련/2~3분 휴식). 지도자는 손으로 신호를 보내 선수로 하여금 코트 위에서 균형감을 잃지 않는 한도 내에서 최대한 빨리 움직일 수 있도록 한다.

3. '강압 훈련(pressure training)'. 이 훈련방법은 고강도의 배드민턴 플레이 상황을 지속적으로 연출해내는 것으로, 훈련에 참여한 선수는 코트 전역을 이동해야 하며, 지도자나 다른 선수에 의해 타구된 다양한 형태의 샷을 계속해서 리턴해야 한다. 이러한 강압적 체력훈련 프로그램은 실수 없이 랠리를 오랫동안 지속시킬 수 있는 기술 수준에 도달한 선수들에게는 더욱 더 효과적이다.

배드민턴을 위한 준비운동과 정리운동

배드민턴 준비운동은 3~5분 정도의 저강도 운동으로 구성되며, 선수가 땀이 나기 시작할 때까지 실시한다. 준비운동에 스트레칭 운동을 포함시켜 유연성 향상 또는 유지를 도모하도록 한다. 스트레칭이 끝나고 나면, 유연성체조, 전력질주, 점프, 그리고 라켓 스윙 운동을 실시한다. 이러한 활동들은 코트 밖에서 실시할 수 있다. 코트에 들어와서 본격적인 훈련을 하기 전에도, 적절한 파워와 정확성을 가진 클리어, 드롭, 스매싱 등 다양한 샷으로 몸을 풀어준다.

　심한 운동이나 경기가 끝난 후에도 스트레칭 운동을 실시하여 유연성 향상 및 유지를 도모하고 근육통을 예방하도록 한다. 만일 유연성이 부족하거나 부상으로부터 회복 중에 있다면, 스트레칭을 준비운동의 마지막 부분에 포함시키는 것이 좋다. 20~30초간의 정적 스트레칭(몸 튕김 동작 금지)을 1~3세트 실시하는 것이 좋다.

배드민턴 에티켓

배드민턴 예의범절 중 가장 중요한 것은 바로 스포츠맨십이다. 상대선수와의 신경전을 피하고 정중하게 대하도록 한다. 셔틀이 영역 안에 혹은 밖에 떨어졌는지에 대한 논쟁이 발생한다면, 되도록 상대선수에게 유리한 결정이 되도록 양보한다. 이때 상대선수가 좋은 스포츠맨십을 가지고 있다면, 그 역시도 양보할 것이다. 네트에서 폴트가 발생했다면, 스스로 인정할 줄 아는 미덕을 가져야 한다.

　랠리가 끝나면 상대코트의 선수에게 셔틀을 손으로 전달해준다. 셔틀을 돌려받게 되면 감사하다고 인사한다.

　폴트 요청을 늦추지 않는다.

　상대선수가 약하다고 하여 다르게 플레이하지 않는다.

적절한 복장, 특히 마룻바닥에 흠을 낼 수 있는 신발은 착용하지 않는다.

교육 시 고려사항

1. 학령기 연령대에서는 그립잡기와 준비자세 그리고 언더핸드 및 오버핸드 기초기술을 확립하는데 주안점을 둔다. 학생들이 배운 기본 샷으로 셔틀을 네트 너머로 서로 주고받는 것을 어느 정도 지속할 수 있을 때까지는 고난이도 샷을 가르칠 필요가 없다.
2. 포핸드와 백핸드 스트로크를 모두 사용하는 기술 활동들을 준비운동에 포함시키도록 한다.
3. 반코트를 활용한 단식경기를 먼저 소개한다.
4. 연습 도중 학생들이 위치선정, 훈련강도, 또는 셔틀콕의 비행궤도를 스스로 변화시킬 수 있는 훈련 방법을 만들도록 한다. 예를 들면;
   a. (드롭 샷과 클리어를 사용한 전·후 전략을 통해) 상대선수로 하여금 네트와 후방 영역 라인사이를 왔다 갔다 하게 한다.
   b. 코트 후방의 양 구석에 가로/세로 3걸음의 사각지역을 4개 만들어 테이프로 표시한다. 그런 다음 학생들로 하여금 사각지역 안에서 셔틀콕을 처리하도록 하거나, 또는 게임 상황에서 타구한 셔틀콕이 사각지역 안에 떨어지면 추가 점수를 부여한다.
5. 짧은 서브와 높고 긴 서브 모두 가르친다.
6. 단순한 연습상황에서의 기술 연습이 어느 정도 이루어졌으면, 실제 게임 상황에서 기술을 연마할 수 있도록 해준다. 학생들은 정확한 동작 없이도 배드민턴 샷을 효율적으로 그리고 효과적으로 처리할 수 있다. 그러나 게임 상황에서 정확한 동작을 갖추게 되면, 상대방을 속일 수 있는 샷(드롭 샷과 스매싱)을 구사할 수 있다는 점을 학생들에게 상기시켜

주도록 한다.

7. 실제 시합에서의 플레이를 소개하면서 셔틀콕을 상대선수로부터 멀리 두어야 한다는 점을 강조한다. 학생들이 셔틀콕을 서브라인과 후방 영역라인 근처로 보낼 수 있을 때 클리어와 드롭 샷을 소개한다. 고난이도 기술을 연습시켜 게임 상황에서 사용하도록 한다. 필요하다면 게임의 변형을 주어 배운 기술들을 하나하나 구사할 때마다 추가 점수를 부여한다.

8. 복식을 처음 소개할 때에는 좌우 대형으로 하는 플레이를 먼저 가르치도록 한다. 학생들이 수비를 위해 자리 이동을 한 후 원위치로 되돌아오는 능력을 지속적으로 보인다면, 그때 전·후 및 좌우 혼합 대형을 소개한다.

용어 해설

게임(game) 배드민턴 게임은 11점제의 여자 싱글을 제외한 모든 경기에서는 15점제로 진행되며, 특별한 경우 게임 점수제를 따로 적용할 수 있음(현재는 남녀 단복식, 혼합복식 모두 서브권이 없는 21점제 랠리 포인트 시스템이 적용되고 있음 – 역자 주).

공격(offense) 공격 또는 스매싱 찬스를 가진 선수 또는 팀.

국제배드민턴협회(IBF: International Badminton Federation) 국제배드민턴대회를 관리하는 국제기구.

그립(grip) (a) 라켓 손잡이를 싸고 있는 것으로 보통 가죽으로 만들어짐. (b) 손으로 라켓 손잡이를 잡는 방법.

넷 샷(net shot) 상대선수의 코트 전방(네트 가까이)에 떨어뜨리는 샷.

드라이브(drive) 상대코트의 서브 앞쪽 라인과 후방 영역 라인 사이에 떨어지게 하는 사이드암 스트로크.

드롭 샷(drop shot) 위치와 상관없이 네트 가까이에서 쳐서 상대의 코트 전방(서브 앞쪽 라인 앞)에 떨어지게 하는 샷.

라켓(racquet) 셔틀을 타구하는 데 사용되는 도구.

랠리(rally) 게임 또는 준비운동 중, 양쪽 간의 샷이 계속적으로 이어지는 것.

렛(let) 랠리를 다시 해야 하는 상황(규정 12와 17 참조).

롱 서브(long serve) 상대선수의 코트 후방 영역 라인을 향해 높이 날아가는 서브.

리시버(receiver) 서브를 받는 선수.

매치(match) 3게임 중 2게임을 먼저 이겨 경기가 끝난 상황.

미국배드민턴협회(USA Badminton) 미국의 배드민턴 관리 기구(이전명칭은 Badminton USA).

백핸드(backhand) 라켓을 든 손과 반대쪽에서 타구한 스트로크(오른손잡이 선수의 왼쪽 방향)

버드(bird) 일종의 속어로, 셔틀콕 혹은 셔틀을 의미함. 타구된 물체가 네트 너머로 왔다 갔다 하는 데에서 유래됨.

베이스(base) 선수가 매 샷을 구사한 후 원 위치로 되돌아와서 취하는 준비자세.

복식 혼합 대형(combination doubles formation) 복식 파트너와 함께 수비 시에는 좌우 대형을, 공격 시에는 전·후 대형으로 플레이 함.

복식(doubles) 배드민턴 코트 양쪽 면에 두 명씩 팀을 이뤄 플레이하는 경기 방식.

샷(shot) 다양한 스트로크 동작에 의해 타구된 클리어, 드라이버, 드롭, 또는 스매싱.

서버(server) 서브를 넣는 선수.

서브(service) 랠리를 시작하기 위해 셔틀을 플레이 상황에 넣는 행위.

서브 코트(service court) 서브가 반드시 들어가야 할 단식 혹은 복식 코트 영역.

세팅(setting) 게임의 마지막 부분에서 동점 상황이 발생한 경우, 게임을 연장하는 한 방법(규정 7 참조).

셔틀콕(shuttlecock) 셔틀(shuttle) 또는 버드(bird)라고도 하며, 타구된 후 네트 너머로 왔다 갔다 하는 물체.

숏 서브(short serve) 타구된 셔틀이 네트 바로 위를 지나 상대방의 서브코트 앞쪽 라인 근처에 떨어지게 하는 서브.

수비(defense) 상대선수에게 스매싱 공격 기회가 온 상황.

스매싱(smash) 아래를 향해 날카롭고 강하게 치는 오버헤드 샷.

스트로크(strokes) 모든 샷들이 수행되는 기본 타구 패턴.

승리(winner) 킬(kill, put-away) 정의 참조.

앨리(alley) 배드민턴에서 복식용 코트의 사이드라인과 단식의 사이드라인 사이의 너비 1.5피트(45.72cm)의 공간.

어라운드 헤드(around-the-head) 백핸드 쪽으로 날아온 셔틀을 포핸드 스트로크 양식으로 타구한 스트로크.

언더핸드(underhand) 허리 아래 몸 앞쪽에서 타구된 스트로크.

오버헤드(overhead) 머리 높이 위에서 타구된 스트로크.

우버 컵(Uber Cup) 매 2년마다 개최되는 배드민턴 국제 여자 팀 경기 대회.

전·후 대형(up-and-back formation) 공격하기에 가장 좋은 복식 대형. 전형적인 혼합복식 대형에서는 여자가 전위, 그리고 남자는 후위에 위치함.

좌·우 대형(side-by-side formation) 파트너와 함께 코트 중앙의 좌우에 위치하는 수비용 복식 대형.

짝수 코트(even court) 오른쪽 서브 코트에 대응하는 상대코트.

캐리(carry) 샷을 던진다는 의미(sling, throw)로, 셔틀콕이 라켓 페이스에 미끄러지듯 타구된 샷으로 의도하지 않은 방향으로 날아가는 샷. 1981년 이래로 이 샷은 의도적이 아닐 경우 인정되고 있다.

크로스 코트(cross-court) 코트의 한쪽에서 대각선 방향으로 친 샷.

클리어(clear) (lob) 로브 샷이라고도 하며, 상대방 코트 후방을 향해 높고 길게 치는 샷.

킬(kill) (상대방을 물리치거나 승리하다의 의미로) 스매싱으로 랠리에서 승리하는 것.

토마스 컵(Thomas Cup) 매 2년 마다 개최되는 배드민턴 국제 남자 팀 경기 대회.

토스(toss) 경기가 시작되기 전, 동전 던지기(토스), 라켓 돌리기, 또는 셔틀 치기 등으로 서브와 수비 코트를 결정함.

티 코트(T Court) 서브 코트의 앞쪽 라인과 중앙선이 만나는 지점.

파워 샷(power shots) 매우 강하게 타구된 클리어, 드라이버, 그리고 스매싱.

포핸드(forehand) 라켓을 들고 있는 방향으로부터 타구된 스트로크.

폴트(fault) 규정을 어긴 행위(배드민턴 규정 14 참조).

하프 코트 샷(half-court shot) 상대코트의 사이드라인을 따라 네트와 후방 영역 라인 중간에 떨어지도록 타구된 샷.

혼합 복식(mixed doubles) 한 팀에 남자와 여자가 함께 플레이하는 게임.

홀수 코트(odd court) 왼쪽 서브 코트와 이에 대응하는 상대코트

추가 읽을거리

Ballou, R. B. 1998. *Badminton for beginners.* 2nd ed. Stamford, CT: Wadsworth/Thomson Learning. 초보자용이지만 중급과 고급 기술도 다룸.

Bloss, M. V., and Hales, R. 2001. *Badminton.* 8th ed. Dubuque, IA: McGraw-Hill.

Grice, T. 1996. *Badminton: Steps to success.* Champaign, IL: Human Kinetics.

Grice, T. 2000. *Badminton.* 5th ed. Boston, MA: American Press.

Kim, S., and Walker, M. 2002. *Badminton today.* Stamford, CT: Wadsworth /Thomson Learning.

Paup, D., and Fernhall, B. 2000. *Badminton.* Scottsdale, AZ: Holcomb Hathaway Publishers. 중요 샷의 종합 일러스트, 스트로크 에러 분석, 해결책과 훈련, 스포츠 심리학, 고급 전략과 드릴을 다룸.

Poole, J., and Poole, J. 1996. *Badminton.* 4th ed. Prospect Heights, IL: Waveland Press. 각 움직임의 메커니즘, 장비, 메커니즘과 훈련에서의 최근의 발전 상황을 단계별 요약.

Schoppe, D. 2001. *Badminton for physical education and beyond.* Winston-Salem, NC: Hunter Textbooks. 선수, 코치 또는 교사를 위한 신호, 교습 진행, 기술을 읽기 쉬운 형식으로 저술.

Song, C., and Li, M. 1999. *Badminton everyone.* Winston-Salem, NC: Hunter Textbooks.

U.S. Badminton Association. *Official rules of play (USBA handbook).* Current edition. USBA, One Olympic Plaza, Colorado Springs, CO 80909.

참고문헌

비디오

Badminton Instructional Videotapes. 817 23rd St., NW, Wash. D.C. 20052. (1) 그립, 풋워크, 서브; (2) 기초 스트로크; (3) 기초 전략에 대한 지침 제공

Badminton Movies. Louisville Badminton Supply, 9411 Westport Road, Louisville, KY 40222.

Badminton: Winning Fundamentals. HL Corporation, P.O. Box 3327, Manhattan Beach, CA 90266.

Breen, J., and Paup, D. *Winning Badminton.* West Palm Beach, FL. The Athletic Institute.

USBA Video Library (rental of videocassettes of national and international events, weight training, International Badminton Federation instructional videos). USA Badminton, One Olympic Plaza, Colorado Springs, CO 80909. (719) 578-4808, Fax. (719) 578-4507. E-mail: usab2004@rmi.net. USBA home page: http://mid1.external.hp.comm/stanb/usba/usba.html.

그 외 비디오 자료는 부록 C를 참조하라.

잡지

Badminton USA. USA Badminton, One Olympic Plaza, Colorado Springs, CO 80909.

World Badminton. The International Badminton Federation, 4 Manor Park, Mackenzie Way, Cheltenham, Gloucestershire, England GL51 9TX.

11 볼링

이 장을 완벽하게 습득한 뒤, 독자들은 다음과 같은 사항들을 할 수 있어야 한다.

▶ 볼링규칙에 대해 설명할 수 있다.

▶ 그립, 스탠스, 어프로치, 그리고 딜리버리를 정확한 동작으로 수행할 수 있다.

▶ 딜리버리의 세 가지 유형을 구분할 수 있다.

▶ 볼링 기초를 지도할 수 있다.

▶ 볼링 용어를 정확하게 이해하고 적절하게 사용할 수 있다.

역사

볼링의 역사는 약 7,000년 전까지 거슬러 올라갈 수 있음을 미루어볼 때, 아마도 지금까지 알려진 것 중 가장 오래된 게임 중 하나임에는 분명하다. 고고학자들은 볼링의 기원을 볼링과 얼추 비슷한 모양의 도구를 사용했던 고대 이집트인들에게서 찾고 있다.

과거 이탈리아 북부지역에서는 오늘날 10개의 핀(tenpins)을 사용하는 근대볼링과 유사한 놀이가 다양한 형태로 성행하였다. 이탈리아인들은 이 게임을 '볼(bowls)'이라고 불렀다. 이 게임을 위한 볼은 손가락을 끼울 구멍이 없는 동그란 돌이였으며, 손바닥을 펴 돌을 잡아서 사용하였다.

13세기에 접어들어, 볼링 게임은 독일, 네덜란드, 그리고 영국으로 확산된 후 '나인핀(ninepins)'이라는 이름으로 성행하게 되었다. 이때의 사람들은 게임구역을 볼링그린(bowling green)이라고 불렀는데, 그 이유는 게임이 주로 잔디에서 열렸기 때문이다. 나인핀(ninepins) 게임은 1623년 네덜란드 이주민들에 의해 처음 미국에 소개되었다. 이 게임이 도입된 초창기에는 주로 잔디나 클레이 코트에서 시행되다가 나중에는 넓은 보드위에서 실시하였다. 게임에 대한 흥미가 고조됨으로 인해 내기 게임이 성행하는 폐단을 낳기도 하였다. 결국 1840년대에 이르러, 여러 주정부들은 나인핀 게임을 금지하는 법률을 통과시켰다. 그 후, 네덜란드 사람들은 이 법을 피하기 위해 기존 게임에 핀 하나를 더 추가하여 '텐핀(tenpins)'이라는 이름으로 게임을 즐겼다.

1895년 미국볼링협회(American Bowling Congress)가 조직되어 앨리(alleys), 볼링공, 그리고 핀에 대한 규정을 제정하였다. 미국볼링협회는 현재 바뀐 영문 명칭인 United States Bowling Congress(USBC)를 사용하고 있으며, 산하 기관으로 국제여성볼링협회(WIBC: Women's International Bowling Congress)와 미국청소년볼링연맹(YABA: Young American Bowling Alliance)이 소속되어 있다.

사회적 가치

볼링은 체력, 나이, 성별에 상관없이 누구나 즐길 수 있는 스포츠이다. 다른 스포츠와 달리, 볼링은 많은 기술 습득을 필요로 하지 않는다. 또한, 신발을 갈아 신는 것 외에는 특별한 장비가 필요 없다. 볼링은 점심시간, 퇴근 후, 늦은 밤 등에도 할 수 있으며, 바로 이러한 점 때문에 미국의 많은 중산층 사람들이 볼링에 매료되고 있다. 볼링은 강한 힘을 필요로 하는 것이 아니라, 오히려 리듬, 긴장완화, 그리고 협응성(또는 자세의 전체적인 조화) 등이 중요한 요소이다. 볼링은 기술수준이 어느 정도 경지에 오르게 되면, 하나의 예술로서 승화된다. 사람들은 앨리(alley, 볼링공이 굴러가는 바닥으로 보통 파울라인에서 1번 핀까지를 말함 - 역자 주) 주변에 설치된 사교 장소에서 즐거움을 나누면서 근심이나 걱정거리를 날려버리곤 한다. 볼링은 골프와 마찬가지로, 매번 더 좋은 스코어를 내기 위해 도전하는 태도를 기를 수 있다. 볼링은 재미삼아 혼자서 할 수도 있고, 원한다면 지역 팀에 들어가서 할 수도 있다. 또한, 볼링은 많은 근육들을

사용한다는 측면에서 가장 좋은 레크리에이션 스포츠 중 하나이며, 타 스포츠에 비해 비용이 상대적으로 적게 든다.

장비 및 시설

볼링에서는 목재 바닥으로 된 볼링 주로인 '레인(lane)'의 끝 쪽에 목재 혹은 플라스틱 재질의 핀 10개가 역삼각형 모양으로 놓이게 된다 (도해 11.1). 레인의 길이는 1번 핀에서 파울라인까지가 60피트(18.3m)이며, 너비는 42인치(1.1m)이다. 레인의 양쪽으로 약 9인치(22.5cm) 너비의 채널이 파울라인에서 핀 바로 뒤에 위치한 핏(pit)까지 설치되어 있다. 파울라인 뒤쪽은 어프로치이며 길이는 15피트(4.6m) 이하로 제한되어 있다. 핏은 핀이 아래로 떨어지도록 설비되어 있으며, 낙하 길이는 레인 바닥으로부터 최소한 9.5인치(23.8cm) 이상은 되어야 한다.

세팅된 핀들 간의 간격은 각 핀의 중심을 기준으로 12인치(30cm)이다 (도해 11.2). 핀의 높이는 15인치

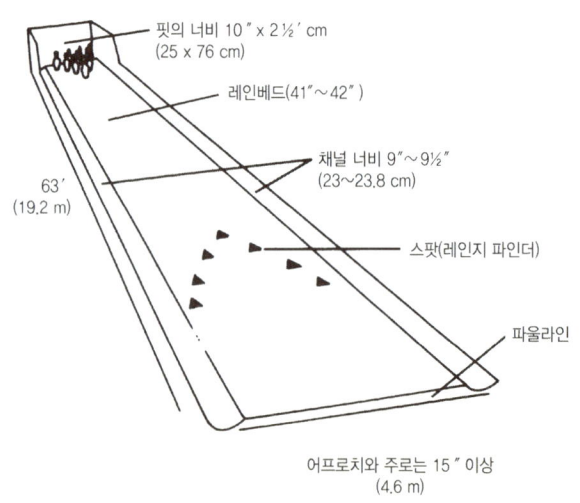

도해 11.1. 레인.

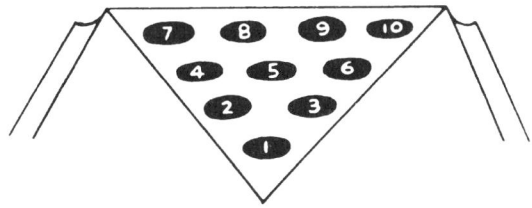

도해 11.2. 핀 세팅과 번호.

(37.5cm)이며, 맨 아래 부분인 베이스(base) 지름은 2.25인치(5.6cm)이다. 핀은 보통 잡티가 없는 튼튼한 단풍나무로 제작된다.

볼링공은 베이클라이트(bakelite: 페놀과 포름알데히드를 축합하여 만든 합성수지 – 역자 주)나 단단한 고무재질로 만들어진다. 둘레는 27인치(67.5cm)을 넘을 수 없으며, 공인구의 무게는 10~16파운드(4.54~7.26kg)이다. 일반적으로 볼링공에는 손가락을 끼울 수 있는 세 개의 구멍이 있어 공을 잡고 정확하게 굴릴 수 있도록 도와준다. 오늘날에는 네 개 혹은 다섯 개의 구멍이 난 특수한 공도 제작되고 있다.

볼링의 또 다른 형태인 덕핀(duckpins), 배럴핀(barrel pins), 그리고 캔들핀(candlepins)에서는 작은 사이즈의 핀과 공을 사용한다. 이들 게임들의 기초적인 부분은 정규 볼링과 똑같다. 단, 덕핀의 경우 매 프레임(frame)마다 공을 3회 굴리도록 되어 있다.

규 칙

일반적으로 볼링은 10 프레임으로 되어 있다. 참여자는 스트라이크(strike)가 나오지 않는 한, 9번 프레임까지는 매 프레임 당 공을 두 번씩 굴린다. 마지막 10번 프레임에서 스트라이크 혹은 스페어(spare) 처리를 하였다면, 공을 굴릴 수 있는 기회는 세 번까지 주어지게 된다. 볼링 규칙에 대한 구체적인 내용은 다음

과 같다.

1. 볼러(볼링공을 굴리는 사람 – 역자 주)는 세팅된 모든 핀들을 넘어뜨리려는 의도로 파울라인 뒤에서 핀을 향해 두 번에 걸쳐 공을 굴린다. 첫 번째 시도에서 모든 핀들이 넘어진 경우를 '스트라이크(strike)'라고 하며(스코어카드에는 해당 프레임의 오른쪽 상단에 X로 기록됨), 이 경우 볼러는 두 번째 공을 굴릴 필요가 없게 된다.

2. 스페어(spare)란 어느 한 프레임에서 첫 번째 투구로 남아있는 핀의 상태를 말하며, 두 번째 투구로 남아있는 모든 핀들을 쓰러뜨리게 되면 스페어처리로 인정되어 해당 프레임의 오른쪽 상단에 슬러시(/)로 표기된다. 이전 프레임에서 스페어처리가 된 경우의 점수는 다음 프레임 첫 투구가 끝날 때까지는 공란으로 표기되다가 첫 투구 후 넘어뜨린 핀의 수와 스페어처리에 대한 보너스 점수 10을 더한 합계 점수를 부여받게 된다.

3. 핀이 사이드 칸막이나 뒤쪽 쿠션에 맞고 튀어나온 다른 핀에 의해 넘어진 경우에는 점수로 인정되지만, 핀이 핀 세터(pinsetter: 핀을 세우는 사람)의 몸, 팔, 다리 등에 맞고 튀어나온 경우에는 예외이다. 핀이 볼에 맞지 않거나, 튕겨서 다시 세워진 경우, 그리고 가만히 서 있는 경우에는 점수로 인정되지 않는다. 사람 혹은 핀 세터에 의해 넘어진 핀은 점수로 인정되지 않으며, 핀을 투구되기 전 위치에 반드시 다시 세워야 한다.

4. 파울이 선언되는 경우는 볼러의 발, 손, 혹은 팔의 어느 부위가 레인과 접촉했거나 파울 라인을 넘어갔을 때, 또는 볼이 손을 떠난 이후에 손이 파울 라인을 지나갔을 때, 볼러의 신체 일부가 레인, 디비전 보드(division boards, 개인별 레인 구역을 구분하기 위해 설치한 보드 – 역자 주), 벽 등에 접촉했을 때, 그리고 파울 라인을 밟거나 넘어갔을 때이다.

5. 파울 볼은 점수로 인정되지 못하며, 이때 넘어진 모든 핀들은 다시 제자리에 세팅된다. 파울 볼은 점수로는 인정되지 못하지만 투구 횟수로는 계산된다.

볼링 리그

1. 모든 볼링 리그 혹은 토너먼트가 공식경기로 인정받기 위해서는 인접한 두 개의 레인을 모두 사용하여 총 10 프레임의 플레이가 되어야 한다. 경기에 임하는 상대팀 선수들은 경기가 끝날 때까지 순서대로 매 프레임마다 레인을 바꿔가면서 최상의 기량으로 볼을 굴려야 한다. 각 선수는 스트라이크가 나온 경우를 제외하고는 매 프레임마다 두 번의 투구 기회를 가지게 된다.

2. 핀은 확실히 넘어진 것 외에는 점수로 인정되지 않는다. 모든 선수들은 매 프레임마다 정해진 순서에 의해 볼을 굴려야 한다.

3. 10번째 프레임에서 스트라이크가 나온 경우, 볼러는 동일한 레인에서 두 번의 투구 기회를 더 가지게 된다. 10번째 프레임에서 스페어처리가 된 경우에는 동일한 레인에서 한 번의 투구 기회가 더 주어진다.

4. 경기가 동점으로 끝나면, 연장전으로 각 팀은 10번째 프레임에서 플레이한 레인에서 한 프레임을 더 플레이하게 되며, 이 경우 경기 방식과 스코어 규정은 10번째 프레임과 동일하다. 만일 연장 프레임에서도 동점상황이 발생하면, 각 팀은 레인을 바꿔서 한 프레임 더 플레이하게 되며, 이러한 방식으로 승패가 결정될 때까지 계속 실시한다.

5. 심판에 의해 데드볼(dead ball)이 선언되지 않는 한 투구된 모든 볼은 점수로 인정된다. 모든 프레임이 끝난 후에는 하나 혹은 그 이상의 핀이 잘못 세워졌다 하더라도 투구된 볼과 넘어뜨린 핀에 대한 점수 결과는 그대로 인정된다. 각 선수는 볼링 전 스스로 핀을 잘 관찰해야 하며, 만일 핀의 세팅이 만족스럽지 못하다면 다시 세워줄 것을 요구할 수 있다.

6. 선수가 실수로 다른 레인에서 볼을 굴리는 경우, 순서가 바뀐 경우, 다른 볼러나 관중의 방해를 받은 경우, 또는 투구된 볼이 레인 위에서 어떤 방해물과 접촉한 경우 심판은 데드볼을 선언하고 즉시 다시 투구하게 된다.

7. 핀에 도달하기 전에 레인을 벗어난 볼이나 뒤쪽 쿠션에 의해 튕겨진 볼에 의해 핀이 넘어지거나 옮겨진 경우에는 점수로 인정되지 않으며, 즉시 다시 세팅해야 한다. 투구된 볼이 완전히 정지되기 전에 핀 세터(pinsetter)가 핀을 넘어뜨리거나 방해를 했다면 심판은 핀을 다시 세우도록 명령할 수 있다.

스 코 어

최근 대부분의 볼링장들이 컴퓨터로 스코어를 자동 계산해주는 시스템을 갖추고 있다 하더라도, 각 참여자가 자신의 점수를 정확하게 계산할 수 있다면 게임의 흥미는 배가될 수 있다. 볼링의 최고점수인 퍼펙트 스코어는 300점이다. 게임점수는 먼저 각 프레임별 결과를 기록하고, 10 프레임동안 누적된 합계가 최종 스코어가 된다. 스트라이크나 스페어 처리된 경우를 제외하고는 각 프레임에서 두 번의 투구로 넘어뜨린 모든 핀들의 수가 점수로 기록된다. 스트라이크가 발생한 경우, 해당 프레임의 점수 10점(기록지의 작은 박스 안에 X로 표기)에다 다음 프레임에서 두 번의 투구로 얻은 점수를 합산한다. 스페어 처리가 된 경우에는 해당 프레임 점수 10점과 다음 프레임의 첫 번째 투구로 얻은 점수를 합산한 점수가 된다. 파울을 범하게 되면, 해당 볼에 대한 점수는 인정되지 않는다. 만일 첫 번째 투구가 파울 처리 되었다면, 모든 핀들은 다시 세팅되며, 다음 투구결과가 해당 프레임의 두 번째 볼 점수가 된다. 일명 '라인(line)'이라고도 불리는 게임 스코어의 올바른 방식은 도해 11.3에서 묘사되고 있다.

유념해야 할 사항

1. 스트라이크 후 다음 프레임에서 스페어 처리 = 20점
2. 스페어 처리 후 다음 프레임에서 스트라이크 = 20점
3. 이전 프레임에 보너스로 주어질 수 있는 최대 점수 = 30점

게임 스코어 예시

프레임 1. 볼러가 첫 번째 투구에서 8개의 핀을 넘어뜨렸다고 가정해보자. 이 경우 스코어카드 첫 번째 프레임 오른쪽 상단에 두개의 작은 박스 중 첫 번째 박스에 8을 기록한다. 두 번째 투구 시, 볼러는 나머지 두개의 핀들 중 어느 것도 맞히지 못하게 된다. 이 경우는 미스(miss) 샷을 범한 것으로, '에러(error)'라고도 하며 기록지에는 (−)로 표기한다. 볼러는 두 빈의 투구로 넘어뜨린 모든 핀들의 수를 계산한 후 8을 첫 번째 프레임 점수로 기록한다.

프레임 2. 볼러는 이 프레임의 첫 번째 투구에서 7개의 핀을 넘어뜨린 후, 첫 번째 작은 박스 안에 7을 기입하여 핀 점수를 나타낸다. 두 번째 투구에서 볼러는 나머진 핀 3개 모두 넘어뜨린 후, 두 번째 박스에 스페어를 나타내는 (/) 기호를 기입한다. 두 번째 프레임에 대한 점수는 세 번째 프레임의 첫 번째 투구결과

가 나올 때까지 계산되지 않는다.

프레임 3. 세 번째 프레임에서 첫 번째 투구로 6개의 핀이 넘겨졌다고 가정해보자. 이 경우 핀 점수 6점과 두 번째 프레임에서 얻은 10점을 더해 합계 16점이 된다. 따라서 공란으로 남겨졌던 두 번째 프레임의 점수는 8점(첫 번째 프레임 점수)에 16점을 더한 24점이 된다. 세 번째 프레임의 두 번째 투구로 핀 3개를 넘어뜨렸다면, 이 프레임의 핀 점수는 모두 9점이 된다. 따라서 세 번째 프레임의 중간 점수는 24+9=33점이 된다.

프레임 4. 불행하게도 볼러는 네 번째 프레임 첫 번째 투구에서 볼이 거터에 빠져버렸다. 이 경우 기록지의 해당 프레임 첫 번째 박스 안에는 G(거터볼) 또는 −(miss)로 기록하며, 점수는 0점 처리된다. 두 번째 투구에서는 10개의 핀 모두를 넘어뜨렸다. 그러나 이 경우는 두 번째 투구에 의한 결과이므로, 스페어로 처리된다. 따라서 네 번째 프레임에 대한 중간 점수는 다섯 번째 프레임의 첫 번째 투구결과가 나올 때까지는 계산되지 않는다.

프레임 5. 볼러가 첫 번째 투구 과정에서 파울 라인을 넘어섰다고 가정해보자. 두 번째 투구에서 9개의 핀을 넘어뜨렸다 하더라도, 파울로 인해 첫 번째 투구의 핀 점수는 0점이 된다. 이제 이전 프레임인 네 번째 프레임의 점수를 계산해보자. 네 번째 프레임의 점수는 10+0=10점이 된다. 따라서 네 번째 프레임의 중간 점수는 43점이 된다. 파울은 해당 프레임의 첫 번째 박스에 F로 표기한다. 그런 다음, 핀들을 다시 세팅하고 두 번째 볼을 굴려 핀 9개를 넘어뜨렸다. 따라서 두

Frames	1	2	3	4	5	6	7	8	9	10	TOTAL
Name	8 − / 8	7 / / 24	6 3 / 33	− / / 43	F 9 / 52	✕ / 79	✕ / 98	7 2 / 107	⑧ − / 115	9 / 5 / 130	130

도해 11.3. 볼링 점수 방법 예시

번째 박스 안에는 9를 기입하고, 이 점수를 이전 프레임의 점수와 합한 점수인 52점이 다섯 번째 프레임의 점수가 된다.

프레임 6. 볼러가 첫 번째 투구로 10개의 핀 모두 넘어뜨렸다고 가정해보자. 이 경우 해당 프레임의 첫 번째 박스에 X를 기입한다. 이 프레임에 대한 중간 점수는 스트라이크로 바로 기록되지 않고, 다음 두 번의 투구로 넘어뜨린 핀 수에 10점을 더한 점수를 기록한다.

프레임 7. 볼러는 첫 번째 투구로 다시 한 번 더 스트라이커를 만들어낸다. 이제 볼러는 2연속 스트라이크 혹은 '더블'을 기록하게 된다. 이 경우 여섯 번째와 일곱 번째 프레임에 대한 점수는 여전히 계산되지 않는다.

프레임 8. 이 프레임에서 볼러는 첫 번째 투구로 핀 7개를 넘어뜨리고 첫 번째 박스에 7을 기록하게 된다. 이제 여섯 번째 프레임에 대한 점수를 계산해보자. 먼저 여섯 번째 프레임의 스트라이크 점수 10점과 일곱 번째 프레임의 스트라이크 점수 10점, 그리고 여덟 번째 프레임 첫 번째 투구로 얻은 점수 7점을 모두 더하게 되면 27점이 된다. 따라서 여섯 번째 프레임의 중간점수는 52+27=79점이 된다. 여덟 번째 프레임 두 번째 투구로 2개의 핀을 넘어뜨려 두 번째 박스에 2를 기입한다. 그런 다음, 일곱 번째 프레임 점수를 계산할 수 있게 된다. 즉, 10+7+2=19점이 주어지므로, 일곱 번째와 여덟 번째 중간 점수는 각각 98점과 107점이 된다.

프레임 9. 이 프레임에서는 첫 번째 투구된 볼이 헤드핀(1번 핀)을 맞힌 후 '스플릿(split)' 상황이 되어버렸다. 남은 핀은 7번과 10번 핀이다. 이 경우 해당 프레임의 첫 번째 박스에 ⑧ 이라고 기입하여 스플릿을 나타낸다. 두 번째 투구에서 남은 핀을 하나도 맞히지 못한 경우, 두 번째 박스에 미스(miss: 에러) 기호인 '–'를 기입한다. 아홉 번째 프레임에 대한 점수는 8점에 이전 프레임 점수인 107점을 더해 중간 합계 115점

이 된다.

프레임 10. 볼러는 두 번째 투구로 스페어 처리를 하였다. 마지막 열 번째 프레임에서 스페어 처리가 되었기 때문에 볼러에게는 한 번의 투구 기회가 더 주어지게 된다. 보너스 투구에서 5개의 핀을 넘어뜨려 해당 프레임 점수는 15점이 된다. 따라서 최종 게임 점수는 15점에 이전 프레임 점수인 115를 더한 130점이 된다.

기초 기술 및 테크닉

볼링공 선택

볼링공은 너무 무겁거나 가볍지 않으면서 손가락을 편안하게 끼울 수 있는 것을 선택한다. 손가락이 편하도록 맞춘다는 것은 좋은 투구를 위해 매우 중요한 일이다. 볼링공에 난 손가락 구멍은 손가락을 벌렸을 때 엄지와 다른 손가락들 사이의 간격이 너무 좁거나 넓지 않아야 한다. 손가락 간격을 결정하는 좋은 방법으로 먼저 엄지손가락 구멍에 엄지의 두 번째 관절 혹은 엄지 길이의 1/4 정도를 넣은 다음 나머지 손가락들을 벌려 해당 구멍 위로 지나가게 한 상태로 손바닥을 볼링공 표면에 펼쳐놓는다. 이때 손가락 관절(knuckle joints)이 손가락 구멍의 안쪽 끝 지점으로부터 약 1/4인치(6.35cm) 정도 지나있어야 한다. 이러한 방식으로 공을 선택하게 되면 편안한 그립으로 공을 잡을 수 있어 그립이 느슨해지는 슬랙(slack)을 예방하고 적절한 시점에 공을 놓는 데 도움이 된다. 손바닥과 볼 사이의 슬랙 혹은 플레이는 대략 1/4인치(6.35cm) 정도가 좋다. 이것이 바로 전문가들이 권장하고 있는 볼링공 선택 방법이기는 하지만, 이 방법이 핑거팁(fingertip: 볼의 구멍에 중·약지의 첫마디만 걸쳐지도록 만든 볼 – 역자 주) 혹은 세미핑거팁(semifingertip) 공에는 적용되지 않는다.

그립

쓰리-핑거 그립(three-finger grip) 혹은 컨벤셔널(conventional)은 가장 많이 사용되고 있는 그립 유형이자 초보자나 어린 볼러들에게 적합하다. 이 그립은 손목과 팔에 자극을 적게 주고, 다른 유형들에 비해 훅볼을 만드는데 더 유리하다. 그립 강도가 심하게 약한 사람은 구멍이 4개 혹은 5개 지공된 공의 사용을 권장한다. 볼링장에 비치되어 있는 볼링공들은 거의 대부분 구멍이 3개이다.

볼을 릴리스 할 때에는 엄지손가락이 홀에서 가장 먼저 빠져야 한다.

스탠스

볼러는 파울라인으로부터 뒤로 약 15피트(4.57m) 지점에 서거나 약간 굽힌 상태로 핀을 마주보고 다리를 조금 벌려 자세를 취한다. 왼발을 오른발보다 약간 더 앞에 놓거나 (도해 11.4) 양발을 나란히 놓는다. 볼은 허리 높이에서 오른손으로 잡는다. 어떤 볼러들은 핀을 조준할 목적으로 볼을 더 높이 들고 왼손으로 볼 무게를 지탱하기도 한다.

풋워크

볼링 초보자에게 있어 가장 기초적이면서도 가장 중요한 기술은 풋워크(footwork), 밸런스(balance), 그리고 리듬감(rhythm)이다. 볼러들은 보통 볼 투구 전 쓰리(three), 포(four), 혹은 파이브(five) 스텝을 밟는다. 각 스텝 패턴은 볼러들의 선호도에 따라 다양하게 사용되고 있다. 팔 동작과의 타이밍을 맞추는 데 어렵기 때문에 쓰리 스텝(three-step)보다 적은 횟수의 스텝으로 하는 어프로치는 적절하지 않다. 볼러들사이에서 가장 대중적인 패턴은 포-스텝(four-step) 어프로치로, 그 이유는 아마도 다른 패턴들에 비해 팔과의

도해 11.4 스탠스

타이밍이 상대적으로 더 자연스럽다는 장점을 가지고 있기 때문일 것이다. 그러나 누구든 자신에게 맞는 스텝 수를 찾을 때까지는 여러 스텝 패턴들을 실험해보는 것이 좋다. 스텝이 완성된 후, 볼러는 발의 스텝 패턴과 팔 동작의 조합을 준비한다. 이 연습에서 얻고자 하는 것은 리듬과 타이밍이다. 양발이 서로 평행하게 움직이게 하기위해 풋워크는 반드시 연습해야한다. 풋워크에서는 걷거나 달리기 보다는 빨리 걷기, 천천히 뛰기, 또는 글라이딩 동작을 많이 연습하도록 한다. 어프로치에서 올바른 출발 지점을 찾기 위해서는 파울라인에서 핀 반대쪽을 향해 원하는 스텝 수만큼 걸어간 다음 6인치(15cm)더 간다.

딜리버리와 파울라인으로의 어프로치

딜리버리(delivery: 볼을 잡은 상태에서 릴리스 될 때까지의 일련의 동작 – 역자 주)에는 많은 스타일이 있다. 보통 볼을 잡는 위치의 높이는 가슴과 허리 사이이고, 몸 중앙 혹은 오른쪽 어깨 앞에 놓는다. 일반적으로, 어프로치는 푸시 어웨이(push-away), 백스윙(backswing), 포워드스윙(forward swing), 그리고 릴리스(release)의 4단계로 구분될 수 있다.

어프로치의 시작단계에서 볼러는 가슴과 허리 높이 사이에 위치한 볼을 약간 아래로 그리고 바깥쪽으로 내민다 (도해 11.5). 포-스텝을 사용하는 볼러가 이 동작을 수행할 때에는 먼저 오른발을 앞으로 내딛는다. 반면, 파이브-스텝 딜리버리를 사용한다면, 왼발로 시작한다. 푸시 어웨이는 볼을 앞으로 내밀어 허리 높이 정도에 위치시키며, 이때 볼의 무게와 중력은 다음 단계인 백스윙의 아치를 만드는데 원동력이 된다 (도해 11.6).

백스윙의 아치를 수행하는데 있어 볼러는 볼을 뒤로 너무 많이 빼지 말고 아치가 허리 약간 위에서 끝날 수 있도록 조절해야 한다. 완성된 아치는 릴리스와 팔로우스루 단계에서의 부드러운 시계추 스윙(역학적 용어로 진자운동이라고도 하며, 아래쪽에서 앞쪽으로의 스윙을 의미함 – 역자 주)을 위한 동력을 받을 준비가 되었다는 것을 의미한다 (도해 11.7).

릴리스

볼러가 완벽한 타이밍을 맞췄다면, 마지막 스텝(왼발)과 함께 아치를 그리며 볼을 앞쪽으로 스윙한다. 이때 체중은 왼발의 마지막 스텝 위에서 완전한 균형이 이

도해 11.5. 푸시어웨이(push-away).

도해 11.6. 백스윙(backswing).

도해 11.7. 포워드스윙(forward swing).

도해 11.8. 릴리스(Release).

루어져야 한다 (도해 11.8).

　팔과 나리의 연속동작을 우아하고, 조화로우며, 그리고 리듬감 있는 패턴으로 만들기 위해서는 지속적인 연습이 필요하다.

　어프로치 시 천천히 시작하여 마지막으로 갈수록 가속이 붙도록 조절한다. 마지막 스텝은 파울라인 앞에서 반드시 멈추어야 한다 (규칙 참조). 볼이 레인에 닿는 곳은 파울라인 너머로 약 12~16인치(30~40cm)되는 지점이 좋다.

팔로우스루(Follow-Through)

팔 동작의 마지막 단계에서, 볼러는 왼발을 앞에 놓고 오른발은 방향키(rudder)처럼 뒤로 빼서 몸의 균형을 잡는다. 많은 스포츠 기술들에서 중요하게 여겨지고 있는 팔로우스루를 위해 볼을 잡고 있는 팔을 앞으로 그리고 위로 뻗어준다. 어프로치의 마지막 동작은 약간의 슬라이딩을 통한 글라이드(glide: 미끄러지듯 나아감 – 역자 주)로, 이때 글라이드된 발은 파울라인을 약 2~4인치(5~10cm)정도 남기고 멈추어야 한다 (도해 11.9).

　볼을 릴리스 한 후 마지막 동작에서, 볼러는 무릎과 허리를 약간 굽힌 상태로 긴장을 풀고 편안한 자세를 취하도록 한다. 반대쪽 팔은 자세 균형을 잡기위한 보조로서 활용한다. 스트레이트 볼을 넣기 위해서는, 채널(channel: 레인의 가로 범위를 의미 – 역자 주)의 우측 끝에서 가운데로 약 6~8인치(15~20cm) 지점 파울라인 바로 너머에서 부드럽게 굴려야 한다. 혹 혹은 커브볼의 경우, 볼과 채널과의 거리는 커브의 정도에 따라 다양하다.

도해 11.9. 팔로우스루(follow-through).

딜리버리

지금까지 묘사된 볼링 기술들과 테크닉들은 모든 딜리버리 유형들에 공통적으로 적용된다. 이제 볼러는 스트레이트 볼, 훅, 그리고 커브의 세 가지 딜리버리 유형들 중 한 가지를 선택하면 된다 (도해 11.10). 초보자는 먼저 스트레이트 볼을 시도하는 것이 좋다. 스트레이트 볼은 구사하기 쉬우며 짧은 시간 안에 긍정적인 효과를 볼 수 있는 장점이 있다. 일단 스트레이트 볼 구사가 수월해지고 나면, 훅볼에 대한 연습을 시작하도록 한다. 훅볼은 가장 효율적인 딜리버리 유형으로, 거의 모든 프로 볼러들이 사용하고 있다.

스트레이트 볼

스트레이트 볼(straight ball)을 던지기 위해서는 엄

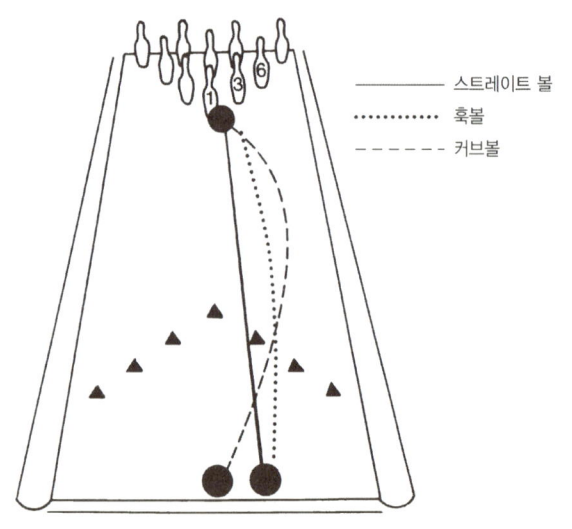

----- 스트레이트 볼

·········· 훅볼

- - - - - 커브볼

도해 11.10. 딜리버리 유형.

지손가락을 볼의 12시 방향, 즉 맨 위쪽 구멍 안에 넣고(도해 11.11A) 헤드핀(1번 핀)을 향해 일직선으로 굴린다. 스트레이트 볼을 위해 가장 많이 사용되고 있는 어프로치 방법은 레인의 1번과 3번 핀 사이를 향해 오른쪽 구석에서 대각선 방향으로 볼을 굴리는 것이다.

훅볼

훅볼(hook ball)은 스트라이크를 만드는데 가장 효과적인 볼링 스타일이다. 고득점을 내는 선수들은 대부분 훅볼을 구사한다. 훅볼을 처음 시도하는 초보자는 다음의 테크닉을 익힐 것을 권장한다. 먼저 엄지손가락을 10시 방향에 있는 구멍에 넣어 엄지와 집게손가락으로 만들어진 V 형태가 레인을 향하게 한다 (도해 11.11B). 자연스러운 훅을 만들기 위해서는 손목이나 손가락 혹은 둘 다를 비틀거나 돌리지 말아야 한다. 엄지손가락을 먼저 빼게 되면, 자연스럽게 다른 손가락들이 볼을 들어 올리는 형국이 되기 때문에 훅이 발생하게 된다. 훅볼을 위한 릴리스는 우측 채널에서 이루어진다 3~6포켓(3~6pocket; 흔히 포켓존이라고 하며, 3번과 6번핀 사이를 조준한다는 것을 의미함 – 역자 주)으로 조준하여 볼을 딜리버리한다. 그리고 나면 볼은 전방으로 굴러가다가 왼쪽의 1~3 포켓을 향해 확 꺾이게 된다 (도해 11.10 참조). 이렇듯 볼이 옆으로 휘게 되는 훅볼은 핀들을 레인에서 쓸어내는 효과를 낼 수 있다. 훅볼의 또 다른 장점은, 다른 스타일과 달리, 볼이 헤드핀을 얇게 맞혔다 하더라도 남아있는 핀들의 수가 적고 스플릿(split: 첫 번째 투구 후 남은 핀과 핀 사이의 거리가 벌어져 스페어처리를 어렵게 만드는 상황 – 역자 주)을 만들 확률이 낮다는 점이다. 훅볼의 효과에 대해서는 의심할 여지가 없기 때문에 연습을 통해 이 기술을 숙달하도록 한다.

커브볼

커브볼(curve ball)은 볼러가 컨트롤하는데 있어 일관성이 낮고 어렵기 때문에 초보자들에게는 권장되지 않는 스타일이다. 이 기술을 익히기 위해서는 많은 양의 연습이 필요하다 (도해 11.10 참조).

커브볼 테크닉의 원리는 다음과 같다. 먼저 백스윙 시 손목을 우측으로 회전시켰다가 포워드스윙 시 다시 왼쪽으로 회전시키게 되면, 볼이 넓고 각도가 큰 커브를 그리게 된다 (도해 11.11C). 커브볼을 위한 릴리스는 훅볼과 같은 요령으로 실시한다. 볼은 레인의 중앙에 놓도록 한다. 팔로우스루는 전방을 향하도록 한다.

겨냥점/목표점

볼링에서는 핀과 스팟(spot)에 조준(aim)하는 두 가지 방법이 있다. 가장 효과적인 볼링은 볼을 굴려 1~3 포

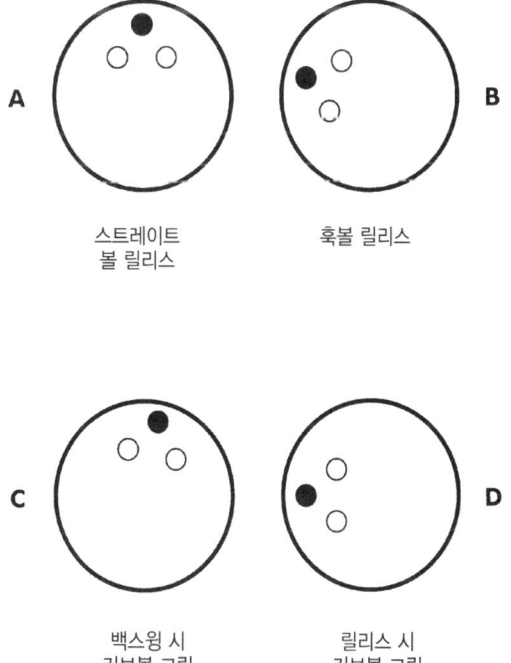

스트레이트
볼 릴리스   훅볼 릴리스

백스윙 시
커브볼 그립   릴리스 시
커브볼 그립

도해 11.11. 딜리버리 유형에 따른 그립. 자세한 내용은 본문 참조.

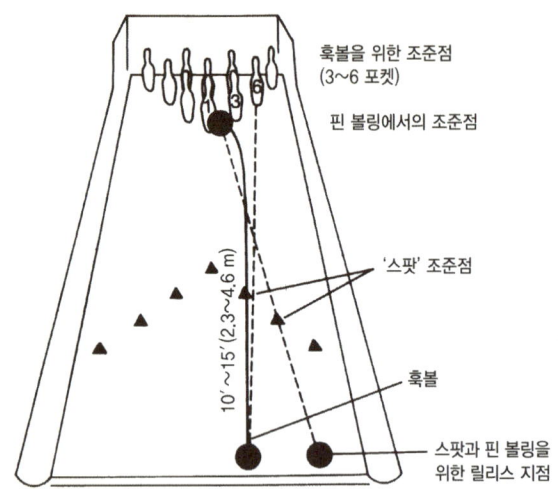

도해 11.12. 샷 유형에 따른 조준점.

켓을 맞히는 것이다. 초보자의 경우에는 핀을 조준하는 것이 가장 좋다. 즉, 볼러가 맞히고자 하는 특정 핀이나 포켓을 겨냥하라는 것이다. 그리고 볼러는 딜리버리와 팔로우스루가 이루어지는 모든 과정 내내 목표점에서 시선을 떼지 않도록 한다 (도해 11.12).

스팟에 조준하는 방법을 사용할 경우, 일반적으로 볼러는 볼이 특정 스팟 위를 지나가도록 하거나, 또는 맞히고자 하는 핀이나 포켓과 파울라인 사이에 가상 선을 그어 그 위로 볼이 지나가도록 한다. 대부분의 볼링장 레인에는 파울라인으로부터 일정한 거리만큼 떨어진 곳에 삼각형 모양의 스팟이 있어 스팟 조준법을 사용하는 볼러들에게 도움이 되고 있다 (도해 11.1 참조).

발생 가능한 에러와 교정

에러	교정
릴리스된 볼이 좌우측 거터로 바로 굴러간다.	백스윙과 포워드스윙 시 볼을 몸에 가까이 유지한다.
볼의 속도가 적절하지 못하다.	어프로치 속도를 빠르게 하거나 푸시어웨이의 마지막 단계에서 볼을 더 높이 밀어낸다.
릴리스 시점이 너무 빠르거나 느리다.	볼이 우측무릎 위치에 왔을 때 릴리스 한다(오른손잡이 볼러).
볼이 굴러가는 경로가 일정하지 못하다.	양 어깨를 핀과 평행하도록 하고 슬라이딩 혹은 앞발이 목표물을 향하도록 한다. 팔로우스루는 반드시 목표물을 향해야 한다.
어프로치 시작을 위한 발 선택을 잘못한다.	포-스텝 어프로치의 경우, 오른손잡이는 오른발로 시작한다. 왼손잡이는 왼발로 시작한다.
파울을 자주 범한다.	어프로치 시작 스텝을 매우 짧게 한다.
볼을 높이 던진다.	릴리스 시 무릎을 더 굽힌다.
스윙 중 볼을 떨어뜨린다.	볼의 손가락 구멍 사이즈와 구멍 간의 간격을 체크한다.

유념해야 할 사항

1. 모든 샷의 굴러가는 속도가 일정할 수 있도록 연습하고, 그 속도가 어느 정도이던 간에 정확성과 일관성이 가장 좋은 속도를 찾아 집중적으로 연습한다.
2. 조준한 스팟에 집중한다.
3. 긴장을 푼다.
4. 어프로치가 너무 빠르거나 느리지 않도록 신경 쓴다.
5. 힘으로 딜리버리를 시도하지 말고 볼 무게에 의해 자연스럽게 이루어지도록 한다. 팔은 거의 시계추의 역할만 하도록 한다.
6. 스트레이트 볼이 휘지 않도록 릴리스 시 손가락들이 볼 뒤쪽에 위치하고 있는지를 확인한다.
7. 엄지손가락이 볼 구멍에서 가장 먼저 빠져나오는

요령을 익히도록 한다.

8. 볼 릴리스 시 손목을 단단히 고정한다.

9. 볼을 레인위에 부드럽게 놓아준다.

10. 팔로우스루의 경우, 팔은 핀 방향을 향해 계속해서 올려준다.

스페어 처리

볼링에서의 스페어 처리는 고득점을 위해 매우 중요하며, 이를 잘하기 위해서는 많은 연습을 통해 정확성과 자신감을 길러야 한다. 볼링을 잘하느냐 못하느냐는 스페어 처리를 위한 테크닉이 얼마나 뛰어난지에 달려있다. 다음은 스페어 처리와 관련하여 알아야 할 중점사항들이다.

1. 남은 핀들 간에 작용-반작용(action-reaction: 도미노 효과와 같이 하나의 핀이 넘어지면서 다른 핀들에게 영향을 미치는 현상 – 역자 주)이 가장 효과적이기 위해서는 어떤 핀(보통 볼러와 가장 가까이 있는 핀)을 어떻게 맞혀야 할지를 결정한다.

2. 남은 핀들을 처리하기 위해 기본적으로 세 가지 성렬방법을 사용한다.

   a. 핀이 가운데 모여 있는 경우, 레인의 중앙에서 자세를 취함

   b. 핀이 오른쪽에 몰려 있는 경우, 레인의 왼쪽에서 자세를 취함

   c. 핀이 왼쪽에 몰려 있는 경우, 레인의 오른쪽에서 자세를 취함

3. 스페어 처리를 위한 볼은 첫 번째 타구 시 사용했던 볼과 같은 스타일의 것을 사용한다.

4. 스페어 상황에서는 핀들의 상호작용으로 인해 넘어질 기회가 그만큼 적고 에러가 날 확률이 더 높기 때문에, 두 번째 볼은 첫 번째 시도보다 더 집중해야 한다.

교육 시 고려사항

1. 볼링 기초기술은 체육관에서 실제 볼이 아닌 소프트볼과 목표지점을 활용하여 지도할 수 있다. 스탠스, 풋워크, 어프로치, 그리고 딜리버리는 볼링장에 가지 않고도 충분히 효과적으로 연습할 수 있다.

2. 필요하다면, 체육관 안에서 단단한 고무 볼링볼과 플라스틱 핀들을 사용하여 레인을 세팅할 수 있다.

3. 지도를 위한 레인을 할당받았다면, 먼저 볼 선택 방법에 대한 지도를 시작한다. 볼 없이 스탠스, 딜리버리, 그리고 어프로치를 적절한 풋워크와 함께 지도한다. 그런 다음, 볼을 사용하면서 지도한다. 푸시어웨이 동작을 집중적으로 지도한다.

4. 기본 유형인 포-스텝 어프로치와 스트레이트 볼을 가르친다. 이러한 기술들은 나중에 필요에 따라 변형시킬 수 있다.

5. 처음에는 핀 세팅 없이 연습을 하고, 파울라인 규칙 위반도 신경 쓰지 않도록 한다. 학습자가 볼을 떨어뜨리지 않고, 조화로운 자세를 지속적으로 유지하면서 리드미컬한 딜리버리를 구사할 수준에 도달하면, 그때 규칙을 준수하도록 요구한다.

6. 핀을 세팅한 후 지도자는 스트라이그와 스페이 처리를 위한 다양한 어프로치를 지도한다. 지도자는 1번과 3번 핀만을 세워놓고, 학생들로 하여금 1~3 포켓으로 볼을 굴리도록 독려함으로써 스트라이크를 위한 효과적인 지도를 할 수 있다. 이 연습에서 학생들은 스트라이크를 위해 지정해 놓은 포켓을 맞히지 못하면 성공하지 못한 것으로 간주될 것이다. 최종적으로 모든 핀들을 세팅한 후에는 스트라이크와 스페어 처리 모두를 위한 전략에 대해 설명하고 연습을 시킨다.

7. 3~4명의 학생들에게 레인 하나씩을 할당해주고, 각 프레임의 첫 번째 볼이 지나간 길을 서로서로 그려보도록 한다. 이것은 평가의 일관성을 기르는

데 좋은 연습이 된다. 각 학생에게 연필과 레인이 그려진 다이어그램을 준다. 학생들이 그린 다이어그램은 지도자로 하여금 문제점을 고치는 데 도움이 될 것이다.

8. 학습자가 두 번의 타구로 모든 스페어처리를 할 수 있을 때까지는 스코어체계에 대한 구체적인 내용을 일일이 언급할 필요가 없다. 그러나 궁극적으로는 모든 학생들이 점수 매기는 법을 알아야 한다.

9. 초보자의 볼링이 안정되고 어느 정도 성공적인 수준에 이르게 되면, 스팟 볼링을 지도할 수 있다.

10. 스페어 처리를 위한 연습의 일환으로, 핀으로 다양한 스페어 형태를 만들어 주고 학습자로 하여금 어떤 핀의 어디를 맞혀야 하는지를 스스로 결정하도록 한다.

11. 학생들의 이전 볼링점수들에 기초하여, 각자의 핸디캡을 계산한 후 팀을 구성하여 토너먼트를 실시한다. 모든 그룹들의 핸디캡 점수는 기술 수준과 상관없이 같아야 한다. 시간이 충분하다면, 학생들이 매 프레임마다 게임을 위한 타구를 한 후 그에 대한 지도자의 피드백을 받으면서 전체 게임에 참여할 수 있도록 한다.

용어의 해설

ABC(American Bowling Congress) 미국볼링협회.

WIBC(Women's International Bowling Congress) 국제여성볼링협회.

YABA(Young American Bowling Alliance) 전미청소년볼링연맹.

거터(gutter) 레인 양쪽에 나있는 홈으로 채널이라고도 함.

거터볼(gutterball) 거터에 빠진 볼.

더블(double) 두 번 연속으로 스트라이크를 내는 것.

라인(line) 스코어시트의 10 프레임 전체에 걸쳐 점수가 기록된 한 게임.

랙(rack) 볼을 진열해 둔 곳.

레인(lane) 볼이 굴러가는 바닥으로, 앨리(alley)라고

도 함.

로프트(loft) 파울라인 앞에서 볼을 레인위에 쿵하고 떨어뜨리는 것.

리브(leave) 첫 번째 투구로 굴러간 볼이 핀을 하나도 맞히지 못하게 되는 경우.

리턴(return) 투구된 볼이 앨리 아래의 장치를 통해 볼러에게 되돌아오는 것.

리프트(lift) 볼의 회전력을 증가시키기 위해 볼을 손에서 놓는 순간에 손가락으로 구멍을 걸어 올리듯이 처리하는 동작.

마크(mark) 스트라이크 혹은 스페어 처리.

박스(box) 프레임의 또 다른 표현.

백업볼(backup bal) 볼을 투구한 쪽을 향해 휘도록 딜리버리 된 볼. 오른손잡이의 경우, 볼이 왼쪽에서 오른쪽으로 휘게 됨.

베드포스트(bedposts) 7-10 스플릿.

베이비 스플릿(baby split) 오른손잡이의 경우, 3번과 10번 핀이 남게 되는 3-10 스플릿을 의미하며, 왼손잡이의 경우, 2-7 스플릿을 의미함.

브룩클린/크로싱오버(Brooklyn or crossing over) 오른손 볼러가 볼을 투구하였을 때 볼이 1-3 번이 아닌 1-2로 넘어가 스트라이크가 발생했을 경우, 왼손의 경우는 1-3으로 넘어갔을 경우를 의미.

블라인드 스코어(blind score) 팀 일원 중에 결원이 생겼을 때, 그 선수에게 주어지는 가상 점수. 일반적으로 결원한 선수의 애버리지보다 10점 낮은 점수를 부여.

블로(blow) 에러 혹은 미스 샷의 의미로, 스페어 처리를 하지 못하는 것.

빅포(big four) 4-6-7-10 스플릿.

셋업(setup) 10개의 핀을 정해진 위치에 세우는 것.

스페어(spare) 한 프레임에서 두 번의 투구로 모든 핀들을 넘어뜨리는 것.

스트라이크(strike) 첫 번째 투구로 모든 핀들을 넘어뜨리는 것.

스트라이킹 아웃(striking out) 한 게임의 남은 프레임들을 모두 스트라이크로 처리하는 것.

슬리퍼(sleeper) 뒤쪽의 핀들이 앞 핀들에 가려 잘 보이지 않는 경우.

애버리지(average) 한 시즌동안 참여한 모든 공식대회

에서 볼러가 획득한 볼링 점수의 합계를 참여 게임
수로 나눈 점수.

앵커(anchor) 팀의 마지막 볼러.

어프로치(approach) 볼러가 딜리버리 지점(파울라인)까
지 스텝을 밟을 수 있도록 허용된 레인 혹은 주로.

에러(error) 한 프레임에서 2번 투구하여 10개의 핀 모
두를 넘어뜨리지 못한 경우.

오픈프레임(open frame) 스트라이크나 스페어처리를 성
공하지 못한 프레임.

채널(channel) 거터(gutter)의 또 다른 명칭.

체리(cherry) 스페어를 처리하려고 제2구를 굴렸는데,
앞에 있는 핀들만 넘어뜨리고, 뒤에 있는 핀들은 넘
어뜨리지 못한 경우.

컨버트(convert) 스플릿 상황을 만듦.

킹핀(kingpin) 5번 핀.

탠덤(tandem) 2개의 핀이 앞뒤로 나란히 서 있는 스페
어 상황.

트리플/터키(triple or turkey) 세 번 연속으로 스트라이
크를 내는 것.

파울(foul) 손이나 발이 파울라인에 접촉되는 행위. 만
일 첫 번째 투구에 파울을 범하게 되면, 10개의 핀
모두 다시 세워야 하는 반면에, 두 번째 투구 시에는
첫 번째 투구로 넘어진 핀들만 다시 세워야 함.

퍼펙트게임(perfect game) 스트라이크를 연속해서 12회
성공시킨 경우로, 점수는 300점.

포켓(pocket) 스트라이크를 내려고 서낭하는 곳으로,
오른손잡이 볼러의 경우에는 1번과 3번 핀 사이이
며, 왼손잡이의 경우는 1번과 2번 핀 사이임.

프레임(frame) 스코어시트의 한 칸 혹은 박스로, 점수
를 기록한다. 한 게임은 10 프레임으로 구성된다.

피치(pitch) 볼에 낸 손가락 구멍의 각도.

핸디캡(handicap) 실력이 떨어지는 볼러들의 점수를 가
산하여 대등한 경기를 펼칠 수 있도록 하는 시스템.

헤드핀(headpin) 1번 핀.

훅(hook) 바깥쪽에서 핀을 향해 안쪽으로 휘는 볼.

추가 읽을거리

Ange-Traub, C. 1998. *Bowling*. 8th ed. Dubuque,
IA: McGraw-Hill. 장비와 고급기술에 대한 최신정
보를 포함한 모든 기초지식 제공.

Borden, F. 1997. *Bowling*. Dubuque, IA: McGraw-
Hill.

Carlson, G., and Blackwall, E. 1997. *Bowling basics:
A step by step approach*. 4th ed. Dubuque, IA:
Kendall /Hunt.

Edginton, C. 1993. *Bowling*. Dubuque, IA: Eddie
Bowers. 볼링게임에 대한 단계별 접근, 기술, 전략,
레인마커, 팀 배치, 점수매기기를 다룸.

Grinfi elds, V., and Hulstrand, B. 2003. *Right
down your alley*. 5th ed. Stamford, CT: Wadsworth/
Thomson Learning. 볼링의 효율성, 정확성, 지속
성을 향상시키기 위한 충고 및 흔한 에러의 교정.

Hinitz, D. 2003. *Focused for bowling*. Champaign,
IL: Human Kinetics.

Jowdy, J. 2002. *Bowling execution*. Champaign,
IL: Human Kinetics.

Mackey, R. T. 1993. *Bowling*. 5th ed. Dubuque,
IA: McGraw-Hill.

Martin, J. 2000. *Skills, drills and strategies for
bowling*. Scottsdale, AZ: Holcomb Hathaway
Publishers.

Mullen, M. 2004. *Bowling fundamentals*. Champaign,
IL: Human Kinetics.

Strickland, R. H. 1996. *Bowling: Steps to success*.
2nd ed. Champaign, IL: Human Kinetics.

자료

비디오

Bordon, F., and Yakobosky, R. 2004. Essential
keys to better bowling. DVD.
www.sportsvideos.com.
그 외 비디오 자료는 부록 C를 참조하라.

웹 사이트

국제볼링박물관 및 명예의 전당
www.bowllingmuseum.com
대학볼링
www.collegebowling.com
미국볼링연맹

www.bowl.com

볼링장비

www.bowling.com

완벽한 볼링 인덱스

www.bowlingindex.com

텐핀볼링

www.10pinbowling.com

12 산악등반

이 장을 완벽하게 습득한 뒤, 독자들은 다음과 같은 사항들을 할 수 있어야 한다.

▶ 실생활에서부터 스포츠에 이르기까지 현대의 등산에 대한 진화과정을 이해한다.
▶ 많은 산악 사고, 의사결정의 중요한 역할, 등산에서의 위기관리에 대해 인식한다.
▶ 등반의 성격에 따라 활용하는 장비의 종류를 구분한다.
▶ 암석, 설벽, 빙벽을 등반하는 방법의 각 특징을 이해한다.
▶ 등산가들이 이용하는 보호 시스템 및 전략에 대해 이해한다.

산악 등반은 자신의 역량과 한계를 시험하고, 지구상에서 가장 의욕을 자극하면서도 아름다운 지형들 정복에 과감히 도전하려는 모험에 대한 욕구를 실현하고자 하는 바람에서 시작되었다. 스포츠와 야외 레저 활동으로서의 산악 등반은 정의하기가, 최소한 그 정의에 한계를 긋기가 어려운 활동이다. 3m 암벽 위에서 기예에 가까운 어려운 동작을 하는 보울더러(boulderer, 보울더링을 하는 등반가를 지칭함 – 역자주)의 활동은 일반 산행가의 등산과는 아주 다른 것이지만, 산행가와 보울더러의 기술 모두 등산의 한 부분이다. 등산을 하려면 암벽, 설벽, 빙벽 위에서도 잘 움직일 수 있어야 하고, 또 각각의 경우에 대한 위험성, 방법, 보호 시스템을 잘 알고 있어야 한다. 또한 하루 종일, 때로는 몇 개월 동안 해당 장소에서 생활하게 되는데, 그러려면 배낭여행과 캠핑 요령을 알고 있어야 하며, 몸을 따뜻하게 하고, 식사를 해결하고, 물을 마실 수 있고, 험악한 날씨와 난감한 환경에서도 지낼 수 있어야 한다. 산악 등반은 저체온증에서부터 열사병, 추락사고 및 낙석과 얼음에 부딪히는 사고에 이르기까지 광범위한 위험성과 장애요소를 수반한다. 산악 등반의 안전성을 확보하려면 경험, 교육, 그리고 개인적인 기술과 한계에 대한 본질적인 이해 등을 바탕으로 하는 정확한 판단력이 필요하다. 이 장(혹은 다른 어떤 등산 관련 서적)은 산악 등반에 대한 일반적인 입문서로 활용할 수 있으며, 이것은 산을 벗어나서 배울 수 있는 활동은 아니다.

역사

인류의 역사에서 사람들은 산에서 생활하고 여행을 해왔다. 한니발은 로마를 공격하기 위해 코끼리 부대를 이끌고 알프스를 횡단했다. 스페인의 신대륙 정복자들은 화약을 만들 유황을 구하기 위해 1519년에 17,000피트의 멕시코의 포포카테페틀 산을 올랐다. 몽블랑 산을 최초로 오른 사람들은 18세기에 이 산의 실제 높이를 확인하고자 했던 지질학자들이었는데, 이들은 산에서 양떼들의 무리를 몰며 등반 기술을 익혔던 양치기들의 안내를 받았다. 이러한 사례에서 알 수 있듯이 산악 등반은 양치기, 군인, 과학자들의 실질적인 필요성 때문에 개발된 것이다. 스포츠로서의 산악 등반은 도전적인 요소로서 서서히 개발되었는데, 그 변화의 경계선에 있었던 것이 1865년 윔퍼(Whymper)의 마터호른(Matterhorn) 산 등정이었고, 분명한 경계선을 그으며 스포츠로서 자리매김한 것이 1920년에 에베레스트 산을 왜 오르느냐는 질문에 "산이 거기 있으니까"라고 대답한 것으로 유명한 말러리(Mallory)의 등정이다. 그렇다 해도 1960년대에 이루어졌던 가장 대규모 등반 원정은 최소한 과학적 연구라는 명목과 순수한 레저 목적이 결합된 것이었다. 오늘날에는 산악 등반이 여전히 과학적 연구 목적으로 수행되고, 대부분의 군대에 등반전문가가 있으며, 학교에서나 스포츠 및 레저 목적으로도 폭넓은 산악 등반 활동이 이루어지고 있다. 미국에서는 미국산악회(American Alpine Club), 시에라 클럽(Sierra Club), 마운티니어스(Mountaineers), 콜로라도 마운틴 클럽(Colorado Mountain Club) 같은 산악 등반 동호회가 20세기 초부터 발전되어 이 스포츠에 대한 관심을 북돋는데 도움이 되고 있다. 수많은 고등학교, 대학교에서 아웃도어 어드벤처 프로그램(Outdoor Adventure Programs)을 실시하면서 이런 저런 클럽들이 계속 생겨나고 있다. 그러나 현대의 등반가들은 동네의 실내 암벽센터 말고는 어떤 단체에도 속하지 않고 있다. 9백만 명의 미국인들이 매년 어느 정도 수준의 등반 활동을 하고 있는 것으로 추정되며 그 중의 약 40퍼센트가 여성이다.

등 반 훈 련

산악 등반은 몸을 엄청나게 많이 쓰는 활동이다. 따라서 훈련 목표는 산에 오르기 전에 몸 상태를 최대한 건강하고 튼튼하게 만드는 데 중점을 둔다. 등산은 마라톤처럼 심폐지구력을 대단히 많이 요한다. 기술적으로는 상체의 근력을 상당히 많이 쓴다. 힘과 파워 지구력(power endurance)이 모두 필요하며 전신 유연성도 좋아야 한다. 등산은 올라가는 동작에 필요한 특정 근력을 다른 어떤 것보다도 더욱 효율적으로 향상시킨다. 등반가들은 산의 암벽과 그보다 작은 절벽의 빙벽을 택하는 대신 실내 등반센터에서 훈련한다. 또 대부분 웨이트트레이닝, 달리기, 스트레칭으로도 훈련한다.

등 반 지 역

이 장은 북아메리카의 전통적인 고산 지대 ,가령 미국과 캐나다의 로키산, 시에라 네바다, 캐스캐이즈 같은 지역을 등반하는 데 필요한 기술과 장비 설명에 중점을 둔다. 배낭여행과 캠핑 기술은 등반에 필수요소이기 때문에 9장(배낭여행 편)에서 설명한 내용 중 많은 부분이 여기서도 나온다. 간단히 말하자면, 배낭여행은 산행에서 이루어지는 일로 정의하며, 등반은 정상

부근으로 갈수록 험하고 점차 가파르게 변하는 곳으로의 산행 및 여행으로 정의한다. 암벽, 설벽, 빙벽을 오르는 데 필요한 동작과 기술적인 요령에 관해 중점을 둘 것이다. 산의 고산지대 환경의 많은 위험요소와 상황을 판단하는 법, 위기관리 방법도 설명할 것이다.

장비

등반에 필요한 장비는 아래의 사례에서 보듯이 등반할 산의 특성에 따라서 굉장히 폭이 넓어진다. 전문용어는 모두 이 장의 끝부분에 나오는 용어 해설에서 정리한다.

일일 등반

이 섹션은 비전문적인 등반 코스를 목표로 하는 일일 등반에 필요한 장비에 대해 설명한다. 예를 들면, 7월에 키홀 루트(Keyhole Route)를 경유하여 롱스 피크(Longs Peak)에 도달하는 경로가 이에 해당한다. 이러한 경로는 산행로를 따라 한참 이동히다가 점차 산행로를 벗어나고 바위들이 무질서히게 늘어선 험준한 산길이 나오는데, 이러한 경로에서 손은 균형을 잡거나 위로 올라가는 동작을 할 때만 필요하다. 7월이면 등반은 눈이나 빙벽이 거의 없어 완전히 바위만 오르게 된다. 등반 시에는 새벽의 온도가 영하 6도 정도이다. 한낮의 온도는 27도까지 오르기도 한다. 그리고 거의 대부분 아침에는 하늘이 맑고, 오후에는 비(번개를 동반한)가 온다. 평균적으로 자동차로 12시간 정도 걸리며, 20시간까지 걸리는 경우도 많다. 필요한 장비의 총 중량은 15~20파운드 정도이다.

배낭. 작고 가벼운 것으로, 대략 2,000 입방인치 혹은 30~35리터.

복장. 일반적으로 면섬유는 등반에 좋지 않다. 가장 적합한 것은 울이나 합성 섬유로 만든 옷으로, 춥고 습한 날씨에도 열을 보존하는 기능이 우수하다.

양말: 요즘의 많은 등산화들은 두꺼운 양말(울이나 합성섬유)을 신고 착용할 수 있도록 나오지만, 두꺼운 양말 외에 속양말을 한 켤레 더 신는다.

신발: 두꺼운 가죽이나 합성재질의 등산화보다 암벽 등반용으로 나온 가벼운 신발이 더 효과적이다.

가볍고 긴 속옷: 상·하의

바지: 방수 재질의 소프트 셸(soft-shell) 원단이 좋다.

엑스퍼디션 웨이트(expedition weight) 급에 해당하는 셔츠, 울이나 합성 소재 원단.

윈드셔츠.

합성소재 재킷 혹은 가벼운 파카.

우의.

따뜻한 모자, 방수 장갑.

음식. 앉아서 먹는 식사보다는 틈틈이 간단히 먹을 수 있는 것으로 준비한다. 산행용 스낵, 에너지 바 그리고 젤이 혼합된 것으로 몇 천 칼로리는 보충할 수 있는 제품, 샌드위치 한두 개.

물. 능반 시에는 시간당 1리터 정도씩 몸의 수분이 손실되므로 성수 및 보충 기능이 있는 2~3리터짜리 물병으로 준비한다. 많은 사람들이 게토레이 같이 수분과 전해질을 보충하고 칼로리까지 공급하는 스포츠 음료를 선호한다. 대부분의 등반가들은 등반 전후를 포함하여 하루 전체 코스 동안 4~6리터를 마신다.

기타 물품
구급상자
헤드램프
지도/콤파스
선글라스
선크림, 방충제, 입술보호제

이틀 이상의 등반

이 섹션은 암벽, 눈, 빙벽 위를 오르는 기술적인 동작을 사용하는 이틀 이상의 등반에 필요한 장비에 대해 설명한다. 예를 들면 9월에 워싱턴 캐스케이즈에 있는 포비든 피크의 노스 페이스 코스가 이에 해당한다. 기온차는 위의 일일 등반 섹션에 나온 것과 거의 비슷하고, 비(어쩌면 눈도)가 올 확률이 높다. 2인 1조제를 사용한다.

배낭. 캠핑 장비와 특수 장비를 넣으려면 배낭이 커야 하는데 50L나 3,000입방인치 정도가 좋으며, 무게는 약 3파운드 정도가 될 것이다. 훨씬 더 큰 배낭은 장비를 더 넣을 수 있지만, 무게와 크기 때문에 동작을 효율적으로 하기 어려워지며 산에서는 위험할 수도 있다.

복장. 위의 일일 등반 섹션에서 설명한 것과 동일하되, **신발**만 다르다. 신발은 등반 경로 중 빙벽 구간을 오를 수 있도록 크램폰(crampon)이 달려 있어야 한다. 초보 암벽 등반가는 전문장비가 필요한 암벽 구간을 통과할 수 있도록 **암벽화**를 가져갈 것을 고려한다.

음식과 물. 이틀 이상의 등반 경로 중에는 하루에 5,000칼로리까지 쉽게 소모된다. 따라서 하루에 필요한 이상적인 계획은 아침에 750칼로리(인스턴트 오트밀, 아침식사 대용 바, 뜨거운 음료로 해결 가능), 오후에 2,000칼로리(위와 같음), 저녁에 1,000칼로리(간단하고 가벼운 것으로, 수프와 건식 파스타 믹스 혹은 물을 부어 사용하는 냉동건조 식품 등이 있음)이런 형식이다. 여기에 드링크 믹스로 1,000칼로리를 추가하면 이상적인 칼로리 섭취량을 얻을 수 있다. 물 섭취는 하루에 4~6리터로 일일 등반의 경우와 동일하다. 물론 이틀 이상 등반에서는 이 외에 다음과 같은 물품이 더 필요하다.

스토브, 연료, 라이터, 냄비, 머그잔, 숟가락. 물을 얻기 위해 눈을 녹여야 하기 때문에 무연가솔린 16온스 혹은 하루에 부탄 카트리지 8온스를 준비한다.

취침 도구 및 시설. 침낭, 패드, 2인용 **텐트** 혹은 날씨가 좋을 것 같다면 텐트 대신 **비박색**(bivouac sacs)을 사용한다.

기타 장비. 위의 일일 등반 경우와 비슷하다. 아래에 나오는 **10가지 필수품목**에서 설명한다.

전문 장비. 종류가 광범위하다. 국제산악연맹(UIAA: Union Internationale des Associations d'Alpinisme)은 전 세계 공통의 등반장비 표준을 제시했다. 장비 구입 시에는 UIAA 로고가 붙어있는 것을 고른다. 모든 용어는 용어 해설 부분에 정리되어 있다.

개인 장비. 빙벽 구간에서 필요한 **크램폰**, 싱글 **아이스 액스**(ice axe)(보통 60~70㎝ 길이) 1개로 충분하지 않을 수 있으므로 **50㎝ 아이스 툴**(ice tool) 2개, **하네스**(옷을 갈아입거나 생리현상을 쉽게 해결할 수 있도록 되어 있는 알파인 스타일의 탈부착 가능한 다리 루프 형태), 등반의 필수장비인 **헬멧**은 바위와 얼음이 계속 떨어지는 상황에서 발생할 위험을 방지하며, 동트기 전부터 등반을 하기 때문에 **헤드램프**를 부착할 수 있는 것이어야 한다. **하강/확보기**(belay/rappel device)는 현대식 플레이트 혹은 튜브 스타일의 장치로 하강용과 확보용으로 함께 사용한다.

팀 등반 장비

로프. 하강을 효율적으로 하려면 두 개의 로프가 필요하다.

클라이밍 랙(Climbing rack). 경로 상 필요에 따라, 등반가로서의 기술에 따라 적용하며, 이 장비는 종류가 굉장히 다양하다 (도해 12.1). 이 경로에서 일반적인 등반가가 사용하는 전형적인 랙은 다음을 포함한다.

슬링: 싱글 슬링 8개(봉제식 24인치 고리), 더블 슬링(48인치 고리) 2개, 코드렛 1~2개(6~7mm 펄론 코드로 된 6m 길이의 끈)

카라비너: 비잠금형 최소 20개, 잠금형 3~4개.

프로텍션: 암벽, 설사면, 빙벽에 클라이밍 앵커를

도해 12.1. 현대식 암벽등반 랙 스토퍼(rack-stoppers), 캠(cams), 슬링(slings), 카라비너(carabiners)를 갖춘 등반가의 모습

10가지 필수품목

예전에는 간단한 물품 리스트였지만 지금은 기능적 시스템으로 더욱 진화하였다. 포함하는 물품은 다음과 같다.

1. 위치 확인용: 지도와 콤파스, 때로는 고도계와 GPS 장치
2. 햇빛 차단용: 선글라스, 선크림, 입술보호제
3. 보온: 등반에 적절한 복장, 비상상황을 대비한 복장
4. 조명장치: 헤드램프는 손을 자유롭게 한다는 점에서 손전등보다 좋다.
5. 구급용품
6. 화기: 성냥 혹은 라이터
7. 보수 장비 및 도구
8. 음식: 등반에 적절한 음식, 비상용 여분의 음식
9. 음료: 물 혹은 드링크 믹스
10. 비상용 취침시설: 가벼운 비비색 같은 것

설치하는 것. **암벽: 너트** 6~10개, **캠** 5~6개, **피톤** 3~4개 정도(대개 오래된 하강 앵커를 교체하기 위한 것). 설벽: **피켓** 2개. **빙벽:** 10~20㎝ 길이의 **아이스 스크류** 6~8개. 빙벽 하강 앵커를 설치하기 위한 **V-스레드**(v-thread) 1개.

이 등반에 필요한 모든 장비는 일일 등반의 경우보다 훨씬 많다. 가급적 가볍게 준비하고, 모든 장비의 총 중량이 한 사람당 40파운드 이상으로 갖춘다. 그러나 이것은 다소 어려운 등반에 해당하며, 험난한 등반일수록 중량이 더 무거워지므로 등반하기가 더 어려워진다. 이는 '알파인 딜레마(alpine dilemma)'라고 하는 현상을 가져온다. 즉 필요한 모든 장비를 가지고 간다면 너무 무거워서 등반 자체가 불가능해질 것이다.

산악 등반은 장비 리스트와 계획에 대한 의사결정과 판단력을 강조하는 스포츠이다. '10가지 필수품목'은 유용한 개념이지만 위에서 언급한 알파인 딜레마가 여전히 작용한다. 등반기라면 누구나 등반의 성공과 안전은 가볍고 빠르게 움직이는 능력과 밀접한 관련이 있다는 것을 잘 알고 있다. 어떤 경로에서 천천히 움직이는 것은 산의 날씨와 위험요소에 더 오래 노출된다는 것을 의미한다. 또한 많은 위험요소들, 즉 두 가지 예로 폭우와 눈 같은 기상상황은 일정을 지연시킨다. 날이 따뜻해질수록 눈은 녹아내리는데, 그러면 산을 오르기가 더욱 어려워지고 크레바스(빙하 위의 갈라진 균열 – 역자 주) 위에 형성된 스노브릿지(크레바스 위에 다리처럼 눈이 얼어있는 것 – 역자 주)가 약해지며, 산사태 가능성이 증가한다. 따라서 위험요소가 증가하기 전에 신속하게 등반하고 하강하는 것에 목표를 둔다. 앞에서 말한 10가지 필수품목을 맹목적으로 고수하기보다는, 경험에 따라 목표한 등

반 과정에서 일어날 수 있는 모든 경우를 고려해 알맞게 준비하도록 해야 한다. 발생할 가능성이 있는 모든 경우의 사고와 실제로 그 사고가 일어났을 때 나타날 결과를 예상한다. 무엇을 가지고 가고 무엇을 두고 갈지에 대한 최종적인 판단은 상황에 따라 다르며 각 등반 시의 특수한 환경에 맞춘다.

산악 등반 시의 위험요소

산악 등반은 위험성을 동반한다. 풋볼 같은 필드 경기는 부상 위험이 훨씬 더 크지만, 이 책에 나오는 스포츠 중에서 위험성이 가장 치명적인 스포츠는 바로 산악 등반일 것이다. 등반의 위험성은 능력 수준 내에서 경로를 선택하고 올바른 판단을 함으로써 줄일 수 있지만, 위험 가능성을 완전히 제거할 수는 없다. 또한 이런 것은 경험의 일부가 되기도 한다. 전통적으로 산의 위험성은 주체적(인간의 잘못으로 발생)인 요인과 객체적(산의 고유의 특성)인 요인으로 나눌 수 있다. 이 두 요인 사이에는 상당히 큰 상호작용이 존재한다. 낙석은 산이라는 객체적인 위험요소이며, 하루 중 특정 시간에(기온이 영상으로 오르고 나면) 자주 발생한다. 만약 오후의 따뜻한 시간대에 협곡에 들어가기로 결정한다면, 낙석으로 인한 위험 가능성은 기온이 영하 상태인 이른 아침에 시도하는 경우보다 훨씬 더 커진다. 따라서 인간의 실수가 객체적인 위험성을 증가시키는 셈이다. 아래에는 가장 흔히 발생하는 사고 사례 몇 가지를 제시한다. 그러나 이것이 일어날 수 있는 사고의 전부가 아니다.

주체적인 위험요소

추락

추락이 산에서 발생하는 사고 원인의 상당 부분을 차지한다는 것은 별로 놀랄 일이 아니다. 산의 경로 길이, 암석이 부서지는 특성, 얼음과 눈의 불안정한 성질 때문에 기술적인 등반 시의 로프, 확보기, 기타 보호장비로는 등반을 완전히 보호하지 못한다. 모든 보호장치가 제대로 작용을 한다 해도 짧은 거리의 추락으로도 쉽게 발목을 삐거나 접질리는 사고가 일어날 수 있다. 그 정도의 부상은 불편하긴 해도 절벽에서 내려와 절뚝거리며 자동차로 가서 병원으로 운전할 정도는 된다. 그러나 산 속에서 치료를 못한 채 며칠이 지나면 다른 위험요소에 노출되고 치명적이 될 수 있다. '리더는 추락하면 안 된다'는 주장이 지금은 등반 유형의 많은 스포츠에서 구시대적인 것으로 여기지만, 여전히 폭넓게 적용되고 있다.

피로와 무지

많은 산 사고는 피로와 무지에서 발생하는 요소들이 결합되어 나타난다. 산악 등반은 신체를 많이 사용하는 스포츠이다. 현대의 등반은 며칠 동안 계속해서 몸을 움직여야 하며, 잠을 자거나 제대로 식사를 할 기회가 거의 없다. 피로가 쌓이면서 협응력과 판단력이 흐려지게 되며, 그 결과로 사고 발생 위험이 급격히 높아진다. 제대로 알면 산을 제대로 오르는 방법이 보이고, 빙하 위의 크레바스를 통과하는 경로를 선택할 수 있게 되고, 산사태의 경사도가 안정적인지 아닌지, 앵커가 견고한지 아닌지 판단할 수 있게 된다. 지식이 부족하면 그만큼 위험도도 증가한다.

객체적인 위험요소

암벽과 빙벽의 낙하

추락 사고를 제외하고, 암벽과 빙벽의 낙하는 산에서 등반가들의 생명을 위협하는 가장 큰 요인이다. 이런 위험요소는 어느 정도는 산의 본질적인 환경의 한 부분에 속한다. 그러나 이런 사고 발생률은 일정하지 않은 편이어서 산에 대한 정확한 판단력만이 이런 위험을 줄여줄 수 있다.

산사태

산사태는 산을 오르고 스키를 타는 수많은 사람들의 목숨을 앗아간다. 그 수치가 북아메리카에서 대략 일 년에 25명 정도이며 유럽에서는 일 년에 100명 정도이다. 이것도 마찬가지로 지식, 경험, 그리고 정확한 판단력이 사고 위험을 상당히 줄여주긴 하지만 그 위험요소를 완전히 제거하진 못한다. 등반가들은 누구나 산사태 사고방지에 대해 교육을 받아야 한다.

빙하의 크레바스 붕괴

이 위험요소 역시 보호장치에 대한 지식이 있으면 거의 완전히 제거할 수 있지만, 그래도 여전히 크레바스 붕괴는 매년 계속적으로 희생자들을 낳는다.

환경적 위험요소

고도

모든 능반이 다 똑같이 위험한 것은 아니다. 가장 크고 가상 높은 곳에 있는 정상이 가장 위험하다. 지구상에는 8,000m급의 고봉이 14개 있고, 이들 고봉 등반 시의 사망률이 그보다 낮은 산들보다 훨씬 높다. 일반적으로 봉우리가 높고 등반 거리가 길어질수록 위험에 노출되는 비율도 높아진다. 봉우리가 높을수록 날씨가 험하고 저체온증과 동상에 걸릴 위험이 증가한다. 고도는 판단력과 협응력에도 영향을 미치므로 거의 모든 위험성을 증가시킨다. 게다가 **급성고산병**에서부터 **고소폐부종 및 고소뇌부종**에 이르기까지 다양한 형태의 고산병이 존재한다. 산의 고도가 5,000m 이하인 북아메리카에서는 그 환경에 잘 적응하면 이런 질병의 발생률을 거의 제거할 수 있으며 고도가 더 높은 다른 곳처럼 그렇게 치명적이지 않다.

저체온증과 동상

저체온증은 심부온도가 정상 이하로 내려가면 처음엔 고통과 근육조절 장애 현상이 나타나다가 결국 사망에 이르게 된다. 동상은 조직이 어는 질환이다. 이 두 가지 현상 모두 치료하기보다 예방하기가 더 어렵다. 물을 자주 마시고, 음식물을 공급하고, 옷을(면섬유 제외) 여러 겹 덧입는 식으로 이런 현상을 예방할 수 있다.

산악 기상현상

산의 날씨는 습하고 춥고 폭풍우가 잦다. 가장 뚜렷하게 나타나는 기상현상은 번개이다. 로키산맥의 많은 구역에서 번개는 여름이면 거의 매일 발생한다. 번개는 대개 오후에 나타나기 때문에 경험이 많은 등반가들은 번개가 치기 전에 경로를 내려가는 계획을 세운다. 폭풍우 역시 산에서의 움직임을 불가능하게 만들며 폭풍우 때문에 발이 묶인 팀은 결국 위험한 상태에 빠지게 된다(음식, 연료, 물이 떨어짐). 산사태의 가능성이 더욱 증가하며, 저체온증과 동상 발생률도 높아진다. 대원들은 간절히 산에서 내려오고 싶은 생각에 조급해지고 판단력도 흐려진다. 젖은 바위는 미끄러워서 추락 위험성도 증가한다.

암벽, 설벽, 빙벽에서의 동작과 기술적인 장치

큰 산은 암벽, 빙벽 등반을 배우는 데 그리 적합한 장소가 아니다. 그보다는 작은 바위산처럼 통제하기 더 수월한 환경에서 배우는 것이 더 낫다. 산에 오르기 전에는 다른 짧은 구간의 등반 훈련으로 자일 확보와 하강하기, 프로텍션 설치하고 앵커 고정시키기, 암벽과 빙벽의 피치 등반 리드하기 같은 방법을 미리 익혀 두어야 한다. 이런 단계에서는 좋은 지도를 받는 것이 중요하다. 이상적인 것은 공인된 지도자나 최소한 기술이 숙련되고 꼼꼼한 친구의 도움을 받는 것이다.

작은 바위산에서 기술적인 등반을 하는 것과 큰 산 등반의 중요한 차이점은 큰 산은 대개 쉬운 지형, 무난한 지형 외에 등반이 어려운 지형이 있다는 것이다. 일반적인 산 경로는 산행로에서 이루어질 것이며(등급1 지형), 그 다음엔 산행로를 벗어나면서 평탄하지 않은 길이 나오고 경사도가 커진다(등급2 지형). 경로 자체는 대개 암벽을 기어오르거나 설사면을 올라가는 형태인데 여기서는 위로 올라가는 동작에 다리만을 사용하게 된다. 상체는 스키 폴이나 아이스 액스에 의지해 균형을 유지하는 역할만 한다(등급3 지형). 무언가를 움켜잡고 몸을 위로 끌어올리려고 손과 상체를 많이 사용하려 하고 넘어지는 경우가 증가하면서, 이제 기술적인 지형에(등급4와 등급5 지형) 들어간다. 등반가는 로프와 클라이밍 랙을 꺼내고 위험요소에 효과적으로 대처하기 위한 여러 가지 기술 중에서 선택을 해야 한다. 등반을 하는 중에도 난이도와 위험도는 계속해서 달라지기 때문에 위험성을 줄이고 몸을 보호하는 방법을 순간마다 택해야 한다.

산 보행-등급2와 등급3 지형: 암벽, 설벽, 빙벽

이 지형에서는 지형의 각도가 대략 45도까지 기울어지며, 동작을 할 때는 다리만을 사용한다. 팔은 스키 폴이나 아이스 액스를 사용하여 균형을 보조하는 역할을 하되 상체를 위로 끌어올리는 데 사용하면 안 된다. 이 같은 산 보행의 원칙은 길고 가파른 등반을 하는 동안 에너지를 보존하기 위한 필요성에서 나온 것이다. 산 보행 기술은 큰 근육무리를 위주로 사용하고 각 걸음마다 휴식을 취하는데, 이 기술을 종종 '휴식 보행법(mountaineers rest step)'이라고 칭한다. 다리

는 각 걸음마다 완전히 펴고, 발은 지면과 편평하게 닿게 하며, 체중은 걷는 동안 한 발에서 다른 한 발로 완전히 옮긴다. 이렇게 하면 체중이 몸의 골격으로 이동하고 근육이 긴장을 풀게 한다. 발을 평평하게 하는 기술은 일반적인 보행 방식인 발의 볼 부분으로 걷는 것과 달리 에너지 소모가 적으면서 지면을 더 많이 덮으면서 걷게 된다.

이 기술은 단단한 지면, 암석 경사지, 얼음과 눈이 덮인 경사지 등 모든 형태의 지면을 걸을 때 활용한다. 지형이 가파르게 변하면 마치 오리발처럼 발이 바깥쪽을 향하게 함으로써 발이 계속 편평한 상태를 유지한다. 그러나 더욱 가파르게 변하면 비탈의 측면을 향하게 서서 한쪽 발이 다른 쪽 발을 가로질러가며 옆으로 걷는다. 즉 발을 평평하게 하는 기술을 그대로 활용하면서 일직선으로 지그재그 형태로 걷는 것이다.

눈 위에서는 아이스 액스를 추가하는데, 아이스 액스를 사용하는 주요 목적은 주로 균형을 잡는 데 있다. 만일 지형이 위험에 노출되어 있거나 험난하다면 아이스 액스를 한걸음마다 눈 속에 깊게 박아 사용하며, 효과적인 자기확보(self-belay) 역할도 한다. 일부 설사면에서는 등반가가 넘어지면 아이스 액스가 눈 속에 박혀 동작이 멈춰지거나 자기제동(self-arrest) 상태가 된다.

만일 설사면의 표면이 단단하거나 얼어있으면 지렛대 작용을 얻기 위해 크램폰을 사용한다. 이 기술 역시 동일하지만, 아이스 액스가 자기확보 혹은 자기제동 기능을 위해 효과적으로 사용할 수 있는 것과는 아주 다르다. 만일 등반가가 넘어질 가능성이 높다고 판단되면 추가적인 보호 장치가 필요하다. 하강 시에는 역시 같은 원칙이 적용되는데, 체중이 발 위로 실린 상태를 유지하는 것이다 (도해 12.2). 한걸음 걸을 때마다 체중을 발 위로 완전히 옮기면서 지면에 놓인 발 전체에 실려야 한다. 여기서도 지그재그, 옆으로 걷기, 오리발 형태로 걷기 등의 걷기 방식을 사용할

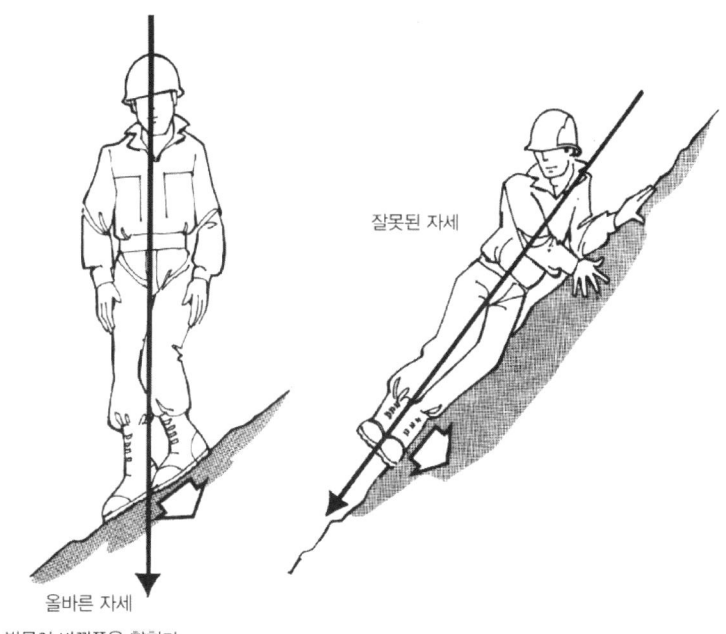

올바른 자세
발목이 바깥쪽을 향한다.

잘못된 자세

도해 12.2. 가파른 지면에서는 체중을 발 바로 위로 싣고, 비탈 쪽으로 기울이지 않는다.

수 있다. 설면에서의 하강을 위한 추가적인 기술은 플런지 스텝(plunge step)이다. 플런지 스텝은 빠르고 효과적이지만 가파른 경사에서는 피로가 매우 많이 쌓일 수 있다. 발뒤꿈치가 지면과 접촉하려고 할 때 다리를 펴 뒤꿈치로 힘차게 찍듯이 지면 혹은 눈 속으로 박는다. 이 기술은 30~35도 정도의 경사를 내려갈 때 도움이 된다.

등급4와 등급5 지형-기술적인 등반: 암벽과 빙벽

4등급과 5등급 등반의 경우, 아무런 보호장치 없이 넘어지면 그 결과는 가혹하므로 등반을 지속하기 위해서는 팔과 다리를 모두 사용해야 한다. 4등급과 5등급은 기술적인 등반으로 여겨지며, 로프, 하네스, 다양한 보호전략을 사용해 등반을 더욱 안전하게 진행해야 한다. 4등급과 5등급이라고 지칭하는 것은 난이도가 연속적으로 이어지는 것을 밀한다. 즉 5번째 등급은 4번째 등급보다 더 어렵다. 5번째 등급의 임벽 등반은 다시 5.0에서 5.15까지 나뉘는데, 숫자가 높을수록 등반의 난이도가 높다. 전문적인 빙벽 등반은 자체 기준을 갖고 있어서, 수빙(Water Ice)은 WI, 암벽과 빙벽을 동시에 등반하는 혼합형(Mixed)은 M으로 표시한다. 설벽 등반은 단순히 각도만으로 나타내곤 한다. 안내책자에서는 등반 경로를 VI, 5.9, WI5, M5, 50도로 표시하는데, 여기서 VI는 등반하는데 하루 이상의 시간이 소요되는 경로를 의미하며, 5.9, WI5, M5는 기파른 암벽과 빙벽에서 기술직인 등반을 해야하는 경로를 말한다. 50도는 가장 가파른 설사면을 의미한다.

암벽 등반 시의 동작

유능한 암벽 등반가는 거의 에너지를 소모하지 않으면서 효율적이고 대담하게 움직인다. 기본적인 원칙은 다음과 같다.

• 체중의 대부분을 발에 싣고, 위로 올라가는 동작은 작은 근육무리인 팔이 아니라 큰 근육무리인 다리로 움직인다.

• 힘을 빼고, 동작하는 데 필요한 정도로만 힘을 들인다. 많은 사람들이 손에 과도하게 힘을 주고 몸의 근육을 불필요하게 긴장시키면서 힘과 에너지를 낭비한다.

• 단호하게 움직이고, 암벽의 상태를 읽는 법과 전진을 가장 방해하는 손과 발디딤 동작의 순서를 파악하는 법을 배운다. 경로가 가파를수록 더욱 급격히 피로해지고 그럴수록 더욱 빠르게 동작하는 것이 중요하다.

　암벽 등반에는 많은 방식이 있고 등반 기술도 여러 가지가 있다. 슬랩 등반(slab climbing), 페이스 등반(face climbing), 크랙 등반(crack climbing), 침니 및 반침니 등반(chimneys and off-widths) 모두 암벽 등반의 종류로, 각각 특수한 기술을 사용하며 그 중 일부는 이 책의 사진에 나와 있다.

빙벽 등반 시의 동작

플랫 풋(flat-foot) 기술은 45도보다 큰 경사에서는 효과가 없다. 45도 경사까지는 빙벽과 굳은 설면 지형을 찾는 것이 보통이고, 싱글 아이스 액스를 사용하여 등반한다. 크램폰은 대개 빙벽 경사지와 녹은 설사면에서 항상 사용한다. 눈이 부드러운 곳은 크램폰을 사용하지 않아도 신발로 눈을 차면서 가면 등반하기가 더수월하다. 50도 이상으로 가파른 지형에서는 눈이 거의 달라붙지 않는다. 더 가파른 지형에는 빙벽 등반 혹은 빙벽, 암벽, 밀도가 성근 설벽 혼합 지형 등반이 포함된다. 가파른 빙벽에서는 크램폰 같은 아이스 툴

두 개(양손에 하나씩)를 사용하는 것이 보통이다. 가능하다면 지면에 발 전체를 대고 움직여야 훨씬 힘이 덜 들고 편안한 자세가 된다. 빙벽이 더욱 급경사가 되면 차츰 더 어려워지는 방법이긴 해도, 90도, 심지어는 90도 이상의 경사에서는 크램폰으로 프론트 포인팅(fron-poining) 기술을 사용해 얼음을 차는 식으로 등반을 한다.

　대부분의 빙벽 등반가들은 암벽 등반도 하는데, 동작의 원칙은 이 두 가지 환경에서 모두 동일하다. 유능한 등반가는 긴장을 빼고 대담하게 행동하며 에너지나 노력을 낭비하지 않고 움직이고, 팔보다는 다리를 많이 사용하여 위를 향해 계속 올라간다. 가파른 빙벽 등반은 극도로 힘든데, 효과적인 기술을 사용한다면 등반가의 힘과 에너지가 극대화된다. 이는 등반가의 등반 경로가 길어서 지구력이 많이 필요한 경우에 특히 중요하다

기술적 장치

중간지점 프로텍션을 사용하는 빌레이 등반

이것은 기술적인 등반(암벽과 빙벽) 시에, 특히 작은 절벽에서 사용하는 일반적인 보호장치 형태이다. 이것은 등반대원들에게 가장 안전한 보호기능을 제공한다. 단점은 등반을 가장 느리게 하는 방법이기도 하다는 점이다.

　기술적인 등반을 시작하는 두 명의 등반가가 있다고 가정해보자. 절벽 상단까지 로프 전체 길이의 몇 배가 된다. 빌레이 등반에서는 한 번에 한 명씩 움직인다. 먼저 한 사람이 확보물을 설치하면서 뒷사람의 확보(프로텍션)를 받으면서 올라간다. 먼저 올라간 선등자는 추락에 대비해 떨어질 경우 그 거리가 짧도록 프로텍션을 경로에 설치한다. 선등자가 추락할 경우는 주의해야 하는데, 마지막에 설치한 장치에서 위로 두 배의 거리가 되기 때문이다 (도해 12.3). 선등자는

로프 길이가 끝나거나 편한 정지 지점에 이르면 이동을 멈추고 프로텍션을 몇 개 설치하고 앵커에 고정시킨다. 그런 다음 후등자가 확보를 받으며 앵커 지점까지 올라온다. 로프가 후등자에게서 앵커 지점을 향해 위로 움직이기 때문에 후등자는 추락하더라도 더 아래로 떨어지지는 않게 되며 로프는 팽팽하게 당겨진다. 선등자와 후등자 모두 앵커 지점까지 올라오면 꼭대기에 오를 때까지 이 과정을 계속 반복한다. 리드 순서를 교대로 할 수 있으며, 더 유능한 사람이 모든 구간에서 선등자를 맡을 수도 있다.

등반을 위한 기술적 장치

큰 산에서는 기술적인 필요사항이 계속해서 변화하는 상황과 더불어 신속하게 움직일 필요가 있기 때문에 전략과 시스템을 자주 변경해야 한다. 추락 위험 방지에 계속 초점을 두면서 최대한 효율적으로 이동하는

도해 12.4. 등반 리드하기

것에 목표를 둔다. 이러한 선략은 한쪽 끝은 로프를 매지 않는 솔로잉 방식을(최대한의 속도, 최소한의 안전), 다른 쪽 끝은 중간지점 프로텍션 방식을(최대한의 안전, 최소한의 속도) 활용하면서 연속 등반을 한다 (도해 12.4). 연속 등반을 하는 도중에 대원들은 동시에 움직이며 함께 이동하고 등반을 하면서 프로텍션을 설치한다. 때로는 프로텍션을 설치하지 않고 대신 대원들이 함께 움직이는 동안 로프를 서로 연결하는데, 이렇게 하면 안전을 어느 정도 확보할 수 있다. 능선을 따라 가다가 만일 한 사람이 한쪽으로 떨어지면 유일한 보호장치는 재빠른 다른 사람이 다른 쪽으로 내려가는 것인데 이렇게 하면 로프가 팽팽해져 추락을 막을 수 있다.

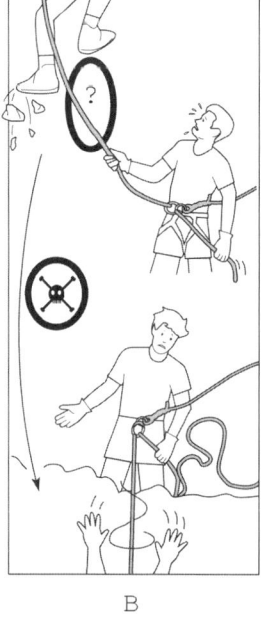

도해 12.3. A. 올바른 확보 방법. B. 잘못된 확보 방법

빙하 이동 시 주의사항

빙하에서는 주로 나타나는 위험이 크레바스 추락이다. 대개 등반가들은 로프를 연결해 함께 이동하고, 로프의 간격은 크레바스 한 번 지날 때 한 사람 이상 노출되지 않을 정도로 유지한다. 만일 한 사람이 크레바스로 추락하면 다른 사람이 잡아주어야 한다. 만일 부상이 없다면 크레바스에 추락한 당사자는 대개 로프를 타고 다시 지면으로 올라올 수 있다. 만일 로프로 올라올 수 없다면 대원들이 추락한 사람을 끌어당길 수 있는 시스템을 만들어야 한다.

도해 12.5. 하강하는 모습.

기술적인 장치-하강

산에서 내려올 때도 여러 가지 전략이 필요하다. 일반적으로, 어떤 경로를 다운 클라이밍(down climbing: 로프를 이용하지 않고 손과 발을 사용해 내려오는 것 – 역자 주) 방식으로 내려올 수 있다면, 이것이 가장 빠르면서 가장 효율적인 하강 방법이다. 하강 시에 로프는 앵커에 이중으로 걸고 하강기를 사용해 로프를 타고 미끄러져 내려오는데, 마찰로 속도 조절을 하면서 내려온다 (도해 12.5). 로프를 앵커에 묶지 않았지만 이중으로 통과했기 때문에 로프를 당겨서 내려오거나 다운 클라이밍을 할 수 있는 지점에 이를 때까지 필요한 만큼 여러 차례 하강할 수 있다. 로프가 61m 길이라면 그 로프를 사용한 하강의 길이는 최대한 30.5m이다. 하강을 더욱 효율적으로 하려면 두 개의 로프를 연결하여 한 번에 긴 거리를 내려올 수 있다.

판단하기, 경로 찾기, 위험 관리

일반적인 등반 경로에서 등반가는 말 그대로 하루에도 수백 가지의 결정을 내려야 한다. 어떤 사람들은 이런 점을 오히려 도전적이고 매력적으로 느끼기도 한다. 이러한 결정의 대부분은 같은 목표로 귀결된다. 즉 추락 위험을 줄이면서 등반을 최대한 효율적으로 하는 것이다. 산악 등반을 가장 효율적으로 하는 등반가는 가장 유능한 기술적인 등반가가 아니다(전문적인 기술이 필수이지만). 가장 효율적으로 등반을 하는 사람은 바로 최상의 경로를 판단하는 사람이다. 산은 거대하고 지형은 지독히도 복잡하다. 가장 쉽고 가장 안전한 경로를 볼 줄 아는 눈을 기르는 것이야말로 등반가에게 가장 중요한 기술이다. 최상의 경로를 찾고 나면 다른 결정 요소들은 훨씬 수월해진다.

그 외의 결정사항으로는 수많은 위험성을 심사숙고하는 것과 그런 위험성이 얼마나 크고 절박한지에 집중된다. 오후에 햇살이 따뜻해지면 산사태가 일어날까? 빙벽의 침니 등반을 하면 최단 경로로 올라갈 수 있을까? 날씨가 그대로 유지될 것인가 아니면 폭우가 내릴 것인가? 폭풍 때문에 계획에 없던 야영을 한다면 그에 필요한 도구가 있는가? 아니면 폭풍을 피하기 위해 더 신속하게 등반을 해야 하는가? 산악 등반은 언제나 위험성을 동반한다. 자연계의 위험성은 일정한 것이 아니라 상황에 따라 끊임없이 변한다. 등반가는 모든 위험성을 계속해서 인식하고 있어야 하며 발생할 수 있는 사고와 또 사고가 발생할 경우를 항상 생각하고 있어야 한다.

교육 시 고려사항

앞에서 언급한 것처럼 산에서의 상황 판단력은 쉽게 개발되는 것이 아니라, 훈련과 경험, 기술, 통찰력의 산물이다. 공인된 훈련 프로그램을 이수하고 풍부한 경험을 해본 사람만이 산악 등반을 지도할 수 있다.

미국산악지도자협회(AMGA: American Mounain Guides Association)는 미국에서 유일하게 국제 기준에 맞는 지도자 훈련 프로그램을 제공한다. AMGA로부터 훈련 이수 및 자격증을 얻은 지도자와 강사는 아주 소수지만 해마다 그 수가 점차 증가하고 있다.

산악 등반은 교재로 배우기에는 아주 어려운 스포츠다. 제대로 배우려면 실제로 산 위에서 많은 시간을 보내야 한다. 그렇긴 하시만 최근 새로운 경향의 교육서들이 미국에서 출판되고 있는네, 득히 마운티니어즈 북스(Mountaineers Books) 출판사에서 나온 'Mountaineers Outdoor Expert'시리즈가 주목할 만하다. 이러한 서적들은(추가 읽을거리 참조) 이 장을 읽은 독자들에게 한 단계 더 높은 수준의 정보를 제공할 것이며, 대학교나 중·고등학교에서 산악 등반에 중점을 둔 실외 모험 프로그램의 교재로도 적합할 것이다.

용어 해설

고산병(altitude illness) 고도가 높은 곳을 등반할 때는 다양한 질병이 발생한다. **급성고산병(AMS: Acute mountain sickness)**은 가장 가벼운 질병으로, 여러 가지 증상 중에서도 두통과 메스꺼움 증상이 두드러진다. **고소폐부종 및 고소뇌부종**(HAPE, HACE: High altitude pulmonary and cerebral edema)은 생명을 위협하는 질병으로 폐에 물이 차고(고소폐부종), 뇌가 부어오르는(고소뇌부종) 증상이 나타난다.

랙(rack) 등반가들이 프로텍션 시스템을 만들기 위해 프로텍션 앵커, 슬링, 카라비너 같은 도구를 등반 시 휴대할 수 있게 만든 어깨걸이.

러펠(하강, rappel) 로프를 내리는 데 사용하는 방법

로프(rope) 등반용 로프는 겉은 보호력이 좋은 나일론 외피, 안쪽은 우븐 나일론 섬유의 심으로 구성된다. 선택하는 로프 시스템에 따라 다르지만 현대의 등반용 로프는 8~11mm 두께에 50~70m 길이이며 굉장히 튼튼하다.

리딩(leading) 한 피치를 먼저 올라가는 것을 말한다. 만약 선등자가 프로텍션을 설치하지 않는다면 추락 길이는 선등자가 사용한 로프 양의 두 배가 될 것이다. 가령, 확보기 위로 10피트를 올라간 후 확보기 10피트 아래로 로프가 멈출 때까지 추락한다면, 추락 길이는 올라간 길이의 두 배로 총 20피트가 되는 것이다. 만약 선등자가 먼저 올라가는 동안 프로텍션을 설치한다면 추락 길이는 마지막 프로텍션을 설치한 곳까지 거리의 두 배가 된다(만일 프로텍션이 떨어진다면 추락 길이는 더 길어질 것). **그 뒷사람 혹은 후등자**가 선등자와 연결된 팽팽한 확보기를 따라 올라가는데, 후등자가 추락할 경우에는 그 기리가 길지 않다.

멀티피치 등반(multipitch climbing) 한 피치는 빌레이(확보기) 사이의 한 구간을 말한다. 한 피치의 최대한의 길이는 로프의 길이로 결정한다. 멀티피치 등반은 중간 지점 확보기들을 거치면서 여러 개의 피치를 등반하는 만큼 길이가 길다.

보울더링(bouldering) 작은 암벽에서 로프 없이 등반하는 것을 말하며, 추락해도 대개 치명적인 결과를 초래하지 않는다. 점점 성장 추세인 암벽 등반의 한 하위 장르이다.

비박(bivouac) 가벼운 일박용 천막으로 별로 안락하진 않지만, 대개 계획에 없는 야영 시에 사용한다.

빌레이(확보, belay) 추락을 막기 위해 로프를 사용하는 기술로, 등반가를 제자리에 고정시키거나 하강시키는 역할을 한다. 종종 확보자는 물리적인 장치인 **확보-하강 장치(belay-rappel device)**를 사용하는데, 이것은 로프에 급한 굴곡을 만들어 확보나 하강 시에

마찰력을 제공하는 기계적 장치이다 (다양한 종류가 있다).

빙벽과 설벽 등반 프로텍션(ice and snow climbing protection) 아이스 스크류(ice screw)는 끝부분이 날카로운 금속 관 형태이며 나사 부분으로 빙면에 쉽게 고정시킨다. **아이스 피톤**(Ice pitons)은 나사 부분이 없는 금속 관 형태이며 빙면에 두들겨 박는다. V-스레드(V-Thread)는 아이스 앵커의 한 종류로 빙면을 관통하는 구멍을 뚫고 이 구멍을 통과시켜(V-스레드의 와이어를 사용하여) 코드나 끈의 한 부분을 묶는다. 아이스 혹은 스노 **볼라드**(bollard)는 빙면을 물방울 모양으로 깎아서 만든 홈으로, 그 주위에 로프나 슬링을 설치한다. **피켓**(Pickets)은 단순한 금속 자루로 단단한 빙벽을 두들기거나 부드러운 눈 속에 박는다. 빙면이나 설면 상태가 좋으면 프로텍션은 아주 튼튼하게 설치할 수 있다. 빙면과 설면은 단단한 정도가 상당히 다양하다(녹는 성질이 있으므로). 때로는 짧은 시간 동안에 상태가 변하기도 하는데, 이렇게 되면 빙면과 설면에 설치한 프로텍션의 강도는 예측하기 어려워진다.

빙하(glaciers) 내린 눈의 양이 녹는 양보다 많아 해마다 쌓이는 눈이 더 많아지면서 빙하가 형성된다. 거대한 빙하는 높은 곳에서 낮은 곳으로 천천히 흐르는데, 이동 과정에 발생하는 압력으로 인해 **크레바스** 혹은 빙하 내 구멍이 형성되며, 이는 등반가들에게 큰 위협이 된다.

산사태(avalanches) 막대한 양의 눈과 얼음이 산허리로 흘러내리는 것을 말하며, 산에서의 재난을 일으키는 주요 원인이다.

슬링(slings) 플레이트 웨빙 방식으로 짠 나일론 섬유를 매듭이나 봉제로 고리형으로 만든다. 일반적인 등반용 웨빙은 파괴강도가 5,500파운드이다.

아이스 액스(ice axe) 산악 등반용으로 특수하게 제작된 도구로, 대개 60~75㎝ 길이이다. 머리 부분이 한쪽 끝은 넓은 앳즈(adze), 다른 한쪽은 뾰족한 끝부분 혹은 '피크(pick)' 형태로 되어 있다. 자루는 금속(대개) 재질이며, 자루 끝의 뾰족한 스파이크(spike) 부분은 단단한 빙면에 박는 데 사용한다.

아이스 툴(ice tools) 아이스 액스와 비슷하지만 그보다는 길이가 더 짧고(대개 50㎝) 기술적인 빙벽 등반시에 더 유용하다. 일반적으로 빙벽 등반가는 두 개의 아이스 툴을 사용하는데 양손에 하나씩 든다. 아이스 툴의 머리 부분은 교환 가능한 모듈러 방식이다. 두 개의 아이스 툴 모두 머리 부분에 뾰족한 피크가 있으며, 다른 한쪽 끝은 앳즈 혹은 해머가 달려 있다.

암벽 등반 프로텍션(rock climbing protection) 캠(Cams)은 평행으로 갈라진 암벽 틈에 끼워 사용하는 스프링식 캐밍장비(SLCD)를 말한다. **너트**(Nuts)는 갈라진 암벽 틈에 죄어서 고정시키는 쐐기 모양의 금속 재질의 확보물을 말한다. **볼트**(Bolts)는 암벽에 뚫은 구멍 안에 박는 금속 못을 말한다. 접착식 볼트 혹은 팽창식 볼트를 사용할 수 있다. 너트와 캠은 암벽을 두들기지 않고도 여러 번 설치와 제거를 할 수 있어 자연을 '훼손하지 않는 프로텍션'이다. 볼트와 피톤은 영구적으로 암벽에 고정되는 프로텍션이지만 암벽 형태에 따라 지속되는 힘이 상당히 다르며, 어떤 프로텍션이라도 그것이 설치된 암벽보다 더 단단해지는 않는다.

암벽화(rock shoes) 암벽 등반을 위해 특수하게 제조된 신발. 일반적으로 발에 아주 잘 밀착되며, 바닥이 마찰력이 좋은 고무 재질이어서 암벽에 달라붙는 힘이 탁월하다.

어프로치화(approach shoes) 하이킹 및 전문 등산용 신발의 특징을 결합하여 만든 가벼운 신발.

카라비너(carabiners) 등반 장치의 구성요소들을 연결하기 위해 사용하는 고강력 스냅링크를 말한다. 대개 알루미늄 소재이며 잠금장치가 있는 게이트가 있는 것도 있고 없는 것도 있다.

코드렛(cordelettes) 6~7mm 두께의 펄론(Perlon)으로 만든 코드를 20피트짜리 고리에 연결한 것으로, 대개 프로텍션을 클라이밍 앵커에 연결하는 데 사용한다.

크램폰(crampons) 빙벽 등반과 알파인 등반에서 신발에 부착해 사용하며, 여러 개의 뾰족한 발톱(앞부분의 2개를 포함하여 대개 12개)이 있어서 빙면을 찍어 밟을 수 있다.

클라이밍 앵커(climbing anchors) 추락에 대비하여 등반가를 보호하기 위해 사용하는 확보물을 말한다. 어떤 앵커는 자연 사물(나무나 커다란 바위)을 이용하며, 어떤 것은 자연 사물을 가공하는데, 예컨대 스노 볼라드(snow bollard, 눈을 깎아서 만든 작은 턱 – 역자 주)를 만들고 그 주위에 로프를 걸어 확보물로 사용한다. 어떤 것은 인공 프로텍션(너트, 캠, 아이스 스크류, 피톤, 볼트)을 설치하고 앵커 시스템에 이를 연결한다.

펄론(Perlon) 로프와 슬링 같은 등반용 밧줄에 사용하는 나일론의 한 종류.

하네스(harness) 등반가가 착용하는 웹 나일론 벨트(대개 허리 벨트와 다리 고리로 구성됨)로, 여기에 로프를 부착한다.

추가 읽을거리

마운티니어즈 아웃도어 엑스퍼트(Mountaineers Outdoor Expert) 시리즈에 포함되는 책들은:

Gadd, W. 2003. *Ice and mixed climbing: Modern technique.*

Houston, M., and Cosley, K. 2004. *Alpine climbing: Techniques to take you higher.*

Luebben, C. 2004. *Rock climbing:* Mastering *basic techniques.*

Soles, C. 2002. *Climbing: Training for peak performance.*

이 시리즈에 포함되는 서적 모두 마운티니어즈 북스(Mountaineers Books) 社에서 출판된다.

그 외에 추천하는 서적은:

American Alpine Club, annual. *Accidents in North American mountaineering.* Golden, CO.

The Mountaineers. 2003. *Mountaineering: The freedom of the hills.* 7th ed. Seattle: Mountaineers Books.

Soles, C. 2000. *Rock and ice gear: Equipment for the vertical world.* Seattle: Mountaineers Books.

Twight, M., and Martin, J. 1999. *Extreme Alpinism: Climbing light, fast, and high.* Seattle: Mountaineers Books.

자료

비디오

Goddard, D. and Neumann, U. 1993. *Performance rock climbing.* Salt Lake, UT. 자체 제작.

Long, J. 1988. *The art of leading.* Denver, CO: Chockstone Productions.

Lowe, J. 1996. *Alpine ice: Climbing technique with Jeff Lowe.* Arctic Wolf Productions.

미국에서 등반 관련 비디오를 가장 많이 보유하고 있는 곳은 체슬러 북스(Chessler Books)이다. www. chesslerbooks.com.

산악등반 단체

미국산악회(American Alpine Club), 710 10th St., Suite 100, Golden, CO. 80401. (303) 384-0110. www.americanalpineclub. org.

미국등반가이드협회(American Mountain Guides Association), P.O. Box 1739, Boulder, CO 80302. (303) 271-0984. www.amga.com.

웹사이트

www.alpinist.com

www.climbing.com

www.rockandice.com

www.outdoorindustry.org/research.current.html

이 웹사이트는 암벽 및 빙벽 등반을 비롯하여 많은 실외 스포츠에 대한 참가 정보를 제공한다.

13 소프트볼(슬로피치)

이 장을 완벽하게 습득한 뒤, 독자들은 다음과 같은 사항들을 할 수 있어야 한다.

▶ 소프트볼의 변천사와 슬로피치의 대중성에 대해 인식한다.

▶ 소프트볼 경기와 관련된 기초 규칙을 이해한다.

▶ 기초기술인 던지기, 받기, 배팅, 피칭, 그리고 베이스러닝을 수행한다.

▶ 공격 및 수비에 적용되는 기본 전략을 이해한다.

▶ 초보 학생들에게 소프트볼 기술과 전략을 지도한다.

역 사

YMCA는 대략 1900년쯤에 야구경기를 실외에서 실내로 가져오면서 소프트볼의 탄생을 주도한 기관으로 다른 어떤 조직들보다도 많은 일을 하였다. 소프트볼은 야구의 변형이라고 보면 된다. 실내 공간이 협소하고 야구공의 단단함으로 인해 고민하던 YMCA 임원들은 볼을 더 부드럽게, 배트를 더 작게, 그리고 베이스라인과 피칭거리를 더 짧게 만들면서 처음으로 소프트볼을 만들었다. 또한, 이들은 투수의 투구 동작을 언더핸드로 바꾸기도 하였다.

몇 년 후, 오늘날 전미여가협회(National Recreation and Park Association)의 전신인 미국놀이협회(Playground Association of America)에서는 좁은 실외공간에서도 할 수 있고 모든 연령대의 사람들, 특히 어린 소년들과 소녀들이 참여할 수 있는 게임이 필요하게 되었다. 소프트볼은 시대에 따라 '플레이그라운드 볼(playground ball)', '키튼 볼(kitten ball)', '레크리에이션 볼(recreation ball)', 그리고 '레이디 볼(ladies' ball)' 등 여러 가지 이름으로 불리다가, 1993년에 미국아마추어소프트볼협회(ASA: Amateur Softball Association)에서 '소프트볼(softball)'을 공식명칭으로 사용하였다. 같은 해에 시카고의 만국박람회에서는 전국대회가 개최되기도 하였다. 또한, 이 시기에 오늘날 적용되고 있는 소프트볼 규칙의 기초가 되는 표준 규칙이 이 조직에 의해 만들어졌다. 수많은 실업자들을 나오게 한 미국의 대공황이 왔을 때, 소프트볼은 지역사회 시설에서 제공하는 레크리에이션 활동의 일환으로 활용되기도 하였다.

제2차 세계대전 이전에는 소프트볼에 대한 관심이 매우 높아 미국 전역에 많은 팀들이 참가하는 리그가 형성되었고, 이러한 대중스포츠에 종사한 사람들만 어림잡아 500만 명이 넘었다. 소프트볼이 가장 대중적인 스포츠 활동이 될 수 있었던 이유는 모든 연령대의 사람들을 매료시키고, 많은 장비가 필요 없으며, 평범한 운동장이라면 어디에서든 할 수 있기 때문이다. 오늘날에는 3,500만 명 이상의 미국인들이 소프트볼 경기에 참여하여 즐기고 있다. 심지어는 시각장애인도 "삐"소리가 나는 볼을 사용하는 변형된 경기에 참여하고 있다.

소프트볼의 기초 규칙에 대한 변형은 다양한 유형의 경기와 리그를 낳게 되었는데, 패스트피치(fast-pitch)와 슬로피치(slow-pitch), 남녀 및 혼성팀 리그, 정규사이즈(원둘레 12인치 혹은 30.5cm) 볼/훨씬 더 큰 사이즈의 볼/원주가 11인치(27.9cm)인 볼을 사용하는 여자 경기, 글러브 착용금지 규칙, 그리고 이외에도 많은 변형들이 적용되었다. 이 장에서는 슬로피치와 관련된 주요 규칙과 테크닉을 소개하고 있다. 앞서 언급했듯이, 변형된 형태의 많은 경기들은 미국 내 여러 지역에서 활성화되고 있다.

체육수업과 대부분의 레크리에이션 프로그램에서 가장 선호하는 유형은 슬로피치 소프트볼(slow-pitch softball)이다. 이것은 투구 시 아크(arced: 볼이 곡선으로 날아감 – 역자 주)를 만들기 때문에, 모든 연령대와 기술수준의 사람들에게 적합하다. 따라서 이 장에서는 슬로피치 소프트볼의 규칙, 기술, 그리고 전술을 집중적으로 다루게 될 것이다.

장비 및 경기장

배트는 원형이거나 삼면이어야 하고, 재질은 견고한 나무, 금속, 플라스틱, 그래파이트, 카본(탄소), 마그네슘, 세라믹, 또는 미국아마추어소프트볼협회(ASA)가 인증하는 특정 복합재료로 만들어져야 한다. 배트의 길이는 최대 34인치(86.36cm), 가장 두꺼운 부분의 지름은 2.25인치(5.72cm), 그리고 무게는 38온스(1.08kg)를 넘지 말아야 한다. 우리나라의 경우, 대한소프트볼협회에서는 다음과 같은 규정을 제시하고 있다.

1. 협회 1호 배트(초등학교용)
   길이 : 78.8cm 이내
   가장 굵은 부분의 직경 : 5.08cm 이내
2. 협회 2호 배트(초등학교, 중학생용)
   길이 : 81.8cm 이내
   가장 굵은 부분의 직경 : 5.08cm 이내

단, 사용하는 배트의 규격은 공(Ball)의 호수 규격과 동일한 것이어야 되며 배트에는 코르크, 천 테이프, 또는 합성물질로 된 안전그립(Safety grip)을 의무적으로 붙여야만 된다. 안전그립의 폭은 배드의 가는 부분 끝에서 10인치(25.4cm) 이상 15인치(38.1cm) 이내이어야 한다.

공은 원형으로 바느질 자국을 감춘 채, 표면이 고르고 매끄럽게 연결되어 있으며, 질감의 느낌이 약간 거칠거나 미세한 홈들이 나있는 듯하다. 원둘레가 12인치(30cm)인 공의 무게는 6.75온스(193g) 이상이어야 하는 반면에, 11인치(27cm) 공의 무게는 6.125온스(175g)를 넘지 말아야 한다. 대한소프트볼협회에서 공인하고 있는 공에는 협회 검정 3호볼, 2호볼(주로 초등학교, 중학교용), 1호볼(초등학교용)이 있는데, 3호볼에는 고무제품을 사용하고, 국제시합에서는 가죽제품 공이 사용된다. 또한 주니어 (초등학교, 중학교용) 소프트볼 규칙에는 고무제품 공의 사용이 의무화 되어있다. 공식 공의 규격은 다음과 같다.

1. 협회 3호볼
   공 둘레의 길이 : 30.48cm
   무게 : 177.19g ~ 198.45g
2. 협회 2호볼
   공 둘레의 길이 : 28.58cm
   무게 : 163g
3. 협회 1호볼
   공 둘레의 길이 : 26.7cm
   무게 : 141g

베이스들 간의 간격은 65피트(19.81m)이다. 12세 이하 아동의 경우, 베이스 간격은 60피트(18.3m)이다. 고무로 된 투수판(pitcher's rubber)에서 홈플레이트까지의 거리는 50피트(15.24m)이지만 몇 가지 예외가 있을 수 있다. 즉, 10세 이하 아동의 경우, 이 거리는 40피트(12.2m)이고, 12세 이하는 46피트(14.0m)가 된다.

글러브는 누구나 착용할 수 있으나, 미트(mitts: 엄지손가락만 떨어진 글러브 – 역자 주)는 1루수와 포수만이 착용한다.

포수는 마스크와 목/가슴 보호대 착용이 권장사항이다. 신발에 스파이크나 이와 유사한 형태의 뾰족한 것을 부착하는 것은 금지된다. 신발에 고무재질의 미끄럼방지용 밑창을 까는 것은 허용된다.

소프트볼 경기장의 재원은 도해 13.1에 나와 있다.

규 칙 요 약

팀, 선수, 그리고 선수교체

한 팀은 10명으로 구성되며, 이들의 포지션은 투수, 포수, 1루수, 2루수, 3루수, 유격수, 그리고 외야수(좌익수, 좌측 중견수, 우측 중견수, 우익려수)로 구분된다.

각 팀은 타순에 한 명의 선수를 추가로 넣을 수 있다(주: 수업이나 레크리에이션 게임에서는 타자의 수에 제한이 없다.). 남녀혼성팀의 경우, 내야수와 외야수 자리에 2명의 여자선수가 반드시 들어가야 한다. 또한, 투수와 포수 중 한 사람은 반드시 여자선수이어야 한다. 그리고 타순은 남자와 여자선수 교대로 돼 있어야 한다. 수비 팀의 선수교체에는 제약이 따르지 않는다.

경기 규정

1. 소프트볼 정식게임은 7회까지 진행되지만, 후공 팀(홈팀)이 6회 말까지 득점한 점수가 선공 팀(방문 팀)의 7회 초 점수보다 높을 때에는 경기가 7회 초에서 종료된다.
2. 홈 팀이 7회 말에 끝내기 점수(1점)를 올리게 되면, 쓰리아웃 전이라도 경기가 그대로 종료된다.
3. 5회까지의 양 팀 공격이 끝난 상황에서 날이 저물어 어두워지거나, 비 혹은 다른 원인으로 인해 경기를 더 이상 진행할 수 없을 때, 심판은 콜드게임을 선언할 수 있다. 이때 경기의 승패는 5회까지의 점수결과에 따라 결정된다.
4. 5회 이후에 홈팀이 방문 팀을 큰 점수 차로 앞서고 있는 상황에서 콜드게임이 선언되면, 그 시점에서의 점수 차로 경기가 종료된다. 반면, 홈팀이 지고 있는 상황에서의 콜드게임 점수는 이전 이닝의 홈팀 공격이 완료된 시점에서의 점수를 말한다. 한국아마추어 야구에서는 5회에 10점, 7회에 7점 이상 점수차가 날 경우에 콜드게임을 선언한다.

피칭 규정

준비자세

1. 투수는 한 발 혹은 두발 모두를 투수판에 올려놓고

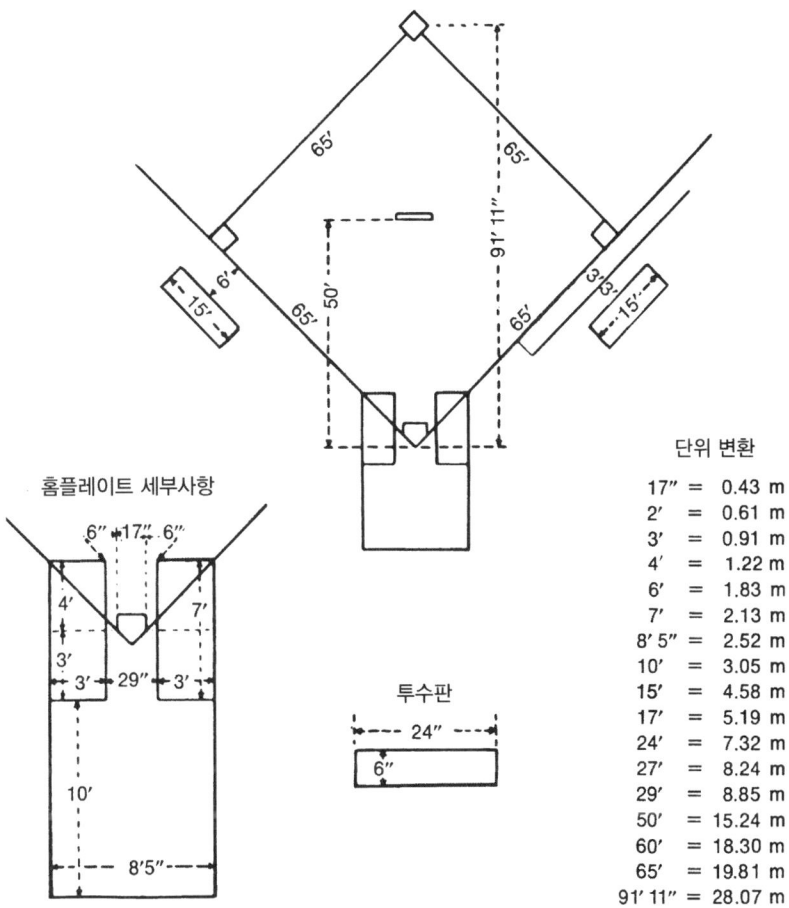

홈플레이트 세부사항

투수판

단위 변환

17″	=	0.43 m
2′	=	0.61 m
3′	=	0.91 m
4′	=	1.22 m
6′	=	1.83 m
7′	=	2.13 m
8′ 5″	=	2.52 m
10′	=	3.05 m
15′	=	4.58 m
17′	=	5.19 m
24′	=	7.32 m
27′	=	8.24 m
29′	=	8.85 m
50′	=	15.24 m
60′	=	18.30 m
65′	=	19.81 m
91′ 11″	=	28.07 m

도해 13.1. 슬로피치 소프트볼 경기상. 투수의 투구거리는 50피트(15.24m)이다. 베이스 간격은 65피트(19.81m)이다. 홈플레이트에서 외야 펜스까지의 거리는 남자가 275피트(83.87m)이고 여자가 250피트(76.2m)이다.

자세를 취해야 한다.

2. 투수는 공이 완전히 정지된 상태로 몸 앞에 놓는다. 몸 정면은 타자를 바라보고 있어야 한다. 공을 던지기 전 1초 이상 이 자세를 유지해야 한다.

3. 투수는 포수가 공을 받을 위치에 자리 잡기 전에는 투구 준비 자세에 들어가지 않은 걸로 간주한다.

4. 투수는 투수판에 올라서지 않고서는 어떠한 다른 동작도 취할 수 없다. 데드볼, 투구 규칙 위반, 그리고 경고가 반복적으로 선언되면 투수는 퇴장될 수도 있다.

투구의 시작단계

투구(pitch)는 준비 자세에서 공을 잡고 정지한 후, 공을 던지기 위해 어떤 동작을 취하면서 시작된다. 공을 정지하기 전이라면, 투수판 위에서 어떠한 동작을 해도 문제가 되지 않는다.

정당한 투구동작

1. 투수는 타자에게 공을 투구하는 것 외에는 어떠한 동작도 취할 수 없다.

2. 투구동작은 연속적이어야 한다.

3. 투수는 투구동작이 중간에 멈추거나 역동작으로 공을 던질 수 없다.

4. 투수는 피칭하는 팔이 힙을 지나 언더핸드 동작을 만들면서 전방으로 스윙할 때 홈플레이트를 향해 공을 투구하여야 한다.

5. 투수의 피벗 풋(pivot foot: 투구 시 중심이 되는 발로 오른손잡이는 오른발, 왼손잡이는 왼발이 중심이 됨 – 역자 주)은 공이 손에서 떠날 때까지 투수판 위에 놓여 있어야 한다. 투수판 위에 피벗 풋이 놓여 있는 상태에서, 반대 발로 앞뒤 혹은 옆으로 스텝을 밟을 수 있는데, 이때 스텝은 볼 릴리스와 함께 이루어져야 한다.

6. 투수는 등 뒤나 다리 사이로 공을 투구할 수 없다.

7. 투수는 투구한 공의 속도가 너무 빠르지 않도록 주의해야 한다. 공 속도에 대한 판단은 전적으로 심판에게 달려있다. 공이 너무 빠르다고 판단되면, 심판은 투수에게 경고를 줄 수 있다. 만일 경고 후에도 공 속도에 변화가 없다면, 심판은 투수에게 퇴장을 명령할 수 있다.

8. 투구된 공은 지면으로부터 높이가 1.83m(6피트) 이상, 그리고 3.66m(12피트)이하의 아크(arc: 곡선)를 그리며 날아가야 한다.

9. 투수는 공이 릴리스된 후에는 투구동작을 멈춰야 한다.

10. 투수는 공을 받은 후, 또는 심판이 "플레이 볼"을 선언한 후, 10초 이내에 다음 투구를 해야 한다.

11. 투수는 글러브로 투구할 수 없다.

파울팁

파울팁이란 타석에 선 타자의 배트에 맞은 공이 그대로 포수의 미트에 들어가는 것이다. 슬로피치 소프트볼에서 파울팁은 다른 스트라이크 상황과 동일하게 처리된다.

아웃

내야 땅볼아웃, 외야 플라이아웃, 또는 태그아웃 외에도, 다음과 같은 상황일 때 타자의 아웃이 선언된다.

1. 타자가 친 파울볼이(파울팁 제외) 땅에 닿기 전에 수비수에 의해 잡혔을 때 아웃 처리되는데, 이때 공은 잡히기 전 어떠한 사물과도 접촉되어서는 안 되며, 수비수는 자신의 모자, 보호대, 유니폼에 달린 호주머니나 다른 부분으로 파울볼을 잡으면 안 된다.

2. 타자가 규정에 맞지 않는 타격을 하였을 때.

3. 타자가 번트를 수행하였을 때.

4. 타자가 타석라인을 벗어나면서 포수의 던지기 동작을 막는 등, 어떠한 식으로든 방해 행위를 하였을 때.

5. 삼진(스트라이크 3회)을 당했을 때. 투 스트라이크 상황에서 세 번째 스트라이크가 파울이 되었을 때에도 역시 스트라이크 아웃으로 처리된다.

6. 투아웃 이전에 1, 2루 혹은 만루(1, 2, 3루)상황일 때, 타자가 친 공이 내야수가 쉽게 처리할 수 있거나 심판이 보기에 충분히 잡아낼 수 있는 경우, 심판은 인필드 플라이 규정(infield fly rule)을 적용해 아웃을 선언할 수 있다.

7. 투수가 투구준비 자세에 들어가 있는 동안 타자가 한쪽 타자박스에서 반대쪽으로 걸어갔을 때.

기초 수비기술과 테크닉

다른 스포츠와 마찬가지로, 소프트볼의 기초 기술 역시 반드시 익히고 자주 연습해야 한다. 다음에 나오는 내용은 소프트볼을 잘 하기 위해 필요한 테크닉에 대한 설명이다.

그립

처음 시작할 때, 초보자들은 올바른 그립으로 공을 잡는 법을 반드시 배워야 한다. 그립이 잘못되면, 공을 던질 때 그만큼 정확성이 떨어지게 된다. 올바른 그립은 투 혹은 쓰리 핑거 그립(two-or three-finger grip)으로 가능한데, 이것은 손가락 두 개 혹은 세 개를 넓게 벌려 공의 바느질 자국을 가로질러 잡는 방법이다 (도해 13.2와 13.3). 그립에서는 엄지손가락을 다른 손가락들 바로 밑에 위치시키는 게 중요한데, 그 이유는 볼 릴리스 시 엄지손가락이 타깃을 향하게 되어 원하는 곳으로 공을 투구할 수 있기 때문이다. 만일 그렇지 못한다면, 공이 옆으로 비껴날 수 있어 원하는

도해 13.2. 투 핑거 그립.

도해 13.3. 쓰리 핑거 그립.

방향으로 공을 던지기 어렵게 될 것이다. 이러한 그립을 확인하는 방법에는 여러 가지가 있을 수 있다. 한 예로, 공의 절반은 어두운 색깔, 그리고 나머지 절반은 밝은 색깔로 된 하프앤하프 볼(half-and-half ball)을 사용할 수 있다. 이 공의 상반된 색깔을 공의 바느질 자국이라고 생각하고 그립 잡는 연습을 한다면 도움이 될 것이다. 실제 공을 던지기 전, 하프앤하프 볼을 사용하면, 엄지손가락과 나머지 손가락들의 위치를 쉽게 확인할 수 있게 된다. 실전에 들어가기 전에 할 수 있는 아주 좋은 연습 방법으로, 선수로 하여금 글러브 안에 있는 공을 보지 않고 돌려가면서, 바느질 자국을 느낄 때 공을 잡은 후 바로 꺼내서 지도자에게 보여주도록 한다. 이때 공을 잡고 있는 엄지손가락은 지도자를 향하고 있어야 하고, 모든 손가락들은 공 뒤쪽에 위치하게 된다. 이러한 그립으로 릴리스가 되어야 공이 똑바르게 던져지게 된다.

　이러한 그립 잡는 연습방법은 변형시킬 수도 있는데, 선수로 하여금 등 뒤에서 공을 돌려가면서 최대한 빨리 올바른 그립을 만들어 지도자에게 보여주게 하면 된다. 또 다른 변형으로는, 지도자가 공을 토스한 후 선수로 하여금 맨손으로 그 공을 잡아 최대한 빨리 그립을 만들도록 하는 것이다. 지금까지 제시한 모든 것들은 휴식 혹은 훈련 전후에 실시할 수 있는 재밌는 연습방법들이다.

캐치를 위한 준비

그립 다음으로 지도할 기술은 볼 캐치를 위한 준비 자세와 스탠스(Ready to Catch Stance)이다. 선수들은 언제라도 공이 날아오면 캐치할 준비 자세를 취해야 한다. 이때 중요한 것은 날아오는 공에 대한 예측과 반응 능력이다. 캐치 준비 자세에서 발은 최소한 어깨너비만큼 벌려주고 발가락은 투구한 선수를 정면으로 바라보아야 한다. 그리고 무릎은 발가락 바로 위에서

굽혀준다. 또한 허리를 굽혀 어깨가 무릎 바로 위에 오도록 해야 한다. 이렇게 자세를 취하게 되면, 중력 중심이 앞으로 쏠리면서 가장 안정적인 자세를 만들어 모든 방향으로의 움직임을 가능하게 해준다. 마지막으로 팔꿈치를 굽히면서 양쪽 엄지손가락을 가슴 앞으로 가져온다.

캐칭의 원리

캐치를 위한 준비 자세를 배우고 나면, 던지기와 캐칭(받기)관련 기초기술을 소개한다. 초보자의 경우, 글러브의 사용은 기술 습득을 저해하는 요인이기도 하다. 처음에는 공을 던지지 않는 손에 글러브를 끼지 않고 맨손으로 캐치를 하도록 지도하는 데, 이때 공을 던지는 손을 바로 옆에 놓고 공을 커버해야 캐치 후 최대한 빨리 공을 던질 수 있다는 점을 강조한다. 이 동작에 대해 더 깊이 들어가기 전에, 몇 가지 용어들의 정의가 필요하다. 드로잉 사이드란 볼을 던지는 손을 가리키는 드로잉 핸드와 같은 쪽의 신체 면을 의미한다. 드로잉 핸드의 반대쪽은 글러브 사이드라고 한다. 이 같은 용어들은 초보자들에게 자세를 설명할 때 유용하다. 날아오는 공을 받기 위해서는, 글러브를 가슴 앞에 놓고, 바로 옆에 드로잉 핸드를 위치시켜 양쪽 엄지손가락이 가운데로 모이게 한다. 유념해야 할 캐칭 원리는 글러브를 가슴 높이에 놓고 손가락들을 위로 향하게 해야, 타깃을 벗어나게 공이 날아올 경우를 대비하여 모든 방향으로 글러브를 움직일 수 있다.

공을 잡을 때 유념해야 할 기본원리는 공을 몸 중앙에서 잡을 수 있도록 움직임을 잘 조절하는 것이다. 만일 이것이 여의치 않다면, 공을 잡을 때 최소한 양손이라도 같이 움직여 안전하고 효율적인 캐치가 이루어지도록 해야 한다. 이것조차도 어렵다면, 글러브라도 날아오는 공을 향해 최대한 빨리 가져갈 수 있도록 필요한 제반 동작들을 수행해야 한다. 코치는 선수에게 여러 번 공을 던져주면서 이러한 기본원리를 잘 수행하고 있는지 체크한다. 이때 코치는 공이 선수의 허리 위로 던져졌는지, 그리고 선수가 공을 잡을 때 글러브를 끼고 있는 손가락들이 위로 향한 채, 양쪽 엄지손가락이 모인 자세인 '엄지 모으기(thumb together)' 자세를 만드는지 확인해야 한다. 만일 코치가 공을 선수의 허리 높이 혹은 그보다 더 낮게 던져준다면, 볼 캐치를 위한 손의 자세를 바꿔야 하는데, 이 경우에는 양쪽 새끼손가락을 가운데로 모으고 손바닥은 펴서 공을 바라보며, 나머지 손가락들은 약간 아래쪽을 향하게 한다. 이것이 바로 낮은 공에 대한 올바른 캐칭 자세이다. 코치는 선수들이 글러브를 공에 부드럽게 갖다 대도록 독려해주도록 한다. 공을 찍듯이 잡는다든지, 후려치거나 때리듯이 잡지 않도록 해야 한다. 그냥 공이 글러브에 자연스럽게 들어오도록 해줘야 한다는 점을 강조하도록 한다.

초보자들이 할 수 있는 한 가지 간단한 연습방법으로, 선수들 스스로 공을 던져 잡는 연습이 있다. 이때 토스된 공은 머리 위로 약 1미터 이상이 되도록 한다. 처음에는 새끼손가락을 모으는 언더핸드 방식으로 공을 잡는 연습을 하면서 공이 손에 들어올 때까지 눈을 떼지 않는 것이 중요하다. 코치는 선수들이 가슴과 허리 사이에서 공을 잡도록 독려해주도록 한다. 또한, 손에 긴장을 풀고 부드럽게 캐치할 것을 강조한다. 이렇게 10회 정도를 반복하여 연습한 후, 다음 단계로 공 밑에 들어가서 엄지손가락을 모으면서 머리 위에서 캐치하는 연습을 실시한다. 이 연습은 플라이 볼이나 날아오는 공을 잡는데 필요한 올바른 자세를 기를 수 있지만 대부분의 초보자들에게는 약간 어려울 수도 있다. 선수들이 이렇게 혼자서 하는 연습방법들에 익숙해지고 나면, 다음으로 코치나 파트너가 공을 토스해주면서 연습하도록 한다.

던지기 연습방법

던지기 연습에서 가장 먼저 지도되어야 할 것은 플릭 연습(flick drill: 어깨, 팔꿈치, 그리고 손목스냅을 이용해 공을 잽싸게 던지는 연습 – 역자 주)이다. 플릭 연습의 목적은 공을 던지는 사람에게 팔꿈치와 어깨의 적절한 관계를 이해시키고, 그립과 릴리스를 체크하며, 던지기를 위한 팔꿈치와 손목의 올바른 동작을 강조하기 위한 것이다. 이 연습은 파트너로부터 15피트(4.58m) 정도 떨어져 서로 마주보며 서는 것으로 시작한다. 그런 다음, 캐치 준비 자세를 취한 상태에서, 일단 볼을 캐치하고 나면 글러브를 끼지 않은 손으로 정확한 그립을 사용하여 공을 최대한 빨리 잡고, 동시에 글러브는 손가락부분을 가슴 쪽으로 당겨 넣는 '턱 자세'를(tuck position) 만들어야 한다. 이러한 턱 자세는 완전한 던지기 동작인 풀 드로잉 모션(full throwing motion)을 만들 때 중요하게 작용하는데, 그 이유는 글러브를 당겨 넣음으로 해서 공 던지는 가속도를 높일 수 있기 때문이다. 던지는 팔의 팔꿈치는 들어 올려 어깨 높이에 맞춘다. 그리고 팔꿈치를 90도로 꺾어 전완(아래팔)이 수직이 되도록 한다. 그런 다음, 전완을 돌려 엄지손가락이 타깃을 보도록 하고 나머지 손가락들은 공 바로 뒤에 오도록 한다. 던지기 동작에서는 팔꿈치를 펴고 손목을 굽히면서 공을 던진다. 이렇게 공을 던지게 되면 어깨관절에 약간의 해부학적 움직임이 있게 마련이지만 크게 신경 쓰지 않도록 한다. 왜냐하면, 이 연습에서 강조하고자 하는 것은 팔꿈치와 손목의 동작이지 거리나 공의 가속도가 아니기 때문이다. 부드럽고 편안한 동작으로 파트너의 가슴을 향해 공을 던지도록 한다. 글러브에서 던지는 손으로의 공 이동을 체크하고, 플릭 동작을 팔로우스루에서 멈추게 하여 팔꿈치가 펴져있는지, 그리고 손목이 굽혀졌는지를 체크하도록 한다.

플릭 연습에서는 하지 말아야 할 것들이 몇 가지 있다. 먼저, 이 연습의 목적이 팔꿈치와 손목의 독립적인 동작을 보는 것인 만큼 발동작은 철저히 배제되어야 한다. 이러한 이유로 양발은 타깃을 향하면서 평행하게 놓여져야 한다. 팔 역시 뒤로 젖혀지지 않도록 해야 한다. 그리고 팔꿈치는 어깨 면과 같은 위치를 유지하고, 팔꿈치 신전과 손목 굴곡에 의해서만 힘을 만들어내야 한다. 이 동작에서 많은 선수들이 손목을 굽혀 공을 밀듯이 던지기를 수행하는 경우가 있다. 코치는 이러한 동작이 나오지 않도록 지도해야 한다. 플릭 연습이 정확하게 이루어지기 위해서는 팔꿈치의 신전과 손목의 굴곡이 순조롭게 조화를 이루어야 한다. 그리고 글러브에서 공을 꺼내서 던지기 전까지는 공을 단단히 잡고 있어야 한다. 만일 하프앤하프 볼을 사용한다면, 색깔 있는 부분과 색깔 없는 부분이 각각 한 면씩 보이도록 하고 공의 경계선이 수직선상에 올 수 있도록 잡으면 된다.

다음 단계에서 지도해야 할 것은 '던지기 준비' 자세이다. 던지기 준비 자세에서 선수들은 몸을 옆으로 돌려 몸이 날아오는 공의 궤도와 직각이 되도록 한다. 이 자세는 정확한 던지기를 위해 반드시 가르쳐야 한다. 많은 초보자들의 경우, 정확한 상체 회전과 팔 동작을 하기 보다는 상체와 어깨 동작을 너무 과장되게 할 때가 많다. 던지기 준비 자세를 완성하기 위해서는 던지는 손으로 글러브 안에 있는 공을 잡고 있으면 된다. 이때 글러브는 가슴 높이나 그보다 조금 더 아래에 위치시키고 눈은 옆으로 돌려 타깃에 집중하도록 한다.

단계별 던지기 지도과정의 다음 단계는 '브레이크 앤 드로우(Break and Throw)' 연습이다. 브레이크 앤 드로우 연습의 목적은 정확한 던지기 준비 자세와 풀 드로우를 위한 팔 동작의 원리를 지도하기 위한 것이다. 여기에서 설명하는 브레이크 앤 드로우 연습에서 제외된 부분들은 던지기 준비 자세로의 움직임과 던지기 동작의 정확성과 가속도를 극대화시킬 수 있는 발의 움직임이다. 이러한 부분들은 나중에 배우게 될 것이다. 던지기 준비 자세를 취하기 위해, 선수들은 몸을 돌려 글러브 쪽의 어깨가 타깃을 향하도록 한다. 이 연습을 위한 파트너와의 거리는 20~30피트로, 기술 수준에 따라 적정 거리를 선택한다. 기본적인 준비 자세에 대해 다시 한 번 더 설명하자면, 발을 어깨너비만큼 벌리고, 무릎이 발가락 위, 그리고 어깨는 무릎 위에 오도록 자세를 취해야 한다. 그러나 발은 타깃과 직각이 되도록 해야 한다.

브레이크 앤 드로우 연습에서의 구령은 다음과 같다.

준비
선수는 앞에서 설명한대로 던지기 준비 자세를 취한다.

브레이크
던지는 사람은 '브레이크' 구령에 맞춰 공을 글러브에서 꺼내면서 양 팔꿈치를 펴주고, 글러브는 아래로 내린다. 이 자세에서 공은 던지는 사람의 뒤쪽에 위치해야 한다. 그리고 양쪽 엄지손가락은 아래로 향하고 있어야 한다. 한편, 팔꿈치는 약간 굽히는 것이 좋다. 이 자세에서 강조해야 할 것은 던지는 어깨의 뒤쪽을 타깃방향으로 회전을 시켜야 회전력(torque)을 조금이라도 더 얻을 수 있다는 점이다. 브레이크 자세는 경직되지 않아야 하며, 특히 어깨부위의 긴장을 풀어야 한다. 또한, 팔꿈치 역시 긴장을 풀고 시선은 타깃에 고정시키도록 한다.

드로우
'드로우' 구령에서는 세 가지 동작들을 수행해야 한다. 먼저 선수는 글러브 사이드의 발을 타깃을 향하면서 스텝을 밟는다. 발은 땅에 닿기 직전까지 반대쪽 발과 가까이 있어야 한다. 다음 동작으로, 몸 옆에 위치한 글러브를 안으로 당겨 넣어 회전축을 작게 함으로써

상체의 각 가속도를 높인다. 그리고 던지는 팔은 플릭 자세와 유사하게 팔꿈치로 팔을 튕겨 올리면서 아크 라인을 따라 앞으로 나아간 다음, 팔꿈치를 힘차게 뻗어주면서 손목의 플릭(글러브를 끼고 있는 손목관절의 꺾인 지점 – 역자 주)은 타깃을 향하도록 한다.

소프트볼 관점에서 본 **스텝**(step), **당기기**(pull), 그리고 **팅기기**(pop)는 동작패턴을 강화하는 데 사용되는 표현들이다. 스텝 구령이 떨어지면, 공을 던질 사람은 글러브 쪽의 발로 타깃을 향해 스텝을 밟도록 해야 할 것이다. 이때 발의 볼로 착지를 하면서 타깃을 향해 자연스럽게 돌리는데, 그렇다고 해서 이것이 발가락을 타깃 쪽으로 완전히 돌린다는 의미는 아니다. 스텝과 더불어 글러브를 안으로 세게 당겨 넣으면서 턱 자세(tuck position)를 만들게 되면, 회전반경이 작아져 상체의 회전에 필요한 속도를 높이는 데 도움이 된다. 상체가 회전되면서 던지기 동작이 시작되는데, 몸통이 타깃 방향으로 돌아갔을 때, 어깨 역시 회전되면서 팔꿈치가 튀어 올라간 다음, 스텝한 발이 착지하면서 팔꿈치는 뻗어주고, 손목은 굽히면서 공을 투구한다. 팔로우스루는 팔꿈치를 글러브 쪽의 무릎 옆으로 가져오면서 마무리 된다. 그리고 던지는 쪽의 힙을 앞으로 구르듯이 하면서, 시선은 항상 타깃에 고정되어야 한다.

다음에 나오는 두 가지 연습방법, **스텝 앤 드로우**(step and throw)와 **스킵 앤 드로우**(skip and throw)는 반드시 익혀야 한다. 이러한 연습들은 선수들로 하여금 던지기에서 필요한 전신동작의 협응성(coordination: 몸의 움직임을 조정하는 능력 – 역자 주)을 익히는 데 도움이 된다.

스텝 앤 드로우
던지기 준비 자세에서 글러브 사이드의 발로 타깃을 향해 스텝을 밟는다. 발은 타깃과 직각이 되게 놓는다. 그런 다음, 드로잉 사이드의 발로 짧은 스텝을 밟

은 후 브레이크 앤 드로우를 수행한다. 올바른 스텝의 비결은 발의 볼에서 반대쪽 발의 볼로 스텝을 밟는 것이다. 그리고 밸런스를 유지해야 하는데, 이를 위해서는 드로잉 사이드의 어깨를 회전시킴과 동시에 당기기와 튕기기 동작을 수행하면서 글러브 사이드의 발을 지면에 고정시켜야 한다. 이러한 연속동작은 오른손잡이의 경우 왼쪽-오른쪽-왼쪽 스텝 패턴이 되는 반면, 왼손잡이의 경우에는 오른쪽-왼쪽-오른쪽 동작이 된다. 이 테크닉은 실제 경기에서 가장 많이 사용되는 던지기 형태이므로 자주 연습해야 한다. 파트너와의 거리는 선수의 능력 수준에 따라 50~60피트 정도에서 시작하도록 한다.

스킵 앤 드로우

소프트볼 경기에서 스킵 앤 드로우를 위한 발동작의 사용빈도는 상대적으로 낮지만, 그래도 외야수와 가끔은 정면을 보고 있던 내야수가 반대방향으로 공을 던지고자 할 때 사용되기도 한다(예: 유격수가 잡은 공을 3루수에게 던지고자 할 때, 스킵 앤 드로우가 수행되어야만 몸을 용이하게 돌릴 수 있게 된다.). 이 기술을 터득함으로써 선수는 자신의 몸을 더욱 더 빠르게 돌릴 수 있게 된다. 스킵 앤 드로우를 수행하는 요령으로는, 글러브 사이드의 발을 들어 드로잉 사이드의 발을 건너뜀(skip: 스킵)과 동시에 몸을 돌리면서 던지기 동작을 완료한다.

필드 준비 자세

다음으로 지도할 것은 필드에서의 준비자세(*Ready to Field*)이다. 수비수들은 타자가 친 공을 잡기 위해 필드에서 항상 준비 자세를 취하고 있어야 한다. 이 자세를 위해, 수비수는 무릎과 허리를 굽히고, 몸을 약간 앞으로 기울인 상태에서 글러브와 반대쪽 손을 몸 앞에 그리고 지면에 가까이 위치시키면서 손바닥은

타자를 향하게 한다. 그리고 체중을 발의 볼에 놓고 어떤 방향으로든 이동할 준비를 갖추어야 한다. 땅볼 처리를 지도하는 데 있어 강조해야 할 첫 번째 요소는 공에 대한 움직임의 중요성이다. 공이 좌우 방향으로 오든, 정면으로 오든 간에, 선수는 공에 빨리 다가갈 수 있어야 한다. 타자가 친 공이 수비수 정면으로 올 때의 움직임은 볼 차징(*charging the ball*: 공을 자신이 처리하도록 책임지는 것 - 역자 주)이라고 한다. 이것을 연습하기 위해서는, 공을 수비수 정면 앞에 놓거나, 아니면 공을 수비수에게 천천히 굴려준다. 두 가지 방법 중 어떤 것을 연습하든 간에, 선수는 필드에서 준비 자세를 취한 다음, 공을 장악하고 캐치한 후, 한 발로 뛰는 호핑 동작과 더불어 던지기 준비 자세를 취한다. 이러한 호핑 동작은 매우 중요하지만, 글러브 사이드의 발이 정면을 향하지 않으면 수행하기 매우 어렵다. 이 모든 동작들을 연속적으로 수행할 수 있도록 지도하기 위해서는 먼저 단계별 동작들을 연습시키는 것이 좋다. 먼저 선수로 하여금 필드에서의 준비 자세를 취하게 하고, 두 번째 동작인 정지된 공을 처리하게 하는데, 이때 확인해야 할 것은 짧은 스텝을 밟으면서 공에 다가오는 것과 중력중심이 지면 가까이에 있어야 한다는 것이다. 마지막 동작은 양손으로 공을 지면 위에서 처리하는 것으로, 드로잉 사이드의 손을 글러브 옆에 놓으면서 양쪽 새끼손가락을 모은 자세를 취한다. 이러한 자세는 힌지 자세(hinge position), 즉 던지는 쪽의 손바닥 아래부위(heel of the throwing hand: 손목에 가까운 손바닥 부위 - 역자 주)가 글러브 쪽의 손 위로 가는 자세보다 더 안정적이기 때문에 초보자를 지도하는 데 더 적합하다고 할 수 있다.

수비 연습

땅볼 처리를 위한 기본자세를 지도하고 나면, 본격적

인 볼 처리에 대한 단계적 연습을 실시하는데, (1) 쉬운 땅볼 처리, (2) 쉬운 바운스 볼 처리, (3) 글러브 사이드로 오는 땅볼 처리, 그리고 마지막으로 (4) 백핸드 땅볼 처리의 순서로 연습한다. 이러한 연습방법들에 있어 공통적으로 강조해야 하는 기본 핵심은 볼 처리, 글러브 사이드의 발을 앞으로 내미는 동작, 던지기 준비 자세를 위해 한 발로 뛰어오르는 호핑 동작, 그리고 스텝을 밟은 후 던지기이다. 만일 수비수가 공을 깔끔하게 처리하지 못한다면, 맨손으로 공을 집어들어 던지기 준비 자세를 취한 후 스텝을 밟으며 공을 던져야 한다. 백핸드 땅볼 처리의 동작원리는 글러브 사이드의 발로 크로스 스텝(cross step)을 밟으면서 몸을 적절하게 돌려 백핸드 자세를 만드는 것이다. 백핸드 자세로 땅볼을 처리하고 나면, 드로잉 사이드의 발을 지면에 고정시키고, 공과 함께 던지기 준비 자세를 잡은 다음, 스텝을 밟으며 던지기를 수행한다. 백핸드 땅볼 처리에서는 글러브의 움직임이 매우 중요하다. 많은 초보자들의 경우, 몸을 아래로 굽히면서 글러브로 공을 찌르듯이 캐치하려는 경향이 있다. 글러브는 백핸드 땅볼 처리를 위한 준비 자세로부터 스윙하듯이 움직여야 하며, 이때 글러브는 지면에서 절대로 떨어지면 안 된다. 또 한 가지 중요한 것은, 공이 오는 방향을 향해 몸을 돌려 백핸드 자세를 취하면서 글러브는 반드시 열어서 발 앞에다 놓아야 한다는 점이다. 많은 초보자들은 스텝을 밟을 때, 자신들의 글러브를 발 앞에 놓아 땅볼 처리를 어렵게 만드는 경우가 있다. 이러한 문제를 해결하기 위한 한 가지 방안으로, 선수들로 하여금 2루수와 유격수 위치 사이에 줄을 서게 한 후 백핸드로 땅볼 처리를 해서 피벗 동작으로 2루에 공을 재빠르게 던지는 연습을 시키도록 한다. 이 연습을 통해 초보자는 발 고정과 1루로의 긴 송구에 대한 부담 없이 백핸드 땅볼 처리를 마음껏 할 수 있게 된다. 땅볼 처리와 관련된 기술이 향상되면, 더 긴 송구를 연습하도록 지도한다.

다음으로 소개할 수비 연습은 **캐칭 플라이 볼**(catching fly balls: 뜬 공 잡기)이다. 캐칭 플라이 볼은 초보자가 수행하기에는 어려운 기술이다. 이 기술은 조작된 상황 속에서 되도록 초기에 연습이 되도록 해야 한다. 코치는 적당히 가까운 거리에서 선수의 오버핸드 혹은 언더핸드 방향으로 공을 토스 해준다. 이 기술은 외야수를 포함한 모든 수비수들이 수비를 위한 준비 자세를 잡는 것으로 시작된다. 외야수는 내야수보다 글러브를 더 높이 잡고 있어야 하지만, 그렇다고 해서 그것이 캐치 준비 자세를 의미하는 것은 아니다. 이 기술을 익히기 위해서는 오히려 기본적인 자세 연습을 통해 몸에 배인 캐치 준비 자세를 빨리 잊어야 한다. 또한, 시작단계에서 손을 무릎 위에 올려놓는 것도 금물이다. 이러한 기술의 시작단계를 휴식자세라고 한다. 수비수들은 투수가 투구 준비 자세에 들어가기 전까지는 이러한 휴식자세를 취하지만, 일단 투구 준비 자세에 들어가게 되면, 수비를 위한 준비 자세를 취해야 한다. 플라이 볼을 쫓아가면서도 공이 어디로 떨어질지 확신이 서지 않는 경우, 문제 해결을 위한 첫 번째 단계는 일단 뒤로 물러나라는 것이다. 왜냐하면, 수비수들은 흔히 타구된 공과의 거리를 실제 거리보다 더 짧게 느끼는 경우가 많고, 무엇보다도 공을 잡기 위해 앞으로 달려오는 것이 뒤로 물러나는 것보다 훨씬 더 쉽기 때문이다. 일단 공이 어디로 떨어지는지가 파악되고 나면, 수비수는 공 아래쪽으로 최대한 빨리 달려가 가슴 앞에서 글러브로 캐치한다. 이때 수비수는 공이 글러브로 들어가는 것을 볼 수 있어야 한다. 많은 외야수들이 범하는 실수 중 하나로, 글러브를 얼굴 바로 앞에 갖다 대어 공의 궤도를 끝까지 추적하지 못하게 되는 경우가 있다. 또한, 공을 중앙이 아닌 사이드에서 캐치하게 되면 공을 던지기가 그만큼 어려워지므로 주의해야 한다. 공은 몸 중앙이나 던지는 쪽의 어깨 위에서 캐치해야 릴리스가 용이해 진다.

플라이 볼 처리를 지도하기 위한 다음 단계는 수비

수들의 좌측 혹은 우측으로 플라이 볼을 쳐서 그들로 하여금 그쪽으로 움직이게 하는 연습이다. 이 단계에서의 수비수들은 공의 낙하지점에 대한 경사투시도 (angular perspective: 대각방향으로 날아오는 공의 거리를 파악하는 시각적 능력 – 역자 주)를 가지고 있기 때문에 공을 쉽게 따라갈 수 있다. 물론 앞에서 언급한 것과 마찬가지로, 이 연습 역시 코치가 공을 좌우로 토스해주면서 선수로 하여금 주어진 방향으로 달려가서 캐치하도록 할 수 있다. 이러한 연습이 성공적으로 수행되고 나면, 컨트롤이 좋은 타자로 하여금 공을 쳐서 수비수에게 보내도록 한다. 처음에는 안전한 공을 사용하여 연습을 하는 것이 좋다. 테니스공을 사용하면 맨손으로도 공을 캐치할 수 있어 기술을 익히는데 도움이 된다.

수비수들이 연습해야 할 다음 단계는 짧은 공과 깊은 공에 대한 처리방법이다. 이 기술은 종종 지면에 붙여서 하는 롤링 캐치(rolling catch/shoestring catch): 글러브로 땅을 스치듯이 하여 간신히 공을 캐치하는 동작 – 역자 주) 혹은 미식축구의 와이드 리시브처럼 오버더숄더 캐치(over-the-shoulder catch: 글러브를 어깨 위로 올려 간신히 공을 캐치하는 동작 – 역자 주)에 비유되곤 한다. 초보자의 경우, 더 많은 반복과 더 실질적인 연습이 되도록 공을 던져주고, 실력이 나아짐에 따라 공을 배트로 쳐서 보내준다.

외야수가 수행하는 땅볼 처리는 내야수의 그것과는 약간 차이가 있다. 외야수의 땅볼 처리에는 세 가지 상황들이 발생할 수 있다. 먼저 베이스에 주자가 없고 타자가 친 공이 안타가 되어 정면으로 굴러온다면, 외야수는 공을 반드시 정지시켜야한다. 이 경우, 외야수는 공 앞으로 다가가 한쪽 무릎을 굽히고 다리는 옆으로 돌리며, 동시에 글러브를 양 다리 사이 아래로 내려, 마치 다가오는 공을 위한 가장 큰 타킷을 제공해준다는 생각으로 공을 캐치한다. 외야수는 공을 잡자마자 재빠르게 들어 올린 다음, 2루를 향해 스

텝을 밟으며 공을 던진다. 만일 타자가 안타를 친 후 2루까지 가려고 하지 않는다면, 중간 차단을 위한 선수(보통 외야와 베이스 사이에 위치한 선수)가 공을 캐치한다. 그러나 타자가 1루를 크게 돌면서 2루까지 갈 것처럼 보인다면, 외야수는 다음 플레이를 커버할 2루수나 유격수에게 공을 던져야 한다.

만일 베이스에 주자가 있는 상황에서 타자가 친 공이 외야에 안타가 되면, 외야수는 내야수처럼 땅볼 처리를 수행하는데, 글러브 사이드의 발을 앞으로 내밀고, 동시에 던지기 준비 자세를 취한 후, 리드 베이스(주자가 가고자 하는 다음 베이스 – 역자 주)를 향해 스텝을 밟으면서 공을 던진다. 야구에서 중요하게 여기고 있는 격언 중 하나는 항상 주자 앞에다 공을 던지라는 것이다. 이것이 의미하는 것은, 안타 상황에서 주자가 1루에서 2루를 향해 달리고 있다면 외야수는 공을 3루로 던져야 한다는 것이다. 가끔은 외야수가 다음 베이스에서 선행주자를 포스아웃(force-out: 안타를 때린 타자가 진루해야 할 베이스를 점유하고 있던 선행 주자가 미처 다음 베이스로 가기 전에 공이 먼저 도달하여 아웃되는 상태 – 역자 주)시킬 수도 있지만, 이러한 상황은 매우 특별한 경우이다. 따라서 초보 외야수들에게는 공을 주자가 달리는 방향의 앞쪽으로 던지라고 지도하는 것이 최선이다.

마지막으로 다루고자 하는 내용은 외야수가 외야 안타 시 홈으로 달려가는 주자를 잡기 위한 땅볼 처리 과정이다. 이 상황에서 외야수는 굴러오는 공에 최대한 빨리 달려가면서 글러브 사이드에서 공을 잡는다. 이렇게 함으로써 외야수는 공을 캐치하면서 달릴 수 있고, 변형된 스텝으로 공을 던지는 '크로우 홉(crow hop)', 즉 글러브 사이드의 발에서 드로잉 사이드의 발로 호핑(hopping)을 수행한 후 공을 최대한 빨리 던질 수 있게 된다. 이때 외야수가 완전한 던지기 준비 자세를 취한다는 것은 거의 불가능한 일이다. 중요한 것은 외야수가 공을 캐치한 후 최대한 빨리 던지는 것

이다. 따라서 이러한 상황에서의 땅볼 처리 연습에서는 외야수가 던지기 준비 자세를 완벽하게 갖추지 않는 것이 효과적이라는 사실을 알아야 한다. 반면, 모든 상황에서의 연습은 최대한 빠른 동작으로 수행되도록 지도한다.

베이스 플레이

수비에 있어 또 다른 중요한 요소는 베이스 주변에서의 플레이와 관련이 있다. 여기서는 두 가지 상황들, 즉 (1) 1루 혹은 다른 베이스에서의 포스아웃(force-out)과 같은 포스플레이(force play: 야구에서 주자가 다음 타자의 진루로 인하여 강제적으로 다음 베이스로 진루해야 할 때에 생기는 플레이 – 역자 주)를 위한 수비, (2) 베이스, 특히 홈베이스에서의 태그플레이(tag play)에 대한 지도가 필요하다.

포스아웃(Force-outs)

앞에서 언급한 두 가지 베이스 플레이 상황들 모두 주요 핵심은 안전이다. 수비수가 달리는 주자에 부딪히지 않도록 자리를 잡는 것은 중요하다. 어떤 형태의 포스플레이를 수행하든 간에, 수비수는 드로잉 사이드의 발을 공이 오는 방향에 가장 가까운 베이스 부위에 올려놓아야 한다. 반대쪽(글러브 사이드) 발은 드로잉 사이드 발 바로 옆에 그리고 약간 벌려서 균형을 잡아주고, 양 무릎을 굽혀 공이 오는 방향으로 스텝을 밟으며 뻗어준다(스트레치). 공이 어디로 가는지를 확실히 알아야 하기 때문에, 공이 던져질 때까지는 발이 스트레치 되지 않도록 주의할 필요가 있다. 포스아웃을 위한 준비 자세는 기본적으로 캐칭 준비자세의 변형이라고 생각하면 되는데, 글러브의 손바닥과 던지는 손이 서로 마주보고 있고 손가락들은 공이 송구되는 쪽을 향하고 있어야 한다.

만일 공 송구가 잘되었다면, 글러브를 위로 1/4 정도 돌려서 공을 캐치하면 된다. 그러나 송구된 공이 낮다면, 손가락들이 지면을 향할 수 있도록 글러브를 아래로 돌려서 캐치한다. 스트레치 동작을 위해, 공이 오는 방향으로 글러브를 최대한 뻗으면서 같은 쪽 발을 앞으로 쭉 내민다. 이렇게 되면, 드로잉 사이드의 손은 균형을 잡기 위해 뒤에 남겨지게 된다. 공을 잡을 때, 발의 볼은 반드시 베이스에 붙어있어야 한다.

포스아웃 기술을 지도하기 위해서는, 처음에는 글러브 방향으로 공을 토스해주고, 그 다음엔 중앙으로, 그리고 마지막으로 공을 던질 손이 있는 방향으로 토스해준다. 실제 게임 상황에서 궤도를 벗어난 송구가 1루수를 베이스라인 쪽으로 몰아붙였을 때 중요한 것은 달려오는 주자와의 충돌을 피하기 위해 베이스라인에서 떨어져 있어야 한다는 것이다. 수비수는 공을 캐치한 후, 베이스에서 발을 떼고 주자를 아웃시켰는지 확인하도록 한다. 이 기술의 주요 목적은 볼 캐치이다. 따라서 수비수는 공을 잡기 위해 베이스에서 발을 떼야 한다면, 그렇게 해야 한다!

태그 플레이(Tag Plays)

태그 플레이는 송구의 방향에 따라 풋워크가 달라지기 때문에 지도하기가 쉽지 않다. 수비수는 가능하면 공이 날아오는 방향을 기준으로 베이스 옆쪽에 자리를 잡아야 안전하다. 예를 들어, 3루수가 좌익수로부터 송구된 공을 잡고자 한다면, 이 수비수는 베이스 옆 약간 2루수 쪽으로 치우친 위치에 자리를 잡는다. 그런 다음 몸을 돌려서 송구된 공을 캐치한다. 송구된 공이 들어오면, 드로잉 사이드의 손으로 글러브를 감싸며 베이스 중앙에서 캐치한 후, 슬라이딩 해오는 주자를 태그아웃 시키도록 한다. 외야에서 2루로의 공 송구 시 내야수의 위치는 공이 어디에서 날아오는지 그리고 주자가 1루에서 2루로 달려가는 상황인지, 아니면 3루로 뛰다가 2루로 다시 돌아오는 상황인지에 따라 달라질 수 있다. 만일 공이 오른쪽에서 송구되는 상황이라면, 방금 설명하였던 테크닉이 가장 효과적이겠지만, 공이 중앙 혹은 왼쪽에서 송구될 때에는 베이스를 다리 사이에 두고 마치 그 위에 올라앉았다는 느낌으로 자세를 취하면서 태그 하는 것이 가장 효과적일 것이다.

홈베이스에서는 주자들이 베이스를 밟고 지나가는 것이 허용되므로, 이곳에서의 태그플레이는 매우 중요하다. 포수가 홈에서 태그플레이를 수행할 때 중요한 것은 위치선정으로, 자신의 왼발을 홈플레이트 앞쪽 모퉁이 앞에 놓아 주자가 침범하지 못하도록 하는 것이다. 그리고 발가락은 3루 베이스라인을 향하도록 한다. 이러한 위치선정이 이루어졌을 때, 주자는 두 가지 상황에 직면하게 된다. 첫째, 송구가 늦었다 하더라도, 주자는 포수를 지나가야 되고, 둘째, 태그아웃을 당하지 않도록 포수를 피해서 슬라이딩해야 한다. 둘 중 어떤 상황에서도 주자는 포수를 밟고 지나갈 수 없기 때문에, 충돌을 최소화할 수 있는 다른 길을 찾아야 한다. 일단 볼 캐치가 이루어지면, 공을 드로잉 사이드의 손으로 감싸고, 글러브는 홈플레이트의 가장자리 앞쪽에 놓아 주자가 그곳으로 슬라이딩해 오도록 한다. 송구된 공이 바운스가 된 경우, 태그플레이를 수행하는 모든 수비수들은 공이 자신들에게 올 때까지 기다려야 한다. 만일 베이스를 떠나 공을 캐치한 후 다시 돌아오게 되면, 정확한 태그플레이를 하기가 매우 어려워진다. 그러나 송구된 공이 궤도를 많이 벗어난다면, 수비수들은 공을 잡으러 나갔다가 다시 돌아와 태그플레이를 수행해야 한다.

기타 수비관련 유의사항

수비 팀에게 중요한 것은 모든 수비수들이 몇 명의 주자가 출루해 있는지, 현재 주자가 어디에 있는지, 그리고 안타가 나왔을 때 주자가 어디로 갈 것인지를 파악하고 있어야 한다는 점이다. 또한, 수비수들은 타자가 친 공이나 동료수비수가 송구한 공에 대한 백업 플레이(back-up play: 동료수비수의 볼 처리가 잘못되었을 때, 뒤에서 빠진 공을 잡아 다음 플레이를 전개하는 것 – 역자 주)를 어떻게 할 것인지에 대해서도 잘 알고 있어야 한다. 모든 수비수들은 투수가 투구하기 전, 또는 타자가 들어서기 전에 이러한 백업 플레이에 대해 생각하고 있어야 한다. 몇 가지 유념해야 할 사항으로, 가능하면 선행주자를 먼저 아웃시키고, 항상 원아웃 상황만큼은 확실히 만들어야 하며, 그리고 약하게 친 공일 경우에는 가장 쉽게 아웃시킬 수 있는 방법을 찾도록 한다. 일반적으로 가장 쉽게 아웃시키는 방법은 1루에 송구하는 것이다. 또 다른 방법으로, 수비수가 움직이는 방향에 따라 어디로 송구할 것인지를 결정하는 것이다. 예를 들면, 1루에 주자가 있는 상황에서 2루수가 땅볼 처리를 위해 1루 쪽으로 움직인다면, 이때의 가장 쉬운 아웃 상황은 1루로 송구하는 것이다.

배 팅 / 공 격

소프트볼에서 좋은 배팅과 영리한 베이스러닝은 성공적인 공격의 비결이다. 따라서 초보자는 배팅의 중요한 원리, 즉 공을 최대한 오래 기다리거나 최대한 빠르게 스윙하는 타자가 가장 강하게 칠 수 있다는 점을 반드시 기억해야 한다. 이 원리는 슬로피치 소프트볼에서 특히 중요하게 적용된다. 슬로피치 소프트볼에서의 타자는 투구된 공의 높은 아크를 보면서 다른 경기(예: 패스트피치 혹은 야구)의 타자들보다는 더 오래 볼을 고르는 능력을 가지고 있다. 슬로피치에서의 배팅 원리는 패스트피치와 야구에서의 그것과 유사하다. 한 가지 다른 점이 있다면, 소프트볼 타자들은 공을 치고자 하는 의사결정 시간이 더 길다는 것이다.

그립

타자가 처음으로 직면하게 되는 고민거리는 배트를 어떻게 잡느냐는 것이다. 어떤 이들은 흔히 양손의 손가락관절들의 배열을 강조한다. 그러나 사람마다 손의 크기와 손가락 길이가 다르기 때문에 이러한 방법으로 평가하는 것이 그리 쉽지만은 않다. 그립의 핵심적 요소는 손가락으로 배트의 손잡이 부위를 최대한 많이 감싸 쥐는 것이다. 만일 타자의 손이 작다면, 그립에 손바닥이 차지하는 비중이 그만큼 더 크게 작용할 것이다. 그러나 성장과 함께 배트를 빠르게 휘두르기 위해서는 손가락의 조절능력이 더 중요하게 된다. 타자는 몸 중앙에서 배트의 맨 윗부분을 홈플레이트에 놓고 앞으로 약간 기울인 상태로, 마치 골프클럽과 같이 배트의 손잡이 부위를 양쪽 손가락 사이에 올려놓는다 (도해 13.4). 그런 다음, 손가락으로 손잡이를

도해 13.5. 엄지와 집게손가락 사이에 V 모양이 만들어진 배팅 그립.

도해 13.4. 배팅 그립 준비자세.

감으면서 양쪽 엄지손가락과 집게손가락사이에 V 모양이 각각 만들어지도록 잡아준다 (도해 13.5). 이러한 그립은 배트 컨트롤과 스피드에 도움이 된다. 타자들이 기억해야 할 또 하나의 중요한 사항으로, 빠른 스윙은 근육이 긴장되지 않는 상태에서 가능하다는 것이다. 여기에서 강조하고자 하는 것은 빠른 스윙이지 딱딱한 스윙이 아니다.

스탠스

스탠스는 교사나 코치가 지나치다 싶을 만큼 지도를

많이 하는 영역이다. 그러나 초보자의 경우에는 기본적으로 스탠스를 적당히 하는 것이 중요하다. 이 경우, 목적은 발을 최소한 어깨너비 만큼 벌리면서 편안한 스탠스를 만드는데 있다. 타자들 대부분의 경우, 스탠스가 너무 좁으면, 체중을 뒤쪽에 놓기가 어려울 뿐만 아니라, 스윙 후 배트를 앞으로 뻗어주는 데에도 애로사항이 많게 된다.

발가락은 홈플레이트를 향하게 하거나 타자의 박스 안쪽 모퉁이를 향하게 한다. 타자들은 박스 안에서 균형이 잡힌 상태로 서 있어야 한다. 이러한 균형 잡힌 자세를 지도하는 가장 쉬운 방법은 타자로 하여금 캐칭 준비 자세, 즉 무릎을 굽혀 발가락 위에 오게 하고, 허리 역시 굽혀 무릎 위에 오도록 하는 것이다. 이것이 바로 균형이 잘 잡힌 자세이다. 이때 양쪽 무릎은 약간 안으로 넣어준다. 스탠스를 취할 때 타자는 삼각형 모양의 기반을 견고히 잘 만들어야 한다. 배팅 스탠스의 마지막 단계로, 체중을 약간 몸 앞쪽(발의 공)에 놓으면서 홈플레이트에 정면으로 선다.

배팅의 원리를 설명하기 위해서는 몇 가지 용어들의 정의에 대한 이해가 필요하다. '리드(lead)' 사이드란 투수와 가장 가까운 쪽을 의미하는 반면, '리어(rear)' 혹은 '트레일(trail)' 사이드는 포수와 가장 가까운 쪽과 관련이 있다. 박스 안에서의 위치를 체크하는 방법으로, 타자가 리드 핸드(lead hand: 투수에 더 가까운 손)로 배트를 뻗었을 때, 그것이 홈플레이트의 먼 쪽 모퉁이까지 도달할 수 있어야 한다. 홈플레이트와의 거리를 체크하기 전에 반드시 발의 위치를 먼저 확인해야 한다. 또한, 무릎을 굽혀줘야 한다. 이 상태에서 배트를 뒤로 당겨 어깨 뒤쪽으로 가져오고 트레일링 핸드(trailing hand: 스윙 시 리드하는 손을 보조하는 기능을 가지며, 보통 양손으로 배트를 잡을 때 위쪽에 위치하고 포수 쪽에 더 가까운 손을 의미함 – 역자 주)로 배트를 잡아주면 상대적으로 이상적인 배팅 자세가 만들어진다. 이 자세에서 배트와 손의 위치

는 상대적으로 어깨 뒤쪽에 더 가깝게 된다. 손의 위치가 너무 낮으면, 공을 올려치거나 공 아래로 스윙하려고 할 것이다. 반면에 손의 위치가 너무 높으면, 도끼질 하듯 배트를 아래로 내려치는 경우가 많으므로 주의하도록 한다.

이 시점에서 팔은 두 개의 알파벳 글자와 비슷한 모양을 하게 된다. 리드 암(lead arm: 오른손잡이의 경우, 왼팔이 리드 암이 됨 – 역자 주)은 알파벳 L자 모양을 보이게 된다. 이때 팔꿈치는 긴장하지 않은 채 아래를 향하고 있어야 한다. 팔꿈치의 위치가 너무 높으면, 배트 상단부위가 아래로 떨어지는 경향이 생기므로 주의한다. 그리고 팔꿈치를 몸 안쪽으로 밀어 넣지 말고 되도록 몸에서 멀리 떨어지게 하여 잡으면서 편안한 자세를 만들어야 한다. 리어 암(rear arm: 오른손잡이의 경우, 오른팔이 리어 암이 됨 – 역자 주)의 경우, 긴장하지 않은 상태로 V자 모양이 나와야 한다. 만일 리어 암의 팔꿈치가 너무 높으면, 타자는 공 아래를 스윙하는 결과를 초래할 것이다. 그리고 팔꿈치가 몸 옆으로부터 너무 밀려나가 있으면, 공을 밀어치려는 경향이 생기게 된다(주: 필드의 반대쪽으로 치고자 할 때에는 효과적인 타법이 될 수 있음 – 역자 주). 다시 한 번 더 강조하지만, 긴장을 풀고 편안한 자세가 가장 좋은 배팅자세이다. 초보자들은 배트의 각도를 잡는데 어려움을 겪는 경우가 많다. 초보자들의 경우, 배트가 너무 무거우면, 이것을 똑바로 세워 잡으려는 경향이 있는데, 그 이유는 균형을 잡기가 더 쉽기 때문이다. 어떤 이들은 배트를 머리 뒤에까지 돌려 잡아 올바른 타격자세를 만들기 어렵도록 하는 경우가 있다. 일반적인 스탠스에서의 배트 위치를 설명하는 좋은 방법 중 하나는 타자로 하여금 전방에 시계가 있다고 상상하게 하는 것이다. 오른손잡이 타자의 경우, 배트를 바로 세우면 12시, 그리고 배트를 어깨에 걸친 채 지면과 평행이 되면 3시라고 지정한다. 이런 가정 하에서 이상적인 배트 위치는 1~2시 사이가 된

다. 왼손잡이의 경우에는 10~11시 사이가 될 것이다.

배팅 스탠스에는 많은 변수들이 있을 수 있다 하더라도, 굳이 특정한 스탠스 유형들에 대한 지도를 해야 할 이유는 없다. 왜냐하면 그렇게 하면 할수록 타격자세에서 배트 위치를 잡기가 그만큼 더 어려워지기 때문이다.

타격 원리: The 4 Ts

타격에는 T로 시작하는 4가지 핵심원리가 있다: 트랙(Track), 턱(Tuck), 턴(Turn), 그리고 드로우(Throw)이다. 첫 번째 T는 트랙이다. 트랙이란 배트와 접촉하기 전까지 공을 끝까지 주시하는 것을 의미한다. 이를 위해, 타자는 머리와 시선을 고정시켜야 한다. 이것이 바로 공을 효과적으로 트랙할 수 있는 가장 좋은 자세이다. 또한, 스탠스를 잡은 상태에서, 턱을 리드 숄더(투수에 더 가까운 어깨)에 가깝게 위치시킨다. 그리고 스윙이 이루어지면서 턱은 트레일링 숄더(포수에 더 가까운 어깨)로 이동한다. 머리는 거의 움직이지 않도록 잡아둔 상태에서, 몸을 돌리면서 회전력을 만들어낸다.

두 번째 T는 턱이다. 이것은 종종 발 벌려 앉는다는 표현으로 설명되곤 한다. 타격은 회전기술이며, 이는 몸을 웅크리는 턱 자세를 통해 배우는 게 가장 좋다. 턱 자세는 리드하는 무릎을 트레일 쪽의 무릎에 가져오면서 만들어진다. 이 자세는 체중을 뒤로 이동시키는데 도움이 된다. 여기서 의도하는 바는 체중을 앞으로 보내기 전에 뒤로 먼저 보낸다는 것이다. 이러한 체중 이동은 타자로 하여금 효율적인 타격이 이루어지도록 해준다. 리드 무릎이 턱 자세에 들어갈 때, 배트를 약간 뒤로 빼내어 스윙에 필요한 부가적인 힘을 만들어 낼 수 있다. 턱 자세 후 리드쪽 다리는 기본적으로 원래의 자리로 돌아오고, 발은 가볍게 내려놓는다. 이 동작으로 타자는 스윙을 시작하는데 필요한 기

반을 단단히 다지게 되는 것이다.

세 번째 T는 턴이며, 이를 통해 스윙이 시작된다. 이러한 턴은 투수를 향해 힙을 돌리는 동작을 수반한다. 양손을 뒤에 놓은 상태를 유지한 채, 트레일링 발의 피벗(pivot)을 시작하여 코일효과(coil effect: 한쪽 방향으로 감긴 몸을 풀면서 발생하는 힘 – 역자 주)를 유도한다.

네 번째 T는 드로우(손을 던져주는 동작)이다. 이러한 드로우는 스윙을 빠르게 할 수 있도록 해준다. 가장 좋은 스윙은 힘을 빼고 빠르게 하는 스윙이며, 너무 천천히 길게 그리고 쓸듯이 하는 것은 좋지 않다. 이상적인 스윙으로, 배트와 공의 접촉 시, 완전한 회전을 위해 힙을 돌리고 발은 비틀어준다. 여기에서 힙의 움직임은 매우 중요하다. 만일 힙이 돌아가지 않는다면, 상체의 완전한 회전은 일어나지 않는다. 타자는 트레일링 핸드를 던져줌으로써 배트를 아래로 가져오게 될 것이다. 스윙의 아크 궤도 역시 매우 중요한 부분이다. 배트의 배럴부위(the barrel of the bat: 배트의 가장 넓은 부분으로 공을 직접 치는 부위 – 역자 주)는 배트가 홈플레이트 선상에 올 때까지 손 위쪽에 있으면서, 공을 향해 힘차게 스윙해야 한다. 그리고 공 접촉 시에는 팔을 쭉 뻗어 배트와 직선이 되도록 한다.

공 접촉 후에는 효율적인 스윙을 위해 필요한 팔로우스루가 되었는지를 확인해야 한다. 공을 친 후, 손목을 전방으로 넘기면서 몸 주변으로 스윙을 계속하다가, 리드 어깨 부근에서 꺾으면서 마무리 한다. 타자의 턱은 공 접촉 시점에서 팔로우스루가 시작되는 시점까지는 트레일링 어깨에 거의 붙어 있어야 한다. 리드 쪽의 다리는 펴져 있어야 하지만, 이것이 결코 쉽지만은 않다. 트레일링 쪽의 다리는 피벗 동작을 통해 L자의 반대모양을 만들어야 한다. 이것은 종종 "벌레를 발로 비비면서 밟는 것"에 비유되곤 한다. 이러한 동작만 수행된다면, 적절한 체중 이동이 가능해질

수 있을 것이다.

타격의 원리는 배팅가이드 (표 13.1)에서 요약되고 있다. 여기에서 주목해야 할 것은 모든 원리에는 타격 유형에 따라 개인차가 존재한다는 것이다. 각 타자마다 트레일링 다리 자세는 다를 수 있다. 타자가 공을 찌르듯이 배트를 휘두르지만 않는다면, 어떤 형태의 팔로드스루든 괜찮다.

장타와 단타

장타자(power hitter)는 발을 충분히 벌린 상태에서 상대적으로 홈플레이트에서 더 멀리서 배팅박스의 사이드와 평행하게 선다. 그리고 그립은 배트 손잡이 끝을 잡는다.

단타자(choke hitter)는 장타자에 비해 홈플레이트에 더 가까이 선다. 단타를 위해 타자는 몸통을 홈플레이트 방향으로 약간 기울여야 한다. 단타자의 그립은 주로 배트손잡이 윗부분을 짧게 잡는다.

베 이 스 러 닝

소프트볼 초보자에게 가장 먼저 지도해야 할 기술 중하나는 바로 1루로 달리는 방법이다. 여기에는 두 가지 상황들이 있을 수 있다. 어떤 상황이든 간에 타자가 공을 친 후 가장 먼저 해야 할 것은 배트를 놓는 일이다. 많은 초보자들은 배트를 그냥 던지는 경향이 있다.

첫 번째 상황은 내야 땅볼로서, 이 경우 내야수들은 공을 잡은 후 1루로 송구할 확률이 높다. 타자의 경우, 공을 친후 배팅박스로부터 최대한 빨리 나와 1루로 바로 달려가야 한다. 2004년 초 1루에 이중베이스 (safety base: 안전베이스)의 사용이 허용되었다. 이중베이스의 절반(흰색)은 페어 영역으로 수비수가 사용하는 반면에, 나머지 절반(칼라)은 파울 영역으로

표 13.1. 소프트볼 배팅가이드

골든 룰:	공을 가장 오래 기다렸다 가장 빠르게 스윙하는 타자가 가장 강하게 칠 수 있다!
4가지 주요 Ts:	트랙(TRACK), 턱(TUCK), 턴(TURN), 드로우(THROW)
그립:	손가락으로 잡음(리드 핸드는 단단히, 트레일링 핸드는 느슨하게)
	CRC: 집중(Concentration), 힘을 빼줌(Relaxation), 자신감(Confidence)
스탠스:	발은 최소한 어깨너비, 발가락은 홈플레이트로 향하게 함, 무릎 구부림, 허리 굽힘(어깨가 무릎 위에), 체중은 발의 볼에, 양손은 스트라이크 존 위에서 트레일링 어깨까지, L과 V, 배트는 2시 방향에, 머리와 눈은 경사각 유지
	균형(BALANCE)
트랙:	스윙 동안 머리와 눈은 상대적으로 고정, 턱은 리드 어깨에 가까이, 눈은 공을 끝까지 주시, 공을 칠 때 턱은 트레일링 어깨에 위치
턱:	앞쪽 무릎에서 뒤쪽 무릎으로 체중 이동, 손목 꺾기(배트를 뒤로 약간 넘김), 머리 고정, 앞발을 원래자리에 내려놓으면서 체중을 발의 공 안쪽에 놓음, 체중은 여전히 뒤에 남겨놓음(얇은 얼음을 밟는 것처럼)
	리듬(RHYTHM)
턴:	힙을 돌리면서 스윙 시작, 앞발을 닫은 채 트레일링 발로 '벌레 짓누르기'를 시작, 트레일링 무릎을 투수 쪽으로 돌려줌, 손은 여전히 뒤에 위치
	회진(ROTATION)
드로우:	공을 향해 손을 던지면서 배트와의 접촉이 일어남, 공을 치기 직전까지는 배트의 배럴 부위가 손위에 머물러 있어야 함, 앞다리는 펴줌, 배꼽이 투수를 향하도록 함, 체중은 트레일링 힙 위에 오게 함
	폭발력(EXPLOSION)

주자가 반드시 밟아야 하는 부분이다. 규칙에 의하면, 1루에서 플레이가 전개될 때, 주자가 페어 영역으로 달리게 되면, 수비빙해로 아웃 처리된다. 따라서 지도자는 주자들에게 1루까지의 거리 중 후반부 절반 이상은 반드시 파울 영역 쪽으로 달리도록 지도하도록 한다. 이러한 베이스러닝이 중요한 또 다른 이유는 안전

으로, 주자가 페어 영역으로 달리게 되면, 공에 맞거나 혹은 베이스 중간에 위치하고 있을지도 모르는 수비수와 충돌할 수도 있으므로 주의가 필요하다. 주자가 배워야 할 또 다른 것으로, 반드시 1루를 지나칠 수 있도록 달려야 하며, 베이스를 충분히 지나치기 전까지는 속도를 늦추지 않아야 한다. 주자는 베이스의 앞부분(홈플레이트에 가장 가까운 부분)을 밟으면서 지나가도록 한다. 마지막 스텝에서 보폭을 크게 하여 발을 밀어 넣듯이 베이스를 밟는 동작은 달리는 속도를 감속시키는 결과를 초래하기 때문에 하지 말아야 한다. 주자는 1루 베이스를 지나친 후, 바로 오른쪽 어깨 너머로 보면서 혹시라도 공이 빠졌는지를 확인한다. 만일 이런 일이 발생하지 않았다면, 주자는 오른쪽으로 돌아 1루 베이스로 빨리 돌아온다. 주자가 1루를 지나 2루까지 갈 의도가 아니라면, 1루를 지나친 후 다시 돌아올 때 몸을 돌리는 방향은 어느 쪽이든 상관없다. 그러나 파울 영역 쪽으로 몸을 돌려 1루로 되돌아오도록 하는 것이 지도하기에 더 쉽고 안전하다고 할 수 있다.

2루에 대한 베이스러닝은 두 가지 상황들, 즉 외야에 깨끗한 안타가 났을 때, 또는 내야수 사이를 가로지르는 안타 상황에서 일어날 수 있다. 이러한 상황에서 주자는 1루 코치가 "턴 앤 룩(turn and look: 2루 쪽으로 몸을 돌려놓고 공을 주시함 – 역자 주)" 혹은 "턴 앤 고(turn and go: 2루 쪽으로 몸을 돌려놓고 달려감 – 역자 주)"라고 명령하기 전까지는 2루로 바로 달려가야 한다. 만일 2루까지의 주루 절반 정도까지 달려간 상황에서 코치의 명령이 떨어졌다면, 주자는 몸을 돌려 1루 베이스로 재빨리 돌아와야 한다. 2루 베이스로 달려가는 주자는 자신의 발로 홈플레이트와 가장 가까운 베이스의 안쪽 부분을 터치하도록 한다. 몸을 돌려 2루 쪽으로 보고만 있다면, 1루를 떠날 때 베이스를 밀면서 출발하는 발은 어느 쪽이든 상관없다.

타자가 친 공이 외야로 바로 날아갈 때, 코치는 주자에게 "턴 앤 룩"이라고 외친다. 이때 주자는 마치 2루로 달려갈 기세로 몸을 돌려놓고 외야에 뜬 공을 주시한다. 만일 외야수가 공을 놓치게 되면, 주자는 2루로 달려간다. 만일 외야수가 중계 수비수에게 악송구를 던졌거나 혹은 1루 베이스 송구가 나빴을 때에도, 주자는 2루로 달려간다. 주자는 내야수가 공을 잡을 때까지는 1루로 다시 돌아오지 말아야 한다. 그러나 내야수가 공을 잡았다면, 주자는 공을 끝까지 보면서 1루로 다시 돌아와야 한다.

다음 단계는 "턴 앤 고" 명령 하에, 주자는 1루에 서서 몸을 돌린 다음, 2루로 전력질주 하다가 베이스에서 멈추는 연습을 지도하는 것이다. 코치의 명령은 명확하고 간결해야 하며, 구어뿐만 아니라 수신호 등의 시각적 표현도 해주어야 한다. 주자로 하여금 1루를 지나 2루로 가라고 할 때, 코치는 "고-고-고!"라고 외쳐야 한다. 턴(turn)에 대한 명령은 "턴 앤 룩!" 혹은 "턴 앤 고!"로 표현한다. 2루에서 정지시킬 때는 "베이스에 정지!, 베이스에 정지!"라고 하면 된다. 이때 3루 코치는 손가락으로 2루를 지시해야 한다. 3루에 주자가 없는 상황에서 2루로 달려오는 주자를 정지시키는 것은 3루 코치의 역할이다. 그러나 3루에 주자가 있다면, 1루 코치가 2루로 달려가는 주자에게 소리쳐 정지시켜야 한다.

베이스러닝에서 중요한 것은 주자들이 공의 위치를 항상 파악하고 있어야 한다는 점이다. 주자들은 내야 땅볼을 단지 쳐다보는 것이 아니라, 타구된 공이 어디로 갈지에 대해 감각적으로 느낄 수 있어야 한다. 일단 타자가 공을 치고 나면, 공이 어디로 갈 지에 대한 기본적인 생각을 하고, 코치를 보면서 2루로 달려간다. 1루로 던진 공이 악송구가 되었을 때, 주자는 1루 베이스를 도로 밟지 말고 그냥 2루로 달려가면 된다. 그러나 2루에서는 베이스로 자유롭게 돌아올 수 없으므로, 반드시 정지해야 한다.

홈은 1루와 함께 소프트볼에서 유일하게 베이스를

지나칠 수 있는 곳이기 때문에 2루에서 홈으로 들어오는 베이스러닝 역시 연습이 필요하다. 이를 위한 테크닉은 홈에서 공을 치고 2루까지 가는 것과 비슷하다. 주자가 3루를 향해 출발하면, 3루 코치는 베이스라인 홈 방향 쪽으로 약간 내려가 서서 "턴 앤 룩," "턴 앤 고," 혹은 "베이스에 정지" 중 하나를 외치도록 한다. 이때 턴을 위한 코치의 수신호는 팔로 원을 그리면서 흔들어준다. 턴 앤 고 상황에서는 팔을 계속해서 돌려주면 된다. 그리고 턴 앤 룩에서는, 주자가 베이스에 머물고 있는 상태에서 코치는 양손을 들고 있다가 뛰지 말아야 하는 상황이라면, 한 손은 든 채 다른 손으로 베이스를 가리켜야 한다. 중요한 것은 이러한 코치의 시각적 그리고 구어적 명령이 주자에게 명확하게 전달되어야 하며, 이를 위해서는 많은 연습이 필요하다.

베이스러닝 스탠스

슬로피치 규칙에서는 배트로 공을 맞춘 후, 땅볼이 나온 후, 또는 공이 홈플레이트를 통과하기 전까지는 주자가 베이스를 떠날 수 없도록 되어 있다. 이러한 규칙을 고정베이스(fixed base)라고 한다(주자의 리드 상황과는 반대의 개념임). 고정베이스에서 자리를 잡는 가장 좋은 방법은 롤링스타트(rolling start)를 사용하는 것이다. 이것은 왼발을 베이스 옆면에 올려놓아, 다음 베이스를 볼 수 있도록 하는 방법이다. 왼발의 공은 지면에 접촉한 채, 베이스의 옆면을 눌러준다. 이때 발뒤꿈치는 공중에 떠 있게 된다. 오른발은 베이스 바로 옆에 위치시켜야 한다. 예를 들면, 1루에 있을 때, 주자는 자신의 오른발을 베이스의 우측 필드 쪽 가까이 놓아야 한다. 투수가 투구를 할 때, 주자는 오른발을 들고 2루 방향으로 몸을 기울여야 한다. 주자는 공이 홈플레이트를 통과함과 동시에 오른발로 땅을 찰 수 있다. 이러한 동작은 주자로 하여금 관성

을 극복하도록 하고, 타자가 공을 쳤을 때 2루로 내달릴 수 있도록 해준다. 만일 타자가 공을 치지 못한 경우에는, 들었던 오른발을 베이스에 도로 올려놓고 다음 투구를 기다린다.

슬라이딩은 지도하기 어렵고 위험할 수 있다. 초보자의 경우, 슬라이딩을 금지시켜야 한다. 슬라이딩 지도에 관심 있는 사람들은 존슨, 레겟, 맥마흔(Johnson, Leggett, and McMahon 2001)의 교재를 참고하도록 한다.

포지션별 기술

포수

포수는 타자 뒤쪽에서 편안하게 하프 스쿼트(half squat) 혹은 무릎으로 앉은 자세를 취해야 한다. 글러브는 홈플레이트로부터 뒤로 약간 떨어진 곳에서 포켓을 열고 지면에 가까이 놓도록 한다. 포수는 투구된 공이 바운스 되기 전에 반드시 캐치할 필요는 없다. 포수는 짧게 떨어진 볼 처리를 위해 앞으로 튀어나가거나 포스플레이와 홈에서의 태그플레이 등을 수행할 준비를 하고 있어야 한다. 그리고 볼 캐치 시에는 안전을 위해 글러브를 뻗어 앞에서 공을 잡으려 하지 말고, 공이 그냥 글러브 안으로 들어오도록 내버려둔다.

투수

투수의 스텝방식은 개인적 선호도에 달려있다. 가장 많이 사용되는 형태로는, (1) 글러브 사이드의 발로 홈을 향해 스텝을 밟는 스타일, 그리고 (2) 스텝 없이 투구한 후 몇 발자국 뒤로 물러나 5번째 내야수가 되는 스타일이 있다. 첫 번째 스타일은 가장 쉽게 지도할 수는 있지만, 투수와 타자와의 거리가 더 가까워지게 된다. 많은 투수들은 두 번째 스타일을 숙달하는데 어려움을 겪지만, 더 안전하고 나은 수비를 할 수 있게

된다. 둘 중 어떤 스타일을 선택하든 간에 투수는 타자가 스윙하기 전에 캐칭 준비 자세를 취해야 한다. 이 역시 안전을 위해 반드시 필요한 동작이다.

슬로피치에서 사용되는 그립과 릴리스에는 세 가지 자세, 즉 (1) 포핸드 자세(forehand position), (2) 중간 자세(mid position), (3)백핸드 자세(backhand position)가 있다. 포핸드 릴리스로 공을 투구하기 위한 그립은 오버핸드 드로우를 하는 것처럼 공을 잡는다. 팔을 뒤로 젖혀 힙을 지날 때, 투구하는 손의 손바닥이 홈플레이트를 향하게 한다 (도해 13.6). 그런 다음, 팔을 앞으로 스윙시키면서 공을 릴리스 하는데, 이때 손목에 가벼운 스냅을 주어 공이 적절한 아크를 그릴 수 있도록 한다. 중간 자세에서의 투구 그립을 위해서는 드로잉 핸드의 엄지손가락, 집게손가락, 그리고 가운데 손가락으로 공을 잡는다. 전완을 안쪽으로 회전시켜 엄지손가락이 피벗 다리 옆에 오게 한다 (도해 13.7). 그런 다음, 팔을 앞으로 가져올 때, 가벼

도해 13.7. 중간 자세 피칭 그립.

도해 13.8. 백핸드 피칭 그립.

운 손목스냅으로 릴리스를 수행한다. 많은 슬로피치 투수들은 백핸드 릴리스 (도해 13.8)를 선호한다. 이 자세는 공에 백스핀이 더 많이 들어가게 할 수 있고,

도해 13.6. 포핸드 피칭 그립.

릴리스 시 느낌이 더 좋다.

1루수

1루수는 달려오는 주자를 방해하지 않는 한도 내에서 베이스를 지켜야 하며, 공의 송구방향에 상관없이 모두 다 커버할 수 있어야 한다. 1루수는 공이 내야에서 송구될 때, 베이스의 안쪽(내야 쪽) 면을 밟고 있어야 한다. 공 송구가 아닌 상황에서의 수비위치는 보통 베이스로부터 약 6피트(1.83m) 떨어진 베이스라인에서 몇 발자국 뒤에 선다. 일반적으로 1루수는 키가 큰 선수가 맡는데, 그 이유는 팔과 다리를 더 길게 뻗을 수 있어 악송구를 처리하는데 용이하기 때문이다. 1루수는 다른 내야수들에 비해 기동성에 대한 부담은 상대적으로 적다.

2루수

2루수는 내야 땅볼 처리를 위해 좌우 방향전환을 민첩하게 할 수 있는 능력을 가지고 있어야 한다. 2루수는 베이스라인 선상 약긴 뒤에, 그리고 1루보다는 2루에 더 가까이 위치하는 것이 가장 좋다. 2루수의 중요한 임무 중 하나는 언제라도 다른 내야수들을 돕기 위해 위치 이동을 할 수 있어야 한다. 2루수는 다른 내야수들만큼 강한 팔을 필요로 하지는 않는다.

유격수

유격수는 베이스라인 뒤쪽으로 약 10~12피트(3.05~3.66m) 떨어지고, 2루에서 3루로 가는 길의 1/3 지점에 위치해야 한다. 유격수는 민첩하고 빨라야 하며, 왼쪽 혹은 오른쪽 방향에 대한 수비를 똑같이 잘할 수 있어야 한다. 일반적으로 유격수는 오른쪽 내야 땅볼이나 투수 앞 땅볼일 때, 2루를 커버한다. 그리고 3루

수가 수비를 할 때에는 3루 베이스로 이동하여 커버해준다. 유격수가 가지는 또 다른 중요한 역할은 평범한 더블플레이에서 피벗인(pivot person: 더블플레이를 위해 유격수가 한 발로 베이스를 밟아 주자를 포스아웃 시킴과 동시에 1루로 송구하는 동작 – 역자 주)이 되는 것과 외야수로부터 송구된 공을 중간에서 차단하거나 다른 베이스로 연결하는 것이다.

3루수

3루수는 베이스라인 뒤쪽으로 베이스에서 약 6피트(1.83m) 떨어진 곳에서 플레이한다. 3루수의 경우, 강한 팔과 빠른 반발력을 가져야 한다. 아마도 3루수는 다른 어떤 내야수보다 더 많은 다이빙캐치 상황을 맞이할 것이다. 유격수와 3루수 사이로 오는 공은 3루수가 처리하는 것이 더 쉬우므로, 3루수의 왼쪽 방향으로 공을 다양하게 보내 연습을 시켜야 한다.

외야수

외야수는 주력이 좋아야 하고, 플라이 볼에 대한 비행 궤도를 정확하게 판단할 수 있어야 하며, 그리고 공을 정확하고 강하게 던질 수 있어야 한다. 슬로피치 소프트볼에서 외야수의 위치는 보통 외야 전 지역을 가로질러 배치되는 포-어크로스 얼라인먼트(four-across alignment)이다 (도해 13.9). 외야수들은 타자들의 평소 타구 방향에 대한 분석이 필요하다. 그리고 투수의 투구를 항상 주시하고 어떤 방향으로든 이동할 수 있도록 준비되어 있어야 한다. 베이스에 주자가 없는 상황에서 외야에 떨어진 공을 처리할 때, 외야수는 한쪽 무릎을 꿇고 몸을 공 앞에 놓으면서 막는다. 반면, 베이스에 주자가 있는 경우에는 내야수가 하는 것처럼 땅볼 처리를 한 후 리드 주자 앞쪽으로 공을 던져야 한다. 외야수가 공을 던져 홈이나 다른 베이스에서 주자

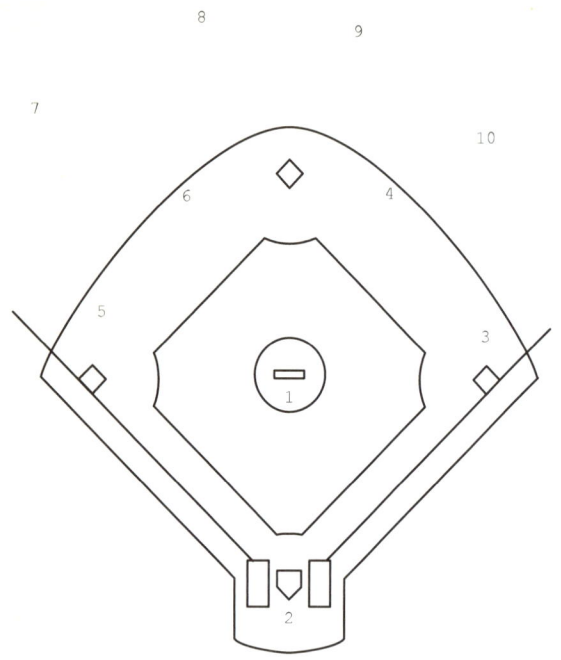

도해 13.9. 수비 포지션. 1. 투수. 2. 포수. 3. 1루수. 4. 2루수. 5. 3루수. 6. 유격수. 7. 좌익수. 8. 좌 - 중견수. 9. 우 - 중견수. 10. 우익수.

를 아웃시키고자 한다면, 달려오면서 정지동작 없이 스쿠핑 동작(scooping action: 글러브로 공을 퍼 올리듯 캐치하는 동작 – 역자 주)으로 공을 잡아 던져야 한다. 이것은 위험부담은 크지만, 외야수가 공을 빨리 처리할 수 있는 장점이 있다.

플라이 공 상황에서, 외야수는 양쪽 엄지손가락을 모으면서 공을 잡을 수 있는 자리로 이동해야 한다. 만일 플라이 볼의 거리가 확실치 않거나 라인드라이브(직선 타구 – 역자 주)일 경우에는 일단 뒤로 한 발짝 물러서, 최소한 공이 외야수 앞에 오도록 해야 한다. 타구에 대한 외야수들 간의 혹은 외야수와 내야수 간의 구어적 의사소통은 반드시 필요하다. 외야수와 내야수가 같이 공을 쫓아 갈 때에는 외야수가 볼 처리에 대한 우선권을 가진다. 플라이 볼은 보통 날아가다가 끝에서 파울라인 쪽으로 휘는 경향이 있으므로, 이때의 볼 처리는 중앙에 가까운 외야수들이 아닌 코너

쪽에 가까운 외야수들이 한다. 타구가 중앙으로 날아오는 경우에는, 공의 비행궤도에 가장 가까운 외야수가 먼저 콜(call) 하면서 처리해야 한다. 외야수는 타구에 대한 수비 외에도, 내야수나 인접한 동료 외야수의 수비를 도와야 하며, 베이스 송구에 대한 커버도 해야 한다.

주요 경기규칙

투구된 공이 스트라이크 존을 벗어나면 볼이 선언된다. 스트라이크 존은 홈플레이트의 모든 부분 상단으로, 높이는 정상적인 배팅 스탠스의 타자 앞쪽 무릎과 뒤쪽 어깨 사이를 포함한다.

페어(*fair*) 볼이란 공이 (1) 페어지역 안(1루와 3루 베이스 사이)에 떨어졌을 때, (2) 홈베이스를 포함한 모든 베이스에 떨어졌을 때, (3) 1루 혹은 3루 베이스를 지나 페어지역에 떨어졌을 때, 또는 (4) 1루 혹은 3루 베이스 너머로 바운스된 후 파울지역에 떨어졌을 때 선언된다. 한 가지 알아야 할 것은 홈베이스 역시 페어지역이라는 사실이다.

인필드 플라이(*infield-fly*) 규정에서는 노아웃 혹은 원 아웃 상황이고, 주자가 1, 2루 또는 만루 상황일 때, 타자가 친 공이 평범한 플라이 볼이 되어 내야수가 어렵지 않게 잡을 수 있다고 판단되면, 심판은 타자의 아웃을 선언하고 주자들은 위험을 감수하고서라도 진루를 할 수는 있다. 이때 공은 반드시 페어볼이어야 한다.

파울(*foul*) 볼이 선언되는 상황은 타구가 (1) 1루나 3루 베이스라인 밖에 떨어졌을 때, 또는 홈플레이트 뒤로 나갔을 때, 또는 (2) 1루나 3루 베이스의 파울 지역을 지나가거나 베이스 밖으로 나갈 때를 포함한다. 수비수가 파울 플라이를 잡으면, 타자는 아웃된다. 주자들은 페어 플라이 상황처럼 위험을 감수하고 진루

를 시도할 수는 있다. 타자는 투 스트라이크 상황에서 다음에 친 공이 파울이 되면, 아웃이 된다.

파울 팁(*foul tip*)이란 배트에 맞은 공이 타자의 머리 높이 아래에서 포수의 글러브에 그대로 들어가는 것으로, 이것은 합법적으로 캐치한 것으로 본다.

다음과 같은 상황에서 타자는 아웃 처리된다.

1. 삼진(three strikes: 스트라이크 3회)
2. 번트를 대거나 공을 아래로 깎아 쳤을 때
3. 플라이 공을 합법적으로 잡았을 때
4. 인필드 플라이 볼 규정이 적용될 때
5. 타자가 포수를 방해했을 때
6. 타자가 태그당하거나 1루에서 포스아웃 될 때
7. 고의성이 짙은 수비방해는 주자뿐만 아니라 타자도 아웃될 수 있음

떠날 수 있다.

7. 주자가 태그를 피하기 위해 베이스라인을 벗어나면 아웃이 된다. 주자는 베이스라인 옆으로 한 발짝, 즉 약 3피트(0.91m)정도까지는 벗어날 수 있다. 주자는 내야 땅볼을 수비하는 내야수를 방해하면 아웃이 된다. 베이스에 있는 주자가 필요에 의해 수비하는 내야수 옆으로 돌아가는 경우에는 아웃이 아니다.
8. 주자가 앞선 주자를 앞지르게 되면 아웃이 된다.
9. 주자가 베이스를 밟고 있지 않는 상황에서, 타자가 친 페어 볼이 투수가 아닌 다른 내야수를 지나치기 전에 주자를 맞히게 되면 이 주자는 아웃이 된다.

베이스러닝 규정

1. 모든 베이스는 순서대로 밟아야 한다.
2. 두 명의 주자들이 한 베이스에 있을 경우, 가장 나중에 도착한 주자가 태그아웃 된다.
3. 포볼(four balls)이 선언되면, 타자는 베이스 주자가 된다.
4. 타자가 친 페어 볼이 바운스 혹은 굴러서 외야석으로 들어가는 경우, 또는 필드 영역을 구분하기 위해 설치해둔 펜스나 유사 시설을 넘어가거나, 밑으로 통과 혹은 뚫고 지나가는 경우에는, 데드볼이 선언되고 모든 주자들은 2루씩 진루하게 된다.
5. 수비수가 던진 공이 바운스 혹은 굴러서 외야석으로 들어가는 경우, 또는 필드 영역을 구분하기 위해 설치해둔 펜스나 유사 시설을 넘어가거나, 밑으로 통과 혹은 뚫고 지나가는 경우에는, 데드볼이 선언되고 모든 주자들은 2루씩 진루하게 된다.
6. 도루는 금지된다. 투구된 공이 홈플레이트를 지나쳤을 때와 타자가 공을 쳤을 때만 주자가 베이스를

교육 시 고려사항

1. 적정 수준의 수비 및 던지기 기술을 지속적으로 수행할 수 있을 때, 실제 경기나 이와 유사한 상황에서 이러한 기술들을 사용한다.
   a. 상대석으로 소프트한 공으로 시작하는 것을 고려한다.
   b. 처음에는 내야수에게 직접 공을 천천히 던져줘 수비를 하도록 한다. 그런 다음, 공 스피드를 점점 높여주고 내야수로 하여금 좌우 그리고 전후로 움직이면서 공을 잡도록 한다.
   c. 타구의 거리와 방향을 다양하게 해준다. 상황에 따라 다양한 던지기 패턴이 존재할 수 있다는 점을 인정한다.
   d. 좀 더 강한 타구에 대한 대비책으로 수비 준비 자세를 갖추자마자 바로 볼 처리를 하는 연습을 포함한다.
2. 기초 기술들은 투구된 공을 배트로 치지 않고서도 (공을 던져주거나 티볼을 이용하여 공을 쳐주는

것 등) 그리고 적은 인원으로도 충분히 지도될 수 있다. 많은 선행 활동들과 변형된 게임들을 통해 연습이 더 많이 될 수 있도록 하고, 경우에 따라서는 공식경기에서보다 더 높은 수준의 플레이를 수행할 수 있도록 해준다. 교사들은 연습 시 이러한 것들을 사용할 것을 고려해보아야 할 것이다. 베이스러닝과 수비전략에 대한 지도는 더 많은 공격 기회를 위해 배팅 없이 하는 것이 가장 좋다.

3. 피칭 기술은 따로 연습한다. 모든 학생들에게 모든 포지션에서 플레이를 해볼 수 있는 기회를 준다. 실력이 떨어진다고 해서 '벤치에 남겨두면' 안 된다. 그렇다고 해서 실력이 약한 선수를 위험에 처하도록 해서도 안 된다.

4. 항상 안전을 강조한다.

   a. 실력이 떨어지는 선수들끼리 2인 1조가 되어 볼 캐치를 연습한다.

   b. 준비운동을 하는 동안, 모든 조들은 나란히 마주보고 서서 공을 던지고 받는다.

   c. 조별 간격을 충분히 하여 공의 방향이 잘못되었을 때, 옆 사람과 충돌하지 않도록 한다.

   d. 구역을 따로 나누어 지도할 때에는 타구나 악송구가 다른 구역에 들어가지 않도록 해야 한다.

   e. 타자가 배트를 잡고 있을 때에는 항상 안전을 강조해야 한다. 타자들은 실제 스윙뿐만 아니라, 연습 스윙 때에도 주변에 사람이 없는지 반드시 확인해야 한다. 배트를 들고 이동할 때에는 손잡이 부분을 잡고 배럴 부분이 아래로 향하게 해야 한다.

5. 타격 지도 시에는 다음의 방법들을 고려해본다.

   a. 휘플볼(whiffle ball: 구멍을 뚫어 멀리 날지 못하게 만든 플라스틱 공 – 역자 주)과 배트의 사용

   b. 티볼(T-ball)을 사용한 타격

   c. 투수(혹은 코치)가 낮은 아크로 공을 투구해줌

6. 처음에는 기초만을 적용한다. 그런 다음, 학습자들의 실력이 나아지면, 좀 더 테크니컬한 규칙들을 적용한다.

7. 학생들에게 책임감을 부여하여 리더십을 부각시키되(주장이나 장비책임자로 임명), 이들에 대한 기대치를 알려주고 이러한 기대치를 계속해서 유지시킨다.

8. 항상 안전을 생각한다(예: 실력이 떨어지는 선수들에게 한 번에 많은 공을 던지는 것은 자칫 부상으로 연결될 수 있다.).

용어 해설

내야(infield) 베이스라인 내의 필드 영역.

더블 플레이(double play) 타자가 친 공에 두 명의 공격 팀 선수들을 아웃시키는 플레이.

베이스 온 볼스(base on balls) 심판의 포볼 선언으로 타자가 1루로 나가는 권리를 획득하는 것을 의미한다.

베이스 패스(base path) 베이스 사이를 가로지르는 너비 3피트(0.91m)의 가상선으로, 주자가 주루 플레이를 하는 경로이다.

배터리(battery) 투수와 포수.

스위치 타자(switch hitter) 오른손잡이와 왼손잡이 타격을 모두 구사할 수 있는 타자.

스트라이크 존(strike zone) 홈플레이트 너비와 타자의 어깨에서 무릎까지의 높이를 포함하는 영역.

어시스트(assist) 수비 팀의 야수가 상대팀 주자를 아웃시키는 것을 돕는 것을 말한다. 주자를 아웃시키는 송구를 하거나, 타구 또는 송구의 속도를 약하게 혹은 공의 방향을 바꾸는 것을 포함한다.

어필 플레이(appeal play) 심판은 판정을 내릴 수 없는 특정 플레이 상황으로 선수는 이를 어필할 수 있다. 이때 선수의 요청은 다음 플레이가 개시되기 전에 이루어져야 한다.

에러(error) 주자를 아웃시키는데 실패하거나 주자의 진루를 허용하게 하는 플레이.

엑스트라 플레이어(extra player) 공격은 하지만 수비는 할 수도 혹은 안할 수도 있는 선수.

이닝(inning) 한 팀의 공격과 수비가 모두 끝난 상황으

로, 처음 공격을 시작한 팀부터 카운트가 시작된다.

인필드 플라이 규정(infield-fly rule) 주자가 1, 2루 또는 만루 상황이고, 아웃카운트가 원 아웃 이하일 때, 타자가 친 공이 평범한 내야 플라이가 된 경우에 이 규정이 적용된다. 공은 반드시 페어지역 내에 있어야 하며, 심판의 판단 하에 수비수가 공을 쉽게 처리할 수 있는 상황이어야 한다. 공이 살아있는 동안 주자들은 위험을 감수하고 진루를 시도할 수도 있다.

타순(batting order) 선수들의 타격 순서를 명시한 공식 리스트.

타율(batting average) 타자의 안타수를 타수로 나눈 값이다. 4구와 희생플라이는 타수에 포함되지 않는다.

텍사스 리그(Texas leaguer) 텍사스안타라고도 불리며, 내야와 외야 사이에 안전하게 떨어지는 공을 의미한다.

파울 팁(foul tip) 공이 배트에 맞은 후 바로 포수의 글러브에 들어가는 경우를 말한다.

페어 지역(fair territory) 플레이가 전개되는 필드 영역. 홈플레이트에서 외야까지 연결되는 1루와 3루 베이스 방향의 파울라인을 포함한다.

플레이 볼(play ball) '플레이 볼'은 경기 시작 혹은 플레이 재개를 알리는 신호이다.

피벗 풋(pivot foot) 투수가 투구 전까지 투수판에 지속적으로 올려놓아야 하는 발.

희생 플라이(sacrifice fly) 외야로 친 플라이 공으로, 외야수가 공을 집는 순간 주자는 태그 업(tag up: 외야수가 공을 잡을 때까지 기다렸다 볼 캐치 이후 베이스를 출발하는 것 - 역자 주) 후 홈으로 달려 득점할 수 있다.

추가 읽을거리

American Sport Education Program. 2001. *Coaching youth softball.* 3rd ed. Champaign, IL: uman Kinetics.

Craig, S., and Johnson, K. 1997. *Softball.* Dubuque, IA: McGraw-Hill. 저자는 패스트피치 소프트볼 기초에 대한 최신 분석을 제공하지만, 대부분의 테크닉은 슬로피치 소프트볼에도 적용가능하다.

DeMichele, D., and Majeski, D. 2004 *Softball everyone.* 3rd ed. Winston-Salem, NC: Hunter Textbooks.

Garman, J. 2001. *Softball skills and drills.* Champaign, IL: Human Kinetics.

Joseph, J. 1998. *Defensive softball skills.* Champaign, IL: Human Kinetics.

Joseph, J. 2001. *Coaching youth softball: A baffled parents' guide.* Dubuque, IA: McGraw-Hill.

Kempf, C. 2002. *The softball pitching edge.* Champaign, IL: Human Kinetics.

Kneer, M. E., and McCord, C. L. 1995. *Softball: Slow and fast pitch.* 6th ed. Dubuque, IA: McGraw-Hill. 패스트피치와 슬로피치 소프트볼 모두에 대한 장비, 규칙, 테크닉 다룸.

Noren, R. 2005. *Softball fundamentals.* Champaign, IL: Human Kinetics. 48개 이상의 실전같은 드릴 포함.

Potter, D. L., and Brockmeyer, G. 1999. *Softball: Steps to success.* 2nd ed. Champaign, IL: Human Kinetics. 25개의 장에서 저자는 올바른 테크닉의 열쇠를 정의하고, 흔한 에러를 설명하고, 연습용 드릴을 제공하며, 소프트볼 기술을 위한 수행 목표를 제안한다.

Rikli, R. 1991. *Softball skills test manual.* Reston, VA: American Alliance for Health, Physical Education, Recreation and Dance. 국가 규범, 관리지침과 그 이용법과 함께 기술 테스트를 다룸.

Southworth, H., and Pullins, C. 2000. *Teaching the complete baserunner.* Dubuque, IA: Kendall /Hunt.

The Amateur Softball Association of America. Current edition. *Official rules of softball.* Oklahoma City, OK. 패스트피치와 수정된 피치 및 슬로피치의 공식규정.

U.S. Olympic Committee Sport Series. 2004. *A basic guide to softball.* Torrance, CA: Griffi n Publishing Group. 초보 선수들을 위한 경기 방법 포함.

자료

비디오

American Sport Education Program. 2001. *Coaching youth softball video: Techniques and tactics.* Champaign, IL: Human Kinetics.

Garman, J. 2001. *Fielding: Softball skills and drills video*. Champaign, IL: Human Kinetics.

Slow pitch softball: Reflex hitting system with Ray DeMarini. West One Videos, 1995 Bailey Hill Road, Eugene, OR 97405.

그 외 비디오 자료는 부록 C를 참조하라.

웹사이트

www.directsports.com/catalog/

www.softball.mb.ca/products/slopitch.html

www.usasoftball.org

14 수구

이 장을 완벽하게 습득한 뒤, 독자들은 다음과 같은 사항들을 할 수 있어야 한다.

▶ 수구의 역사와 장비, 시설에 대해 설명한다.
▶ 규칙과 심판 규정을 설명한다.
▶ 수구 선수들에게 필요한 수영 기술을 수행한다.
▶ 공격과 수비 기술 및 전략을 실연해 보인다.
▶ 단체 학생들에게 올바른 기술을 사용해 수구 경기를 하는 방법과 교육 기술을 가르친다.

역 사

전통적인 수영 경기와 스턴트 경기에 지루해진 영국의 한 수중경기선수 단체에서는 1860년대에 새로운 유형의 경기를 창안했다. 원래는 호수에서 경기를 했으며, 한 팀의 인원이 11명씩이고, 골대는 통나무를 띄워놓고 경기하던 방식에서부터 수구는 수없이 많은 변화를 겪었다. 오늘날 이것은 모든 수중경기 중 아마도 가장 힘든 경기일 것이다.

1900년 올림픽 경기에 채택된 수구는 언제나 전 세계의 수영을 하는 많은 사람들을 사로잡았는데, 유럽에서 특히 인기가 높았다. 그러나 최근까지만 해도 수구는 다소 알려지지 않은 스포츠였다. 영국과 벨기에는 올림픽 초창기 때 서로 선두를 다투었다(영국이 1900년에서 1920년까지 올림픽 5회 중 금메달을 4개 차지했으며, 벨기에는 1900년에서 1924년까지 올림픽 6회 중 은메달 4개와 동메달 1개를 얻었다). 믿기 힘든 일이지만, 1928년 초부터 1980년까지는 헝가리가 금메달 6개(1932, 1936, 1952, 1956, 1964, 1976), 은메달 3개(1928 1948, 1972), 동메달 3개(1960, 1968, 1980)로 올림픽 때마다 메달을 가져갔다.

수영장과 잘 훈련된 전문 수영 코치들이 많아지면서 전 세계적으로 수영에 뛰어난 능력을 보이는 사람들도 상당히 증가했고, 수구는 그러한 변화와 더불어 가장 빠르게 성장한 스포츠 중 하나다. 실제로 미국 올림픽발전위원회(U.S. Olympic Development Committee)에서는 올림픽 의제에서 스포츠 30종 중 수구를 미국에서 세 번째로 빠르게 성장하는 스포츠로 평가했다.

과거에는 여러 가지 이유로 미국은 대부분의 다른 국가에서 사용하는 규칙, 즉 FINA(국제수영연맹) 규칙을 따르지 않았다. 그러나 지금은 미국의 수구는 거의 정확하게 FINA 규칙을 따르고 있어, 미국팀이 국제 경기에서 좋은 성과를 나타낼 수 있게 되었다.

미국에서 21세기 초에 소위 '소프트볼(softball)'이라고 부르는 수구 경기를 장려했는데, 이 경기는 절반만 부풀린 부드러운 공을 사용한다. 이 공은 물속에서 잡을 수 있고 동작의 대부분이 수면 아래서 이루어진다. 이 경기는 물속에서 일어나는 상황을 볼 수 없기 때문에 관람객에게 별로 인기가 없었다. 더군다나 풀 가장자리에 있는 심판이 경기 상황을 지켜보기 어려웠고 물속에서 발생하는 부상도 증가했다.

1940년대 후반에서 1950년대까지 캘리포니아의 소규모 코치 단체에서 미국 수구의 문제점을 제기했고, 새로운 형태의 경기 방식을 만들었는데 캘리포니아 고등학교와 대학교에서 이를 받아들이면서 1960년대에 이 경기 방식이 전국으로 급속히 퍼졌다.

1984년까지 미국에서는 올림픽 수구 경기에서 딴 메달이 단 세 개의 동메달뿐이었다(1924, 1932, 1972). 미국은 1904년 올림픽 때 금메달, 은메달, 동메달을 차지했지만 세인트 루이스 올림픽에서 채택된 '낮선' 규정 때문에 유일한 외국 팀이던 독일이 참가하지 않았다. 그러나 1984년과 1988년에 미국은 유고슬라비아와 마지막까지 승패를 예측할 수 없는 경기를 펼치다가 마침내 우승을 내주고 은메달에 그쳤다. 1984년의 최종 득점은 5-5였지만 토너먼트 총 득점이 더 많았기 때문에 금메달은 유고슬라비아에게 주어졌다. 1988년에는 올림픽 역사상 최초로 연장경기가 벌어졌던 토너먼트에서 유고슬라비아가 미국에 9-7로 이겼다.

1991년 7월 미국 남자부 수구팀은 유고슬라비아와의 경기에서 7-6으로 이기면서 1904년 이후 주요 국제 경기에서 미국의 첫 금메달을 차지했다. 이것은 스페인 바르셀로나에서 열린 FINA 월드컵 토너먼트였다. 1992년 이탈리아 올림픽에서는 이탈리아가 금메달, 스페인이 은메달을 차지하고, 미국은 4위에 그쳤다. 1996년에는 스페인이 금메달, 크로아티아가 은메달, 이탈리아가 동메달을 차지했다.

1991년 6월 미국 여자부 수구팀은 FINA 월드컵에서 동메달을 땄다. 여자부 수구는 2000년 호주 시드니 올림픽 때 처음으로 도입되었는데, 이때 미국 여자부 수구팀이 금메달과 은메달을 차지했다.

2004년 아테네 올림픽에서는 헝가리 남자부가 금메달, 세르비아가 은메달, 러시아가 동메달을 땄다. 여자부는 금메달이 이탈리아에 돌아갔고, 그리스가 은메달, 미국이 동메달을 차지했다.

장비

각 팀은 수모 2세트를 준비하는데, 색깔이 서로 대비되도록 한 팀은 하얀색, 상대 팀은 짙은 색 수모를 쓰며 이때 노란색/주황색은 제외한다. 원정팀은 하얀색 수모를, 홈팀은 짙은 색 수모를 쓴다. 모든 수모에는 플라스틱 귀 보호대가 있어야 하고 수모와 색깔을 맞추어야 한다(짙은 색 수모에는 짙은 색 귀 보호대, 흰색 수모에는 흰색 귀보호대).

골키퍼는 단색의 빨간색 수모 혹은 두 가지 대비되는 색깔로 사등분된 수모를 쓴다. 골키퍼의 귀 보호대는 같은 팀 선수들 수모와 동일한 색깔이어야 한다. 골키퍼의 수모에는 숫자 1 혹은 1A가 적혀있다.

공은 고무와 천을 혼합해 만든 것으로, 색깔은 노란색/황금색이며, 방수 기능, 4겹, 자동폐쇄밸브를 갖추고 있다. 공은 평방인치당 최대 15파운드(6.82kg)의

압력에 견디도록 부풀리고, 둘레가 27~28인치(69~71
㎝), 무게가 15~17온스(429~486g)이다. 이와 비슷한
공을 여자부와 청소년부에도 사용할 수 있으며 권장
하는 규격이다.

NCAA 규정

경기방식은 인기 있는 두 가지 스포츠인 수영과 라크
로스를 기반으로 한다.

한 팀에 7명씩으로 수면 위에서 경기를 펼친다.
NCAA 수구는 현재 100피트(30.5m)와 75피트(22.9m)
두 가지의 풀 크기를 인정하며, 100피트를 선호하고,
선수권대회에서는 길이 100피트, 너비 75피트의 풀을
사용한다. 수심은 깊을수록 좋다. 경기장 전체가 수심
이 깊은 것이(6 1/2피트[2m] 이상) 이상적이지만, 대
부분의 실내 풀은 끝 쪽이 얕다. 골대는 10피트(3.05m)
간격으로 세우고, 크로스바는 수심이 5피트(1.52m)
이상일 경우 수면에서 3피트(0.91m) 올라온 높이이며,
수심이 5피트(1.52m) 이하일 경우 크로스바는 경기장
의 바닥에서 8피트(2.44m) 높이이다. 캔버스나 네트
가 골대 뒷면과 옆면을 둘러싸야 한다. 골대는 벽 부
착식 혹은 '부유식'으로 설치할 수 있으며, 부유식은
레인선이나 부표 로프에 연결해 사용한다. 골대 공간

의 깊이는 최소 18인치(46㎝)가 되어야 한다. 페널티
드로우(penalty throw) 구역의 경계선은 길이 4야드
(3.66m), 너비 22피트(6.7m)이다.

경기는 각 팀에 6명의 필드 선수와 1명의 골키퍼로
구성되며, 모두 귀 보호대가 있는 수영모자와 수영복
을 착용한다. 각 팀의 리더는 그 팀에서 누구든지 될
수 있다. 예전에는 선수 교체를 타임아웃 혹은 데드타
임 중에만 허용했다.

새로 바뀐 규정에서는 선수 교체를 하키와 비슷하
게 경기 중에도 허용한다. 경기장을 나가는 선수는 페
널티 박스까지 헤엄쳐 가야 한다(페널티 박스는 해당
선수팀의 골대 위에 있는 점수판에서 반대쪽 모퉁이
에 있다) (도해 14.1). 경기장에 들어오는 선수는 기존
의 선수가 나올 때까지 페널티 박스 안에서 기다린다.
퇴장 선수가 페널티 박스로 들어옴과 동시에 교체 선
수가 입장할 수 있다.

골키퍼는 바닥에 서거나 점프할 수 있는 유일한 선
수로(서거나 점프할 수 있을 만큼 수심이 얕은 경우),
공을 양손으로 잡고 동시에 패스하거나 주먹으로 칠
수 있으며 이런 행위는 4m(4.37yd) 라인 안에서 가능
하다.

필드 선수들은 원하는 대로 포지션을 바꾸면서 자
유롭게 상하로 움직이며 수영할 수 있다. 바닥에 서거
나 점프할 수 없으며, 공을 잡고, 패스하고, 던질 때

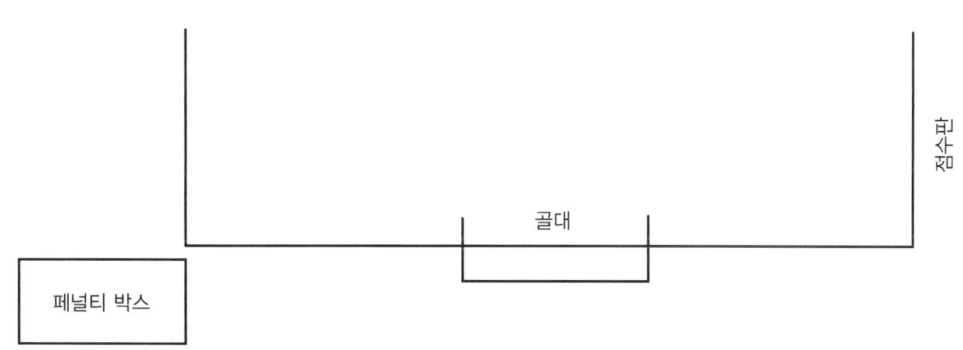

도해 14.1. 새로운 선수 교체 규정의 배치도

양손으로 건드려서도 안 되며, 공이 먼저 향하지 않는 한 상대팀의 2m(2.18yd) 선 안으로 진입할 수 없다.

수년 동안 수구 규정은 NCAA, USA 워터 폴로(USA Water Polo), FINA의 영향력으로 자주 바뀌었다. USA 워터 폴로와 NCAA의 규정은 골키퍼에 관한 몇몇 미미한 차이점을 제외하고는 이제 거의 일치하기 때문에 수구 규정은 이제 자리를 잡아가고 있다. 선수들은 새로 바뀐 경기규정에 익숙해지고 서로의 차이점을 인지할 수 있도록 위 두 단체의 경기규칙 규정집과 특수 주립고등학교의 규정집을 참조해야 한다.

경 기 시 간

대학부 경기는 4쿼터로 구성되며 각 쿼터는 7분이다. 그리고 일반적으로 하프 타임에 진영을 바꾼다. 그러나 상황이(햇빛, 바람, 시야 등) 어느 한 팀에 유리할 경우에는 동전던지기로 이긴 쪽이 매 쿼터마다 진영 교체 여부를 선택할 수 있다. 고등부 경기는 4쿼터로 이루어지며, 경기 수준에 따라 경기시간이 달라진다. 1진팀 쿼터 당 7분, 2진팀 6분, 신입과 2학년생은 5분이다. 그리고 매 회 마다 진영을 바꾼다. 쿼터 사이에 2분간 휴식시간이 있고 하프타임 사이에는 5분간 휴식한다. 파울이 있을 때는 3초간 경기를 멈춘다.

경기 시작하기

경기를 처음 시작하거나 재개할 때, 한 선수(대개 골키퍼)가 골대 사이에 자리를 잡고, 필드 선수들은 골라인에서 상대거리가 최소 1야드(0.91m) 떨어져서 자신의 포지션에 자리를 잡는다. 선수들은 출발할 준비를 하기 위해 풀의 벽을 잡을 수 있다.

경기는 심판의 호각 소리와 함께 시작하며, 심판은 중앙선에 있는 공을 심판에게 가장 가까운 레인으로 떨어뜨리거나 던진다. 만약 공이 제대로 떨어지거나 던져지지 않으면 다시 실시한다. 만약 어떤 팀의 한 선수가 호각 소리보다 먼저 움직이면 공은 반칙이 발생한 지점에서 2m(2.18yd) 라인에 있는 상대편에게 주어진다.

경 기 임 원

주심은 반칙 여부를 살피면서 풀 측면을 따라 걷고, 부심은 풀 반대편에서 주시하면서 심판을 보조한다. 심판원들은 모두 날카로운 소리를 내는 호각을 소지한다.

심판원 중 한 명이 어떤 선수의 반칙 행위를 발견하면 그 심판은 호각을 불어 수신호로 상황을 알린다. 예를 들면 엄지손가락 두 개를 들면 점프 볼(jump ball)을 선언하는 것, 한 팔을 뻗으면 반칙을 당한 팀 쪽을 가리키는 것(즉, 공격 방향 지시), 한 손으로 가리키는 것은 반칙 구역, 네 손가락을 치켜 올리며 한 손을 뻗으면 4미터 드로우를 말한다.

가장 중요한 것은 기선제압이다. 어느 쪽 공인지 모호하여 심판의 신호를 보아야 하는 상황이 아니라면, 선수들은 공 소유권을 쟁탈하기 위해 거의 반사적으로 움직인다.

심판 두 명 외에, 다른 경기 임원으로는 계시원 한 명, 득점 기록원 한 명이 있는데 이 두 명 모두 풀 가장자리의 점수판 쪽에 앉는다. 중요한 경기에서는 골 저지가 풀 양쪽에 자리 잡는데, 주요 임무는 심판을 도와 선수들이 친 공이 골인하여 득점을 얻는 지 여부를 가리는 것이다.

모든 스포츠에서 그렇듯이 중요한 것은 경기 임원들이 유능하고 충분한 자격이 있어야 한다는 것인데, 특히 수구에서는 더욱 그렇다. 선수들이 물속에 들어가거나 시야에서 보이지 않을 때가 많기 때문에, 심판이 물속에서 무슨 일이 벌어지고 있는지 판단하는 데 능숙한 사람이 아니라면 물속에서 공을 잡거나 차는 경우가 빈번히 발생할 수 있다.

경반칙 (ordinary fouls)

경반칙은 다음과 같다.

1. 심판이 호각을 불어 쿼터 시작을 알리기 전에 경기를 시작하는 것.
2. 경기 중 풀의 측면에 매달리거나 측면을 잡고 몸을 밀어내는 것.
3. 상대팀이 태클을 걸 때 공을 물속에서 잡거나 잠기게 한 채 가지고 있는 것(여기서 '태클'은 신체 접촉이 있는 것을 의미함)으로, 이를 일컬어 '볼 언더 (ball under)'라고 한다.
4. 공이 먼저 나가지 않은 상태에서 상태 팀 진영의 2미터(2.18yd) 선 안으로 수영해 진입하는 것.
5. 공을 동시에 양손으로 잡는 것(골키퍼 제외).
6. 바닥에 서는 것, 걷는 것, 경기를 적극적으로 수행하는 동안 바닥에서 점프하는 것(골키퍼 제외).
7. 아웃 오브 바운드(out of bounds)를 야기하는 것. 즉, 어떤 선수가 공이 경계 바깥으로 나가게 한다면 상대팀의 한 선수가 프리 드로우를 얻는다. 만약 공이 수면 위로 날아가 풀 가장자리를 치거나 풀 밖으로 넘어갈 경우, 볼이 나간 지점에서 상대팀에게 프리 드로우가 주어지면서 경기를 재개한다.

경반칙이 발생할 경우 심판은 호각을 불고 수신호로 반칙을 행한 팀의 상대 쪽에 공 소유권이 있음을 알린다. 그러면 반칙이 발생한 지점에서 가장 가까운 상대팀 선수에게 소유권이 주어지며 그 선수는 3초 안에 공을 가지고 경기를 시행하는데, 이때 공을 같은 팀원에게 패스하거나 물속으로 떨어뜨렸다가 수영하여 잡는 식으로 할 수 있다.

퇴장 반칙

퇴장 반칙은 다음과 같다.

1. 공을 가지고 있지 않은 선수를 미는 행위.
2. 페널티 샷 반칙 행위.
3. 프리 드로우를 방해하는 행위.
4. 규칙에 어긋나게 물속으로 들어가는 행위.
5. 데드 타임 시에 행하는 경반칙

퇴장 반칙을 행하면 해당 선수가 20초 안에 퇴수해야 한다(반칙으로 페널티 샷이 주어지는 경우 제외). 퇴수하는 선수는 퇴장 구역으로 헤엄쳐 물 밖으로 나가야 한다. 이 선수는 자신이 속한 팀 색깔의 깃발이 득점 기록원의 자리에서 나부끼면 규정에 맞게 다시 입수할 준비를 해야 한다. 올바르게 입수하는 방법은 점수판 반대쪽 풀 측면의 경기장 모퉁이에 있는 2미터 (2.18yd) 추방 구역에서 그 팀의 골라인 아래로 다시 입장하는 것이다. 재입장할 때는 풀 데크에서 들어오는 경우, 발이 먼저 물속으로 미끄러져 들어와야 한다. 반칙이 선언되면 곧바로 경기를 계속 이어나가지만, 만일 그 선수가 방해를 하거나 풀을 너무 천천히 빠져 나간다면 심판의 재량에 따라 또 하나의 반칙이 선고된다. 퇴장당한 선수는 코치의 판단에 따라 다른 선수로 대체하거나, 세 번째 파울일 경우 다른 선수로 대체한다. 퇴장 반칙이 세 번 누적되면 그 선수는 완전히 퇴장해야 한다. 이런 일이 일어날 경우 득점 기록원 자리에서 붉은 깃발이 올라온다.

경기 개시

1. 경기 개시는 다음의 상황이 일어난 후에 경기를 다시 재개하는 데 사용한다.
   a. 경기를 시작하기 위해 심판이 던진 공이 부정확하게 던져진 경우
   b. 공이 상부 장애물을 치거나 꽂힐 경우

c. 이중 반칙이 행해진 경우

2. 경기 개시 방법

경기 개시를 할 선수를 정할 때는 반칙이 일어난 지점에서 가장 가까운 곳에 있는 각 팀의 한 선수를 심판이 선정한다. 이렇게 두 선수가 선정되면 심판은 두 선수 사이의 물속으로 공을 던진다. 이 선수들 중 한 사람이 공을 잡으면 경기가 다시 시작된다. 경기 개시를 할 때 공이 물에 닿기 전에 잡을 수 있다. 따라서 경기 개시는 에그비터 킥(이에 대해 뒤에 다시 설명함)이 가장 빠른 선수가 하는 것이 유리하다. 두 선수는 경기 개시 후 경기가 시작되자마자 득점을 시도할 수 있다.

페널티 샷

페널티 샷(Penalty shot)은 심판 중 어느 한 사람이 선언할 수 있는데, (1)상대팀의 4미터(4.37yd) 라인 안에 있으면서 공을 갖고 있지 않은 공격팀 선수가 상대를 제지하고, 가라앉히고, 잡아당기고, 발로 차고, 때리는 경우, (2)골키퍼가 아닌 선수가 상대의 숏을 방해하기 위해 두 손을 사용하는 경우에 발생한다. 이런 반칙들 중 한 가지라도 일어나면 주심이나 부심은 즉시 호각을 불고 네 손가락을 펼치며 손을 뻗어 페널티 샷을 선언한다.

페널티 샷은 골 앞의 4미터(4.37yd) 라인에서 행한다. 골문을 지키는 골키퍼를 제외한 모든 선수들은 페널티 샷이 수행될 때까지 4미터 라인 밖으로 나가야 하며, 어떤 선수도 숏을 하는 선수로부터 2미터(2.18yd) 안에 접근할 수 없다.

숏을 하는 선수가 4미터 라인에서 숏을 할 준비를 하고, 골키퍼가 골라인에 있는 것을 확인한 후, 심판은 짧고 날카로운 호각 소리를 낸다. 호각이 울리면 숏을 하는 선수는 지체 없이 속임수 동작 없이 숏을 해야 한다. 이때 골키퍼는 그 숏을 막아내는 것이 임무이다. 만일 이렇게 던진 숏을 골키퍼가 막아내거나 골인

에 실패하면, 즉시 경기를 재개하여 시합을 이어간다.

득점을 하는 경우

어떤 팀이 공을 입수하면 35초 안에 숏을 해야 한다. 만일 35초를 알리는 호각이 울린 후에 골인이 되더라도 호각이 울리기 전에 공이 선수의 손을 떠났다면 골 득점이 인정된다. 35초 내에 숏을 하지 않으면 공격권이 상대측에 넘어간다. 공격권이 바뀌거나 숏을 수행하면 계시기(shot clock)가 재설정된다.

골 득점을 하는 경우는 한 선수가 성공시킨 샷에 의해, 혹은 모든 선수들이 각자의 위치로 물러나야 하는 페널티 샷에 의해 이루어진다. 득점을 한 팀의 선수이자 중앙에서 가장 가까운 선수는 심판의 신호 후 공을 골키퍼나 다른 선수에게 던진다. 양 팀 모두 골 득점이 있은 후 곧바로 경기를 할 준비를 해야 하며, 동작이 멈추면 안 된다. 경기를 언제 재개하는지는 심판이 정한다.

수 영 기 술

수영을 잘할수록 경쟁력 있는 수구 선수가 될 자질이 높다. 수영 능력이 부족한 사람이 뛰어난 수구 경기 능력을 펼치기란 실제적으로 불가능하다. 규정 자체가 스피드와 연속적인 동작에 주안점을 둔다.

수구에서는 일반적인 **자유형**을 가장 많이 사용한다. 그러나 모든 선수들이 다른 선수들의 포지션에 따른 전략이나 공의 위치에 따라 기민하게 대응해야 하기 때문에 머리를 들어 올린 채 수영해야 할 필요가 있다. 그런 이유로 팔을 약간 높게 들고 다리는 보통 이하로 낮추는 크롤영법(crawl stroke)을 사용한다. 또한 수구에서의 영법은 일반적인 크롤영법보다 훨씬 짧고 넓게 이루어진다. 이렇게 짧은 영법은 공을 '드

리블(dribble)'할 때와 공을 보호할 때 사용한다. 공을 소지하지 않은 채 수영할 때의 영법은 이보다 긴 형태가 되며 일반적인 자유형과 비슷하다.

수구에서 두 번째로 중요한 영법은 **평영**의 특수한 형태로, 윕(whip), 프로그(frog), 킥(kick) 동작이 사용된다. 킥 동작은 특히 에그비터 킥(eggbeater kick)으로 다시 분류할 수 있는데, 선수들이 물 위로 몸을 높이 들어 올릴 수 있도록 하는데 가장 알맞다. 물속에서 몸을 높이 들어 올릴수록 더 유리하다.

에그비터 킥을 수행하기 위해서는 익숙한 평영의 프로그 킥 동작을 사용하면 되지만, 다리는 동시에 움직이는 것이 아니라 교대로 움직인다. 다시 말해서, 한쪽 다리를 개구리 자세로 구부리면 다른 쪽 다리는 뻗고, 그 다음엔 반대로 똑같이 반복하는 것이다. 이 킥 동작은 숙달되고 나면 선수가 몸을 몇 인치씩(때로는 1피트씩) 물 밖으로 들어 올릴 수 있게 된다.

횡영도 중요한 영법이다. 한 방향 영법 혹은 가위차기 동작은 크롤영법을 사용한 후 엎드린 채 고정된 자세에서 빠르게 몸을 일으킬 수 있도록 반동 효과를 제공하기 때문이다.

배영은 매 경기에서 선수가 공보다 앞서서 풀을 따라 질주하는 경우가 많기 때문에 역시 유용한 영법이다. 공이 풀을 따라 움직이는 동안 선수는 몸을 뒤집어서 공을 계속 주시할 수 있다.

접영은 수구 경기에서는 그리 많이 사용하지 않지만, 어깨와 팔 근육 발달을 돕기 때문에 많은 코치들이 연습 중에 접영을 사용하도록 권한다.

수구 선수는 몇 가지 다른 영법을 체력과 스피드를 겸비하여 수행할 수 있어야 하기 때문에, 대개 수구 연습 시 매번 처음 30분 혹은 40분은 위에서 설명한 수영 기술에 중점을 둔다. 고등부 경기는 20분에서 28분까지, 대학부 경기는 28분 혹은 그 이상 지속되기 때문에 상당히 높은 수준의 체력이 필요하다(각 쿼터 후 진영 교체에 사용하는 시간 혹은 타임아웃 시간은 제외하며, 이 시간 동안 선수들은 수영을 하거나 걸으면서 물속에 머무른다). 처음부터 마지막까지 수구 경기에 참가하는 선수들은 대개 1마일 경주에 참가하는 수영선수의 2배 정도 물속에 있게 된다! 더욱이 끊임없이 정지, 회전, 방향 전환 동작이 계속 이어지기 때문에 상당한 체력을 요한다.

많은 수영 챔피언들이 체력조건 형성을 목적으로 수구를 사용하며, 점점 더 많은 수영선수들이 단순히 상하로 움직이며 풀을 따라 헤엄치는 것 이상의 영법을 활용함으로써 수구에서 즐거움을 얻고 있다.

수비 기술 및 전략

최근의 규정 변화로 새로운 수비 전략이 생겨났다. 예를 들면 골 득점 후에 경기를 시작하는 새로운 방식 때문에 풀-풀(full-pool) 압박 전술이 예전에 비해 덜 사용된다(모든 선수들이 풀 중앙으로 움직임). 골키퍼는 이제 공을 풀의 어디로든 던질 수 있게 되었기 때문에 공격팀은 전진 기동성이 증가하고 있다. 일반 수비는 하프-풀 원-온-원(half-pool one-on-one)이지만 새로운 퇴장 규정(신체접촉 반칙)에 따라 지역 방어(zone defense)도 가끔씩 사용한다.

하프-풀 원-온-원(Half-pool one-on-one)

수비측 팀원들은 상대팀이 공의 소유권을 갖게 되면 풀의 절반 구역으로 물러난다. 최대한 빠르게 수비수들은 상대팀 선수를 한 사람씩 맡아 1대 1로 방어한다. 하프-풀 원-온-원은 상대팀을 빠르게 분열시키는 데는 효과적이지만 상대팀이 전술을 가다듬는 시간을 벌 수 있으며, 수비 선수들이 상대팀의 골 구역에서 모두 떠나 있어야하므로 공을 빼앗았을 경우 즉각적으로 빠르게 반격하기 어렵다.

지역 방어(Zone defense)

수비측 팀원들은 상대팀 선수들을 한 사람씩 방어하기보다는 골대 주위로 무리를 지으며 물러나 골 주위의 특정 구역을 방어한다. 이렇게 하면 인접 거리의 슛을 거의 모두 차단할 수 있지만 멀리서 날아오는 슛은 막아내기 어렵다. 이 전략은 수비측 골키퍼의 우수한 골 방어능력을 필요로 한다. 이 방어 전략은 팀의 방어능력이 탄탄할 때는 거의 사용하지 않는다.

수비팀이 퇴장 반칙을 행하면 해당 경기 구역에서 그 선수를 20초 내에 즉시 퇴수시키며, 어느 팀이든 골 득점이 있거나, 그 선수가 속한 팀이 공격권을 다시 얻거나, 경기가 중단되었다가 다시 재개하는 경우 중 어느 한 가지가 먼저 일어나기 전까지는 입수할 수 없다.

선수 퇴장이 발생하면 공격수 대 수비수가 6대 5가 되어 지역 방어 전략은 어려운 상황에 빠진다. 한 선수가 퇴수한 상태에서 사용하는 전형적인 방어법은 3-2 전략이다. 공이 앞뒤로 패스되고 있는 동안 세 명의 선수가 2m 혹은 3m 라인에서 앞뒤로 이동한다. 그리고 두 명의 선수가 측면에서 측면의 두 공격수를 방어하고, 공이 안쪽으로 움직이면 위치를 이동한다(임무를 중단하고 공 쪽으로 움직인다).

천천히 수영하는 팀은 빠르게 수영하는 상대팀에 맞서 지역 방어 전략을 사용하여 성공적인 결과를 얻고 있지만, 이 방법은 공격보다는 수비에 중점을 두므로 득점을 올리는 데는 별로 기여하지는 못한다.

어떤 수비 전략을 사용하든 모든 선수들은 제각기 개인적인 기술을 보유하고 있어야 한다. 상대를 방어한다는 것은 결코 쉬운 일이 아니다. 각 선수들은 방어를 할 때는 특정 구역 주위를 수영할 것인지 한 포지션에 머무를 것인지, 공을 오른손으로 다룰지 왼손으로 다룰지를 결정해야 하며, 바짝 붙어 추격함으로써 상대방을 압박하거나 혹은 규칙에 어긋나는 언더워터(underwater) 같은 편법을 활용하여 이득을 얻기도 한다.

가드

가드는 수비측의 한 선수가 상대측 공격팀 선수를 몸으로 접촉하여 슛을 막아내는 것을 말한다. 이 방법은 공격측 선수가 공 소유권을 가졌을 때만 허용된다. 상대측이 공을 갖고 있는 동안 상대를 잡아당기고 가라앉히면서 자유로운 손으로는 공을 잡고 치는 행위가 허용된다. 하지만 그 선수에게서 공이 떠나면 더 이상 신체 접촉은 허용되지 않는다. 만일 공이 떠난 이후에도 신체 접촉이 있을 경우 반칙이 선언된다.

유능한 선수는 상대편에 가까이 머물면서 언제든 기회만 오면 가드 태세를 갖춘다. **상대방이 공을 소지하고 있을 경우에 한해서는** 팔이나 다리 동작을 방해함으로써 상대 선수를 방어하는 것, 상대방을 가라앉히거나 상대방 몸 위로 헤엄치는 것도 허용된다. 이런 점 때문에 수구가 거친 스포츠로 여겨진다. 상대방 몸 위로 헤엄치거나 상대방을 가라앉히는 것은 종종 반칙이 되기도 하지만, 공격적인 수비에서는 중요한 전략이다.

많은 초보자들이 처음부터 수영 실력도 우수하고 공격적으로 공을 다루는 능력도 뛰어나지만, 탁월한 방어능력은 별개의 기술로서 훈련을 통해 익혀야 한다. 때로는 나쁜 패스를 던지게 하고 때로는 좋은 패스를 놓치게 하는 식으로 특정 상대방의 득점 기회를 막아낼 수 있는 수구 선수라면 그 팀에서는 소중한 자산이나 다름없다.

골 방어하기

축구, 필드 하키, 또는 다른 어느 스포츠에서나 그렇듯이, 수구에서 골키퍼에게는 특권과 제약이 주어진다. 경기장에서 골키퍼의 위치와 임무는 특별하다.

수구에서 골키퍼는 골 방어를 하는 동안 골 앞으로 2혹은 3피트(0.6 혹은 0.9m) 정도 움직일 수 있다. 유능한 골키퍼는 골문을 향해 날아오는 좋은 슛을 적어도 절반 이상 막아낼 수 있다. 그런 점에서 훌륭한 골키퍼의 가치는 결코 과소평가할 수 없다. 골키퍼는 그 팀의 지주 같은 역할을 한다. 항상 팀원들이 저지른 실수를 보완하는 입장에 있고, 때로는 공격 시 팀원들의 포지션을 지정하기도 한다.

골키퍼는 바닥에(수심이 얕을 경우) 서거나 점프할 수 있으며, 중앙선까지 가까이 갈 수는 있지만 그 선을 넘으면 안 되며, 양손을 사용할 수 있고 주먹으로 공을 칠 수 있다.

골키퍼는 다른 선수들보다 수영의 스피드가 덜 중요한 것은 사실이지만, 공이 골 앞으로 떨어지면 골키퍼는 상대방의 득점 기회를 차단하기 위해 빠르게 공쪽으로 헤엄쳐 달려가야 하는 경우도 많이 있다. 더욱이 골키퍼는 경기 내내 물을 밟으며 걸어야 한다(수심이 깊을 경우). 경기는 쿼터 사이 휴식시간, 타임아웃을 포함하여 45분간 지속되기 때문에 체력과 다리의 강력한 컨디셔닝이 필요하다.

골 앞의 포지션에서부터 골키퍼는 풀 안에서 일어나는 모든 것을 볼 수 있으므로 필요한 경우 지체 없이 팀원들에게 소리쳐 방향을 지시해야 한다.

골키퍼는 상대팀 선수들이 슛을 하기 위해 다양한 각도로 헤엄쳐 올 때 골문을 가로지르며 측면에서 측면으로 빠르게 움직일 수 있어야 하고, 강한 슛이 날아올 때 그 공을 향해 머뭇거리지 않고 몸을 일으킬 수 있어야 한다. 다른 어느 선수보다도 골키퍼는 에그비터 킥 동작을 수행하는 능력과 몸을 물 위로 높이 들어올리는 힘이 더욱 중요하다. 골키퍼는 팔을 뻗고 자신만만한 표정을 한 채 물 밖으로 몸을 높이 들어 올리고 있으면서, 슛을 하기 위해 헤엄쳐 다가오는 선수에게 위협적인 존재가 될 수 있어야 한다.

골키퍼는 공을 다루는 데 능숙해야 한다. 또한 양손으로 공을 잡고 패스하는 것이 허용되는 유일한 팀원이기에 공을 서투르게 다루는 일이 있어서는 안 된다.

간단히 요약하자면, 골키퍼는 수영 스피드와 체력, 탁월한 에그비터 킥 능력, 팀원들을 '이끄는' 능력, 빠른 대응 능력, 평균 이상의 볼 취급 기술, 대담함 등을 갖춰야 하며, 또한 다른 선수들과 마찬가지로 공을 다루는 과정에서 골키퍼도 역시 태클을 당할 수 있기 때문에 신체 접촉을 감당할 수 있을 만큼의 체력도 갖춰야 한다.

골키퍼는 우수한 경기 능력이 필요한 포지션이며, 최상급 선수만이 그 포지션에서 성과를 거둘 수 있다.

공격 기술 및 전략

공을 소지한 팀이 공격측이며, 공격측은 공을 드리블과 패스를 하면서 풀을 질주해 공을 던져 상대측 골 안으로 넣어 점수를 얻게 된다.

드리블은 머리를 든 채 자유형으로 헤엄쳐 가는 동안 팔 사이에서 공을 잘 조절하면서 수행한다. 공을 상대팀에게 빼앗기지 않도록 하기 위해 팔은 약간 높게 든다. 유능한 수구 선수는 놀라운 속도로 드리블을 할 수 있지만, 볼을 다루면서 질주하는 가장 좋은 방법은 바로 패스다. 패스하는 선수는 공을 한 손으로 들어 올릴 수 있지만 곧비로 상대팀으로부디 태클을 당할 수 있다. 그러므로 패스하는 사람은 상대팀에게 잡히거나 물속에 처박히거나 진로를 방해받지 않으면서 제대로 패스할 수 있는 포지션을 먼저 판단해야 한다. 이렇게 하려면 몸을 기민하게 조절해야 한다.

선수들은 대개 물 위로 낮게 떠 있기 때문에 패스하는 선수는 다른 선수들이 모두 헤엄을 치고 있는 상황에서 공을 패스해 넘길 팀원을 발견하기 어려울 때가 많다. 그러므로 시야를 날카롭게 확보하는 것이 유리하다.

마지막으로, 패스하는 사람은 힘차게 에그비터 킥 동작을 하면서 몸을 물 위로 들어 올려야 한다. 그래야 패스하는 팔을 수면 위로 뻗어 올려 공을 던지고 던져진 공이 상대팀이 뻗은 팔을 통과한다.

패스한 공이 목표 지점에 정확히 도착하게 하는 것이 중요하다. 만일 1피트 혹은 2피트라도 목표 지점에서 어긋나면 패스를 받는 사람이 공을 받기 어려워진다. 한 손만 사용할 수 있고, 태클을 피하려면 어느 정도는 공을 잡아야 하기 때문이다.

만일 패스를 받는 사람이 물속에 정지해 있고 상대방보다 유리한 위치를 확보한 상태라면, 패스는 패스하는 사람에게서 받는 사람까지의 경로가 물에 닿지 않은 채 완전히 공중에서 이루어지는 드라이 패스(dry pass)가 된다.

만일 패스를 받는 사람이 풀을 헤엄쳐 가야 하거나 상대방의 제지를 받는다면, 패스받는 사람이 상대방으로부터 떨어져 헤엄치든 아니면 상대방의 방해를 받고 옆으로 비켜가든 간에 그 패스는 받는 사람 앞으로 공이 물에 떨어지는 웻 패스(wet pass)가 된다.

웻 패스든 드라이 패스든, 패스는 정확하게 던져지고 능숙하게 받아야 한다. 유능한 수구팀은 정확한 패스와 컨트롤을 잃지 않고 공을 빼앗기지 않으면서 공을 가지고 풀을 질주하는 능력을 갖춘 것이 특징이다.

방어 전략과 마찬가지로, 수구에서의 공격 전략은 새로운 규정으로 인해 최근에 급격히 변화했다. 일반적으로 사용하는 전략은 두 가지로, 속공(fast break)과 모션 오펜스(motion offense)가 있다.

속공(fast break)

팀 내의 모든 선수들이 신체적으로 최상의 조건을 갖추었다면 그 팀은 속공 전략을 사용할 것이다. 공 소유권을 얻으면 모든 선수들은 최대한 민첩하게 상대측 골을 향해 전진한다. 이 전략은 선수들이 서로 부딪히지 않으며 헤엄칠 수 있도록 연습과 협응력이 필요하다. 그러나 이런 기술은 정확하게 사용하면 한두 선수는 뚫린 쪽으로 거의 확실하게 밀고 들어갈 수 있으며, 패스만 정확하게 이루어진다면 제대로 골인을

할 수 있다.

속공 전략을 구사하는 팀은 종종 상대팀에 비해 많은 골 득점을 올리곤 하지만, 이런 전략은 팀 전체가 민첩하고 체력이 좋은 선수들로 구성되어야 하고, 많은 연습이 필요하며, 정확한 패스가 수행되어야 한다. 뿐만 아니라 만일 공격이 득점으로 연결되지 않을 경우, 팀원들은 빠른 스피드를 활용해 급격히 수비태세로 돌아가야 한다.

모션 오펜스(Motion offense)

모션 오펜스 전략은 한두 선수가(대개 한 명이며 가장 재능 있는 선수 중 한 사람) 2m 라인 혹은 3m 라인까지 헤엄쳐 나간다. 이들이 '센터 포워드'가 된다. 공이 이들 선수에게 오면 대개 반칙이 일어난다. 그러면 프리 드로우를 얻고 다른 선수들이 동작을 멈춘다. 만일 드로우가 실패하면 공은 센터 포워드에게 돌아가고 다시 반칙을 유발하고 패스와 슛이 이루어진다. 센터 백의 반칙은 종종 퇴장으로 이어져 6대 5의 상황이 된다. 대부분 공격은 반칙을 유발한다.

팀이 속공 전략을 사용하든, 상대측의 골 부근에 고정된 채 득점의 대부분을 만드는 한 선수에게 의지하든, 두세 선수가 2m 혹은 3m 라인으로 진입해 공격하게 하건 간에, 강하고 정확한 슛이 아니라면 점수를 얻지 못한다.

슛 기술

슛을 하는 골대는 아주 큰데, 폭이 10피트(3.05m)에 수심이 5피트(1.52m) 이상인 경우 크로스바가 수면 위로 3피트(0.91m) 높이이고, 수심이 5피트 미만인 경우 경기장 바닥에서 크로스바까지 높이가 8피트(2.44m)이다. 그러나 골키퍼가 몸이 높게 들고 팔을 뻗은 채

골 앞을 지키고 있을 때면, 공격수들에게는 골이 놀라울 만큼 작게 보인다. 게다가 공격수가 공을 다루거나 슛을 하기 위해 몸을 들어 올릴라치면 상대팀은 어김없이 그 공격수에게 태클을 건다.

숏을 잘 하는 선수가 되려면 많은 연습이 필요하다. 공을 한 손으로 쉽게 다룰 수 있고, 상대방의 태클을 피할 수 있도록 조절능력이 좋아야 하며, 대기하고 있는 골키퍼를 지나 골에 넣어야 한다. 이러한 조건을 갖춘 선수는 경기 시즌 동안 50퍼센트 이상의 골 득점을 올릴 수 있다.

수구 선수들은 최소한 50회의 슛 연습을 매일 해야 하며, 최대한 많은 종류의 슛을 익혀야 한다. 모든 선수들이 기회가 주어질 때마다 강하고 정확한 슛으로 득점을 올릴 수 있어야 한다.

자주 사용하는 슛 종류

파워 샷(power shot). 제지당하지 않고 급하지 않을 때, 슛을 하는 선수는 물에서 수직 자세를 취하고, 리어 백 슛을 골을 향해 최대한 강하게 쳐낼 수 있다.

바운스, 스킵, 샷(bounce, skip, shot). 위와 마찬가지로 제지딩하지 않고 급하지 않을 때, 슛을 하는 신수는 수직 자세를 취하고, 골 앞쪽의 물을 향해 공을 던져 공이 튀어 올라 골 안으로 들어가게 할 수 있다.

로브 샷(lob shot). 거의 모든 자세에서 골을 마주보고 할 수 있으며 공중으로 높이 던지도록 고안된 것으로, 골키퍼의 쭉 뻗은 팔 위를 부드럽게 지나쳐 뒤의 골 모퉁이로 들어간다.

팝 샷(pop shot). 골을 향해 헤엄쳐 가까이 왔을 때, 선수가 정지해서 슛을 하면 대개 뒤에서 잡히거나 태클을 당하게 된다. 따라서 수영을 하면서 물속에 있는 팔로 공을 몇 인치 위로 공중으로 들어 올린 다음 다른 손을 사용해 리커버리 동작을 하면서 공을 골 쪽으로 쳐내는 것이다(주먹으로 치는 것이 아님). '티 샷(t-shot)', 혹은 '윗 샷(wet shot)'이라고도 한다.

슛 훈련

두 가지 슛 훈련이 도해 14.2에 나와 있다. 이 훈련들은 수비수 없이 연습할 수 있으며, 선수들이 포지션을 바꿔가며 훈련할 수 있다. 기술이 향상되면 이 훈련을 수비수가 포지션에 위치한 상태에서 연습한다.

패 스 훈 련

서클 훈련

서클 훈련은 드라이 패스를 훈련하기에 아주 좋은 방

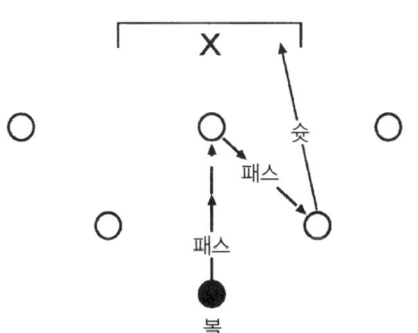
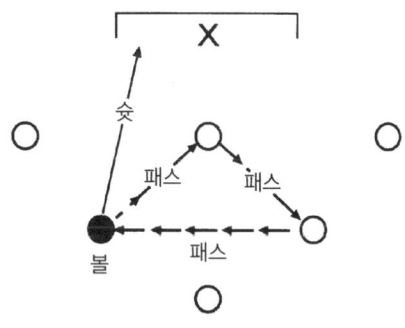

도해 14.2. 두 가지 슛 훈련

법이다. 공을 손가락으로 넓게 펴 부드럽게 잡는 방법에 주안점을 둔다. 모든 선수들은 왼손과 오른손 양쪽 모두로 연습해야 한다. 만약 단체의 인원이 서클 두 개 이상을 만들 수 있을 정도가 된다면, 공이 물에 닿지 않게 하면서 수행하는 좋은 패스와 받은 패스의 개수를 각 서클마다 세도록 함으로써 경쟁을 하는 것이다.

공 뺏기 훈련도 서너 명의 수비수를 서클 중앙에 두고 공을 가로채도록 함으로써 연습할 수 있다. 이러한 훈련은 공격측에서는 트인 쪽에 있는 선수에게 날카롭고 민첩한 패스를 하고, 수비측에서는 빠르게 대응하고 공을 빼앗는 식으로 한다.

3인 패스 훈련

3인 패스 훈련은 윗 패스를 연습하기에 좋다 (도해 14.3). 패스받는 사람에게 공세를 취하는 데 중점을 두지만, 수비가 공을 잡을 기회는 그다지 많지 않다. 모든 선수들이 포지션을 바꿔가며 하고 양손을 사용하도록 한다.

삼각형 패스 훈련

세 명의 선수들이 삼각형 형태를 만들고 연속적으로

한 방향으로 패스한다. 이따금씩 방향을 바꾸어 얼굴을 교차하며 패스한다 (도해 14.4).

교육 시 고려사항

1. 수구 선수는 수영 기술이 뛰어나고 체력 조건이 상당히 좋아야 한다. 학생들이 공식 규정에 따르는 경기에 참가할 만큼 체력이 좋지 못하다면 풀 옆에서 휴식을 취할 수 있게 하고, 양손으로 공을 다룰 수 있게 하고, 가드를 빼는 등 규칙을 수정한다.

2. 모든 수업의 대부분에 체력조건 형성 훈련 및 수구에서 사용하는 기본적인 수영 훈련을 포함한다(자유형, 평영, 횡영 발차기, 배영).

3. 수심이 얕고 깊은 물에서 기본적인 개인 기술로서의 패스 기술을 가르치는데, 처음에는 정지한 사람에게, 그 다음에는 움직이는 사람에게 패스하는 식으로 한다. 기본을 익히고 나면, 소극적인 수비수(가드 없음)와 움직이며 패스받는 공격수를 추가한다. 기술은 그대로 유지하면서 수비에게 가드 역할을 추가한다.

4. 별도의 기술로서 가드 기술을 가르치는데, 처음에는 수동적인 공격수와 함께 하고, 그 다음에는 적극적인 공격수와 함께 하는 식으로 한다.

5. 드리블과 패스, 드리블과 슛, 패스 받기와 슛하기

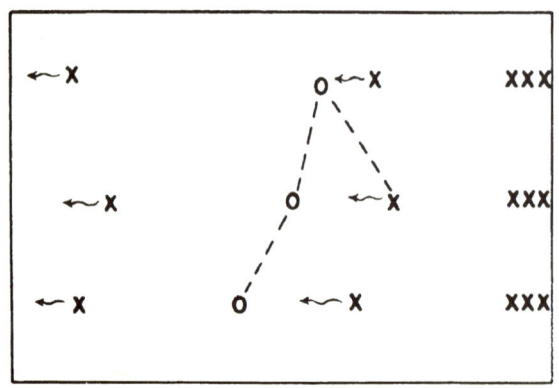

도해 14.3. 3인 패스 훈련

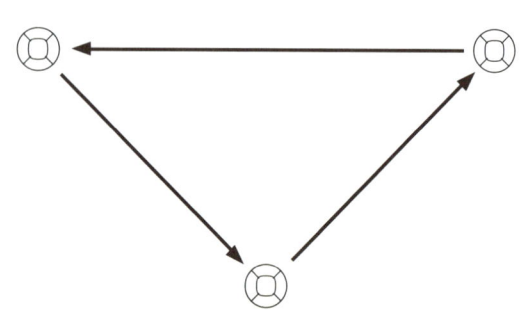

도해 14.4. 삼각형 패스 훈련

연습을 결합해서 하는데, 처음에는 수비 없이 연습하고, 그 다음에는 소극적인 수비와 함께 연습하고, 그 다음에는 적극적인 수비수와 함께 한다. 한 사람이 공을 가지고 다른 한 사람에게 이동하는 상황 연습을 한 다음, 세 명의 선수가 공을 가지고 움직이는 연습을 한다. 그 다음 수비수를 추가하면 처음에는 공격에 활기를 띤다.

6. 숏 기술을 가르치는데, 처음에는 골키퍼 없이 연습하고, 그 다음에는 골키퍼를 배치한 후 연습하고, 그 다음에는 수비수를 추가해 연습한다.

7. 처음에는 기본 수비 방법으로 1대1 방어법을 가르친다. 그 후에는 골 주위의 지역 방어와 기본 수비 방법으로서의 지역 방어를 가르친다.

8. 더 작은 경기 구역을 사용하여 2대 1, 3대 2, 3대 3 상황으로 경기를 시작한다.

9. 모든 연습 경기에서는 공을 다룰 기회를 최대한 허용해야 한다. 하지만 차례를 기다리는 것은 피해야 한다.

10. 경기의 포지션 배치를 비롯한 기술들은 수비를 추가하고 선수들 인원을 증가시키면서 점진적으로 연습에 포함해야 한다. 수영을 하면 쉽게 지치고 잘못된 포지션이라면 빠르게 회복하기 어렵기 때문에, 선수 이동에 관한 전략은 중요하며 특별히 따로 교육을 받아야 한다.

용어 해설

35초 경과(35-second possession) 상대측 골을 향해 숏을 시도하지 않고 공을 35초 이상 가지고 있는 팀에 주어지는 테크니컬 파울

35초 계시기(35-second clock[shot clock]) 골을 향해 숏을 시도하기 전에 공을 가지고 있는 시간을 측정하는 디지털 타이머. 숏은 35초 이내에 시도해야 하며 그렇지 못할 경우에는 공 소유권을 상실한다.

가드(guarding) 한 팀의 수비 선수가 상대측 공격수를 몸으로 방어하는 것을 말한다. 이 전략은 공격팀 선수가 공을 소지하고 있을 때만 가능하다. 자유로운 손으로 공을 잡는 것, 치는 것, 상대방을 잡아당기는 것이 허용된다. 공이 떨어지거나 상대의 손을 떠나면 어떠한 신체접촉도 허용되지 않는다.

경기 개시(점프 볼)(face-off[jump ball]) 어느 팀에 공 소유권이 있는지 심판이 명확히 가를 수 없을 때 사용하는 절차이다. 양 팀에서 한 사람씩 두 선수가 자신이 속한 팀의 수비 진영 쪽에서 풀 측면에 있는 심판을 마주보고 나란히 서 있다가 심판이 공을 물속에 떨어뜨리면 그 공을 향해 달려간다.

경기(game) 실제 경기 시간은 28분이며, 각 7분씩 4피리어드로 구성된다. 각 피리어드 사이에 2분간, 하프 타임에 5분간 간격이 있다.

골 드로우(goal throw) 공격팀이 공을 골 밖의 골라인으로 나가게 할 경우, 골키퍼에게 주어지는 프리 드로우.

막(backing) 골의 공간을 둘러싸는 캔버스 혹은 그물 조직의 막

방해 전략(impeding) 고의적으로 상대방의 등, 다리, 어깨 위로 헤엄치는 식으로 상대의 진로를 방해하거나 더디게 하는 것, 혹은 공을 소지했든 소지하지 않았든 헤엄치는 선수의 아래로 헤엄치는 것.

부정 선수(illegal player) 신체접촉 반칙을 세 번째 행하거나 전 경기에 출장이 금지된 선수

수영모자(caps) 각 팀은 두 세트의 수영모자를 준비하는데, 하나는 흰색, 다른 하나는 흰색과 대비되는 색으로 준비한다. 원정팀은 흰색을 착용한다. 모든 수영모자에는 플라스틱 귀 보호대가 있어야 한다.

수신호(signals) 심판이 경기 상황을 알리기 위해 손으로 나타내는 지시사항.

타임아웃(time-outs) 첫 4쿼터 동안 각 팀에 2분 이상의 타임아웃이 세 번 주어진다. 연장전에서는 각 팀에 한번의 타임아웃이 허용된다.

테크니컬 파울(technical fouls) 신체접촉으로 인하지 않은 반칙으로, 공을 주먹으로 막거나 치는 것 혹은 상대측 골라인의 2야드(1.83m) 이내에 진입하는 것이 해당된다.

퇴장(ejection) 신체접촉 반칙 시 주어지는 벌칙을 말한다. 퇴장 반칙을 행한 선수는 퇴장 구역으로 헤엄쳐 가서 물 밖으로 나간 뒤, 20초간 입장이 금지된다(20초가 지나기 전에 골 득점이 있을 경우에는 다시 입장 가능하다.)

퇴장 구역(ejection area) 채점판 맞은편 풀 모퉁이에 있는 공간으로, 퇴수한 선수들이 이곳에서 대기한다. 세 번째 반칙을 행한 후에는 경기에 참가하라는 신호가 있을 때까지 머물러야 한다.

팝 샷 혹은 티 샷(pop shot or tee shot) 공을 소지한 채 골을 향해 멈추지 않고 헤엄치면서, 한 손으로 공을 물 위로 약간 들어올리고 다른 손으로 쳐내는 것이다.

페널티 드로우(penalty throw) 심한 반칙을 당한 팀의 한 선수에게 주어지며 페널티 라인에서 한다. 한손으로 어깨 위로 던진다.

프리 드로우(free throw) 예전에는 드로우를 반칙 후, 골 득점 후, 공이 경계선 밖으로 나간 경우, 혹은 어느 한 팀에게 바로 공이 주어진 후, 경기를 다시 진행하기 위해 사용하곤 했었다. 나중에는 반칙 시에 프리 드로우를 사용하게 되었다. 프리 드로우를 하는 선수는 3초 내에 공을 던져야 하며, 골 안으로 직접 던지지 않아도 된다.

홀(hole) 2미터(2.18yd) 라인에서 골 앞에 해당하는 구역

추가 읽을거리

서적

Cicciarella, C. 2000. *Water polo*. 3rd ed. Boston: American Press.

Cutino, P. 2001. *101 offensive water polo drills*. Monterey, CA: Coaches Choice Books.

Cutino, P., and Cutino, P. 2002. *101 defensive and conditioning water polo drills*. Monterey, CA: Coaches Choice Books.

NCAA official water polo rules. Current ed. Kansas City, MO: NCAA.

Swimming, diving, and water polo rules. Annual. Kansas City, MO: National Federation of State High School Associations.

정기간행물

Water Polo Scoreboard (monthly), U.S. Water Polo, 201 S Capitol Ave., Suite 520, Indianapolis, IN 46225.

자료

비디오

그 외 비디오 자료는 부록 C를 참조하라.

웹사이트

www.collegiatewaterpolo.org
www.usawaterpolo.com

15 수영

이 장을 완벽하게 습득한 뒤, 독자들은 다음과 같은 사항들을 할 수 있어야 한다.

▶ 수영과 여러 영법들이 어떻게 진화되었는지를 이해한다.
▶ 학생들이 물에 익숙해지고 물속에서 신체부위를 조작할 수 있도록 도와준다.
▶ 초보자들에게 물에 뜨기, 글라이딩, 그리고 추진력 기초와 같은 수영의 기초기술들을 지도한다.
▶ 초급에서 고급 단계까지의 수영 영법을 지도한다.
▶ 수영 초급에서, 중급, 그리고 고급 수준으로 나아가기 위한 적절한 단계별 과정을 인식한다.

역 사

초창기 인류는 아마도 물에서 이동하기 위해 동물들이 사용했던 달리기 동작을 관찰하면서 수영을 배웠을 것으로 추측된다. 물에서는 호흡의 어려움이 따르기 때문에, 물 속은 인간에게는 자연스럽지 못한 환경이다. 일반적으로 동물이 인간보다는 해부학적으로 수영하기에 더 적합하다. 몸을 수면에 평행하게 띄운 채 코를 계속해서 물 밖에 있도록 하는 것은 인간에게 결코 쉬운 일이 아니다.

수영하는 사람들을 묘사한 조각상들을 보면, 수영의 시작은 기원전 9000년까지 거슬러 올라간다. 중세시대

에 와서는, 그리스(Greek), 로마(Roman), 앵글로색슨(Anglo-Saxon), 그리고 스칸디나비아(Scandinavian) 고전 등에서 그 시대 영웅들의 수영과 관련된 뛰어난 업적을 다루기도 하였다.

1538년 독일의 언어학 교수인 와인만(Nicolaus Wynman)은 처음으로 수영에 대한 책을 집필하였다. 1696년에는 프랑스인 테브노(Thevenot)가 수영을 좀 더 과학적으로 설명한 『수영기술(*The Art of Swimming*)』이라는 제목의 책을 집필하였다.

여기에서 제시되고 있는 영법들은 비록 기초적이고 수영을 배우기 위한 보조적 도구로서의 가치에 비중을 두고 있지만, 경영(competitive swimming)에서

도 영법 교정을 위해 심도 깊게 다루어질 수 있다.

다음은 이러한 영법들의 변천과정에 대한 내용이다.

1. '도기(doggy)' 혹은 개헤엄.

2. 평영(sailor stroke: 세일러 스트로크로, 뱃사람이 주로 많이 사용하는 영법 – 역자 주), 과학적인 지도가 이루어진 최초의 영법.

3. 언더암 사이드스트로크(underarm sidestroke). 이 영법은 평영처럼 양팔이 물속에서 리커버리(recovery: 수영에서 팔로 물을 당긴 후 에너지를 보충하는 휴식기 – 역자 주)되기 때문에 속도가 매우 느리다. 킥은 가위를 닮은 시저스 킥(scissors kick: 다리를 가위처럼 하여 물을 누르면서 하는 킥 – 역자 주)을 사용한다.

4. 횡영(side, or English overarm stroke). 횡영은 평영이나 언더암 사이드스트로크보다 빠르고, 상완(upper arm: 팔꿈치에서 어깨까지의 팔 부위)이 물 밖에서 리커버리 되기 때문에 원치 않는 저항을 감소시킬 수 있다.

5. 트러젠 영법(trudgen stroke). 이 영법은 1860년에 영국인 트러젠(John Trudgen)이 남아메리카에서 개발하였다. 이 영법은 양팔이 번갈아가면서 물 위로 나와 리커버리 된다. 따라서 물의 저항을 더 적게 받으면서 스피드는 더 빨라지게 된다. 이 영법은 횡영과 유사하지만, 물속에 있는 팔을 물 밖으로 들어 올리고, 동시에 리커버리를 위해 몸을 뒤집어주어야 한다. 트러젠 영법에서는 시저스 킥이 사용된다.

6. 오스트레일리아식 영법(Australian crawl). 1902년 수영대회에서 호주의 카벨(Richard Cavell)에 의해 영국에 처음 소개된 이 영법은 최초의 그리고 진정한 의미의 핸드-오버-핸드 영법(hand-over-hand stroke)으로 양손을 번갈아가면서 물을 저어주는 동시에 발 역시 번갈아가면서 수직으로 차는 영법이다. 카벨은 이 영법을 물을 가르는 영법을 뜻하는 '물 사이를 기어가는 것(crawling through the water)'이라고 설명하였다. 이 영법에서는 스피드를 위해 시저스 킥을 사용하지 않았는데, 그 이유는 킥한 다리를 리커버리 시키는데 상당한 물의 저항을 받기 때문이다.

7. 미국식 6-비트-킥 크롤(American six-beat-kick crawl). 이 영법은 미국 수영코치들의 과학적 분석으로 명실상부한 가장 빠른 수영 영법으로 알려지게 되었다.

8. 역 평영/기본 배영(inverted breaststroke/elementary backstroke). 이 영법은 뒤로 누워서 수행하는 평영이다.

9. 배영(back crawl). 뒤로 누워서 하는 크롤 영법인 배영은 1900년경에 소개되었으며, 각종 대회에서 역 평영(혹은 기본 배영)보다 훨씬 더 빠르다는 것이 밝혀졌다. 이 영법은 역 평영에서처럼 팔이나 다리의 리커버리 단계가 없기 때문에 물의 저항을 최소화시켜 빠른 속도로 수영할 수 있게 된다.

10. 버터플라이 평영(butterfly breaststroke). 이 영법은 대략 1934년경에 열렸던 수영대회에서 처음 모습을 보이기 시작하였다. 버터플라이 평영의 킥은 평영과 동일하지만, 양팔은 동시에 물 밖으로 나와서 리커버리 된다. 양팔은 물을 당긴 후 힙 위치에서 물 밖으로 빼내어 옆에서 앞쪽으로 스윙하는데, 이 모습이 마치 날아가는 버터플라이(butterfly: 나비)같다고 해서 이러한 이름이 붙여졌다.

11. 접영/버터플라이(돌핀). 접영은 모든 수영 영법들 중에서 가장 최근에 나온 것으로, 미국 아이오와 대학의 수영코치인 암브러스트(Dave A. Armbruster)가 제자인 세이그(Jack Sieg)의 연습을 지도하던 중 개발하였다. 이 영법의 목적은 평영 킥 후 수중에서 맞이해야 하는 다리의 리커버리 단계를 없애 좀 더 빠른 스피드를 얻기 위한 것이었다. 이러한 목적은 힙 위치에서 다리를 위아래로 동시에 차줌

으로써 달성할 수 있게 되었다. 사실 팔을 사용하지 않는다면, 접영 킥이 자유영의 플러터 킥(flutter kick)보다 훨씬 더 빠른 스피드를 낸다. 이러한 접영 킥은 버터플라이 팔 동작과의 아름다운 조화를 통해 더 빠른 스피드를 만들어낼 수 있게 되었다.

이 모든 영법들은 지금까지 발전과 수정·보완을 거쳐 현재 수영을 즐기는 일반인들에게도 적용되고 있다. 또한, 이러한 영법들은 수중운동(aquatics)이라고 불리는 여러 수중 활동들에서도 활용되고 있다. 수중 활동의 몇 가지 예를 들면:

1. 레크리에이션 수영
2. 인명구조
3. 경영
4. 싱크로나이즈 수영 혹은 발레
5. 스프링보드 및 플랫폼다이빙
6. 수중게임: 폴로, 농구, 야구, 그리고 기타 유사 활동
7. 수상안전
8. 생존을 위한 수중활동
9. 스킨다이빙과 스쿠버다이빙

대부분의 수중 활동에서는 기초 영법관련 기술들이 사용된다.

초보자들이 물속에서 자신감을 얻고 수영을 편하게 즐기기 위해서는 모든 기초 영법들에 대한 지도가 이루어져야 한다. 이를 위해, 초보자는 모든 기초 영법관련 기술들을 연마해야 한다. 이러한 학습방법을 '초보자를 위한 전체 영법 지도(all-stroke method for beginners)'이라고 한다.

미국 올림픽 수영 역사

남자

1896년 아테네올림픽 수영에서는 단 4개의 종목만이 존재하였다. 당시 수영 경기는 호수에서 치러졌으며, 선수들은 어떤 영법으로도 헤엄을 칠 수 있었다. 이후 여러 해를 거치면서 수영대회는 거리, 영법, 그리고 시설 면에서 놀라울 만큼 조직화되었다. 1912년까지 남자는 7개, 그리고 여자는 2개의 수영 종목들이 만들어졌다. 또한, 남녀 각각 3개와 1개의 다이빙 종목도 추가되었다.

초창기 뛰어난 실력을 가진 미국 수영선수로는 1904년과 1908년 올림픽에서 총 4개의 금메달을 딴 다니엘스(Charles Daniels)와 100m 자유형에서 1912년에 이어 1920년에 다시 우승한 카하나모쿠(Duke Kahanamoku)가 있다. 카하나모쿠가 새로이 선보인 플러터 킥(flutter kick)은 이후에 많은 선수들에 의해 활용되기도 하였다. 1924년에는 미국 수영의 차세대 기대주로 주목받던 웨스뮬러(Johnny Weissmuller)가 혜성같이 등장하였다. 이 선수는 100m 자유형에서 최초로 1분벽을 깼으며, 두 번의 올림픽에서 총 5개의 금메달을 목에 걸었다.

1932년에는 일본 남자선수들이 6개 수영 종목에서 5개의 금메달을, 그리고 1936년에는 6개 중 3개의 금메달을 가져갔다. 이 대회 이후로는 미국과 호주의 강세가 두드러졌다.

미국의 숄랜더(Don Schollander)는 1964년에 금메달 4개를 따고, 1968년에 1개의 금메달을 추가하여 웨스뮬러(Johnny Weiissmuller)의 기록과 같은 업적을 세웠다. 1968년에 숄랜더가 딴 금메달은 4 X 200m 계주에서였다. 이 대회에서 미국 계주 팀의 일원이었던 마크 스피츠(Mark Spitz)는 1972년에 7개의 금메달을 차지하였다. 이 기록은 모든 스포츠를 통틀어 한 사람이 한 올림픽대회에서 획득한 가장 많은 수의 금메달로 아직도 깨지지 않고 있으며, 각각의 금메달에는 세계기록이 포함되어 있었다(개인종목 4개와 계주 3개).

미국 수영 역사상 가장 뛰어난 성적은 11개 수영 개

인 종목에서 총 13개 중 12개의 금메달과 10개의 은메달을 획득한 1976년 올림픽대회에서 나왔다. 미국이 올림픽에 불참한 1980년 대회에서는 구소련 남자팀이 총 13개 중 7개의 금메달을 휩쓸면서 강세를 보였다. 구소련이 불참한 1984년 올림픽에서는 미국 남자선수들이 수영에서 15개 중 9개의 금메달을, 그리고 다이빙에 걸린 2개의 금메달 모두를 가져가면서 다시 수영 강국의 위상을 되찾아왔다.

1988년 올림픽에서는 22개국의 수영선수들(남녀 통틀어)이 메달을 나눠 가져갔지만, 남자 종목에서는 여전히 미국의 강세가 두드러졌다. 매트 비욘디(Matt Biondi)는 이 대회에서 금메달 5개, 은메달과 동메달 각각 1개씩을 목에 걸어 마크 스피츠에 버금가는 기록을 세웠다.

1992년 바르셀로나올림픽 수영에서는 구소련 단일팀과 헝가리 팀이 놀라울 만큼 강세를 보이는 가운데, 미국 남자팀은 6개의 금메달 외에도, 은메달과 동메달을 합쳐 7개의 메달을 가져갔다.

올림픽 100주년 기념대회이기도 한 1996년 애틀랜타 올림픽의 수영 종목은 거의 미국 남자팀의 독무대였다. 미국 남자 수영선수들은 3개의 계주 종목 모두에서 우승하며 총 6개의 금메달과 개인 종목에서 6개의 은메달을 획득하였다. 이 대회에서 러시아는 16개 중 4개의 종목에서 우승하였다.

2000년 시드니올림픽에서 미국 남자팀은 16개 종목에서 7개의 금메달을 포함하여 총 17개의 메달을 획득하면서, 다시 한 번 더 수영강국임을 입증하였다.

2004년 올림픽은 근대올림픽의 발상지인 그리스의 아테네에서 다시 열렸다. 이 대회에서 미국 남자팀은 금메달 9개를 포함하여 총 18개의 메달을 따면서, 20년 만에 가장 많은 올림픽 메달을 획득하였다. 이러한 미국 팀을 이끈 장본인은 19세의 어린 선수인 마이클 펠프스(Michael Phelps)였다. 펠프스는 6개의 금메달과 2개의 동메달을 따면서, 보이콧이 없었던 올림픽에서 메달수여식에 8번이나 참석한 최초의 수영선수로 기록되었다.

여자

여자 수영은 1912년에 올림픽에 처음 채택되었으며, 이후 여러 올림픽 대회들을 거치면서 호주, 영국, 그리고 미국 여자선수들이 강세를 보였다.

1920년 앤트워프올림픽에서 미국의 블리비트레이(Ethelda Bleibtrey)는 자유형 100m와 300m, 그리고 4×100m 계주에서 모두 우승하면서 수영의 모든 종목을 석권하였다. 1932년, 메디슨(Helene Madison)이 이끄는 미국 여자 수영 팀은 수영과 다이빙의 4개 종목에서 우승하였으나, 1936년에는 단 3개의 동메달을 따는데 그쳤다.

제2차 세계대전(1948~1960년) 이후에 열린 네 번의 올림픽대회에서 미국 여자팀은 총 8개의 금메달을 획득했다. 미국 여자 수영 팀은 1960년에 5개의 금메달을 따면서 여자 수영 강자로 부상하였다. 미국은 1968년 올림픽에서도 마이어(Debra Meyer)가 3개의 금메달을 획득하면서 여자 수영 강세를 이어갔다. 마크 스피츠가 7개의 금메달을 딴 1972년 올림픽 여자 수영에서는 호주의 굴드(Shane Gould)가 금메달 3개, 은메달과 동메달 각각 1개씩을 따면서 강세를 보였다. 그러나 이에 못지않게, 미국의 벨로티(Melissa Belote) 역시 개인종목과 계주에서 3개의 금메달을 획득하였다.

1972년 올림픽에서 미국 남자 수영 팀은 뛰어난 기량을 발휘했으며, 미국 여자팀 역시 호주와 함께 여자 수영에서 강세를 보였지만, 1976년 동독이 13개의 금메달 중 11개를 휩쓸면서 미국의 강세는 끝나는 듯 보였다. 미국 팀의 전체적인 열세에도 불구하고 바바쇼프(Shirley Babashoff)는 금메달 1개와 은메달 3개를 따면서 개인 통산 8개의 금메달을 획득하며 미국 여자수영 역사상 가장 뛰어난 선수 중 한명으로 기록되었다.

미국이 불참한 1980년 올림픽에서도 동독 여자선수들은 11개의 금메달을 따며, 강세를 이어갔다. 동독이 불참한 1984년 올림픽에서는 미국 여자수영 선수들이 개인종목과 계주에 걸린 12개의 금메달 중 9개를 획득하며 과거의 영광을 되찾아왔다.

1988년 올림픽 여자 수영의 스타는 동독의 크리스틴 오토(Kristin Otto)와 미국의 재닛 에번스(Janet Evans)였다. 오토는 6개의 금메달을 따며 모든 여자 스포츠종목들을 통틀어 한 올림픽대회에서 가장 많은 금메달을 목에 건 선수로 기록되었다. 그리고 당시 17세 소녀였던 재닛 에번스는 400m 개인혼영과 800m 자유형에서 우승하였을 뿐만 아니라, 400m 자유형에서는 4분 03초 05의 세계기록까지 수립하며 3관왕의 영예를 안았다.

1992년 바르셀로나올림픽에서는 중국 여자팀의 강세에도 불구하고, 미국 여자 수영 팀은 총 14개의 메달을 따면서 여전히 여자수영 강국의 면모를 보여주었다. 재닛 에번스는 800m 자유형에서 다시 한 번 더 금메달을 땄으며, 400m 자유형에서는 은메달을 목에 걸었다.

1996년 애틀랜타올림픽에서는 7개 나라가 여자 수영종목에 걸린 금메달을 나눠 가져갔다. 미국은 16개 중 7개의 금메달을 획득했다. 이 대회의 스타는 개인종목 3관왕에 오른 아일랜드의 스미스(Michelle Smith)였다. 미국을 빛낸 스타 선수는 개인종목과 계주에서 각각 2개의 금메달을 따 4관왕이 된 반 다이큰(Amy Van Dyken)이었다.

2000년 시드니올림픽에서 미국 여자 수영 팀은 16개 중 7개의 금메달을 포함하여 총 16개의 메달을 획득하였다.

2004년 아테네올림픽에서 미국 팀은 금메달 12개, 은메달 9개, 그리고 동메달 7개 등 총 28개의 메달을 가져갔다. 이 대회에서 미국 팀을 이끈 선수는 올림픽에 네 번째 참여한 대표 팀 최고참 톰슨(Jenny Thompson)이였다. 코플린(Natalie Coughlin), 파이퍼(Carly Piper), 볼머(Dana Vollmer), 그리고 샌디노(Kaitlin Sandeno)로 구성된 미국의 4×200m 자유형 계주 팀은 오랫동안 지속되어 온 세계기록을 깨는 쾌거를 이루기도 하였다.

수영 안전규칙

실내수영장

1. 수상안전요원이나 자격을 갖춘 강사가 현장에 배치되기 전에는 풀장에 들어가거나 수영을 해서는 안 된다.
2. 풀 데크(pool deck)에서는 뛰지 말아야 한다.
3. 풀장 안이나 주변에서 말 타기 놀이(horseplay: 목말타고 서로 밀고 당기는 놀이 – 역자 주)를 금지한다.
4. 유리병이나 유사한 재질이 그릇을 사용하지 말아야 한다.
5. 전염병이나 외상, 눈병 등과 같이 감염의 위험이 있는 사람들은 수영장 입장이 금지된다.
6. 다이빙보드가 사용 중일 때, 다이빙 구역 근처에서는 절대로 수영할 수 없다.
7. 다이빙보드에는 한 사람만 올라가야 한다.
8. 다이빙보드를 사용하기 전에 수심과 바닥의 형태를 파악한다.
9. 다이빙보드는 다이빙 목적으로만 사용되어야 한다.
10. 풀장 수심이 충분히 깊지 않다면, 풀 데크에서의 다이빙은 금지한다.
11. 수영장을 사용하는 모든 사람들은 수영복을 입어야 한다. 티셔츠, 반바지, 또는 이와 유사한 옷의 착용은 허용되지 않는다.

12. 머리가 긴 사람은 반드시 수영모를 착용해야 한다.

야외수영장

1. 악천후(특히 심한 폭풍우, 번개 등)에는 물에서 나와야 한다.
2. 카누, 보트, 세일링, 스킨다이빙, 스쿠버다이빙, 그리고 수상스키와 같은 수중활동에 참여하기 전에 안전수칙과 절차에 대해 반드시 이해하고 있어야 한다.
3. 공기가 주입된 구명동의(예: 구명조끼 등)가 수영 기술 부족을 보완해주지 않는다는 사실을 알아야 한다.
4. 수심을 알 수 없거나 특정 물체의 일부분이 물속에 잠겨있는 상황에서는 절대로 다이빙을 해서는 안 된다.
5. 항상 물의 온도를 체감하고 있어야 한다. 찬물에 너무 오래 있지 않도록 해야 한다. 몸에 한기가 느껴진다면 물에 들어가지 말아야 한다.

초보자를 위한 지도방법

초보자를 위한 지도방법은 올-스트로크(all-stroke: 모든 영법에 대한 지도 – 역자 주)방법이라고도 하며, 물에 적응하는 것으로 시작한다. 초보자들은 일단 물에 대한 적응만 되면 기초 기술들을 상당히 빨리 배울 수 있다.

초보자들이 모든 영법을 배울 때에는 무리하지 말고 단계적으로 진도를 나가도록 한다. 그러나 (신체구조와 운동학습의 개인차로 인하여) 모든 이들이 모든 영법을 똑같이 잘 할 수는 없다. 따라서 모든 강습생들에게 모든 영법을 가르치는 과정에서 각자가 배운 영법을 적정 거리만큼 시도해보도록 하면 자신에게 가장 적합하고 편안한 영법이 무엇인지를 자연스럽게 알게 될 것이다. 기본적으로 초보자들은 모든 영법에서 '걸으면서' 수영을 할 수 밖에 없다 하더라도, 가장 덜 힘든 영법을 상대적으로 더 자주 선택하게 될 것이다. 이러한 현상 역시 다음 수준단계의 수영, 인명구조, 또는 관심 있는 수중활동의 한 형태로 넘어가기 위한 준비과정이다. 그러나 중급수준의 수영에서는 이러한 현상이 잘 나타나지 않는다.

올-스트로크 방법에 숨어있는 비밀은 여러 형태의 킥 기술들을 훈련할 수 있다는 것이다. 다리의 대근육군은 일상생활의 걷기, 달리기, 점프, 그리고 간헐적으로 댄스 활동 시에 주로 사용된다. 따라서 수영 킥과 같이 새롭고 익숙하지 않은 패턴에 적응하기 위해서는 반드시 훈련이 필요하다.

다음으로 지도해야 할 주요 기술은 올바른 호흡 습관이다. 물은 사람의 호흡작용을 방해한다. 그럼에도 불구하고, 수영을 하기 위해서는 물 밖에서 숨을 들이마신 후 물속에서 완전히 내쉬는 법을 배워야 한다. 그리고 스트로크 유형에 따른 다양한 호흡 패턴을 익혀야 한다.

지도자는 단계적인 훈련과 활동에 의한 기술학습을 강조해야 한다. 활동을 통한 지도는 초보자들의 흥미를 유발시켜 열심히 하도록 해줄 뿐만 아니라, 자신들이 배우고 있는 것이 무엇인지를 잘 알게 해준다. 이를 위해 지도자는 수영을 단계적으로 그리고 집중적으로 지도해야 한다. 강습생들이 지속적인 운동으로 인해 피로(탈진 상태가 아닌)해지면 자연적으로 강도를 낮추게 되므로, 이러한 상태가 확인되면 휴식을 취하도록 해준다. 휴식은 상대적으로 새로운 (수중)환경에서 편안함을 느낄 수 있는 방법을 배워 연습 중간 중간에 반복적으로 주어져야 한다.

목 표

1. 강습생들이 물에 순응할 수 있도록 해준다. 이를 위해, 새로운 신체 외형적, 생리적, 그리고 심리적 자극을 줄 수 있는 매개체가 필요하며, 다음과 같은 현상들이 나타나야 한다.

   a. 불안정
   b. 신체무게의 확연한 감소
   c. 균형감 감소
   d. 이동을 위한 신체 자세의 변화
   e. 신체 열 조절 기능의 변화
   f. 호흡계의 변화
   g. 정상적인 근 긴장도의 변화

2. 자신감을 길러준다. 이를 위해, 실행하고자 하는 훈련들은 다음과 같은 목적을 가지고 있어야 한다.

   a. 물속에 있다는 심리적 부담감을 없앤다.
   b. 올바르게 숨을 들이마시고 내쉬는 테크닉을 배운다.
   c. 물에서 편히 쉴 수 있다.
   d. 수영을 즐긴다.

3. 자립심(self-reliance)을 길러주고, 자기보호(self-preservation)를 할 수 있도록 지도한다.

4. 길이와 상관없이 수영거리를 인지할 수 있도록 지도한다.

5. 수영하는 동안 물을 소중히 여기도록 지도한다.

6. 기술과 테크닉에 자신감을 심어준다.

7. 지속적인 연습을 위한 동기부여가 될 수 있는 지도방법을 통해 영법을 가르친다.

8. 수영이 평생에 걸쳐 즐거움과 체력을 줄 수 있다는 점을 강조한다.

9. 노력의 분배와 힘의 보존에 대해 지도한다.

10. 어떻게 하면 피로를 지연시킬 수 있는지에 대해 지도한다.

11. 물에 다이빙하는 방법을 지도한다.

기초기술 및 테크닉

물에 대한 적응

1. 물에 들어가기 전, 풀장 전 구역에 표시된 수심을 확인한다.

2. 풀 사이드에 앉아 발을 물에 담근다. 그런 다음, 물을 향해 손을 뻗으면서, 다리, 팔, 그리고 몸통 순으로 물을 적시면서 들어간다. 이렇게 하면, 수온에 적응하는데 도움이 된다.

3. 허리 깊이에서 손을 담근 채로 물을 헤치며 걷는다. 이때 물속에서 스컬링 동작(sculling motions: 물속에서 손으로 노를 젓는 동작 – 역자 주)을 연습하면서 물과 신체움직임에 대한 느낌을 가지도록 한다.

4. 허리 깊이에 서서 물이 턱까지 올 때까지 몸을 물속에 잠갔다가 다시 원 위치로 올라오는 것을 반복하면서 얼굴에 물이 튀도록 한다.

5. 풀 사이드 안쪽 면에 설치된 거터(gutter: 배수로)에 매달린 채, 물이 다리와 몸을 수면위로 들어 올려주는 것을 느끼도록 한다. 이때 긴장을 풀고 편안히 있도록 한다.

호흡 조절

개인의 수영 수준 및 숙련도에 따라 다르겠지만, 강습자는 풀장 거터나 파트너를 잡은 상태, 또는 아무런 보조 없이, 다음과 같은 활동들을 수행할 수 있다.

1. 허리 깊이에 서서 몸을 앞으로 기울이기, 숨을 멈추는 연습: 입으로 숨을 들이마심, 입을 닫음, 눈을 감음, 얼굴을 편평하게 하여 물속에 담금; 이 상태로 3초간 숨을 멈추고 나서 머리를 들어 숨을 내쉰다. 이 연습을 여러 번 반복하면서, 점차적으로 잠수시간을 늘려간다.

2. 입으로 숨을 들이마시고 눈을 감은 채 얼굴을 잠수

시킨 다음, 코와 입으로 숨을 천천히 내쉰다. 이 연습을 여러 번 반복한다.

3. 입으로 숨을 들이마시고 눈을 감은 채 얼굴을 잠수시킨 다음, 코나 입으로 숨을 일정하면서도 최대한 천천히 내쉰다. 이 연습을 여러 번 반복한다. 평소에 콘택트렌즈를 착용하는 강습자는 기술 수행 전에 반드시 렌즈를 빼거나, 또는 물안경을 써야 한다.

물속에서의 눈 사용

숨을 들이마신 후, 눈을 감고 잠수한 다음, 눈을 뜨고 파트너가 물속에서 보여주는 손가락 수를 세고 나서 물 위로 올라온다. 이 연습을 반복한다.

신체균형 및 조절

다음의 활동들은 강습생들이 물속에서 자신감을 기르는데 도움이 되는 것들이다. 공포심을 없애기 위해 중요한 것은 여러 가지 부유법(floating: 물에서 몸을 뜨게 하는 기술 – 역자 주)과 글라이딩(gliding: 어떤 추진력에 의해 몸이 물에 떠서 나아가는 것 – 역자 주) 자세들을 취하기 전에 (파트너와 함께) 안정된 자세로 되돌아오는 절차에 대해 논의하고 연습해야 한다는 점이다.

젤리피쉬 플로트(Jellyfish float: 해파리처럼 물에 뜨기). 이 부유법은 파이크(pike) 혹은 턱(tuck) 자세로 수행될 수 있다. 심호흡을 해서 머리를 잠수시킨 후, 무릎을 가슴까지 올려주거나 혹은 다리를 펴 손으로 잡은 채 3초 동안 버틴다. 그런 다음, 손을 풀면서 등과 머리를 세워주고, 동시에 바닥을 향해 다리를 펴주는데, 이때 부력에 의해 약간 위로 뜨게 되는 팔을 아래의 힙쪽으로 누르면서 머리를 들어준다. 지도자는 이러한 초급단계의 부유법에 개인차가 존재한다는 점에 주목

해야 하는데, 특히 너무 마르거나 뚱뚱한 사람의 부유능력에는 많은 차이가 있을 수 있다 (도해 15.1). 이 연습을 반복한다.

스트림라인 플로트 자세(전방). 스트림라인 플로트(streamline float)는 배로 몸을 띄우는 기술이다(수심은 허리 깊이 이상). 이 자세를 만들기 위해서는 팔을 들어 머리를 지나 앞쪽으로 펴주고, 머리는 물 아래로 떨어뜨린 채 다리를 펴준다 (도해 15.2). 스탠딩 자세로의 리커버리를 위해, 무릎을 당김과 동시에 등을 둥글게 만든 다음, 동시다발적으로 팔을 힘차게 누르고, 풀 바닥을 향해 다리를 펴면서 얼굴을 물에서 들어올린다. 다리를 아래로 펴주게 되면, 발은 바닥에서 자리를 잡게 될 것이다. 이때 눈은 뜨고 있어야 한다. 리커버리가 된 후, 코로 숨을 내쉬고, 입을 벌림과 동시에 숨을 들이마시면서, 눈을 떠 깜빡거려준다.

스트림라인 글라이드(전방)와 서기. 먼저 스트림라인 글라이드(streamline glide)를 위해, 허리를 앞으로 굽히면서 양팔을 앞으로 뻗어준다. 동시에 상체와 팔을 물 바로 아래에 놓는다. 그런 다음, 심호흡을 하고, 무릎을 굽히면서 얼굴을 수면 아래로 떨어뜨리면서 가슴 쪽으로 당겨준다. 무릎이 일직선이 되도록 펴주고, 발로 바닥을 차면서 전방 자세(prone position)로 글라이드를 수행한다. 글라이드가 끝나갈 쯤, 전방 플로트에서처럼 무릎을 가슴 쪽으로 당기면서 리커버리한다(발로 바닥에 서기).

백 플로트 자세(후방). 물이 턱까지 차도록 뒤로 누운 상태에서, 뒤쪽에 위치한 파트너가 한 손으로 목 뒷면을, 그리고 다른 손으로는 등을 지지해주면서 힙을 들어 올려주고, 동시에 양팔은 옆으로 뻗어준다. 이때 양쪽 귀는 모두 물 아래에 잠기게 될 것이다. 다음으로, 파트너는 손을 천천히 놓아주는데, 먼저 등을 받치고 있던 손을 떼어내고 난 다음, 목을 받치고 있던 반대쪽 손을 놓아준다. 몸의 자세는 수면과 반드시 평행할 필요는 없다. 왜냐하면 어떤 이들은 발이 잘 가

도해 15.1. A, 젤리피쉬 플로트, 파이크 자세. B, 젤리피쉬 플로트, 턱 자세. C, 젤리피쉬 플로트 리커버리 과정.

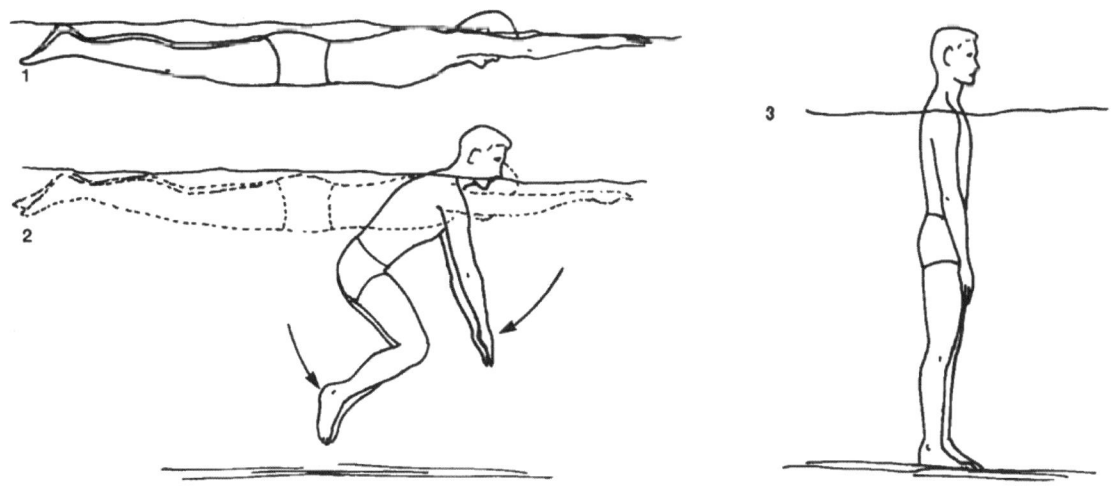

도해 15.2. 스트림라인 플로트와 리커버리.

라앉는 경향을 가지고 있기 때문이다. 이 자세에서 중요한 부분은 겁을 먹지 말고, 양팔을 뻗어주면서, 목
을 뒤로 젖혀 얼굴이 항상 물 밖으로 나와 있어야 한다는 것이다. 백 플로트에서 리커버리 자세로 돌아올 때

처음 몇 번 동안에는 파트너들이 도와주어야 한다. 리커버리 자세로 돌아오는 요령은 양팔을 아래로 그리고 앞으로 움직여주고, 등을 앞쪽으로 둥글게 말아주면서, 동시에 무릎을 턱 쪽으로 가져오면서 머리를 앞쪽으로 천천히 들어올린다. 몸이 이동하여 수직자세가 되었을 때, 바닥을 향해 다리를 뻗어 제자리에 선다 (도해 15.3).

백 글라이드와 서기(후방). 백 글라이드(back glide)를 위해서는, 어깨가 물에 잠길 때까지 쭈그리고 앉은 상태에서, 뒤로 누워 양쪽 귀가 물에 잠기면 발로 바닥을 찬 후, 몸이 정지할 때까지 후방으로 글라이드해간다. 글라이드가 진행되는 동안, 양팔은 몸 옆에 놓고 다리는 모아 펴준다. 머리를 앞으로 일으키고, 동시에 양쪽 무릎을 가슴 쪽으로 가져오면서 리커버리 자세를 취한다. 동시에 양팔을 앞으로 가져온다.

몸의 수평을 유지하고 추진력을 도와주는 단순 다리 동작들

킥 글라이드, 스트림라인 자세(전방). 킥 글라이드 (kick glide), 스트림라인 자세를 위해서는, 먼저 수면 위에서 몸이 일직선이 되게 하여 스트림라인 자세를 만든 후, 무릎과 발목의 긴장을 푼 상태로 다리를 번

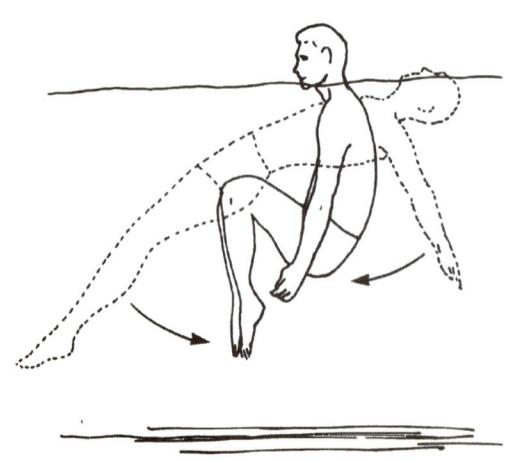

도해 15.3. 백 플로트와 리커버리.

갈아가며 위 아래로 움직이는 동작을 숨이 다할 때까지 계속한다(연습이 더 필요한 경우, 거터나 킥보드를 잡고, 앞서 설명한 것과 같이 다리를 찬다.).

킥 글라이드, 백 자세(후방). 킥 글라이드, 백 자세에서는, 먼저 뒤로 누워 백 플로트 자세를 취하지만, 등을 편평하게 해야 하고, 턱을 목 쪽으로 적당히 웅크려주면서 양팔을 몸 옆에 놓는다. 그런 다음, 무릎을 약간 구부려 차는 플러터 킥(flutter kick)을 수행한다. 이때 킥은 각 무릎을 스냅과 함께 펴주면서 마무리 한다(연습이 더 필요한 경우, 거터에 매달려 플러터 킥을 수행한다.).

신체의 지지, 추진력, 그리고 균형을 위한 단순 팔 동작들

앞으로 하는 팔 스트로크(전방). 앞으로 하는 팔 스트로크(개헤엄 혹은 휴먼 스트로크)은 먼저 물에 배를 대고 누운 자세를 취한 후, 양팔을 번갈아가며 앞으로 뻗어 물을 아래로 그리고 몸 뒤쪽으로 눌러준다. 이때 모든 손가락은 붙이고 손은 일자로 펴서 뒤로 당긴다. 물의 당김이 모두 끝나면, 각 팔은 앞으로 보내지면서 리커버리되는데, 이때의 요령은 손을 펴 턱 아래까지 끌어당기고 나서 앞으로 뻗어준 다음, 마치 전방에 있는 컵을 잡듯이 손을 앞으로 움직이면서 스트로크을 반복한다.

뒤로 하는 팔 스트로크(후방). 뒤로 하는 팔 스트로크(물고기의 지느러미와 같은 기능을 한다 하여 '핀[fin]' 이라고도 함 – 역자 주)은 뒤로 누운 자세에서 양손과 양팔이 각각 짝을 이루어 동작을 만들어 낸다. 먼저 양팔을 몸 옆에서 펴 준 다음, 위로 약 1피트(30cm)정도 끌어 올리고 나서 바깥쪽으로 뻗어주어 양손이 몸에 직각이 되도록 한 후, 손과 손목을 부드럽게 젖히면서 물을 발이 있는 뒤쪽으로 밀어낸다.

팔 스트로크, 킥, 그리고 호흡의 조화

전방 자세. 앞으로 누워 팔 스트로크, 킥, 그리고 호흡을 결합시키는 과정은 다리를 번갈아 가면서 위 아래로 차는 킥, 팔의 개헤엄 동작, 그리고 수면 위로 완전히 나와 호흡하거나 혹은 물 밖에서 숨을 들이마시고 물속에서 내쉬는 동작으로 구성된다. 매 팔 스트로크 사이클마다, 킥은 두 번 혹은 그 이상씩 차주어야 한다.

호흡은 머리를 옆으로 돌리면서 실시한다. 만일 머리를 왼쪽으로 돌려 호흡하고자 한다면, 오른팔을 앞으로 펴줄 때, 숨을 들이마시도록 한다. 그런 다음, 왼팔을 펴면서 머리를 물속으로 되돌려 입으로 숨을 내쉰다. 반대로, 오른쪽으로 숨을 들이마시기 위해서는 왼팔을 뻗어주어야 하고, 오른팔을 뻗으면서 머리를 물속으로 되돌려 숨을 내쉬면 된다.

후방 자세. 뒤로 하는 결합된 형태의 스트로크는 손의 핀(fin) 동작과 다리의 플러터 킥(flutter kick) 동작으로 구성된다. 등을 편 채 뒤로 누운 백 플로트 자세를 취하면서 턱을 목 쪽으로 웅크려준다. 그런 다음, 먼저 앞으로 킥할 때보다 더 빠르고 유연하게 발차기를 시작한다. 손의 핀 동작은 일정한 간격에 따라 움직여준다. 그리고 호흡은 자연스럽게 한다.

오른쪽 및 왼쪽으로 회전하기. 먼저 몸을 거의 수평이 되게 하여 앞으로 하는 스트로크(휴먼 스트로크/개헤엄)를 시작하다가 풀 중간에서 오른쪽으로 돌고난 다음, 다시 왼쪽으로 돈다. 이때 턴은 완전한 회전이 되도록 한다. 손을 뻗어 돌고자 하는 방향 반대쪽으로 물을 당겨준다.

자세 바꾸기. 자세의 변화 혹은 앞에서 뒤로 뒤집기 위해서는, 먼저 몸을 수평으로 하여 앞으로 수영하다가, 자세를 바꾸고자 하는 지점에서 몸을 오른쪽이나 왼쪽으로 굴리면서 백 플로트 자세로 바꾸어준다. 이때 어깨와 머리는 계속해서 물속에 있어야 한다. 몸을 굴려 뒤집기 위해서는, 머리, 팔, 엉덩이, 그리고 다리의 도움이 필요할 것이다. 반대 상황인 백 플로트에서 앞으로 자세를 바꾸는 것 역시 앞서 설명한 것과 유사한 방식으로 실시하면 된다.

안전과 생존을 위한 영법

여기에서는 안전과 생존을 위한 영법으로 세 가지 스트로크 유형들이 소개되고 있다. 이 영법들은 힘이 가장 적게 들고 기술적인 요소도 그리 많이 필요로 하지 않는다. 그리고 이것들은 정규 경영 스트로크가 아니다.

휴식 배영(Resting Backstroke)

휴식 배영(도해 15.4)은 초보자에게 가장 먼저 가르쳐야 할 영법이다. 이 영법은 신체의 협응성(coordination)을 거의 요구하지 않으면서도, 강습자로 하여금 안전감을 느낄 수 있도록 해준다. 이 영법은 응급상황이나 휴식을 위해 편안히 수영할 때 주로 사용하는 휴식용 스트로크로, 평영, 기본 배영, 그리고 입영(treading water; 제자리에서 헤엄을 치는 동작을 의미함 – 역자 주)을 기본 토대로 하고 있다. 얼굴은 항상 물 밖에 나와 있기 때문에 호흡에는 아무런 문제가 되지 않는다.

역 평영 킥(Inverted breaststroke kick)

발뒤꿈치를 모으고, 무릎을 허리 너비만큼 벌려주면서 리커버리 자세를 취한다. 발뒤꿈치를 아래로 향하게 한 상태로 엉덩이 쪽으로 끌어당겨 무릎이 물 밖으로 들려나오지 않도록 하고, 동시에 엉덩이가 아래로 떨어지지 않도록 힙을 들어 올려준다. 그런 다음, 양쪽 발뒤꿈치를 분리시키면서 무릎을 향해 바깥쪽으로 발을 꺾어준다. 이 자세에서 발을 바깥쪽으로 쓸어내리듯이 차면서 발의 안쪽 면으로 물을 밀어 내린 후,

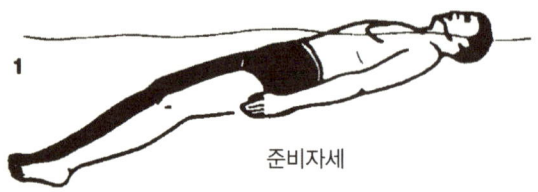

준비자세

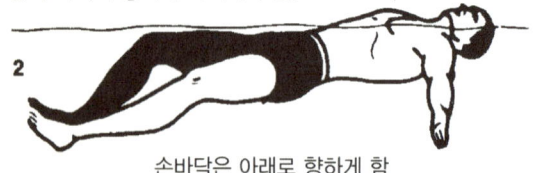

팔과 다리가 동시에 리커버리 됨;

손바닥은 아래로 향하게 함
팔은 일직선이 되도록 함

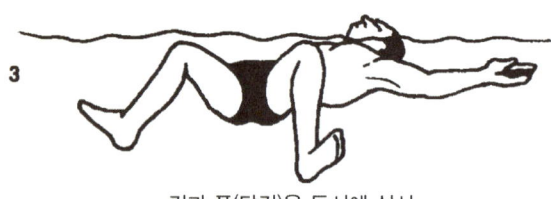

킥과 풀(당김)을 동시에 실시

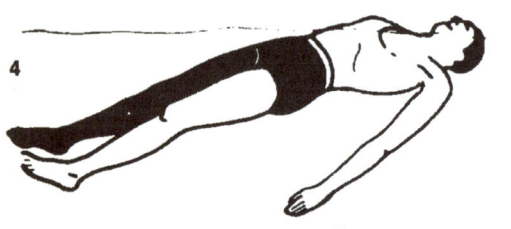

스트로크 완료

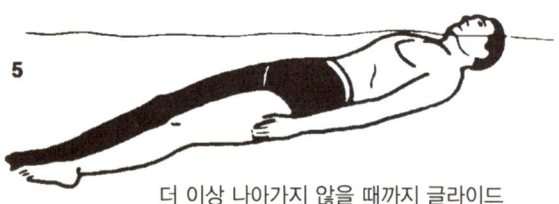

더 이상 나아가지 않을 때까지 글라이드

도해 15.4. 휴식 배영 동작의 단계─가장 먼저 배워야 할 기술.

발을 뻗어준다. 킥을 차는 요령은 무릎이 완전히 펴지기 전에, 무릎에 긴장을 푼 상태로 양쪽 허벅지를 안쪽으로 쥐어 짜주면서, 무릎 아래에서 발까지의 모든 부위들로 휩킥(whip kick: 평영 발차기 – 역자 주) 동작을 만들고, 이를 통해 추진력을 높이는 것이다. 어떤 사람에게는 평영 킥이 어려울 수도 있기 때문에, 처음에는 플러터 킥(flutter kick)을 사용한 영법 지도를 하는 것도 더 좋을 수도 있다.

팔 영법

팔의 리커버리는 몸 옆면에 놓여있는 손바닥을 풀 바닥을 향해 아래로 돌려주면서 시작되는데, 이때 새끼 손가락으로 리드하면서 물을 가를 준비를 한다. 그런 다음, 팔을 펴서 허벅지에서 어깨 바로 위 지점까지 바깥쪽으로 들어올린다.

팔을 편 채, 손바닥을 뒤로 돌려 약간 아래쪽으로 허벅지까지 힘차게 당겨주면서 팔의 풀(arm pull) 동작을 수행한다.

팔 영법을 하는 동안에는 손이나 팔의 리커버리 혹은 당김은 항상 물속에서 이루어진다.

전체 영법

휴식 배영은 팔과 다리의 동작이 동시에 이루어지기 때문에 수행하기가 쉽다. 팔과 다리의 리커버리, 그리고 킥과 풀(pull: 당김)이 동시에 일어난다. 스트로크가 끝났을 때에는 몸을 펴 일직선을 만든 후, 더 이상 앞으로 나아가지 않을 때까지 이 자세를 유지한다. 이 연습을 반복적으로 해준다.

기본 배영(Elementary Backstroke:엘리멘터리 백 스트로크)

기본 배영 (도해 15.5)은 휴식배영이 숙달된 후에 가르쳐야 한다. 이 영법은 휴식배영보다는 약간 더 빠르

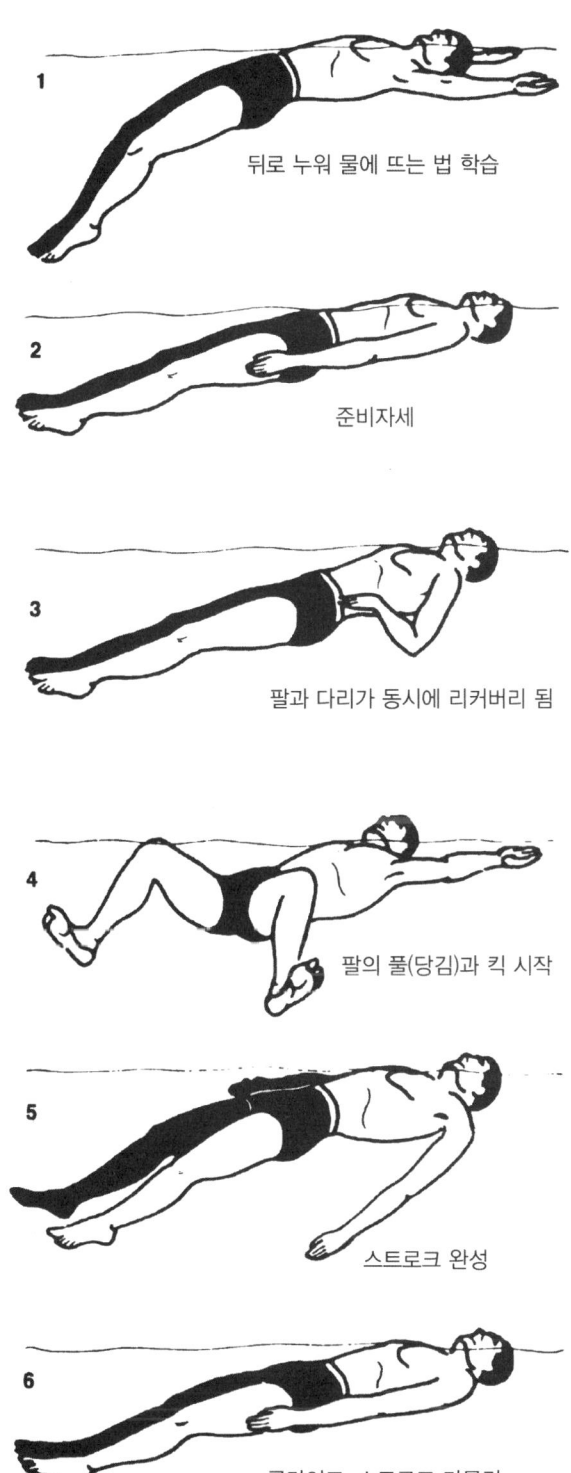

1 뒤로 누워 물에 뜨는 법 학습

2 준비자세

3 팔과 다리가 동시에 리커버리 됨

4 팔의 풀(당김)과 킥 시작

5 스트로크 완성

6 글라이드, 스트로크 마무리

도해 15.5. 기본 배영 동작의 단계.

기는 하지만, 여전히 휴식을 위한 영법이자, 쉽게 배울 수 있는 기술이다. 그러나 휴식배영에 비해 상대적으로 더 많은 협응성이 요구되는데, 그 이유는 다리가 리커버리 되기 전에 팔은 부분적으로 리커버리 되기 때문이다.

역 평영 킥

기본 배영에 사용되는 역 평영 킥은 휴식 배영에서와 하는 것과 똑같이 실시하면 된다.

팔 영법

기본 배영에서의 팔의 리커버리 동작은 휴식 배영에서의 그것과 다르다. 기본 배영의 팔 리커버리 동작 요령은 팔꿈치가 아래로 향하게 굽혀주고, 양손은 허벅지를 따라 겨드랑이까지 미끄러지듯 올려준다. 그런 다음, 손바닥을 위로 보게 한 상태로, 손을 겨드랑이에서 대각선방향 바깥쪽으로 뻗어주면서 팔이 일자가 되도록 한다. 그리고 나서 손바닥을 돌려 아래를 보게 한 후, 팔을 편 상태로 물을 허벅지 옆면까지 당겨준다. 이러한 당김 동작 후에는, 몸이 더 이상 나아가지 않을 때까지 자세를 유지해준다.

전체 영법

추진력을 위한 시작단계에서는 팔과 다리의 동작이 동시에 이루어지지만, 마지막 단계에서는 보통 다리 동작이 팔 동작 완료 전에 먼저 끝나는 경우가 많은데, 그 이유는 동작 가동범위(range of motion)가 상대적으로 더 작기 때문이다. 긴장을 푼 상태로 몸과 다리가 일직선이 되도록 펴주고, 글라이드가 없어질 때까지 자세를 유지해준다. 리커버리 단계에서는, 다리를 계속 뻗고 있다가 팔이 겨드랑이 근처에 왔을 때, 팔의 리커버리와 같은 속도로 다리를 천천히 리커버리 시킨다. 양팔이 물을 당길 수 있는 위치에 도달했을 때, 양쪽 다리는 킥 준비 자세를 완료한다. 즉, 무릎과 발뒤꿈치를 벌리고, 동시에 발은 바깥쪽으로 향하게 한다. 호흡은 일정하게 해준다.

횡영(Underarm Sidestroke)

횡영 (도해 15.6)은 쉽게 배울 수 있는 영법이다. 이것은 인명구조를 위한 기본 영법이기도 하다. 이 영법을 수행하는 동안, 코와 입은 뒤쪽으로 돌려져 있고, 물이 얼굴 옆면을 지나기 때문에 호흡하는 데에는 별 어려움이 없다. 입을 둥글게 말아주면 호흡을 더 쉽게 할 수 있을 것이다.

시저스 킥

시저스 킥(scissors kick: 가위차기)은 아마도 물속에서만큼은 모든 킥 중에서 가장 강력한 파워를 낼 것으로 여겨지며, 이것이 바로 이 킥이 인명구조용으로 많이 사용되는 이유이다.

먼저 풀 사이드에 매달려 킥하는 법을 배우도록 한다. 몸을 옆으로 하여 바로 세운 상태로, 다리는 일직선을 만들어주고, 한쪽 발을 다른 쪽 발 위에 포갠 채 뻗어준다. 다리는 항상 수면과의 평행을 유지한다. 리커버리 동작을 시작하기 위해서는, 무릎을 굽히면서, 양쪽 발과 함께 발뒤꿈치를 뒤로 천천히 그리고 동시에 끌어낸다. 이렇게 발뒤꿈치를 뒤로 끌어내게 되면, 적정 수준의 고관절(hip joint) 굴곡(flexion)이 일어나게 된다. 이렇게 만든 자세를 확인하는 방법으로, 다리의 리커버리 동작이 완료되었을 때, 어깨와 고관절 중심을 가로지르는 가상 선은 무릎과 발목 사이의 중간 지점을 통과해야 한다. 이 시점에서 완전히 굽힌 무릎 상태를 유지하면서, 아래쪽 다리는 뒤로 그리고 위쪽 다리는 앞으로 이동시키면서 발을 가위처럼 벌려준다. 그런 다음, 양쪽 다리의 발을 일자로 펴서 가운데로 모아준 후, 글라이드가 끝날 때까지 자세를 유

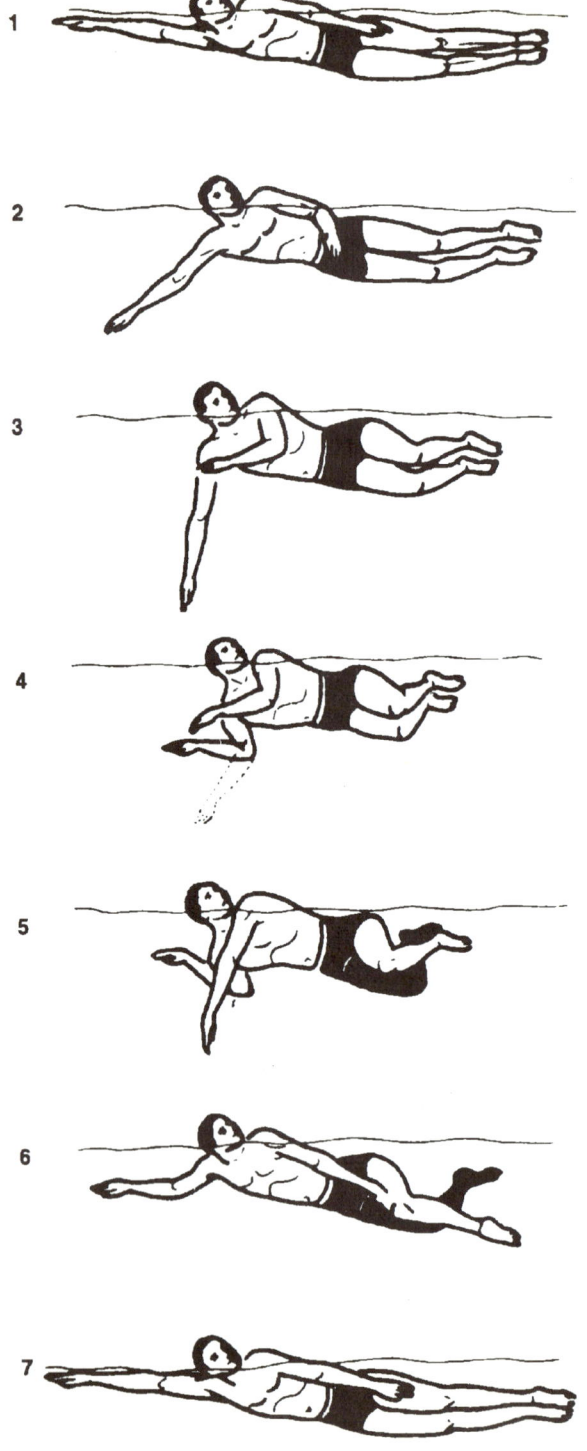

도해 15.6. 횡영 동작 단계.

지한다.

팔 스트로크

양쪽 어깨가 수직선상에 놓이도록 몸을 옆으로 눕힌 상태에서, 아래팔(풀에 더 가까이 있는 팔)을 머리 바로 아래에서 앞으로 뻗어주는데, 이때 손바닥은 아래를 보도록 해야 하며 손은 수면 바로 아래에 위치해야 한다. 한편, 몸 위쪽에 위치한 팔은 허벅지 앞면에서 휴식을 취하고 있던 손을 상체 윗부분까지 올리면서 껴안는 동작을 취한 후, 손이 다시 허벅지 앞쪽에 올 때까지 물을 아래로 당겨준다. 이때 손은 절대로 허벅지 위에 오면 안 된다.

학습자는 먼저 출발자세를 포함한 팔 영법에 대한 그림을 머릿속에 명확히 그리고 있어야 한다. 즉, 양 팔이 몸의 세로 단면(longitudinal plane)을 따라 동시에 움직인다는 점을 인지해야 한다. 양팔은 머리 바로 밑에서 서로 만나 방향을 바꾼 후, 원래의 출발자세로 되돌아가기 위해 동시에 뻗어준다. 이때 아래쪽 팔은 앞으로, 그리고 위쪽 팔은 뒤로 가게 한다. 위쪽에 위치하고 있는 팔이 아래팔과 만나기 위해 앞쪽으로 미끄러져 올라올 때, 아래팔을 대각선 방향으로 하여 아래로 그리고 뒤로 당기면서 머리선 아래까지 내려온다. 양쪽 팔이 만남과 동시에, 방향을 바꾼 후, 손과 손가락을 원래의 출발 지점으로 향하게 한 채, 리커버리 동작을 시작한다. 비록 양손이 동시에 들어왔다 나가지만, 아래쪽 팔의 풀(pull: 당김)은 항상 안으로 들어오는 동작인 반면에, 위쪽 팔의 풀은 밖으로 나가는 동작이 된다.

전체 영법을 위한 4단계 학습과정

다음은 횡영의 전체 영법을 습득하는데 권장되는 4단계 횡영 영법 학습과정이다 (도해 15.7).

1단계: 시저스 킥만 연습. 호흡을 한 후, 일자가 된 몸을 옆으로 하여 수면 위에 띄우고, 동시에 아래팔을 몸 라인과 일직선이 되게 뻗어준다. 그런 다음, 머리를 물 쪽으로 돌려 한쪽 뺨이 아래팔의 상단 부위에 오도록 하면서 숨을 참는다. 위팔은 허벅지 상단 앞쪽에 위치시킨다. 이 자세에서 킥을 최소한 4회 이상 실시하는데, 매번 킥을 할 때마다 글라이드를 주도록 한다. 킥을 4회 이상 실시한 후에는 자세를 바꾸어준다. 킥 연습을 하는 동안, 위팔은 허벅지 상단 앞쪽에서 계속 머물러 있어야 한다. 이 연습은 전체 영법에서 반드시 수행되어져야 하는 위팔과 킥 동작의 일치를 연마하는데 좋다.

2단계: 킥과 위팔 동작의 연습. 1단계에서와 같이 몸 자세를 취한다. 2단계에서는, 위쪽에 위치한 손과 팔의 리커버리 동작이 다리의 그것과 동시에 일어난다. 먼저 팔꿈치와 손이 물속에 잠긴 채로, 손을 얼굴너머 앞으로 이동시킨다. 팔로 물을 당기는 동작은 킥과 동시에 시작된다. 결론적으로 이야기하자면, 위팔과 다리의 리커버리도 동시에, 그리고 킥과 풀(당김) 동작도 동시에 실시해야 한다.

3단계: 킥, 위팔, 그리고 아래팔 동작의 연습. 몸과 얼굴의 자세는 1단계에서와 같이 만들어준다. 3단계 연습 요령은 아래팔을 대각선 방향으로 하여 얼굴 아래쪽까지 아래로 그리고 뒤로 눌러준다(당김 동작이 아님). 아래팔이 누르기를 시작할 시점에, 양발과 위팔의 리커버리 동작이 수행된다. 양손이 만나는 지점에서 서로 교차시킨 후, 아래팔은 리커버리 자세를 위해 전방으로 쏘아주면서 글라이드를 가이드 한다. 아래팔의 리커버리 동작을 실시함과 동시에, 위팔과 다리는 각각 풀(당김)과 킥을 수행한다. 그런 다음, 자세를 유지하면서 글라이드를 준다. 이 연습은 전체영법에서 팔과 다리 동작의 조화가 쉽게 이루어지도록 만들어준다. 한번 호흡하면 최소한 4회의 스트로크를 반복하도록 한다.

4단계: 호흡 연습. 3단계 자세로 스트로크를 1~2회 수행한 다음, 얼굴이 물 밖으로 나오도록 돌려주는데,

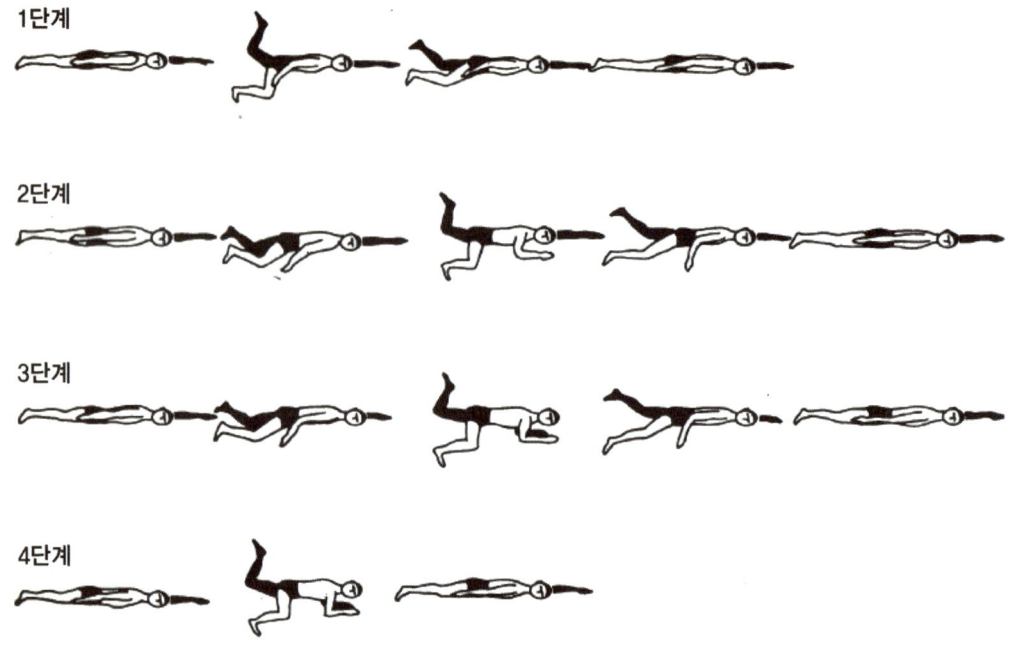

1단계
킥만 차준다.

2단계
킥과 위쪽에 위치한 팔의 동작은 동시에 이루어진다.

3단계
위쪽에 위치한 팔과 아래쪽에 위치한 팔의 영법 동작은 모두 킥과 함께 동시에 이루어진다.

4단계
전체영법

도해 15.7. 횡영의 학습 단계(옆에서 본 동작 형태).

이때 얼굴은 뒤를 바라보고 있어야 하며, 턱은 어깨 상단부와 일직선이 되도록 해야 한다. 팔과 다리가 안으로 들어올 때 숨을 들이마시고, 밖으로 나갈 때 내쉰다. 그럼, 지금부터 오른쪽으로 누운 상태에서 앞에서 설명한 4단계 연습을 반복해본다. 횡영을 하는 동안, 물의 수위는 항상 아래쪽 눈과 입의 가장자리 정도에 오도록 자세를 유지해야 한다.

주: 4단계 횡영 연습은 킥보드와 같은 부양 장비 (flotation device)와 함께 실시할 수도 있다.

경 영

평영(Breaststroke)

평영은 가장 오래된 경영 영법이며, 현재까지도 각종 수영대회에서 사용되고 있다. 평영은 활용성이 매우 높은 영법으로 인명구조에서도 많이 사용되고 있다.

킥

평영 킥은 전체 영법의 스피드를 높이기 위해 많은 변형을 거쳐 왔다. 일반적으로 이러한 변형들의 주요 쟁점은 무릎이 벌어지는 간격을 좁혀 원치 않는 저항을 감소시키고, 킥의 추진력 단계에서 발을 약간 아래쪽으로 차주면서 필요한 저항을 증가시키는 것이었다. 그러나 초보자가 처음 배우기에는 전통적인 방법의 킥이 아마도 가장 쉬울 것이다.

평영 킥은 역 배영 혹은 휴식 배영에서 사용되는 킥과 거의 동일하다. 먼저 배를 대고 누워 양팔을 뻗은 상태로, 이마의 상단이 수면 선상에 오도록 얼굴을 물속에 넣고, 발뒤꿈치는 가까이 모아준다. 다리의 리커버리는 발뒤꿈치를 힙 너비만큼 벌린 상태로 엉덩이 쪽으로 끌어당겨주면서 시작되는데, 이때 무릎이 굽혀지는 각도는 상체를 기준으로 90도를 약간 넘는 정도이다. 그리고 허벅지는 골반 아래쪽까지만 이동시켜야 한다 (도해 15.8). 그런 다음, 발뒤꿈치를 굽혀 발차기를 준비한다. 발차기는 강력하지만 부드럽게 수행되어야 하는데, 처음에는 발을 바깥쪽으로 찬 후, 곧바로 뒤쪽으로 그리고 안쪽으로 차주면서 발을 모

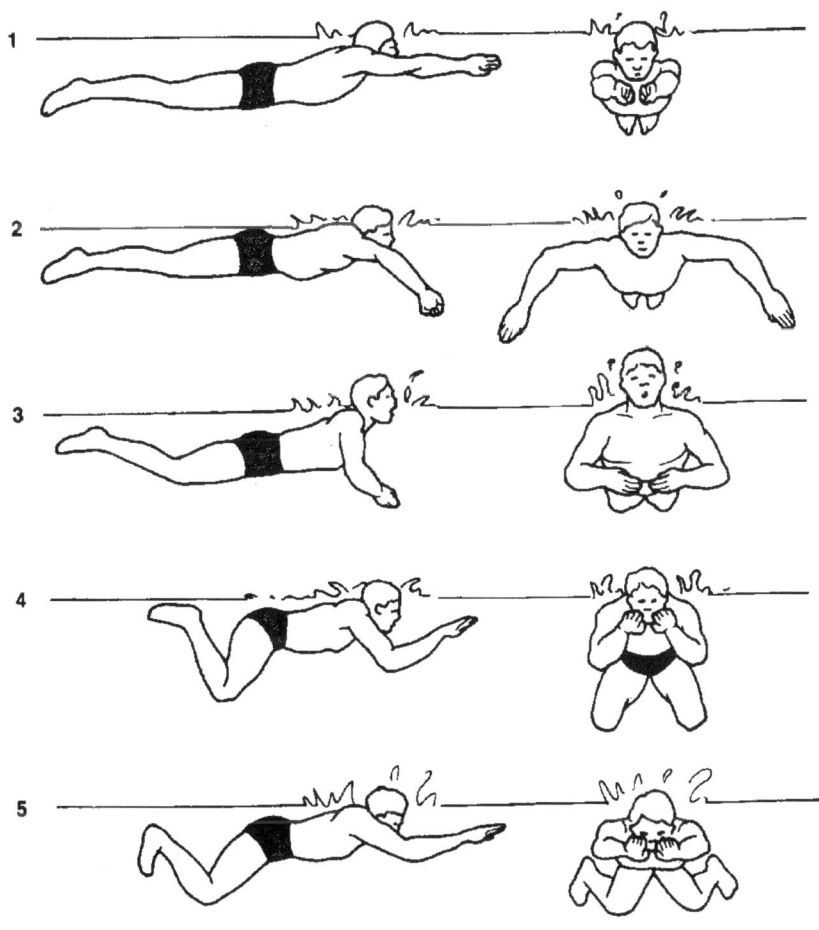

도해 15.8. 평영의 영법 단계.

아주고, 발가락은 뻗어준다. 발차기를 하는 동안, 무릎을 힙 너비만큼 벌린 상태를 유지한 채, 무릎 아래 부위로 (바깥쪽으로 그리고 뒤로) 휩(whips) 동작을 수행한다. 킥에 의해 앞으로 나아가는 것이 중지될 때까지 다리를 완전히 펴 글라이드를 준다. 킥의 추진력 단계에서는, 발 안쪽 면과 양발의 무릎 아래 부위로 물을 뒤로 밀어낸다. 그런 다음, 무릎이 완전히 펴지기 전에 양쪽 허벅지를 동시에 안쪽으로 모아주면서 다리의 휩 동작을 수행한다. 이 마지막 동작은 킥의 마무리 시점에서 추가적인 파워를 제공해준다.

팔 스트로크

먼저 스트림라인 자세에서, 양팔을 앞으로 뻗어주고, 양손은 손바닥이 서로 떨어져 마주보게 한 상태로 모아준다. 그런 다음, 양손이 어깨너비 보다 약간 더 넓은 위치에 올 때까지, 팔을 약간 바깥쪽으로 그리고 아래쪽으로 동시에 눌러준다. 그리고 나서, 팔꿈치를 굽히면서 손을 아래로 눌러 손바닥이 발을 향하게 한다. 다음으로, 양손이 턱 아래에 올 때까지 물을 안쪽으로 눌러준다. 이 단계가 바로 팔의 풀(pull: 당김) 동작의 파워단계(power phase)이다. 팔의 리커버리를 위해서는, 턱 아래에 위치한 양손으로 물을 놓아줌과 동시에, 전방으로 재빠르게 밀면서 뻗어주어야 한다. 물을 너무 넓게 당기게 되면, 팔로 지탱할 수 없게 되어 어깨가 아래로 떨어져 물속으로 가라앉게 되고, 그 결과 몸의 균형을 잡기가 어렵게 된다. 부가적으로, 팔을 너무 넓게 당기면, 불필요한 저항을 증가시켜 파워를 감소시키기도 한다. 손이 턱을 향해 안쪽으로 쓸어 모으듯이 당겨지고, 동시에 어깨가 수면 위로 올라오게 되면, 얼굴 역시 위로 올라와 호흡을 할 수 있게 된다. 바로 이 시점에서 킥 회복을 위해 무릎을 굽히기 시작한다. 팔의 리커버리는 턱 아래에서 양손이 서로 만나는 시점에서 시작되며, 팔을 앞으로 쭉 뻗어주면서 출발자세를 만들어주면 된다. 모든 동작

이 이루어진 이 시점에서는 자세를 유지하면서 글라이드를 주어야 한다. 처음에는 호흡하지 말고 풀장을 걸어가면서 팔 영법을 연습하도록 한다. 그런 다음, 팔 동작과 호흡을 연계하면서 연습한다.

전체 영법

풀 사이드에서 배로 누운 자세로 벽을 찬 다음, 얼굴을 물 밑에 놓은 채, 몸을 완전히 뻗어준다. 팔은 앞에서 설명한 대로 당겨주고, 팔의 회복이 시작됨과 동시에 호흡을 하고, 그리고 다리는 발을 벌린 채로 스냅을 주어 차면서 회복 자세를 취한다. 다리의 회복 자세가 만들어지고 나면, 추진력을 위해 팔을 앞으로 뻗어주면서 킥을 한다.

킥을 한 후에는 몸이 앞으로 더 이상 나아가지 않을 때까지 다리의 자세를 유지하면서 글라이드를 준다. 이때 몸은 완전히 펴져 있어야 한다. 글라이드를 주는 동안, 천천히 숨을 내쉬도록 한다. 전체 영법이 팔 영법의 시작에서부터 발차기가 끝나는 시점까지 부드럽게 그리고 지속적으로 연결될 때까지 여러 번 반복해서 연습하도록 한다 (도해 15.8). 평영은 특정 인명구조 상황에서 요구되는 것처럼 얼굴을 물밖에 낸 상태에서도 수행할 수 있다. 글라이드가 짧으면 짧을수록, 스트로크는 더 많은 힘을 필요로 한다.

자유형(Crawl Stroke: 크롤 영법)

수영대회에서는 통상 자유형(freestyle)으로 불리고 있는 크롤 영법 (도해 15.9)은 모든 수영 영법들 중 가장 빠른 영법이다. 이 영법은 공학과 역학적 원리가 적용되면서 가장 잘 정제된 스포츠 기술 중 하나로 평가받고 있다.

플러터 킥

먼저 배를 아래로 하여 누운 자세에서 팔과 다리를 완

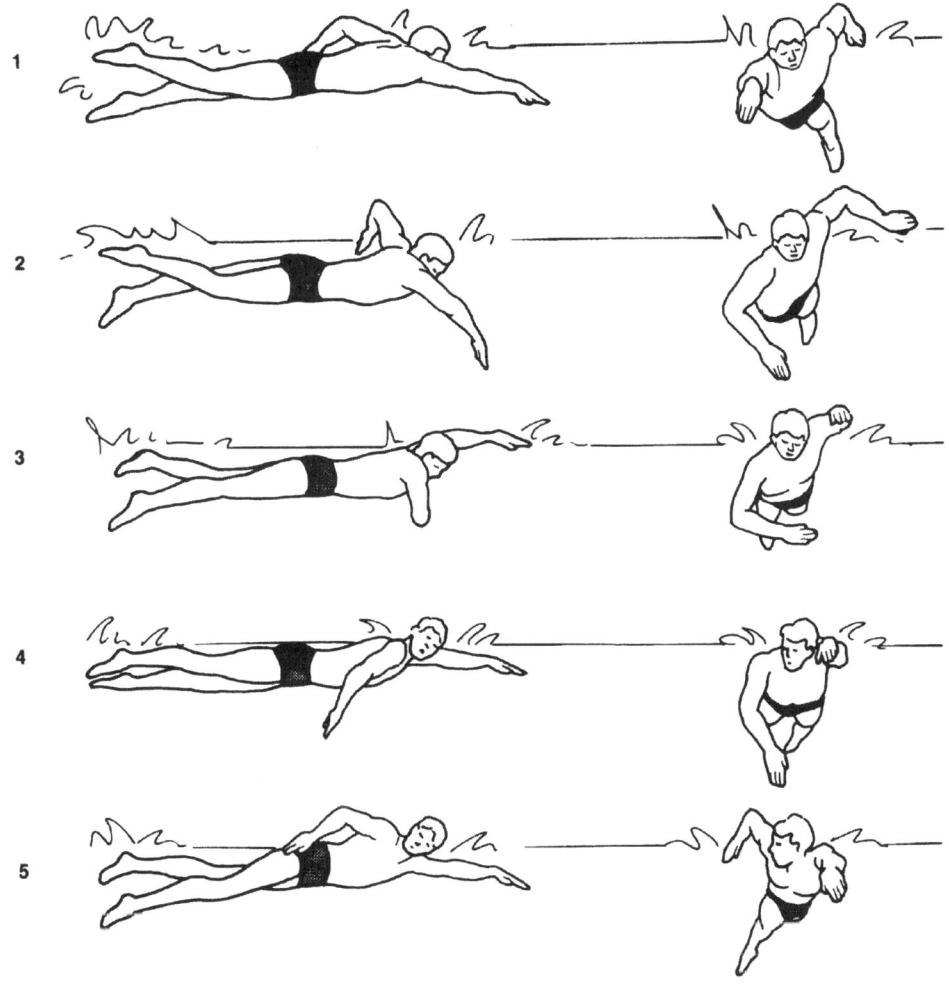

도해 15.9. 자유형에서의 팔, 다리, 호흡의 타이밍을 맞추는 단계.

전히 뻗어주고, 얼굴은 물속에, 그리고 발목은 펴고 발과 발가락은 가까이 모아준다. 이 자세에서 다리를 힙으로부터 번갈아가며 강하게 그리고 일정하게 수직으로 움직이면서 플러터 킥을 수행한다. 매번 아래로 찰 때마다, 발을 안쪽으로 틀어주어야 한다(안짱다리의 발 모양). 이 동작은 발목과 발에 힘을 빼야 자연스럽게 나올 수 있다. 또한, 이 동작으로 인해 발이 수면에서 차지하는 영역이 넓어지게 된다. 위로 차는 동작에서는, 발을 뻗어 발바닥으로 물을 밀어 올리도록 한

다. 이 킥을 처음 시도하는 초보자의 경우, 발을 일자로 펴는 것은 맞지만, 너무 뻣뻣해지면 킥이 허리로부터 시작될 수 없기 때문에 주의해야 한다. 발을 위로 차올릴 때, 무릎은 약간 굽혀주면서 발바닥으로 물을 밀어 올리는 반면, 아래로 내려 찰 때에는 무릎이 거의 일직선이 되도록 한다 (도해 15.9의 1~3에 나오는 오른발 동작 참조). 이러한 동작은 다리와 발이 위아래로 빠르게 움직일 수 있도록 해준다. 이 기술은 킥보드를 잡고 매일 훈련함으로써 효과적으로 배울 수 있

다. 플러터 킥과 관련한 세 가지 중요한 포인트는 첫째, 발뒤꿈치는 수면을 그냥 '스쳐지나가야' 하고, 둘째, 위로 그리고 아래로 차는 발의 동작은 추진력을 내는데 있어 똑같이 중요하며, 마지막으로 발은 항상 힘을 빼고 오리발모양의 자세를 유지하고 있어야 한다.

팔 스트로크(번갈아 가면서 수행)

자유형 영법의 팔 동작은 손을 한손씩 교대로(hand-over-hand: 핸드-오버-핸드) 앞으로 뻗어주면서 몸을 전방으로 당겨주는 동작에 의해 수행된다. 팔 영법에는 6가지 구성요소들이 있다. (1) 엔트리(entry), (2) 캐치(catch), (3) 풀(pull), (4) 푸시(push), (5) 피니시(finish), 그리고 (6) 리커버리(recovery).

엔트리에서는, 팔을 어깨 바로 앞이나 약간 바깥쪽으로 하여 앞으로 뻗은 상태에서, 손을 물에 넣는다. 이때 팔꿈치나 어깨보다 손가락이 물에 먼저 들어가야 한다. 팔을 뻗을 때는 너무 과하게 하지 말고 편안한 동작을 취해야 한다 (도해 15.9의 1-3).

팔 동작은 양쪽이 서로 반대되는 리듬 형태(op-position-rhythm type)를 유지한다. 이 말은 항상 양팔의 상호 움직임이 거의 반대라는 의미이다.

캐치(추진력을 내기 위한 최적의 위치에서의 손의 자세)와 풀(당김)은 손과 팔꿈치 순으로 수행하는데, 각 부위를 굽혀 좋은 각도를 만들어내는 것이 관건이다 (도해 15.9, 2). 풀은 팔이 힙을 향해 가슴을 지나갈 때, 푸시(밀어내는 동작)로 전환된다. 계속해서 푸시는 전완과 손에 의해 피니시까지 이어간다(한손을 릴리스하면서 다른 손은 캐치를 시작함). 이 시점에서 손이 힙 위치에서 물 밖으로 나올 때까지 어깨를 들어 팔의 리커버리를 준비한다.

팔의 리커버리 요령은 어깨가 들린 상태에서 팔꿈치를 굽히고, 손을 돌려 손바닥이 뒤로 향하게 하다가, 엔트리에 다가오면서 점차적으로 수면 쪽을 향하게 한다. 팔의 리커버리 동작은 팔꿈치를 높게 하여

위로 그리고 앞으로 진행된다. 엔트리에서는 손이 물에 먼저 들어가고 난 다음, 전완이 그 뒤를 따르게 된다. 그리고 어깨와 힙이 회전할 때마다 손 뻗기가 수행된다. 한 번의 스트로크 사이클이 완성되는 동안 어깨와 힙의 롤(roll: 어깨와 힙의 좌우 움직임 – 역자주)이 양쪽으로 잘 이루어지면, 리커버리에서의 바람직한 팔꿈치 높이, 엔트리, 그리고 캐치 동작이 수월해진다. 어깨와 힙의 롤링 동작은 대칭적이어야 하며, 머리는 상대적으로 고정된 자세를 유지하고 시선은 풀 바닥을 바라보고 있어야 한다 (도해 15.9).

전체 영법

양팔이 각각 한 번씩 회전을 하는 동안, 다리는 일정한 비트의 킥을 수행하게 된다. 지상에서 걸을 때, 팔과 다리는 1:1의 비율로 반대로 움직인다. 자유형을 할 때의 바람직한 다리와 팔의 비율은 3:1, 즉 팔 동작한 번에 킥을 세 번 차거나 혹은 양팔로 스트로크 사이클 1회를 완료할 때마다 킥을 여섯 번 차준다(6-beat kick: 6비트 킥). 만일 빠른 스피드로 능숙하게 그리고 균형감 있게 자유형을 수행하기 위해서는, 복잡한 역학적 원리의 적용과 높은 수준의 기술 능력이 필요하게 된다.

호흡

크롤 영법에서의 호흡은 다음에서 설명하는 대로 실시하면 된다. 먼저 호흡하는 쪽 팔의 풀(당김) 동작이 2/3정도를 진행되었을 때, 호흡 반대쪽 팔을 물에 넣어 캐치를 위해 뻗어주고, 동시에 힙을 돌려준다. 그리고 몸과 함께 머리를 돌려 숨을 들이마신 직후, 롤링 동작을 통해 몸을 물속으로 되돌린다. 호흡을 위해 머리를 돌릴 때에는, 턱을 당겨 목에 가까이 붙여주고, 동시에 입을 벌려, 머리에 의해 형성된 물결이 어느 정도 입속에 고이도록 한다. 머리가 너무 심하게 돌아가는 것을 예방하기 위해서는, 한쪽 눈이 물 밖에

있는 동안 반대쪽 눈은 물속에 있는지 확인하면 된다. 입을 벌린 후에는 주체하지 말고 재빨리 숨을 들이마시도록 한다. 입을 벌렸을 때에는 입술이 치아로부터 떨어지도록 바깥쪽으로 말아 준다 (도해 15.9, 4~5).

배영(Back Crawl Stroke)

배영 (도해 15.10)은 흔히 백 크롤이라고도 하며, 누워서 하는 수영 영법 중 가장 빠른 영법이다.

역 플러터 킥

배영의 킥은 본질적으로 크롤 영법에서의 플러터 킥과 동일하다. 먼저 뒤로 누워 몸을 뻗어 준 상태에서, 다리를 모으고, 발목과 발가락은 힘을 빼서 뻗어준다. 다리는 번갈아 가면서 위아래로 움직이며, 이러한 다리 동작은 힙에서 시작된다. 위로 찰 때에는 발가락을 안쪽으로 돌려준다. 그리고 위로 차는 동작의 마지막 단계에서 무릎이 물 밖으로 나오지 않게 해야 하며, 발가락은 수면을 겨우 스쳐지나갈 정도로 끝내야 한다. 이렇게 만들어진 킥을 수행하고 나면, 수면에는 물이 끓는 듯한 형상이 나타나게 된다. 이러한 킥 동작을 만들기 위해서는, 사유형에서와 같이, 무릎이 완전히 펴지기 직전에 허벅지를 아래로 강하게 차주어야 한다. 이 동작은 다리의 하단 부위와 발에 효과적인 추진력을 제공해준다. 한 번의 완전한 팔 동작 사이클(왼팔과 오른팔)에 대한 킥의 비율은 자유형과 마찬가지로, 6(킥):1(스트로크 사이클)이다.

팔 스트로크

배영에서의 팔 동작은 자유형과 마찬가지로 서로 반대로 움직인다. 손이 물에서 나올 때는 엄지손가락이 먼저 나오고, 들어갈 때에는 새끼손가락이 먼저 들어간다.

팔의 리커버리 시작단계에서는 팔꿈치를 약간 굽혀주지만, 물에 들어갈 때에는 펴준다. 팔을 머리 위로 그리고 너머로 스윙시키면서 리커버리를 한 후, 어깨라인에서 약 6인치(15cm)를 벗어나지 않는 지점에 손을 넣어 엔트리 동작을 수행한다. 엔트리 지점에 가까이 왔다 하더라도, 손과 전완의 움직임 속도를 늦추지 말고, 오히려 가속을 시켜 어깨보다 더 빨리 물속에 들어가도록 해야 한다.

팔 스트로크의 파워, 또는 풀(당김) 페이스(power or pull phase of the stroke)는 팔을 굽혀서 수행할 수도 있고, 아니면 펴서 할 수도 있다. 팔을 굽혀서 하는 영법은 기술 수준이 높은 수영선수들이 주로 사용하는 것으로, 팔을 펴서 하는 영법보다 배우기가 훨씬 더 어렵다. 팔을 펴서 당기는 동작의 시작 단계에서는 팔을 물속으로 약 2~6인치(5~15cm) 깊이 정도의 얕은 곳에 위치시킨다. 그러나 팔을 뻗어 어깨 너머 바깥쪽 지점에서 캐치를 시작할 때에는, 팔이 물속으로 약 6~10인치(15~25cm) 깊이로 더 내려간다. 이렇게 캐치 동작이 이루어진 다음에는, 팔이 다리에 도달해 리커버리 동작이 시작될 때까지 물을 당겨준다 (도해 15.10).

팔을 굽혀 하는 풀 동작은 팔을 편 상태에서 손이 물에 들어가면서 시작되는데, 시선을 약간 뒤쪽으로 멀리 보면서, 손바닥을 바깥쪽으로 하여 새끼손가락을 먼저 넣는다. 바디 롤(body roll: 스트로크와 함께 몸을 좌우로 흔드는 동작 – 역자 주)은 팔을 굽혀 하는 팔 스트로크를 수행하는데 있어 매우 중요하다. 손의 엔트리 동작과 동시에 일어나는 바디 롤은 물에 들어가는 팔이 있는 쪽으로 몸을 기울여주면서 수행될 수 있다. 손은 물에 들어간 다음, 캐치가 이루어질 때까지 바깥쪽으로 그리고 아래로 눌러준다. 한손의 캐치와 다른 손의 피니시는 반드시 일치해야 한다. 캐치는 수면 아래로 약 12~18인치(30~45cm) 깊이에서 이루어진다. 물을 당기는 손의 누르는 동작이 아래로, 바깥쪽으로, 그리고 뒤로 진행될 때, 팔꿈치를 굽혀준

도해 15.10. 팔 스트로크 사이클 1회와 6 - 비트 킥의 배영 영법 단계.

다. 그런 다음, 손으로 힙과 수면을 향해 위로, 뒤로, 그리고 안쪽으로 눌러준다. 이 시점에서의 팔 굽힘의 각도는 약 90도 정도이며, 동작이 이루어지는 위치는 수면 아래로 약 6인치(15cm)되는 지점이 될 것이다. 이제 손으로 물을 당기는 속도를 높이면서 아래로 그리고 바깥쪽으로의 프레스 동작(손으로 물을 누르는 동작 – 역자 주)을 수행한다. 팔의 풀 동작이 허벅지를 따라 내려오면서 끝나는 순간, 어깨를 들어 물 밖으로 나오게 하고, 동시에 손을 돌려 바깥쪽을 보게 하면서, 손을 아래로 누르면서 프레스 동작을 마무리한다. 이 마지막 푸시는 배영에서 가장 많은 추진력을 만들어낸다. 팔의 풀(당김) 유형과 상관없이 팔 영법은 힘을 뺀 상태로 부드럽게 수행되어져야 한다. 힙과 어깨의 확실한 롤 동작은 반대 팔의 움직임을 더 효율적으로 만들어 줄 뿐만 아니라, 리커버리와 캐치가 더 수월하게 이루어지도록 해준다.

호흡과 머리 위치

자유형에서의 호흡은 리듬감을 가지고 지속적으로 이루어져야 한다. 턱은 항상 몸 중앙에 있어야 하며, 머리는 절대로 좌우로 움직이면 안 된다. 그리고 양쪽 귀는 수면 아래에 위치하고 있어야 한다. 머리는 마치 베개를 베고 있는 것처럼 위로 약간 들어준다. 그리고 복부 근육을 사용하여 상체를 약간 들어준다. 몸을 완전히 펴주어 힙이 아래로 처지는 것을 예방하도록 한다 (도해 15.10).

접영(Butterfly/Dolphin Stroke)

접영은 1935년 미국 아이오와 대학의 수영코치인 암브루스터(Dave A. Armbruster)가 제자인 세이그(Jack Sieg)의 연습을 지도하던 중 개발하였다. 이 영법에서의 다리의 움직임은 돌고래가 헤엄치는 것처럼, 위아래로 웨이브를 주면서 동시에 찬다. 팔 동작 역시 동시에 이루어진다. 또한, 양팔의 리커버리도 동시에 이루어지는데, 팔을 거의 일자로 하여 수면 밖으로 낮게 비행시켜, 마치 날아가는 나비의 날개 모양과 흡사한 동작을 만들어준다.

접영은 전적으로 킥에 의존하는 영법이다. 웨이브 모양의 접영 킥은 현재까지 가장 빠른 수영 킥으로 알려져 오고 있다. 이 킥은 심지어 다리를 번갈아 차는 플러터 킥보다 더 빠르다.

접영은 훈련이 안된 사람에게는 매우 힘든 영법이지만 도전해볼만 하다. 접영의 돌핀 킥은 자유형과 배영 턴의 스피드와 파워를 높이기 위한 목적으로도 사용된다. 접영은 경영 영법의 한 유형이기는 하지만, 인명구조 영법으로서의 가치는 없다. 접영은 많은 에너지 소모를 필요로 하기 때문에 생존 영법으로는 활용할 수 없다. 그럼에도 불구하고, 이 장에 포함된 이유는 단지 강인해지고 싶은 도전의식과 접영을 할 수 있다는 것에 대한 만족을 느끼고 싶은 사람들에게 배울 수 있는 기회를 제공하기 위해서이다.

킥

접영 킥을 위한 연습 첫 단계로, 힙 옆에서 양손으로 피닝(finning: 물고기의 지느러미처럼 손을 흔들어 대는 동작 – 역자 주)을 하면서 수면 위에서 돌핀 킥을 연습한다. 전체영법을 시도하기 전에 실시하는 훈련의 마지막 단계는 물속에 잠수하여 일정한 간격으로 숨을 참으면서 킥 연습을 하는 것이다. 이때도 마찬가지로, 양손은 머리 위로 뻗지 말고 힙 옆에서 피닝을 해준다. 이러한 물속에서의 킥 연습을 통해 학습자는 자신의 몸이 앞으로 나아가는 것을 느낄 수 있게 된다. 접영을 할 때 중요한 또 한 가지는 머리부터 발끝까지의 모든 척추와 관절의 긴장을 풀어 주어야 한다는 점이다. 손의 피닝 동작은 초보자가 킥과 관련된 움직임에 익숙해지는데 도움을 준다. 초보자는 접영 킥 동작을 완전히 습득한 후라야 팔 동작으로 넘어갈 수 있다.

다운비트(Downbeat). 양다리를 동시에 아래로 쓸어 내린다. 힙과 무릎을 굽혀주고, 다운비트의 시작 시점에서 허벅지를 아래로 눌러준다. 다운비트의 마지막 단계에서는 힙을 굽힌 채 다리를 완전히 펴주고, 발가락은 뻗어준다. 또한, 다운비트가 완성되는 시점에서, 양발을 아래로 힘차게 그리고 가장 빠른 속도로 눌러준다. 추진력에 필요한 휩핑 동작(whipping action)을 원활히 수행하기 위해서는 발목의 힘을 빼 주는 것이 중요하다.

업비트(Upbeat). 다리는 여전히 펴져 있는 상태로, 힙을 신전시키면서(굽혔던 힙을 다시 펴줌 - 역자 주) 다리를 수면 쪽으로 당겨 올린다. 다리가 수면 쪽으로 올라옴과 동시에, 무릎을 조금씩 굽혀주면서 힙을 물속으로 내린다. 플러터 킥에서와 마찬가지로, 돌핀 킥에서도 다리를 위 아래로 차는 동작은 똑같이 중요하다.

팔 스트로크

접영의 팔 동작에서 가장 먼저 해야 할 것은 물이 턱까지 오는 곳에서 허리를 굽혀 걸으면서 팔 동작을 수행하는 연습이다. 또한, 이 연습은 제자리에서도 할 수 있다.

팔 스트로크는 양팔을 머리 앞에서 아래로 누르면서 바깥쪽으로 약간 벌려주는 것으로 시작된다. 그런 다음, 물을 뒤로 당겨주던 손과 전완을 안쪽으로 재빠르게 모아주는데, 이때 양손은 아주 가까이 모아주고, 팔꿈치는 어깨 바로 밑이나 약간 앞에 올 수 있도록 굽혀준다. 이 자세에서 손과 팔로 물을 뒤로 그리고 힙을 지나 바깥쪽으로 밀어내면서 파워를 얻게 된다. 이러한 팔 스트로크의 마지막 동작에서 강조되어야 할 것은 팔꿈치를 완전히 펴야 한다는 점이다. 이렇게 팔을 펴줘야 다음 리커버리 동작인 양팔을 바깥쪽으로 하여 전방으로 그리고 수면 바로 위를 가로지르는 스윙이 원활해지고, 이러한 스윙 동작 시 요구되는 팔꿈치의 자세, 즉 팔꿈치를 약간 굽혀주는 것이 수월해진다. 리커버리 동안에는 팔이 거의 펴져 있어야 하며, 손바닥은 뒤를 보고 있어야 한다. 그리고 리커버리는 팔의 풀(당김) 동작이 이루어지는 파워페이스(power phase)가 끝나면 머뭇거림 없이 바로 연결되어야 한다. 엔트리가 매끄럽게 진행되기 위해서는, 손과 전완을 상완과 어깨 앞쪽에 놓고, 손목은 약간 굽혀준다. 다음 스트로크를 위한 캐치 역시 정지 동작 없이 바로 수행한다.

지상에서 혹은 풀장 안에서 팔 스트로크를 연습할 때에는, 전방에 커다란 벽시계를 마주보고 있다고 상상하면서, 왼팔은 11시 방향, 그리고 오른팔을 1시 방향에 각각 놓는다는 생각으로 연습한다.

접영 팔 스트로크는 전체적으로 정지동작 없이 계속해서 연결되어야 한다. 이러한 원칙은 수영 전문용어로 **패스트 턴오버 스트로크**(fast turnover stroke)라고 하며, 이는 양팔의 파워 드라이브(팔로 물을 힘차게 당기는 동작 - 역자 주)가 끝나자마자 바로 다음 스트로크를 위한 리커버리로 연결된다는 의미이다. 이러한 동작의 연결과정에서는, 팔의 리커버리뿐만 아니라, 파워 드라이브도 재빨리 이루어져야 한다. 패스트 턴오버 리듬은 팔 동작을 힘들게 만들며, 특히 협응성이 떨어지는 초보자들에게는 더욱 더 그러하다. 그러나 다른 영법들을 이미 습득한 대부분의 학생들은 도전적이고 복잡한 접영 팔 동작을 배우는 데 큰 어려움은 없을 것이다.

전체 영법

접영의 전체 영법 시작은 머리를 물속에 넣고, 팔은 스트림라인 자세(streamline position: 팔을 앞으로 쭉 뻗어 몸과 일직선이 된 자세 - 역자 주)를 만들면서, 킥을 한두 번 차준다. 양손은 어깨선보다 약간 더 바깥쪽, 즉 왼손은 11시 방향 그리고 오른손은 1시 방향으로 하여 동시에 물속으로 들어간다. 양손으로 캐치를 한 후, 약간 벌리면서 아래쪽으로 물을 누르기 시작할 때, 첫 번째 다운비트 킥(downbeat kick: 아래쪽으로 내려 차는 킥 - 역자 주)을 수행한다 (도해 15.11, 1과 2). 이러한 다운비트 킥은 아래쪽으로의 파워풀한 캐치와 전완의 풀 동작에 의해 일어나는 자연스러운 반작용 동작(counteraction action)으로, 지상에서 걷거나 달릴 때 나타나는 팔과 다리의 반작용 스윙 동작과 유사하다. 손과 팔을 안쪽으로 모아주거나 혹은 어깨선 아래 바로 앞쪽까지 물을 당겨주는 동안, 첫 번째 업비트 킥(upbeat kick: 위쪽 올려 차는 킥 - 역자 주)이 수행된다 (도해 15.11, 3과 4). 이 시점에서 두 번째 다운비트 킥이 수행되고, 동시에 팔의 파워 드라이브 동작은 마무리 된다 (도해 15.11, 4와 5). 이 동작 역시 팔과 다리의 자연스러운 반작용 동작이다. 다음으로, 힙 위치에서 양팔을 물 밖으로 빼내어 리커버리 단계로 넘어가면서, 두 번째 업비트 킥을 수행한다 (도해 15.11, 6~8). 한 가지 주목해야 할 것으로, 팔의 리커버리 단계에서는 킥이 한 번만 이루어지고, 몸을 지지해주는 것은 아무것도 없다. 바로 이 이유 때문에, 파워 드라이브의 마지막 시점에서 엔트리까지 팔을 빠르게 움직여야 한다. 이 빠른 움직임은 몸이 적정수위에서 아래로 내려가는 것을 막아줄 것이다. 사실 접영을 배우는데 있어 가장 어려운 부분이 바로 이 마지막 단계이다. 만일 파워드라이브의 마무리에서 엔트리까지의 과정에서 팔 동작이 너무 느려지거나 머뭇거리게 되면, 전체 영법의 리듬과 타이밍을 놓치게 된다.

엔트리에서는 팔이 물속으로 부드럽게 들어가자마자, 다음 스트로크를 시작하기 위한 캐치가 바로 이루어진다. 전체 영법은 만족할 만한 타이밍이 나올 때까지는 호흡 없이 연습하도록 한다. 초보자들이 종종 범하는 실수로, 팔꿈치를 펴주면서 팔과 손으로 물을 힙 뒤쪽까지 잘 당겨주기 전에 팔을 물 밖으로 빼내 리커버리를 수행하는 경우가 있다 (도해 15.11, 5~6).

호흡

초보자의 경우, 머리를 너무 높이 들어 올리거나 뒤로 젖히는 습관만 기르지 않는다면, 정확한 접영 호흡을 하는데 큰 어려움은 없다. 호흡법을 익히기 위해서는, 수영장을 가로질러 걸으면서 머리를 물속에 넣은 채, 팔 동작을 수행하고, 동시에 팔 스트로크의 리듬과 머리 동작의 올바른 타이밍을 맞추는 연습을 실시한다. 호흡은 매 스트로크마다 취할 수 있도록 연습한다. 정확한 호흡법은 접영의 전체 영법을 수월하게 수행하는데 있어 매우 중요하다.

숨을 들이마시기 위해서는, 입이 수면 위로 충분히 나올 정도로 머리를 위로 들어줘야 한다. 이 동작은 양팔이 어깨 아래를 지나 물을 뒤쪽으로 밀어내는 파워 드라이브가 완성되는 과정에서 일어난다. 실제로 호흡을 취하는 시점은 물을 다 밀어내고 리커버리로 넘어가는 순간이다 (도해 15.11, 4와 6). 여기에서 한 가지 알아야 할 것은 숨을 들이마시기 위해 머리를 들어 올리는 데에는 팔 스트로크뿐만 아니라, 다운비트 킥도 수행되어야 한다는 점이다. 숨을 들이마신 다음에는, 리커버리가 진행 중인 팔이 엔트리 지점에 들어가기 전에, 머리를 재빠르게 떨어뜨려 물속 너무 깊지 않은 곳에 넣는다 (도해 15.11, 7과 8). 머리와 팔의 빠른 리커버리 동작은 이 단계에서의 몸을 지지해주는 원동력이 된다. 두 번째 업비트 킥을 수행하는 동안 머리와 팔은 모두 물 밖에 나와 있어야 한다. 만일 이 단계에서 동작의 타이밍이 맞지 않으면, 몸통과 힙이 물속 깊이 가라앉게 되어 더 이상 앞으로 나아갈 수 없게 될 것이다. 연습을 통해 영법의 효율성을 높이고, 동작 수행으로 인한 피로와 불필요한 움직임을 최소화시키도록 한다.

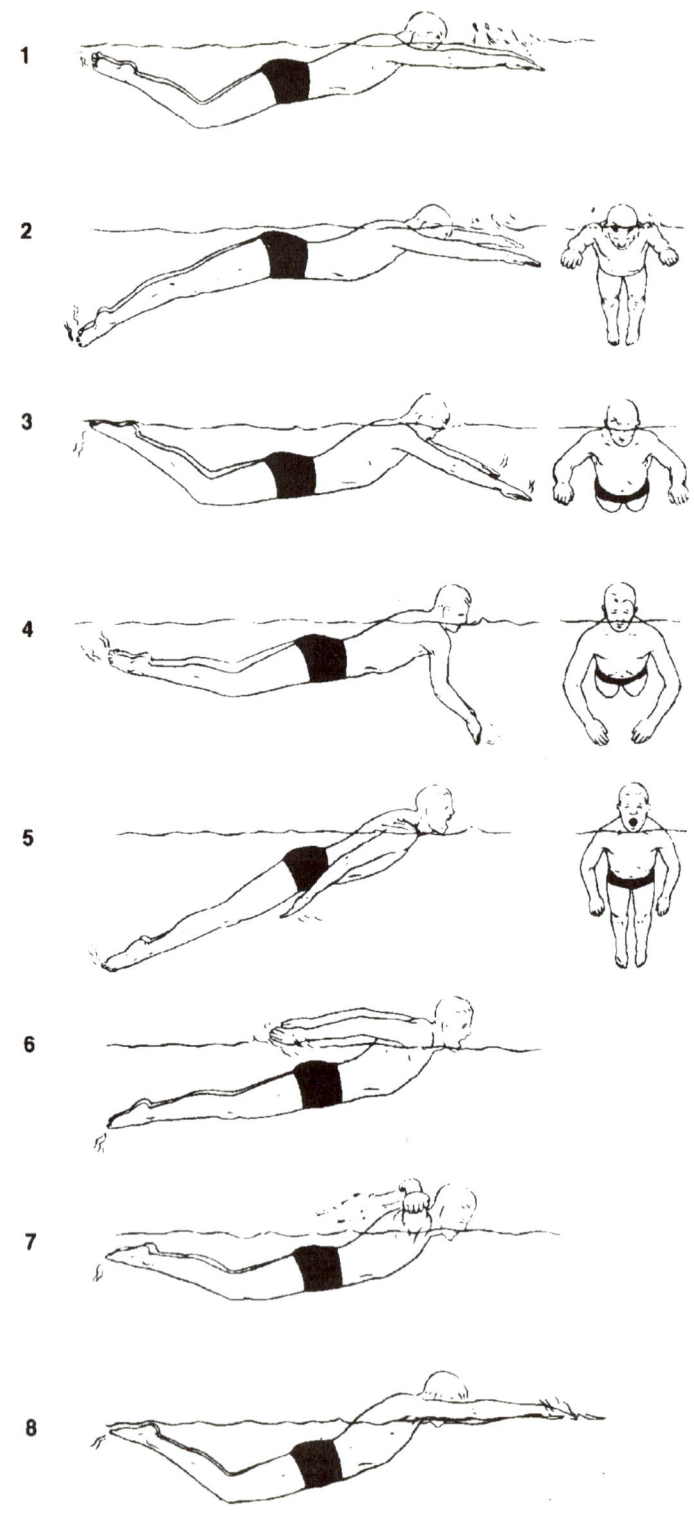

도해 15.11. 접영(돌핀) 영법 단계.

초보 수영을 위한 학습 단계

1. 먼저 풀장 시설 위생과 개인 건강 및 위생에 대해 학습한다.
2. 초보자들은 물속에서 체중, 균형, 그리고 체감온도를 감지할 수 없기 때문에 심리적으로, 생리적으로, 그리고 육체적으로 불편한 상황에 놓이게 된다. 이를 극복하기 위해서는 시설의 위치를 파악하고 물에 적응할 수 있는 기회를 제공해주어야 하는데, 다음과 같은 활동들이 도움이 될 수 있다.
   a. 얼굴을 물속에 넣고, 눈을 뜬 상태에서, 숨을 참는다.
   b. 보빙(bobbing), 즉 풀 바닥 쪽으로 몸을 내렸다가, 머리가 물속에 잠기면, 바닥을 발로 차 올려 수면 위로 되돌아오는 연습을 반복한다.
   c. 턱(tuck)과 스트레이트(straight) 자세의 플로팅(floating)을 앞뒤 모두 실시한다.
3. 얕은 물에서 손과 발로 물을 첨벙거려보면서 패들링(paddling)에 적응한다.
   a. 발과 함께 그리고 발을 사용하지 않고 하는 스킬링(sculling).
   b. 빌과 함께 그리고 발을 사용하지 않고 하는 쓰닝.
   c. 발과 함께 그리고 발을 사용하지 않고 하는 입영.
4. 숙련되지 않은 형태의 영법들을 앞, 옆, 그리고 뒤로 누워서 실시해본다.
5. 영법들을 숙련시킨다.
   a. 킥
      (1) 플러터
      (2) 시저스(좌우 모두)
      (3) 평영
      (4) 돌핀
   b. 팔 영법
      (1) 호흡을 하면서 한 팔씩 번갈아 가면서 하는 팔 동작
      (2) 호흡을 하면서 하는 횡영 팔 동작
      (3) 평영 팔 동작
      (4) 휴식배영을 위한 역 평영 팔 동작
      (5) 접영 팔 동작
6. 부분-전체 연습법의 원리, 즉 각 영법을 구성하고 있는 기술 요소 하나하나씩 연습한 후 전체를 묶어서 연습하는 방법을 통해 팔과 다리 동작의 조화를 이뤄간다.
7. 장거리 수영에 대한 목표와 계획을 수립한다.

중급 수영을 위한 학습 단계

초보자 코스에 참여하여 이 단계를 패스한 사람들, 영법 테크닉에 대한 지식도 없고 이전에 수영 지도를 받은 적은 없지만 초보자 레벨 테스트를 통과한 사람들, 또는 수심이 깊은 곳에서 수영을 할 수 있는 사람들은 중급 수영을 위한 지도를 받을 수 있다.

1. 수심, 특이한 형상의 시설 및 장비 유무, 그리고 개인안전 규칙 등과 관련한 수영장 지형지물에 대해 검토한다.
2. 영법 및 호흡법을 복습한다.
3. 영법 테크닉을 위한 훈련을 실시한다.
4. 힘을 뺀 상태로 자연스럽게 호흡하는 것을 강조하면서 장거리 수영에 대한 오리엔테이션을 시작한다.
5. 스프링보드에서 다이빙 기초기술들을 연습한다.
6. 수영을 하던 중 곤란한 상황에 처한 사람의 영법 특성을 알아차리는 법, 간단한 인명구조 방법, 응급환자 이송 요령, 그리고 심폐소생술 등과 같이 자신과 타인의 안전을 위한 기술들을 배우고 연습한다.
7. 장거리 수영을 할 때에는 편하게 호흡하며, 힘을 빼고 분산시켜야 한다는 점을 강조한다.

고급 수영을 위한 학습 단계

고급 수영 지도는 중급 코스를 패스했거나 모든 영법들을 정확하게 수행할 수 있고 1/4마일(0.4km)를 수영할 수 있는 지구력을 가진 사람들을 위한 단계이다.

1. 동작들의 타이밍을 맞추는 연습을 통해 영법을 쉽게 수행하면서도 파워와 스피드가 나도록 한다. 이러한 능력은 자신감 향상에 많은 도움이 된다.
2. 각 영법 수행 시, 정확한 테크닉 및 영법과 호흡의 적절한 타이밍으로 100야드(91m)씩 수영한다.
3. 몸 옆으로 누워 한쪽 팔의 상완부위를 수면위로 하여 앞으로 쭉 뻗은 상태를 유지하면서 25야드(22.9m) 정도 킥을 실시한 후, 자세를 바꾸어 준다.
4. 양손을 모두 물밖에 놓은 상태로 뒤로 누워 25야드(22.9m) 킥을 실시한다.
5. 1/4마일(0.4km)를 8분 이내로 수영한다.
6. 좋은 기록을 위한 경영 스타트(start)와 턴(turn)을 배운다.
7. 좋은 자세로 할 수 있는 스프링보드 다이빙 유형이 최소한 3가지 이상은 되도록 한다.
8. 작은 무동력선의 조종법과 안전수칙을 배운다.
9. 20분 동안 안전하게 수영한다.
10. 수심을 알 수 없는 곳에서 적절히 빠져나오는 법을 배운다.
11. 물살이 빠른 곳으로부터 빠져나오는 법을 배운다.
12. 깊은 물에서 위험에 빠진 다른 사람을 도와주는 법을 배운다.
13. 두 사람을 구조하기 위한 수영 방법을 배운다.
14. 25야드(22.9m) 잠영을 실시한다.
15. 힘을 아끼는 법을 배운다.
16. 깊은 물에서 지쳤을 때 휴식하는 법을 배운다.
17. 배 젓는 방법을 배운다.
    a. 패들링(paddle: 짧고 넓적한 노 – 역자 주)과 로잉(lowing: 노젓기)
    b. 배가 뒤집혔을 때의 대처요령
    c. 배가 뒤집혔을 때 배를 육지에 안전하게 대는 방법
18. 다른 사람에게 수영하는 법을 가르칠 수 있다.
19. 언제 그리고 어떻게 안전 구조를 실시하는지에 대해 배운다.
20. 심폐소생술을 적절히 구사할 수 있도록 한다.

교육 시 고려사항

1. 모든 수영 지도는 능숙한 인명구조 요원이 있는 상황에서 이루어져야 한다.
2. 초급 수영 수업은 중급이나 고급보다 학생 수가 더 적어야 한다. 모든 수업은 이 장에서 명시하고 있는 구체적인 능력 기준에 따라 분류되어져야 한다.
3. 모든 수업은 개요, 연습, 그리고 요약 부분을 포함하고 있어야 한다.
4. 영법 테크닉의 기초는 물 밖 혹은 지상에서의 시범과 간단한 연습을 통해 쉽게 이해될 수 있다.
5. 안전과 기술 피드백을 위해 '버디(buddy)' 시스템(파트너를 지정하여 서로의 안전과 기술 수행에 대한 피드백을 제공해주는 체계 – 역자 주)의 활용을 고려한다.
6. 처음에는 테크닉을 익히는데 주력하고, 그 다음에 지구력과 체력을 위한 수영 영법을 실시한다.
7. 중급 및 고급 과정의 수영 수업에 참여하는 학생들에게 수강하는 이유가 무엇인지를 알아본다. 수강 학생의 목적이 대회 출전, 지구력 향상, 그리고 단지 여가활용이냐에 따라, 지도 테크닉도 달라야 한다.

용어 해설

스컬링(sculling) 물속에서 손을 전후로 움직여주면서 추진력을 얻어 움직이는 손동작.

캐치(catch) 추진력을 위한 손의 풀(당김) 동작이 시작되기에 가장 이상적인 지점에 위치한 손의 자세.

턱 자세(tuck position) 양쪽 무릎을 굽힌 다음, 손으로 잡아 가슴까지 당겨주는 동작 자세.

피닝(finning) 손을 뒤로 밀어내는 동작.

파이크 자세(pike position) 양발을 편 상태에서 등을 굽히고, 양팔을 발목까지 뻗어주는 동작 자세.

추가 읽을거리

Colwin, C. 1992. *Swimming into the 21st century*. Champaign, IL: Human Kinetics.

Counsilman, R. 1994. *New science of swimming*. 2nd ed. Needham Heights, MA: Allyn and Bacon. 현대 경영의 '아버지'에 의한 수영과학 참고자료의 고전.

Goldstein, M., and Tanner, D. 1999. *Swimming past 50*. Champaign, IL: Human Kinetics.

Gutzman, R. 1998. *Swimming drills for every stroke*. Champaign, IL: Human Kinetics.

Hannula, D. 2001. *The swim coaching bible*. Champaign, IL: Human Kinetics.

Intercollegiate and interscholastic swimming guide: Official rules of swimming and diving. Published annually. New York: National Intercollegiate Athletic Bureau.

Jager, T. 1999. *Swimming*. Dubuque, IA: McGraw-Hill. 시설, 장비, 컨디셔닝 일정과 초보 및 중급수영 소개.

Maglischo, E. 2003. *Swimming fastest*. Champaign, IL: Human Kinetics.

Official NCAA swimming and diving guide. Current ed. Shawnee Mission, KS: National Collegiate Athletic Association.

Thomas, D. G. 2005. *Swimming: Steps to success*. 3rd ed. Champaign, IL: Human Kinetics.

정기간행물

Aquatics International (quarterly), Communications Channels, P.O. Box 5111, Pittsfield, MA 01203.

Fitness Swimmer (monthly), Rodale's Fitness Swimmer, P.O. Box 5307, Pittsfield, MA 01203-5307.

Journal of Swimming Research (quarterly), 304 SE 20th St., Fort Lauderdale, FL 33316.

Splash Magazine, USA Swimming, Inc., 1 Olympic Plaza, Colorado Springs, CO 80909

Swim Magazine (monthly), Sports Publications, Inc., 228 Nevada St., El Segundo, CA 90245.

Swimming Technique (quarterly), Swimming World Publications, P.O. Box 45497, Los Angeles, CA 90045.

Swimming World (monthly), Sports Publications, 155 S. El Molino, Suite 101, Pasadena, CA 91101.

자료

비디오

American Red Cross. *Swimming and diving skills*, American Red Cross, 17th & D Street, Washington, DC 20006.

Gambril, D. *Don Gambril's gold medal series: Breaststroke; Backstroke; Butterfly; Freestyle and coach's drills and The fundamentals of swimming* (5 videos), Swimming World, P.O. Box 91870, Pasadena, CA 91109.

Naber, J., and Fletcher, J. *Teaching kids swimming with John Naber and Joy Fletcher*. West One Video, 1995 Bailey Hill Rd., Eugene, OR 97405. 어린 수영선수들을 물에 친숙하게 하는 완전한 프로그램 제공.

USA Swimming. *Swim Fast: Breaststroke*.

USA Swimming. *Swim Fast: Freestyle*.

USA Swimming. *Swim Fast: Butterfly* (available online at www.usaswimming.org).

그 외 비디오 자료는 부록 C를 참조하라.

웹사이트

www.fina.org

www.swiminfo.com

www.swimmingcoach.org

www.swimnews.com

www.usa-swimming.org

www.usms.org

16 스키: 알파인

이 장을 완벽하게 습득한 뒤, 독자들은 다음과 같은 사항들을 할 수 있어야 한다.

▶ 스키의 발달과 현재 경향에 대해 이해한다.
▶ 장비 구입과 관리의 중요성을 인식한다.
▶ 스키의 초급 기술을 설명, 실행한다.
▶ 중급 및 상급 기술을 이해한다.
▶ 다양한 스키의 대회 종목과 기술을 설명한다.
▶ 스키용어를 정확하게 인식, 사용한다.
▶ 여러 명의 학생들에게 스키의 기본 기술을 가르친다.

역 사

스키는 석기시대 및 청동기시대에 사냥과 전쟁을 위한 이동수단으로 사용되기 시작했다. 노르웨이, 러시아의 동굴벽화는 물론 핀란드, 노르웨이, 스웨덴, 러시아 늪지와 습지에서 눈신과 비슷한 모양의 스키가 발견되었다. 끈으로 고정시키는 원시적인 형태의 바인딩은 너무 느슨해서 실제로 스키를 조절하는 능력이 없었지만 튼튼한 장대를 사용하여 내리막에서는 브레이크로, 평지에서는 '밀대'로 사용했다. 스칸디나비아에서 널리 사용된 최초의 스키 형태로는 밀기용인 쇼트스키와 활주용 롱스키가 있다. 알프스산맥을

따라 확산되며 스키의 길이는 같은 길이로 발전되었다.

현대 여가생활이자 경기 종목인 스키가 탄생한 데는 노르트하임(Sondre Norheim), 즈다르스키(Mathias Zdarsky), 아놀드 론 경(Sir Arnold Lunn)의 역할이 컸다. 노르웨이인인 노르트하임은 1800년대 초반, '단단한' 바인딩을 만들기에 이르렀다. 오스트리아인인 즈다르스키는 처음으로 다이내믹한 스키 기술을 개발하고 최초의 스키학교를 설립했다. 회전(slalom)과 활강 레이싱을 고안한 것은 영국 학자 아놀드 론 경이었다. 훗날 그는 아를베르크-칸다하르(Arlberg-Kandahar) 레이스를 창시했고, 스키와 등산에 공헌하고 앵글로-스위스의 관계를 개선한 공로가 인정되어 작위가 주

어졌다.

올림픽에서는 주로 오스트리아, 이탈리아, 프랑스, 노르웨이 등 유럽 국가가 강세를 보였으며 2002년 솔트레이크 시티에서 열린 동계 올림픽에서는 알파인 스키에 걸린 30개의 메달 중 오스트리아가 8개, 크로아티아, 프랑스, 노르웨이가 각각 4개의 메달을 가져갔다.

2006년 이탈리아 토리노 동계올림픽에서는 오스트리아가 14개의 메달을 휩쓸었다.

한국에 근대 스키가 보급된 것은 일제강점기 때였고 당시 일본인 강사를 초빙한 강습회가 열리기도 했다. 1926년 조선총독부의 철도국 국우회에 의해 원산 신풍리 스키장이 개발된 뒤, 1929년 처음으로 스키 대회가 개최되었다. 1924년 개최된 제1회 동계올림픽에는 출전권을 얻지 못했고 1934년 조선 스키 연맹이 창립되고 이 연맹이 같은 해 10월에 전일본 스키 연맹 산하단체로 가입된 뒤, 전일본 스키 선수권 조선예선대회가 개최되면서 동계올림픽 출전권을 얻게 되었다. 1946년에 발족한 대한 스키 협회는 1947년 제28회 전국체육대학 동계 스키대회와 제1회 전국 스키 선수권 대회를 개최했다. 1957년에는 국제 스키 연맹에 정식으로 가입했고 1960년 미국 스퀘벨리에서 개최된 제8회 동계올림픽에 처음으로 참가했다. 1984년에는 사라예보 동계올림픽 대회에 참가해 중위권에 올랐고 1985년에는 세계 노르딕 스키 선수권대회에 처음으로 참가했다. 또한 제1회 동계 아시아 경기대회에 참가한 박재혁이 은메달을 따내며 국제대회 참가 사상 처음으로 알파인 스키 회전종목에서 입상하게 된다. 현재 우리나라에서 개최되는 국제 스키대회로는 1991년부터 시작된 용평 컵 알파인 국제 스키대회가 있다.

과학과 기술이 발달한 오늘날 천연설이 부족한 환경에서도 스키를 즐길 수 있게 되었다. 인공설 덕분에 스키장의 시즌이 더 길어지고 좋은 설질을 유지할 수 있게 된 것이다. 눈을 만들 수 있게 된 덕에 스키 산업, 특히 눈이 많은 지역에서 멀리 떨어진 곳에 사는 스키어들이 큰 혜택을 입고 있다.

프리시즌 컨디셔닝

스키를 더욱 즐기고 학습 속도를 높이며 부상을 방지하기 위해 컨디셔닝 프로그램을 수행해야 한다. 가장 즐겁게 신체를 단련하는 방법은 알파인 스키에 도움이 되는 신체 단련 요소를 포함한 활동에 참가하는 일일 것이다. 알파인 스키는 무산소 운동이다. 그러나 스키어는 우선 유산소 능력을 갖춰야 무산소 운동능력을 키울 수 있다. 자전거 타기와 수영, 산악 하이킹, 그리고 조깅, 달리기, 전력질주를 통해 유산소 및 무산소 운동을 할 수 있다. 근력과 체력을 훈련하는 가장 좋은 방법은 웨이트트레이닝이며 자신의 능력에 맞는 무게를 사용하는 것이 바람직하다. 테니스, 라켓볼, 스쿼시, 배구, 농구, 축구는 전반적인 운동능력을 향상시키는 동시에 즐거움까지 누릴 수 있는 종목이다. 수상스키, 윈드서핑, 트램펄린, 롤러블레이드, 아이스스케이팅, 체조는 균형감각, 민첩성, 협응성, 스키 고유의 운동기술의 향상에 도움이 된다.

장비 디자인에 있어서 현대 기술이 발전된 덕에 스피드가 매우 급격히 높아졌고 강한 턴이 가능해졌다. 그로 인해 알파인 스키대회는 극도로 격렬한 스포츠가 되었다. 철저하게 체계화된 체력 훈련 프로그램이 그 해 시즌을 좌우하는 준비과정이 되었다. 복부와 엉덩이 측면과 아래, 허벅지, 종아리를 컨디셔닝하면 알파인 스키 수행능력을 훨씬 높일 수 있을 것이다.

여름	초가을
유연성 운동	유연성 운동
유산소 운동	유산소 운동/무산소 운동
근지구력	근력운동

(높은 반복회수/
낮은 무게)
스포츠 활동
운동기술

(높은 무게/
낮은 반복회수)
스포츠 활동
운동기술

늦가을

유연성 운동
무산소 운동
체력 운동
　(중간 무게/
　중간 반복회수,
　폭발적인 동작)
스포츠 활동
운동기술

겨울(스키 시즌)

유연성 운동
유지 운동
스포츠 활동
운동기술

스키를 포함하여 모든 운동과 컨디셔닝 활동을 시작할 때는 반드시 먼저 몸을 워밍업해야 한다. 가볍게 자전거를 타거나 조깅을 하여 심장박동수가 약간 높아지면 유연성 운동을 처음부터 끝까지 하여 근육을 스트레칭하라.

장비

부츠

부츠는 가장 중요한 장비로서 측면이 단단하고 발에 잘 맞아야 스키를 잘 컨트롤할 수 있고 발도 편하다.

부츠는 다른 장비에 비해 가격이 비싸므로 초보자는 스키숍에서 발에 잘 맞는 버클부츠를 신중하게 골라야 한다. 얇은 나일론이나 실크양말 위에 보온양말까지 신은 상태에서 발이 편한 부츠를 골라라. 부츠를 신었을 때 부츠 안에서 발꿈치가 들리거나 버클이 충분히 조여지지 않을 경우, 또는 너무 부드러울 경우 아무리 실력이 뛰어난 스키어라도 정확한 턴을 할 수 없다. 반대로

부츠가 너무 작을 경우 혈액순환이 제대로 되지 않아 감각이 마비되고 심할 경우 동상에 걸릴 수도 있다. 최대한 발을 편하게 하려면 리프트를 타는 동안 버클을 느슨하게 잠갔다가 슬로프를 하강하기 전에 단단하게 잠그는 것이 좋다. 너무 큰 부츠를 고정, 지탱하기 위해 부츠 프레스(boot press)가 사용되는 경우도 많다.

러닝화도 그렇지만 스키부츠 제조 기술은 지난 몇 년 동안 매우 발전했다. 기존의 셸부츠(shell boots)와 함께 폼 이너부츠를 사용하면 선수마다 해부학적으로 다른 발 모양에 맞게 부츠를 조정하여 스키의 방향 통제력을 최대로 늘리고 적당한 편안함을 줄 수 있다. 폼부츠 없는 현대 알파인 레이스는 상상하기 힘들 정도이다. 이러한 발전, 그리고 수많은 스키부츠 생산업체가 존재하는 까닭에 평판이 좋은 스키 장비 소매점에 자문을 구해 자신의 발과 스키 실력에 맞는 부츠를 선택하는 것이 현명할 것이다.

스키

스키 장비 제조에는 아직까지 전통적으로 사용하던 재료가 많이 사용되며, 여기에 나무, 케블라, 탄소섬유, 알루미늄, 세라믹, 유리섬유 등이 함께 사용된다. 반면 스키의 모양과 길이는 지난 몇 년 동안 급격히 변화했다. 스키 디자이너들은 회전이 훨씬 강한 스키를 만들 수 있었고 그 결과 짧으면서도 턴의 물리적 원리를 그대로 유지하는 데 필요한 기술적 특성을 충족시킬 수 있었다. 길이가 달라진 만큼 스키의 모양도 바뀌었다. 스키의 만곡(side cut)은 극단적이라고 할 정도로 더욱 분명해졌다. 그 결과 스키어들은 적은 노력을 들이고도 깨끗하게 턴을 할 수 있게 되었다. 이 놀라운 발전 덕분에 '완벽'하고 효율적인 턴은 더 이상 정상급 레이서들만의 기술이 아니라 일반 스키장에서도 흔히 볼 수 있는 광경이 되었다. 스키어들은 늘 새로운 모양의 스키를 찾고 있으며, 이 때문에 2년 전에

출시된 스키조차 성능이 떨어지는 구식 취급을 받고 시장가치가 거의 없어졌다. 새로운 발전 덕에 레이싱 및 아마추어용 스키는 더욱 즐거운 스포츠가 되었다. 아마추어의 경우 신장과 같은 길이나 5~10센티미터 짧은 스키를 선택하는 것이 바람직하다 (표 16.1). 그러나 실제로는 길이보다 전체적인 단단한 정도가 더 중요하다. 새로 스키를 구입할 예정이라면 자신의 체중과 실력에 가장 적합한 스키를 찾아라. 가격은 약 400~700달러 정도 예상하면 된다.

중고든 새것이든, 베이스가 튜닝되고 에지는 날카로우며 빗각을 이루는 스키를 구입해야 한다. 훈련을 받은 사람이 아니라면 스키 튜닝은 전문가에게 맡기는 것이 바람직하다. 직원들이 숙련되고, 기술자들이 스톤-그라인드(stone-grind)로 베이스를 다듬을 수 있는 숍을 선택하는 것이 좋다.

왁싱

모든 현대 알파인 스키는 바닥면에 폴리에틸렌이나 흑연을 사용한다. 폴리에틸렌과 흑연은 마찰력을 줄이기 때문에 왁싱의 필요성을 어느 정도 줄여준다. 하지만 스키 레이스 왁싱은 매우 정교한 기술을 필요로 하고 비용도 만만치 않다. 아주 조금이라도 스키의 속도를 빠르게 하고 개선하기 위해 왁스 제조사들은 화학연구에 몰두했다. 그 결과 탄생한 특별한 왁스 첨가물에는 탄화플루오르가 함유되어 있다. 이 '마법' 왁스는 각설탕만한 크기 한 덩어리에 100달러까지 한다. 아마추어는 이보다 저렴하고 바르기 쉬운 왁스면 충분하다.

눈의 온도, 기온, 습도, 설질은 스키 베이스와 눈표면 사이의 마찰력에 영향을 미친다. 매우 춥고 건조한 경우, 또는 매우 따뜻하고 습한 경우에는 아마추어도 왁스를 발라야 제대로 스키를 즐길 수 있다.

베이스에 결함이 있을 경우 왁싱을 하기에 앞서 이를 수선하고 에지를 날카롭고 비스듬하게 깎아야 한다. 얼지 않은 상태의 스키 베이스를 잘 말리고 깨끗하게 닦은 뒤 왁스를 칠해야 한다. 베이스에 왁스를 입힌 상태를 가능한 오래 유지해야 하지만 스키를 타기 전에는 깎아내야 한다. 얇은 층(날씨가 따뜻하고 습하면 더 두꺼워야 한다)만 남기고 왁스를 제거한 뒤 상황에 따라 베이스를 솔로 털어 내거나 릴로 남은 왁스를 제거해야 한다.

왁스 제조사들은 보통 색깔별로 눈 온도와 기온, 설질에 따라 적합한 제품을 구분하여 판매한다. 브랜드 한 곳을 정해 사용설명서를 읽은 뒤 시험해보는 것이 최선의 방법이다. 한 가지 브랜드만 사용하고 정확한 사용법을 익히면 다양한 기후 조건에서 능숙하게 왁스를 선택할 수 있을 것이다.

바인딩

릴리스 바인딩은 세게 부딪쳤을 때 부츠가 스키와 분리되게 한다. 심각한 부상을 완전히 막을 수는 없더라도 최소한 그럴 위험은 줄여준다. 현재 최신형인 제품은 토와 힐 부분이 직접 분리되는 스텝-인 바인딩(step-in binding)이다. 바인딩은 스키숍 기술자가 조정, 시험

표 16.1. 스키의 특징

스키 종류	특징	권장 길이
스포츠/ 레이싱	잘 미끄러지고 명확하게 조종할 때만 확실히 턴이 된다	여성: 신장+15-20cm(5.9-7.9in) 남성: 신장+20-30cm(7.9-11.8in)
가볍고 중간 길이의 다목적 스키	쉽게 턴이 되고 잘 미끄러진다	여성과 남성: 신장+5-15cm(2-5.9in)
짧은 스키	매우 쉽게 턴이 되고 잘 미끄러지지 않는다	여성과 남성: 신장+5-10cm(2-3.9in)

한 것이어야 한다. 점검을 하기 전에는 친구와 스키를 바꾸지 말라. 바인딩이 너무 느슨할 때는 물론 너무 빡빡해도 위험하다. 스키어가 앞으로 고꾸라지거나 다리 아랫부분이 뒤틀렸을 때를 제외하고 바인딩은 부츠에서 분리되면 안 된다. 바인딩은 제조사의 설명서에 따라 설치되어야 한다.

부츠에서 분리된 스키가 슬로프를 따라 미끄러져 내려가는 것을 막기 위해, 요즘 생산되는 바인딩에는 브레이크가 있다. 또한 바인딩 부품 중에는 스프링이 달린 금속 레버가 있어 스키를 멈추게 하는 고정 장치 역할을 한다. 백컨트리 스키나 텔레마크(telemark, 스키 회전법의 일종 – 역자 주)용 스키 바인딩은 기능이 다르기 때문에 브레이크 대신 기존과 같이 스트랩을 장착하여 스키가 달아나지 않게 한다.

플레이트

현대 레이스용 스키는 모두 플레이트가 부착된 상태로 생산된다. 요즘은 다양한 플라스틱 플레이트가 더비플렉스(Derby Flex, 바인딩 아래의 금속 플레이트)로 대체되고 있다. 모든 바인딩 제조사들은 자신들이 생산하는 바인딩에 맞춰 디자인된 고유의 플레이트를 공급한다. 플레이트의 목적은 두 가지이다. 바인딩의 위치를 높여 스키어가 강력한 카빙턴을 할 때 극도의 앵귤레이션을 구사하고 더욱 역동적으로 스키를 타며 스키의 단단함을 상쇄할 수 있게 하는 것이다.

아마추어 스키어들의 경우 플레이트는 카빙 능력을 향상시킬 수 있다.

리프터

높이를 더하기 위해 플레이트 위에 장착하는 플라스틱 구성물이 한 가지 더 있다. 바로 리프터이다. 리프터를 장착하면 기존보다 스키어는 1인치(2.5cm) 더 높은 곳에 위치한다. 앞서 설명했듯 턴 동작을 강화하는 것은 물론 매우 큰 각도에서도 스키부츠가 눈 위에 충분히 떠서 눈 위에 '끌릴' 위험이 최소화된다. 리프터의 개념을 극단적으로 받아들여 스키 바닥과 부츠 바닥 간격을 70밀리미터까지 늘린 레이서도 있었다. 그러나 안전상의 문제로 국제 스키연맹(FIS: Fédération International de Ski)은 현재 이 간격을 성인 55mm, 주니어 50mm 이하로 제한하고 있다. 이는 스키와 플레이트, 리프터, 바인딩 플레이트의 두께를 합친 수치이다. 도해 16.1를 참고하라.

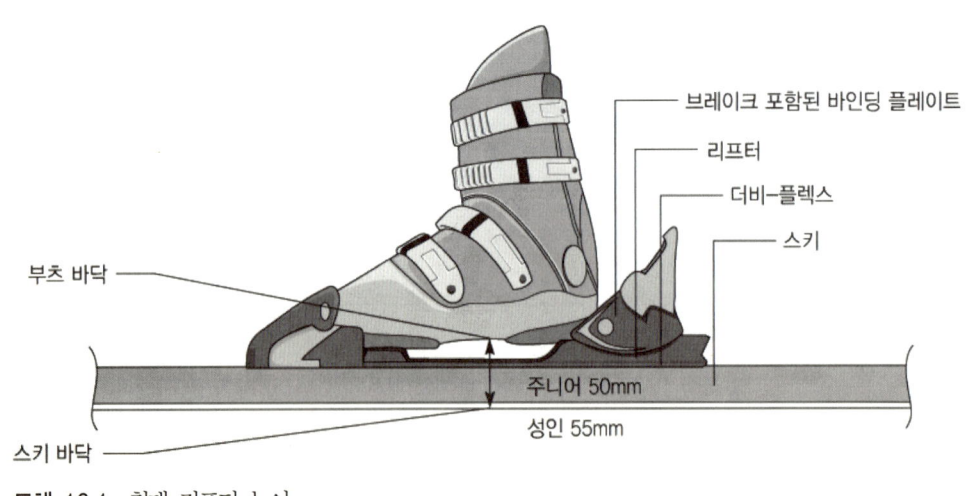

부츠 바닥

스키 바닥

브레이크 포함된 바인딩 플레이트

리프터

더비-플렉스

스키

주니어 50mm

성인 55mm

도해 16.1. 최대 리프터 높이.

폴

스키 폴은 손잡이, 팔목 고리, 자루로 구성되며 자루는 금속합금, 유리섬유, 케블라, 대나무로 만들어진다. 폴 끝에는 링, 즉 바스켓이 부착되어 자루가 눈 속으로 너무 깊이 박히지 않게 해준다. 폴의 간격은 품질, 무게, 유연성에 따라 다르다. 얇은 강철로 만든 폴은 가격이 비싸고 그립을 조절할 수 있는 반면 유연성의 한계에 다다르면 부러진다. 반면 알루미늄합금으로 된 저렴한 폴은 무겁고 그립을 조절할 수 없지만 부러지지 않고 구부러진다.

적합한 폴 길이를 결정하는 방법은 부츠를 신고 맨바닥에 서서 폴을 잡았을 때 팔꿈치가 직각을 이루고 팔 아랫부분이 지면과 수평을 이루는 폴을 선택하는 것이다. 폴이 너무 길면 스키를 타는 데 방해가 되고 기술적으로 나쁜 습관이 생긴다. 스키숍에서 폴을 잘라 쉽게 길이를 조절할 수 있다.

스키 폴 그립

폴의 기능을 최대한 활용하고 놓치는 것을 방지하기 위해 폴에 딸린 고리를 정확한 자세로 손목에 끼워야 한다. 고리가 자신을 향한 상태에서 손바닥으로 고리 아래부터 전체를 감쌀 수 있게 손목을 앞으로 구부린 뒤 (도해 16.2) 주먹을 쥐듯이 손잡이와 고리를 함께

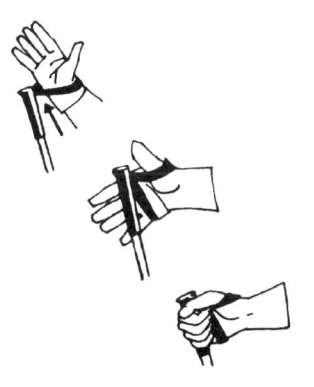

도해 16.2. 스키 폴 그립.

잡고 손을 아래로 미끄러뜨려 고리가 자연스럽게 손목 근처에 오게 한다. 스키를 탈 때는 이 자세에서 폴을 단단히 쥔다.

스키 폴은 스키어가 균형을 유지하고, 걷거나 활주할 때, 오르막을 오르거나 턴을 할 때, 넘어졌다 일어날 때, 그리고 가속할 때 사용한다.

초 급 기 술

걷기와 활강하기

미끄러지기 쉽다는 점을 제외하고 스키를 신은 채 걷는 동작은 신지 않았을 때 걷는 것과 같다. 미끄러지지 않게 고정하고 몸을 밀기 위해 폴을 사용한다. 체중을 한쪽 스키에서 다른 쪽 스키로 옮기면 스키를 '움직여' 다음 걸음을 걷기가 쉬워진다. 자연스럽게 팔을 구부린 뒤 쭉 편 다리의 반대쪽 팔과 폴을 뻗었다가 잡아당긴다. 다른 쪽 다리를 펼 때 반대쪽 폴을 디딘다. 체중을 발볼에 실으면 양 무릎이 적당하게 구부러진다. 스키의 모든 기초 동작은 한 가지씩 개별적으로 연습해도 된다. 매우 완만한 슬로프에서 초보자가 연습할 수 있는 기본기술은 다리 벌리고 오르기(climb in a herringbone pattern), 옆걸음으로 걷기(climb by sidestepping), 대기자세(ready to go position), 내리막 활강(downhill gliding), 제자리에서 방향 틀기(step around), 미끄러지며 걷기(walk by sliding)의 일곱 가지이다 (도해 16.3).

걷기를 확장시키면 미끄러지기가 된다. 이때 상체를 약간 숙인 채 전신을 전면, 위쪽으로 기울이고 폴로 밀면 타성이 생겨 미끄러지기 시작한다.

사이드 스텝

스키를 신은 채 걸어 올라갈 수 없을 정도로 경사가 심

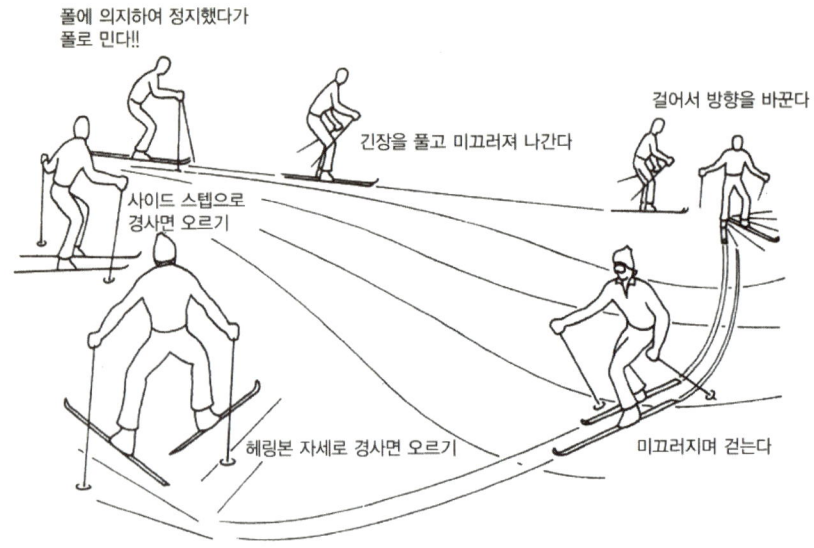

도해 16.3. 처음 연습하기.

할 때는 사이드 스텝을 사용한다 (도해 16.4). 스키가 경사면과 직각을 이룬 상태에서 산 쪽(경사면 위쪽) 스키를 계곡 쪽(경사면 아래쪽) 스키보다 한 발짝 위로 옮긴 뒤 계곡 쪽 스키를 산 쪽 스키 옆으로 가져가고, 이 동작을 반복한다. 경사가 매우 심한 경우 산 쪽 스키의 에지와 폴에 힘을 준다.

도해 16.4. 사이드 스텝.

넘어지기와 일어나기

스키를 신고 넘어질 때는 옆으로 넘어져야 한다. 넘어졌다고 수치스러워 할 필요는 없다. 최고 수준의 스키어도 넘어지니 말이다. 균형을 잃기 시작하면 가능한 오래 넘어지지 말고 버텨라. 그러나 중력의 힘에 굴복하게 될 때는 몸의 긴장을 풀어라.

슬로프 경사면과 직각을 이루도록 스키를 놓은 채 일어나는 것이 가장 좋은 방법이다. 그런 다음 스키를 계곡 쪽에 놓고 앉은 자세에서 다리를 구부려 엉덩이 측면 아래로 밀어 넣고 손이나 폴에 의지하여 몸을 일으킨다.

활강

내리막 활강의 열쇠는 올바른 자세와 긴장을 푸는 능력이다 (도해 16.5). 경사가 완만한 슬로프에서 강사와 함께 시작하면 자신감을 쌓을 수 있다. 슬로프 공간이 충분히 확보되어야 안전하게 멈출 수 있다. 비교적 평평한 장소를 골라 내리막 경로를 따라 스키를 직

힘을 뺀 스탠스

양 팔을 유연한
상태로 유지한다

약간 구부린다

넓게 선다

도해 16.5. 활강 준비자세.

도해 16.6. 웨지로 정지하는 기술.

선으로 향하게 한다. 양쪽 스키는 약 1피트 정도 벌린 상태로 평행을 유지하고 체중을 스키 전체에 골고루 분산시킨다. 양쪽 발목과 무릎, 골반을 구부리며 몸을 약간 앞으로 기울인다. 이때 허리를 앞으로 구부려서는 안 된다. 울퉁불퉁한 곳을 통과할 때 다리를 구부린 상태에서 몸을 앞으로 기울이면 다리로 충격을 흡수할 수 있다. 이 균형 잡힌 운동자세(balanced athletic stance)는 서의 모든 스포츠 활농에서 공통되는 것이며 '동작대기' 자세가 어때야 하는지 보여준다.

웨지

웨지(wedge, snowplow, 전제동 활강)는 초보자가 사용하는 기본 정지기술이다 (도해 16.6). 활강 자세로 최대 경사선을 바라본 상태에서 쓸듯이 스키를 밀어 V자 자세를 취한다. 이때 스키 앞쪽 끝은 모으고 뒤쪽 끝은 넓게 벌리며 안쪽 에지에 힘을 준다. V자가 더 넓을수록 속도는 느려진다. 중급 스키어들은 양쪽 스키를 한쪽으로 미끄러뜨리며 브레이크를 건다.

헤링본

헤링본(다리 벌리고 경사면 오르기)은 사이드 스텝보다 빠르지만 너무 가파른 곳에서는 사용할 수 없다. 스키를 V자 형태로 만들고 경사면 위를 향하며, 이때

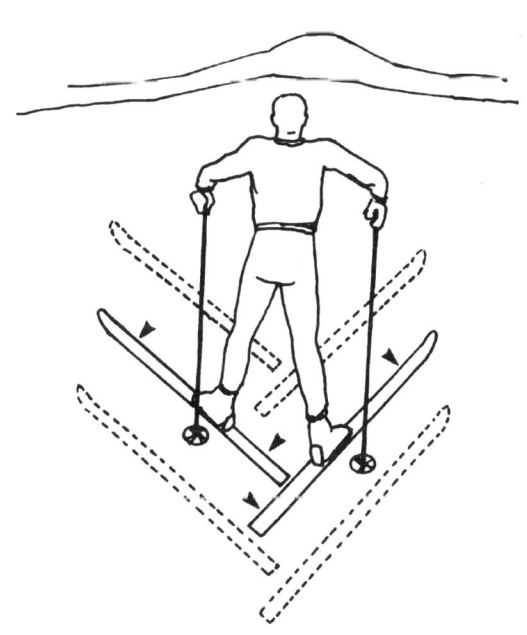

도해 16.7. 헤링본

스키 앞쪽 끝, 즉 팁은 넓게 벌리고 뒤쪽 끝, 즉 테일은 가깝게 모은다. 체중은 안쪽 에지에 싣고, 한쪽 스키에서 다른 쪽 스키로 체중을 이동할 때 폴을 사용하여 위로 올라가는 추진력을 얻고 뒤로 밀리는 것을 방지한다.

킥 턴

킥 턴(kick turn)은 평지에서 정교한 균형감각을 연습할 때는 물론 위험한 지형을 앞에 둔 상태에서 방향을 전환할 때도 사용된다 (도해 16.8). 킥 턴은 실제로 정지한 상태에서 180도 방향을 전환하는 방법이다. 양쪽 스키를 평행하게 놓고 폴을 부츠와 스키 팁 중간에 놓으며 체중은 왼쪽(산 쪽) 스키에 실은 채 오른쪽 스키를 충분히 들어올려 스키 팁을 바닥에 놓고 스키를 세운다(킥 업, kick up). 이 상태에서 반대 방향을 향

도해 16.8. 킥 턴.

하도록 오른쪽 스키를 돌리는 동시에 오른쪽 폴을 같은 방향으로 움직인다. 체중은 오른쪽 스키에 싣고 왼쪽 스키와 폴을 돌려 오른쪽 스키 옆으로 가져간다. 경사가 심한 슬로프에서 스키가 최대 경사선과 직각일 때 언제나 계곡 쪽 다리를 킥 업 한다.

안전수칙과 에티켓

1. 첫날 부상을 방지할 수 있는 가장 확실한 방법은 스키강사에게 레슨을 받는 것이다.
2. 스키숍 기술자나 강사에게 스키와 부츠를 착용하는 동안 바인딩을 조정, 점검받아라. 또한 친구와 스키를 바꾸기 전에는 반드시 이와 같은 과정을 거쳐라.
3. 아무리 설질이 좋아보여도 표지가 없는 코스나 눈사태 경고 표지판이 있는 곳에서는 절대로 스키를 타지 말라.
4. 혼자 스키를 타지 말라.
5. 영하의 날씨에서 동상을 예방하려면 보온용 내의나 웜-업 바지, 단열 파카, 고글, 마스크나 목도리를 착용하라. 얼굴에 흰 점이 생기면 맨손을 잠시 그 지점에 얹었다가 대합실로 가되 문지르지 말라.
6. 첫 번째 활주를 시작하기 전에 근육을 풀어주는 운동을 하라. 워밍업을 하면 근육이 뒤틀리는 것을 방지하고 부상도 예방할 수 있다.
7. 인내심을 갖고 배워라. 스키를 통제하면서 타고 자신감을 키워라.
8. 다른 스키어의 안전을 인식하라. 도움이 필요한 사람을 발견하면 도와주어라.
9. 자신의 실력에 맞는 슬로프에서 스키를 타라.
10. 스키장에서 요구되는 모든 규칙을 지켜라.
11. 천천히 앞서가는 스키어에게 "왼쪽(오른쪽)으로 갑니다."라고 말하여 당신이 뒤에서 접근하고 있

다는 사실을 알려라.

12. 리프트 줄에서 '새치기'를 하지 말라.

리프트 사용

초급자용 코스에는 지상리프트(surface lift)가 많이 사용되고 있다. 처음 사용하는 사람은 예인줄(tow-rope)이 팔을 잡아당기는 듯한 느낌으로 타야 한다 (도해 16.9). 이때 양발을 상당히 넓게 벌린 채 체중을 발 중앙에 싣는다. 예인줄에 익숙해지면 다음 단계는 T-바를 사용하는 것이다. 예인줄을 사용할 때처럼 양손으로 바를 잡은 채 몸이 자연스럽게 리프트 속도를 따라잡게 한다. 좌석에 닿을 때까지 바를 양손 사이로 미끄러지게 해야 한다. 내릴 때는 바를 잡아당겼다가 놓은 뒤 지나가게 한다. 체어리프트는 대부분 2인승 이상이다. 리프트 사용방법을 아는 사람과 타는 것이 바람직하다 (도해 16.10). 리프트에 타기 전에 폴 고리를 손목에서 빼고 항상 안전수칙을 지키며 리프트에서 물건을 떨어뜨리지 말라.

우선 팔이 끌리게 한다...

그런 다음 의자에 앉아 몸이 끌리게 하고...

다리의 긴장을 푼다.

도해 16.9. 지상리프트.

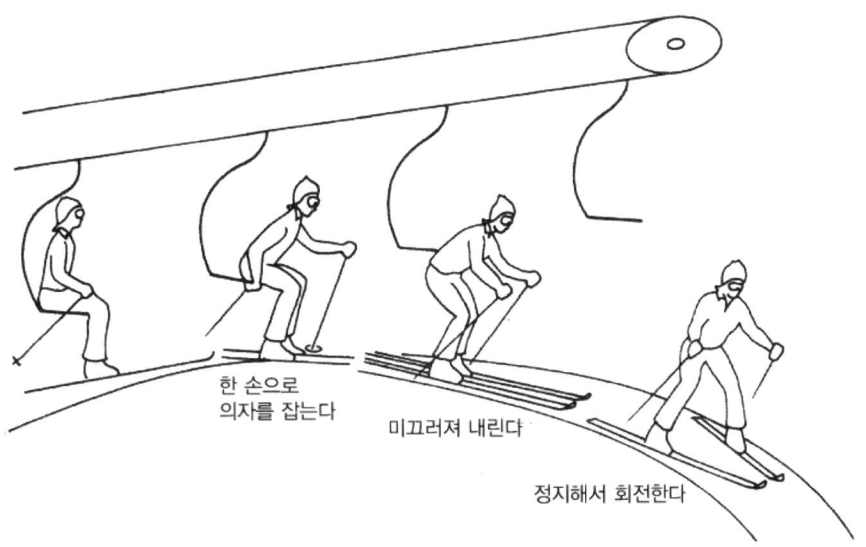

한 손으로 의자를 잡는다

미끄러져 내린다

정지해서 회전한다

도해 16.10. 체어리프트에서 내리기.

중급기술

사활강

사활강(traversing)은 경사면을 평행하게 직선으로 나아가는 기술이다 (도해 16.11). 스키를 약간 벌린 상태에서 평행하게 놓고 체중은 발볼에 신되 3분의 2는

최대 경사선

체중이 실린 계곡 쪽 스키가 눈을 가로지르며 나아간다.

도해 16.11. 사활강.

계곡 쪽 스키에, 3분의 1은 산 쪽 스키에 놓는다. 경사면을 따라 양쪽 발목과 무릎을 기울이면 스키의 에지가 눈에 박혀 미끄러지지 않는다. 이때 상체를 계곡 쪽으로 살짝 기울여 스키와 직선을 이루게 해야 전신의 균형을 잡을 수 있다. 구부리는 정도, 즉 앵귤레이션(angulation)은 슬로프의 경사도와 턴의 반경에 따라 달라진다. 사활강을 하는 동안 양팔은 허리 높이에서 약간 앞으로 뻗는다.

슬라이딩 턴

슬라이딩 턴은 웨지 턴과 사활강을 결합한 형태로서 슬로우 턴에 적합한 기술이다 (도해 16.12). 먼저 평소와 같이 사활강으로 시작하여 턴에 접어든 뒤 산 쪽 스키를 벌려 하프-V자로 만든다. 몸을 스키 위로 기울이

첫 번째—오픈한다

두 번째— 몸을 슬로프 아래쪽으로 던진다

세 번째—안쪽 스키를 피벗 한다

도해 16.12. 슬라이딩 턴.

며 체중을 이동하여 양쪽 스키가 회전하게 한다. 방향 전환이 완료된 뒤 스키를 다시 패러렐 위치로 가져간다. 주로 산 쪽 스키에 체중을 충분히 이동시키지 않을 경우 턴에 문제가 발생한다.

상급 기술

패러렐 턴

패러렐 턴(parallel turn), 또는 크리스티아니 회전(christie)은 슬라이딩 턴에서 발전된 형태의 회전기술이지만 업 언웨이팅(up unweighting, 몸을 앞으로 던지듯 들어올리며 체중을 더는 동작 – 역자 주)과 정교한 에지 컨트롤 능력이 필요하기 때문에 훨씬 복잡하다 (도해 16.13). 우선 스키와 직각으로 몸을 세운 채 사활강 자세에서 시작한다. 조금 미끄러져 내려가다가 계곡 쪽, 부츠와 스키 팁 사이에 폴을 가볍게 찍으며 턴을 시작한다. 순간적으로 업 언웨이팅을 하여 안쪽 에지에 가해지던 압력을 바깥쪽 에지로 이동시키고 발목과 무릎의 힘에 의해 회전한 다음 사활강 자

세로 돌아온다. 턴이 끝날 때까지 상체는 최대한 고정해야 한다.

홉 턴

홉 턴(hop turn)은 패러렐 턴을 조정하기 위해 실행하는 과제이다. 사활강이 길게 이어지는 가운데 빠르고 리드미컬하게 밀거나 살짝 뛰어 스키의 뒤쪽을 회전할 방향으로 강하게 민다.

베델른

베델른(wedeln)은 패러렐 스키 중에서도 상급 기술에 속하며 양발목과 무릎을 이용하여 연속해서 리드미컬한 하프턴을 하는 기술이다 (도해 16.14).

스테핑

인사이드-아웃사이드(턴의 시작 단계)

1. 자세를 낮추고(양 무릎을 구부린다) 안쪽 에지를 세운 상내에서 계곡 쪽 스키로 사활강을 한다. 게

최대 경사선을 살짝 가로지르며 시작한다.

스키를 평행한 상태로 넓게 벌리는 것으로 충분하다.

도해 16.13. 패러렐 턴(크리스티아니 회전).

도해 16.14. 베델른.

곡 쪽 무릎을 펴며 체중을 산 쪽 스키로 옮겼다가 다시 계곡 쪽 스키로 옮긴다.

2. 그런 다음 산 쪽 스키에 더 많은 체중을 싣고 바깥 쪽으로 에지를 바꾼다.

3. 그런 다음 산 쪽 다리(무릎과 골반)를 펴고 산 쪽 스키의 바깥쪽 에지를 세운 상태에서 슬로프를 가 로지른다.

4. 그런 다음 몇 야드 정도 미끄러져 내려가다가 스키 를 옆으로 굴려(기울이기, 앵귤레이션, 리프를 사 용한다) 에지를 안쪽으로 바꿔 턴을 한다.

5. 4번 기술을 사용하여 롱, 쇼트, 와이드, 타이트 등 다양한 턴을 한다.

6. 모든 과정을 반복 연습하되 스테핑(글라이딩)은 에지를 주지 않은 상태로 한다.

7. 평행한 방향 뿐 아니라 앞으로 스텝(글라이드)을 하며 3번과 4번을 더 연습한다. 이때 발이 무릎보 다 앞으로 나와서는 안 된다.

8. 산 쪽 스키로 글라이딩 하다가 4번 동작을 실행한 다. 몸을 들어올리며 산 쪽 스키를 굴려 안쪽 에지 를 주어 턴을 시작한다. 어느 정도 속도가 있어야 한다는 사실을 명심하라. (너무 느리면 앵귤레이 션을 사용해야 한다.)

9. 3번을 실행한다. 리핑 동작을 하며 산 쪽 무릎을 피고 공중에서 에지를 바꾼다. 착지하는 순간 턴 이 시작된다. 실제로 몸은 공중에서 회전하기 시 작하여 턴을 하게 된다.

10. 턴을 여러 번 연결한다. 거의 하나로 이어지게 턴 의 각 단계와 준비단계를 완수한다.

인사이드-인사이드(턴의 시작 단계)

1. 눈이 풍부하고 평평하거나 경사가 완만한 곳에 웨 지 자세로 서서 체중을 한쪽 스키에서 다른 쪽으로 이동한다(안쪽 에지를 세운다).

2. 웨지 자세에서 한쪽 스키에서 다른 쪽 스키로 리핑

을 하며 체중을 이동한다.

3. 정지한 상태의 웨지 자세에서 스키에서 체중을 제 거하고 전체적으로 압력을 가하며 다리는 같은 자 세를 유지한다.

4. 느린 속도로 2번과 3번을 실행한다. 이를 플로우-홉(plow-hops)이라고 한다.

5. 안쪽 에지에 조금 더 오래 압력을 가한 채 플로우-홉을 하여 스키가 회전하게 한다.

6. 그런 다음 턴을 마무리한다.

7. 사활강을 하며 계곡 쪽 스키의 안쪽 에지로 나아가 다가 산 쪽 스키를 들어 웨지 자세를 취한 뒤 다시 패러렐 자세로 돌아온다.

8. 그런 다음 체중의 절반을 웨지를 형성한 산 쪽 스 키로 이동한다. 그런 다음 체중은 대부분 계곡 쪽 스키의 안쪽 에지에 실은 채 산 쪽 스키의 안쪽 에 지로 글라이딩 한다.

9. 그런 다음 체중을 웨지를 형성한 산 쪽 스키로 완 전히 이동하여 턴을 시작한다.

10. 그런 다음 리핑과 동시에 체중을 이동하고 스키와 에지를 바꾼다.

11. 턴의 반경을 좁히고 리핑 동작에 중점을 두며 체중 을 이동시킨다. 다른 쪽 스키로 착지할 때 에지는 세우지 않아야 하고(고양이가 착지하듯) 충격을 충분히 흡수할 수 있도록 자세를 취해야 한다(무릎 을 낮추고 골반, 무릎, 발목을 구부린다).

12. 다양한 지형에서 다양한 반경으로 턴을 한다.

13. 특히 속도가 매우 빠를 때 리핑을 하지 않고 체중 을 이동시켜보라.

14. 그런 다음 활주하는 동안 새로운 턴을 시작하는 자세를 취한다. 다양한 속도에서 골반이나 무릎의 앵귤레이션을 조정해보라.

산 쪽 스키에서 인사이드 스키(아웃사이드-아웃사이드: 턴의 시작 단계)

1. 체중을 산 쪽 스키에 실은 채 최대 경사선을 45도 각도 앞에 놓고 작은 언덕 위에 선다.

2. 그런 다음 체중을 산 쪽 스키에서 계곡 쪽 스키로 이동시키며 작은 언덕을 활강해 내려온다. 산 쪽 이었던(아웃사이드 스키) 스키를 새로 산 쪽이 된 (인사이드 스키) 스키 옆에 놓는다.

3. 그런 다음 살짝 리핑하며 움직인다. 체중은 새로 인사이드가 된 스키에 싣되 바깥쪽 에지를 세우고 충격을 흡수하며 압력을 가한다. 스키는 바깥쪽 에지로 회전한다. 아웃사이드 스키와 다리를 인사이드로 모은다.

4. 그런 다음 인사이드 스키의 바깥쪽 에지를 준 상태에서 리핑을 한다. 언덕을 타고 내려가는 동안 스키가 저절로 회전하게 한다. 아웃사이드 스키(리핑을 했던 쪽 스키)를 회전하고 있는 인사이드 스키 옆으로 가져간다. 체중을 인사이드 스키 안쪽 에지로 이동하고 계속 턴을 한다.

5. 오른쪽과 왼쪽으로 턴을 하라.

6. 틴을 연결하라(경사면을 가볍게 스테핑 한다). 속도는 너무 느리지 않게, 중간 정도를 유지한다.

7. 롱 턴에서 숏 턴으로 턴 리듬을 전술적으로 바꿀 때 이 동작을 사용한다.

8. 출발점에서 스키를 시작하여 두 번째 게이트가 너무 멀지 않을 경우 첫 번째 게이트를 끼고 회전한다.

알파인 대회

회전

회전(slalom) 코스는 남성의 경우 해발 394~722피트(120~220m), 여성의 경우 394~657피트(120~200m) 사이에 위치한다. 슬로프 경사도는 20~30도이어야 한다. 회전 코스에는 42~68개의 기문이 세워진다. 기문이 세워지는 폭은 13.1~19.7피트(4~6m)이고 한 기문과 다른 기문 사이의 간격은 2.5피트(0.75m) 이상, 49.2피트(15m) 이하이다. 회전 선수가 갖춰야 할 능력으로는 순발력과 힘, 민첩성이 있다. 회전 스키는 주로 자이언트 회전이나 활강보다 코스가 짧다.

대회전

대회전(giant slalom)은 회전보다 코스 길이가 길고 기문의 수가 적다. 대회전 코스는 남성의 경우 해발 820~1,312피트(250~400m), 여성의 경우 820~1,148피트(250~350m) 사이에서 열린다. 대회전은 회전보다 속도가 높다. 대회전에서 사용되는 기문의 수는 표고차의 12~15퍼센트에 해당된다.

이상적인 대회전 경기 지형은 기복이 심한 곳이다. 체력과 민첩성, 과감성 등이 대회전 선수가 갖추어야 할 특성이다. 회전 역시 운동능력을 필요로 하지만 보다 뛰어난 테크닉이 요구되는 종목으로 여겨지는 것은 대회전이다.

활강

활강(downhill)은 스키 종목 중 가장 속도가 빠르며 그 때문에 가장 흥미진진한 경기로 여겨지기도 한다. 최고에 달했을 때는 속도가 시속 90마일(145km)까지 이르기도 한다. 코스 길이는 대부분 3마일(4.8km) 이상이다. 코스 선정자는 기문과 지형을 사용하여 레이서의 속도를 조정한다. 레이서를 보호할 장비는 헬멧과 코스를 따라 설치된 네트뿐이다.

슈퍼 대회전

슈퍼 대회전(super giant slalom)은 활강의 속도와 대회전의 턴 기술을 결합한 종목이다. 이 흥미진진한 종목은 속도가 매우 높다.

노르딕 대회

노르딕 대회에는 크로스컨트리 스키와 스키점프가 포함된다.

대학생 대회의 점수

대학 스키대회는 성별에 따라 대회전, 회전, 개인 크로스컨트리, 크로스컨트리 릴레이를 치러야 한다. 크로스컨트리 경기의 거리는 남성과 여성 모두 3.1~18.6마일(5~30km)이다.

1. 알파인과 크로스컨트리 대회는 모두 4~8개의 종목으로 구성되어야 하며 남성과 여성 모두 같은 종목을 치른다.
2. 알파인이나 크로스컨트리 중 한 가지만 치러지는 대회의 경우 남성과 여성 각각 2~4개 종목으로 구성된다.
3. 알파인이나 크로스컨트리 중 한 가지만 치러지는 대회의 경우 남성과 여성 각각 1~4개 종목으로 구성된다.

팀의 최종 성적은 위의 각 대회에서 획득한 점수를 합해서 결정된다. 두 팀 이상이 동점을 이루었을 경우 모든 팀이 해당 등수에 기록되고 팀 수에서 1을 뺀 숫자만큼 등수를 건너뛰고 다음 등수가 기록된다. 즉, 3등에 3팀이 올랐다면 4등, 5등은 없고, 다음 팀은 6등에 해당한다.

대회를 관장하는 스키조직

국제 스키연맹

모든 경기는 국제스키연맹(FIS)의 규칙에 따라야 한다. 이 대표기구는 4년마다 개최되는 올림픽, 올림픽이 열린 해로부터 2년 뒤에 개최되는 세계 챔피언십(World Championships)을 감독한다.

대한 스키협회

1932년 발족한 대한스키협회(Korea Ski Association)는 1946년 대한스키협회로 명칭을 바꾸었고 1957년에는 FIS에, 1990년에는 아시아스키연맹에 가입했다. 현재 스키 경기에 관한 기본 방침의 결정, 국제경기대회의 개최 및 참가, 경기대회의 개최 및 주관, 스키 기초기술과 경기기술의 향상 및 연구 등을 목적으로 운영되고 있다.

미국 표준 레이스

미국 표준 레이스(NASTAR: National Standard Race)는 골프처럼 핸디캡 체계를 적용하여 모든 연령의 아마추어를 대상으로 대회를 개최하며 종목은 대회전 한 가지이다. 컴퓨터와 전문 인력의 도움으로 스키어들은 전국의 다른 스키어들과 자신의 실력을 겨룰 수 있다. 우리나라에도 코스타레이스(KOSTAR: Korean Standard Race)가 설립되어 매해 여러 스키장에서 아마추어를 대상으로 대회를 열고 있다.

교육 시 고려사항

1. 학생들이 적절한 안전장비를 제대로 착용하도록 한다. 장비의 안전성은 교습에서 최우선시해야 할 사항이다.

2. 폴을 잡고 제대로 된 스탠스를 유지하는 방법을 가르친다. 스키를 신은 채 긴장을 풀고 균형 잡힌 자세를 취하는 데 중점을 둔다.

3. 넘어지고 일어나는 방법을 가르친다. 학생들이 몇 번 반복해서 연습하도록 한다.

4. 걷기와 사이드스텝 방법을 가르친다. 여기에 넘어지기와 일어나기를 결합한다. 스키를 타는 동안 마주칠 수 있는 문제에 대해 불안해하지 않도록 학생들에게 충분한 연습시간을 준다.

5. 끝 부분에 가면 저절로 멈춰질 정도로 경사가 완만한 곳에서 활강을 시작하라. 속도가 붙으면 학생들에게 웨지 자세로 멈추는 기술을 가르쳐라.

6. 학생들이 스키를 통제하며 경사면을 내려가는 데 자신감을 갖게 되면 점차 경사가 높은 슬로프로 이동하라. 슬로프에서 속도를 줄이거나 멈출 때 사이드스텝과 웨지를 사용하라.

7. 제자리에서 킥 턴 하는 기술을 가르치고 보다 고급 기술을 가르치기 전에 실행하는 훈련으로서 연습하도록 한다. 학생들이 초급기술을 사용하여 스키를 조절할 수 있게 되면 사활강을 시작하다. 슬로프를 가로지르는 경사면의 측면에서 교육을 시작하면 체중 분산에 대한 개념을 지속적으로 주입할 수 있다.

8. 사활강 기술에 슬라이딩 턴 기술을 추가하여 턴 자세에서 신속하게 사활강 자세로 전환하게 한다.

9. 학생들이 중급기술을 충분히 습득하고 나면 경사도와 난이도를 조금씩 높인다. 그런 다음 상황의 변화에 따라 적용할 수 있는 기술을 습득하게 한다.

10. 새로운 기술을 가르칠 때는 난이도가 낮은 슬로프에서 실행한다.

11. 수업시간을 활기차게 유지하여 학생들이 추운 날씨 속에서 가만히 서 있지 않도록 한다.

용어 해설

고속직활강(schuss boom) 통제하지 못하고 위험하게 스키를 타는 행위.

모굴(mogul) 눈 언덕.

베델른(wedeln) 방향을 바꿔가며 실행하는 일련의 리드미컬한 하프-턴.

루에이드(ruade) 스키 테일을 지면에서 띄워 회전하는 동작이며 이때 스키 팁은 축 역할을 한다.

사활강(traverse) 최대 경사선과 직각을 이루며 인사이드 에지로 스키를 타는 것.

시츠마크(sitzmark) 스키어가 넘어져 눈 위에 생긴 자국.

아웃사이드 에지(outside edge) 슬로프 계곡 쪽 에지이며 눈을 잡지 않는다.

앵귤레이션(angulation) 경사면을 따라 발목과 무릎을 굴려 발생하는 압력으로 인해 에지가 눈을 파고들 때 균형을 유지하기 위해 상체를 계곡 쪽으로 약간 기울여야 한다.

업-언웨이팅(up-unweighting) 발목과 무릎을 아래에서 위로 움직이는 동작으로서 턴에 앞서 스키에 가해지는 체중을 줄여준다. 에지의 전환을 쉽게 해준다.

에지 컨트롤(edge control) 눈과 활주하는 스키 표면 사이의 각도를 조절하는 것.

연결된 턴(linked turn) 방향을 바꿔가며 연속해서 실행하는 턴.

인사이드 에지(inside edge) 스키의 양쪽 에지 중 턴의 아치 안쪽에서 눈을 움켜잡는 에지.

채터(chatter) 눈이 얼거나 단단하게 다져진 곳을 지나갈 때 발생하는 에지의 바람직하지 않은 떨림 현상.

최대 경사선(fall line) 슬로프를 따라 중력에 의해 직선으로 내려가는 가상의 선.

카빙 턴(carving turn) 슬라이딩 턴 다음에 배우는 상급 기술이며 스키를 미끄러뜨리지 않으면서 에지를 사용하는 턴이다.

캔팅(canting) 스키 안쪽 에지와 체중이 가해지는 방향 사이에 이상적인 균형을 맞추기 위한 조정 과정.

캠버(camber) 옆에서 보았을 때 아치를 형성하는 스키 모양.

토션(torsion) 스키의 세로 방향으로 뒤틀린 정도.

튜닝(tuning) 원래의 베이스와 에지를 각 스키어의 필요에 맞게 조정하는 일.

추가 읽을거리

A basic guide to skiing and snowboarding. 2004. U.S. Olympic Committee Sports Series. Torrance, CA: Griffin Publishing Group.

Cottrell, J. 2005. *Skiing everyone*. 4th ed. Winston-Salem, NC: Hunter Textbooks. 장비, 연습방법, 적절한 기술, 슬로프에서 지켜야 할 규칙 등을 보여주는 수많은 사진을 담고 있다. 기술을 수정하는 요령, 슬로프에서 해야 할 일과 하지 말아야 할 일, 반복 연습방법 등을 제공한다. 유용한 정보, 특히 장소와 시간적 제약으로 인해 실제로 슬로프를 항상 이용할 수 없고 컨디셔닝 및 준비 과정을 거쳐야 하는 지역에서 적합한 프로그램이 다수 소개되고 있다.

LeMaster, R. 1999. *The skier's edge*. Champaign, IL: Human Kinetics.

National Collegiate Athletic Association. Current ed. *Official skiing rules*. Washington, DC: National Collegiate Athletic Association.

Yacenda, J., and Ross, T. 1998. *High-performance skiing*. 2nd ed. Champaign, IL: Human Kinetics. 각종 날씨와 설질에 따라 급경사인 지형에서 스키를 탈 때에 대비한 조언을 담고 있다.

참고문헌

비디오

덴버(Denver)에 위치한 서미트 필름 프로덕션(Summit Films Productions)에서 내놓은 여섯 가지 스키 비디오.

Breakthrough basics of downhill skiing with Hank Kashiwa, West One Video, 1995 Bailey Hill Rd., Eugene, OR 97405. 스키의 기초, 컨디셔닝과 스트레칭의 중요성을 다루며 집에서 시작할 수 있는 운동 프로그램을 담고 있다.

그 외 비디오 자료는 부록 C를 참조하라.

웹 사이트

국제장애인올림픽위원회 (International Paralympic Committee)
www.paralympic.org

미국스키 및 스노우보드협회(U.S. Ski and Snowboard Association)
www.usskiteam.com

북미스키마운틴(Ski Mountains of the United States and Canada)
www.skimountains.com

17 스키: 크로스컨트리

이 장을 완벽하게 습득한 뒤, 독자들은 다음과 같은 사항들을 할 수 있어야 한다.

▸ 크로스컨트리 스키의 발전과정을 이해한다.
▸ 크로스컨트리 스키 장비를 선택하고 관리한다.
▸ 다양한 지형에서 필요한 적절한 기술을 익힌다.
▸ 비시즌 중에 적합한 컨디셔닝 활동을 제안한다.
▸ 적절한 크로스컨트리 스키 복장을 구별한다.
▸ 안전 문제에 대한 경각심을 갖는다.

역사

스키의 역사는 겨울철 눈으로 덮이는 모든 지역의 역사와 밀접하게 연관되어 있다. 스키가 등장하는 가장 오래 된 회화에는 스키를 신고 엘크를 사냥하는 인류의 모습이 그려져 있다. 이 회화는 기원전 2500년경의 것으로 추정되며 노르웨이 해안 인근에 위치한 로도이(Rödöy) 섬에서 발견되었다. 가장 오래된 것이라고 알려진 스키도 같은 시기의 것으로 추정되며 스웨덴 호팅(Hoting) 인근 습지에서 발견되었다. 뼈로 만든 초기 스키는 스칸디나비아 지역에서 사냥에 사용되다가 훗날 전쟁에 사용된 것으로 보인다.

중세 시대, 북유럽에서 군사용으로 스키가 중요한 역할을 했다는 사실을 보여주는 사건이 두 가지 벌어진다. 1206년 노르웨이에서는 왕의 근위병 두 명이 스키를 신고 왕자 하켄(Haken)을 데리고 적군을 피해 도브레 산(Dovre)을 넘었다. 이 왕자는 훗날 노르웨이의 가장 위대한 왕 중 한 명이 되고 이 일을 기리기 위해 유명한 노르웨이 버키베이너 레이스(Norwegian Birkebeiner race)가 개최되고 있다. 1500년대, 구스타프 바사(Gustav Vasa, 구스타프 1세를 의미한다 - 역자 주) 왕이 덴마크 왕의 침략에 맞섰던 당시 스웨덴에서도 스키의 중요성을 보여주는 일이 벌어졌다. 패배를 예감한 바사는 달라나(Darlarna)를 떠나 노르웨이 국경으로 향했다. 그러나 훗날 스키어들의 간청을 받아들여 달라나로 돌아간 구스타프 1세는 결국 덴마크 군을 물리쳤고 그 경로를 따라 현재 세계에서 가장 유명한 크로스컨트리 스키 레이스인 바사로페트(Vasaloppet)가 개최된다. 구스타프 바사는 근대 스웨덴의 기초를 쌓은 왕이 되었다.

스키에 대한 관심은 1800년대 말, 국제적으로 확산되었고 그 계기는 영국인 아놀드 론 경이 유럽 알프스에서 스키를 발견하고 정식 스키대회를 개최하기 시작한 일이었다. 그리고 스키에 대한 론 경의 관심을 더욱 부추긴 것은 노르웨이 탐험가 난센(Fridthjof Nansen)의 모험을 담은 『처음으로 그린랜드를 가로지르다(The First Crossing of Greenland)』이었다. 알프스산맥 인근 지역에서 스키를 타기 위해 스키는 점차 독자적인 기술과 스타일을 갖추게 되었고 결국 오늘날 알파인 스키의 체계로 발전하였다. 동시에 크로스컨트리 스키도 인기가 높아지고 기술적으로 발전하게 되었다. 19세기 말, 노르웨이 텔레마크 인근에서 금속 바인딩이 처음 사용된 것으로 추정되며 같은 시기 기존의 하나짜리 긴 폴 대신 같은 길이의 폴 두 개를 사용하기 시작했다.

최초로 동계올림픽에서 노르딕(크로스컨트리 스키와 스키점프) 종목과 알파인(활강) 종목이 함께 치러진 것은 1932년 뉴욕 주 레이크플래시드(Lake Placid) 올림픽이었고 이때부터 스키에 대한 관심은 더욱 높아졌다. 그 전까지 올림픽에서는 노르딕 종목만 치러졌다. 최근 올림픽과 관련한 보도를 보면 크로스컨트리 스키와 바이애슬론(크로스컨트리 스키와 사격술을 더한 종목)의 인기도 높아졌다는 것을 알 수 있다. 남자 대회의 경우 10, 15, 30, 50km 레이스가 있고 클래식 기술과 스케이팅 기술을 번갈아가며 사용한다. 여자 대회는 5, 10, 30km 코스에서 치러진다.

크로스컨트리 스키는 유럽과 북미를 중심으로 많은 인기를 얻고 있다. 특히 조깅과 사이클링과 같이 심폐를 강화하는 추월경기를 즐기면서 환경에 대해서도 생각하는 사람들에게 사랑 받고 있다. 즉, 크로스컨트리 스키는 건강과 신체단련을 증진하는 동시에 환경까지 생각한다는 이미지를 갖게 된 것이다. 우리나라의 경우 알파인 스키에 비해 크로스컨트리 스키의 인지도는 극히 낮은 편이지만 조금씩 상황이 나아지고 있으며 일부 리조트에 크로스컨트리용 코스가 운영되고 있다.

코스의 눈을 다듬는 기술이 크게 개선된 덕에 스케이팅이 크로스컨트리 종목에 적합하고 실용적인 기술이 되었다. 크로스컨트리 스키의 스케이팅 기술은 긴 스키 폴을 사용하는 점을 제외하고 스피드 스케이팅과 비슷하다. 스케이팅은 수 세기 동안 사용된 기존의 것보다 상당히 빠른 기술이지만 다른 왁싱, 장비, 조건형성이 필요하다.

또한 크로스컨트리 스키 레이스의 형태도 개인별로 출발하여 단순히 시간을 계측하는 교차 출발 레이스(staggered start race)에서 여러 명이 한꺼번에 출발하여 서로 추월하는 스타일의 레이스로 바뀌었다. 두 가지 형태 모두 새로운 레이싱 전술이 요구되며 그 중 다수는 경륜에서 유래한 것이다. 이종 경기나 삼종 경기처럼 다양한 지형을 코스에 포함시켜 스케이팅과 클래식 기술을 모두 사용해야 하는 추월경기도 있다. 유럽과 미국의 일반인들 사이에서는 스키마라톤의 인기가 폭발적으로 증가했다.

장 비

크로스컨트리 스키에 대한 인기가 높아지면서 최근 20년 동안 그 이전보다 장비가 훨씬 많이 변화했다. 투어링 스키는 더욱 가볍고 민감해졌으며 히코리 등 단단한 나무이던 기존의 재질은 대부분 유리섬유 등의 합성섬유로 바뀌었다. 또한 스키 바닥은 예전처럼 왁스를 바를 수 있는 것과 '왁스가 필요 없는' 특수한 합성 베이스 두 가지가 공존하며, 스키 부츠와 바인딩의 조합은 보다 다양해지고 지지력이 강해졌다. 크로스컨트리 스키는 전통적으로 합판재로 만들어졌지만 요즘은 거의 나무나 유리섬유 코어를 유리섬유로 둘러싼 뒤 폴리에틸렌으로 활주면을 입히고 있다. 오늘날 크로스컨트리 스키어들은 자신의 필요와 지역적 배경, 예산에 맞는 장비를 현명하게 구매해야 한다. 결국 최근 크로스컨트리 스키 기술이 발전한 덕에 보다 안전하고 즐거운 스키가 가능해졌다.

스키

크로스컨트리 스키는 알파인 스키보다 길고 가벼우며 얇다. 크로스컨트리용 스키는 스키어가 저항을 최대한 줄이고 최소의 노력으로도 눈 위를 미끄러져 앞으로 나아가게 하는 것을 최우선 목적으로 디자인된다. 크로스컨트리 스키는 전통적으로 합판으로 만들어졌지만 지난 20년 동안 나무와 유리섬유 코어와 다양한 플라스틱 활주면을 가진 유리섬유 스키로 바뀌었다. 크로스컨트리 스키는 네 가지 유형으로 나눌 수 있다.

스키	폭	목적
텔레마크	65~80mm	활강 리프트를 이용한 스키
백컨트리/마운티어링	60~70mm	오프-트레일 스키와 탐험
투어링	50~60mm	정돈된 코스와 정돈되지 않은 코스에서의 스키
레이싱	44mm	정돈된 코스에서 클래식 및 스케이팅 기술을 이용한 스키

초보자는 목적에 따라 투어링이나 라이트 투어링 스키를 사용하는 것이 바람직하다. 다른 두 가지 스키와 그 사용은 이 책에서 다루는 범위를 벗어난다. 성인의 경우 스키 길이는 스키어의 신장과 체중에 의해 결정된다. 요즘은 165~210cm인 스키를 사용한다. 크로스컨트리 스키의 활주면은 캠버(camber: 가운데가 볼록한 꼴 – 역자 주), 즉 보우를 형성하며 곡선으로 휘어있다.

양쪽 스키의 캠버는 같아야 하고 사용자가 스키를 신고 평평하고 단단한 바닥에 섰을 때 스키 전체가 직선으로 펴져야 한다. 눈 위에서 캠버가 직선으로 펴지면 스키어는 앞으로 나아가게 된다.

처음 스키를 구매할 때 결정하기 가장 까다로운 문제는 왁스를 사용하는 스키를 고르느냐, 왁스가 필요 없는 스키를 고르느냐 하는 것이다. 바닥을 특수하게 처리한 크로스컨트리 스키는 활주면에 왁스를 바를 필요가 없다. 편리함 때문에 초보자나 아마추어 스키어들 사이에서 그러한 왁스리스(waxless) 스키가 인기를 얻고 있다. 왁스가 필요 없는 스키의 단점은 성능에 있다. 스키어가 마주치는 다양한 설질과 기온에 적응하지 못하여 왁스를 적절하게 바른 스키처럼 쉽게 미끄러지지 않는다. 그러나 기술이 발전된 덕에 둘 사이의 차이는 줄어들었다.

스케이팅 기술이 발달한 덕에 요즘은 '스케이팅' 스키도 출시되고 있다. 스케이팅 스키는 클래식 스키보다 2~4인치(5~10cm) 짧고 캠버, 특히 테일 부분이 더 단단하며 압력을 견디기 위해 측벽이 강화되었다.

폴

균형을 잡는 동시에 추진력을 얻으므로 스키 폴은 크로스컨트리 스키어에게 중요한 장비이다. 초보자라도 활강용 스키 폴이 크로스컨트리 스키에 적합하지 않다는 사실을 즉시 알 것이다. 크로스컨트리 폴은 알루미늄이나 탄소섬유로 만들어지며 활강용 폴과 세 가지점에서 차이를 보인다. 우선 매우 길고 선 자세에서 스키어의 겨드랑이 밑까지 충분히 도달해야 한다. 다음은 폴의 끝이 앞으로 구부려져 스키어가 앞으로 충분히 미끄러져 나간 뒤에도 쉽게 눈에서 빼낼 수 있다는 것이다. 마지막 차이점은 조절할 수 있는 고리가 달려 있어 편하게 잡을 수 있고 그로 인해 꽉 잡지 않아도 폴이 스키어의 손목에서 떨어져나가지 않는다는 것이다.

크로스컨트리 스키 폴은 각기 다른 조건에 맞는 바스켓이 달려있다. 넓은 바스켓은 부드러운 눈이 많이 쌓인 곳에서 폴을 지탱해주는 반면 작고 때로 삼각형 모양을 한 바스켓은 단단하게 다져진 코스에서 적합하다.

스케이팅 기술을 주로 사용할 스키어는 폴을 바닥에 대고 세웠을 때 윗입술까지(신장의 90퍼센트) 오는 것을 선택하는 것이 바람직하다. 스케이팅 보폭이 넓을수록 폴이 길어야 한다. 길이가 길어진 만큼 기존의 폴보다 더 단단해야 한다. 스케이팅 폴은 주로 알루미늄, 또는 흑연과 유리섬유를 혼합하여 만들어진다.

부츠

크로스컨트리 스키 부츠는 앞서 언급한 스키 종류처럼 매우 다양하며 아마추어 스키어에게는 주로 투어링 및 라이트 투어링 부츠가 적합하다. 오랫동안 크로스컨트리 부츠의 갑피는 가죽으로, 밑창은 가죽이나 고무로 만들어졌지만 요즘은 일반적으로 밑창은 합성소재로, 갑피는 나일론, 플라스틱, 심지어 고어-텍스로 만들어진다. 그러나 몇 가지 원칙은 지켜지고 있다.
1. 크로스컨트리 스키 부츠는 편한 하이킹 부츠나 러닝화처럼 양말을 신은 상태에서 스키어의 발에 잘 맞아야 한다.
2. 목이 높은 부츠를 선택해야 지지력과 보온성을 증가시킬 수 있다.

3. 스키의 종류에 맞춰야 하고 스키 바인딩에 확실히 맞아야 한다.
4. 밑창은 발꿈치에서 발가락까지, 세로방향으로는 최대한 잘 구부러지고 측면으로는 최대한 고정되어야 한다.

지지력, 보온성, 유연성을 모두 갖추었기 때문에 라이트 투어링 부츠는 대부분의 아마추어에게 적합하다. 발 모양이 특이하거나 혈액순환이 원활하지 않을 경우 스키어는 자신에게 맞는 부츠를 착용해야 한다. 다행스럽게도 현재 다양한 특성을 지닌 크로스컨트리 스키 부츠가 시판되고 있다.

스케이팅 스키용으로 디자인된 부츠는 밑창이 단단하고 발목의 지지력을 강화한 반면 무게는 가볍다. 또한 밑창의 가로방향 지지력은 더욱 높아지고 유연성은 줄어들어 스케이팅 스키에 적합하다.

바인딩

크로스컨트리 스키 바인딩을 보더라도 현재 스키 제조기술이 얼마나 발전했는지 알 수 있다. '노르딕 표준'이던 케이블과 세 개의 핀이 달린 기존의 바인딩은 점점 설 자리를 잃었다. 수많은 스포츠 종목에서처럼 그러한 변화는 레이싱 스키에서 시작되어 아마추어가 사용하는 스키에 적용되었다. 바인딩이 변한 덕에 한때 간단하게 결정했던 문제가 복잡해졌다. 이제 바인딩은 적합한 부츠 밑창과 매치되었을 때 제대로 기능을 하게 된 것이다. 스키어는 부츠와 바인딩이 잘 맞는지 신중하게 시험하고 바인딩에 장착했을 때 부츠가 가로로 움직이는지 점검해야 한다. 단단하고 확실하게 부착되어야 최고의 부츠-바인딩의 조합이라 할 수 있다.

새로 개발된 많은 바인딩은 스키 부츠 바닥의 전체 길이가 길어지는 효과를 준다. 이 경우 바인딩에 힐 플레이트나 로케이터가 있어 스키를 향해 눌려졌을 때 부츠가 움직이지 않게 된다.

클래식 스키 기술

시작단계

스키어는 정확한 크로스컨트리 스키 기술을 갖춰야 다양한 지형에서 효과적이고 효율적으로 스키를 탈 수 있다. 이 책에서 다룰 기술은 스키어가 크로스컨트리 스키를 더욱 즐겁고 안전하게 즐기는 데 도움이 될 것이다. 우선 스키어는 스키를 신은 뒤 짧은 거리를 걷는 연습을 해야 하며, 이때 폴은 사용하지 않아도 된다. 다음은 눈이 부드럽고 평평한 곳에서 넘어졌다가 일어나는 연습을 한다. 이 연습을 하면 상대적으로 크로스컨트리 스키가 안전하다는 사실을 알 수 있을 것이다. 부츠의 발가락 부분만 스키에 고정된 상태이므로 스키어는 천천히 넘어지는 것에 대해 두려움을 덜 느낄 것이다. 모든 스키 기술에 있어서 긴장을 완화하는 일은 매우 중요하다. 스키어는 시간을 할애하여 자유자재로 걷고 넘어졌다 일어나야 한다.

평지 기술

다이애거널 주법

크로스컨트리 스키의 기본 주법은 '다이애거널 주법'이라고 부르며 (도해 17.1) 견실한 크로스컨트리 스키 기술의 특징이라 할 수 있다. 평평한 지형에서 사용되는 것은 물론 스키어의 근력과 능력에 따라 오르막 구간에서도 응용할 수 있다. 다이애거널 주법은 세 가지 단계로 구분할 수 있으며 각 단계는 시작과 끝이 오버랩 된다. 킥 단계, 글라이딩 단계, 폴링 단계이다.

킥 단계의 시작은 눈에 대고 한쪽 다리를 차거나 밀어 다른 쪽 다리가 앞으로 미끄러지게 하는 것이다. 스키어의 체중이 구부러진 앞쪽 다리로 이동할 때 골

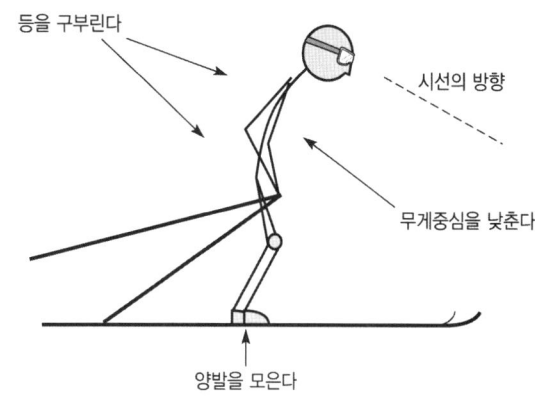

(A)

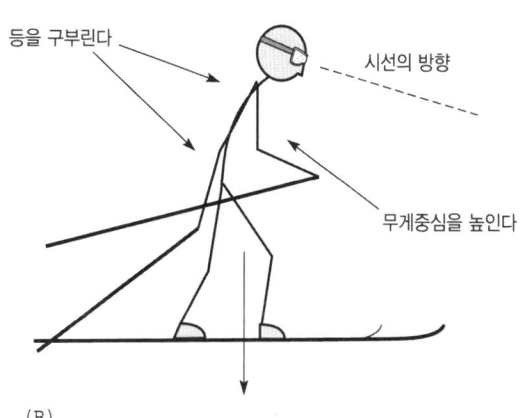

(B)

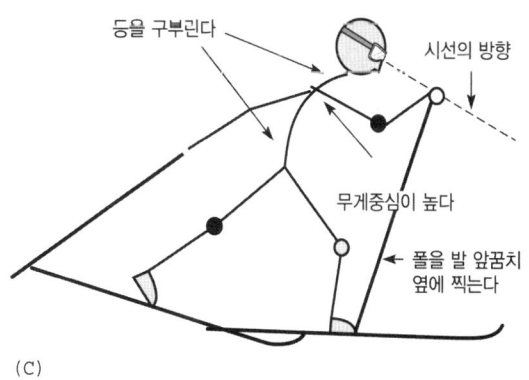

(C)

도해 17.1. 다이애거널 주법. A, 중간 단계. B, 킥 시작. C, 글라이딩 단계.

반 윗부분의 상체를 앞으로 기울인다. 이렇게 체중을 이동한 상태에서 스키어가 반대쪽 폴을 전면에 꽂을 때까지 글라이딩 단계가 이어진다. 걷거나 뛸 때처럼

왼쪽 팔과 오른쪽 다리가 동시에 앞으로 나간다는 사실을 명심하라. 폴링 단계는 반대쪽 다리로 킥을 하며 다음 주기가 시작될 때까지 이어진다. 이 리듬감 있는 주법은 스키어가 양팔과 다리로 추진력을 일으켜 활주하는 방법이다. 킥을 하는 방향은 후방 아래쪽, 설면을 향해야 한다. 폴링 동작은 이미 앞으로 활주하고 있는 스키어가 더 멀리 나가는 데 중요한 역할을 하며 초보자의 경우 상당한 팔의 힘이 필요할 것이다. 다이애거널 주법은 전체적으로 근력과 균형감각, 협응성이 필요하다.

더블 폴링

더블 폴링(double poling)은 얕은 내리막이나 평지에서 활주 상태를 유지하기 위해 다이애거널 주법을 대신하여 사용할 수 있는 주법이다 (도해 17.2). 더블 폴링은 두 가지 단계로 구분할 수 있다. 폴링 단계와 회복 단계(recovery phase), 즉 자유 활주 단계(free glide phase)이다. 양 팔을 구부린 자세에서 단단하게 고정시킨 채 폴 길이와 근력이 허용되는 한 양쪽 폴을 최대한 앞에 꽂으며 폴링 단계가 시작된다. 그런 다음 허리 위쪽의 상체를 구부려 앞으로 나아간다. 이때 스키어는 양 팔을 뒤로 뻗고 상체는 지면과 거의 평행을 이루며 팔의 힘을 이용하여 폴을 뒤로 밀어낸다. 회복 단계는 눈을 찍었던 폴을 빼내고 상체를 바로 세우며 다시 폴을 앞으로 뻗을 준비를 하는 것이다. 폴링의 힘은 양 팔만이 아니라 상체, 그 중에서도 복근으로부터 나와야 한다.

더블 폴링과 킥

이 동작은 더블 폴링의 상체 움직임과 다이애거널 주법의 한쪽 다리 싱글 킥, 즉 '스쿠터 밀기(scooter push)'를 결합한 것으로서 스키 도중 페이스를 전환할 때 효과적인 방법이다 (도해 17.3). 숙련된 스키어들은 피로한 정도와 지형적 요구에 따라 이 세 가지 기술

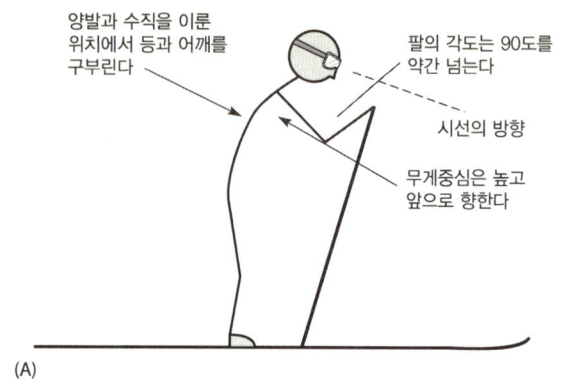

양발과 수직을 이룬 위치에서 등과 어깨를 구부린다

팔의 각도는 90도를 약간 넘는다

시선의 방향

무게중심은 높고 앞으로 향한다

(A)

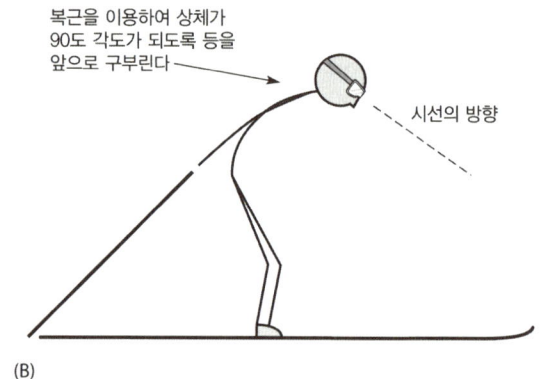

복근을 이용하여 상체가 90도 각도가 되도록 등을 앞으로 구부린다

시선의 방향

(B)

도해 17.2. 더블 폴링. A, 시작. B, 팔로우스루.

을 적절히 사용한다.

더블 폴링과 킥(double pole with kick)은 다이애거널 주법에서 설명한 것처럼 한쪽 다리를 뒤로 미는 동시에 양팔을 앞으로 뻗으며 시작된다. 이제 스키어의 체중은 모두 앞쪽 스키에 실리고 뒤쪽, 즉 킥을 하는 다리는 쭉 뻗은 상태가 된다. 스키어가 한쪽 스키에 의지하여 활주하는 동안 양쪽 폴을 최대한 멀리 찍는다. 이 상태에서 활주를 지속시키는 것은 더블 폴링이다. 상체를 폴 위로 구부리며 킥을 한 다리를 눈 위에 놓는다.

회복 단계는 더블 폴링과 같다. 더블 폴링과 킥은 협응성을 갖추고 충분한 연습을 해야 익숙해질 수 있지만 평지나 기복이 완만한 지형에서는 긴장을 풀 수 있는 기술이다. 더블 폴링과 킥, 그리고 단순한 더블

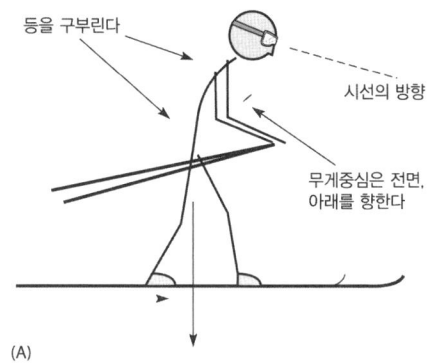

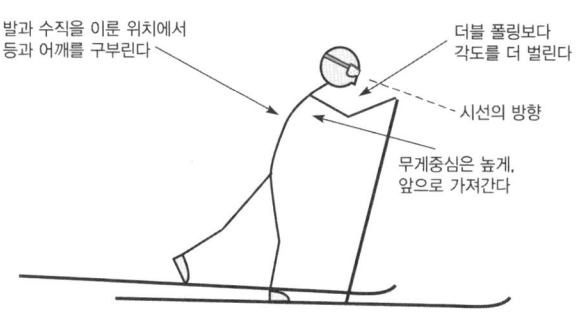

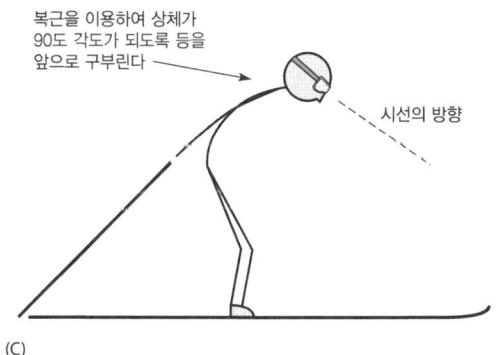

도해 17.3. 더블 폴링과 킥. A, 킥 시작. B, 킥 단계, C, 팔로우스루.

폴링의 차이는 더블 폴링에서 킥 단계가 없고 오로지 폴링 동작으로 코스를 따라 움직이는 힘을 만든다는 것이다.

오르막 기술

근력을 키우고 꾸준히 연습하면 지금까지 설명한 평지 기술을 오르막 지형에서도 활용할 수 있다. 다소 변형해야 하는 경우도 있으며, 특히 다이애거널 주법의 경우 자유 활주 단계가 짧아지고 폴을 평지에서보다 앞에 찍어야 한다. 또한 보폭을 짧게 가져가고 활주하는 발을 무릎보다 훨씬 앞으로 나아가게 한다. 오르막 지형에서도 스키어는 자신의 능력을 정확히 파악하여 지형에 맞게 사용해야 한다. 그 외에도 가파른 오르막이나 까다로운 오르막 구간에 사용되는 기술이 있다.

헤링본

헤링본은 기본적으로 다이애거널 주법을 사용하는 동시에 양쪽 스키를 벌려 오르막 경사를 줄이는 효과를 얻는 기술이다 (도해 17.4). 양 팔의 위치를 낮게 유지한 채 폴로 강하게 밀어 앞으로 나아간다. 눈을 딛고 나가기 위해 양쪽 스키의 안쪽 에지를 설면과 직각을 이루게 한다. 헤링본을 실행할 때 가장 일반적으로 발생하는 잘못은 허리를 앞으로 구부리는 것이므로 스키어는 시선을 경사면 위쪽으로 향하게 하고 앞으로 나아가는 스키에 뒤꿈치를 붙어야 한다.

사이드 스텝

경사가 매우 가파른 오르막에서도 사이드 스텝 (도해 17.5)을 사용하면 초보자라도 느리지만 확실하게 오를 수 있다. 양쪽 스키를 최대 경사선(경사면을 가장 단거리로 이은 가상의 선)을 가로지른(직각을 이룬) 상태로 선다. 스키를 산 쪽으로 기울이고 위쪽 스키를 들어 위로 약 1피트(30cm) 정도 옮긴다. 그 옆으로 계곡 쪽 스키를 옮긴 뒤 같은 동작을 반복한다. 최대 경사선과 직각인 상태를 유지하고 스키의 위쪽 에지는 산 쪽으로 기울여야 한다.

도해 17.4. 오르막에서의 헤링본. A, 앞에서 본 모습. B, 뒤에서 본 모습.

도해 17.5. 점진적인 오르막에서의 사이드 스텝.

내리막 기술

직선 내리막

크로스컨트리 스키는 저항을 최소화하며 직선 주로에서 눈을 가로질러 가는 것이 목적이므로 알파인 스키에서처럼 내리막 지형에서 턴이나 불필요한 동작을 취해서는 안 된다. 크로스컨트리 스키에서는 몇 가지 간단한 기술을 사용하여 속도와 방향을 조절할 수 있다.

양쪽 스키에 체중을 골고루 분산시킨 채 긴장을 푸는 것이 내리막 지형에서 스키의 기본자세이다. 스키어는 스키부츠의 뒤꿈치가 스키에 고정되지 않는지 인지하며 체중을 발뒤꿈치에 싣지 않도록 해야 한다. 부드러운 무릎(soft knees)이라는 말을 넓은 의미로 생각하면 스키어가 긴장을 풀고 유연한 자세를 취해야 울퉁불퉁한 지형 때문에 발생하는 충격을 흡수할 수 있다는 사실이 설명된다. 웨지(도해 17.6)는 내리막 강하를 통제하는 기본기술로도 사용된다. 경사면을 내려갈 때 스키의 팁을 한데 모으는 동시에 테일을

도해 17.6. 점차적인 내리막에서의 웨지.

넓게 벌려 V자 형태를 만든다. 스키어는 스키 테일을 벌리며 양쪽 스키의 안쪽 에지를 밀면 속도를 줄일 수 있다.

웨지 턴

방금 언급한 통제된 자세에서 스키어는 한쪽 스키로 체중을 이동시켜 턴을 시작할 수 있으며 이때 스키어는 체중을 실은 것과 반대쪽으로 회전하게 된다. 같은 쪽 어깨가 턴을 할 때 앞으로 돌아가면 한쪽 스키로 확실히 체중을 이동했다는 신호이다. 웨지 턴(wedge turn)과 연결하여 사활강에 이어 내리막을 강하하는 통제된 방법으로 사용할 수도 있다.

스텝 턴

스텝 턴(step turn)은 크로스컨트리 스키에서 방향을 전환하는 기본 동작이다. 간단한 동작처럼 보이지만 이 기술을 사용하려면 스키어는 거의 전신의 체중을 한쪽 스키에 실은 뒤 균형을 다시 잡아야 한다. 기본적인 활강자세를 취한 채 스키어는 턴을 할 방향의 스키를 들었다가 그 스키를 턴 할 방향으로 놓은 뒤 체중을 그 스키에 싣는다. 그리고 그 옆에 다른 쪽 스키를 가져가 기본 활강 자세로 되돌아온다. 한쪽에서 다른 쪽 스키로 부드럽고 완전하게 체중을 이동하는 데 중점을 두어야 한다. 특히 속도가 빠를 때 각도가 큰 한 번의 스텝보다 신속하게 작은 스텝을 반복하는 것이 더 바람직하다.

상급 내리막 턴

기본 내리막 기술을 충분히 익히고 나면 더 발전된 내리막 턴을 습득할 수 있다. (크로스컨트리 스키에서도 27장에서 설명한 다른 정교한 내리막 턴들을 사용할 수 있다) 또한 유구한 역사를 자랑하는 텔레마크 턴도 전통적인 고급 크로스컨트리 기술로 남아있다.

스케이팅 주법

스케이팅은 앞서 설명한 클래식 주법과는 다른 리듬과 기술, 근력을 요구하는 주법이다. 다수의 초보자들, 특히 어린이들은 기존의 킥-앤드-글라이드 방식보다 스케이팅 주법이 더 자연스럽고 배우기 쉽다고 느낀다. 지금 설명할 동작을 하기 위해서는 적절한 장비(특히 더 긴 폴)와 크로스컨트리 킥 왁스를 바르지 않은 스키가 필요하다는 사실을 명심하라.

마라톤 스케이트

스케이팅 (도해 17.7)은 1981~1982년 월드컵에서 코치(Bill Koch)가 우승하며 대중에게 널리 알려졌다. 스케이팅 주법은 크로스컨트리 스키 레이싱에 혁명을 일으켰고 유명한 스키 레이서 대부분이 사용한 기술이다. 그러한 혁명의 여파로 시민 스키 레이서와 스키

도해 17.7. 마라톤 스케이팅에서 킥의 끝부분 자세.

여행객 사이에 차이점이 생기기 시작했다. 스케이팅은 스키어가 상당히 빠른 속력을 유지하고자 할 때 더블 폴링과 킥, 그리고 다이애거널 주법을 대신하여 사용될 수 있다. 또한 딱딱한 설면에서든 잘 준비된 스키 트랙에서든 효과적으로 사용할 수 있다.

양쪽 폴을 설면에 찍은 뒤 한쪽 다리로 싱글 킥 동작을 하며 스케이팅 주법이 시작된다. 폴링 동작은 스케이팅 킥과 동시에 시작된다. 킥을 하는 스키는 약 40도 각도로 벌리고 스키어는 킥 하는 스키로 체중을 옮긴 다음 밀어냄으로써 옆으로 나아간다. 스키 테일은 킥을 하기 전에 약간 사선으로 놓고 킥이 끝날 무렵 킥을 하는 다리는 쭉 펴진다. 회복 단계에서는 킥한 다리를 완전히 원위치로 가져와 스키 트랙 위에 놓고, 그런 다음 글라이딩 단계가 이어진다. 새로운 기술인만큼 스케이팅 주법은 다양하게 변형되었지만 스키어는 다리 전체를 사용하여 스케이팅을 하고 여기에 기존의 다른 기술들을 접목하여 연습해야 한다. 스케이팅 주법은 평지나 얕은 내리막 코스에 마련된 기존의 스키 트랙에서 연습한다. 스케이팅하는 발은 물론 양발을 사용하여 마라톤 스케이팅을 연습하라.

V-1 스케이팅

이제 정돈된 스키 트랙은 필요 없고 눈이 쌓인 장소만 있으면 된다. V-1 스케이팅, 또는 비대칭 스케이팅 주법은 눈 위에 그려진 V자 형태 때문에 이름이 붙여졌다. V-1 스케이팅 주법은 한쪽 스키로 스텝을 하며 더블 폴링 동작을 곁들이는 것이다. 마라톤 스케이팅 주법에서 스키를 트랙으로 다시 가져오는 것과는 달리 이 주법에서는 팔이 제자리로 돌아오면 다른 쪽 스키로 다시 스케이팅을 한다. 전체적으로 보면 이 주법은 강력한 더블 폴링과 스피드 스케이트의 하체 동작이 결합한 것처럼 보인다. 그로 인해 한쪽 스키로 강하게 옆으로 나아가는 동작과 더블 폴링 동작이 만들어진

도해 17.8. V-1 스케이팅. A: 앞에서 본 모습. B: 뒤에서 본 모습.

다. 스키어는 한쪽 발에서 다른 쪽 발로 체중이 완전히 이동하도록 해야 한다. 우선 평지에서 연습한 다음 얕은 오르막으로 이동하라. 초보자의 경우 스케이팅 스텝이 시작될 때 스키가 옆으로 밀리는 문제가 발생하는 가장 큰 원인은 스케이팅을 하는 스키에 체중을 완전히 싣지 않는 데 있다. 이 주법을 수행하는 중에는 양쪽 부츠가 서로 스치듯 지나가게 해야 한다. V-1을 사용하여 가파른 경사면이나 긴 거리의 경사면을 오를 때는 근력과 조화가 필요하다.

도해 17.8을 보면 스케이딩 스키를 고정시킨 채 활주할 때 스키어가 몸을 바로 세운다는 사실을 알 수 있다.

V-2 스케이팅

스케이팅 기술이 진화하며 V-2 스케이팅, 비대칭 스케이팅 주법이 미래의 기술로 부각되고 있다. 현재 스키어들은 주로 평지와 얕은 내리막 지형에서 V-2를 사용하고 있지만 근력과 균형감각을 발달시키면 오르막 지형에서도 사용할 수 있을 것이다.

V-2는 V-1과 같은 방식으로 실행하지만 스케이팅 스텝을 할 때마다 더블 폴링을 하는 점만 다르다. V-1의 경우 한쪽을 강하게 밀고 다른 한쪽을 약하게 미는 반면 V-2의 경우 폴링과 함께 왼쪽과 오른쪽 모두 같은 동작으로 움직이는 주법이다. 다리를 움직이는 템포를 늦춰야 양팔이 제자리로 돌아올 시간적 여유가 생기며, 폴링 동작은 더 짧고 빠르게 가져간다.

요약

스케이팅은 크로스컨트리 스키에서 비교적 새로운 기술이다. 수영대회에서 영법마다 경기가 따로 진행되듯 크로스컨트리 스키 레이스 대회에서도 클래식 주법과 스케이팅 주법만을 사용한 종목이 나란히 진행된다. 두 가지 주법은 그저 눈 위에서 동력을 얻는 방법이 다를 뿐이다. 스케이팅 주법이 더 많은 근력, 특히 상체의 근력이 필요하지만 동작은 보다 자유롭다. 초보자들은 모든 스키 기술을 충분히 즐기기 위해 두 가지 주법을 모두 사용하는 것이 바람직하다.

크로스컨트리 코스 지침

크로스컨트리 코스는 스키어의 기술, 전술, 신체능력을 테스트할 수 있도록 구성되어야 한다. 난이도는 대회 참가자들의 능력에 맞춰 설정되어야 한다.

크로스컨트리 코스를 구성할 때 고려해야 할 사항은 다음과 같다.

1. 전체의 1/3은 9~15퍼센트 오르막 구간이어야 하고 이와 별도로 더 가파른 오르막(10퍼센트 경사=45도) 구간을 배치한다.
2. 자연적 지형을 이용하여 전체의 1/3은 기복이 있는 구간으로 구성해야 하고 여기에 짧은 오르막 구간과 내리막 구간이 포함되어야 하며, 고저 차이는 5.5~11야드(5~10m)이어야 한다.
3. 전체의 1/3은 모든 내리막 기술을 시험할 수 있도록 다양한 내리막 구간으로 구성해야 한다.

선수의 수

단체전의 경우 남녀 모두 선수 네 명으로 팀을 구성하며, 가장 낮은 점수를 제외하고 선수별 점수를 합산한다. 계주경기는 선수 세 명으로 한 팀을 구성한다.

왁싱

크로스컨트리 스키에 사용되는 왁스는 스키어가 오르막에서 눈을 딛고 올라갈 수 있도록 특수한 화학성분을 포함하고 있다. 적절한 것을 선택하여 바를 경우 크로스컨트리용 왁스, 또는 키커 왁스는 크로스컨트리 스키 주법의 글라이딩 단계에서 한쪽 스키에서 다른 쪽 스키로 체중을 이동하며 미끄러질 때 번갈아가며 눈 결정을 잡아준다. 크로스컨트리 스키 왁싱은 기술이자 과학이다. 또한 사용하는 스키와 기술의 종류, 스키어의 체중, 눈 상태와 기온에 상관없이 실력을 발휘할 수 있게 해야 한다.

스키 왁싱은 상당히 간단한 작업이었지만 크로스컨트리 스키가 혁명적으로 변화한 뒤 사정이 달라졌다. 겉면은 나무에서 합성소재로, 바닥 면은 직선에서 무늬가 있거나 모헤어로 만들어져 왁스가 필요 없는 스키까지 등장한 것이다. 눈의 상태에 따라 어떤 왁스를 사용해야 하는지 색으로 표시한 간단한 차트가 있었다. 그러나 이제 스키 및 스키 바닥 면의 종류가 다양해지고 왁스가 필요 없는 스키도 있으므로 스키의 종류에 따라 특정한 왁스가 필요해졌다. (그 내용은 이 장에서 다룰 수 있는 범위를 넘어선다.) 초보자가 알아두면 도움이 될 조언은 다음과 같다.

1. 제조사의 스키 베이스 준비과정 및 왁싱 권장사항을 준수하라. 스키를 구매할 때 그 내용을 확인하거나 소매점에서 정보를 얻어야 한다.
2. 그러한 왁싱 기본규칙을 자신의 기술과 필요, 크로스컨트리 스키를 탈 지역의 눈 조건에 맞춰 응용한다.
3. 크로스컨트리용이든 알파인용이든, 해당 브랜드에서 출시된 모든 왁스를 익숙하게 다룰 때까지 한두 가지 브랜드만 사용하다가 다른 브랜드로 바꾸도록 한다.
4. '노-왁스' 스키도 스키 바닥에서 눈을 쥐지 않는 부

분에 왁싱을 하면 글라이딩, 또는 활강을 할 때 도움이 된다. 또한 글라이딩 성능을 개선하는 것은 물론 스키가 닳거나 손상되는 것을 막을 수 있다.

스케이팅 스키의 왁싱은 훨씬 간단한 일이다. 스케이팅 스키의 경우 킥을 위해서는 왁스가 필요하지 않지만 알파인 스키처럼 탄화수소와 플루오르카본을 혼합한 왁스를 사용해도 된다. 이렇게 활주면에 왁싱을 하면 스케이팅 스키의 글라이딩 성능을 최대화할 수 있다.

오프-시즌 컨디셔닝

크로스컨트리 스키는 겨울 스포츠이므로 비시즌 동안 스키어들은 대부분 다른 스포츠나 여가활동으로 눈길을 돌린다. 그 중 다수는 실외에서 행해지며 크로스컨트리와 같이 지구력을 바탕으로 한 유산소 종목이다. 오프-시즌 컨디셔닝은 스키어가 크로스컨트리 스키에 필요한 신체적 요구에 적응하여 시즌 동안 스키를 즐길 수 있는 것을 목적으로 해야 한다. 오프-시즌 동안 나태하게 지낸 사람에게 크로스컨트리 스키는 신체적으로 힘든 운동이 될 것이다. 스키 투어, 취미용 크로스컨트리 스키, 시민 스키 레이스 등이 스키어의 신체 단련과 기술 정도에 따라 몇 시간, 심지어 하루 종일 지속될 수도 있으므로 오프-시즌 컨디셔닝을 통해 점차적으로 그러한 행사에 필요한 조건을 형성해야 한다는 사실을 명심하라. 특히 스키어는 어느 정도 적극적으로 참여할지에 맞춰 필요한 사항(심혈관계지구력, 근력 및 근지구력, 기술)을 준비해야 한다. 컨디셔닝을 할 때 명심해야 할 지침은 다음과 같다.

1. 최대한 크로스컨트리 훈련을 즐거운 것으로 만들어라. 재미있는 오프-시즌용 운동을 찾아라. 가능하다면 다른 사람들과 함께 훈련을 하라. 그렇게 하면 친구도 사귀고 서로 훈련 프로그램을 꾸준히 지속할 수 있는 버팀목이 되어 줄 것이다.

2. 스키를 탈 때와 같은 수준의 강도로 오프-시즌 훈련을 하라. 강도가 더 높은 컨디셔닝을 하려면 정식 훈련 프로그램과 시간이 필요하다. 크로스컨트리 스키 시즌에 대비하여 혁신적인 목표를 세워라.

3. 일반적인 컨디셔닝보다 크로스컨트리 스키와 유사한 형태의 컨디셔닝이 더 효과적이다. 진지한 자세로 스키에 적합하게 신체를 단련하려 한다면 크로스컨트리 스키에 꼭 맞는 오프-시즌 훈련을 하라. 한 가지 예를 들자면 겨울에 크로스컨트리 스키를 탈 장소와 지형이 비슷한 곳에서 훈련하는 방법도 있다.

4. 스키어에게 요구되는 사항을 살펴보면 크로스컨트리 스키는 전신운동이다. 모든 요구 사항을 충족시키는 사람은 없다. 따라서 약점을 보완하는 데 중점을 두고 컨디셔닝 프로그램을 실행하면 보다 균형 잡힌 준비를 할 수 있다.

심혈관계지구력 훈련

크로스컨트리 스키는 심혈관계지구력을 필요로 하는 종목 중 하나이다. 그러한 까닭에 오프-시즌 동안 지구력을 증진하는 다른 운동을 하면 스키 수행에 도움이 된다. 크로스컨트리 대신 할 수 있는 종목으로는 사이클, 조깅, 오리엔티어링, 하이킹, 스컬(scull: 노걸이에 고정된 2개의 노를 한손에 하나씩 잡고 젓는 경기. 로잉보다 작은 배를 사용한다. – 역자 주), 로잉(rowing: 노 젓기 – 역자 주)이 일반적이다. 흔히 사용되지는 않지만 카누, 카약, 수영도 아마추어 스키어의 시즌 대비에 도움이 되는 운동이다. 크로스컨트리 스키에 가장 적합한 오프-시즌용 심혈관계 훈련방법으로는 롤러스키나 롤러블레이드를 꼽을 수 있다. 롤러스키 훈련에 장거리, 인터벌, 스피드 운동을 포함시킬 수도 있다. 최근 더블 폴링 운동이 상체의 파워를 계발하는 데 큰 도움이 된다는 사실을 뒷받침하는 연구도 있었다. 현재 스케이팅이나 클래식 주법에 따라 적합한 롤러스키가 개발되었다. 실력과 상관없이 모든 스키어들에게 심박동수 모니터 착용이 강하게 권고되고 있다. 모니터를 착용하면 자신의 몸에 가해지는 스트레스를 인지할 수 있기 때문이다.

근력 및 근지구력 훈련

크로스컨트리 스키는 모든 주요 근육군의 근력과 근지구력을 필요로 한다. 웨이트리프팅, 웨이트트레이닝, 서킷트레이닝 외에 유니버설(Universal)이나 노틸러스(Nautilus)와 같은 운동기구를 사용하는 것도 도움이 된다. 또한 장작패기, 톱질 등의 육체적 노동도 근지구력을 강화하므로 간과해서는 안 된다. 늦가을에 크로스컨트리 코스를 정돈하는 일을 통해서도 실제 눈에서 스키를 타기 위한 기본적인 신체단련을 꾀할 수 있다.

핵심근육의 힘과 균형 안정성을 증진하는 운동도 크로스컨트리 스키 훈련에서 없어서는 안 될 요소이다. 핵심근육의 힘과 신체를 단련하는 현대적인 도구로는 스태빌리티볼(stability ball: 짐볼을 고정시켜놓고 하는 운동 – 역자 주), 스트레치코드(stretch code: 다용도 탄성 고무줄 – 역자 주), 메디신볼(medicine ball: 엑서사이즈볼, 메드볼, 피트니스볼이라고도 하며 직경이 어깨너비[약 14인치]인 무게가 나가는 공이다 – 역자 주) 등이 있다.

스케이팅 주법은 근력과 근지구력이 가장 중요한 기술이다. 따라서 심혈관계를 단련하는 것보다 근력과 근지구력을 단련하는 훈련에 중점을 두어야 한다.

기술 훈련

지금까지 설명했듯 오프-시즌 컨디셔닝은 눈 위에서 타는 스키와 매우 흡사해야 한다. 기술 훈련은 스키어가 오프-시즌 동안 스키의 기술적인 측면을 마스터하는 데 도움이 되는 요소이다. 기술 훈련을 실시함으로써 오프-시즌, 즉 마른 땅에서의 훈련에서 눈 위에서의 스키로 전환할 때 겪는 어려움을 최소화할 수 있다. 실제 레이서들이 개발한 기발한 기술 훈련방법이 다수 존재한다. 그 중에는 롤러스키나 롤러블레이드와 같이 아마추어 선수들에게도 적합한 것도 있다. 단순히 하이킹이나 조깅을 할 때 폴을 사용하기만 해도 지구력과 기술을 함께 향상시킬 수 있다. 얕은 오르막에서 스키 바운딩과 활주를 하는 것도 훌륭한 기술 훈련 방법이다.

롤러스키는 크로스컨트리 스키 훈련에 가장 적합한 훈련도구이다. 기술, 심혈관계지구력, 근지구력을 개선하는 훌륭한 훈련방법이다.

복 장

크로스컨트리 스키에 적합한 복장은 스키를 타는 환경과 기후조건에 따라 크게 달라진다. 반드시 지켜야 할 규칙이 몇 가지 있지만 여기에서는 간단한 지침만 소개하겠다.

1. 비슷한 날씨에서 하이킹을 할 때와 같은 복장을 하라.
2. 꼭 끼지 않고 여유 있는 옷을 입어야 자유롭게 움직일 수 있다.
3. 가볍고 보온성이 좋은 옷을 여러 겹 입으면 적은 수의 두꺼운 옷(예를 들어 스키 파카와 같은)을 입을 때보다 통기성이 좋아진다. 피부에 직접 닿는 옷은 폴리프로필렌과 같은 합성섬유로 된 것이어야 땀이 원활하게 배출된다.
4. 모자, 귀마개, 장갑을 반드시 착용해야 한다는 사실을 항상 기억하라.
5. 마른 셔츠, 양말, 스키가 끝난 뒤 신을 신발 등 갈

아입을 의복을 휴대하라.

보온 및 방풍 기능을 갖추어 크로스컨트리에 이상적인 신소재 섬유로 된 의류가 판매되고 있다. 작은 배낭이나 패니 팩(허리에 매는 작은 가방 – 역자 주)은 여분의 옷이나 간식, 물 등을 담는 데 사용할 수 있다.

안전수칙

크로스컨트리 스키는 비교적 안전한 스포츠이지만 스키어들은 신중을 기하고 자신의 실력에 맞게 스키를 타며 상식적으로 행동해야 한다. 하루 종일 투어에 나설 경우 다음의 장비를 갖춰야 한다.

소형 배낭, 드라이버, 여분의 스키 왁스, 성냥, 여분의 스키 팁, 지도와 나침반, 반창고, 충분한 물, 칼, 충분한 음식

크로스컨트리 스키에서 부상은 드물지만 모든 스키어들은 두 가지 응급상황을 인지해야 한다. 동상과 저체온증이다. 동상은 노출된 신체말단, 피부세포의 표면이 어는 승상으로 주로 귀, 코, 뺨, 손가락, 발가락에 발생한다. 손과 발, 기온이 심하게 낮을 경우 얼굴을 적절하게 가려주면 동상을 예방할 수 있다. 파트너와 함께 스키를 타면 혈액순환이 안 되거나 흰색, 또는 회색 반점이 나타나는지 서로의 얼굴을 점검할 수 있다. 동상환자가 발생하면 신속하게 바람과 추위를 막아주어야 한다. 증세가 심각할 경우 의사에게 맡겨야 한다.

저체온증은 인체 내부의 온도가 점차적으로 낮아지는 증상이며 바람과 추위에 장시간 노출됐을 경우, 또는 물에 젖은 채 오래 방치되었을 경우 발생한다. 저체온증은 스키어가 굶주리거나 피곤할 때, 겨울철 야외에서 어떻게 처신해야 하는지 경험이 부족할 때 주로 발생한다. 저체온증에 걸리면 무기력해지고 발음이 불분명해지며 신체적 조화가 무너지고 몸을 떨게 된

다. 의식이 있을 경우 즉시 추위를 차단하고 따뜻한 수분을 섭취하게 하여 환자의 몸을 따뜻하게 해야 한다. 의식이 없거나 상태가 심각할 경우 의료처치를 받아야 한다. 적절한 복장을 갖추고 충분한 음식을 섭취하며 자신의 능력에 맞게 스키를 타면 저체온증을 예방할 수 있다.

기존의 경로에서 벗어나 야생 속에서 크로스컨트리를 즐기려는 스키어는 눈사태가 일어날 수 있다는 사실을 인식하고 이에 대비해야 한다. 단순한 크로스컨트리 스키가 아닌 스키 마운티어링을 해야 하는 곳, 그리고 눈 상태가 불안정하여 특별한 주의와 훈련이 요구되는 곳에서 눈사태에 주의해야 한다. 그러한 장소로 들어갈 때 필요한 정보는 이 책에서 다루는 범위를 벗어난 것이므로 무선호출기나 산사태용 구조밧줄을 반드시 휴대해야 한다. 하지만 가파른 지형과 눈이 많이 쌓인 곳은 피하는 것이 바람직하다.

교육 시 고려사항

1. 처음 연습을 시작할 때는 평지에서 스키를 신고 걷는 과정을 포함해야 한다. 긴 스키를 편안하게 움직일 수 있을 때까지 몸을 낮추며 천천히 넘어졌다가 일어나는 연습을 하라.

2. 배우는 사람이 인식하는 학습 목적과 일치하게 교육이 이루어져야 한다. 초보 아마추어 스키어가 처음으로 크로스컨트리 스키를 탈 때는 기본기술만 갖추면 안전하고 만족스럽게 마칠 수 있다. 한 번에 모든 기술을 가르치려 하지 말라. 배운 내용을 사용할 기회를 준 다음에 상급 기술을 가르쳐라. 가능하다면 상급 기술이 필요한 상황에 실제로 맞닥뜨렸을 때 반드시 알아야 할 기술을 중심으로 가르쳐라. 수업계획을 세울 때 참가자들의 지구력 수준을 고려하라. 초보자들은 숙련된 참가자

들보다 더 많은 에너지를 사용한다. 따라서 초보자 코스는 짧게 정하라.

3. 평지 기술부터 시작한다. 다이애거널 주법과 더블 폴링 기술만으로도 초보자가 평지에서 즐겁게 크로스컨트리 스키를 경험할 수 있다. 그런 다음 스피드에 관심이 있는 학생들을 위해 더블 폴링과 킥, 또는 마라톤 스케이팅 주법을 가르치는 시간을 가져라.

4. 대부분의 경우 기본기술을 조금만 변형하면 크로스컨트리 스키를 탈 수 있고, 그 내용은 적절한 지형에서 짧은 시간 안에 학습 및 연습이 가능하다. 가파른 경사면에서 크로스컨트리 스키를 탈 예정이라면 스키를 신고 언덕을 안전하게 올라가고 내려오는 기본기술을 교육받아야 한다. 가파른 경사면을 오르는 방법으로 사이드 스텝과 헤링본을 교육한다. 어느 정도의 경사면에서는 직활강 기술만으로도 충분하지만 가파른 경사면에서 속도를 통제하기 위해서는 웨지 기술을 완전히 습득해야 한다. 이러한 기술들은 경사진 지형에서 학습하고 연습해야 실행할 수 있으며, 초보자들은 긴 경사면에서 활강 기술을 사용하지 말아야 한다. 스키어의 실력을 넘는 경사면을 안전하게 내려오기 위한 기술로서 사이드 스텝을 가르칠 수도 있다.

5. 교육시간은 짧아야 한다. 설명을 듣는 시간은 최대한 줄이고, 연습시간과 즉시 크로스컨트리 스키에 참여할 기회를 최대한 늘려라.

용어 해설

글라이딩 왁스(glide wax) '알파인, 또는 스피드 왁스'라고도 일컬어진다. 스키 팁과 테일에 발라 스키의 스피드를 높인다. 스케이팅 주법에만 사용된다.

스키 바운딩(ski bounding) 오르막을 오를 때의 상황을 훈련하기 위한 오르막 주법 연습. 오프-시즌 중 기술과 심혈관계 훈련을 하는 동안 실행한다.

시민 스키 레이스(citizen ski races) 아마추어 스키어들이 대규모로 참가하는 스키 레이스. 시민 스키 레이서들은 엘리트 스키 레이서와 취미 스키 여행객의 중간으로 여겨진다.

심혈관계 건강(cardiovascular fitness) 심장, 폐, 혈관, 근육을 통해 산소를 사용하며 운동하는 신체 능력.

키커 왁스(kicker wax) '크로스컨트리 왁스'라고도 불린다. 크로스컨트리 스키 중간의 왁싱구역(waxing zone)에 바르며 바르는 면적은 다양하다. 키커 왁스는 오르막을 오를 때 눈을 움켜쥐는 힘을 만들어낸다.

추가 읽을거리

Garfield, D. 2003. *The new steady ski for Nordic athletes*. Naperville, IL: Motioneering, Inc.

Gaskill, S. 1998. *Fitness cross-country skiing*. Champaign, IL: Human Kinetics.

National Collegiate Athletic Association. Current ed. *NCAA men's and women's skiing rules book*. Mission, KS: NCAA.

Older, J. 1998. *Cross-country skiing for everyone*. Mechanicsburg, PA: Stackpole Books. 기술, 장비, 준비과정, 컨디셔닝 지침을 다룬 삽화가 풍부하다.

Ruski, H. 2001. *Cross-country skiing*. Malden, MA: Blackwell Publishing.

Vives, J. 1999. *Backcountry skier*. Champaign, IL: Human Kinetics.

자료

비디오

Gaskill, S. *Classic drills and techniques*. Eagle River Nordic, P.O. Box 936, Eagle River, WI 54521.

Skating and strideing: Cross-country skiing and Skiing cross-country with Jeff Nowak. Karol Video, 22 riverside Dr., Wayne, NJ 07470.

그 외 비디오 자료는 부록 C를 참조하라.

참고문헌

United States Ski and Snowboard Association, Box 100, 1500 Kearns Blvd., Park City, UT 84060.

웹사이트

노르딕스키잉(Nordic Skiing)
www.hedney.com/nordic.htm
미국스키 및 스노우보드협회(U.S. Ski and Snowboard Association)
www.usskiteam.org
크로스컨트리 스키잉 온라인(Cross Country Skiing Online)
www.cross-countryski.com
X-C닷컴레이싱팀(X-C.com Racing Team)
www.x-c.com
기타 사항: www.xcworld.com,
www.skinnyski.com, www.fasterskier.com

18 스킨다이빙과 스쿠버다이빙

이 장을 완벽하게 습득한 뒤, 독자들은 다음과 같은 사항들을 할 수 있어야 한다.

▶ 스킨다이빙과 스쿠버다이빙의 발전을 이해한다.
▶ 사전 안전 대책의 필요성을 이해한다.
▶ 스킨다이빙과 스쿠버다이빙에 사용되는 장비의 특성을 설명한다.
▶ 다이빙 물리학과 의학의 원칙에 대해 이해한다.
▶ 실제로 하기 전에 국가에서 공인한 스쿠버 강습 프로그램을 수료해야 한다는 사실을 인식한다.

수면 아래의 세상은 아직 미지의 세계나 다름없다. 하지만 형용할 수 없는 아름다움으로 가득 찬 곳임은 분명하다. 지구 표면의 70퍼센트 가까이를 덮고 있는 바다는 세계에서 가장 높은 산보다 더 깊다. 또한 셀 수 없이 다양한 동식물의 서식지이기도 하다. 그리고 끊임없이 움직이고 역동적이며 변화무쌍한 세상으로서 리듬과 디자인, 움직임, 그리고 힘을 담고 있다. 인류는 이 수면 밑 세상에 대해 거부할 수 없는 매력을 느낀다. 그러나 충분한 기술을 습득한 뒤 신중하게 접근해야 한다. 바다 속은 매우 위험한 곳이기도 하다. 따라서 수면 아래 세상을 탐험하고자 하는 사람들에게 이 책은 짧은 지면에서나마 명확하고 중요한 정보를

숨김없이 제공할 것이다. 또한 실제로 스쿠버다이빙을 하기 전에 국가가 인증한 스쿠버다이빙 훈련프로그램을 수료해야 한다.

역 사

지상이나 세계의 넓은 수역의 표면을 탐험하는 일은 인류의 탄생과 역사를 같이 하지만 그에 비해 해저탐험은 근래에 시작된 탐험분야이다. 기원전 360년, 아리스토텔레스(Aristotle)가 다이빙 장비에 대한 저술을 남겼고, 위대한 역사학자 플리니(Pliny)는 서기 77

년에 수중활동을 위한 호흡용 튜브에 대해 설명한 바 있지만 수심이 깊은 곳의 활동과 조사는 실제로 1943년 프랑스의 쿠스토(Jacques-Yves Cousteau)와 가냥(Emile Gagnan)이 수중호흡 조절기를 개발하기 전까지 이루어지지 못했다.

현대적 방식의 수중탐험 및 수중스포츠의 기원이라 할 수 있는 예는 많이 있다. 초기 그리스와 로마 전략가들은 완벽한 전쟁기술을 갖추기 위해 병사들에게 강도 높은 수영훈련을 실시하고 장비를 갖춰 병사들이 수중에서 적선에 접근할 수 있게 했다. 이 병사들에게는 수중에서 호흡할 수 있도록 속이 빈 짧은 갈대가 지급되었다. 15, 16세기 군인들은 가죽으로 된 머리 씌우개에 호스가 연결된 서피스 브리딩 백(surface-breathing bag)을 착용하고 무거운 신발을 신었다. 그러나 당시 다이버들은 장비가 조악한 탓에 수심이 얕은 곳밖에 갈 수 없었다. 벤자민 프랭클린(Benjamin Franklin)은 자서전에서 수영 속도를 높이기 위해 손과 발에 착용하는 물갈퀴를 개발했다는 사실을 밝힌 바 있다. 1800년대 초반, 포더(William Forder)는 다이버의 몸 절반을 덮고 수면 밖에서 수동 송풍기로 공기를 공급하는 금속 헬멧을 개발했다. 1837년 지베(Augustus Siebe)는 단단한 헬멧과 연결하는 풀 드라이 수트(full dry diving suit)를 개발했다. 1850년대 이후 프랑스에서 고무재질의 잠수복과 물안경이 개발되었고 다이버는 휴대용 금속용기를 통해 공기를 공급받았다. 공기순환을 조절하기 위해 조절장치도 사용되었다. 1942년, 미국인 램버스턴 (C. Lambersten)이 완전한 형태의 클로즈드 서킷 재호흡 장치에 대한 특허를 획득했다. 이 장치는 미 해군의 수중파괴부대(UDT: Underwater Demolition Team)에 의해 사용되었다. 다이버가 내뿜은 공기 때문에 수면 위로 공기방울이 올라오는 일이 없고, 그로 인해 수중에서 침투하는 동안 적에게 위치를 들킬 염려가 없었기 때문이다.

최근 스쿠버의 디자인은 정교하고 세밀해졌지만 기본 원리는 쿠스토와 가냥의 디자인과 같다.

최우선 고려사항

스킨다이빙(skin diving)이라는 용어는 다이버가 물안경, 스노클, 물갈퀴를 착용한 채 수중에서 호흡을 멈추고 하는 다이빙 활동을 의미한다. 스쿠버(scuba)는 '자급식 수중호흡장치(Self-Contained Underwater Breathing Apparatus)'의 약자이며 다이버는 스킨다이빙에 필요한 기본 장비 외에 수중에서 공기를 공급하는 장비를 추가로 갖춘다. 스킨다이빙과 스쿠버다이빙 모두를 통틀어 스포츠다이빙(Sport diving)이라고 부른다.

필수조건

스쿠버다이빙을 배우고자 하는 사람은 공인자격증을 갖춘 강사를 찾아야 한다. 강습을 마친 뒤 스쿠버다이빙 자격증을 취득해야 다이빙 숍이나 리조트에서 압축공기를 구매할 수 있다. 또한 자격증을 갖춘 강사의 경험은 학생들에게 도움이 된다.

수영 테스트

물 속에서 편안하고 긴장을 풀기 위해서는 충분한 수영실력이 필요하다. 자격증에 대비하는 사람들이 최소한 갖춰야 할 수영실력은 다음과 같다.
1. 영법에 상관없이 200야드(183m)를 수영한다.
2. 10분 동안 제자리에 떠 있는다.

긴강검신

충분한 수영실력을 갖추는 것 외에도 학생들은 의학적으로 확실히 건강한 상태여야 한다. 수업을 듣기 전에 학생들은 건강과 관련한 설문조사를 하게 된다. 이는 다음의 분야와 관련된 내용이다.

1. 심혈관계
2. 폐
3. 신경계
4. 이후두계
5. 위장계
6. 신진대사 및 내분비계 기능
7. 혈액학적 특성
8. 정형외과적 문제
9. 행동 건강

건강에 문제가 있다는 사실이 드러나면 학생은 일단 의사의 허가를 받은 뒤 스쿠버다이빙에 참가해야 한다.

또한 감압과정 중 유독 가스 색전이 발생하여 태아의 기형을 유발할 수 있으므로 임신 중인 여성은 다이빙을 해서는 안 된다.

스킨다이빙

일반적인 기술

수중다이빙 강습은 공인자격을 갖춘 기관에서 받을 수 있다. 우리나라의 경우 1968년 한국스킨스쿠버다이빙 클럽이 설립되었고 이는 현 대한수중협회의 모체이다. 대한수중협회는 핀수영, 스킨스쿠버다이빙, 수중오리엔티어링, 무호흡잠영, 수중사격, 수중사진 등의 행사를 주최하고 있다. 외국의 경우 전문 다이빙 강사 협회(PADI: Professional Association of Diving Instructors), 미국 수중강사 협회(NAUI: National Association of Underwater Instructors), 국제 스쿠버 학교(SSI: Scuba School International), YMCA 등의 단체가 있다. 강습마다 이행요건이 다르긴 하지만 일부 공통된 기술은 다음과 같다.

1. 수중마스크, 오리발, 스노클, 부티(bootie, 발목까지 오는 신발 – 역자 주), 체온 보호 장비, 웨이트 벨트, 부력조절장치 등의 기본적인 스노클링 장비를 점검, 준비, 정비하고 착용하거나 벗는다.
2. 다양한 환경에서 안전하게 물에 들어가고 물에서 나온다.
3. 적절한 무게를 더한다.
4. 스노클의 이물질을 제거하고 이를 사용하여 호흡한다. 스노클 클리어링 방법은 불기(blast)나 흘려내기(displacement)가 있다.
5. 부력조절장치를 팽창, 수축한다.
6. 스노클링 장비를 사용하여 헤엄을 치고 수면으로 입수한다.
7. 수중에서 방향을 유지하고 올바른 방법을 사용하여 수면으로 상승한다.
8. 동료와 의사소통을 하고 단독행동을 하지 않는다.
9. 수심이 너무 깊어 웨이트 벨트를 착용한 채 수면에 떠 있을 수 없을 경우 이를 풀었다가 나중에 다시 착용한다.
10. 스노클과 수중마스크에 스며든 물을 제거한다.

장비

스킨다이빙에 반드시 필요한 장비는 수중마스크, 스노클, 오리발이다. 찬물에서 다이빙을 할 때 다이버는 네오프렌 재질의 윗 수트나 드라이 수트를 착용해야 한다. 윗 수트를 입을 때는 수트가 지닌 부력을 상쇄하기 위해 웨이트 벨트를 사용해야 한다. 다이빙 전문가들은 안전한 다이빙을 위해서 부양조끼나 벨트 등 개인 부양장비도 반드시 필요하다고 말한다.

그 외의 보조장비로는 타이어 튜브나 서프보드와 같은 수면 부유물, 칼, 사냥감이나 수집물을 담을 주머니, 다이빙 깃발, 나침반, 수심계, 수압계, 시계, 사진기 등이 있다.

수중마스크(mask)

수중마스크는 물과 눈이 접촉하는 것을 방지하고 시각의 왜곡을 막아주어 빛과 물의 투명도 외의 요인 때문에 다이버의 시야가 제한되지 않게 한다. 또한 코로 물이 들어가는 것도 막아준다. 수중마스크는 얼굴 윤곽에 잘 맞아야 하고 다이버가 얼굴을 수면 아래로 넣었을 때 물을 완전히 차단해야 한다. 렌즈의 재질은 플라스틱이 아닌 안전유리여야 한다. 길이를 조절할 수 있는 끈이 마스크 전면, 또는 그 주변에 달려있어 얼굴에 밀착되어 물의 유입을 완전히 막아야 한다. 쉽게 물을 제거하기 위해 배수밸브(one-way purge valve)가 달린 제품도 있지만 그러한 장치 없이도 쉽게 물을 제거할 수 있다. 코를 덮는 부분에 움푹한 곳이 있어 손가락으로 눌렀을 때 코로 물이 유입되는 것을 막고 귀에 들어온 물을 쉽게 제거할 수 있는 제품을 선택하면 된다.

스노클(snorkel)

스노클은 다이버가 입에 무는 튜브를 말하며 수면 위까지 연결된다. 다이버가 수면 위로 머리를 들지 않고도 헤엄치고 호흡할 때 필요한 장비이다. 몇 가지 유형이 있지만 숙련된 다이버들이 가장 추천하고 애용하는 제품은 J 모양의 반경식 고무나 플라스틱 튜브이다. 핑퐁밸브(ping-pong vlave)와 러버 플러터 밸브(rubber flutter valve)가 달린 제품은 스포츠다이빙에 적합하지 않으므로 권장되지 않는다. 마우스피스 부분이 고무나 실리콘으로 만들어지므로 다이버가 튜브를 입에 문 채 머리를 수면 아래에 담그고 수중 풍경을 감상할 수 있다. 스노클의 마우스피스는 부드러운 고무나 실리콘으로 만들어져야 다이버가 물었을 때 불편하지 않아 입에 불필요한 피로감을 덜어주고 장시간 사용할 수 있다.

오리발(fin)

오리발은 크게 오픈힐(open-healed)과 풀풋(full-footed), 두 가지로 구분된다. 개인의 취향에 따라 둘 중 어떤 형태의 것을 사용해도 되지만 길이를 조절할 수 있는 끈이 달린 제품을 사용하는 것이 좋다. 조절 가능한 끈이 달린 제품을 사용할 때는 네오프렌 부티를 함께 신어야 발에 제대로 밀착된다. 또한 네오프렌 부티를 신으면 발이 더 편해지고 오리발만 착용했을 때보다 해변에서 쉽게 걸을 수 있다. 오리발을 사용하는 목적은 속도를 높이는 것이 아니라 킥의 파워를 높이는 것이다. 또한 혈액순환이 잘 되고 발에 경련이 일어나지 않을 정도로 편안하게 맞는 동시에 파도를 통과할 때 벗겨지지 않을 정도로 꼭 맞아야 한다. 특히 훈련이 덜 된 다이버가 지나치게 큰 오리발을 착용하면 불필요한 피로감이 발생한다. 초보 다이버들은 크기와 유연성이 중간 정도 되는 오리발을 사용해야 한다.

익스포저 드레스(exposure dress)

다공성 발포 네오프렌(cellular-foam neoprene)으로 만들어지고 전신에 잘 맞는 윗 수트 하나면 극도로 차가운 물을 제외한 대부분의 수온에서 견딜 수 있다. 윗 수트 안으로 들어간 소량의 물은 다이버의 체온에 의해 온도가 상승하여 다이버의 몸과 주변의 물 사이에서 단열재 역할을 한다. 극도로 낮은 수온에 장시간 노출될 경우 드라이 수트를 착용해야 한다. 수온을 올릴 때 필요한 에너지의 양은 공기를 올릴 때 필요한 양보다 25배 많으며, 그러한 까닭에 다이빙하는 동안 체온을 유지해야 한다. 드라이 수트는 목과 손목 부분이 라텍스로 되어 있어 물이 들어가지 않게 밀봉된다. 드라이 수트와 윗 수트 모두 부력을 크게 증가시키므로 웨이트 벨트를 착용해야 쉽게 잠수하고 헤엄칠 수 있다.

웨이트 벨트(weight belt)

다이빙을 하기 위해서는 웨이트 벨트에 특히 주의를 기울여야 한다. 납으로 만든 추가 부착된 웹 벨트(web belt), 또는 주머니가 달린 패딩 웨이트 벨트를 사용하면 수트의 과도한 부력을 상쇄할 수 있다. 웨이트 벨트에서 가장 중요한 점은 버클 조작이 쉬워 한 손으로도 풀 수 있어야 한다는 것이다. 비상사태로 치닫을 수 있는 상황이 발생하면 다이버는 즉시 웨이트 벨트를 풀어 몸에서 완전히 떨어져나가게 해야 한다.

보조 장비

스킨다이빙의 보조 장비에 대한 정보는 이 장 마지막에 수록된 자료 부분을 참고하라. 하지만 팽창조끼(inflatable vest)와 같은 수면 부양 장비는 물론 개인용 부양 장비를 갖추지 않은 상태에서는 절대로 다이빙을 해서는 안 된다는 사실은 반드시 유념해야 한다. 끈이 달린 자동 이너튜브(automobile inner tube)를 착용하면 수면 위에서 효과적으로 휴식을 취할 수 있다. 여기에 캔버스나 즈크(올이 굵은 사마베 – 역자 주)로 만든 주머니를 달면 장비를 보관할 수 있다.

스킨다이빙 기술

접영을 제외한 모든 영법을 다이빙에 사용할 수 있다. 그러나 가장 자주 사용되는 동력원은 무릎을 많이 구부리며 다리를 벌리고 크게 하는 물장구 동작이다. 또한 피로를 덜기 위해 돌핀킥과 물장구를 번갈아가며 사용하는 다이버도 많다. 수영과 달리 강하게 킥을 하면 다이버가 손을 사용할 필요가 없으므로 손으로 장비를 잡거나 사진을 찍으며 진기한 물체를 수집할 수 있다. 헤엄을 치는 동안 다이버는 양팔을 몸 옆으로 편안하게 늘어뜨리는데, 특별히 팔을 이용할 일은 없다. 이렇게 자세를 취함으로써 다이버는 최대한 몸의 균형을 이루고 긴장을 풀 수 있다. 하지만 시야가 불분명한 탁한 물에서 헤엄칠 때는 양팔을 앞으로 완전히 뻗어 눈으로 감지하지 못한 장애물을 피해야 한다. 수중에서 다이버는 반드시 최소한의 힘만 들여 헤엄쳐야 산소를 아껴서 '잠수 시간'을 최대한 늘릴 수 있다.

잠수

탁 트인 물 속으로 들어갈 때는 터크 수면 다이빙(tuck surface diving, 몸이 거의 거꾸로 설 때까지 앞으로 돌고 다리를 위쪽으로 뻗으며 하는 다이빙 방법 – 역자 주)이나 파이크 수면 다이빙(pike surfac diving, 수영 스트로크나 글라이드를 통해 전진하는 힘을 얻으며, 다리를 곧게 유지하는 것을 제외하고는 터크 수면 다이빙과 비슷하다 – 역자 주)법을 사용한다. 켈프(kelp, 다시마 따위의 큰 갈조 – 역자 주) 등의 해초를 통과하거나 해저 지형을 잘 모르는 장소에서 다이빙을 할 경우 발부터 들어가는 핏퍼스트 수면 다이빙(feet-first diving, 수면에서 물젓기를 하다가 강한 가위킥이나 평영 킥으로 몸을 물 위로 띄웠다가 물속으로 내려가는 다이빙 방법 – 역자 주)을 해야 한다.

호흡항진

잠수 시간을 연장하기 위해 잠수하기 전, 빠르고 깊게 숨을 내뱉는 다이버들도 있다. 하지만 다이빙을 할 때는 헤엄치느라 격렬한 활동을 하는 동시에 수압이 변화하여 시상에서와 같은 이산화탄소와 산소의 조절작용이 불가능해진다. 그러한 상태에서는 **과도호흡**(hyperventilation)이 일어나며, 결국 산소결핍증(산소가 부족한 증상)이나 의식상실을 일으키거나 익사할 위험까지 발생한다. 다이빙을 시작할 때 바람직한 호흡법은 두세 번 심호흡을 하다가 마지막으로 2/3 호흡을 한 뒤 입수하는 것이다.

마스크 클리어링

다이버가 잠수하면 스노클 안에는 물이 가득 차지만 입으로 공기의 압력을 조절하면 이를 방지할 수 있다. 부양하는 순간 얼굴을 수면 아래에 담근 채 짧고 강하게 숨을 내뱉어 튜브 안으로 유입된 물을 제거한다.

다이빙하는 동안 소량의 물이 수중마스크 안으로 스며들기도 하지만 클리어링으로 제거할 수 있다. 몸을 한쪽으로 젖힌 뒤 안면 보호용 유리판의 위쪽 가장자리를 안쪽으로 누르며 마스크 안에서 코로 숨을 내쉰다. 마스크 밑 부분에 고인 물을 공기압을 사용하여 밖으로 내보낸다. 코로 숨을 내쉬는 도중 누르고 있는 손을 풀지 않도록 주의해야 한다. 그렇지 않을 경우 밀착되지 않은 틈으로 물이 마스크 안으로 들어온다. 고개를 뒤로 젖히고 마스크 상단을 누른 채 코로 숨을 내뿜는 방법도 있다.

퍼지가 장착된 제품이라면 퍼지를 가장 밑으로 오게 한 상태에서 마스크를 얼굴에 밀착시킨 뒤 코로 숨을 내쉰다.

균압

안전하고 부상을 입지 않은 채 다이빙을 하기 위해서는 고막 안과 밖의 압력이 항상 같아야 한다. 다이버가 하강하면 외부의 수압이 증가하여 고막 측면에 위치한 유스타키오관(eustachian tube)에 압력이 가해지는데, 이때 외부와 관 안의 압력이 같아져야 한다. 침을 삼키고 턱을 좌우로 움직이면 균압에 도움이 된다. 코를 막고 살짝 숨을 내뱉는 것도 한 가지 방법이긴 하지만 콧물이 중이로 들어갈 위험이 있으므로 다른 방법을 먼저 사용하는 것이 바람직하다. 다이버는 다이빙 도중 귀마개나 귀를 덮는 것은 일체 사용하지 말아야 한다.

입수

반드시 수면에서 최대한 가까운 곳으로부터 입수하라. 다이빙 플랫폼이 갖춰지지 않은 보트 가장자리 등 수면에서 너무 멀리 떨어진 곳에서 입수할 때는 다리를 넓게 벌리고 발부터 점프한다. 이때 마스크를 한 손으로 잡아 물과 충돌하는 순간 벗겨지지 않게 한다. 카메라 등 다른 장비는 몸에서 멀찍이 떨어뜨린다. 몸을 바로 세우고 시선을 앞에 고정한 채 입수지점에서 충분히 멀리 떨어진 곳을 향해 크게 한 발짝 뛴다. 입수가 이루어지고 난 뒤에는 자세를 바로잡고 다이빙 포인트를 향해 헤엄친다.

부양

부양할 때는 한쪽 손과 팔을 머리 위로 뻗고 시선은 위를 향하며 계속해서 360도 회전을 한다. 다이버가 다른 다이버의 탱크나 보트, 떠 있는 물체, 그 밖에 부상을 초래할 수 있는 장애물에 머리를 부딪치지 않기 위해서는 항상 이 방법을 사용해야 한다.

실행기술

다이빙을 시작할 때는 다이빙 지점에 도달할 때까지 스노클을 입에 물고 머리를 물에 담근 채 헤엄을 쳐야 한다. 편안하게 수영하며 다이빙에 대비하여 에너지와 힘을 아낀다. 미리 계획을 세워 함께 잠수한 동료들이 서로 의도를 알아야 한다. 안전한 다이빙을 위한 첫 단계는 계획을 잘 세우는 일이다.

버디 다이빙

절대로 혼자 다이빙하지 말라. 다른 사람들과 동행하며 다이빙하기 위해서는 연습이 필요하지만 즐겁고 안전하게 다이빙을 하기 위해서는 반드시 타인과 함께 해야 한다. 그들과 함께 입수하고 다이빙하며 물 밖으로 나와라.

다이빙 물리학

수면 아래로 내려가면 다이버는 주변의 압력이 상승했다는 사실을 알게 된다. 주위 압력상승은 다이버의 몸과 호흡하는 공기에 중요한 영향을 미친다.

스쿠버 탱크의 압축공기는 순수한 산소여서는 안 되고 일반 대기와 똑같이 구성되어야 한다(질소 78.62%, 산소 20.84%, 이산화탄소 0.04%, 수분 0.5%). 스쿠버 다이빙을 할 때처럼 높은 압력 속에서 이러한 공기로 호흡할 때 신중하게 고려해야 할 물리법칙이 몇 가지 있다.

온도가 일정할 경우 기체의 부피는 절대압력(absolute pressure)에 반비례하는 반면 농도는 압력에 비례하는데, 이를 보일의 법칙(Boyles' law)이라고 한다. 기체의 압력이 두 배로 증가하면 부피는 1/2로 줄어들고 농도는 두 배가 되는 것이다. 이는 다이버가 수심이 깊은 곳으로 하강할 때 폐 안의 공기가 압축된다는 의미이기도 하다. 또한 다이버가 수면을 향해 상승하면 공기의 부피가 커진다. 드물게 깊은 곳까지 잠수할 때를 제외하고 스킨다이버에게는 별로 중요하지 않다. 하지만 스쿠버다이빙을 할 때는 대기압(주변의 물과 같은 압력)에서 호흡하므로 수심이 깊은 곳에서 수면을 향해 상승할 때 주변 수압이 낮아짐에 따라 기체의 부피가 늘어나게 된다. 이렇듯 기체의 부피가 팽창하면 심각한 의학적 문제나 치명적인 부상이 발생할 수 있다.

액체용매로 유입되는 기체의 양은 기체의 분압과 정비례하며, 이를 헨리의 법칙(Henry's law)라고 한다. 즉, 일정한 양의 액체가 1기압의 분압에서 1리터의 기체를 흡수할 수 있다면 분압이 2기압일 때 2리터의 기체를 흡수할 수 있다는 의미이다. 다이빙하는 동안 혈액으로 기체가 얼마나 유입되는지를 이해하면 감압 계산의 필요성을 깨달을 수 있다.

일반적으로 우리는 끊임없이 1제곱인치 당 14.7파운드(1제곱미터 당 1.013×10^5N)의 압력, 즉 1기압에 노출되고 있다(고도가 증가하면 기압은 조금 떨어진다). 그러나 바다 수면 밑에서 다이빙을 할 때 우리는 0.3미터 깊어질수록 약 1피트 당 0.445파운드(0.03×10^5N)의 압력을 더 받게 된다. 해저 33피트(10m)에 도달하면 1기압의 압력이 더해져 모두 2기압의 분압을 받게 되는 것이다. 33피트(10m)마다 분압은 1기압 증가한다. 다이버는 수중에서 받는 압력과 대기압의 영향을 이해하고 올바르게 인식해야 한다. 하강 중 다이버 귀에 통증을 일으키고, 기체를 용액에 녹게 만들며 수중마스크를 얼굴에 밀착시키는 것이 바로 그러한 압력이다.

수중에서는 시각과 청각이 엄청난 영향을 받는다. 빛의 굴절률과 흡수율이 다르기 때문에 물속에서는 실제 거리보다 1/3 가깝게 보이고 실제 크기보다 1/4 커 보인다. 소리는 공기에서보다 물속에서 빨리 이동한다. 칼과 같이 단단한 물체에 공기탱크가 부딪치면 상당히 멀리서도 소리를 들을 수 있다. 반면 대기에 둘러싸여있을 때보다 소리의 방향을 분간하기는 더 어렵다. 물속에서는 목소리로 의사소통을 거의 할 수 없으므로 다이버들은 동행하는 모든 다이버들이 이해하고 사용할 수 있는 수신호 체계를 만들어야 한다.

스쿠버다이빙

수중용 자급식 공기 호흡기는 몇 가지 유형과 배열이 있으며, 수중에서 다이버에게 공기를 공급하는 역할을 한다. 수중 세계를 탐험하는 데 있어서 스쿠버, 즉 휴대용 수중 호흡기는 엄청난 이점을 가져다주었다. 1분 당 0.5입방피트의 공기를 소모한다고 가정하면 스쿠버를 사용할 경우 수면 바로 아래에서는 140분, 수심 33피트(10m) 아래에서는 70분, 수심 99피트(30.2m) 아래에서는 35분씩 잠수 시간이 늘어난다. 또한 스쿠버를 사용하면 다이버는 거의 아무런 제한 없이 수영하고 깊은 바다에서 자신이 원하는 대로 돌아다닐 수 있다. 스킨다이빙이 한계가 있는 데 반해 스쿠버다이빙은 잠수 가능한 시간과 수심이 극적으로 늘어나지만 경험이 없는 다이버들은 처음 25~30회 다이빙하는 동안 수심 60피트(18.3m)를 넘는 곳으로 들어가지 않도록 주의해야 한다. 일반적인 스포츠다이빙의 경우 제한수심은 100피트(30.5m)이며 절대한계수심인 130피트(39.6m)를 지키는 것이 바람직하다. 어쨌든 다이빙을 할 때는 반드시 프로 전문 다이빙 강사 협회(PADI, Professional association of Diving Instructors) 나 국제 다이빙 강사 협회(NAUI, National Association of Underwater Instructors), 국제 스쿠버 학교(SSI, Scuba Schools International), 미국 해군 등이 권장하는 표준 감압표에 근거해야 한다. 너무 엄격하게 제한한 것처럼 보겠지만 굳이 그렇게 깊은 곳까지 들어갈 필요는 없다. 실제로 아마추어 다이버와 취미로 다이빙을 즐기는 사람들에게 가장 흥미진진하고 즐거운 곳은 수심 약 35피트(10.7m) 지점이다. 그곳은 수심이 깊은 곳에 비해 태양광이 잘 들어 밝고, 다이버들은 탱크 하나로 더 오래 수중활동을 하고 감압증이 발생할 위험도 줄이며 훨씬 다양한 산호와 수중생물을 볼 수 있다.

장비

스쿠버다이빙 장비는 크게 두 가지로 나눌 수 있다. 클로즈드-서킷(closed-circuit) 스쿠버, 즉 재호흡식(rebreather) 스쿠버와 오픈-서킷(open-circuit) 스쿠버이다. 부수적인 장비들이 사용될 때도 있지만 오직 오픈-서킷 스쿠버만이 다이비가 내뱉은 공기가 완전히 물 밖으로 배출되어 전혀 남지 않는다. 클로즈드-서킷 스쿠버의 경우 내뱉은 기체를 다시 순환시키는데, 이산화탄소는 분말화학물질에 흡수되고 고압 공

기 공급탱크에 담긴 산소는 필요할 때마다 호흡 주머니(breathing bag)에 보충된다. 100퍼센트 산소를 사용할 경우 압력이 1평방인치당 29파운드가 넘는 환경에서 호흡을 할 때 독성을 띠므로 오픈-서킷 스쿠버에는 압축대기(compressed atmospheric air)가 사용되며 결코 클로즈드-서킷 스쿠버처럼 순수한 산소가 사용되지 않는다(더 낮은 압력에서 영향을 받는 사람들도 있다). 이는 수심 33피트(10m) 이상 내려갔을 때의 압력에 해당된다. 오픈-서킷 스쿠버의 세 가지 중요한 구성요소는 호흡조절기, 탱크, 밸브이다.

호흡조절기

호흡조절기(도해 18.1)는 스쿠버의 심장에 해당된다. 이것은 다이버가 숨을 들이마실 때마다 적절한 압력으로 공기를 전달하는 역할을 한다. 그러한 까닭에 호흡조절기는 공기요구 조절기(demand regulator)라고 불리기도 하며, 이는 다이버가 약간이라도 숨을 들이마셔 공기를 요구할 때마다 다이버의 입을 통해 공기를 흘려보낸다는 의미이다. 다이버가 숨을 들이마시면 고무 가로막의 한쪽, 즉 드라이 사이드(dry side)의 압력이 떨어진나. 그러면 수압이 다른 쪽, 즉 웻 사이드(wet side)의 가로막을 안쪽으로 밀어 레버를 작동시키며, 그 결과 밸브가 열려 다이버의 공기 호스를 통해 공기가 흘러들어가게 된다. 가로막 양쪽의 압력이 다시 같아지면 밸브가 닫혀 공기의 흐름이 차단된다. 다이버가 더 이상 숨을 들이마시지 않으면 그 같은 압력의 균형이 다시 이루어진다.

오늘날 공기 호스를 한 개만 사용하도록 호흡조절기가 디자인되고 있다. 구체적인 설계에 대한 내용을 참고한다면 작동법에 익숙해질 수 있다. 정확하고 수리가 간편하며 호흡하기 편한 까닭에 현재 가장 널리 사용되는 것은 호스가 한 개인 2단계 호흡조절기이다.

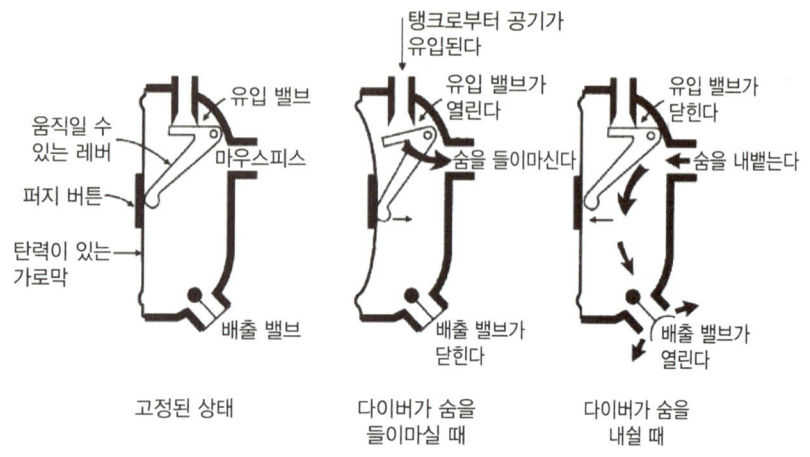

도해 18.1. 호흡조절기.

밸브

밸브는 탱크와 호흡조절기 사이에 위치한다. 기본적으로 탱크 밸브의 종류는 두 가지가 있다. 기체량 불변 보존형(constant reserve, J유형)과 비보존형(nonreserve, K유형)이 그것이다. J형 밸브는 더 이상 널리 사용되지 않으며 그 메커니즘은 탱크 압력이 1평방인치 당 300파운드($20.67 \times 10^5 N/m^2$)가 넘는 한 공기를 공급하도록 설정되어 있어 그 이하로 압력이 내려갈 경우 스프링으로 작동하는 피스톤이 움직여 공기의 흐름이 제한되고 호흡이 곤란해진다. 이는 다이버에게 공기가 충분히 공급되지 않고 해당 레버를 당겨 보존 밸브를 열어 나머지 공기가 흐르도록 해야 한다는 의미이다. 이 시점에서 다이버는 다이빙을 중단하고 수면 위로 돌아온 뒤 탱크를 교환하며 휴식 시간을 가져야 한다. 보존용 공기만 남았을 때는 반드시 다이빙을 중단하고 입수하기 전에는 언제나 보존 레버가 위를 향하고 있는지, 즉 당겨져 있는지 확인해야 한다.

비보존형, 즉 K-밸브 유형의 경우 밸브는 보존용 공기와 관련된 부분이 없고 단순히 온-오프만 가능한 밸브로 조절된다. 호흡조절기의 공기 압력계에 부착된 이 밸브를 사용하면 다이버는 스스로 탱크에 남아 있는 공기를 확인할 수 있다. 현재 가장 널리 사용되고 있는 것은 압력계가 장착된 K-밸브 유형이다. 통상적으로 스포츠다이빙에서는 탱크 압력이 200~300psi 밑으로 떨어지기 전에 수면으로 부상해야 하며, 그러한 K-밸브 유형의 압력계 때문에 J 밸브 유형은 더 이상 필요하지 않게 되었다. 압력계는 다이버가 어떤 장비를 필요로 하는지를 결정하는 표준이 된다.

탱크

다이빙에는 다양한 크기의 공기 실린더가 사용되며 실린더 한 개로 구성된 것부터 세 개로 구성된 것까지 있다. 다이버의 잠수 가능 시간을 결정하는 것은 주로 탱크의 크기와 공기압이다. 하지만 호흡률, 수온, 수심, 운동효율 역시 잠수 시간을 결정하는 중요한 요소이다. 탱크의 크기는 일반적으로 '표준 80(standard 80)'이 권장된다. 이는 탱크에 압력이 1평방인치당 3,000파운드(3,000psi)가 될 때까지 공기를 채웠을 때 부피가 80입방피트라는 의미이다.

부력조절기(BC, bouyancy compensator)

현재 부력조절기는 한때 배낭(backpack)이라 불리던 특수화된 시스템에 통합되었다. 그 결과 다이버는 부력을 조절하는 시스템이 부착된 탱크를 사용할 수 있게 되었다. 이는 한 가지 시스템이 두 가지 기능을 하여 고정용 끈과 벨트 등 중복되는 부분을 단일화함으로써 장비가 단순해졌다는 의미이다. 또한 중량을 더하는 기능까지 갖춰 통합되고 단순하며 편리한 형태로 발전한 제품도 많다. 시스템 전체는 다이버의 몸에 맞아야 하므로 다양한 크기의 부력조절기가 존재한다. 다이빙의 유형에 따라 부력의 크기를 맞춘 시스템도 있다. 예를 들어 수온이 높을 경우 웻 수트와 웨이트 벨트의 필요성이 줄어들므로 부양력도 적게 필요하고 부력조절기의 크기도 작아진다(로우-프로파일-재킷[low-profile jacket]이라고 부른다). 수온이 낮은 곳에서는 두꺼운 웻 수트와 무거운 중량이 필요하므로 부양력이 큰 재킷이 필요하다.

스쿠버다이빙 기술

스쿠버다이빙 기술은 공인된 자격을 갖춘 기관에서 받을 수 있다. 먼저 수영장에서 기술을 학습한 뒤 개방된 물에서 제한된 시간 동안 다이빙을 한다. 스쿠버다이빙 상습을 통해 배워야 할 사항은 다양하지만 그 중 공통적인 기술은 다음과 같다.

1. 스쿠버 장비를 점검, 준비, 조정, 착용, 사용하고 벗는 방법을 배운다. 스쿠버다이빙은 장비 집약적인 스포츠이므로 장비를 제대로 사용하고 관리하는 일이 매우 중요하다.

2. 입수하는 방법, 부력을 점검, 조절하는 방법, 올바르게 하강, 상승하는 법을 배운다. 이는 다이빙을 할 때마다 사용하는 기술이다. 입수 및 하강할 때, 다이빙하는 동안 중립 부력을 유지할 때, 올바른 방법으로 상승하여 다이빙을 끝낼 때 적절한 기술을 따라야 즐겁고 안전한 다이빙을 할 수 있다.

3. 호흡조절기를 사용하여 숨을 쉬는 방법과 다이버가 입에서 뺀 호흡조절기를 다시 입에 물고 클리어링하는 방법을 배운다. 현재 호흡조절기를 사용하면 육지에서 호흡하는 것과 크게 다르지 않으므로 수중에서 제대로 호흡하는 일이 쉬워졌다.

4. 마스크 안에 들어온 물을 제거하고 마스크를 벗었다가 쓰며 마스크를 쓰지 않고 수중에서 호흡하는 방법을 배운다. 마스크 안으로 소량의 물이 들어오는 일은 흔히 발생하므로 다이버는 손쉽게 이를 제거하는 방법을 알아야 한다. 또한 드물게 마스크가 벗겨질 경우 이를 다시 쓰고 물을 제거하는 방법을 알아야 한다.

5. 공기가 바닥이 난 상황에 대응하는 방법을 배운다. 정상적인 상승, 예비 공기 상승, 비상 수영 상승, 버디 브리딩, 비상 부력 상승의 다섯 가지 방법을 사용하면 다이버는 공기가 부족하거나 완전히 바닥났을 때 수면 위로 돌아올 수 있다. 상황에 맞는 방법을 선택한다.

6. 다리의 경련, 탈진 상태에 대처하는 방법을 배운다. 지나치게 큰 오리발을 사용하면 경련이 일어날 수 있고, 무리하여 탈진할 수 있는 상황도 다수 존재한다.

7. 나침반을 사용하여 물속에서 길을 찾는 방법을 배운다. 길을 찾는 방법은 주로 별도로 구성된 수업을 통해 배우지만 초보 다이버라 하더라도 일부 길 찾기 기술을 알아둘 필요가 있다.

8. 부력을 적절하게 통제하며 일정한 수심을 유지하는 방법을 배운다. 부력의 통제는 다이버가 배워야 할 가장 중요한 기술이다. 적절한 부력을 유지하면 공기를 절약하고 피로를 줄이며 잘못하여 손과 오리발이 암초에 걸리지 않게 할 수 있다.

스쿠버다이빙을 하기 전에 훈련 받은 강사가 지켜보는 가운데 다음 기술들을 완전히 익혀야 한다.

입수. 스쿠버를 착용한 상태에서 다이버는 파도를 통과할 때도 풍부한 공기를 공급받는다. 하지만 자신이 파도의 움직임에 쉽게 영향을 받으며, 자세를 바로 하려 할 때 균형이 무너지고 방향이 틀어질 수 있다는 사실을 명심해야 한다. 우선 다이버는 몸을 편 수영 자세를 유지하다가 확실히 해변을 등진 채 자세를 일으킨다. 그런 다음 재빨리 몸을 돌려 파도와 물의 움직임이 완전히 지나갈 때까지 뒤로 이동한다.

위로 솟은 지점이나 보트의 도크, 육지에서 입수할 때 다이버는 피트-퍼스트 방식을 사용해야 하지만 잘 알지 못하는 곳으로 잠수할 때는 절대 이 방법을 사용해서는 안 된다. 이 경우 다이버는 한 손으로 마스크를 잡아 벗겨지지 않게 보호하고 다른 한 손으로 웨이트 벨트 버클을 잡아 잘못해서 풀리지 않게 하며 입수한다.

잘 모르는 장소로 입수할 때 다이버는 피트-퍼스트 드롭(feet-first drop)이나 슬라이드-인 입수 방식 (slide-in entry)을 사용해야 한다. 포워드 및 백워드 롤(forward roll, backward roll) 등 다른 방법을 사용할 수도 있다.

마스크를 쓰지 않고 잠수 및 수영하기(Submerging and Swimming without a mask). 수면 위로 올라가지 않은 채 마스크를 다시 썼다가 클리어링을 한다. (스킨다이빙의 클리어링 기술을 참고하라.)

마우스피스 클리어링(Mouthpiece clearing). 물속에서 마우스피스를 입에서 뺀다. 다시 입에 물고 짧고 강하게 숨을 내뱉어 물을 제거한 뒤 다시 호흡을 한다. 퍼지 밸브가 있을 경우 이를 사용하라. 스노클이나 호흡조절기의 마우스피스를 클리어링하고 난 뒤 첫 번째 호흡은 반드시 천천히 한다.

버디 브리딩(Buddy breathing). 다이버 두 명이 공기 공급기 한 개를 공유하는 기술이다. 공기가 있는 다이버가 호흡조절기의 마우스피스를 건네면 두 번째 다이버는 이를 받아 클리어링한 뒤 호흡을 두 번 하고 다시 돌려준다. 반드시 공기가 있는 다이버가 마우스피스의 통제권을 가져야 한다. 두 번째 다이버는 양손으로 계속 헤엄치고 두 다이버가 멀리 떨어지지 않게 한

다. 현재 다이버들은 대부분 호흡조절기에 옥토퍼스 (octopus, 보조호흡기)가 장착되어 있으므로 더 이상 버디 브리딩을 배울 필요는 없다. 보조호흡기는 공기가 떨어진 다이버가 예비용 두 번째 단계를 통해 호흡하게 해준다.

자유 상승(Free ascent). 이 기술을 익히면 공기의 공급이 끊기더라도 침착하게 대응할 수 있다. 공기가 떨어지면 우선 위를 보고 한 팔을 머리 위로 뻗은 채 속도를 조절하며 상승하기 시작하고, 수면을 향해 가는 거리에 맞춰 숨을 계속해서 내뱉는다. 이때 강사는 공기를 공급받고 마스크를 착용한 상태에서 자유 상승을 하는 다이버와 동행해야 한다.

부력 테스트(Buoyancy testing). 스쿠버 장비에 몇 킬로그램의 무게를 추가하여 부력을 상쇄해야 하므로 부력 테스트를 반드시 해야 한다. 정상적으로 공기를 들이마시며 눈높이까지 수면 위로 떠오르도록 중량을 더하거나 뺀다.

다이빙 의학

다이빙으로 인한 장애나 질병은 대부분 압력상해 (barotrauma)로 분류되며, 이는 압력이 변화함에 따라 정상적인 신체조건이 변화하는 것을 의미한다. 수중에서 부상을 입는 원인은 주로 인간의 체내와 외부 사이의 압력이 차이가 난다는 데 있다. 압력 변화에 가장 민감한 것은 중이강과 부비동이지만 호흡하는 기체의 압력 때문에 심각한 문제가 발생하기도 한다. 질소마취(nitrogen narcosis), 산소중독(oxygen toxicity), 일산화탄소중독(carbon monoxide poisoning) 등이 그 예이다. 이러한 문제와 그 원인, 증상, 치료법은 표 18.1에 나와 있다.

표 18.1. 다이빙 장애

장애	원인	증상	치료법
익사	신체적 탈진, 공기 소진, 마스크 또는 마우스피스 분실, 장비 분실, 혼란	호흡정지, 피부가 파랗게 변함	마우스 – 투 – 마우스 방법으로 즉시 인공호흡을 시작한다.
공기색전증(Air embolism)	정상적으로 호흡하지 못하거나 상승 도중 호흡을 멈춰 과도한 압력 때문에 폐 조직이 파열하여 순환계가 막히고, 그 결과 공기가 혈류로 유입됨	허약, 어지러움, 언어감각의 상실, 신체말단의 마비, 시각 장애, 비틀거림, 혈액과 거품이 섞인 침, 의식상실 등. 제때 수면 위에 도달하지 못할 경우 곧 사망할 수 있다.	즉시 1평방인치당 74파운드로 압력을 가한다(수심 165피트 또는 50m에 해당된다). 의료처치를 하거나 즉시 산소를 공급한다.
잠수병(Decompression illness, 색전증(bends disease), 또는 케이슨병(caisson disease))	압력에 노출된 뒤 적절한 감압을 하지 않아 혈액 안이나 신체조직 안에서 질소방울이 팽창한다. 질소 흡수율은 수심, 시간, 운동률에 따라 달라진다. 질소는 지방조직에서 더 흡수가 잘 된다.	피부 발진, 가려움증, 관절 및 근육, 뼈 깊숙한 곳의 통증, 호흡곤란, 시각장애, 현기증, 발작, 사지의 무력증, 청각이나 언어 능력의 상실, 마비, 의식불명, 사망	미 해군의 치료법 표에 적힌 대로 재가압을 한다. 조기에 발견하면 심각한 후유증은 없다. 즉시 산소를 공급한다.
질소 마취	압력이 높은 상태에서 호흡할 때 질소의 영향으로 발생하는 중독증. 수심이 깊은 곳에서 잠수하지 않는 것 외에는 예방법이 없다. 주로 수심 130피트(39.6m)에서 발생하지만 30피트(9.1m) 지점에서 발생한 보고도 있다.	판단력 및 기능 상실, 중독된 느낌, 정신활동의 속도 저하, 생각이 고정됨, 알코올 중독과 비슷한 증상	활동을 멈추고 압력을 줄인다. 상승하면 증상이 사라지며 후유증은 없다.
산소중독증	순수한 산소의 사용, 일산화탄소의 압력과 운동률에 따라 좌우된다. 압축공기로 수심 132피트(40.2m)까지 늘어가지 않으면 발생할 위험이 낮다.	메스꺼움, 현기증, 두통, 입과 눈 주위 근육의 경련, 손발저림 장애, 의식불명	물 밖으로 나가 휴식을 취하거나 의학처치를 받는다. 100% 산소를 사용할 경우 수심 30피트(9.1m) 아래로 나이빙하지 말라. 항상 압축공기를 사용하라.
일산화탄소(CO) 중녹	내연기관에서 흘러나온 오염된 공기. 부적절한 윤활제를 칠한 압축기, 혈액과 일산화탄소가 결합하여 체내에서 질식이 발생함. 제대로 숨을 내쉬지 않음.	입술과 입 안이 밝은 체리 빛으로 변한다. 혈중 농도가 10%일 때 두통과 메스꺼움을 느끼고 30%일 때는 호흡이 가빠지며 50%일 때는 무력감이 발생한다. 수중에서는 이상증세가 보이지 않다가 수면 위로 상승하는 도중 의식을 잃는다.	물 밖으로 나온다. 호흡이 정지될 경우 인공호흡을 실시한다. 산소를 공급하고 의료처치를 받는다.
무호흡(Apnea)	과도호흡을 하며 너무 오랜 시간 스킨다이빙을 했을 때.	이렇다 할 경고 증상이 없다(완전히 의식을 잃기 전에 잠시 눈앞이 캄캄해지는 것 외에는).	신선한 공기를 마시거나 인공호흡을 한다. 지나치게 과도호흡을 하지 말라.
압박증(Squeeze)	연관된 부위의 압력 차이. 주로 중이와 부비동에 가장 먼저 통증을 느낀다. 또한 수중 마스크와 수트, 폐(흉부)도 압박을 받는 느낌이 든다.	조직이 당겨지거나 손상을 입으므로 주로 날카로운 통증을 수반한다. 그러나 조직이 손상되었는데도 통증이 없는 경우도 있다.	해당 부위의 압력을 맞춘다.

다이빙 계획세우기

다이빙 계획을 세우는 일은 단순히 즐거움을 얻기 위해서가 아니라 다이빙 의학의 중요성을 인식하는 데도 중요한 역할을 하게 되었다. 적절한 다이빙 계획을 세우면 감압증 발병 위험을 최소로 줄일 수 있다. 무리하지 않고 수면 위로 상승하기 위해서는 탱크에 충분한 공기가 남아 있어야 한다. 예전에 1분 당 약 60피트의 속도가 권장되던 것과는 달리 요즘은 분당 약 30피트의 속도로 상승하도록 권장되고 있다. 또한 감압증이 발생하지 않는 수심에서 상승할 때도 수면위에 도달할 때까지 몇 차례 상승을 멈추는 새로운 방식이 제안되고 있다. 예를 들어 80피트 수심에서 상승할 경우 60, 40, 30, 15피트에서 멈췄다가 다시 상승하는 것이 바람직하다. 느리게 억제하며 압력을 낮추면 미세기포가 발생할 위험이 최소화되며, 이는 감압증이 발생할 확률이 최소화된다는 의미이다. 특히 여러 번 반복해서 다이빙을 하는 레크리에이션 다이버들에 이는 특히 명심해야 할 사항이다.

12가지 기본 수칙

1. 최상의 신체적 컨디션을 유지하고 매년 건강검진을 받는다.
2. 물 안에 들어갔을 때 편안한 마음으로 몸의 긴장을 푼다.
3. 명망 있는 기관에서 공인된 강습을 통해 스쿠버의 사용법을 배워야 한다.
4. 신뢰할 수 있는 제조사의 장비를 안전하고 유통기한을 지키며 사용한다.
5. 미리 다이빙 할 지역을 숙지한다.
6. 다이빙 물리학과 생리학의 기본 법칙을 안다.
7. 항상 잠수하는 장소를 표시하는 물체, 주로 다이버 깃발을 띄운다.

8. 명망 있는 다이빙 클럽에 가입한다.
9. 절대로 혼자 다이빙하지 않는다.
10. 스쿠버다이빙을 하기 전에 자주 스킨다이빙을 연습한다.
11. 모든 통증과 긴장을 경고 증상으로 간주하라.
12. 기본적인 응급처치법을 익힌다.

교육 시 고려 사항

1. 현재 공인된 국가 기관에서 자격증을 획득한 강사에게만 스쿠버다이빙을 배워야 한다. 그 내용과 관련한 정보는 이 책에서 다룰 수 있는 범위를 벗어난다.
2. 수영 테스트나 건강검진을 통과하지 못한 사람은 스쿠버다이빙을 배워서는 안 된다.
3. 처음 스킨다이빙 기술을 배울 때는 풀장을 이용한다. 그러나 학생들은 수영장에서 연습하는 것과 방대한 양의 물 안에서 스킨다이빙을 하는 것과는 다르다는 사실을 명심해야 한다.
   a. 교육하는 동안 학생들이 짝을 이룬 상태를 유지한다.
   b. 다이빙을 하기 전에 학생들이 장비에 친숙해지게 한다. 물 안에 들어가기 전에 장비의 사용법을 연습한다.
   c. 올바른 호흡 기술을 사용하여 다이빙하는 연습을 한다.
   d. 다이빙, 클리어링, 균압, 상승 기술을 연습한다.
   e. 서피스 스노클링, 다이빙, 클리어링, 균압, 일정한 지점까지 헤엄치기, 상승하기를 연습한다.

스쿠버 자격증

스쿠버 자격증을 획득하기 위해서는 물리학, 생리학,

다이빙 의학, 장비, 환경에 대한 기본 지식이 필요하다. 기본적인 스쿠버 기술은 수영장에서 배울 수 있지만 자격증을 획득하기 위해서는 개방된 수역(바다, 호수, 원천 등)에서 적어도 이틀 동안 4회 이상 강사의 지도 아래 다이빙을 해야 한다.

용어 해설

1회 호흡량(tidal volume) 정상적으로 숨을 들이마시고 내쉬는 공기의 양.

BCD(bouyancy control device) 부력조절장치.

감압(decompression) 압력을 줄이는 것.

공기색전증(air embolism) 다이버가 숨을 참은 상태에서 수면으로 상승할 때 혈액 안에 공기방울이 발생하는 것.

과도호흡(hyperventilation) 인체의 정상적인 호흡량에 부합하기 위해 과도하게 하는 호흡활동.

과산소(hyperoxia) 신체조직에 산소가 지나치게 많은 것.

대기압(atmospheric pressure) 해발 0m에서의 대기압은 1평방인치 당 14.7파운드(1기압)이다. 그리고 수심이 1피트(0.31m) 깊어질 때마다 1평방인치 당 0.444파운드씩 상승한다.

독성(toxic) 유해한.

드라이 수트(dry suit) 다이버들이 사용하는 방수 네오프렌 잠수복.

무감압(no decompression) 수면으로 아무런 제약 없이 상승할 수 있는 잠수 시간과 수심.

미세기포(microbubble) 수심이 깊은 곳에서 호흡할 때 발생하는 매우 작은 질소 기포.

보일의 법칙(Boy's law) 온도가 고정될 경우 기체의 부피는 절대압력과 반비례한다.

부력(buoyancy) 몸이 액체에 잠기거나 뜨도록 위로 가해지는 힘.

산소결핍(anoxia) 산소가 부족한 상태.

색전증(bends) 혈류 안에 질소가 지나치게 많은 증상. 다이버가 상승할 때 질소가 팽창하게 된다.

수중 마스크(face mask) 다이버의 시야를 더욱 명확하게 하기 위해 안면보호용 유리판을 부착한 마스크.

스노클(snorkel) J모양의 튜브이며 한쪽 끝이 수면 밖으로 나오고 다른 한쪽 끝인 마우스피스는 다이버가 수면 아래에서 입에 물게 된다.

스쿠버(scuba) 자급식 수중호흡장치.

스킨다이빙(skin diving) 수중 호흡장치를 사용하지 않는 다이빙 방법.

압축기(compressor) 스쿠버 탱크에 공기를 채우는 데 사용되는 장비.

애쿼렁(aqualung) 압축공기를 담은 탱크.

오리발(fins) 킥의 파워를 높이기 위해 발에 착용하는 장비.

웨이트 벨트(weight belt) 부력을 상쇄하기 위해 사용하는 납 벨트.

웻 수트(wet suit) 몸을 따라 얇게 물의 막을 형성하여 차가운 물에서 다이빙할 때 다이버의 체온을 보존하는 몸에 꼭 맞는 잠수복.

재가압(recompresssion) 고압탱크를 사용하여 감압증이나 공기색전증을 치료하는 방법.

절대압력(absolute pressure) 진정한 압력. 압력계에 표시된 숫자에 14.7파운드를 더한다.

질소마취(nitrogen narcosis) 다이버가 지나치게 깊이 잠수를 할 때 발생하는 다이빙 관련 질병이며 공급되는 공기 안의 질소가 마취 효과를 일으킨다.

탱크(tank) 다이버가 사용하는 공기 실린더.

호흡조절기(regulator) 공기의 흐름을 조절히고 자동으로 동세하는 장치.

추가 읽을거리

Graver, D. 2003. *Scuba diving*. 3rd ed. Champaign, IL: Human Kinetics.

Navy Department. Current ed. *United States Navy diving manual*. Washington, DC: U.S. Government Printing Office.

Professional Association of Dive Instructors. Current ed. *PADI open water diver manual*. Santa Ana, CA: PADI.

정기간행물

Skin Diver Magazine, 8490 Sunset Blvd., Los Angeles, CA 90069.

자료

비디오

Scuba and snorkeling classes, Scuba Joe Dive and Travel Center, 3156 28th St., Boulder, CO 80301.

그 외 비디오 자료는 부록 C를 참조하라.

웹 사이트

다이브 버디(Dive Buddy) www.divebuddy.com

미국스쿠버역사센터(SCUBA American Historical Center)
www.divinghistory.com

스킨다이버온라인(Skin Diver Online)
www.skin-diver.com

19 스프링보드 및 플랫폼다이빙

이 장을 완벽하게 습득한 뒤, 독자들은 다음과 같은 사항들을 할 수 있어야 한다.

▸ 다이빙의 유래와 몇 가지 표준화된 규칙에 대하여 설명한다.
▸ 스프링보드 다이빙의 안전 예방책에 대해 인지한다.
▸ 스프링보드 다이빙의 준비단계로서 활용되는 단계별 학습활동들에 익숙해진다.
▸ 다이빙 종목의 분류와 어프로치, 허들, 그리고 입수와 같은 기초기술들을 숙지한다.
▸ 다이빙보드에서의 점프, 필수 기본 다이빙 동작, 그리고 좀 더 어려운 선택 동작들을 논리적으로 타당한 단계별로 구분하여 지도한다.

역 사

다이빙은 공중 곡예의 한 형태이며, 체조로부터 파생되었다. 체조와 다른 점이 있다면, 매트에 착지하는 대신, 다이버는 머리 혹은 발로 물속으로 들어간다는 것이다.

초창기 다이빙의 형태는 거의 다리 위에서의 낙하, 수영장에 연결된 플라이 링(flying rings; 체조의 링 종목에 사용되는 장비 – 역자 주)을 사용한 다이빙, 또는 수행자가 나무에 연결시켜놓은 로프에서 스윙하여 멀리 물이 있는 곳으로 다이빙 하는 것과 같은 스턴트 동작들이었다.

스포츠로서의 다이빙대회는 1900년대 초기 영국, 독일, 그리고 스웨덴에서 처음 시작되었다고 알려져 있다. 그 당시에는 몇몇 안 되는 단순한 다이빙 형태들로만 경기가 치러졌다. 각 다이빙 형태는 최초로 개발한 사람의 이름을 붙여 명명하였는데, 오늘날 '리버스 섬머솔트(reverse somersault: 뒤로 공중돌기)'로 알려진 '몰버그(Molberg)'가 대표적인 예로, 이것은 나중에 '풀 게이너(full gainer)'로 바뀌었다. 하프 리버스(half reverse)의 경우, 처음에는 '플라잉 더치맨(flying Dutchman)'으로 불리다가, 나중에 '하프 게이너(half gainer)'로 바뀌었다가, 근래에 와서는 다시 '리버스 다이빙(reverse dive)'으로 불리고 있다.

지난 40년 동안, 다이빙대회는 가장 아름답고, 황홀하며, 화려한 공중 곡예로 발전해왔다. 다이빙은 재미도 있고 스포츠로서의 가치도 충분한 활동이다.

남자 스프링보드와 플랫폼 다이빙은 미국 남자선수들이 거의 장악해왔다. 1908년 스프링보드 다이빙이 올림픽에서 처음 정식종목으로 채택된 이래로, 미국 남자 다이버들은 22개 대회에 출전하여 15번이나 금메달을 차지하였으며, 플랫폼 다이빙 역시, 1912년부터 참여한 21개 대회에서 11개의 금메달을 차지하였다. 남자 선수들만큼은 아니지만, 미국 여자 다이버들도 올림픽에서 성공적인 성과를 거뒀다. 이들 여자 선수들은 스프링보드 다이빙에 20회 출전하여 11개의 금메달을, 그리고 플랫폼 경기 출전 21회 중 9개의 금메달을 획득하였다.

실제로, 1920년과 1976년 사이에 미국은 남녀 스프링보드와 플랫폼 경기에서 얻을 수 있는 156개의 메달 중 106개를 가져갔다 (미국은 1980년 올림픽에 보이콧 하였다.).

그레그 루가니스(Greg Louganis)는 1984년 올림픽에서 링보드와 플랫폼 경기 모두에서 금메달을 획득하여, 다이빙 역사 56년 만에 처음으로 다이빙 2관왕을 차지한 최초의 남자선수가 되었을 뿐만 아니라, 1988년 올림픽에서 다시 2관왕을 차지하여 남자 다이빙 선수 중 최초로 2연속 2관왕의 영예를 안았다. 그러나 중국 다이버들의 실력이 향상되어 1988년 올림픽에서는 스프링보드와 플랫폼 다이빙 모두에서 은메달과 동메달을 차지하였고, 여자부에서는 미국의 기대주 맥코믹(Kelly McCormick)이 스프링보드에서 동메달을 차지한 것을 빼고는 중국 선수들의 독무대였다.

1992년 바르셀로나 올림픽(그레그 루가니스 은퇴 후)에서도 미국은 남자부에서 렌지(Mark Lenzi)가 스프링보드에서 금메달을, 그리고 도니(Scott Donie)가 플랫폼에서 은메달을 차지하였고, 여자부에서는 클락(Mary

Ellen Clark)이 플랫폼에서 동메달을, 그리고 오븐하우스(Julie Ovenhouse)가 스프링보드에서 5위를 차지하는 등 계속해서 좋은 성적을 이어나갔다. 이 대회에서도 중국의 상승세는 계속되어, 4개의 금메달 중 3개를 포함하여 은메달과 동메달 역시 중국 다이버들이 독식하였다.

1996년에 열린 올림픽 역시 3개의 금, 은, 동메달은 중국이 가져갔다. 미국은 렌지(Mark Lenzi)가 남자 3미터 경기에서 동메달을, 그리고 클락(Mary Ellen Clark)이 여자 10미터 경기에서 동메달을 획득하는데 그쳤다.

2000년 호주의 시드니올림픽 다이빙경기에서도 중국의 우세는 계속되었다. 이들은 남녀 3미터 스프링보드와 10미터 플랫폼 경기에 걸려있는 총 4개의 금메달 중 3개를, 그리고 4개의 은메달 중 3개를 가져갔다. 미국의 경우, 남자 플랫폼에서 루이즈(Mark Ruiz)가 6위, 피클러(David Pichler)가 9위를 각각 차지하였고, 스프링보드에서는 루이즈(David Ruiz)가 4위, 듀민스(Troy Dumins)가 7위에 올랐으며, 여자 스프링보드에서는 케임(Jenny Keim)과 데이비슨(Michelle Davidson)이 각각 8위와 12위를 차지하였다. 미국대표 팀의 대회 하이라이트는 준결승까지 플랫폼 5위에 머물렀던 윌커슨(Laura Wilkerson)이 역전 우승하여 금메달을 목에 건 순간이었다. 시드니올림픽에서 처음 채택되고 금메달 4개가 걸린 싱크로나이즈 다이빙 경기에서는 중국과 러시아가 각각 금메달 2개씩을 가져갔다.

다이빙에서의 중국의 우세는 그리스에서 개최된 2004아테네올림픽에서도 계속되었다. 중국은 이 대회에서 역대 최고인 총 9개의 메달을 획득하여, 총 6개의 메달을 따면서 급상승세를 타고 있던 호주 팀을 앞섰다. 메달 수 집계를 살펴보면, 러시아 4개, 캐나다 2개, 그리고 그리스, 독일, 영국이 각각 1개씩 가져갔다. 충격적이게도 미국은 1912년 이래 다이빙에서 처음으로 올림픽 메달을 하나도 획득하지 못하였다. 그러나 이러한 사건은 경쟁 국가들의 다이빙 경기력 향상을 감안한다면, 그리 크게 놀랄만한 일은 아니었다. 어쨌든 이러한 상황들은 미국 다이빙이 과거의 영광을 재현하는데 필요한 새로운 전략적 계획 수립에 자극이 되었다.

미국은 2004년 올림픽에서 싱크로나이즈 다이빙의 메달 가능성이 가장 높다고 판단하여, 이 종목에 맞춰서 대표 팀을 구성하였다. 그러나 결과적으로는, 남자 팀의 형제선수들인 트로이와 저스틴 듀마이스(Troy and Justin Dumais)가 3미터 스프링보드 싱크로나이즈 다이빙에서 6위에 그치면서, 미국의 예상은 빗나갔다. 이 대회에서 눈에 띄는 다른 미국선수들의 성적을 살펴보면, 플랫폼에서 디펜딩(defending) 금메달리스트인 윌킨슨(Laura Wilkinson)이 6위, 힐더브랜드(Sara Hildebrand)가 10위를 차지하였고, 3미터 스프링보드 결승진출자 듀마이스(Troy Dumais)는 6위에 그리고 컨켈(Rachel Kunkel)이 9위에 올랐으며, 플랫폼 남녀 싱크로나이즈 페어에서는 루이츠/프랜디(Ruiz/Prandi)가 남자부 8위에 그리고 카디넬/힐더브랜드(Cardinell/Hildebrand)가 여자부 7위를 차지하였다.

안 전

스프링보드 다이빙이 흥미진진한 활동이기는 하지만, 안전을 위해 다음과 같은 안전 예방책[1]들을 반드시 지켜야 한다.

1. 다이빙을 하기 위해서는 수심이 충분히 깊어야 한다. 다이빙하여 입수한 후 물속으로 깊이 들어가지

않는다 하더라도, 수심이 9피트(2.75m)이하라면, 머리나 척추 부상 혹은 사망 사고까지 발생할 수 있다는 점을 유념해야 한다. 이러한 다이빙 수심 규정에 대해 유일하게 예외가 될 수 있는 상황으로, 잘 훈련된 수영선수가 철저한 감독 하에서 수행하는 경영 출발을 들 수 있다. 미국적십자가 권장하고 있는 경영 출발을 위한 수심은 최소 5피트(1.52m)이다(미국수영연맹, 전미대학선수협회, 그리고 전미고등학교연맹의 경우, 수심은 최소 4피트[1.22m 그리고 출발대 높이는 30인치[76cm] 이하로 규정하고 있다). 지면 위에 만들어진 풀장에서 다이빙하는 것은 결코 안전하지 않다.

2. 수영장 데크(deck: 수영장에서 물과 보도의 경계가 되는 가장자리 – 역자 주) 혹은 다이빙대에서 다이빙을 할 때에는, 몸을 자유로이 움직일 수 있는 충분한 공간이 있어야 하며, 물에는 어떠한 장애물도 있어서는 안 된다. 다이빙 시, 큰 동작들을 구사하는 사람들은 상대적으로 더 큰 공간을 필요로 하기 때문에 자신이 동작을 구사하는 네 충분한 공간이 확보되었는지를 반드시 확인하도록 한다. 다이빙은 항상 데크 혹은 다이빙대로부터 앞쪽으로 한다. 다이빙한 후에는 입수한 곳에서 가능한 빨리 벗어나도록 한다. 그리고 타인의 다이빙 입수 지역 쪽으로 가지 말고 데크를 향해 조심스럽게 수영해가야 한다. 데크로부터 다이빙할 때에는, 입수할 곳 주변의 모든 장애물들(예: 수영을 하고 있는 사람, 레인, 킥보드 등)을 제거해야 한다.

3. 다이빙을 수행할 정도의 신체적 능력과 심리적 준비가 되었는지를 반드시 확인해야 한다. 이를 위해 안선과 다이빙에 능통한 전문가 및 코치와 상담하도록 한다.

4. 머리부터 들어가는 헤드퍼스트 다이빙(headfirst dive)에서는, 먼저 양팔을 머리 옆으로 하여 위로 쭉 뻗고 팔꿈치는 잠근다(팔을 뻗으면서 위팔과

---

1) 미국적십자에서 출간한 *Swimming and diving* (St. Louis, 1992, Mosby)의 교재 내용에 기초.

팔꿈치로 머리를 조여줌 – 역자 주). 그리고 양손을 머리 위에서 잡고 엄지손가락을 서로 맞물리게 하면서 손바닥은 물을 향하게 한다. 팔, 손목, 그리고 손가락을 머리와 일직선이 되도록 하면 입수 각도를 조절하는 데 도움이 된다. 이러한 동작은 머리가 받는 물의 충격을 감소시켜 부상을 예방하도록 도와준다. 몸은 손끝에서부터 발끝까지 일직선이 되도록 한다. 전방 입수에서의 몸은 약간 "할로우(hollow: 상체와 복부를 약간 안쪽으로 넣은 형태 – 역자 주)" 자세를 유지하여 허리가 휘지 않도록 해준다. 또한, 입수 시에는 복부근육에 힘을 주어야 한다. 한 가지 중요한 것은 입수 후 몸의 회전을 똑같이 하라는 것이다. 다시 말하자면, 입수 후 물속에서는 몸을 항상 같은 방향으로 회전하라는 것이다.

5. 스프링보드 다이빙을 연습할 때에는 대회 기준에 맞는 장비를 사용하도록 한다.

6. 다이빙 대회는 안전을 최우선으로 고려하기 때문에 안전교육을 철저히 훈련받은 전문가의 감독 하에 이루어진다. 대부분의 심각한 다이빙 상해는 수심이 얕은 풀에서 자주 일어나는 것으로, 정규 다이빙경기와는 상관이 없다.

규 칙

다음은 현재 국제적으로 적용되고 있는 몇 가지 다이빙 규칙들이다.

1. 다이빙은 서서, 달려가면서, 또는 물구나무서기 자세로 수행할 수 있다.

2. 후방 혹은 전방 출발자세로 수행할 수 있다.

3. 견고한 플랫폼이나 스프링보드에서 수행할 수 있다.

4. 다음의 네 가지 자세들 중 하나의 형태로 수행할 수 있다:

a. 양쪽 힙과 무릎에서 몸을 굽힌 턱(tuck) 자세.

b. 양쪽 힙에서 몸을 굽힌 파이크(pike) 자세 (도해 19.1).

c. 다이빙하는 동안 몸을 계속 펴주는 스트레이트(straight) 자세 (도해 19.2).

d. 다른 형태의 자세들을 섞은(보통 파이크와 스트레이트) 자유(free) 자세로, 특정 비틀기 다이빙(twisting dive)에서만 사용된다.

5. 발가락을 펴주면서 양쪽 다리를 항상 붙인다.

6. 입수는 헤드퍼스트(headfirst) 혹은 피트퍼스트(feetfirst: 발이 가장 먼저 입수되는 방식 – 역자 주)로 할 수 있다.

7. 정규대회에서의 스프링보드 다이빙 높이는 반드시 물에서 3.3 혹은 9.9피트(1m 혹은 3m)이어야 한다.

도해 19.1. 파이크 다이빙

어주고, 팔과 다리는 모은 상태에서 머리는 양팔 사이에 놓으면서 발가락을 펴준다. 이러한 연습을 통해, 초보자들은 어떤 자세가 스트림라인(streamline: 몸 전체가 일직선이 되는 정도 – 역자 주))이 더 잘 나오는 자세인지를 발견할 수 있을 것이다. 몸의 스트림라인은 다이빙 입수에 중요하다.

수중 다이빙(Undersurface Dive)

앞서 설명한대로 발로 벽을 차면서 다이빙하는 것은 같지만, 이번에는 양팔과 머리를 바닥을 향하도록 한다. 바닥에 가까이 왔을 때, 양손을 당기면서 머리를 위로 들면, 몸이 수면 위로 다시 한 번 더 글라이딩하게 된다.

잠수용 다이빙: 파이크(Deep-Water Surface Dive: Pike)

수심이 깊은 곳에서의 다이빙은 얕은 풀에서 하는 것과 같이 발로 바닥을 찰 수 없기 때문에 손과 팔을 최대한 활용한 기술을 구사해야 한다. 그러나 이러한 기술이 초보자에게 그렇게 어렵지만은 않다. 이 기술을 통해 초보자들은 다리와 발목을 모아 뻗어주는 파이크 자세를 배우게 된다. 이 기술은 하나의 수영 영법이자 인명구조 기술이다. 이 기술은 평영자세로 수면에서 수행된다.

심호흡을 크게 한 후, 머리를 아래로 재빨리 떨어뜨리면서, 마치 평영 하듯이 힙을 향해 양팔을 옆으로 당기고, 동시에 손바닥은 아래를 향하게 하여 물을 아래쪽으로 누른 다음, 양팔을 모아 아래로 쭉 뻗어준다. 상체가 수직 혹은 뒤집어지게 되면, 몸은 파이크 자세가 되면서 다리는 수면 위에 떠있는 형국이 된다. 그런 다음, 팔을 쭉 뻗어줌과 동시에 발이 힙 위에서 수직이 되게 들어 올려준다. 이렇게 하면, 수면 위에 나와 있는 발의 무게가 몸을 바닥 아래로 밀어줄 것이

도해 19.2. 스트레이트 다이빙

8. 플랫폼 다이빙의 높이는 32.8피트(10m)이어야 한다.
9. 스프링보드의 정규 규격은 길이가 16피트(4.88m)이고 너비는 20인치(50.8cm)이다.

다이빙 기초 테크닉
(초보용 단계별 학습)

초보자들은 스프링보드 다이빙을 시도하기 전에 수심이 얕은 풀장 끝에서 먼저 연습을 하는 것이 좋은데, 방법은 풀장 얕은 쪽 벽 끝에서 발로 차면서 입수한 후 수면 위에서 가능한 멀리 나아갈 수 있도록 글라이딩(gliding: 몸이 물을 가르며 나아가는 것 – 역자 주)하면 된다. 이때의 자세는 몸 전체가 일자로 되도록 뻗

다. 바닥에 도달하면, 몸을 돌려 웅크린 후 수면을 향해 발로 바닥을 차면서 올라오는데, 이때 양팔은 몸 옆에서 흐느적거리며 딸려오는 형국이 되도록 한다. 매번 수면 위에서 호흡을 하면서 이러한 연습을 여러 번 반복하도록 한다.

잠수용 다이빙: 턱(Deep-Water Surface Dive: Tuck)

턱 다이빙은 무릎과 힙을 구부리는 것을 제외하고는 파이크 다이빙과 똑같이 수행하면 된다. 이 기술을 통해 초보자들은 다이빙 공중돌기를 위한 일련의 턱 자세를 배우게 된다. 주목할 것은 턱 다이빙이 파이크 다이빙보다 몸을 아래로 돌리기가 더 용이하다는 점이다.

도해 19.3. 무릎 꿇고 앉은 자세.

풀 데크에서의 다이빙 기초

풀 데크에서의 다이빙 기초 단계들을 배움으로써 자신감을 얻을 수 있고 성공적인 동작수행에 대한 느낌을 가질 수 있게 된다. 기억해야 할 것은 자신의 페이스에 맞게 단계를 거쳐 가야 한다는 점이다. 어떤 단계에서는 다른 단계보다 더 많은 연습을 필요로 할 수도 있다. 협응성과 운동감각이 뛰어난 사람이라면 이러한 단계별 기초 기술들을 더 빨리 습득할 수도 있을 것이다. 다이빙 기초기술들은 풀 데크와 유사한 시설물이라면 어디에서도 연습할 수 있다.

닐링 자세(Kneeling Position)

한쪽 무릎을 꿇고 앉은 자세로 반대발의 발가락으로 풀장 끝부분을 감싸 쥔다 (도해 19.3). 무릎을 꿇은 다리의 발은 데크를 차는 데 도움이 되는 위치에 놓여있어야 한다. 도해에서 보듯이, 양팔을 머리 위로 뻗어준다. 입수를 위한 목표지점은 벽으로부터 약 4피트

(1.22m) 떨어진 곳의 풀장 바닥 혹은 1~2피트(0.3~0.6m) 떨어진 수면을 바라본다. 이때 물 위에 물놀이용 튜브(inner tube: 가운데가 뚫려 있는 튜브 형태 – 역자 주)를 놓고 그 사이로 다이빙하는 것은 절대 금물이다. 이 기술에서의 목표는 다이빙을 깊이 하는 것이다. 입수 목표지점에 집중함으로써, 정확한 각도에 의한 올바른 입수가 가능해지며 배치기를 피할 수 있다. 손으로 물에 접촉한다는 느낌으로 몸을 앞으로 기울이다가 몸의 균형이 깨지기 시작할 때, 발을 차준다. 그런 다음, 입수하면서 몸을 펴주고 양발을 뻗어준다. 이 기술 수행에 익숙해지고 실수 없이 수행할 수 있을 때까지 연습을 계속한다.

컴팩트 자세(Compact Position)

컴팩트 다이빙은 상당부분 무릎 꿇고 앉아서 하는 다이빙과 유사하다. 한쪽 발은 전방에 그리고 반대쪽 발은 뒤에 놓은 상태에서, 앞발의 발가락으로 데크의 끝부분을 감싸 쥔다 (도해 19.4). 일단 시작은 무릎을 꿇고 앉은 자세로 한다. 그런 다음, 양쪽 무릎이 데크에

도해 19.4. 컴팩트 자세.

서 떨어질 때까지 몸을 들어 올려준 다음, 약간 굽혀주면서 물에 가까운 자세를 유지한다. 양팔은 머리 위로 뻗어준다. 입수 목표 지점에 대한 거리는 무릎 꿇고 앉은 자세에서의 다이빙의 경우와 같다. 손을 물에 갖다 댄다는 느낌으로 몸을 앞으로 구부려준다. 그리고 나서, 몸의 균형이 깨지기 시작할 때, 물을 향해 발을 차준다. 입수하면서 양발을 모아주도록 한다.

스트라이드 자세 (Stride Position)

컴팩트 다이빙을 계속해서 성공적으로 수행했다는 것은 다음 단계인 스트라이드 다이빙을 익힐 준비가 되었다는 것을 의미한다. 한쪽 다리는 앞에, 그리고 반대쪽 다리는 뒤에 놓은 상태로, 바로 선 자세를 취한다. 동시에 앞발의 발가락으로 풀장 끝부분을 감싸 쥔다. 그리고 양팔은 머리 위로 뻗어준다. 입수를 위한 목표지점은 벽으로부터 약 5~6피트(1.5~1.8m) 떨어진 곳의 풀장 바닥 혹은 3~4피트(0.9~1.2m) 떨어진 수면을 바라본다. 물을 향해 몸을 허리에서 구부려주

고, 다리는 약간만 굽혀준다. 마찬가지로, 손을 물에 갖다 댄다는 느낌을 가지면서 몸의 균형이 깨졌을 때, 뒷발이 몸통과 일직선이 될 때까지 들어 올려준다 (도해 19.5). 앞발은 최대한 펴져 있어야 한다.

스탠딩 다이빙(Standing Dive)

데크에서 실시하는 마지막 단계의 다이빙 기술은 스탠딩 다이빙이다. 양발을 어깨너비만큼 벌리고, 양쪽 발가락 모두를 사용하여 데크 끝부분을 감싸면서 선다. 양팔을 머리 위로 뻗어주면서 양손을 모아 잡는다. 입수 목표 지점에 대한 거리는 스트라이드 다이빙의 경우와 같다. 양 무릎을 굽히면서 손은 목표 지점을 향해 사선으로 뻗어준다 (도해 19.6). 그런 다음, 발로 데크를 차면서 힙을 들어 올림과 동시에, 다리를 뻗어 몸통과 일직선이 되도록 한다 (도해 19.7). 이 기술에 대한 자신감이 생기게 되면, 발의 간격을 더 좁혀서 실시해본다.

도해 19.5. 스트라이드 다이빙 자세.

도해 19.6. 스탠딩 다이빙-출발 동작

도해 19.7. 스탠딩 다이빙-마무리 동작

스프링보드 점프다이빙 테크닉

데크에서의 다이빙 기술들을 익힌 초보자들은 다이빙 기초의 다음 단계인 점프다이빙으로 넘어가야 한다. 점프다이빙의 모든 기술은 발이 물에 먼저 들어가는 피트퍼스트(feetfirst) 입수를 원칙으로 한다. 점프는 먼저 풀사이드(poolside)에서 연습을 시작한 다음, 1미터 스프링보드 끝에서 스탠딩 자세로 하는 점프로 이어간다.

전방점프: 스트레이트(Front Jump: Straight)

몸이 보드를 떠나면서 양팔을 어깨너비 만큼 벌려 위로 뻗어주고, 손가락과 엄지손가락은 밀착시킨다. 몸이 앞으로 넘어지는 것을 예방하기 위해 머리와 어깨를 약간 뒤로 젖혀주고, 입수를 위해 몸을 바로 세운 자세를 유지한다. 그런 다음 입수 직전에 양팔을 아래로 내려 몸 옆에 갖다놓으면서 수직으로 입수한다. 보드에서 뛰어오를 때 몸을 약간 뒤로 젖히는 각도는 수직으로부터 2~3도 이내이어야 한다. 발가락은 바닥을 향해 뻗어주고 양쪽 다리는 펴서 밀착시킨다. 그리고 입수하고 나면, 발목을 무릎 쪽으로 굽혀 풀 바닥과의 충돌로 인한 부상을 예방한다. 이 점프 연습을 반복적으로 실시하여 자세 균형을 바로잡고, 몸을 어느 정도 뒤로 젖혀야 보드에서 그리 멀지 않은 곳에 수직입수가 가능한지에 대한 '느낌을 가지도록' 노력한다 (도해 19.8).

전방점프: 파이크(Front Jump: Pike)

스트레이트 전방점프에서처럼 양팔은 천정을 향해 뻗어준다. 몸이 최고 높이에 도달하기 직전, 다리를 펴서 모음과 동시에 발가락을 뻗어주면서, 몸을 힙 위치에서 굽혀준다. 머리는 곧추세우고 눈은 정면을 바라본다. 계속해서 양팔을 다리 쪽으로 내려 손으로 발가

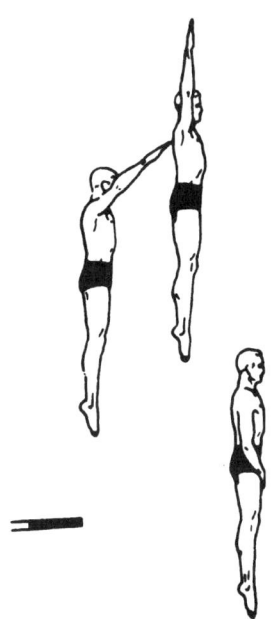

도해 19.8. 스탠딩 혹은 러닝 전방점프-스트레이트 자세.

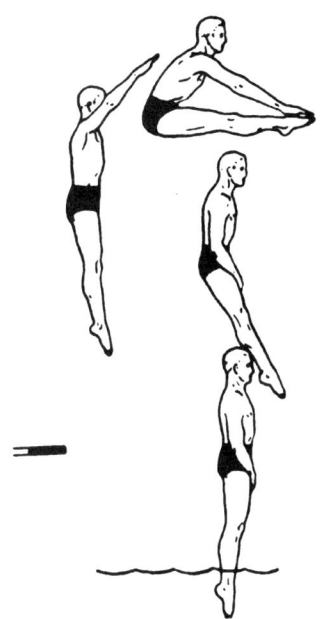

도해 19.9. 스탠딩 혹은 러닝 전방 점프-파이크 자세.

락을 터치한다. 발가락 터치 후, 바로 몸을 펴 주고, 양손은 다리를 따라 미끄러지듯이 내려가 몸 옆에 놓으면서 입수를 준비한다. 입수는 스트레이트 전방점프와 같다. 수직 입수를 달성하는 데 있어 파이크 전방점프는 스트레이트 전방점프보다 훨씬 더 많은 기술, 균형, 그리고 컨트롤이 요구된다 (도해 19.9).

전방점프: 턱(Front Jump: Tuck)

턱 전방점프는 파이크 점프에 비해 상대적으로 더 쉬운 기술이지만, 이것을 통해 공중에서 몸을 웅크렸다 펴는 동작의 기본 원리를 터득할 수 있다. 다이버는 높이 뛰어 오른 후, 파이크 내신 턱 자세를 취한다. 이 기술을 수행하는 요령은 무릎과 발목을 모으면서, 무릎은 가슴까지 올려주고 발목은 펴준다. 팔은 내려주고, 손으로 정강이 부위를 잡으면서 몸 안쪽으로 당겨 발뒤꿈치가 엉덩이 쪽으로 향하게 하여 타이트한 턱

자세를 만든다. 이때 힙과 무릎 관절은 긴장되지 않아야 한다. 점프가 진행되는 동안 머리는 곧추세우고 눈은 전방을 바리본다. 다이버는 점프의 최고 성점을 지나칠 때까지 턱 지세를 유지한다. 웅크린 몸을 펴 술 때에는, 다리를 아래로 차면서 상체와 일직선을 유지한 채 내려온다. 동시에 양손은 몸의 옆면을 따라 아래로 미끄러지듯 내려온다. 발로 입수하는 모든 다이빙 기술에서 팔은 머리 위가 아니라 몸 옆에 놓아야 한다 (도해 19.10).

후방점프(Back Jump)

다이버는 보드에서 점프하면서 몸을 일자로 만들고, 양팔을 몸 앞으로 스윙하면서 위로 들어 올려 오버헤드 자세를 만들어준다. 이때 팔은 위쪽으로 뻗어주어야 한다. 위로 그리고 뒤로 점프할 때, 다이버는 자신의 머리와 몸을 바로 세워 넘어짐을 방지해야 한다.

도해 19.10. 스탠딩 혹은 러닝 전방
점프-턱 자세.

도해 19.11. 스탠딩 후방점
프-스트레이트 자세.

다이버는 최고 정점에서 하강할 때, 양손을 허벅지까
지 내리면서 수직 입수를 수행한다. 이때 시선은 눈높
이에 맞는 벽이나 다이빙보드의 끝 부분에 초점을 맞
춘다. 이러한 시선 처리는 다이빙을 수행하는 동안 몸
을 컨트롤하는데 도움이 된다 (도해 19.11). 후방점프
는 파이크와 턱 자세로도 수행될 수 있다 (도해 19.12
와 19.13).

도해 19.12. 스탠딩 후방점프-파
이크 자세.

스프링보드 다이빙의 기초 테크닉

전방 어프로치

다이빙에서 배울 수 있는 기술들은 매우 다양하다. 그
중에서도 가장 중요한 두 가지를 들자면, 몸의 컨트롤
과 협응성의 향상이다. 이것은 허들 동작에서의 적절
한 팔 움직임과 무릎과 발목을 펴서 아래로 떨어뜨린
후 보드에서 도약이 잘 이루어지도록 하는 것을 의미

한다. 좋은 다이버가 되는 필수조건들 중 하나는 물
위로 점프하여 충분한 높이를 확보하는 것이다. 트램

도해 19.13. 스탠딩 후방점프-턱 자세.

펄린(trampoline)은 다이버의 점프 높이를 향상시키고, 높이에 대한 공포를 떨쳐버리며, 몸의 균형을 유지하는데 매우 훌륭한 도구이다. 트램펄린을 사용한 연습은 반드시 다이빙 코치나 킹사의 감독 하에 실시되어야 한다.

어프로치 기술은 스탠스, 걷기, 허들, 그리고 도약으로 구성되어 있다.

스탠스

등을 편 상태에서 머리는 중앙에, 양팔은 몸 옆면에 각각 놓으며, 배를 집어넣고 양발을 모은 채 바로 선 자세를 취한다 (도해 19.14와 19.15의 어프로치 진행 단계 참조).

걷기

전방 어프로치는 최소한 3스텝은 밟아주어야 한다. 단, 허들(hurdle: 다이빙에서 마지막 스텝을 밟은 후 도약을 위해 한쪽 다리를 들어 올렸다 내리는 동작 – 역자 주) 은 스텝에 포함되지 않는다. 대부분의 다이빙 선수들은 4 혹은 5스텝 후 허들의 유형을 선호하는 편이다. 스텝은 자연스럽고 보통 수준의 속도로 진행되어야 한다. 그리고 마지막 스텝은 이전 스텝들보다는 약간 더 길게 밟아주어야 한다. 스텝을 밟으며 걷는 동안, 시선은 보드의 끝에 고정시키고, 도약을 위한 착지 시에는 보드 앞쪽으로 몇 발자국 떨어진 입수 지점을 바라본다.

스텝은 평상시 걸을 때와 같은 보폭으로 밟아주어야 한다.

허들과 도약

성인의 경우, 허들의 보폭길이는 약 2피트(0.6m) 정

도해 19.14. 스탠딩 도약을 수행하기 위한 이상적인 연속동작.

도해 19.15. 3스텝 달리기, 허들, 그리고 도약을 수행하기 위한 이상적인 연속동작.

도이며, 어린이는 이보다 더 짧아야 한다. 만일 4스텝 어프로치를 사용하고 왼발이 도약을 위한 최적의 발이라면, 오른발로 어프로치를 시작해야 한다. 먼저 보드의 끝을 보면서 걸어간다. 그러다가 발로 보드를 누르기 전에 팔을 펴 몸 뒤에서 앞으로 스윙해주고, 누르는 발의 반대쪽인 허들 무릎을 재빠르게 들어주면서 팔이 머리 위에서 오버헤드 위치가 될 때까지 계속해서 스윙해준다. 굽혀진 허들 무릎이 펴져서 반대쪽 다리와 합해지더라도 양팔은 균형을 잡기위해 계속해서 오버헤드 위치에 둔다. 몸이 허들의 최고 정점에서 내려올 때, 양팔을 아래로 그리고 뒤의 힙 쪽으로 원을 그리며 내려 착지를 준비한다. 그리고 발이 보드에 도달할 쯤에는 발가락을 약간 들어 올려 발의 볼이 아래로 떨어지게 하면서 착지 직전에 무릎을 굽혀준다. 양팔을 힙 뒤에 놓고 착지한 터치다운 자세에서 앞으로 그리고 위로 스윙하면서 다이빙 보드를 힘

차게 눌러준다. 그런 다음, 보드가 튕겨 올라옴과 동시에 무릎을 펴고 위로 스윙하고 있던 팔 동작을 끝낸다. 보드를 떠나면서 발목은 펴주고 발가락은 전굴(plantar-flex: 발가락을 발바닥 쪽으로 굽혀줌 – 역자 주)시킨다.

점프높이와 비행라인

다이빙에서의 점프높이는 비행라인에서 몸의 중심이 가장 높이 도달하게 되는 지점과의 수직거리이다. 비행라인은 도약부터 입수까지 체중의 중심이 따라가는 경로를 말한다. 적절한 높이와 좋은 비행라인은 걷기, 허들, 그리고 도약의 컨트롤과 타이밍이 잘되었을 때 자연스럽게 나오게 된다. 걷기와 도약에서 너무 무리하거나 심하게 힘을 주게 되면, 불안정하고 비효율적인 도약을 초래할 수 있다.

입수

입수지점은 몸이 하강하는 라인 선상에 있는 수면 위의 지점이며, 이러한 입수 라인은 풀장 바닥에까지 아래로 계속 연결되어야 한다. 다이버는 이렇게 만들어진 비행라인을 따라 수면 아래까지 내려가야 한다. 물속에서 몸을 너무 빨리 올리게 되면, 심한 허리부상을 입을 수도 있다.

머리가 먼저 들어가는 헤드퍼스트(headfirst) 입수를 위해, 양팔을 머리 위에서 모아 밀착시키면서 척추와 일직선이 되도록 한다. 머리는 양팔 사이에 놓아 입수 시 머리 대신 손이 먼저 물에 닿도록 한다. 다리는 펴서 밀착시키고, 발목과 발가락 역시 펴서 다리와 일직선이 되도록 뻗어준다. 발은 머리가 입수하면서 수면을 뚫고 지나간 자리를 그대로 통과해야 한다. 앞으로 돌아 입수할 경우, 몸은 약간 할로우 자세를 유지해야 한다. 뒤로 돌아 입수할 경우의 몸의 자세는 약간 아치를 그리게 된다. 어떤 형태를 선택하던 간에 입수 시에는 복부에 힘을 주어야 한다.

발로 입수히는 풋엔트리(foot-entry)의 경우, 몸을 곧추세운 상태로, 양팔을 몸 옆면에 편안이 놓고, 머리는 자연스럽게 중앙에 위치시킨다.

뒤로 도약하기

뒤로 다이빙하거나, 경우에 따라서는 몸을 비틀면서 다이빙할 때, 다이버는 다이빙보드 끝에서 뒤로 돌아서서 도약준비를 해야 한다.

스탠스

먼저 다이빙보드 끝까지 걸어간다. 그런 다음, 뒤로 돌아 양팔을 펴서 옆으로 하여 어깨 높이 정도까지 들어 올리면서 균형을 잡는다. 이렇게 팔로 균형을 잡으면서 발의 볼을 보드 끝에 올려놓고, 발뒤꿈치는 약간 들어준다. 일단 균형을 잡았으면, 양팔을 몸 옆으로 내려 준비 자세를 취한다.

뒤로 도약하기의 역학적 원리

가장 먼저 해야 할 동작으로, 몸 옆면에 위치한 양팔을 펴서 옆으로 그리고 약간 앞으로 해서 들어올린다 (도해 19.16). 이때 팔의 위치는 개인의 선호도에 따라 어깨 높이 혹은 어깨 위에 올 수 있다. 팔을 위로 올림과 동시에 몸 역시 발가릭으로 지탱하면서 위로 들리게 된다.

이러한 팔의 움직임은 성공적인 도약을 위해 매우 중요하다. 만일 팔을 너무 세게 움직이면 발이 보드에서 떨어지는 결과를 초래할 수 있어 도약을 위한 리듬

도해 19.16. 뒤로 도약하기의 이상적인 연속동작.

을 맞출 수 없게 된다.

다음으로, 무릎을 굽히면서 다이빙보드를 누름과 동시에 팔을 뒤쪽으로 하여 원을 그려준다. 팔은 아래로 계속해서 내려오다가 손이 허리 약간 아래에 왔을 때, 재빨리 방향을 바꿔 위쪽으로 들어올린다. 팔이 아래로 내려오다 위로 방향을 바꾸기 직전, 무릎과 발목을 뻗어주고, 팔은 머리 위로 하던 스윙을 계속해준다.

도약을 하는 동안 양팔은 계속 펴져 있어야 한다. 도약에서 보드를 누르기 위해 아래로 움직이는 단계에서는, 힙을 약간 아래로 그리고 뒤로 움직여주어야 무릎과 어깨가 약간 앞으로 쏠리게 되는 것을 보완하면서 균형을 유지할 수 있게 된다. 몸이 아래로 내려오는 동안 어깨를 발의 볼 위에 위치시키면서 균형을 유지시켜준다.

보드워크(Boardwork)

스프링보드 다이빙에서 어프로치, 허들, 그리고 백 프레스(back press)는 모두 광범위한 의미의 보드워크에 포함된다. 다이버가 보드 위에서 하는 것은 곧 있을 다이빙의 효율성과 질을 좌우할 만큼 중요한 일이다. 그러므로 모든 수준의 다이버들은 보드워크를 부지런히 연습해야 한다. 허들과 백 프레스는 동일한 목적, 즉 다이빙보드를 튀어오르게 하는 역할을 한다. 효과적인 보드워크는 보드가 튀어 오르는 정도를 극대화시켜줄 것이고, 이는 곧 위치에너지(potential energy: 여러 부분의 상대적인 위치에 따라서 결정되는 저장된 에너지를 의미하는 것으로, 다이빙보드의 반동이 더 클수록 더 많은 에너지를 얻을 수 있음 - 역자 주)의 양을 최대화시킨다는 것을 의미한다. 이러한 보드의 에너지를 최대한 활용하기 위해, 다이버는 도약 시에 몸을 똑바로 정렬시킴과 동시에 몸 전체가 일직선이 되도록 신체부위를 조여 준다(마치 다이버가 다이빙보드의 연장인 것처럼 여긴다). 보드가 다시 튀어 올라왔을 때, 다이버는 발가락을 시작으로 몸을 위

로 뻗어주면서 역학적 사슬(kinetic chain)을 통해 발사되는 보드의 에너지를 느껴야 한다.

다이빙 그룹

정규대회에서의 다이빙 동작은 아래와 같이 5개의 그룹으로 분류된다.

그룹 I-앞으로 다이빙하기(forward dives)
그룹 II-뒤로 다이빙하기(backward dives)
그룹 III-리버스 다이빙(reverse dives)
그룹 IV-뒤로 서서 앞으로 다이빙하기(inward dives)
그룹 V-비틀면서 다이빙하기(twisting dives)

모든 다이빙 동작들은 스트레이트, 파이크, 턱, 또는 자유자세의 형태로 공중돌기나 비틀기 동작을 종합적으로 연출하면서 앞으로 혹은 뒤로 다이빙하게 된다. 여기에서 설명되고 있는 다이빙 동작들은 그룹 순서대로 나열되어 있지만, 초보자를 교육시킬 때에는 아래의 순서대로 진행할 것을 권장한다.

1. 앞으로 다이빙하기: 턱(Forward dive: tuck)
2. 앞으로 다이빙하기: 파이크(Forward dive: pike)
3. 앞으로 다이빙하기: 스트레이트(Forward dive: straight)
4. 뒤로 다이빙하기: 스트레이트(Backward dive: straight)
5. 뒤로 서서 앞으로 뛰기: 턱(Inward dive: tuck)
6. 뒤로 서서 앞으로 뛰기: 파이크(Inward dive: pike)
7. 앞으로 다이빙하기: 하프 트위스트(Half twist: 몸을 절반만 비틀기-역자 주)
8. 뒤로 공중돌기: 턱(Backward somersault: tuck)
9. 앞으로 공중돌기: 턱(Forward somersault: tuck)
10. 리버스 공중돌기: 턱(Reverse somersault: tuck)
11. 리버스 다이빙(Reverse dive)
12. 앞으로 한 바퀴 반 공중돌기(Forward one-and-

one-half somersault)

그룹 I-앞으로 다이빙하기: 턱

허들의 마지막 동작을 위해 양발을 보드에 놓으면서 시선은 정면을 바라본다. 공중으로 올라간 후에는 아래의 물에 집중한다. 몸이 최고 정점에 도달했을 때, 머리를 아래로 떨어뜨림과 동시에 힙을 위로 들어올린다. 이 동작을 수행하는 동안 눈은 계속해서 물을 주시한다. 그런 다음, 무릎과 힙을 굽히면서 정강이를 잡아준다. 이렇게 웅크린 자세로 몸이 돌면서 수직입수가 가능한 지점에서 몸을 일자로 펴준다. 이 기술은 다이빙을 배우는 과정에서 활용하거나 헤드퍼스트(headfirst) 입수를 연습할 때 사용하면 효과적이다.

그룹 I-앞으로 다이빙하기: 파이크

머리 위로 양손을 모아 뻗어주면서 도약을 한다. 파이크 자세는 몸이 최고점에 왔을 때 시작한다. 몸이 다이빙 높이의 최고 지점을 향해 올라올 때, 발을 앞쪽으로 눌러주면서 팔은 아래로 내리고, 그리고 힙은 머리 위로 들어 올려준다. 시선은 다이버 아래쪽의 입수지점에 고정시킨다. 공중에서 몸이 최고 지점에 도달했을 때, 손을 내려 발에 갖다 댄다. 이때 발은 수직으로 세워져 있어야 하고 발가락은 아래로 뻗어준다.

몸이 최고점에서 떨어짐과 동시에 약간 앞쪽으로 회전하여 역 V자 형태의 자세를 만들어준다. 그런 다음, 수직 입수를 위한 위치에 도달할 때까지 다리를 서서히 들어 올리면서 몸을 계속해서 회전시킨다. 다리를 위로 들어 올릴 때, 팔은 머리 양 옆면을 따라 앞으로 뻗어주면서 양손을 모은 채 입수한다.

그룹 I-앞으로 다이빙하기: 스트레이트

이 다이빙기술은 흔히 '백조(swan)' 혹은 '플레인 프론트 다이빙(plain front dive)'이라고 불린다. 사실 이 기술의 실체는 하프 공중돌기(half somersault)이다. 이 다이빙의 난이도는 공중에서 신체배열을 얼마나 잘 조절할 수 있느냐에 달려있다. 허들의 마지막 단계에서, 양발을 보드에 내려놓으면서 눈을 들어 보이는 정면을 향해 시선을 집중한다. 다이빙 높이의 최고 지점에 도달할 때까지 얼굴은 정면에 고정시킨다. 보드에서 튕겨 오를 때, 몸을 위로 펴준다. 동시에 손을 허리에서 들어 올려 벌려주면서 약간 앞쪽으로 뻗어준다. 몸이 일직선이 되었을 때, 다이버의 등과 팔은 하나의 사선을 형성해야 한다. 그리고 머리는 숙인 채, 몸의 일직선을 유지하면서 다리는 모아주고 발가락은 뻗어준다.

다이빙 높이의 최고점에 도달했을 때, 신체중심, 즉 고관절을 기점으로 하여 몸을 앞으로 회전시켜준다. 이러한 회전은 다리를 들어주고 상체를 사선으로 내려주어, 몸이 최고점에 왔을 때, 발뒤꿈치가 머리 위치보다 약간 더 높이 오게 해준다.

몸이 최고점으로부터 떨어지면서 회전은 계속되고, 양팔 사이의 머리는 천천히 떨어뜨리면서 시선을 입수 지점으로 가져간다. 그리고 양손을 모아서 수직 입수 자세를 완성한다.

다이버는 입수 후 자세를 유지하면서 바닥까지 내려가야 한다 (도해 19.17).

그룹 II-뒤로 다이빙하기: 스트레이트

뒤로 도약하여 다이빙하는 기술은 전방을 확인할 수는 없지만, 몸을 단순히 뒤로 넘기기만 하면 다음 동작들이 연결된다는 측면에서 그리 어려운 기술은 아니다.

먼저 보드에서 몸이 올라갈 때, 시선은 위를 바라

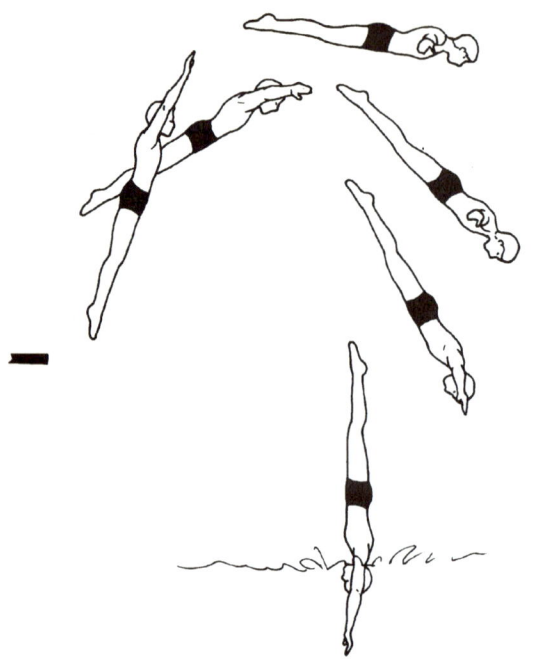

도해 19.17. 앞으로 다이빙하기-스트레이트 자세.

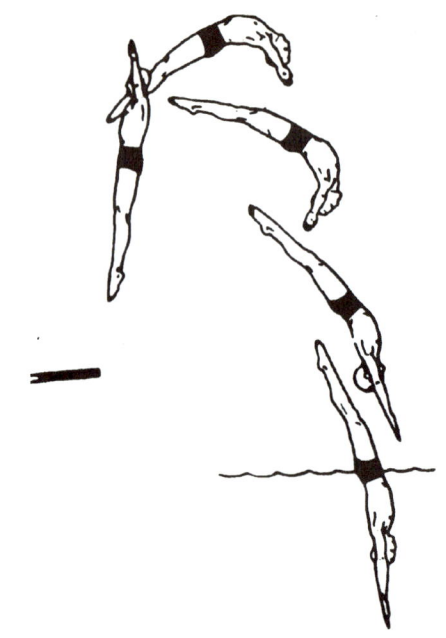

도해 19.18. 뒤로 다이빙하기-스트레이트 자세.

본다. 그리고 양팔을 위로 그리고 약간 뒤쪽으로 뻗어주고, 동시에 등 중심선과 평행하게 벌려준다. 다이버는 다이빙 높이의 최고점에 왔을 때, 머리를 뒤로 넘기면서 뒤쪽의 입수 지점을 바라보기 시작한다.

이러한 머리와 팔 동작을 하는 동안, 힙과 다리를 들어 올리고 무릎과 발목은 반드시 펴주어야 한다. 몸이 아래로 떨어져 보드 맞은편에 왔을 때, 팔과 손을 모아주고, 머리는 양팔 사이에 끼워진 상태로 입수한다 (도해 19.18).

그룹 III-리버스 다이빙: 스트레이트

이 다이빙을 위한 도약의 예비동작으로 몸이 보드에 떨어지면서 바운스를 할 때에는 발가락으로 체중을 지탱해야 하며, 발뒤꿈치가 보드에 닿았을 때, 체중을 뒤로 이동시키지 말아야 한다. 보드가 몸을 튕겨 올려줄때, (힙에 위치하고 있던) 무게중심을 몸 앞쪽인 발

의 볼로 이동시켜야 몸이 앞으로 그리고 위로 치솟아 오를 수 있게 된다.

리버스 다이빙은 가장 우아하게 보이는 다이빙 중 하나이다. 이 기술은 기본적으로 앞으로 도약하여 뒤로 다이빙한다. 다이버는 앞쪽 방향으로 거리를 어느 정도 확보해야 하므로, '게이너(gainer)' 혹은 '리버스 다이빙'이라고 부른다.

도약 시, 양팔을 오버헤드 위치까지 들어 올린 다음, 어깨 높이에서 옆으로 벌려주고, 머리는 뒤로 젖혀주면서 시선은 아래를 바라본다. 도약 후 몸이 최고 정점에 도달하면 머리, 팔, 어깨는 뒤로 젖혀지고 가슴, 힙, 다리는 쭉 편 상태로 들어 올려진다. 도약 후 몸이 최고 정점에 도달하였을 때, 다리는 계속 들려져 있어야 하는데, 만일 그렇지 못하면, 몸이 뒤로 회전하면서 머리와 어깨가 아래로 떨어지는 결과를 낳게 된다. 몸이 아래로 떨어져 수직 입수 자세에 들어가면, 머리를 양팔 사이에 끼운 채 모아주면서 몸을 일자로 펴준다 (도해 19.19).

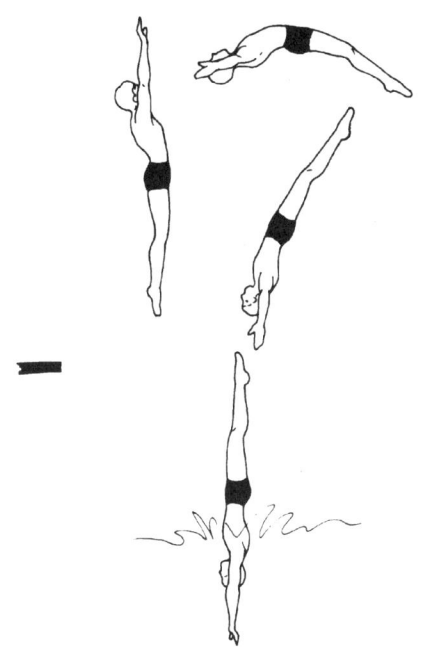

도해 19.19. 리버스 다이빙-스트레이트 자세.

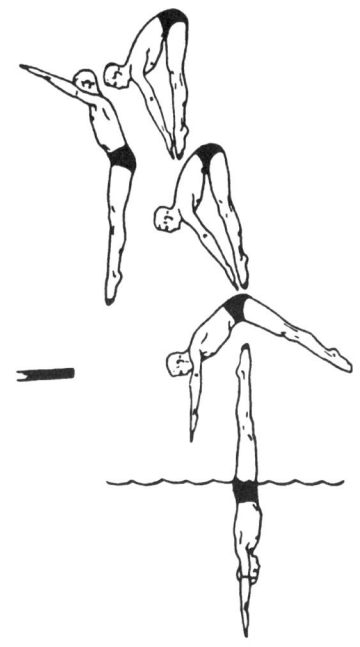

도해 19.20. 뒤로 서서 앞으로 뛰기-파이크 자세.

그룹 IV- 뒤로 서서 앞으로 뛰기: 파이크

보드 끝에서 몸의 균형을 잡는 동안, 신체 중심을 발의 볼 위에 놓는다. 그리고 도약을 위한 팔 동작을 하면서 신체 중심을 앞이나 뒤가 아닌 수직방향으로 이동시켜야 한다.

보드로부터 도약하는 시점에 양팔을 펴서 머리 위로 그리고 약간 앞쪽으로 뻗어주어 수직라인을 형성하는 데, 이때 손바닥은 정면을 향하게 한다.

몸이 최고 정점에 도달하였을 때, 힙을 굽히면서 위로 들어올리고, 양팔은 앞으로 그리고 아래쪽으로 내리면서, 손으로 발 앞부분을 터치한다. 이때 들어올린 힙은 다이빙 높이의 최고 정점에 위치하게 된다. 이렇게 파이크 자세가 완성되었을 때의 다리는 수직이 되어야 한다. 손과 발의 터치가 이루어짐과 동시에, 발가락을 향하던 시선은 입수지점을 향한다. 발 터치 후에는 몸을 펴주면서, 양팔을 옆으로 하여 오버헤드 위치까지 내려 입수를 준비한다 (도해 19.20).

그룹 V-앞으로 다이빙하기, 하프 트위스트: 스트레이트

이 기술을 위한 도약은 앞으로 다이빙하기: 스트레이트와 유사하나, 보드를 떠나기 직전에 어깨를 원하는 방향으로 틀어주면서 비틀기 동작을 시작해야 한다. 몸이 다이빙 높이의 최고 정점에 도달했을 때 양팔을 벌려 T자 모양의 자세를 만든다. 그런 다음, 오른쪽으로 비틀기 위해, 몸이 위로 상승할 때, 머리는 고정시키고 시선은 전방을 바라보며, 왼팔과 어깨를 앞으로 돌려준다. 몸이 공중돌기 방향으로 돌아갈 때, 물은 왼손 바로 아래에 오게 된다 (도해 19.21의 두 번째 동작 참조). 그리고 양팔은 큰 바퀴가 돌듯이 시계반대방향으로 돌려준다. 상체를 비틀면서 아래로 떨어지는 동안 계속해서 다리를 위로 뻗어준다.

다이버는 머리를 뒤로 당겨 아래로 떨어지는 동작에 저항이 되지 않도록 해야 하지만, 머리가 아래쪽으로의 회전동작을 따라가는 것은 허용해야 한다. 다이빙 높이의 최대 정점으로부터 입수 지점에 시선을 맞춘 이후로는, 다이빙이 끝날 때까지 시야를 놓치지 말아야 한다. 이러한 규칙을 잘 실천하게 되면, 몸의 회전을 위해 필요한 아치를 형성하는 데 도움이 된다.

양손을 머리 위에서 모아주고, 팔은 양쪽 귀에다 밀착시키면서 몸을 일자로 펴 헤드퍼스트(headfirst) 수직 입수를 수행한다 (도해 19.21).

그룹 I-앞으로 공중돌기: 턱 혹은 파이크

몸이 보드를 떠나는 요령은 앞으로 공중돌기: 턱과 파이크 자세의 그것과 같지만, 이 기술에서 파이크 공중돌기를 성공적으로 수행하기 위해서는 더 많은 회전력이 필요하다. 공중돌기 회전을 위해서는 보드를 떠나기 직전 머리, 상체, 그리고 팔을 바깥쪽으로 그리고 아래로 던져주어야 한다.

몸을 웅크린 턱 자세에서, 무릎과 허리를 굽히고,

발뒤꿈치는 엉덩이로 가져오면서 손으로 다리를 잡는다. 그리고 등이 물과 거의 평행하게 되었을 때, 다리를 펴준다. 이 동작은 '공중에 앉아있는' 자세를 만들어 준다 (도해 19.22의 세 번째 동작 참조). 다리를 계속해서 펴주면서 다른 피트퍼스트(feetfirst) 다이빙 종류들처럼 발로 입수한다.

파이크 자세에서의 동작 역시 허리만 굽히는 것을 제외하고는 다른 파이크 동작들과 같다. 파이크 자세의 회전 속도는 턱 자세보다 더 느리기 때문에 약간 더 오래 유지되어야 한다.

턱 혹은 파이크 자세의 입수 각도는 각각의 자세만 유지된다면, 약간의 조절이 허용될 수 있다. 이러한 입수 각도의 조절 능력은 연습을 통해 빨리 습득할 수 있다 (도해 19.22와 19.23).

그룹 II-뒤로 공중돌기: 턱

도약 시 팔을 위로 그리고 뒤로 스윙한 직후, 허벅지를 가슴까지 들어 올림과 동시에, 발뒤꿈치를 엉덩이

도해 19.21. 앞으로 다이빙하기, 하프 트위스트-스트레이트 자세.

도해 19.22. 앞으로 공중돌기-턱 자세.

도해 19.23. 앞으로 공중돌기-파이크 자세.

도해 19.24. 뒤로 공중돌기-턱 자세.

로 가져오고, 손으로 정강이를 잡으면서 턱 자세를 만들어준다.

공중돌기를 하는 동안, 턱 자세를 유지하고, 몸이 반 바퀴 정도 돌았을 때, 머리 너머로 보이는 물을 주시한다. 턱 자세로부터 몸을 펴기 시작하여 보드 끝 부분이나 그 바로 아래 지점에서 물을 볼 수 있을 때까지는 계속해서 입수 지점에 시선을 고정시켜야 한다.

뒤로 공중돌기 동작은 다이버를 보드방향으로 미는 경향이 있기 때문에 보드를 튕길 때 몸의 균형을 뒤로 이동시켜 보드로부터 안전거리를 충분히 확보하는 것이 중요하다.

가슴이 수면과 수평이 되고 보드 위쪽으로 충분히 올라와있을 때, 다리는 완전히 펴주고 발가락은 뻗어준다. 이때 머리와 어깨는 바로 세워 몸 전체가 입수 지점과 완전한 일직선이 되도록 한다.

몸을 펴주면서, 양손은 정강이에서 허벅지 앞쪽으로 미끄러지듯 이동시킨다 (도해 19.24).

그룹 III-리버스 공중돌기: 턱

도약 시, 위쪽을 바라보면서, 등이 수직선상에서 약간 벗어난 상태로 손을 머리 위로 뻗어준다. 그런 다음, 턱 자세를 위해 가슴 쪽으로 올라오는 다리를 향해 팔을 서서히 앞으로 내린다 (도해 19.25의 첫 번째 동작 참조). 턱 자세를 유지하다가 가슴이 물과 평행이 되었을 때, 발을 바깥쪽으로 뻗어주고, 동시에 다리를 잡고 있던 손을 허벅지로 올리면서 피트퍼스트(feetfirst) 입수를 준비한다 (도해 19.25).

그룹 I-앞으로 한 바퀴 반 공중돌기: 턱 혹은 파이크

이 다이빙 기술은 앞으로 공중돌기와 유사하나, 턱 혹은 파이크 자세로 공중돌기를 반 바퀴 더 해야 한다.

턱 혹은 파이크 동작은 도약 잎에서 설명한 앞으로 공중돌기에서와 같이 도약 직후에 시작한다. 회전되고 있는 몸을 풀어주는 시점은 공중돌기 한 바퀴 후 1/4 바퀴 더 돌았을 때이며, 입수 지점에 시선을 고정시킨 채,

도해 19.25. 리버스 공중돌기-턱 자세.

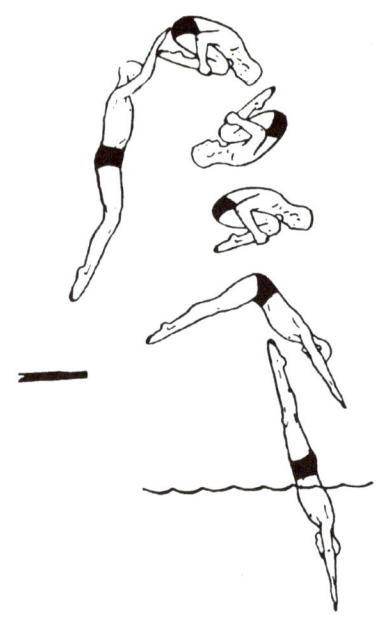

도해 19.26. 앞으로 한 바퀴 반 공중
돌기-턱 자세.

다리를 펴고, 팔을 뻗어주면서 입수를 준비한다.

입수 지점을 향해 양팔을 뻗어주면서, 몸은 포물선
을 그리며 아래로 미끄러지듯 내려와 입수한다 (도해
19.26과 19.27).

교육 시 고려사항

1. 학생들은 다이빙 기술들을 구사하기 전에 다이빙
   풀이 안전하다는 것을 느낄 수 있어야 한다.
2. 스프링보드 다이빙을 지도하기 전, 수면에서 하는
   다이빙과 풀 데크에서의 다이빙을 먼저 연습시킨
   다. 초보자 다이빙의 모든 실기 경험들에서 자세
   (정확한 신체 자세)를 강조한다. 시범과 데크에서
   의 동작 연습을 통해 바람직한 자세가 어떤 것인지
   를 명확히 해준다.
3. 어프로치와 허들은 스프링보드 다이빙에서 매우
   중요한 기술들이다. 이러한 기술들은 데크에서 먼

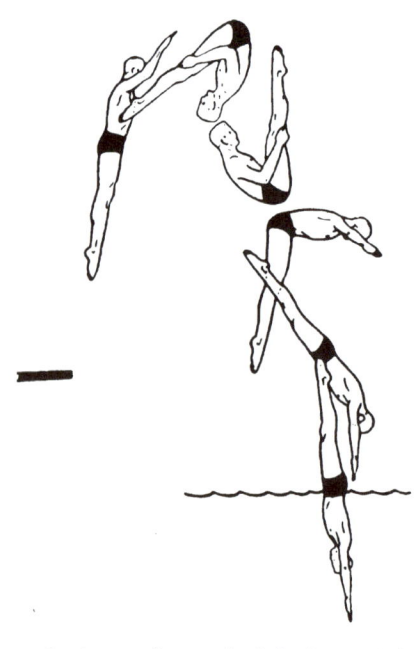

도해 19.27. 앞으로 한 바퀴 반 공중돌기-
파이크 자세.

저 연습한 다음, 보드 위에서 실제 다이빙 동작 없이 연습을 한다. 학생들이 보드 위에서 어프로치와 허들 동작 연습을 시작하게 되면, 보드에서만 머물지 말고, 앞으로 나아가 발로 입수하는 피트퍼스트(feetfirst) 입수로 물에 뛰어들도록 지도한다. 학생들이 보드 위에서 자세를 취한 후에는 각 동작들의 시작 지점들에 초점을 맞추도록 지도한다. 도약 시에는 통합적이고 자연스런 힘을 만들어내는 데 열중하도록 한다.

4. 점프 다이빙(발이 먼저 입수되는)으로 스프링보드 다이빙 연습을 시작한다. 학생들은 물속으로만 다이빙하는 연습방법 대신 원하는 신체동작(미니 트램펄린 혹은 트램펄린을 사용하거나 혹은 사용 없이)을 만들면서 매트 위에 점프하는 연습을 통해 컨트롤과 좋은 자세를 갖추기 위한 더 많은 기회를 가질 수 있다.

5. 각 다이빙 그룹의 기초 기술에 대한 연습을 시작한다. 좀 더 고난이도 다이빙으로 넘어가기 전에, 기초 기술들의 자세와 지속성이 좋아지도록 연습을 계속한다. 다이버는 도약, 비행, 그리고 입수 자세에 대한 명확한 개념을 가지고 있어야 한다. 듣고 보면서 학습할 수 있는 장비들을 활용하여, 학생들이 다이빙의 중요 부분들에 집중할 수 있도록 해주고, 학습 요점을 강조해준다. 어느 정도의 지속성을 보인다면, 가능한 학생들에게 자신들의 동작을 녹화한 비디오를 보여주면서 말로 설명해준다. 오늘날 많은 다이빙 프로그램들은 디지털 비디오 리코더(digital video recorders: DVR)을 사용하여, 다이버들로 하여금 자신들의 동작 수행 후 바로 모니터할 수 있도록 하고 있다. 이것은 보면서 배우는 사람들에게는 매우 가치 있는 일이다. 그리고 이러한 장비의 사용을 통해, 다이빙 동작을 영상의 변형 없이 느린 화면으로 분석할 수도 있다. 한 번의 다이빙, 또는 전체 연습이나 대회조차도 DVR 하드 드라이브에 녹화하여 나중에 볼 수 있다.

6. 연습량을 극대화시키기 위해 많은 인원들로 지도 그룹을 만든다. 그러나 보드에서 길게 줄을 서는 것은 피해야 한다. 지도안에 연습한 동작들에 대한 검토와 반복을 포함시킨다. 학생들이 난이도가 상대적으로 더 낮은 기술들을 지속적으로 수행할 수 있을 때까지는, 더 높은 난이도의 기술로 넘어가는 것을 금지시킨다.

용어 해설

난이도(degree of difficulty) 다이빙 수행의 어려운 정도에 따라 부여되는 점수.

도약(takeoff) 허들 동작의 마지막 단계와 다이버가 보드와의 접촉을 잃게 되는 시점 사이의 다이빙 시점을 의미한다.

라인업(line-up) 입수 직전과 입수하는 동안 몸을 완전히 펴주는 것을 의미한다.

로우 보드(low board) 3.3피트(1m) 보드.

롱(long) 몸이 수직 입수 라인을 지나도록 회전하는 것을 말한다.

리코일(recoil: 뇌튐) 다이빙보드가 구부려진 후 다시 원위치로 되돌아오는 것을 말한다.

백 프레스(back press) 다이빙보드 끝에 뒤로 서서 보드를 힘으로 눌러 구부리는 동작의 연속.

보드워크(boardwork) 다이빙보드 위에서 일어나는 것으로, 어프로치, 허들, 그리고 백 프레스를 포함한다.

보크(balk) 어프로치를 시작하여 보드를 떠나기 전 멈추는 것.

선택적 다이빙(optional dive) 공식 경기규정이 적용되지 않는 대회에서 수행되는 정규 다이빙.

세이브(save) 입수 시, 다이버의 몸이 수직라인을 넘어가거나(long: 롱), 미치지 못한(short: 숏) 상황에서도 다리는 수직 입수가 된 경우를 의미한다.

숏(short) 몸이 수직라인을 만들기 전에 입수하는 것을 말한다.

스코어(score) 심판들의 점수 합계를 해당 다이빙의 난이도로 곱한 수.

스트레이트 자세(straight position) 몸을 일직선으로 펴거나 약간 아치를 그리며 다이빙하는 동작으로, 힙이나 무릎을 굽히면 안 된다.

신체 중심(center of mass) 체중이 몸 전체에 똑같이 분배되도록 하는 신체 지점.

어프로치(approach) 도약 전에 이루어지는 스탠스, 3스텝 혹은 그 이상, 그리고 허들까지의 연결 동작.

어워드(award) 다이빙이 얼마나 잘 수행되었는지를 나타내는 각 심판의 점수로 0~10점 범위 내에서 주어진다.

자발적 다이빙(voluntary dive) 5개 정규 다이빙 그룹 중 하나로 만든 규정 다이빙 동작.

자유 자세(free position) 몸을 비틀면서 다이빙하기에 주로 사용되는 것으로, 레이아웃, 파이크, 그리고 턱 자세의 복합적인 한 형태.

최종 스코어(final score) 각 다이빙 수행에 부여된 점수의 합계.

턱 자세(tuck position) 힙과 무릎을 굽히면서 몸을 최대한 웅크리는 다이빙 동작.

파이크 자세(pike position) 무릎이 아닌 허리만 굽힌 다이빙 동작.

풀크럼(fulcrum) 보드의 중간쯤에 위치한 바로서, 보통 보드의 탄성을 조절하는 데 사용된다.

피크(peak) 다이버의 중력중심이 도달한 가장 높은 지점.

하이 보드(high board) 9.9피트(3m) 보드.

허들(hurdle) 어프로치를 수행하다가 도약 직전에 하는 점프 동작.

추가 읽을거리

Billingsley, H. 1990. *Diving illustrated*. Portland, CT: Taylor Publishing.

Gabriel, J., George, G., Kimball, D., O'Brien, R., and Xie, C. (Eds). 1995. *Dive safe*. Indianapolis, IN: U.S. Diving Publications.

Gabriel, J., Leas, D., and George, G. (Eds). 1999. *U.S. diving safety training manual*. Indianapolis, IN: U.S. Diving.

NCAA men's and women's swimming and diving rules. Current edition. Mission, KS: National Collegiate Athletic Association.

O'Brien, R. 2003. *Springboard and platform diving*. 2nd ed. Champaign, IL: Human Kinetics. 다이빙 기초를 설명하는 700개 이상의 삽화 포함.

Swimming and diving rule book. Current ed. Kansas City, MO: National Federation of State High School Association.

자료

비디오

World Class Form, U.S. Diving, Inc. Download order form from www.usdiving.org .

그 외 비디오 자료는 부록 C를 참조하라.

웹사이트

www.usadiver.com

www.usadiving.org

20 양궁

이 장을 완벽하게 습득한 뒤, 독자들은 다음과 같은 사항들을 할 수 있어야 한다.

▸ 알맞은 양궁 장비를 이해하고 선택한다.
▸ 규칙과 채점 절차를 이해한다.
▸ 활 시위를 당기는 최상의 기술을 설명한다.
▸ 조준 시의 스텝을 설명한다.
▸ 적절한 안전 조치를 인식하고 활용한다.
▸ 양궁의 기본을 학생들에게 지도한다.
▸ 양궁 용어를 정확히 이해하고 사용한다.

역사

활은 가장 오래된 기계적으로 작동되는 무기 가운데 하나이며 일부 국가에서는 아직도 많은 원주민들이 무기로 사용하고 있다. 처음에는 활을 수렵 목적으로 원시인들이 사용했다. 활은 아메리칸인디언들의 중요한 무기였으며 수렵과 전쟁 시에 모두 사용했다. 이집트인들이 페르시아를 정복할 때나 다른 많은 전쟁에서도 활을 무기로 사용했다.

근대에 화약과 총기류가 발달하면서 활은 스포츠 분야로 자리를 옮겼다. 양궁의 위상은 많은 나라, 특히 영국과 미국에서 관심을 갖는 단체들이 드문드문 있긴 하지만 다른 많은 스포츠들과 같은 정도로 번성하지는 못했다.

초창기 양궁 대회였던 고대 스코튼 애로우(Ancient Scorton Arrow)는 1673년에 영국의 고대 스코튼 애로우 소사이어티(Ancient Scorton Arrow Society)에서 만든 것이다. 이 경기는 지금도 존재한다.

미국에서는 1828년에 최초의 양궁 단체인 필라델피아 양궁협회(United Bowmen of Philadelphia)기 조직되었다. 최초의 대회가 1879년 시카고에서 열렸는데, 그 대회는 바로 이 단체가 후원하였고 지금도 명맥을 이어가고 있다.

1931년에 국제양궁연맹(FITA: Federation Internationale de Tir l'Arc)이 창설되면서 표적양궁(target archery)에 큰 붐을 일으켰다. 1900년과 1904년 올림픽에서 시범 종목이었다가, 1908년에 정식종목으로 채택되었고, 1920년 올림픽 이후로는 제외되었다. FITA의 노력 덕분에 양궁은 1972년 올림픽경기에 메달 종목으로 위상을 다시 회복했다. 양궁이 올림픽 종목으로 복귀한 초창기에는 미국이 우위를 차지했다. 그러나 최근에는 한국이 올림픽 메달 대부분을 석권하기 시작했다. 미국에서 양궁의 우승 역사를 가장 처음 이끌었던 사람은 윌리엄스(John Williams)로 1972년 금메달리스트이다. 미국 여자부 양궁은 1972년 올림픽(윌버[Doreen Wilbur], 금메달리스트)과 1976년 올림픽(리온[Luann Ryon], 금메달리스트)에서 선두를 지켰으나, 미국을 비롯한 서방 국가들이 불참했던 1980년 모스크바 올림픽(구소련의 로사베리츠[Keto Losaberidze]가 우승) 이후로는 한국 여자부에서 왕좌를 점령했다. 2004년에는 한국 남자부와 여자부가 단체전 금메달을 목에 걸었다. 개인전에서 한국의 박성현 선수가 여자부 금메달을 차지했고, 이탈리아의 갈리아초(Marco Galiazzo)가 남자부 금메달을 땄다.

2004년 아테네 올림픽 때, 양궁은 파나티나이코(Panatinaiko) 스타디움에서 경기가 열린 두 종목(다른 하나는 마라톤) 중 하나였다. 이곳은 1986년 현대 올림픽 도입을 주최했던 바로 그 장소이다.

1996년 올림픽 때 양궁을 대중에게 널리 홍보하고 텔레비전 시청자들의 지지를 얻기 위해 새로운 경기 방식을 사용했다. 이 방식은 1986년에 FITA에서 최초로 도입한 엘리미네이션 라운드(elimination round)를 포함한다. 현재의 올림픽 경기 방식에는 70미터 거리에서 72발을 발사하는 과정이 있다. 새롭게 바뀐 올림픽 경기방식이 남자 64명과 여자 64명만 경기에 참가하도록 허용하기 때문에 양궁 선수들은 72발을 쏜 뒤 점수에 따라 순위를 매기고 통과자를 가린 후, 그 다음 엘리미네이션 라운드의 첫 발사를 시작한다(6발

3회, 180점 만점). 엘리미네이션 라운드와 같은 방식으로(6발 3회) 계속 이어지다가 세미파이널 라운드부터는 형식이 바뀌는데 3발씩 4회로 나눠 1대1로 번갈아 발사하는 방식이다.

1971년에 미국에서는 대학 양궁교육을 장려하고 촉진하기 위해 전미양궁협회대학부(NAA: College Division of the National Archery Association)가 설립되었다. 매년 전국 토너먼트를 주최하고 미국 내 각 지역을 교대로 옮겨다니며 경기를 한다.

오늘날에도 양궁은 여전히 흥미를 끌고 있으며 그 배경에는 몇 가지 이유가 있는데, (1)엘리미네이션 라운드와 1대 1 경기방식 도입, (2)활, 화살, 기타 양궁 장비의 발달, (3) 표적(target), 클라우트(clout), 필드(field), 노벨티(novelty) 종목에서부터 작거나 큰 사냥짐승 수렵에 이르기까지 양궁을 활용한 활동에서 얻을 수 있는 즐거움 등을 들 수 있다.

장비

활(Bow)

활은 일반적으로 크게 두 가지 타입으로 나누는데, 리커브 보우(recurve bow, 도해 20.1)와 컴파운드 보우(compound bow, 도해 20.2)가 있다. 컴파운드 보우의 풀리 시스템(pulley system)과 정교한 중량, 균형, 시각 장치는 양궁 스포츠에 대변혁을 가져왔다. 물론 이러한 기술 발전은 양궁이라는 스포츠에 들어가는 비용을 상당히 증가시켰기 때문에 아직 리커브 보우가 대중적이며, 특히 초보자들과 올림픽 기대주들이 리커브 보우를 많이 사용한다.

활을 선택할 때는 조준하는 동안 풀 드로우(full draw: 조준이 끝나고 화살도 정규 길이를 당기고, 앵커링도 정돈되어 발사 준비가 끝난 상태 – 역자 주) 상태로 활시위를 당기고 안정적으로 정지한 자세를

유지할 수 있는 활을 선택해야 한다. 이런 활을 선택하는 것은 활의 중량이 관건으로, 활을 완전히 당겼을 때 필요한 힘에 해당하는 중량이어야 한다. 적정한 활의 중량은 연령, 성별, 사용자의 근력에 따라 다르다. 활 중량에 대한 일반적인 권장사항은 십대 소녀 20~25파운드(9~11.25kg), 십대 소년 20~30파운드(9~13.5kg), 성인 여성 20~30파운드(9~13.5kg), 성인 남성 25~40파운드(11.25~15kg)이다.

활의 적정한 길이는 드로우(draw: 끌어당김) 길이와 관련이 있다.

드로우 길이(인치)	활 권장 길이(인치)
24 이하 (61cm 이하)	60~64 (152~163cm)
25~26 (63.5~66cm)	65~66 (165~168cm)
27~28 (68.6~71.1cm)	67~68 (170~173cm)
29 이상 (73.7cm 이상)	69~70 (175~178cm)

오늘날의 활은 유리섬유, 나무, 유리섬유로 보강한 집성목재, 탄소, 합성 폼, 세라믹, 알루미늄 합금 등으로 제조한다. 활의 가격은 대략 어린이용은 $20에서 최고급 표적용 활이 $2,000 정도이다. 몇몇 활 제조업체는 리커브 보우와 컴파운드 보우 두 가지 모두 아주 훌륭한 초보자용으로 내놓고 있는데 가격은 $200 정도이다.

스트링(string: 활 줄)은 대개 데이크론(Dacron)과 패스트 플라이트(Fast Flight) 소재로 만든다. 데이크론 스트링은 지금도 대부분의 학교나 캠프 프로그램에서 사용하며 일부 컴파운드 보우에도 사용한다. 대부분의 고급 활은 패스트 플라이트 소재이며, 브레이스 높이를 훨씬 견고하게 유지하고 데이크론 소재 못지않게 내구성이 강하다.

활 선택 시 고려할 사항

1. 용도: 활을 표적용으로, 사냥용으로, 혹은 두 가지

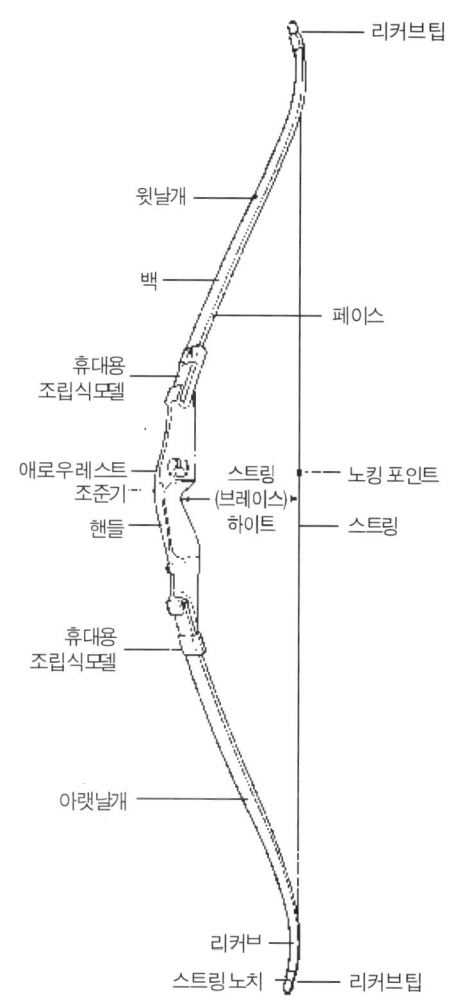
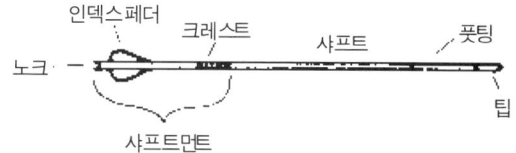
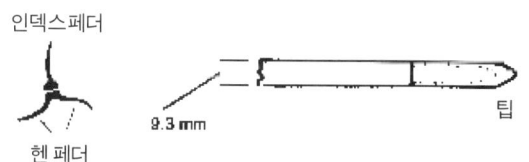

도해 20.1. 활과 화살의 각 부분 명칭

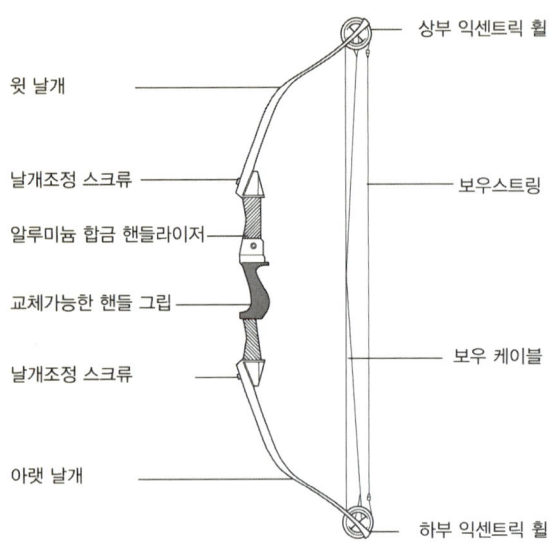

도해 20.2. 컴파운드 보우

도해 20.3. 주시

용도로 모두 사용할 것인가?

2. 오른손잡이 혹은 왼손잡이: 주시(주로 사용하는 눈 – 역자 주)에 대한 아래 내용을 참고할 것.

3. 활의 무게: 팔에 무리가 가지 않는 상태로 잡을 수 있는 활을 선택한다.

4. 날개: 비틀어지지 않고 곧은 상태인지 확인한다.

주시(Eye dominance)

대부분의 코치들은 활 쏘는 사람이 주시와 같은 쪽의 손을 사용할 때 잠재력이 증가한다고 생각한다. 활 쏘는 사람이 두 눈을 뜬 상태로 조준을 할 경우에도 주시를 결정해야 한다. 만약 한쪽 눈을 감은 채 사물을 조준하는 사람이라면, 오른손잡이든 왼손잡이든 주시는 결정적 요소가 아니며 사용하는데 익숙한 쪽으로 사물을 조준해야 한다. 만약 한쪽 눈을 감은 상태를 유지할 수 없다면 패치를 사용해 눈을 가리면 된다.

주시를 결정하려면 팔을 앞으로 완전히 쭉 뻗는다. 손을 모아 엄지와 나머지 손가락으로 구멍을 만든다 (도해 20.3). 양쪽 눈을 모두 뜬 상태로 표적을 응시한

다. 손을 얼굴 쪽으로 가져가 같은 표적을 계속 응시한다. 손이 얼굴에 닿았을 때 바로 구멍 아래에 오는 쪽 눈이 주시이다.

화살(The Arrow)

화살은 나무, 유리섬유, 알루미늄, 카본 그라파이트 (carbon graphite) 이렇게 네 가지 재질로 만든다. 이 중에서 나무 화살이 가장 가격이 싸지만, 곧지 않고 쉽게 휜다. 유리섬유 화살은 나무 화살보다 좀 더 곧고 내구성이 더 강하다. 많이 사용해도 형태를 계속 잘 유지하므로 초보자들에게 좋다.

숙련자는 알루미늄과 카본 그라파이트 화살이 가장 알맞다. 이런 화살은 더 곧고 가벼우며 활 쏘는 이의 필요에 알맞게 잘 조화를 이룬다. 이러한 특징은 화살이 날아가는 속도를 증가시키고 활에서 발사되는 힘이 더욱 좋게 만든다. 알루미늄과 카본 그라파이트 화살은 나무나 유리섬유 화살에 비해 더 비싸면서 내구성은 덜 할 수 있지만, 숙련자라면 이런 종류의 화

살을 사용함으로써 얻는 이익이 다른 결점을 상쇄하기에 충분하다.

화살은 양궁 장비 중에서 가장 중요한 것 중 하나이므로, 화살의 종류는 반드시 자신에게 가장 적합한 것으로 선택해야 한다. 혹시 도움이 필요하다면 양궁 전문판매점을 찾아 직원에게 화살 선택에 관해 조언을 구하거나 어떤 크기가 자신에게 가장 잘 알맞을지 판단하기 위해 화살 규격표를 활용하는 것이 바람직하다.

화살을 선택할 때 고려해야할 요소는 세 가지가 있는데, 화살 길이, 화살 샤프트(화살대), 날개 또는 깃의 형태이다. 먼저, 화살 길이를 결정하려면 특대형 화살을 풀 드로우로 당겨봐야 한다. 화살은 1인치 간격으로 표시되어 있어야 한다. 화살을 당겼을 때 활의 뒷부분을 지나 1인치 가까이 당겨지는 길이로 고른다.

'스파인(spine)'은 화살 샤프트의 단단한 정도를 의미한다. 화살 샤프트는 직경이 최대 9.3mm가 되어야 한다. 스파인이 서로 다른 화살들은 같은 활로 쏘더라도 제각기 다르게 날아간다. 스파인을 선택할 때는 화살 스파인 규격표를 참고해 가장 좋은 선택을 하도록 한다. 식섭 실험해보면 자신에게 가장 적합한 화살 길이, 스파인, 화살촉 크기를 판단할 수 있게 된다.

화살 길이를 선택하였다면, 그 다음엔 베인(vane)을 사용할지 페더(feather)를 사용할지 그리고 가장 적합한 크기를 결정해야 한다. 페더는 베인보다 화살의 주행을 더 빠르게 안정시키고 화살의 속도를 감소시키기 때문에 실내 양궁에 가장 적합하며, 야외에서 사용하면 바람 때문에 표류하게 될 수 있다. 베인은 몇 가지 형태의 플라스틱 재질로 만드는데 야외에서 사용하기에 가장 적합하다. 베인은 화살을 안정시키시는 못하지만 화살이 더욱 빠르게 날아가도록 돕는다. 페더와 베인 둘 다 다양한 크기로 나오므로, 실험을 해보고 자신에게 가장 알맞은 것을 선택해야 한다.

보호 장비

모든 궁수는 손가락 보호 장비를 갖추어야 한다 (도해 20.4 참고). 그렇지 않으면 활을 쏠 때 발사 자체가 부정확하고 힘겨워진다. 손가락을 보호하는 장비는 핑거 탭(finger tab, 검지, 중지, 약지손가락을 덮는 가죽 탭)과 슈팅 글러브(shooting glove, 일반 장갑과 비슷하나 엄지와 새끼손가락 부분이 없다)의 두 가지가 있다. 컴파운드 보우는 기계식 장치인 릴리즈 에이드(release aid, release: 현에 화살을 끼워 당겨 손가락을 풀어주는 발사 동작 – 역자 주)가 있어야 제대로 발사할 수 있다. 팔 보호대는 활을 미는 쪽 팔이 스트링과 접촉할 때 팔뚝 부분을 보호해준다.

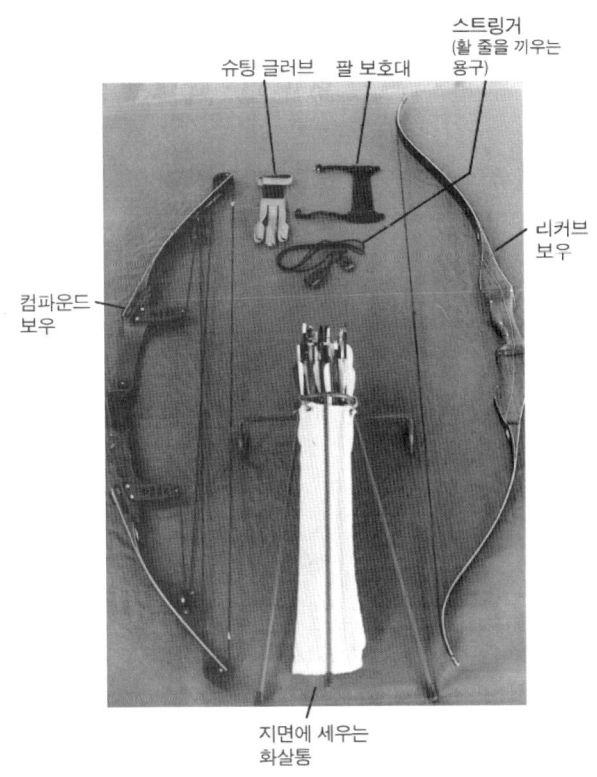

도해 20.4. 양궁 장비

표적(The Target)

대체로 수제식 표적지와 받침대의 비용이 가장 적게 들며 초보자들이 사용하기에도 가장 적합하다.

삼각 받침대는 3인치×1인치×6피트(7.5㎝×2.5㎝×1.8m) 길이의 소나무 판자 세 개로 구성된다. 그리고 지면에서 수직으로 10도에서 15도 정도의 경사각을 이루어야 한다 (도해 20.5 참조).

표적판은 지름이 대략 4피트(1.2m)이며 두께는 4~5인치(10~12.5㎝)이다. 밀짚이나 건초를 단단하게 둘둘 휘감아서 타르를 칠한 노끈으로 단단히 고정시켜서 만든다. 에타폼(ethafoam) 표적판은 가벼운 중량, 내구성, 기동성이라는 장점 때문에 최근에 표적판으로 많이 사용하고 있다.

표적지는 두꺼운 강화종이로 만든다. 다섯 가지 색깔의 원이 칠해지는데, 각 색깔마다 2점씩의 차이를 나타낸다. 중앙은 금색이며, 원 안에서부터 바깥으로 빨간색, 파란색, 검정색, 하얀색 순으로 칠해진다. 표적지는 금색 원의 정중앙이 지면에서 4피트 떨어진 높이에 와야 한다. 발사 거리가 다른 경기마다 사용하는 표적판의 크기가 달라진다 (도해 20.6 참조).

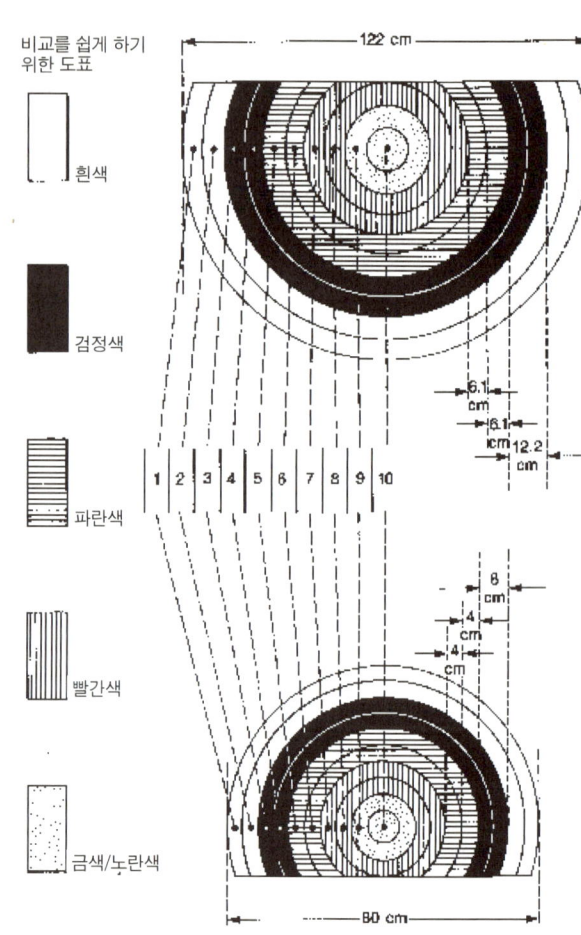

비교를 쉽게 하기 위한 도표

흰색

검정색

파란색

빨간색

금색/노란색

표적지의 정확한 각도와 높이 점검을 반드시 해야 한다.
FITA 규정 502(c)(d)조.

6"

표적지의 중심

130 cm

이 부분을 만져서 조정한다.

표적지를 15도의 경사각으로 맞춘다.

표적지와 받침대는 어느 경기에서나 중요하므로 거리가 변경되어 다시 고정시킬 때마다 표적지를 잘 점검해야 한다.

도해 20.5. 표적지의 높이와 각도

d	xy	z	
표적지 지름	득점 구역	색상 구역	안쪽 원 지름
122 cm	12.2 cm	6.1 cm	6.1 cm
80 cm	8 cm	4 cm	4 cm
60 cm	6 cm	3 cm	3 cm
40 cm	4 cm	3 cm	3 cm

도해 20.6. 10개 동심원 표적지 (센티미터를 인치로 바꾸려면 센티미터 수치에 0.4를 곱한다.)

규정(미국)

양궁 스포츠를 관할하는 주요 단체로는 미국양궁협회(NAA: National Archery Association), 미국필드양궁협회(NFAA: National Field Archery Association), 국제활사냥협회(IBO: International Bowhunters Organization)가 있다.

NAA 토너먼트는 FITA 국제규정에 맞추어 실시되는데, 사용하는 장비에 관한 제한규정을 두고 있다. 표 20.1에 다양한 경기 유형이 나와 있다. 예를 들면, 릴리즈 에이드와 확대가능한 조준기는 컴파운드 부문에서 사용할 수 있지만, 리커브 부문에서는 금지된다. 컴파운드 부문에서는 드로우 웨이트(draw weight; 활을 당기는 힘 – 역자 주)를 최대 60파운드까지 제한한다.

마찬가지로 NFAA 토너먼트도 활에 추가할 수 있는 장비를 규정하는 많은 부문과 범주(제한 및 무제한 등)를 포함하고 있다.

IBO 토너먼트에 의하여 실시되는 사냥 형식의 경기가 포함된다. 활의 종류, 연령 구분 등을 비롯한 다양한 범주를 두고 있다.

크로스보우(Crossbow, 석궁:중세 유럽에서 사용한 무기로서 쇠나 나무로 된 발사 장치가 달린 큰 활–역자 주)는 미국 크로스보우협회(National Crossbow Association)에서 주관하는 대회로, 공식적으로 리커브 혹은 필드 부문 선수들과 경쟁하지 않는다.

득점

FITA 규정을 따르는 경우, 실외 토너먼트에서는 득점 기록 전에 6발을 발사한다. 득점 기록 전에 발사하는 화살 수를 '엔드(end)'라고 한다. 실내경기에서 엔드는 3발로 구성된다. 표적을 벗어난 것도 한 샷으로 치지만 점수가 감점된다. 슈팅 라인에서 3미터 앞의 라인은 표적을 벗어나거나 떨어진 화살이 '샷'으로 인정

받기 위해 통과하는 최대 거리를 나타낸다. 샷으로 인정받으려면 화살이 완전히 이 선을 넘어가야 한다.

두 가지 색의 경계선을 가르며 박힌 화살은 두 색깔 중 화살이 낮은 점수 쪽으로 더 많이 치우쳤다 하더라도 그 둘 중 더 높은 쪽의 점수를 얻는다. 토너먼트에서는 화살을 표적에서 뽑아낼 때 화살 구멍을 표시한다. 만약 화살이 표적지에서 튕기거나 지나쳐가면 점수는 표시되지 않은 화살 구멍의 점수대로 기록된다. 점수는 항상 가장 높은 점수부터 나열되는데, 각 발사된 화살에 대해 10, 9(금색), 8, 7(적색), 6, 5(청색), 4, 3(흑색), 2, 1(백색)점을 매긴다. 표적지에 꽂힌 화살은 채점이 모두 끝날 때 까지 그대로 두어야 한다.

단체전 경기 시 안전수칙

선수들은 휘슬이 두 번 울린 후에 슈팅 라인에 가까이 선다. 그리고 휘슬이 한 번 울린 후에 한 발을 쏜다. 그런 다음 선수들은 슈팅 라인에서 물러나고, 휘슬이 세 번 울리면 화살을 모두 회수한다. 선수들은 다시 슈팅 라인 뒤에 서 있다가 휘슬이 두 번 울리면 위와 같은 방식으로 다시 한 번 실시한다. 휘슬이 세 번 이상 울리는 것은 위험한 상황이 존재한다는 것을 의미하며, 이런 경우 선수들은 즉시 조준을 멈추고 활에서 화살을 모두 제거해야 한다.

NAA 토너먼트

NAA 실외 토너먼트에서는 네 가지의 거리에서 발사를 하고 점수를 기록한다(각 거리미디 6발 6회). 넘자부는 90m, 70m, 50m, 30m, 여자부는 70m, 60m, 50m, 30m 거리에서 발사한다. 144발의 만점은 1,440점이다.

NAA 실내 토너먼트에서는 18m 거리에서 발사를 하고 점수를 기록한다. 3발 10회에 300점 만점이다.

표 20.1 표적양궁 라운드

FITA 라운드	화살 수	거리(m)	표적지(cm)	FITA 라운드	화살 수	거리(m)	표적지(cm)
남자부와 남자 중고등부	36	90	122	대학생 부문 600m 라운드*	20	50	122
	36	70	122		20	40	122
	36	50	80		20	30	122
	36	30	80	새로운 올림픽 라운드			
여자부와 여자 중고등부	36	70	122	(1위에서 64위까지			
	36	60	122	대진표 배정받은 64명)			
	36	50	80	64강전	18 †	70	122
	36	30	80	32강전	18	70	122
주니어 메트릭metric 라운드	36	60	122	16강전	18	70	122
	36	50	122	8강전	12 ‡	70	122
	36	40	80	4강전	12	70	122
	36	30	80	결승전	12	70	122
카데트Cadet 메트릭 라운드	38	60	122	실내 FITA 라운드 I §	30	18	40
	36	50	122	실내 FITA 라운드 II §	30	25	60
	36	40	80	미니어처 라운드 (실내) ‖	60	15	2ft.
	36	30	80	레인지 라운드 (실내) ‖	60	#	2ft.
900m 라운드 :	30	60	122	주니어 스콜라스틱 라운드 ‖	24	30 ††	122
남자, 여자, 남녀 중고등부	30	50	122		24	20 ††	122
	30	40	80	컬럼비아 라운드 ‖	24	50 ††	122
주니어 900m 라운드	30	60	122		24	40 ††	122
	30	50	122		24	30 ††	122
	30	40	80	주니어 컬럼비아 라운드 ‖	24	40 ††	122
카데트 900m 라운드	30	60	122		24	30 ††	122
	30	50	122		24	20 ††	122
	30	40	122	클라우트 라운드**			
이스턴Easton 600m 라운드*	20	60	122	남자부와 남자 중고등부	36	165 ††	–
	20	50	122	여자부와 여자 중고등부	36	125 ††	–
	20	40	122	주니어 및 카데트 청소년 부문	36	110 ††	–

* 각 거리에서 엔드당 5발 4회
† 6발 3회
‡ 6발 2회
§ 엔드당 3발 발사하고, 채점은 엔드를 마칠 때마다 실시한다. 시간은 엔드당 2분 30초로 제한한다.
‖ 공식 NAA 라운드는 아니지만, 학교나 캠프 토너먼트에서 사용한다.
\# 50, 40, 30, 20m(55, 44, 33, 22 야드) 중 한 거리에서 60발 발사.
** 클라우트 경기의 표적지는 원형으로 지름 14.5m(48피트)이고, 다섯 개의 동심원 득점 구역으로 나뉘며, 각 동심원의 너비는 1.22m
(4피트)이다.
표적지는 지면에 그려지거나 득점 라인이 나뉘는 선을 스틸 테이프 혹은 신축성 없는 끈으로 구분한다. 중앙에는 흰색 표적으로
표시하는데, 30인치보다 크면서 36인치보다는 작은 사각형 표적을 지면과 수직으로 세운다. 각 득점 구역의 점수는 중앙에서
바깥 순서로 9, 7, 5, 3, 1이다.

경기는 총 1,200점 만점의 4라운드로 구성된다.
남자부와 여자부는 다음과 같이 분류된다.

성인	18세 이상
FITA 경쟁부문	성인의 발사 거리로 경기를 희망하는 사람에 한해 18세 미만이면 모두 가능
중급	15~18세
주니어	12~15세
카데트	12세 미만

경기의 발사 거리는 선수가 참가하는 부문에 따라 달라진다.

필드 경기

미국에서는 활 사냥이 널리 인기를 끌고 있기 때문에 캘리포니아 레드랜드의 미국필드양궁협회(National Field Archers' Association)에서는 '필드 경기'라고 하는 일종의 토너먼트와 연습장을 후원한다. 서로 다른 크기이 14개 혹은 28개의 표적이 언덕과 계곡이 있는 코스의 사방에 무작위로 배치된다.

4인 1조로 '필드 라운드' 경기를 펼치는데, 표적을 하나하나 거치면서 진행한다. 표적은 흑색과 백색으로 되어 있으며, 표적의 중심이 5점이고 가장 바깥 원은 3점으로 계산한다. 표적 당 네 발을 발사한다. 가장 높은 점수를 얻은 사람이 우승한다.

기본적인 기술과 방법

활 스트링 걸기

활 스트링을 거는 가장 안전한 방법은 '보우 스트링거(bow stringer)'라고도 하는 보우 브레이서(bow bracer)를 사용하는 것이다. 보우 브레이서는 활 날개의 상단을 덮는 가죽 캡에 길게 꼰 끈이 달려 있는 장치이다. 활 스트링을 걸기 위해서는 스트링의 상부 고리를 윗날개 위로 걸고 하부 고리가 아랫날개의 홈에 들어갈 때까지 움직인다. 그런 다음 보우 브레이서의 가죽 캡을 날개의 팁 위에 건다. 활의 뒷부분이 위를 향하게 한 채 활이 지면과 평행이 되게 잡는다. 보우 브레이서 끈이 지면에 놓여야 한다. 끈을 밟고 활을 당겨 올린다. 상부 고리가 날개를 따라 움직이게 해서 날개 끝의 홈에 들어가게 한다. 활을 천천히 아래로 가게 한 다음 고리가 홈에 잘 끼워졌는지 확인한다.

스트링을 건 후 활 점검하기

고리가 노치 안으로 완전히 들어가서 스트링이 중앙으로 끼워졌는지 확인한다. 스트링에서 핸들까지의 가장 긴 거리는 8⅛에서 9½인치(21.6~24.1㎝) 정도가 되어야 하는데, 이것은 주먹을 쥐고 엄지손가락을 펴서 수직으로 대보면 대략적으로 가늠할 수 있다. 이를 '피스트메일(fistmele)' 혹은 '브레이스 하이트(brace height)'라고 한다.

활 스트링 풀기(언브레이싱 unbracing)

스트링을 거는 과정을 정확히 거꾸로 하면 된다. 스트링을 노치에서 뽑아서 고리를 윗날개 위로 움직이는 것만 다르다.

드로우(현 당기기 – 역자 주) 준비하기

스탠스(stance, 발의 자세)

몸이 슈팅 라인과 수직이 되는 상태로 슈팅 라인을 두 발 사이에 두고 선다. 활을 미는 팔은 몸통으로부터 90도로 고정시키고 표적지를 향해 조준한다. 발은 어깨 너비로 벌리고, 몸통과 머리는 똑바로 세우고 편안한 자세를 취한다. 이 자세는 전혀 긴장이 가해지지 않은 상태여야 한다. 발의 위치는 세 가지 방식이 있는데, 도해 20.7에서 볼 수 있다. 발의 위치는 자신이 가장 편안하게 느끼는 방식을 선택하면 된다. 초보자는 대개 오픈 스탠스 혹은 스퀘어 스탠스에서 시작한다.

스탠스에서 발생하는 실수

1. 양발이 라인의 한쪽으로 몰려있다.
2. 양발이 서로 너무 가깝거나 너무 멀리 떨어진다.
3. 한쪽 발에 중량을 너무 과도하게 싣는다.

활 잡는 손의 자세

조준 자세를 취하기 위해 활을 들어 올릴 때, 손목을 구부려서 활의 압력이 엄지손가락 바로 안쪽의 손바닥에 가해지게 한다. 엄지손가락과 나머지 손가락으로 활을 아주 가볍게(활이 떨어지지 않을 정도의 힘으로) 감싼다. 꽉 잡거나 활을 쥐어짜듯이 잡으면 안 된다 (도해 20.8).

오픈 스탠스

슈팅 라인

클로즈드 스탠스

스퀘어 스탠스

도해 20.7. 스탠스의 세 가지 방식

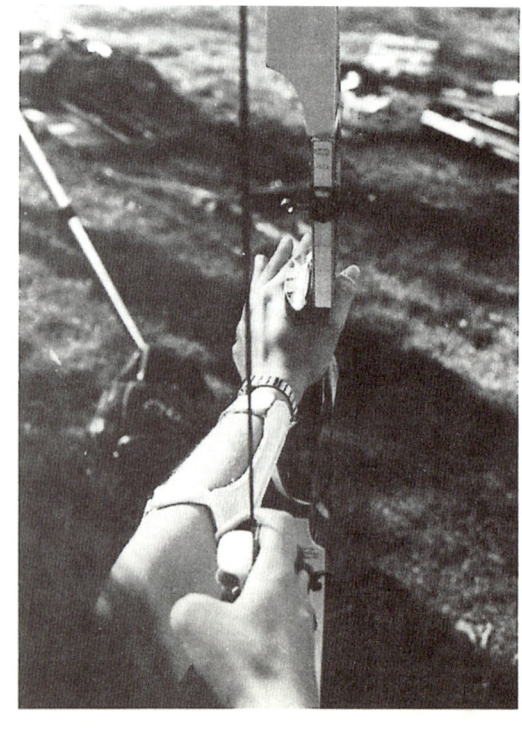

도해 20.8. 활 잡는 손의 자세

스트링 잡는 손의 자세

화살의 릴리즈(release; 현에 화살을 끼워 당겨 손가락을 풀어주는 발사 동작 – 역자 주) 과정을 성공적으로 수행하려면, 먼저 당기는 손의 검지, 중지, 약지 손가락을 스트링에 거는 것으로 시작한다. 검지손가락은 화살의 위쪽에 놓이고 나머지 두 손가락은 화살 아래에 놓인 상태에서, 각 손가락의 첫 번째 관절이 스트링을 감싼다.

노킹(nocking, 화살을 현에 끼우는 동작 – 역자 주)

리커브 보우에서는 인덱스 페더(다양한 색깔 가능)가 활과 반대방향을 향하게 한 채 스트링과 수직이 되어야 한다. 컴파운드 보우에서는 인덱스 페더 위치가 어떤 종류의 애로우 레스트(화살 깃이 활에 걸리지 않게 하는 부품 – 역자 주)를 사용하는 지에 따라 달라진다. 위치 표시 용도로 사용하는 노크 로케이터(nock locator)는 화살이 스트링 위에 있을 때 90도를 이루면서 스트링 위에 놓인다. 노크 로케이터는 스트링에 단단히 고정되어야 하고, 화살은 노크 로케이터 아래로 걸어야 한다 (도해 20.9 참조).

드로우와 동작 전환 시점

드로우를 시작할 때는 활을 발사 자세로 들어 올린 다음, 활 잡은 팔을 앞으로 밀고 스트링 잡은 팔을 당기는 동작을 동시에 한다. 드로우 상태가 되면 활 잡은 팔과 스트링 잡은 팔에 같은 압력이 전해져야 한다.

풀 드로우를 할 때는 활 잡은 팔이 어깨 높이로 올라오고, 팔꿈치는 최대한 적세 구부려야 한다. 시이트 슈팅(sight shooting, 조준기를 사용해 겨냥하는 방법 – 역자 주)을 할 때는 검지손가락을 턱 아래에 댄 채 스트링을 얼굴 쪽 뒤로 움직이는데, 일정한 속도로 턱뼈선을 따라 동작한다. 스트링은 턱과 코 두 군데로 분산되는데 이는 기준점을 추가적으로 보완하기 위한 것이다. 사이드 앵커(side anchor; 앵커는 활 줄을 당겨 턱 부위에 고정시키는 상태이며, 사이드 앵커는 턱 옆에 고정시키는 것임 – 역자 주) 사법(도해 20.10과 20.11) 혹은 프런트 앵커(front anchor; 활 줄을 턱 앞에 고정시키는 상태 – 역자 주) 사법(도해 20.12와 20.13) 어느 것이든 사용할 수 있다. 동작의 전환 과정이 흔들림 없이 이루어지는 것은 훌륭한 궁수를 판별할 수 있는 가장 중요한 측면 중 하나이다. 풀 드로우 자세에서 스트링 잡은 팔의 팔꿈치는 화살과 일직선이 되어야 한다.

드로우를 할 때 발생하는 실수

활을 잡는 팔:
1. 팔꿈치를 똑바로 펴거나 과도하게 편다.
2. 팔꿈치를 너무 많이 구부린다.

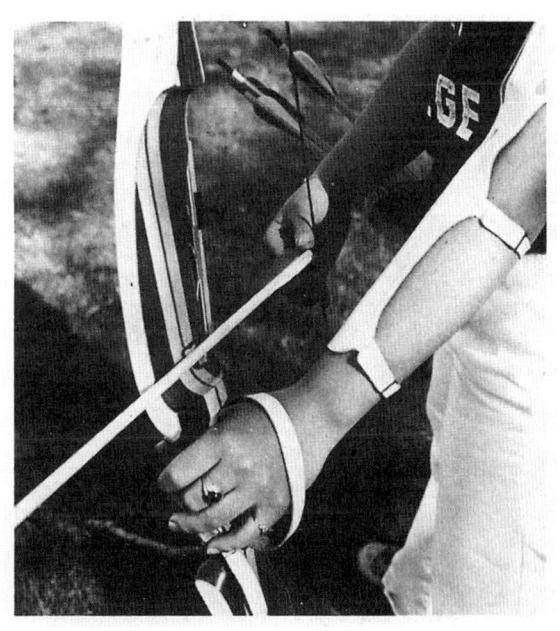

도해 20.9. 정확한 노킹 자세

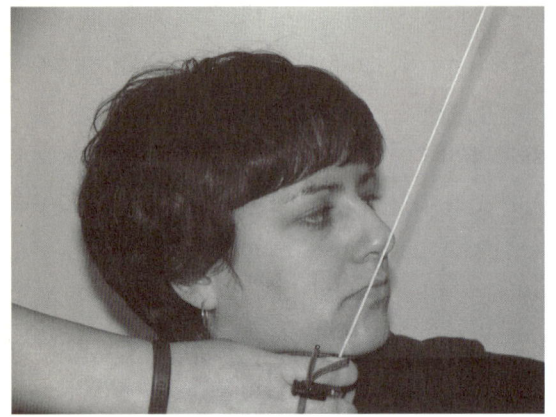

도해 20.10. 가까이서 본 사이드 앵커 사법

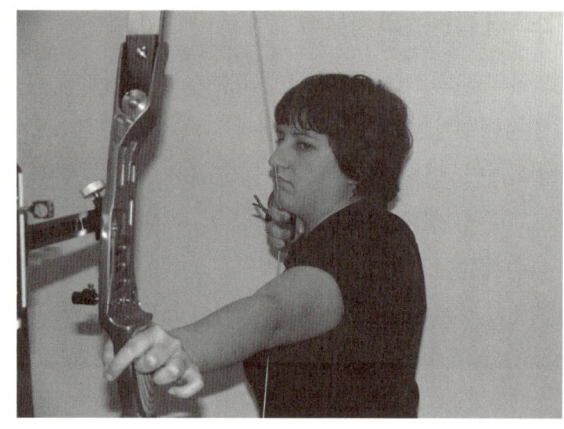

도해 20.13. 멀리서 본 프런트 앵커 사법

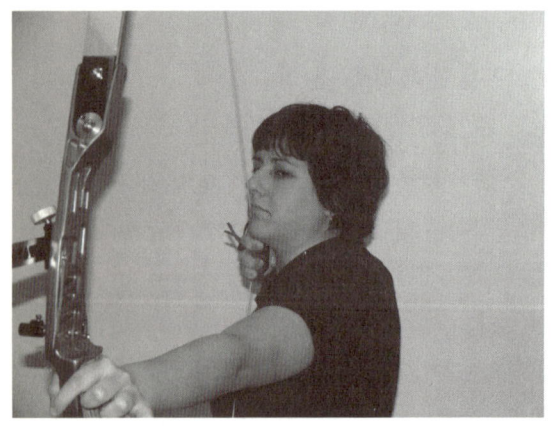

도해 20.11. 멀리서 본 사이드 앵커 사법

3. 왼쪽 어깨를 구부린다.

스트링을 잡는 팔:

1. 앵커 포인트가 너무 앞이나 너무 높게, 혹은 턱 아래에 있다.
2. 집게손가락이나 스트링의 끝 부분이 아니라 손의 다른 부분이 앵커 포인트에 있다.
3. 팔꿈치 위치가 너무 높거나 너무 낮다.

조준(Aim), 릴리즈(Release), 팔로우스루(Follow-through)

보우 사이트(Bow sight) (프리스타일)

보우 사이트는 조준을 돕는 장치이며 활 뒤쪽에 부착되어 있다. 상하좌우 조정을 할 수 있어 모든 범위의 사물을 겨냥하는 데 유리하다. 사용할 때는 시선이 조준기를 통해 표적의 중앙에 놓이게 해야 한다. 오른손잡이의 경우에는(오른손으로 스트링을 당기는 사람) 왼쪽 눈을 감고 조준기를 표적의 중앙에 오게 한다. 왼손잡이의 경우에는 오른쪽 눈을 감는다.

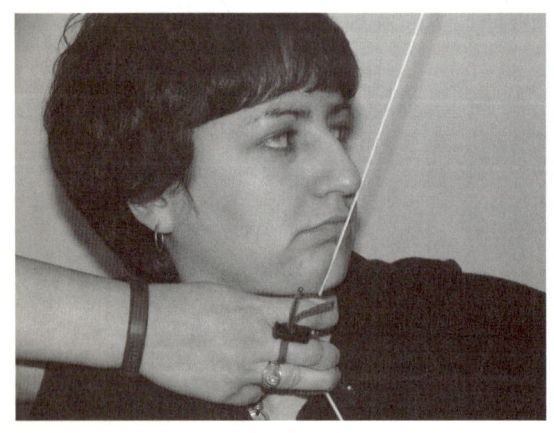

도해 20.12. 가까이서 본 프런트 앵커 사법

핀 사이트(Pin sight)

오늘날 가장 경제적인 형태의 보우 사이트 중 하나가 핀 사이트이다. 조준할 수 있도록 마스킹테이프를 사용하거나 큰 핀이 한두 개 달린 웨더 스트리핑(weather stripping: 비바람이 새는 것을 막는 등마개 – 역자 주)을 사용한다. 때로는 조준용으로 설압자(tongue depressor)를 접착테이프와 핀 혹은 성냥개비로 고정시켜서 쓰기도 한다.

조준기를 조정할 때는,

1. 표적에서 10야드(9.14m) 정도 거리에서 시작한다.
2. 핀을 애로우 레스트에서 4인치(10㎝) 정도 위로 맞춘다. 핀이 표적의 중앙에 오도록 설정한다.
3. 3개의 화살을 한 그룹으로 발사한다. 만약 화살이 표적보다 높은 곳에 도달하면 핀을 더 높게 맞춘다. 만일 화살이 표적보다 낮으면 핀을 더 낮게 맞춘다. 항상 핀을 화살이 못 미치는 방향으로 움직인다.
4. 핀 조정을 하고 나면 다시 한 번 실험해본다. 표적 중앙을 조준하고 발사한다.
5. 거리가 바뀌면 핀을 조정한다. 활 쏘는 이가 표적에서 더 멀리 움직이면 길어진 거리를 보완하기 위해 핀을 내린다. 민약 화살이 오른쪽이나 왼쪽을 놓치면 핀을 안쪽으로 밀거나 바깥쪽으로 빼야 한다. 놓치는 방향으로 핀의 머리 부분을 움직여야 한다는 것을 기억한다.

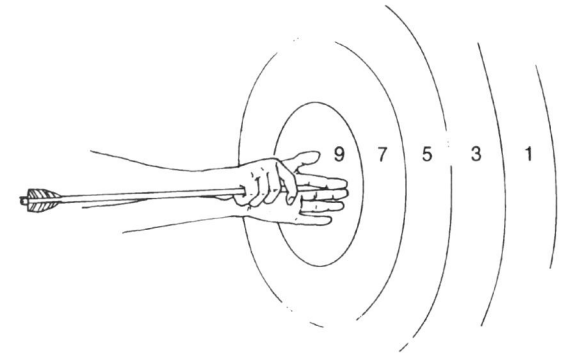

도해 20.14. 표적에서 화살뽑기

표적에서 화살 뽑기

화살이 검지와 중지 사이에 오게 하여 화살을 잡은 손의 손등이 표적지 쪽을 향하게 자세를 잡는다 (도해 20.14. 참조). 다른 한 손으로 화살을 표적 가까이서 잡고 뽑아낸다. 화살을 뽑을 때는 조심스럽게 움직여서 화살이 휘거나 비틀리지 않도록 해야 한다. 화살을 뽑아낸 후에는 화살을 땅에 떨어뜨려 손에 아무것도 들지 않은 상태에서 남은 화살들을 뽑아낸다. 만일 페

더가 표적에 박히도록 화살이 관통했다면 페더가 울퉁불퉁해지거나 벗겨지지 않도록 표적의 뒤에서 앞으로 빼내야 한다. 만일 화살이 표적의 나무다리나 나무 받침대를 관통했다면 화살을 뽑기 전에 먼저 펜치로 그 부분을 벌려서 빼내야 한다. 가끔씩 표적을 맞추지 못한 화살이 지면 쪽으로 미끄러져 잔디에 박힌다. 이런 경우에는 페더가 박히도록 표적을 관통한 화살을 제거할 때와 마찬가지로 화살 끝 쪽부터 빠져나오도록 하여 뽑아낸다. 표적을 벗어난 화살을 찾을 때는 잘못하면 화살을 밟아 부러질 수 있으므로 지면 위를 조심스럽게 살피면서 찾아야 한다.

안전수칙

양궁은 활 쏘는 이가 부주의할 경우 위험해질 수 있는 특정 요소들을 갖고 있다. 발사할 때의 바른 자세나 범위를 벗어난 장비를 다룰 때는 특히 굉장히 중요하다. 안전수칙은 다음과 같다.

1. 다른 사람이 화살을 발사하고 있을 때는 표적지에 가까이 가지 않는다. 모든 참가자는 자신이 쏜 화살을 동시에 회수해야 한다.

2. 발사가 끝났을 때는 세 발짝 정도 뒤로 물러서서 기다린다.

3. 표적을 향해서만 화살을 겨눈다.

4. 슈팅 라인에서만 표적을 향해 발사한다.

5. 활과 화살을 장난감처럼 다루지 않아야 함을 명심한다.

6. 시작 신호와 정지 신호를 충실히 준수해야 한다.

7. 발사하는 동안에 표적 뒤에는 백스톱(backstop, 표적지 뒤쪽의 방지대 – 역자 주)이 있어야 한다. 만일 백스톱이 없다면 표적 뒤는 트인 공간이어야 한다.

8. 어린이나 부주의한 사람들이 만질 수 있는 곳에서 활과 화살을 무방비 상태로 남겨두고 자리를 뜨면 안 된다.

9. 어떤 상황에서든 상공을 향해 쏘면 안 된다.

10. 결함 있는 활과 화살을 사용하거나 다른 사람들이 사용하게 하면 안 된다.

11. 위험을 무릅쓰거나 부주의하게 사용해선 안 된다.

12. 엄지손가락과 한 손가락 사이에 화살을 끼우면 안 된다. 항상 세 개의 손가락을 사용해 화살을 당겨야 화살이 의도와 다르게 날아가는 일이 없다.

교육 시 고려사항

1. 안전수칙을 엄격하게 지도하고 위반사항에 대해서는 엄중한 결과가 따른다는 것을 가르친다. 일관된 신호를 설정하고 사용한다.

2. 학생들을 가르칠 때는 첫 수업시간 전에 활에 스트링을 미리 걸어두어야 시간을 허비하지 않고 첫 수업시간 중에 학생들이 화살을 발사할 기회를 가질 수 있다.

3. 따로 조정을 해야 하는 게 아니라면 학생들이 모든 장비를 사용하게 될 첫 수업 날에 활과 화살을 배정한다.

4. 둘째 날에는 화살에 스트링 거는 법과 푸는 법을 가르친다.

5. 분야 별로 분류하여 가르치기 전에 양궁 기술에 대한 전체적인 개념을 학생들에게 가르친다. 이것은 직접 실연을 해보이거나 실연 과정의 요령을 잘 묘사할 수 있는 시청각 교재를 사용하는 것이 방법이다.

6. 릴리즈 과정이 일어나지 않도록 화살을 장착하지 않은 채 스탠스, 드로우, 조준 연습을 시킨다. 이런 측면들을 하나하나 정확하게 바른 자세로 할 때까지 연습시킨다. 학생들이 이런 원리들의 기본을 모두 습득할 때까지 연습시키는 것은 아니다. 필요에 따라 한 번에 한 단계씩 숙달될 때까지 각 단계의 진도를 진행한다. 인원이 많은 수업에서는 아래 사항을 서로 점검할 수 있도록 파트너를 활용한다.

   a. 라인 사이에 다리를 벌리고 서기.

   b. 손바닥으로 활 무게를 감당하며 활 들기.

   c. 스트링 잡은 쪽 손의 자세는 검지, 중지, 약지 세 손가락과 손가락의 첫 번째 관절 전체를 사용하기.

   d. 스트링을 뒤로 당길 때(90도 자세) 팔꿈치는 수평의 직선 경로로 움직이기.

   e. 활 잡는 팔은 팔꿈치를 약간 구부리기.

   f. 동작 전환 과정을 정확하게 수행하기.

7. 학생들이 이들 단계를 완전히 습득하고 나면 노킹, 드로우, 앵커, 조준, 릴리즈를 추가한다. 학생들이 각자 자신의 진도에 맞추어 연습을 하기 전에 신호를 사용하여 각 단계를 진행하게 한다. 학생들이 화살 릴리즈 동작을 하기 전에 슈팅 라인에 나아가는데 대한 규칙을 재차 강조한다.

8. 학생들에게 자신의 화살을 제거하고 점수를 채점하도록 지시하기 전에, 먼저 한 표적에서 화살을 제거하고 점수를 매기는 방법을 가르친다.

9. 학생들에게 한 엔드의 발사를 할 기회를 준 후, 조준기와 사용방법에 대해 재차 강조한다.

10. 연습을 충분히 한 후에도 같은 실수가 계속 나온다면 학생들이 자신이 발사한 화살들을 바탕으로 기술상 실수들을 분석할 수 있도록 돕는다.

11. 거리가 긴 유닛 코스에서는 라운드별 발사 기술을 향상시키고 색다른 종목을(풍선 경기, 골프 양궁 등) 추가한다.

용어 해설

궁술가(toxophilite) 양궁의 기술을 연구하고 정통한 사람.

그루핑(grouping) 표적지에 화살들이 가깝게 모이도록 발사하는 것

노크(nock) 화살의 끝 쪽에 있는 홈.

노킹 포인트(nocking point) 스트링 위에 화살이 놓이는 지점

더블 라운드(double round) 연속으로 2회 발사하는 라운드.

드리프트(drift) 바람이나 날씨 때문에 화살이 어느 한 쪽으로 쏠리며 날아가는 현상.

라운드(round) 정해진 수의 화살을 특정 거리에서 발사하는 것.

레이디 파라마운트(lady paramount) 경기를 감독하는 여성.

레인지(range) 발사 거리.

레인지 라운드(range round) 실내경기로, 60개의 화살을 단일 거리 - 55, 44, 33, 22야드(50, 40, 30, 20m) - 에서 발사한다.

레인지 파인더(range finder) 다양한 거리를 측정하는데 사용하는 장치.

렛 플라이(let fly) 화살을 릴리즈하는 것.

로빙(roving) 야외 코스의 다양한 거리에 있는 표적들을 정해진 수의 화살로 발사하는 것.

루스(loose) 드로우 동작 후에 나타나는 보우스트링의 릴리즈.

로우 스트렁(low strung) 스트링과 보우 사이가 한 피스트메일보다 작은 것.

리플렉스 보우(reflexed bow) 날개가 휜 형태인 활.

릴리즈(release) 화살을 발사하는 것.

림([날개], limbs) 활의 상부 및 하부.

미니어처 라운드(miniature round) 실내경기로, 60개의 화살을 16.7야드(15m) 거리에서 2피트(60cm) 크기의 표적을 향해 발사하는 것.

백(back) 활 부분 중 활 쏘는 이의 몸통에서 먼 쪽에 위치하며, 표적을 향하는 면.

버트(butt) 표적판을 떠받치는 사물.

베인(vane) 화살의 플라스틱 페더.

벨리(belly) 활의 안쪽으로, 스트링을 향하는 면.

보우 암(활 잡는 팔, bow arm) 릴리즈 동작을 하기 위한 준비자세에서 쭉 펴는 쪽 팔.

보우 사이트(bow sight) 조준을 돕기 위해 활에 부착하는 장치.

브레이스(brace) 활에 스트링을 끼울 때 노크의 스트링에 거는 것

브로드헤드(broadhead) 사냥감 수렵용으로 사용하는 화살촉.

사이트(sight) 표적의 중앙을 정확하게 조준할 수 있게 해주는 조준장치.

샤프트(shaft) 화살의 길다란 중앙 부분.

샤프트먼트(shaftment) 화살에서 크레스트와 페더를 부착하는 부분.

서빙(serving) 보우스트링 주위를 감싸는 실.

셀프 애로우(self arrow) 한 조각의 나무로 만든 화살.

셀프 보우(self bow) 한 조각의 나무로 만든 활로, 컴포지트 보우(composite bow, 두 가지 이상의 재질로 만든 것 - 역자 주)와 반대되는 개념이다.

슈팅 라인(shooting line) 활을 발사하기 위해 서는 라인으로, 이 선을 중심으로 양옆으로 발을 벌리고 선다.

슈팅 탭(shooting tab) 손가락을 보호하는 장비.

스네이크(snake) 깊은 잔디 속에서 잃어버린 화살.

스파인(spine) 화살의 힘과 유연성을 나타내는 지표.

스콜라스틱 라운드(Scholastic round) 24개의 화살을 44야드와 33야드(40m와 30m)에서 각각 발사하는 경기.

스트로크(stroke) 발사 자세.

스트링잉(stringing) 스트링을 활에 끼우고 발사 준비를 하는 것.

스폿(spot) 표적의 중심.

아웃(out) 한 라운드에서 발사되는 첫 번째 유닛.

아이(eye) 스트링 고리.

아처스 골프(archer's golf) 골프의 형태를 취한 양궁 게임으로, 때로는 골프 코스

암 가드(팔 보호대, arm guard) 활 잡는 팔의 팔뚝 부분을 보호하는 장비

언더보우드(underbowed) 드로우 중량이 너무 가벼운 활을 사용하는 것.

엔드(end) 대개 6발의 화살을 발사하며, 연속으로 혹은 3발씩 2회로 실시한다.

오버보우드(overbowed) 활에 드로우 중량을 너무 무겁게 사용하는 것.

워블(wobble) 화살이 불안정하게 흔들리며 날아가는 것.

원드 슈팅(wand shoot) 수직의 곧은 나무토막을 향해 발사하는 것.

윈디지(windage) 오른쪽과 왼쪽의 오류로 시야를 조정하는 것

유니트(unit) 표적이 14개인 코스로, 모든 공식 발사를 포함한다.

인(in) 한 라운드에서 발사하는 두 번째 유니트.

인덱스 페더(index feather) 노크와 직각으로 붙어있는 페더/여러 가지 색깔의 페더.

저킹(jerking) 릴리즈 동작 시에 화살을 발사하는 손의 반동이 너무 강해서 발생하는 덜컹거리는 충격.

주니어 스콜라스틱 라운드(Junior Scholastic round) 청소년부 경기로, 각각 33야드와 22야드(30m와 20m) 거리에서 24개 화살을 쏜다.

주니어 컬럼비아 라운드(Junior Columbia round) 청소년부 경기로, 각각 33야드와 22야드(30m와 20m) 거리에서 24개 화살을 쏜다.

중량(weight) 활을 풀 드로우하는 중량.

조준기(point of aim) 활 쏘는 이가 정면 위치에 있지 않을 때 표적 중앙을 맞추기 위해 사용하는 보조장치.

직관적 발사(instinctive shooting) 조준장치의 도움 없이 발사하는 것.

캐스트(cast) 화살이 발사되는 거리.

컬럼비아 라운드(Columbia round) 55, 44, 33야드(50, 40, 30m) 거리로 24개 화살을 발사하는 여자부 종목.

퀴버([화살통], quiver) 화살을 세워놓는 장치.

크레스트(crest) 화살을 다른 화살들과 구별하기 위한 표시.

클라우트 경기(clout shooting) 대개 36개의 화살을 48피트(14.5m) 거리에 놓인 표적을 향해 발사하거나, 여자부는 120 혹은 140야드(108m 혹은 126m), 남자부는 180야드(162m) 거리로 지면에 표시된 표적을 향해 발사한다.

키퍼(keeper) 스트링이 느슨한 활에 스트링의 끝을 고정시키기 위해 사용하는 부품.

태클(tackle) 양궁 장비.

태슬(tassel) 젖은 화살을 닦는 천 뭉치나 한 조각의 천.

트래직터리(trajectory) 화살의 비행. 화살이 날아가는 경로.

팀버(timber) '조심하라는 주의', 화살이 릴리즈되었다는 경고성 신호로, 필드 경기에서 사용한다.

퍼펙트 엔드(perfect end) 6발의 화살이 모두 금색 표적을 맞히는 것.

페이스(face) 표적의 앞면.

페티코트(petticoat) 표적지 위에 있지만 링 바깥으로, 하얀색 링을 넘는 부분. 만약 화살이 이 부분을 맞힌다면 점수가 주어지지 않는다.

포인트(point) 화살에 있는 금속 팁.

포인트 블랭크 레인지(point-blank range) 표적의 중심을 정확하게 조준하는 거리.

표적판(face) 표적의 앞쪽 면.

플라이트 경기(flight shooting) 장거리로 발사하는 경기.

플레치(fletch) 화살에 페더를 설치하는 것.

피스트메일(fistmele) 엄지손가락을 들었을 때의 주먹의 높이(브레이스 높이).

핀 사이트(pin sight) 활에 있는 조준을 돕는 장치.

필드 캡틴(field captain) 일반적으로 토너먼트를 감독하는 사람.

표적 조준하기(addressing the target) 정확한 스탠스, 즉 발사 준비 자세를 취하는 것. 발은 슈팅 라인 양쪽으로 벌려야 한다.

헤드(head) 화살대의 끝 부분.

헨 페더(hen feathers) 비슷한 두 가지 색깔의 페더.

히트(hit) 어느 지점에서든 표적에 꽂히는 것.

추가 읽을거리

Boga, S. 1997. *Archery*. Mechanicsburg, PA: Stackpole

Books. 양궁의 역사, 장비, 기술에 관한 내용을 담고 있다.

Chase, C. 1997. *Archery: Guidelines to excellence.* Dubuque, IA: Eddie Bowers. 슈팅 라인에서의 자세에 초점을 둔다. 경험이 많은 필드 궁수의 관점에서 집필하였다.

Fadala, S. 1999. *Traditional archery.* Mechanicsburg, PA: Stackpole Books. 고전적인 장궁과 리커브 보우를 고르는 법, 화살 선택, 장비 조정 및 관리, 발사 기술, 부속품, 안전수칙, 역사, 자료에 대해 설명한다.

Haywood, K. M., and Lewis, C. F. 1997. *Archery: Steps to success* 2nd ed. Champaign, IL: Human Kinetics.

McKinney, W. C., and McKinney, M. W. 1997. *Archery.* 8th ed. Dubuque, IA: McGraw-Hill. 표적 양궁의 최신 도구와 기술, 활로 하는 수렵과 낚시에 대한 정보와 더불어 문학, 예술, 역사에서 나타난 양궁의 풍부한 유산에 대한 간략한 내용을 포함한다. 궁수의 신체적 컨디셔닝 방법과 130개 이상의 삽화가 실려 있다.

Sorrels, B. 2004. *Beginners guide to traditional archery.* Mechanicsburg, PA: Stackpole Books. 화살 선택, 자세 교정, 대회 참가 등에 관한 정보를 제공한다.

Titlow, S., and Johnson. 1997. *Archery.* 3rd ed Boston, MA: American Press.

자료

비디오

Archery right on, 16mm 컬러, 유성 영화. 원시시대에서부터 올림픽에 이르기까지의 양궁. Fred Bear Sports Club Film Library, 25921 W Eight Mile Rd., Detroit, MI 48235.

몇몇 수렵 영화는 프레드 베어 스포츠 클럽(Fred Bear Sports Club)의 영화 자료실에서 볼 수 있다. 25921 W Eight Mile Rd., Detroit, MI 48235.

그 외 비디오 자료는 부록 C를 참조하라.

웹사이트

FITA-국제양궁연맹(International Archery Federation) www.archery.org

미국 올림픽양궁(U.S. Olympic archery) 국가 관리 기구 www.usarchery.org

미국필드양궁협회(National Field Archery Association) www.nfaa-archery.org

주니어 양궁(Junior Archery) www.aasinfo.demon.co.uk

토너먼트 양궁과 활사냥 방식의 양궁에 중점을 둔 홈페이지 www.archerynetwork.com

21 에어로빅댄스

이 장을 완벽하게 습득한 뒤, 독자들은 다음과 같은 사항들을 할 수 있어야 한다.

▸ 에어로빅댄스를 정기적으로 함으로써 얻을 수 있는 이점을 이해한다.
▸ 에어로빅댄스 수업은 동작 순서를 포함하여 안전성과 효율성을 고려해 구성하고 계획한다.
▸ 에어로빅댄스 프로그램에 알맞은 음악, 동작 패턴, 운동을 선택한다.

역 사

'에어로빅댄스'라고 일컫는 활동은 변화를 겪고 있는데, 주로 에어로빅댄스의 정의가 확대되는 데서 나타난다. 스판덱스, 레오타드(leotard, 춤, 무용, 체조 등을 할 때 착용하는 것으로 타이즈처럼 몸에 붙는 옷 - 역자 주), 춤 이미지 같은 것에 집착하기보다는 남성, 노인, 과체중인 사람들을 비롯해 보통 사람들도 누구나 할 수 있는 활동으로 바뀌고 있다.

단체운동은 지도자가 미리 정한 포맷에 따라 참가자들이 그룹 형태로 하는 운동으로 정의된다. 단체운동은 항상 그렇진 않지만 대개 음악에 맞추어서 한다.

단체운동은 아주 다양한 범위의 그룹 형태로 구성되며, 에어로빅댄스, 스텝 에어로빅, 슬라이드 에어로빅, 수중 운동, 실내 사이클링, 근육 컨디셔닝, 유연성 훈련 같은 운동에 사용되는 여러 가지 동작들을 포함한다.

음악에 맞추어 실행하는 연속적이고 율동적인 동작으로 정의되는 에어로빅댄스는 1969년 소렌슨(Jacki Sorenson)이 창안한 것이다. 활기찬 댄스 스텝과 운동을 결합하여 대중적인 음악에 맞춰 단체로 실시하는 에어로빅댄스는 미국에서 가장 빠르게 성장한 레저 활동 가운데 하나다. 오늘날에는 2,500만 명 이상의 운동애호가들이 수백만 달러 규모의 에어로빅댄스

산업에 참여하고 있다. 거의 모든 지역사회에서 에어로빅댄스 강좌가 개설되어 배울 기회를 제공하고 있다. 심지어는 가정에서도 텔레비전 프로그램과 DVD를 통해 인기 높은 단체운동 강사를 따라하는 방식으로 체력 소모가 많은 이 활동에 참여할 수 있다.

에어로빅댄스는 원래 여성 참가자들을 위해 고안되어 정확하게 안무에 맞춰 하는 방식이었는데 점차 댄스, 스포츠, 운동 동작이 무작위로 혼합되어 남성과 여성 모두에게 흥미를 끌 수 있는 형태의 자유로운 형식의 댄스로 진화해왔다. 1990년에 스텝 에어로빅이 처음 소개되었고, 1996년에는 스텝 에어로빅 참여율이 저충격 에어로빅댄스나 고충격 에어로빅댄스 참여율을 앞질렀다 (American Sports Data Inc.와 Fitness Products Council의 조사 자료). 뿐만 아니라 슬라이드 에어로빅, 수중 운동, 실내 사이클링 같은 다른 단체운동의 참여율이 계속 높아지고 있다.

여러 전문 피트니스 단체에서도 자격 있는 강사 영입을 돕고 있다. 국제 피트니스전문가협회(International Association of Fitness Professionals)와 미국 에어로빅 및 피트니스 협회(AFAA: Aerobic and Fitness Association of America) 같은 단체는 회원들에게 운동 간행물 구독, 피트니스 컨벤션과 워크숍 참여, 단체운동 강사 자격을 획득할 기회 등을 포함하는 서비스를 제공하고 있다. 1983년부터 AFAA는 73개 국가에서 18만 명 이상에게 피트니스 전문가 자격증을 발부했다.

에어로빅댄스의 이점

에어로빅댄스는 전신의 체력을 향상시킬 수 있는 훌륭한 운동이다. 에어로빅댄스는 피트니스의 건강 관련 요소들의 균형을 맞추어주면서 유연성, 근력, 심폐 건강, 체성분을 향상시켜준다. 음악에 맞춰서 하는 율동 역시 협응력과 밸런스를 개발시키는 데 도움이 된다.

뿐만 아니라, 단체로 하는 운동은 다른 많은 유산소 운동으로는 얻을 수 없는 사교활동의 기회를 제공한다.

시 설

일반적인 에어로빅댄스의 이상적인 환경은 다음과 같다.
1. 실내 온도가 섭씨 15.5도에서 21도이면서 통풍이 잘 되는 장소.
2. 바닥은 충격을 흡수할 수 있으면서, 발의 측면 동작이 원활하고 적당한 견인력을 얻을 수 있어야 한다. 단단한 나무 재질의 반발력 있는 바닥면이 에어로빅댄스에 이상적이다.
3. 참가자들이 편안하게 움직일 수 있는 공간이 필요하다. 팔을 쭉 편 채 어느 방향으로든 두 걸음을 크게 걸었을 때 다른 사람과 닿지 않을 만큼 충분한 공간을 확보할 수 있어야 한다.
4. 음향 상태는 음악이 흘러나올 때도 강사의 목소리를 잘 들을 수 있어야 한다.
5. 인원이 많을 때는 강사가 올라서서 지도할 수 있는 연단이 있어야 한다.
6. 거울이 있으면 참가자들이 자세와 동작 상태를 확인하고 교정할 수 있다.

그 외 필요한 다른 시설로는 수심이 얕거나 깊은 수영장, 도보와 인라인 스케이팅용 실외 코스가 있다.

장 비

필요한 장비는 시설 형태와 강좌 규모에 따라 다르다. 대부분의 프로그램은 음향장비와 오디오테이프 혹은 CD를 준비해야 한다. 강좌가 넓은 공간에서 이루어질 경우에는 강사가 사용할 무선 마이크도 있어야 한다. 그 외에 필요할 수 있는 장비들로는 계단(벤치), 슬라이드, 고무 튜브나 밴드, 핸드 웨이트(일반적으로 1~10파운드짜리 덤벨을 사용함), 앵클 웨이트(ankle weights, 발목에 감아 사용하는 운동기구 – 역자 주), 짐볼, 매트, 스트레칭용 스트랩, 줄넘기용 줄, 권투 글러브 혹은 테이프, 스피닝 사이클(spinning cycle), 물장갑, 누들(noodle, 부력기구의 일종 – 역자 주), 보조날개, 수중계단 등이 있다.

복장과 신발

참가자들은 가볍고 통풍이 잘 되는 옷을 입어야 한다. 공기가 잘 통하는 재질이면서 땀을 흡수하는 기능이 있는 면섬유를 권장한다. 운동복에 사용하는 섬유들 다수가 면 혼방 재질이다. 무릎길이의 타이즈나 피트니스용 반바지에 레오타드나 티셔츠를 함께 입으면 편안함과 기동성이 가장 탁월하다. 면양말은 땀을 흡수하고 물집이 생기지 않도록 도와준다. 추운 곳에서는 옷을 겹쳐 입는 것을 권장하며, 활동량이 증가함에 따라 체온이 오르면 겉옷(웜업 수트 같은 것)을 벗으면 된다.

에어로빅댄스와 스텝 에어로빅을 할 때 신발은 가장 중요한 품목이다. 고충격 에어로빅댄스와 스텝 에어로빅의 동작은 체중의 네 배에 달하는 수직력이 발에 작용할 수 있기 때문에 이러한 충격을 흡수하도록 고안된 신발을 신어야 한다. 쿠션이 덧대어진 운동용 양말은 발을 보호하는 기능이 더욱 좋다. 고급 에어로빅 슈즈는 발바닥, 특히 발의 볼 부분 아래에 쿠션이 잘 대어져 있어 대부분의 에어로빅 스텝의 특징인 앞발 동작 시에 가해지는 충격을 완화한다. 몸을 적절히 지탱하는 기능과 안정성은 측면 동작에서 특히 중요하다. 신발의 마찰력은 해당 장소의 바닥 재질에 따라 맞춰주어야 한다. 가령, 지면에 카펫이 깔려 있으면 신발의 마찰력이 작아도 되고, 단단한 나무 바닥에서는 마찰력이 큰 신발을 신어야 한다. 신발은 내구성, 유연성, 경량성 등의 특징을 고려해 골라야 한다. 마

지막으로, 신발 상태를 정기적으로 점검하여 지탱 능력이 여전히 괜찮은지 확인하는 것이 중요하다. 아무리 비싼 신발이라도 영원히 사용할 수 있는 것은 없다.

기본적인 기술과 방법

에어로빅댄스의 일반적인 구성요소

잘 고안된 단체운동은 다음과 같이 구성된다.
1. 준비운동과 사전 스트레칭 (10분)
2. 에어로빅 활동 (20분~30분)
3. 정리운동 (2분~5분)
4. 근력 운동 (5분~10분)
5. 마무리 스트레칭 (5분~10분)

준비운동과 사전 스트레칭

준비운동의 목적은 근육으로의 혈액순환을 강화하고, 혈액과 근육 사이의 산소교환율을 증가시키며, 근수축의 속도와 힘을 상승시키고, 근육 탄성도뿐 아니라 인대와 건의 유연성도 향상시키며, 심장 이상 증세를 일으킬 위험성을 감소시키는 데 있다. 준비운동 중에 사용하는 동작들은 에어로빅댄스에서 하는 동작들을 잘 할 수 있도록 몸을 준비시키기 위해 율동적이면서 전체 가동범위를 사용하는 동작을 포함한다. 시작할 때는 어깨, 팔, 다리를 사용하는 커다란 동작들에 초점을 둔다. 준비운동 동작은 어깨 돌리기, 팔로 원 그리기, 행진하기, 스텝 터치(step touch: 양손을 허리에 올린 상태에서 한쪽 발을 어깨넓이 만큼 벌려 무게 중심을 옮긴 다음, 다른 쪽 발을 옮겨 두 발을 처음처럼 모은다 – 역자 주), 발끝 및 뒤꿈치 올리기로 구성된다. 근육을 웜업하고 난 후에는, 관절 가동범위를 증가시키기 위해 정적 스트레칭을 해야 한다. 스트레칭을 할 때는 어깨, 가슴, 엉덩이, 허리, 허벅지, 종아리, 발의 각 근육에 각별히 주의를 기울이면서 한 자

세를 최소한 10초에서 30초 동안 유지해야 한다.

에어로빅 활동

에어로빅 활동의 목적은 심폐 지구력을 향상시키는 데 있다. 에어로빅 활동이 신체에 가져오는 이점은 심장과 폐 기능을 향상시키고 체지방을 감소시킨다는 것이다. 이런 혜택은 장시간동안 큰 근육들을 사용하는 동작들을 지속적으로 실시함으로써 얻을 수 있다. 에어로빅 활동의 경우 이상적인 방법은 예비심박수의 50에서 85퍼센트의 강도로 20분~30분 동안 수행하는 것이다.

적절한 운동 강도를 결정하려면 먼저 자신의 안정시 심박수(RHR)를 산출한 후 목표 심박수 범위를 계산한다. 안정시 심박수는 아침에 도보를 할 때 경동맥(목 부근) 혹은 요골 동맥(손목의 엄지손가락 쪽)에 검지와 가운데 손가락을 가볍게 대보면 알 수 있는데, 이때 60초 동안 뛰는 심박수를 측정하면 된다. 그런 다음 목표 심박수 범위는 최근에 수정된 카보넨(Karvonen) 공식 버전[1]을 두 번 적용함으로써 산출하는데, 한번은 50퍼센트의 수치값을 얻고 다시 85퍼센트의 수치값을 얻는다. 목표심박수 범위는 이 두 수치값 사이에 해당하나, 그 공식은 나음과 같다.

[((208−(0.7×나이)−RHR))×0.5(훈련 퍼센티지)+RHR]÷6(10초간 심박수를 얻기 위한 것) = 50% 수치값

[((208−(0.7×나이)−RHR))×0.85+RHR]÷6 = 85% 수치값

가령, 40세인 어떤 사람의 안정시 심박수가 1분당 72회라고 할 때 목표심박수 범위를 구하면 21에서 27 사이가 된다.

---

1) Tanaka, H., Monahan K. D., Seals, D. R. 2001. 연령 예상최대심박수(Age Predicted Maximal Heart Rate) Revisited. *J Am Coll Cardiol*, 37(1): 153-56.

[(208−28−72)×0.5+72]÷6=21.0

[(208−28−72)×0.85+72]÷6=27.3

운동 심박수는 에어로빅을 한 항목씩 마쳤을 때마다 10초간 측정하는데(초보자의 경우에는 심박수를 이보다 더 자주 측정한다.), 이것이 목표심박수 범위 안에 들어가야 한다. 목표심박수를 초과하는 경우에는 지면을 딛고 수행하는 에어로빅이나 스텝 에어로빅에서 발이 지면과 더 가깝게 유지하고, 팔 동작의 양을 줄이고, 동작의 범위를 최소화하는 방식으로 운동 강도를 줄여도 된다. 이와 반대로 운동 강도를 늘릴 때는 발을 지면에서 더 높게 들어올리고, 팔 동작의 양을 늘리고, 지향성 동작을 증가시키는 식으로 한다.

에어로빅이나 스텝 에어로빅에서 에어로빅 부문은 음악에 맞춰 안무를 짠 동작 패턴으로 구성된다. 동작 패턴은 점핑잭(jumping jack: PT체조를 말함 – 역자 주) 같은 유연성 운동에서부터 리프(leap: 도약 – 역자 주), 런지(lunge: 찌르기 – 역자 주) 같은 댄스 동작에 이르기까지 상당히 다양하다. 강사는 재즈, 모던 댄스, 포크, 발레를 비롯한 다른 댄스 형태에서 통용되는 스텝을 사용하거나 농구 드리블 같이 스포츠와 구기 종목에서 사용하는 동작 패턴을 빌려옴으로써 동작 형태를 다양화할 수 있다.

에어로빅댄스에서 사용하는 일반적인 기본 스텝에는 조그(jogs: 가볍게 흔들기 – 역자 주), 마치(marches: 행진하기 – 역자 주), 홉(hops: 뛰기 – 역자 주), 점프(jumps), 니 리프트(knee lifts: 무릎펴기 – 역자 주), 킥(kicks), 트위스트(twists: 비틀기 – 역자 주), 스텝 터치(step touches), 점핑 잭(jumping jacks), 런지(lunges) 등이 포함된다. 이 같은 스텝들은 리듬을(2분의 1로, 2배로) 변화시키거나, 동작의 방향을(앞으로, 뒤로, 옆으로, 사선으로, 원으로) 달리하거나, 혹은 다리 동작에 따라 함께 움직이는 팔 동작을 추가함으로써 다양하게 응용할 수 있다 (도해 21.1과 21.2). 스텝 에어로빅에서 사용하는

도해 21.1 레그 킥

도해 21.2 니 리프트

일반적인 동작은 기본 스텝(업, 업, 다운, 다운), V스텝 (V Step: 라인댄스 스텝 중 하나로 영문자 V 모양을 만드 는 스텝 – 역자 주), 리드를 번갈아 바꾸는 트래블 스텝, 오버 더 탑(over the top: 스텝 에어로빅에서 스텝 위 로 넘어가는 동작 – 역자 주), 리프트 스텝(lift step), 런지, L스텝(L Step: 니 리프트와 사이드 스텝을 이 용하여 영문자 L 모양을 만드는 스텝– 역자 주), 리피터 (repeater), 턴 스텝(turn step: 스텝 옆 끝에서 스텝 위 로 올라섰다가 반대방향으로 돌아서 내려오는 동작 – 역 자 주)을 번갈아하는 것이 포함된다. 스텝을 하는 몇 가

지 방식으로는 앞, 옆, 끝, 코너, 위, 올라타기 등이 있다.

스텝은 몇 가지 방식의 동작 패턴과 결합할 수 있다. 루틴은 매번 같은 동작을 반복하면서 정확한 안무로 실 시한다. 안무가 정해진 루틴은 동작 순서가 바뀔 걱정을 하지 않아도 되기 때문에 참가자들이 운동의 강도와 정 확한 자세에만 집중할 수 있도록 돕는다. 그러나 안무가 정해진 루틴은 강사가 준비를 상당히 많이 해야 하며 지 도하는데도 시간이 더 소요된다. 많은 강사들이 음악에 동작 패턴을 결합시키는 프리스타일 방식을 선호한다. 프리스타일 방식을 선택하는 강사는 기존에 사용하던 루틴을 따르지 않고, 음악이 진행됨에 따라 그에 맞게 스텝 패턴을 바꿈으로써 순서와 관계없이 수행하는 식의 동작을 선택한다. 요령 있게 지도한다면 참가자들은 프리스타일 방식으로 동작의 다양성을 즐길 수 있다. 그러나 스텝 패턴이 단체로 하기에는 너무 복잡한 경우라면, 참가자들은 갑작스럽고 익숙하지 않은 동작에 신경쓰느라 적절한 운동 강도를 유지할 수 없게 된다.

프리스타일 안무는 순차적 진행(linear progression) 방식을 사용하거나 혹은 동작 패턴들을 차례대로 배열함으로서 배울 수 있다. 여기서 '순차적 진행'이란 다리나 팔 동작, 동작의 방향, 혹은 리듬 등을 한 번에 한 가지씩만 변화시키면서 진도를 나아가는 것을 말한다. 프리스타일 안무를 이런 형식으로 하면 따라하기 쉽고, 특히 초보자들이 쉽게 할 수 있다. 아래 나열한 것은 전통적인 에어로빅댄스에서 실시하는 순차적 진행 방식의 한 사례이다.

기본 동작: 제자리에서 니 리프트 4회 (8까지 세기)
팔 동작 추가: 오버헤드 프레스 (8까지 세기)
방향 추가: 니 리프트 4회와 오버헤드 프레스를 하면서 앞으로 전진 (8까지 세기)
방향 전환: 니 리프트 4회와 오버헤드 프레스를 하면서 뒤로 후진 (8까지 세기)
팔 동작 전환: 니 리프트를 전진과 후진하면서 팔 감아올리기 (16까지 세기)
다리 동작 전환: 니 리프트를 전진과 후진하면서 팔 감아올리고 스텝 킥 4회 (16까지 세기)
팔 동작 전환: 니 리프트를 전진과 후진하면서 스텝 킥을 하고 체스트 프레스 (16까지 세기)

새로운 동작이 추가될 때마다 오로지 한가지씩만 추가되거나 달라지는 것에 주목해야 한다.

프리스타일 방식도 동작들을 결합하는 컴비네이션 방식으로 할 수 있다. 컴비네이션 방식은 한 주기에 함께 묶어 반복하는 두 가지 이상의 동작 패턴을 말한다. 아래 나열한 것은 두 가지의 간단한 컴비네이션 방식의 사례이다.

컴비네이션 1

• 팔을 머리 위로 밀어 올리면서 앞으로 전진함과 동시에 니 리프트 4회 (8까지 세기)
• 팔을 위아래로 돌리면서 뒤로 후진함과 동시에 스텝 킥 4회 (8까지 세기)

컴비네이션 2

• 앞으로 조그 8회를 팔 돌리기와 번갈아하기 (8까지 세기)
• 뒤로 점핑 잭 4회를 손뼉을 치면서 하기 (8까지 세기)

컴비네이션 1은 컴비네이션 2를 실시하기 전에 배우고 몇 번 반복한다. 그런 다음 컴비네이션 1에 컴비네이션 2를 추가하는데, 동작 순서가 좀 더 흥미진진해지면서 난이도가 높아진다.

준비운동 다음에 실시하는 첫 번째 에어로빅 루틴은 운동 강도가 승가하는 동안 심혈관계가 석응할 시간을 가질 수 있도록 보통 속도로 해야 한다. 에어로빅의 각 항목을 진행하고 강의 진도가 나아가면서, 강도와 음악 템포도 증가시킨다. 참가자들이 각자의 심폐 건강 수준에 알맞은 동작의 강도를 적용할 수 있도록 강사가 지도한다.

정리운동

정리운동의 목적은 심박수를 정상 수준으로 서서히 낮추고, 혈류 유입이 과도해지는 현상을 방지하며, 근육에서 생성되는 신진대사 부산물 제거를 촉진하는 데 있다. 다리 근육 수축 작용이 느리면서도 지속적으로 리드미컬하게 이루어지게 하는 것은 혈류를 하지에서 심장으로 되돌리는 것을 돕기 때문에 중요하다. 2분에서 5분간의 정리운동은 팔을 부드럽게 돌리거나 에어로빅 루틴을 천천히 하면서 실내를 걷는 동작들로 구성한다.

정리운동을 마쳤을 때 회복 심박수를 얻도록 하는 것이 바람직하다. 시간이 지나면서 회복 심박수가 감소하는 것으로 심폐 건강이 향상되었는지를 확인할 수 있다. 에어로빅 활동을 마쳤을 때마다 나타나는 회복 심박수는 늘 동일하게 나와야 한다. 운동과 회복 심박수를 기록하는 기록파일을 사용하면 참가자들의 발달 상태를 살피는 데 유용하다.

근력운동

근력은 몸의 밸런스와 메커니즘을 유지하도록 도움으로써 부상을 방지하기 때문에 중요하다. 그러므로 바른 자세를 유지하고 에어로빅댄스 루틴과 마루운동을 적절히 수행할 수 있게 돕는 근육을 강화하는 것이 중요하다. 등근육이 약하면(상승모근과 능형근) 어깨가 휘어지게 되며, 복근이 약하면 등이 굽는 자세가 나올 수 있다. 발로 지탱하는 격심한 동작들로 인해 가해지는 부담이 커지면 목, 어깨, 허리 통증을 야기할 수 있다. 그러므로 수업 때마다 등근육과 복근을 강화하는 운동을 하는 것이 바람직하다. 로잉(rowing: 노젓기 – 역자 주)류의 운동과 프론 숄더 레이즈(prone shoulder raises)는 등근육을 강화하며, 컬-업(curl-ups), 디아고날 컬(diagonal curls: 비스듬한 윗몸들기 – 역자 주), 리버스 컬(reverse curls), 펠빅 틸트(pelvic tilts)는 복근을 강화한다.

정강이(전경골근)도 강하게 단련하는 것이 중요하다. 에어로빅에서 가장 흔히 발생하는 부상 중 하나로 보고된 것이 바로 정강이외골증(shinsplints)이다. 정강이 통증이 일어나는 데는 여러 가지 원인이 있지만 대개 근육 불균형에서 발생하는데, 에어로빅댄스 활동을 오랜 시간 지속하는 동안 강한 수축 작용이 일어나는 종아리 근육(비복근)과 사용 빈도수가 더 적은

약한 정강이 근육 간의 불균형 때문이다. 발가락 올렸다 내리기, 뒤꿈치로 걷기, 저중량 혹은 고무밴드를 매단 채 발목 꺾기 등의 방법은 전경골근을 강화하는 데 도움이 된다.

혹시 시간이 남는다면 강사가 신체의 다른 부분에 대한 근력 운동을 더 추가하는 것도 좋다. 이런 운동으로는 고관절과 내전근을 단련하는 사이드 레그 리프트(side leg lifts), 슬굴곡근과 둔근을 강화하는 레그 컬(leg curls)과 레그 리프트(leg lifts), 대퇴사두근 훈련에 니 익스텐션(knee extensions), 이두근 훈련에 암 컬(arm curls), 삼두근 훈련에 엘보우 익스텐션(elbow extensions), 광배근 훈련에 원-암 벤트-오버 로우(one-arm bent-over rows), 삼각근 훈련에 레터럴 레이즈(lateral raises)가 있다. 근력은 한 가지 운동을 8회에서 12회로 완료할 수 있는 정도의 저항을 가해 근육에 부하를 가중시키는 식으로 단련한다. 의료용 튜브, 탄성 밴드, 혹은 중량 기구 등을 사용하면 적절한 중량을 가중시킬 수 있다. 뿐만 아니라 동작 패턴들 중 여러 지점에서 5초간 근수축 상태를 유지하는 방법으로도 근육에 가해지는 저항을 더할 수 있다. 근력 향상을 지속시키는 방법은 각 운동마다 세트당 8회에서 12회로 3세트를 무리 없이 완료할 수 있게 되는 시점에 이를 때 저항을 증가시키는 것이다.

근력 운동을 하는 중에는 동작을 잘 조절할 수 있도록 하기 위해, 음악의 템포를 보통 속도로 해놓고 그 템포(2분의 1 혹은 2배)에 맞추면서 각자의 근력 수준에 부합하는 반복수를 완료하도록 한다. 적절한 운동 기술을 습득하도록 하기 위해, 강사는 훈련장을 돌아다니면서 참가자들의 운동 수행 상태를 지켜보고 분석하며 알맞은 조언을 해주어야 한다.

마무리 스트레칭

마무리 스트레칭의 목적은 전반적인 유연성을 향상시키는 데 있으며, 이것은 운동하는 내내 바른 자세와

적절한 신체 메커니즘을 유지하도록 돕는다. 격심한 운동을 마친 후에 스트레칭을 하는 것은 운동 시작 전에 하는 것보다 수월한 경우가 많은데, 그 이유는 에어로빅 활동을 하고 나면 관절이 유연해져 있고 근육의 온도가 상승한 상태이기 때문이다. 마무리 스트레칭은 지면에 대고 하는 것이 가장 좋은데, 모든 스트레칭 동작을 할 때마다 참가자들이 힘을 빼고 집중할 수 있게 한다. 마무리 스트레칭은 비트가 강하지 않은 느린 음악에 맞춰서 하는 것이 가장 효과적이다. 유연성 운동은 10초에서 30초간 유지하는 식으로 하며, 허리, 고관절굴곡근, 종아리(아킬레스건은 스텝 에어로빅에서 흔히 일어나는 부상임), 슬굴곡근, 가슴, 어깨, 목의 근육들을 스트레칭하는 동작을 포함해야 한다.

저충격, 보통충격, 고충격 에어로빅

과거에는 대부분의 에어로빅댄스 루틴이 조그, 홉, 점프의 응용동작들을 비롯한 고강도 운동으로 구성되었다. 고충격 에어로빅(HIA: High-impact aerobics)은 양발이 지면에서 떨어지는 동작이 빈번하게 나타나는 것이 특징으로, 신체의 네 배까지 달하는 중량의 수직력을 발생시킨다. 에어로빅댄스 참가자들이 겪는 부상에 관한 조사에서 연구진들은 정강이, 발, 무릎, 허리 부상이 가장 많이 발생한다는 것을 확인했다. 비록 부상이 의료 조치를 받아야 할 만큼 심각한 경우는 별로 없지만, 통증이 발생하는 이유가 부분적으로는 고강도 운동 탓이라는 우려의 목소리가 나오면서 저충격 에어로빅(LIA: low-impact aerobics)이라고 하는 새로운 형태의 에어로빅댄스가 발달하게 되었다. 저충격 에어로빅은 항상 지면에 한 발을 댄 상태를 유지하여 몸을 지탱하는 기반이 넓은 동작들이 특징으로, 신체에 특별한 문제나 다른 부상만 없다면 부상 걱정은 하지 않아도 된다.

저충격 에어로빅을 할 때는 지면과 가까운 상태를 유지하기 위해 넓은 지지 기반을 사용하고, 중력의 중심을 낮추고 올리는 동작은 무릎 굴절을 상당히 오랜 시간 동안 지속하거나 때로는 그 강도가 높을 수 있다. 그러므로 원래 무릎에 구조적인 문제가 있던 사람이라면 여러 가지 무릎 부상을 일으킬 수 있다. 게다가 저충격 에어로빅을 하는 동안 운동 강도를 유지하기 위해 사용하는 팔 동작이 더욱 커질수록 어깨 관절에 부상이 나타나는 경우가 있는데, 이는 팔을 흔드는 동작을 제대로 조절하지 않고 하는 사람들 중에서 발생한다.

일반적으로 저충격 에어로빅은 장시간 동안 무릎을 구부리는 동작을 할 때 무릎에 불편함을 호소하는 사람이나, 혹은 건강한 사람이라도 저충격 동작을 하는 동안 적당한 강도 수준을 감당할 수 없는 사람이라면 알맞지 않다. 반면 고충격 에어로빅은 일반적으로 신체가 건강하지 않은 사람, 특히 비만인 사람, 임신 후반기에 해당하는 여성, 정강이 외골증처럼 충격 쇼크와 관련된 부상에 취약한 사람, 요실금 같은 질병을 앓고 있어서 고강도 스텝 에어로빅을 할 때 불편함을 느끼는 사람들에게는 알맞지 않다. 각 클래스마다 개인적인 차이를 수용하기 위해 에어로빅 루틴 전체적으로 고충격-저충격 스텝을 병용하는 프로그램을 많이 사용한다.

고충격 에어로빅과 저충격 에어로빅에서 최상의 구성요소를 결합한 것으로 보통충격 에어로빅(MIA: moderate-impact aerobics)이 있다. 보통충격 에어로빅의 동작은 저충격 에어로빅과 마찬가지로 에어로빅 활동 내내 한 발을 지면에 유지하지만, 지지 기반이 더 좁고 중력의 중심이 고충격 에어로빅에서처럼 위아래로 오르내린다. 따라서 보통충격 에어로빅은 용수철 같은 동작이 특징이다. 모든 동작들이 발의 볼 부분을 딛고 몸을 위로 들어 올리는 것으로 시작한다. 모든 스텝은 뒤꿈치를 지면에 대고 부드럽게 누르는 것으로 완료된다. 보통충격 에어로빅의 장점은 저충격 에어로빅에 비해 운동 시간이 적고 무릎 굴절 정도가 덜하며, 고충격 에어로빅의 많은 동작들에서 볼 수 있는 것보다 수직력의 충격이 덜하다.

그 외의 에어로빅 훈련 방법들

전통적으로 에어로빅댄스에서 유산소 부문은 지속적으로 수행하는 동작들로 구성되었다. 오늘날에는 에어로빅댄스와 스텝 에어로빅에서 모두 인터벌 및 서킷 훈련을 넣는 것이 일반화되었다.

유산소 인터벌 훈련은 고강도 운동(거의 최대심박수에 이르는)을 포함하는데, 이 운동 후에는 활동적 휴식 혹은 운동한 시간과 동일한 시간의 회복기를 갖는다. 운동과 휴식 사이의 시간간격은 1분에서 3분의 범위이며, 에어로빅 활동 중 이를 5회에서 12회까지 반복한다. 인터벌 훈련은 고강도로 하는 운동이기 때문에 점프 등의 고충격 동작이나 추진력 강한 동작들을 빠른 속도의 음악에 맞춰서 하도록 안무를 구성하는 것이 일반적이다. 활동적 휴식 동안에는 도보와 스텝 터치 같은 보통 속도의 동작을 실시한다. 인터벌 훈련은 빠른 속도로 하는 고강도 특성 때문에 체력 수준이 다소 높은 사람에게만 권장한다. 인터벌 훈련은 거의 최대 전력으로 운동하는 동안에 신진대사 부산물이 더 많이 생성되고 근육에 쌓이기 때문에, 계속적으로 훈련을 해온 경험이 있는 사람이 아니라면 신체적인 통증을 호소하는 경우가 많다.

서킷 훈련은 에어로빅댄스 프로그램에 사용하는 또 하나의 인기 높은 기술이다. 서킷 훈련은 전반적인 체력 증진을 위해 특정 가짓수의 운동 기구를 사용한다. 이 훈련은 근력, 지구력, 심폐 지구력, 유연성 발달, 그리고 협응력과 밸런스 향상에 중점을 둔다. 대부분의 서킷 훈련은 10가지에서 20가지의 기구로 구성된다. 각 기구에는 완료해야 하는 과제를 제시하는 표지가 붙어있다. 참가자는 정해진 시간 동안(30초에서 60초) 한 기구에 머물렀다가 지시에 따라 다음 기구로 이동한다. 서킷 훈련은 오른쪽 시계방향 혹은 반시계방향으로 움직이며, 2~3회 반복한다. 이 외에 다른 여러 가지 응용 형태로도 가능하다. 한 가지 예를 들면, 심폐/근력 인터벌 훈련이 인기가 높다.

이런 형태의 서킷 훈련은 4분간의 심폐 운동(스텝 에어로빅 혹은 에어로빅댄스로 실시)과 4분간의 근육조절 훈련을 번갈아한다. 근육조절 훈련은 스쿼트(squats)와 스탠딩 사이드 레그 리프트(standing side leg lifts), 유니래터럴 벤트-오버 로우(unilateral bent-over rows), 트라이셉스 익스텐션(triceps extensions), 오버헤드 프레스(overhead presses), 바이셉스 컬(biceps curls), 그리고 복부 운동들로 구성된다. 이런 형태의 훈련이 가져오는 이점은 총 훈련량이 증가한다는 데 있다.

교육 시 고려사항

수업 조직 패턴

단체운동 수업은 모든 사람이 강사의 목소리를 들을 수 있고 실연 장면을 잘 볼 수 있도록 자리를 배치해야 한다. 그 외에도 강사가 수업에 참가한 모든 사람들을 잘 볼 수 있는 것이 중요하다. 일반적인 수업 모습은 강사가 강의실의 앞에 서고 참가자들은 앞을 향해 강사와 마주한 형태이다. 이런 방식이 불리한 점은 수준 높은 참가자는 대개 강의실 앞에 서고 수준이 낮은 사람들은 뒤에 자리를 잡는다는 점이다. 이런 상황에서는 강사가 피드백이 가장 필요한 사람들을 확실하게 살피지 못한다. 이 문제를 해결하려면 강사가 참가자들에게 뒤로 돌라거나 정면을 향하라고 주문하면서 규칙적으로 강의실 앞에서 뒤로 혹은 옆으로 이동할 수 있어야 한다. 이 같은 회전 형식 수업은 강사가 수업 참가자들을 확인할 수 있는 효과적인 한 방법이다. 음악이 한곡씩 끝날 때마다 강사는 참가자들에게 방향을 회전하도록 지시한다. 맨 앞줄이 맨 뒤로 이동하고 나머지는 한 줄씩 앞으로 이동하는 것이다. 다른 수업 조직 패턴으로는 원 형태가 있는데(강사가 중앙에 서는 형태), 동작 패턴은 교실의 한쪽 끝에서 반대쪽 끝으로 움직인다.

신호하기

지시는 단체운동을 지도하는 가장 중요한 부분인데, 특히 음악에 맞춰서 동작을 하는 경우에는 더욱 그렇다. 참가자들은 스텝을 취할 때마다 강사의 언어적 신호와 비언어적 신호에 따라 움직인다. 동작에 앞서서 보내는 언어적 신호는 간결해야 하며, 미리 요령을 지시하고, 사람들이 한 스텝에서 다음 스텝으로 부드럽게 움직일 수 있도록 충분한 시간을 주어야 한다. 강사는 동작에 앞서 미리 신호하는 여러 가지 방식을 조합해 사용할 수 있는데, 발동작(오른발을 움직일지 왼발을 움직일지 지시), 방향 신호(동작의 방향: 앞으로, 뒤로, 왼쪽으로, 오른쪽으로), 율동적인 신호(천천히 혹은 빠르게 같이 동작의 정확한 리듬을 가리키기), 숫자 신호('하나, 둘, 셋, 넷' 같이 박자를 세기), 스텝 지시('스텝 터치' 같은 스텝의 명칭을 부르기) 등이다. 참가자들은 처음에는 발동작, 방향 신호, 숫자 신호에 가장 많이 의존한다. 각 스텝의 이름이나 동작 패턴을 익히고 어느 정도 익숙해지면, 그 다음에는 방향을 지시하는 수신호 같은 비언어적 신호에 더 많이 주의를 기울이게 된다. 선행 신호 외에도, 유능한 강사는 학습적(혹은 정보) 신호, 안전 및 배열 신호, 동기부여 신호를 제공한다. 학습적 신호의 한 예로는 "이 운동은 광배근 훈련인데 바로 이 부위다"(강사가 자신의 광배근을 가리킨다)라고 설명하는 식이다. "관절에 가해지는 스트레스를 최소화하려면 하향동작을 할 때 반드시 동작을 천천히 조절해야 한다"는 안전 신호의 한 예이다. "훌륭해!"와 "좋은 자세로 집중하는 바로 그런 태도가 정말 맘에 든다!"는 동기부여 신호의 한 예이다.

대부분의 에어로빅 동작을 지도할 때 강사는 수업 참가자들을 마주 보고 거울 기법(mirroring techniques, 참가자들이 오른쪽으로 움직일 때 강사는 왼쪽으로 움직인다)을 사용해야 한다. 혹시라도 학생들끼리 충돌하는 것을 방지하려면 강사는 측면 동작을 할 때마다 학생들과 같은 쪽으로 먼저 시작해야 한다. 대부분의 강사들은 먼저 오른쪽으로 움직인 다음 왼쪽으로 움직이는 것을 선호한다.

음악

음악은 속도조절 기능을 제공하며 운동 동작의 스타일을 살려준다. 뿐만 아니라 즐거움, 다양성, 수업의 재미까지 더해준다. 음악의 템포 혹은 속도는 운동의 진행과 강도를 좌우한다. 강사는 분당 박자수(bpm)를 계산함으로써 음악의 템포를 결정할 수 있다. 수년이 지나면서 강사들은 지면을 지지기반으로 하는 에어로빅 수업에 알맞은 음악 템포를 결정하기 위해 아래와 같은 가이드라인을 채택했다.

준비운동, 사전 스트레칭, 정리운동: 120~140bpm
마루 운동: 110~130bpm
에어로빅 활동: 130~160bpm(저충격 에어로빅), 144~160bpm(고강도 에어로빅)
스텝 에어로빅: 120~128bpm
마무리 스트레칭: 100bpm 미만

강사들은 빠른 음악 템포(150bpm 이상)를 사용할 때 주의해야 한다. 동작이 흐트러지는 것을 방지하기 위해 참가자들이 팔을 작은 가동범위로 움직이게 하고 짧은 스텝을 하도록 지도한다. 초보자라면 빠른 동작을 제대로 수행할 수 있을 만큼 숙달된 상태가 아니기 때문에, 속도가 빠른 음악에 맞추어야 하는 운동을 하게 하면 안 된다. 템포가 빠른 음악을 사용할 때는 팔다리가 긴 사람들이 팔다리가 짧은 사람들에 비해 같은 공간을 사용하는데 시간이 더 많이 걸린다는 사실을 강사가 인지하고 있어야 한다. 예를 들면, 팔이

428 ● 스포츠와 레크리에이션 활동

짧은 사람이 머리 위로 팔을 들어 올리는 것은 팔이 긴 사람에 비해 훨씬 더 빠르다. 따라서 키가 큰 사람은 빠른 음악에 동작을 맞추려면 팔을 구부리도록 지도해야 한다. 수업 시간에 음악을 사용하는 가장 효율적인 방법은 40분에서 60분 정도의 준비운동, 사전 스트레칭, 에어로빅 활동, 정리운동, 마루운동, 마무리 스트레칭용으로 사용할 음악을 따로 녹음한 오디오테이프를 활용하는 것이다. 그러나 에어로빅댄스 수업 시간에 음악 테이프를 재생시킬 때는 강사가 저작권법에 위배되는 지 여부를 잘 알고 있어야 한다.

수업에 사용할 음악을 선정하고 개발하는 것은 강사에게 가장 시간이 많이 소요되는 일 중 하나이다. 강사들은 귀중한 시간을 아끼고 인기 좋은 음악 선정으로 최신경향을 맞추려면, 여러 유형의 수업에서(이 장의 끝부분에 나오는 자료 섹션을 참고할 것) 각 부문별로 어울리는 완벽한 녹음테이프를 만들 수 있도록 다양한 음악 다운로드 서비스를 이용하는 방법이 있다.

안전수칙

수업 참가자들의 사고 방지를 위해 강사는 아래의 가이드라인을 준수해야 한다.

1. 척추후만증, 척추전만증, 발의 과도한 회내(pro-nation, 발의 아치 안쪽이 아래로 향하는 것 - 역자 주) 등과 같은 일반적인 해부학적 문제가 있는지 참가자들의 상태를 점검한다. 또한 굳었거나 취약한 근육 상태에 대해서도 살펴본다. 이러한 문제들을 조기에 발견하고 조치하면 부상을 예방할 수 있다.

2. 수업 시간 내내 몸을 적당히 곧은 자세로 유지하도록 한다. 바른 자세를 취하는 방법은 머리를 들고, 어깨는 뒤로 젖히고, 가슴을 펴고, 엉덩이는 수직으로 유지하고, 무릎에 힘을 뺀다.

3. 다음과 같이 부상을 야기할 수 있는 위험한 자세가 나오지 않게 하거나 최소화한다. (a)서있는 상태에서 다른 사물에 지탱하지 않은 채 몸을 앞으로 구부린 자세를 계속 유지하기, (b)서있는 상태에서 다른 사물에 지탱하지 않은 채 몸을 구부리고 회전하기, (c)고정된 축을 중심으로 몸통 회전하기, (d)목 과신전(hyperextension: 목을 지나치게 빼기 – 역자 주)하기, (e)머리로 원을 그리며 빠르게 돌리기, (f)요가의 쟁기자세, (g)무릎 깊숙이 구부리기, (h)허들러(hurdler) 스트레치, (i)팔꿈치와 무릎 과신전하기, (j)스트레이트 레그 싯-업(straight leg sit-up) (k)더블 레그 레이즈(double leg raises), (l)사이드 레그 리프트(side leg lifts)를 무릎, 손 혹은 팔꿈치로 지탱하면서 하기

4. 동적 스트레칭을 삼간다. 정적 스트레칭은 보빙(bobbing, 앞뒤로 숙이기)이나 바운싱(bouncing, 튕기기) 기술보다 효과적이며 더욱 안전한 편이다.

5. 참가자들이 에어로빅 수업 시간 중에 신발을 꼭 착용하도록 지시한다.

6. 교실 안에서 빠른 동작들이 이루어지는 동안 사람들이 서로 부딪히지 않도록 참가자들의 자리 배치에 신경 쓴다.

7. 팔이 왔다갔다 흔들리지 않게 팔의 자세를 잘 조절하도록 돕는다. 어깨 부상이 에어로빅댄스와 스텝 에어로빅 활동 중에 흔히 발생하는 경향이 있다.

8. 팔을 너무 오랫동안 어깨 높이 혹은 어깨보다 위로 올리고 있지 않도록 한다. 이런 자세는 혈압을 상승시키고, 어깨의 건과 근육에 스트레스를 가하며, 심폐기능 조절에 이롭지 않은 방식으로 심박수를 증가시킨다.

9. 무릎을 오랫동안 지나치게 많이 구부리는 것을 삼간다. 무릎이 엄지발가락이나 두 번째 발가락 위치보다 더 앞으로 나오지 않도록 주의해야 한다.

10. 카펫이 깔린 바닥 위에서 측면 동작을 할 때는 주의한다. 카펫이 있어 마찰력이 더 커져서 발목에

내반염좌 증상이 발생할 수 있다.

11. 콘크리트 바닥에 부딪히거나 넘어지지 않도록 한다.

12. 에어로빅 활동을 할 때는 강도를 서서히 높이고, 안정시 심박수의 85퍼센트 수준을 초과하지 않고, 운동 시간이 30분을 넘기지 않으며, 이틀에 한 번씩 일주일에 4회의 빈도로 수행함으로써 흔히 발생하는 근골격계 부상을 줄인다.

13. 수십 회의 홉(hop) 동작 같이 발동작을 연속적으로 지나치게 많이 하는 것을 삼간다.

14. 방향 전환을 급격하게 하지 않는다.

15. 발의 볼로 몸을 지탱하는 자세를 너무 오랫동안 유지하는 것을 피한다. 뒤꿈치를 바닥으로 내리면 발에 가해지는 충격을 더 잘 감당할 수 있다.

16. 강사는 모든 사람들의 동작 상태를 효율적으로 살피기 위해 가급적이면 자주 참가자들을 정면으로 바라본다.

17. 근력 운동을 하는 동안 호흡을 참지 않도록 한다. 힘이 들어갈 때 숨을 내쉬도록 지시한다.

18. 손과 발동작을 할 때는 항상 무게를 조절하며 천천히 한다.

19. 특수한 사람들의 경우에 한해서는 제한규정과 수정사항을 적용한다. 가령, 고혈압이 있는 사람들이라면 등척성(isometric) 운동(관절 움직임은 없는 상태로 근육이 힘을 발휘하는 것 - 역자 주)은 하지 않고, 장시간 동안 팔을 어깨 높이 위로 드는 동작은 피한다.

20. 지지대 높이: 건강에 문제가 있는 사람은 4인치로 시작한다. 숙련자나 경험이 많은 사람은 10인치까지 올려도 된다. 무릎에 중량이 가해진 상태라면 무릎 관절을 90도보다 더 많이 구부리지 않는다.

21. 스텝에 올라설 때 요추에 과도한 긴장이 가해지는 것을 피하려면, 허리를 구부리는 것이 아니라 발목을 움직여서 올라선다.

22. 발바닥 전체가 플랫폼에 닿도록 한다. 아킬레스건 부상을 피하기 위해서는 뒤꿈치가 플랫폼 가장자리보다 더 많이 나오지 않게 한다.

23. 플랫폼에 가까이 다가서고(한 발짝 이상 떨어지지 않는다) 충격을 흡수하기 위해 뒤꿈치가 지면에 닿도록 한다. 런지와 리피터 동작을 할 때 뒤꿈치로 지면을 밀면서 하지 않는다.

24. 한 발이 먼저 나간 다음 1분 이내에 반대쪽 발로 바꿔 동작한다.

25. 추진력 동작(양발을 동시에 지면 혹은 플랫폼에서 떨어뜨리는 것)을 한번에 1분 이상 실시하지 않는다. 추진력 동작은 수직력이 더 강하게 작용하기 때문에 상급 기술로 인식된다.

26. 리피터 동작을 한쪽 다리에 연속적으로 5회 이상 실시하지 않는다.

27. 스텝 훈련 시간에 근력 운동을 할 때, 중량을 큰 가동범위로 빠르게 움직이면 어깨 관절 부상 가능성이 증가할 수 있기 때문에 중량 사용을 삼간다.

용어 해설

고충격 에어로빅(HIA: high-impact aerobics) 양발을 지면에서 동시에 떼는 동작이 많은 것이 특징인 유형의 에어로빅댄스

근력(muscular strength) 저항을 감당하는 근육이나 근육군에서 발휘되는 최대의 힘

목표 심박수(target heart rate zone) 근골격계 부상을 가급적 최소화하면서 유산소 효과를 얻는데 필요한 것으로, 특정 시간 동안 뛰는 심장박동수를 말한다.

보통충격 에어로빅(MIA: moderate-impact aerobics) 발의 볼로 지탱하며 몸을 위로 들어 올린 다음 뒤꿈치로 부드럽게 지면을 누르면서 움직이는 식으로, 에어로빅을 하는 동안 거의 대부분 한 발을 지면에 댄 채 동작하는 유형의 에어로빅댄스

서킷 훈련(circuit training) 근력, 유산소, 민첩성 훈련을 포함하는 다양한 부문을 결합함으로써 전반적인 체력을 증진시키는 훈련 방식

순차적 진행(linear progression) 팔이나 다리 동작, 동작 방향, 리듬 등을 한 번에 한가지씩만 변화를 주면

서 진도를 나아가는 것

스텝 에어로빅(step aerobic) 4~10인치 크기의 스텝 벤치를 사용하여 음악에 맞춰 실시하는 형태의 에어로빅

신호하기(cuing) 참가자들에게 다음에 나올 동작, 안전사항, 배열 사항 등을 미리 알리고 의욕을 자극하기 위해 사용하는 언어적 및 비언어적 신호

안무 루틴(choreographed routine) 동일한 음악에 맞춰 매번 같은 순서로 실시하는 공식적으로 정해진 스텝 패턴

에어로빅댄스(aerobic dance) 심폐건강 향상을 위해 음악에 맞춰 실시하는 연속적이고 율동적인 동작

운동 강도(intensity of exercise) 고강도 운동과 활동적인 휴식을 번갈아 하는 형태의 유산소 및 무산소 훈련

운동 빈도수(frequency of exercise) 일주일에 운동을 하는 총 횟수

운동 시간(duration of exercise) 각 부문의 운동 시간을 합한 총 시간

유연성(flexibility) 관절을 움직여서 동작할 수 있는 가동 범위

저충격 에어로빅(LIA: low-impact-aerobics) 팔과 발로 넓은 공간을 활용하면서 항상 지면에 한발을 댄 상태로 수직력을 최소화하는 유형의 에어로빅댄스

지속적 훈련(continuous training) 보통 이상의 높은 강도로 정해진 시간동안 지속적으로 실시하는 형태의 유산소 훈련

콤비네이션(combination) 정해진 순서대로 한 사이클을 반복하는 두 가지 이상의 동작 패턴을 조합한 방식.

템포(tempo) 재생되는 음악의 속도를 말하며, 분당 박자수(bpm)를 세어서 측정한다.

프리스타일 방식(freestyle routine) 음악이 진행됨에 따라 스텝 패턴들을 결합하면서 순서에 관계없이 수행하는 방식의 에어로빅댄스

참고문헌

IHRSA/American Sports Data Health Club Trend Report, 1996. American Sports Data Inc, Hartsdale, NY.

Step Manual, 1993. Reebok International, Reebok University Press Publisher, Boston, MA.

추가 읽을거리

Aerobic and Fitness Association of America Jordan, P. 2002. *Fitness theory and practice.* 4th ed. Sherman Oaks, CA: HDL Publishing.

Berle, L. 1996. *Water aerobics.* 2nd ed. Dubuque, IA: Kendall /Hunt Pub.

Brick, L. 1996. *Fitness aerobics.* Champaign, IL: Human Kinetics.

Cotton, R. 1993 ed. *Aerobics instructor manual.* San Diego: American Council on Exercise/Reebok.

Mangili, L., and Mazzeo, K. 1999. *Step training plus.* 2nd ed. Stamford, CT: Wadsworth / Thomson Learning. 완벽한 신체적 및 정신적 훈련을 구성하는 방법을 설명한다.

Mazzeo, K. S. 2002. *Fitness through aerobics and step training.* 3rd ed. Stamford, CT: Wadsworth / Thomson Learning.

Roberts, S., and Pillarella. 1996. *Fitness stepping.* Champaign IL: Human Kinetics.

Spitzer, T., and Hoeger, W. 2003. *Water aerobics for fitness and wellness.* 3rd ed. Stamford, CT: Wadsworth /Thomson Learning. 수심이 얕거나 깊은 곳에서의 수중 운동, 영양, 체중 관리, 행동 치료에 관한 정보를 담고 있다.

Stanforth, D. 1997. *Movement that matters.* Dubuque, IA: McGraw-Hill.

Stokes, R., and Trapp, D. 1998. *Aerobic fitness everyone.* 3rd ed. Winston-Salem, NC: Hunter Textbooks, Inc. 유연성, 영양, 스트레스 감소, 고연령대의 운동에 관한 정보를 제공한다.

Yarbrough, M. 2002. *Aerobic exercise.* Boston, MA: American Press.

자료

에어로빅댄스 협회

미국 에어로빅 및 피트니스 협회(AFAA: Aerobic and Fitness Association of America), 15250 Ventura Blvd., Suite 310, Sherman Oaks, CA 91403.

미국운동협회(American Council on Exercise), 5820 Oberlin Dr., Suite 102, SanDiego, CA 92121.

국제댄스운동협회(IDEA: International Dance Exercise Association), 6190 Cornerstone E, Suite 204, San Diego, CA 92121.

리복전문강사연맹(Reebok Professional Instructor Alliance) (에어로빅댄스 강사에게는 무료 서비스), 100 Technology Center Dr., Stoughton, MA 02072.

비디오

Brick, L. *How to teach aerobics*. Brick Bodies, 212 W Padonia Rd., Titonium, MD 21093.

Kooperman, S. *Chicago jazz'd funk: Instructor training video*. Sara's City Workout, 1876 N Sheffield, Chicago, IL 60614.

Ottis, R. *Sportsmoves: Instructor video*. Ottis Training Organization, P.O. Box 402203, Austin, TX 78704.

Twombly, G. *Creative instructors aerobics*. 2314 Naudian St., Philadelphia, PA 19146.

그 외 비디오 자료는 부록 C를 참조하라.

음악 서비스

The Aerobic Beat, 7985 Santa Monica Blvd., Suite 109, Los Angeles, CA 90046.

David Shelton Productions, P.O. Box 310, Mendon, UT 84325.

Dynamix, 733 W 40th St., Suite 10, Baltimore, MD 21211.

Fitnet, 1131 Harbor Bay Parkway, Suite 121, Alemeda, CA 94501.

Mix Music International, P.O. 2452, Kankakee, IL 60901.

Muscle Mixes, 623 N Hyer Ave., Orlando, FL 32803.

MusicFlex, P.O. Box 140435, Queens, NY 11414.

Power Productions, 1303 S. Swaner Rd., Salt Lake City, UT 84104.

SportsMusic, Box 769689, Roswell, GA 30076.

음악 저작권협회

ASCAP, 1 Lincoln Plaza, New York, NY 10023.

BMI, 320 W 57th St., New York, NY 10019.

웹사이트

미국운동협회(American Council on Exercise) www.acefitness.org

미국스포츠의학회(American College of Sports Medicine) www.acsm.org

에어로빅 및 피트니스 협회(Aerobics and Fitness Association) www.aerobics.com

IDEA www.ideafit.com

22 웨이트트레이닝

이 장을 완벽하게 습득한 뒤, 독자들은 다음과 같은 사항들을 할 수 있어야 한다.

▶ 웨이트트레이닝의 역사를 설명하고, 이 장에 나오는 활동들의 차이점을 구별한다.
▶ 개인별 웨이트트레이닝과 서킷 웨이트트레이닝 프로그램을 짠다.
▶ 여기 나온 활동들에 대한 안전성의 중요성을 인식한다.
▶ 인체의 각 부분에 알맞은 운동을 구분한다.
▶ 리프팅 경기에 대해 설명한다.
▶ 초보자들에게 기본적인 웨이트트레이닝 기술을 가르친다.

개 요

웨이트트레이닝이나 저항 훈련은 점진적인 저항 동작들을 활용해서 하는 운동으로, 체력이나 근지구력을 발달시키기 위해 보통은 기구를 사용하지 않는 프리 웨이트로 하거나 웨이트 머신을 사용한다. 웨이트 레이닝은 매우 인기가 높으며 여러 가지 목적으로 한다. 어떤 사람은 스포츠 목적으로 하는데, 즉 웨이트 트레이닝, 파워리프팅, 보디빌딩 대회 등을 준비하기 위해 사용한다. 축구나 육상 같은 다른 스포츠를 하는 선수들은 그 스포츠의 수행능력을 강화하기 위해 웨이트트레이닝을 활용한다. 그 외 많은 사람들이 전반적인 피트니스를 위해 즉, 몸매를 좋게 만들고 기분도 좋아지는 이유로 웨이트트레이닝을 한다. 미국 공중 위생국에서는 건강 도모 측면에서의 웨이트트레이닝의 가치를 인식하고 적극 권장하고 있다. 물리치료사, 선수 트레이너, 작업치료사들은 질병이나 부상을 치료하고 근골격계를 회복시키기 위해 웨이트트레이닝을 활용한다. 분명한 것은 웨이트트레이닝은 체력을 향상시키고 제지방량을 증가시킴으로써 골다공증 발생률, 노화에 따른 신체기능 약화, 비만 같은 현상을 감소시키는 데 중요한 역할을 한다는 것이다. 웨이트 트레이닝을 하는 목적은 여러 가지에서 비롯된 것이지만 이런 프로그램을 이용하는 사람들은 누구나 체력

증강, 근육 강화, 체지방 대비 제지방량 비율 증가와 같은 이익을 얻는다.

역 사

웨이트트레이닝이 훈련 방법의 한 부분 혹은 훈련 자체가 된 것이 언제부터였는지는 정확히 알려져 있지 않다. 그러나 고대 신화나 설화에도 삼손, 헤라클레스, 그리스 전사 밀로 같은 천하장사들이 등장한다.

가장 초기 형태의 웨이트트레이닝은 일상생활의 일부였다. 웨이트트레이닝은 그리스, 이집트 로마 시대 때 전쟁에 나갈 군인들이 몸을 단련하는 데도 중요한 역할을 했다. 중세 시대 때는 로마인들이 무거운 짐을 짊어지고 장거리를 행진하는 식으로 군인들을 훈련시켰다. 17세기에서 19세기에는 당시 대부분의 제국들과 유럽 군대에서는 그리스와 로마의 사례를 따라 무거운 중량을 사용해 군인들을 훈련시켰다.

웨이트 '리프팅'(역도)은 윈십(G. B. Winship) 박사가 미국, 캐나다를 순방하면서 강의를 하고 품평회를 열던 1859년에서 1872년 사이에 미국에 도입되었다.

웨이트 '리프팅'은 오래 지나지 않아 축제나 서커스, 보드빌(춤, 노래, 곡예 등을 혼합한 극 – 역자 주) 무대에도 서게 되었는데, 사실은 속임수였지만 남녀가 놀라운 힘을 발휘하는 진기한 묘기를 펼쳐보이곤 했다. 아마 최근까지도 역도를 둘러싼 잘못된 믿음과 불가사의함이 회자되는 이유의 근원이 바로 이것일 것이다. 웨이트트레이닝은 이런 시대를 보내다가 YMCA와 헬스클럽으로 흡수되었다. 웨이트트레이닝 활동을 도모하고 웨이트트레이닝의 가치를 증명하는 이런 기관들은 점차 성장하기 시작했다.

1900년대 초 대부분 동안 웨이트트레이닝은 역도라는 스포츠 중 한 부문으로 서로 힘을 겨루는 선수들이 거의 독점적으로 사용했다.

스포츠 종목으로서의 웨이트리프팅(역도)은 1896년에 올림픽 경기에 포함되었다. 처음에는 한손으로 들어올리기와 양손으로 들어올리기 두 가지 종목이 있었는데, 선수의 체중은 고려하지 않았다. 1920년에는 추상(press), 인상(snatch), 용상(clean and jerk) 종목이 도입되었고, 이런 시스템은 1972년까지 유지되다가 그 후 추상 종목이 폐지되었다. 미국에서는 조직화된 경기가 1929년부터 시작되었는데, 이때 아마추어 경기연맹(AAU: Amateur Athletic Union)에서 최초의 전미선수권대회를 개최했다. 1932년에는 미국에서 올림픽 경기 최초의 팀이 출전했다.

미국에서 보디빌딩이라는 스포츠는 AAU에서 미스터 아메리카(Mr. America) 대회를 개최했던 1938년에 처음으로 시작되었다. AAU는 1950년에 전국아마추어보디빌더협회(NABBA: National Amateur Bodybuilders Association)가 미스터 유니버스 대회(Mr. Universe Competition)를 새로 만들기 전까지는 전미경기를 조직하는 유일한 단체였다. 1946년에 국제보디빌딩연맹(International Federation of Bodybuilders)이 발족되었고, 1965년에 미스터 올림피아 대회를 처음 개최했다. 오늘날에는 이 대회가 가장 유명한 보디빌딩 대회이다. 1965년에는 NABBA에서 미스 유니버스 대회를 최초로 개최했다. 1980년에는 여자부가 참가하는 미스 올림피아 대회가 새로 생겼다.

파워리프팅(powerlifting)이라는 스포츠는 세 종목이 포함되는데, 스쿼트(squat), 데드리프트(deadlift), 벤치 프레스(bench press)가 바로 그것이다. 최근에는 파워리프팅이 미국에서 가장 인기 있는 리프팅 대회가 되었다. 역사가 10년도 채 안 된 이 스포츠는 국제파워리프팅연맹(International Powerlifting Federation)에서 개최하는 월드 챔피언십(World Championshps)에 40여 개국 이상이 참가할 정도로 성장하고 있다. 비교적 새로운 형태의 경기이긴 하지만 파워리프팅은 이제 올림픽 경기에도 포함될지 여부를 고려하고 있다.

다른 스포츠 훈련용으로 웨이트트레이닝을 활용한 것은 샌디에이고 차저스(San Diego Chargers)와 하와이대학교에서 근력 코치를 영입하고 성공적인 성과를 얻은 후인 1960년대부터였다. 네브라스카대학교도 그런 훈련 방법을 따랐고 그 결과로 1970년과 1971년 전국 결승전에서 우승했다. 이들 모두 성공 요인이 근력 프로그램에 있다고 보았다. 오늘날에는 스포츠 훈련을 위해 근력 및 컨디셔닝 프로그램을 거의 모든 스포츠에서, 심지어는 고등학교에서도 사용한다.

제2차 세계대전 직후부터 의사, 물리치료사, 선수 트레이너, 작업요법사들은 부상 치료와 근육 회복을 위해 근력 운동을 시도하기 시작했다. 이들의 노력은 성공적이었으며, 체육 교사들이 웨이트트레이닝을 체육 수업에 포함하도록 장려했다. 웨이트 리프팅과 보디빌딩 전문 잡지들도 이런 근력 운동의 효과에 대해 대중들에게 널리 알리는 데 일조했다. 전국적으로 새로 문을 여는 체육관들이 점점 증가했지만 여전히 사용자들은 대개 전문 리프팅 선수들이었다. 1970년대에 웨이트 기구들이 많은 체육관에 도입되었고 웨이트트

레이닝은 일반 대중들 사이에서도 인기가 높아졌다.

1990년대에 『미국 공중위생국의 신체활동과 건강에 관한 보고서(Physical Activity and Health: A Report of the Surgeon General)』에서는 다양한 만성질환들의 발생률이 증가하는 원인이 운동부족과 앉아서 일하는 생활방식과 관련이 있다는 것을 보여주었다. 이 보고서는 몸을 움직이는 생활방식으로 건강과 관련한 신체적 활동능력(심폐 지구력, 체성분, 근력, 근지구력, 유연성 등)의 모든 요소를 충분히 갖출 수 있다는 것을 밝히면서 특정 권장사항을 제시했다. 웨이트트레이닝이나 저항 훈련은 근력과 지구력 향상과 제지방량 증가를 위해 특히 권장된다. 골다공증(뼈 미네랄 감소) 발생률 감소, 기능적 역량 감소, 제지방량 감소 등은 웨이트트레이닝이나 저항 훈련을 얼마나 하는가와 관련이 있다. 미국은 현재 비만과 비만이 유발하는 수많은 만성 질환이 걷잡을 수 없을 정도로 증가하고 있는 문제를 안고 있다. 이 같은 비만 증가 현상은 미국 어린이들에게도 비슷한 형태로 나타나고 있다. 연령이 높아지면서 제지방량과 안정 시 대사량

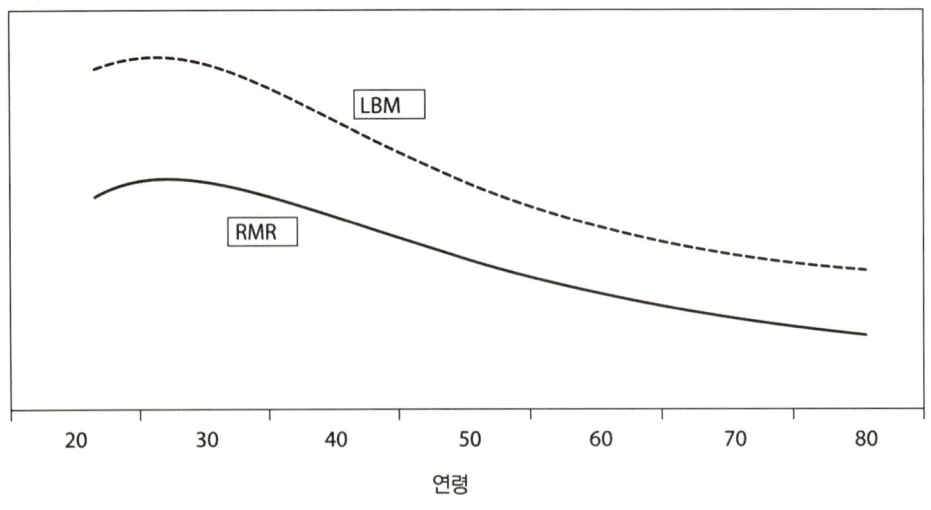

RMR = 안정시 대사량
LBM = 제지방량

도해 22.1. 연령에 따른 RMR과 LBM 감소

(에너지 소비)이 감소한다 (도해 22.1). 제지방(근육)의 양이 많으면 안정 시 에너지 소비가 높아진다. 안정 시 대사량은 하루 에너지 소비량의 60~75퍼센트 사이이다. 따라서 일생 동안 웨이트트레이닝을 계속해서 하면 신체활동을 통해 칼로리 소비를 증가시키고 제지방량을 유지함으로써 에너지의 균형을 유지할 수 있다. 이렇게 되면 연령과 관련된 안정 시 대사량 감소 현상이 줄어든다. 중량을 사용하는 운동이 뼈 미네랄 감소 현상을 줄일 뿐 아니라 나이가 들면서 기능적 역량과 일상생활의 활동들을 수행할 능력을 유지하는 데 중요하다는 연구결과가 많이 나와 있다.

웨이트트레이닝과 보디빌딩은 전국적으로 대학과 헬스클럽에서 인기가 꾸준히 증가하는 추세다. 수많은 미국 가정의 오락시설에 바벨이나 다른 웨이트트레이닝 기구들이 구비되어 있는 것을 흔히 볼 수 있다. 수많은 노동절감형 설비들이 쏟아져 나오는 시대에 살면서 버튼만 누르면 모든 것이 가능해졌지만 웨이트트레이닝은 그럴수록 더욱 절실해진 격렬한 운동을 할 기회를 제공해준다.

훈련 시 고려사항

웨이트트레이닝에 관한 한 훈련자들의 목표는 제각기 다르다. 웨이트 리프팅과 파워리프팅 훈련자들은 근력에 치중하는 반면, 보디빌더들은 근육 크기와 근육의 선명도 발달에 중점을 두고, 선수들은 수행능력 향상에 중점을 둔다. 선수가 아닌 훈련자들은 목표가 각양각색이다. 목표와 수준이 서로 천차만별이기 때문에 훈련 방법 또한 달라지기 마련이다. 다양한 근력 훈련 프로그램에 관한 연구를 보면, 30가지 이상의 프로그램이 상당한 근력 성장을 가져왔다는 결과가 있다. 웨이트트레이닝에 관한 한 정확한 방법이 딱 정해져 있는 것은 아니지만, 근력 성장을 촉진할 수 있는 방법은 다양하다. 아래에 제안하는 방법은 초보자들이 웨이트트레이닝 프로그램을 처음 시작할 때 도움이 될 것이다.

- 과부하 – 근력을 강화하기 위해서는 평소보다 높은 중량 혹은 저항으로 근육에 스트레스를 가해야 한다.
- 특수성 – 과부하 원칙은 훈련 목적에 따라, 그리고 성장을 원하는 근육 부위에 맞게 달리 적용한다.
- 가역성 – 만약 웨이트트레이닝을 중단한다면 성장이 멈추고 근력은 훈련 이전 수준으로 후퇴할 것이다.
- 개별성 – 개개인이 자신의 근력 수준, 근력 성장 가능성, 개인별 목표를 평가하고 자신의 훈련을 다른 사람들과 비교하지 않는다.

본질적으로 이러한 원칙이 의미하는 바는 체력을 강화하고 잘 유지하려면 자신의 목표에 따라 프로그램을 계획하고 개인별 진도 상황을 점검해야 한다는 것이다. 중량부하 혹은 저항은 보통 수준보다 더욱 높여야 하며, 근력 성장 운동은 목표하는 근육에 스트레스를 가해야 한다. 근력 성장이 계속 이어지거나 유지하고 싶다면 프로그램은 지속적으로 해야 한다.

인간의 모든 동작은 웨이트트레이닝에 사용하는 것과 같으면서 중추신경계로부터 복잡한 운동조절 작용이 필요한 단순한 동작들을 포함한다. 거의 모든 완전한 동작이 두 가지 유형의 근수축 작용인 단축성(concentric)과 신장성(eccentric) 운동으로 일어난다. 단축성 수축 작용은 근육이 짧아지고, 힘을 생성하고, 뼈에 연결된 힘줄을 당기면서 동작이 나타난다. 신장성 수축은 근육이 길어지면서 힘을 생성한다. 바이셉 컬 혹은 암 컬 동작은 단축성 수축과 신장성 수축 작용으로 이루어진다. 바벨을 들어 올리면 이두근이 짧아지면서(단축성) 힘을 생성한다. 바벨을 내릴 때는 이두근이 길어지면서(신장성) 내려가는 중량을 조절하며 떠받칠 수 있는 힘을 생성한다. 거의 모든 신체적 동작이 중추신경계에서 조절하는 단축성 수축과 신장성 수축 작용이 연속적으로 일어나는 결과이다.

적절한 웨이트트레이닝 프로그램을 구성하려면 빈도수, 강도, 시간, 종류의 네 가지 요소를 세심하게 조절해야 한다. 각 요소를 간단히 요약하면 아래와 같다.

- 빈도수 – 웨이트트레이닝을 일주일에 몇 회 하는가?
- 강도 – 매 훈련 시 중량 운동 혹은 저항 운동을 어느 정도 수준으로 하는가?
- 시간 – 웨이트트레이닝을 할 때 매 훈련 시 리프팅 혹은 반복수를 몇 회로 하며, 리프팅 혹은 반복 세트를 몇 세트 하는가?
- 종류 – 어떤 종류의 기구 혹은 저항, 프리 웨이트, 랙 기구를 사용하는 웨이트 기구, 체중, 기계적 동력계를 사용하는가?

앞에서 언급했듯이 웨이트트레이닝 프로그램을 개발하는 데 절대적으로 올바른 방법이란 없다. 표 22.1은 최고의 운동과학 및 스포츠의학 단체인 미국대학스포츠의학회(ACSM: American College of Sports Medicine)에서 발표한 근력 훈련 지침을 나타낸 것이다.

웨이트트레이닝 프로그램은 대개 두 가지 목표 중 하나를 지향하는데, 근력을 유지 혹은 향상시키는 것과 근지구력을 유지 혹은 향상시키는 것이다. 도해

표 22.1. 근력 훈련 지침

요소	권장사항
빈도수	일주일에 2~3회
강도	세트당 8~12회
시간	운동당 1세트 이상
	시간적 여유가 있다면 운동당 3세트
종류	프리 웨이트, 랙 기구, 역동계, 체중

22.2에서는 저항, 중량, 반복수와 근력이나 근지구력이라는 목표 사이의 관계를 그래프로 나타냈다. 고중량 저반복은 근력 향상과 관계가 있는 반면, 저중량 고반복은 근지구력 향상과 관계가 있다.

특수한 훈련 요령

운동 순서

훈련을 할 때는 운동 순서가 중요하다. 여기서 고려해야 할 사항은 다음과 같다.

- 먼저 큰 근육무리 혹은 다중관절 운동부터 시작한다. 예를 들면, 벤치 프레스를 하고(대흉근, 삼각근, 삼두근-어깨와 팔꿈치), 그 다음 삼두근 혹은 팔 운동(삼두근-팔꿈치)을 한다.

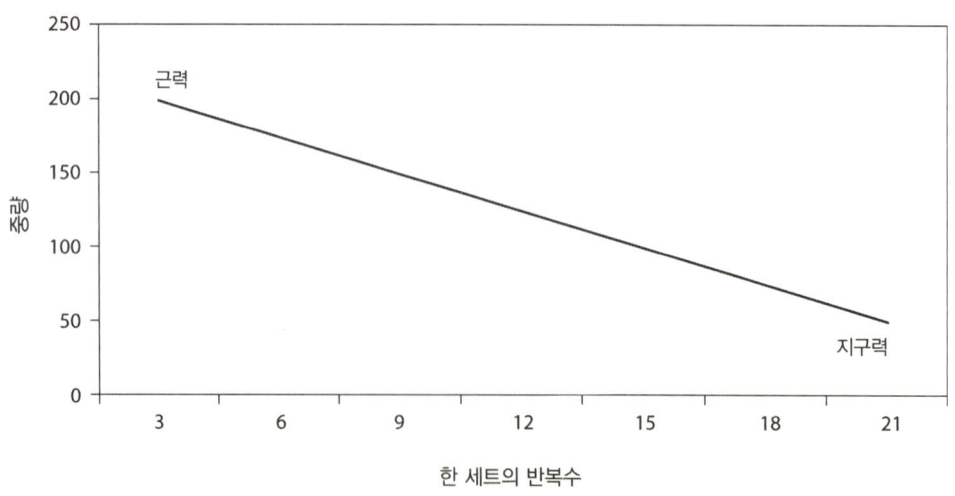

도해 22.2. 근력 혹은 근지구력 반복수와 저항

• 서킷 방식으로 상체, 몸통, 다리 운동을 교대로 한다. 이렇게 하면 운동의 질과 강도에 부정적인 영향을 미치는 피로가 과도하게 쌓이지 않으면서 더 적은 시간에 많이 발전할 수 있다. 휴식과 회복시간은 각 세트 사이에 최소 2분간 가지며, 특히 같은 근육 무리 운동을 할 때는 더욱 필요하다.

점진적인 저항운동(PRE: progressive resistance exercise)

근력 향상을 지속시키기 위해서는 과부하 상태를 계속 유지해야 한다. 체력이 강해질수록 점차 중량 혹은 저항을 늘려가야 한다. 중량 훈련에서는 최초의 중량을 정할 때 다양한 전략을 사용한다. 가장 좋은 방법은 최초의 중량과 저항을 설정하기 위해 시행착오와 경험을 활용하는 것이다. 아래는 벤치 프레스를 사용하는 훈련으로 ACSM 지침을 활용한 예제이다.

1. 남성 훈련자는 처음에 130파운드를 8회로 시작한다.
2. 몇 주가 지나면서 점차 근력과 근지구력이 향상되기 시작하는데, 이때 130파운드를 8회에서 12회로 늘린다.
3. 근력이 목표라면 중량을 145파운드로 높이고 8회 반복한다.

이 PRE 방법을 사용할 때는 목표에 따라 점차적으로 중량이나 저항 혹은 반복수를 증가시킨다.

훈련의 가변성과 성장

웨이트트레이닝의 수행능력은 훈련 내내 완전히 일정하게 지속되지 않는다. 어떤 날은 다른 사람들보다 더 훈련이 잘 되기도 하고, 어떤 사람은 발전이 멈추는 정체기를 경험할 수도 있다. 초보자라면 처음에 상당히 발전하는 것을 경험할 수 있는데, 이는 운동조절, 신경활성화, 동원되는 운동단위(자극받는 신경섬유와 근섬유)의 발달과 관련이 있다. 도해 22.3은 근수축의 신경활성화과 운동조절 작용을 나타낸 것이다. 중추신경계는 운동단위가 기능을 하고 근수축 작용을

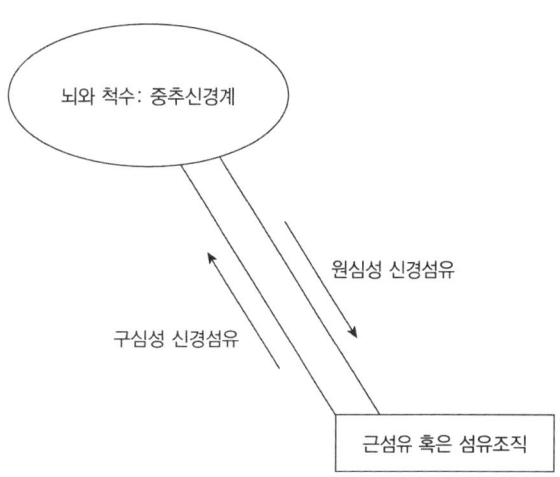

도해 22.3. 근수축의 신경활성화과 신경조절 작용

일으키도록 원심성 신경섬유를 통해 신호를 보낸다. 중추신경계는 구심성 신경섬유를 통해 근육에 반응을 일으킨다. 이러한 반응은 중추신경계가 신경활성을 조절하고, 근력을 발휘하는 데 필요한 운동단위를 동원한다. 근본적으로 강한 힘을 발휘할수록 운동단위를 더욱 많이 동원해야 한다. 도해 22.4는 웨이트트레이닝의 발달 현황을 나타낸 것이다. 최초의 성장은 빠른데 그것은 신경활성화과 관련이 있으며, 2차 성장과 마지막 성장은 크기 발달(근섬유 크기)과 관계기 있다. 운동선수, 역도 선수, 보디빌더들은 선천적 능력이 한계에 이르면 수행능력을 더욱 강화하기 위해 단백동화 스테로이드(anabolic steroid)를 운동능력 향상 보조제로 사용하고 있다. 단백동화 스테로이드는 근력과 힘을 향상시키는 반면, 성기능 장애, 생식기 해부학적 이상, 심장질환, 암을 비롯하여 이 보조제 사용으로 인한 여러 가지 질환과 건강상 문제를 일으킨다. 단백동화 스테로이드를 사용하는 것은 건강에 위험하며 반드시 삼가야 힌다.

주기화

시간이 지나면서 계획에 따라 체계적으로 훈련하는

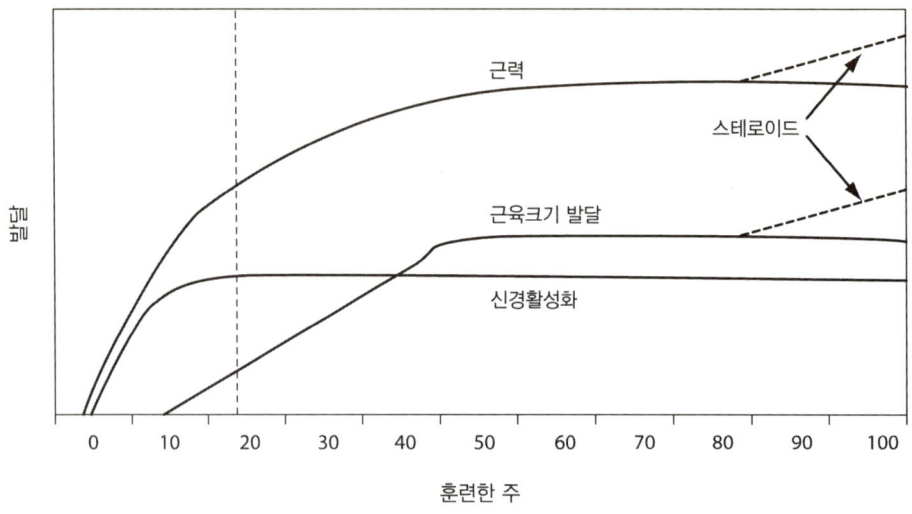

도해 22.4. 웨이트트레이닝의 발달 현황

것을 주기화(periodization)라고 한다. 몇 주가 지나면서 높은 저항 혹은 고중량에 저반복(근력 성장이 목표) 방식에서 낮은 저항 혹은 저중량에 고반복 방식으로 자신의 프로그램을 조절할 수 있다. 주기화는 훈련에 변화를 주고 정신적 및 육체적 정체기를 방지한다.

웨이트트레이닝
모든 훈련자를 위한 일반적인 기술

스트레칭. 기본적이고 일반적인 스트레칭은 운동할 근육무리에 특히 신경 쓰면서 리프팅 훈련에 앞서서 해야 한다. 예를 들면, 벤치 프레스를 하기 전에 가슴, 어깨, 삼두근 스트레칭을 집중적으로 한다. 스트레칭은 훈련 후에도 해야 한다고 많은 전문가들이 조언한다.

준비운동. 준비운동은 운동별로 다르게 해야 한다. 가령, 가벼운 벤치 프레스를 할 예정이라면 벤치 프레스 운동을 하기 위한 준비를 하는 것이다. 대개 가볍고 편안한 중량으로 10회 반복하는 식으로 한다.

호흡. 모든 리프팅 운동을 할 때, 소극적 동작 혹은

하향 동작 중에는 숨을 들이쉬고, 적극적 동작 혹은 상향 동작 중에는 숨을 내쉰다. 리프팅을 하는 어떤 순간에도 호흡을 멈추면 안 된다.

전체 가동범위. 리프팅 운동을 하는 중에는 전체 가동범위를 사용해 완전하게 동작해야 한다. 기본적인 운동을 배울 때는 부분 혹은 절반만 동작하면 안 된다.

보조. 운동을 하는 동안 피로가 점차 쌓이고 그런 상황에서 중량을 버텨내야 할 때가 있으므로 보조자가 필요하다. 보조자는 훈련자의 사고나 훈련 후의 부상을 방지할 수 있도록 필요한 순간에 도움을 주기 위해서는 운동 중에 대화를 계속 해야 한다.

기본 기술과 방법

상체 운동

프리 웨이트 벤치 프레스(Free-weight bench press)
(가슴, 어깨, 상완 운동)

시작자세. 벤치에 누워 발은 지면에 붙이고 등은 약간 아치형으로 둥글게 만든다. 보조자가 중량을 랙에

서 들어 올려 훈련자에게 건넨다. 훈련자는 팔을 뻗은 채 중량을 들고 손은 어깨너비보다 약간 넓게 잡는다.

동작. 바를 가슴 중앙 쪽으로 내린다 (도해 22.5). 그런 다음 다시 팔을 뻗는 시작자세로 돌아온다.

기술과 안전수칙. 바가 가슴에서 약 12~14인치(30~35㎝) 떨어진 지점까지 내려오면, 바를 머리와 어깨보다 약간 뒤 쪽으로 기울인다. 이것은 어깨와 삼두근 발달에 유리한 각도로 바가 놓이게 하며 동작을 마무리한다. 항상 보조자가 훈련자 머리 뒤쪽에 서서 바를 랙에 얹는 것을 돕는다.

랙 기구를 사용하는 벤치 프레스(Rack-mounted bench press)

이 방법은 프리 웨이트 벤치 프레스와 동일하지만, 보조자가 필요하지 않다. 핸들이 가슴 중앙 쪽에 오도록 자세를 잡는다.

랙 기구를 사용하는 랫 풀(lat pull) (상체, 이두근, 자세 근육 운동)

시작자세. 바를 오버핸드 그립으로 넓게 벌려 잡는다. 시트에 앉아 다리 패드가 대퇴부와 딱 붙게 자세를 잡는다. 머리는 똑바로 들고 등은 곧게 편다.

동작. 바를 머리 앞쪽에서 아래를 향해 목 바로 아래까지 오도록 당겨 내린다 (도해 22.6). 바를 다시 올리며 시작자세로 돌아온다.

기술과 안전수칙. 바 조절 능력이나 안정성을 잃지 않기 위해 바를 천천히 되돌린다. 보조자가 필요없다.

프리 웨이트 벤트 로잉(bent-rowing) (자세 근육, 이두근, 등 상부 운동)

시작자세. 발을 어깨 너비로 벌리고, 발끝은 약간 바깥쪽을 향하게 한다. 상체가 지면과 거의 평행이 될 때까지 기울이고, 무릎은 살짝 구부린다. 바벨을 오버핸드 그립으로 잡고, 양손은 어깨 너비로 벌린다.

동작. 바벨을 흉곽 하부까지 들어올린다 (도해 22.7). 그런 다음 바벨을 내리며 시작자세로 돌아온다.

기술과 안전수칙. 팔꿈치를 최대한 높이 들어 올리는 데 집중한다. 보조자가 필요없다. 항상 무릎을 구

도해 22.5. 프리 웨이트 벤치 프레스

도해 22.6. 랙 기구를 사용하는 랫 풀

도해 22.7. 프리 웨이트 벤트 로잉

도해 22.8. 프리 웨이트 오버헤드 프레스

부린 상태를 유지하고, 허리 부상을 막기 위해 비교적 가벼운 중량을 사용한다.

프리 웨이트 오버헤드 프레스(overhead press) (어깨와 상완 운동)

시작자세. 발을 어깨 너비로 벌리고 발끝은 약간 바깥쪽을 향하게 한다. 머리는 똑바로 들고, 쪼그려 앉는 자세로 몸을 내리고, 손은 어깨 너비로 벌린 채 바벨을 오버핸드 그립으로 잡는다. 다시 시작자세로 돌아와 바벨을 어깨 높이로 든다.

동작. 바벨을 팔이 완전히 펴질 때까지 위로 곧게 밀어 올린다 (도해 22.8). 어깨 높이로 내리며 시작자세로 돌아온다.

기술과 안전수칙. 등을 절대 구부리거나 아치형으로 휘게 하지 않는다. 허리 통증을 방지하기 위해서는 동작 내내 시선이 항상 정면 혹은 아래를 향한다. 보조자를 동반해야 하며, 바가 가장 높이 올라갈 때 조절 능력을 잃어버리지 않도록 돕는 역할을 한다.

프리 웨이트 암 컬(Free-weight arm curl) (이두근 운동)

시작자세. 발을 어깨 너비로 벌리고, 발끝은 약간 바깥쪽을 향한다. 바를 언더핸드 그립으로 잡은 채 무릎을 구부리고, 다시 시작자세로 돌아온다.

동작. 팔꿈치를 흉곽에 단단히 붙이고 팔꿈치를 구부린다. 바를 가슴 쪽으로 당겨 올렸다가 다시 시작자세로 돌아온다 (도해 22.9).

기술과 안전수칙. 등이 휘는 것을 막기 위해 고개를 약간 숙이고 시선은 바를 향한다. 혹은 벽에 등을 대고 서서 균형을 잡기 위해 벽에 발을 약간 뗀다. 이 운동은 덤벨로도 할 수 있다.

도해 22.9. 프리 웨이트 암 컬

도해 22.10. 패러렐-바 딥

페러렐-바 딥(Parallel-bar dip) (가슴 하부, 어깨, 상완 운동)

시작자세. 오버핸드 그립으로 패러렐 바를 잡고, 팔을 뻗어 점프해 몸을 들어 올린다. 다리를 교차하고 등은 약간 아치형으로 구부린다.

동작. 가슴이 크로스바에 닿을 때까지 혹은 팔꿈치가 90도로 구부러질 때까지 몸통을 구부리거나 깊게 '내린다'(도해 22.10). 몸을 다시 들어 올리며 시작자세로 돌아온다.

기술과 안전수칙. 동작 중 몸이 흔들리는 것을 막기 위해 등을 아치형으로 유지하고 시선은 정면을 향한다.

사이드 래터럴 레이즈(Side Lateral raise) (상완, 어깨, 등 상부 운동)

시작자세. 발을 어깨 너비로 벌리고 선다. 오버핸드 그립으로 덤벨을 잡고 대퇴부 옆쪽으로 오게 한다.

동작. 동시에 양손의 덤벨을 옆구리에서 위쪽으로 팔이 어깨 높이 위로 펴질 때까지 들어올린다. 덤벨을 내리며 시작자세로 돌아오고, 이 농작을 반복한다(도해 22.11).

기술과 안전수칙. 머리를 똑바로 들고 등은 곧게 편다. 이 운동은 허리를 구부린 자세로도 할 수 있다(도해 22.12).

하체 운동

프리-웨이트 패러렐 스쿼트(Free-weight parallel squat) (대퇴부, 골반, 허리, 엉덩이 운동)

시작자세. 발을 어깨 너비로 벌리고 발끝은 약간 바깥쪽을 향하게 한다. 바를 편안한 자세로, 오버핸드 그립으로 잡는다(양손 간격은 사람마다 다르다). 바가 어깨 위, 목 바로 아래에 오게 한다.

도해 22.11. 사이드 래터럴 레이즈

동작. 머리를 똑바로 들고 등은 약간 아치형으로 구부린다. 대퇴부가 지면과 평행이 될 때까지 몸을 내린

도해 22.12. 벤트 래터럴 레이즈

다 (도해 22.13). 그런 다음 다리를 펴면서 시작자세로 돌아온다.

기술과 안전수칙. 등이 둥글게 휘는 것을 방지하기 위해 머리를 똑바로 든 상태를 유지하고 시선은 정면을 향한다. 스쿼트 동작을 하면 무릎이 발가락 바로 위쪽에 오게 한다. 이렇게 몸을 내리는 동작의 속도는 절제하듯이 천천히 한다. 절대 몸의 반동을 이용하여 튕기듯이 움직이거나 동작하지 않는다. 이 운동을 할 때는 항상 적어도 한 명 이상의 보조자를 동반한다. 만약 발을 지면에 붙이기 어렵다면 뒤꿈치가 높은 러닝화를 착용하거나 뒤꿈치 아래에 2×4인치의 판자를 놓고 선다. 다리 사이에 벤치를 놓고 서는 것은 동작 시 너무 깊이 내려앉는 것을 피하는 한 방법이다.

45도 레그 슬레드(45-degree leg sled) (대퇴부와 둔근 운동)

시작자세. 패드를 댄 시트에 앉아 발을 금속 받침대 위쪽에 놓는다. 받침대를 밀어올리고 안전장치를 움직인다. 시트 측면에 있는 핸들을 잡는다.

동작. 엉덩이와 무릎을 구부려 몸을 아래로 민다. 다리가 거의 일자가 되고 무릎은 약간만 구부린 상태가 될 때까지 부드럽게 밀어 올린다 (도해 22.14).

기술과 안전수칙. 시작자세에서 무릎이 거의 90도로

도해 22.13. 패러렐 스쿼트

도해 22.14. 45도 각도의 레그 프레스 - 동작

굽혀질 수 있도록 시트를 조절한다. 중량을 조절하면서 다리를 편다. 천천히 다시 시작자세로 돌아온다. 중량을 발 뒤꿈치에 댄 채 부드럽게 밀어 올린다.

랙 기구를 사용하는 레그 컬(Rack-mounted lag curl) (슬굴곡근 운동)

시작자세. 시트에 엎드려 눕고, 발목 뒤쪽이 발목 패드에 닿게 한 채 무릎을 구부린다. 무릎은 시트 모서리 밖으로 나오게 한다.

동작. 무릎 페드를 엉덩이 쪽을 향해 최대한 위로 당겨 올린다 (도해 22.15). 그런 다음 시작자세로 돌아온다.

기술과 안전수칙. 골반과 엉덩이가 동작 중 자꾸 위로 올라가려는 현상이 있는데, 이것은 굴절 시트를 사용함으로서 조절할 수 있다.

프리 웨이트 힐 레이즈(Free-weight heel raise) (종아리 운동)

시작자세. 덤벨을 양손에 잡고 발의 볼 부분을 보드나 계단에 대고 선다.

동작. 뒤꿈치가 발끝 아래로 내려갈 때까지 몸을 내리면서 종아리를 스트레칭하여 '발끝으로' 선 자세가 되게 한다 (도해 22.16)

도해 22.15. 랙 기구를 사용하는 레그 컬

복부 크런치 혹은 트렁크 컬(Abdominal crunch 혹은 trunk curl) (복부 운동)

시작자세. 카펫이나 패드가 들어간 지면 위에 누워 무릎은 구부리고 발은 지면에 붙인다. 손은 머리 뒤에 놓거나 가슴 위에서 양팔을 교차시킨다.

동작. 앞으로 몸통을 감아올리면서 머리, 어깨, 상체 윗부분을 지면에서 들어올린다. 허리는 지면과 접촉한 상태를 유지한다. 이렇게 하면 복직근 전체를 단단하게 하고 자극을 가한다.

기술과 안전수칙. 복부에 충분히 자극을 가할 만큼 몸을 앞으로 감아올리고, 허리 부위를 보호하기 위해 허리는 지면과 집촉한 상태를 유지한다. 이 동직을 활용하는 훈련으로는 발 자세에 변화를 주는 방법, 몸 위로 중량 추가, 반복수와 세트수 등 다양한 응용방법이 있다 (도해 22.17).

도해 22.16. 프리 웨이트 힐 레이즈

사이드 브릿지(Side bridge) (외복사근, 내복사근, 요방형근-요추 안정화 운동)

시작자세. 사이드 브릿지는 동작이 필요하지 않은 정적(static) 혹은 등척성(isometric) 운동이다. 도해 22.18에서 보여주는 자세를 취하고 그대로 유지한다.

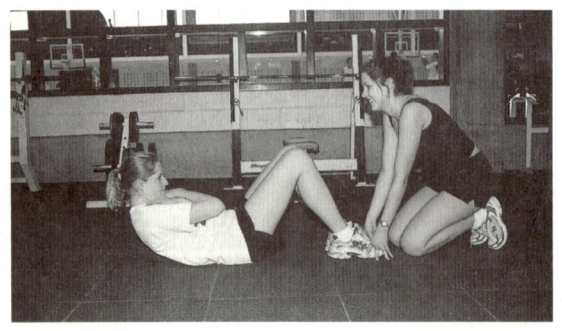

도해 22.17. 복부 크런치

도해 22.18. 사이드 브릿지 – 시작자세

기술과 안전수칙. 훈련 프로그램에 처음 사용할 때는 고정된 자세를 10초간 유지한다. 운동 수행능력이 증가하면서 수축 시간을 30초로 늘린다. 이 운동을 몸의 양쪽으로 한다. 팔꿈치 자세는 어깨 바로 아래 오게 해야 어깨 좌상을 방지한다.

백 하이퍼익스텐션(Back hyperextension) (허리 신전근과 슬굴곡근 운동)

시작자세. 벤치에 엎드려 눕고 벤치 끝에서 허리를 구부린다.

동작. 손은 목 뒤로 놓고, 등은 천천히 아치형으로 구부리고, 잠시 그대로 유지했다가 힘을 빼고, 반복한다 (도해 22.19).

기술과 안전수칙. 목 뒤에 중량을 추가함으로써 저항을 증가시킬 수 있다.

레그 익스텐션(Leg extension) (대퇴사두근 운동)

시작자세. 레그 익스텐션 기구의 벤치에 앉아서 발을 패드 뒤에 놓는다. 약간 뒤로 기울이고 벤치를 고정한다.

동작. 다리를 지면과 평행이 되는 지점까지 올렸다가 천천히 내리고, 이 동작을 반복한다 (도해 22.20).

도해 22.19. 백 하이퍼익스텐션

도해 22.20. 레그 익스텐션

기술과 안전수칙. 기구에 중량을 추가함으로써 저항을 증가시킬 수 있다. 만약 다리가 지면과 평행 상태에 이를 수 없다면 중량을 낮춘다.

풀-업(Pull-up) (상체 운동)

시작자세. 수평 바에 매달려 양손을 넓게 벌려 오버핸드 그립으로(손바닥이 얼굴 쪽을 향하게) 잡는다.

동작. 일자로 매달린 자세에서 시작하여 턱이 바 위로 올라갈 때까지 몸을 당겨 올린다 (도해 22.21). 그런 다음 팔을 완전히 뻗고 몸을 내리면서 시작자세로 돌아온다.

기술과 안전수칙. 중량을 허리에 매다는 방법으로 저항을 증가시킬 수 있다

숄더 슈러그(Shoulder Shrug) (상체 운동)

시작자세. 바벨을 대퇴부 앞쪽에서 잡고 일반적인 시작자세로 시작한다.

동작. 팔은 일자로 유지하면서 어깨를 최대한 높이 들어올린다 (도해 22.22).

도해 22.21. 풀-업

도해 22.22. 숄더 슈러그

기술과 안전수칙. 등은 곧게 편 자세를 유지하고, 뒤로 기울어지지 않도록 주의한다. 무거운 중량을 사용할 경우에는 보조자를 동반해 뒤에 서게 하여 밸런스를 잃지 않도록 도움을 받는다.

서킷 웨이트트레이닝

서킷 웨이트트레이닝은 전신의 컨디션을 최상으로 유지해주는 운동이라는 인식 때문에 점차 인기가 높아지고 있는 운동 형태이다. 서킷 웨이트트레이닝은 유산소성(산소를 사용하는)과 무산소성(산소를 사용하지 않는) 운동을 모두 포함한다. 일반적으로 8~12가지 기구를 사용하며 각각 서로 다른 운동을 한다. 훈련자는 한 기구에서 다른 기구로 연속적으로 움직인다. 이렇게 하면 다음 운동을 할 준비만 할 시간만 갖게 되면서 유산소성 효과를 제공한다. 대개 한 가지

기구로 8~12회 반복수로 운동한다. 이것은 근력과 국소적인 근지구력 발달을 가져온다. 각 기구 사이의 휴식 시간은 보통 10~15초로 한다. 운동 순서는 큰 근육, 주요 근육무리에서 작은 근육무리로 하며, 상체와 하체 운동을 교대로 한다.

일반적인 서킷 프로그램

1. 빈도수: 주3회, 격일로 한다.
2. 강도: 한 기구에 30~45초로 8~12회 반복수로 한다.
3. 휴식시간: 회복하기 충분할 정도로 한다.
4. 운동 순서:
   a. 복부 크런치 (도해 22.17)
   b. 백 하이퍼익스텐션 (도해 22.19)
   c. 패러렐 스쿼트 (도해 22.13)
   d. 벤치 프레스 (도해 22.5)
   e. 레그 프레스 (도해 22.14)
   f. 랙 기구를 사용하는 랫 풀 (도해 22.6)
   g. 오버헤드 프레스 (도해 22.8)
   h. 레그 컬 (도해 22.15)
   I. 암 컬 (도해 22.9)
   j. 레그 익스텐션 (도해 22.20)
   k. 사이드 래터럴 레이즈 (도해 22.11)

서킷 훈련을 마친 후에는 충분히 휴식한 후 다시 이 사이클을 반복한다.

개인별 서킷 훈련 구성하기

아래에 부위별로 몇 가지 기구를 나열해놓았다. 서킷 훈련을 구성할 때는 한 기구 당 한두 가지 운동을 선택한다. (반드시 이용 가능한 기구로 할 수 있는 운동을 고른다) 그 다음에는 시간 간격을 결정한다. 마지막으

로 각 기구 당 반복수를 결정한다.

또 하나의 요령은 정해진 시간 내에 최대한 많은 반복수로 하는 것이다(가령, 30~45회). 만약 이 방법을 적용한다면 (2),(3),(4) 항목에 다음과 같이 변화를 준다. (2)강도: 목표하는 시간 범위, (3)반복수: 최대한, (4)휴식시간: 15초 이상.

섹션 1: 하체 (큰 근육무리)

1. 프리 웨이트 패러렐 스쿼트
2. 랙 기구를 사용하는 스쿼트
3. 스쿼트 점프. 기억할 것은 스쿼트 자세에서 튕기듯 움직이거나 가라앉듯이 처지게 내려앉지 않는 것이다. 최대한 높게 점프하고, 스쿼트 동작 시 앞으로 나가는 발을 교대로 한다.

섹션 2: 상체 (큰 근육무리)

1. 벤치 프레스
2. 인클라인-벤치 프레스
3. 레지스턴스 푸시-업 (도해 22.23). 일반적인 푸시-업과 동일하게 하되, 보조자가 훈련자의 등 위에 중량을 올린다.

도해 22.23. 레지스턴스 푸시-업

섹션 3: 하체 (작은 근육무리)

1. 백 하이퍼익스텐션
2. 랙 기구를 사용하는 레그 프레스

섹션 4: 상체 (작은 근육무리)

1. 오버헤드 프레스
2. 패러렐-바 딥
3. 벤트 로잉
4. 랫 풀-다운
5. 풀-업

섹션 5: 하체 (한 근육무리)

1. 레그 익스텐션
2. 카프 레이즈
3. 레그 컬

섹션 6: 상체 (한 근육무리)

1. 암 컬
2. 트렁크 컬
3. 사이드 래터럴 레이즈
4. 숄더 슈러그
5. 벤트 레터럴 레이즈

기 록 하 기

웨이트트레이닝이나 서킷 훈련 프로그램을 처음 시작할 때는 자신의 목표를 기록하고 목표 진행 상황을 도표로 그린다. 화려한 도표나 보기 좋게 인쇄한 그래프 같은 것을 만들 필요는 없다. 하지만 현재의 상태와 앞으로의 계획을 계속 점검하기 위해서는 일지나 기록 형식이 도움이 된다.

대부분의 일지는 처음에는 날짜와 개인적인 정보 즉 체중과 현재 상태 같은 기록으로(예를 들면 피곤하다, 활기차다, 힘이 넘친다. 기운이 없다 등) 시작한다. 그 뒤에는 수정한 목표(예를 들면 '이번 주에는 운동 당 2회씩 더 반복하기' 등)를 적는다. 그 다음에는 운동 종류, 마지막에는 각 운동 당 세트수, 반복수, 중량을 적는다. 매 훈련 시 한 페이지를 사용한다. 서킷 훈련을 할 때는 수행하는 운동을 나열하고 각 서킷을 완료했을 때의 심박수를 기록한다.

리프팅 경기

이번에는 경기에 사용하는 리프팅에 관해 알아본다. 이 부분은 리프팅 경기가 각기 어떻게 실시되는지, 그리고 이런 리프팅을 할 때 알아둘 사항들을 이해하는데 목적이 있다. 여기 나오는 리프팅은 난이도가 훨씬 높기 때문에 웨이트 리프팅 코치(올림픽 리프팅) 혹은 파워리프팅 코치에게 교육이나 조언을 받아야 한다.

올림픽 리프팅 경기

인상(Snatch)

바를 다리 앞쪽에 수평으로 놓는다. 양손으로 바를 잡고 팔 끝이 머리 바로 아래로 오게 하여 지면에서 한 번에 들어올린다. 이때 다리를 벌리거나 구부리지 않아야 한다. 바는 멈추지 않고 연속적인 동작으로 몸을 따라 이동해야 한다. 발 이외에 다른 어떤 부위도 지면에 닿지 않게 한다. 팔과 다리를 펴고 발은 팔다리와 동일선상에 오게 한 채, 바를 들어 올린 최종 자세를 고정된 상태로 유지한다. 심판원이 바를 내려도 좋다는 신호를 보낼 때까지 그대로 유지한다.

용상(Clean and jerk)

바를 다리 앞쪽에 수평으로 놓는다. 양손으로 바를 잡고, 양 다리를 벌리고 구부리면서 지면에서 어깨로 한 동작으로 확실하게 들어 올린다. 가슴이나 팔 위에서 잠시 멈추는 동안 발을 다시 원래의 자세로, 즉 동일선상으로 되돌린다. 그 다음 다리를 구부렸다가 펴고 그와 동시에 팔을 순간적으로 머리 위로 쭉 뻗어 올린다. 최종 자세에서 고정된 상태로 심판원이 바를 내려도 좋다는 신호를 보낼 때까지 그대로 유지한다.

파워리프팅

스쿼트(Squat)

바를 어깨 뒤쪽에 수평으로 놓는다. 곧게 선 자세에서 양손은 바를 잡고 발은 지면에 붙인다. 심판의 신호 후, 골반과 연결된 다리 부분이 무릎 끝보다 낮게 내려올 때까지 무릎을 구부려 몸을 낮춘다. 다시 시작자세로 돌아온다 (도해 22.13).

벤치 프레스(Bench Press)

벤치에 반듯하게 눕고, 발은 지면에 댄다. 바를 내리고 가슴 위쪽에 완전히 고정된 상태가 된 이후에 동작을 시작한다. 심판원이 신호를 보낼 때까지 바를 팔 길이로 수직으로 뻗어 올린 자세를 그대로 유지한다 (도해 22.5).

데드 리프트(Dead Lift)

바를 발 앞쪽에 수평으로 놓는다. 무릎을 구부리고,

양손으로 바를 잡는다. 바를 연속적인 동작으로 위를 향해 들어올린다. 무릎은 고정시키고 어깨는 뒤로 젖힌 상태로 똑바로 선 자세가 될 때까지 팔은 뻗은 상태를 유지한다.

리 프 팅 기 구

웨이트트레이닝 기구에는 중량을 안전하게 혹은 더욱 편안하게 사용할 수 있는 것이 여러 가지가 있다.

중량 벨트(weight belts). 중량 벨트는 허리지지 기능을 제공한다. 벨트는 허리(스쿼트, 데드 리프트) 혹은 중량을 머리 위로 드는 리프팅 운동(숄더 프레스, 역도)을 할 때 사용한다.

리프팅 장갑(lifting gloves). 리프팅 장갑은 중량 바를 더욱 편안하게 잡기 위해 사용한다. 손에 피부 경결 현상을 방지하거나 최소화하도록 돕는다.

손목 스트랩(wrist straps). 손목 스트랩은 그립을 돕기 위해 사용한다. 중량을 몸 쪽으로 끌어당겨야 하는 훈련(풀-업, 풀-다운, 로우)을 할 때 유용하다.

랩(wraps). 랩은(무릎, 팔꿈치) 관절의 지지 기능과 안정성을 제공한다.

교 육 시 고 려 사 항

1. 프로그램에 웨이트트레이닝을 포함할지 결정하는 것은 참가하는 학생 수를 고려했을 때 기구를 이용할 수 있는지의 문제가 어느 정도 작용한다. 일주일에 2~3회씩 4주 동안의 격렬한 운동은 각 학생들에게 근력과 근지구력 모두에 성과를 가져올 수 있다.

2. 학교 프로그램은 전신 단련 효과 때문에 서킷 웨이트트레이닝을 고려해야 한다. 특수한 훈련 목표가 있는 경우라면, 학생들에게 원리를 가르치고 웨이트트레이닝과 서킷 웨이트트레이닝 두 가지 방법으로 얻을 수 있는 효과에 대해 지도한다.

3. 본격적인 프로그램을 시작하기 전에 개인별 프로그램을 구성하기 위한 개별 예비 테스트를 거친다. 프로그램의 원리를 배우고 학생들이 만든 프로그램을 시작하기 전에 교사가 검토한다면 학생들은 자신의 프로그램을 계획할 수 있다. 목표 설정은 각 프로그램의 일부가 되어야 하며, 목표를 향한 진행 상황을 주기적으로 점검한다.

4. 파트너의 역할은 많은 운동에서 거의 필수적인 요소이며, 반드시 보조를 받아야 한다.

5. 올바른 자세와 안전수칙을 배워야 하며 이 부분은 중요하다. 자세를 점검하기 위해 파트너를 동반하며, 훈련장의 거울도 자세 점검에 도움이 된다.

6. 학생들이 기구를 사용하지 않을 때는 멀리 떨어져 있어야 사고 발생 가능성이 감소한다.

용어 해설

근육 비대(hypertrophy) 근섬유 크기가 증가하는 것.

단백동화 스테로이드(anabolic steroids) 근육 및 근력 성장, 운동능력 강화 효과가 있는 보조제이지만, 부작용 때문에 건강상 위험하다.

덤벨(dumbbell) 길이가 짧은 바벨 형태로 한 손에 쥐고 사용한다.

등속성 운동(isokinetic exercise) 저항 운동의 한 유형으로, 가해지는 저항의 양이 그 저항을 감당할 힘에 비례하여 기계적인 장치로 결정되는 것

등장성 운동(isotonic exercise) 근육 혹은 근육무리의 정적 수축 작용을 포함하는 운동의 한 유형으로, 가해지는 저항은 그 저항을 감당할 힘보다 크다.

바벨(barbell) 다양한 중량의 원반을 한두 개 부착하게 되어 있는 4~7피트(1.2~2.1m) 길이의 특수 상철 바.

반복수(repetition[reps]) 멈추지 않고 한 번에 운동하는 횟수

서킷 웨이트트레이닝(circuit weight training) 전 사이클을 모두 마칠 때까지 연속적으로 수행하는 방식으로 하

는 웨이트트레이닝의 한 유형.

세트(set) 특정 반복수로 구성되는 한 단위.

신경활성화(neural activation) 중추신경계가 운동단위를 동원하는 것.

운동단위(motor units) 신경섬유와 근섬유 혹은 신경섬 유를 자극하는 섬유조직.

웨이트 리프팅(weight lifting) 스포츠 경기의 한 종류로, 올림픽 웨이트 리프팅 혹은 파워리프팅이 있다.

웨이트트레이닝(weight training) 근육무리에 저항을 가 하며 실시하는 유형의 운동으로, 기구는 대개 바벨, 덤벨, 웨이트 기구를 사용한다.

올림픽 리프팅 경기(Olympic lifts) 용상, 인상

저항(resistance) 근육이 감당해야 하는 중량 혹은 압력 의 양

점진적인 저항 운동(progressive resistance exercise) 과 부하 조건을 유지하기 위해 점차적으로 훈련 강도 혹은 시간을 증가시키는 과정.

주기화(periodization) 웨이트트레이닝 프로그램을 계획 적으로 훈련에 변화를 주며 진행하는 것.

치팅(cheat) 운동을 부정확하게 하는 것.

클린(clean, 용상 제1동작) 바벨을 폭발적인 한 번의 동작 으로 들어 올린 후 팔을 구부린 채 선 자세로 밀어 올릴 준비를 한 상태.

파워리프팅(power lifts) 스쿼트, 벤치 프레스, 데드 리프트.

프레스(press) 바벨 혹은 덤벨을 팔을 뻗은 길이로 들어 올리는 것.

보조자(spotter) 안전을 위해 훈련자를 돕는 역할을 하 는 사람.

추가 읽을거리

Aaberg, E. 1999. *Resistance training instruction.* Champaign, IL: Human Kinetics.

Allsen, P. 2003. *Strength training: Beginners, body builders, and athletes.* 3rd ed. Dubuque, IA: Kendall /Hunt.

American College of Sports Medicine. 1997. 건강 한 성인이 심폐기능과 근육의 건강 및 유연성을 발달 시키고 유지할 수 있도록 많은 좋은 운동을 추천한다. *Medicine and Science in Sports and Exercise,* 30(6), 975-999.

Baechle, T. 2005. *Fitness weight training.* 2nd ed. Champaign, IL: Human Kinetics.

Baechle, T., and Groves, B. 1998. *Weight training: Steps to success.* 2nd ed. Champaign, IL: Human Kinetics. 스스로 페이스를 조절하는 프로그램과 개 인별 맞춤형 웨이트트레이닝 프로그램을 계획하는 방법을 소개한다.

Baker, J., Newberry, D., and Kaufman, K. 2000. *Strength training.* Scottsdale, AZ: Holcomb Hathaway Publishers. 중요한 요소는 기술, 훈련, 전략이다.

Bompa, T. 2003. *Serious strength training.* 2nd ed. Champaign, IL: Human Kinetics.

Fahey, T. 2000. *Basic weight training for men and women.* 5th ed. New York, NY: McGraw-Hill. 훈 련 프로그램을 구성하는 방법과 더불어 미국대학스 포츠의학회(ACSM)의 지침, 노화, 현재의 경향 같은 주제들을 포함한다.

Fahey, T. 2000. *Super fitness for sports, conditioning, and health.* San Francisco: Benjamin Cummings.

Field, R., and Roberts, S. 1999. *Weight training.* New York, NY: McGraw-Hill.

Hesson, J. L. 2005. *Weight training for life.* 7th ed. Champaign, IL: Human Kinetics. 웨이트트 레이닝에 대한 오랜 연구결과를 제공한다. 목표 설 정, 스트레칭, 모든 연령별 지침, 여성용 운동, 개인 별 프로그램 짜기, 상급 기술 등의 내용을 포함한다.

Johnson, M. 2000. *Weight lifting and conditioning exercises.* 3rd ed. Dubuque, IA: Eddie Bowers. 모든 부위에 대한 다양한 종류의 운동을 제안한다.

O'Connor, R., Simmons, J., and O'Shea, P. 2000. *Strength training today.* Champaign, IL: Human Kinetics.

Sandler, D. 2003. *Weight training fundamentals.* Champaign, IL: Human Kinetics.

Shepard, G. 2004. *Bigger, stronger, faster.* Champaign, IL: Human Kinetics.

Signorile, J., Tuten, R., Moore, C., and Knight, V. 2004. 모든 사람들을 위한 웨이트트레이닝. Winston-Salem, NC: Hunter Textbooks.

Smith, C., and Jones, D. 2001. *Conditioning and weight training*. 3rd ed. Dubuque, IA: Kendall/Hunt.

U.S. Weightlifting Federation. Current ed. *Official rules*. Colorado Springs: U.S. Weightlifting Federation.

Wescott, W. 2003. *Building strength and stamina*. Champaign, IL: Human Kinetics.

Whitmarsh, B. 2001. *Mind and muscle*. Champaign, IL: Human Kinetics.

정기간행물

National Strength and Conditioning Association Journal (격월), 미국체력관리협회(National Strength and Conditioning Association), 300 Old City Hall Landmark, 920 O St., Lincoln, NE 68508.

자료

비디오

그 외 비디오 자료는 부록 C를 참조하라.

웹사이트

미국대학스포츠의학회(The American College of Sports Medicine) www.acsm.org/

미국체력관리협회(National Strength and Conditioning Association) www.nsca-lift.org/

23 육상

이 장을 완벽하게 습득한 뒤, 독자들은 다음과 같은 사항들을 할 수 있어야 한다.

▶ 육상 스포츠의 역사와 발달과정을 이해하고 올바르게 인식한다.

▶ 육상 경기에 포함된 종목들, 그리고 육상 경기에 필요한 장비와 시설에 익숙해진다.

▶ 달리기, 점프, 도약, 투척 경기에 필요한 다양한 기술을 이해한다.

▶ 육상 경기의 규칙을 이해한다.

▶ 육상 경기의 기본 기술을 학생들에게 가르친다.

역 사

육상 경기는 거의 인류의 시작과 함께 태동했다. 인류는 생존하기 위해 체조선수, 육상선수, 사냥꾼, 전사가 되어야 했다. 살아남기 위해서는 상대가 인간이건 동물이건 간에 도전자보다 기량이 뛰어나야 했다. 초기의 인류는 적의 침략을 받지 않거나 식량을 구하러 나가지 않을 때면 가족이나 다른 무리들과 함께 달리기, 점프, 던지기 활동을 하며 신체 단련을 했다.

육상의 기초를 형성한 경기들은 그리스의 황금시대(호메로스 시대) 때부터 체계적인 형태를 갖추기 시작했다. 가장 유명한 것이 올림픽으로, 기원전 776년에 시작되어 5년마다 한 번씩 열리다가 4년마다 한 번씩 열리는 것으로 바뀌었으며 서기 392년 로마인들에 의해 폐지되었다. 1984년에는 쿠베르탱(Pierre de Fredy, Baron de Coubertin)이 올림픽을 재조직하였으며, 그때부터 올림픽은 국제적인 축제로 여러 국가에서 시행되었다.

미국의 남자 육상 올림픽 대표팀은 1896년 아테네에서 열린 최초의 현대 올림픽 경기에서 좋은 성과를 얻었다. 미국은 우세한 대표팀 중 하나였으며, 구소련, 영국, 동독, 서독이 강력한 경쟁 상대국이었다. 구소련과 다른 동유럽 공산국가들의 붕괴 후 미국 올림픽 대표팀은 역량이 약화되었다. 미국의 여자 육상 올림픽 대표팀은 1928년 최초로 참가해 금메달 1개, 은메달 2개, 동메달 1개를 획득했고 계속해서 좋은 성적을 거두었다. 1976년 대회에서는 구소련과 독일의 여자 대표팀이 우위를 차지했다. 1980년에는 미국 여자 대표팀의 성적이 다시 향상되기 시작했으며, 1984년에 16개의 메달을 획득하면서 세계의 경쟁자가 되었다. 1992년 바르셀로나 올림픽 때는 미국 육상팀이 남자부 20개, 여자부 10개로 총 30개의 메달을 땄다. 이는 육상 종목에서 획득 가능한 금메달 43개 중 12개를 비롯해 은메달 8개와 동메달 10개로 총 30개의 메달이다. 미국은 남자부 릴레이 경기 두 종목에서 우승했고, 여자부는 릴레이 경기 두 종목에서 각각 금메달과 은메달을 땄다. 30개의 메달 중 19개는 트랙 경기에서 획득한 것이다(남자 11개, 여자 8개). 칼 루이스(Carl Lewis), 포웰(Mike Powell), 그린(Joe Greene)이 남자부 멀리뛰기 종목을 휩쓸었으며, 여자부에서는 조이너 커시(Joyner-Kersee)가 개인종목에서 유일하게 2관왕에 올랐다(여자부 멀리뛰기에서 동메달, 7종 경기에서 금메달).

미국의 트랙경기 대표팀은 1996년 애틀랜타 올림픽에서 금메달 13개, 은메달 5개, 동메달 5개로 총 23개의 메달을 차지하며 선두에 섰다. 이는 남자부에서 16개, 여자부에서 7개를 가져온 것이다. 러시아는 육상에서 총 10개의 메달을 획득하며 2위에, 독일은 육상에서 7개의 메달을 얻고 3위에 올랐다. 미국에서 획득한 23개의 메달은 1992년 올림픽의 30개보다는 적었지만, 1996년 올림픽은 역사상 참가국가가 가장 많은 대회였다. 100여개 이상의 국가가 참가했고, 45개국에서 메달을 가져갔다. 1996년 올림픽에서 가장 눈부신 성과를 살펴보면 멀리뛰기 종목에서 미국의 칼 루이스와 재키 조이너 키시의 우승, 캐나다의 베일리(Donovan Bailey)가 100m 우승, 프랑스의 페레크(Marie-José Pérec)가 200m와 400m 2관왕, 마이클 존슨(Michael Johnson)이 200m와 400m에서 경이적인 2관왕을 차지하고 당시 200m 세계신기록을 0.50

초 단축시킨 19.32초로 신기록을 갱신하며 차지한 우승 등을 꼽을 수 있다.

과학적 원리를 적용하면 향상된 성과를 이루는 데 영향을 미친다는 연구보고가 계속해서 나오고 있다. 훈련 기술, 영양, 정신적 준비 등을 개선하면 선수들이 트랙 경기에서 더욱 빠른 속도, 멀리뛰기와 투척 경기에서 지구력 지속시간, 더욱 먼 거리, 높이뛰기에서 더욱 높은 높이 등의 목표를 달성하는 데 도움이 된다. 인간에게 아직 한계란 없다. 앞으로도 기록은 계속해서 깨질 것이다.

2000년 시드니 올림픽에서는 세계신기록이 수립되지 않았다. 이는 1948년 올림픽 이후 처음 있는 일이었다. 시드니 올림픽에서는 이처럼 예상 이하의 결과를 보였지만 이를 상쇄한 것은 경기 자체의 감동적인 장면들이었다. 인상적인 사건들은 게브르셀라시에(Haile Gabrselassie)(에티오피아)가 10,000m 결승선을 앞두고 터갓(Paul Tergat)(케냐)을 따라잡기 위해 분투한 장면, 젤렌즈니(Jan Zelenzny)(체코)가 투창 경기에서 베클리(Steve Backley)(영국)를 제치고 역전 우승에 성공하여 세 번째 올림픽 금메달과 올림픽 기록을 확보한 것, 드래길라(Stacy Dragila)(미국)의 극적인 장대높이뛰기 장면, 35세의 드레슐러(Heike Drechsler)(독일)가 멀리뛰기에서 8년 전에 놓쳤던 우승을 되찾은 것, 프리먼(Cathy Freeman)(호주)이 여자부 400m 경기에서 스타디움이 들끓도록 우레 같은 갈채와 환호를 받으며 우승하던 장면, 그린(Maurice Greene)(미국)이 1996년 올림픽 때는 단상에서 눈물을 흘렸지만 다시 100m 우승 타이틀을 되찾았던 것, 존슨이 33세의 가장 노령의 선수로 400m 우승에 성공한 것과 올림픽 역사상 처음으로 400m 타이틀 방어에 성공한 것, 존스(Marion Jones)는 5관왕에는 실패했지만 3개의 금메달을 포함해 총 5개의 메달을 차지했고 한 올림픽에서 육상 5개 종목 석권에 도전한 최초의 선수였다는 것들을 꼽을 수 있다. 리톨라(Ville

Ritola)는 1924년에 6관왕에 올랐으며, 백스터(Irving Baxter)와 트윅스버리(Walter Tewksbury)가 1900년에 5개의 메달을 차지했고, 누르미(Paavo Nurmi)는 1924년에 5관왕에 올랐지만 그에게 올림픽 금메달은 이것이 마지막이었다.

미국 대표팀의 메달 행진은 2000년 시드니 올림픽에서도 계속되었다. 그러나 남자부 13개, 여자부 7개로 육상 부문에서 1996년의 23개보다는 적은 총 20개의 메달을 얻었다. 금메달은 남자 6개, 여자 4개의 총 10개로 1996년의 13개보다 적은 수였다. 여자부 4개 금메달 중 3개는 존스가 획득한 것이다. 러시아는 총 12개(금 3개)로 육상 부문에서 다시 2위를 차지했다. 에티오피아가 새롭게 등장하여 총 8개(금 4개)로 3위를 했으며, 케냐와 자메이카는 총 7개의 메달로 그 뒤를 이었다. 시드니 올림픽 역시 100개국 이상이 참가했으며 44개의 금메달이 주어졌다. 미국 여자 대표팀은 대회 직전에 발생한 부상과 질병 때문에 유력한 우승 후보였던 제이콥스(Regina Jacobs), 데버스(Gail Devers), 밀러(Inger Miller)가 빠졌다. 남자부에서는 존슨과 그린이 U.S.올림픽 트라이얼(U.S. Olympic Trials)에서 당한 부상으로 200m 경기에 참가하지 못했다. 1996년 올림픽 때 주목받았던 우승자 칼 루이스와 조이너 커시, 그레이(Jonny Gray)도 참가하지 못했다.

2004 올림픽은 최초의 발상지였던 그리스 아테네에서 열렸다. 이 역사적인 장소에서 벌어진 대단했던 육상 경기는 그 자체가 영화이자 드라마였다. 제 시간에 시설 준비를 마치는 문제, 엄청난 규모의 보안 관리, 소규모 경제상황에서 채무가 축적되는 문제 등에 직면했지만 결국 그리스는 국가적인 자부심을 드높였고 장엄하고도 평화로운 축제를 선보였다.

2004년 미국 대표팀은 일부 경기에서 많은 스타급 선수들이 마약 스캔들, 부상, 열악한 성적으로 빠졌지만 대신 새로운 젊은 선수들이 가담했다. 아테네 올림픽에서 획득한 25개의 메달은 시드니(20개)와 애틀랜타(23개) 올림픽 이상의 성과를 올렸음을 말해주었다 (표 23.1). 남자부는 총 19개 메달 중 금메달이 6개로 시드니 올림픽 때도 금메달 6개였으며, 여자부는 금메달 2개를 포함하여 총 6개였다. 존스의 부진한 성적과 다른 선수들의 심각한 부상이 큰 타격이었다.

러시아는 2위를 계속 유지했지만 메달의 대부분은 총 20개의 메달 중 15개를 획득한 여자부에서 나왔다. 에티오피아와 케냐는 함께 3위에 올랐는데 특히 장거리 경주 3000m, 5000m, 10,000m, 마라톤에서 압도적이었다.

미국은 마라톤에서 메달을 하나 추가했다. 케플레지기(Meb Keflezighi)는 그리스의 전설적인 영웅 피디피데스(Phedippides)가 달렸던 길을 질주한 끝에 결국 은메달을 차지했다. 이는 미국 마라톤 사상 28년 만에 처음 있는 일이었다. 미국의 캐스터(Deena Kastor)

표 23.1. 최상위 5개국 대표팀 메달 집계

	남자부				여자부				
	금메달	은메달	동메달	합계	금메달	은메달	동메달	합계	총 합계
미국	6	10	3	19	2	2	2	6	25
러시아	1	1	3	5	5	6	4	15	20
에티오피아	1	2	0	3	1	1	2	4	7
케냐	1	2	2	5	0	2	0	2	7
쿠바	0	0	1	1	2	1	1	4	5

는 동메달을 땄다. 이 역시 여자 선수로는 최초의 메달이었다.

미국에서 새롭게 얻은 눈부신 성과는 100m 1, 3위의 게이틀린(Justin Gatlin)(1), 크로퍼드(Shawn Crawford)(2), 200m 1, 2, 3위의 크로퍼드(1), 윌리엄스(Bernard Williams)(2), 게이틀린(3), 400m 1, 2, 3위의 워리너(Jeremy Wariner)(1), 해리스(Otis Harris)(2), 브루(Darrick Brew)(3), 멀리뛰기 1, 2위의 필립스(Dwight Philips)(1), 모피트(John Moffitt)(2), 장대높이뛰기 1, 2위의 맥(Tim Mack)(1), 헤밍웨이(Matt Hemingway)(2)에게서 나왔다. 여자부는 젊은 단거리 선수 윌리엄스(Lauryn Williams)가 100m 은메달을 땄고, 펠릭스(Allyson Felix)가 200m 은메달을 얻어 존스의 빈 자리를 메웠다. 헤이즈(Joanna Hayes)와 모리슨(Melissa Morrison)은 100m 허들 경기에서 각각 금메달과 동메달을 땄다. 이 선수들은 허들 경기에서 데버스가 빠지면서 안겨주었던 실망감을 치유해주었다. 여자부의 4×400 계주 우승은 올림픽 연속 세 번째 금메달이었다. 남자부도 4×400 계주의 선두를 계속 이어갔다. 이 선수들은 이 종목에서는 늘 우승을 놓치지 않았다.

국가적 리더십

미국 트랙 앤 필드(USATF: United States America Track and Field)는 미국의 국립 육상 관리기구이다. USATF는 아마추어 스포츠 법에 의거하여 1980년에 설립되었다. USATF의 비전과 리더십은 지난 20년간 육상 스포츠가 세계에서 가장 발전적이고 성공적인 국가 스포츠로 성장할 수 있도록 만들었다.

혁신전략

1998년에 USATF는 더욱 효율적이고 효과적인 기구로 거듭나기 위해 구조를 개혁하기 시작했다. USATF의 조직을 대대적으로 변화시켰다. 집행위원회는 없애고 규모를 축소시킨 이사회에서 운영을 맡게 되었다. 여러 개의 상설위원회는 네 개의 부서로 정리되었는데, 수행력 향상(High Performance), 장거리 달리기(Long Distance Running), 일반 대회(General Competition), 집행부(Administration)가 이에 해당한다. 예산 집행을 담당하는 회계감사위원회가 신설되었다. 그리고 내규와 운영규정도 정비되었다. 1999년에는 협회 및 인증 기준이 제정되었다. 협회는 전국적으로 기본 회원과 일반 대중의 프로그램을 대표한다.

후원

USATF는 선수들과 육상 스포츠를 지원하는 기업 후원이 상당히 증가하고 있다. 나이키(Nike), 제록스(XEROX), 비자(Visa), 후지(Fuji), ISC, 몬도(Mondo), GMC, 아디다스(Adidas), 폰티악(Pontiac), 엔보이(Envoy), 폴로 스포츠(Polo Sport), 랄프 로렌(Ralph Lauren), 프래그런스(Fragrance), 에어 포스(Air Force), 파워 바(Power Bar) 등이 주요 후원 기업이다.

전략 계획

성공적인 대회, 전국 선수권 대회, 입찰 절차, 회원 서비스, 선수, 대리인, 팀 서비스, 국제 팀, 성장, 코치 교육, 클럽과 학교 서비스, 경기 및 레이스 관리 등을 위해 더 나은 사업 청사진을 만들었다. USATF의 향후 성공 전망에 필수적인 다섯 가지 목표는 다음과 같다.

1. 후원을 늘려 '사업적 가치를 높인다'.
2. 마케팅과 언론 보도를 이용해 '브랜드를 확립한다'.
3. 협회에 더 나은 서비스를 제공하고 젊은 층 프로그램을 만들고 지원함으로써 '일반 대중의 성장을 이끈다'.

4. 젊은 층의 가장 재능 있는 선수들을 발굴하고 중등학교, 대학교, 대학 졸업 후의 진로를 도움으로써 탁월한 '역량을 강화한다'. 골든 스파이크 투어(golden spike Tour)를 통해 더 많은 선수들에게 본국에서 열리는 더욱 높은 수준의 대회에 참여하고, 상금을 획득하고, 명성을 쌓을 기회를 줄 것이다. 이것은 미국 대표팀이 세계 최고 수준을 유지하도록 돕는다.

5. IAAF, USOC, 미국 육상코치협회(U.S. Track Coaches Association)와 긴밀한 관계를 형성함으로써 '파트너십을 강화한다'. USATF는 더욱 많은 사람들에게 세계에서 가장 위대한 스포츠에서 경쟁할 기회를 주기 위해 끊임없이 노력할 것이며, 미국 대표팀에게 성공의 디딤돌 역할을 하도록 도울 것이다.

USATF는 2005년에 '비자 챔피언십 시리즈(Visa Championship Series)'를 추가했다. 미국 선수들은 백만 달러 이상의 상금이 걸린 대회에서 경쟁할 기회를 갖는다. 또한 비자 챔피언십과 연계된 50만 달러의 적립상금 및 상품들이 걸린 경기에서도 경쟁할 수 있다. 다른 상품의 일부는 슈퍼볼, 데이토나 500 (Daytona 500), 켄터키 더비(Kentucky Derby), 토니상(Tony Awards) 초대권과 페블 비치(Pebble Beach) 여행권이 포함된다.

대 회

육상 경기는 달리기, 도약, 투척 종목이 포함된다 (표 23.2). 달리기는 트랙 경기로, 도약과 투척 경기는 필드 경기로 각각 분류된다. 트랙 경기에는 단거리, 허들, 계주, 중거리, 장거리 종목이 있다. 필드 경기는 멀리뛰기, 삼단뛰기, 높이뛰기, 장대높이뛰기, 투포환, 원반던지기, 투창, 해머던지기 종목이 있다. 고등부 실외 경기 및 대회 순서의 예제로 아래에 설명한다.

표 23.2. 한 기간 동안의 경기 순서

예선이 없을 경우	
남자부	
4×800(3200m) 계주	400m 경주
110m 고장애물	300m 중장애물
100m 경주	800m 경주
4×200(800m) 계주	200m 경주
1600m 경주	3200m 경주
4×100(400m) 계주	4×400(1600m) 계주
여자부	
4×800(3200m) 계주	400m 경주
110m 고장애물(33″)	300m 저장애물
100m 경주	800m 경주
4×200(800m) 계주	200m 경주
1600m 경주	3200m 경주
4×100(400m) 계주	4×100(1600m) 계주
필드 경기	
최소한 첫 트랙 경기 30분 전에 시작해야 한다.	
남자부	여자부
멀리뛰기	멀리뛰기
높이뛰기	높이뛰기
투포환	투포환
투창	투창
장대높이뛰기	장대높이뛰기
멀리뛰기와 투포환 직후에	
삼단뛰기	삼단뛰기
원반던지기	원반던지기

육상 경기

육상 경기는 다양한 거리의 경주와 도약 및 투척 경기로 구성된다. 대회는 네 명이 한 조로 경주를 펼치는 계주를 제외하고는 모두 개인 경기이다.

경주

단거리 경주(Sprints)

실외 단거리 경기는 100m, 200m, 400m 경주를 포함한다. 실내 단거리 경기는 시설에 따라 달라지는데, 50m에서 400m까지의 범위가 있다. 단거리 경주는 80~100퍼센트의 무산소성 활동이다(최대 강도).

중거리 경주(Middle distances)

실외든 실내든 600m와 1000m 사이 거리의 경주는 중거리로 본다. 이 정도의 거리는 대략 50퍼센트의 유산소성 및 50퍼센트의 무산소성 능력을 요한다(속도와 지구력). 가장 일반적인 경주는 800m(반 마일)와 1500m(1마일)이다.

장거리 경주(Long distances)

실내 및 실외의 장거리 경주는 3000m(2마일이 약간 안 되는 거리)와 5000m(3.1마일)이다. 실외 경기에 추가되는 경주는 10,000m(6.2마일), 3000m 장애물경기, 마라톤(26마일, 385야드)이 있다. 일부 대회에는 경보가 포함되며 대개 10K에서 20K의 거리다.

허들 경기(Hurdles)

허들 경기는 혼란스러울 만큼 허들 높이와 거리가 다양하다. 허들 높이와 허들 사이의 거리, 총 거리는 남자, 여자, 청소년, 마스터즈, 시니어 선수 부문이 각기 다르다. 남자 실외 허들 단거리는 110m 고장애물 경기이다. 고등부 남자 부문은 42인치(1.07m) 높이와 39인치(1.01m) 높이로 한다. 허들 지구력 경주는 400m 허들, 혹은 중장애물이라고도 한다. 허들 높이는 36인치(0.91m)이다. 고등부 남자는 300m 허들 경기로 허들 높이는 36인치(0.91m)로 한다. 여자 100m 단거리는 오픈 코스, 대학생, 고등부의 허들 높이가 33인치(0.84m)이다. 여자 허들 지구력 경주는 400m로 오픈 코스, 대학생, 고등부의 허들 높이가 역시 30인치(0.76m)이다. 실내 경주는 남녀 모두 50~55m와 60m 사이다. 실내 허들 높이는 오픈 코스와 남자 대학생

부문이 42인치, 남자 고등부는 39인치, 여자 오픈 코스와 여대생, 여자 고등부 부문이 33인치다.

계주(Relays)

계주는 한 팀이 네 명으로 구성된다(셔틀 허들 계주 제외). 각 선수들은 바톤을 들고 정해진 거리를 달리다가 표시된 구역 안에서 다음 주자에게 바톤을 건네는 식으로 마지막 주자가 결승선에 다다를 때까지 이어서 달린다. 계주는 4×100m, 4×200m, 4×400m(1마일 릴레이), 4×800m(2마일 릴레이), 4×1500m 혹은 1600m(4마일 릴레이)를 포함한다. 단거리 메들리 계주는 두 가지로 (1) 100, 100, 200, 400m, (2) 200, 200, 400, 800m의 형식이 있다. 여자는 이 두 가지 형식 모두로, 남자는 200, 200, 400, 800m 형식으로 한다. 장거리 메들리 계주는 400, 800, 1200, 1600m로 구성된다. 남녀 모두 이 형식으로 한다.

장애물 경기(steeplechase)

표준 거리는 3000m이다. 2000m 경주도 시행된다. 3000m 장애물 경기는 28개의 허들 점프와 7개의 웅덩이 점프로 구성된다. 2000m 장애물 경기는 18개의 허들 점프와 5개의 웅덩이 점프로 구성된다. 트랙을 한 바퀴 도는 동안 5회의 점프를 한다. 웅덩이 점프는 가급적 네 번째 순서가 되어야 한다. 점프는 고르게 분산되어야 한다. 트랙 상태와 웅덩이 위치가 다양하기 때문에 각 장애물 코스는 하나하나 측정해야 한다. 일반적인 규격 및 도표가 도해 23.1에 나와 있다. 이것은 남자 부문에 해당하는 것으로 비교적 최근의 것이다(1996). 남자부문 허들 높이는 91.4㎝(±3mm)(3ft)이다. 여자부문 허들 높이는 76.2㎝(±3mm)(2ft 6in)이다. 허들 너비는 최소한 3.96m(13in)가 되고 트랙 위에 놓으며, 상단 바는 양끝으로 30㎝가 나오도록 한다. 상단 바는 폭이 12.7㎝(5in)가 되어야 한다.

91.4㎝ 높이의 허들을 사용하는 경기에서는 웅덩이

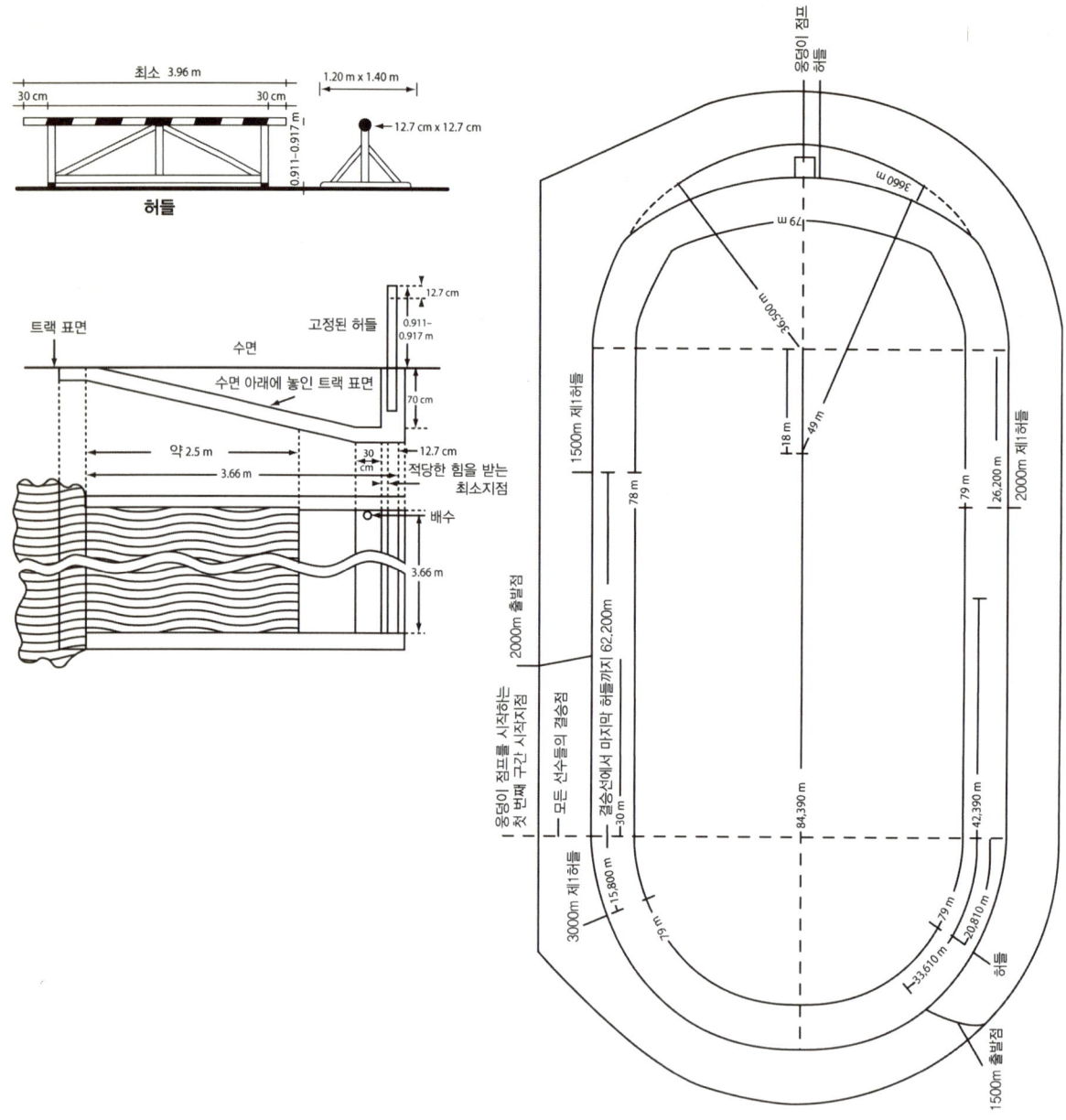

도해 23.1. 웅덩이와 허들 규격.

길이가 허들을 포함하여 3.66m(±2㎝), 76.2㎝ 허들을 사용하는 경기에서는 3.06m가 된다. 웅덩이 너비는 모든 경기에서 3.66m이다. 수심은 허들 바로 앞쪽이 70㎝(2ft 3 1/2in)이고 반대쪽 끝의 지면 높이까지 경사를 이룬다. 허들은 웅덩이 앞에 단단히 고정되어야 한다.

도약 경기

멀리뛰기와 삼단뛰기(Long jump and Tripple jump)

조주로는 일반적으로 남자부는 120~160피트(36.6~48.8m), 여자부는 90~140피트(27.4~42.7m)이다. 도약은 나무 혹은 다른 단단한 재질로 만든 구름판에서 하며, 규격은 7.8~8인치(19.8~20.32cm) 너비, 최소 4피트(1.22m) 길이, 3.94인치(10㎝) 이하의 두께이다. 착지장소는 너비가 9피트(2.74m)보다 작으면 안 되며, 구름판과 높이가 동일해야 한다. 멀리뛰기 장소는 모래로 덮인 곳이어야 한다. 멀리뛰기 유형은 모아뛰기(sail), 가위뛰기(hitch kick), 젖혀뛰기(hang)가 있다. 삼단뛰기는 세 단계 '홉(hop), 스텝(step), 점프(jump)'로 이루어진다. 첫 번째 점프(때로는 홉이라고 함)는 도약하는 발로 착지하며, 두 번째 점프(때로는 스텝이라고 함)는 도약한 발의 반대쪽 발로 착지하며, 세 번째 점프는 모래밭으로 착지한다.

높이뛰기(High jump)

높이뛰기 점프 유형에서 중요한 두 가지는 스트래들(straddle)과 '포스베리 플롭(Fosbury Flop)'이다. 포스베리 플롭은 허리를 구부려 등을 뒤로 해서 넘는 기술을 사용했던 딕 포스베리(Dick Fosbury)라는 사람의 이름을 딴 것이다. 이 배면뛰기 방식은 선수들이 더욱 높은 스피드를 내고 바 넘기 동작을 아주 효율적으로 할 수 있게 함으로써 높이뛰기 수행능력을 현저히 높였다.

장대높이뛰기(Pole vault)

현대의 장대높이뛰기는 굉장한 속도와 힘, 체조선수 같은 민첩성이 필요하다. 장대높이뛰기는 속도, 힘, 협응력이 조화를 이루면 굉장한 성과를 낼 수 있다. 유리섬유로 만든 장대가 도입되면서 이 스포츠에 대변혁을 일으켰다. 유리섬유를 사용한 이후로 수행능력이 놀라울 만큼 증가했으며, 실제로 16피트에서 20피트(4.9m에서 6.1m) 이상으로 증가했다는 기록이 있다. 조주로의 길이는 125에서 140피트(38.1~42.7m)이다. 장대는 길이가 14피트에서 16피트 이상으로 증가했다.

투척 경기

투포환(Shot put)

포환은 대학 부문, USATF, 올림픽 남자부문에서 16파운드(7.26kg)를 사용한다. 남자 고등부는 12파운드(5.45kg)를 사용한다. 대학, USATF, 올림픽 여자부, 여자 고등부에서는 8파운드 13온스(4kg)를 사용한다. 포환은 주철, 청동, 황동 외피에, 내부는 납을 채워 만든다. 실내용 포환은 플라스틱이나 고무 외피로 되어 있다. 앞에 발 막음대를 둔 채 포환을 지름 7피트(2.13m)의 서클 안에서 던진다.

원반던지기(Discus)

원반은 대개 나무로 만들고 테두리는 금속 재질이다. 어떤 것은 고무로 된 것도 있지만, 고등부 경기를 제외하고는 규칙에 맞지 않다. 남자 대학부와 오픈 부문은 최소 중량 4파운드 6.55온스(2kg), 지름 8.67인치(219~221mm)의 원반을 사용한다. 남자 고등부는 중량 3파운드 9온스(1.62kg), 지름 8.2인치(209~211mm)를 사용하며, 여자 고등부, 대학부, 오픈 부문은 2파운드 3.25온스(1kg), 지름 7.1인치(180~182mm)를 사용한다. 모든 부문에서 지름 8피트 2.5인치(2.5m)의 서클 안에서 던진다.

해머던지기(Hammer)

해머는 강철로 된 삼각형 손잡이에 원형의 포환이 부착된 것이다. 남자 대학부와 남자 오픈 부문의 해머 중량은 16파운드(7.27kg)이다. 남자 고등부의 해머 중량은 12파운드(5.45kg)이며, 여자 고등부, 여자 오픈, 여자 대학 부문은 모두 8파운드 13온스(4kg)이다. 해머 길이는 남자부와 남자 고등부가 48인치(1.22m)를, 여자부와 여자 고등부는 47인치(1.195m)를 초과하지 않는다. 해머던지기는 지름 7피트(2.13m)의 서클 안에서 던진다. 실내용 해머 중량은 남자 대학부 56파운드(25.4kg), 남자 오픈 부문 35파운드(15.88kg), 남자 고등부 25파운드(11.34kg), 여자 대학부 20파운드(9.08kg), 여자 오픈 6파운드(7.26kg), 여자 고등부 12파운드(5.45kg)이다. 실내용은 해머보다 짧은 핸들을 사용해 던지며, 중량은 경기 수준에 따라 달라진다. 여자부와 고등부는 중량이 더 낮다.

투창(Javelin)

창은 머리, 기둥, 손잡이 세 부분으로 구성된다. 기둥은 금속 재질이며 끝이 뾰족한 금속 재질의 머리 부분에 고정되어야 한다. 손잡이에 무게중심이 와야 하며, 손잡이 두께는 일정하면서 지름이 기둥의 지름보다 0.3인치(8㎜) 이상 더 크면 안 된다. 남자부와 남자 고등부의 창 길이는 8.7피트(2.7m)이다. 손잡이는 6인치(16㎝), 중량은 1파운드 12온스(800g)이하여야 한다. 여자부와 여자 고등부의 창 길이는 7피트 4인치(2.3m), 중량은 최소 1파운드 9온스(600g), 손잡이는 5.7인치(15㎝)여야 한다.

기타 육상 경기

일부 올림픽 경기는 미국 경기에서 항상 일반적인 것은 아니다(예: 20㎞ 경보).

경보(Race walking)

경보는 발이 지면과 접촉한 상태를 유지하면서 스텝을 전진하며 앞으로 나아가는 경기다. 앞으로 나간 다리는 다리가 수직으로 곧은 자세가 될 때까지 지면과 처음 접촉한 순간부터 일직선이 되어야 한다(즉 무릎을 구부리지 않아야 함). 이 규칙을 위반하면 경고를 받고 그 다음에는 실격된다. 경보는 일반적으로 트랙에서 3~10㎞(1.86~6.2마일), 도로에서 10~50㎞(6.2~31마일)의 거리를 걷는다.

혼성경기(Decathlon and Heptathlon)

혼성경기는 남자부 10종, 여자부 7종으로 여러 종목의 기술과 역량을 시험한다. 이 경기에 참가하는 선수들은 종종 '세계 최고의 선수들'로 인식된다.

10종경기는 이틀 동안에 걸쳐 벌어지는 총 10가지 경기로 구성되는데, 첫 날은 100m 경주, 멀리뛰기, 투포환, 높이뛰기, 400m 경주, 둘째 날은 100m 허들, 원반던지기, 장대높이뛰기, 투창, 1,500m 경주의 순서로 한다. 7종경기는 총 7가지 경기를 이틀 동안 하는데, 첫 날은 100m 허들, 높이뛰기, 투포환, 200m 경주, 둘째 날은 멀리뛰기, 투창, 800m 경주의 순서로 한다.

시설

육상 시설 공사는 매우 어려운 과제이다. 기획과 건설 공사 과정에서 여러 가지 복잡한 요소들을 고려해야 하기 때문이다. 고려요소로는 각 트랙 프로그램의 특수한 성격, 부지 선택 및 분석, 지면 선택, 화장실 및 부속시설, 채점 및 세부사항, 적임의 건설업자 및 컨설턴트 고용 등의 문제가 포함된다.

세부사항

트랙 부지는 대략 5에이커(길이 600피트, 너비 300피트)의 면적이 필요하다. 추가적으로 필요한 공간으로는 채점석, 연석, 배수시설, 특별관람석, 지붕 없는 관람석, 조명, 펜스, 통로 등이 있다. 모든 수준의 경기에 대한 표준 규격은 400m 타원형 트랙이다. 일부 트랙은 축구 혹은 미식축구 경기장 주위에 설치되는데, 이는 다목적으로 사용하기 위한 것이다. 일부 고등학교의 트랙은 연석이 없다. 연석은 NCAA, 전국경기, 국제경기에 필요하다. 대부분의 트랙은 6~8 레인(너비 36~42인치)이며, 자금 지원이 많은 일부 프로그램

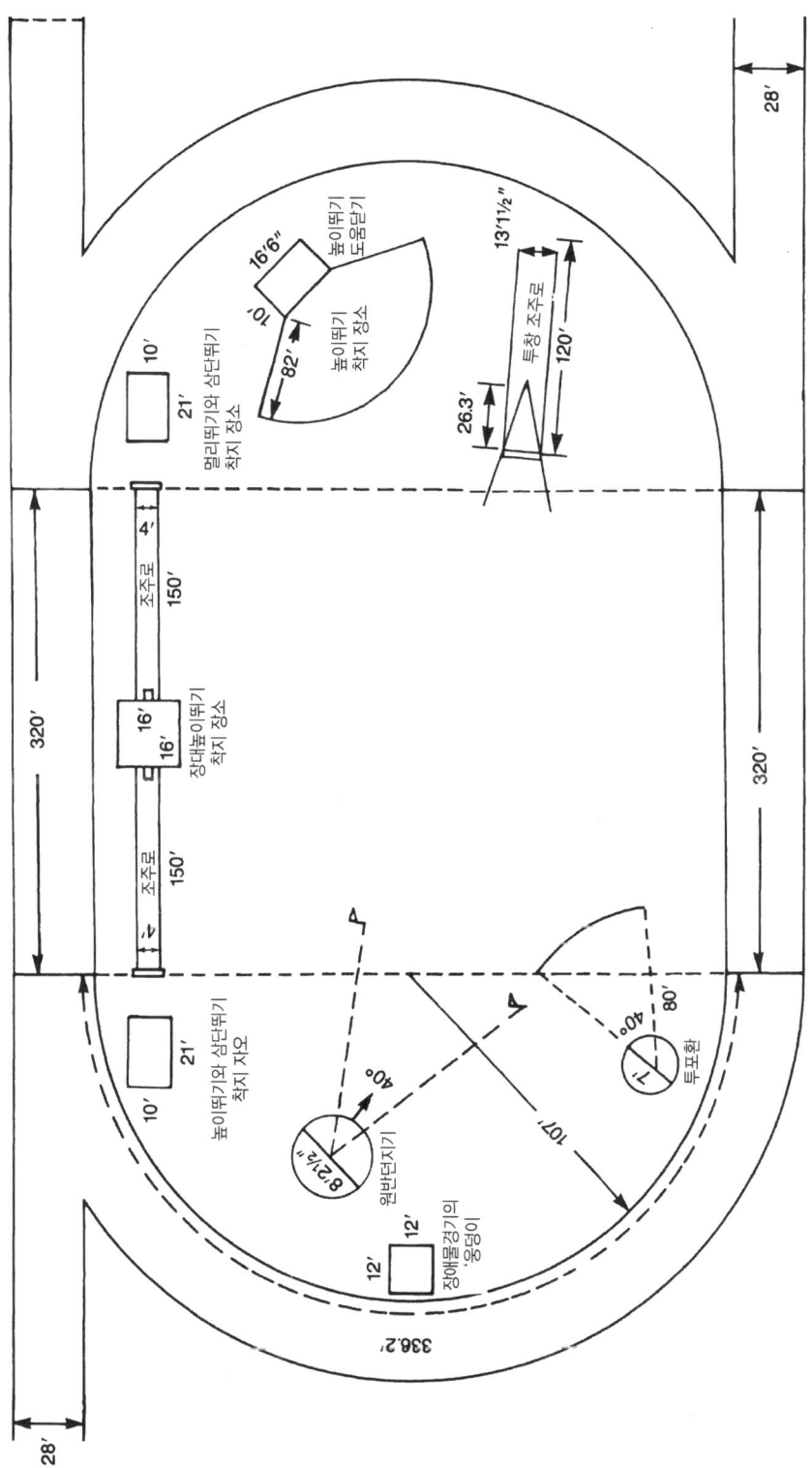

도해 23.2. 육상 시설.

은 비용이 더 많이 드는 9~10 레인의 트랙을 쓴다. 가장 일반적인 트랙의 두 가지 형태는 (1)100m 직선 주로 두 개와 100m 곡선 주로 두 개로 동일한 길이로 사등분되는 타원형, (2)직선 주로와 곡선 주로의 길이가 서로 다르게 대칭하며 사등분되는 타원형이다. 후자의 이런 타원형 구조는 트랙에서 약간 늘리거나 약간 압축되어 있다 (도해 23.2).

지면 선택

선택할 수 있는 지면의 종류는 많다. 자금, 사용 목적, 지질 상태, 관리 능력, 내구성, 성능 특성 등이 모두 특수한 필요성과 상황에 따라 영향을 미친다.

지면의 종류

1. 천연 재질의 트랙 시스템(석탄재와 진흙): 이런 트랙은 비교적 건설 비용이 저렴하지만 두 가지 단점이 있다. 계속해서 관리를 해주어야 하며 그 때마다 비용이 든다는 점이다. 비가 오면 대개 땅이 물에 잠겨 경기를 취소나 연기를 해야 하는 상황이 생긴다.
2. 전천후용(고무-아스팔트 유제): 고무와 아스팔트 유제를 모래와 혼합한다. 이런 형태는 1960년대에 많이 사용했다. 이런 트랙은 내구성이 좋고 평범한 날씨에는 영향을 받지 않는다. 그러나 여름의 무더운 날씨에는 지면이 유연해지고, 겨울의 차가운 날씨에는 지면이 단단해진다. 이런 단점 때문에 비용절감 효과를 보지 못한다.
3. 고무-라텍스/폴리우레탄: 오늘날 사용하는 대부분의 트랙은 고무 입자를 라텍스나 폴리우레탄과 결합하여 만든다. 이런 지면은 아스팔트, 콘크리트 위에 혹은 다른 기존의 지면 위에 설치한다. 이런 지면의 깊이는 3/8에서 1/2인치이다. 사용하는 고

무는 검정색 혹은 다른 색으로 착색한 것이다. 천연 고무, 스티렌부타디엔(SBR: styrenebutadiene) 고무, 에틸렌프로필렌디엔(EPDM: ehylene-propylene-diene) 고무를 주로 사용한다. 고무는 순고무 혹은 재활용 고무를 사용할 수 있다. 순고무는 재활용 고무보다 비싸고, 착색 고무는 검정 고무보다 더 비싸다.

컨설턴트 및 건설업자

트랙 건설을 전문적으로 하는 숙련되고 경험이 풍부한 컨설턴트(예를 들면 건축가, 조경공학기사, 건설업자)를 고용할 것을 강력하게 권장한다. 건설업자의 위탁, 업무, 작업 효율 등을 점검할 수 있도록 최근에 프로젝트를 마친 동료들도 접촉해야 한다.

신 발

몇 년 전 훈련 및 신형 경주용 지면이 출현하면서 다양한 종류의 신발이 보급되고 있다. 요즘에는 육상 스포츠의 경기마다 각 종목에 맞게 특수한 신발이 나오는 것 같다. 대부분의 신발은 스타일과 발에 잘 맞는 적합성과 더불어 보호기능과 안정성을 위해 호환성 있는 스파이크 플레이트(spike plate)가 달려있다. 이런 신발은 경주용 지면과의 마찰력 측면에서 상당한 차이를 보이기 때문에 경쟁력을 높일 수 있다.

기 본 기 술

단거리 경주

단거리 경주의 기본 요소는 다음과 같다.

1. 출발: 반응시간, 스타팅 블록을 떠나는 시간, 스타

팅 블록을 떠나는 속도 등의 요소가 결합된다.

2. 가속도: 최단 시간 내에 최대 속도를 내는 능력

3. 속도 유지: 최대 속도를 유지할 수 있는 시간 혹은 거리

4. 정신적 및 심리적 측면: 긴장풀기, 조정, 리듬, 집중, 자신감

단거리 경주 출발하기

단거리 선수에게 스타팅 블록은 중요하다. 스타팅 블록은 몸을 밀어내는 견고한 지지대 역할을 하며 부상이나 미끄러짐을 방지한다. 조정 가능한 블록은 실내나 실외 어디서든 사용할 수 있어 가장 효과적이다.

1. 반응시간은 몇 백분의 일 초 단위로 측정되어 승리를 결정짓는 시간을 단축함으로써 단거리 경주 시간에 유리한 효과를 미칠 수 있다. 그러나 이것은 경주 거리의 1퍼센트도 안 되는 정도에 불과하다. 가장 중요한 요소는 선수가 최대한의 가속 패턴을 만드는 균형 잡힌 자세로 최대 속도를 내면서 블록을 떠나는 것이다. 이 자세는 앞으로 확실하게 몸을 기울이고 머리, 어깨, 엉덩이(질량중심), 추진력을 내는 다리, 앞으로 내민 발이 일직선을 이루고 블록을 누르면서 힘을 얻는다. 이 일직선의 각도는 지면과 30~40도가 되어야 한다 (도해 23.3). 신체 크기, 근력, 유연성, 민첩성이 이 각도에 영향을 미친다.

2. 블록 간격은 블록을 떠나는 시간과 블록에서 나오는 속도에 상당히 큰 영향을 미친다. 번치 스타트(bunch start)(블록 사이의 간격이 10~12인치[25~30㎝]) 방식의 블록 간격이 반응시간을 포함하여 블록에서 떠나는 시간이 가장 빠르지만, 블록에서 얻는 속도와 반동은 가장 느리다고 하는 연구결과가 있다. 헨리(Franklin Henry)의 가속 패턴에 관한 연구에서는 블록에서 나오는 속도가 블록을 떠나는 시간보다 더욱 중요한 것으로 나타난다. 미

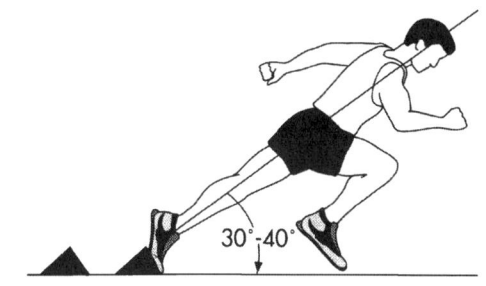

도해 23.3. 최대한의 가속도를 낼 수 있도록 잘 균형 잡힌 출발자세

디엄 스타트(medium start) (블록 사이의 간격이 14~21인치[35~53㎝]) 방식은 최대 속도와 블록을 떠나는 시간 면에서 가장 효율적이다.

이러한 연구결과는 블록 간격을 정할 때 참고사항으로 사용할 수 있다. 그러나 신체 유형, 신체 크기, 편안함의 정도에 대한 개인별 차이는 고려되지 않았다. 무릎, 엉덩이, 발목 등 신체 관절의 굴절 각도에 관한 연구를 통해 이러한 각도를 바탕으로 하는 최적의 출발 자세를 제안한다. 각 선수에게 맞는 최적의 출발자세를 찾으려면 아래의 과정을 활용한다.

a. 선수는 준비자세에서 앞쪽 다리의 무릎 관절을 90도 구부린다. 이 자세는 최단 시간에 최대의 힘을 발휘할 수 있다. 앞쪽 다리는 그 선수의 다리 중 힘이 더 좋은 쪽으로 놓되, 더 편안한 자세를 만들 수 있는 다리여야 한다.

b. 뒤쪽 다리의 무릎은 대략 120~135도의 각도가 되게 한다. 이 자세는 뒤쪽 다리에서 빠르고 강한 추진력을 끌어낸다. 뒤쪽 블록에서 뒤쪽 다리를 떨어뜨리는 동작은 힘 손실을 야기할 수 있기 때문에, 이때 뒤쪽 다리에서 최대한의 힘을 발휘하려면 뒤쪽 블록을 강하게 눌러야 한다.

c. 엉덩이를 들어 올리고 몸을 앞으로 기울여서 앞으로 향하는 수평 자세를 만든다. 엉덩이는 어깨보다 약간 높이 들고, 몸을 앞으로 기울이되

손에 너무 많은 압력이 가해질 만큼은 안 되게 자세를 잡는다.

d. 이 각도를 유지했을 때 스타팅 블록은 몸 아래쪽에 온다. 블록 간격은 이 자세로 설정한다. 미디엄 스타트 원칙을 적용하여 이 간격을 조절하고, 조정 가능한 블록을 사용하면 자세를 미세하게 조정할 수 있다 (도해 23.4).

3. 출발 원칙

a. '제자리에': 선수는 블록 앞으로 와서 위치를 잡는다. 조심스럽게 발을 블록에 한 번에 한발씩 올린다. 발은 일자로 하고 발끝은 지면과 접촉해야 한다. 손은 어깨 바로 아래로 오게 하고, 엄지손가락을 벌린 손으로 어깨 너비 정도에서 출발선 바로 뒤를 짚는다. 팔은 완전히 펴고 체중을 손, 뒤쪽 무릎, 발 사이에 고르게 분산시킨다. 앞쪽 무릎은 힘을 빼고 전완 바로 안쪽으로 뻗는다. 머리는 몸통과 자연스러운 각도를 유지하고, 시선은 출발선에서 1야드 정도 앞쪽을 향한다 (도해 23.5).

b. '차렷': 선수는 원하는 높이로 엉덩이를 올리고 무릎 관절을 적당한 각도로 편다. 어깨는 손보다 약간 앞쪽으로 오게 하여 수평 자세를 만든

다. 경기에서는 선수가 총 소리에 대한 감각기관이 반응하는 데 집중해야 한다 (도해 23.4).

c. '땅': 총소리가 울리는 즉시 반응하여 출발 동작을 한다. 이 동작은 손을 들어 올리고, 내미는 팔을 앞쪽 위로, 반대쪽 팔은 뒤로 움직이면서 시작한다. 동시에 다리를 블록에 대고 펴면서 양쪽 블록을 누르는 과정에서 힘을 얻는다. 첫 발을 뗄 때 뒤쪽 발이 먼저 블록을 떠난다. 앞쪽 다리가 완전히 펴지면서 어깨를 점차 올린다. 몸은 이제 최대한의 가속도를 낼 준비를 하며 적당히 추진력이 생기는 각도(30~45도)가 된다 (도해 23.3).

4. 가속도: 최상급 단거리 선수는 66에서 70야드 사이에서 최대한의 속도를 낸다는 연구결과가 있다. 그보다 능력이 덜한 선수는 55에서 66야드 사이에서 최대 속도를 낸다. 단거리 경주의 주요 목적은 최단 시간에 가장 긴 거리를 달리는 동안 얼마나 가속도를 내는가에 있다. 블록을 떠날 때 균형 잡힌 자세로 최대의 힘을 발휘하면 가속 패턴을 높일 수 있다.

a. 속도는 보폭 길이와 보폭의 빈도수에 따라 나타나는 결과물이다. 실제 보폭 길이는 발끝이 착지하는 각 보폭 사이의 거리이다. 최상급 선수들은 평균 보폭 길이가 7피트 2 1/2인치~7피트 9 3/4인치(2.20~2.38m)이다. 보폭 길이는 근력, 다리 힘, 유연성, 달리는 속도, 부상 등의 요소에 따라 사람마다 달라진다.

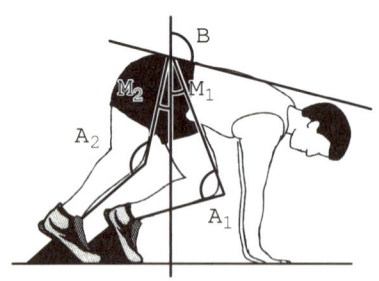

도해 23.4. 준비자세를 할 때 다리와 몸의 각도. 각도 B-104°(98°-112°), 각도 M2-13°(8°-17°), 각도 M1-21° (19°-23°), 각도 A1-100°(92°-105°), 각도 A2-129°(115°-138°).

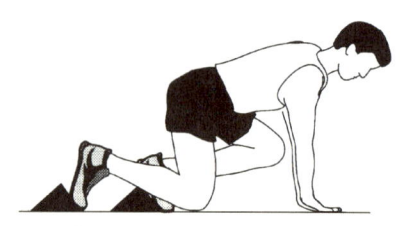

도해 23.5. '제자리에' 자세.

보폭이 과도하게 넓어지지 않게 하려면 발의 착지 위치는 선수의 질량중심 앞쪽으로 12인치(30㎝) 이하가 되어야 한다. 실제 보폭 길이가 증가하면 보폭 빈도수는 감소하기 때문에 속도를 최대한 내려면 보폭 빈도수와 보폭 길이를 조화시켜야 한다.

효율적인 보폭 길이는 질량중심이 각 보폭에 전달되는 거리이다. 관련 근육무리들의 힘과 유연성이 증가하면 지면에 가해지는 힘이 더욱 커짐으로써 보폭 길이를 효율적으로 만든다. 이렇게 되면 보폭 횟수가 감소하지 않으면서도 보폭 길이가 증가한다.

b. 보폭 빈도수는 초당 보폭 수를 말한다. 최상급 단거리 선수들은 남녀 모두 1초당 4보 반에서 5보를 뛴다. 근력 향상, 체력조건 형성, 기술 향상, 긴장완화가 잘 되면 목적을 달성할 수 있지만, 보폭 빈도수는 별로 중요하지 않다고 하는 연구결과들이 있다. 보폭 빈도수를 향상시키면 최대한의 속도를 내는데 긍정적인 효과가 있지만, 이것은 효율적인 보폭 길이를 감소시키지 않고도 얻을 수 있어야 한다. 이것은 각 선수마다 개인별 기술을 충족시킬 수 있는 보폭 길이와 보폭 빈도수의 효율적인 조화로 얻을 수 있다.

연구결과에서는 보폭 빈도수(보율)을 증가시키는 방법으로 속도를 상당히 높일 수 있다고 한다. 최상급 단거리 선수들은 중상급 선수들에 비해 보율이 15퍼센트 빠른 것으로 나타났다. 최상급 선수들은 지면에 닿는 시간을 줄이고 효율적인 단거리 질주 원리를 활용함으로써 이런 결과를 얻을 수 있었다(지면을 빠르게 딛고 떼는 것). 이렇게 하기 위해 이 선수들은 다리에 폭발적인 힘을 상당히 증가시켰다. 그러나 이것은 스피드 향상과는 관련이 별로 없다. 반면 뛰어오르는 동작, 특수한 근력 활동, 지면을 빠르게 딛고 떼는 활동 등은 폭발적인 파워를 향상

시키고, 선수들이 달리는 동안 지면을 더욱 빠르게 딛고 뗄 수 있도록 도우며, 보율과 스피드를 상당히 증가시킨다. 이러한 활동으로는 다음과 같은 것들이 있다.

1. 스피드 스쿼트(Speed squats)
2. 원 레그 스쿼트(One leg squats)
3. 상자나 벤치에서 스텝-업(Step-ups)
4. 상자에서 뎁스 점프(Depth jumps)
5. 멀티플 홉(Multiple hops)
6. 레그 익스텐션(Legs extensions)과 레그 컬 (Leg curls)
7. 토 리프트(Toe lifts)
8. 런지(Lunges)
9. 스피드 바운딩(Speed bounding)
10. 점프 스쿼트(Jump squats)

5. 최대 속도 유지: 최대 속도(50~70m[55~75yd] 정도)에 이른 후에는 몇 보폭을 뛰는 동안만(15~25m [16~27yd]) 최대 속도를 유지하고, 그런 다음엔 점차 피로를 감소시킨다. 피로 감소는 긴장풀기, 컨디션 조절, 적절한 기술에 집중하기 등의 방법으로 최소화할 수 있다.

기본적인 단거리 달리기 기술

달리기 기술은 각 경주마다 요구하는 거리와 속도에 영향을 받는다. 장거리와 중거리 선수에게는 동작의 효율성, 속도 판단, 긴장완화에 중점을 둔 달리기 기술이 필요하다. 단거리 달리기는 보폭 길이와 보폭 빈도수를 증가시키기 위해 더욱 격렬하고 폭발적인 동작이 필요하다. 단거리 선수가 보폭 길이와 보폭 빈도수를 증가시키려면 아래의 기술을 활용하는 데 중점을 두어야 한다.

1. **자세:** 최초의 자세(기울기)는 가속의 결과로 나타난다. 출발하는 동안 몸을 앞으로 기울이는 것은 질량중심을 통해 최대한의 수평력을 발휘하는 데 상당히 중요하다. 계속해서 가속도를 내는 동안 몸

은 최대 속도에 이를 때까지 점점 곧게 펴진다. 여기서 약간만 기울이는 자세는 바람의 저항을 감당하고 추진력과 추진력을 내는 각도를 효율적으로 유지하기 위해 필요하다. 몸을 너무 곧게 세우거나 뒤로 젖히면 추진력을 상실하고 속도가 느려질 수 있다. 이런 현상은 대개 근력, 컨디션 조절, 집중력이 부족해서 발생한다. 선수는 경주 내내 올바른 자세를 유지하는 데 주력해야 한다. 그래야 발이 몸 앞쪽으로 너무 많이 나가는 것을 방지하여 속도가 줄어드는 것을 막는다.

2. **다리 동작:** 몸의 각 부분이 가장 효율적인 자세로 조화롭게 움직이게 하는 능력을 기르면 보폭 길이, 보폭 빈도수를 증가시키고 공기 저항과 지면에 닿는 시간을 줄일 수 있다. 달리기 동작의 단계를 분석하면 코치가 선수의 효율성을 평가하도록 돕는다.

  a. **출발(도약) 단계.** 이 단계는 선수의 지지하는 다리가 질량중심(엉덩이)을 지나 추진력을 내면서 몸을 질주 궤도로 밀어내는 것이 특징이다. 여기서 이 질주 각도를 작게 유지해야 한다. 이 각도를 낮출수록 공기 저항을 받는 시간이 줄어들고 지면에 더욱 빠르게 닿는다. 이 단계에서는 지지하는 다리가 엉덩이 관절 부분에서 최대한 펴지되, 무릎 관절은 펴지 않는다. 무릎이 완전히 펴지지 않아야 지면에 닿는 시간이 줄고 보폭 빈도수를 증가시킨다. 추진력을 내는 다리가 지면을 디딤으로써 발생하는 힘의 양이 보폭 길이에 영향을 미친다 (도해 23.6A).

  b. **복원 단계.** 이 단계는 다음 보폭을 만들기 위해 추진력을 내는 다리가 지면을 떠나고, 무릎 관절을 구부리고, 다리를 뒤로 들어 올려 엉덩이 아래 오게 하여 다음 보폭을 준비한다. 무릎과 엉덩이 굴절을 강하게 할수록 접혀진 다리가 더욱 빠르게 움직인다. 여기서 다리가 지면을 짧게 디딜수록 대퇴부가 더욱 빠르게 회전하여 보폭

빈도수가 증가한다. 지면을 짧게 딛고, 슬굴곡근에 긴장을 빼고, 폭발적인 착지 동작을 준비하기 위해서 발목은 발등 쪽을 구부려야 한다. 발은 지지하는 다리의 무릎 높이 위로 움직여야 한다. 이렇게 대퇴부 위치가 높게 오려면 지면을 디딤으로써 발생하는 힘을 사용해야 한다 (도해 23.6B, C).

  c. **보상 단계.** 이 단계에서는 충격의 힘을 흡수하고 중력에 저항해야 한다. 질량중심(엉덩이)이 지지하는 다리 위로 이동하고 몸은 반대쪽 다리로 착지할 준비를 한다. 엉덩이, 무릎, 발목의 제동력은 최소화해야 한다. 이렇게 하면 지면에 닿는 시간이 증가하고, 지면을 딛고 얻는 힘이 감소하고, 속도가 증가한다. 엉덩이, 무릎, 발목 관절의 각도는 최대한 일직선으로 유지해야 한다 (도해 23.6C, D).

  d. **착지(지면 접촉).** 발이 충격력으로 몸 앞쪽으로 6~12인치(15~30㎝) 이상 나가지 않게 한다. 몸 아래쪽에 가까울수록 더 좋다. 발과 종아리는 발등을 구부리면서 감속을 해야 한다(뒤로 움직이면서). 이렇게 하면 충격 시의 제동력을 줄인다. 고속 촬영을 하면 선수들이 보상 단계에서는 발끝 바깥쪽으로 착지하고, 발의 볼 부분으로 구르고, 뒤꿈치를 내려놓고, 추진력을 내는 단계에서는 엄지발가락으로 밀어내는 것을 볼 수 있다. '발가락-발뒤꿈치-발가락' (도해 23.6B)

3. **팔 동작:** 손과 팔 동작은 수준급 선수들과 최상급 선수들 사이의 수행능력의 차이에 큰 영향을 미치지 않는다는 연구결과가 있다. 팔은 주로 다리를 밀어내면서 생성되는 충격을 흡수하는 용도로 사용한다. 팔은 몸의 균형을 잡고 보폭의 리듬을 유지하도록 돕는다. 손 동작은 앞쪽으로 회전할 때는 몸 중앙에서 어깨나 턱 높이로, 뒤쪽으로 회전할 때는 팔꿈치가 엉덩이를 지나며 어깨 높이로 움직이게 한다. 뒤쪽으로 회전하는 동작은 중하급 수준의 선수들이 흔히 소홀히 하는 부분이다. 이

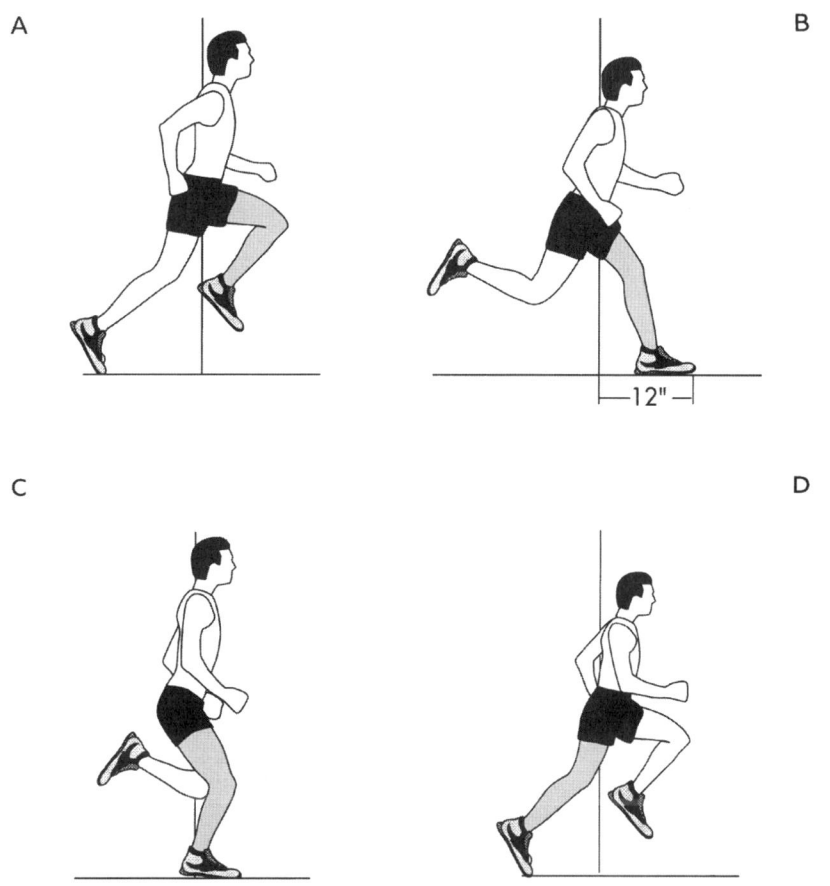

도해 23.6. A. 도약 혹은 추진력을 내는 단계, B. 복원 단계, C. 보상 혹은 유지 단계
D. 착시 단계

동작을 불완전하게 하면 전체 동작범위와 보폭의 길이가 제한된다. 또 이 동작을 너무 과도하게 하면 보폭 빈도수를 감소시킬 수 있다. 선수는 동작의 긴장완화와 효율성을 위해 어깨를 아래로 유지하는 데 집중해야 한다. 손을 컵 모양으로 쥐거나 손가락을 펴는 방법은 각자 선호하는 대로 선택하면 된다. 긴장을 빼는 것에 초점을 두어야 한다.

단거리 훈련(100-200-400)

주기화 계획

스피드 훈련 프로그램은 향후 목표를 위한 고려요소들과 더불어 경기가 있는 해를 대비하는 기본적인 계획으로 시작한다. 초기 훈련은 스피드 훈련 보다는 전체적인 발달이 중요한데, 특히 젊은 선수들일 경우는 더욱 그렇다. 기간을 네 단계로 나누면 몸이 점차 생리적 시스템을 더 높은 수준으로 체계적으로 발달시키고 부상을 최소화하도록 돕는다. 네 단계는 다음과 같다.

준비단계. (일반적인 체력조건 형성 및 기술) 이 단계는 운동량과 강도를 낮게 시작한다. 유연성, 근력, 근육 밸런스, 특별한 신체적 취약점을 이 시기에 평가한다. 역량과 체력 수준을 평가하기 위해 수행능력 테스트를 한다.

강화 단계. (근력, 지구력, 폭발적인 파워 증강) 단거리 선수들이 훈련하는 특정 근육무리는 둔근, 슬굴곡근, 대퇴사두근, 비복근, 가자미근, 엉덩이 굴근, 아킬레스 근육이다. 이 단계 동안 훈련량과 강도를 점차 증가시킨다.

경기 전 단계. (훈련량을 줄이기 시작하고 훈련 강도는 계속 줄여나간다.) 선수는 경기 준비를 위해 몸 상태를 더욱 세심하게 다듬고 준비하기 시작한다.

경기 단계. (경기를 위해 최종 준비를 시작한다.) 이 기간 동안 중요한 요소는 양질의 훈련, 레이스 경험, 휴식과 회복이다. 각 단계는 선수의 필요에 따라 4~6주로 한다.

200미터

200미터 선수는 곡선 주로를 효율적으로 달리고 그 다음의 100미터 주로에서 속도를 낼 수 있어야 한다. 달리는 거리를 줄이기 위해 곡선 주로에서는 레인 중앙에서 달리는 것이 아니라 레인의 선에 최대한 가깝게 해서 달린다. 200미터 이하의 거리는 이런 식으로 하면 기술적으로 달릴 수 있다. 또한 밸런스를 유지하고 바깥쪽으로 압력을 가하는 원심력에 저항하기 위해서는 안쪽을 바라보고, 안쪽으로 기울이고, 바깥쪽 팔이 몸 앞으로 움직이게 해야 밸런스를 유지할 수 있다. 400미터 선수도 이 곡선 달리기 기술을 훈련해야 한다.

400미터

단거리 경주의 기본 기술은 400미터 경주에도 적용되지만, 선수는 경주하는 총 거리를 달리는 동안 자신의 속도와 에너지를 가장 효율적인 방법으로 분산시키는 능력을 개발해야 한다. 400미터를 내내 전력질주한다는 것은 인체 생리학상 불가능하다. 기량이 뛰어난 선수들이라면 400미터 경주를 하는 동안 200미터 최고 속도의 90~95퍼센트 정도를 유지할 수 있다. 이 선수들은 200미터 기록과 그 200미터 기록에 1초를 더한 수를 합한 시간으로 400미터를 달릴 수 있다(예컨대, 21.5+22.5=44초). 400미터 경주 시간을 예측하는 좋은 방법은 선수의 200미터 최고 기록에 2를 곱하고 여기에 3.5초를 더하는 것이다.

처음 150미터는 리듬과 속도를 최소한의 힘을 들인 상태로 유지하려 노력하면서 긴장을 풀고 부드럽게 달린다. 200미터 지점부터는 점차 팔 동작과 보폭 빈도수를 증가시키기 시작한다. 이렇게 절제하며 증가시키는 방법은 좋은 추진력과 좋은 자세를 유지하며 마지막 턴까지 완주할 수 있도록 돕는다. 마지막 100미터부터는 최대한 긴장을 뺀 상태를 지속하고 자세와 집중력을 유지하려 노력해야 한다. 이 경주에서 성공하려면 무산소성 지구력을 내는 에너지 시스템을 최대한 발달시킬 필요가 있다. 피로물질인 젖산이 높게 축적된 상태로 훈련하면 이 능력을 개발시킬 수 있다(최대한의 힘에 가까운 수준으로 40~45초). 400미터 선수는 200~400미터 유형과 400~800미터 유형의 두 가지 유형으로 나눌 수 있다. 가장 좋은 것은 200~400미터 유형이다. 400미터 선수의 정신적인 측면도 신체적 기량 못지않게 중요하다. 적극적이고 집중력을 유지하고 고통과 피로를 견디는 능력이 있어야 한다.

계주

계주는 인기가 높고 흥미로운 경기다. 또한 팀워크와 타이밍을 요하는 경기다. 계주의 바톤 패스는 논비주얼(nonvisual, 보지 않고 받기)과 보고 비주얼(visual)의 두 가지 방식을 사용한다. '논비주얼(블라인드) 패스' 방식은 받는 사람이 보지 않는 것으로, 단거리 계주에서 사용한다. 바톤은 20미터(22야드) 구역 안에서 전달해야 하며, 새로 출발하는 선수는 가속도를 내기 위해 10미터(11야드)를 더 달린다. 단거리 계주 선수들은 대개 서로 손을 엇갈리게 사용하는데, 첫 주자와 세 번째 주자는 바톤을 오른손으로, 두 번째 주자와 네 번째 주자는 왼손으로 잡는다.

'비주얼 패스' 방식은 받는 사람이 바톤을 보며 잡는 것이다. 피로가 쌓이면서 협응력이 점차 줄고 선수들이 바톤을 정확하게 전달할 능력이 점차 감소하는 장거리 계주(1600m 이상)에서 주로 사용한다. 바톤 패스는 20미터(22야드) 구역 안에서 한다.

논비주얼 패스 기술

후자로 출발할 선수는 들어오는 주자가 출발 신호를 하면 패스 구역을 달리며 최대한 가속도를 내야 한다. 출발 신호가 있으면 처음엔 18~20피트(5.5~6m)를 달리다가, 타이밍과 컨디션 조절이 원활해지면서 점차 20~30피트(6~9m)로 증가시킨다. 패스할 때 비주얼 방식 혹은 목소리 신호를 사용할 수 있다. 어떤 팀은 여진히 업스위프-V(upsweep-V) 기술을 사용한다 (도해 23.7A). 그러나 출발하는 주자가 팔을 뻗는 자세(손바닥을 펴고 엄지손가락은 아래로 향한 자세)를 취하는 것이 훨씬 더 효율적이다 (도해 23.7B). 표적이 더 크고 손과 바톤의 자세가 자연스럽고, 조절하기가 더 좋으며, 두 선수 사이의 거리가 더 멀어도 괜찮다는 이점 때문이다. (두 선수 모두 팔은 완전히 편다) 이때 들어오는 선수는 출발하는 선수의 손에 바톤을 밀어 넣는 업스위프 푸시 방식을 사용한다. 이 방법은 바톤을 패스 구역 안에서 최고의 속도를 유지하면서 전달하는 것이 주요 목적이다.

비주얼 패스 기술

후자로 출발하는 선수는 들어오는 선수가 출발 신호를 하면 뛰어야 한다(10~15피트[3~4.5m] 정도). 출발하는 선수는 빠른 속도의 3~5보로 가속도를 내고 패스 구역 내에서 10미터(11야드) 정도를 돈다. 이 선수는 왼손을 내밀고 가슴은 연석 쪽을 향하게 한다. 손은 들어오는 주자의 얼굴 쪽으로 높이 든다. 이렇게 하면 엄지손가락은 벌리고 나머지 손가락을 펴면서 자연스럽게 바톤을 잡는 자세로 바톤을 주고받기 좋은 상태가 된다 (도해 23.7C). 들어오는 주자가 출발하는 주자의 손에 바톤을 놓는다. 출발하는 선수는 뛰면서 들어오는 선수의 힘과 속도를 판단한다. 출발하는 선수는 바톤 전달을 정확하게 하기 위해 10미터(11야드) 정도를 느리게 혹은 빠르게 뛴다. 바톤 전달이 완료되자마자 바톤을 오른손으로 바꿔 쥐고 첫 번째 턴을 힘차게 달리며 자세를 잡는다.

허들

허들은 성공적인 결과를 내는데 뛰어난 단거리 기량이 필요한 경기다. 최상급 허들 선수들은 단거리 경주 능력이 뛰어나다. 그 외에 필요한 다른 신체적 특징은 리듬, 유연성, 협응력, 균형, 효율적인 기술을 들 수 있다.

기술

출발은 기본적으로 단거리 경주와 동일하지만, 제1허들까지 정확한 보폭 수를 얻으려면 조절을 해야 하다. 제1허들까지 8보가 가장 일반적인 패턴이지만, 키가 큰 어떤 선수들은 7보로 뛴다. 먼저 나갈 다리는 뒤쪽 블록에 놓고 블록 앞에서 7보로 제1허들까지 총 8보 달릴 준비를 한다. 허들을 넘는 공중 자세를 효율적으로 만들기 위해서는 허들까지의 도약 거리가 중요하다. 허들 크기, 접근 속도, 먼저 나가는 다리의 동작이 적절한 도약 거리를 결정한다. 평균 거리는 남자 6 1/2~7 1/2 피트(2~2.3m), 여자 6~6 1/2피트(1.8~2m)이다.

허들 넘기

허들 넘기 동작을 효율적으로 하는 관건은 올바른 도

약과 주도하는 다리의 동작에 달려 있다. 도약은 발의 볼 부분으로 높게 해야 하며 주도하는 쪽 무릎을 많이 구부리고 다리 사이가 크게 벌어져야 한다. 수직력은 최소화하면서 허들 위에서 효율적인 공중자세가 나올

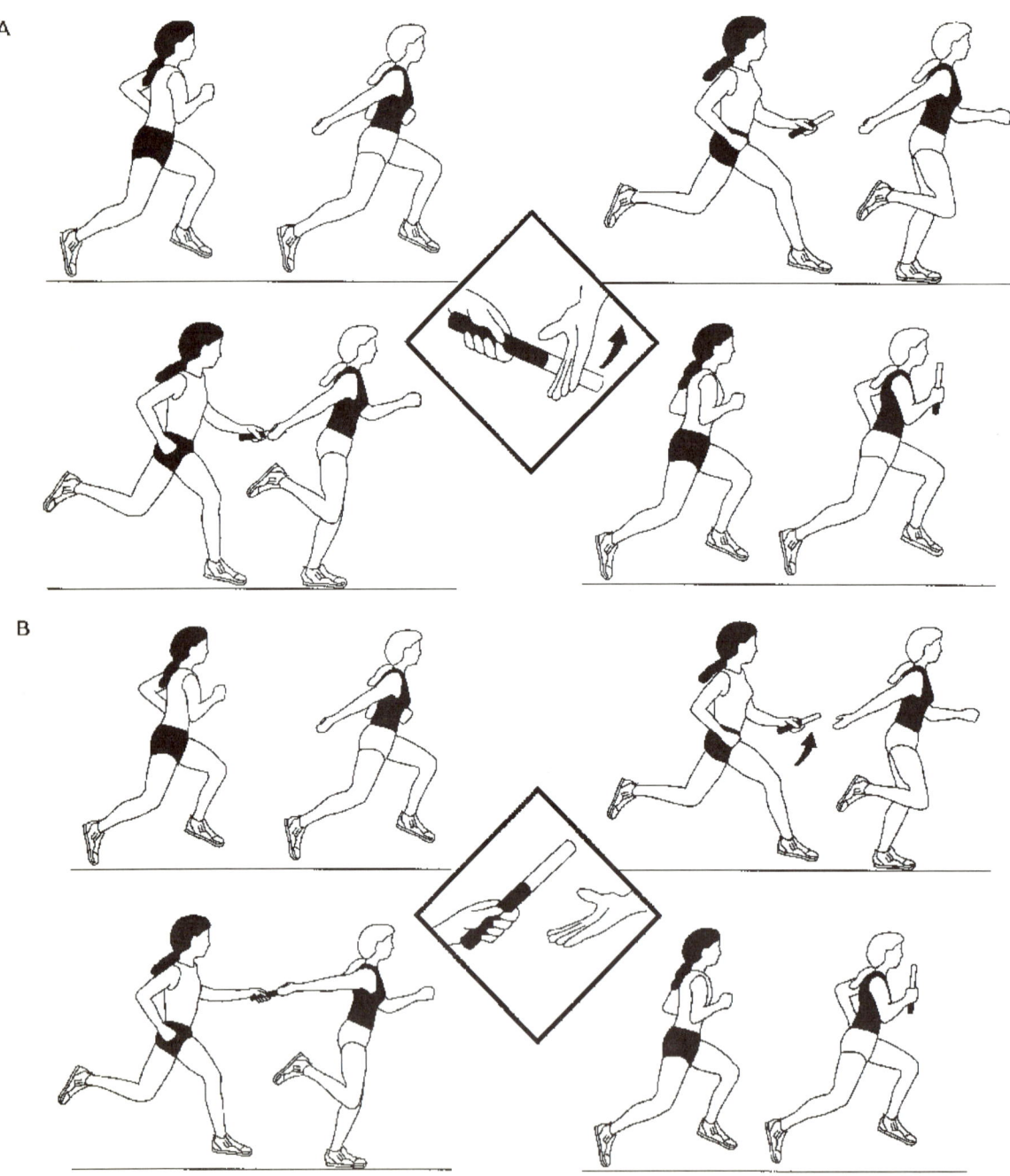

도해 23.7. A. 논비주얼 바톤 패스-언더핸드 업워드(underhand upward) 패스 방식, B. 논비주얼 바톤 패스-업 스위프 푸시(up sweep push) 패스 방식

수 있도록 중력 중심을 높게 들어올린다. 주도하는 다리는 일자로 뻗거나 고정시키면 동작 속도를 상당히 느려지게 만든다. 주도하는 다리는 안쪽이나 바깥쪽으로 흔들리면 착지하는 동안 균형에 문제가 생길 수 있으므로 주의한다. 주도하는 다리는 발가락은 세운 상태로 엉덩이 바로 앞쪽에 와야 한다 (도해 23.8A). 반대쪽 다리는 끌어올려 견고하게 접힌 자세로 몸의 측면에 붙인다. 이 다리의 발끝은 바깥쪽을 향한다. 이렇게 하면 빠르고 연속적인 동작을 할 수 있다.

팔 동작

한 팔 동작은 달리는 동작을 돕기 때문에 가장 효율적인 기술이다. 주도하는 팔은 팔꿈치를 구부린 상태로 어깨 높이로 해서 앞으로 움직인다. 이렇게 하면 주도하는 다리와 균형이 잡힌다. 반대쪽 팔은 균형과 리듬을 맞추기 위해 뒤로 회전한다. 어깨는 수평으로 한

채 앞으로 몸을 기울인다. 이렇게 하면 선수가 지면으로 더욱 빠르게 내려올 수 있다.

착지

질량중심(엉덩이)이 착지하는 발 위로 혹은 발보다 약간 앞으로 오게 하면서 발의 볼 부분으로 착지해야 한다. 반대쪽 다리는 높은 무릎 동작을 통과하고 빠른 속도의 큰 보폭을 준비한다 (도해 23.8B). 허들을 넘으면서 전속력의 3보를 하는데, 마지막 1보는 나머지보다 짧다. 허들 경기는 전력질주 경기이므로 선수는 블록에서부터 첫 허들까지, 허들 사이사이, 마지막 허들에서 결승선까지 전속력으로 달려야 한다.

여성을 위한 기술

여자부는 허들 높이가 더 낮기 때문에 몇 가지 다른 기술이 필요하다. 질량중심을 높이 들어 올릴 필요가 없다. 기술은 전력질주에 가까우며, 허들 넘기 동작은

도해 23.7. (앞에서 이어짐) C. 비주얼 바톤 패스

남자부만큼 강하지 않다. 그러나 주도하는 다리의 동작은 더 빠르고 폭발적이다. 여자부 허들은 무릎을 구부렸다가 종아리를 폭발적으로 차면서 동작한다. 그런 다음 즉시 다리를 아래로 빠르게 내려 몸 아래로 오게 하면서 착지한다 (도해 23.8C).

반대쪽 다리의 동작도 여자부에서는 뚜렷하지 않다. 남자부만큼 높이 들어 올리지 않는다. 허들을 넘을 때는 이 다리가 몸 아래쪽으로 견고한 상태로 유지하고 발끝은 바깥쪽을 향한다. 또 여자부에서는 남자부만큼 몸을 앞으로 많이 기울이지 않는데, 경주 내내 전력질주 자세는 아주 비슷하다. 체구가 작은 여자 선수는 몸을 약간 기울여야 할 때도 있다. 다른 기술은 남자부와 비슷하다.

지구력 경기

훈련 목적이 건강 및 피트니스 때문이든 경기 준비 때문이든 간에 훈련 시스템은 기본적으로 동일하다. 다른 점은 목표, 훈련 강도, 훈련량이다. 현대의 훈련 시스템은 과거의 시스템도 많이 이용하고 있지만, 개인별 필요성, 능력, 경기, 현지 환경조건 등에 따라 혼용하기도 하고 수정하기도 한다. 얼마나 많이, 얼마나 빠르게, 얼마나 멀리 달리는가에 대한 철학적인 차이를 제외하고는, 유산소성 산소 전달시스템(폐, 심장, 혈관계)을 향상시키는 데 중점을 둔다. 높은 유산소 능력(VO2 max: 최대산소섭취량)과 지구력 경기의 성공 사이에는 밀접한 상관관계가 있다.

도해 23.8. A. 도약, 주도하는 다리의 동작, 허들 넘기 방법, B. 착지와 허들을 벗어난 후 전력질주, C. 여자부 100m 허들 기술

훈련 방법

중거리 선수는 훈련에 유산소 및 무산소 시스템을 활용할 때 더욱 균형을 유지하는데, 50대 50 정도 비율로 사용한다. 5km와 10km 달리기나 마라톤 선수들은 모두 유산소 에너지 시스템으로 훈련의 70에서 80퍼트를 사용한다. 장시간의 지속적인 달리기, 파틀렉, 인터벌 훈련, 다양한 종류의 스피드 훈련으로 프로그램을 구성한다.

장시간의 지속적인 달리기. 이것은 가장 먼저 유산소 능력의 기반을 형성해야 하는 지구력 달리기 선수들의 훈련 프로그램에 주요 항목이다. 달리기는 중거리 선수가 3~10마일, 장거리 선수가 10~20마일의 범위로 한다. 이 달리기 훈련은 경기 및 체력 수준에 따라 달라지지만 평균적으로 남자는 1마일 당 5~7분의 속도로, 여자는 1마일 당 6~9분의 속도로 한다.

인터벌 훈련. 인터벌 훈련은 리들(Hans Reindell)과 게쉴러(Woldemar Gerschler) 박사가 세계 기록을 수립한 하르빅(Rudolph Harbig) 선수와 함께 1930년대에 개발한 것이다. 이들은 편평한 트랙에서 알맞은 속도의 200~400미터 달리기와 느린 속도의 회복용 조깅을 정해진 시간간격으로 번갈아 실시하는 방식으로 훈련을 구성했다. 훈련의 각 측면을 정확하게 측정하는 것은 유리한 심장 자극 현상을 유발하는 특수한 훈련 효과를 얻는 데 중요하다. 여기에는 기본적인 요소가 있는데 (1) 달리는 거리: 100, 200, 400m 등, (2) 회복 간격: 30, 60, 90초 등. 분당 120회의 심박수 회복 요소도 사용되었다. (3) 달리는 속도. 각 인터벌을 얼마나 빠르게 달리는가는 선수의 체력과 희망하는 경기 속도에 날려있다. (4) 반복 수: 달리기의 횟수는 계획한 훈련량에 따라 반복한다. 예: 30초의 속도로 200m×20회를 90초간 조깅으로 회복을 취하면서 반복하기 등이다.

파틀렉. 이 훈련은 1940년대에 위대한 스웨덴 코치 호메르(Goster Homer)가 개발한 것이다. 호메르 코치는 훌륭한 달리기 선수 해그(Gunder Haegg)를 훈련시킨 인물이다. 파틀렉은 고강도와 저강도 달리기를 다양하고 독특한 지형에서 교대로 실시한다. 이 훈련은 선수를 트랙이라는 한정된 공간을 벗어나 자연적인 환경으로 데리고 갔다. 그러나 파틀렉은 트랙에서도 할 수 있다. 파틀렉은 스웨덴어로 '스피드 놀이'라는 의미이다. 선수들은 대개 솔잎이 수북한 숲, 공원, 골프장, 언덕 등에서 달리기를 한다. 이 훈련은 의욕을 북돋는 환경 속에서 즐거움도 누리면서 동시에 속도와 지구력을 향상시킬 수 있다. 융통성 있고 광범위하게 활용할 수 있는 시스템이다.

훈련 계획

다양한 훈련 시스템에 대해 기본적으로 이해한 후, 코치와 선수들은 각자의 특수한 목적과 상황에 맞는 훈련 계획을 세운다. 다음은 훈련을 구성하는 기본 요소들이다.

1. 매년 훈련에 앞서 건강진단 평가를 실시한다.
2. 훈련량은 여러 날, 여러 주, 여러 개월 동안 점진적으로 증가시킨다.
3. 먼저 장시간의 지속적인 달리기로 유산소 능력의 기반을 튼튼하게 만들어야 한다.
4. 안정시 심박수를 섬신적으로 감소시키고 안정상태를 증가시킨다(젖산 증가 없이 속도 향상).
5. 무산소성 파워(속도)를 향상시킨다. 모든 거리의 경주는 경주 속도 혹은 그보다 더 빠른 속도로 하는 훈련이 필요하다. 심지어는 마라톤도 그렇다.
6. 지형, 훈련용 달리기, 환경, 경기 등에 다양성을 부여한다.
7. 훈련 시스템은 각 개인에게 알맞게 맞춘다.
8. 특정 시기, 목표, 목적에 따라 주기화 훈련 계획을 세운다.
9. 훈련은 운동, 식이요법, 휴식, 회복, 정신 수양 등의 요소를 조화시키면서 일관되게 한다.
10. 훈련은 달리기 방식과 속도 판단에 관한 연구를 포함해야 한다.

11. 즐거움과 재미가 훈련 프로그램의 주요 부분이 되어야 한다. 다양성과 성취감은 목표 달성에 중요한 역할을 한다.

장애물 달리기

장애물 달리기의 성공 비결은 장애물을 극복하는 데 있다. 장거리, 고강도 인터벌, 스피드 훈련을 결합한 달리기 훈련이 필요하지만, 장애물을 뛰어넘는 방법은 각별히 신경 써야 한다. 장애물을 뛰어넘는 비결은 반동에 있다. 허들이나 웅덩이 앞에서 속도를 늦추지 않는 것이 중요하다. 반동이 부족하면 중력중심이 주도하는 다리 뒤로 멀리 이동하여 장애물과 멀리 떨어진 채 동작이 거의 멈추게 된다. 웅덩이 점프를 하는 일반적인 방법은 주도하는 다리를 허들 위로 올리고, 몸은 반동을 사용해 허들 위를 통과하고, 그 발로 장애물을 밀어내고, 반대쪽 발로 물 속으로 멀리 착지하여 장애물을 밀어내고 나온 다리가 웅덩이를 지나 트랙 위로 착지할 수 있게 한다. 그런 다음 최대한 신속하게 바른 자세로 되돌리는 것이 중요하다.

도약 경기

멀리뛰기

도움닫기. 도움닫기를 하기 위해 뛰는 거리는 그 선수의 근력, 기술, 체력조건, 가속 패턴에 따라 달라진다. 경험이 풍부한 선수들은 18~23보가 필요하지만, 어린 선수들은 14~16보 정도면 된다. 도움닫기의 주요 목적은 도약 시에 조절 가능한 속도를 최대한으로 높이는 것이다. 이 목적을 달성하기 위해 많은 기술이 사용되는데, 점진적인 빌드업(buildup, 거리와 속도를 점차적으로 높여가는 훈련방법 – 역자 주), 폭발적인 빌드업, 혹은 첫 번째 체크마크까지 2~4보 등이 있다. 모두 효과적인 방법이지만 중요한 요소는 빠르고

힘을 뺀 상태의 일정한 보폭 패턴이다. 체크마크는 1~2개가 가장 일반적인 개수다. 한 개는 출발지점에, 다른 한 개는 구름판으로부터 4~6보 거리에 표시한다. 정확성을 위해 여러 차례 점프를 '연습'함으로써 도약하는 발과 출발표시를 결정한다.

도약. 조주로에서 속도를 내는 것은 점프 능력 자체보다 두 배는 더 중요하다. 점프 능력은 분명히 중요하지만, 도약 시의 수평 속도를 무시할 만큼은 아니다. 가장 효율적인 도약 동작은 수평 속도의 손실을 최소화하면서 적절한 각도로 몸을 차올리는 것이다.

도약 시 도약하는 발과 질량중심의 위치는 성공적인 점프를 할 수 있는 가장 중요한 기술적인 사항이다. 만약 도약 시에 발이 몸 앞쪽으로 너무 멀리 나가 있다면, 이 선수는 몸을 차올리는 것은 잘 되겠지만 수평 속도를 잃어버리게 된다. 또 만약 엉덩이 높이가 너무 높이 올라갔다면 몸을 차올리는 힘이 부족해질 것이다. 마지막 2보는 길게 1보/짧게 1보의 보폭 패턴을 사용해야 하는데, 이것은 마지막에서 두 번째 활보에서 질량중심을 낮추고 마지막 활보에서 엉덩이를 빠르게 들어 올릴 수 있기 때문이다. 이렇게 하면 도약 시에 수평 속도의 이동이 효율적이 된다. 마지막 2보를 짧게 1보/길게 1보 패턴으로 하면 발이 몸 앞쪽으로 너무 멀리 나가버려 결과적으로 속도를 잃고 점프가 짧아진다. 도약 동작은 빠르면서 구름판에 머무는 시간은 짧아야 한다. 발의 위치가 몸 앞쪽으로 너무 멀리 나가면서 구름판에서 오래 머무는 것은 피해야 한다 (도해 23.9A).

공중자세. 멀리뛰기는 전통적으로 세 가지 유형의 공중자세를 사용했는데, 모아뛰기, 젖혀뛰기, 가위뛰기(공중에서 날듯이 뛰는 것)가 바로 그것이다. 이 세 가지 유형 모두 효과적으로 사용할 수 있으며 각각 장점과 단점이 있다. 모두 기본적으로 도약 시에 몸이 앞으로 쏠리는 현상이 나타나는 것을 막기 위해 사용된다. 이 방법들은 몸의 균형을 유지하고 효율적인 착

지를 하기 위한 다리 동작을 준비할 수 있게 해준다.

가위뛰기는 배우기가 가장 어렵지만 가장 효율적인 방법이다. 가위뛰기는 공중자세에서 달리기 동작을 자연스럽게 연결할 수 있다. 착지자세를 더욱 안정적으로 만들며, 앞으로 쏠리는 현상을 효과적으로 저지하거나 늦춘다. 가위뛰기는 1회 반과 2회 반 방식이

있다. 2회 반 방식은 몸이 앞으로 쏠리는 현상을 더 늦추고 더욱 긴 점프를 할 수 있지만, 힘, 기술, 협응력을 상당히 많이 요한다.

어떤 방식을 사용하든 간에 몸이 지면을 떠나는 순간 질량중심이 포물선 형태로 움직이는 현상이 달라지지는 않는다 (도해 23.9B).

도해 23.9. A. 가위뛰기. B. 가위뛰기 공중자세. C. 착지

착지. 가장 효과적인 착지자세는 모래밭에 뒤로 넘어지지 않게 하면서 발을 질량중심(엉덩이) 앞쪽으로 최대한 멀리 떨어뜨리는 것이다. 착지자세에 너무 빨리 도달하면 몸이 앞으로 쏠리기 때문에, 때 이른 타이밍으로 모래밭에 넘어지는 결과가 생긴다. 앞으로 쏠리는 현상이 다리를 모래밭으로 넘어뜨리기 때문에 이 상태에서는 복근이나 다리 근력으로 다리를 지탱할 수 없게 된다.

착지 동작은 발끝이 위를 향하게 한 채 다리를 모래밭과 평행으로 혹은 평행보다 약간 위로 뻗으면서 시작한다. 머리, 가슴, 팔은 앞으로 밀어낸다. 팔은 아래쪽에서 뒤를 향해 쓸듯이 보냈다가 발뒤꿈치가 모래밭과 접촉하면서 다시 앞으로 가져온다. 이 때 무릎은 구부리고 엉덩이는 앞으로 움직인다. 여기서 선수는 견고하게 몸을 웅크린 자세로 앞쪽을 향해 넘어지거나, 싯-아웃(sit-out) 기술을 활용해 엉덩이가 발 가까이 혹은 발을 지나쳐 모래밭을 밀어 젖히며 엉덩이를 들고 측면을 축으로 해서 옆으로 몸을 젖힌다 (도해 23.9C).

삼단뛰기

멀리뛰기와 마찬가지로 삼단뛰기에서는 수평 속도가 아주 중요한 성공 요인이다. 이것은 속도 경기다. 다른 속도 경기들과의 차이점은 도약 각도가 낮다는 것과 세 번의 점프에서 힘의 고른 분산과 각 점프에서 수평 속도 유지를 요한다는 점이다. 삼단뛰기 선수는 첫 점프에서 도약과 착지를 같은 발로 하며, 두 번째 점프에서는 반대쪽 발로 착지하고, 세 번째 점프에서는 어떤 식으로든 착지할 수 있다. 삼단뛰기 역시 좋은 균형감과 높은 수준의 다리 근력, 파워를 필요로 한다.

도움닫기. 도움닫기는 근본적으로 멀리뛰기와 동일하지만, 조절 능력이 더 많이 필요하다. 만약 빠른 속도를 감당할 만한 기술이나 다리 근력이 부족하다면 그 선수는 도움닫기 시 속도를 늦추어야 한다. 첫 번째 단계에서 도약은 한팔 혹은 양팔 동작이 특징이다. 양팔 동작은 들어 올리는 힘과 균형감을 주지만, 도약의 속도를 저지하거나 감소시킨다. 한팔 동작은 달리기 동작이 자연스럽게 연결된다는 점에서 권장된다. 다리 힘이 강할수록 이 방법을 사용한다.

첫 번째 점프. 한팔 동작을 사용해 구름판을 딛고, 도약하는 다리가 엉덩이 아래쪽을 힘차게 지나치며 대퇴부가 엉덩이 앞쪽으로 오는 자세가 된다. 앞으로 나간 다리는 약간 앞으로 펴고, 발목은 발등 쪽이 위로 오게 구부려 젖힌다. 팔은 동시에 뒤로 펴 양팔 자세를 만든다 (도해 23.10A). 이제 두 번째 단계를 시작할 준비가 된 상태다.

두 번째 점프. 이 점프는 팔을 앞으로 흔들면서 시작하면서, 앞으로 내밀어 도약하는 다리와 구부린 발목을 몸 아래쪽에서 힘차게 저으며 동작한다. 그리고 반대쪽 무릎을 앞으로 움직이며 대퇴부가 높이 올라간 자세가 되게 한다. 여기서 이 자세를 가급적 오래 유지해야 최대한 먼 거리를 뛸 수 있다 (도해 23.10B). 다시 양팔을 뒤로 뻗고, 발목은 젖히면서, 주도하는 다리를 앞으로 뻗는다. 이제 마지막 단계를 시작할 준비가 된 상태다.

세 번째 점프. 이 점프 역시 팔을 앞으로 흔들면서, 주도하는 다리를 몸 아래쪽에서 힘차게 젓는 동작으로 시작한다. 그리고 반대쪽 무릎을 앞쪽 위로 움직인다. 이 단계에서의 공중자세와 착지는 멀리뛰기와 흡사하다. 삼단뛰기는 대개 전통적인 자세인 웅크린 자세를 다리가 지탱하기에는 반동이 부족하기 때문에 싯-아웃 착지 기술을 사용한다 (도해 23.10C).

삼단뛰기는 각 점프 단계에서 다양한 퍼센티지로 힘을 나누어 사용한다. 이는 힘을 더욱 효율적으로 분산시킬 수 있도록 돕는데, 이를 비율(ratio)이라고 일컫는다.

표 23.3은 특정 거리의 점프를 점진적으로 할 수 있도록 코치와 선수가 사용하는 비율 차트이다. 이 표에

도해 23.10. A. 삼단뛰기 단계 I , B. 삼단뛰기 단계 II , C. 삼단뛰기 단계 III

나온 35.5%/28.8%/35.7%의 비율은 세계 정상급 삼단뛰기 선수들의 비율을 평균으로 나타낸 것이다.

예: 40피트 점프(12.20m)를 한다면, 첫 점프에서 14피트 2¾인치(4.32m)를, 두 번째 점프에서 11피트 6½인치(3.52m)를, 세 번째 점프에서는 14피트 3¾인치(4.36m)를 점프해야 한다. 처음 두 점프의 25피트 8인치(7.82m)는 달성해야 하는 가장 중요한 부분이다.

높이뛰기

높이뛰기에서 가장 높은 점프를 만드는 두 가지의 기본적인 유형은 플롭(flop)과 다이브 스트래들(dive straddle)이다. 현재는 플롭 방식을 더 많이 사용하며 이것은 가장 좋은 점프를 만든다. 다이브 스트래들은 구식 기술이지만 그래도 여전히 아주 효과적인 기술이어서 동유럽 국가의 많은 선수들이 사용하고 또 좋은 결과를 내고 있다. 플롭은 배우기가 더 쉽고 근력을 그리 많이 요하지 않는다.

스트래들(Straddle). 이 기술은 똑바로 선 상태에서 20도 혹은 30도의 각도로 사용한다. 도움닫기를 제대로 하면 에너지를 최대한의 수직 속도로 전환하기에

표 23.3. 삼단뛰기 비율

단위 변환	35.5% / 28.8% / 35.7%			
	홉	스텝	점프	첫 번째와 두 번째 단계
9.14m = 30'	10'7¾″	8'7½″	10'8¾″	19'3¼″
9.75m = 32'	11'4¼″	9'2½″	11'5¼″	20'6¾″
10.35m = 34'	12'¾″	9'9½″	12'1¾″	21'9¾″
10.97m = 36'	12'9¼″	10'4¼″	12'10¼″	23'1¾″
11.58m = 38'	13'5¾″	10'11½″	13'6¾″	24'5¼″
12.20m = 40'	14'2¼″	11'6½″	14'3¼″	25'8¾″
12.50m = 41'	14'7″	11'9½″	14'7½″	26'4½″
12.80m = 42'	14'11″	12'1″	15'	27'
13.11m = 43'	15'3½″	12'4″	15'4½″	27'7½″
13.41m = 44'	15'7½″	12'8″	15'8½″	28'3½″
13.72m = 45'	15'11¾″	12'11½″	16'¾″	28'11¼″
14.02m = 46'	16'4″	13'3″	16'5″	29'7″
14.33m = 47'	16'8″	13'6½″	16'9½″	30'2½″
14.63m = 48'	17'½″	13'10″	17'1½″	30'10½″
14.94m = 49'	17'4¾″	14'1½″	17'5¾″	31'6¼″
15.24m = 50'	17'9″	14'4½″	17'10½″	32'1½″
15.55m = 51'	18'1¼″	14'8½″	18'2½″	32'9½″
15.85m = 52'	18'5½″	14'11¾″	18'6¾″	33'5¼″
16.16m = 53'	18'9¾″	15'3¼″	18'11″	34'1″
16.46m = 54'	19'2¼″	15'6½″	19'3¼″	34'8¾″
16.77m = 55'	19'6¼″	15'10¼″	19'7½″	35'4½″
17.07m = 56'	19'10¾″	16'1¾″	19'11½″	36'½″
17.38m = 57'	20'2¾″	16'4¾″	20'4½″	36'7½″
17.68m = 58'	20'7″	16'8½″	20'8½″	37'3½″
17.99m = 59'	20'11½″	17'	21'½″	37'11½″
18.29m = 60'	21'3½″	17'3½″	21'5″	38'7″

충분한 높은 속도가 나온다. 적절한 각도로 도약을 해야 효과적으로 몸을 바 위로 회전할 수 있게 된다. 도움닫기는 10~14보 정도로 한다. 거리와 속도를 점차적으로 높여가는 빌드업 방식을 사용하고, 마지막 3보는 가장 빠르고 가장 길게 움직인다. 팔과 자유로운 다리를 바를 향해 함께 폭발적으로 들어 올린다. 이렇게 하면 도움닫기의 속도와 도약하는 발의 추진력으로 생성된 힘에 도약으로 인한 반동 작용이 더해진다. 스트래들 높이뛰기는 안쪽 발로 도약을 한다. 도약 후에는 바깥쪽 팔이 바에 도달하고, 엉덩이가 올라오는 동안 머리와 어깨는 바 아래에서 움직인다. 도약하는 다리를 구부리고 몸을 바 주위로 회전시킨다. 이렇게

공중동작을 하는 동안 도약한 쪽 구부린 다리는 엉덩이 높이에서 회전시키고, 회전을 계속하다가 등을 대고 착지한다 (도해 23.11).

플롭(Flop)(배면뛰기). 이 동작은 간단하고 자연스럽기 때문에 스트래들 방식보다 배우기가 더 쉬워 보인다. 도움닫기는 J자 형태이다. 몸을 일직선으로 해서 시작해 도약하면서 점차 곡선을 그린다. 두 개의 체크 마크를 표시하고 8~12보를 사용한다. 체크마크는 출발지점과 곡선 시작지점에 표시한다. 곡선 지점 표시는 연습 때만 사용할 수 있으며 경기 때는 허용하지 않는다. 곡선 회전 시에는 점차 몸을 곡선 안쪽으로 기울이면서 자세와 도약에 가속도를 낸다. 안쪽으로 기

도해 23.11. 다이브 스트래들 방식의 도약, 공중동작, 착지

울이는 것은 적절한 도약 각도와 원심력을 이용할 수 있도록 효과적인 도약 자세를 만드는 데 중요하다 (도해 23.12A, B).

자세와 도약. 바깥쪽 발이 가까이 있는 기둥의 3~4 피트(0.9~1.2m) 앞쪽에서 바와 거의 평행이 되도록 해야 한다 (도해 23.13). 발뒤꿈치를 안쪽으로 꽂아 넣고 발끝으로 회전한다. 발목과 무릎은 최대한의 추진력을 얻기 위해 발끝 쪽으로 완전히 편다. 안쪽 무릎은 도약 시에 몸 위쪽으로 들어 올린다. 이렇게 하면 등을 뒤로 뉘어서 바를 넘는 자세로 몸이 회전하게 된다. 도약 시에 주도하는 쪽 다리의 무릎은 바에서 멀리 떨어지고 몸은 지면과 수직이 되어야 한다. 이 자세는 도약하는 힘을 최대한으로 발휘하고 바를 넘는 데 가장 효과적인 도약 각도를 만들어준다. 한팔 동작과 양팔 동작 모두 효과적으로 사용된다. 한팔 동작은

짧고 빠른 동작으로 도약의 추진력을 얻어 도약을 더욱 빠르게 할 수 있다. 양팔 동작은 뒤로 더 많이 기울이고, 몸을 더 깊이 내리고(더 낮은 질량중심), 도약의 추진력을 발휘하는 시간이 더 길다.

공중동작. 지면에서 떨어지자마자 바를 통과할 준비를 한다. 등을 뒤로 뉘어서 바를 넘는 자세에서 머리를 뒤로 내리고 엉덩이를 들어 올리며 바를 통과한다. 이렇게 하면 바를 중심으로 배면자세가 형성된다. 뒤꿈치를 모은 채 무릎을 뻗으면 수월하게 이 자세로 이어진다. 손과 팔은 대개 대퇴부에 놓는다 (도해 23.12A). 엉덩이가 바를 통과하면 엉덩이를 내리고 팔과 다리를 들어 올려 발이 바를 통과하게 한다(삭용-반작용). 어깨와 등을 지면에 대며 착지한다.

도해 23.12. A. 플롭 방식 사용 시의 도약, 상승, 공중자세, 다리의 통과동작, 착지

장대높이뛰기

유리섬유 재질의 장대가 도입되면서 장대높이뛰기의 수행능력은 현저하게 향상되었으며 그에 따라 훈련 기술도 새로운 방법이 필요하게 되었다. 유리섬유 장대는 철봉과 평행봉이 체조선수에게 하는 것과 같은 역할을 장대높이뛰기 선수들에게 제공한다. 이 두 경우 모두 기구의 탄력성은 선수가 수행능력을 발휘하도록 돕는다. 장대높이뛰기의 다섯 단계는 다음과 같이 이루어진다.

도움닫기. 거리와 속도를 점진적으로 높여가는 빌드업 기술을 최대한 발휘할 수 있도록 도움닫기를 사용해야 한다. 장대를 잡는 손은 어깨 너비보다 약간 더 넓게 쥔다.

장대 꽂기. 장대는 몸 앞의 바깥쪽으로 초기에 꽂는

다. 위쪽 팔을 최대한 머리 위로 혹은 머리의 약간 앞쪽으로 뻗는다. 선수는 장대에 추진력을 계속 몰아넣어야 한다. 지지하는 쪽 발은 도약 시 위쪽 손에서 약간 뒤 혹은 바로 아래 오게 한다.

스윙. 도약 후, 아래쪽 팔은 고정시킨다. 이렇게 해야 선속도가 각속도로 이동하는 데 유리하다. 지지하는 쪽 다리의 반대쪽 무릎은 들어올리고, 지지하는 쪽 발은 다음 단계(회전)에 이를 때까지 그대로 매달린 채 둔다.

회전. 이 단계에서는 엉덩이가 머리보다 높게 오며 무릎은 가슴 쪽으로 당긴다. 장대가 튀어 올라갈 때까지 이 자세를 그대로 유지해야 한다.

정지/밀어올리기/밀어내기. 마지막 단계는 정지 동작으로 시작하는데, 장대가 최대한의 효율성을 내고 가

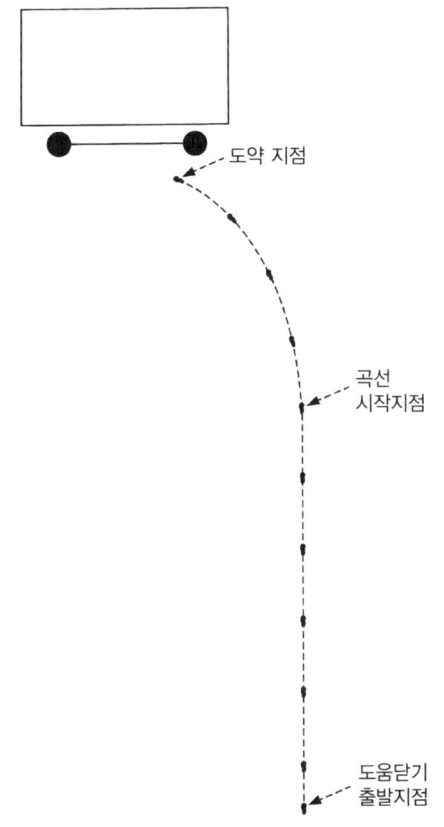

도해 23.13. 플롭 방식에서 왼쪽 다리 도약
시 10보의 도움닫기

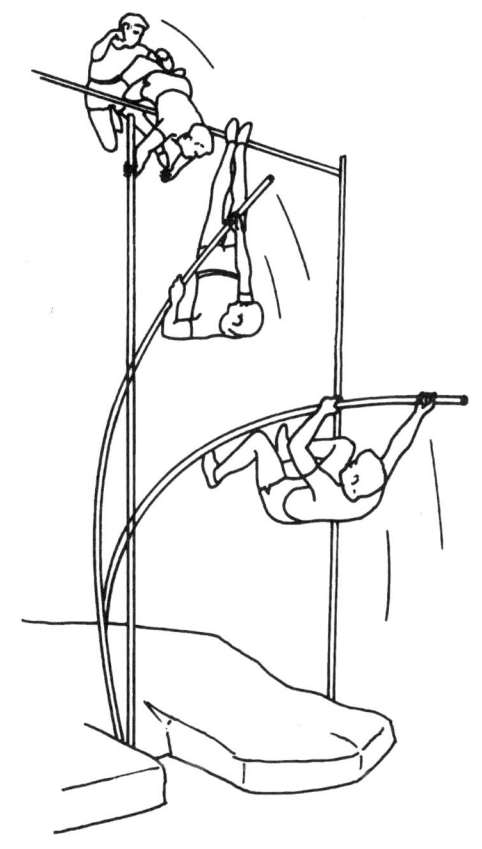

도해 23.14. 유리섬유 장대의 탄력성

장 높은 위치에 오르는 상태인 거의 곧게 선 일자 형태
가 되었을 때 시작된다. 밀어올리기 동작은 물구나무
서기 형태와 거의 같다. 최대한의 높이에 도달한 후에
는 다리를 밀어내면서 아래로 내리고 바를 넘어간다
(도해 23.14).

투척 경기

모든 투척 경기는 오른손잡이를 기준으로 설명한다.

포환 던지기

포환을 던지는 기술은 밀어내는 동작(팔꿈치와 전완

의 신전)으로 수행된다. 규정상 포환 던지기는 한손만
사용하여 어깨를 움직여서 해야 하는데, 경기 중 포환
을 어깨 뒤 혹은 아래로 떨어뜨리면 안 된다. 효과적
인 두 가지 기본적인 기술이 있는데, 바로 글라이드
(glide)와 스핀(spin)이다.

　글라이드. 글라이드 기술은 원래 이 기술을 사용했
던 사람의 이름을 딴 오브라이언(Perry O'Brien) 기술
을 변형시킨 방법이다. 글라이드 기술은 서서히 스핀
기술로 대체되었지만, 여전히 아수 효과적인 기술이
다. 섹터의 반대방향을 바라보고 서클의 뒤쪽에서 시
작한다 (도해 23.15). 포환은 둘째, 셋째, 넷째 손가락
으로 아래를 받치고 턱 아래쪽 목 부근에 놓이게 한다
(도해 23.16). 무릎은 구부리고 몸통은 오른쪽 다리 위

도해 23.15. 오브라이언 포환 던지기 기술. A. 글라이드 방식과 착지, B. 투척 자세

쪽으로 기울인다. 엉덩이와 어깨는 서클 뒤쪽과 평행이 되게 하고, 체중은 오른발에 싣는다. 왼쪽 다리를 투척 방향으로 움직이면서 동작을 시작한다. 이 과정에서 투척 방향의 뒤로 포환이 떨어질 수 있다. 동시에 오른쪽 다리는 추진력을 내는 동작을 시작한다. 이 단계에서 동작의 선이 거의 수평이 되어야 한다. **착지와 투척**: 오른발이 서클의 거의 중심에 착지하고, 왼발은 발막음판 안쪽 가장자리와 접촉한다. 엉덩이와 몸은 투척 방향으로 회전하기 시작한다. 오른쪽 전완과 팔꿈치는 포환 바로 뒤에 오는 자세를 유지한다. 투척하는 포환이 날아가는 방향으로 팔을 폭발적으로 뻗어 밀어내고 손목을 던지듯 동작한다. 투척 각도는 약 40~42도 정도가 되어야 한다. 마무리 동작과 리버스(reverse, 투척 직후 몸이 서클 밖으로 나가는 것을 막는 동작 – 역자 주) 동작을 하는 동안 질량중심을

낮추고 팔과 다리를 뻗어 균형을 유지하면서 서클에 머문다 (도해 23.15A, B).

스핀. 현재 남자부 세계 기록 보유자와 주요 선수들

도해 23.16. 서클 뒤쪽에서 준비하는 시작자세.

이 이 기술을 사용한다. 이 기술은 습득하기가 더 수월해 보인다. 포환이 날아가는 속도와 속력이 클수록 스핀 기술을 잘 수행할 수 있다. 균형과 방향 조절이 더 어렵다고 하는 사람도 있을 것이다. 혼성경기 선수들은 이 기술을 매우 잘 수행한다. 스핀 혹은 회전 형태의 투척 방법은 구간 회전 방식과 비슷하다. 서클 뒤에서 시작하며 글라이드 방식이 아니라 원반 던지기처럼 힘차게 회전한다 (도해 23.17). 나머지 동작들은 글라이드 방식과 동일하다. 발 동작은 글라이드 방식과 동일하다 (도해 23.18처럼). 스핀 기술에서 발 동작은 원반 던지기와 동일하다 (도해 23.19).

원반 던지기

대부분의 초보자들이 원반 던지기는 팔로 던지는 경기라는 오해를 한다. 하지만 실제로는 던지는 힘이 주로 엉덩이, 다리, 몸통에서 나온다.

손은 손가락을 약간 벌려 원반에 놓고, 각 손가락의 첫 번째 관절을 약간 구부린다. 엄지손가락은 원반 위에 놓고, 손목은 새끼손가락 쪽으로 약간 젖힌다. 원반이 날아갈 때는 시계방향으로 회전해야 하며(오른손잡이의 경우), 검지손가락은 가장 늦게 원반에서 떨어져야 한다.

가장 큰 힘을 얻으려면 서클의 가장 뒤쪽에서 동작을 시작하고, 1¾바퀴 회전을 마친 후 원반을 던진다. 스핀을 시작하기 전에는 대개 리듬을 살리기 위해 앞뒤로 예비 스윙 몇 회를 선행한다.

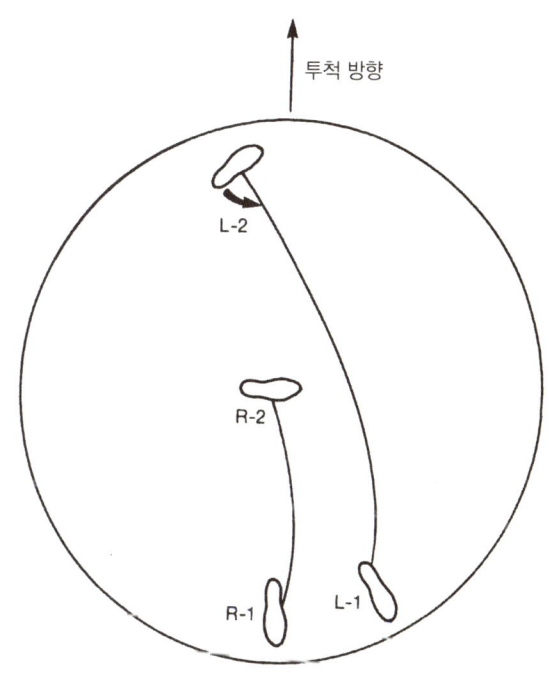

도해 23.18. 포환 던지기의 발 동작

도해 23.17. 스핀 기술

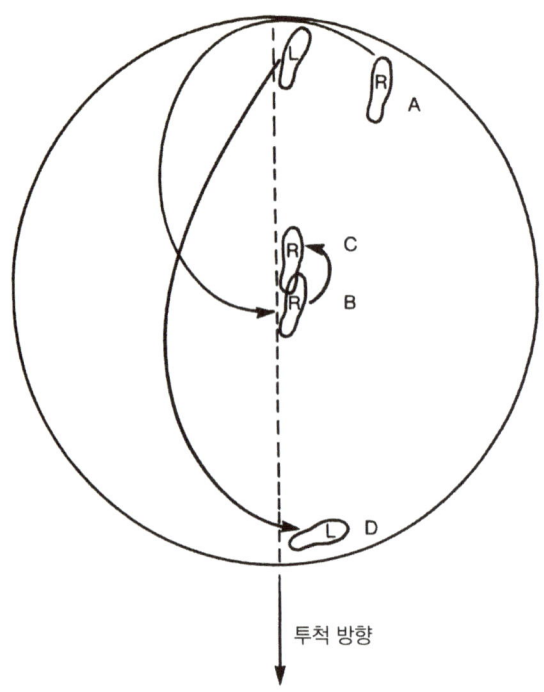

스핀 시작자세는 발을 어깨 너비보다 약간 더 넓게 잡고, 상체를 오른쪽으로 180도 이상 회전한다(발 동작은 도해 23.20 참조).

그런 다음 체중을 왼쪽으로 옮기면서 다리와 엉덩이를 움직이며 스핀을 시작한다. 상체에서 힘을 뺀 상태에서 원반은 어깨 높이에 유지한 채 투척하는 팔을 뒤로 뺀다. 여기서 중요한 것은 발이 지면과 최대한 오랫동안 접촉한 상태로 유지하는 것이다.

체중은 계속 왼쪽에 실은 채, 오른발을 지면에서 들어 올리고 서클 중앙 쪽을 향해 앞으로 움직여서 새로운 지지기반을 만든다. 오른발이 지면에 닿기 전에 서클 앞을 향하고, 이 자세 통과 후 다시 서클 뒤를 향한다. 오른발이 지면에 닿으면 그 발을 축으로 삼는다. 왼발은 지면에서 떼어 서클 앞쪽의 중앙선을 약간 지난 지점에 놓는다. 왼발이 지면과 닿으면 폭발적인 동작으로 원반 투척을 시작한다.

이제 오른발은 서클 중앙에, 왼발은 서클 앞쪽에

도해 23.19. 원반 던지기의 발 동작

도해 23.20. A. 원반 던지기의 회전 동작. B. 원반 던지기의 투척 동작

놓인 상태에서 상체와 하체를 견고하게 붙인 채 폭발적으로 속도를 내 회전을 한다. 이 폭발적인 동작이 시작될 때 원반은 어깨 높이에 있어야 하고, 그런 다음엔 엉덩이 높이로 내리고, 그 다음 어깨 높이로 올리며 던진다 (도해 23.20A, B).

창 던지기

창 던지기에서 가장 중요한 것은 창이 날아가는 속도다. 이렇게 날아가는 속도는 도움닫기, 선수의 몸에서 발생하는 회전우력(torque:토크), 그리고 이런 힘들이 지지하는 다리로의 이동 등의 요소에서 비롯된다.

도움닫기. 도움닫기는 마지막 5~6보에서 교차 스텝 (crossover step)으로 110~130피트(33.5~40m)의 거리 내에서 한다. 교차 스텝은 몸이 강한 투척 자세를 형성하게 해준다.

지지하기. 투척하는 팔의 반대쪽 다리로 마지막 1보를 길게 하면서 몸 앞쪽으로 놓는다. 몸에 회전 우력을 발생시키기 위해 창은 뒤로 당기고 어깨는 뒤로 회전시킨다 (도해 23.21A).

던지기. 투척 동작은 뒤쪽 다리에서 나오는 폭발적인 미는 힘으로 시작된다. 어깨와 팔은 투척 동작을 위해 회전하면서 다리의 추진력을 따라 이동한다. 마지막 손목을 튕기는 동작과 마무리 동작은 날아가는 창에 가속도를 더해준다 (도해 23.21B).

창이 날아가는 경로는 공기역학적 요소의 영향을 받는다. 창의 디자인 구조상, 공기저항은 비포물선 곡선을 따르게 된다. 최근에 변화된 디자인이 질량중심을 앞으로 이동시키면서 창이 너무 멀리 날아갈 위험을 감소시켰다. 신형 디자인의 창을 사용했을 때 날아가는 거리가 처음에는 감소했지만, 던지는 법을 익히면서 그 거리는 다시 증가했다. 창이 날아가는 각도는 던지는 사람의 능력에 따라 달라진다. 초보자는 대략 33도 정도로 던지며, 상급자는 28도의 각도로 던진다.

그립. 창을 잡는 방법은 여러 가지가 사용되지만 중

도해 23.21. A. 교차 스텝과 지지하기. B. 창 던지기와 마무리 동작

A

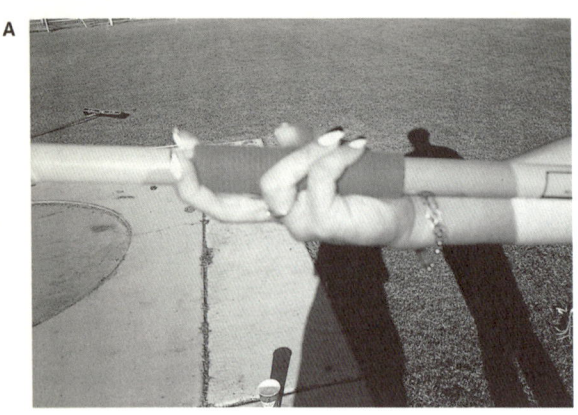

B

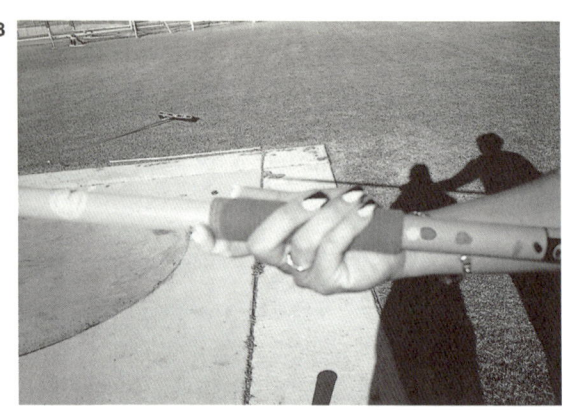

도해 23.22. A. 창을 잡는 방법, B. 창을 잡을 때 선호하는 방법. 첫 번째 손가락은 창의 회전을 도와 비행 경로를 안정화시킨다.

요한 것은 끈 손잡이 부분을 잡아야 한다는 것이다 (도해 23.22). 손바닥이 위쪽을 향하게 하고 적당한 투척 각도와 방향으로 자루 부분에서 촉 끝까지 일직선으로 놓이게 하여 잡는다. 창에 회전 기능을 부여하고 창의 비행을 안정화하려면, 손잡이 부분을 잡고 촉 끝부터 시작해 밀어내는 힘이 손목과 손가락의 최후의 추진력이 되어야 한다.

해머 던지기

해머 던지기는 고도의 기술, 균형감, 근력, 힘, 속도, 그리고 특수한 동력 패턴을 요하는 아주 복잡한 경기다. 해머 던지기를 성공적으로 하기 위해서는 정확한 동력 패턴을 발달시키는 훈련을 해야 한다. 부정확한 훈련 방식은 부상을 야기하고 발전을 저해한다. 해머는 규칙적인 반복 동작으로 하는 경기이며, 균형 잡힌 동작들을 조화시키려면 많은 훈련 시간이 필요하다. 해머 던지기는 기본적으로 예비 스윙, 개시, 회전, 스윙의 고점과 저점, 던지기로 나눌 수 있다. 해머 던지기는 다양한 부분들을 결합시켜 전체적으로 보아야 한다.

기술. 먼저 투척 방향과 반대되는 방향을 바라보며

서클 가장자리 쪽으로 위치를 잡는다. 발은 어깨너비 정도로 벌리고, 팔은 뻗고, 체중은 해머를 든 쪽 다리에 싣는다. 던지기 동작은 서클 뒤쪽에서 출발지점을 바라보면서 한두 번의 예비 스윙을 머리 부근에서 하는 것으로 시작한다. 그런 다음 가속도를 내어 해머를 든 채 3½의 회전을 완전히 마친다. 회전하는 동안에는 해머의 머리 부분에 최대한의 속력이 발생하도록 해야 한다. 3½ 회전을 하는 동안 해머는 점진적으로 저점에서 고점으로 이동하여, 투척 시에는 최종 각도 약 45도에 도달한다. 해머의 속도를 증가시키도록 근력을 최대화하기 위해서 발, 엉덩이, 어깨가 점차 해머보다 더 빠르고 멀리 움직일 수 있게 한다면 성공적으로 수행할 수 있다 (도해 23.23).

기 본 규 칙

달리기 경기

1. 400m 이하의 모든 경주와 출발하는 다리가 400m를 초과하지 않는 계주 경기에서는 스타팅 블록을 사용한다. 다른 경기에서는 사용하지 않는다. 마

도해 23.23. 해머 던지기의 $3\frac{1}{2}$ 회전 순서

스터즈 부문과 청소년 부문은 블록 사용에 관한 예외 규정이 있다.

2. 400m 경주까지는 출발신호가 '제자리에, 차렷'이라는 구령이며, 모든 선수가 일어나서 정지자세를 취하고 2초 지난 후에 신호총을 발사한다.

3. 400m를 초과하는 경주에서는 출발신호가 '차렷'이라는 구령이며, 신호총을 발사한다.

4. 시간을 측정하는 방법은 수동계시와 완전자동계시 방법 두 가지를 공식적으로 사용한다. 수동계시는 0.1초 다음 단위의 수치로 기록하고, 완전자동계시로 변환하려면 0.24를 더한다.

5. 만약 선수가 총소리를 무시하고 출발할 경우에는 부정 출발 선언을 한다. NCAA나 고등부 경기에서는 부정 출발 1회로 실격된다. IAAF와 국제경기에서는 부정 출발 2회 시 실격된다.

6. 다른 선수를 큰 보폭으로 적당히 통과하지 않고 진로를 방해하는 선수는 실격된다.

7. 레인에서 달리는 모든 경주는 선수들이 각자 배정된 레인에서 출발하고 경주를 완료한다.

허들

1. 모든 선수들은 각자의 레인 안에서 정해진 수의 허들을 넘어야 한다.

2. 허들 선수는 허들 옆으로 달리거나, 허들 바 높이보다 낮게 통과하거나, 자기 레인에서 이탈하거나, 다른 선수를 방해하거나, 고의적으로 허들을 손이나 발로 치면 안 된다.

3. 전신이 허들 위를 통과해야 한다.

계주

1. 바톤이 20미터 구역 안에서 전달되어야 한다.

2. 선수는 자신의 레인을 이탈하면 안 되며, 다른 팀의 바톤 교환을 방해해선 안 된다.

3. 바톤 교환이 정해진 구역 내에서 이루어졌는지 아닌지를 판단하는 결정적인 요소는 선수의 몸 위치가 아니라 바톤 위치이다.

4. 바톤은 손에서 손으로 주고받는다. 만일 바톤을 떨어뜨리면 그것을 떨어뜨린 선수가 주워야 한다.

5. 마지막 주자는 바톤을 소지하고 있어야 한다.

높이뛰기

1. 규정에 맞는 높이뛰기는 한 발로 점프하는 것이다.

2. 크로스바는 위치를 바꾸지 않은 채 그대로 통과해야 한다.

3. 바를 통과하고 매트에 착지한 후 선수가 똑바로 일어나는 동안 비틀거리다가 크로스바를 넘어뜨리면 시기에 실패한 것으로 간주한다.

장대높이뛰기

1. 크로스바는 몸이나 장대로 건드리지 않은 상태 그대로 통과해야 한다.

2. 선수가 도약 후 지면을 떠났지만 바를 통과하지 못했다면 시기에 실패한 것으로 간주한다.

3. 바를 통과하는 동안 장대가 부러질 경우 시기 시도 혹은 시기 실패로 처리하지 않는다.

4. 장대는 어떤 한 가지 재질 혹은 여러 재질이 혼합된 것으로 하며, 크기나 중량은 각자 임의로 선택할 수 있다.

5. 착지대는 막음판의 수직면을 지난 위치에 놓이며, 최소한 16피트(4.8m) 너비, 12피트(3.66m) 길이가 되어야 한다.

멀리뛰기와 삼단뛰기

1. 선수의 신발이 파울 라인을 넘지 않아야 한다.

2. 선수는 모래밭에 표시된 자신의 흔적을 그대로 둔 채 모래밭을 떠나야 한다.

3. 삼단뛰기는 첫 점프에서는 같은 발로 도약과 착지를 하고, 두 번째 점프에서는 반대쪽 발로 착지하며, 세 번째 점프에서는 어떤 발로 착지해도 좋다.

4. 멀리뛰기와 삼단뛰기에서 점프를 시도할 때 선수가 파울 라인을 넘을 경우 부정 점프로 간주한다.

포환 던지기-원반 던지기

1. 고정 자세에서 시작한다.

2. 포환이나 원반이 지면에 닿을 때까지 서클을 이탈하면 안 된다.

3. 일단 도구를 잡으면 서클의 뒤쪽 반구역으로 퇴장하면 안 된다.

4. 도구는 섹터 안에 놓여야 한다.

5. 올바른 도구를 사용해야 한다.

6. 포환은 턱 가까이 고정시키고, 던지는 팔은 어깨 높이의 뒤나 아래로 내리면 안 된다.

7. 눈에 띄는 상처나 부상이 있는 경우가 아니라면 손에 어떤 종류의 테이프도 사용을 금한다. 장갑도 허용하지 않는다.

8. 원반 던지기는 자세의 요구사항이 없다.

9. 발막음판이나 철대 상단 혹은 서클 바깥쪽 지면에 몸이 닿으면 안 된다.

창 던지기

1. 투척은 섹터 안에서 해야 한다.
2. 창은 끈 손잡이 부분을 잡는다.
3. 규정에 맞는 창을 사용한다.
4. 창 던지기 시도를 하는 동안 선수의 몸의 일부가 파울 라인의 지면, 도움닫기 라인, 반칙 라인이나 도움닫기 라인 바깥쪽 지면에 닿을 경우 반칙으로 간주하며 결과를 측정하지 않는다.

해머 던지기

1. 투척은 섹터 안에서 해야 한다.
2. 해머가 날아가는 동안 서클을 이탈하면 안 된다.
3. 해머는 규정에 맞는 것을 사용한다.
4. 글러브는 사용할 수 있다.

안전 예방조치

1. 연습이나 경기 전에 몸을 준비시키고 부상을 예방하기 위해 몇 가지 유연성 및 컨디션 조절 운동으로 준비운동을 한다.
2. 경기에 알맞은 신발을 착용하고 제대로 맞는지 확인한다.
3. 도구를 조심스럽게 준비한다.
4. 모든 투척 경기에서는 주의사항을 참고한다. 몸 뒤로 도구를 들고 투척 구역이 깨끗한지 확인한다.
5. 점프 장소 지면 상태의 안정성과 견고함을 점검한다. 젖어있고 미끄러운 상태라면 미리 특수 조치를 해야 한다.

교육 시 고려사항

육상 교육 및 코치를 할 때 가장 먼저 할 일은 훈련에 대한 신체적 및 정신적 반응에 대해 기본적으로 이해하는 것이다. 운동 철학과 생체역학적 원리에 대해 전반적으로 알아두면 훈련 프로그램을 계획할 때 좋은 지침이 된다. 이런 지침으로는 아래의 원칙들을 포함해야 한다.

1. 훈련의 특수성: 훈련은 근력, 속도, 유연성, 유산소 및 무산소성 에너지 시스템의 측면을 경기 수행에 필요한 요건에 알맞게 고려한다.
2. 훈련량: 적당한 강도, 빈도수, 훈련시간을 계획해야 한다. 훈련에 적응하기 위해서는 점진적으로 훈련량을 늘려가는 원칙을 사용한다.
3. 개인별 차이: 사람마다 역량과 기술이 다르다. 훈련 프로그램을 계획할 때는 선천적 및 후천적 차이를 고려해야 한다. 신체 크기와 신체 구조, 근육 유형을 평가해야 한다. 개인적인 체질, 내성도 고려해야 한다.
4. 스트레스 적응력: 원활한 적응력을 얻으려면 적당한 휴식과 회복 주기를 훈련에 포함해야 한다. 좋은 방법은 '고강도 훈련일, 저강도 훈련일'의 원리를 사용하는 것이다. 지나친 훈련은 부상, 효과 상실, 극심한 피로로 이어질 수 있다. 신체적으로나 정신적으로 규칙적인 회복기가 필요하다.

수업 혹은 단체 관리하기

다양한 훈련 목표를 모두 달성할 수 있으려면 관리에는 세심한 계획이 필요하다. 그러기 위해서는 아래 사항을 고려해야 한다.

1. 개인별 및 그룹별 목표 설정
2. 일간, 주간, 월간으로 훈련 계획
3. 필요한 도구 준비

4. 교육자 충원 및 교육 전략

5. 알맞은 경기를 적절히 선택하고 선수들을 분류하기

6. 수행능력 테스트 및 평가

7. 동기부여 기술 및 전략

특정 경기 교육하기

특정 경기의 기술을 교육할 때는 선수들을 경기 유형이 비슷한 것끼리 묶어 적절히 분류한다. 이렇게 하면 기술을 향상시키기 위한 시간을 효율적으로 사용할 수 있다.

그룹 1: 단거리, 허들, 계주

이들 경기에서 사용하는 동작 기술은 매우 비슷하다. 팔 동작, 리듬, 긴장완화, 자세, 보폭 길이와 빈도수 증가, 시작 시의 기술, 최대한의 가속 패턴 등에 중점을 두는 훈련은 이들 경기 준비에 아주 유리하다. 허들 경기는 보폭 패턴, 허들 넘는 기술, 리듬 등 기술적인 측면을 개발하는 훈련이 추가적으로 더 필요하다. 계주도 이 그룹에 포함해서 훈련할 수 있다. 계주는 바톤 구역 내에서 바톤을 주고받는 기술을 중점적으로 훈련한다. 이 기술을 향상시키려면 서기, 가볍게 달리기, 질주하기 훈련을 해야 한다.

이 그룹의 컨디셔닝 과정은 주로 무산소성에 맞춰지지만, 전반적인 체력과 심폐기능 향상을 위해 유산소 운동도 일부 포함한다. 근력, 폭발적인 힘, 유연성 발달은 이들 경기 훈련에 중요한 구성요소이다. 준비운동 시간에 단거리, 허들, 계주 훈련들을 포함하는 것도 좋다.

단거리 훈련

이 훈련의 목적은 근력 발산과 협응력을 활용하는 올바른 순서를 판단하고(속근섬유의 작용), 지지단계에서 최적의 힘을 발휘하는 올바른 자세를 배우며, 지지, 착지, 추진력 동작을 하는 동안 사용하는 근육을

특히 강화하는 데 있다.

1. A-스킵(skip) 훈련: 한 걸음마다 오른쪽이나 왼쪽 무릎을 무릎 높이로 들어 올리면서 20~30야드 정도 걷는 훈련이다. 오른쪽과 왼쪽으로 1~2세트씩 실시한다.

2. B-스킵 훈련: A-스킵 훈련에서처럼 무릎을 들어 올린 후, 이어서 앞쪽 다리를 앞으로 뻗었다가 다시 폭발적인 동작으로 급격히 내린다. 오른쪽과 왼쪽으로 1~2세트씩 실시한다.

3. 엉덩이 차기: 트랙을 따라 20~30야드를 이동하며 빠르게 팔 흔들기 동작, 한 걸음마다 바꿔가며 발 뒤꿈치를 빠르게 엉덩이 쪽으로 당겼다가 아래로 펴 내리는 동작을 한다. 이렇게 1~2세트 실시한다.

4. 다리 펴고 걷기: 무릎을 고정시킨 채 다리와 발을 앞으로 뻗었다가 끌어내리면서 뒤를 향해 집게발 동작으로 걷는다. 이렇게 20~30야드를 1~2세트 실시한다.

5. 인-아웃: 30, 60, 100미터로 하는 속도 조절 훈련. 예: 60미터의 경우, 20미터는 가속도를 내 달리고, 20미터는 감속을 하지 않고 속도를 유지하면서 긴장을 뺀 채 달리고, 20미터는 다시 가속도를 낸다. 이렇게 8~10회 반복한다.

6. 서서 멀리 뛰기: 타이밍 조절과 착지를 위한 훈련. 4~6회 반복한다.

7. 서서 삼단뛰기: 타이밍 조절, 단계 조절, 착지를 위한 훈련. 4~6회 반복한다.

8. 언덕이나 계단 뛰어오르기(20~60야드): 4~6회 반복한다.

9. 출발 훈련: 30, 40, 60미터를 총소리와 함께 출발하는 훈련을 6~8회 반복한다. 반작용 시간과 출발 방법을 익힌다.

허들 훈련

1. 제1허들까지 7~8보 규칙으로 달린다. 스타팅 블록과 총소리를 이용하거나 이용하지 않는 두 방법으

로 연습한다.

2. 각 허들 사이는 5보 규칙으로 달리면서 자세, 균형, 속도를 훈련한다. 허들 간격을 2~3야드 더 벌려 놓는다. 5개에서 10개의 허들 넘기를 6~10회 반복한다.

3. 허들 간격을 1~3야드 더 가깝게 배치하고, 3보의 리듬과 민첩성을 훈련한다.

4. 주도하는 다리, 뒤에서 나오는 다리, 팔 동작에 집중한다.

5. 허들 경주는 단거리 경주이므로, 단거리 선수들과 같은 훈련과 연습을 한다.

계주 훈련

1. 4×100 계주 훈련: 선수들이 패스 자세를 서로 엇갈리게 한 채 서서 바톤을 전달하며, 손을 높이 뒤로 들고 표적이 되는 손에 바톤을 견고하게 놓는 데 집중한다. 이를 낮은 속도, 높은 속도, 빠른 속도로 한다. 이 훈련을 조깅하면서도 실시한다.

2. 4×100 계주 훈련: 출발하는 주자의 출발신호, 받는 기술과 전달하는 기술, 구역을 통과하는 시긴의 타이밍을 판단하면서 각 20미터의 패스 구역을 통과해 달린다. 낮은 속도, 높은 속도, 빠른 속도로 달린다.

3. 4×400 계주 훈련: 출발하는 주자가 첫 10미터를 빠르게 통과하는 훈련을 한다. 새로 출발하는 주자는 들어오는 주자에게 맞추기 위해 곡선을 달리고, 구역 중간에서 바톤을 주고받은 후, 힘차게 곡선주로를 달려 나간다.

4. 보고 받는 방식과 보지 않고 받는 방식을 모두 사용하는데, 부드럽고도 효율적으로 바톤을 전달하는 데 집중한다.

그룹 2: 수평 점프(멀리뛰기, 삼단뛰기)

수평 점프는 단거리 달리기 능력을 상당히 필요로 한다. 이들 경기는 속도 경기이므로, 훈련에 포함된 속도 요소는 단거리 선수와 마찬가지로 한다. 멀리뛰기와 삼단뛰기에 관심이 있는 사람들도 효과적인 기술 향상을 위해 이 방법을 그대로 사용할 수 있다. 이들 경기를 위한 훈련 패턴은 아래의 항목을 포함해야 한다.

1. 점프의 기술적인 측면을 설명하기 위해 시청각 자료를 사용한다.

2. 도움닫기 훈련은 도움닫기의 지속성과 정확성을 개발시키기 위한 것이다. 구름판에서 발구르기를 하는 패턴과 조정해야 할 다른 필요한 사항들을 점검한다.

3. 뛰어오르기 훈련: 6~10보로 짧은 도움닫기 점프를 사용해 점프의 기술적인 측면인 도약, 공중동작, 착지 동작을 연습한다.

4. 힘과 근력 개발: 웨이트트레이닝과 더불어, 힘을 향상시키기 위해 플라이오메트릭(바운딩과 박스 훈련), 언덕, 하네스(harness) 당기기 등을 한다.

그룹 3: 수직 점프(높이뛰기, 장대높이뛰기)

이 두 경기는 상당히 다르며 서로 다른 도움닫기 방법을 사용한다. 신체적인 필요조건은 단거리, 수평 점프와 비슷하다. 장대높이뛰기는 상체의 근력, 유연성, 민첩성, 체조선수 같은 기술이 필요하다.

높이뛰기

높이뛰기는 수직 점프보다 느리면서 더 절제된 도움닫기를 해야 한다. 점프 높이의 90퍼센트는 그 선수가 도움닫기와 도약을 어떻게 하는지에 달려있다. 따라서 대부분의 기술적인 훈련은 이러한 기술을 발전시키는 데 집중한다. 빠르고 유연한 도움닫기를 조절할 수 있는 것과, 수평 속도가 최대한의 수직 상승으로 효과직으로 옮겨갈 수 있는 견고한 도약 자세를 하는 것에 중점을 둔다. 공중동작은 점프 높이의 10퍼센트에 불과하지만, 타이밍 조절과 효과적인 바 회전 동작을 훈련하는 데도 많은 시간을 투자해야 한다.

훈련 요령

1. 부상과 부상의 두려움을 줄이기 위해 부드러운(플라스틱이나 로프로 만든) 크로스바를 사용하고 착지대를 반드시 사용한다.

2. 스트래들 방식과 플롭 방식을 모두 가르치고, 선수들에게 자신이 원하는 유형을 선택하게 한다.

3. 도약하는 발을 결정하고, 8~10보의 도움닫기를 연습한다. 사용하는 유형에 따라 다르지만 가장 강한 다리로 직선 혹은 곡선 도움닫기를 한다.

4. 지속성, 리듬, 자신감을 얻기 위해 편안한 높이로 도움닫기와 점프를 10~15회씩 일주일에 1~2회 실시한다.

5. 공중동작 훈련으로 1~3보 점프를 연습한다. 낮은 강도의 도약 동작을 하기 위해 경사로나 상자를 사용할 수 있지만, 움직이거나 미끄러지지 않는 것이어야 한다.

6. 3~5보 점프를 사용하여 도약과 공중동작 훈련을 한다.

7. 뒤를 향해 두 다리로 도약하는 방법으로 바를 넘는 공중동작을 훈련한다.

장대높이뛰기

장대높이뛰기는 속도, 힘, 유연성, 민첩성이 필요하다. 기본적인 기술적 요소는 도움닫기, 장대꽂기, 도약, 스윙, 끌어올리기와 회전의 타이밍, 바 넘기, 착지이다.

훈련 요령

1. 과정 교육

   a. 먼저, 그립과 장대 취급 방법을 가르친다.

   b. 둘째, 3~5보로 하는 장대꽂기 동작을 가르친다.

   c. 장대꽂기 동작을 마친 후에는 도약, 스윙, 장대를 타고 착지대에 앉는 자세로 착지하기의 동작을 하게 한다.(보조 받으면서, 보조 없이 모두)

   d. 이러한 기술에 익숙해지면 이제 끌어올리기, 회전하기, 바 넘기, 착지 기술을 배울 차례이다.

   e. 이때 도움닫기 거리와 속도는 점진적으로 증가시키고, 완전한 동작을 실시한다.

2. 도움닫기에서 체크마크를 두 개 사용하는데 하나는 출발지점에, 다른 하나는 도약지점에 표시한다. 도약 지점에 도달할 때 지속성을 유지하기 위해 예행연습을 한다.

3. 일주일에 1~2회로 완전한 과정의 높이뛰기를 연습한다. 처음에는 편안한 높이로 시작하다가 차츰 바를 높이 올린다. 한번 훈련할 때 10~15회 점프를 하고, 바 높이는 훈련자의 최고 높이보다 2피트(60cm) 위로 설정하며, 발목이 바 위로 올라가게 하는 연습을 하면 거꾸로 서는 자세를 하는 데 도움이 된다.

4. 링이나 기타 다른 도구들을 사용하는 체조 훈련은 장대높이뛰기 기술에 필요한 요소를 상당히 많이 갖고 있다.

5. 3~5보로 장대꽂기 훈련을 하며, 장대꽂기 준비, 꽂기, 도약의 흐름으로 한다.

6. 장대 취급 기술: 장대를 가지고 트랙을 8~10야드, 20~40야드 달린다.

그룹 4: 투척 경기 (포환 던지기, 원반 던지기, 창 던지기, 해머 던지기)

이 경기들은 모두 기구를 투척하는 속도를 최대한 향상시키는 훈련이 필요하다. 투척 속도 증가는 대개 거리 증가로 이어진다. 선수들은 전신을 사용해 지면에 거슬러서 나오는 힘을 최대한 발휘해야(작용-반작용) 최적의 투척 속도를 낼 수 있다. 다리와 엉덩이로 이 동작을 시작하고(하체의 중요성), 등, 어깨, 팔, 손목, 손가락으로는 기구에 더욱 강한 가속도를 낸다. 지면에 전달되는 힘이 클수록 도구에 가속도를 내는 힘이 더욱 커진다.

훈련 요령

1. 다리, 엉덩이, 등, 어깨, 팔, 손목, 손가락의 연속적이면서도 조화로운 동작을 자극하는 훈련을 한

다. 이런 훈련은 모든 투척 경기에서 큰 효과를 발휘한다.

2. 표준 중량보다 약간 더 가볍거나 무거운 기구를 사용하면 특정한 투척 경기에서 속도나 힘을 증강시킬 수 있다.

3. 특수한 기본 기술은 각 투척 경기마다 다르지만, 어떤 투척 경기든지 특정 근육무리에서 나오는 고도의 힘과 파워를 요한다. 이런 훈련으로는 벤치 프레스, 인클라인 프레스, 레그 스쿼트, 파워 클린, 그 외 여러 가지 역동적이고 폭발적인 운동들이 필수이다.

4. 초보자는 힘을 최대한으로 낼 수 있는 자세로 혹은 서클의 반구역에서 시작한다. 도움닫기를 할 때 미끄러지기, 회전, 스텝을 차츰 늘려간다. 해머 던지기는 해머 없이 발 동작과 체중 이동하는 것부터 배워야 한다. 체중을 지지하는 다리를 유지하면서 회전, 미끄러지기, 발동작을 철저히 연습한다. 그리고 이를 완전한 동작에 연결해서 한다.

포환 던지기 훈련

1. 최대한의 힘을 내는 자세로 리버스 없이 서클 반구역에서 던진다(10~20회 투척).

2. 8~10회 반복한다. 최대한의 힘을 내는 자세와 발 막음판을 사용해 글라이드나 스핀 방식으로 한다.

3. 어깨 회전과 손목 튕김 동작에 집중하면서 무릎을 구부리며 던진다.

4. 10~20회 완전한 동작으로 던지기를 한다. 때로는 리듬과 컨트롤에 신경 쓰면서, 때로는 속도와 폭발적인 힘에 신경 쓰면서 동작한다.

원반 던지기 훈련

1. **투척 훈련**: 적당한 스핀을 이용해 원반을 공중으로 던지면 파트너가 잡아서 원반을 지면으로 굴려서 보낸다.

2. **서클 반구역에서 던지기**: 힘을 최대한 내는 자세로 서클 앞쪽에서 리버스 동작을 이용하면서 또 리버스 동작 없이 두 가지 방식으로 던진다.

3. **스핀 훈련**: 힘을 최대한 내는 자세로 트랙을 10~20 야드 스핀으로 달린다.

4. **완전한 투척 동작**: 때로는 조절하면서, 때로는 최대한 힘을 내면서 10~20회 던진다.

창 던지기 훈련

1. 1보: 창을 촉 부분까지 당기는 데 집중하면서 지면으로 던지는 투척 훈련

2. 1~3보로 던지기: 주도하는 다리를 들어서 수평으로 움직이는 데 집중한다.

3. 5보로 던지기: 속도와 폭발적인 힘을 내는 데 집중한다.

4. 공과 짧고 굵은 창을 네트로 던지는 연습을 한다.

5. 도움닫기: 교차 스텝으로 달리며 완전한 동작으로 던진다.

해머 던지기 훈련

1. 초보자들을 가르칠 때 가장 중요한 기술은 정확한 다리 동작과 발 동작이다.

2. 회전할 때 왼발(오른쪽으로 회전 시)이 발뒤꿈치에서 발의 볼 부분으로 회전하시만, 그 과정에서 발이 지면과 절대 떨어지시 않는다. 그러나 오른발은 항상 발의 볼 부분으로 회전한다.

3. 올바른 그립과 시작자세를 연습한다.

첫 번째 훈련

훈련 1: 해머 없이 다리를 어깨 너비로 벌리고 무릎은 약간 구부린 채 선 자세로 시작한다. 왼발은 뒤꿈치를 지면에 붙이고 오른발은 발의 볼 부분이 지면에 닿는다. 왼쪽을 향해(오른손잡이 경우) 90각도로 회전한다. 90도가 되었을 때 발은 볼 부분이 지면에 닿는다. 리듬과 컨트롤에 신경 쓰면서 반복한다.

두 번째 훈련

훈련 2: 훈련 1의 마지막 자세로 시작한다. 오른발을 지면에서 떼고 왼발의 볼 부분을 지면에 대고 회전하면서 270도 정도의 각도가 되게 한다. 270~360도

가 될 때까지 발의 볼 부분으로 회전을 계속한다.

완전한 회전 훈련

훈련 3: 해머를 사용하는 방법과 사용하지 않는 방법으로 하며, 왼발이 앞쪽을 향한 채 시작한다. 멈추지 않고 연속적으로 회전한다. 이 때 왼발이 뒤꿈치에서 볼 부분으로 완전히 정확하게 움직이는 것은 그리 중요하지 않다. 해머를 들고 하면 끌어당기는 힘 때문에 정확한 동작이 나온다.

훈련 4: 회전 훈련을 완료함으로써 투척 동작을 할 준비가 되면, 막대기, 빗자루 손잡이, 속을 채운 가방으로 연습하고, 마지막에는 해머를 들고 투척 훈련을 시작한다.

투척 훈련

이제 투척 동작을 할 준비가 되어 있다.

훈련 5: 예비 스윙으로 시작한다. 2회 스윙을 하는데, 첫 번째는 약간 오른쪽으로 하고 두 번째는 앞쪽으로 한 다음, 회전과 투척을 한다.

훈련 6: 2회의 예비 스윙을 사용하고, 회전과 투척을 1, 2, 3회 실시한다.

훈련 7: 해머를 들고 가급적 많은 횟수의 회전을 한다. 적어도 4회 회전으로 5회 실시한다. 15~20회 회전으로 5~10 세트까지 실시한다.

그룹 5: 지구력 달리기 (800m, 1500m, 3km, 5km, 10km)

지구력 달리기의 기본적인 달리기 방법은 단거리 달리기와 비슷한데, 거리에 따라 차이가 있지만 단거리 달리기보다는 덜 격렬하고 에너지 소모가 급격하지 않다. 훈련의 주요 목적은 경주 거리에 따라 필요한 유산소성 지구력과 속도를 향상시키는 것이다.

1. 전반적인 훈련: 적당한 준비운동과 정리운동, 유연성 운동, 가벼운 근력 훈련, 언덕 오르기 훈련을 포함한다.
2. 특수 훈련: 3~10마일의 고강도 지구력 달리기, 스피드 훈련, 파틀렉 훈련, 천천히 회복하면서 달리기, 인터벌 훈련을 포함한다. 훈련 계획에는 이런 훈련과 함께 적당한 휴식과 회복기를 포함한다.
3. 기술적인 고려사항: 속도 훈련, 서지(surge) 트레이닝, 드래프팅, 단체 달리기, 환경적 요소 대비 등을 포함한다.

그룹 6: 특수 경기

혼성경기 (5종 경기, 7종 경기, 10종 경기)

1. 혼성경기는 강한 종목은 극대화하고 취약한 종목은 향상시키는 데 주력하는 잘 균형 잡힌 훈련 프로그램이 필요하다. 훈련 우선순위를 정할 때 채점표도 반영한다.
2. 5종 경기와 7종 경기는 속도 지향적인 경기지만, 10종 경기는 균형감과 속도, 힘, 지구력 발달이 더욱 잘 조화를 이루어야 한다. 그러나 혼성경기는 모두 속도, 지구력, 체력, 힘, 유연성, 유산소성 지구력, 특수한 기술적인 기술 등이 필요하다.
3. 선수는 인내력이 있어야 하고 각 경기에 대한 기초적인 기술을 탄탄하게 발달시켜야 한다. 혼성경기를 5, 7, 10가지의 서로 다른 부분으로 구성된 하나의 경기로 생각해야 한다.
4. 지속성과 최고의 수행능력을 발휘하기 위해서는 감정 조절과 정신집중 상태를 유지하는 것이 중요하다.

경보 (10K, 20K, 50K)

1. 경보 훈련은 지구력 경기와 비슷하다. 주요 목적은 심폐 기능(유산소성)을 향상시키는 것이다. 규정에 맞는 걸음 속도도 고려해야 한다.
2. 팔, 어깨, 엉덩이, 몸통, 다리의 힘과 유연성은 경보에 중요하다.
3. 처음에는 평소처럼 걷는 것으로 시작한다. 그러다가 달리기 형태까지는 이르지 않을 만큼 점차 속도를 높인다. 팔꿈치 각도는 90도로 하고, 뒤꿈치가 가장 먼저 지면에 닿게 한다. 발끝으로 지면을 밀

어내고 다리는 무릎을 편 채 착지한다.

4. 자세는 지면과 수직 상태와 앞으로 약간 기울인 정도 사이에서 취한다. 너무 앞으로 기울이면 무릎이 구부러지는데 이렇게 되면 실격이다. 또 너무 뒤로 젖히면 힘이 떨어진다.

5. 한 발이 다른 발 앞쪽으로 오게 하는 식으로 일직선으로 걸어야 한다. 이렇게 하지 않으면 힘이 떨어지고 걷는 보폭이 감소한다.

6. 엉덩이 회전을 올바르게 하면 더 빨리 걷지 않고도 보폭이 더 증가한다. 엉덩이를 수평 방향과 수직 방향으로 동시에 회전해야 한다. 일직선으로 걷고 오른발 앞으로 왼발을, 왼발 앞으로 오른발을 놓는 식으로 서로 교차해서 걷는 훈련은 올바른 엉덩이 회전 동작을 향상시킨다.

용어 해설

AAF/CIF 로스앤젤레스 아마추어 선수 협회(Amateur Athletic Foundation of Los Angeles), 캘리포니아 학교간 연맹(California Interscholastic Federation)

가속 구역(acceleration zone) 한 레인의 11야드(10m) 구간으로, 계주 선수가 바톤 교환 구역에서 바톤을 받기 전에 먼저 달려나갈 수 있는 구역이다.

결승 실 혹은 결승 테이프(finish yarn or finish tape) 경주의 우승자를 결정할 때 결승선 판정에 도움이 되도록 결승선 바로 위로 트랙을 가로질러 부착해 놓은 끈.

결승선(finish line) 경주 선수가 규정에 맞는 거리를 가장 먼저 완료한 것을 표시하는 경계선으로, 트랙에 그려져 있다.

결승주(finish posts) 결승선의 양쪽에 있는 지주로, 여기에 끈이나 테이프를 부착한다.

계주 구간(leg of a relay) 계주 팀의 한 주자가 달려야 하는 거리

곡선 출발선(curved starting line) 1500, 3000, 5000, 10,000미터 경주에서 사용하는 나선형(워터폴 waterfall)의 출발선

국제 아마추어 선수 협회(IAAF) International Ameteur Athletic Federation

그립(grip) 바톤, 원반, 포환, 창을 손으로 잡는 것을 말하거나, 창의 중앙에 끈으로 감아놓은 부분을 말한다.

글라이드(glide) 투포환 경기에서 폭발적으로 뒤로 밀어내는 동작 혹은 서클 뒤쪽에서 발막음대 쪽으로 힘차게 이동하는 동작을 말한다.

끈 손잡이(cord grip) 창을 잡는 중앙 부분.

논비주얼식 바톤 교환(nonvisual exchange) 단거리 계주에서 사용하는 방법으로 보지 않고 바톤을 전달받는 것을 말한다.

높이뛰기 지주(high-jump standards) 높이뛰기용 크로스바를 고정시키기 위해 사용하는 기둥.

데드 히트(dead heat) 두 명 이상의 경주 선수들이 정확히 같은 시점에 결승선을 통과하는 것.

도약 지점(takeoff mark) 높이뛰기와 멀리뛰기 경기에서 선수가 도약 후 지면을 떠나는 지점.

도움닫기(approach) 도약 경기나 투척 경기에서 선수가 실제로 도약하기 전에 달리는 것을 말한다.

따라가는 다리(trailing leg) 장애물을 넘을 때 도약하는 (뒤쪽) 다리

랩(lap) 트랙의 온전한 한 바퀴

레인(lane) 경주용 트랙 혹은 트랙 일부에 표시된 궤도로, 경주하는 동안 선수가 머무르도록 정해진 곳이다.

리버스(reverse) 포환 던지기, 원반 던지기, 창 던지기에서 사용하는 마무리 동작의 일부로서 공중에서 발을 바꾸는 동작을 말한다. 선수는 균형을 잡기 위해 두 척한 손의 반대쪽 다리를 지면에 딛고 파울 라인 앞으로 나가지 않도록 조절한다.

리콜(recall) 부정 출발한 선수를 다시 불러들이는 것.

메들리 계주(medley relay) 계주 팀에 속하는 선수들이 서로 다른 거리를 달리는 계주 경기.

메커니즘(mechanics) 생체역학을 말하는 것으로, 인체의 움직임에 관한 물리적 현상, 몸이 생성하는 힘, 순간적(시간) 및 공간적(공간) 요소가 인체에 작용하는 힘이 해당된다.

모조 보조기구(artificial aid) 수행능력을 더 강화하기 위해 규정에 어긋나게 사용하는 사물, 도구, 장치

무산소 활동(anaerobic activity) 산소가 없는 상태에서 어떤 활동을 함으로써 에너지를 발생시키는 것으로 주로 고강도 운동이 이에 해당된다.

미국 트랙 앤 필드(USATF) USA Track and Field. 미

국의 육상, 도로경주, 경보 경기를 관리하는 국립 관리기구.

미국대학체육협회(NCAA) National Collegiate Athletic Association

미터(meter) 거리를 측정하는 미터 단위로, 3피트 3인치에 해당한다.

바톤(baton) 계주 팀의 주자들이 전달하고 전달받는 막대 모양의 사물.

바톤 교환 구역(exchange zone) 한 레인의 22야드(20m) 구간으로 장거리 계주에서 사용된다. 한 주자가 다른 주자에게 이 구역 안에서 바톤을 전달해야 한다. '패스 구역(passing zone)'이라고도 한다.

바톤 교환 구역(passing zone) exchange zone 참조.

반칙 점프 혹은 반칙 투척(foul jump or foul throw) 필드 경기 규칙에 일부 위배되어 시기는 유효하나 결과 측정을 하지 않는 경우를 말한다.

발막음대(toeboard) 나무나 금속 재질로 된 곡선형태의 판으로, 투포환과 투창에서 파울 라인으로 사용한다.

배측굴곡(dorsal flex) 발목이나 손목의 등 쪽을 위로 휘거나 구부리는 것.

백스윙(backswing) 보폭 길이와 빈도수를 향상시키기 위해 엉덩이 뒤로 팔을 흔드는 것.

보폭(stride) 한 걸음의 거리

부정 출발(false start) 총소리가 울리기 전에 혹은 준비 자세 동작을 하기 전에 스타팅 블록이나 출발선을 떠나는 것

블라인드 패스(blind pass) 단거리 계주 경기에서 새로 출발하는 주자가 바톤을 전달받을 때 뒤를 돌아보지 않고 받는 기술.

비주얼식 바톤 교환(visual exchange) 계주에서 새로 출발하는 선수가 들어오는 선수를 뒤돌아보며 바톤을 전달받는 방법.

섹터 라인(sector lines) 정당하게 투척 동작을 할 수 있는 범위를 나타내는 경계선

셔틀 허들(shuttle hurdles) 선수 1이 100 혹은 110미터를 한 방향으로 달리고, 선수 2가 반대방향으로 되돌아 달리고, 선수 3이 선수 1과 같은 방향으로 달리고, 선수 4가 선수 2와 같은 방향으로 달린 후 경기를 완료하는 계주 경기

수직 속도(vertical velocity) 상향 방향으로 가해지는 속도

수평 속도(horizontal velocity) 앞으로 혹은 길이 방향으로 작용하는 속도

스크래치 라인(scratch line) 곡선 혹은 직선으로 된 이 선 뒤에서 투척을 해야 한다.

스크래치(scratch) 확정 혹은 선언 후 어떤 한 경기에서 경쟁하지 않기로 하는 결정

스타팅 블록(starting block) 경주를 시작할 때 더욱 빠르게 출발하기 위해 선수들이 발을 올려놓는 장치

스태거형 출발(staggered start) 선수들이 일직선으로 정렬해 출발하지 않는 출발 형태로, 800미터 경주를 포함하여 곡선형 경주에서 사용한다.

시기(trial) 필드 경기에서의 시도.

신진대사(metabolism) 생명을 유지하는 동안 에너지를 생성함으로써 나타나는 신체적 및 화학적 변화 과정

심혈관계(cardiovascular system) 에너지 생성을 위해 산소와 여러 가지 영양소를 세포로 운반하는 심장, 폐, 혈관의 기능과 관련된 기관.

아모테이션(amortation) 발목, 무릎, 엉덩이의 굴절 때문에 달리기 과정에서 지면과 접촉하는 동안 힘이 흡수되거나 손실되는 것을 말한다.

앨리(alley) 사용 가능한 레인 수보다 더 많은 선수들이 달리게 될 경우, 800미터 경주 혹은 3200미터 계주에서 한 개의 스태거형 곡선주로를 하나의 레인처럼 사용하는 것으로, 두세 개의 레인으로 구성된다.

앵커(anchor) 계주 팀의 마지막 주자.

엉덩이 차기(butt kicks) 발뒤꿈치 되돌리기 동작과 보폭 빈도수 향상을 위해 고안된 단거리 경주 훈련

에이프런(apron) 높이뛰기 착지대 앞의 구역

연속적으로 달리기(continuous runs) 10분에서 1시간 혹은 그 이상 동안 계속하는 유산소성 장거리 달리기

예선전(qualifying round) 예선으로 선수들의 수행능력을 평가하는 경기인데, 시간과 거리는 최종 순위에 고려하지 않는다. 점수는 기록 목적으로 참고할 수 있다.

웜-업(warm-up) 격렬한 운동을 하기 위해 가볍게 몸을 푸는 준비운동

유산소 활동(aerobic activity) 큰 근육무리를 사용하고, 에너지를 내기 위해 산소를 필요로 하는 적당한 강도의 활동.

인-아웃(ins-outs) 20, 30, 40, 60, 100미터 거리로 고강도 달리기와 저강도 달리기를 교대로 하는 단거리 훈련(템포는 변화한다)

인터벌 훈련(interval training) 고강도 훈련과 가벼운 회복 동작을 번갈아 하는 훈련.

젖산(lactic acid) 무산소성 신진대사의 부산물로, 국부적인 근피로를(젖산 생성 운동으로) 유발하는 것으로 알려져 있다.

조슬(jostle) 충돌하거나 밀어제치고 나아가는 것으로, 밀치거나 부딪히는 식으로 다른 선수를 방해하는 것을 말한다.

주기화 계획(periodation plan) 일간, 주간, 월간, 연간으로 훈련을 분할하는 훈련 계획으로, 훈련 단계는 점차적으로 강도, 훈련량, 그 외 여러 요소들로 조절한다.

중력 중심(center of gravity) 질량중심이라고도 하며, 체질량의 중심을 말한다. 사람의 몸이나 모든 사물에는 모든 부분들의 균형을 잡아주는 지점, 즉 회전의 축이 되는 지점이 있다.

직선주로(straightaway) 한 곡선주로와 다음 곡선주로 사이에 있는 트랙의 직선 구역.

최대산소섭취량(VO2 max) 고강도 운동을 하는 동안 인체가 사용하는 최대한의 산소량. 체력과 지구력을 측정하는 지표.

커브(curb) 트랙의 안쪽 경계

켈리 풀 볼(Kelly pool balls) 레인을 결정하기 위해 제비뽑기에 사용하는 작은 숫자기 적힌 공들을 말하며, '셰이크 볼(shake balls)'이라고도 한다.

코스(course) 달리기를 하는 경로.

크로스바(crossbar) 높이뛰기와 장대높이뛰기를 할 때 몸을 넘기는 바.

킬로미터(kilometer) 거리를 측정하는 미터 단위로, 1000미터(1,093야드)가 1킬로미터에 해당한다.

턴(turn) 트랙의 곡선형 구간. 표준 400미터 트랙에는 한 바퀴 기준으로 두 개의 곡선 혹은 턴 구간 이 있다.

파워 포지션(power position) 포환 던지기, 원반 던지기, 창 던지기에서 가장 힘을 많이 낼 수 있는 투척 자세로, 어깨가 서클 뒤쪽과 평행이 되고(막힘), 엉덩이는 서클 앞쪽과 수직이 되고(열림), 체중은 뒤쪽 발에 싣는다. 회전우력과 회전운동의 힘을 발휘한다.

파틀렉(fartlek) 다양한 지형에서 격렬한 달리기와 저강도의 달리기를 번갈아 하는 지구력 훈련 시스템. '스피드 플레이(speed play)'라고도 한다.

패스(pass) 예선 혹은 결승의 도약 경기나 투척 경기 중 하나를 자발적으로 포기하는 것, 또는 바톤 교환 혹은 경주에서 한 주자가 다른 주자를 따라잡는 것을 말한다.

폴 쪽으로 달리기(breaking for the pole) 트랙의 안쪽 레인을 횡단하는 것.

폴(pole) 트랙의 안쪽, 혹은 연석 혹은 안쪽 레인.

플라이트(flight) 큰 부문을 작은 종목군으로 세분하는 것을 말한다. 수평 점프와 투척 경기에서 사용하여 선수들이 적절한 시간 내에 준비운동 및 경기를 할 수 있게 한다. 허들의 레인 혹은 열을 사용하는 문제와도 관련 있다.

혼성경기(multievents) 5종 경기, 7종 경기, 10종 경기.

회복기(recovery period) 경주 사이에 선수가 안정 상태 혹은 정상 상태로 되돌아오도록 허용하는 휴식기간

히트(heat) 경주에서 순위에 따라 다음 라운드에 진출할 자격을 얻는 예선전

추가 읽을거리

Carr, G. 1999. *Fundamentals of track and field*. 2nd ed. Champaign, IL: Human Kinetics. 특수한 육상경기에 관한 13장으로 구성되며, 안전수칙, 기술, 교육 단계, 흔한 실수, 기준과 평가 등의 항목에 중점을 둔다.

Green, L., and Pate, R. 2004. *Training for young distance runners*. 2nd ed. Champaign; IL: Human Kinetics.

Guthrie, M. 2003. *Coaching track and field successfully*. Champaign, IL: Human Kinetics.

Jacoby, E., and Fraley, B. 1995. *Complete book of jumps*. Champaign, IL: Human Kinetics.

Lawson, G. 1997. *World record breakers in track and field athletics*. Champaign, IL: Human Kinetics.

National Collegiate Athletic Association. Current ed. *Official collegiate track and field guide*. New York; NCAA.

자료

Track and Field News, 2570 El Camino Real, Suite

606, Mountain View, CA 94040 (415-948-8188).

비디오

Championship Video Production, Tafnews, 2570 El Camino Real, Suite 606, Mountain View, CA 94040.

그 외 비디오 자료는 부록 C를 참조하라.

웹사이트

미국육상(USA Track & Field): www.usatf.org
육상소식(Track & Field News): www.trackandfi eldnews.com

24 인라인 스케이팅

이 장을 완벽하게 습득한 뒤, 독자들은 다음과 같은 사항들을 할 수 있어야 한다.

▶ 인라인 스케이팅의 역사, 훈련, 가치를 이해한다.

▶ 인라인 스케이팅의 안전에 대한 중요성을 이해하고 안전에 관한 모든 측면을 가르친다.

▶ 인라인 스케이트와 보호 장비를 선택하고 관리한다.

▶ 초보자들에게 최초의 시도가 긍정적인 경험이 될 수 있게 한다.

▶ 밸런스 향상 훈련을 설명하고 실연한다.

▶ 초급과 중급의 걷기, 돌기, 멈추기 기술을 올바르게 가르친다.

역 사

인라인 스케이팅은 운동과 레저가 결합된 형태이고 배우기도 아주 쉽기 때문에, 운동을 전문적으로 하지 않는 사람들 중에 인라인 스케이팅을 하는 사람들 숫자가 1990년대 중반부터 폭발적으로 증가했다. 오늘날에는 모든 연령대의 사람들이 취미, 사교, 건강 등의 이점을 얻기 위해 많이 참여하고 있다. 1800년대에는 한 줄로 바퀴를 달아 인라인 스케이트를 만들었지만, 요즘에 나오는 인라인 스케이트는 발명가적 재능이 있는 선수들 손에서 1980년대 초반에 탄생되었다. 미네소타의 아이스하키 팬이었던 올슨(Scott Olson)이 오늘날의 인라인 스케이트의 원형을 고안하였고 이것은 지상훈련의 크로스 트레이닝(cross-training: 여러 종목을 조합하여 훈련하는 것 – 역자 주)에도 사용할 수 있게 되었다. 올슨과 그의 친구들은 이 초창기 형태의 인라인 스케이트를 즐겼고, 하키 연습 외에도 취미로 인라인 스케이팅을 하기 시작했다. 그 후 얼마 지나지 않아 이 인라인 스케이팅이 크게 확산되기기 시작했다. 진보적인 회사 롤러블레이드社(Rollerblade, Inc.,)에서 투자를 함으로써 인라인 스케이트가 처음 선보였고, 이것이 바로 최초로 대량생산되어 나온 인라인 스케이트 제품이었다.

곧 스키, 자전거, 스피드 스케이트, 조정 선수를 비롯해 그 외 다른 많은 선수들이 크로스 트레이닝에 인라인 스케이트를 포함하기 시작했다. 1990년대에는 인라인 스케이트의 선풍적인 인기가 몇몇의 새로운 스포츠 경기를 양산해냈는데, 익스트림 다운힐 트라이얼(extreme downhill trials), 인듀어런스 앤 쇼트트랙 스피드(endurance and short-track speed events), 스트리트 앤 램프(수직형)(street and ramp) 등이 있으며 그 중에서도 롤러 하키는 가장 잘 알려져 있다.

2001년에 중국 베이징이 2008년 올림픽 개최도시로 선정되었을 때 국제롤러스포츠연맹(FIRS: Federation Internationale de Roller Sports)에서는 이 스포츠를 올림픽 종목에 포함시키기 위해 발 빠르게 로비활동을 벌였다. 쇼트트랙 스피드, 롤러 하키, 다운힐 트라이얼 부문의 재능 있는 선수들은 올림픽 종목 채택이라는 오랜 소망이 실현될 것에 대비해 훈련을 계속하고 있다.

훈 련

여가/건강

전 세계의 인라인 스케이터 중 약 90퍼센트가 주로 여가 활동과 건강을 목적으로 인라인 스케이트를 탄다. 여가용 인라인 스케이팅은 모든 연령대의 사람들에게 매력적으로 여겨지는 활동이지만, 2001년 SGMA/미국스포츠데이터(American Sports Data)의 연구보고서에 나온 인라인 스케이팅을 하는 사람들의 통계 수치를 보면, 70퍼센트가 19세 미만이었다. 그러나 가장 빠르게 성장하는 사용자층은 건강과 레저 목적으로 하는 사람들이다.

미끄러지듯이 움직이는 인라인 스케이팅은 심장에 영향을 미치지 않고, 체성분과 근육 건강에 이점을 제공하기 때문에 지속적인 신체적 활동으로 건강한 몸을 만들고 유지하고 싶은 사람들에게 안성맞춤이다.

자전거 도로를 따라 8~12mph 정도 활보하면 자전거 주행과 비슷한 운동 효과를 쉽게 얻을 수 있다. 연습을 통해 밸런스가 좋아지면 더욱 탁월한 공기역학적 자세를 취할 수 있고 인라인 스케이팅의 동작범위가 더욱 넓어진다. 이렇게 인라인 스케이팅을 탄다면 달리기에 버금가는 수준으로 힘을 발산하게 된다.

어그레시브(aggressive)

젊은 사람들 특히 청소년들은 쿼터 파이프 혹은 하프 파이프(quarter or half pipe), 커브 그라인딩(curb grinding)으로 공중곡예를 함으로써 경사로를 날아오르는 짜릿한 흥분에 매료되곤 한다. 어그레시브 인라인 스케이팅을 하려면 특수 장비(혹은 공공 시설물 자유입장권) 외에도 정교한 풋워크, 탁월한 밸런스, 그리고 어그레시브라는 말 그대로 상당한 지구력을 요한다.

프리스타일(Freestyle)

프리스타일 인라인 스케이팅은 라인 댄스에서부터 피겨 스케이팅의 범위에 이르는 모든 기술을 사용한다. 여기에는 쿼드 스케이트와 인라인 스케이트 모두 사용된다. 그러나 1997년, 빙판이 아닌 곳에서 탈 수 있도록 특수 설계된 스케이트 모델이 시장에 선보였는데, 이것은 가죽 부츠와 점프나 스핀을 할 때 내려찍는 것과 비슷한 토 스탑(toe stop)을 갖추었다. 2005년에 아티스틱 스케이팅 대회가 미국, 덴마크, 이탈리아, 독일에서 열린 것은 이 스포츠에 국제적인 관심이 커지고 있음을 말해준다.

롤러 하키(Roller Hockey)

청소년들은 남자든 여자든 롤러 하키의 빠른 동작과 자극적인 즐거움에 매력을 느낀다. 롤러 하키를 시도해본 초보자들은 팀의 역동성과 스틱 핸들링을 통해 느끼는 재미나 경쟁적인 경기 진행 과정이 활보 및 조종 기술에 대한 학습곡선을 더욱 단축시킨다고 말한다. 경기자들은 단순히 발로 하는 스포츠가 아니라 발 자체에 대해 생각하기 시작한다. 장비는 골키퍼를 제외한 사람들은 하키 스틱, 보호장갑, 안면가리개, 마우스피스, 하키용 바지, 정강이 보호대, 어깨 패드가 필요하다. 또 남자는 국부 보호대가 더 필요하며, 골키퍼는 보호장비가 더 필요하다.

마라톤과 피트니스 스케이팅

현재 40대에서 50대에 해당하는 많은 미국인들은 수년 동안 몸매 관리를 위해 달리기를 해왔다. 건강한 삶을 유지하기 위해 노력을 쏟는 사람들은 도로 위를 그냥 걷는 것보다는 미끄러지며 다니는 게 어떨까하는 생각을 하게 됐고 아픈 관절에도 더 나을 것 같았다. 그런 이유로 인라인 스케이팅은 현재 점차 다양한 계층의 고연령대 초보자들에게 인기를 끌고 있다. 또한 경험이 풍부한 사람들은 더욱 고급의, 너욱 빠른 스케이드로 계속 업그레이드를 하고, 오랫동안 즐겁게 부담 없이 운동을 하기 위해 교육을 충분히 받는다. 더욱 오랜 시간동안 강도 높은 스케이트 운동에 대한 관심이 높아지면서 세계적으로 인라인 스케이트 마라톤의 인기를 급격히 끌어올렸으며 대부분의 유명한 대회에는 수천만 명이 참가하고 있다.

스케이트에서 스키까지

미국스키팀(U.S. Ski Team)과 전문스키강사협회(PSIA: the Professional Ski Instructors Association)에서는 인라인을 슬랄롬(slalom) 스키 기술을 향상시키는 지상 훈련프로그램으로 개발했다. 스키 폴을 가지고 크로스 트레이닝을 하는 스케이터들은 더욱 탁월하고 강화된 설상 스키어가 될 수 있을 뿐 아니라 가파른 아스팔트 언덕을 오르고 내리는 방법도 배울 수 있다.

스피드스케이팅

인라인 경주에서는 최근 빙상용과 쿼드 스피드스케이트용으로 호환 가능한 우레탄 바퀴 사용을 시작했다. 이런 경향은 경량형 맞춤형 부츠, 정교한 베어링, 5개짜리 바퀴 프레임, 신품 혹은 신품이나 다름없는 바퀴 등의 장비 구입을 위해 많은 비용을 들여야 하는 일류 선수들에게 어느 정도는 부담을 줄여주게 될 것이다. 일부 레이스 후원사들은 아마추어들에게 경기의 묘미를 맛보게 해주는 펀 롤스(fun rolls) 같은 논프로(nonpro) 대회를 추가하기 시작했다.

비주류적 인라인 스케이팅

최초의 현대식 인라인 스케이트를 하키 선수가 개발했던 것처럼, 다른 혁신적인 스케이터들은 테니스, 축구, 농구 등을 포함하여 자신이 좋아하는 스포츠를 인라인 버전으로 창조해내고 있다. 스케이팅 장비는 비포장도로, 크로스 컨트리 스케이팅, 드라이랜드 알파인, 윈드 세일링, 익스트림 스피드 대회 등에서도 사용할 수 있다.

유 용 성

• 도로는 어느 도시에서나 찾을 수 있고 장비가 소형이기 때문에 인라인 스케이팅은 건강 및 레저용으로 가장 휴대가 간편하면서도 활용이 다양한 활동이다.

• 인라인 스케이팅은 밸런스, 허리에서부터 무릎까지 모든 근육의 근력을 강화하고 상체를 활성화한다.

• 인라인 스케이팅의 학습곡선은 밸런스를 요하는 다

른 스포츠에 비하면 비교적 짧다.

• 유산소 운동으로 사용할 수 있다. 빠른 속도와 큰 활보로 스케이팅을 하면 관절에 큰 부담을 주지 않으면서 훈련 시 심박수를 높인다.

• 크로스 트레이닝으로 활용할 수 있다. 인라인 스케이팅은 수준 높은 스포츠 관련 수행능력 개발에 맞춘 특수하고 반복적인 운동을 보완하는 데 사용된다.

• 인라인 스케이팅은 도로의 질이 최상인 곳으로 참가자들을 끌어 모으고 친목을 다진다. 신선한 공기, 여유 시간, 건강한 몸만 있으면 친밀한 분위기가 자연스럽게 샘솟을 것이다.

• 인라인 스케이팅은 분명히 즐거운 활동이다.

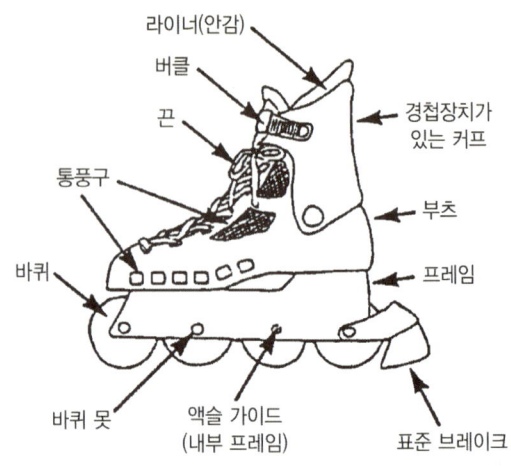

도해 24.1. 인라인 스케이트의 구조. (출처: Liz Miller, 1998. *Get Rolling*. Ragged Mountain Press. McGraw-Hill 社의 허가로 재간함)

장비와 시설

스케이트

대도시에서는 가까운 곳에서 스케이트 대여점을 찾을 수 있다. 대여가 불가능한 곳이라면 가장 좋은 방법은 신상품이면서 질 좋은 스케이트를 30~40퍼센트 가량 할인한 가격으로 판매하는 상점을 찾아 제품을 구입하는 것이다. 이런 판매점에서는 제품들이 제조사가 그 해의 최신 모델을 발매하는 동안 재고로 잡혀 있다. 대량생산 제품은 질이 형편없으므로 장난감 백화점이나 할인 마트 같은 곳에서 구입하면 안 된다. 값이 싼 장비를 구입하면 이 스포츠를 시작함과 동시에 실망을 안겨줄 것이다.

구입 요령

• 어린이용은 네 가지 사이즈가 가능한 모델을 구입한다. 이런 제품은 일류 제조사에서 나오며 소매가격이 75달러 정도이다.

• 성인용은 좋은 스케이트를 구하려면 175달러(정가) 정도 가격대로 구입한다. 초보자라면 하키용 고급

스케이트나 바퀴 5개짜리 스피드스케이트는 삼간다. 이런 제품은 너무 값이 비싸고 초보자가 처음 몇 달간 사용하게 될 기술보다 더 높은 기술을 요한다. 대개 힐 브레이크는 선택하지 않는다 (도해 24.1).

• 초보자는 커프 높이가 높고 플라스틱 몰딩 방식으로 만든 스케이트를 구입해야 하며, 발목을 단단하게 안정시켜 줄 수 있도록 위에 버클이 적어도 한 개 이상 있어야 한다.

• 스케이트를 신어볼 때는 선수용으로 특수 제작된 얇은 양말 한 켤레를 신는다. 스케이트를 탈 때도 발의 땀을 밖으로 '배출'해 줄 수 있도록 이와 같은 양말을 신는다.

• 커프 액티베이티드 브레이킹(cuff-activated braking) 기술(롤러블레이드 社에서 ABT(Active Brake Technology) 기술 특허를 얻고 독점 판매)은 소심하고 불안정한 초보자들을 위한 것으로, 이런 기술은 정지할 때 한 발로 밸런스를 잡지 않아도 된다. 그래서 바퀴 여덟 개가 모두 지면에 붙은 상태가 된다.

• 여성용 스케이트 모델은 고급 제조사에서 구할 수

있다. 여성의 종아리 근육과 남성보다 더 좁은 구조의 아킬레스건을 사용하는 하위 자세를 안정시킨다. 만일 여성용이라고 따로 구분된 제품이 아니라면 그 스케이트는 남녀 공용으로 판매되는 것을 제외하더라도 남성에게도 잘 맞을 것이다.

스케이트의 특징

적합성. 최상의 수행능력을 발휘하려면 인라인은 불편하지 않으면서 편안하게 잘 맞아야 한다. 무릎을 곧게 편 상태에서 발끝이 부츠 끝에 살짝 닿아야 한다. 반대로 엉덩이와 무릎을 스케이팅 자세로 구부렸을 때는 정강이가 발등 덮개 부분을 누르면서 발끝이 부츠 끝에서 떨어져야 한다. 밀어내기 동작을 할 때는 발뒤꿈치가 부츠로 감싸져야 발뒤꿈치가 미끄러지거나 발바닥이 들리지 않는다.

플라스틱 부츠와 부드러운 부츠. 몰딩 방식으로 만든 플라스틱 스키 스타일의 부츠는 1990년대 후반에 스웨드 가죽과 메시 소재로 만든 부츠가 나오면서 뒤로 밀려났다. 부드러운 부츠는 오랜 시간 스케이팅을 하는 동안에도 편안함을 유지해주고 통기성도 탁월하다.

버클 혹은 끈. 끈은 각자의 발에 맞게 단단히 조일 수 있어 스피드 스케이터 혹은 빠른 동작의 인라인 하키 경기에서 필요로 하는 요구에 알맞다. 벨크로 '파워 스트랩'은 발목을 더 잘 지지해주며 끈을 단단히 고정시켜 준다.

깔창. 고급 품질의 스케이트는 깔창을 모두 맞춤형 밑창이나 특수 밑창으로 쉽게 교체할 수 있는 것이 특징이다.

프레임. 4륜 프레임은 레저용, 하키, 아티스틱(artistic)용으로 가장 이상적이다. 5륜 프레임은 높은 스피드를 낼 때 안정성을 부여하며 오랜 시간 동안 더욱 강력하게 활보하는 기능을 극대화한다. 프레임에는 레일이나 커브 그라인딩을 쉽게 할 수 있도록 '그라인드 플

레이트(grind plates: 미끄럼판)'를 장착할 수 있고, 혹은 스피드스케이터용으로 튼튼하고 가벼운 합성소재를 사용해 제조할 수 있다.

베어링. 정밀도 등급이 ABEC3 또는 ABEC5인 베어링은 대부분의 초보자들에게 적합하다. 고성능 베어링(ABEC7 이상, 마이크로 베어링) 역시 탈착 가능한 덮개가 안쪽 볼과 내륜 궤도에 연결되는 것이 특징으로, 용해제에 담가 마찰을 야기하고 성능을 떨어뜨리는 모래 같은 이물질을 제거할 수 있다.

바퀴. 새 스케이트의 바퀴는 바퀴가 장착될 해당 스케이트의 특징에 가장 잘 맞는 코어(core) 타입, 경도, 모양, 직경을 갖춘다. 교체용 바퀴를 구입할 때는 그 스케이트의 프레임에 들어갈 수 있는 최대한의 바퀴 크기를 알아야 한다 (매뉴얼에 표기됨).

- **표준 직경:** 어린이용은 60mm, 하키용은 72mm, 초급 피트니스용은 78mm, 경주용은 80mm이다. 바퀴 크기는 대개 바퀴 측면에 표기되어 있다. 어그레시브용은 60대부터 그 이하의 크기가 사용된다.

- **모양**은 바퀴가 지면과 만나는 부분의 형태를 말한다. 경주용 바퀴는 도로 견인력을 줄일 수 있도록 가장 좁은 모양을 갖고 있다. 레저 및 피트니스용은 약간 더 넓어서 다양한 도로 표면과 만날 때 접지력을 잘 발휘한다. 하키용은 더 넓어서 안정성과 빠르게 회전하는 기동성을 강화한다.

- **듀로미터**(durometer)로 측정하는 경도는 바퀴의 충격 흡수 정도, 접지력의 질을 나타내며, 75에서 101 범위의 수치로 숫자 뒤에 'A'를 붙여 표시한다. 부드러운 바퀴일수록 접지력이 좋고 거친 노면에서 진동을 줄여주지만, 단단한 바퀴에 비해 빠르게 마모된다.

- **코어**(허브[hub]라고도 함)는 바퀴의 우레탄 부분이 결합되는 단단한 물질로, 비틀림 안정성을 강화하고 베어링이 견고하게 고정되도록 한다. 통풍구가 있는 코어는 높은 속도에도 베어링이 뜨거워지지 않게 유지해준다. 어그레시브 스타일의 작은 바퀴는 코어가

없거나, 코어가 있어도 안쪽에 가려져 있어서 조종의 영향력을 더욱 강화한다.

스케이트 관리

예방 정비는 스케이트를 적절히 보관하는 것으로 충분할 만큼 단순하다. 스케이팅을 시작하고 30분이 지나면 부츠 라이너에 열이 생기고 습기가 차게 된다. 부츠를 잘 유지하려면 발등 덮개를 올바른 위치에 잘 맞춰놓은 다음, 버클이나 스트랩으로 부츠를 단단히 고정한다. 이는 오랜 기간 동안(겨울) 보관할 때 더욱 중요하다. 스케이트는 통풍이 잘 되는 장소에 보관해야 사용 후에 잘 건조된다.

브레이크 패드가 3분의 1인치 이하 정도 마모되면 교체한다. 대부분의 모델이 프레임에서 브레이크를 풀어서 새 브레이크를 끼우기만 하면 되는 단순한 구조이다. 대개 브레이크는 뒷바퀴를 먼저 분리해야 제거할 수 있다.

시간이 지나면 발의 안쪽 부분 아래의 바퀴가 마모되기 시작한다. 바퀴의 자리를 교체할 때는 가장 마모된 바퀴(대개 앞과 뒤)와 가장 덜 마모된 바퀴를 서로 바꿔 끼운다. 가장 빨리 마모되는 패턴에 따른 교체 방법은 바퀴 1번을 바퀴 3번과, 그리고 바퀴 2번을 바퀴 4번과 바꾸는 것이다 (도해 24.2). 동시에 바퀴를 뒤집어서 마모된 면이 발목 바깥쪽을 향하게 끼운다. 이 과정에서 부츠의 흙과 먼지, 바퀴 프레임 안쪽을 닦아준다. 베어링 바깥쪽에 낀 모래를 제거할 때는 낡은 칫솔을 사용한다.

베어링은 부식이 생기거나 오랫동안 사용하다 보면 잡음을 내고 현저히 속도가 느려진다. 이때가 바로 베어링을 교체할 시기이다(그러나 저가 제품일 경우에는 베어링을 업그레이드하는 것이 성능을 향상시키는 한 방법이다.). 베어링 교체 시기는 스케이트를 타는 사람, 환경, 사용방법에 따라 다르지만 스케이트를 구입한 후 1년에서 3년 정도 지나면 베어링을 교체해야 한다. 하지만 스피드스케이팅을 주로 하는 것이 아니라면 내부의 베어링 보수에 대해서는 신경 쓸 필요가 없다. 물론 어떤 사람들은 그러한 기계장치 보수 과정을 거부하기 어려울 만큼 매력적으로 여기곤 한다 (도해 24.3).

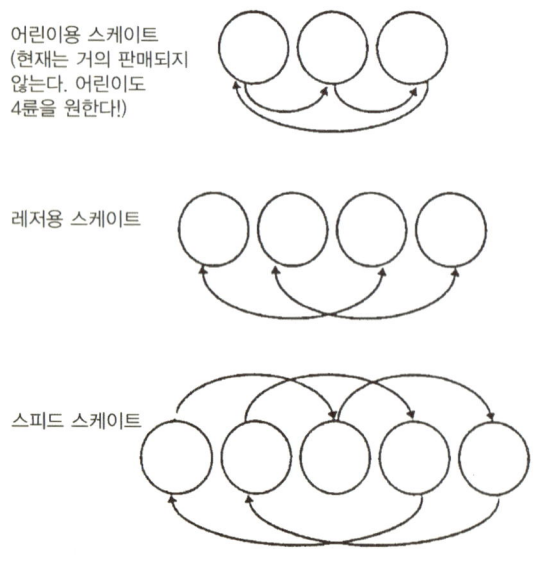

도해 24.2. 바퀴 마모를 줄이기 위한 교체방법

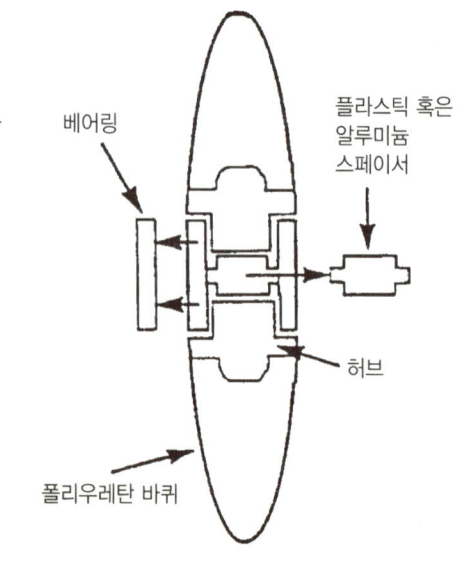

도해 24.3. 인라인 스케이트의 바퀴

헬멧

스케이트 전용 헬멧은 여러 제조사에서 판매하는데, 대개 머리 뒷부분을 많이 보호해주는 구조이다. 자전거용 헬멧을 사용해도 괜찮다. 하지만 어떤 스포츠용이든 헬멧은 반드시 ANSI 혹은 SNELL 같은 충격등급 스티커가 붙어있어야 한다. 1990년대 중반에 일련의 충격에 견디는 추가 등급을 첨가하는 새로운 N-94 표준안이 도입되었다. 몇몇의 어그레시브 스케이트용 헬멧 제조사들이 이 표준안을 채택하고 있다.

손목 보호대

손목 보호대는 손바닥 찰과상을 예방하고, 앞면과 뒷면의 플라스틱 부목은 고난이도 착지 시 손목이 과신전되는 것을 방지한다.

무릎 및 팔꿈치 패드

두꺼운 무릎 패드는 앞으로 넘어지면서 지면에 무릎이 맨 먼저 닿으면서 전신의 체중이 쏠릴 때 무릎을 보호하기에 가장 이상적이다. 팔꿈치 패드는 옆으로 넘어질 때 전신의 체중을 감당할 수 있을 만큼 두꺼운 것이어야 한다.

소매가 달려 팔에 끼우고 벗길 수 있는 패드는 제자리에서 고정이 되기 때문에 후크와 고리로 고정하는 방식의 스트랩보다 좋다.

안 전 수 칙

기본적인 기술

안전을 확보하기 위해 초보자는 위험을 피해 턴을 하고, 제대로 넘어지고, 힐 브레이크를 사용해 속도를 늦추고 정지하는 방법들을 반드시 배워야 한다. 첫날에는 혼자서 활보하고 턴하는 법을 익힐 수 있지만, 자격을 갖춘 지도자 없이는 힐 브레이크 사용법을 혼자 터득하기 어렵다.

국제인라인스케이팅협회(IISA: International In-line Skating Association)에서는 인라인 스케이팅 교수법을 표준화해 강사 인증프로그램(Instructor Certification Program)을 통해 전 세계에 알렸다. 원래 IISA에서 운영했던 이 강사 인증프로그램은 소유 및 관리 권한이 2005년에 전국 피트니스 훈련 기구인 USA FIT에 인계되었다. 초보자에게 인라인 스케이팅을 지도하는 데 뜻이 있는 사람은 여러 장소에서 제공되는 자격증 강좌 중 한 곳에 참가함으로써 먼저 자격증을 습득해야 한다.

보호장비

인라인 스케이팅 시 발생하는 부상은 대부분 보호장비를 착용하지 않은 데 원인이 있다. 소비자제품안전위원회(Consumer Product Safety Commission)에서는 최소한 모든 사람이 스케이팅 활동을 할 때마다 헬멧과 손목 보호대를 착용할 것을 권장한다. 무릎 패드, 팔꿈치 패드와 더불어 이러한 보호장비는 비상 시 갑자기 정지할 때, 언덕을 오를 때, 그리고 경사로 스케이팅과 계단 오르기 같은 어그레시브 스케이팅을 할 때 반드시 필요하다. 길거리 하키 활동을 할 때는 가능한 모든 안전장비를 착용해야 한다. 그 이유는 아마 묻기도 전에 금방 깨닫게 될 것이다.

자세

안타깝게도 위험도가 높은 활동에 참여하는 사람들이 보호장비를 착용하지 않는 경우가 가장 많다. 미국 질병관리 및 예방센터(CDC: Centers for Disease Control and Prevention)에서 전국부상전자감시시스템(National

Electronic Injury surveillance System)을 사용하여 실시한 일 년 간의 연구결과를 보면, 연구기간 동안 부상으로 치료를 받은 남성이 여성보다 30퍼센트 이상 많은 것으로 나타났다. 십대의 경우에는 부상 비율이 성인 남성의 무려 90퍼센트로 높게 나왔다.

모든 학생들에게 필수적인 도로 예절과 안전 습관을 교육시키기 위해 도로규칙에 대한 강의 자료가 준비되어야 한다. 아래의 목록은 국제인라인스케이팅협회에서 배포한 자료와 비슷하다.

도 로 규 칙
(SLAP: SMART, LEGAL, ALERT, POLITE)

Smart (지혜로운 스케이팅)

• 항상 헬멧, 손목 보호대, 무릎 및 팔꿈치 패드를 착용한다.
• 속도 조절, 턴, 정지 등의 기본 기술을 익힌다.
• 모든 장비를 안전한 상태로 유지한다.

Legal (법규를 준수하는 스케이팅)

• 모든 교통법규를 준수한다. 스케이트를 탈 때는 바퀴로 이동하는 자동차법을 따라야 한다.
• 교통 흐름에 거스르면서 스케이트를 타면 안 된다.
• 스케이트를 다른 차량에 '걸고 타지' 않는다. 자동차나 자전거에 연결해 끌려가며 주행하지 않도록 한다.

Alert (주의 깊은 스케이팅)

• 항상 스케이트를 잘 조절한다.
• 물, 기름, 파편, 모래, 고르지 않거나 부서진 도로를 피한다.
• 교통량이 많은 곳은 피한다.

• 헤드폰을 쓰거나 다른 소리를 듣기 어려운 장치를 착용하지 않는다.

Polite (예절 바른 스케이팅)

• 길 오른편으로 스케이트를 타고 왼쪽으로 지나갈 때는 미리 신호를 보낸다.
• 보행자 우선을 원칙으로 한다.
• 자전거가 지나갈 때는 멈추어서 길을 비켜준다. (그리고 자전거의 스포크 부분에 스케이트가 걸리지 않도록 주의한다.)
• 인라인 스케이팅의 좋은 홍보대사 역할을 한다.

기본적인 기술과 요령

모든 인라인 스케이팅 동작은 한 가지 이상의 기본적인 기술을 사용하는데, 밸런스(balance), 가압(pressure), 상체 회전(upper body rotation), 엣징(edging) 등이 포함된다. **밸런스**는 준비자세라고 일컫는 자세에서부터 시작하는데, 체중을 발 위로 고르게 분산시킨 채 중심을 잡고 무릎을 구부리는 자세가 바로 그것이다. **가압**은 스케이트 양쪽에 교대로 혹은 함께 가하는 힘으로 밀어내기, 턴, 그리고 거의 모든 다른 역동적인 스케이팅 동작들을 만든다. **상체 회전**의 각도를 다양하게 하면 양쪽 스케이트를 바깥쪽 면, 안쪽 면, 혹은 같은 면(모두 왼쪽 혹은 모두 오른쪽)으로 **엣징**, 즉 기울여서 턴 동작을 하는데 도움이 된다.

오른쪽, 왼쪽을 따로 지시하지 않고 지도를 하려면, **지지하는 쪽 다리**가 밸런스를 잡는 데 사용되고, **동작하는 쪽 다리**가 앞으로 치고 나가거나 다른 동작을 하도록 하게 한다.

출발하기 전에

스케이팅 자세

마른 잔디 혹은 잘 굴러가지 않는 지면에서 서서 아래에 설명하는 인라인 자세를 연습한다.

준비자세. 인라인 준비자세는 테니스나 스키, 그 외 다른 많은 스포츠에서 하는 것과 같은 반쯤 웅크린 자세이다 (도해 24.4). 무릎을 잘 구부리는 것이 밸런스를 잡은 준비자세를 만드는 데 가장 중요하다. 이는 스케이터가 상황에 따라 어떤 방향으로 움직이든 그에 반응할 수 있는 안정성을 지지해주는 역할을 한다. 무릎을 곧게 편 상태에서 초보자가 갑자기 놀라게 되면 흔히 위로 벌떡 일어나는 반응이 나타나는데 이렇게 되면 뒤로 넘어지는 결과를 초래한다. 무릎을 구부리는 자세는 치고 나가는 동작의 효율성을 얻는데도

필요하다. 무릎을 편 상태로는 치고 나가는 동작의 힘과 효율성이 스케이트가 도로와 접촉한 상태를 유지할 수 있는 몇 인치 이내로 제한된다.

1. 발을 어깨 너비로 벌린다.
2. 양손을 허리 높이로 시야에 들어오는 위치로 올린다.
3. 발목, 무릎, 엉덩이를 몇 인치 아래로 구부린다. 어깨는 엉덩이 위쪽으로 오게 하고, 엉덩이는 발뒤꿈치 위쪽으로 오게 한다. 아래를 내려다보면 (점검할 때를 제외하고는 삼간다) 무릎 패드가 발가락이 안보이게 가리는 상태가 되어야 한다.
4. 아래의 인라인 자세를 계속 서서 연습한다. 잔디나 카페트에서 할 것을 권장한다.

A형(A-frame). 발을 어깨너비보다 넓게 벌리고 스케이트는 안쪽 면을 향하게 한 준비 자세 (도해 24.5).

V자 자세(V-stance). 발뒤꿈치가 서로 거의 닿고 발끝이 45도 각도로 벌어지는 준비 자세로, 체중이 발뒤꿈치에 실린다.

A자 자세(A-stance). 발끝이 서로 거의 닿고 발뒤꿈치가 45도 각도로 벌어지는 준비 자세로, 체중이 발끝

도해 24.4. 준비자세

도해 24.5. A형 자세

도해 24.6. 가위 자세

에 실린다.

　가위 자세(Scissors stance). 무릎을 모으고, 스케이트는 양쪽이 평행이 되게 하고, 체중의 75%가 지지하는 쪽 다리에 실리는 준비 자세. 모든 바퀴가 지면에 닿은 채 동작하는 쪽 스케이트가 6～12인치 앞으로 나간다 (도해 24.6). 이 자세를 잔디나 카펫에서 연습하면 밸런스를 잡는 데 도움이 된다.

　밸런스와 엣징(Banance and edging). 준비자세에서 시작하며, 한 번에 한 발을 들어 올리고, 양쪽 스케이트를 같은 쪽 면으로 기울이고, 발끝은 닿게 한다. 살짝 한두 번 껑충 뛴다(잔디 위에서).

안전한 T자 자세

이 기술은 스케이트를 굴리지 않고 고정한 채 서있는

것이다. 학생들이 긴장을 풀도록 하기 위해 이 자세를 먼저 가르친다.

1. 준비자세에서 시작하며, 브레이크를(대개 왼쪽) 작동하지 않고 스케이트를 고정시킨 채, 한쪽 발뒤꿈치가 다른 한쪽 발의 중간부분 안쪽으로 들어가게 한다. 이렇게 하면 발이 T자로 놓인다. 여기서 약간 각도를 주어도 좋다.

2. 체중을 고르게 분산시키고 무릎은 구부린 상태에서, 만일 필요하다면 스케이트가 모인 채 고정될 때까지 스케이트를 뒤로 굴린다.

넘어졌다가 일어나기

교육 초기에 잘 넘어지는 방법을 배우면 보호장비에 대한 신뢰감을 갖게 하고, 학생의 발전을 저해할 수 있는 공포심을 줄여준다. 교육을 받는 내내 넘어지는 것을 연습하도록 격려한다.

1. 준비자세에서 발끝 쪽을 향해 몸을 뻗는다.

2. 손가락을 올리고, 무릎 패드가 아래로 떨어질 때까지 지면을 따라 몸을 앞으로 뻗는다. 그런 다음 손으로 지면을 짚으면서 마무리한다.

3. 양쪽 무릎과 팔꿈치 패드를 지면에 대고 쿠션 기능을 시험하기 충분할 만큼 세게 두드린다. 실제 스케이팅 상황에서는 넘어진다고 느끼면 몸을 틀어서 손을 무릎 가까이 가져가야 쿠션 기능이 가장 좋은 상태로 착지할 수 있다.

　넘어진 상태에서 일어나는 방법은 두 가지가 있다. 마른 사람이나 과체중인 사람은 두 번째 방법을 사용한다.

방법 1

1. 손과 무릎, 이 '네 부위'를 모두 사용하여 시작한다.

2. 한쪽 무릎을 들어 올리고 같은 쪽 발의 스케이트를 지면 위에 놓는다. 이때 반대쪽 무릎 가까이로 움

직인다.

3. 세운 스케이트와 아직 넘어져있는 스케이트 사이의 간격을 좁혀야 몸을 일으킬 때 굴러가는 것을 방지한다.

4. 이제, 머리부터 시작하여 한번에 몸을 곧게 들어 올린다. 안정성을 더하려면 올라간 무릎에 양손을 짚고 밀어내리며 일어선다.

방법 2

1. 손과 무릎, 이 '네 부위'를 모두 사용하여 시작한다.

2. 한쪽 무릎을 들어 올리고 같은 쪽 발의 스케이트를 지면 위에 놓는다. 이때 무릎은 바깥쪽을 향하는 각도로 고정시킨다.

3. 양손바닥을 지면 위에 무릎 사이로 놓는데, 이때 무릎보다 앞으로 나가지 않게 한다.

4. 몸을 지탱하기 위해 손을 사용하여 두 번째 무릎을 들어 올리고 같은 쪽 스케이트를 지면 위에 놓는다. 이때 아까 올라온 무릎 가까이로 놓으며 V자 자세를 한다.

5. 잉덩이부터 밀어올린 다음 머리를 들어 올리고 그 다음 상체를 편다.

밀어내기, 턴, 정지 동작 시작하기

V자 걷기

이 훈련의 목적은 체중을 한쪽 스케이트에서 반대쪽 스케이트로 옮기면서 앞으로 움직이는 동작을 시작하는 것이다. 이 동작을 처음에는 바퀴가 잘 굴러가지 않는 곳에서 연습한다.

1. V자 자세에서 시작하며, 발끝은 바깥쪽을 향하게 하고 앞으로 조금씩 나아간다.

2. 체중을 오른쪽에서 왼쪽으로 옮기고 보폭이 짧게 한다. 발끝이 바깥쪽을 향하게 하고 발뒤꿈치는 최대한 모은다.

밀어내기 1 (밀어내기 시작 단계)

밀어내기 1는 모든 수준의 스케이팅에 적용하는 전진의 기본요령을 지도할 수 있는 공인 강사들이 가르칠 때 사용하는 것으로, 체중을 발뒤꿈치에 싣고, 측면 밀기, 완전한 리커버리 동작 후 셋 다운으로 이어진다. 그러나 학생들에게 지도할 때 중요한 사항은 아치형의 나무 슬레이트 다리처럼 미끄러운 표면이나 거친 언덕길에서는 밀어내기를 짧게 하는 것도 가장 안전하면서 가장 효율적인 방법임을 가르치는 것이다.

1. V자 걷기를 할 때, 뒷바퀴를 안쪽 날로 밀면서 시작하고 먼저 나간 쪽 스케이트로 체중을 옮긴다. 이렇게 가압을 하면 짧게 미끄러진다. 가압과 짧게 미끄러지는 동작이 결합하면서 밀어내기 동작이 이루어진다.

2. 밀어내기 동작을 처음에는 밸런스를 유지하기 위해 짧은 보폭으로 하고 속도를 늦춘다. 만일 안정적이지 못할 만큼 속도가 너무 높아지면 긴장을 풀면서 관성으로 굴러가는 준비자세를 취한다.

3. 초보자가 흔히 하게 되는 반작용인 허리를 앞으로 숙이고 싶은 유혹을 떨쳐낸다. 이런 현상은 연습과 자신감이 쌓임에 따라 감소한다.

4. 10~15피트를 관성으로 미끄러져 준비자세를 만들 수 있는 속도가 나올 때까지 밀어내기 1을 연습한다. 이 동작을 잘 하면 힐 브레이크 기술을 익히기 좋다.

힐 브레이크 정지

유용한 힐 브레이크 기술은 언덕, 교차로, 혼잡한 교통상황이나 예측할 수 없는 상황에 처할 때 안전하게 대처하는데 필요하다.

안타깝게도 힐 브레이크는 보이는 것과 달리 사용하기가 쉽지 않다. 발이 정지해도 상체가 계속 움직이는 경향이 있기 때문에 단순히 브레이크가 달린 쪽의 발끝을 들어 올리는 것만으로는 효과가 없다. 가장 좋은 방법은 브레이크를 아래로 누르는 것이 아니라 앞으로 밀어내는 방법을 배우는 것인데, 이는 직관적으로 정확히 이해하기 어렵다.

스케이터가 왼손잡이라고 가정하자. 이런 경우는 대부분 왼발잡이다. 이런 사람은 배우는 과정 초기부터 브레이크를 왼쪽 스케이트로 바꿔 끼우는 것이 중요하다. 학생들이 커프 액티베이티드 브레이크가 어떻게 작동하는지 익히도록 하려면 학생들에게 브레이크가 달린 스케이트를 위로 곧게 세운 채 무릎을 구부린 자세를 취하게 한다. 그리고 발끝을 무릎 앞쪽으로 밀었을 때 브레이크가 지면과 만나는지 확인한다. 만일 만나지 않는다면 브레이크를 더 내린다. 만일 다른 기술을 사용하는데 방해가 된다면 브레이크를 나중에 약간 더 올린다.

힐 브레이크 정지는 네 단계의 동작으로 구성되는데, 관성으로 굴러가는 준비자세에서 시작해 가위자세 미끄러지기, 브레이크 약간 끌기, 완전히 정지하기의 순서이다. 가장 좋은 결과를 내려면 자세를 낮추고(무릎 구부리기), 길고(브레이크 쪽을 내밀고), 좁게(스케이트 폭이 엉덩이 너비보다 넓지 않게) 자세를 만든다. 학생들에게 '낮추고, 길게, 좁게' 라는 말을 강조해야 한다.

커프 액티베이티드 브레이크 사용자 유의사항 1: 정지하기는 기본자세에서 가위자세, 자세 낮추기 이렇게 세 가지 순서로 수행한다. 브레이크는 훈련자가 효과적인 가위자세를 취하는 순간에 작용한다. 가위자세는 효과적인 브레이크 사용 자세를 만드는 것 외에도, 교차로에서나 다른 어떤 종류의 지면 위를 관성으로 오랫동안 구를 때 안전하고 안정적인 방어자세를 만든다 (도해 24.6).

구르기 동작을 배우기 전까지는 가위자세로 서기를 연습한다. 힐 브레이크로 정지하는 방법 외에도, 가위서기는 바퀴의 앞에서 뒤까지 더욱 탁월한 안정성을 부여하는 긴 플랫폼을 형성하기 때문에 까다로

운 지면 위를 안전하고 쉽게 미끄러지기에 좋은 자세이다.

1. 무릎은 충분히 구부리고, 발은 어깨 너비로 벌린 채 준비자세를 취한다.
2. 무게중심을 지지하는 쪽 다리로 옮기고, 브레이크 쪽 스케이트는 그 자리에 그대로 둔다.
3. 브레이크 쪽 종아리'만' 아래로 움직이면서, 스케이트를 앞으로 민다. 만일 지지하는 쪽 무릎이 펴져 있다면 그다지 멀리 나가지는 않을 것이다. 측면에서 보면 종아리가 지면과 삼각형 형태가 되어야 한다.
4. 스케이트가 4인치 이상 떨어지지 않게 하고, 발끝은 양쪽 모두 정면을 향하게 한다.

커프 액티베이티드 브레이크 사용자 유의사항 2: 가위자세는 두 가지 방법으로 배울 수 있다. 정지할 때는 무릎을 모은 채 발끝을 앞으로, 아래로 밀어 브레이크가 작동하게 한다. 이 자세는 종아리 근육이 스케이트의 커프를 뒤로 움직이게 만드는데, 그러면 브레이크 쪽 팔이 아래로 움직이고 자동적으로 브레이크가 지면 위에 놓인 네 개의 바퀴를 멈추게 한다. 가위자세로 관성질주를 하려면 양 무릎을 벌려 종아리가 지면과 수직이 되게 해야 커프가 브레이크의 작동을 멈추게 한다.

힐 브레이크를 사용해 정지하는 법을 배우려면 적어도 10피트 이상은 미끄러질 수 있어야 한다. 좀 더 지나면 좋은 준비자세를 취하기에 충분할 만큼 이 단계를 오래 유지하게 된다.

1. 보통 속도로 밀어내기를 한다(밸런스를 유지하고 두렵지 않을 정도의 속도로).
2. **1단계:** 긴장을 풀고 손을 허리 높이로 잘 보이게 둔 채 관성으로 굴러가는 준비자세를 취한다.
3. **2단계:** 가위자세를 취하면서 체중의 75퍼센트를 지지하는 쪽 다리로 옮긴다(브레이크가 없는 쪽). 일정한 속도로 안정되게 바퀴를 굴린다. 속도를

올리고 균형이 잡히는 것을 느낄 때까지 가위자세로 굴러가기를 연습한다. 이때 발은 모으고 양쪽 발끝은 같은 방향을 향하게 한다('낮추고, 길게, 좁게').

4. **3단계:** 브레이크를 작동시키고 지면 위로 살짝 끈다. 가위자세부터 시작하면서 이 과정을 몇 번 되풀이한다. 뒤꿈치가 가볍게 접촉하는지 소리를 들어보고 오래 유지하려고 하되 굳이 멈추지는 않는다. 이것이 밸런스 향상 훈련이다.

- **일반 브레이크:** 브레이크 쪽 발끝을 뒤꿈치 고무 부분이 지면과 닿을 때까지 들어올린다. 이 부분을 소리가 들리도록 끌되 아주 가볍게만 닿게 한다. 필요하다면 다시 밸런스를 잡기 위해 발끝을 내린 다음, 다시 발끝을 들어올려 브레이크를 끈다. 지면에 닿으면 브레이크를 들어올리는데, 오래 관성으로 미끄러지는 동안 이 과정을 몇 번 되풀이한다. 몇 피트 굴러갈 수 있을 때까지 브레이크를 가볍게 끌면서 반복한다. 기억할 것은 브레이크가 상제보다 앞으로 나간 상태를 유지하는 것이다.

- **커프 액티베이티드 브레이크:** 브레이크 쪽의 엄지발가락을 아래로 지면 위로 누르면서 같은 쪽 발이 (무릎이 아니라) 앞으로 나가면서 가위자세를 하고, 브레이크 위에서 앞으로 기울이는 것이 아니라 반대쪽 발뒤꿈치 위로 기울인다. 끌리는 것이 느껴지면 스케이트를 뒤로 뺀다. 만일 가위자세를 할 때 브레이크가 지면에 닿지 않으면 브레이크 패드를 낮추고(낮추거나) 지지하는 쪽 다리로 체중을 더 많이 옮긴다.

5. 브레이크를 일직선으로 가볍게 작동할 수 있게 되면, 패드를 더 멀리 밀면서 차츰 브레이크의 압력을 높여나간다. 이렇게 하는 유일한 방법은 지지하는 쪽 다리의 무릎을 구부리는 것이다.

6. **4단계:** 정지자세를 자신 있게 마무리하려면 엉덩이를 마치 앉으려는 것처럼 낮추고 동시에 브레이크를 앞으로 움직인다. 상체를 곧게 편 채 시작하고 복근에 단단하게 힘을 주어 상체가 앞으로 기울이지지 않게 한다.

7. 균형을 잃지 않도록 빠르게 몸을 편다.

가장 효과적이고 직관적으로 힐 브레이크를 사용하는 기술을 습득하려면 일직선 위에서 정지 연습을 많이 해야 한다. 완만한 언덕에서 속도를 조절하면서 가볍게 끄는 것을 연습하고, 길고, 낮고, 좁은 자세를 유지하면서 가끔씩 완전히 정지하는 연습을 한다.

A자 턴

턴 동작은 스케이트 바퀴의 측면에 가해지는 압력의 결과로 나타나며, 엣징(edging)이라고도 한다.

1. 밀어내기를 하여 적당한 속도를 얻는다.

2. 관성으로 굴러가는 준비자세에서 시작하여 스케이트를 A자로 넓게 벌리며 밀고, 체중이 양쪽 발에 똑같이 실리게 한다.

3. 머리, 어깨, 손, 엉덩이를 왼쪽으로 돌리고, 동시에 오른쪽 스케이트 바퀴의 측면 안쪽에 압력을 가한다. 이때 몸은 어느 쪽으로도 기울지 않고 양쪽 스케이트에 고르게 분산되게 한다. 이렇게 하면 왼쪽으로 턴 동작이 이루어진다. 여기서 흔히 일어나는 실수는 어깨를 기울이는 것인데, 이렇게 되면 스케이트를 턴 할 때(바깥쪽으로) 압력이 가해지지 않게 된다.

4. 오른쪽으로 턴 동작을 하려면 상체를 오른쪽으로 돌리고 왼쪽 스케이트에 압력을 가한다.

여기서 밸런스와 협응작용이 향상되게 하는 훈련으로는 학생들이 커다란 원을 그리며 스케이팅을 하면서 지시에 따르게 하는 것이다(가라사대 게임처럼). 가급적이면 준비자세를 만들어라, 무릎을 만져라, 발끝을 만져라, 한 번에 한손씩 지면에 대라 등의 지시를 한다(지시 사이사이에 몸을 펴게 하면서). 스케이팅이 타원형 패턴이라면 필요한 만큼 속도를 내도록 허용하고 모퉁이를 돌 때 A자 턴을 사용하게 한다. 마지막으로 관성질주 자세에서 한쪽 스케이트를 들어 올린 채 반대쪽으로 가급적 멀리 미끄러져 나가게 한다. 이것은 가장 좋은 밸런스 훈련이며 힐 브레이크 사용 실습에 들어가기 전의 준비운동에 해당한다. 체중이 동작하는 쪽 다리를 들어올리기 전에 지지하는 쪽 다리로 완전히 옮겨지면 성공한 것이다.

상급 수준의 밀어내기, 턴, 정지 동작

밀어내기 2 (기본 동작)

밀어내기 1과 밀어내기 2의 차이점은 기본적인 동작인 밀고 미끄러지기에서 가압이 추가된다는 것이다.

1. 밀어내기 1의 자세로 시작하고, 발뒤꿈치에 체중을 싣고 미는 동작에 중점을 둔다.
2. 상체를 곧게 펴고, 엉덩이는 낮추고, 무릎을 구부려 발뒤꿈치에 가깝게 한다. 뻣뻣하고 비틀거리는 자세는 흔히 초보자에게서 볼 수 있는데, 이런 경우는 다리가 펴져 팔이 흔들리면서 일어나는 것이다.
3. 미끄러지는 각 동작에서 다시 밀어내기 동작으로 돌아가기 전에 숫자를 '하나, 둘, 셋' 세어가면서 오래 유지하려고 한다.
4. 차고 나가는 다리가 다시 밀어내기 동작을 시작하기 위해 지면으로 돌아오기 전에 엉덩이 아래에서 리커버리 동작이 충분히 일어나게 한다. 이 과정은 밸런스 조절 능력이 약한 초보자들이라면 하기 어렵다고 느껴질 것이다.

모래시계(Swizzle)

모래시계 동작은 양쪽 스케이트 위로 몸의 중심을 잘 잡아야 하기 때문에 밸런스를 향상시킨다. 슬랄롬 턴을 하는 방법을 배우고, 밀어내기 동작의 효율성을 향상시키기 위해 뒤꿈치 쪽 바퀴를 측면으로 밀어내는

도해 24.7. 모래시계 동작

개념을 배우는 데 필요한 기본요소이다 (도해 24.7).

1. V자 자세로 서서 양쪽 무릎 패드가 가까워지게 모으고 스케이트가 안쪽 면으로 기울어지게 하면서 앞으로 2인치 혹은 3인치 밀어낸다. 무릎은 '웅크린' 자세로 구부린다.
2. 상체를 곧게 펴고, 양쪽 발뒤꿈치를 바깥쪽으로 밀어낸다. 웅크린 자세의 다리가 풀리고 발뒤꿈치는 서로 떨어지면서 앞으로 향하는 추진력이 A자 자세를 만든다. 밀어내기 동작이 강할수록 굴러가는 속도가 빠르고 멀리 나간다.
3. 체중의 대부분을 발뒤꿈치에 싣고 무릎과 상체를 안짱다리 자세로 만든다. 반동 혹은 대퇴부 안쪽 근육을 사용하여 양쪽 스케이트가 엉덩이 아래 위치에서 서로 가까워지게 당긴다.
4. 양 스케이트가 엉덩이 아래 위치로 돌아오면 발끝과 무릎을 바깥쪽으로 회전하여 다시 V자 자세를

만든다.

5. 양쪽 발뒤꿈치를 밀어내며 다시 모래시계 자세를 시작하는데, 이 과정은 다리가 펴지면서 몸통을 일으키게 만든다. 규칙적인 반복 동작을 생각하면 된다. 즉 스케이트를 모으고 나서 다리를 웅크려 더욱 강한 추진력을 확보하는 것으로, 수영에서 개구리 발차기 동작과 흡사하다.

돌며 서기(Spin stop)

돌며 서기 동작은 기본 A자 턴 동작에서 발전된 것이다.

1. 밀어내기를 하여 적당한 속도를 얻는다.
2. 오른쪽 스케이트에 압력을 가하고 상체를 왼쪽으로 돌리되 기울어지지는 않게 하면서 왼쪽으로 A자 턴 동작을 시작한다.
3. 체중을 즉각적으로 오른쪽 스케이트로 옮긴다. 그래야 왼쪽 스케이트의 뒤꿈치쪽 바퀴를(스케이트 전체가 아니라) 들어올리고 왼쪽 무릎을 바깥쪽으로, 뒤꿈치는 안쪽으로 힘차게 회전할 수 있다. 무릎을 넓게 벌리고 상체의 체중을 중앙으로 싣는다.
4. 왼쪽 뒤꿈치가 왼쪽 엉덩이 아래 위치에 오는 순간(즉 양쪽 무릎이 바깥쪽을 향하는 것) 뒤꿈치를 빠르게 지면 위로 원래대로 놓고 체중이 양쪽 대퇴부에 고르게 실리도록 밸런스를 조절한다. 시계반대 방향으로 회전하는 기술은 앞으로 나가는 반동 동작을 효과적으로 멈추게 한다(속도가 빠른 상태에서 정지할 때는 권장하지 않음).

중급 수준의 밀어내기, 턴, 정지 동작

전제조건: 반드시 초보자용 기본기술을 사용하는 스게이팅을 20시간 연습한다.

평행 돌기(parallel turn)

세련된 동작의 평행 돌기는 스케이트의 날을 한쪽은 안쪽 면으로, 다른 한쪽은 바깥쪽 면으로 동작한다(상응 엣지). 이것은 하키에서 중요한 기술이며 곤란한 상황에서 잘 대처하는 데 유용하다. 이 회전 동작은 인라인을 적어도 20시간 이상 탄 후에 생기는 자신감과 밸런스 감각이 필요하기 때문에 초보자들에게는 쉽지 않다.

예비 훈련으로 좋은 것은 스케이트가 오른쪽이 아니라 왼쪽이 앞으로 나아가게 함으로써 역방향의 가위자세로 나아가는 것에 익숙해지게 하는 것이다. 오른손잡이는 평행 돌기 동작을 왼쪽으로(시계 반대방향으로) 해야 더욱 쉽게 할 수 있다.

평행 돌기는 주위에 방향이 바뀌는 사물이나 이정표가 있는 약간 경사진 곳(주차장의 배수로처럼)에서 더욱 쉽게 배울 수 있다.

1. 밀어내기를 하여 적당한 속도를 얻고, 팔을 바깥쪽으로 뻗은 채 이정표까지 도달한다.
2. 왼쪽 스케이트를 앞으로 가위자세를 하고, 오른쪽 무릎은 왼쪽 무릎 뒤로 집어넣는다.
3. 머리, 어깨, 손, 엉덩이를 180도로 왼쪽으로 비틀면서 자신감 있게 체중을 오른쪽 스케이드 쪽으로 옮긴다. 이렇게 비트는 동작은 신체가 왼쪽 스케이트 위로 교차되게 하여 왼쪽 스케이트의 뒷바퀴 바깥쪽으로 압력이 가해지게 된다.
4. 이때 체중은 75퍼센트가 오른쪽의 지지하는 쪽 스케이트에 실리고, 25퍼센트는 동작하는 쪽 스케이트의 뒷바퀴에 실린다. 상체는 턴 동작의 중앙을 향해 기운다. 원심력을 이용하고 힘찬 견인력을 발휘한다.
5. 양 스케이트를 왼쪽 날 쪽으로 기울인 채 왼쪽으로 곡선을 그리며 돈다. 적어도 90도 이상 턴을 하고 난 후에 몸을 곧게 편다.
6. 거의 정확하게 곡선을 그릴 수 있을 때까지 이 턴 동작을 연습한다. 180도로 평행 돌기를 할 수 있는지 시험해본다.

전진 크로스오버(Forward crossover)

크로스오버 (도해 24.8)는 코너를 돌 때 속도를 유지하거나 더욱 높이는데 사용된다. 이 기술은 상체와 중력의 중심을 순간적으로 양발 사이의 안정된 공간 바깥쪽으로 옮기기 때문에 밸런스 조절에 상당한 난이도를 요한다. 크로스오버 턴 동작은 학교 운동장에서 볼 수 있는 것과 같은 직경 15~20피트 정도로 그려진 원 위에서 하면 배우기가 더 쉽다. 아니면 지면 위에 사물을 놓아 중심점을 표시를 해 두고 할 수도 있다.

1. 보통 속도로 원을 그리며 주행을 시작하며, 시계방향으로 돈다.
2. 양 팔을 바깥쪽으로 뻗고 상체를 원의 중심을 향해 돌린다. 마치 원을 껴안는다고 생각하면 된다. 오른손을 원 위로 앞으로 펴고 왼손은 뒤에 둔다. 왼쪽 스케이트의 보폭이 짧아진다.

도해 24.8. 전진 크로스오버

3. 왼쪽 스케이트로 미끄러지기 시작한다. 왼쪽 발목에 긴장을 풀어야 왼쪽 스케이트가 바깥쪽 날로 기울어진다. 이 동작을 상체의 회전과 함께 하는데, 이렇게 하면 상체가 원을 향해 약간 기울어진다.
4. 오른쪽 스케이트가 왼쪽 스케이트 바로 앞으로 오면서 경계선 위의 지면에 다시 놓인다. 왼쪽 스케이트를 들어올리며 앞으로 나아가고 원의 경계선에서 더 멀리 가서 지면 위에 왼쪽 스케이트를 다시 놓는다.
5. 원을 그리며 주행을 계속하는 동안 차츰 오른쪽 스케이트가 왼쪽 스케이트보다 더 멀리 교차하도록 하며 주행한다. 오른쪽 스케이트가 왼쪽 스케이트 앞으로 교차되는 동작이 잘 이루어질수록 더욱 빠르게 나아갈 수 있다는 것을 명심하라. 만일 불편할 정도로 혹은 어지러워지기 시작할 만큼 너무 빠른 속도로 움직이고 있다고 생각되면 밀어내기와 관성동작을 멈춘다.

후진 모래시계(Backward swizzle)

이것은 후진 주행 중 가장 쉬운 형식으로 모래시계 동작을 뒤로 가며 연결하는 동작이다. 후진 스케이팅을 할 때는 지면에 파편이 없이 깨끗한 곳을 선택해야 한다. 학생들이 연습을 하는 동안에도 어깨 너머로 자주 주위를 살피도록 해야 한다.

1. 지면 위에 서서 발끝이 서로 닿고 뒤꿈치가 바깥쪽을 향하게 하는 A자 자세를 취한다. 무릎은 구부린다.
2. 몸을 앞으로 기울이지 않은 채로 양 스케이트의 발가락 쪽 바퀴를 측면으로 바깥쪽을 향해 빠르게 힘껏 밀어낸다. 다리를 펴고 발끝을 떨어뜨리면 후진 방향의 추진력이 생긴다. 밀어내기 동작을 빠르게 할수록 더욱 빠르고 멀리 나아간다.
3. 스케이트가 완전한 A자 자세의 너비에 이르기 전에 발뒤꿈치를 모으며 조절한다.
4. 스케이트가 엉덩이 아래로 돌아오면 뒤꿈치를 다시 바깥쪽으로 회전하여 다시 A자 자세를 취한다.

5. 엉덩이를 양 스케이트 위로 낮추어 바깥쪽을 향해 발끝으로 빠르게 다시 밀어낸다.

6. 다시 밀어내기 동작을 시작하기 전에 스케이트가 엉덩이 아래 놓이게 하고, 발가락 쪽 바퀴를 뒤가 아니라 측면 바깥쪽으로 누른다. 그렇지 않으면 밀어내기를 할 때 앞으로 넘어진다.

후진 동작

1. 일련의 후진 모래시계 동작을 리드미컬하게 시작한다.

2. A자 자세의 너비가 가장 좁은 상태가 되었을 때 체중의 대부분을 왼쪽 스케이트로 옮긴다. 동시에 오른쪽 스케이트의 발끝 쪽 바퀴만 누르면서 반만 모래시계 동작을 한다. 오른쪽 스케이트는 측면으로 아치형을 그리기 시작한다.

3. 오른쪽 스케이트가 오른쪽 엉덩이 뒤를 지나기 전에, 체중을 오른쪽 스케이트 쪽으로 옮기고 왼쪽 스케이트를 빠르고 강한 동작으로 반만 모래시계 동작을 한다. 양 스케이트가 모두 지면과 접촉한 상태를 유지해야 하며, 단 발끝 쪽 바퀴에 압력을 가한다.

4. 절반 모래시계 동작을 할 때마다 짧게 미끄러지기를 할 수 있을 때까지 발을 계속 바꿔가며 한다.

슬랄롬 턴(Slalom turn)

슬랄롬은 상응 엣지로 방향 전환을 하는 것을 말한다. 슬랄롬 턴은 충분히 습득하고 나면 중력의 끌어당기는 힘을 이용하는 스릴을 만끽하는 것 말고도, 넓은 내리막길에서 속도 조절을 할 수 있으며, 알파인 스타일의 스키어를 꿈꾸는 사람들에게 걸맞은 거의 완벽에 가까운 크로스트레이닝이 된다.

슬랄롬 턴은 아주 경사가 아주 완만한 곳이면서 길고 평탄하게 토사가 있는 곳에서 배우는 것이 가장 좋다. 경사가 거의 없으면 훈련을 하기도 전에 주행 시 속도가 올라가는 일이 없으며, 혹시 속도가 나더라도 강한 순풍으로 스케이트를 타게 된다.

1. 슬랄롬 속도로 관성으로 굴러가는 준비자세를 시작한다.

2. '주행로'의 왼쪽을 보면서 왼쪽 스케이트를 앞으로 내밀어 가위자세를 하여 왼쪽 방향으로 평행 돌기를 시작한다. 이때 체중의 3분의 1은 왼쪽 스케이트의 바깥쪽 날에, 3분의 2는 오른쪽 스케이트의 안쪽 날에 배분한다.

3. 반을 돌고(양 스케이트가 주행 방향으로 45도 각도가 되었을 때), 머리, 손, 어깨를 오른쪽으로 회전한다.

4. 오른쪽 스케이트를 앞으로 내밀어 가위자세를 하고, 양쪽의 오른쪽 상응 엣지로 기울이고, 체중 분산을 바꾸어서 압력이 왼쪽(바깥쪽, 활강) 스케이트에 가해지게 한다.

5. 반동 혹은 중력에 의한 끌어당기는 힘이 사라질 때까지 턴 연결을 계속한다.

연속적인 턴 연결을 양 방향으로 리드미컬하게 할 수 있게 되면 다음과 같이 한다.

1. 스케이트가 새로 바뀐 상응 엣지로 기울면 무릎을 구부림으로써 낮은 자세로 각 턴을 수행한다. 그 결과로 오르막을 향하는 양쪽 날에 가해지는 압력이 증가하면 속도 조절을 돕는다.

2. 다음 턴을 시작할 때 무게중심을 바꾸는 순간에 몸을 올려 곧게 '편다'.

3. 훈련하면서 평행 돌기의 상체 회전을 가급적 줄이고, 그 대신 리드미컬하게 가위자세로 바꾸면서 스케이트가 기울어지는 엣징 상태가 되게 하여 슬랄롬 턴을 한다.

4. 속도 감속으로 나타나는 차이점을 깨닫기 위해 양쪽으로 크고 작은 턴을 연습한다. 호를 급하게 그릴수록 속도조절이 더 잘 된다.

런지 턴(Lunge turn)

런지 턴은 하키 같이 빠르게 동작하는 경기에서나 언덕 아래에서 넓게 턴을 할 때 사용된다. 런지 턴은 평행 턴과 비슷하지만, 체중을 뒤쪽 스케이트보다 앞으로 나간 쪽 스케이트에 더 많이 싣는다는 점만 다르다(도해 24.9).

가상의 코너를 돌기 위해 사물을 놓아두거나 지면에 표시를 해둔다.

1. 최소한 20피트 정도 떨어져서 시작하고, 빠른 속도로 이정표에 접근한다.

2. 이정표에 다가가기 전 3피트 정도 앞에서 왼쪽 스케이트를 앞으로 내밀어 가위자세를 하고, 머리와 상체를 턴 방향으로 회전한다.

3. 턴을 시작할 때는 넓고 낮은 런지를 낮은 자세로 한다. 가슴 중앙이 왼쪽 무릎 위쪽에 오게 한다.

도해 24.9. 런지 턴

체중의 대부분을 같은 쪽 스케이트로 옮기고 바깥쪽 날에 힘을 가하며 스케이트를 기울인다. 뒤에 있는 다리는 압력을 유지하기에 충분할 만큼의 체중을 싣고 무릎은 살짝 구부린다.

4. 양 스케이트를 왼쪽 날로 기울이고 호를 그리며 턴을 하는 동안, 균형을 잡기 위해 원심력을 적용한다.

5. 새로운 방향을 향해 관성질주를 계속 해 앞으로 나아가기 위해 스케이트 사이의 간격을 줄이고 똑바로 선다.

밀어내기 3 (파워 스트라이드 power stride)

기본적인 밀어내기 기술을 충분히 습득한 사람은 이미 더욱 강하고 더욱 효율적인 주행 기술을 배울 준비가 되어있다. 밀어내기 3은 공기역학, 적당한 팔 사용, 밀어내기 각도와 시간, 동작하는 스케이트의 바깥쪽 날로 시작하는 차고 나가기 동작들을 결합한 것이다.

• **공기역학:** 발을 어깨 너비로 벌리고 서고, 양손은 깍지를 끼고, 손가락 관절을 턱 밑에 두고, 팔꿈치는 무릎에 댄다. 이것은 수준 높은 스케이터들이 사용하는 가장 공기역학적인 자세이다. 바람의 저항을 줄일 뿐 아니라 무릎을 깊게 구부린 자세는 힘차고 길게 차고 나아갈 수 있도록 돕는다. 레저를 즐기는 스케이터라면 이렇게 낮은 자세를 할 필요가 없다. 이렇게 구부리는 자세를 등의 통증 없이 유지하려면 대부분의 경우 몇 개월간 연습해야 한다.

• **팔:** 팔의 스윙 동작은 단거리 스프린트의 경우를 제외하고는 옆으로가 아니라 앞뒤로 움직인다. 팔 스윙 동작은 엄지손가락이 코에 가깝게 오게 하여 시작하고(팔꿈치는 구부리고), 새끼손가락이 하늘을 향하는 지점에서(팔을 편 상태) 마무리된다. 에너지를 최대한 보존하려면 팔이 흔들리지 않으면서 등의 잘록한 부분에서 손이 몸과 가깝게 유지되게 한다. 이와 같은 수준의 밸런스를 확보하려면 한 팔을 처음에는 밖으로 빼서 시작한다.

- **밀어내기 각도와 시간:** 지지하는 쪽 다리를 깊게 구부리면 밀어내기 동작이 더 오래 걸리고 더 강해지는데, 다리가 완전히 펴질 때까지 밀어내기 동작을 하는 스케이트가 지면 위에 압력을 유지하기 때문이다. 밀어내기 동작은 모든 바퀴가 지면과 접촉한 상태로 측면 바깥으로 쭉 밀어가며 하고 뒤꿈치 쪽 바퀴에 압력이 집중되게 한다. 이런 식으로 밀어내기를 하려면 한발 균형 잡기의 역량이 탁월해야 하며 스케이트를 처음 접한 일 년 동안에는 불가능하다.
- **바깥쪽 날:** 밀어내기 동작 하나하나를 더욱 극대화하려면, 동작 후 되돌아온 스케이트가 바깥쪽 날로 착지하면서 이동거리 방향의 중앙선을 지나 뒤쪽의 지면 위에 놓이게 한다. 이렇게 하면 밀어내기 동작이 1~3인치 길어지고 또한 중앙선을 가로지르며 밀어낼 때 힘이 생긴다. 마무리는 안쪽 날을 사용하여 일반적인 밀어내기 동작으로 한다.

연습 장소는 방해물이 없고 빠르게 긴 거리를 질주할 수 있는 곳을 찾는다. 밀어내기 3은 처음에 한쪽 다리만 집중적으로 연습하면 배우기가 더 쉽다. 한쪽으로 계속 제대로 수행할 수 있게 되면, 반대쪽 다리를 집중적으로 연습하고, 그 다음에는 양쪽을 함께 한다.

1. 약간 낮춘 자세에서 빠른 속도로 주행을 시작하고, 뒤꿈치 쪽 바퀴로 측면을 누르면서 밀어내기 동작을 길게 한다.
2. 한쪽 스케이트로만 이동거리 방향 중앙선을 지나서 바깥쪽 날로 착지를 시작한다. 이는 밀어내기 3에 해당한다. 반대쪽 다리로는 일반적인 방식으로 스케이팅을 한다(밀어내기 2를 사용함).
3. 밀어내기 동작을 할 때 스케이트가 지면을 치는 순간마다 그 쪽 발의 바깥쪽 날을 따라 느껴지는 압력의 느낌을 살핀다. 바깥쪽에서 안쪽 날로 구를 때 짧게 당겨지는 것을 느끼면서 밀어내기 동작을 시작한다.

180도 방향 전환

앞에서 뒤로

1. 보통 속도로 앞으로 굴러가는 관성질주 동작으로 시계 반대방향으로 돌며 서기(spin stop) 동작을 시작한다. 왼쪽 발끝 쪽 바퀴를 축으로 삼아 오른쪽 스케이트로 주행한다.
2. 왼쪽 뒤꿈치쪽 바퀴가 지면으로 되돌아오는 순간(오른쪽 스케이트와 발뒤꿈치가 나란히 정렬) 체중을 왼쪽으로 바꿔 싣는다.
3. 오른쪽 발끝 쪽 바퀴를 축으로 빠르게 오른쪽 스케이트가 왼쪽 스케이트와 평행이 되게 하고, 양쪽 스케이트에 체중이 고르게 실리게 하면서 마무리한다.
4. 뒤로 밀어내기를 함으로써 방향 전환을 마친다.

뒤에서 앞으로

1. 뒤를 향해 관성질주로 굴러가면서 오른쪽 어깨 위를 주시하고 동시에 오른쪽 스케이트를 바깥쪽으로 밀며 뒤로 절반 모래시계 동작을 한다. 무게중심을 왼쪽 스케이드로 바꿔 싣는다.
2. 엉덩이가 주행거리 방향의 측면에 놓인 상태에서 발끝이 주행거리 앞쪽을 향할 때까지 오른쪽 스케이트를 들어올리고, 그런 다음 앞으로 나아간다.
3. 왼쪽 스케이트의 안쪽 날 압력을 활용하여 오른쪽 스케이트로 앞으로 미끄러지기 동작을 부드럽게 한다.

아래에 나오는 180도 방향전환의 두 가지 방식은 회전할 때 팔을 들어올리는 방법과 보조자의 도움을 사용해 배운다. 보조가 더 이상 필요치 않게 되면 팔에 긴장을 뺀다. 양쪽 방향의 동자을 모두 처음에는 서서 해본다.

앞에서 뒤로 축돌기

1. 앞을 향해 보통 속도의 관성질주로 굴러가면서 양 손은 어깨 높이로 뻗어 올리는데, 오른손은 앞으로 펴고 왼손은 뒤로 펴 주행거리 방향을 따라 일렬로 펴지게 한다. 오른쪽 스케이트를 약간 내민다.

2. 시선은 오른손을 향하고, 양 스케이트의 발끝 쪽 바퀴를 가볍게 축으로 삼아 엉덩이, 발가락, 무릎 을 돌리며 시계 반대방향으로 180도 회전한다.

3. 발뒤꿈치가 지면으로 되돌아온다. 시선과 손은 동 작 내내 움직이지 않는다. 가장 좋은 결과를 얻으 려면 무릎을 구부린 상태를 유지하고 하체가 회전 하는 동안 상체 동작을 부드럽게 한다.

뒤에서 앞으로 축돌기

1. 앞을 향해 보통 속도의 관성질주로 굴러가면서 양 손은 어깨 높이로 뻗어 올리는데, 오른손은 앞으로 펴고 왼손은 뒤로 펴 주행거리 방향을 따라 일렬로 펴지게 한다. 팔이 움직이지 않게 하면서 왼손 높 이의 어깨 너머를 주시한다. 오른쪽 스케이트를 약 간 내민다.

2. 시선은 왼손을 향하고, 양 스케이트의 발끝 쪽 바 퀴를 축으로 삼아 엉덩이, 발가락, 무릎을 돌리며 시계 반대방향으로 180도 회전한다.

3. 발끝이 지면으로 되돌아온다. 시선과 손은 동작 내내 움직이지 않는다. 가장 좋은 결과를 얻으려 면 무릎을 구부린 상태를 유지하고 하체가 회전하 는 동안 상체 동작을 부드럽게 한다.

상급 수준의 정지하기

T자 서기(T-stop)

한발 밸런스 능력이 우수한 사람이라면 T자 서기를 시작할 수 있다. 이 방법은 좋은 바퀴를 급격히 마모 시킬 수 있다는 것을 염두에 두어야 한다. 힐 브레이 크는 교체 비용이 저렴하며, 정지하기 동작을 정말 중 요하게 고려한다면 더욱 효율적인 장치이다.

아래의 T자 서기 훈련에서는 지지하는 쪽 다리에 체중의 대부분이 실리며, 동작하는 다리는 브레이크 기능을 하게 된다.

1. 보통 속도로 관성으로 굴러가는 준비자세를 시작 한다.

2. 지지하는 다리를 약간 앞으로 해서 가위자세를 취 하고, 체중의 전부를 그 쪽으로 싣는다.

3. 그러면서 동작하는 쪽 스케이트를 빠르게 들어 올 려 회전하고 모든 바퀴가 몇 인치 간격으로 지면에 되돌아오게 하며, 지지하는 쪽 스케이트의 뒤꿈치 와 수직이 되게 한다.

4. 엉덩이를 약간의 런지 자세를 취하며 지지하는 쪽 스케이트 위로 앞으로 구부려서, 뒤에 있는 스케 이트의 압력에 지렛대 역할이 더욱 잘 이루어지게 하고 무릎 스트레스를 줄인다.

5. 동작하는 스케이트를 지지하는 스케이트 쪽 가까 이 당김으로써 차츰 바퀴의 압력을 증가시킨다.

6. 몸이 정지하는 거리를 단축시키는 연습을 시도하면서 점차 빠른 속도로 T자 서기를 반복한다. 가장 좋은 결 과를 얻으려면 일직선 위에서 정지하기를 연습한다.

런지 서기(Lunge stop)

런지 서기는 롤러 하키에서 광범위하게 사용된다.

1. 보통 속도로 앞으로 나아간다. 시선은 15피트 앞쪽 지면 위에 있는 한 사물이나 이정표에 고정시킨다.

2. 시선은 앞에 있는 사물이나 이정표에 고정한 채 왼 쪽으로 런지를 시작한다.

3. 왼쪽 스케이트 위에 있는 가슴은 턴을 하는 스케이 트를 따라 오른쪽으로 호를 그리기 시작한다. 회 전이 끝나면 런지를 하던 왼쪽 다리의 압력을 각을 이루는 오른쪽 스케이트의 바퀴로 빠르게 옮긴다.

4. 오른쪽 스케이트가 몸과 지면 위 이정표 사이를 가

로질러가기 직전에 런지 자세에서 약간 몸을 올리기 시작한다. 이렇게 하면 브레이크 동작을 하는 길게 뻗은 다리에 압력과 마찰력을 더욱 증가시킨다.

후진 파워 슬라이드(Backward power slide)

파워 슬라이드는 후진 주행 시 정지할 때 사용한다. 이 동작은 정확하게 하면 브레이크 기능을 하는 쪽의, 주행 방향으로 길게 뻗은 스케이트로 안쪽 날로 몸을 낮추면서 하는 런지 자세로 마무리된다. 파워 슬라이드는 빠른 속도의 비상상황에서 멈출 때 사용하면 안 된다.

이 훈련은 지지하는 다리를 왼쪽으로, 동작하는(브레이크 기능) 다리를 오른쪽으로 사용한다. 엉덩이와 어깨는 주행 방향과 반대쪽을 향하고, 측면으로 90도 회전하는 것으로 마무리한다.

1. 자신이 선호하는 후진 방법을 사용하고, 보통 속도로 자연스럽게 긴장을 풀고 관성질주를 하며 나아간다. 오른쪽 어깨 너머를 주시하거나 주행 방향으로 15피트 앞쪽 지면 위의 사물이나 이정표에 시선을 고정한다.
2. 가슴을 왼쪽 무릎 위로 낮추고, 오른쪽 스케이트는 측면 바깥쪽으로 호를 그리기 시작하면서 동시에 바퀴 안쪽 날로 압력을 옮긴다.
3. 브레이크 쪽 다리의 안쪽 날에 압력을 증가시킬 수 있도록 왼쪽 다리 위로 몸을 일으키기 시작한다. 오른쪽 스케이트가 몸과 지면 위 이정표 사이를 가로지르기 직전에 최대한의 압력이 전해진다. 이 마찰력으로 멈추게 된다.

교육 시 고려사항

교육 장소

초보자들을 교육하기에 안전한 장소를 찾는 것은 아주 중요하다. 처음으로 주행 연습을 하게 되는 초보자들은 평탄하고 교통상황이 혼잡하지 않은 곳에서 교육을 받아야 한다. 맨 처음에는 카페트가 깔린 곳이나 마른 잔디가 있는 곳이 이상적이다. 야외 장소로 가장 적합한 곳은 부드러운 콘크리트 바닥의 경기 코트(네트가 없는 농구 혹은 테니스 코트)이고 근처에 마른 잔디가 있는 곳이다. 지면 상태가 좋은 아스팔트 주차장도 자동차의 방해를 받지만 않는다면 좋다.

주의사항: 교육 장소에는 힐 브레이크 연습을 한 후에 자국이 남지 않는 검정 라인을 표시할 것이다.

언덕은 초보자에게 위험하며, 초보자는 힐 브레이크 사용법 혹은 다른 정지 방법을 익힐 때까지는 그런 곳을 반드시 피해야 한다. 주차장이라 해도 눈에 보이거나 안 보이는 배수로의 경사지가 있기 때문에 위험할 수 있다.

그렇긴 하지만 단거리의 약간의 경사지는 정지하기 훈련 말기쯤에 약간의 속도 조절을 위해 브레이크를 처음 작동함으로써 초보자들에게 정지하기를 시도해보도록 하기에 좋은 장소가 된다. 그 다음엔 특정 장소의 보통 경사지에서 완벽하게 정지하기를 시도한다. 턴과 후진 모래시계 기술을 배울 때는 보조용으로 배수로 경사지를 이용한다.

학생 연령과 사전 경험

대체로 초보자들 중에 가장 성과가 좋은 경우는 빙상 스케이팅 혹은 쿼드식의 롤러 스케이팅을 몇 시간쯤 해본 경험이 있는 사람들이다. 알파인 혹은 크로스컨트리 스키는 그 다음으로 효과가 좋은데, 이미 미끄러지기/슬라이딩의 느낌에 익숙해져 있기 때문이다. 꼭 이런 것늘이 아니더라도 사이클링, 체조, 스노우보드, 승마 등과 같이 집중적인 균형감을 요하는 스포츠 어떤 것이든 경험이 있으면 인라인 초보자에게 도움이 된다. 그런 경험이 아주 오래되었다 할지라도 과거에 습득한 균형감은 스케이팅을 하는 동안 다시 활성화된다. 균형이 잘 잡히면 자신감이 더 생기기 때문에 이런 학생들은 첫날 교육에 빠르게 적응한다.

균형감을 요하는 스포츠 경험이 전무한 어린이와 성인은 각별히 더 주의하고 밸런스 향상에 관한 조언에 귀를 기울여야 한다. 보통의 초보자들은 스케이트를 20시간 정도 타고 그 기간이 6개월 이상 벌어지지만 않는다면 처음의 미숙함은 균형감과 협응력이 향상되면서 차츰 사라진다. 중급 기술 중 어떤 것은 습득하는데 일 년 혹은 그 이상 걸리기도 한다.

초보자의 경험 폭 넓히기

많은 초보자들이 특히 30세 이상인 경우에는 넘어지는 것에 대한 두려움이 가장 큰 장애물이다. 다른 것들보다 자기 불신, 자의식이 과해 집중력이 떨어지고 혹은 부정적인 생각에 빠지기도 한다. 두려움이 많은 초보자들일수록 더 서투르고 부상 발생률도 높다. 초보자가 통제력을 강화할 수 있는 방법을 몇 가지 소개한다.

• **안전에 집중한다.** 모든 보호장비 착용에 대한 이점을 강조하고, 힐 브레이크를 사용해 정지하는 방법을 배우는 것을 중요시한다. 교육 초기에 학생들에게 잘 조절하며 넘어지는 법을 연습하도록 한다. 교육 첫날에는 교사가 학생들에게 "축구공을 찰 때 어느 발로 찹니까?"라고 질문하여 왼발잡이와 오른발잡이 학생을 구분해야 한다. 왼발잡이 학생에게는 힐 브레이크를 오른쪽에서 왼쪽으로 바꿔준다. 왼발잡이들은 처음에는 시계방향으로 턴 동작을 배우는 것을 선호할 것이다. '잘 안 되는' 방향을 더 연습하여 '잘 되는' 방향이 되도록 격려한다.

• **변수를 줄인다.** 매번 교육 시간마다 한 교육장소를 고수한다. 기술이 향상되고 자신감이 붙을 때까지 한 장소에서 계속 연습하게 한다.

• **반복해 연습하게 한다.** 반복 훈련은 나중에 더 난이도가 높은 기술을 배울 때 튼튼한 기초가 된다. 그리고 인라인 스케이팅은 반복해 훈련하는 것이 결코 지루하지 않은 스포츠이기도 하다. 초보자는 학습곡선이 강한 상승곡선을 이루며 계속 올라가도록 하려면 일주일에 2회 이상 연습해야 한다. 대부분의 경우에 초보자들은 여러 시간 동안 밖에서 혼자 스케이팅 연습을 하는 것만으로도 특별히 지도를 받지 않아도 기초가 향상될 수 있다.

• **동호회 가입을 권장한다.** 관찰력과 경쟁심이야말로 최고의 스승이다. 다른 사람들이 어디서 모여 스케이팅을 하는지 알아내려면 동네 스케이트 판매점에 문의해 스케이팅 동호회, 주간 단체 스케이팅, 하키 리그 등에 대한 정보를 수집한다.

용어 해설

A 자세(A-stance) 발끝이 서로 거의 닿고 뒤꿈치가 바깥을 향하는 형태의 준비자세.

A자 서기(A-frame stance) 균형을 유지한 채 똑바로 선 자세이며, 스케이트는 어깨너비보다 넓게 벌리고 평행을 이룬다.

T자형 서기(T-stop) 주행 방향과 직각으로 스케이트의 뒷바퀴를 끌어서 수행하는 정지 방법

T자형 안전 자세(safe-T) 바로 서기에서 사용하는 고정된 자세로, 브레이크가 없는 쪽 뒤꿈치를 반대쪽 스케이트의 발 볼 부분에 대고 들어올린다.

V자 자세(V-stance) 준비자세의 한 형태로 발뒤꿈치가 서로 거의 닿고 발끝이 바깥쪽을 향하는 자세.

가압(pressure) 가압은 스케이팅의 네 가지 기본요소 중 하나이다. 회전, 무게중심 이동, 엣징 등의 동작과 결합하면 광범위한 스케이팅 기술을 만들어낸다.

경사선(fall line) 언덕에서 중력작용의 끌어당기는 힘이 가장 강하게 나타나는 방향

관성동작으로 나아가는 준비자세(coasting ready position) 보통 속도를 얻기 위해 뻗어 밀기 동작을 하고 나서 (밸런스를 잘 잡기에 충분할 만큼의 반동이 이루어짐) 중심이 잡힌 상태의 준비자세를 만들며 힘을 뺀

채 자연스럽게 굴러가는 자세

궤도(race) 볼이 굴러가는 베어링 안쪽에 파인 골.

그라인딩(grinding) 화단 난간을 미끄러지거나 계단 난간을 내려오는 것 같은 기술을 구사하기 위해 바퀴 사이의 바퀴 프레임으로 착지하는 것을 말한다. 또한 어그레시브 스케이팅 경기에서는 특수 장비를 사용한다.

깔창(footbed) 스케이트 부츠 안쪽의 교체 가능한 밑창.

덮개(shield) 베어링 측면을 덮는 뚜껑 역할을 하는 부분으로, 보수하기 위해 제거할 수도 있고 계속 부착할 수도 있다.

동작하는 쪽 다리(action leg) 주어진 동작을 수행하는 다리를 말하며, 몸을 지탱하고 밸런스를 잡는 다리의 반대쪽이다.

듀로미터(durometer) 인라인 스케이트 바퀴의 경도를 측정하는데 사용하는 단위를 말한다. 대개 두 자리 숫자와 문자 A 순서로 바퀴 측면에 표시된다. 숫자가 높을수록 바퀴가 단단한 것이다.

미끄러지기(gliding) 뻗어 밀기 동작을 한 후에 스케이트가 지면에서 굴러가는 상태.

밀어내기1(Stride 1) 발끝이 바깥쪽을 향하는 오리발 자세로 하는 짧은 밀어내기 동작으로 구성되는 입문용 주행 방법으로, 초보자들에게 미끄러지기와 뻗어 밀기를 가르치고 미끄러운 지면에서 안전하게 스케이트를 타도록 교육시킬 때 사용한다.

밀어내기 2(Stride 2) 전진 추진력을 발휘하기 위해 사용하는 기본적인 밀어내기 동작.

밀어내기 3(Stride 3) 강화된 밀어내기 동작과 팔 스윙 동작을 공기역학적 자세와 결합한 방식의 파워 스트라이드 동작으로 파워와 효율성을 극대화한다(피트니스용과 스피드스케이팅용으로 사용).

락커링(높이 조절, rockered) 바퀴 중앙 부분이 끝쪽 바퀴보다 약간 위치가 낮게 조절하는 것으로, 턴 동작에 기동성을 부여한다(하키와 피겨 스케이팅에서 사용).

리커버리(recovery) 스케이트가 뻗어 밀기 동작을 마친 후 다시 뻗어 밀기 동작을 하기 위해 원래의 위치로 다시 되돌아오는 것을 말한다.

바깥쪽 엣지(outside edges) 발의 바깥쪽 부분 아래에 있는 바퀴의 날.

바퀴 프레임(wheel frame) 바퀴가 연결되는 부츠의 바닥 부분에 부착되는 섀시(chassis)를 지칭한다(일부 스케이트 모델은 맞춤형 프레임을 구입할 수 있음).

밸런스(balance) 스케이팅의 네 가지 기본요소 가운데 하나로, 인라인에서의 밸런스는 경험을 통해, 그리고 준비자세를 사용하는 올바른 자세를 통해 습득한다. 밸런스가 향상되면 새로운 기술을 배울 때 균형감과 안정감이 생긴다.

베어링(bearings) 바퀴가 부드럽게 돌아가게 하는 부품을 말하며(바퀴 하나에 두 개씩), 궤도라고 하는 안쪽에 파인 골에서 굴러가는 소형 볼 베어링을 사용한다.

뻗어 밀기(striding) 차고 나가기와 미끄러지기를 결합해서 하는 동작.

상응 엣지(corresponding edges) 오른쪽 스케이트 바퀴의 바깥쪽 날은 왼쪽 스케이트 바퀴의 안쪽 날과 상응하며, 왼쪽 스케이트 바퀴의 안쪽 날은 오른쪽 스케이트 바퀴의 오른쪽 날과 상응한다. 양쪽 스케이트를 한 방향으로 기울이는 것이 바로 상응 엣지를 사용한 자세다.

스키칭(skitching) 움직이는 차량에 연결해 주행하는 것을 말한다. 절대 하지 말 것!

스페이서(spacer) 베어링 사이의 바퀴 안쪽에 있는 금속 혹은 플라스틱 재질의 부품.

아벡 지수(ABEC) Annular Bearing Engineering Council(원형베어링기술위원회)에서 개발한 베어링 정밀도 등급시스템으로, ABEC5 등급의 베어링은 ABEC1 등급에 비해 스핀이 더욱 빠르다.

안쪽 엣지(inside edges) 발의 움푹 들어간 부분 아래쪽에 있는 바퀴의 날.

액슬 가이드(axle guide) 일부 모델에 있는 플라스틱 프레임 부품으로, 바퀴의 락커링 기능을 조절하거나 혹은 휠베이스 길이를 조정할 수 있다.

엣지(edges) 바퀴가 지면과 접촉하는 부분으로, 스케이트의 바퀴에는 세 개의 엣지, 즉 안쪽 엣지, 바깥쪽 엣지, 중앙 엣지가 있다.

엣징(edging) 바깥쪽 혹은 안쪽 엣지로 스케이트를 기울이면서 스케이팅 동작을 수행하는 것을 말한다. 엣징은 스케이팅의 네 가지 기본요소 중 하나이다.

절반 모래시계(half-swizzle) 한쪽 다리는 몸을 지탱하고 동작하는 다리 한쪽으로만 수행하는 전진 모래시계 혹은 후진 모래시계 동작을 말한다. 스컬링(sculling)이라는 용어를 사용하기도 한다.

준비자세(ready position) 균형과 안정성을 유지할 수 있도록 몸이 중심을 잡고 있는 상태를 말한다. 발은 어깨너비로 벌리고, 어깨, 엉덩이 관절, 발의 움푹 들어간 부분이 머리부터 발끝까지 이들 관절을 통과하는 가상의 한 선을 이루며 중심이 잡힌다. 무릎과 엉덩이는 구부리고, 손과 팔은 밖으로 빼서 허리 높이에 오게 한다.

중앙 엣지(center edge) 스케이트가 지면과 수직일 때 바퀴가 지면과 접촉하는 부분.

중앙선(centerline) 주행로를 이등분하는 가상의 선

지지하는 다리(support leg) 동작하는 동안 몸을 지탱하고 체중의 대부분을 싣고 있는 쪽 다리로 별도의 다리 동작을 수행한다. 때로는 균형 잡는 다리라고도 한다.

직경(diameter) 바퀴 크기를 결정하는 지표로, 대개 밀리미터 단위로 바퀴 측면에 표시된다.

차고 나가기(stroking) 전진 혹은 후진 동작에서 추진력을 얻기 위해 사용하는 다리 동작.

측면 모양(profile) 바퀴의 엣지에서 바라보았을 때 판단할 수 있는 바퀴의 형태를 말한다. 측면 모양이 넓은 것은 빠른 턴 동작과 느린 주행용이고, 측면 모양이 좁은 것은 속도를 낼 때 사용된다.

카빙(carving) 턴 동작 시에 곡선을 움직일 때 바퀴 날의 한쪽 혹은 양쪽으로 주행하는 것으로, 일반적으로 슬랄롬 턴을 묘사할 때 사용된다.

커프 액티베이티드 브레이크(cuff-activated brake) 브레이크가 아래에 부착되어 있고 부츠의 경첩 장치 부분에 연결된 장치를 이용하는 브레이크 시스템을 말한다. 스케이트를 앞으로 밀고 커프가 뒤로 움직이면 브레이크가 자동적으로 작동하여 네 개의 바퀴를 모두 지면과 접촉하게 할 수 있다.

커프(cuff) 인라인 스케이트에서 발목을 감싸는 부분.

코어(core) hub(허브) 참조.

콘드(coned) 바퀴의 한쪽이 마모되어 깎인 상태로, 바퀴를 뒤집거나 자리 교체 혹은 교환을 해주어야 한다.

크로스 트레이닝(cross-training) 다른 스포츠에서 수행능력을 강화하기 위해 인라인 스케이팅을 훈련에 사용하거나, 그 반대로 인라인 수행능력을 강화하기 위해 다른 스포츠를 사용해 훈련하는 것을 말한다.

폴리우레탄(polyruethane) 인라인 바퀴 제조에 사용하는 플라스틱 물질.

허브(hub) 바퀴의 우레탄 부분에 결합되는 단단한 물질로, 상체에 안정성을 부여하고 베어링이 단단하게 고정되도록 해준다.

회전(rotation) 대부분의 턴 동작 기술을 배울 때 수월할 수 있도록 상체 회전 방법을 사용한다. 회전 동작은 스케이팅의 네 가지 기본요소 중 하나이다.

휠베이스(wheelbase) 스케이트의 바퀴가 지면과 접촉하는 길이

자료

인라인 정보

훈련 및 여행

캠프 롤러블레이드(Camp Rollerblade), 롤러블레이드 社(Rollerblade)와 합동으로 제퍼 어드벤처스(Zephyr Adventures)가 주관하는 교육 캠프 및 주말 클리닉. P.O. Box 16, Red Lodge, MT 59068, 888-758-8687 (전화요금 수신자 부담); http://www.CampRollerblade.com ; info @CampRollerblade.com.

인라인 스케이트 투어(Inline Skate Tours), 초보자들에게 인라인 스케이팅을 소개하기 위한 투어 http://www.freeskatelesson.com.

Freeskatelesson.com, 롤러블레이드 社(Rollerblade)와 제퍼 어드벤처스(Zephyr Adventures)가 후원하는 강사 인증프로그램(Instructor Certification Program): USA FIT, 5300 Memorial Drive, Houston, TX 77007; Denis Calabrese, President; http://www.usainlinefit.com/ ; dencalab@yahoo.com.

Zephyr's MarathonSkating.com, 모든 수준을 대상으로 하는 훈련 프로그램, PO Box 16, Red Lodge, MT 59068, 888-758-8687, http://www.marathonskating.com ; info@marathonskating.com.

뉴스 및 목록

AskAboutSkating.com, 캐시 프라이(Kathie Fry)가 운영하는 스케이트 포럼 및 채팅방, http://www.askaboutskating.com;skatelog @gmail.com.

Kathy Fry's SkateLog.com, 인라인 스케이팅과 쿼드 스케이팅에 관한 기사 및 소식, http://www.skatelog.com/; 이메일 뉴스레터 신청 가능

야후 인라인 지도(Yahoo! Inline Instruction) e-mail

group: http:// groups.yahoo.com/group/inline-instruction /.

단체

일반 부문(General)

국제롤러스포츠연맹(FIRS: Federation Internationale de Roller Sports), 1975년부터 국제올림픽위원회(IOC)에서 승인한 롤러스케이팅 국제관리기구. http://www.rollersports.org.

국제인라인스케이팅협회(IISA: International In-line Skating Association), 105 South 7th St., Wilmington, NC 28401; Kalinda Mathis, 사무국장, 718-874-2424; director@iisa.org. www.iisa.org.

미국스포츠용품협회(NSGA: National Sporting Goods Association), 1601 Freehanville Dr. #300, Mt. Prospect, IL 60056, Larry Weindruch, 847-296-6742, Fax: 847-439-0111, www.nsga.org, info@nsga.org;nsga1699@aol.com.

스포츠용품제조업협회(SGMA: Sporting Goods Manu-facturers Association), 200 Castlewood Dr., North Palm Beach, FL 33408-5696, 561-842-4100, Fax: 561-863-8984, www.sgma.com ; info@sgma.com.

USA 롤러 스포츠(USA Roller Sports), 4730 South St. (P.O. Box 6579), Lincoln, NE 68506-0578, Richard Hawkins, 사무국장, 402-483-7551, Fax: 402-483-1465, www.usarollersports.org ,rhawkins @usarollersports.org.

어그레시브 부문(Aggressive)

어그레시브스케이터협회(ASA: Aggressive Skaters Association), 171 Pier Ave., Suite 247, Santa Monica, CA 90405, 310-823-1865; info@asaskate.com; www.asaskate.com.

캠프

배리 퍼블로우 스피드스케이팅 워크샵(Barry Publow Speedskating Workshops), 263 Front, Gatineau, Quebec, Canada J9H 6Z9 819-684-1528; http:// www.breakawayskate.com/clinics/; barryp@ breakawayskate.com.

캠프 롤러블레이드(Camp Rollerblade), 제퍼 어드벤처스(Zephyr Adventures)가 롤러블레이드 社 R(ollerblade)와 합동으로 주관, P.O. Box 16, Red Lodge, MT 59068, 888-758-8687 (전화요금 수신자 부담) http://www.camprollerblade.com ; info@camprollerblade.com.

에디 매츠거 주말 워크샵(Eddy Matzger Weekend Workshops), 고급 피트니스 및 스피드스케이팅 기술을 위한 워크샵; 888-WRKSHOP, workshop@california.com, www.skatecentral.com .

제퍼 어드벤처스와 함께 하는 런-투-스케이트 베케이션(Learn-to-Skate Vacations), P.O. Box 16, Red Lodge, MT 59068, 1-888-SK8-TOUR, http:// www.zephyradventures.com /types-instructional.com ; info@zephyradventures.com.

우드워드 캠프(Woodward Camps), 캘리포니아, 펜실베이니아, 위스콘신, www.woodwardcamp.com/.

프리스타일 부문(Freestyle)

USA 롤러 스포츠(USA Roller Sports), 4730 South St. (P.O. Box 6579), Lincoln, NE 68506-0578, Richard Hawkins, 사무국장, 402-483-7551, Fax: 402-483-1465, www.usarollersports.org/; rhawkins @usarollersports.org.

하키 부문

북미롤러하키챔피언십(NARCh: North American Roller Hockey Championships), 521 Hidden Ridge Court #B Encinitas, CA 92024, 760-943-0049; darym @narch.com; www.narch.com.

롤러하키인터내셔널~아마추어(RHI~~A: Roller Hockey International~~Amateur), 249 E. Ocean Blvd., Suite 800, Long Beach, CA 90802, 562-628-0524, Fax: 800-884-7442.

USA 하키 인라인(USA Hockey In-line), 1775 Bob Johnson Dr., Colorado Springs, CO 80906-4090, Gary Del Vecchio, Director, garydv @usahockeyinline.org, 719-576-8724, Fax: 719-538-1160, www.usahockey.com.

USA 롤러 스포츠(USA Roller Sports), 4730 South

St. (P.O. Box 6579), Lincoln, NE 68506-0578, Richard Hawkins, Executive Director, 402-483-7551, Fax: 402-483-1465, www.usarollersports.org ; rhawkins@usarollersports.org.

하이브리드 스포츠 부문

국제롤러사커연맹(Roller Soccer International Federation), P.O. Box 423318, San

Francisco, CA 94142-3318, Zack Phillips, 415-864-6879, www.rollersoccer.com ; RSIF2@rollersoccer. com.

윈드스케이트 社(WindSkate, Inc.), P.O. Box 3081, Santa Monica, CA 90404, Jamie Budge, 310-453-4808, www.windskate.com, windskate@ windskate.com.

스피드스케이팅 부문

아마추어스피드스케이팅연맹(ASU: Amateur Speed-skating Union), National Office: P.O. Box 450639, Westlake, OH 44145, Carol Bongers, ebongers@ usspeedskating.org, 440- 899-0128; www.speed-skating.org.

국립인라인레이싱협회(NIRA: National In-line Racing Association), 3234 So. Meridian, Wichita, KS 67217, Joe Cotter, Executive Director, www. sk8nira.com ; nira@aol.com.

환경보호단체

레일-투-트레일 컨서번시(Rails-to-Trails Conservancy), HQ, 1100 17th St. NW, 10th Floor, Washington, DC 20036, 202-331-9696 or 800-888-7747, ext 11, Fax: 202-331-9680, www.railtrails. org ; railtrails@transact.org.

교통정책프로젝트(The Transportation Policy Project) (TEA-21), 1100 17th Street NW, Tenth Floor, Washington DC 20036; 202-466-2636; www.istea.org ; tea3@ transaction.org.

출판물
어그레시브 부문

Daily Bread Magazine; 705 13th Street, San Diego, CA 92101, P.O. Box 121910, San Diego, CA 92112-1910. Scum Magazine, 1004 Durham Dr., Austin, TX 78753, www.scummagazine. com.

Skeptic Industries Magazine, Brewster Street #203, St. Paul MN, 55108: 651-645-7435, 1998, skeptic @skepticindustries.com; www.skepticindustries. com.

아티스틱 부문

How to jump and spin on in-line skates by Jo Ann Schneider Farris, 1999. 1st Books Library, www.amazon.com.

피트니스 부문

Bradley, C. 1994. *Skate fit: The complete in-line skating workout.* New York: ABA, Inc.

Fitness and Speedskating Times, 3515 6th Place SW, Vero Beach, FL 32968, SpeedSk8in@aol.com, 772-794-0500, www.FASST.com.

Humphrey, R. 1996. *Rollerdancing: A workout on skates.* San Francisco: Movement in Motion Productions (606 Head St., San Francisco, CA 94132) (video)

Nottingham, S., and Fedel, F. 1997. *Fitness in-line skating.* Champaign, IL: Human Kinetics.

하키 부문

USA Roller Sports Magazine, P.O. Box 6579, Lincoln NE 68506-0579; 402-483-7551, ext 33.

레저 부문

Miller, L. 2000. *Advanced inline skating.* Ragged Mountain Press. To order: 1-800-262-4729, www.getrolling.com or www.amazon.com .

Miller, L. 2003. *Get Rolling: the beginner's guide to inline skating.* Get Rolling Books, www.getrolling. com or www.amazon.com .

Powell, M., and Svensson, J. 1998. *In-line skating.* 2nd ed. Champaign, IL: Human Kinetics.

USA Roller Sports Magazine, P.O. Box 6579, Lincoln, NE 68506−0579; 402−483−7551, ext. 33.

스피드스케이팅 부문

Fitness and Speedskating Times, 3515 6th Place SW, Vero Beach, FL 32968; 772−794−0500, SpeedSk8in@aol.com, www.FASST.com.

Speed on skates: A complete technique, training and racing guide for in−line and ice skaters by Barry Publow, 1999. Champaign, IL: Human Kinetics (book).

USA Roller Sports Magazine, P.O. Box 6579, Lincoln, NE 68506−0579; 402−483−7551, ext. 33.

25 자기방어

이 장을 완벽하게 습득한 뒤, 독자들은 다음과 같은 사항들을 할 수 있어야 한다.

▶ 자기방어의 기본 원칙과 전략을 설명한다.
▶ 자기방어 동작의 정확성, 힘, 속도, 실행의 중요성을 이해한다.
▶ 자기방어에 사용되는 빠져나오기, 발로 차기, 가격하기를 시범 보이고 실행한다.
▶ 여러 명의 학생들에게 이 장에서 설명한 기술을 언제, 어떻게 사용할지 설명한다.

역 사

역사적으로 한 번도 전쟁을 겪지 않은 나라는 없다. 노동계층은 무기를 사용할 수 없었기 때문에 무장하지 않은 채 자신을 방어하는 방법을 고안해냈고, 이는 세대를 거듭하며 전승되었다. 그 중에는 12세기 중국 승려들이 개발한 자기방어술도 있다. 수도자로서 지켜야 할 규칙 때문에 승려들은 전쟁에서 무기를 사용할 수 없었다. 그러나 당시 떠돌이 무법자들로부터 끊임없이 공격당했던 만큼 이들은 무기에 의존하지 않는 방어술을 개발할 수밖에 없었다. 1950년대 이후, 일본인들은 이 기술을 발굴, 모방하여 '쥬지츠(jiu jitsu)'라고 칭하며 자신들 고유의 것이라고 주장했다. 쥬는 '부드러운', 지츠는 '기술', 또는 '수련'을 의미한다. 수많은 쥬지츠 체계가 일본인들에 의해 만들어졌다. 그러던 중 오랜 세월 다양한 형태의 쥬지츠를 수련한 일본인 지도자 지고라 카노(Jigora Kano)가 1882년 '정도를 배우는 학교(a school for studying the way)'라는 기치를 내걸고 코도칸(Kodokan)을 설립한 뒤 자신의 체계를 '주도(judo)'라고 칭했다. 주도는 '정도', 또는 '원칙'을 의미한다.

1921년, 마침내 뉴욕 시에 코도칸 분교가 설립되었다. 그러나 이 체계는 주로 대련을 위한 것이었기 때문에 미국인들은 별로 흥미를 느끼지 않았다. 그러던 중 1925년 미국 젊은이들이 모여 독자적인 자기방어 체계를 개발한 뒤 자신들의 조직을 미국 주도 클럽(American Judo Club)이라고 불렀다. 이들이 만들어 낸 자기방어 체계는 제2차 세계대전에서 사용되어 매우 효과적이라는 사실이 증명되었다. 전쟁이 끝난 뒤 대련을 위한 스포츠, 주도에 대한 관심이 증가하기 시작했고 오늘날 전 세계에서 인정받고 있다.

현대의 자기방어술은 무예와는 다르다. 태권도, 무에타이, 유도 등 모든 무예는 오랜 시간 훈련하고 끊임없이 연습해야 하며, 여기에 스피드, 균형감각, 조화, 민첩성, 정신수양이 더해져야 한다. 반면 현대 자기방어술은 상식을 활용한 길거리 싸움에 지나지 않는다. 또한 젊든 나이가 많든, 힘이 약하든 세든, 신체적으로 조화가 되었든 아니든, 모든 사람이 짧은 시간 안에 배워야 하고 평생 사용할 수 있어야 한다.

시설과 장비

자기방어술 수업에는 별다른 시설이나 장비가 필요하지 않다. 또한 어떤 교실이나 운동장에서도 배울 수 있다. 풋볼 더미 백(football dummy bag: 미식축구에서 밀기 연습에 사용되는 기구 – 역자 주), 돌돌 만 체조 매트, 배구공을 이용하여 차기, 때리기, 찌르기를 연습할 수 있다. 그마저도 여의치 않을 경우 학생들이 집에서 베개나 쿠션을 가져와도 된다.

복장

자기방어술을 배우는 학생들은 편하고 여유가 있는 복장을 착용해야 한다. 신발은 테니스화를 신는 것이 바람직하다. 그러나 실제로 공격을 받았을 때는 운동복을 입은 상태가 아닐 가능성이 높으므로 마지막 주에는 학생들이 평소 거리를 다닐 때 입는 복장으로 수업에 참가하게 한다. 자기방어술을 연습하는 동안 장신구는 모두 떼야 한다.

기본 원칙

자기방어기술은 다음과 같은 기준을 따라야 한다.

1. 매우 간단하여 모든 학생이 숙련되게 실행할 수 있어야 한다. 테니스나 농구와 달리 자기방어술은 생사가 달린 기술이다. 단 한 명이라도 마스터하지 못할 경우 학생은 그 기술을 사용하려다 심각한 부상을 입거나 목숨을 잃을 수 있다.
2. 짧은 시간 안에 쉽게 마스터할 수 있어야 한다. 자기방어술 수업이 진행되는 기간은 5~15주에 불과하다. 그리고 대부분의 경우 이는 학생들이 평생 유일하게 받는 자기방어술 교육이 될 것이다.
3. 연습을 많이 하지 않아도 쉽게 기억할 수 있어야 한다. 자기방어 수업을 마친 뒤 학생들이 배운 기술들을 계속 연습할 가능성은 적다. 그러나 10일 후에 공격을 받든 10년 뒤에 공격을 받든 사용할 수 있어야 한다.
4. 단순히 공격자에게 고통을 주는 것이 아니라 공격자를 무력화하는 기술이어야 한다. 자기방어에는 단 1라운드만이 존재한다. 바로 첫 번째 시도이다. 첫 번째 라운드에서 패하면 전체 싸움에서 패하게 된다.

전략

자기방어에는 세 가지 전략이 있다. 그 중 처음 두 가지 전략을 실행하는 데는 기술이나 능력은 필요하지 않고 그저 상식만 있으면 된다.

1. 위험한 상황이 벌어지기 전에 잠재적인 위험을 제거하라.
2. 위험을 인지하고 피하라.
3. 필요할 때만 싸워라.

잠재적인 위험을 제거하라

'안전하게 생각하는 방법'만 배우면 잠재적 위험의 대부분을 제거할 수 있다. 그 중 몇 가지 예는 다음과 같다.

1. 히치하이크를 하거나 히치하이커를 태우지 말라.
2. 문과 창문에 자물쇠를 달고 잠근다.
3. 이사를 갈 경우 모든 자물쇠를 바꿔라.
4. 밤에는 커튼이나 블라인드를 내려라.
5. 열쇠를 집 밖이나 차 안에 숨겨놓지 말라.
6. 집이나 차로 걸어갈 때 열쇠를 손에 쥐고 있으면 만약의 경우 재빨리 들어갈 수 있다.
7. 신중해져라. 차에 오를 때 사람들은 주로 아래를 보기 때문에 공격에 취약해진다. 혼자 차에 탈 때는 미리 뒷좌석을 살펴보라.
8. 조명이 밝은 곳으로 다녀라. 골목을 가로지르는 지름길로 가지 말라.
9. 혼자 사는 여성의 경우 우편함이나 전화번호부에 이름 전체를 적지 말라. 식별할 수 있게 성만 적고 이름은 머리글자만 적는다.

위험을 인지하고 피하라

생각할 수 있는 모든 잠재적 위험을 제거한다 해도 완전히 안전한 것은 아니다. 따라서 주변, 그리고 존재하는 위험을 인식하고 필요할 때 대응할 방법을 배워야 한다. 위험을 인지하고 피하는 방법은 다음과 같다.

1. 무기를 든 강도와 맞닥뜨리면 귀중품을 포기하는 것이 최선이라고 해도 과언이 아니다. 싸우려 하지 말라! 물질은 다른 것으로 대체할 수 있지만 당신의 생명과 건강은 그렇지 않다. 그러나 성폭행 및 살인 중 다수가 단순한 강도에서 시작되므로 초기에 효과적으로 저항하면 불상사를 막을 수 있는 경우도 있다.
2. 길을 가던 중 자신이 위험에 처했다고 생각된다면 위험의 정체가 무엇인지 밝히려 그 자리에 머물지 말라. 방향을 바꿔 달려라. 누군가 따라온다면 "불이야!"를 외쳐라. 당신이나 공격자에게 사람들의 주의를 이끌어낼 수 있다면 어떤 소음이든지 효과적인 억제책이 될 수 있다. 그래도 공격자가 따라올 경우 지갑이나 가방을 떨어뜨려라. 공격자가 원하는 것이 그것이라면 당신은 안전해질 것이다.
3. 음란한 전화가 오면 바로 끊어라. 계속해서 전화가 오면 수화기를 손톱으로 톡톡 치며 이렇게 말하라. "경관님, 제가 말씀드린 게 바로 이 전화예요. 이제 추적하시면 돼요." 그리고 끊어라.
4. 집의 출입문을 열어주기 전에 방문객의 신원을 확인하라.
5. 집으로 돌아와 문이 열려있거나 창문이 깨져있다면 들어가지 말라. 즉시 경찰을 불러라.
6. 이웃집에서 뭔가 의심스러운 것을 보더라도 직접 알아보려 하지 말라. 경찰을 불러라.
7. 운전하는 중 다른 차가 따라온다면 집으로 곧장 가거나 그 차를 따돌리려 하지 말라. 경적 위에 손을 얹은 채 알아차리지 못한 척 안전속도로 운전하여 주유소나 경찰서, 마켓으로 가라.
8. 노출증환자가 다가오면 못 본 척 하고 경찰에 신고하라.

필요할 때만 싸워라

당신이 싸워야 할 순간은 오로지 당신의 생명이나 건강이 위험에 처했을 때이다. 그 까닭은 크게 다음 두 가지를 들 수 있다.

1. 당신이 질 수도 있다. 싸울 때마다 당신이 이기리라는 보장은 없다. 따라서 얼마 안 되는 귀중품 때문에 싸우다 진다면 그것처럼 어리석은 짓은 없다. 자신의 생명이나 건강을 잃을 수도 있기 때문이다.
2. 단순히 공격자에게 상처를 입히는 것이 아니라 그를 완전히 제압해야 한다. 따라서 그저 말로 모욕당했다고 화가 나서 공격자를 제압한다면 소송에 휘말릴 위험이 크다.
3. 도망치기 위해 싸워라. 36계 줄행랑이야말로 당신이 추구해야 할 제1목표이다.

기 본 기 술

오랜 세월 동안 자기방어에 대한 접근방식은 상당히 정형화된 동작을 배우는 것에서 체계적이지 못하고 '통하는 건 뭐든지'라는 방식으로 바뀌었다. 이 책에서 다룬 기술들도 그러한 변화를 반영했다. 시작 동작의 기본 목표는 '역습하기'이며, 이를 통해 공격을 받는 사람은 공격자를 상대로 우위를 점할 수 있게 된다. 공격자가 피해자보다 힘이 훨씬 강할 경우 나음 기술을 사용하면 된다. 이리한 동직의 목표는 공직자를 무력화하는 것이다. 명심해야 할 점은 위험으로부터 달아나는 것이 제1목표라는 것이다.

자기방어는 네 가지 요소로 구성된다. 정확성, 힘, 스피드, 실행이다.

정확성

당신이 자기방어를 위해 가하는 타격은 정확해야 한다. 코를 노렸는데 턱을 쳐서는 안 된다. 그런 경우 공격자를 다치게 할 뿐이고 당신에게 또 다시 공격할 기회는 오지 않을 것이다.

힘

신체가 단련된 사람이 더 효과적인 타격을 가할 수 있지만 자기방어기술에 근력은 꼭 필요한 요소가 아니다. 80세 노인도 고환을 쥐어뜯거나 눈을 찌를 수 있다. 그러나 더 많은 힘을 사용할수록 안전해지는 것도 사실이다. 따라서 전력을 다해 싸워라.

스피드

자기방어에서 스피드란 적절한 타이밍을 의미한다. 대부분 공격자가 피해자보다 덩치가 크고 힘이 세므로 기습을 해야 한다. 그렇다고 언제나 즉시 반응해야 한다는 의미는 아니다. 공격자와 대화를 할 수 있다면 무엇을 원하는지 물어보라. 그런 다음 위협할 생각이 없다는 태도로 협력하는 척 하라. 적절하게 대응할 수 있을 때까지 기다렸다가 최대한 빠르게 이 책에서 배운 기술을 사용하라. 당황하여 무엇을 해야 할지 생각나지 않으면 아무것도 하지 말라. 발버둥치지 말라. 그저 뭘 해야 할지 기억날 때까지 기다려라.

실행

반드시 싸워야 할 경우 공격자가 완전히 움직이지 못할 때까지 발로 차기, 주먹으로 때리기, 찌르기를 실행할 계획을 세워라. 무력화시키지 못한다면 공격자는 분노하여 더욱 난폭해질 것이다. 제1목표는 위험으로부터 달아나는 것이라는 사실을 명심하라.

비명지르기

비명을 질러 세 가지 목적을 달성해야 한나.
1. 사람들의 주의를 끈다.
2. 아무리 단호한 공격자라도 불안하게 만들어야 한다.
3. 자신이 훨씬 강하고 공격적이라는 느낌을 가질 수

있다. 모든 유형의 소음이 억제력을 지닌다. 공격자가 가장 원하지 않는 것은 주목받는 일이다. 그러나 도움을 구하는 데 소음에만 의존해서는 안 된다. 공격자가 주의를 끌고 싶지 않아 자리를 뜰 수도 있지만 도와주는 사람이 없을 수도 있고 누군가 무슨 일인가 살펴보면 공격자는 더욱 신중해질 수도 있다.

위험으로부터 도망갈 때는 "도와주세요!"라고 소리지르지 말라. 안타깝게도 이 경우 사람들이 당신을 구해주지 않을 수도 있다. 대신 "불이야!"라고 외치는 것이 바람직하다. 이 말을 들으면 사람들은 자신의 이권이 걸린 문제라고 여기게 된다. 집이나 차가 불에 탈수 있기 때문이다. 반면 공격을 받을 경우 "얍!"과 같이 무예가 같은 소리를 내라. 공격자가 습격을 멈출 때까지 최대한 크고 강하게 소리를 질러라. 공격자가 무력화되면 경찰에게 달려가 "불이야!"라고 외쳐라. 다시 한 번 말하지만 절대 "도와주세요!"라고 외쳐서는 안 된다.

급소와 무기가 될 수 있는 신체부위

인체의 여섯 곳에 위치한 급소를 목표로 삼아야 한다 (도해 25.1). 이 부위 중 어떤 곳을 가격하든 단순히 부상을 입히는 것이 아니라 공격자를 무력화시킬 수 있다. 무기로 사용할 수 있는 신체부위는 일곱 곳이다 (도해 25.2).

여성을 상대로 한 방어

여성 공격자를 상대로 한 자기방어도 남자를 상대할 때와 똑같지만 고환을 급소로 공격할 수 없다는 차이점이 있다. 여성의 사타구니나 가슴을 가격할 경우 부상은 입힐 수 있지만 무력화하지는 못한다. 따라서 여성과 싸울 때는 무릎, 코, 목, 명치, 눈을 공격하라.

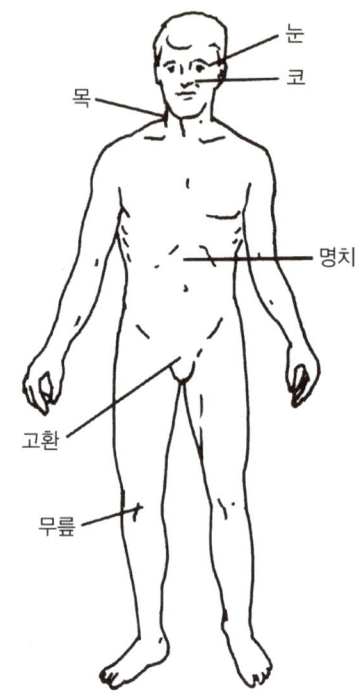

도해 25.1. 급소.

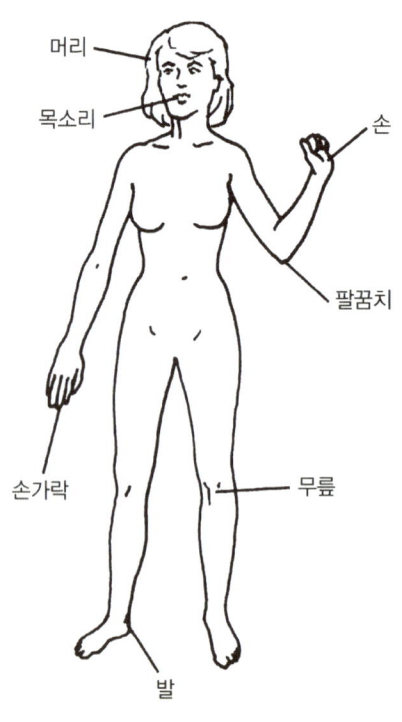

도해 25.2. 무기로 사용할 수 있는 일곱 가지 신체부위.

기 술

손아귀에서 벗어나기

가슴을 밀 때. 공격자가 피해자의 가슴에 손을 댔을
때의 대처법이다. 이 경우 즉시 공격자의 손바닥과 손
가락이 만나는 부분 위에 양손을 놓는다. 자신의 가
슴 쪽으로 양손을 꽉 누른 채 허리와 양 무릎을 급격
히 구부리면 공격자는 바닥으로 쓰러지게 된다 (도해
25.3).

앞에서 양손으로 목을 조를 때. 공격자가 피해자의
목을 양손으로 잡았을 때의 대처법이다. 이 경우 양손
을 모으고 팔꿈치를 벌린 채 양팔을 공격자의 팔을 향
해 들어 올려 뿌리친다 (도해 25.4). 공격자가 매우 단
단하게 잡았거나 피해자가 공격자에 비해 체구가 너
무 작고 약할 경우 이 동작을 실행한 뒤 사타구니, 또
는 다리를 향해 무릎 들어올리기나 발차기를 해야 한
다(이에 대해서는 나중에 설명하겠다). 이 방어기술은
바닥에 누운 상태에서도 사용할 수 있다.

앞에서 목을 조를 때 사용할 수 있는 다른 방어기술
은 양손으로 엄지손가락을 쥐고 비트는 것이다 (도해
25.5). 이 경우 한 손을 뻗어 공격자의 손목을 잡고 다

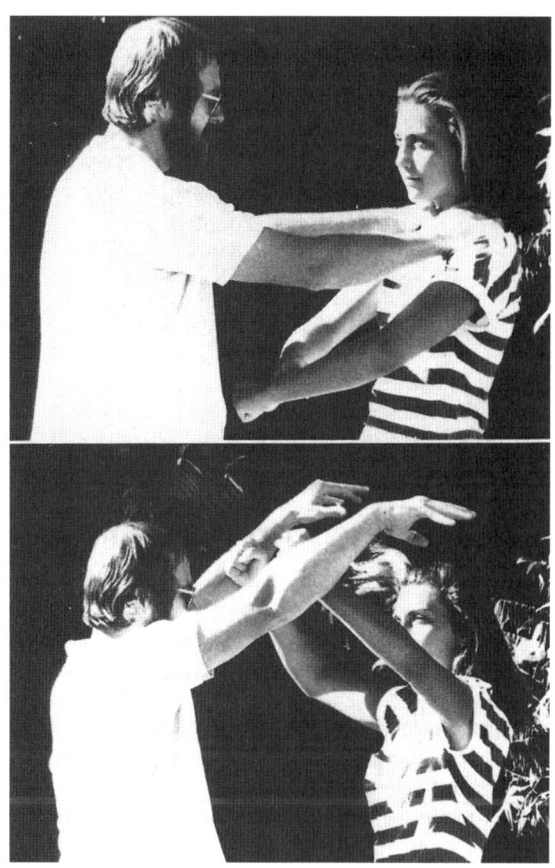

도해 25.4. 앞에서 양손으로 목을 조를 때.

도해 25.3. 가슴을 밀 때.

도해 25.5. 양손으로 목을 조를 때의 이차방어.

른 한 손으로 엄지손가락을 잡은 뒤 손을 아래쪽 팔을 향해 비튼다.

뒤에서 공격할 때. 공격자가 뒤에서 방어자를 잡을 경우 몇 가지 방어동작을 사용할 수 있다. 이 경우 공격자의 목, 명치, 사타구니를 팔꿈치로 가격할 수 있다.

킥

인체 중 가장 강한 부분은 바로 다리이다. 약 40파운드의 압력만 가해 킥을 해도 자신보다 체격이 큰 사람을 무력화시킬 수 있다. 발차기는 공격자의 무릎과 사타구니 정면 및 측면을 목표로 해야 하고 공격자가 바닥에 쓰러진 뒤에는 머리를 목표로 한다.

프런트 킥(front kick). 프런트 킥은 앞에서 가해지는 공격을 수비할 때 사용된다. 다음 세 가지 단계를 통해 이 킥을 연습한다.

1. 무릎을 가슴 쪽으로 들어 올리고 발목을 구부린다. 그와 동시에 체중을 지탱하는 다리를 구부린다.
2. 발목을 구부린 상태에서 들어 올린 다리를 뻗어 발가락이 아닌 뒤꿈치로 목표를 가격한다.

3. 다리를 구부려 다시 원래 상태로 돌아오되 무릎을 든 상태를 유지한다. 그렇게 하면 필요할 경우 다시 킥을 할 수 있다.

각 단계를 충분히 익힌 뒤 모든 단계를 단번에 실행할 수 있도록 연습한다. 매우 빨리 실행하여 눈으로 볼 수 없을 지경이어야 한다. 목표를 맞히는 것이 아니라 목표를 통과하도록 킥을 해야 한다는 사실을 명심하라.

사이드 킥(side kick). 사이드 킥은 측면에서 공격을 받았을 때 사용한다. 다음의 세 단계를 통해 이 킥을 연습한다.

1. 발목을 구부린 채 한쪽 다리를 몸 바로 옆으로 들어올린다. 지지하는 다리를 살짝 구부린 채 킥을 하고자 하는 방향과 반대로 약간 기울인다.
2. 발목을 구부린 채 들어 올린 다리를 뻗어 뒤꿈치로 목표를 통과하듯 찬다.
3. 다리를 처음 시작자세로 가져오면 필요할 때 다시 킥을 할 수 있다.

리어 킥(rear kick). 뒤에서 공격을 당할 경우 리어 킥을 사용한다. 다음 세 가지 단계를 통해 이 킥을 연습한다.

1. 킥을 할 다리의 무릎을 구부리고 발을 몸 바깥쪽으로 틀며 발목을 구부린다. 지지하는 다리의 무릎을 구부린다.
2. 발목을 구부린 상태에서 다리를 뒤로 뻗어 뒤꿈치로 목표를 통과하듯 킥을 한다.
3. 다리를 구부려 다시 시작자세로 돌아와 필요할 경우 다시 킥을 할 수 있게 준비한다. 킥을 조준할 때 목표(무릎)를 확실히 보도록 하라. 정강이나 발등을 노릴 경우 공격자를 무력화하기보다 부상을 입히는 정도에 그치므로 목표로 삼지 말라.

누운 자세의 킥(supine kick). 바닥에 내팽겨쳐졌을 경우 몸을 굴려 등을 바닥에 댄 채 누운 자세의 킥을 하라. 머리와 양 어깨를 지면에서 살짝 든다. 양 무릎을 가슴으로 가져와 공격자의 무릎이나 사타구니를 찬다. 공격자가 물러나면 킥을 멈추고, 힘을 낭비하지 말라. 가능한 빨리 일어나 달아나라.

공격

니 리프트(knee lift). 사타구니를 니 리프트로 가격하면 남성을 무력화할 수 있다. 상대가 바로 당신의 앞에 서있을 때만 가능하므로 이 방법은 늘 사용할 수 없다. 실행 방법은, 무릎을 남자의 다리 사이, 고환을 향해 전방 위쪽으로 강하게 치는 것이다.

고환 당기기(groin pull). 가장 간단하고 효과적이며 효율적인 기술 중 한 가지가 바로 고환 당기기이다. 꽉 쥐고 잡아당기기만 하면 되므로 실행이 간단하다. 또한 남성 공격자에게 고통을 주어 즉시 바닥에 쓰러뜨릴 수 있으므로 효과적인 방법이다. 그리고 한 손으로도 다양한 자세에서 목표를 쉽게 쥘 수 있으므로 효율적인 기술이다. 실행 방법은, 그저 공격자의 다리 사이로 손을 뻗어 고환을 잡고 꽉 쥔 다음 잡아당기면 된다. 무릎 들기와는 달리 고환 당기기는 공격자의 허를 찌를 수 있다. 피해자가 한 손만 자유롭다면 거의 언제든 효과적으로 작용하는 기술이다. 유일하게 이 방법을 사용하기 힘든 경우는 남성 공격자가 꼭 끼는 바지를 입었을 때이다. 이 경우 고환을 치면 된다.

고환 치기(groin hit). 목표를 놓칠 수 있으므로 고환 치기는 고환 당기기보다 사용하기 어렵다. 따라서 가능한 고환 당기기를 사용하라. 고환 치기는 한쪽 손으로 팔을 약간 구부린 상태에서 주먹을 꽉 쥔 채 뼈가 드러나는 부분을 공격자의 고환을 향해 위로, 통과하듯 강력하게 가격하는 방법이다. 양 무릎을 구부리면 균형을 더 쉽게 잡고 힘도 더 가할 수 있다. 이 기술은 앞이나 뒤에서 공격받았을 때 사용될 수 있다.

한 손 가격(single-hand blow). 코, 턱 끝, 심지어 눈까지 한 손 가격의 목표가 될 수 있다 (도해 25.6). 검지부터 소지(새끼손가락), 네 손가락의 첫 번째와 두 번째 마디만 구부리고 손바닥과 이어지는 관절을 편

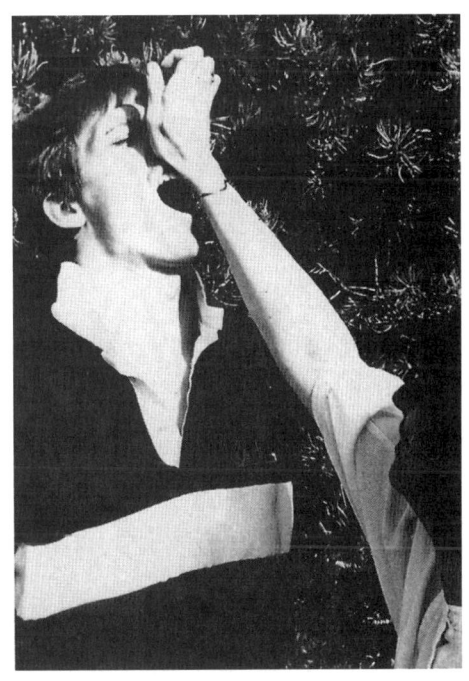

도해 25.6. 한 손 가격.

다. 그 상태에서 엄지를 검지 옆에 붙인다. 이렇듯 주먹을 쥐다 만 것 같은 상태에서 팔목을 뒤로 꺾는다. 손을 가슴께로 가져간 상태에서 뒤꿈치를 들고 손을 위로 밀어 올려 공격자의 코 밑 부분을 가격하는데, 이때 손바닥 밑 부분이 콧구멍에 닿아야 한다. 다시 한 번 강조하지만 목표물을 겨냥하지 말고 통과하듯 가격해야 파워를 최대화할 수 있다. 손을 다시 처음처럼 가슴으로 가져오면 필요할 때 다시 가격할 수 있다. 양손을 똑같이 능숙하게 사용할 수 있어야 한다.

양손 가격(double-hand blow). 양손 가격의 정확한 가격 자세는 다음과 같다 (도해 25.7). 손바닥을 마주 보게 한 뒤 양손을 박수칠 때처럼 모은다. 손가락으로 깍지를 껴서는 안 된다. 이 기술은 공격자가 킥, 고환 당기기, 니 리프트를 당한 뒤 상체를 숙인 상태일 때 인후나 목 뒷부분을 목표로 실행하는 기술이다.

엄지로 눈 찌르기(thumb gouge). 생명이 위태로운 상황에서 양손을 쓸 수 있다면 엄지로 찌르기를 사용

하라 (도해 25.8). 양손으로 공격자의 머리 양쪽을 단단히 잡고 눈 속에 즉시, 깊숙이 엄지를 쑤셔 넣는다. 공격자가 안경을 착용하고 있더라도 방법은 같고 단 한 가지 안경 안으로 엄지를 집어넣는다는 점만 차이가 있다. 이 기술은 공격자가 손이나 스카프, 나일론 스타킹, 넥타이 등의 도구로 목을 조를 때 가장 효과적으로 대응할 수 있는 방법이다. 뒤에서 도구로 당신의 목을 조르고 있다면 공격자의 양손은 반드시 그 도구를 잡고 있게 된다. 따라서 당신은 좌우 어느 쪽으로든 돌아 엄지 찌르기를 할 수 있다. 얼마나 세게 압력을 가하느냐에 따라 이 기술로 공격자를 일시적으로, 또는 영구적으로 눈이 보이지 않게 할 수 있다.

손가락 찌르기(finger jab). 손가락 찌르기는 한 손만 자유로울 때 사용할 수 있다. 두 손이 자유로울 때는 항상 엄지 찌르기를 사용하라. 손가락 찌르기는 엄지를 제외한 네 손가락을 구부려 공격자의 눈을 쑤시는 기술이다. 두 손가락보다 네 손가락으로 찔러야 공격

도해 **25.7.** 양손 가격.

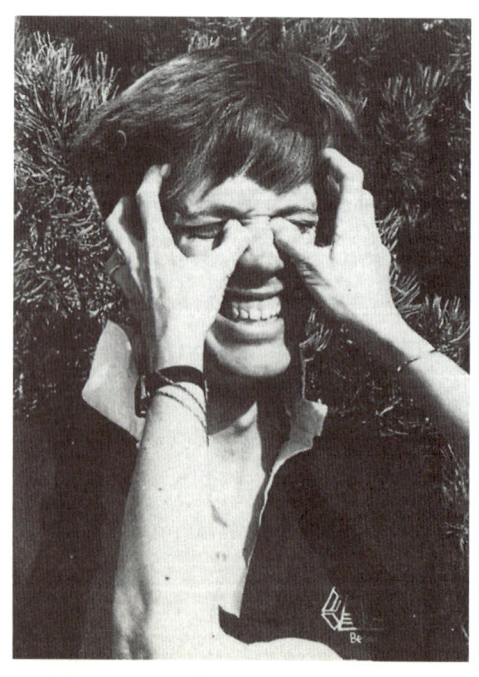

도해 **25.8.** 엄지 쑤시기.

자의 눈에 명중할 가능성이 늘어난다. 공격자가 안경을 쓰고 있다면 뺨 위, 안경테 아랫부분 밑으로 손가락을 집어넣는다. 뺨을 공격할 때 손가락을 안경 아래, 눈 속으로 가져간다.

교육 시 고려사항

1. 전문 훈련을 받은 교사만이 자기방어를 가르쳐야 한다.

2. 주어진 시간이 부족하여 학생들이 완전히 익힐 때까지 가르칠 수 없다면 자기방어를 가르치지 말라. 학생들이 자신의 능력에 대해 잘못된 확신을 가져 생명을 위험에 빠뜨릴 수 있다.

3. 두 명이 한 조가 되게 반을 구성하라(피해자와 가해자). 자주 파트너를 바꿔 학생들이 다양한 사람들과 연습하고 두 가지 역할을 모두 경험할 수 있는 기회를 준다.

4. 정확한 자세가 확립될 때까지 초기에는 전력을 다하지 않고 느리게 파트너와 동작을 연습해야 한다. 속을 채운 수머니나 돌돌 만 매트 등의 도구를 사용하여 빠르고 강하게 기술을 실행하는 연습을 할 수 있다. 최종적으로 마네킹을 사용하면 강한 것은 물론 정확한 기술을 연습할 수 있다.

5. 수업이 진행되는 기간 동안 자기방어 전략을 다루는 시간을 갖고 수업시간 중에도 자주 반복한다. 상황을 설정하여 의사결정을 연습한다.

6. 피해자의 움직임에 대응한 공격자의 움직임을 결합하여 싸움이 길어질 때에 대비한다. 우선 느린 동작으로 시작한 뒤 점차 빠르게 실행한다.

7. 교과과정 전반에 짧게 검토하는 시간을 삽입하여 기술을 강화한다.

8. 사람마다 잘 하는 것과 못 하는 것이 다르다. 따라서 각자 개인에게 맞는 전략을 개발하라.

용어해설

가슴 밀기(chest push) 공격자의 가슴을 한 손, 또는 양손으로 미는 행위.

고환 치기(groin hit) 공격자의 사타구니, 또는 고환을 때리는 행위.

고환 당기기(groin pull) 공격자의 고환을 잡고 당기는 행위.

급소(vulnerable areas) 목표로 삼아야 할 신체부위로서 눈, 코, 목, 사타구니(또는 고환), 명치, 무릎이 여기에 해당된다.

누운 자세의 킥(supine kick) 바닥에 눕혀졌을 때 사타구니를 차는 방법.

무릎 들기(knee lift) 공격자의 고환이나 얼굴을 향해 무릎을 강하게 들어올리는 행위.

미국 주도 클럽(American Judo club) 1925년 미국 젊은 이들이 설립한 클럽으로서 주도 종목의 장려를 목적으로 한다.

비명지르기(scream) 다른 사람에게 공격을 알려 도움을 청하기 위한 기본적인 방법. 공격을 받는 동안 계속해서 "불이야"를 외친다.

손가락 찌르기(finger jab) 손가락으로 공격자의 눈, 코, 목구멍을 찌르는 행위.

스피드(speed) 공격자의 허를 찌를 수 있는 대응의 특성.

앞에서 껴안기(front hug) 피해자에게 접근하여 양팔을 몸으로 감싸는 행위.

앞에서 목 조르기(front choke) 숨통을 공격하기.

엄지 찌르기(thumb gouge) 양손 엄지를 사용하여 공격자의 눈을 쑤시는 방법.

잠재적 위험(potential danger) 공격자가 '목표를 습격하지' 않는 상태.

정확성(accuracy) 자기방어 동작은 정확해야 한다.

쥬지츠(jiu jirtsu) 쥬는 '부드러운'을, 지츠는 '기술'을 의미한다.

킥(kick) 공격자를 무력화하기 위해 발이나 다리를 사용하는 방법.

팔로우스루(follow-through) 공격자를 무력화하는 순간까지 동작을 계속하는 것.

현대 자기방어술(modern self-defense) 현대 자기방어술은 무예가 아니라 상식을 곁들인 길거리 싸움이다. 모든 사람들이 단기간 내에 배울 수 있어야 한다.

후방 공격(rear attack) 공격자가 피해자를 뒤에서 잡는 행위.

추가 읽을거리

Chen, G. 1998. *A new concept of self defense*. Dubuque, IA: Kendall/Hunt

Jahn, C. 2002. *Hardcore self-defense*. Santa Clara, CA: Writers Club Press.

Jordan, L. 2002. *The dirty dozen: 12 nasty fighting techniques for any self-defense situation*. Boulder, CO: Paladin Press.

Lavergne, C. 1995. *Self-defense*. 2nd ed. Boston: American Press.

Nelson, J. 1991. *Teaching self-defense: Steps to success*. Champaign, IL: Human Kinetics.

Perkins, J., Ridenhour, A., and Kovsky, M. 2000. *Attack proof*. Champaign, IL: Human Kinetics.

Walker, J. 2003. *Self-defense techniques and tactics*. Champaign, IL: Human Kinetics.

참고문헌

비디오

Family self defense, 미디어마트(MediaMart)에서 구할 수 있다. 155 A Moffett Park Dr., Suite 103, Sunnyvale, CA 94059.

Shattered. MTI Teleprograms, 3710 Commercial Ave., Northbrook, IL 60062.

This film is about rape. Canadian Filmmakers Dist. Centre, 406 Jarvis St., Toronto Ontario N44 2G6.

Vulnerable to attack. Professional Arts, P.O. Box 8003, Stanford, CA 94305.

그 외 비디오 자료는 부록 C를 참조하라.

웹사이트

자기방어포럼(Self-defense forums): www. selfdefense-forems. com

자기방어훈련(Self-defense training): www. pimall. com

galaxy. tradewave. com/editors/weiss/BooklistSD. html

www. cs. utk. edu/bartley/index/prevention/selfDefense.

www. middlebury. edu/jswan/martial. arts/pages /sd2. html

www. diac. com/~dgordon/

26 자전거타기

이 장을 완벽하게 습득한 뒤, 독자들은 다음과 같은 사항들을 할 수 있어야 한다.

▸ 적당한 크기의 자전거를 선택하는 방법과 그 자전거를 올바르게 정비하는 방법을 설명한다.
▸ 자전거를 안전하고 편안하게 타려면 어떤 종류의 장비가 필요한지 설명한다.
▸ 처음에 출발하는 방법, 조종하는 방법, 방향 바꾸는 방법, 멈추는 방법을 보여준다.
▸ 도로 규칙을 설명하고, 도로 주행 시에는 최대한의 안전을 위해 이 규칙을 실행한다.
▸ 산행 규칙을 설명하고 자전거로 산행을 할 때는 최대한의 안전을 위해 이 규칙을 실행한다.
▸ 자전거타기의 즐거움을 더욱 높일 수 있도록 기본적인 훈련방법을 목록으로 만든다.

역 사

최초의 자전거는 1800년대에 개발되었는데 오늘날의 자전거와는 아주 달랐다. 그 당시의 자전거는 잘 움직이지도 않았고 정지하는 것도 거의 불가능했다. 또 무겁고 조잡하며 비효율적이었다. 자전거를 조종할 수 있는 방법이 없었기에 모퉁이를 돌 때는 내려서 손으로 자전거를 돌려야 했다. 물론 이 최초의 자전거는 운송수단으로 사용되지 못했다.

그러나 거추장스럽기만 한 자전거였지만 그래도 걷는 것보다는 나았다. 이 자전거는 근육의 힘을 사용하여 수직으로보다는 수평으로 움직였다. 사람이 서있을 때는 근육이 긴장되고 뼈가 체중을 지탱하도록 단단히 조여진다. 이러한 근육의 긴장은 아무런 동작이 없을 때도 에너지를 소모한다. 걷는 것은 다리에 가해지는 부하를 세 배나 증가시킨다. 의자 혹은 두 바퀴가 달린 판자에 앉으면 서 있을 때 근육 긴장으로 소모될 수직 에너지의 상당량을 아낄 수 있다. 그와 같이 최초의 자전거는 좌석에 앉아 발로 페달을 밟으면서 목적지까지 미끄러져 가도록 할 수 있게 만들었으며 에너지 소모도 걸을 때보다 적게 든다.

자전거에 나타난 최초의 변화 중 한 가지는 앞바퀴의 크기(지름)를 늘리는 것이었는데, 페달 스트로크(pedal stroke)를 한번 낼 때 움직일 수 있었던 거리를 증가시키는

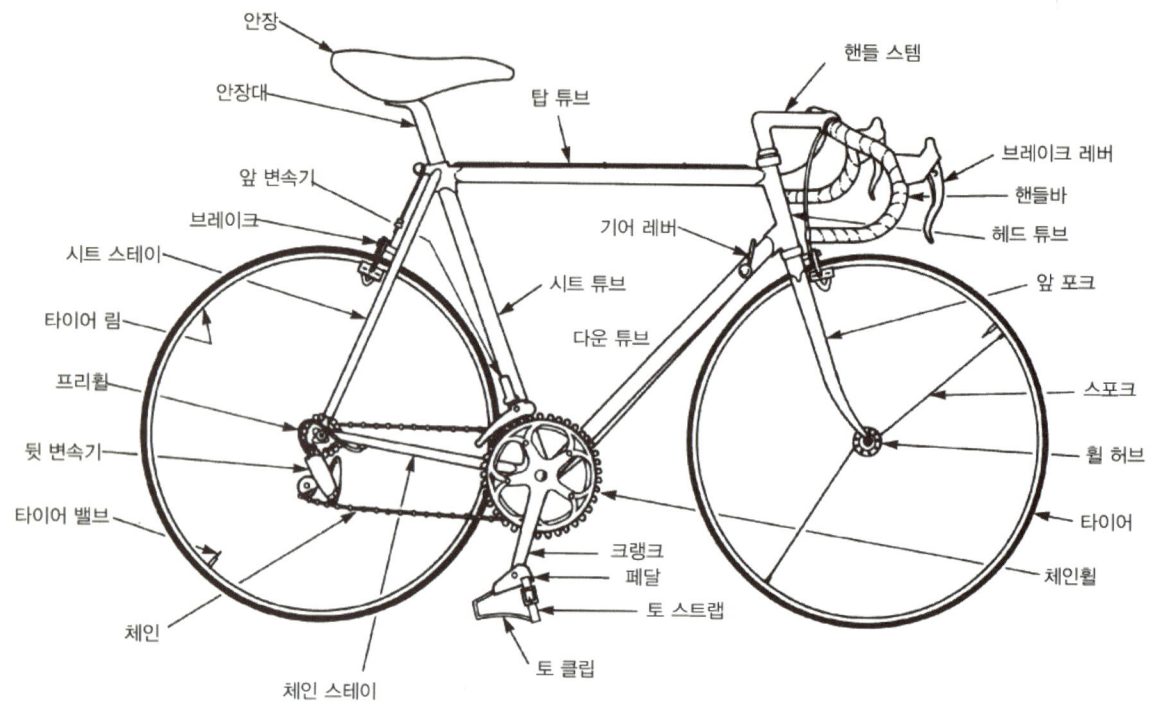

도해 26.1. 현대의 경기용 자전거

변화였다. 1870년부터 1885년까지는 오디너리(ordinary) 형 혹은 페니 파딩(penny-farthing) 형으로도 알려진 앞바퀴가 큰 자전거를 사용했다.

1855년부터 개발되기 시작한 체인형 후륜구동 방식의 '안전 자전거(safety bicycle)'의 탄생은 자전거 발전에 가장 중요한 기술혁신에 속한다고 여겨진다. 그 이름이 암시하듯이 이런 형태의 자전거는 커다란 앞바퀴가 없어졌기 때문에 본질적으로 더욱 안전하다. 이런 디자인은 오늘날에도 사용하고 있으며, 페달이 앞바퀴에 부착되어 페달을 구르면 앞바퀴가 직접 구동되는 사양이 사라졌다.

안전한 디자인이 도입된 후로 생긴 가장 큰 변화는 아마 1930년대에 등장한 변속 자전거일 것이다. 변속 자전거는 페달을 밟으면서 다양한 기어비를 선택할 수 있어서 지형 변화에 따라 페달의 회전속도를 맞출 수 있다. 가령, 갑자기 경사가 가파른 길이 나오면 변속기를 낮추고 더 편안한 상태로 바꾼다. 변속 자전거가 개발되기 전에는 대부분의 자전거에 변속기가 단 한 가지뿐이었는데, 요즘에 나오는 고성능 자전거에는 18가지에서 20가지의 변속기가 있고 산악자전거(MTB)는 변속기가 30가지나 있다.

현대의 자전거가 보여주는 가벼운 중량, 다양한 기능, 효율적인 장치는 경탄할 만하다 (도해 26.1). 많은 국가에서 이런 자전거를 주요 운송 수단으로 사용하고 있다.

올림픽 종목인 사이클 경기는 여러 해 동안 상당히 많은 변화를 겪었는데 그 대부분이 장비 변화이다. 1986년 올림픽에서는 사이클 종목에 12시간 경기를 포함하여 여섯 개 부문이 있었다. 1900년 파리 올림픽에서는 한 개 부문만 있었고, 1908년 런던 올림픽 때는 사이클 종목에 최초로 500m 경주가 채택되었다. 유럽 국가들 특히 영국, 프랑스, 네덜란드에서는 초창기 올림픽 최고의 사이클링 선수들을 배출했지만 최초의 흑인 세계 챔피언인 테일러(Marshall 'Major' Taylor)를 비롯한 흑인 선수들의 불참으로 인해 결과가 왜곡되는 일이 발생했다. 테일러는 경기에는 불참했지만 그럼에도 불구하고 1800년대 후반을 통틀어 세계에서 가장 훌륭한 사이클 선수로 인식된다. 차별대우가 만연하는 미국에서 흑인이 이루어낸 훌륭한 성과뿐 아니라, 미국 역사를 통틀어 사이클 선수로서 그가 참가한 모든 경기에서 어떤 선수 못지않은 성공 스토리를 일구어낸 인물로 여겨진다.

미국 문화에서 사이클링의 위상은 제2차 세계대전 이전의 사이클 전성시대 이후로는 보잘것없는 수준에 불과했다. 그래서 뉴욕의 메디슨 스퀘어 가든(Madison Square Garden)이 1940년대 이전에는 사이클 트랙 경기장으로 사용되었다고 하면 사람들은 깜짝 놀란다. 그러나 1984년 미국 LA 올림픽 때는 사이클 종목 남자부와 여자부 모두 도로 경기 뿐 아니라 다수의 트랙 경기에서 금메달을 차지했다. 그때까지만 해도 1908년 이후로 올림픽에서 금메달을 땄던 미국 선수는 전혀 없었다. 그러나 소련이 불참한 덕분에 미국 사이클 선수단이 성공의 기회를 잡기가 쉬웠는데, 그런 결과는 뜻밖의 성과로 여겨졌으며 미국 사이클링에 사기를 진작시키는 결과를 낳았다. 이것은 또한 많은 미국인들이 프로 사이클링 선수로 진출하게 하는 원동력이 되었다. 뿐만 아니라 르몽드(Greg LeMond), 율리히(Bobby Julich), 힌카피(George Hincapie), 해밀튼(Tyler Hamilton), 랜스 암스트롱(Lance Armstrong) 같은 미국의 프로 사이클링 선수들은 미국인들이 사이클링 종목에 흥미를 갖도록 자극했다. 르몽드는 1987년에 총상으로 거의 죽음 직전까지 갔으나, 1989년에 단 8초 차로 투르 드 프랑스(Tour de France) 대회에서 우승을 거머쥐며 기적처럼 재기에 성공했다. 르몽드는 그 이후로도 1989년 월드 로드 레이스 챔피언십(World Road Race Championship)과 1990 투르 드

프랑스 대회에서 우승함으로써 선전을 계속했다. 그 후로는 미국이 오랫동안 슬럼프에 빠졌다가, 1998년 율리히가 투르 드 프랑스 대회에서 3위에 오름으로써 미국 사이클링 위상을 다시 메달권에 올려놓았다. 힌카피는 겐트 베벨겜(Ghent-Wevelgem) 대회에서 사상 처음으로 스프링 클래식(spring classic, 3월에서 4월까지 나타나는 큰 일교차, 강한 호우, 강한 바람 등의 예측하기 어려운 요소들을 견뎌내며 치르는 경기를 일컬음 – 역자 주) 우승을 거머쥐었고, 세계 최고의 원 데이 레이스(one-day bike race: 하루 동안 치러내고 승패를 가리는 경기 – 역자 주) 최상급 선수 중 한 사람으로 승승장구하리라는 전망을 예고했다. 미국의 뛰어난 선수들 중에서도 랜스 암스트롱은 다른 그 누구보다도 미국인들에게 흥미와 감동을 불러일으켰다. 1993년 월드 로드 레이스 챔피언십 대회에서 프로 선수로서는 처음으로 우승하고 또 계속해서 수많은 승리를 이끌어내다가 어느 날 절망적인 소식을 듣게 되었다. 1996년 고환암이 많이 진행된 상태이며 생존 가능성이 20% 정도라는 진단을 받은 것이다. 하지만 암스트롱은 생존이 희박하다는 가능성을 뒤엎고 병을 이겨냈다. 건강을 회복하자 1998년 프로 경주 대회에 다시 재기해 여러 차례 감동적인 성과를 달성했다. 그러나 가장 감격스러운 순간을 낳은 것은 바로 1999년 7월이었는데, 투르 드 프랑스 대회에서 미국인으로서 우승한 두 번째 인물로 서게 된 것이다. 이 성공은 랜스 암스트롱을 하룻밤 사이에 암 극복 환자의 '상징'이자 전 세계에 감동을 자아낸 인물로 만들었다. 그의 우승에 의문을 제기했던 사람들은 그의 우승이 단 한번으로 그치지 않고 2005년 7회 우승까지 연달아 승리하면서 투르 드 프랑스 대회 사상 최초의 최다우승자로 기록을 세우자 인정하지 않을 수 없게 되었다. 그러나 불행히도 랜스 암스트롱이 은퇴를 결심하자 그의 뒤를 이어 챔피언 자리를 메울 젊은 선수들이 거의 없을 것으로 예상되었기 때문에 미국 사이클

링계에는 어두운 그림자가 드리워졌다.

지난 십년간 프로 사이클 및 올림픽 사이클 부문에서 일어난 변화 중에서 가장 주목할 만한 것을 꼽으라면 아마 프로 산악자전거 순회경기 발전과 올림픽의 도로경기 및 산악경기 부문 도입일 것이다. 이러한 변화는 1996년 애틀랜타 올림픽 때 최초로 산악경기 부문이 정식 종목으로 채택되는 결과로 이어졌다. 다른 올림픽 경기 종목과 함께 올림픽에서 선수들이 서로 경쟁을 벌일 수 있게 되었고, 남자부와 여자부의 도로경기 및 산악경기, 타임 트라이얼(time trial, 경기자가 혼자 달리면서 걸린 시간으로 순위 결정하는 경기 – 역자 주) 부문과 남녀 혼합 방식의 10개 부문 이상으로 구성되는 거의 모든 트랙경기를 포함하여 미국 선수들이 1996년부터 올림픽 사이클링 종목 대부분의 우승을 석권했다. 미국은 도로경기 중 타임 트라이얼 부문에서 좋은 성적을 거두었다. 2000년에는 랜스 암스트롱이 남자부 타임 트라이얼 부문에서 동메달을, 홀든(Mari Holden)이 여자부 타임 트라이얼 부문에서 은메달을 차지했다. 2004년에는 남자부 타임 트라이얼 부문에서 해밀턴이 금메달을, 율리히가 은메달을 땄으며, 여자부 타임 트라이얼 부문에서는 데멧 배리(Deirdre Demet-Barry)가 은메달을 땄다.

도해 26.2. 도로경기용 자전거

도해 26.3. 완전 현가식 산악자전거

자전거와 자전거타기

자전거의 종류

자전거는 다양한 종류가 있는데 제각기 다른 목적으로 만들어졌다. 도로경기용 자전거(road racing bikes)는 드롭 핸들바와 짧은 휠베이스가 특징이며 무게가 가볍다 (도해 26.2). 여행용 자전거(Touring bikes)는 짐을 실을 수 있도록 고안되었으며, 아주 튼튼한 바퀴, 짐받이 부착, 가파른 언덕을 올라가는 용도인 '그래니 기어(granny gear)' 등이 특징이다. 현대의 산악

자전거들은 거친 산길과 가파른 언덕을 오르는데 적합하도록 설계되었는데, 넓고 돌기가 많은 타이어, '그래니 기어', 그리고 충격을 흡수하는 서스펜션 시스템이 장착된다. 똑바른 자세로 타고 쉽게 사용할 수 있는 산악자전거는 도로 경기용으로도 인기가 높아지고 있다 (도해 26.3). 사이클 크로스(cycle-cross) 자전거는 기본적으로 돌기가 많은 타이어가 장착되고, 자주 발이 떨어지거나 미끄러지게 되는 비포장도로에 적합한 산악자전거용 클리트와 페달을 사용해서 타는 도로경기용 자전거이다. 늦가을에 벌어지는 사이클 크로스 경기는 유럽에서 아주 인기가 높으며 미국에

서도 인기가 점점 높아지고 있는 스포츠이다. 트랙 자전거(track bikes)는 도로용 자전거와 프레임 형태는 동일하지만 브레이크가 없다. 고정 기어와 고정 속도 방식이어서 완전히 정지하지 않는 한은 페달이 굴러가는 것을 멈출 수 없다. 트랙 자전거 경기는 비탈지게 만든 특수 트랙에서만 실시한다. BMX(Bicycle Motor Cross: 오토바이형 자전거) 자전거는 작은 휠, 고정 기어, 코스터 브레이크가 있는 구조이며, 작은 언덕이 많은 약 400m 규모의 진흙 경주로에서 스프린트와 유사한 방식으로 탄다. BMX 경기는 어린이와 젊은이들 사이에서 인기가 높으며, 이들 대부분이 다른 사이클링 스포츠에서도 큰 성공을 거두고 있다. 1990년대 미국의 최상급 오프로드 경기 선수인 토마크(John Tomac)는 처음에 BMX 경주로 입문했다. 통근용 자전거(commuter bikes)는 일반적인 '시내 주행용' 자전거이며 모양과 크기가 다양하게 나온다. 종종 흙받이와 반사경이 장착되는 것도 있는데 이런 자전거는 운송 수단으로나 레저용으로 신뢰할 만하다.

자세

자전거를 선택할 때 가장 중요한 고려사항 중 하나가 바로 몸과 딱 맞는지 여부이다. 잘 맞지 않는 자전거는 불편하고 제대로 다룰 수 없다. 대부분의 사람들은 자전거 안장에 앉아서, 다리는 움직이고, 등은 구부리고, 손으로는 조종하면 되는 것으로 생각한다. 실제로 자전거를 탈 때는 안장에 다리를 벌려 걸터앉고, 페달을 굴리고, 상체를 앞으로 구부리고 몸을 기울이면서 조종한다. 자전거를 타는 올바른 자세의 기본 요소에는 자전거의 크기(안장 높이, 기울기, 앞뒤의 위치), 핸들바 높이, 핸들 스템 길이가 포함된다.

프레임 크기와 안장 위치

도로용 자전거의 기본 프레임 크기를 점검하려면, 프레임에 다리를 벌리고 섰을 때 탑 튜브가 사타구니를 건드리는 지점까지 올린 크기여야 한다. 자전거가 적당한 크기인지 확인하려면 타이어와 지면 사이의 간격이 1인치~2인치(2.5~5.1cm)가 되어야 한다. 이에 비해 산악자전거의 크기는 탑 튜브를 사타구니에 닿을 만큼 올렸을 때 타이어와 지면 사이의 간격이 20~30cm(7.5~12인치) 정도가 되어야 한다. 안장은 앉았을 때 페달의 가장 아래 위치에서 페달에 발뒤꿈치를 놓고, 엉덩이가 흔들리지 않으면서 페달을 뒤로 굴릴 수 있는 상태가 되어야 한다. 안장 높이에 대해 마지막으로 점검할 사항은 다리 상부와 하부의 각도이다. 다리를 완전히 편 상태로 페달에 고정시켰을 때 무릎이 약간(5~10도) 구부러져야 한다.

안장 높이를 조절한 후에는 안장 기울기와 앞뒤 위치를 조절해야 하는데, 이는 자전거를 타기에 적당한 자세를 만드는 데 매우 중요한 요소다. 안장 기울기는 조절하기가 쉬운데, 안장을 엉덩이에서 등까지가 기울어지지 않게 맞추이야 한다. 기울기를 점검하려면 안장 위에 편평한 물체를 놓고 안장을 안장대에 고정시키는 너트를 풀어서 그 상태로 맞춘다 (도해 26.4).

도해 26.4. 적당한 안장 기울기

만약 안장이 뒤로 기울어진다면(안장 앞부분이 뒷부분보다 높은 상태) 불편을 느끼고 주행하는 동안 사타구니 부분의 감각이 둔해지는 것을 경험할 것이다. 만약 안장이 앞으로 기울어진다면(안장 앞부분이 뒷부분보다 낮은 상태) 페달을 굴리는 동안 안장 앞부분에서 몸이 미끄러지게 되고 목, 어깨, 팔 상부 쪽에 피로가 가중될 것이다.

앞뒤 위치 조절은 안장 기울기 조절과는 달리 약간 까다롭다. 그러기에 앞서 먼저 자전거용 신발을 정확하게 조절해야 하는데, 이는 개인별로 차이가 상당히 많은 과정이지만 대체적으로 처음에 시작하기 좋은 두 가지 방법이 있다. 클리트를 발의 볼 부분이 페달 축 바로 위에 놓이는 위치로 조절한다. 그리고 발이 자연스러운 자세로 곧게 앞을 향하는지 확인한다 (도해 26.5). 대부분의 사람들은 신발이 안쪽을 향하거나(발끝이 안쪽을 향함) 혹은 바깥쪽을 향하게(오리발 모양) 하는 식의 무릎 부상 위험을 증가시키는 자세를 할 필요가 없다.

클리트를 설치한 후에는 안장의 앞뒤 위치를 조절한다. 여기서 처음에 할 것은 대퇴골과 다리 하부가

도해 26.6. 페달이 각각 3시와 9시 방향으로 향할 때, 크랭크 암을 지나 무릎 관절 부분에서 수직으로 떨어지는 선.

만나는 곳에 있는 무릎이 안쪽으로 혹은 바깥쪽으로 가는 곳을 찾는 것이다. 이 지점(무릎의 관절 부분)이 다리를 완전히 폈을 때 약간 구부러지는 것이 느껴지는 상태가 되어야 한다 (도해 26.6). 이 구부러지는 관절 부분을 대문자 X로 표시한다. 그 다음 안장 위에 앉아 발을 페달에 올려놓고 페달이 각각 9시와 3시 방향이 될 때까지 돌리는데, 이렇게 할 때 아까 표시한 쪽 다리의 발이 9시 방향에 놓이게 한다 (이렇게 하기 위해서는 기댈 수 있는 벽, 문설주, 혹은 보조자의 도움이 있어야 한다). 이렇게 하고 나면 다리에 표시한 부분에서 페달까지 수직으로 떨어지는 선이 생긴다. 만일 앞뒤 위치가 정확하다면 이 선은 페달축을 이등분하게 된다. 만일 위치가 정확하지 않다면 안장대에 안장을 고정시키는 너트를 풀어서 안장을 앞이나 뒤로 조절한다.

자전거 자세를 알맞게 조절하기 위한 마지막 단계는 핸들바 높이를 조절하고 핸들 스템 길이를 선택하는 것이다. 대략적인 요령은 핸들바가 안장 끝부분보다 1인치(2.5cm)정도 낮아야 한다. 스템 길이는 안장에 앉아 손을 앞으로 뻗어서 도로용 핸들바는 드롭형 혹은 갈고리형 핸들 부분을, 산악용 핸들바는 그립 부

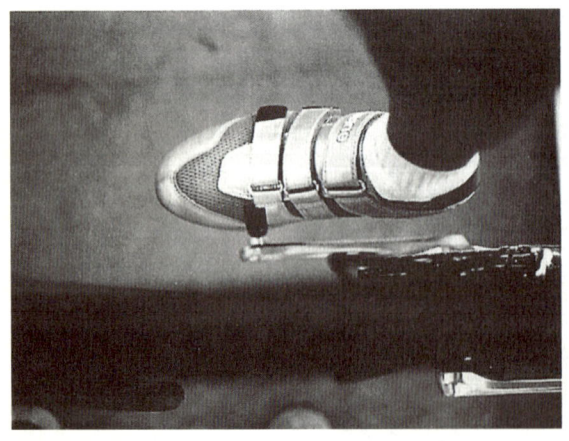

도해 26.5. 클리트의 위치. 페달을 3시 방향으로 움직였을 때 발의 볼 부분이 페달 축 바로 위에 놓이는지 그리고 발이 앞쪽으로 거의 똑바로 향하는지 확인한다.

분에 손을 올려놓는다(여기서도 마찬가지로 기댈 수 있는 벽, 문설주, 혹은 보조자의 도움이 있어야 한다). 만약 이 자세에서 핸들바가 앞 허브 부분이 안 보이게 가리면 스템 높이가 올바르게 된 것이다. 만약 핸들바가 앞 허브 부분을 가리지 않는다면 스템 높이를 더 높게 혹은 낮게 조절한다. 자전거를 구입할 때는 스템 높이를 점검하는 것이 좋은 방법인데, 이렇게 확인하고 구입할 경우 대부분의 판매점에서는 스템을 무료로 교체해준다.

안장 선택하기

자전거는 몸에 잘 맞는 것을 골라야 여러 시간 동안 고통 없이 제대로 즐길 수 있다. 안장(시트)을 선택할 때는 자전거 안장의 기능을 이해하는 것이 중요하다. 안장은 그 위에 그냥 앉는 것이 아니라, 안장을 골반 혹은 '골반뼈' 받침대 정도로 사용하듯이 안장을 사이에 두고 두 다리를 벌리고 걸터앉아야 한다. 가장 좋은 안장은 부드럽고 유연하고 몸을 지탱할 수 있을 정도의 너비여야 하며, 더 넓으면 내측 대퇴부가 쓸릴 수 있다. 안장을 고르는 일이 좀 지루할 수 있지만 그만한 가치가 있다. 전문적으로 자전거를 타는 많은 사람들은 항상 특수한 한 가지 모델만을 사용한다. 요즘 나오는 대부분의 안장은 폼(foam)과 가죽으로 감싼 유연한 플라스틱 재질로 되어 있으며, 자전거를 타기 적합하게 조절만 잘 하면 아주 편안하다. 안장은 수많은 모델로 나오는데, 어떤 것은 여성의 골반에 알맞게 특수하게 설계된 것도 있다. 만약 장거리(예컨대 한 시간 이상) 주행이 목적이라면 너무 딱딱하거나 매트리스가 커서 편안하게 주행하기에 너무 넓게 나오는 값싼 비닐 안장은 삼가야 한다.

타이어

자전거 타이어에는 두 가지 종류가 있다. 가장 일반적인 것이 '와이어드 온(wired-on)' 혹은 클린처(clinchers)인데, 와이어드 온은 타이어를 림에 고정시키는 와이어 비드(wire bead)에서 유래한 이름이다. 다른 종류로는 거의 경주용으로 사용하는 '튜블러(tubulars)'가 있는데, 이것은 타이어를 림에 접착제로 고정시킨다. 타이어 속에 내장된 튜브도 다시 두 가지 종류로 나뉘는데(실제로 밸브가 서로 다른 종류임), 그 때문에 타이어 펌프를 자전거 밸브의 종류에 맞게 사용하는 것이 중요하다. 슈레이더(schrader) 밸브는 자동차 밸브처럼 크고 두껍다. 프레스타(presta) 밸브는 좁은 형태이며, 사용할 때는 나사를 풀어 밸브 끝을 살짝 누른다. 각각 공기를 주입할 때는 서로 다른 수동 펌프를 사용한다. 타이어는 자전거의 다른 어느 부품보다도 빈번하게 문제가 발생하는 부품이기 때문에 가격이 보통이거나 약간 높은 정도의 품질이 좋은 타이어를 구입하는 것이 좋다. 더욱이 타이어를 교체하고 바람 빠진 타이어를 수리하는 방법을 알고 있으면 '저렴하고 질 낮은' 타이어를 구입하느라 돈을 아끼는 것보다도 훨씬 더 많이 시간과 돈을 절약할 수 있다.

클린처 타이어를 교체하기는 어렵지 않으며, 조금만 연습하면 바람 빠진 타이어를 5분 정도면 충분히 교체할 수 있다. 필요한 준비물은 예비 튜브, 타이어 레버 몇 가지, 펌프이다. 먼저 바퀴를 자전거에서 분리하는데, 타이어 레버를 밸브 스템 가까이 밀어 넣어 타이어 비드 끝이 잡힐 때까지 걸어서 림을 밖으로 빼낸다. 비드가 림 위로 빠져나올 때까지 젖혀 내린다. 유의할 것은 일부 레버는 반대편 끝에 고리가 있어 그 고리를 걸어 비드를 사용자에게 가까운 스포크 쪽으로 당길 수 있다. 첫 번째 레버를 걸어놓은 동안, 두 번째 레버를 몇 인치 떨어진 간격으로 놓고 앞과 같은 단계를 반복한다. 두 번째 레버를 비드가 한 쪽으로 나올 때까지 타이어 주위를 훑으면서 계속 밀어나간다. 그래서 비드가 나오면 튜브를 뽑아낸다. 튜브를 교체하기 전에는 손가락이 다치지 않도록 손가락을 천천히 움직여 훑으면서 타이어 내벽에 넣어 바람 빠진 원인이 타이어에 이물질이 끼여서 그런 것이 아닌지 확인한다. 만일 그것이 원인이라면 그 원인을 제거한다. 설치하기 전에 튜브에 약간의 공기를 주입해 튜브에 '형태'가 잡히게 한다. 그렇게 하면 타이어가 림과 비드 사이에 끼는 것을 막을 수 있다. 밸브 스템을 먼저 끼운 다음, 새 튜브를 끼운다. 이렇게 한 다음 밸브 스템이 똑바르게 끼워졌는지 확인하고, 밸브 반대쪽부터 시작해서 손으로 비드를 밀면서 다시 림에 끼운다. 비드를 림에 끼우는 것이 너무 힘들면 튜브의 공기를 빼고 비드를 **양쪽** 방향에서 움직이면서 끼운다. 능숙한 사람들은 타이어 비드를 도구 없이도 '교체'할 수 있다. 하지만 까다로운 타이어는 림에 끼우는 마지막 과정을 시도하기 위해 타이어 레버를 사용해야 한다. 만일 이런 경우가 생기면 레버로 튜브를 찍지 않도록 주의한다. 이렇게 교체를 마친 후에는 타이어에 공기를 주입하고, 바퀴를 제자리에 끼우면 완성이다.

복장

다른 요소와 마찬가지로 사이클링 복장도 상당히 발전했다. 평범하고 품질 낮은 복장은 이제 잊기 바란다. 요즘에는 자전거 주행을 즐겁게 만들어주고 우리 모습을 세련되게 변화시켜 줄 수많은 제품들이 나와 있다. 더욱이 많은 업체에서 사이클 동호회 및 단체들을 위한 맞춤형 의복을 제공하고 있으며, 일반 개인들에게 프로급 의류를 제공하기 위해 그와 동일한 기술을 사용해 만들고 있다.

오늘날 최상급 의류는 사이클링을 하는 동안 느낄 편안함을 염두에 두고 디자인하고 제조한다. 사이클링 하의는 안장으로 인한 마찰과 통증을 막기 위해 신

축성이 좋은 라이크라 소재와 질 좋은 산양가죽 안감을 대어 만들고, 저지 상의는 몸에서 나오는 땀을 배출해주는 특수 원단으로 만든다. 이런 의류는 여름에는 시원하고 겨울에는 따뜻하다. 뿐만 아니라 정면에 긴 지퍼가 있어 통풍에도 도움이 된다. 뒷면의 주머니에는 신분증, 예비 타이어 튜브(타이어 펑크는 흔한 일임), 칼로리 스낵 같은 것을 넣어가지고 다닐 수 있다. 품질 높은 의류는 모두 인체공학적으로 연구하여 제조한 것들로, 다시 말하면 앉은 자세로 자전거를 타는 사람에게 적합하게 재단한다든가, 또 어떤 것은 여성들을 위해 특별히 제조된 것도 있다. 손가락 부분이 없는 반장갑은 자전거를 타는 많은 이들이 애용하는데, 타이어에서 유리파편들을 털어내거나 혹시 자전거에서 떨어지는 사고를 대비할 때 손바닥을 보호하기 위해 사용할 수 있다.

신발과 페달

사이클링용 신발도 역시 자전거 주행에 알맞게 특수하게 제작된다. 밑창 부분이 단단하고 면적이 일반 신발보다 넓어서 페달을 밟으면서 생성되는 힘을 분산시킬 수 있는데, 이런 특징은 발의 불편함과 피로를 줄여준다. 많은 최첨단 신발들이 대체로 탄소섬유 소재로 밑창 부분을 만드는 추세로 옮겨가고 있지만, 밑창이 너무 단단한 신발을 구입할 때는 주의해야 한다. 경험이 풍부한 많은 사람들이 이런 신발들은 발의 감각을 둔하게 만들고 통증을 일으킨다고 얘기하면서, 단단함이 가장 중요한 요소가 아님을 증명하고 있다.

대부분의 도로용 자전거와 산악용 자전거는 '클립리스(clipless, 클립이 없는)' 페달 체계를 채택한다. 지난 20년간 가장 위대한 혁신기술 중 하나인 클립리스 페달은 스키의 바인딩과 마찬가지 방식으로 밑창에 부착된 클리트를 사용해 페달에 신발을 고정시킨다. 그렇기에 최초의 클립리스 페달이 스키 바인딩 회

사에서 개발되었다는 사실도 수긍이 간다. 이러한 페달은 발과 페달의 연결 관계를 더욱 탁월하게 해주고, 모든 종류의 주행에서도 페달링의 효율성을 증대시킨다. 산악용 자전거 페달 체계는 도로용 자전거의 페달 체계와 몇 가지 측면에서 다르다. 신발 밑창이 더 유연하고 트레드(tread, 타이어 표면의 올록볼록한 돌기 문양 – 역자 주)가 거칠고, 달리기 적합하도록 클리트가 깊이 들어가 있다. 또 페달은 작동하기가 더 수월하고 진흙길을 주행할 때도 안심할 수 있다.

안경용품

안경용품은 지난 10년 동안 다른 어떤 장비보다도 사이클링에서 큰 비중을 차지한 요소이다. 그렇기에 안경용품에 대해 짚고 넘어갈 필요가 있다. 대부분의 사이클링용 특수 선글라스가 기술과 스타일 면에서 최첨단에 서있으며, 그 선택에서 실패하지 않을 방법이 바로 여기에 있다. 루디 프로젝트(Rudy Project), 오클리(Oakley), 스미스(Smith), 그 외 여러 가지 폭넓게 선택할 수 있는 제품들이 나와 있다. 이 같은 선글라스들은 가격이 높을 수 있지만 앞으로도 계속해서 주행 중 시야를 흐리게 하는 일 없이 여러 요소들로부터 우리 눈을 잘 보호해 줄 것이며(저가의 평범한 제품들도 마찬가지), 따라서 눈의 피로도 줄어들 것이다. 더욱이 루디 프로젝트와 오클리 같은 업체에서는 다양한 조명 조건에 알맞도록 여러 가지 색상의 렌즈를 내놓고 있으며, 심지어는 처방이 필요한 렌즈를 사용하는 제품도 있다. 판매점을 둘러보고 자신에게 가장 잘 어울리고 편안한 제품을 골라보도록 하라.

헬멧: 고민거리를 안겨주는 마지막 한 가지

단거리 주행을 할 때는 사이클링용 하의와 저지 상의는 그다지 중요하지 않지만, 헬멧만큼은 모든 이들이

반드시 착용해야 한다. 사이클링에서 발생하는 거의 모든 사망 사고와 대부분의 심각한 부상이 머리 부상으로 인한 것이다. 고정된 물체에 머리를 부딪칠 가능성이 있는 모든 경우 즉 축구, 하키, 자동차 경주, 그 외 다양한 신체접촉 스포츠의 경우에 머리 보호 장비는 생명을 구할 수 있다.

70년대 식의 가죽끈이 달린 헬멧이나 80년대의 양동이처럼 생긴 헬멧은 잊어라. 요즘에 나오는 사이클링용 헬멧은 얇은 플라스틱 외피 속에 스티로폼을 넣어서 만든다. 루디 프로젝트 같은 회사의 제품은 통풍이 잘 되고, 아주 가벼우며, 무게가 겨우 6온스 정도밖에 안 되는데다가, 외관까지 훌륭하다. 더욱이 최신식 헬멧은 착용하기 쉽고 머리를 잘 보호할 수 있는 위치에 씌워진다. 좋은 자전거용품점은 다양한 종류의 헬멧을 판매하며 사용법도 고객에게 잘 안내해줄 것이다.

기본적인 점검사항

장거리든 단거리든 간에 주행을 떠나기 전에는 반드시 즉석 안전점검을 실시해야 한다. 브레이크 레버를 잡아보고 브레이크가 제대로 작동하는지 확인한다. 마모된 브레이크 블록(brake block)과 느슨해진 케이블이 있는지 살핀다. 핸들바, 안장, 휠이 느슨해져있지 않은지 확인하고, 휠 기능이 정상인지, 다시 말해서 회전을 할 때 좌우로 흔들거리지 않는지 살핀다(휠이 브레이크 패드를 긁지 않아야 한다). 타이어의 압력이 적당한지, 마모되거나 손상된 부위가 있는지 점검한다. 공기압이 부족한 타이어는 회전저항(rolling resistance)이 상당히 증가하고 림 손상 가능성이 높이진다. 필요할 경우에는 체인에 윤활유를 바른다. 에비 튜브, 타이어 레버, 펌프를 반드시 가지고 다닌다. 주행을 하기 전에 자전거 점검에 쓰는 몇 분간이 수명을 늘리는 길일 수도 있다. 하지만 그보다 더 중요한

것은 사고를 방지하는 것이다. 또한 매년 정기적으로 엔진 점검을 받아야 한다.

자전거를 구입하는 요령

자전거를 구입하는 것은 결코 쉽지 않은 일이다. 특히 자전거에 문외한이라면 더욱 그럴 것이다. 하지만 조금만 연구하고 인내심을 발휘하면 저렴한 가격으로 만족스러운 자전거를 찾을 수 있다. 아래에 설명하는 것은 자전거를 구입할 때 꼭 기억해야 할 사항들이다.

- **어떤 자전거가 필요한지 고려한다** – 통근용으로 사용할 목적이라면 최첨단 자전거는 소용이 없다. 기본적인 요소를 충분히 갖춘 자전거가 어떤 것인지를 연구하고 그 점에 초점을 두고 고른다. 자신의 주행 스타일이나 체형에 맞지 않는 자전거를 구입하려고 하면 안 된다.
- **대형 체인 판매점은 피한다** – 자전거를 구입하는 데 가장 좋은 장소는 평판이 좋은 판매점이다. 그런 곳은 자전거의 품질이 높을 뿐 아니라 점원들도 지식이 많고 현명하게 좋은 자전거를 소개해준다. 기억할 것은 구입한 자전거가 잘 작동하지 않으면 알맞게 고쳐주고 수리까지 해준다는 점이다. 또한 대부분의 자전거 판매점은 판매하는 자전거에 대해 품질보증제도를 실시하고 있다.
- **시험 주행을 해본다** – 대부분의 판매점은 자전거를 타보고 테스트하는 것을 허용한다. 자신에게 불편한 자전거를 구입하게 되지 않으려면 구입하기 전에 직접 시험해봐야 한다.
- **바로 결제할 준비가 되어 있어야 한다** – 수백만 원짜리 자전거를 살 생각이 아니라면 질 좋고 튼튼한 자전거를 얻기 위해서는 몇 십만 원 정도는 바로 지불할 준비를 해야 한다. 또 가급적이면 봄이나 가을에 구입하는 게 좋은데, 이때는 대부분의 판매점이 재고를 처분하고자 하는 시기이기

때문이다. 그리고 특히 산행도 염두에 두고 있다면 쉽게 부서질 수 있는 플라스틱 부품이 많은 자전거는 피하도록 한다.

- **기본에 충실한다** – 화려한 장비를 구입해야 한다는 강박관념을 버린다. 특수 제작한 초경량에 공기역학적 특징을 갖춘 휠은 너무나 멋지게 보이지만, 수리하기가 어렵고 교체 비용이 많이 드는 경우가 많다. 가장 중점적으로 고려해야 할 것은 신뢰성/내구성이고, 그 다음이 가격이며, 마지막이 '부속품'이다!

자전거 주행의 기본

출발하기

핸들바 상단을 잡고 다리는 안장을 중심으로 양쪽으로 벌리고 걸터앉는다. 한쪽 페달이 앞을 향하고 높은 위치로 올라갈 때까지 뒤로 페달을 굴린다. 발의 볼 부분을 페달의 높은 쪽에 올리고, 반대쪽 발로는 땅을 차며 출발한다. 이렇게 하면 자전거가 움직이기 시작할 것이다. 이때 땅을 찼던 발을 페달에 올리고 천천히 샅 부분을 안장 위에서 뒤쪽으로 올린다.

브레이크 사용하기

먼저 뒷브레이크에 힘을 주고 나서 그 다음 앞브레이크에 힘을 가하는 식으로, 안전하게 멈추려면 양쪽 브레이크를 모두 사용한다. 자전거가 멈출 때까지 혹은 뒷바퀴가 멈추기 시작할 때까지 브레이크를 점점 강하게 잡는다. 이 상태에서 바퀴를 다시 가동하기 시작할 때까지 양쪽 브레이크 레버를 모두 놓는다.

교통 정체 시에는 뒷브레이크만 사용하면 안 된다. 뒷브레이크는 문제가 생겼을 때 바로 정지할 수 있을 만큼 감속기능을 제공하지 못한다. 또한 앞브레이크

만으로 강하게 제어하면 안 되는데, 그렇게 하면 핸들바 앞으로 몸이 쏠리게 되기 때문이다. 비가 올 때는 브레이크가 말을 잘 듣지 않기 때문에 특히 더 주의를 기울여야 한다. 일반적으로 브레이크 블록이 림을 뻑뻑하게 문지르기 전까지는 속도가 증가하고 있는 것으로 느낄 것이다. 비가 올 때는 강철 재질의 림이 장착된 자전거를 타면 속도를 늦추는데 시간이 더 오래 걸리기 때문에 합금 재질 림이 장착된 자전거보다 더욱 위험하다. 항상 제동거리에 여유를 충분히 두어야 한다는 것을 명심해야 한다. 가파른 경사나 비에 젖은 도로에서 뒷바퀴가 고정되는 것을 방지하려면 브레이크를 잡을 때 가볍게 페달을 계속 밟아야 한다.

정지하기

속도를 줄이기 위해서는 브레이크를 사용한다. 페달이 각각 높은 위치와 낮은 위치에 오게 하고, 체중을 낮은 쪽 페달에 싣고, 앞으로 미끄러지면서 안장에서 내린다. 정지하기 위해 속도를 낮추면서 높은 쪽 페달에 놓였던 발을 빼서 지면에 내려놓는다. 멈추기 직전에 자전거를 기울일 때 앞바퀴와 지면에 놓인 발이 서로 다른 방향을 향하게 한다. 이런 동작들이 시간적으로 정확하게 맞아떨어진다면, 정지함과 동시에 땅을 짚으면서 땅에 있는 발쪽으로 기울어지게 될 것이다.

조종하기

조종하기는 핸들바를 돌리는 방법보다도 기울이는 방법을 사용해야 더 제대로 수행할 수 있다. 이런 방법은 길을 따라 천천히 가고, 앞으로 쭉 나아가고, 그냥 안장에 앉은 상태를 유지하는 식으로 시험하는 것이 가장 좋다. 왼쪽이나 오른쪽으로 약간씩 기울이면 자연스럽게 앞바퀴가 그와 같은 쪽으로 방향을 튼다. 이것은 사람이 안장 위에 앉아있는 상태에서 움직여야

일어난다. 핸들바에 있는 손과 팔은 주로 몸의 상체를 지탱한다.

변속기 조절하기

자전거 변속기가 다양한 속도를 낼 수 있는 전제조건은 분당회전수가 일정한 속도로 나타나도록 페달을 굴릴 때 가장 효과적으로 달성된다. (왼발에서 한번, 오른발로 한번으로, 1회전에 두 번의 스트로크가 일어난다) 자전거를 타는 동안 만나는 지형이 다양하므로 한 가지 기어로 일정한 속도를 유지하기란 불가능하다. 가령, 보통 사람들은 오르막길을 오를 때는 평평한 길에서 달릴 때와 같은 속도를 유지할 수 없다. 또 다른 여러 가지 상황들로 바람과 짐의 무게가 있다. 변속기를 조정하면 물리적인 효율성을 최대화할 수 있다.

자전거에 달린 변속기를 조정하는 것은 1980년대 중반에 인덱스 (혹은 '딸깍 하는 소리') 변속기가 도입된 후부터 바보라도 할 수 있을 만큼 아주 간단해졌다. 변속기를 변환하려면 단순히 기어 레버를 딸깍 소리가 날 때까지 돌리기만 하면 되는데, 브레이크 레버와 연결되어 있거나, 다운 튜브 혹은 핸들바(썸 시프터[thumb shifter, 엄지손가락으로 작동하는 변속기]의 경우)에 부착되어 있다. 일반적으로 오른쪽 다운 튜브의 변속기를 위로 올리면 체인이 약간 감기며 움직이지만(즉 기어가 강해지는 것임), 왼쪽 레버를 올리면 감긴 체인이 풀리면서 움직인다(즉 기어가 가벼워지는 것임). 만약 변속기 케이블이 팽팽하고 프레임이 정렬된 상태라면 그 자전거는 현재 변속기가 새로 적용된 상태이다. 이같이 변속기를 다루기는 간단하다. 때로는 변속기를 조절하면 페달을 밟는 힘을 줄이는 데 도움이 되기도 하지만, 가파른 비탈길을 낮은 페달 빈도로 오를 때와 같이 극심한 상황이 아니라면 대개 불필요하다. 일반적으로 변속기를 언제 작동할 것인지 생각했다가 사용하는 것이 가장 바람직한데, 말

하자면 페달 밟는 속도가 현저하게 떨어지기 전에 변속기를 조절하는 것이다. 모든 상황에서 유연하고 안전하게 변속기를 사용할 수 있는 평평하고 수월하게 달릴 수 있는 도로에서 기어 변속 연습을 하는 것이 좋다.

페달 밟는 요령

자전거를 잘 타는 사람의 특징은 페달을 밟는 방법이 부드럽고 일정하다는 것이다. 발은 페달에 잘 놓여야 최대한 원을 크게 그리며 페달을 밟고 나아갈 수 있다. 이렇게 하려면 발을 마치 레버처럼 사용하는데, 발의 볼 부분으로 페달을 밟으면서 발목은 지렛대 작용을 하는 것이다. 이때 발로 둥글게 움직이는 원의 하단은 발뒤꿈치가 위로 올라가고 발가락은 아래를 향한다. 원의 상단은 발뒤꿈치가 아래로 내려가고 발가락은 위를 향하면서 페달을 뒤로 밀게 된다. 이런 방법을 일컬어 '앵클링(ankling)'이라고 한다. 앵클링을 부드럽게 하려면 클립이 있거나 없는 페달에 알맞은 사이클링 신발만을 착용해야 한다. 하지만 이 기술은 테니스 신발 혹은 고무 페달을 사용해서도 할 수 있다.

발은 페달을 리드미컬하면서 일정한 속도(cadence, 카덴스)로 회전시키되 도보 시 보다 두 배 빠른 속도가 되어야 한다. 분당회전수가 60이면 느린 속도이며, 80은 보통, 90에서 100은 경주용 속도이다. 속도를 판단하는 쉬운 방법은 페달을 돌릴 때 한쪽 발이 아래로 내려가는 횟수를 10초 기준으로 세는 것이다(가령, 10초 동안 한쪽 발이 아래를 지나는 횟수가 15회라면 RPM이 90이 된다).

도로에서 자전거타기

도로 규칙

자전거에 해당하는 도로 규칙은 자동차 운전자들과 동일하다. 자동차 운전자들은 도로 규칙이 허용하는 범위 내에서 서로 협조해가며 운전을 한다. 자동차 운전자들은 이러한 도로 규칙을 준수하는 자전거 운전자들과도 협조하며 운전한다. 자전거나 자동차 운전자들이 몰라서든 의도적으로든 도로에서 불합리한 행동을 하면 분쟁이 발생한다.

도로에서 자전거를 탈 때

자전거 운전자들은 도로를 주행할 때 안전한 갓길을 이용할 권리가 있다. 하지만 도로를 사용하는 다른 사람들에게 방해가 되지 않도록 주의를 해야 한다. 배려를 해주고 안전을 지켜주는 사람들에게는 감사를 표한다. 자전거도 차량에 속하므로, 아래 내용에는 도로에서 자전거 운전자들이 도로 주행 시 주의해야 할 규칙들을 설명할 것이다. 안타깝게도 어떤 사람들은 자전거를 합법적인 차량으로 인정하지 않는다. 이러한 믿음은 일반적인 교통공학적 측면의 습관 및 교통환경에서 대처하는 상식적인 행동규칙과 조화를 이루지 못하기에 종종 사고를 일으킨다.

보통 너비의 도로에서 자전거를 탈 때는 도로의 차선 안쪽 즉 맨 오른쪽에서 타야 한다. 대개 안쪽 차선 내 혹은 그 부근을 이용하면 자동차가 지나갈 공간이 충분하다. 안쪽 차선으로든 중앙선으로든 자전거가 안전하게 지나가기엔 도로가 너무 좁은 경우에는 오른쪽 차선 중앙으로 타야 한다. 만일 다른 차량 속도만큼 혹은 그보다 더 빨리 달린다면 자동차를 운전하듯이 차선을 사용해야 한다. 주차된 차량 주위를 지그재그로 다니면 안 된다.

도로의 왼편으로 주행하면 앞에서 오는 차량과 마주보며 달리게 되므로 피해야 한다. 자동차와 자전거가 충돌하는 사건이 가장 많은 경우는 잘못된 길로 주행했을 경우다. 자동차 운전자가 예기치 않은 장소에서 갑자기 나타나면 자전거는 자동차를 미처 발견하지 못해 부딪히는 사고가 일어난다. 잘못된 방향에서 주행하는 것도 자동차와 자전거 충돌 사고가 발생하는 원인이다. 자전거는 대개 도로의 오른편에서 주행하는데, 잘못된 방향으로 달리면 다른 자전거와 정면 충돌할 위험이 있다.

자동차의 모습이 안 보이는 곳에서는 자전거를 타지 않는 것이 중요한데, 특히 자동차가 우회전을 하게 되는 교차로나 진입로가 그렇다. 추월을 할 때는 자동차가 정지했거나 거의 움직이지 않을 때만 한다. 자동차가 우회전을 할 수 있는 오른편에서 추월을 하면 절대 안 된다. 그리고 안전하게 주행하기에는 도로가 너무 좁을 때는 오른쪽에서 추월하면 안 된다.

우회전하기

자전거가 우회전을 할 때는 자동차와 동일한 방식으로 하는데, 도로의 맨 오른쪽에서 하는 것이다. 어떤 도로에는 우회전 전용차선이 있다. 우회전 전용차선의 오른쪽에서 주행할 때는 무조건 우회전을 해야 한

다 (도해 26.7B). 만일 여기서 자전거가 직진을 시도한다면 합법적으로 우회전을 하려는 자동차와 충돌할 수 있다. 자전거를 주행하다가 우회전 전용차량이 나왔는데 우회전을 하고 싶지 않다면, 대안은 왼편 차선으로 합류하여 옆의 직진 차선 오른쪽 끝으로 주행하는 것이다 (도해 26.7A). 주행 방향을 변경하기 전에는 먼저 왼쪽 어깨 위로 주위를 살피면서 왼편 차선으로 합류한다. 교통량이 많아 자전거 주행이 어렵거나 주행 속도를 늦추는 경우에만 차선을 변경한다.

좌회전하기

도로의 오른쪽에서 좌회전을 시도하면 안 된다. 차량 앞에서 좌회전을 하다가는 추월하는 차량에 부딪히기 쉽다. 안전하게 좌회전을 하려면 자동차와 동일한 절차를 따라야 한다. 먼저 첫 단계는 왼쪽 차선으로 합류하는 것이다. 추월하는 차량이 있는지 뒤를 돌아보아 확인한다. 신호를 보내는 것은 도움이 되지만 돌아

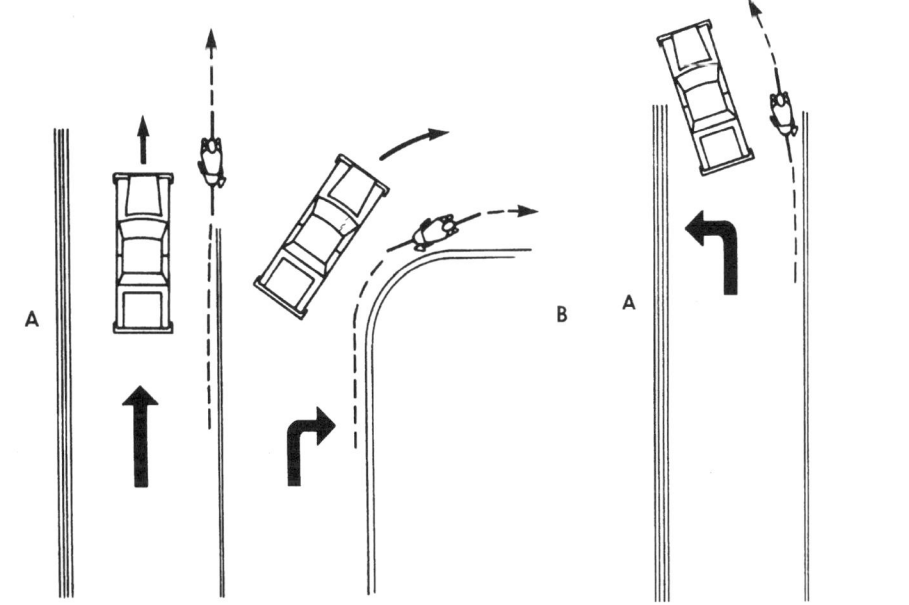

도해 26.7. 우회전. 자세한 사항은 내용을 참조할 것.

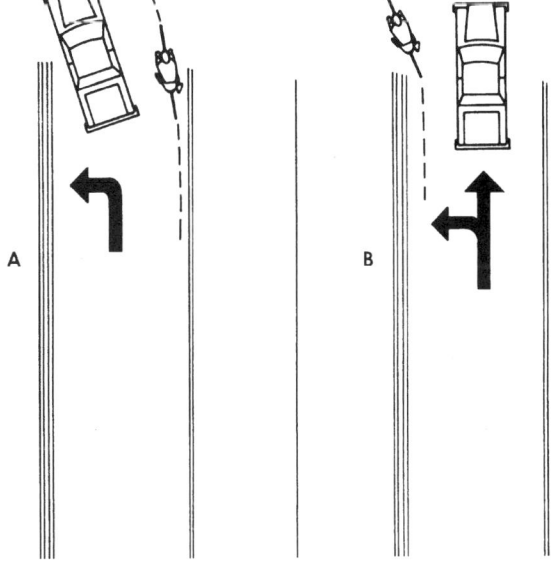

도해 26.8. 좌회전. 자세한 사항은 내용을 참조할 것.

보는 것은 의무사항은 아니다. 신호를 보내지 않을 거라면 굳이 돌아볼 필요는 없다. 신호는 예의의 문제지만, 자전거 운전자가 뒤를 돌아보는 것은 생사를 좌우할 수 있는 문제다. 먼저 왼쪽 어깨 너머로 추월하는 차량이 있는지 돌아본 후에 아무 문제가 없다면 왼쪽 차선으로 이동한다. 좌회전 전용차선을 이용할 때는 차선의 오른쪽 끝에서 주행한다 (도해 26.8A). 이렇게 하면 자동차가 차선을 차지할 수 있고 동시에 앞의 진로가 트였을 때 자동차가 방향을 바꿀 수 있다. 차선이 좌회전 전용차선이 아니라면 가급적 도로의 중앙선쪽 가까이 붙어서 주행한다 (도해 26.8B). 이렇게 하면 자전거가 교통이 원활해지기를 기다리는 동안 직진을 하고자 하는 자동차가 자전거 오른쪽으로 지나갈 수 있다.

좌회전을 마친 후에는 새로 들어선 도로의 오른편 차선으로 주행해야 한다. 그러나 이렇게 하기 전에 먼저 차선에 있는 차량을 확인한다. 기억할 것은 빨간불일 때 우회전을 하고 자전거와 마찬가지로 차선 안쪽으로 들어올 차량이 있는지 예상되는 교통상황을 점검해야 한다는 것이다.

때로는 다차선도로에서 차량이 아주 많아 앞에서 설명한 것처럼 좌회전을 하기가 불가능할 수 있다. 만약 이런 상황이 생기면 보행자 규칙을 이용하는 것이 가장 좋은데, 교차로의 끝쪽 코너로 주행하고 적당한 방향으로 틀어서 신호가 바뀌기를 기다리는 것이다. 신호등이 없는 교차로에서는 모든 방향에서 차량이 지나가길 기다린다.

산행로에서 자전거타기

산행 규칙

산악용 자전거와 비포장도로 주행에 대한 인기가 점차 높아지고 있는데, 산행 주행 시에는 몇 가지 간단한 규칙을 준수하는 것이 중요하다. 산행을 할 때는 산행을 하는 모든 사람들의 안전을 지켜주어야 하며 환경을 보존할 수 있도록 힘써야 한다. 먼저, 자전거 주행이 법적으로 지정된 곳으로만 다닌다. 어떤 산행로는 폐쇄되어 있는데, 이런 길을 이용한다면 비포장도로 주행용으로 개방되는 산행로들에 대한 대중적 여론이 따가워질 것이다. 산행로에 들어서면 항상 도보 여행자들과 말에게 먼저 양보를 해야 한다. 기억할 것은 내가 나쁜 사례를 한 가지 만들면 그것이 자전거 주행을 하는 다른 모든 이들에게 영향을 미친다는 것이다. 특히 말이 있을 때는 자전거를 보면 쉽게 흥분하기 때문에 더욱 신경써야 한다. 산행로에서는 지름길로 다니는 것을 허락하지 않는다. 그 이유는 자전거 주행이 새로운 길을 훼손하고 마모 작용을 증가시켜 결국 산행로를 폐쇄해야 하는 결과를 낳기 때문이다. 이와 같은 관점에서, 커다란 웅덩이를 만나면 그 주변으로 다니기보다는 웅덩이 가장자리로 지나가도록 한다. 웅덩이 주변으로 자전거를 타면 웅덩이 크기를 더욱 증가시키기 때문이다. 만약 비가 많이 와서 웅덩이가 너무 많이 생겼다면 길이 흠뻑 젖어 손상되기 쉽기 때문에 자전거를 타지 않는다. 산행로 훼손을 최소화하는 또 다른 방법은 자전거를 잘 조절하면서 타는 것이다. 즉 가파른 내리막길에서 방향을 바꿀 때, 그 주변을 자전거가 미끄러지며 나아가지 않게 한다. 내리막길 주변에서 미끄러지며 방향을 튼다면 그 주변에 혹시 사람이나 말이 있을 경우 갑자기 멈출 수 없게 된다. 마지막으로 자발적으로 자신이 이용하는 산행로를 직접 관리한다. 책임감을 갖고 산행로를 사용하고 또 자주 관리를 한다면 그 산행로를 앞으로도 계속해서 이용할 기회를 갖게 되는 셈이다.

산악용 자전거의 기본적인 주행 기술

일반적으로 MTB는 시작하기, 정지하기, 조종하기 측

면에서는 도로 주행과 비슷하다. 그러나 산행은 가파른 언덕을 오르고, 가파르거나 울퉁불퉁한 언덕을 내려가고, '분명하지 않은' 모퉁이를 가로지르는 등의 상황에 적용하는 다른 기술이 필요하다. 가파른 언덕을 오를 때는 견인력이 주요 관건이다. 견인력이 있어야 자전거가 멈추어서 뒷바퀴가 미끄러지고 자전거에서 떨어지는 것을 방지한다. 좋은 방법은 그러니 기어로 변환하고 아주 높은 속도를 유지하며, 팔뚝이 지면과 평행이 되는 자세를 유지함으로써 체중을 자전거에 분산시키는 것이다. 이렇게 하면 뒤쪽으로는 견인력을 유지하고 앞쪽에서는 방향조절을 할 수 있다. 또한 길이 매끈하게 깔린 곳을 선택한다. 말하자면 언덕을 오를 때 길이 아주 매끄럽고 페달도 부드럽게 굴러가는 곳을 찾는 것이다. 운이 좋으면 이런 길을 발견할 것이다. 그렇지 않으면 주행하다가 자전거에서 내려 자전거를 들거나 밀어야 하는 상황이 생긴다.

산행로에서 내리막길을 달리고 방향을 조종하기란 일반 도로에서보다 더 어려우므로, 항상 주의해야 한다. 경우에 따라서는 자전거에서 내려야 한다. 비탈길을 내려갈 때는 자전거를 조절하기가 더 어려워지므로 뒷바퀴를 '고정'시키지 않아야 한다. 울퉁불퉁한 내리막길에서는 속도를 늦추고, 매끈한 길만 골라 다니고, 충돌 시의 충격을 흡수할 수 있도록 상체는 힘을 빼고, 지면과 바퀴가 항상 접촉한 상태를 유지하면서 자전거를 조절한다. 방향을 틀기 어려운 곳에서는 먼저 브레이크를 잡고 속도를 늦춘 다음 브레이크를 놓으면서 방향을 틀어야 뒷바퀴가 미끄러지는 것을 피할 수 있다. 방향을 틀 때 안쪽 발이 그 방향을 향하게 하고 싶을 것이다. 이때 뒷바퀴를 접촉한 상태를 유지하고 자전거를 잘 조절하려면 기울이거나 안장에서 몸을 떼어 뒤로 빼는 방법이 가장 좋다. 일정한 속도를 유지하되 브레이크를 강하게 잡은 채 내려가지 않는다! 비탈을 다 내려온 다음엔 속도를 낮추어 자전거를 조절해야 하며 그렇지 않을 경우 충돌 위험이 있다.

안전수칙

자전거 사고의 대다수는 탑승자가 어떠한 이유로 인해 자전거에서 떨어지는 것이 원인이라는 것이 통계로 나와 있다. 낙하로 인한 심각한 부상 중 가장 자주 나타나는 것이 두개골 타박상이다. 이 때문에 자전거를 탈 때는 일반 도로든 비포장도로든 간에 항상 헬멧을 착용해야 한다. 이외에 다른 사고로는 자동차, 고정된 물체, 다른 자전거와의 충돌로 발생한다. 잘 조직된 자전거 동호회 회원들 같이 경험이 많은 사람들은 다른 사람들보다 사고를 내는 비율이 6분의 1에서 7분의 1 정도라는 연구 결과가 있다. 이것은 우발적인 사고의 가장 큰 원인이 자전거에 서투른 탓이라는 것을 말해준다.

첫째, 자전거를 타는 방법을 확실히 아는 것이 중요하다. 자전거를 탈 때는 합리적이고 적합한 절차를 따라야 하고, 항상 주의를 기울여야 하며, 사고가 일어날 가능성이 있는 문제들을 인식하고, 비상상황에 대처할 수 있어야 한다. 둘째, 자전거를 자동차처럼 다루는 것이 중요하다. 그래야 자전거의 운진 질차를 누구나 예측할 수 있게 되고 자동차 운전자들이나 다른 자전거들도 자전거의 진행 방향을 예상할 수 있다. 뒷골목 같이 큰길에서 벗어난 곳보다 도로에서 타는 것이 훨씬 더 안전한데, 그 이유는 도로가 아닌 곳에서는 회전을 할지 가로질러 갈지 자전거의 진행 방향을 예측할 수 없기 때문이다.

뿐만 아니라 자전거는 어떤 여행에서든 자가정비용 공구를 항상 갖추어야 한다. 도로를 주행할 때는 휴대용 펌프, 예비 튜브, 글루 방식의 패치 키트, 타이어 측면부 보수를 위한 다이이 몸체, 음식을 구입힐 비상금, 전화기 등을 가지고 다녀야 한다. 비포장도로를 주행할 때는 물리적인 결함이 더 빈번하게 일어나므로 위와 동일한 물건들 외에 몇 가지 도구가 더 필요하다. 필요한 도구들로는 체인 브레이커, 여분의 체인 고리, 체인 오일, 각자의 취향에 따라 육각 렌치나 옵셋 렌치, 스크류드라이버 등이 있다.

자전거 활동

안전하고 올바른 방식으로 자전거를 타는 것은 생활에 즐거움과 건강을 선사한다. 자전거 동호회에 가입하는 것도 사교활동과 그 외 여러 가지 이점을 얻을 수 있다. 자전거 동호회 회원들은 지식이 풍부하고 신입 회원들에게 많은 정보를 제공하며 요령있게 자전거를 탈 수 있도록 도와준다. 대개 자전거 동호회 회원들은 최신 장비에 대한 정보가 빠르다. 동호회 활동을 하면 초보자는 다른 사람들이 수년 동안 쌓은 지식을 빠르게 배울 수 있는데, 예컨대 가장 좋은 주행 장소, 주행을 더욱 수월하게 하는 자전거 기술, 주행 중 멈추어 끼니를 해결하기 좋은 음식점 등이다.

동호회에도 도로 주행, 투어 주행, 비포장도로 주행 등 다양한 종류가 있다. 자전거 활동에 관해 알아보려면 현지의 자전거 상점에 문의하는 것도 좋다. 초보자는 투어 주행을 주로 하는 동호회에 가입하는 것이 바람직하다. 투어 주행을 하는 동호회에서 하는 여행은 대개 3단계로 단기/보통/장기, 혹은 쉬움/보통/어려움 이렇게 나뉜다. 초보자는 쉬운 여행을 택하고 그에 맞는 동호회를 선택한다.

기본적인 훈련 요령 및 주행 기술

자전거는 나이에 상관없이 계속해서 즐길 수 있는 활동이며, 단체로든 혼자서든 즐길 수 있다. 처음에는 간단히 시작하지만 많은 사람들이 결국에는 자신의 주행 능력을 향상시키길 원하고 좀더 '규모가 큰' 주행

을 기대하게 된다. 그러므로 주행 능력을 점진적으로 향상시킬 수 있는 주행 프로그램이 필요하다. 그러나 자신의 자전거 주행방식이 전반적인 체력 훈련 프로그램의 일부에 불과할 수도 있는데, 이는 유연성 훈련(제21장 기본적인 스트레칭 기술에 대한 개요 참조)과 근력 운동(제22장에서 설명한 개요 참조)을 포함한다. 자신의 목표가 무엇이든 적당히 하는 것이 결국 오랫동안 할 수 있는 비결이므로, 항상 새로운 훈련 프로그램을 시작할 때는 이 점을 주의해야 한다.

항상 주행 시에는 처음에 준비운동을 가벼운 속도로 10분에서 20분간 실시하는 것으로 시작한다. 준비운동이 끝나면 가장 가벼운 속도로 주행을 시작한다. 의욕이 불타는 사람이건 오토바이 투어 참가자건 간에, 지루함을 피하고 자전거 주행 능력의 모든 요소를 향상시키기 위해서는 날마다 주행에 변화를 주는 것이 중요하다. 예를 들면 어떤 날은 장거리를 낮은 속도에서 중간 속도 정도로 타고, 또 어떤 날은 단거리를 빠른 속도로 달리는 것이다. 이렇게 '빠른' 속도로 달리는 것은 인터벌 방식으로 나누어서 할 수 있는데, 예를 들면 5분간 '빠른 속도로' 2~3회와 5분간 느린 속도로 2~3회를 교대로 하거나, 15~30초간 전력 주행 1회와 오랫동안 느린 속도로 주행을 교대로 하는 식이다. 이런 식으로 변화를 주는 훈련방법은 자전거 주행의 모든 요소를 향상시킬 수 있도록 돕는다. 이렇게 되면 역풍이 불건 언덕을 오를 때건 자전거를 타기가 더욱 수월해지기 때문에 결국 자전거를 타는 즐거움을 더욱 높여준다.

위에 설명한 방법은 초보자가 시작할 수 있는 방법을 간단히 개략적으로 말한 것이다. 만일 고난이도의 장거리 주행 혹은 경기 참가가 목표라면 이 단원의 끝에 나오는 '추가 읽을거리' 목록에 소개한 훈련방법에 관한 서적 중 한 권을 읽어보면 된다. 다양한 훈련방법과 도로용 및 산악자전거용 훈련 및 경기에 관해 전략적인 설명이 잘 나와 있다. 또 어떤 책은 일 년의 전

체적인 계획에 대한 윤곽을 잡아주기도 한다. 그 외 다른 방법은 경험이 풍부한 사이클링 코치를 영입하는 것이다. 훌륭한 코치는 우리가 여러 가지 유혹에 빠지지 않도록 이끌고 훈련의 어려움을 극복할 수 있도록 돕는 것 같이 책에서는 얻을 수 없는 혜택을 제공한다.

자전거 주행 요령

자전거 여행을 떠날 때는 도로나 산행로를 미리 알아보는 것이 좋다. 길가에서 사용할 수 있는 자가보수용 도구를 챙기고, 만일을 위해 약간의 비상금도 준비하며, 복장은 여행에 적절하게 입는다. 추운 날씨에는 항상 필요하다고 생각한 것보다 더 많이 입는데, 너무 더우면 덧입은 옷을 벗으면 되지만 추우면 더 껴입고 싶어도 입을 옷이 없기 때문이다. 음식물과 음료수는 충분히 가지고 간다. 경험이 풍부한 사람들이 항상 하는 말이 있다. "배고프기 전에 미리 먹어두고 목마르기 전에 미리 마셔라." 목이 마를 때쯤이면 이미 탈수 현상이 진행된 것이다. 대부분의 자전거에는 프레임에 고정된 물병꽂이가 한 개나 두 개 있어서 갈증이 나면 바로 해결할 수 있다. 대부분의 환경 조건 하에서도 한 시간에 큰 물병(24oz) 한 개면 충분하다. 만약 1시간 이상을 주행한다면 당분이 에너지 수준을 유지하도록 돕는 게토레이 같은 스포츠 음료가 유용하다.

자전거로 도로를 주행할 때는 몇 가지 사항을 염두에 두어야 한다. 장시간 주행하건 언덕이 있건 역풍이 불건 간에, 카덴스를 제대로 유지해야 하는데 심지어는 기어를 가볍게 바꿔야 할 때도 마찬가지다. 비탈길을 올라갈 때나 바람의 영향을 받을 때는 속도를 내는 것이 주요 고려사항이 아니다. 이때는 느리게 주행해야 속도를 유지하기 위해 애쓰는 실수를 막을 수 있다. 바람이 강하거나 비탈길을 오를 때 기어를 높게 하면 체력이 빠르게 소진되어 나중에도 필요할 귀한

에너지를 소비하게 된다. 바람이 강할 때나 다른 어떤 어려운 상황일 때 주행 시 체력을 보존하는 방법은 드래프팅(drafting, 다른 자전거 뒤에 붙어 따라 달리는 방법 – 역자 주)이다. 드래프팅을 할 때는 앞 자전거 뒤로 간격을 15~20㎝ 정도 두고 달린다. 이렇게 하면 앞 자전거 운전자가 소비하는 에너지의 30퍼센트 가량을 줄일 수 있다. 다시 말해 더욱 빠르게 더욱 멀리 달리기가 쉬워진다는 것이다. 드래프팅을 할 때는 그 기술에 집중해야 하는데, 손을 브레이크 후드나 레버에 놓은 상태에서 시선은 앞 자전거 뒷바퀴가 아니라 그 자전거 앞쪽의 도로를 응시한다. 이렇게 함으로써 앞 자전거가 코스나 속도를 변경해야 할 때가 언제인지를 예측할 수 있으므로 무조건 뒤를 따라가기보다 미리 대비하고 행동할 수 있다. 드래프팅 기술은 일상적으로 사용하는 방법이면서 꼭 필요한 기술이며, 경험 많은 운전자와 초보자가 함께 주행을 즐길 수 있는 방법이다.

이같이 가장 기본적인 주행 기술을 살펴보았다. 의욕이 강한 사람이나 경주 선수들은 최신 사이클링 서적(추가 읽을거리 참조)을 선택하기 바란다. 주행 기술에 관한 다양한 정보를 제공하는 서적들이 많다. 그외 다른 방법으로는 동호회에 가입하는 것이다. 대부분의 동호회에는 경험이 풍부한 사람들이 있으며 그들이 자전거를 다루는 기술을 향상시킬 수 있도록 도와줄 것이다.

교육 시 고려사항

1. 도로 주행 혹은 비포장도로 주행의 측면에서 교육의 목적을 분명히 한다.
2. 안전 장비와 복장을 점검한다.
3. 안전수칙과 자전거 예절을 가르친다. 자동차 운전면허가 없는 사람들에게는 따로 도로규칙을 교육

시킨다. 필요할 경우에는 다양한 주행 상황을 보여주는 비디오테이프를 사용한다. 교통이 혼잡하지 않은 도로로 학생들을 데리고 나가 도로규칙을 이해하고 수신호를 사용하는 것이 자동으로 나올 때까지 실전 교육을 한다.

4. 강의형 교육과 실전 교육을 잘 혼합한다.

5. 자전거를 직접 탈 수 있는 기회를 준다. 그렇게 하려면 학생들이 사용할 수 있는 환경으로 안내해야 한다. 힘이 덜 드는 장소 혹은 전문 산행로가 아닌 장소를 고르고, 그러다가 차츰 난이도가 높은 장소로 옮겨간다.

6. 자전거를 다루는 기술을 익히기 위해 주차장에 장애물 코스를 설치한다. 이 장애물 코스에는 강의 주제에 따라 자전거를 조종해 지나가야 하는 원뿔 혹은 점프해 넘어야 하는 통나무 같은 사물들을 배치한다.

7. 5마일 타임 트라이얼을 실시하는데, 학생들이 각각 30초 간격으로 시작하게 한다.

8. 첫 여행을 계획할 때는 2인조제를 실시한다.

9. 교통이 혼잡한 곳으로 대규모 인원을 데리고 나가지 않는다.

10. 잔디밭에서 '자전거 충돌' 교육을 한다. 학생들이 잔디밭에서 천천히 자전거를 타면서 서로 충돌하고, 이때 곤란한 상황에서 자전거를 어떻게 다루는 지를 가르친다.

용어 해설

그래니 기어(granny gear) 트리플 체인 링 크랭크셋에서 볼 수 있는 보편적인(가장 작은) 체인 링으로, 가파른 언덕을 오를 때 힘을 적게 들일 수 있게 해준다.

더블 크랭크(double crank) 크랭크 정면에 두 개의 체인 링과 연결된 장치로, 도로 경주용 자전거와 레저용 자전거에서 볼 수 있다.

도로규칙(rules of the road) 자전거와 자동차 운전자들이 준수해야 하는 규칙

도로용 자전거 보수장비(tools for the road) 펌프, 예비 타이어, 패치 키트, 측면부 보수용 타이어 몸체, 스크류드라이버

드래프팅(drafting) 에너지 소비를 줄이기 위해 선두 뒤에 붙어서 따라가는 방법.

변속기(gear shifting[derailleur]) 자전거의 기어비를 다양한 속도로 변화시키는 장치로, 자전거를 탈 때 분당회전수를 일정하게 유지하면서 페달을 굴리면 가장 효율적이다.

분당회전수(RPM) 크랭크암이 1분당 회전하는 횟수. 카덴스 혹은 RPM이 높을수록 낮은 제품에 비해 대체로 더 우수하다.

브레이크 걸기(braking) 양쪽 브레이크를 적절히 사용함으로써 자전거가 멈추도록 하는 것

브레이크 후드(brake hoods) 레버/기어 레버 장치의 고무로 댄 부분으로, 주행 중에 손을 올려놓기 좋다.

산악용 자전거 보수장비(tools for the trail) 체인 브레이커, 체인 고리, 체인 오일, 자신의 취향에 따라 육각 렌치나 복스 엔드 렌치, 펌프, 예비 타이어, 패치 키트, 측면부 보수용 타이어 몸체, 스크류드라이버

산행규칙(rules of the trail) 산행에서는 항상 여행자들에게 먼저 양보하고 일단 정지하고 기다려야 하며 법적으로 허가된 곳에서만 자전거를 탄다. 웅덩이를 만나면 그 주변으로 다니지 말고, 내리막길에서는 모퉁이 지점에서 바퀴를 미끄러뜨리며 타지 않는다. 산행로를 사용자로서뿐 아니라 만드는 자의 입장에 서서 보호하려 노력한다.

슈레이더 밸브(schrader valve) 자전거 타이어 밸브를 말하며, 미국의 자동차에서 볼 수 있는 것과 비슷하다.

스프라켓(rear sprocket) 뒷바퀴에 달린 톱니바퀴. 큰 톱니바퀴는 낮은 기어이고 작은 톱니바퀴는 높은 기어에 해당한다. 오래된 자전거에서는 프리휠(freewheel), 신형 자전거에는 프리허브(freehub)에 해당하는 부품이다.

안장(saddle) 너비가 몸을 잘 지탱하기에 충분하고 부드러운 가죽 안장을 택하되, 마찰이 일어날 만큼 너무 넓은 것은 피한다.

안전점검(safety check) 자전거를 타기 전에는 자전거의 부품들이 모두 제대로 작동하는지 점검한다.

자전거용 의류(bicycle clothing) 안장과의 마찰이나 통

증을 방지해주는 산양가죽 안감을 댄 반바지 같은 특수 의류.

조종하기(steering) 핸들바를 돌리기보다는 기울이면서 자전거를 조종한다.

클린처 타이어(clincher tires) 타이어를 림에 고정시키는 와이어나 케블라 비드가 있는 타이어. 케블라 비드 방식의 타이어는 가격이 더 높지만 훨씬 가볍다. 무게가 가벼울수록 가속도를 내는데 도움이 되어 주행을 활기차게 할 수 있다.

트루(true) 자전거 바퀴가 완벽하게 일자를 이루는 것

트리플 크랭크(triple crank) 크랭크 정면에 세 개의 체인 링과 연결된 크랭크 부품으로, 투어용 자전거와 산악용 자전거에서 볼 수 있다.

프레스타 밸브(presta valve) 유럽의 자전거 타이어 밸브로 밸브 스템 끝에 작은 캡이 있다. 이 캡을 돌려 타이어에 공기를 주입한다.

헬멧(helmet) 자전거 주행용으로 고안된 무게가 가벼운 머리보호 장비

추가 읽을거리

Armstrong, L., and Jenkins, S. 2000. *It's not about the bike: My journey back to life*. New York, NY: Putnam Publishing Group.

Baker, A. 1998. Bicycling medicine: *Cycling nutrition, physiology, injury prevention and treatment for riders of all levels*. New York, NY: Fireside.

Borysewicz, E. 1985. *Bicycle road racing: Complete program for training and competition*. Boulder, CO: Velo Press. 많은 지역에서는 시대에 뒤떨어질 수 있지만, 이 책은 초보자들에게 프로그램을 시작하기 좋은 출발점이 되며, 모든 사람들에게 도움이 되는 기술적인 요령에 관한 아주 좋은 정보를 제공한다.

Brunel, P. 1996. *An intimate portrait of the Tour de France*. France: Bounpame Publishing.

Burney, D. S. 1996. *Cyclo-Cross*. Boulder, CO: Velo Press. 이 책은 사이클 크로스 경주에 관한 완벽한 가이드를 제공한다.

Clark, J. 1995. *Mountain biking the national parks*. San Francisco: Bicycle Books. 이 가이드는 미국의 어느 국립공원에서 사이클링을 허용하는지 알려준다. 환경 파괴 없이 자전거 주행을 하기 가장 적합한 공원들에 대한 정보를 제공한다.

Edwards, S., and Reed, S. 2000. *The heart rate monitor book for outdoor and indoor cyclists: A heart zone training program*. Boulder, CO: Velo Press. (1)체력 향상, (2)체력 향상을 위한 훈련, (3)운동수행능력 강화를 목적으로 자전거 주행 훈련을 하는 법을 설명한다.

Friel, J. 1998. *Cycling past 50*. Champaign, IL: Human Kinetics.

Friel, J. 2003. *The cyclists training bible*. 3rd ed. Boulder, CO: Velo Press. 초보자와 숙련자를 위한 아주 좋은 자료이다. 훈련 계획, 목표 설정, 웨이트트레이닝에 관한 정보를 담고 있다. 프릴은 산악 자전거와 트라이애슬론 선수를 대상으로 하는 다른 유사한 책도 출판했다.

Maffetone, P. 1996. *Training for endurance*. Stamford, NY: David Barmore Productions.

Mills, S., and Mills, H. 2001. *Mountain biking*. Mechanicsburg, PA: Stackpole Books.

Mountain Bike *Magazine's complete guide to mountain bike skills*. 1996. Emmaus, PA: Rodale Press. 이 책은 초보자에서부터 전문가까지 자전거 주행 능력을 더욱 향상시키고자 하는 모든 이들을 대상으로 한다.

Newby-Fraser, P. 1995. *Peak fitness for women*. Champaign, IL: Human Kinetics.

Older, J. 2001. *Back-road to off-road biking*. Mechanicsburg, PA: Stackpole Books. 자전거와 부속품을 고르는 법, 주행 기술, 훈련, 안전수칙, 투어 등에 관한 정보를 포함한다.

Ollivier, J. 2001. *The Maillot Jaune*. Boulder, CO: Velo Press. 1919년부터 현재까지 가장 유명한 사이클리스트들에 관한 이야기.

Prehn, T., and Pelkey, C. 2004. *Racing tactics for cyclists*. Boulder, CO: Velo Press. 경험 많은 도로경주 사이클리스트를 위한 책이며, 삽화가 많은 이 책은 단체 라이더들에게 경주에서 주행하는 법을 보여주고, 자세의 중요성을 설명하고, 개인 및 단체 주행 방법을 설명한다. 의욕적인 레이서들에게 유용한 책이다.

Richards, B. 1997. *Mountain biking*. Mechanicsburg, PA: Stackpole Books.

Stevens, T. 2001. *Around the world on a bicycle*. 2nd ed. Mechanicsburg, PA: Stackpole Books.

U.S. Sports Committee. 2001. *A basic guide to cycling*. 2nd ed. Torrance, CA: Griffin Publishing Group.

Zinn, L. 2001. *Zinn and the art of mountain bike maintenance*. 3rd ed. Boulder, CO: Velo Press.

Zinn, L. 2001. *Zinn and the art of road bike maintenance*. 3rd ed. Boulder, CO: Velo Press.

정기간행물

Bicycling, published 11 times per year by Rodale Press, Box 7308, Red Oak, IA 51591- 0308.

Cycle Sport, published monthly by Cycle Sport USA, 704 Hennepin Ave., Minneapolis, MN 55403. 유용한 레이싱 이야기와 잘 알려지지 않은 정보를 담고 있는 유럽 출판물.

Mountain Bike Magazine, 연간 11회 출판, Rodale Press, Box 7308, Red Oak, IA 51591-0308.

Procycling, 유럽의 하이버리 라이프스타일(Highbury-Lifestyle)이 출판하는 월간지. 프로 도로 경주에 관한 영어권 정보지 중 가장 훌륭한 유럽 출판물.

Velo News, 연간 20회 출판, Inside Communications, Box 21450, Boulder, CO 80308-4450. 주요 신문 형태. 프로 산악 및 도로 경주, 아마추어 경주, 훈련 요령, 지역별 미국 레이스 등에 관한 정보를 제공한다.

자료

비디오 & DVD

Only one road. AAA Foundation for Traffic, Falls Church, VA.

Performance mountain biking, 1996. 벨로(Velo) 社에서 제공하는 이 비디오는 산악자전거 경주에 관한 모든 측면을 다룬다. www.velocatalogue.com. Velo, 1830 N. 55 th Street, Boulder, CO 80301-2700.

Surviving the trail, 1993. 벨로(Velo) 社에서 제공하는 이 비디오는 산행 시의 산악자전거 관리에 관한 모든 측면을 다룬다. www.velocatalogue.com. Velo, 1830 N. 55 th Street, Boulder, CO 80301-2700.

월드 사이클링 프로덕션(World Cycling Productions), 704 Hennepin Ave., Minneapolis, MN 55403. 유럽의 모든 주요 프로 경주를 다루는 비디오를 판매한다.

웹사이트

www.bicyclesports.com
트라이애슬론과 타임 트라이얼에 관심 있는 사람들을 위한 웹사이트로, 처음에 시작할 때 유용하다. 이 온라인 자전거 사이트에서는 랜스 암스트롱에게 완벽한 공기역학적 자세를 개선시켰던 존 코브(John Cobb)가 최첨단 기술인 공기역학적 및 포지셔닝 정보를 제공한다.

www.bici-imports.com
바이시 임포츠(Bici Imports)는 스텔비오 팀웨어(Stelvio TEAMWEAR) 맞춤형 사이클링 단체 의류 및 개인 의류 스텔비오 바이크웨어(Stelvio BIKEWEAR)를 보급하는 독점 판매점이다. 어떤 단체 의류든 고객의 요구에 부응하는 것은 물론이고, 굉장히 폭넓은 의류 제품을 선보인다. 2004년에는 포르자 레이싱(Forza Racing)용 자전거 프레임(이탈리아의 비네르(Viner)가 독점 제조), 부속 장비를 공급하는 이탈리아 업체 바이시 서포트(Bici Support) 社의 전문 작업 스탠드, 자전거 스탠드, 다양한 자전거 맞춤 장비들을 추가했다.

www.cyclingnews.com
전 세계의 프로 자전거 경주 소식의 정확한 소식통.

www.peakscoachinggroup.com
세계에서 가장 유명한 코치 보급업체로, 미국과 유럽 전역에 코치를 파견하고 있다. PCG에서는 모든 수준의 라이더에게 다양한 서비스를 제공한다. 초보자든 오랫동안 자전거를 탄 사람이든 정체기를 겪고 있는 사람이든 간에, 다른 많은 코치 단체들 중에서 살펴보려면 인터넷에서 찾아볼 수 있다.

www.performancebike.com
아마 가장 잘 알려진 온라인 자전거 상점일 것이다. 퍼포먼스(Performance)에서는 완제품만 제외하고 저렴한 가격으로 모든 것을 제공한다. 다른 온라인 상점도 많이 있으므로 다른 곳도 얼마든지 둘러볼 수 있다.

www.usacycling.org

경주에 관심 있는 사람들에게 USA 사이클링(USA Cycling)은 처음 시작하기 좋은 곳이다. 이 웹사이트는 도로 혹은 비포장도로 자전거 주행에서 인정받는

레이서가 되는 방법에 관한 모든 정보를 제공한다.
www.velonews.com
사이클링 잡지 벨로 뉴스(Velo News)의 자매 사이트.

27 조깅과 걷기

이 장을 완벽하게 습득한 뒤, 독자들은 다음과 같은 사항들을 할 수 있어야 한다.

▸ 조깅과 걷기 프로그램을 시작하는 초보자들에게 개요를 설명한다.

▸ 알맞은 조깅 및 걷기 장비, 특히 신발과 의류 같은 품목을 제대로 선택하고 관리한다.

▸ 달리기와 보행 시의 올바른 방법을 실연한다.

▸ 자신의 목표에 따라 알맞은 계획을 세운다.

▸ 조깅으로 인한 부상을 예방 및 치료한다.

▸ 조깅과 워킹의 기본적인 원리와 기술을 가르친다.

▸ 피트니스용 걷기와 경주용 걷기의 차이점을 설명한다.

▸ 경기할 때 걷기에 사용되는 기본적인 두 가지 규칙을 설명한다.

조깅

피트니스 목적으로 하는 조깅의 인기는 지난 40년에서 50년 간 꾸준히 증가해 왔다. 1960년대 초에는 YMCA, 청소년 클럽 혹은 대학 체육교육 프로그램 등에서 대부분의 조직화된 조깅 활동을 주도했다. 조깅으로 얻는 생리학적 효과는 쿠퍼 박사(Dr. Kenneth H. Cooper) (USAF 의무부대 소령)가 과학적 연구로 심박수와 산소소비량 사이의 긍정적인 상관관계를 증명한 후 널리 알려졌다. 쿠퍼 박사는 다양한 형태의 운동을 제안했고 각각의 운동이 어떻게 심폐 건강을 돕는지를 설명했다. 주요 운동 중 필요한 에너지원을 기반으로 하는 활동을 구분하고, 조깅 같은 유산소 운동이 심폐 건강을 향상시키는 데 중요한 역할을 한다는 것을 증명했다.

미국인들이 점차 건강에 관심을 갖게 되고 쇼터(Frank Shorter), 로저스(Bill Rogers), 살라자르(Alberto Salazar), 데커(Mary Decker), 베누아(Joan Benoit) 같은 유명한 운동선수들이 많이 등장하면서 조깅과 달리기에 대한 관심을 더욱 자극했다. 1970년대에서 1980년대에는 수많은 달리기 관련 잡지와 픽스(Jim Fixx), 코스틸(David Costill), 바워먼(Bill Bowerman), 윌트(Fred Wilt), 쉬한(George Sheehan) 같은 작가들의 책들이 출판되면서 건강에 대한 관심이 점차 높아진 미국인들의 조깅의 효과에 대해 이해할 수 있도록 도왔다. 이런 경향과 더불어 조깅은 미국인의 여가활동의 주류를 형성하기 시작했다. 지난 20년간 제닝스(Lynn Jennings), 케네디(Bob Kennedy), 제이콥스(Regina Jacobs), 칸노우치(Khalid Khannouchi) 같은 미국 신기록을 수립한 마라톤 선수들이 새로운 얼굴들로 떠오르면서 주목을 받았다. 새롭게 이름을 알린 미국의 인사들 중에서 해밀턴(Suzy Favor Hamilton), 드로신(Deana Drossin), 류난(Maria Runyan), 리젠하임(Dathan Ritzenheim), 웹(Alan Webb) 같은 마라톤 선수들은 자신들의 마라톤 경험을 글로 남김으로써 달리기의 효과에 대해 사람들에게 알렸다. 언론 보도를 통해서도 달리기 대회의 존재와 인기가 더욱 높아졌다. 뉴욕시 마라톤의 경주 위원장 레브로(Fred Lebrow)는 달리기에 대한 대중의 관심을 고조시켰고 텔레비전으로 달리기 대회를 중계함으로써 달리기 홍보에 앞장섰다. 국가적인 관심이 높아지고 수천만 명이 대회에 참가하면서 다른 달리기 대회들도 텔레비전과 인터넷으로 전국적으로 시청할 수 있게 되었다.

달리기의 인기에 힘입어 전국의 많은 건강 관련 단체들이 인기 높은 도로 경주 대회와 연계하여 훈련 프로그램과 자금 모금을 후원하기 시작했다. 이 같은 프로그램들은 사람들이 수준이 비슷한 다른 사람들과 함께 훈련하고 달리기 요령도 얻을 수 있게 해주었다. 인터넷도 달리기 커뮤니티에 참여할 수 있는 새로운 수단으로 떠올랐다. 이제 사람들은 달리기 정보(예를 들면 지도 요령, 훈련 프로그램, 섭생 가이드, 부상 치료, 스트레칭, 근력 훈련 등)를 무료 혹은 유료로 제공하는 달리기 관련 사이트를 쉽게 찾을 수 있게 되었다. 이 장의 끝부분에 나오는 읽을거리 목록을 반드시 살펴보도록 하라.

조깅은 어떤 사람들에게는 건강을 증진시키고 심장병 발생률을 줄여주는 수단으로 관심을 끌기도 한다. 또 어떤 사람들은 조깅을 체중 감소 혹은 일상생활의 스트레스 해소의 수단으로 생각한다. 어떤 이들은 조깅을 자아존중감을 높이고 기분을 좋게 만들어주는 수단으로 생각한다. 달리기에 대한 사회적 분위기에 동참하는 어떤 사람들은 많은 달리기 대회에 직접 참가하고, 또 자기 자신을 비롯해 다른 사람들에게 도전할 기회가 주어지는 활동 같은 데에도 참가한다. 어떤 목적으로 참여하든 조깅은 우리 삶의 질을 높이는 데 도움이 된다.

시작하기

조깅은 일반적으로 1마일 당 9～12분 정도의 편안한 속도로 천천히 달리는 것으로 정의한다. 달리기는 개인적인 활동이기 때문에 어떤 이들은 다른 사람들에 비해 같은 시간 동안 더 멀리, 더 빨리 달릴 수도 있다. 초보자들이 기준으로 삼기 좋은 것은 토크 테스트(talk test)를 이용하는 것인데, 즉 이야기를 계속 지속할 수 있는 정도의 속도로 달리는 것을 말한다.

달리기는 고문처럼 느껴질 만큼 굳이 힘들게 할 필요가 없다. 제대로 달리기를 하려면 현명한 프로그램으로 시작해야 한다. 아래의 가이드라인은 서의 모든 사람들이 사용할 수 있는 것이다.

1. 어떤 형태이든 운동 프로그램을 시작할 때는 사전에 의사와 상담한다. 이 가이드라인은 연령이 높아짐에 따라 중요성이 높아진다. 조깅처럼 제법 강도가 높은 운동 프로그램을 시작하기 전에는 신체적 활동 사전설문(PAR-Q: Physical Activity Readiness Questionnaire) 같은 운동 전 건강진단 질문지에 명시된 문항에 대답해본다. 운동 진단 테스트는 운동 프로그램을 보통 강도 수준으로 시작할 계획인 경우, 건강한 45세 이하의 남성과 55세 이하의 여성이라면 꼭 필요하지 않다. 이는 즉 최대심박수('일반적인 제안' 편 참고)의 60～74퍼센트, RPE(운동자각도) 11～13(매우 가벼운 수준에서부터 약간 어

려운 수준), 혹은 VO2max(최대산소섭취량) 40〜60로 운동하는 것을 의미한다. 이 수준으로 운동을 하면 각자의 심폐기능이 허용하는 범위 내에서 할 수 있으며 60분 정도 지속할 수 있다.

2. 천천히 시작한다. 만일 너무 과도하게 한다면 첫 날이 아마 마지막 훈련일이 되고 말 것이다.

3. 일정하게 지속적으로 한다. 효과적인 훈련을 계획하고 그 계획대로 6주에서 8주간 계속한다. 조깅을 격일로 하면 운동 후 몸이 회복할 시간을 가질 수 있다.

4. 몸이 표현하는 소리에 귀를 기울인다. 몸은 자신의 한계를 드러낼 것이다. 지나치게 경쟁적으로 하려 들지 말고 몸의 한계를 넘는 수준으로 하지 않는다. 만일 몸이 아프면 하루나 이틀 정도 중단한다.

5. 처음 몇 번은 중간 중간 자주 휴식시간을 갖는다. 도보로 준비운동과 정리운동을 한다.

6. 편안하고 잘 맞는 신발을 착용한다 (아래 섹션 참고). 복장은 일반적인 상식과 경험을 참고로 적당한 것을 입는다.

7. 자신이 달릴 수 있는 거리에 따라 계획을 변경하면 안 된다. 가이드라인대로 시간을 활용하고, 총 운동시간을 일주일에 10퍼센트까지만 증가시킨다. 처음에는 도보 5분, 느린 속도로 달리기 5분으로 가볍게 시작한다. 그리고 차츰 천천히 시간을 올리되 무리하지 않는다. 시간별로 프로그램을 수정함으로써 체력의 한계를 벗어나지 않게 한다. 무리하게 설정한 거리를 완주하다가 실패하여 괜히 좌절감에 빠질 일을 만들 필요가 없다. 달리기는 긍정적인 마음으로 할 때 즐거워진다.

신발 선택하기

개인용품과 필요한 물품은 사람마다 크게 다르기 때문에 특정 형태의 신발을 모든 사람들에게 권할 수는 없다. 신발을 선택할 때 고려해야 하는 것은 편안함과 충격 흡수 기능, 신체 크기, 달리기 방식, 기술과 수준 등이다.

러닝화는 (도해 27.1) 달리기 동작을 할 때 방해를 받지 않으면서 보호 기능을 제공하도록 만들어졌기 때문에, 부상을 방지하고 수행능력과 안전을 최대화하려면 운동용 신발을 올바르게 선택하는 것이 중요

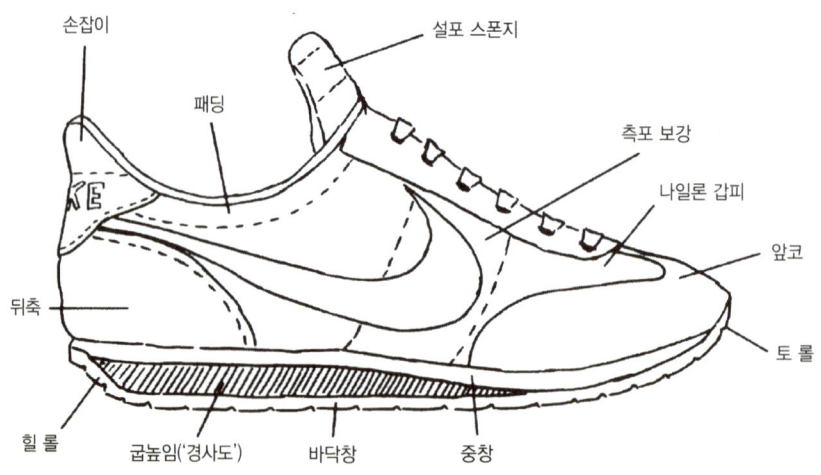

도해 27.1. 러닝화의 구조

하다.

자신이 신는 신발 밑창의 마모 여부를 점검하면 평소의 걸음걸이에 대한 정보를 알 수 있다. 밑창 상태를 보면 자신의 걸음걸이 방식이 안쪽 면이 먼저 지면에 닿는 내전형인지, 바깥쪽 면이 먼저 지면에 닿는 외전형인지 판단할 수 있다. 만일 내전형이라면 발이 안쪽으로 과도하게 돌아가서 신발이 뒤꿈치 안쪽이 먼저 마모될 것이다. 이런 경우는 일직선형 혹은 약간 커브형인 신발을 고른다. 외전형이라면 발이 안쪽으로 돌아가지 않으며 발의 볼 부분이 지면에 먼저 닿고 이 부분을 밟으며 달리기 때문에 신발의 바깥쪽 부분이 먼저 마모된다. 이런 경우는 충격 흡수 기능이 좋은 신발을 골라야 하며 슬립 라스트(slip-lasted, 안쪽 바닥에 판지가 부착되어 있지 않아 다소 가볍고 신축성이 있음 – 역자 주)형 구조의 커브형 혹은 세미 커브형을 고른다.

신발을 선택할 때는 익숙해져야 하는 몇 가지 용어가 있다. 신발 형태의 기본 구조를 **모양** 혹은 **라스트 (last)**라고 하는데, 이는 착화감과 지지기능에 영향을 미친다. 라스트에는 네 가지 종류가 있는데, (1) **직서형**: 지지기능이 가장 좋고 내전형이 사람들이 선호한다, (2) **약간 커브형**: 발 안쪽(아치 부분)의 지지기능이 좋다, (3) **세미 커브형**: 발 안쪽의 지지기능이 약간 있고

안쪽으로 더 잘 움직여진다(신발 바닥의 안쪽 아치 부분만 더 좁다), (4) **커브형**: 안쪽으로 가장 잘 움직여지고, 매우 신축성이 있으며, 안쪽 지지기능이 가장 적고, 주로 경량훈련화나 경주화에서 볼 수 있다. 신발 형태에 대한 자세한 모양은 도해 27.2을 참고할 것.

처음에 시작할 때는 러닝화 전문가와 상담하는 것이 가장 좋은데 전문가들은 아주 다양한 브랜드와 모델에 대해 제안해줄 것이다. 몇 가지 종류를 직접 신어보고 달리기에 적합하도록 끈을 묶어본다. 사소한 결함이 있는지 점검하고(대량생산 시대에는 이런 결함이 흔히 발생한다), 간단히 달려보기 위해 밖으로 신고 나간다. 신발을 선택할 때는 절대 급하게 결정하면 안 된다.

만일 교정구를 착용한다면 신발에 맞는지 확인한다. 깔창을 빼내야 공간이 생길 것이다. 신발을 선택할 때는 평소 달리기할 때 신는 것과 같은 종류의 양말을 반드시 착용하고 신어보아야 한다. 신발의 발끝 부분과 가장 긴 발가락과의 간격이 엄지손가락 너비 정도는 되어야 알맞게 맞는 것이다. 너무 딱 맞거나 너무 헐렁한 신발을 신으면 물집이 생기고 불편할 수 있다.

자신에게 필요한 조건을 판단하기 위해 다음의 질문에 대답해본다. 발이 묵직하게 느껴지는가 혹은 좋은 자세로 가볍게 달릴 수 있는가? 어떤 지형에서 달

직선형　　　약간 커브형　　　세미커브형　　　커브형

도해 27.2. 러닝화의 종류

릴 것인가(산행로, 도로, 잔디 등)? 취미로 달리기를 할 것인가 아니면 정해진 거리 혹은 시간 동안 훈련할 것인가? 자신의 필요조건에 맞는 신발을 찾고 자신의 발에 가장 잘 맞는 것을 고른다.

지난 몇 년 동안 러닝화 시장이 확대되면서 신발의 너비도 중요한 요소가 되었다. 가격도 고려할 요소지만 가격이 높은 신발이라고 해서 반드시 착화감과 품질이 좋은 것은 아님을 기억해야 한다.

달리기를 계획하는 사람이라면 투자 비중을 가장 높여야 하는 품목이 바로 좋은 신발이지만(시간 이외에), 비싸고 좋은 신발이 전부는 아니다. 발의 해부학적 구조상 오늘날 대량생산 제품으로 나오는 신발에서는 얻을 수 없는 다른 무엇인가가 필요하다. 발에 편안하게 맞는 신발을 찾을 수 없을 때는 발 전문가나 정형외과 의사의 조언을 구하는 게 좋다.

러닝화는 달리기용으로만 사용한다. 평상시에도 신고 다니면 착용 패턴에 변화가 와서 신발의 수명에 영향을 미친다.

초보자는 훈련화를 구입한다. 훈련화는 경주화보다 완충기능이 더 잘 되어 있다. 또한 조깅할 때는 좋은 양말을 신는 것이 중요하다는 것을 항상 기억해야 한다. 양말은 발의 땀을 밖으로 배출해주는 작용을 하기 때문에 중요하다.

달리기 자세

많은 사람들이 장거리 달리기를 하는 데는 기술이 별로 혹은 전혀 필요하지 않다고 생각한다. 달리기를 하는 많은 사람들을 관찰해보면 어떤 사람들은 거의 힘을 쓰지 않고 떠다니듯이 달리는가 하면, 어떤 사람들은 스텝 하나하나에 집중하고 표정을 일그러뜨리며 힘들게 달리는 것을 볼 수 있다. 분명한 차이점은 심폐기능 조절에 있지만, 동작의 기술과 효율성 역시 크

게 관련이 있으며 요령과 연습이 필요하다.

달리기는 자연스러운 활동이기 때문에 물리적으로 안전한 상태이기만 하다면 달리는 사람은 자연스럽게 동작해야 한다. 달리기 속도를 늦출수록 잘못된 자세가 사라지는 경향이 있다. 템포가 증가하고 속도 증가에 따른 비능률성이 결합하면 문제가 발생한다.

발의 위치

천천히 달릴수록 발이 지면과 닿는 면적이 넓어진다. 가볍고 부드럽게 지면을 딛기 위해 노력하되, 차듯이 동작하면 안 된다. 빨리 달릴수록 발이 발끝 쪽을 향하면서 높게 움직인다. 누구나 처음에는 발의 바깥쪽 면으로 지면을 딛게 되고, 그러다 점차 안쪽 면으로 지면을 딛는다. 이렇게 하면 충격을 흡수한다. 지면과 접촉하는 부분은 속도에 따라 달라진다.

보폭

보폭은 속도를 내는 한 요소이다. 보폭을 짧게 해서 달리면 힘이 덜 들고 속도도 느리다. 속도가 빨라지면 보폭의 길이도 증가한다. 항상 명심할 것은 무릎이 먼저 나가게 해야 한다는 것이다. 발은 먼저 나간 무릎을 따라 움직이면서 지면을 딛기 위해 뻗는다. 보폭을 지나치게 크게 하지 않아야 하며, 발이 항상 몸 바로 아래쪽에 오게 한다. 발이 지면과 닿는 시점은 무릎을 약간 구부린 상태에서 발이 무릎 바로 아래에 올 때이다.

몸의 동작

등을 곧게 편 자세로 달린다. 머리는 수평 상태를 유지한다. 시선은 하늘이나 발쪽을 향하지 않고 10~15피트(3~4.5m) 전방을 주시한다. 이런 식으로 하면 곧고 안정된 자세를 만들어준다. 머리는 몸통과 일직선이

되게 하고, 몸통은 다리와 일직선이 되게 한다.

엉덩이는 다리 바로 위에 오게 한다. '주저앉듯이' 처지거나 앞으로 숙이지 않는다. 달리기를 할 때는 피로가 몰려오면 몸이 자꾸 '주저앉으려는' 현상이 생기며, 이렇게 되면 보폭이 더 짧아지고 비효율적인 자세가 된다.

팔은 달리기에서 중요한 역할을 한다. 팔은 균형을 잡아주고 앞으로 나아가는 동력을 제공하므로 결코 소홀히 해서는 안 된다. 팔은 율동적인 자세를 유지하게 할 뿐 아니라 다리가 더욱 빨리 나아가도록 돕는다. 손은 느슨하게 오므리고 힘을 빼며, 손바닥은 몸쪽을 향하게 한다. 팔꿈치는 90도 각도로 구부리고 양팔이 서로 평행이 되게 하며, 약간 안쪽으로 오게 하되 가슴 중앙까지 가지 않게 한다. 손 동작은 원래 위치로 되돌아오되 몸통 중앙까지 움직이지 않는다. 달리기를 하는 동안 피로가 몰려오기 시작하면 손과 팔은 더 이상 긴장을 뺀 상태를 지속하지 못하고 몸 쪽으로 가까워지게 된다. 이때는 팔을 옆구리로 내리고 흔들며 달린다.

이와 같은 몸동작 기술을 연습하기에 가장 좋은 시점은 오후의 단거리 달리기이다. 부드럽고 잔디가 있는 지면 위에서 어떤 점이 잘못되었는지에 집중하면서 50~60야드(45~55m)를 6회 달린다. 다른 누군가에게 자신이 달리는 모습을 여러 차례 관찰하게 하고 조언을 받는다. 누구나 달리기를 할 때 동작에 해를 끼치지 않으면서 동작하는 자신만의 독특한 스타일이 있다. 저마다 갖고 있는 스타일은 달리기를 하는 동안 물리적인 효율성에 영향을 끼치지만 않는다면 괜찮다.

훈 련 하 기

미국에서는 조깅을 하는 사람들의 숫자가 증가하면서 사람들이 참가할 수 있는 경기도 많아졌다. 거의 매주 달리기 대회가 특정 단체의 후원을 받아 개최되고 있다. 어떤 대회는 수준 높은 선수들을 위한 것이며, 어떤 대회는 재미를 목적으로 하고, 또 어떤 대회는 자선기금 마련을 목적으로 열리며, 또는 지역 전통을 인식하자는 취지에서 열리는 대회도 있다. 대회에 참가할 수도 있고 참가하지 못할 수도 있지만 피아노 교사가 학생들에게 연습을 계속할 수 있도록 동기를 부여하기 위해 연주회를 개최하듯이, 어떤 대회건 모두 달리기에 대한 의욕을 고취시킨다. 만일 대회에 참가하고 싶다면 사전준비와 해당 경기에 필요한 훈련을 반드시 해야 한다.

훈련이라는 단어는 조깅이라는 단어와 마찬가지로 그 범위가 모호하다. 다른 점이 있다면 때로는 인위적이라는 것이다. 훈련은 특정 거리 혹은 레이스를 완주할 수 있도록 애써 노력을 다하는 것을 말하며, 조깅은 대체로 피트니스 혹은 건강을 목적으로 하여 좀 더 편안한 성격을 띤다.

훈련을 시작할 때는 몇 가지 방법이 있는데, 대부분은 아주 간단하다. 초보자들을 위해 원리, 전문용어, 훈련체계를 안내하고자 한다.

훈련의 기본원리

심폐기능을 향상시키는 데는 네 가지의 주요소가 있는데, 운동 방식(예: 조깅 혹은 달리기), 빈도수(얼마나 자주 하는 지를 말하며, 대개 최소한 주3회 정도이다), 강도(얼마나 높은 강도로 하는지 혹은 최대심박수로 판단하며, 일반적으로 최대심박수의 50~90퍼센트로 한다), 시간(훈련 시간을 말하며, 일반적으로 20분 이상)이다.

스트레스 전반적인 상태를 향상시키고자 한다면 몸이 스트레스에 적응해야 한다. 훈련은 우리가 달리기를 하는 동안 몸이 직면하게 되는 스트레스를 더욱 자극한다. 달리기를 하는 동안 발생하는 스트레스와 피로는 훈련과 미묘한 차이로 구분된다.

과부하(over load) 과부하는 편안하게 느끼는 것보다 좀 더 힘이 드는 수준을 의미한다. 처음에는 격주 간격 정도로 단시간 동안 훈련을 수행한다. 그러다가 점차 자신의 한계를 늘려나간다. 만약 한계를 너무 빠른 속도로 늘려나간다면 부상 위험이 있고 흔히 통증이 나타날 수 있다.

훈련의 특수성 훈련은 자신이 준비하고 있는 레이스의 속도와 거리 부문이 모두 비슷하게 해야 한다.

일관성 신체 시스템은 규칙적인 훈련에 맞추어 틀이 잡혀 간다. 따라서 어떤 날에는 운동량을 과도하게 하는 식으로 한다면, 그 다음 훈련일에는 걷기조차 힘들어질 수 있다. 항상 일관되게 훈련한다.

회복 우리 몸의 시스템은 스스로 원기를 회복하기에 적당한 시간이 주어져야 한다. 고강도 훈련만 계속적으로 하면 결국에는 녹초가 된다. 휴식기를 갖는 것도 운동 자체만큼이나 중요하다.

속도 달리기에 대한 장기적인 접근방식을 세운다. 레이스와 훈련 모두에서 점진적으로 향상되는 데 초점을 둔다. 처음에는 거리가 길어짐에 따라 향상되는 정도가 빠르게 나타난다. 기억할 것은 많이 할수록 반드시 더 좋은 결과를 가져오는 것은 아니라는 점이다.

지면 상태 훈련 장소의 지면 상태는 달리는 동안 몸이 감당해야 하는 힘에 영향을 미친다. 시멘트 바닥은 스트레스의 정도가 가장 크다. 시멘트는 탄력성이 거의 없고 다리에 힘이 상당히 많이 들어간다. 포장된 도로는 시멘트 바닥보다는 스트레스가 적다. 현대의 달리기용 트랙 대부분은 도로에서 달리는 것보다 좀 더 부드럽다. 진흙이나 석탄재를 깔아놓은 경주로 혹은 우드칩이 깔린 길은 다리에 가해지는 스트레스가 가장 적다. 초보자라면 모래 위나 해변가에서는 달리기를 삼간다. 이런 곳은 대체로 지면이 고르지 않아 에너지가 상당히 많이 소모된다. 눈길도 마찬가지다. 이런 지면은 아주 위험하며 심지어는 신발 밑창에 파인 홈이 특수하게 제조된 것을 신고 달려도 위험성이 별반 달라지지 않는다. 달리기를 할 장소를 적절히 변경하면 다리에 가해지는 스트레스를 완화할 수 있다. 알맞은 지면 상태인 곳을 잘 선택하면 훈련 프로그램을 더욱 즐겁게 수행할 수 있게 되며 부상 위험도 감소한다. 총 달리기 시간이 증가하면 몸에 가해지는 스트레스의 양도 그만큼 증가한다는 사실을 반드시 기억해야 한다.

훈련 스케줄

각자 자신에게 맞는 훈련 스케줄을 세운다. 자신의 생활방식에 잘 맞는 방식을 찾고 달리기 자체를 삶의 휴식이 되는 한 부분으로 만든다. 항상 즐겁고 의욕적으로 한다. 중요한 것은 훈련을 할 때 항상 처음에 간단한 준비운동을 한 후, 10분에서 15분 정도의 정적 스트레칭, 조깅, 정리운동, 그 외 몇 가지 추가적인 스트레칭으로 훈련을 시작하는 것이다. 한번에 주간 총 훈련시간의 5~10퍼센트 정도 이상은 훈련 강도를 증가시키지 않도록 한다. 한번에 증가폭이 큰 것보다는 조금씩 증가시키는 것이 몸이 감당하기에 더 수월하다. 과도하게 훈련하는 것보다는 조금 부족한 정도로 하는 것이 낫다. 매번 고강도 훈련일과 저강도 훈련일을 번갈아 하여 몸이 회복할 시간을 준다. 고강도 훈련만 계속 하면 부상과 퇴보 현상이 발생할 수 있다.

훈련 프로그램을 수행하는 동안 부상 가능성을 줄여줄 수 있는 또 다른 방법은 훈련량을 4주마다 감소시키는 것이다. 이렇게 하면 몸이 다시 회복하고 훈련에 적응할 수 있는 기회를 준다.

준비운동과 정리운동은 훈련에서 아주 중요한 부분이다. 근육 사용량이 증가하는 훈련에 들어가기 전에 근육이 준비운동을 하고 혈류가 원활히 증가할 수 있도록 충분히 시간을 주어야 한다. 간단한 동작을 5분에서 10분 정도 한 후에는 유연성을 증가시키거나 유지하도록 돕는 운동인 정적 스트레칭을 같은 시간 동안 실시한다. 정적 스트레칭은 몸이 펴지는 것이 느껴지는 순간까지 동작을 하되, 통증이 나타날 때까지 하면 안 된다. 각 스트레칭을 10~20초간 유지한 후 몸에 힘을 뺐다가 다시 같은 동작을 2~4회 더 반복한다. 대개 일반적으로 대근 부위들의 동작부터 시작하고 점차 소근 부위들의 동작으로 바꿔가며 한다('유용한 스트레칭과 저항 훈련' 항목 참고). 짧은 시간 동안이라도 스트레칭을 하면 근육 좌상이나 통증이 발생할 가능성을 줄여준다. 같은 이유로 훈련 후에는 정리운동을 하는데, 이때는 운동 강도를 점차 낮추어 몸이 회복할 기회를 주는 것이다. 정리운동을 하면 근육 펌핑 작용으로 혈액순환을 유지해주고, 증가한 대사산물의 대부분을 감소시킨다. 단시간의 스트레칭으로 마무리하는 것으로 훈련을 마치면 유연성 증가에 더욱 도움이 된다.

각자의 조깅 프로그램을 짜는 데 도움이 되도록 세 가지 프로그램(초보용, 중급용, 상급용)을 아래에 제시한다. 각 프로그램은 중점을 두는 부분이 모두 다르고 성공적으로 수행하는 데 필요한 체력 수준도 다르다. 자신의 조깅 프로그램의 목표를 현실적이고 실용적으로 만들어야 한다는 점을 기억해야 한다. 그래야만 그 프로그램을 즐겁게 수행할 수 있고 목표도 달성할 수 있다.

초보자용 프로그램

초보자 프로그램은 과거에 훈련을 해본 경험이 없거나 지난 6개월 동안 훈련을 하지 않았던 사람들을 대상으로 한다. 명심할 것은 조깅 프로그램을 시작하려면 자신의 수준을 먼저 판단해야 한다는 것이다. 초보자 프로그램에 포함되는 언덕을 뛰어 오르고 내려오는 훈련은 관절과 인대에 큰 무리가 될 수 있다. 과체중이거나 심폐기능이 현저히 낮은 사람이라면, 조깅 프로그램에 들어가기 전에 4~6주의 걷기 프로그램을 먼저 시작하길 권한다. 이 장의 끝 부분에 나오는 걷기 항목을 참고하라.

초보자 프로그램은 격주 간으로 걷기와 느린 조깅의 조합으로 시작한다. 훈련 프로그램을 분석하기 위해 다양한 방식(시간, 거리, 스텝)을 사용할 수 있다.

스텝 횟수. 스텝을 셀 때는 한 발이 지면에 닿는 횟수만 세는 것이 더 쉽다. 조깅 스텝을 5~10회로 시작한 후, 걷기 스텝을 5~10회 이어서 한다. 이 사이클로 20~30분간 반복한다. 심박수를 체크하는 것을 잊지 말고 목표심박수 범위 중 낮은 쪽으로 유지하거나(목표심박수를 정하는 방법은 이 장의 끝부분에서 설명한다), 앞에서 설명한 '토크 테스트'를 기준으로 한다. 이것은 힘들게 하는 수준이 아니어야 한다. 둘째 주에는 조깅 스텝을 15~20회로 늘리고, 이어서 걷기 스텝을 5~10회 하는 식으로 총 20~30분간 실시한다. 셋째 주에는 조깅 스텝을 25~40회 하고, 걷기 스텝을 5~10 하는 식으로 총 20~30분간 할 수 있어야 한다. 한 주씩 지날 때마다 걷기 항목을 더 늘리기보다는 조깅 항목을 늘려나가려는 노력을 한다. 몇 개월 지난 후에는 걷기 없이 조깅만 총 20~30분간 수행할 수 있어야 하며, 달리기 수준으로 강도를 높이기 시작한다.

시간. 처음에는 조깅을 10~15초로 시작하고, 이어서 걷기를 10~15초 실시한다. 이런 사이클로 총 20~30분간 반복한다. 앞에서 설명한 것과 같은 방식을 따른다. 둘째 주에는 조깅을 20~30초로 늘리고, 걷기를 10~15초 이어서 하는 식으로 총 20~30분간 실시한다. 셋째 주에는 조깅 30~40초, 걷기 10~15초의 사이클로 총 20~30분간 할 수 있어야 한다. 한 주씩 지날 때마다 걷기 시간을 늘리기보다는 조깅 시간을 늘려나가려는 노력을 한다.

거리. 이 방법은 거리를 표시할 수 있는 공간을 확보해야 한다. 달리기용 트랙이나 자동차도로가 있는 길 혹은 길을 따라 전신주가 있는 곳에서 할 수 있다. 처음에는 정해진 거리를 조깅하고, 이어서 같은 거리를 걷는 식으로 시작한다. 한 도로 구간에서 다음 도

표 27.1. 중급자용 훈련 프로그램: 첫 4주 사이클

훈련일	첫 주 훈련시간	둘째 주 훈련시간	셋째 주 훈련시간	넷째 주 훈련시간
첫 날	20분	22분	25분	20분
둘째 날	20분	25분	30분	25분
셋째 날	20분	20분	25분	20분
넷째 날	30분	35분	40분	35분

표 27.2. 중급자용 훈련 프로그램: 두 번째 4주 사이클

훈련일	다섯째 주 훈련시간	여섯째 주 훈련시간	일곱째 주 훈련시간	여덟째 주 훈련시간
첫 날 파틀렉(fartlek) 훈련	25분	27분	30분	25분
둘째 날	20분	25분	30분	20분
셋째 날 400m 반복	25분 (6×40)	30분 (8×400)	35분 (10×400)	20분 (6×400)
넷째날	40분	45분	50	35분

표 27.3. 중급자용 훈련 프로그램: 세 번째 4주 사이클

훈련일	아홉째 주 훈련시간	열 번째 주 훈련시간	열한 번째 주 훈련시간	열두 번째 주 훈련시간
첫 날 인터벌 훈련	25분 (5×800)	27분 (6×1000)	30분 (6×800)	25분 (5×1000)
둘째 날	20분	25분	30분	20분
셋째 날 고강도의 달리기	25분 (6×1000)	30분 (5×1200)	35분 (4×1600)	20분 (저강도)
넷째 날	40분	45분	50분	레이스

로 구간까지 조깅을 한 다음, 걷기를 그 다음 구간까지 실시한다. 이 사이클로 20~30분간 반복한다. 마찬가지로 앞에서 설명한 것과 같은 방식을 따른다. 둘째 주에는 조깅 거리를 늘리고 걷기는 첫 주와 같은 거리를 실시하는 식으로 총 20~30분간 한다. 셋째 주에는 조깅 거리를 세 구간으로 늘리고, 이어서 걷기를 한 구간 하는 식으로 총 20~30분간 할 수 있어야 한다. 한 주씩 지날 때마다 걷기 거리를 늘리기보다는 조깅 거리를 늘려나가려는 노력을 한다. 몇 개월 지난 후에는 걷기 없이 조깅만 총 20~30분간 할 수 있어야

하며, 달리기 수준으로 강도를 높이기 시작한다.

중급자용 프로그램

중급자용 프로그램은 여러 가지 훈련방식을 결합한다 (표 27.1 참조). 훈련은 주 4회로, 한 번의 훈련에 30~60분간 실시한다. 이런 형식의 프로그램은 5킬로미터에서 10킬로미터의 비정기적인 도로 경주에 참가하고자 하는 사람에게 알맞다. 이 프로그램은 도로 경주가 있기 전의 12주 계획으로 짜여 있지만, 기본 패턴은 그보다 더 긴 기간 혹은 더 짧은 기간 동안 준비하는

용도로도 사용할 수 있다. 각 주의 프로그램은 하루 훈련 후 하루 휴식, 2일 연속 훈련 후 하루 휴식, 하루 훈련 후 마지막 하루 휴식 이런 규칙으로 한다. 처음 3주 동안은 달리기의 기본을 형성하는 쪽으로 방향을 잡는다. 달리기는 힘들지 않게 하되, 달리기하는 동안 대화를 지속할 수 있는 수준으로('토크 테스트' 참조) 한다. 네 번째 주는 몸을 회복하는 주로 활용한다.

그 다음의 4주 사이클은 첫 4주 동안 이미 형성된 기본을 바탕으로 하는 훈련이며, 훈련스케줄에 좀 더 빠른 속도의 달리기를 추가한다 (표 27.2 참조). 여기서부터는 '파틀렉(fartlek)' 훈련을('훈련 시스템의 종류' 편 참조) 시작하고 빠른 속도의 반복을 추가하기 좋은 시점이다. 빠른 속도와 느린 속도를 번갈아하는 식으로 훈련 내내 반복한다. 400m 반복(6~10회)을 평소에 하던 익숙한 속도보다 더 빠른 속도로 실시한다. 각 반복을 마칠 때마다 같은 거리의 저강도 조깅을 이어서 한다.

12주 프로그램의 마지막 4주는 인터벌 훈련과 더 긴 거리와 빠른 속도의 달리기가 포함된다 (표 27.3 참조). 달리기 시간은 증가하지 않지만 강도는 약간 더 높다. 인터벌 훈련은 800m~1,200m를 5K 레이스 속도로, 각 인터벌 사이에 4~5분 휴식을 하면서 실시한다. 고강도의 달리기는 길이에 변화를 주되, 800m 이상이면서 5K 레이스 속도보다 약간 느리게 한다. 고강도의 달리기 사이의 회복시간은 더 짧게(1~1 1/2분) 해야 한다.

이렇게 12주 프로그램을 마칠 때쯤이면 5K 혹은 10K 도로 경주를 완주할 수 있게 될 것이다.

상급자용 프로그램

상급자(수개월간 훈련을 한 적 있는 사람이면서 10~26.2마일(16.1~42.3㎞) (마라톤) 달리기 준비에 관심이 있는 사람)용 프로그램은 훈련일수, 총 훈련시간, 훈련량이 증가한다. 전체적인 프로그램은 시간 혹은 시간과 훈련량의 조합을 기본으로 구성되며, 하루에 한 가지 이상의 훈련을 한다.

시간과 훈련량 조합 프로그램은 다음과 비슷하게 구성한다.

일요일. 15마일(24㎞) 달리기를 오래 가볍게 하거나, 비교적 평탄한 지형에서 1시간 반 동안 달린다.

월요일. 아침: 가볍게 40분 달리기를 한다. **저녁:** 힘차게 45분 달리기를 하고 나서 잔디 위에서 8~10회 크게 걷기를 한다. 스트레칭과 정리운동을 한다. 복부 운동을 한다.

화요일. 저녁: 경사가 아주 가파른 지형에서 보통~고강도로 1시간 달리기를 한다. 시작은 가볍게 하며, 마지막은 길고 힘차게 지속적인 페이스로 마무리한다. 정리운동을 반드시 한다.

수요일. 아침: 3~5마일(5~8㎞)를 가볍게 달린다. **저녁:** 원하는 방식으로 40분 달리기를 한다.

목요일. 아침: 40분 달리기를 한다. **저녁:** 언덕 위에서 파틀렉 훈련을 속도에 변화를 주며 실시하고 총 훈련량은 1시간으로 한다.

금요일. 저녁: 힘차게 45분 달리기를 한다.

토요일. 3마일(4.8㎞) 이상의 경주를 찾아본다. 미리 목표를 정해둔다. 속도를 시험한다. **오후:** 4~5마일(6.5~8㎞)의 달리기를 가볍게 한다.

이 예제 훈련은 일주일에 70마일(113㎞) 정도에 해당하며, 3시간 이하의 마라톤 준비용으로 적합하다.

시간을 기반으로 하는 프로그램에서는 각 주에 오래달리기를 한번 하고, 하루 휴식하고, 나머지 5일은 편안한 속도로 달리기를 한다. 서서히 오래달리기나 마라톤에 이르는 훈련을 하는 14주 동안에는 오래달리기의 시간에 변화를 주어서 훈련량을 서서히 증가시키고 그 다음 주의 훈련을 위해 회복할 시간을 가질 수 있도록 해야 한다. 일반적인 훈련 프로그램은 표 27.4에 나와 있다.

이제 그 다음 주 동안 마라톤 혹은 다른 오래달리기

표 27.4. 상급자용 훈련 프로그램: 시간 기반형

주 회차	시간		
	첫째 날~ 다섯째 날	여섯째 날	일곱째 날
1	25~35분	60분	휴식
2	25~35분	90분	휴식
3	25~35분	60분	휴식
4	25~35분	110분	휴식
5	25~35분	60분	휴식
6	25~35분	130분	휴식
7	25~35분	60분	휴식
8	25~35분	150분	휴식
9	25~35분	60분	휴식
10	25~35분	170분	휴식
11	25~35분	60분	휴식
12	25~35분	180분	휴식
13	25~35분	60분	휴식
14	25~35분	75분	휴식

표 27.5. 경주 속도 예상표

분/마일	5000m	10,000m	하프 마라톤	마라톤
6:00	18:36	37:12	1:18:36	2:37:12
6:30	20:09	40:18	1:25:09	2:50:18
7:00	21:42	43:24	1:31:42	3:03:24
7:30	23:15	46:30	1:38:15	3:16:30
8:00	24:48	49:36	1:44:48	3:29:36
8:30	26:21	52:42	1:51:21	3:42:42
9:00	27:54	55:48	1:57:54	3:55:48
9:30	29:27	58:54	2:04:27	4:08:54
10:00	31:00	1:02:00	2:11:00	4:22:00
10:30	32:33	1:05:06	2:17:33	4:35:06
11:00	34:06	1:08:12	2:24:06	4:48:12
11:30	35:39	1:11:18	2:30:39	5:01:18
12:00	37:12	1:14:24	2:37:12	5:14:24

를 할 준비가 된 상태다. 경주가 있는 주의 처음 3일 간은 반드시 가볍게 달리고, 경주 전 이틀은 쉬거나 혹은 아주 가볍게 달린다. 경주 전의 식단에는 탄수화물을 좀 더 많이 포함하는 것이 좋다. 프로그램에 시간을 기본요소로 이용하면 각자의 훈련을 자신에게 맞게 구성할 수 있고 자신의 몸이 느끼는 방식에 따라 대응할 수 있다. 만일 몸 상태가 좋다면 몇 킬로미터를 더 달린다. 만일 회복 시간이 더 필요하다면 달리는 총 거리를 적게 잡는다. 과도한 스트레스가 계속되면 오히려 훈련이 역효과를 가져올 수 있기 때문에 자신의 피로 증상이 어떤 것인지 알아야 한다. 경주 내 내 속도를 일정하게 유지하고자 하는 사람들을 위해 표 27.5에서 각기 다른 거리의 경주에 대한 대략적인 경주 속도 예상표를 제시해 놓았다.

유용한 스트레칭과 저항훈련

자신의 프로그램에 간단히 추가할 수 있는 다양한 스 트레칭과 몇 가지 기본적인 저항훈련이 있다. 이런 운동들은 유연성과 근력을 더욱 강화시켜 주어 새로운 시도를 하는 데 도움이 된다. 스트레칭은 준비운동으로 근육의 온도를 높인 후와 정리운동 후에 하는 것이 좋다. 각 스트레칭 동작은 10~30초 동안 유지해야 하며 2회 반복한다. 몸이 펴지는 것이 느껴지는 지점까지 스트레칭을 하되 통증이 느껴질 정도로 하면 안 된다. 대근 부위들을 가장 먼저 스트레칭 하고 그 다음 소근 부위들로 옮겨간다. 매일 스트레칭을 하는 것이 좋다. 아래에 달리기 프로그램에 도움이 될 스트레칭을 몇 가지 소개한다.

1. 허리
2. 등 상부
3. 사타구니
4. 슬굴곡근
5. 허들러 스트레칭
6. 대퇴부
7. 다리 하부
8. 종아리
9. 어깨
10. 삼두근
11. 발목
12. 목

저항을 이용하는 운동은 훈련을 마친 후에 해야 한다. 이런 저항 훈련의 일부는 몸만 사용하거나 수제식

기구를 사용한다. 따라서 굳이 돈을 들여 비싼 기구를 장만할 필요는 없다. 이러한 저항 운동은 근육 크기를 부풀리지 않으면서 근력을 약간 더 강화한다. 만일 중량 훈련을 할 필요가 있다면 플라스틱 우유컵에 물이나 모래를 가득 채워서 할 수 있다. 처음에는 근력이 증가할 때까지 중량을 점차 조금씩 늘리면서 한다. 각 운동은 특별한 경우가 아니라면 모두 10~15회 반복으로 1~2세트 실시한다. 이런 운동은 일반적으로 일주일에 2~3회만 하며, 훈련일 사이사이에 하루씩 휴식한다. 훈련은 다음과 같은 방식으로 해본다.

1. 싯-업(Sit-Ups): 35회까지 한다. 이 운동을 매일 혹은 격일로 한다.

2. 푸시 업(Push-ups): 25회까지 한다. 이 운동을 매일 혹은 격일로 한다.

3. 런지(Lunges): 앞으로 동작하기. 발을 앞으로 내밀어 뻗어 먼저 나간 쪽 무릎이 90도가 되게 한다. 이때 무릎이 90이상이 될 만큼 앞으로 너무 많이 뻗지 않도록 한다.

4. 스쿼트(Squats): 무릎을 90도 이상 구부리지 않는다.

6. 오버헤드 프레스(Overhead Presses)

7. 업라이트 로우(Upright rows)

8. 암 컬(Arm Curls)

9. 트라이셉 익스텐션(Tricep extensions)을 자전거 튜브나 수건을 사용해서 하기

10. 레그 컬(Leg curls)을 자전거 튜브를 사용해서 하기

11. 레그 익스텐션(Leg extensions)을 자전거 튜브를 사용해서 하기

훈련 시스템의 종류

오래 천천히 달리기(LSD: Long, slow distance). 이런 훈련 방법은 훈련자가 속도에 신경 쓰지 않고 더욱 오래, 더욱 긴 거리를 달리는데 초점을 둔다. 달리기 훈련을 하는 동안에는 최소 95퍼센트 이상 대화를 주고받을 수 있고 편안하다고 느낄 수 있어야 한다. 심박수와 호흡을 한계범위 이내로 유지한다. 보통 강도로 한다.

파틀렉(Fartlek). 파틀렉은 스웨덴어로 '스피드 놀이(speed play)'라는 의미이다. 기본원리는 언덕을 오르고, 양팔을 뻗고 내리막을 내려오고, 전력질주, 활보, 조깅, 걷기에 가속도를 냄으로써 끊임없이 속도에 변화를 주는 것이다. 교차로에서 억지로 멈추거나 산의 풍경을 감상하기 위해 정지할 때처럼 자연스럽게 속도에 변화를 준다. 트랙을 벗어나서 고르지 않고 다양한 지형에서 달린다. 파틀렉은 몇 킬로미터마다 한 번씩 파열된 곳이 나타나는 장소에서 긴 거리를 천천히 달리는 훈련은 아니다!

인터벌 훈련. 이 훈련의 방법에는 다섯 가지 기본요소가 있는데 다음과 같다. (1)매번 빠른 속도로 달리는 거리, (2)인터벌 혹은 빠른 달리기 사이에 회복기, (3)반복수 (4)각 달리기의 시간, (5)달리기 사이사이에 수행하는 활동(걷기, 조깅, 혹은 완전한 휴식). 지구력을 향상시키고 싶을 때는 짧은 휴식 혹은 조깅으로 회복기를 가지면서 오래달리기를 한다. 더욱 강해지고 빨라지고 싶다면 최대한 빠르게 혹은 경주 속도보다 빠르게 달리고 거의 완전한 휴식을 취하는 회복기를 갖는다. 인터벌 훈련은 빠르게 결과가 나타나지만, 탄탄한 지구력을 기반으로 하지 않는다면 질병이나 부상이 발생하여 그 결과는 빠르게 소멸될 수 있다. 인터벌 훈련은 적어도 6~8주의 훈련을 거치기 전까지는 프로그램에 추가하면 안 된다.

고강도-저강도-고강도. 이것은 달리기와 훈련에 관한 철학이라고 할 수 있다. 우리 몸은 스트레스를 받은 후에는 반드시 회복할 기회를 주어야 한다. 활동에 변화를 주거나 거의 혹은 전혀 훈련을 하지 않는 날이 있어야 한다. 수영, 자전거, 웨이트트레이닝 같은 보조적인 활동을 조합하는 것이 좋다.

언덕 달리기. 대부분의 훈련자들은 언덕이 훈련 내

용에 필수적으로 포함해야 하는 요소라고 생각한다. 언덕 달리기는 심박수가 증가하고 저항작용이 일어난 다는 점에서 표면적으로는 실제로 스피드 훈련으로 보인다. 언덕 달리기를 즐거워하는 훈련자는 거의 없 고 이 훈련이 경주의 한 일부라는 사실을 끔찍해한다. 그러나 이를 훈련 스케줄에 포함하면 근력뿐 아니라 자신감까지 얻을 수 있다. 언덕 달리기를 하려면 평소 의 보폭 길이를 조정해야 한다. 언덕의 오르막을 달릴 때는 보폭을 짧게 하고 몸을 앞으로 약간 숙인다. 내 리막을 달릴 때는 보폭을 길게 하고 몸을 '세운 채' 달 린다. 내리막을 달릴 때는 뻗은 다리가 멈추는 동작 때문에 허리, 엉덩이, 무릎 등의 통증이 발생할 수 있 다. 내리막을 달리는 것은 전력질주 혹은 빠른 걸음처 럼 이루어져야 한다. 달리기 동작을 할 때 엉덩이 쪽 의 밸런스를 잘 유지해야 한다. '주저앉는' 자세가 나 오면 안 된다. 발의 볼 부분으로 지면을 딛고, 팔은 규 칙적으로 움직인다.

안전수칙 및 고려사항

운동 프로그램에 참가할 때는 그 운동이 어떤 종류든 잘 알아두어야 할 요소들이 많이 있다. 먼저 운동 중 의 여러 가지 환경을 인식하고 대비하는 법을 알아야 한다. 더위와 추위로 인한 위험 가능성에 대해 인식해 야 한다. 땀을 외부로 배출하고 바람을 막기 위해 옷 을 여러 겹 겹쳐 입으면 추위는 어느 정도 대비할 수 있다. 피부와 옷이 젖으면 열 손실률이 증가한다. 더 위는 상대습도 때문에 항상 대처하기가 쉽지 않다. 고 온과 높은 습도의 환경일 때는 15분마다 한번씩 150~ 250㎖씩 마실 수 있는 음료(대개 물)를 준비해야 한 다. 이렇게 하면 훈련 중 발생할 수 있는 탈수현상을 방지할 수 있다. 달리기를 하는 동안에는 손실된 수분 을 보충하기 위해 500㎖ 더 음료를 마실 것을 생각해

야 한다. 연령이 높은 성인과 아이들은 열에 더 취약 하기 때문에 특히 음료 보충에 신경을 써야 한다. 갈 증이 날 때쯤이면 몸은 이미 체중의 1퍼센트 정도의 수분이 손실된 상태이다. 음료를 마시는 것 외에도 밝 은 색깔의 옷을 입어야 하는데, 어두운 색깔의 옷은 열을 보존하고 몸의 열부하를 증가시키는 경향이 있 기 때문이다.

그 외의 예방조치로 다음 사항을 기억해둔다.

1. 도로를 따라 달릴 때는 차량의 주행방향과 마주보 며 달리고, 반사작용이 있는 옷을 입는다.
2. 사고가 발생할 경우에 대비해 항상 신분증을 소지 한다.
3. 야간 혹은 조명장치가 잘 되어 있지 않은 곳에서는 혼자서 달리지 않는다. 달리기 경로와 시간에 변화 를 주어 근육의 예상을 벗어나는 훈련이 되게 한다.
4. 전반적인 환경과 주위의 다른 사람들이 있는지를 인식하고 있어야 한다. 달리는 동안 음악을 들으 면 더욱 의욕적이 되지만 주위에서 어떤 위험한 상 황이 벌어지고 있어도 듣지 못할 수 있다.
5. 동물, 특히 개를 주의한다. 대체로 천천히 움직이 면서 개를 지켜보는 것이 좋다. 만일 필요하다면 "안돼!", "저리 가!"라고 외침으로써 방해받고 싶지 않음을 표현한다. 그렇게 해도 소용없다면 무기 같은 것(막대기, 돌멩이, 스프레이)을 사용한다.
6. 다른 사람들을 배려한다. 트랙의 주행로를 벗어나 서 달리면 빠른 속도로 달리는 다른 사람들과 충돌 할 수 있으므로, 다른 사람들이 반대방향에서 다 가오고 있을 때는 측면으로 움직인다. 그리고 다 른 사람들이 먼저 지나가게 하고 자신은 그 뒤에 지나간다.
7. 외진 곳을 피하고 파트너와 함께 운동하는 것이 좋 다. 이런 방법은 두 사람 모두에게 좋은 자극제가 된다.

부 상

대부분의 달리기 선수들이 스트레칭을 조깅 전과 조깅 후(아마 가장 중요할 듯싶다)에 하면 부상을 줄일 수 있다고 조언한다. 만일 처음에 가벼운 조깅으로 시작한다면 훈련 전에 스트레칭을 하는 것은 그리 중요하지 않을 수 있지만, 훈련 후에는 스트레칭을 하는 것이 매우 중요하다. 스트레칭은 근육을 유연하게 해줄 뿐 아니라 근수축, 그리고 펌핑된 혈액을 심장으로 되돌리는 역할을 한다. 스트레칭, 준비운동, 정리운동을 적절히 하더라도 대부분의 훈련자들에게 부상이 일어날 수 있다. 이럴 때는 대개 휴식을 취하거나 한동안 달리기를 가볍게 하는 식으로 부상에 대처한다.

사소한 염증도 대부분의 훈련자들에게 일상적으로 발생한다. 한 가지 염증이 사라지면 또 다른 염증이 나타나곤 한다. 하지만 달리기를 중단해야 할 만큼 심각한 정도는 아니다.

사소한 염증이 알리는 신호를 잘 몰라서 무시하는 사람들이 있다. 의학적 치료를 피하려 하는 이런 사람들의 변명은 병원을 가면 대개 달리기를 한동안 중단하라고 조언한다는 것이다. 그러나 다리 쪽의 부상 횟수가 증가하면 이를 무시해선 안 된다. 부상은 실제적인 문제가 있음을 드러내기 때문에, 훈련자는 혼자 경솔한 판단을 하기보다는 현실적으로 현명한 해결책을 찾아야 한다.

근육이나 건에 문제가 생기는 것은 대개 피로 혹은 통증과 관련이 있다. 타는 듯한 통증이나 쿡쿡 쑤시는 통증은 신경 염증임을 말해준다. 타는 듯한 통증이 계속해서 나타나는 것은 대개 염증으로 인한 것이다. 다른 부상으로는 물집, 골극, 몰톤발가락, 근육 좌상 및 파열, 족저근막염, 좌골신경 결함 등이 있다.

부상 부위를 격리시키고 통증의 종류, 부상의 정도, 압통이 가장 크게 느껴지는 부위를 판단한다. 그 외에 살펴볼 중요한 사항은 다음과 같다. 통증이 어떻게 시작되었는가? 새 신발 때문인가, 아니면 도로나 가파른 내리막에서 오랫동안 달리기를 해서 그런 것인가? 준비운동을 적절히 했는가? 몸에 특별한 무리가 있었는가?

대부분의 부상은 몸을 지나치게 혹사시켰거나 과도한 스트레스로 인해 발생한다. 훈련을 하는 동안 발은 1시간에 5,000번 정도 지면에 닿는데, 이는 몸을 지탱해야 하는 다리에 상당한 스트레스를 가한다. 한 걸음마다 체중의 서너 배 정도로 스트레스가 가해진다. 훈련에 현명한 접근방식을 택하지 않는다면 다리는 이러한 스트레스를 견디지 못하게 된다.

생체역학적 결함, 구조적인 취약성, 위치상의 결함 등이 있으면 일상적인 걸음걸이에서 분명히 드러나며, 이런 부분이 달리기로 과도한 스트레스가 가해지면 부상으로 이어진다. 부적합한 신발, 부적절한 훈련방식, 좋지 않은 지면 상태 등도 부상을 발생시킬 수 있다.

과사용증후군은 대개 골막염, 아킬레스건염, 무릎 연골연화증, 피로 골절, 점액낭염으로 나타난다. 이 증후군은 고강도-저강도 방식의 훈련과 더불어 체계적인 스트레칭 프로그램을 포함하는 적절한 훈련으로 치료할 수 있다. 계획이 잘 짜인 컨디션 조절 기간, 적절한 신발, 달리기 장소의 다양한 지면상태 등이 모두 과사용증후군의 문제를 경감시키는 역할을 한다.

무릎은 부상이 흔히 발생하는 부위인데, 단단한 지면으로 인해 증상의 대부분이 나타나는 취약한 경첩관절이기 때문이다. 슬개골의 하단 끝부분은 종종 염증이 나타나는데, 의학적 용어로 슬개골 연골연화증(chondromalacia)이라고 한다. 이 증상은 관절이 불안정한 상태임을 나타내고 대개 슬개골의 접합 부분의 유리질 연골에 영향을 미친다. 이런 증상은 발이 지면을 차고 나갈 때 무릎의 과도한 회전으로 인해 발생한다. 이런 부상을 방지하는 가장 좋은 방법은 발뒤꿈치나 아치 부분의 지탱기능으로 발을 안정화하는

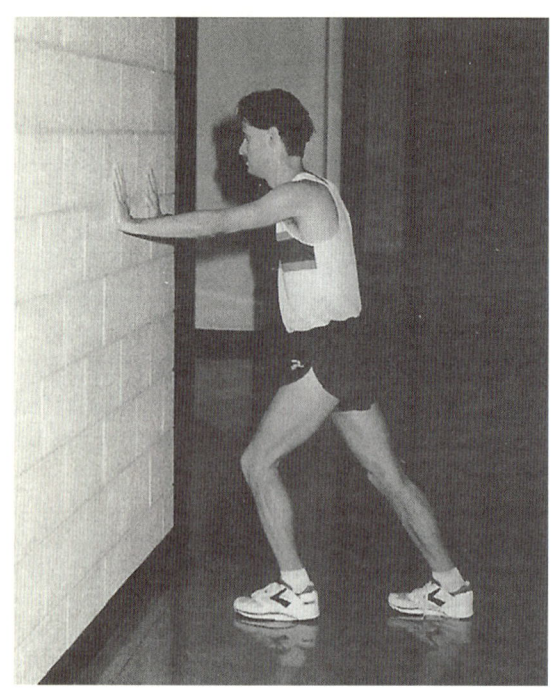

도해 27.3. 인클라인드 월 푸쉬-업(아킬레스건 스트레칭)

것 혹은 웨이트트레이닝으로 대퇴사두근 혹은 대퇴부 근육을 강화하는 것이다.

아킬레스건은 발뒤꿈치뼈와 종아리 근육을 연결한다. 따라서 취약성과 직결된다. 달리기를 할 때는 이 건이 짧아지는 경향이 있어 유연성이 없고 뻣뻣해진다. 이 부위의 부상을 방지하는 가장 좋은 방법은 달리기 전후에 스트레칭을 하는 것이다. 인클라인드 월 푸쉬-업(inclined wall push-up)은 특히 아킬레스 건에 좋은 운동이다 (도해 27.3). 영향을 받은 건에 가해지는 스트레스를 줄이는 한 방법은 달리기용 신발 뒤쪽을 1/4인치 들어 올려주는 것이다.

정강이 통증(shinsplints)이라는 용어는 다리의 결함을 포괄적으로 나타내는 말이다. 정강이 통증은 증상이지 상태가 아니다. 주로 다리 정면의 하단 쪽이 부어오르며 대개 근육의 문제이다. 이 증상의 원인은 (1)부적합한 신발, (2)충격흡수 부족, (3)과도한 훈련 혹은 단단한 지면, 콘크리트 지면, 전천후 트랙(all-weather tracks): 모든 기후에 동일한 조건으로 달리는 트랙 – 역자 주)에서의 훈련, (4)유연성 부족, (5)잘못된 달리기 자세 등이다. 정강이 통증을 가장 잘 겪지 않는 사람들은 달리기를 할 때 발과 무릎이 엉덩이와 일직선을 유지한다. 또 다른 원인은 과도하게 강한 종아리 근육과 취약한 정면 근육의 불균형에서 기인한다. 초보자들이 흔히 정강이의 통증을 호소하곤 한다. 이런 종류의 근육 활동에는 다리를 사용하지 않고 적응할 시간을 주어야 한다.

냉동요법 혹은 냉치료는 이러한 증상 치료에 좋은 효과를 발휘하면서 수년 동안 사용해왔다. 이런 치료의 주요 효과는 혈관수축(혈관 크기 축소)이며, 적용 후 처음 몇 분 이내에 효과가 나타난다. 이는 엄밀히 말하면 반사작용으로 모세혈관압 감소와 동맥 혈압 증가 현상을 동반한다. 심한 근골격 부상인 경우 24~28시간 내에 얼음을 사용한다. 부차적인 효과는 혈관 확장으로, 부상 부위로 혈류가 증가한다. 혈류 증가 현상 때문에 광범위한 충혈(울혈)이 나타나며, 말초혈관이 수축하고 더 안쪽의 혈관은 팽창한다(이에 비해 열치료를 하면 그 부위의 혈액이 정체되어 팽창 현상이 일어난다). 냉치료는 마취효과도 있어서 근육 경련이 감소하고 피부의 혈류량은 증가하지 않고 근육 내 혈류량이 증가한다.

냉치료에는 몇 가지 방법이 있다. 얼음을 작게 부수거나 얇게 깎아 사용하는 것이 가장 효과적이며 녹으면서 더욱 차가워진다. 녹기 시작하는 용액을 차가운 수건과 함께 사용하면 효과가 좋다. 무릎과 그와 비슷한 관절 부위에는 얼음이 든 차가운 컵으로 마사지를 하는 것이 가장 좋다. 냉치료를 할 때는 표면온도가 화씨 55도(섭씨 31도)보다 낮게 한다.

주의사항: 냉치료를 처음 시도할 때는 얼음 때문에 나타나는 충격으로 통증이 발생할 수 있다. 피부가 3분 정도 무감각해지다가 붉게 변할 수 있다. 이때 처

치법은 그 부위의 치료를 중단하고 나중에 다시 시작하는 것이다.

부상 방지 혹은 회복용으로 사용하는 또 다른 방법은 **크로스트레이닝**으로, 훈련에 추가하거나 훈련 대신 임시 대체용으로 광범위한 방법을 사용하는 훈련이다. 조깅을 하는 사람들이라면 조깅의 스트레스를 떨쳐내고 다양성을 부여할 수 있도록 프로그램에 추가할 수 있는 많은 훈련방식이 있다. 자전거, 수영, 크로스컨트리 스키, 롤러블레이드, 스텝 머신, 수중달리기 등은 모두 조깅을 하는 사람들에게 속도 변화 요소를 제공한다. 어떤 사람들은 체중부하성이 없는 이런 운동을 이용하면 혹독한 훈련 혹은 부상으로 몸을 회복하는 동안 유산소 운동을 지속할 기회가 된다고 생각한다.

가장 흔히 일어나는 부상, 예방조치, 간단한 치료 방법 등을 지금까지 살펴보았다. 만일 문제가 지속된다면 발 전문의 혹은 정형외과를 찾아 상담한다.

일반적인 권장사항

1. 모든 것은 적당히 한다.
2. 심폐기능을 향상시키는 운동부터 시작한다. 주3회씩 최소 30분 이상의 조깅으로 차츰 늘려나간다.
3. 고강도-저강도-고강도 방식을 사용하여 몸이 회복할 시간을 가질 수 있게 한다. 무리를 하기보다는 약간 부족한 듯한 정도로 한다.
4. 목표심박수(THR)를 계산하고 측정하는 법을 배우고, 그 목표심박수에 맞출 수 있는 속도로 훈련한다. THR은 특정 범위의 수치이며, 조깅하는 동안 그 범위에 포함되는 자신의 심박수를 유지하는 것이 목적이다. THR은 220에서 자신의 나이를 빼서 계산하며 그 결과로 나온 수치는 자신의 최대심박수의 예상 수치이다. 이 수치에 0.70과 0.85를 곱하면 건강한 젊은 성인에게 알맞은 THR 범위에 포함되는 두 개의 끝 수치가 나온다. 가령, 20세인 어떤 사람의 예상 최대심박수가 200(220-20)이면, 여기에 0.70과 0.85를 곱해 THR 범위에 해당하는 분당심박수 140과 170이 나온다. (THR을 계산하는 좀 더 자세한 방법은 21장을 참고할 것) 이렇게 나온 두 수치 사이의 심박수에 맞는 속도로 조깅을 하면 시간이 지남에 따라 훈련 효과를 낼 수 있다. 심박수 모니터를 사용하면 정해진 목표심박수 범위 내로 운동 강도를 유지하기 쉬워진다. 이런 모니터 대부분은 심박수가 설정해놓은 수준을 초과하거나 떨어질 때 소리가 나도록 되어 있다.
5. 훈련량 혹은 시간을 정확히 기록한다. 몸이 편안하게 감당할 수 있는 스트레스가 어느 정도인지 판단한다. 기상하기 전과 저녁 운동을 마치고 1~2시간 정도 후의 심박수를 잰다. 수치를 그래프로 만든다. 이 그래프는 심폐기능의 개선현황을 한눈에 알 수 있게 해준다.
6. 회복기 역시 훈련자들에게 중요하다. 심박수가 훈련 전 수준으로 돌아오는 데는 3~5시간이 걸린다. 저녁 훈련 후 1~2시간 지났을 때 심박수를 측정함으로써 달리기 스트레스에 대한 몸의 적응 양상을 판단할 수 있다.
7. 식단을 현명하게 계획한다. 칼로리 소모가 증가함에 따라 식욕도 증가한다. 잘 균형 잡힌 식사를 하고, 유행 다이어트 같은 식단은 주의한다.
8. 1시간 이상 달리기를 계획한다면 음료를 일찍 마셔둔다. 특히 더운 날에는 더욱 그렇다. 준비는 미리 해두고 훈련은 무리하게 하지 않는다. 목표가 무엇이든지 간에!
9. 훈련 프로그램에 변화를 준다.
10. 다른 사람과 함께 달린다. 친밀한 대화를 나누며 조깅 훈련을 즐겁게 하면 훈련을 지속하는데 도움이 된다.

교육 시 고려사항

1. 단체용 교육 프로그램은 다음의 두 가지 주요 사항을 따르도록 해야 한다.
   a. 뚜렷한 훈련 효과를 얻기 위해 학생들은 최소한 주 3회씩, 적어도 5~6주 동안 운동을 해야 한다.
   b. 개인별로 각기 다른 수준, 다른 목표를 가지고 시작한다.

2. 만약 프로그램이 그 프로그램을 이행하는 데 필요한 시간과 맞지 않을 때는 교육시간 이외에 추가적인 활동을 포함해야 한다.

3. 사전평가를 통해 학생들의 시작단계의 수준을 결정한다. 시간(12분간의 달리기-도보) 혹은 특정 훈련량에 따른 심박수를 사용하는 테스트가 유용하다. 그런 다음 이 결과에 따라 프로그램을 계획한다.

4. 심박수는 훈련량을 알 수 있는 가장 간단한 지표이다. 학생들에게 자신의 목표심박수를 계산하는 방법을 가르친다. 훈련 프로그램을 계획하기 전에 목표심박수에 따라 훈련을 조정하는 법을 가르친다. 일주일 단위로 심박수에 따라 학생들의 달리기 목표 거리를 늘리기 시작한다.

5. 우리의 생활방식과 몸에 작용하는 운동의 효과에 대해 가르칠 때는 조깅 경험을 활용한다. 학생들은 이러한 정보에 흥미를 느낀다. 조깅의 구성단위는 신체적인 활동 경험과 조합할 수 있다.

6. 격려를 많이 하고, 의욕이 너무 넘치는 초보자들은 진정시키고, 신체적인 역반응에 대해 인식시킨다. 가급적이면 수업의 일부가 되도록 한다.

7. 학생들이 자신의 몸의 한계에 각별히 주의를 기울이도록 돕는다.

8. 달리기용 트랙이나 넓은 잔디 필드 같이 학생들을 점검하기 쉬운 장소에서 수업을 시작한다. 장소를 선택할 때는 혹시 발생할 수 있는 문제나 안전사고 가능성을 고려한다. 학생들이 도로를 횡단해야 하거나 차량이 많은 장소는 선택하지 않는다. 초보자에게는 작은 원을, 중급 이상에게는 커다란 원을 배정하되, 염두에 둘 것은 시각적으로 학생들 모두를 모니터할 수 있어야 한다. 학생들이 덤불을 따라 달리거나 건물 뒤로 지나가야 하는 곳은 피한다.

걷기(Walking)

역사

두 다리를 사용하는 인간의 보행은 4백만 년 정도 전으로 거슬러 올라가는 오랜 역사를 갖고 있다. 인류의 역사에 관한 문헌자료에도 걷기의 효과에 대해 나와 있다. 걷기는 전 세계, 문화, 역사를 통틀어 건강에 유익한 활동으로 오랫동안 인식되었다. 지난 30년 동안 우리는 운동 자극에 대한 생리적 반응에 대해 이미 많이 배워 알고 있다. 그러한 지식은 옛날부터 걷기가 어째서 항상 유익한 것으로 알려졌는지에 대해 인식하게 해주었으며, 그로 인해 더욱 발전된 걷기 프로그램도 계획할 수 있게 되었다. 이 책의 이전 인쇄본 이후에 새롭게 발표된 모든 연구는 건강에 유익하고 일생동안 지속하는 피트니스 활동으로서 걷기의 긍정적인 효과에 대해 확신하고 있다.

걷기는 미국 성인의 활용 측면에서 제일 첫 번째에 해당하는 피트니스 활동이다. 점점 더 많은 성인들이 피트니스 활동으로 다른 어떤 것보다도 걷기를 먼저 택하고 있다. 비만, 당뇨, 심폐 질환 등이 증가하면서 유익한 피트니스 활동으로서의 걷기의 중요성 역시 증가하고 있다. 앉아서 일하는 생활방식은 미국인들의 건강에 적신호를 가져오는 가장 큰 주범 중 하나이다. 규칙적인 적당한 걷기 프로그램이야말로 그 해결

책이 되는 한 요소이다.

스포츠로서의 경보(racewalking)는 올림픽 경기에 1908년부터 남자부문이 공식적으로 포함되었으며, 여자부문은 1992년부터 시행되었다. 올림픽에 포함되는 경보의 경기 수와 공식 거리는 수년 동안 변화가 있었다. 2004년 아테네 올림픽에서는 경보 경기 수는 세 가지로, 여자부문 20㎞, 남자부분 20㎞와 50㎞가 되었다.

장비

신발

조깅과 마찬가지로 스포츠로서의 걷기 혹은 레저 활동으로서의 걷기 장비에서 가장 중요한 것은 바로 좋은 신발이다. 워킹화를 구입할 때는 서두르지 말고 품질이 좋으면서 잘 맞는 것을 꼼꼼히 골라야 한다. 양쪽 발에 모두 신어보고 단단한 지면에서 걸어본다. 워킹화는 편안함을 위주로 고른다. 외관이나 가격보다 중요한 요소는 편안한지 여부다. 조금이라도 불편함이 느껴진다면 도로를 몇 킬로미터씩 걸을 때 불편함을 야기하는 주요인이 될 수 있다. 값이 너무 싼 제품은 고르지 말고, 자신의 발에 가장 잘 맞는 것을 고른다. 발에 가장 잘 맞는 신발을 고를 수 있도록 도움을 줄만한 식견 높은 운동화 전문가를 찾아 조언을 구한다.

밑창, 즉 신발의 밑부분이 상당히 긴 거리를 오래 신고 다녀도 견뎌낼 수 있을 만큼 내구성 있는 소재로 된 것이어야 한다. 좋은 워킹화는 걸을 때 뒤꿈치부터 발끝까지 발이 잘 움직이도록 도울 수 있도록 바닥이 활 모양으로 휘어져 있어야 한다. 중창은 충격을 잘 흡수할 수 있도록 겉창과 안창 사이에 쿠션이 덧대어져 있다. 안창은 발의 아치 부분을 지지하는 기능과 뒤꿈치를 보호하는 컵 부분이 있다. 신발의 상부는 내구성이 있으면서 유연한 소재로 만든 것이어야 한다. 상부는 종종 가죽, 메쉬 혹은 이 두 가지를 혼합하여 만든다. 신발의 앞코 부분은 발의 앞부분을 쭉 펼 수 있을 만큼 넓으면서, 앞코가 발을 헐렁하게 할 만큼 넓어서도 안 된다. 앞코는 발의 볼 부분이 구부러져야 한다. 발에 가장 편안하게 맞는 신발을 찾으려면 다양한 브랜드, 모델, 크기의 신발을 신어보는 것이 좋다. 브랜드, 스타일, 가격을 따지다가 편안함을 무시하는 실수를 해선 안 된다. 편안한 신발을 고르는 것은 건강에 투자한다고 할 만큼 중요하다.

복장

건강을 위한 걷기 활동을 할 때 입는 복장은 편안해야 동작이 자유롭고 외관상으로도 보기가 좋다. 양말은 땀을 배출하는 기능이 있고 편안해야 한다. 신발과 마찬가지로 양말도 워킹화와 함께 착용했을 때 편안하면서 품질 좋은 운동용 양말을 구입하는 데 비용을 아끼지 말아야 한다. 그것이 결국에는 비용을 절약하는 셈이 될 것이다.

걷기 복장은 걷는 동안 체온을 편안한 수준으로 유지할 수 있어야 한다. 더운 날에는 밝은 색깔에 헐렁한 옷을 입어야 과도하게 열이 나는 것을 방지한다. 여름철에는 태양으로부터 피부와 눈을 보호할 수 있노록 챙이 있는 모자와 선글라스를 쓰는 것을 권한다. 무더운 여름날 오래 걸어야 할 때는 선크림을 바르는 것도 좋다.

추운 날씨에 걷기를 한다면 옷을 여러 겹 겹쳐 입는다. 피부 바로 위에 입는 옷은 온기와 건조함을 유지해주는 소재로 된 것을 입는다. 이런 옷은 땀을 배출하는 기능이 있어야 한다. 그 위에 입는 옷은 따뜻한 공기층을 보존할 공간이 있는 헐렁한 소재로 된 것을 고른다. 가장 겉에는 방수 및 방풍 소재로 된 것이면서 과도하게 생성된 열과 땀을 배출하는 기능이 있는 옷을 입는다. 이렇게 옷을 겹쳐 입는 방법의 이점은 체온을 쾌적하게 유지하는 데 필요한 만큼 옷을 조절해 입을 수 있다는 것이다. 걸을 때는 근수축 현상으로 몸에 열이 생성된다. 쾌적한 체온을 유지하기 위해 원하는 만큼의 열을 보존하고 과도한 열을 배출하려면 그에 알맞게 복장을 계획해야 한다.

몸의 열은 상당량이 머리에서 손실되기 때문에 추운 날에는 모자나 두건을 착용하는 것이 좋다. 날씨가 추울 때는 손가락장갑이나 벙어리장갑을 착용하여 손과 손가락을 보호해야 한다.

기타 장비

반드시 필요하진 않지만 걷기 활동을 더욱 즐겁고 재미있고 편안하게 만들어 줄 장비들이 있다. 눈부시고 태양이 강한 날에 선글라스를 쓰면 눈을 보호하고 편안하게 해준다. 날이 어두울 때 걷기를 한다면 반사기능이 있는 선글라스를 착용하면 안전하다. 운동 강도를 정확하게 하고 싶을 때 심박수 모니터가 있으면 의욕을 더욱 높여준다. 만보기는 걷는 거리에 대한 정보를 알려준다. 배낭이나 허리주머니가 있으면 손은 자유롭게 하면서 여벌의 옷, 음식, 음료, 다른 소지품들을 넣어가지고 다닐 수 있다.

어떤 사람들은 걷기 활동을 할 때 덤벨을 가지고 다닌다. 어느 정도 걷기를 하고 나서 덤벨 운동을 하고 싶다면 아주 낮은 중량으로 시작해 아주 서서히 중량을 늘려나간다. 일반적으로 덤벨은 반드시 필요한 물품은 아니며 무리한 운동으로 부상만 유발할 수도 있다. 상체 근력을 개선하고 싶다면 상체 근육에 대한 점진적인 저항운동을 따로 하는 것이 걷기를 하는 동안 덤벨을 가지고 다니는 것보다 훨씬 낫다. 균형을 잡거나 몸을 보호하기 위해 막대기나 지팡이를 사용하기도 한다.

걷기 활동에 좋은 장소

여가와 건강 목적으로 걷기를 하는 사람이라면 언제 어디서든 하면 된다. 이것이야말로 건강에 유익하고 일생동안 하기 좋은 운동으로서 걷기의 이점 중 하나다.

만일 경보 대회에 참가해 경기를 한다면 정해진 특정 코스에 따라서 걷게 되며, 경기에 참가한 모든 사람들이 달리는 것이 아닌 걷기를 확실히 하고 있는지 확인하는 감시단원으로서 심판원이 지켜보고 있다.

규칙과 안내지침

스포츠에서의 걷기

경기에서의 걷기는 두 가지 기본 규칙이 있다.

1. 다리 일자로 펴기: 앞으로 내민 발이 지면에 닿을 때부터 몸의 중앙을 지날 때까지 무릎을 구부리면 안 된다.
2. 지면과 접촉하기: 각 걸음을 걷는 동안 뒷발이 지면에서 떨어지기 전에 먼저 나간 발이 지면과 접촉해야 한다.

레저 및 건강 목적의 걷기

걷기를 레저 및 건강을 목적으로 한다면 최적의 건강 효과를 얻기 위해서는 적당한 강도, 시간, 빈도수를 고려해야 한다.

강도

적당한 강도는 최대심박수의 55~90퍼센트 사이가 되어야 한다. 최대심박수는 220에서 자신의 나이를 빼서 계산한다. 가령, 40세인 사람이라면 220에서 40을 뺀 180의 분당심박수가 예상 최대심박수가 된다. 물론 이것은 예상 수치에 불과하고 정확한 최대심박수는 아니지만, 심박수가 이 수치보다 더 빠르게 뛸 때까지 계속 운동하는 것보다는 이 수치를 기준으로 삼는 것이 안전하다. 나이가 40세이면 예상 최대심박수(EMHR) 180이 나오고, 이 180에 55퍼센트를 곱하면 목표심박수 범위 최소치 99가 나온다. 180에 90퍼센트를 곱하면 분당 162회로 유산소 한계의 예상 최대치에 해당하는 수치가 나온다. 따라서 40세인 사람은 심박수가 99와 162회 범위 사이로 뛸 수 있도록 하면서 걷기를 하면 된다.

초보자의 경우는 특별히 불편을 느끼지 않고 편안한 상태로 걸을 수 있기만 하다면, 예상 최대심박수의 55~70퍼센트 사이로 유지하면 된다. 만일 이 범위가 너무 빠르다면 속도를 낮춘다. 이때는 토크 테스트를 활용해본다. 걷기와 대화를 동시에 할 수 있어야 한다.

몇 개월간 걷기를 한 후에는 점차 예상 최대심박수의 70~80퍼센트 수준으로 강도를 증가시킨다. 이렇게 하는 것은 심폐 기능과 체중 감소 혹은 체중 조절을 비롯하여 건강상 이점을 얻기 위해 걷기를 하는 사람이라면 유익한 수준의 강도이다.

1~2년 동안 걷기 활동을 하고 나면 아마 좀 더 빠르게, 최대심박수의 80~90 퍼센트까지 강도를 높여서 하고 싶어질 것이다. 그러나 염두에 둘 것은 대부분의 사람들이 즐거움을 추구하고 고통은 피하고 싶어 한다는 것이다. 만일 건강 목적의 걷기 활동에 즐거움을 느낀다면 굳이 고통스러운 경험을 하는 것보다는 그대로 유지하는 편이 더 나을 것이다.

시간

걷기 같은 유산소 활동을 하기에 적당한 시간은 20~60분이다. 그러나 이제 막 걷기 프로그램을 시작한 사람이라면 낮은 강도로 하는 10분 걷기로도 도움이 될 것이다. 체력 수준이 향상됨에 따라 차츰 20~30분으로 시간을 늘려나간다. 그런 다음에는 예상 최대심박수의 70~80 퍼센트의 수준으로 강도를 높인다. 예상 최대심박수의 70~80 퍼센트로 20~30분간 걷기는 대부분의 성인이 건강상 혜택을 얻을 수 있는 운동이 된다. 처음에는 시간을 늘려나가고, 그 다음에는 강도를 높인다.

빈도수

유산소 활동의 적당한 빈도수는 일주일에 3~5회이다. 일주일에 최소한 3일 이상 걷기를 해야 하며, 걷기 활동을 하는 날 사이에 하루씩은 휴식을 한다. 초보자라면 근육, 뼈, 관절이 이런 활동에 적응을 하게 하는 것이 좋다. 몇 주가 지나면 주5회로 늘리고, 낮은 강도로(EMHR의 55~70 퍼센트) 시작하며 단시간 동안(10분) 걷기를 한다. 주 5회 활동을 하면서 이렇게 증가한 빈도수에 익숙해지고 나면, 시간을 15분으로, 그 다음엔 20분, 25분, 마지막에는 30분으로 차츰 늘린다. 주 5회로 30분 동안 힘차게 걷기를 하게 될 때쯤이면 평생을 즐길 피트니스 활동을 한 가지 얻은 셈이 될 것이다.

준비운동, 정리운동, 유연성 운동

처음에는 느린 속도로 약 5분간의 걷기로 시작한다. 5분 정도 지나 체온이 상승하는 것이 느껴질 스음이 되면, 미리 정해둔 시간 동안 차츰 심폐 운동을 활기찬 속도로 높인다. 그 다음엔 차츰 속도를 낮추면서 약 5분 동안 정리운동을 한다. 걷기를 마친 후 근육이 여전히 따뜻한 상태일 때 스트레칭 운동을 하여 유연성을 향상시킨다. 아래의 네 가지 운동을 권장한다.

스탠딩 런지와 어깨 스트레칭

- 똑바로 선다.
- 한쪽 다리를 뒤로 놓고, 다른 한쪽 다리는 앞으로 놓는다. 앞쪽에 있는 무릎을 구부린다.
- 뒤쪽에 있는 다리는 펴고, 뒤쪽 발은 정면을 향하게 하며, 뒤꿈치는 지면에 닿게 한다.
- 엉덩이 위쪽을 뒤로 기울이고, 허리는 곧게 편다.
- 양손은 등 뒤로 놓고, 손가락은 깍지를 끼며, 팔꿈치는 일자로 만든다.
- 이 자세를 유지한 채 10~30초 동안 스트레칭을 한다.

- 다리를 바꾸고 같은 자세로 10~30초 동안 스트레칭을 한다.
- 이 스트레칭을 할 때 뒤쪽 발의 발목, 종아리 뒤쪽, 엉덩이 관절 앞쪽, 어깨 관절 앞쪽, 가슴 위쪽이 부분이 펴지는 것이 느껴져야 한다.

엉덩이 관절 내전근, 몸통, 어깨, 목의 스탠딩 스트레칭

- 발을 넓게 벌린다(어깨 너비의 2~3배).
- 손은 머리 위로 들고, 오른쪽 손으로 왼쪽 손목을 잡는다.
- 왼쪽 무릎을 구부려 곧게 편 오른쪽 다리 쪽으로 기울인다.
- 오른쪽 넓적다리(엉덩이 관절 내전근)의 안쪽, 몸통의 왼쪽, 왼쪽 어깨, 목 왼쪽이 펴지는 것이 느껴진다.
- 이 스트레칭 자세를 10~30초간 유지한다.
- 방향을 바꾸어 왼손으로 오른쪽 손목을 잡고, 오른쪽 무릎을 구부려 곧게 편 왼쪽 다리 쪽으로 기울인다. 이 스트레칭 자세를 10~30초간 유지한다.

대퇴사두근과 정강이의 스탠딩 스트레칭

- 시작자세는 왼발로 시작한다.
- 오른쪽 무릎을 구부리고, 오른쪽 발은 몸 뒤로 가게 한다.
- 오른발의 발가락을 왼손으로 잡는다.
- 넓적다리 앞쪽, 엉덩이 관절 앞쪽, 다리 하부(정강이) 쪽이 펴지는 것이 느껴진다.
- 이 스트레칭 자세를 10~30초간 유지한다.
- 방향을 바꾸어 왼발의 발가락을 오른손으로 잡고, 이 스트레칭 자세를 10~30초간 유지한다.

슬굴곡근과 허리의 스탠딩 스트레칭

- 오른발의 뒤꿈치를 계단, 의자, 벤치 혹은 다른 어떤 단단한 사물 위에 유연성을 이끌어내는 데 적당한 높이로 올린다.
- 양손은 오른쪽 다리 위에 놓는다.
- 엉덩이와 허리를 앞쪽으로 부드럽게 구부린다.
- 넓적다리 뒤쪽(슬굴곡근)이 펴지는 것이 느껴지고, 허리 근육이 펴지는 것도 느껴진다.
- 이 스트레칭 자세를 10~30초간 유지한다.
- 다리를 바꾸어서 같은 자세를 10~30초간 유지한다.

기본 요령과 기술

건강과 체력 향상을 위해 여가 활동으로 걷기를 한다면 힘찬 속도로 걷는 방법을 배워야 한다. 스포츠로서 경보 대회 참가를 목적으로 한다면 아주 빠르게 걷는 법을 배워야 한다. 걷기 속도를 증가시키는 기술은 동일하다.

부드러우면서 빠르게 걷는 동작은 자세와 몸의 선이 중요하다. 머리는 똑바로 들어 몸 바로 위에 오도록 하고, 시선은 정면을 향한다. 목과 턱에는 힘을 뺀다. 가슴은 활짝 편다. 등은 곧게 펴고, 어깨는 뒤로 펴고, 복부는 안으로 집어넣는다. 팔꿈치는 90도 각도로 구부리고, 손바닥은 몸 쪽을 향하게 하며, 손은 힘을 뺀 채 주먹을 쥔다.

먼저 발뒤꿈치가 지면에 닿게 한 다음, 발을 뒤꿈치부터 발가락으로 움직이면서 앞으로 굴려 발가락을 밀어낸다. 팔은 다리의 움직임과 균형을 맞추면서 자연스럽게 편안하게 앞뒤로 움직이게 한다. 팔은 각각 자연스럽게 흔들리게 하되 몸과 아주 가깝게 유지한다. 손이 앞으로 움직일 때는 가슴 하부 높이까지 올라오게 하고 몸 앞쪽 중앙을 가로지르지 않게 한다. 손이 뒤로 움직일 때는 허리/엉덩이 부분에서 멈추어야 한다.

엉덩이 동작은 과장되지 않으면서 강하고 유연하게 움직인다. 보폭이 더욱 길어지도록 엉덩이가 돌아가게 한다. 보폭이 증가하고 엉덩이 회전이 커짐에 따라 가슴과 어깨의 회전이 자연스럽게 증가하면서 다리 동작에 대응해 균형을 맞추며 움직인다. 피트니스 목적의 걷기 활동은 차츰 효과적인 복근 운동이 된다. 그러나 허리 통증을 유발할 수 있으므로 복근 운동에 집중하거나 과도하게 동작하지 않도록 한다. 단지 좀 더 빠르게 걸으면서 자연스럽게 이루어지게 한다.

체력이 더욱 강하고 유연해지면서 보폭의 길이도 자연스럽게 증가한다. 그러나 보폭 길이에 집착하지 않도록 한다. 과도하게 걷는 것이나 부족하게 걷는 것 모두 바람직하지 않다. 보폭 길이는 자신에게 편안하고 효율적이어야 한다.

교육 시 고려사항

누군가에게 걷기 지도를 할 때는 연령, 건강, 이전의 경험, 체력 수준을 고려한다. 중요한 고려사항은 안전과 즐거움이다. 지도 및 감독을 어느 정도 해야 하는지는 위에 언급한 요소들에 따라 달라진다.

만일 여기 및 체력 항상을 목적으로 하는 사람들을 지도한다면 낮은 강도로(예상 최대심박수의 55~70퍼센트), 짧은 시간동안(10~15분), 낮은 빈도수로(주 3회) 시작한다. 만일 심폐기능 및 근력 수준이 높은 사람들을 지도한다면 그들의 체력 수준에 알맞은 프로그램을 개발하여 개인별로 적용해야 한다.

피트니스 목적의 걷기 프로그램을 구성하는 데는 일반적인 가이드라인이 있긴 하지만, 중요한 것은 참가자들이 주저하거나 너무 과도하게 밀어붙이지 않도록 프로그램을 각각 조정하고 개인별로 맞추는 것이다. 운동은 의약품과 비슷하다. 올바른 종류를 적당한 양으로 복용해야 효과가 있는 것이다. 훈련 강도, 시간, 빈도수에 대한 개인별 훈련 범위를 찾으려면 각 참가자들에게는 서로 다른 프로그램이 필요하다.

용어 해설

강도(intensity) 훈련의 수준을 말하며, 대개 심박수 혹은 운동자각도로 판단한다.

겉창(outer sole) 신발 맨 밑바닥에 댄 부분

경동맥(carotid artery) 목에 있는 혈관을 말하며, 종종 심박수를 세는 데 사용한다.

마라톤(marathon) 26마일 385야드(42.25㎞), 올림픽 거리

반복(repetitions) 인터벌 훈련에서처럼 중간에 휴식기를 가지면서 달리기를 하는 세트를 계속 하는 것.

빈도수(frequency) 훈련을 하는 횟수를 말하며, 대개 주 단위로 말한다.

빠른 간격(fast distance) 최대 속도보다 약간 낮은 수준으로 일정하게 달리는 훈련

산소부채(oxygen debt) 정상적인 호흡 패턴보다 빠르게 달리거나 걷기를 하면 몸이 필요로 하는 산소소비량을 유지할 수 없다. 산소가 부족해지는 현상.

상피(upper shoe) 깔창 위쪽에 해당하는 신발의 상단 부분

시간(duration) 한 가지 운동을 하는 시간.

심폐 건강(cardiovascular fitness) 장시간의 신체적 활동을 하는 동안 심장, 혈관, 혈액, 폐가 세포, 특히 근 세포로 산소를 운반하는 능력

안정 상태(steady state) 몸이 유산소성으로 작용할 수 있는 최대한의 속도

안창(inner sole) 신발의 밑바닥 부분으로 발과 직접 닿는 쪽.

예상 최대심박수(estimated maximum heart rate) 220-연령으로 계산한다.

운동심박수(exercise heart rate) 운동 중 뛰는 심박수.

유연성(flexibility) 각 관절이 움직이는 범위.

요골 동맥(radial artery) 손목 부근에 있는 혈관으로 종종 심박수를 재는 데 사용한다.

인터벌 훈련(interval training) 빠르게 달리기와 휴식 시간을 번갈아 하는 형식을 띠는 훈련 프로그램.

장거리(long dictancc) 10㎞ 이상의 거리.

저항(resistance) 몸이 스트레스를 견뎌내는 힘

정리운동(cool-down) 운동 강도를 서서히 줄이기 위해 하는 운동.

정적 스트레칭(static stretch) 스트레칭하는 부위가 고정

되는 형태의 스트레칭

젖산(lactic acid) 무산소 혹은 산소부채, 피로를 발생시키는 달리기의 결과로 생성되는 화학적인 부산물.

중거리(middle distance) 880야드~6마일(800~10,000m).

중창(midsole) 신발 겉창과 안창 사이의 쿠션이 덧대어진 부분

지구력(endurance) 달리기나 걷기를 오랜 시간동안 할 수 있는 능력.

초과거리(overdistance) 경주 거리보다 긴 거리.

특수성(specificity) 어떤 활동에 대한 생리적 준비에는 그 활동과 아주 비슷한 훈련을 포함해야 한다는 원리.

파틀렉(fartlek) 속도에 계속해서 변화를 주면서 하는 형태의 훈련으로, 스웨덴어로 '스피드 놀이'라는 의미이다.

페이스(pace) 일정 거리를 달리기나 걷기를 할 때의 평균 속도.

피트니스 워킹(fitness walking) 건강상 혜택을 얻기 위한 걷기 형태.

혐기성(anaerobic) 달리기나 걷기를 호흡이 힘든 정도로 하는 것. 말 그대로 하면 '무산소'.

호기성(aerobic) 달리기나 걷기를 거의 정상적인 호흡 패턴으로 하는 것. 말 그대로 하면 '유산소'.

활 모양의 신발(rocker-shaped shoe) 앞에서 뒤까지 둥글게 곡선 형태를 이루는 신발

훈련(training) 체력 수준을 증강시키고 훈련자의 경기 수행능력을 향상시킬 수 있도록 고안한 달리기나 걷기 프로그램

회복(recovery) 강도 높은 활동 후 에너지를 다시 보강하는 것을 말한다.

추가 읽을거리

Bakoulis, G., and Candace, K. 2000. *The Running Times guide to breakthrough running*. Champaign, IL: Human Kinetics.

Bascomb, N. 2004. *The perfect mile: Three athletes, one goal, and less than four minutes to achieve it*. Boston: Houghton Miffl in.

Benson, T., and Ray, I. 2001. *Run with the best: A coach's guide to training middle & long distance runners (based on the Cervtty &*

Lydiard models). Mountain View, CA: Track and Field News Press.

Benyo, R. 1998. *Running past 50*. Champaign, IL: Human Kinetics.

Bingham, J. 1999. *The courage to start*. New York, NY: Simon & Schuster.

Bloom, M. 2001. *Run with the champions: Training programs and secrets of America's 50 greatest runners*. New York, NY: St. Martins Press.

Bowerman, W. J., and Freeman, W. H. 1991. *High performance training for track and field*. Champaign, IL: Human Kinetics.

Brown, R. L., and Henderson, J. 1994. *Fitness running*. Champaign, IL: Human Kinetics.

Burfoot, A. 1999. *Runner's World complete book of running*. Emmaus, PA: Rodale Press.

Campbell, D. 1994. *Jogging*. 2nd ed. Boston, MA: American Press.

Cavanagh, P. 1990. *Biomechanics of distance running*. Champaign, IL: Human Kinetics.

Cooper, K. 1970. *The new aerobics*. New York, NY: M. Evans and Co.

Cooper, K. 1982. *The aerobics program for total health and wellbeing*. New York, NY: M. Evans and Co.

Daniels, J. 1998. *Daniels' running formula*. Champaign, IL: Human Kinetics.

Daniels, J. 2004. *Daniels' running formula: Proven programs 800m to the marathon*. Champaign, IL: Human Kinetics.

Davis, K. 1997. *Fitness walking for everyone*. Winston-Salem, NC: Hunter Textbooks.

Denison, J. 2004. *The greatest: The Haile Gebrselassie story*. Halcottsville, NY: Breakaway Books.

Derderian, T. 1996. *Boston marathon*. Champaign, IL: Human Kinetics.

Evans, M. 1997. *The endurance athlete's edge*. Champaign, IL: Human Kinetics.

Favor-Hamilton, S., and Antonio, J. 2004. *Fast*

track: Training and nutrition secrets from America's top female runner. Emmaus, PA: Rodale Press.

Floyd, P., and Parke, J. 1998. Walk, jog, run for wellness everyone. 3rd ed. Winston-Salem, NC: Hunter Textbooks.

Galloway, J. 2002. Galloway's book of running. Bolinas, CA: Shelter Publications.

Glover, B., and Glover, S., 1999. The competitive runner's handbook: The bestselling guide to running 5Ks through marathons. East Rutherford, NJ: Penguin Group.

Glover, B., Shepherd, J., and Glover, S. 1996. The runner's handbook. East Rutherford, NJ: Penguin Books.

Greene, L., and Pate, R. 1997. Training for young distance runners. Champaign, IL: Human Kinetics.

Hawkins, J., and Hawkins, S. 2001. Walking for fun and fitness. 3rd ed. Belmont, CA: Wadsworth /Thomson.

Henderson, J. 1996. Better runs: 25 years' worth or lessons for running faster and farther. Champaign, IL: Human Kinetics.

Henderson, J. 1999. Best runs. Champaign, IL: Human Kinetics.

Henderson, J. 2000. Running 101. Champaign, IL: Human Kinetics.

Henderson, J. 2004. Run right now: What a half-century on the run has taught. New York, NY: Barnes & Noble Books.

Higdon, H. 1997. How to train. Emmaus, PA: Rodale Press.

Higdon, H. 2000. Run fast. Emmaus, PA: Rodale Press.

Higdon, H. 2002. Marathoning A to Z: 500 ways to run better, faster, and smarter. Guilford, CT: Globe Pequot Press.

Iknoian, T. 1998. Walking fast. Champaign, IL: Human Kinetics.

Iknoian, T. 2005. Fitness walking. 2nd ed. Champaign, IL: Human Kinetics.

Jordan, T. 1997. Pre: The story of America's greatest running legend Steve Prefontaine. Emmaus, PA: Rodale Books.

Kowalchik, C. 1999. The complete book of running for women. New York, NY: Simon & Schuster.

Laird, R. 2000. Fast walking. Mechanicsburg, PA: Stackpole Books.

Lear, C. 2002. Sub-4:00: Alan Webb and the quest for the fastest mile. Emmaus, PA: Rodale Books.

Lydiard, A. 1999. Running to the top. Aachen, Germany: Meyer & Meyer Sport.

Martin, D. E., and Coe, P. 1997. Better training for distance runners. Champaign, IL: Human Kinetics.

Noales, T. 2002. Lore of running. Champaign, IL: Human Kinetics.

Noales, T., and Granger, S. 2003. Running injuries: How to prevent and overcome them. New York, NY: Oxford University Press.

Pfitzinger, P. 2001. Advanced marathoning. Champaign, IL: Human Kinetics.

Rosato, F. 2003. Jogging and walking for health and fitness. 5th ed. Stamford, CT: Wadsworth /Thomson.

Salazar, A., and Lovett, R. 2003. Alberto Salazar's guide to road racing: Championship advice for faster times from 5K to marathons. New York: McGraw-Hill Companies.

Samuelson, J. 1995. Joan Samuelson's running for women. Emmaus, PA: Rodale Press.

Sandrock, M. 1996. Running with the legends. Champaign, IL: Human Kinetics.

Sandrock, M. 2001. Running tough. Champaign, IL: Human Kinetics.

Seiger, L., and Hesson, J. 2002. Walking for fitness. 4th ed. New York: McGraw-Hill.

Sleamaker, R., and Browning, R. 1996. Serious training for endurance athletes. Champaign, IL: Human Kinetics.

Sparks, K., and Kuehls, D. 1996. *The runner's book of training secrets*. Emmaus, PA: Rodale Press.

Tanser, T. 2001. *Train hard, win easy: The Kenyan way*. Mountain View, CA: Track & Field News.

Ungerleider, S. 1996. *Mental training for peak performance*. Emmaus, PA: Rodale Press.

Yessis, M. 2000. *Explosive running: Using the science of kinesiology to improve your performance*. Chicago, IL: NTC Publishing Group.

자료

비디오

Anatomy of a runner (하체의 구조와 기능), Insight Media, 1992. 38-minute videotape. (800) 233–9910. www.insight-media.com.

Coaching by the experts: Track and field running events. Champaign, IL: Human Kinetics, 1990. 48분용.

The complete guide to plyometrics. Insight Media, 1994. 50분용. (800) 233–9910. www.insight-media.com.

Dynamic flexibility training for athletes. Insight Media, 2003. 24분용. www.insight-media.com/.

High-powered plyometrics. Insight Media, 2001. 40분용. www.insight-media.com/.

Improving flexibility and strength with proprioceptive neuromuscular facilitation. Insight Media, 2002. 20분용. www.insight- media.com/.

Mechanics of movement. Insight Media, 1988. 22분용 or DVD. (800) 233–9910. www.insight-media.com.

The myths and realities of stretching. Insight Media, 2002. 45분용. www.insight-media.com/.

Passive stretching techniques. Insight Media, 1999, 37분용. www.insight-media.com/.

Preventing and managing common running injuries. Insight Media, 2002. 34분용. www.insight-media.com/.

See how they run (인간과 다른 포유동물들의 생체 역학 분석). Insight Media, 2001. 24분용 or DVD. www.insight-media.com/.

Teaching flexibility. Insight Media, 1999. 51분용. (800) 233–9910. www.insight-media.com.

그 외 비디오 자료는 부록 C를 참조하라.

단체 및 소식지

국제 마라톤 및 도로경주 협회(Association of International Marathons and Road Races): http://www.aims-association.org.

맥밀란 러닝(McMillian Running), http://www.mcmillanrunning.com/ ; 훈련과 경주에 관한 도서관을 갖고 있다.

미국달리기 및 피트니스협회(American Running and Fitness Association), 1150 S. Washington Street, #250, Alexandria, VA 22314 (1–800–776–2732); http://www.rrca.org.

로드 러너 스포츠(Road Runner Sports)—최고의 달리기 퍼포먼스, 5549 Copley Drive, San Diego, CA 92111. Call: (888) 732–5786 or Fax: (800) 453–5443; http://www.roadrunnersports.com.

Peak Performance Newsletter, http://www.pponline.co.uk.

Realrunner, http://www.realrunner.com/.

Running Research News, P.O. Box 27041, Lansing, MI 48909. (517) 393–3150. website: http://www.rrnews.com/.

Runner's World Online: http://www.runnerworld.com/.

Team Oregon: Links to online publications: http://www.teamoregon.com/~teamore/index.html.

Training Distance Runners—A Primer, by Jack Daniels, 1989. 게토레이 스포츠과학연구소(Gatorade Sports Science Institute), Chicago, IL; http://www.gssiweb.com/.

USA Track & Field, 1 RCA Dome, Suite 140, Indianapolis, IN 46225: http://www.usatf.org/.

웹사이트

웹사이트에서는 정보를 쉽게 얻을 수 있지만 주소(URL)

가 변경되거나 완전히 사라질 수 있다. 이 책에 언급한 웹사이트들 대부분은 계속 유지되길 바라지만, 설령 그렇지 않더라도 새로 바뀐 사이트를 검색엔진을 사용해 찾을 수 있다.

Shoe Company Sites: 일부 러닝화 제조사들은 달리기 생체역학에 관한 아주 좋은 영상 자료를 갖고 있다.

Asics: http://www.asicsamerica.com/asicstech/. 달리기의 각 단계별로 발에 관한 좋은 영상 자료를 제공한다.

Brooks: http://brooksrunning.com/technology /footwear technology.html. 일부 영상물은 달리기 중 여러 단계별로 발의 생체역학적 동작에 관한 내용을 보여준다.

New Balance: http://www.nbwebexpress.com/. 다양한 신발 라스트 형태와 라스트 형태가 신발 크기에 어떤 영향을 미치는 지에 대한 좋은 분석.

Nike: http://www.nike.com/nikerunning/usa /home.jhtml. 러닝화와 러닝화와 발의 상호작용에 대한 생체역학적 견해.

Saucony: http://www.saucony.com/. 필요한 신발 형태를 구분하도록 돕기 위해 유용한 신발 선택 지침을 제공한다.

달리기 관련 사이트:

1. http://www.usatf.org. 이것은 미국 트랙 앤 필드(USA Track and Field)의 사이드로, 미국의 육상, 장거리 경주, 경보를 관리하는 기구이다.

2. http://www.runnersworld.com/. 날짜, 담당자, 주소를 비롯하여 마라톤에 관한 방대한 목록을 볼 수 있는 이 사이트는 잡지 러너스 월드(Runner's World)에서 관리한다.

3. http://www.mcmillanrunning.com/. 이 사이트는 훈련 정보와 온라인 코치 역할을 제공한다.

4. http://www.secondwindrunningclub.org/. 이 사이트는 샴페인-어바나 지역의 사람들에게 경주 일정표와 훈련 정보를 제공한다.

5. http://www.gbtc.org/home.html. Greater Boston Track Club의 약자이다. 유명한 보스턴 트랙 클럽의 홈페이지이며, 로저스(Bill Rodgers), 마이어(Greg Meyer), 살라자르(Alberto Salazar), 피징거(Pete Pfitzinger) 같은 회원들을 보유하고 있다.

6. http://www.americanrunning.org/. 이 미국육상협회(American Running Association) 사이트는 선수들이 훈련을 현명하게 하고 부상을 방지하도록 돕기 위해 의사들이 설립한 것이다.

7. http://www.ontherun.com. 온더런(On The Run)은 미국 북서부에 있는 달리기 및 경주 소식을 제공하는 사이트이다.

8. news: rec.running. 이 사이트는 달리기에 대해 토론하는 유즈넷(usenet)그룹이다.

9. http://www.drpribut.com/sports/sportframe. html. 이 사이트는 프리벗 박사(Stephen M. Pribut, DPM, FAAPSM)가 달리기 훈련과 부상에 관한 정보를 제공한다.

10. http://www-rohan.sdsu.edu/dept/coachsci /index.htm. 이 사이트는 최신 연구논문의 코칭 과학 초록 내용을 포함한다.

11. http://www.coolrunning.com/. 경주 정보와 훈련 지침 내용을 담고 있는 달리기 잡지 형태.

12. http://www.halhigdon.com/. 수석 작가 히그돈(Hal Higdon)이 잡지 러너스 월드(Runner's World)에 기고한 칼럼을 모아놓았다. 이 사이트에는 가상훈련을 포함하여 다양한 형태의 훈련 프로그램을 제안한다.

13. http://www.runningnetwork.com. 러닝 네트워크(Running Network)는 미국 전역의 다양한 지역 출판물과 훈련 요령을 제공하는 것이 특징이다.

14. http://www.rice.edu/~jenky/mednav.html. 스트레칭, 부상, 훈련에 관한 정보를 제공한다.

15. http://www.gssiweb.com. 게토레이 스포츠과학 연구소(Gatorade Sports Science Institute)는 지구력 훈련과 스포츠 영양 정보를 제공한다.

16. http://www.runningtimes.com. 지면잡지 러닝 타임즈(Running Times)의 기사와 연재물을 볼 수 있다.

17. http://www.doitsports.com. 두잇스포츠는 온라인 상에서 달리기를 완성한다. 컴플리트 러닝 Do It Sports Complete Running Links on the Internet.

18. http://www.runtheplanet.com. 전 세계의 달릴 수 있는 다양한 장소와 지도를 제공한다.

19. http://www.jeffgalloway.com. 달리기 조언과 훈련 스케줄을 제공한다.

28 체조와 텀블링

이 장을 완벽하게 습득한 뒤, 독자들은 다음과 같은 사항들을 할 수 있어야 한다.

▶ 체조와 텀블링의 변천사에 대해 이해한다.

▶ 안전과 보조(spotting) 테크닉의 중요성에 대해 이해한다.

▶ 체조 팀 경기의 기본 규칙에 대해 설명한다.

▶ 도마(뜀틀), 안마, 평행봉, 철봉, 링, 마루운동, 이단평행봉, 그리고 평균대의 기초기술에 대해 설명한다.

▶ 텀블링과 기구를 이용한 다양한 활동을 수행하기 위해 필요한 기초기술과 테크닉을 시범 보인다.

▶ 체조와 텀블링의 기초기술을 안전하게 지도한다.

체조

역 사

체조(gymnastics)란 고대 그리스어에서 유래된 용어로, "벌거숭이 예술(naked art)"의 의미를 가지고 있다. 오늘날 체조와 비슷한 활동이 최초로 시작된 곳은 중국으로 알려져 있다. 고대 로마제국 시대에는 군사 훈련의 일환으로 목마와 같은 기구에 올라타서 훈련을 한 반면, 그리스에서는 기구에 직접 올라타기보다는 기구를 이용하여 운동하였다. 체육관을 의미하는 *gymnasium* 역시 고대 그리스어에서 그 어원을 찾을 수 있는데, 원래의 의미는 체조를 수행하기 위한 바닥

혹은 장소라는 뜻이다.

베이스도우(Johann Basedow, 1723~1790)는 유럽에서 최초로 체계화된 체조운동을 가르친 지도자였다. 체조의 대부로 알려진 무스(Johann Guts Muths, 1759~1839)는 체조관련 서적을 최초로 편찬하기도 하였다.

나폴레옹과의 전쟁에서 패한 후, 1810년부터 1852년까지 독일의 프레드릭 얀(Frederick Jahn)은 국력을 강화할 계획을 수립하였다. 이를 위한 수단으로, 얀은 평행봉, 철봉, 안마, 뜀틀을 고안하여 보급하는 데 모든 노력을 기울였다. 그는 전 독일인들이 일치단결하여 스스로를 지킬 수 있기를 원했기 때문에 베를린에

있는 소년들을 인근 숲속으로 데리고 가 다양한 활동들을 가르쳤으며, 그런 과정에서 체조와 관련된 여러 가지 기구들을 발명하게 되었다. 얀이 사망하기 10년 전인 1842년에 정형화된 체조가 독일 공립학교에 보급되었다.

매트는 체조교사 양성기관인 군용체조양성소(Military Gymnastic Institute)가 덴마크의 코펜하겐에 문을 열면서 처음 사용되었다.

1850년 전후로 많은 독일 이주민들은 체조를 미국으로 가져와 여러 체조클럽들을 만든 후 스스로를 터너소사이어티(Turner Societies)라고 불렀다.

1865년 전미 터너들(American Turners: 독일계 미국인으로서 독일체조 관계자들을 의미 – 역자 주)은 체조 교사를 양성하기 위하여 체조종합대학(Normal College of the American Gymnastic Union)을 설립하였다.

미국에서의 체조는 이러한 터너 클럽(Turner Clubs), YMCA, 학교, 그리고 대학 등을 통해 널리 보급될 수 있었다. 대부분의 학교, 대학, 클럽, 그리고 YMCA 체육관에서는 평균대, 이단평행봉, 뜀틀(도마), 철봉, 안마, 링, 그리고 평균대와 같은 무거운 기구들을 보유하고 있으며, 공원과 지역사회 센터에서도 초등학생용 정글 짐(elementary jungle gyms), 티터-토터스(teeter-tooters: 시소와 유사한 어린이용 놀이 기구 – 역자 주), 슬라이드, 링, 그리고 스윙 장비 등을 갖추고 있다.

현대사회에서 사용되거나 대회 등에서 통용되는 '체조'의 의미는 일반적으로 기구를 이용한 기계체조와 매트 위에서의 텀블링과 관련이 있다.

미국의 공립학교와 대학에서 체조 기자재의 도입이 늦어진 이유는 다음의 세 가지 이유 때문이다.

1. 1800년 전후, 루이스(Dio Lewis)가 체조를 보급할 당시에는 기구 없이 운동을 하였기 때문에 학교 역시 이러한 형태를 그대로 받아들였다.

2. 1900년 전후, 미용체조(calisthenics: 아름다운 신체, 균형잡힌 몸매, 효율적인 운동, 율동적인 동작, 약동하는 건강미를 추구하는 운동으로, 팔굽혀펴기나 윗몸일으키기와 같이 기구의 사용이 많지 않은 운동 유형들을 포함 – 역자 주)를 강조한 스웨덴 이주민들의 영향을 받았다.

3. 제1, 2차 세계대전 사이 체조는 미국 고등학교와 대학교의 전체 프로그램에서 비중있는 위상을 차지하지 못하였다. 이러한 전쟁으로 인해 대부분은 가벼운 레크리에이션 활동을 하는 데에 만족해야 했고 정식체조대회에 출전할 수 있는 선수는 극소수에 불과하였다.

제2차 세계대전이 끝나자, 체조를 포함한 저항력을 이용하는 운동의 전성기가 다시 찾아왔다. 오늘날 미국의 중등학교, YMCA, 사설 체조클럽, 그리고 대학 등에서는 체조선수 육성에 상당한 관심을 가지고 있다.

미국에서의 체조가 중흥하게 된 결정적 계기는 1946년 전미체조코치협회(National Association of American Gymnastic Coaches)와 1951년 전미체조클리닉(National Gymnastic Clinic)의 설립이었다. 현재 미국 체조를 관장하는 공인 조직은 미국체조협회(USAG: USA Gymnastics)이다.

최근에 들어와 체조에 대한 참여도가 급격히 늘어나고 있는데, 특히 일반인의 참여가 많이 늘고 있다. 그 이유는 아마도 올림픽 중계방송을 통해 올가 코르부트(Olga Korbut), 나디아 코마네치(Nadia Comaneci), 커트 토마스(Kurt Thomas), 그리고 메리 루 레튼(Mary Lou Retton)과 같은 스타급 체조선수들의 활약상을 보았기 때문이다. 이러한 미국체조의 변화를 주도한 것은 당연히 1984년 올림픽 체조경기에서 미국대표팀이 보여준 성공신화였다. 1984년 로스앤젤레스 올림픽(Los Angels Olympics)이 개최되었을 당시, 강력한 우승후보였던 구소련 체조 팀이 불참함으로 인해 미국 남자대표팀은 1932년 이래 체조에서 처음으로 단체전 금메달을 목에 걸 수 있었다. 개인종합 금메달을 차지한 메리 루 레튼의 경우는 미국여성이 올림픽 체조 개인종목에서 최초로 금메달을 딴 역사적 사건이었다. 미국 남자대표팀은 단체전경기 금메달 외에도, 개인종합 은메달(Peter Vimar); 안마 금메달(Vidmar); 평행봉 금메달(Bart Connors), 은메달(Mitch Gaylord), 동메달(Tim Dagget); 그리고 링 동메달(Mitch Gaylor)을 차지하는 쾌거를 달성하여, 미국 남자 체조 역사상 가장 우수한 팀으로 기록되고 있다. 그러나 1984년 하계 올림픽에서 가장 드라마틱한 순간은 아마도 메리 루 레튼이 도마 경기에서 최고 점수인 10점을 따면서 개인종합 우승을 차지하는 순간이었을 것이다. 이러한 메리 루 레튼의 승전보는 미국 여자 팀원들이 최고의 기량을 펼치는 데 자극제가 되었으며, 결국 단체전 경기 은메달, 도마 은메달(Mary Lou Retton), 이단평행봉 은메달(Julianne McNamara)과 동메달(Mary Lou Retton), 평균대 동메달(Kathy Johnson), 그리고 마루운동 은메달(Julianne McNamara)과 동메달(Mary Lou Retton)을 차지하게 되었다.

구소련은 최강의 남녀 체조 팀을 이끌고 1988년 올림픽게임에 돌아왔다. 구소련 남녀 팀은 모두 단체전 경기 금메달과 대부분의 개인종목들을 석권하였다. 반면, 미국은 실망스러운 성적을 올리게 되는데, 남자 단체전 경기에서 11위, 그리고 여자 팀은 4위에 그쳤으며, 개인종목에서는 밀스(Phoebe Mills)만이 평균대에서 동메달을 차지하였다.

미국은 여자 팀 경기의 기술점수에서 논란이 된 0.5점의 감점에 대한 이의를 제기하였지만 받아들여지지 않았고, 결국 동메달을 놓치게 되었다. 사실, 체조에서의 많은 동작 수행은 탐탁지 않은 심판의 판정으로 인해 많은 논란을 일으키기도 하였다. 서울올림픽의 체조경기에서는 40개의 10점 만점이 14명의 선수들에게 주어졌으며, 남자 안마 경기에서는 동점자가 3명이나 나와 모두에게 금메달을 수여하는 특이한

현상도 발생하였다.

1992년 올림픽에서는 연합팀(united team) 이름으로 참가한 구소련 팀이 남녀 팀 경기 모두에서 금메달을 차지하였다. 미국은 남자팀이 단체전 6위, 그리고 여자팀이 3위를 차지하였다. 이 대회에서 미국 남자팀의 하이라이트는 평행봉에서 1위를 차지한 디마스(Trent Dimas)였다. 여자팀에서는 밀러(Shannon Miller)가 개인종합 2위와 개인종목에서 은메달 한 개와 동메달 2개를 차지하여 가장 우수한 성적을 거두었다.

1996년 애틀랜타올림픽에서 비록 미국 남자팀은 평행봉에서 은메달을 따는데 그쳤지만, 여자팀은 경이로운 성적을 올렸다. 먼저 마루운동에서 도우스(Dominique Dawes)가 동메달을 획득하였으며, 초우(Amy Chow)가 이단 평행봉에서 은메달을 공동 수여받았으며, 밀러(Shannon Miller)는 평균대에서 금메달을 목에 걸었다. 그리고 여자 팀 경기에서는 미국이 러시아를 근소한 차이로 앞서 금메달을 차지하였다.

2000년 시드니올림픽에서의 미국 남녀 체조 대표팀의 성적은 기대에 크게 미치지 못하였다. 남자팀은 메달을 하나도 따지 못하였으며, 가장 좋은 성적이라고 하는 것이 도마와 개인종합에서 각각 6위를 차지한 윌슨(Blaine Wilson)이 전부였다. 그리고 남자 단체전 경기에서 미국은 5위를 차지하는데 그쳤다. 여자팀의 경우에도 마찬가지로 메달이 없었으며, 레이(Elise Ray)가 평균대에서 8위를 차지한 것이 개인종목에서의 가장 좋은 성적이었다.

안 전 수 칙

1. 체조 기자재를 정기적으로 점검하여 잘못된 부분이 있는지, 높낮이나 연결 장치 등이 잘 조절되어 있는지를 확인하고 위험요소를 제거해야 한다.
2. 기구와 관련된 사고가 그냥 일어나는 경우는 거의

없다. 이러한 사고는 거의 다 부주의에 의해서 일어난다.

3. 기구 주위에 충분한 수량의 깨끗한 매트를 깔아놓아야 한다. 이때 매트는 끌지 말고 들어서 옮긴다. 착지 시 부상, 특히 발목 부상을 예방하기 위해서는 기구 주위의 매트들이 서로 겹쳐지지 않도록 깔아야 한다. 매트는 사용 후 접어서 치워놓도록 한다.

4. 근력과 기술은 점차적으로 향상되기 때문에 단순한 동작에서 시작하고 좀 더 복잡한 동작으로의 변화에는 시간이 필요하다는 점을 잘 알고 있어야 한다.

5. 지도자는 스팟팅(spotting) 동작을 완벽하게 구사할 수 있어야 한다.

6. 손에 마그네슘 쵸크(magnesium chalk)를 묻히면 미끄러지는 것을 예방하는 데 도움이 될 것이다. 손에 찰과상을 예방하기 위해 가죽으로 된 그립을 착용할 것을 독려하도록 한다.

7. 체조장 내에서 거칠게 밀고 당기는 따위의 장난을 금지한다.

8. 스턴트 동작 전후에 준비운동과 스트레칭을 하는 것은 매우 중요하다. 스트레칭은 운동 후 정리운동으로서도 도움이 많이 된다. 근력 향상 역시 체조 프로그램을 수행하는 데 있어 중요한 요소이다.

스 팟 팅

스팟팅(spotting: 동작수행에 대한 지도자/보조자의 보조 행위 – 역자 주)은 체조를 안전하게 가르치기 위해 반드시 알아야 할 중요한 기술로서, 지도자들은 이 기술에 특히 많은 관심을 기울여야 한다. 스팟팅은 스턴트의 완성단계에서 수행자를 지지 혹은 잡아주거나 동작 조절을 도와줄 뿐만 아니라, 잘못된 착지로 인한 부상을 예방할 수도 있다. 이러한 스팟팅은 수행자가 스턴트 동작 혹은 순서를 스스로 느낄 수 있도록 도와준다. 스팟팅에는 단순히 손만으로 지지해주는 핸드 스팟팅(hand spotting)과 스팟팅 벨트(spotting belt)와 같은 특수 장비를 사용하는 방법이 있다. 스팟팅의 가장 중요한 목적은 안전과 부상예방이며, 특히 머리, 목, 그리고 척추의 부상을 예방하는 데 있다. 기술 지도와 안전 간의 상대적 중요성과 상관없이 보조자(spotter: 스팟팅을 수행하는 사람 – 역자 주)가 반드시 알아야 할 몇 가지로는 첫째, 체조 선수가 무엇을 하려고 하는지를 알아야 한다. 둘째, 어떤 사고가 언제 일어날 수 있을지에 대해 알고 있어야 한다. 셋째, 스팟팅 수행에 필요한 것이 무엇이며 언제 실시해야 하는지를 알아야 한다. 그리고 마지막으로, 수행자의 학습효과를 극대화시키고 보조자 자신의 부상 위험을 감소시키기 위해 강인한 근력을 가지고 있어야 한다. 보조자의 위치는 다음에 나오는 많은 동작들의 도해와 함께 설명되고 있다. 대부분의 체조 기술들을 묘사하고 있는 도해에 나오는(●) 표시는 지도자가 도움을 주기위해 위치해야 할 지점을 나타내고 있다.

팀 경기 대회

모든 고등부 체조경기는 전미고교스포츠연맹(National Federation of State High School Association)에서 제정한 규칙을 따르고 있다. 그리고 대학과 클럽 대항 체조경기에 대한 규칙은 미국체조협회(USAG)에 명시되어 있다.

체조경기의 순서

남자

단체전 경기에서의 종목 순서는 마루운동, 안마, 링, 도마, 평행봉, 그리고 철봉 순으로 진행된다. 일반적으로 체조선수권대회에서는 2분 정도의 준비운동 시간이 주어지지만, 단체전은 예외가 된다.

단체전 선수 인원. 각 팀은 한 종목 당 최대 6명의 선수로 제한된다. 이 중 4명은 반드시 개인종합 경기 출전명단에 이름이 올라 있어야 한다. 한 팀의 전체 선수인원 수는 최대 12명까지 구성할 수 있다.

여자

여자부 경기의 종목 순서는 도마, 이단평행봉, 평균대, 그리고 마루운동 순이다.

단체전 선수 인원. 각 팀의 종목별 선수 인원은 단체전 최종 종합점수에 적용되는 개별점수 개수보다 많아야 한다(예: 세 개의 개별 점수 적용 시, 4명 혹은 5명의 선수 명단을 제출함).

스코어

각 팀의 종목별 상위 세 개의 점수를 합하면 해당 종목에 대한 팀 점수가 결정된다. 단체전 개인별 점수는 개인종합점수에 적용된다(단체예선전에서 개인 최다 득점 상위 24명으로 개인종합 결승전을 치름—역자 주). 각 팀의 종목별 점수를 모두 합산하여 최종 팀 점수를 결정하게 된다.

심판원

4명의 심판원(four judges)과 1명의 주심(superior judge)이 체조연기를 평가한다. 규정연기나 자유연기 모두 10점 만점에 구성점수 4점, 수행점수 6점으로 평가하여 4명의 심판원이 부여한 점수 중 최고점과 최저점을 제외한 중간 2개의 평균점을 최종점수로 한다. 중간 2개의 점수의 차가 채점 규칙에서 정하는 한계를 넘었을 때는 주심의 점수와 중간 2개의 평균점을 더해 둘로 나눈 것을 기준점으로 하여 각 심판원의 점수가 기준점에 근사하도록 조정한다.

기구

1. 안마
2. 도마(안마 기구의 손잡이를 없앤 것 – 역자 주)
3. 평행봉
4. 이단평행봉
5. 철봉
6. 링
7. 평균대
8. 매트
9. 탄산염 마그네슘
10. 철봉대를 닦을 사포
11. 스프링보드(발 디딤판)
12. 마루운동 영역: 40×40피트(12×12m)

기초기술 및 테크닉

이곳에서 제시되고 있는 체조운동 유형은 기초운동들로서 학습을 주목적으로 하고 있다. 따라서 체조에서의 고난도 스턴트와 루틴(routine)에 관한 내용을 알고 싶다면, 다른 자료를 참고하도록 한다.

도마

도마(vaulting)를 제외한 모든 체조 종목들의 루틴은 여러 가지 형태의 스턴트와 동작들로 구성된다. 도마의 경우에는 하나의 스턴트만 수행되고 평가된다.

도마경기는 남녀에 따라 약간의 차이가 있다. 남자의 경우, 도마를 세로로 뛰어넘으며, 이것의 높이는 약 53인치(1.35m)이며 도마의 길이는 높이보다 약간 더 길다. 여자의 경우에는 도마를 가로로 뛰어넘어야 하며, 높이는 약 43인치(1.09m) 정도이다. 모든 형태의 도마에는 비행 전과 비행 후 단계가 있다. 비행 전 단계는 블로킹 테크닉(blocking technique: 도움닫기에서 달려오는 가속도를 위로 뛰어오르는 점프력으로 변환하기 위한 기술 – 역자 주)으로 반발력을 생성하는 단계이다. 손이 도마 상단에 접촉함과 동시에 어깨를 힘차게 들어 올려야 비행 후 단계에서 중요한 요인인 달려오는 가속도를 수직으로 전환하는 힘의 변위(displacement)를 극대화시킬 수 있다.

이 장에서 묘사되고 있는 도마 형태는 기초적인 부분으로 정규대회에서는 거의 볼 수 없으며, 대부분 초등부 체조대회에서 사용되고 있는 기술들이다. 그렇지만 이러한 도마 기술들은 재미있게 배울 수 있으며, 경우에 따라서는 최초 시도 시 많은 용기가 필요하다. 여기에 나오는 도마 기술들을 연습할 때 스프링보드의 사용은 선택사항이 된다.

스쿼트 도마

스쿼트 도마(squat vault)는 양발로 동시에 이륙하고, 양손이 호스(horse: 도마의 상단으로 손이 접촉하는 부위 – 역자 주)에 닿음과 동시에 아래로 누른 후, 몸이 위로 들림과 동시에 무릎을 가슴 쪽으로 당긴다. 그런 다음, 몸이 호스를 넘어서면 몸 전체를 펴준다. 착지에서는 무릎을 굽히고, 팔을 앞으로 내어 균형을 잡으면서 마치 차렷 자세를 취하는 것과 같이 제자리에 선다 (도해 28.1). 보조자는 반드시 호스 앞에 서 있어야 한다(좌측 혹은 우측).

플랭크 도마

플랭크 도마(flank vault)는 "사이드 도마(side vault)"라고도 한다. 양발로 이륙한 후 몸을 옆으로 하여 호스 위를 지나간다. 이때 다리는 펴고 발가락은 바깥쪽

도해 28.1. 스쿼트 도마.

으로 뻗어준다. 착지할 때에는 무릎을 약간 굽히고 팔은 옆으로 뻗어준다 (도해 28.2).

페이스 도마

페이스 도마(face vault)에서는 양발로 이륙한 후 몸

도해 28.2. 플랭크 도마.

도해 28.3. 페이스 도마.

이 호스를 정면으로 볼 수 있도록 1/4 정도 회전시키면서 호스 위를 지나가게 한다. 호스 옆으로 착지하면서 한 팔은 호스에, 그리고 다른 팔은 옆으로 뻗어준다 (도해 28.3).

리어 도마

리어 도마(rear vault) 형태에서는 몸의 등 쪽이 호스 끝부분 위를 지나가게 된다. 만일 등이 도마 왼쪽으로 넘어가기 위해서는 몸을 왼쪽으로 1/4정도 회전하면서 호스 위를 지나가게 한다. 몸이 호스 위를 지나고 나면 왼손은 호스에 놓고 오른손은 옆으로 뻗어준다 (도해 28.4).

스트래들 도마(straddle vault)

스트래들 도마(straddle vault)는 호스위에서 몸을 멈추지 말고, 완전히 지나가도록 한다. 머리는 항상 세워 정면을 바라본다. 이 도마 기술은 가까이에서 보조

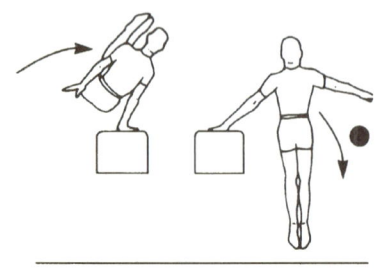

도해 28.4. 리어 도마.

도해 28.5. 스트래들 도마.

해주어야 한다(양손으로 호스를 밀면서 위로 솟구쳐 공중에서 다리를 벌린 말 타기 자세를 취한 상태로 잡아주게 되면 동작 학습에 도움이 많이 된다.).

　보조자는 호스 앞에 서서 도마 수행자의 양 상완(어깨와 팔꿈치 사이)을 잡아준다. 도마 수행자가 호스 너머로 다가오면, 보조자는 뒤로 움직이면서 보조해준다 (도해 28.5).

스툽 도마

스툽 도마(stoop vault)는 호스 위를 지나갈 때 다리를 굽히지 않고 펴는 것을 제외하고는 스쿼트 도마와 같다. 이 동작을 수행하기 위해서는 더 높게 솟아올라야 하며, 도마 보드를 반드시 사용해야 한다. 보조자는 호스 앞쪽 수행자 옆에 서 있어야 한다. 보조자는 수행자가 호스 위를 지나갈 때, 한손으로 수행자의 어깨 주변 부위를 잡아들어 올려주고 다른 손으로는 엉덩이를 들어 올려준다 (도해 28.6).

도해 28.6. 스툽 도마.

안마

앞에 나온 도마와 마찬가지로, 이곳에서 묘사될 안마
(pommel horse)의 스턴트 동작들은 정형화된 체조경
기에서 볼 수 있는 것이 아니라, 아주 기초적인 동작
들로서 고난이도 스턴트 동작을 위한 사전단계로 이
해하면 된다.

스쿼트자세로 버티기

스쿼트자세로 버티기(squat to rear support)에서는
양발을 차올려 안마 위를 넘기는데, 이때 머리는 곧추
세워야 하고, 엉덩이를 높이 들어올리면서 무릎을 양
팔 사이에 놓는다. 양발이 안마를 넘어간 후 발을 펴
서 아래쪽으로 뻗어주면서 수행자의 등이 안마에 의
해 지지되도록 한다 (도해 28.7).

좌우 페인트

좌우 페인트(feint left or right)는 정면에서 버티기
동작으로 시작한다. 한쪽 다리를 들어 올려 안마의 오
른쪽(croup: 크루프) 혹은 왼쪽(neck: 넥) 끝 부분 위
를 넘긴다. 만일 오른쪽 다리로 안마 위를 지나가게
한다면, 얼굴을 왼쪽으로 돌려주는 반면에, 왼쪽 다리
가 지나간다면 얼굴을 오른쪽으로 돌려준다. 이때 양
팔은 완전히 펴져 있어야 하고, 다리는 힘이 들어간
채로 발가락을 아래로 뻗어준다. 다리가 안마 위를 지

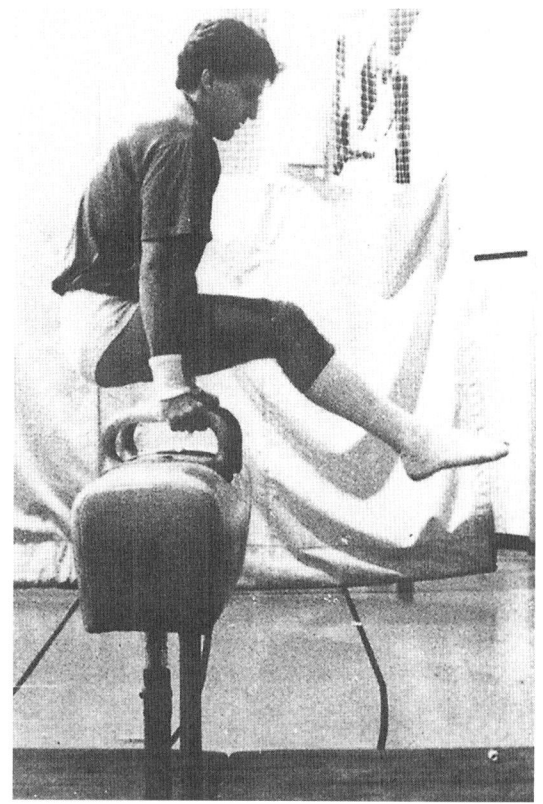

도해 28.7. 스쿼트자세로 버티기.

나고 나면 다시 제자리로 돌아온다 (도해 28.8).

좌우 컷

좌우 컷(cut left or right)에서는 정면으로 약간 기울인
버티기 동작으로 시작하여, 한쪽 손을 놓으면서 그 아

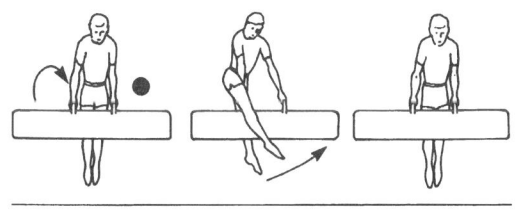

도해 28.8. 좌우 페인트.

도해 28.9. 좌우 컷.

래로 같은 방향의 발을 올려 안마 위를 지나가게 한다.
이 동작을 성공적으로 수행하기 위해서는, 체중을 반대
쪽 손으로 이동시켜야 한다. 동작을 수행하는 동안 양
팔과 다리 모두 펴져있는지 확인한다 (도해 28.9).

플랭크 혹은 역플랭크 동작으로 버티기

플랭크 동작(옆으로 넘기기 – 역자 주)이 수행되면서
체중을 안마 위에 놓을 수만 있다면, 뒤로 버티기 동
작을 위한 손잡이를 잡는 데에는 큰 어려움이 없게 된
다(right flank to rear support). 반대방향으로 플랭
크 동작을 수행할 때에는 모든 체중을 오른쪽 팔에 놓
는다(reverse flank left to front support). 안마를 뛰
어넘고 손잡이를 잘 잡는데 중요한 요인은 바로 적절
한 체중 배분이다 (도해 28.10).

한 다리씩 선회하고 되돌리기

한 다리씩 선회하고 되돌리기(one-half alternating
single-leg circles and return)를 위해서는 먼저 점프
하여 버티기 자세를 취함과 동시에 왼쪽으로 기울면
서 오른쪽 다리와 팔을 들어올린다. 오른쪽 다리를 앞

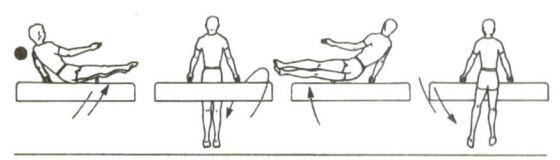

도해 28.10. 플랭크 혹은 역플랭크 동작으로 버티기.

도해 28.11. 한 다리씩 선회하고 되돌리기.

으로 가져오면서 오른손으로 안마의 우측 손잡이를
잡는다. 그런 다음 이번에는 오른쪽으로 기울면서 왼
쪽 다리와 팔을 들어올림과 동시에 왼쪽 다리를 전방
으로 스윙하면서 왼손으로 안마의 좌측 손잡이를 잡
는다. 이렇게 하면, 수행자는 뒤로 버티기 자세가 된
다. 이 자세에서 양다리를 오른쪽으로 같이 이동시키
다가 오른팔을 들면서 다리를 벌려 오른쪽 다리가 원
래의 위치로 되돌아오게 한다. 마지막으로, 왼발을 원
래의 위치로 되돌리면서 오른쪽으로 기울인다 (도해
28.11).

평행봉

달려가 점프해서 양팔로 지탱하기

달려가 점프해서 양팔로 지탱하기(run and jump to
cross support)에서는 먼저 점프한 후 팔 펴서 버티기
자세를 취한다. 앞으로 기울인 자세로 바를 잡은 후
전방으로 스윙한다. 백스윙 시 추락을 예방하기 위해
보조를 실시한다. 평행봉에서 떨어지면 봉 아래에서

도해 28.12. 달려가 점프해서 양팔로 지탱하기.

가슴부위를 잡아준다 (도해 28.12).

핸드 트래블링(Hand traveling)

1. 한손씩 교대로 바를 잡으면서 바의 끝까지 나아간다. 이때 가슴을 앞으로 내밀지 말고, 머리 위치는 중앙에, 그리고 등이 굽지 않도록 한 상태에서 발가락을 아래로 뻗어준다 (도해 28.13).
2. 팔 펴서 버티기 자세를 유지한 채 손으로 호핑을 하면서 바의 끝까지 나아간다. 양손을 동시에 사용하면서 동일한 동작을 수행한다.
3. 다리로 자전거 타는 동작을 취하게 되면 난이도를

도해 28.14. 자전거타기.

높일 수 있다 (도해 28.14).

중급 스윙

중급 스윙(intermediate swing)에서는 바 중앙에서 양팔로 버티기 자세를 취한 다음, 어깨를 축으로 하여 몸을 앞뒤로 스윙하기 시작한다. 다리가 뒤로 움직일 때에는 몸을 앞으로 숙여주면서 손에 작용한 체중의 중심에 대한 균형을 잡을 수 있다는 점을 알아야 한다.

홉을 가미한 중급 스윙

중급 스윙에 있어 양팔은 항상 편 상태를 유지하면서 앞으로 스윙할 때에는 몸을 구부렸다가 뒤로 스윙할 때에는 펴준다. 홉(hop: 양팔로 껑충 뛰어다가 다시 바를 잡는 동작 – 역자 주)은 전방으로 스윙할 때 수행되는 데, 그 원리는 아래에서 위로의 스윙에 외력이 작용함으로써 바에 언코일링 효과(uncoiling effect:

도해 28.13. 핸드 트래블링.

도해 28.15. 홉을 가미한 중급 스윙

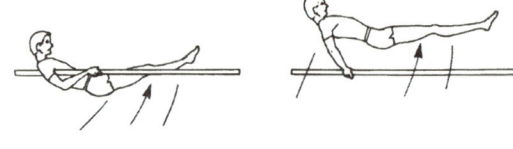

도해 28.17. 힙 들기.

아래에서 위로 올라오는 다리의 스윙동작에 의해 발생한 힘에 의해 바를 잡고 있던 손이 풀리게 되는 현상 - 역자 주)가 나타나 홉 동작을 어렵지 않게 할 수 있는 것이다. 바를 다시 잡는 순간 떨어지는 것에 대비해 보조해준다 (도해 28.15).

앞으로 스윙하며 차오르기(Forward swinging dips)

1. 어깨를 축으로 스윙하다.
2. 백스윙의 마지막 단계에서 등을 쭉 펴고 머리를 든 상태를 유지하면서 팔을 구부린다 (도해 28.16).
3. 팔을 구부린 채 앞으로 스윙하며, 스윙이 중간쯤 진행되었을 때 턱은 바와 거의 같은 위치에 있어야 한다.
4. 전방으로의 스윙이 끝날 시점에 팔을 펴면서 발을 앞으로 뻗어준다.
5. 발을 아래에서 위로 차면서 얻은 힘을 이용해 차오르기 동작을 수행한다. 이것을 잘하기 위해서는 적절한 타이밍이 중요하다.

힙 들기

힙 들기(hip rise)에서는 상완(upper arms: 위팔 – 역자 주)이 바에 매달린 상태로 전방을 향해 힘차게 스윙한다. 스윙의 마지막 단계에 도달할 쯤 스윙 동작에 대한 반작용적 힘을 얻기 위해 팔을 뒤쪽으로 그리고 아래쪽으로 당긴 후 양팔로 지탱하기 자세를 취한다 (도해 28.17).

어깨로 균형 잡기

어깨로 균형 잡기(shoulder balance)는 바의 중앙에 위치하여 팔꿈치가 어깨선상에 올 때까지 펴준다. 이 때 손은 바를 잡은 상태로 전완(forearms: 아래팔 – 역자 주)을 팔꿈치에서 구부려준다. 무릎을 굽혀 발이 바 위에 위치한 자세를 지탱한다. 이 자세에서 힙과 다리를 순서대로 위를 향해 굴려주고 등을 쭉 펴 균형을 잡는다. 몸이 뒤로 넘어가기 시작하면, 팔꿈치를 좀 더 벌리면서 상완을 축으로 하여 아래로 스윙한다. 이 동작을 연습할 때에는 항상 양쪽에 보조자를 세워

도해 28.16. 앞으로 스윙하며 차오르기.

도해 28.18. 어깨로 균형 잡기.

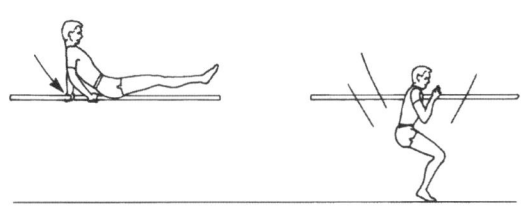

도해 28.19. 내리기.

놓아야 한다 (도해 28.18).

내리기

내리기(dismounts) 기술을 처음 시도할 때에는 규정 높이보다 더 낮은 바(가슴 혹은 그 아래 위치)를 사용해야 안전과 성공적인 수행을 기대할 수 있을 것이다.

바 중앙에서 양손으로 지탱한 상태로 스윙하면서, 아래에 제시된 방법들 중 하나를 선택하여 내리기 동작을 수행할 수 있다.

1. 일명 "선회내리기(rear vault dismount)"라고도 하며, 손 앞쪽에서 등과 엉덩이가 바를 넘어가듯 내리기 (도해 28.19).
2. 손 뒤쪽으로 복부와 가슴이 바를 넘어가듯 내리기.
3. 손 앞쪽에서 몸을 비틀면서 옆으로 내리기.

싱글/더블 레그 컷(Single-and double-leg cut)

연습 초기에는 안전을 위해 좀 더 낮은 바를 사용한다.

싱글 레그 컷. 전방으로의 스윙 마지막 단계에서 몸

을 뒤로 밀면서 동작을 멈춘다. 이때 머리가 뒤로 젖혀 있어야 바와의 충돌을 피할 수 있다. 그리고 안전을 위해 등 뒤에서 양 어깨를 잡아준다. 이 기술에 있어 중요한 것은 동작을 멈추기 전에 몸을 약간 뒤로 기울이는 것이다 (도해 28.20).

더블 레그 컷. 이 기술 역시 싱글 레그 컷과 같은 원리로 실시한다. 단, 두 다리를 모두 사용해야 한다. 보조도 마찬가지로 같은 요령으로 실시하면 된다. 두 다리로 컷 동작이 만들어지기 전에 몸을 뒤로 기울인다는 점도 동일하다 (도해 28.21).

이러한 두 가지 기술들을 위한 또 다른 보조 방법으로는 수행자의 손목을 잡아주는 것이 있다.

다리벌려 내리기

다리벌려 내리기(split-off) 기술은 스트래들 도마와

도해 28.20. 싱글 레그 컷.

도해 28.21. 더블 레그 컷.

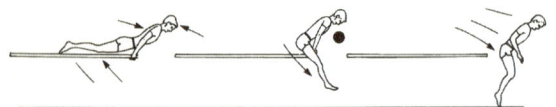

도해 28.22. 다리벌려 내리기.

같다고 생각하면 된다. 주의해야 할 점은 머리를 항상 세우고 있어야 한다는 것이다. 그리고 힙을 너무 높이 들어올리지 말아야 한다. 보조할 때에는 정면에서 수행자의 가슴과 어깨 부위를 잡아준다 (도해 28.22).

철봉

스윙
철봉에 매달린 상태에서 짧은 언더스윙(underswing: 철봉 아래에서 전방으로 스윙함 – 역자 주)을 한 후 백스윙의 최고점에서 내리기를 실시한다.

턱걸이
1. 철봉을 정상적으로 잡고 가슴이 올라올 때까지 턱걸이를 6회 실시한다.
2. 철봉을 좀 더 넓게 잡고 목 뒷부분이 올라올 때까지 턱걸이를 4회 실시한다.
3. 한 손으로 철봉을 잡고 다른 손으로는 철봉을 잡은 손의 손목을 잡는다. 이 자세로 턱걸이를 2회 실시한다.
4. 한 손으로 철봉을 잡고 다른 손으로는 철봉을 잡은 쪽의 이두근(bicep)을 잡는다.

앞으로 당겨 오르기
앞으로 당겨 오르기(skin the cat over the bar/front pullover)는 철봉에 매달린 상태에서 다리를 당겨 철봉 위에 올려놓으면서 앞으로 버티기 자세를 취한다. 이때 몸이 흔들리지 않도록 주의한다.

스킨 더 캣
스킨 더 캣(skin the cat: 다리 들어 오르기 – 역자 주)은 철봉에 매달린 상태에서 다리를 들어올려 팔을 지나 머리 위에서 발이 바닥을 향하도록 한다. 그런 다음, 제자리로 되돌아온다.

멍키 행
멍키 행(monkey hang: 원숭이처럼 매달리기 – 역자 주)은 철봉에 매달린 상태에서 다리를 들어 올려 팔을 지나 머리 위에서 발이 바닥을 향하도록 한다. 철봉에서 한 팔을 놓고 다른 팔로 스윙하면서 완전히 회전한 다음, 다시 양손으로 철봉을 잡는다.

위로 스윙하여 앉기(Seat swing-up from swing)
다리를 들어올려 팔을 지나 철봉 위에 놓는다. 등을 쭉 펴고 재빠르게 팔을 당기면서 몸을 철봉 위로 보내 앉은 자세를 만든다. 이때 머리는 항상 뒤로 젖혀져 있어야 한다 (도해 28.23). 보조 방법은 한 손으로 스윙을 시작할 때 수행자의 등 상단부위를 지지하고 다른 손으로는 이 기술의 마지막 단계에서 허벅지를 잡아준다. 이렇게 하면, 수행자의 다리 진행방향이 너무 높았을 때 발생할 수 있는 등 하단부와 철봉의 충돌을 예방할 수 있다.

차오르기
차오르기(kip or upstart)에서는 스윙 시작 시 등의 아

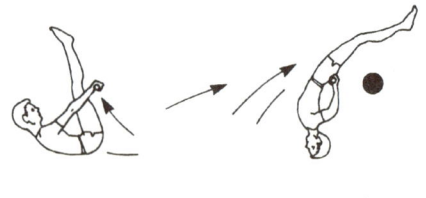

도해 28.23. 위로 스윙하여 앉기.

도해 28.24. 차오르기.

치가 만들어졌는지 확인한다. 펴진 몸이 스윙의 최대 높이에 도달하면 발목을 철봉으로 가져온다. 백스윙의 시작과 함께 엉덩이가 아래로 떨어지게 되면, 다리를 위로, 바깥으로, 그리고 아래로 차준다. 이때 어깨 근육과 함께 철봉을 아래로 눌러준다. 몸이 철봉 위로 올라올 때 손목을 약간 앞으로 꺾어준다. 이 동작을 수행하면서 다리가 항상 철봉에 가까이 붙어 있는지 확인한다. 그리고 철봉을 밀어내지 않도록 주의한다. 어깨는 정면을 바라보도록 고정시킨다 (도해 28.24).

한쪽 무릎으로 오르기

한쪽 무릎으로 오르기(single-knee mount)에서는 철봉을 정상적으로 잡고 매달린 상태에서 스윙하면서 한쪽 다리를 팔 안쪽으로 해서 위로 올려 무릎이 철봉을 낚아채듯이 올려놓는다. 그런 다음, 반대쪽 다리를 아래로 그리고 뒤로 스윙하면서 팔을 당겨 철봉 위에 한쪽 무릎만 걸친 채 앉는다.

손과 무릎으로 회전하기

손과 무릎으로 회전하기(hand and knee circles)는 철봉을 앞으로 잡은 채로(forward grip: 엄지손가락을 회전하는 방향에 놓음) 한쪽 무릎으로 철봉에 걸터앉은 자세에서 뒤쪽의 다리를 후방으로 뻗으면서 몸을 힘차게 앞으로 그리고 아래로 스윙한다. 그런 다음, 반대쪽 무릎을 철봉에 걸고 뒤로 회전한다. 보조자는 수행자의 상완을 잡을 준비를 해야 한다.

캐스트

캐스트(cast)에서는 일반적인 그립으로 철봉에 매달린 상태에서 턱의 중간부위가 올라오도록 위로 당겨주고, 어깨와 머리는 뒤로 젖힘과 동시에 무릎과 발목을 모아 뻗어주면서 다리를 들어올린다. 그런 다음, 다리를 앞으로 그리고 위로 차주면서, 동시에 팔꿈치를 펴준다. 스윙을 크게 하기 위해서는 다리가 위로 스윙되고 바깥쪽으로 차올리는 것과 함께 팔꿈치를 밀어내면서 몸도 앞으로 쏘아주어야 한다 (도해 28.25). 이 스윙을 여러 번 연습하도록 한다. 손이 미끄러지는 것에 대비해 보조를 실시하는데, 특히 백스윙 때 더 주의하도록 한다.

앉아 앞으로 회전하기

앉아 앞으로 회전하기(heel circle forward with reverse grip)에서는 먼저 철봉 위에 앉아 그립을 거꾸로 혹은 언더그립으로 잡는다. 그런 다음, 팔과 다리를 뻗은

도해 28.25. 캐스트.

도해 28.26. 앉아 앞으로 회전하기.

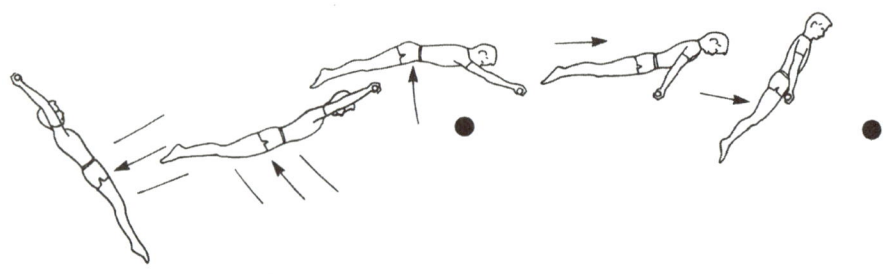

도해 28.27. 오르기.

채, 발뒤꿈치가 철봉에 걸쳐질 때까지 엉덩이를 후방
으로 들어올린다. 이 자세를 유지하면서 몸이 아래로
낙하되도록 한다. 이때 손과 발이 약간씩 움직이는 것
은 괜찮다. 엉덩이를 펴주면서 다리를 철봉 위로 올린
다. 그리고 나서 원래의 앉은 자세로 되돌아온다 (도해
28.26). 보조자는 철봉 아래에 위치하여 동작의 시작
단계에서 수행자의 손목을 잡아주고 다른 손으로는
앉은 자세로 되돌아올 때 수행자의 등을 받쳐준다.

오르기

오르기(uprise) 기술을 위해 필요한 것은 좋은 캐스트
기술이다. 캐스트를 수행한 후, 몸 전체를 뻗은 상태
로 아래로 그리고 뒤로 스윙한다. 백스윙의 마지막 지
점에서 등과 어깨를 들어 올리면서, 손을 아래로 누르
면서 몸을 철봉 위에 올려놓는다. 철봉 위에서 몸을
앞으로 기울이고 아치를 만들면서 체중이 위에 올 수
있도록 한다. 그런 다음, 앞으로 기울인 자세로 버티

기 자세를 취한다 (도해 28.27). 수행자가 이 기술에
적응해갈수록 파이크(pike: 공중에서 몸을 굽혀 봉우
리를 만듦 - 역자 주) 동작을 줄이고 시작단계에서의
스윙을 더 크게 할 것을 강조한다.

전방 힙 회전

전방 힙 회전(hip circle forward)에서는 먼저 철봉을
당겨 앞으로 기울인 자세를 취한다. 이때 팔을 누르
면서 몸을 들어올려 허벅지가 철봉에 걸치게 한다.
그런 다음, 머리를 세우고 허벅지를 철봉에 붙인 채
전방으로 떨어진다. 이 자세를 끝까지 유지한다. 다
운스윙 시 몸이 수평자세를 지난 후에는 회전 반경을
줄여준다.

캐스트로 물구나무서기

캐스트로 물구나무서기(cast to handstand) 기술을
처음 연습할 때에는 낮은 철봉에 양손을 모두 잡고 시

도해 28.28. 캐스트에 의한 물구나무서기.

도하도록 한다. 먼저 앞으로 기울인 채 버티기 자세를 취한다. 팔을 약간 굽혀 복부 하단부가 철봉에 닿도록 한 상태에서, 몸을 앞으로 기울이면서 철봉 아래에 있는 다리를 스윙한다. 발뒤꿈치가 뒤로 올라가는 동안 가슴을 의도적으로 넣고, 팔을 밀어 체중이 철봉 위에 남아 있도록 한다 (도해 28.28).

하프 자이언트 스윙

하프 자이언트 스윙(half giant swing)에서는 오버그립(손바닥을 아래로)을 사용한다. 팔을 뒤로 밀면서 물구나무서기를 위한 캐스트를 시작한다. 몸 전체를 뻗은 채 아래로 힘차게 스윙한다. 다리가 5시 방향을 가리킬 때 어깨를 축으로 힙과 다리를 철봉 위로 들어 올린 후 철봉 위에서 휴식한다 (도해 28.29). 보조자는 수행자가 앞으로 스윙할 때에는 등을 받쳐주고 동작의 마지막 단계에서는 허벅지를 잡아주면서 보조를

실시할 수 있다. 이 기술에 대한 자신감을 얻고 타이밍을 잘 맞추기 위해서는 보조를 받으면서 스윙연습을 반복적으로 실시해야 한다. 그러다가 어느 정도 자신감이 생기고 스윙의 마지막 단계에서 가슴을 넣는 동작을 잘 수행한다면, 하프 자이언트 스윙의 마지막 부분을 완성하도록 한다. 물론 이때에도 보조자의 도움이 절대로 필요하다.

링

다리 가로질러 앞으로 내리기

다리 가로질러 앞으로 내리기(double-front cutoff)에서는 링에 매달린 채 파이크 자세를 취한 상태에서 팔꿈치를 굽히면서 몸을 앞으로 힘차게 회전시키고, 동시에 무릎을 굽히면서 다리를 벌려 (팔꿈치를 가로질러) 아래로 내린다. 그런 다음, 몸이 앞으로 계속 회전되는 동안 링을 잡은 손을 놓고 매트에 착지한다 (도해 28.30). 보조자는 수행자가 위로 그리고 앞으로 회전할 때 보조를 실시한다. 회전이 잘 되기 위해서는 팔꿈치의 굽힘 동작이 중요하며, 착지할 장소에 눈을 떼지 않는 것 역시 중요하다(턱을 가슴에 갖다 댐).

다리 벌려 앉아 내리기

다리 벌려 앉아 내리기(straddled fly-away)는 팔 굽혀 매달린 자세에서 사타구니 사이에 손목이 올 때까지 다리를 벌려 엉덩이와 함께 위로 힘차게 스윙한다. 몸

도해 28.29. 하프 자이언트 스윙.

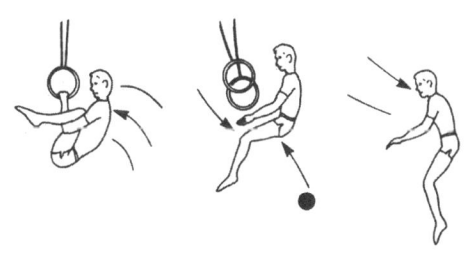

도해 28.30. 다리 가로질러 앞으로 내리기.

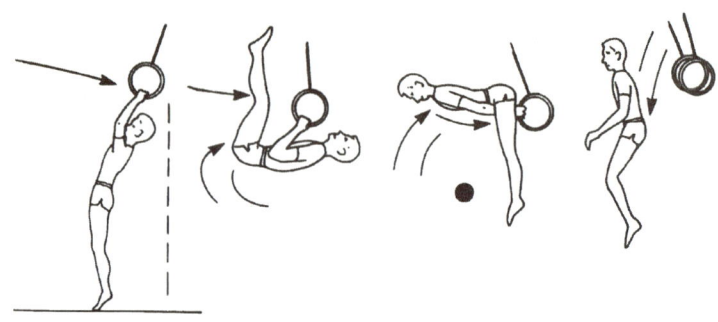

도해 28.31. 다리 벌려 앉아 내리기.

의 움직임이 계속 진행되는 동안 링을 놓으면서 착지 자세를 취한다 (도해 28.31). 보조 방법은 착지하는 동안 수행자의 힙과 어깨 앞 부위를 들어주면 된다.

팔 굽혀 앞으로 돌기

팔 굽혀 앞으로 돌기(front roll with arms flexed) 기술은 역기를 많이 든 사람, 보디빌더, 혹은 오랫동안 지속적인 연습을 해 온 학생에게 유리한 스턴트 동작이다. 왜냐하면, 이 기술을 수행하기 위해서는 근력이 좋아야 하기 때문이다. 보조를 받으려면 낮은 링을 사용하는 것이 좋다. 먼저 점프하여 양팔로 버티기 자세를 취한다. 그런 다음, 어깨를 내리고 엉덩이를 들어 올린다. 이 동작을 처음 수행할 때에는 절대로 손을 돌리면 안 된다. 몸이 링 너머로 떨어질 때 손을 외전시킨다(손바닥을 위로 향하게 함). 이때 어깨가 떨어지지 않도록 주의한다. 그리고 나서 몸이 전방으로 돌

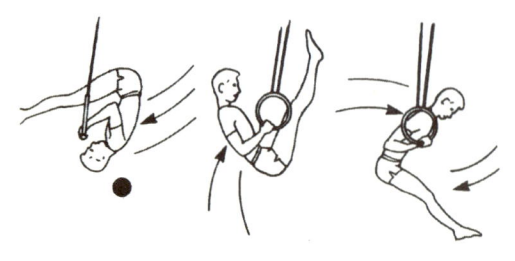

도해 28.32. 팔 굽혀 앞으로 돌기.

기 시작하면, 링을 잡아당기면서 몸을 최대한 높이 올리고 손은 내전시킨다. 이 동작은 체중을 링과 손 위로 놓아야 제대로 이루어진다. 앞의 모든 동작들이 완료되면 다음으로 링을 잡고 팔굽혀펴기를 수행한다. 보조자는 수행자가 항상 링 위에 있을 수 있도록 받쳐준다 (도해 28.32).

어깨로 서기

어깨로 서기(shoulder stand)를 위해 바닥에서 링까지의 높이를 약 3피트(0.91m)정도로 낮춘다. 먼저 의자나 스툴(stool: 등받이나 팔 받침대가 없는 의자 – 역자 주) 위에 선다. 그리고 링을 안쪽에서 잡는다. 그런 다음, 어깨를 낮추면서 엉덩이를 천천히 들어 올린다. 다리가 흔들리지 않도록 처음 몇 번의 시도에서는 다리로 링의 줄을 잡는(다리를 벌려서) 연습을 한다. 눈은 항상 매트를 보고 있어야 한다. 이때 머리를 굽히게 되면 몸이 돌아 공중제비 동작이 나오므로 주의한다. 마지막으로, 등의 아치를 만들면서 다리를 모은다. 링은 항상 어깨와 가까이 있도록 해야 한다. 보조자는 수행자가 너무 빨리 돌지 않도록 동작을 체크한다 (도해 28.33).

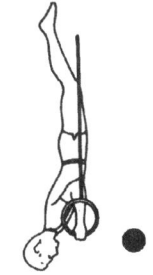

도해 28.33. 어깨로 서기.

밀어 올리기

밀어 올리기(muscle-up)에서는 펄스 그립 혹은 하이 그립(false or high grip: 엄지로 링을 감싸지 않는 잡기 형태 – 역자 주)으로 링을 잡는다. 이때 몸은 손목에 매달린 형국이 되어야 한다. 링을 잡아 당겨 가슴 높이까지 올라가게 한다. 가슴이 링 높이에 도달할 쯤 다리를 들어 약 30도 정도의 각도를 형성한다. 그런 다음, 팔을 안쪽으로 회전시키면서 다리를 아래로 떨어뜨리고 손을 내전시킨다. 이 동작으로 몸은 링 위에 놓이게 된다. 이젠 링을 밀면서 위로 올라가면 되는데, 이때 등을 쭉 펴고 머리를 똑바로 든 자세를 유지한다. 보조자는 수행자를 늘어 올려주면서 난이도가 높은 동작을 수행할 수 있도록 도와준다 (도해 28.34).

차오르기

차오르기(kip)를 위해 링을 가슴 높이까지 내린다. 그리고 바깥쪽에서 링을 잡은 후 뒤로 약간 물러난다. 그런 다음, 한발씩 들어 올려 파이크(pike) 자세를 만든다. 이 자세에서 전방으로 스윙 후 백스윙 때 손으로 링을 누르면서 허리를 재빠르게 펴준다. 이때 머리와 어깨가 앞으로 쏠리도록 해야 한다. 이 동작이 수행되면, 몸은 팔 펴고 버티기 자세가 된다. 보조는 수행자가 허리를 펼 때 등 중앙을 받쳐주면 된다 (도해 28.35).

뒤로 서서 내리기(Standing back, or reverse, cutoff)

뒤로 서서 내리기(standing back, or reverse, cutoff) 스턴트 동작은 그리 어렵지 않게 숙달될 수 있다. 중요한 것은 타이밍이다. 링의 높이는 머리 위에다 맞춘다. 바깥쪽에서 링을 잡는다. 링을 잡은 상태로 균형을 무너뜨리고, 손으로 잡아당기며 몸을 반쯤 굽히고, 동시에 어깨를 뒤로 던지면서 재빠르게 허리를 굽힌다. 매트가 보일 때까지 회전하는 동안 이 자세를 유지한 후 손을 놓는다. 보조자는 오른손을 수행자의 왼팔과 가슴 위에 놓고, 왼손은 회전이 잘 되도록 등을 밀어줄 준비를 한다 (도해 28.36).

뒤로 차오르기

뒤로 차오르기(reverse uprise, or back kip)를 위해 먼저 해당 도해를 유심히 보고 동작을 익히도록 한다. 전방으로 스윙하면서 파이크 자세를 만든다. 그리고 나서, 바로 링을 잡아당기면서 엉덩이를 링 위로 들어

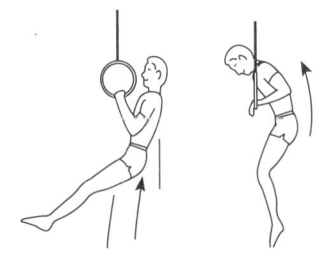

도해 28.34. 당기거나 밀면서 들어올리기.

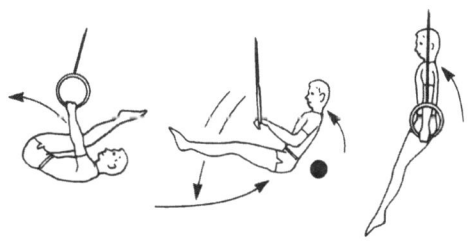

도해 28.35. 차오르기.

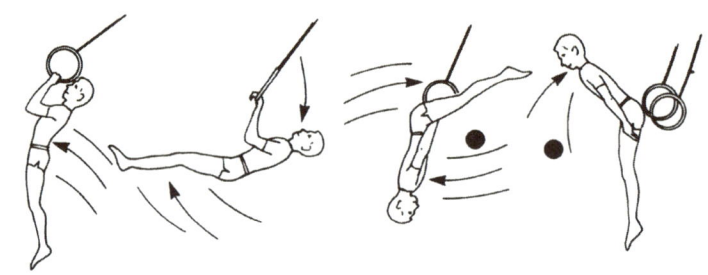

도해 28.36. 뒤로 서서 내리기.

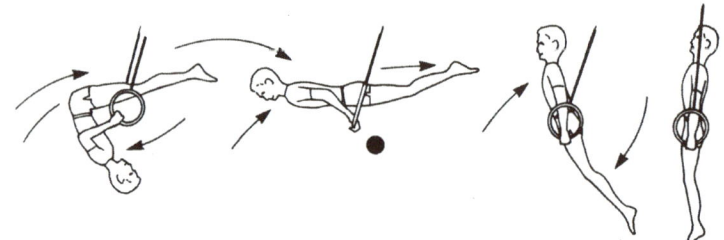

도해 28.37. 뒤로 차오르기.

도해 28.38. 오르기.

올리는데, 이때 파이크 자세에서 스윙이 되지 않도록 주의한다. 그런 다음, 동작이 군더더기 없이 연결되는 과정에서 회전을 촉진시키기 위해 굽혔던 고관절(hip joints)을 뒤로 펴준다. 이때 손으로 링을 힘차게 눌러준다. 그리고 양팔로 버티기 자세를 취하면서 마무리한다. 이 기술은 펄스 그립을 사용할 때 가장 쉽게 수행될 수 있다. 보조 방법은 수행자가 위로 스윙할 때 어깨 아래를, 그리고 동작의 마지막 단계에서는 허벅지를 받쳐주면 된다 (도해 28.37).

오르기

오르기(uprise) 스턴트 동작에서 중요한 움직임은 몸을 파이크 자세에서 완전히 펴주는 것이다. 먼저 파이크 자세에서 엉덩이가 빠져야 한다. 그리고 엉덩이가 빠지면서 다리를 뒤로 그리고 위쪽으로 찬다. 동시에 손으로 링을 아래로 그리고 바깥쪽으로 누르면서 양팔로 버티기 자세를 취한다 (도해 28.38). 보조자는 수행자의 몸이 너무 심하게 던져지지 않는지를 잘 관찰한다.

마루운동

고난도 마루운동 경기는 나무, 특수 스프링, 폴리에틸렌 등으로 만들어진 바닥에 카펫을 덮은 "스프링 마루"에서 실시된다. 이러한 마룻바닥의 사이즈는 40×40피트(12.2×12.2m)이다. 고등학교와 레크리에이션 시설에서 펼쳐지는 마루운동 종목은 종종 레슬링 매트 위에서 실시되기도 한다.

마루운동은 댄스 동작들로 구성되어 지는데, 주로 도약과 포즈, 종합적인 댄스 요소, 곡예, 그리고 리드미컬하고 조화로운 패턴으로 구성된 텀블링 연결 동작 등을 포함하고 있다. 이러한 다양한 동작들을 표현하기 위해 체조선수는 템포, 높이, 거리, 무드, 방향, 그리고 정확한 자세를 탐구하게 된다. 자세의 기본 요소는 균형감, 좋은 신체정렬, 그리고 신체를 완전히 펼치는 것이다(발가락을 아래로 향하게 하는 동작 포함).

여자종목에서는 음악과 함께, 그리고 남자종목에서는 음악 없이 실시되는 마루운동 루틴의 시작과 끝은 일반적으로 텀블링 연속동작으로 한다. 루틴의 주요 구성요소는 댄스 동작, 균형감, 유연성 스턴트, 그리고 한 두 개 정도의 추가직인 뒴블링 동직들을 포함한다.

체조선수들은 마루운동에서 미적인 이미지를 창출하려고 노력한다. 이러한 미적 이미지는 페이스의 변화, 활력, 표현, 개성, 그리고 독창성이 결합된 형태의 작품으로 탄생된다.

마루운동 연기가 성공적이기 위해서는 수행자에게 너무 어렵지 않은 요소들로 구성되고 전달하고자 하는 의미가 잘 표현된 루틴을 만들어야 한다. 일단 루틴이 구성되면, 지속적인 연습이 이루어져야 한다.

학습방법

기초 동작들의 수행과 이러한 동작들을 조합하기 위해서는 먼저 학생들의 나이와 성별뿐만 아니라, 그들의 신체적·정신적 능력을 고려하여 그것에 맞춰야 한다.

1. 먼저 간단하고 기초적인 동작들을 익힌다. 보조자는 반드시 곁에서 보조를 해주어야 한다.
2. 댄스 스텝과 텀블링의 조합과 같이 다양한 기술들을 하나의 연결동작으로 합쳐서 간단한 루틴을 만든다.
3. 여자 체조선수들의 루틴은 음악과 함께 진행되도록 한다.
4. 루틴을 시작하기 전에 스트레칭과 유연성 운동을 통해 몸을 적절히 풀어준다.

다음에 나올 내용은 마루운동에서 사용될 수 있는 몇 가지 동작들에 대한 설명이다.

발가락으로 서기(Toe rise, or stand)

발가락으로 서기(toe rise, or stand)를 위해 먼저 선 자세를 취한다. 발가락으로 서서 양팔을 옆으로 그리

도해 28.39. 발가락으로 서기

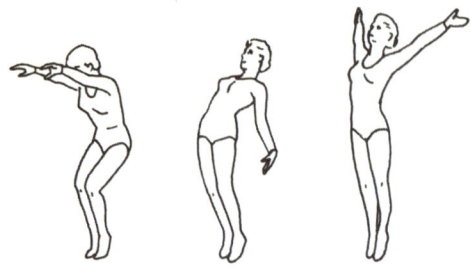

도해 28.40. 바디 웨이브.

도해 28.41. 스플릿.

고 뒤로 펴주고, 손바닥은 아래로 그리고 바깥쪽을 보게 하면서, 동시에 가슴은 위로, 그리고 어깨는 팔보다 아래에 오도록 한다. 그런 다음, 다시 선 자세로 되돌아오기 위해 팔을 내리면서 발뒤꿈치를 바닥에 내린다 (도해 28.39). 이 동작은 발목 강화훈련의 일환으로 종종 실시되기도 한다.

바디 웨이브

바디 웨이브(body wave)는 무릎, 엉덩이, 등, 그리고 머리 부위를 굽힌 상태에서 시작한다. 팔에 긴장을 풀고 앞으로 뻗은 상태로 발가락으로 서서 균형을 잡은 다음, 몸을 활짝 펼치면서 팔을 아래로 그리고 뒤로 떨어뜨리고, 머리는 정면을 바라본다. 마지막으로 머리를 위로 뻗으면서 신장을 늘리고, 동시에 팔을 들어 올린다 (도해 28.40).

스플릿

스플릿(split)은 한쪽 다리 앞에 반대쪽 다리를 놓고 선 다음, 몸을 아래로 천천히 낮추면서 다리를 벌려 바닥에 앉는다 (도해 28.41).

외발서기

외발서기(one-leg balance)를 위해 먼저 제자리에 선 자세를 취한다. 한쪽 다리를 옆으로 가능한 높게 들어 올린다. 그런 다음, 한손으로 들어 올린 발의 안쪽을

도해 28.42. 외발서기.

잡고 반대쪽 팔은 수평 혹은 약간 위로 뻗어주면서 자세를 취한다 (도해 28.42).

프론트 스케일

프론트 스케일(front scale)을 위해 먼저 제자리에서 선 자세를 취한다. 한쪽 다리를 뒤로 그리고 위로 들

으면서, 팔이 몸통과 한 선상에 오도록 하여 뻗어준다. 이때 머리는 들고 등의 아치를 유지해야 한다 (도해 28.43).

아라베스크

아라베스크(arabesque)를 위해 먼저 제자리에서 선 자세를 취한다. 한쪽 다리를 뒤로 들어올린다. 한발로 균형을 잡으며 양팔을 옆으로 그리고 약간 뒤로 뻗은 자세를 유지한다(한쪽 팔은 위로, 그리고 다른 팔은 옆으로 뻗을 수도 있음). 몸은 약간 앞으로 숙여지더라도, 머리와 가슴이 거의 수직이 되어야 한다 (도해 28.44).

물구나무서기

물구나무서기(handstand)를 위해 먼저 손가락이 정

도해 28.43. 프론트 스케일.

도해 28.44. 아라베스크.

어 올리면서 가슴을 앞으로 내민다. 한발로 균형을 잡

도해 28.45. 물구나무서기.

면을 바라보도록 하여 손을 어깨너비만큼 벌려 매트에 놓는다. 팔은 펴고, 머리는 약간 들어주면서 시선을 양손 사이에 고정시켜야 한다. 이 자세에서 발을 차올린다. 동시에 어깨를 펴고 복부와 엉덩이에 힘을 주어 조인다. 등이 아치형으로 휘지 않도록 주의한다 (도해 28.45). 보조자는 초보자의 물구나무서기 자세를 돕기 위해 발을 찰 때 종아리를 잡아준다.

뒤로 허리재기

뒤로 허리재기(back walkover)에서는 먼저 양팔을 머리 위로 올려 선 자세에서 한쪽 다리를 펴서 들어 올려 바닥과 평형이 되도록 한다. 엉덩이를 앞으로 내밀면서 몸을 뒤로 뻗어 등의 아치를 만들고, 동시에 손을 매트에 놓으면서 손가락이 앞으로 향하도록 한다. 손이 매트에 닿으면, 들어 올린 다리는 후방으로 넘기고 동시에 반대쪽 다리는 바닥을 차주면서 허리재기를 마무리한다. 보조 방법은 수행자가 들어 올린 다리 옆에 무릎으로 앉아 오른팔로 수행자의 등을 받쳐줌과 동시에 왼손으로는 발차기 동작을 보조해준다 (도해 28.46).

앞으로 허리재기

앞으로 허리재기(front walkover)를 위해 먼저 제자리에서 선 자세를 취한다. 그런 다음, 다리 벌려 물구나무서기 자세를 만든다 (도해 28.47). 리드하는 발이 바닥을 향해 계속 진행됨과 동시에 어깨를 뒤로 빼준다. 그리고 한발로 착지한다. 그리고 나서 엉덩이가 정면

도해 28.46. 뒤로 허리재기.

도해 28.47. 앞으로 허리재기.

을 향해 오게 되면, 손을 바닥에서 떼어 들어 올리면서 몸 전체를 바로 세우고 다른 발을 바닥에 놓는다.

발데즈에서 물구나무서기로의 연속동작

발데즈에서 물구나무서기로의 연속동작(Valdez to handstand)을 위해 먼저 바닥에 앉는다. 한손을 엉덩이 뒤쪽에 놓는다. 반대쪽 팔을 어깨 높이만큼 들어올린다. 발바닥이 앉은 자리에 가까운 바닥에 오고 무릎이 가슴 근처에 올 수 있도록 한쪽 다리를 굽혀준다. 그리고 반대쪽 다리는 펴준다(이러한 발데즈 동작은 어느 쪽 다리를 굽혀도 상관없다. 그러나 어떤 사람들은 바닥에 놓고 지지를 해주는 팔과 같은 쪽의 다리를 굽히는 게 더 쉽다고 한다.). 이 자세에서 굽힌 다리로 바닥을 밀면서 엉덩이를 위로 들어올리고, 어깨 높이에 맞혀진 팔 역시 머리 너머로 넘기면서 아치를 형성한다(이 때 손은 비틀리더라도, 바로 뒤에 놓아야 한다.). 다음 동

도해 28.48. 발데즈에서 물구나무서기로의 연속동작.

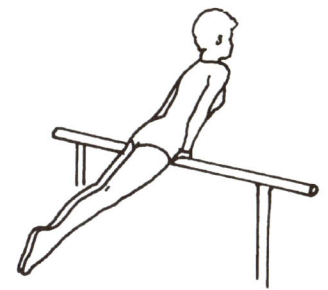

도해 28.49. 점프하여 오르기.

작으로, 다리를 위로 뻗어준다(이것은 일차원적 동작으로 한쪽 평면으로만 돌게 되어있다.). 이 기술을 위한 스피드는 다리를 얼마나 힘차게 밀고, 머리와 팔을 얼마나 세게 던지느냐에 달려있다. 자세의 정확성과 곧고 깔끔한 선을 만들기 위해서는 머리가 항상 양팔 사이에 있어야 한다. 물구나무서기가 잘 되기 위해서는 머리를 뒤로 던지는 동작이 잘 되어야 한다 (도해 28.48). 보조자는 수행자가 뻗은 다리 쪽에 쪼그리고 앉아, 다리를 뒤로 던질 때 보조를 해준다.

이단평행봉

이단평행봉(uneven bars)은 기계체조의 타 종목들에 비해 상대적으로 늦게 도입되었다. 이단평행봉에서의 루틴은 철봉과 이와 평행하게 놓여있는 다른 바 사이를 왔다 갔다 하며 펼치는 연기를 포함하고 있다. 초창기의 루틴은 주로 아름답고 우아한 자세들로 구성되었지만, 시간이 지날수록 점차 빠르고, 파워풀한 스윙 동작을 강조해오고 있다. 다음에 나오는 스턴트 동작들과 각각에 대한 설명은 기초적인 부분이지만, 이러한 기초기술들을 숙달하기 위해서는 많은 시간과 연습이 필요하나.

점프하여 오르기

점프하여 오르기(jump to front-learning support)에 서는 먼저 낮은 바를 마주보고 선다. 오버그립으로 바를 잡은 후, 점프하여 몸을 바 위에 걸치게 한다 (도해 28.49). 이때 팔은 펴져 있어야 한다.

뒤로 오르기

뒤로 오르기(back pullover)에서는 먼저 오버핸드 그립으로 낮은 바를 잡는다. 한쪽 다리를 (펴서) 전방으로 차면서 손으로 바를 잡아 당겨 힙을 위로 끌어올린다. 그런 다음, 다리를 모아 바를 그것을 축으로 회전한 다음 앞으로 버티기 자세를 취한다 (도해 28.50). 보조자는 수행자의 등을 받쳐주는 것뿐만 아니라, 힙과 다리가 바를 넘어갈 때 밀어주면서 도움을 주어야 한다.

캐스트로 내리기

캐스트로 내리기(cast to dismount)에서는 먼저 낮은 바를 오버핸드 그립으로 잡은 채 앞으로 버티기 자세

도해 28.50. 뒤로 오르기.

도해 28.51. 캐스트로 내리기.

로 (높은 바를 바라보며) 시작한다. 낮은 바를 돌면서
엉덩이로 파이크(pike)를 만든다. 그런 다음, 팔로 바
를 밀면서 허벅지와 발뒤꿈치를 뒤로 들어올린다. 그
리고 바를 잡은 그립을 놓치지 않으면서 몸이 바닥과
평행이 될 때까지 올라간다. 이 자세에서 몸이 아래로
하강하기 시작하면 바를 밀쳐내고, 팔은 위로 뻗어 어
깨관절이 굴곡 되게 해주고 그립을 풀어줌과 동시에
바를 바라보면서 착지한다 (도해 28.51).

뒤로 돌기

뒤로 돌기(back hip circle)는 앞으로 버티기 자세에
서 시작한다. 바로부터 몸을 밀어내고 난 다음 다시
바로 돌아온다. 엉덩이가 바에 닿게 되면 약간의 파이
크가 만들어지고, 어깨가 뒤로 넘어감과 동시에 다리
가 앞으로 오면서 몸이 돌아간다. 몸이 다 돌고 나면
바로 펴줘야 한다. 높은 바에서 이 스턴트 동작을 시
도하기 전에 낮은 바에서 먼저 기술을 익혀야 하며,
연습하는 동안에는 반드시 보조자의 보조를 받도록

한다 (도해 28.52). 보조자는 수행자의 힙이 바에 항
상 붙어있도록 자세를 봐준다.

물레방아 돌기

물레방아 돌기(forward mill circle)는 언더그립(손바
닥이 앞으로 향하도록 하여 잡기)으로 한쪽 다리를 바
위에 올린 자세(바에 올라탄 자세로 지탱하기)로 시작
한다. 이 자세에서 몸을 가능한 높이 그리고 앞으로
머리 들어올린다. 몸이 돌아가기 시작하면, 상체를 바
에서 가능한 멀리 떨어지게 밖으로 뻗어준다. 다운스
윙의 마지막 단계에 도달하면, 몸을 앞으로 약간 꺾어
회전반경을 짧게 한 다음, 출발자세로 되돌아 올 때까
지 계속 회전한다 (도해 28.53).

앞돌기

앞돌기(front hip circle)에서는 먼저 오버핸드 그립을
사용하여 앞으로 버티기 자세에서 시작한다. 바를 밀어
냄과 동시에 상체를 들어 올리면서 앞으로 넘어간다.
다운스윙(downswing)의 마지막 단계에 도달할 쯤,
허리 위치에서 파이크를 만들고, 바를 밀면서 업스윙
(upswing)을 위한 회전반경을 줄인다. 그리고 출발자
세로 되돌아 올 때까지 계속 회전한다 (도해 28.54). 보
조자는 수행자의 업스윙을 보조해준다.

다리 뻗어 오르기

다리 뻗어 오르기(single-leg stem rise)에서는 먼저 낮

도해 28.52. 뒤로 돌기.

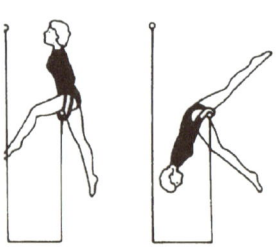

도해 28.53. 물레방아 돌기.

도해 28.54. 앞돌기.

은 바에 앉아 오버핸드 그립으로 높은 바를 잡은 상태에서 시작한다. 높은 바를 향해 한쪽 다리를 뻗어 올리고, 반대쪽 다리는 굽혀 발이 낮은 바 위에 오게 한다. 그런 다음, 발로 바를 밀면서 팔을 잡아 당겨 높은 바 앞에 있던 발이 더 높이 뻗어가도록 한다. 마지막으로, 높은 바 위에서 버티기 자세를 취한다 (도해 28.55).

글라이드로 차오르기

글라이드로 차오르기(glide kip)에서는 먼저 낮은 바로부터 약 3피트(0.9m) 정도 떨어진 지점에 정면으로

도해 28.55. 다리 뻗어 오르기.

선 상태에서 상체가 바에 도달할 정도로 위로 점프한다. 팔을 펴서 바를 잡고 엉덩이에서 파이크를 만들면서 다운스윙을 시작한다. 스윙이 어느 정도 진행될 때, 엉덩이를 펴서 몸을 일자로 만든다. 전방으로의 스윙이 어느 정도 높이에 도달하게 되면, 즉시 엉덩이 위치에서 파이크를 만들면서 다리를 바로 가져온다. 그런 다음, 몸을 펴고 팔을 아래로 누르면서 재빠르게 발을 바 위로 차준다. 그리고 앞으로 버티기 자세로 마무리한다 (도해 28.56).

평균대

평균대(balance beam) 종목의 루틴들은 마루운동에서 수행되는 많은 스턴트 동작들을 포함하고 있다. 그러나 마루운동과 다른 점은 이러한 동작들을 너비가 겨우 4인치(10.2cm)이고 길이가 16피트(4.88m)인 평균대 위에서 연기해야 한다는 점이다. 평균대 루틴은 동작들이 연속적이며 부드럽게 이어져야 하고, 텀블링과 댄스 형태의 동작들을 포함하며, 정지된 상태로 균형을 잡는 자세가 세 번 이상 나오면 안 된다.

일단 평균대에 올라오면(가끔 스프링보드를 이용하여 올라오기도 함), 이동기술들을 접목한 다양한 텀블링(이 장의 후반부에서 설명되고 있음) 스턴트 동작들을 연기하게 된다. 이러한 루틴은 특정 형태의 내리기 동작으로 마무리된다. 정식 평균대 경기에서는 루틴에 최소 및 최대 제한시간이 적용된다.

도해 28.57에서 묘사되고 있는 동작들을 순서에 상

도해 28.56. 차오르기.

도해 28.57. 평균대 루틴에서의 연결 동작.

관없이 참고하면, 어떠한 형태로든 평균대 루틴을 구성해 볼 수 있을 것이다.

텀블링

텀블링(tumbling)은 기구의 사용 없이 뛰어난 기술로 신체를 조작하는 예술이다. 텀블링 동작은 구르기(rolls), 공중제비돌기(somersaults), 비틀기(twist), 튕기기(springs), 손으로 균형 잡기, 그리고 비정상적인 신체자세 만들기 등을 포함한다.

원시시대부터 현대사회에 이르기까지, 사람들은 줄곧 신체를 움직이는 새로운 방법을 배우고자 하는 욕구를 키워왔다. 텀블링은 바로 신체를 조작하는 방법들에 대한 밑그림을 제공해준다.

역사

그림, 조각, 그리고 문헌의 형태로 남아 있는 가장 오래된 역사적 기록에 의하면, 텀블링은 가장 기본적인 활동인 댄스와 연관되어 있다는 점을 발견할 수 있다. 옛날에 텀블링을 한 사람들은 그 당시 오락과 연극에 지대한 영향을 미쳤는데, 그리스와 로마에서는 개인의 저녁식사와 사교모임 등에서 여흥을 위한 많은 활동을 하였다. 텀블링은 중세시대에도 마찬가지로 성행하였다.

텀블(tumble)이란 용어는 게르만어로서, 격렬하게 춤을 추거나 특정자세, 균형 잡기, 그리고 연체곡예(contortions: 신체를 크게 굽히거나 젖히고 뒤트는 동작을 통해, 인체의 유연성을 보여주는 행동 – 역자주) 등을 하면서 춤을 춘다는 의미이다. 다른 나라들에서도 똑같은 철자로 이 용어를 사용하고 있으며, 공중제비, 구르기, 그리고 연체곡예 형태의 활동들과 같은 의미로 사용되고 있다.

텀블링이 오늘날 수영장에서 하는 스프링보드 다이빙과 트램펄린(trampoline) 위에서 튀어오르면서 하는 다양한 동작들에 영향을 미쳤다는 사실에 의문을 가질 사람은 아무도 없을 것이다.

장비

텀블링을 위해서는 견고하고 미끄럽지 않은 충격 흡수용 패드로 된 매트만 있으면 된다. 체조용 실내화와 적절한 체조복장을 착용한다.

기초기술 및 테크닉

텀블링은 체력 향상을 도울 수 있을 뿐만 아니라, 순발력, 균형감, 그리고 협응성을 키우는 데 많은 도움이 된다. 새로운 텀블링 기술을 성공적으로 배움으로써 자신감, 용기, 그리고 자기결정력이 좋아지게 된다.

학생들은 수많은 스턴트 동작들과 텀블링 기술들을 배울 수 있다. 이곳에서 제시되고 있는 것들은 개별화되고 기초적인 기술들이며, 이러한 것들을 익힘으로써 난이도가 더 높은 동작들을 수행하기 위한 기초를 다지게 된다. 이 장에서는 파트너와 함께 할 수 있는 다양한 운동 유형 역시 소개되고 있다. 또한, 피라미드 쌓기도 프로그램에 넣어 사용할 수 있다. 이곳에서 소개되고 있는 스턴트 동작을 하나씩 익혀 루틴을 만들어 실행한다면, 즐겁고 유익한 운동이 될 것이다.

몸 풀기 운동(Lead-up Developmental Exercise)

체력단련 프로그램의 일환으로 동물 걸음 (도해 28.58~28.65)을 실시한다. 특히 달팽이처럼 끌면서 이동하기(snail drag)는 상체단련에 좋다.

도해 28.58. 갤로핑 독. 네발로 달리기.

도해 28.59. 개구리 점프. 양손으로 뛰어 스쿼트로 착지.

도해 28.60. 크랩 걷기. 배를 위로.

도해 28.61. 코끼리 걷기. 무릎을 세우고 발을 벌림.

도해 28.62. 젖은 고양이 걷기. 양손과 한발로 걷고 나머지 발은 흔들기.

도해 28.63. 곰 걷기. 코끼리 걷기와 같으나 발을 모음.

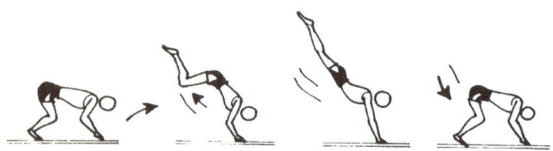

도해 28.64. 캥거루 점프 혹은 당나귀 킥. 양손을 매트에 댄 채로, 양발을 공중으로 찬 후 스쿼트 자세로 착지. 손을 뻗으면서 반복연습 실시.

도해 28.65. 달팽이 끌기. 다리는 움직이지 말고 손으로 몸을 끌어줌.

도해 28.66. 등대고 흔들기.

도해 28.67. 앞구르기.

도해 28.68. 앞구르기로 눕기.

초급 수준의 스턴트 동작

초보자들은 반드시 보조자를 동반해야 한다. 필요하다면, 안전벨트를 착용한다. 그리고 매트가 깔려있는지 항상 확인한다.

다음은 초급 수준의 스턴트 동작들을 난이도 순으로 나열하고 있다.

등대고 흔들기. 등대고 흔들기(spinal rock)는 머리를 세운 채, 정강이를 꽉 잡아당긴 상태로 흔든다 (도해 28.66).

앞구르기. 앞구르기(forward roll)는 손을 앞으로 뻗으면서 체중을 그 위에 놓은 채, 머리를 아래로 숙이면서 등으로 구른 다음, 정강이를 잡으면서 몸을 최대한 웅크린다 (도해 28.67).

앞구르기로 눕기. 앞구르기로 눕기(forward roll to back)에서는 손을 매트에 놓고 앞구르기를 완수하지만, 머리는 들지 않는다 (도해 28.68).

어깨너머 뒤로 구르기. 어깨너머 뒤로 구르기(backward roll over shoulder)에서는 매트에 등을 대고 누워 오른손은 몸 옆에 그리고 왼쪽 팔은 바깥쪽으로 향하게 하여 놓은 다음, 머리를 우측으로 돌리면서 무릎을 들어 왼쪽 어깨 너머로 넘긴다. 그런 다음, 무릎으로 앉으면서 마무리한다 (도해 28.69).

뒤로 구르기. 뒤로 구르기(backward roll)에서는 먼저 손을 귀에 대고 쭈그리고 앉은 자세로 시작한다.

도해 28.69. 어깨너머 뒤로 구르기.

도해 28.70. 파이크 자세로 뒤로 구르기.

도해 28.71. 뒤로 굴러 손 짚고 일어서기.

도해 28.72. 풋볼 구르기.

등을 둥글게 만들면서 뒤로 구른다. 이 동작을 수행하는 동안 턱은 가슴 쪽으로 당겨주고 무릎을 모아준다.

파이크 자세로 뒤로 구르기. 파이크 자세로 뒤로 구르기(backward roll, pike)에서는 무릎을 빳빳이 세운 채, 앞으로 수그리면서 손을 허벅지 뒤에 놓은 다음, 뒤로 떨어지면서 매트에 앉는다. 그런 다음, 다리를 들어올리면서 머리 너머로 구르기 실시한다 (도해 28.70).

뒤로 굴러 손 짚고 일어서기. 뒤로 굴러 손 짚고 일어서기(backward extension roll)의 시작은 파이크 자세로 뒤로 구르기와 같지만, 체중이 어깨에 실리는 시점이 되면, 손으로 매트를 힘차게 밀면서 천장을 향해 다리를 차주는데, 이때 머리가 전후로 젖혀지지 않도록 주의한다 (도해 28.71). 경우에 따라, 보조자는 수행자의 골반과 허벅지를 잡고 들어주기도 한다.

풋볼 구르기. 풋볼 구르기(football roll)에서는 먼저 발을 벌린 상태에서 앞으로 숙이면서 왼손을 매트에 갖다 댄다. 그런 다음, 오른팔을 왼팔 밑으로 뻗어

준다. 이 자세에서 오른쪽 어깨를 떨어뜨리면서 왼쪽 엉덩이가 매트에 닿을 때까지 등으로 구르기를 실시한다. 마지막으로 왼쪽 무릎으로 몸을 일으킨 다음 오른발로 스텝을 밟으며 일어선다 (도해 28.72).

삼각대. 삼각대(tripod)에서는 먼저 머리와 손으로 삼각형을 만든다. 그리고 나서 무릎을 팔꿈치 쪽으로 천천히 가져온다 (도해 28.73).

머리로 서기. 머리로 서기(headstand)에서는 먼저 머리와 손이 이상적인 삼각형을 만들고 있는지 확인해야 한다. 머리는 상단부위가 아닌 이마를 매트에 놓는다. 그런 다음, 엉덩이를 들어올려 등이 바로 서도록 한다. 그리고 마지막으로 다리를 천천히 들어올린다 (도해 28.74).

플라잉 엔젤. 플라잉 엔젤(flying angel)에서는 먼저 매트에 누운 수행자가 손과 발을 사용해 파트너를 천천히 들어올린다. 파트너의 고관절과 골반 부위를 받치고 있는 발을 바깥쪽으로 약간 밀어낸다. 그런 다

도해 28.73. 삼각대.

도해 28.74. 머리로 서기.

음, 위에 있는 파트너는 자신의 등으로 아치를 만들면서 머리를 들어준다 (도해 28.75).

다리 벌려 옆으로 돌기. 다리 벌려 옆으로 돌기 (cartwheel)에서는 먼저 발을 벌리고 서서 손을 머리 위로 뻗는다. 뒷다리에 체중을 실고 몸을 뒤로 흔들어 준 다음, 앞발로 체중을 이동시킨다. 그리고 앞쪽의 손을 매트 위에 올려놓는다. 반대쪽 손이 넘어오면, 그것을 앞선 손과 같은 선상이 되는 곳에 놓는다. 동시에 앞발을 밀면서 뒷발을 위로 스윙하여 몸이 넘어가도록 한다. 이 동작을 수행하는 동안 머리를 세워 매트 위에 놓은 손을 주시하도록 한다. 다리가 몸 중앙선을 지나갈 때에는 양옆으로 벌어져 있어야 한다. 수행자는 이 스턴트 동작이 끝나면, 출발 때와 같은

방향을 보고 있어야 한다 (도해 28.76).

가슴 서기. 가슴 서기(cheststand on partner)에서는 파트너의 등에 가슴을 대고, 상완과 허벅지를 움켜잡은 채, 천천히 발을 차올려 거꾸로 서기 자세를 만든다. 수행자는 파트너를 꽉 잡고 등이 약간 휘도록 하여 아치를 만든다 (도해 28.77).

파트너 위로 올리기. 파트너 위로 올리기(two high) 동작에서 중요한 것은 바로 손의 위치이다. 위로 올라갈 수행자는 아래에 위치할 수행자의 뒤에 가서 선다. 아래의 수행자는 손바닥을 위로 하여 어깨 너머 뒤로 뻗어준다. 그러면 파트너는 자신의 손바닥을 그 위에 올려놓는다. 이렇게 손과 손을 잡으면서 서로 얼굴을 마주본다. 그리고 나면, 왼손은 마치 악수를 하는 형국이 되고, 오른손은 머리 위에 오게 된다. 그런 다음, 위로 올라갈 파트너는 자신의 왼발을 아래 수행자의 왼쪽 허벅지 위에 올려놓고 발가락은 밖으로 향하게 한다. 이 자세에서 아래 수행자가 오른손을 잡아당기면, 파트너는 발을 밟으면서 어깨위로 올라간다 (도해 28.78). 보조자는 수행자 바로 앞에 서 있어야 한다.

손에 머리 놓고 서기. 손에 머리 놓고 서기(headstand in hands)는 이마를 손에 갖다 댄 상태(엄지와 집게손

도해 28.75. 플라잉 엔젤.

도해 28.76. 다리 벌려 옆으로 돌기.

도해 28.77. 가슴 서기.

도해 28.78. 파트너 위로 올리기.

도해 28.79. 손에 머리 놓고 서기.

가락으로 삼각형을 만들어 머리를 받쳐줌)로 전완을 매트에 놓는다. 그런 다음, 다리를 천천히 차올린다 (도해 28.79).

보조로 물구나무서기. 보조로 물구나무서기(handstand support)에서는 머리를 숙인 자세를 유지하고, 바닥을 보면서 발을 차올린다. 발을 잡아주는 보조자는 수행자의 옆에 서 있어야 얼굴을 가격당하는 것을 예방할 수 있다 (도해 28.80).

중급 수준의 스턴트 동작

다음에서 소개되는 운동 유형들은 텀블링 기술이 상당한 수준에 도달한 사람들을 위한 동작들이다. 이것들은 텀블링 중급 수준에 해당된다.

구르기. 구르기(rolling)는 네 발로 엎드린 자세(all-fours position: 손과 발 모두 몸 밑에 놓고 엎드림 – 역자 주)에서 옆으로 점프한 후 똑같은 자세로 착지한 다음, 곧바로 손과 발을 모두 펴 좌/우측으로 구른다. 주의해야 할 것은 구르기를 완수하기 위해서는 몸 아래의 손과 발을 모두 펴주어야 한다는 점이다. 방향을 바꿔가면서 반복해서 연습한다.

3인조 구르기. 3인조 구르기(triple roll)는 세 명의

도해 28.80. 보조로 물구나무서기.

수행자들이 엎드린 자세에서, 먼저 중앙의 수행자가 왼쪽으로 구름과 동시에 왼쪽의 수행자는 손과 무릎으로 뛰어올라 중앙의 수행자를 넘은 후, 그 자리에 착지한다. 누구든 중앙에 위치한 수행자는 다른 수행자의 다른 수행자의 아래로 해서 옆으로 한 바퀴만 구른 다음 손과 무릎으로 원자세를 취해야 한다. 같은 동작으로, 이번에는 방향을 바꿔 왼쪽에서 오른쪽으로 시도해본다 (도해 28.81).

헤드스프링. 헤드스프링(headspring over mat) 기술을 익히는 가장 좋은 방법은 몸을 굽힌 물구나무서기를 시도하는 것이다. 먼저 몸이 앞으로 넘어가도록 한 다음, 몸이 균형을 잃어버렸을 때 발을 힘차게 차면서 손을 밀어준다 (도해 28.82). 보조자는 앞 또는 옆에 무릎을 꿇고 앉아 수행자의 등을 받쳐준다.

파트너와 함께 구르기. 파트너와 함께 구르기(double roll with partner)에서는 먼저 파트너와 함께 서로의

발목을 잡는다. 무릎을 굽히고 발을 허벅지 가까운 쪽 매트에 놓는다. 이때 무릎을 벌려 위에 오는 수행자의 머리가 그 사이에 들어가도록 하는 것은 동작 수행에 매우 중요하다. 두 수행자들은 최선을 다해 서로를 도와주어야 한다 (도해 28.83). 보조자는 위에 오는 수행자의 구르기 동작을 보조하면서 머리 혹은 목 부상을 예방하도록 한다. 또한, 보조자는 위에 오는 수행자의 머리가 안전하게 밑으로 들어가는지를 확인한다. 아래쪽의 수행자는 무릎을 굽히면서 발뒤꿈치가 엉덩이 쪽으로 이동할 때 약간의 저항을 느끼게 된다. 이렇게 생성된 저항은 위에 있는 수행자가 잘 구르는 데 긍정적인 영향을 준다.

피시 다이빙. 피시 다이빙(fish dive)을 위해 바로

선 자세를 취한다. 한쪽 다리를 후방 위쪽으로 차면서, 동시에 반대발로 점프를 시도한다. 발이 머리 위에 왔을 때 손으로 착지한다(물구나무서기 자세). 그런 다음, 팔을 굽혀 몸을 아래로 내려 가슴에서 무릎까지 구른다. 그리고 나서 허리를 굽히면서, 발이 체중을 지탱하는 자세가 될 때까지 손을 힘껏 밀어준다. 몸을 들어 올려 스쿼트(squat)자세로 서면서 마무리한다 (도해 28.84).

앞돌려 서기. 앞돌려 서기(dive cartwheel) 스턴트 동작을 적절히 구사하기 위해서는, 약간의 도움닫기로 시작하여 짧은 홉(hop: 껑충 뛰어오름 – 역자 주)으로 마무리해야 한다. 앞으로 대시하다가 약 5피트(1.5m) 앞쪽에 손을 던진 후 옆으로 돌기 동작을 시도

도해 28.81. 3인조 구르기.

도해 28.82. 헤드스프링.

도해 28.83. 파트너와 함께 구르기.

도해 28.84. 피시 다이빙.

도해 28.85. 앞돌려 서기.

한다 (도해 28.85).

타이거 스탠드. 타이거 스탠드(tiger stand)에서는 상완이 바닥과 직각이 되는 자세를 유지하도록 노력하면서 발을 천천히 차올린다 (도해 28.86).

노새 차기. 노새 차기(mule kick) 기술을 시작하는 가장 좋은 방법은 물구나무서기 자세이다. 이 자세에서 팔과 무릎을 약간 굽혀준다. 그런 다음, 팔을 힘껏 밀면서 다리를 아래로 휙 내린다. 올바른 착지자세는 몸을 앞으로 숙이고 팔을 후방 위쪽으로 뻗어줌으로써 만들어진다. 그리고 착지하자마자 바로 다시 점프하여 물구나무 자세로 돌아간다. 점프할 때마다 머리가 아래로 숙여져 있는지 확인한다 (도해 28.87).

회전하기. 회전하기(round-off)에서는 매트의 반대쪽 끝을 바라보면서, 몇 발자국을 달린 후 스킵(skip; 두발로 뛰어나가 한쪽 발을 건너뛰는 것 – 억사 주) 스텝을 한번 밟는다. 그런 다음, 팔을 전방 아래로 던지는데, 앞선 손을 먼저 매트에 놓고, 반대쪽 손은 그보다 약간 더 멀리 놓는다(같은 선상에 놓지 말 것). 이때 양손 모두는 회전하고자 하는 방향으로 약간 틀어져 있어야 한다. 동시에, 앞선 발을 밀면서 반대쪽 발을 위로 하여 다이빙을 시도한다. 양발 모두 머리 위에 왔을 때, 다리를 모으면서 몸을 회전한 후 노새 차기로 마무리한다. 마지막 동작에서 수행자는 출발 때와는 반대방향을 바라보고 있어야 한다 (도해 28.88).

15초 물구나무서기. 15초 물구나무서기(fifteen-second handstand)는 발을 차올려 몸의 균형을 잡으면서 물구나무서기를 하면 된다. 머리는 몸과 일직선이 되도록 하고 손가락을 사용하여 몸을 지탱한다. 몸이 일직선이 되도록 허벅지 근육을 조이고, 발가락을 세워 위로 뻗어준다(연필 모양).

발 밀어 뒤로돌기. 발 밀어 뒤로돌기(pitch-back flip)에서 수행자는 파트너의 손바닥 위에 선다. 세 번째 카운트를 셀 때, 팔을 펴서 천장을 향해 몸을 던지면서 전력을 다해 점프를 한다. 그런 다음, 상체를 약간 뒤로 넘김과 동시에 무릎을 위로 들어올리면서 돈다. 수행자가 점프를 할 때, 아래에 위치한 파트너는 수행자의 발을 수직으로 들어올리면서 뒤로 기대어 앉아 얼굴이 발에 가격당하지 않도록 조심한다. 이 스턴트 동작에서는 몸을 너무 심하게 던지지 않도록 주의해야 한다. 경험 많은 보조자의 보조나 안전벨트를 착용한 상태로 연습하는 것은 매우 중요하므로 잊지 않도록 하나. 이 기술은 보조사 없이는 절대로 시도하면 안 된다.

배 밀어 뒤로돌기. 배 밀어 뒤로돌기(pitch from belly) 기술은 아래쪽에 자리 잡고 있는 파트너의 보조가 가미된 핸드스프링이라고 보면 된다. 먼저 수행자는 자신의 복부를 아래의 파트너 발에 갖다 댄다. 이때 발은 발뒤꿈치에서 V자가 만들어지도록 발가락을 벌린다. 그리고 아래의 파트너는 위에 있는 수행자를 전방으로 당기면서 들어올리고, 발에 모든 체중이 느껴지면, 수행자의 상체를 전방으로 당기면서 발을 힘껏 민다. 아래의 파트너는 수행자의 몸이 넘어감과 동시에 잡고 있던 손으로 수행자를 밀어낸다. 이 동작을 시도할 때에는 최소한 1명 이상의 보조자가 보조를

도해 28.86. 타이거 스탠드.

도해 28.87. 노새 차기.

도해 28.88. 회전하기.

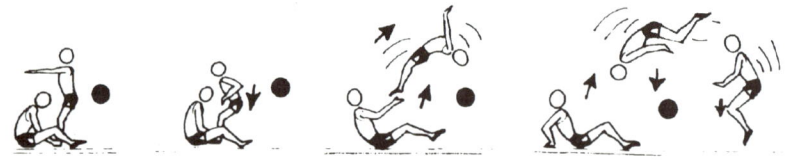

도해 28.89. 발 밀어 뒤로돌기.

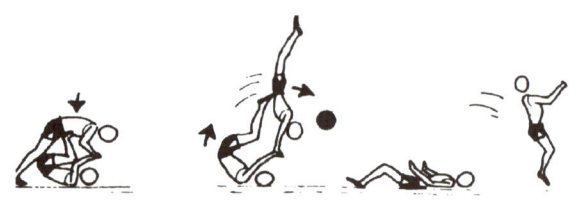

도해 28.90. 배 밀어 뒤로돌기.

해주면서 수행자가 너무 멀리 던져지는 것을 막아주도록 한다 (도해 28.90). 보조자는 한손으로 수행자의 가슴을 받쳐주면서 너무 심하게 회전하지 않도록 조절해준다.

매트에서 차오르기. 매트에서 차오르기(kip from mat)에서는 바닥에 누워 손을 어깨 너머에 놓은 상태에서 뒤로 구르다가, 체중이 머리와 어깨 뒤쪽에 왔을 때 정지한다. 그런 다음, 몸이 앞으로 구르기 시작함과 동시에 손을 힘껏 밀면서 다리를 공중으로 차준다.

이때 다리는 반드시 전방 위쪽으로 차야 한다 (도해 28.91). 보조자는 뒤쪽에 무릎을 꿇고 앉아 수행자의 등을 받쳐주고 다리가 잘 펴지도록 허벅지를 잡아 던져준다.

도해 28.91. 매트에서 차오르기.

앞으로 굴러 차오르기. 앞으로 굴러 차오르기(roll over kip from mat)는 앞구르기로 시작한다. 어깨가 바닥 혹은 매트에 닿음과 동시에 발을 전방 위쪽으로 힘껏 차준다 (도해 28.92). 보조자는 수행자의 등을 밀어주면서 보조해준다.

헤드스프링. 헤드스프링(headspring) 동작은 이마를 사용하여 수행한다. 머리를 매트에 대고 손은 약간 앞쪽에 놓는다. 몸이 균형을 잃어 앞으로 넘어지기 시작하면 엉덩이를 굽힌다. 그리고 몸이 중심선을 지났을 때 손을 힘껏 밀면서 발을 세게 차준다 (도해 28.93). 보조자는 수행자가 다리를 잘 펼 수 있도록 받쳐주면서 보조해준다.

전방 핸드스프링. 전방 핸드스프링(front handspring)에서는 도움닫기로 약 5야드(4.6m) 정도를 달려가고 마지막 스텝에서 한발을 높이 들어놓은(hop) 다음, 손으로 매트를 세게 친다. 그런 다음, 한발은 후방 위쪽으로 세게 차고 반대쪽 발로는 매트를 힘껏 밀어준다. 이때 머리는 세우고 팔은 뻗어주어야 한다. 다리가 머리 위를 지나갈 때 킥을 약하게 차고 손목을 굽히면서

발로 착지한다. 이 기술에서 강조해야 할 것은 몸이 빠르고 힘차게 물구나무서기 자세를 지나가야 한다는 점이다 (도해 28.94).

뒤로 공중돌기(Back flip). 뒤로 공중돌기(back flip)에서는 먼저 팔을 앞으로 내밀고 선다. 이 자세에서 작은 원을 그리듯 팔을 아래로 내리면서 무릎은 1/4정도 굽힌다. 그런 다음, 몸이 위로 들리도록, 팔을 거의 수직선상까지 최대한 빠르고 세게 들어올린다. 그리고 팔이 들린 상태로 최대한 높이 점프한다. 계속해서 머리는 자연스러운 위치를 유지하면서 무릎을 가슴까지 가져온 후 몸을 웅크렸다 펴준다. 이 기술은 보조자 없이는 절대로 실시하면 안 된다. 이 기술에는 오버헤드와 관련된 역학적 원리가 적용된다 (도해 28.95).

앞으로 공중돌기. 앞으로 공중돌기(front flip)를 위해 몸을 던지는 스턴트 동작에는 여러 가지 방법이 있지만, 가장 좋은 것은 양팔로 몸을 후방 위쪽으로 들어올리는 방법이다. 도움닫기를 위해 2~3발짝 정도 달린다. 그런 다음, 두발로 뛰어오른다. 몸을 앞으로 1/4 정도 굽히면서 공중으로 뛰어오를 준비가 되면,

도해 28.92. 앞으로 굴러 차오르기.

도해 28.93. 헤드스프링.

도해 28.94. 전방 핸드스프링.

도해 28.95. 뒤로 공중돌기.

도해 28.96. 앞으로 공중돌기.

도해 28.97. 후방 핸드스프링.

팔을 후방 위쪽으로 아주 세게 던지면서 힘껏 점프한다. 그러고 나서, 몸을 웅크리면서 공중에서 한 바퀴 돌고난 후 펴준다. 초보자의 경우, 매트를 2~3장 겹쳐 깔아놓은 곳에 착지를 하면 안전하게 기술을 배울수 있다 (도해 28.96). 보조자는 핸드벨트를 착용한후 보조를 실시한다. 그리고 공중에서의 회전이 너무 심한지 혹은 부족한지를 주의 깊게 살펴봐야 한다.

후방 핸드스프링. 후방 핸드스프링(back handspring) 기술은 마치 의자에 앉은 듯한 자세로 시작한다. 등을 세우고 앉아 팔을 후방 아래쪽으로 스윙한다. 이때 발은 바닥에 편평하게 붙인다. 몸이 균형을 잃고 넘어가기 시작할 때, 팔을 머리 위로 휙 던지면서 머리도 뒤로 한다. 그리고 팔이 뒤로 넘어가면, 손은 바닥을 향해 뻗어주고, 배는 천장 쪽으로 던져준다. 착지할 때에는 발을 재빠르게 바닥으로 가져온다 (도해 28.97). 두 명의 보조자가 핸드벨트를 착용하거나 혹은 오버

헤드벨트를 사용하여 지도한다.

교육 시 고려사항

1. 비록 이 장에서 묘사되고 있는 기계체조 동작들이 기초기술에 해당된다 하더라도, 어느 정도의 신체능력은 동작 수행에 필수임에도 불구하고, 많은 학생들은 그런 신체능력이 없다. 학생들이 이러한 기술을 성공적으로 배우기 위해서는 특정 수준의 상지근력, 복부근력, 그리고 유연성이 필요하다. 교사들은 학생들로 하여금 이러한 사전 신체조건을 갖추도록 하던지, 아니면 학습기대치를 낮추던지 선택해야 한다. 신체능력이 떨어지는 학생들이 이러한 동작들을 시도하게 되면 안전문제가 발생한다.

2. 많은 텀블링 기술들은 기계체조의 기초기술에 해

당된다. 따라서 지도자들은 텀블링 기술을 먼저 가르치던지, 아니면 기계체조 동작에 포함시켜 함께 가르칠 것이지를 선택해야 한다. 텀블링 기술은 학생 수가 많을 경우 더 많은 동작들을 연습할 수 있다.

3. 기계체조의 쉬운 기술에서 어려운 기술까지 열거된 체크리스트의 활용은 학생들로 하여금 무엇을 연습해야 하는지를 알게 할 뿐만 아니라, 지도자에게는 학생들의 진전 상태를 평가하는 데 도움이 된다. 지도 시 강조해야 할 것은 동작의 연결이 아니라 좋은 자세이다.

4. 하나의 기구를 전체그룹에 소개하는 것이 도움이 되는 경우도 많지만, 이 단계가 지나면, 다른 기구들로 구역을 만들어 연습하도록 하는 것이 좋다. 지도자는 1~2 구역에서의 연습시간을 결정하여 필요할 때마다 다른 구역으로 이동할 것을 알려준다. 모든 구역을 조직화한 후, 각 그룹 혹은 개인은 교사의 신호에 따라 다음 구역으로 자유롭게 이동할 수 있도록 한다. 교사가 감독할 수 없는 상황에서는 노련한 보조자가 그룹의 장으로서 역할을 대신할 수 있다.

5. 어떤 학생들은 보조자 없이도 몇 가지 기술들을 수행할 수 있다. 그러나 공중 기술과 같은 난이도가 높은 기술들은 교사 혹은 보조자 없이는 수행하면 안 된다. 지도하는 동안 내내 동작의 컨트롤을 강조해야 한다. 컨트롤 없이는 어떠한 동작도 수행되지 않도록 해야 한다.

6. 각 단위별 체조수업에서 학생들이 수행한 기술들을 통해 어떠한 결과물을 도출시킬 수 있는 기회를 제공해준다. 예를 들면, 학생들이 하나 혹은 두 개의 종목들을 선택한 후, 이것들을 연결시키는 연습을 시켜본다. 가장 단순한 동작조차도 학생들의 동작이 부드럽게 연결되고 좋은 자세를 보일 때까지는 계속해서 연습이 되도록 한다.

추가 읽을거리

Hacter, P., Malmberg, E., and Nance, J. 1996. *Gymnastics fun and games*. Champaign, IL: Human Kinetics.

Malmberg, E. 2003. *Kidnastics — a child-centered approach to teaching gymnastics*. Champaign, IL: Human Kinetics.

Mitchell, D. 2002. *Teaching FUNdamental gymnastics skills*. Champaign, IL: Human Kinetics.

National Collegiate Athletic Association. Current edition. *Official gymnastics rules*. Phoenix: College Athletics Publishing Service.

Ward, P. 1997. *Teaching tumbling*. Champaign, IL: Human Kinetics.

자료

저널

International Gymnast Magazine, P.O. Box 721020, Norman, OK 73070.

비디오

United States Gymnastic Federation, P.O. Box 7686, Fort Worth, TX 76111.

그 외 비디오 자료는 부록 C를 참조하라.

웹 사이트

미국체조협회(USA Gymnastics)
http://www.usa-gymnastics.org/
전미체조심판협회(National Gymnastics Judge's Association, Inc.)
www.ngja.org

29 축구

이 장을 완벽하게 습득한 뒤, 독자들은 다음과 같은 사항들을 할 수 있어야 한다.

▸ 세계에서 가장 인기 있는 스포츠의 역사와 사회문화적 가치를 제대로 인식한다.
▸ 경기규칙과 스포츠맨 정신을 이해한다.
▸ 기초기술관련 테크닉을 적절히 발휘한다.
▸ 공격과 수비의 기본 원리를 이해한다.
▸ 기술습득을 위한 효과적인 지도과정을 이해한다.
▸ 축구 용어에 대한 정의를 내린다.

역사

축구는 아주 오래된 역사를 가지고 있다. 어떤 이들은 축구의 기원을 고대 중국(기원전 2500)에서 행해졌던 츄슈(tsu-chu: 목표지점을 향해 공을 차고 나가는 놀이 – 역자 주) 혹은 킥볼(kickball)에 두고 있다. 이외에도 이집트(기원전 2000년), 일본(기원전 600년), 고대 그리스(Epis-Kyros), 그리고 로마(Harpastum: 하르파스툼, 공을 차거나 던지면서 지정된 라인을 넘어가는 게임 – 역자 주) 역시 축구경기의 변천과 확산에 지대한 영향을 미쳤다고 알려져 있다. 클라우디우스 황제(서기 43년)가 이끌었던 로마군대가 영국을 침공하면서 보급한 축구는 지역의 다른 게임들과 통합되면서, 중세시대에서 산업혁명을 거치는 동안 많은 변화와 성장, 그리고 발전을 해왔다.

축구가 현재의 형태와 같은 모습을 갖추게 된 것은 1863년 10월, 런던의 프리메이슨즈 태번(London's Freemason's Tavern)에 최초의 축구협회인 영국풋볼협회(English Football Association)가 설립되어 경기의 규칙을 만들고 나서부터였다. 이렇게 제정된 규칙은 풋볼(soccer: 축구)과 럭비경기에 따로 구분되어 적용되었다. 규정의 변천사를 몇 가지 살펴보면, 킥인(kick-in)은 드로우인(throw-in)으로 바뀌게 되고(1863), 오프사이드(1866), 코너킥(1872), 그리고 심판진(1874)이 경기에 추가되었으며, 호각의 사용(1878), 페널티킥(1891), 그리고 선수교체에 대한 규정 역시 새로이 적용되었다. 그러므로 많은 변화를 거쳐 온 현대 축구는 현재까지도 계속 진행 중이며, 영국배가 닿는 곳이라면 어디든, 그곳에는 항상 축구가 따라다녔다.

현대 축구는 명실상부한 국제적 경기로, 1904년에 설립된 국제축구연맹인 FIFA(Fédération Internationale de Football Association) 산하에 약 170여 개의 회원국들이 참여하고 있다. 축구가 올림픽에 처음 소개된 것은 1900년 파리올림픽대회였으며, 최초의 월드컵대회는 1930년 우루과이의 수도 몬테비데오(Montevideo)에서 개최되어, 우루과이가 아르헨티나를 꺾고 우승하였다. 제1회 월드컵대회 이후로, 펠레(Pele), 찰튼(Charlton), 크루이프(Cruyff), 베켄바워(Beckenbauer), 마라도나(Maradona), 호마리우(Romanrio), 호나우두(Ronaldo), 그리고 로베르토 바조(Roberto Baagio)와 같은 많은 스타플레이어들로 인해, 전 세계는 축구의 열기로 뜨거워졌다.

미국축구협회인 USSF(United States Soccer Federation)는 1913년에 설립되었으며, 미국 축구에 관한 거의 모든 것을 관장하고 있다. USSF는 1972년부터 현재까지 코치자격연수를 실시하고 있는데, 전미축구코치협회 역시 같은 사업을 실시하고 있다. 1974년에는 19세 이하 청소년들을 위한 축구발전과 중흥을 위해, 미국청소년축구협회(USYSA: United States Youth Soccer Association)가 설립되었다. 앞서 언급한 모든 조직들은 이중 언어를 사용하는 코칭연수를 제공하면서 다문화적인 환경을 형성하고, 스포츠뿐만 아니라 지역사회 결속을 다지는데 앞장서왔다. 오늘날 미국의 축구는 어린 소년소녀들이 가장 하고 싶어 하는 스포츠 중 하나일 뿐만 아니라, 매년 1,200개가 넘는 대학팀들이 각종 대학 간 대회에서 경기를 치르고 있다. 미국여자축구팀은 1991년 중국 베이징에서 개최된 제1회 여자월드컵대회에서 우승컵을

거머쥐었으며, 1994년에는 미국에서 처음으로 월드컵이 개최되었다. 미국대회에서는 브라질이 우승하였다. 그리고 1998년 월드컵대회의 우승컵은 프랑스가 가져갔다.

미국은 1994월드컵 개최의 여파를 몰아 메이저리그축구(Major League Soccer: MLS)를 출범시키고, 1996년 여름에 첫 시즌을 맞이하였다.

1996년 애틀랜타올림픽에서 미국여자팀은 금메달을 획득하였으며, 남자팀 역시 메달은 따지 못하였지만 다른 팀들과 대등한 경기를 펼쳤다. 이 대회에서는 나이지리아가 남자축구 우승을 차지하였다.

2002년 시드니올림픽에서는 카메룬이 남자축구 금메달을 차지하였으며, 은메달과 동메달은 스페인과 칠레에게 각각 돌아갔다. 여자축구의 경우, 노르웨이가 미국을 꺾고 우승을 차지하였으며, 동메달은 독일이 가져갔다.

2004년 그리스 아테네에서 개최된 올림픽대회에서는 아르헨티나가 파라과이를 꺾고 남자축구 금메달을 차지하였으며, 동메달은 이탈리아에게로 돌아갔다. 여자축구의 경우, 미국이 브라질을 꺾고 금메달을 차지하였으며, 동메달은 독일이 가져갔다.

축구의 본질과 정신

축구는 세계에서 가장 인기가 높을 뿐만 아니라, 가장 힘든 스포츠 중 하나이다. 축구가 가지는 복잡성은 시속 30마일(약 48km)의 속도로 체스게임을 하는 것과 비교되는데, 그 이유는 축구가 가지는 심폐 기능적, 인지적, 경쟁적, 그리고 심동적(psychomotor) 도전 때문이다. 축구는 거의 모든 나라들에서 나이, 성별, 장애유무, 장소와 상관없이 플레이 되고 있다. 축구에 필요한 것은 축구공, 참여하고자 하는 의욕, 그리고 페어플레이와 명예와 같은 축구정신이다.

경기, 볼, 그리고 선수

축구경기는 각각 11명씩으로 구성된 두 개의 팀(적정수의 선수교체 포함)이 서로 경쟁하게 되는데, 각 팀에는 지정된 골키퍼가 포함되어야 한다. 축구경기의 목표는 사이즈 5번에 무게가 14~16온스(400~457g)이고, 원둘레가 27~28인치(69~71cm)인 축구공을 골라인 밖의(선상의) 골포스트와 크로스바가 8×24피트(2.44×7.32m)인 골대 안에 넣어 득점을 하는 것이다. 경기는 동전을 던져 이긴 팀이 먼저 공격할 골을 선택한 후, 중앙선에서 상대팀의 킥오프(인플레이를 위해 발로 공을 건드리거나 차서 앞쪽으로 움직이게 하는 행위)로 시작된다. 매 득점상황과 후반전이 시작될 때에도 이와 유사한 방식으로 경기를 재개한다. 경기 시간은 전·후반 45분씩이고, 보통 10~15분의 하프타임 휴식이 주어지며, 후반전에는 골대를 바꿔서 플레이하게 된다. 고등부 및 대학부 경기에서는 연장전 규정을 만들어 동점으로 경기가 종료되었을 때, 적용해오고 있다. 고등부는 연장 전·후반 각각 10분씩, 그리고 대학부는 각각 15분씩 적용한다. 축구

경기의 거의 모든 부분들은 참여자의 개인적 요구에 따라 변형될 수 있다. 경기시간, 축구공과 축구장 사이즈, 그리고 나이 등에 따른 변형 예시들은 표 29.1에 나타나 있다.

정규경기의 플레이가 시작되면, 각 팀은 어떻게든 공을 소유하고, 기본기술들(패스, 슛, 헤딩, 트래핑, 드리블, 태클과 마크, 그리고 골 키핑 등)을 토대로 계획되고 창의적인 플레이로 공을 상대팀 진영 깊숙이 보내려고 한다. 이렇듯 단순해 보이는 기술들로 구성된 축구가 어떻게 수많은 선수들과 관중들의 마음을 사로잡을 수 있는지 믿기 어려울 지경이다. 실제로 인간이 최초로 달에 첫발을 내디딘 사건보다 1994월드컵의 시청률이 더 높았다!

경기장

종종 피치(pitch)라고도 불리는 축구경기장은 보통 길이 120×너비 70야드(110×64m)의 직사각형 모양이다 (도해 29.1). 국제축구협회인 FIFA가 승인하는 국제대회를 위한 경기장은 최소 110×70야드(100×

표 29.1. 연령에 따른 축구경기의 변형

선수 연령	경기 시간	연장전 시간
성인	전·후반 각 45분	전·후반 각 15분
16세 이하	전·후반 각 40분	전·후반 각 15분
14세 이하	전·후반 각 35분	전·후반 각 10분
12세 이하	전·후반 각 30분	전·후반 각 10분
10세 이하	전·후반 각 25분	전·후반 각 10분
8세 이하	전·후반 각 25분	전·후반 각 5분
선수 연령	**볼 번호 및 중량**	**볼의 원둘레**
14세 이하	No. 5, 14~16온스 (400~457g)	27~28인치 (69~71cm)
12세 이하	No. 4, 11~13온스 (314~371g)	25~26인치 (64~66cm)
8세 이하	No. 3, 8~10온스 (229~286g)	23~24인치 (58~61cm)
선수 연령	**골대 사이즈**	**축구장 사이즈**
12세 이하	7X21피트 (2.13X6.40m)	90X50야드 (64X46m)
8세 이하	6X18피트 (1.83X5.49m)	70X35야드 (73X50.3m)

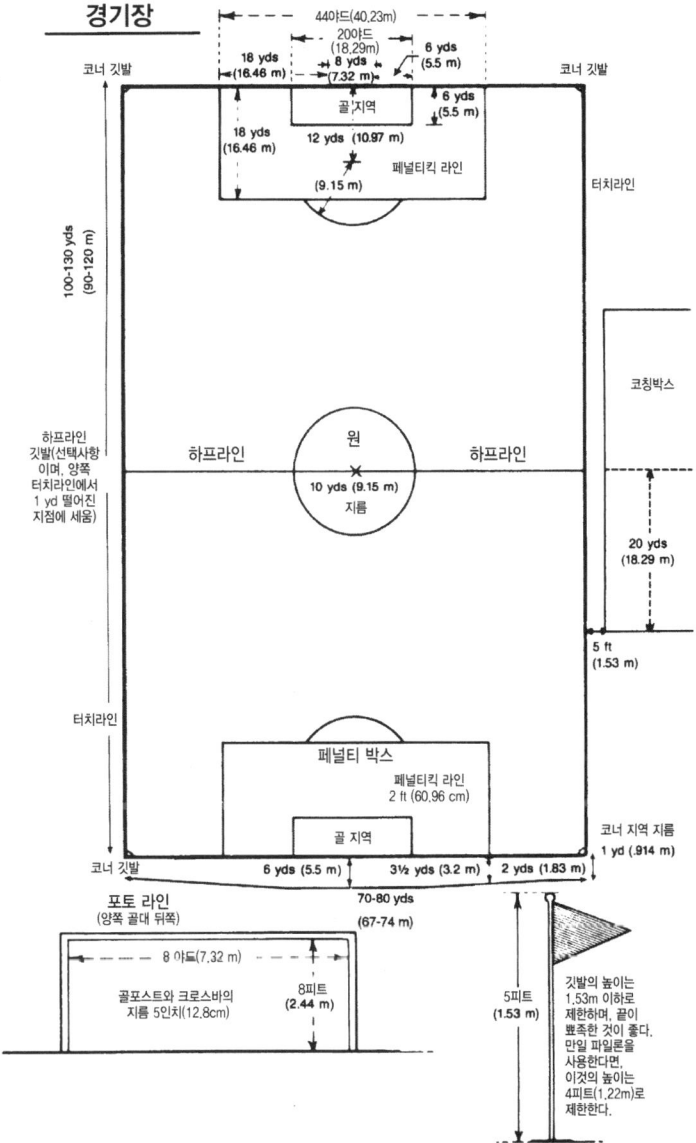

도해 29.1. 축구경기장.

64m)에서 최대 120 × 80야드(110 × 73m) 사이의 규격을 가진 잔디구장에서 치러져야 한다. 경기장의 외곽과 양쪽 골라인은 너비가 5인치(12.7cm)이하의 선으로 구획되어 있다. 또한, 경기장은 하프라인에 의해 두 영역으로 나눠지는 데, 하프라인 중앙에는 지름이 10야드(9.1m)인 원이 그려져 있고, 이 원의 가운데에

서 전·후반전의 시작 혹은 매 득점 후 플레이의 재개가 이루어진다. 경기장 양쪽 영역에는 각각 페널티 지역(흔히 페널티 박스라고도 함 – 역자 주)이 있는데, 양쪽 골포스트에서 터치라인(사이드라인) 쪽으로 18야드(16.5m) 떨어진 지점에서 직각으로 해서 하프라인 쪽으로 다시 18야드(16.5m)의 선을 그은 후 박스를

만든다. 페널티 박스를 나타내는 경계선 안에서는 골키퍼가 손으로 공을 다룰 수 있으며, 수비수의 반칙이 있을 경우 페널티킥을 얻을 수 있다. 그리고 페널티 박스 안에는 골라인의 중앙에서 11m 떨어진 지점에 페널티킥 마크가 표시되어 있다. 뿐만 아니라, 페널티 박스 안에는 골 지역(goal area)이 만들어지는데, 양쪽 골포스트에서 하프라인 쪽으로 6야드(5.5m) 지점에서 골라인과 평행하게 하여 20야드(18.3m)의 경계선을 그어 박스를 만든다. 골킥은 반드시 이 박스 내에서 이루어져야 한다. 경기장의 양쪽 코너에는 지름이 1야드(0.9m)인 부채꼴모양의 아치가 그려져 있으며, 이곳에 높이가 최소한 5피트(1.5m)이상의 코너 깃발을 세워 코너킥 지점을 표시한다.

골대

양쪽 골라인의 중앙에 위치하는 골대는 높이가 8피트(2.44m)이고 간격이 24피트(7.32m)로 똑바로 세워져 있는 두 개의 포스트와 길이가 24피트(7.32m)인 수평바가 연결되어 있다. 골포스트는 보통 나무, 금속관, 또는 플라스틱으로 만들어지는데, 이것의 지름은 5인치(12.7cm)를 넘지 말아야 한다. 골네트는 마직, 삼베, 혹은 나일론 등으로 만들어지며, 골대의 크로스바와 골포스트에 걸어 뒤쪽으로 펼쳐지게 하여 골키퍼의 플레이를 방해하지 않도록 해야 한다.

코칭박스

코칭박스(테크니컬 지역)는 경기를 관리하는 데 도움이 될 수 있다. 이 지역은 터치라인으로부터 최소한 5피트(1.53m) 떨어진 하프라인 연장선상에서 양쪽 방향으로 각각 20야드(18.29m)씩 떨어진 지점까지 선을

그어 박스를 만든다. 코치진과 선수들은 원칙적으로 이 코칭박스 안에 머물러야 하지만, 선수교체를 위한 준비운동이 필요한 경우, 하프라인 근처에 위치한 부심의 승인 하에 이 지역을 벗어날 수 있다.

장비

축구는 가장 경제적으로 플레이 할 수 있는 팀 스포츠 중 하나이다. 축구경기에 필요한 것은 공, 적절한 운동화(바닥이 편평한 신발 혹은 스파이크 신발), 정강이 보호대, 마우스가드(운동 시 입 안과 이의 손상을 막기 위하여 입 안에 끼우는 물건 – 역자 주), 국부보호대("athletic supporter" 혹은 "jockstrap"이라고도 하며, 남자 운동선수가 급소를 보호하기 위해 트렁크 안에 차는 것 – 역자 주), 반바지, 셔츠(골키퍼는 다른 색깔 사용), 양말 등이 필요하며, 골대, 네트, 코너 깃발, 그리고 라인 긋는 기계 등의 장비만 있으면 된다. 고깔(Cone: 콘)은 그리 비싸지 않으므로 구입하게 되면, 연습 때 유용하게 사용할 수 있다. 반지, 보석류, 그리고 안경 등은 반드시 집에 놓고 오거나 친구에게 맡긴 후 참여한다.

심판

축구대회에서는 한명의 주심과 두 명의 부심이 경기를 주재한다. 주심은 모든 파울과 위법사항들에 대한 최종결정권을 가지고 있다. 도해 29.2에 나와 있듯이, 주심은 적절한 신호를 통해 파울 및 위법사항을 알려준다. 두 명의 부심은 양쪽 터치라인의 절반을 각각 맡아, 공이 터치라인(드로우인), 골라인(골킥 혹은 코너킥) 등을 완전히 벗어났는지, 또는 골이 들어갔는지에 대한 신호를 보낸다. 또한, 부심들은 파울과 오프

노해 29.2. 축구 공식 수신호.

사이드 반칙이 발생하였을 때, 깃발을 들어 공 소유권을 가지게 되는 팀을 가리키는 역할도 하게 된다. 그러나 반칙 여부를 결정하고 공 소유권을 부여하거나 혹은 골을 인정하는 등 경기장 안에서 일어나는 모든 상황들에 대한 최종 결정은 주심이 한다. 부심들은 일종의 '조언자'의 역할을 담당한다. 주심은 경기가 중단된 시간을 계산한 후, 추가시간을 몇 분이나 더 줄 것인지를 결정한다. 심판진의 목표는 선수들의 안전을 극대화시키고, 경기가 지연되지 않도록 하면서 축구정신에 위배되지 않는 경기 진행을 하는 것이다.

아웃오브바운즈(경기재개 상황)

공이 터치라인이나 골라인을 완전히 벗어나거나 혹은 바이얼레이션이 선언되면, 주심은 공 소유권을 가진 팀에게 수신호로 알려준다. 상황에 따라 경기재개 상황은 여러 번 발생할 수 있다. 경기재개는 직접(다른 선수의 볼터치 없이도 골을 넣을 수 있는 상황) 혹은 간접 상황(골이 들어가기 전에 반드시 공이 다른 선수에 의해 터치되어야 함)이 될 수 있다. 직접 경기재개에는 다음과 같은 상황들이 있다.

페널티킥(Penalty Kick)

페널티킥은 12야드(10.97m) 지점에서 찬다. 페널티킥 키커와 골키퍼를 제외한 모든 선수들은 공을 찰 때까지는 공으로부터 10야드(9.14m) 이상 떨어져 있어야 한다. 즉, 페널티박스 밖에 나가있어야 한다. 골키퍼는 공이 킥 되기 전에 골라인에서 좌우로 움직일 수 있다. 킥한 공이 골대나 골키퍼의 선방에 의해 튀어나오게 되면, 플레이 중으로 간주한다. 페널티 키커는 골키퍼의 선방에 의해 튀어나온 공을 다시 차 넣을 수는 있지만, 골포스트나 골대 상단을 맞고 나온 공은 다른 선수가 먼저 터치하기 전에는 차 넣을 수 없다. 페널티킥은 수비 팀이 페널티박스 안에서 핸들링(handling of the ball), 홀딩(holding), 차징(charging), 트리핑(tripping), 푸싱(pushing), 혹은 스트라이킹(striking) 등의 파울을 범했을 때 주어진다. 페널티킥은 이를 위해 교체되어 들어온 선수가 아니라면, 공격 팀의 어떠한 선수든 찰 수 있다.

코너킥(Corner Kick)

공이 수비수에 의해 수비 팀의 골라인을 넘어가게 되면, 공이 넘어간 방향 쪽에서 코너킥이 주어지게 되는데, 경기장 구석의 1야드(0.9m) 아치(깃발 옆에)에 공을 놓고 찬다. 이때 수비수들은 코너킥 아치로부터 10야드(9.14m) 이상 떨어져야 한다.

직접 킥(Direct Kick)

앞의 '페널티킥' 혹은 뒤에 나올 '파울과 비신사적행위' 영역에서 다루고 있는 파울을 페널티박스 밖에서 범했거나, 공격 팀이 수비 팀의 페널티박스 안에서 파울을 범했을 때에는, 직접 킥에 의한 공 소유권이 주어지게 된다. 이와 같은 상황이 발생하면, 주심은 한 쪽 팔을 기울여 직접 킥이 주어진 팀의 공격방향으로

뻗는 수신호를 보낸다. 직접 킥이 주어진 후, 수비수들은 플레이가 재개되기 전에는 항상 공에서 10야드(9.14m) 이상 떨어져 있어야 하고, 그렇지 않을 경우 다시 차게 된다.

간접 경기재개는 주심이 팔을 펴서 들어 올리는 수신호에 의해 선언되며, 다음에 나오는 상황들을 포함한다.

골킥(Goal Kick)

공격수가 마지막으로 터치한 공이 수비 팀의 골라인을 넘어가게 되면, 공 소유권은 수비 팀에게 간다. 골킥은 골 지역 내에서 이루어져야 하며, 볼터치 전 페널티박스 안에는 아무도 없어야 한다. 만약 그렇지 않다면, 골킥을 다시 한다.

드로우인(Throw-In)

볼이 터치라인을 완전히 벗어나게 되면, 마지막에 볼 터치한 선수의 상대팀에게 드로우인이 주어진다. 드로우인은 양발이 지면에 붙은 채, 양손을 사용하여 오버헤드 동작으로 볼을 던져야 한다. 부적절한 드로우인을 하게 되면, 공 소유권을 잃게 되고 상대팀에게 드로우인을 주게 된다. 만일 드로우인된 공이 경기장에 들어가지 못하면, 공은 역시 상대팀에게 돌아간다.

간접 프리킥(Indirect Free Kick)

오프사이드, 진로방해, 위험한 플레이, 또는 경기를 고의로 지연시키는 행위('파울과 비신사적행위' 내용 참조) 등과 같은 테크니컬 파울을 범하게 되면, 상대팀에게 간접 프리킥이 주어진다. 간접 프리킥에 의한 플레이 재개는 직접 킥과 유사하게 상대선수들이 공에서 10야드(9.14m) 이상 떨어져야 하지만, 득점을 위

해 날린 슛은 반드시 공이 다른 선수에 의해 터치가 된 다음 골대에 들어가야 인정을 받을 수 있다.

오프사이드(Offside)

패스하는 순간 동료 선수가 공보다 상대방의 골라인 에 더 가까이 있을 때, 오프사이드가 선언이 되지만, 다음의 경우에는 예외가 된다.

1. 하프라인을 넘어가지 않은 경우.
2. 2명의 수비수들(골키퍼 포함)이 공격수보다 골라 인에 더 가까운 경우.
3. 공격수가 패스하지 않고 마지막 볼 처리를 하는 경우.
4. 공격수가 골킥, 코너킥, 드로우인, 또는 드롭 볼을 바로 받게 되는 경우.
5. 공격수가 수비수와 동일 선상에 위치한 경우 (도 해 29.3).

드롭 볼(Drop Ball)

경기 중 부상이나 응급상황이 발생한 경우, 또는 심판 진의 결정이 명확하지 않거나 의심이 갈 때, 주심은

| 오프사이드 | 오프사이드 아님 |

도해 29.3. 오프사이드. 오프사이드에 대한 판 정 기준은 선수의 팔이나 다리가 아니라, 몸통의 상대적인 위치이다. 공격수의 몸통이 수비수의 몸통을 완전히 지나쳐 있어야 오프사이드가 선 언될 수 있다.

플레이를 중단하고 드롭 볼을 선언할 수 있다. 공은 일반적으로 양 팀 모두에게 위협이 되지 않는 곳, 또 는 중간 지점이라고 판단되는 곳에 떨어뜨리며, 플레 이가 재개되기 위해서는 공이 먼저 지면에 닿아야 한 다. 만일 공이 지면에 닿기도 전에 터치가 이루어졌 다면, 드롭 볼을 다시 실시한다.

파울과 비신사적 행위

한 선수가 반칙 혹은 어떤 형태의 위법 또는 비신사적 인 행위를 할 경우, 상대팀에게 직접 혹은 간접 프리 킥이 주어진다. 아래에서와 같이 의도적인 반칙행위 (반칙의 정도가 심함)일 경우, 직접 프리킥이 주어진다.

- 상대방을 발로 차거나 차려고 시도하는 킥킹(kicking)
- 상대선수의 발을 걸어 넘어뜨리게 하는 트리핑 (tripping)
- 상대선수에 올라타는 점핑(jumping)
- 난폭하게 혹은 위험하게 부딪히는 차징(charging)
- 상대선수를 때리거나 때리려고 시도하는 스트라이킹 (striking)
- 상대선수를 잡는 홀딩(holding)
- 상대선수를 미는 푸싱(pushing)
- 공이 손에 닿는 핸들링(handling). 단, 페널티박스 안에서의 골키퍼는 제외
- 상대선수에게 침을 뱉는 행위

만일 수비수가 페널티박스 안에서 공격수에게 의도 적이고 심한 반칙을 범하게 되면, 페널티킥이 선언되어 공격 팀은 12야드(10.97m)마크에서 볼을 차게 된다.

한 선수가 다음과 같은 테크니컬 파울을 범할 경우, 상대팀에게는 간접 프리킥이 주어진다.

- 발을 너무 높이 드는 하이킥(high kicking)과 같은 위험한 플레이
- 플레이와 상관없이 상대선수를 어깨로 치는 행위

(플레이 대상이 공이 아닌 상대 선수)

• 공과 상관없는 상대선수를 의도적으로 괴롭히는 행위.

• 골키퍼와의 충돌. 단, 골키퍼가 공을 이미 잡고 있는 상황, 상대 공격수를 방해한 경우, 혹은 골 지역 밖에 있는 경우는 예외가 된다.

• 골키퍼가 공을 잡고 네 발자국 이상 걸었을 때, 또는 경기를 의도적으로 지연시키기 위한 책략을 쓰는 경우

• 오프사이드

경고와 퇴장

심판은 선수가 범한 반칙이 너무 심하여 축구정신에 위배된다고 판단하였을 때, 경고, 즉 옐로카드(yellow card)를 줄 수 있다. 경고를 받는 반칙행위를 반복하거나 반칙의 심각성이 명백한 경우, 경기장에서 퇴장당할 수 있다. 다음과 같은 상황에서 주심은 퇴장을 명할 수 있다.

• 난폭한 행위 혹은 심한 반칙

• 모욕적인 말

• 옐로카드를 받은 후에도 위법행위를 지속적으로 하게 되면, 레드카드(red card)를 받고 경기장에서 퇴장해야 한다. 퇴장당한 선수는 다른 선수와 교체할 수 없기 때문에 소속팀은 심각한 불이익을 당할 수밖에 없다.

• 고등부에서는 레드카드를 받은 선수는 동급 대회의 다음 경기에는 출전할 수 없다. 또한, 전미축구규칙위원회(National Federation Soccer Rules Committee)는 고등부에 '소프트(soft)' 레드카드 시스템을 적용해오고 있다. 이 시스템에서는, 선수가 '소프트' 레드카드를 받으면 여전히 경기장에서 나와야 하지만, 다른 선수와 교체할 수 있어 팀 인원수에 대한 불이익은 없다. 그러나 '하드' 레드카드를 받은 선수는 다른 선수와 교체될 수 없어 팀은 1명이 부족한 채로 남은 경기를 치러야 한다.

기초기술 및 테크닉

축구경기는 움직임, 스피드, 육체적·정신적 컨트롤, 공간, 타이밍, 경기의 흐름, 창의성, 즉흥성, 그리고 상상력이 모두 필요한 게임이다. 안전하게 경기에 참여하고 즐기기 위해서는, 습득, 연습, 그리고 특정 기초기술들에 대한 숙달 등이 필요하다.

패스(Passing)

패스는 축구경기의 기본이 되는 기술이다. 비록 경기 중에 사용하는 패스가 발의 바깥 면인 아웃사이드, 발가락, 심지어는 발뒤꿈치로도 할 수 있지만, 대부분의 짧은 패스는 발의 안쪽 면인 인사이드를 사용한다. 롱패스는 공 아래에 발을 넣으면서 찍어 차거나 혹은 강하게 차서 만들 수 있는데, 이 두 가지 방법 다, 원하는 각도를 만들기 위해서는 몸을 뒤로 젖혀줘야 한다. 경기 중에는 동료선수에게 다양한 각도로 패스를 할 수 있다. 예를 들면, 스퀘어패스(square pass)는 동료 공격수에게 패스한 후, 달려 나가 직각으로 다시 패스된 볼을 받는 형태(월 패스, 또는 주고 달리기)이다. 스루패스(through pass)는 경기에서 가장 직접적인 전진패스로, 수비수 뒤의 공간으로 달려가는 동료선수에게 볼을 찔러주는 패스이다. 물론 전술의 변화, 경기 지연, 혹은 공격이 여의치 않을 때, 백패스를 시도하는 경우도 있는데, 이때 골키퍼는 손으로 공을 잡을 수 없다.

슈팅(Shooting)

슈팅은 축구의 핵심요소임에 분명하다. 슈팅은 패스

와 같이 발 혹은 몸의 어떤 부위로도 구사할 수 있지만, 이것의 기본기가 되는 기술은 강한 폭발력을 가진 인스텝킥이다. 만일 오른발 인스텝으로 공을 강하게 차고자 한다면, 슈터는 먼저 자신의 오른발로 공 바로 앞쪽 지면을 강하게 때리듯이 스윙을 한 후, 그 힘을 이용해 공을 세게 찬 다음 낮은 궤도의 팔로우스루를 유지해야 한다. 슈팅 기술은 너무 어려워, 잘 하는 축구선수조차도 '정확한 자세를 잡기가 거의 불가능'할 정도이다. 선수들은 때론 굴러오는 공에 대한 슈팅이나 공중에 뜬 공에 대한 발리슛을 시도해야 하는 상황도 생긴다. 그리고 가끔씩 '하프발리(quick bounce: 퀵 바운스)'로 슛을 구사해야만 하는 상황도 있을 수 있다. 슈팅 테크닉은 정확성, 속임수, 절제, 그리고 최적의 집중력을 포함하며, 모든 경기 상황들에 대한 연습이 무엇보다 중요하다.

헤딩(Heading)

헤딩은 선수가 패스하거나 슈팅할 때 사용할 수 있는 기술이다. 안전하게 헤딩을 구사하기 위해서는 적절한 테크닉을 깃추는 깃이 중요하며, 준비운동, 기술지도, 그리고 연습 시에 발생할 수 있는 목 부위의 부상에 대해 항상 주의를 기울여야 한다. 헤딩을 구사하는 선수는 헤어라인 근처의 이마로 볼을 맞혀 동료선수에게 패스하거나, 또는 빈 공간, 특히 적진 깊숙한 곳에 떨어뜨려 동료선수로 하여금 공을 가져오게 하거나 공격을 재정비할 시간을 갖도록 해준다. 헤딩 테크닉은 집중력, 주변 선수들에 대한 의식, 팔을 보호막으로 사용하는 것과 같은 적절한 신체자세와 위치, 그리고 공 진행방향에 눈을 떼지 않는 것을 포함한다.

트래핑과 컬렉팅(Trapping and Collecting)

동료선수의 패스나 상대선수의 실책에 의한 볼 트래핑과 컬렉팅(트래핑은 공을 정지 시키고, 컬렉팅은 정지된 공을 발 가까이 가져오는 것과 관련이 있음 – 역자 주)은 공을 완전히 컨트롤하는데 필요한 테크닉이다. 공의 위치와 낙하지점에 따라 신체의 다양한 부위를 사용하여 공을 정지시킬 수 있다. 땅볼에 대한 트래핑은 발바닥이나 발의 인사이드 혹은 아웃사이드를 주로 사용하는 반면에, 공중에서 날아오는 공은 가슴, 허벅지, 그리고 인스텝으로 컨트롤한다. 공 컨트롤의 핵심은 공 소유를 위한 공간을 재빠르게 알아차리고 활용하는 것이다. 이 기술의 또 다른 핵심적 내용으로, 선수는 근육을 잘 제어하고 날아오는 공을 몸으로 잘 흡수시키는 테크닉(momentum-absorption technique)을 활용하여 공에 대한 컨트롤을 쉽게 할 수 있어야 한다. 집중력과 상대방이 어디에 있는지를 반드시 파악하고 있어야, 잡은 공은 빼앗기지 않고 동료선수에게 패스할 수 있다.

드리블(Dribbling)

드리블은 축구경기에 있어 가장 흥미진진하고 창의적인 요소이기 때문에 선수들로 하여금 이 기술을 시도히도록 독려해야 한다. 선수들은 가벼운 볼터치나 밀기를 연속적으로 구사하면서 적절한 공간으로 공을 드리블해 갈 수 있어야 한다. 효과적인 드리블이 되기 위해서는, 두발로 상대선수를 속이고, 페이스의 변화를 주면서 재빠르게 움직일 수 있어야 한다. 또한, 드리블 테크닉은 적절한 신체자세를 필요로 하는데, 그 이유는 드리블 상황에서 종종 상대수비수가 진로를 막거나 차단하려고 하기 때문이다. 드리블은 공을 몰고 앞으로 나가기, 빠르게 슛을 날릴 수 있는 자세를 갖추기 위해 이동히기, 경기 지연히기, 또는 빈 공간으로 공 가져가기 등에 주로 사용된다. 또한, 드리블을 준비운동과 체력운동의 일환으로 실시하면 좋다. 모든 연습에는 반드시 드리블이 포함되어야 한다.

태클과 마크(Tackling and Marking)

태클은 수비를 위한 테크닉으로, 상대공격수의 공을 빼앗아 동료수비수가 소유하도록 하는 것이 목적이다. 이것은 마크(축구경기에서 상대방의 공격을 견제하고 방해하는 수비 태세 – 역자 주), 또는 태클을 위한 시간을 벌기 위해 공을 소유한 상대공격수와의 플레이를 포함한다. 태클은 보통 블로킹(blocking: 발로 막는 동작 – 역자 주), 포킹(poking: 발을 재빨리 내미는 동작 – 역자 주), 또는 슬라이딩(sliding: 공을 향해 미끄러지는 동작 – 역자 주)을 계산된 타이밍에 맞춰 구사해야 공을 뺏을 수 있다. 이 기술은 정확한 판단, 적극적인 플레이, 정신적 강인함, 그리고 팀워크를 필요로 한다.

골 키핑(Goalkeeping)

골키퍼 혹은 골리(goalie)는 동료선수의 의도적인 백패스가 아니라면, 페널티박스 안에서 합법적으로 손을 사용하여 공을 정지시키고, 컨트롤하며, 잡을 수 있다는(W자세: 높은 공의 경우, 손바닥을 펴고 양쪽 엄지손가락을 연결함; 낮은 공의 경우, 손가락을 모두 아래로 내림) 점에서 특이하다고 할 수 있다. 공을 잡은 후, 골키퍼는 바로 볼 처리를 하거나 던지기(throwing or distributing), 드롭킥(drop-kicking: 공을 땅에 떨어뜨렸다가 튀어오를 때 차는 것 – 역자 주), 또는 볼 펀팅(punting: 공이 땅에 닿기 전에 발로 차는 것 – 역자 주)을 통해 '속공'을 유도할 수 있다. 수비측면에서 볼 때, 골키퍼는 언제 그리고 어떤 식으로 달려 나와야 공격수의 드리블이나 슈팅각도를 좁혀 공격 템포를 늦추고 슈팅이나 진로방향을 막을 수 있을지 잘 알고 있어야 한다. 좋은 골키퍼를 고르기 위해서는 정확한 판단, 상식, 그리고 긴장감 속에서도 잃지 않는 냉정함(정신력)이 육체적 기술만큼 중요하게 고려되어야 한다.

플레이 시스템

일반적으로 '전술'이라고 통용되는 플레이 시스템(도해 29.4)은 팀의 조직력을 극대화시키기 위해 선수들을 경기장 내 어떤 포지션에 배치시키고, 또 각각에게 책임분담을 어떻게 할 것인지를 알려준다. 축구의 묘미는 경기가 유동적이고, 즉흥적이며, 그리고 진행속도와 선수들의 포지션이 지속적으로 변화하는 데 있다. 현재 주로 사용하고 있는 플레이 시스템은 1990년대 영국의 전통적인 2-3-5 공격전술에서 1930년대 유행했던 아스날 축구클럽(Arsenal Football Club: 영국 런던에 연고를 두고 있는 프리미어리그의 명문팀 – 역자 주)의 3-2-5 전술로 진화되었고, 그리고 브라질 월드컵에서 사용한 전술로 유명세를 떨친 4-2-4 포메이션에서 이탈리아의 빗장수비가 빛을 발하게 되는 5-4-1전술, 즉 '토탈 사커(total soccer)'로 진화하게 되는데, 이 전술의 목적과 최상의 무기는 전 선수들의 상호협력체제이다.

플레이 시스템이 무엇이든 간에, 각각의 숫자들의 조합은 수비수부터 시작하여 미드필더, 그리고 공격수인 포워드 선수의 순서로 되어있다. 흥미로운 것은 모든 플레이 시스템에서 펠레, 크루이프, 그리고 베켄바워와 같은 스타플레이어들이 배출되었으며, 이들은 자신들의 전술을 유명하게 만든 장본인들이었다. 일반적으로 코치들은 팀 선수들의 기량과 상대팀의 특성을 파악한 후 특정 플레이 시스템을 선택한다.

공격 및 수비 원리

축구의 기본원리는 간단해 보이지만, 실제로는 많은 연습과 상호소통(언어적 및 비언어적), 절제, 그리고 헌신이 따른다. 종종 간과하게 되는 한 가지 핵심적인 원리는 팀이 공을 소유하고 있을 때에는 모든 선수들이 공격을 해야 하는 반면, 공을 빼앗겼을 때에는 모

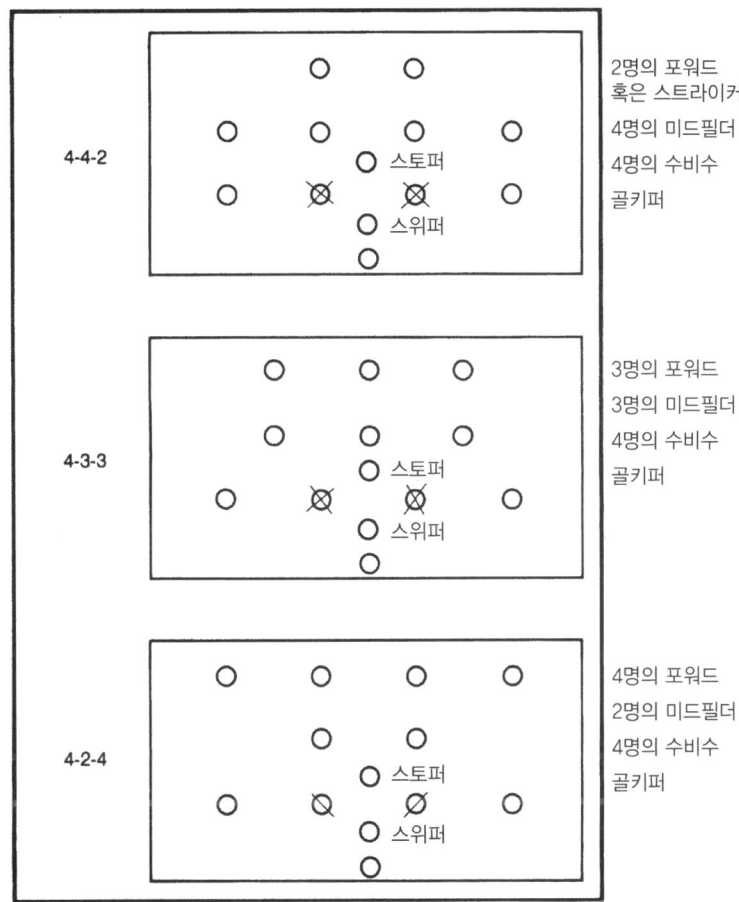

도해 29.4. 플레이 시스템 예시.

두가 수비를 해야 한다는 것이다.

공격 원리(움직임, 도움, 돌파, 마무리)

공을 누가 소유하느냐에 따라 공격과 수비가 구분되어 진다. 좋은 공격수는 공 없이도 패스를 받을 수 있는 공간을 만드는 움직임이 좋아야 한다. 이러한 움직임에는 골문 가까운 혹은 먼 지역에서의 달리기, 코너 깃발 쪽으로의 달리기, 패스한 후 달리기, 그리고 보통 미드필드 지역에서 동료선수가 가지고 있는 공을 지나 수비수 뒤를 향해 달려가는 오버래핑 달리기 등이 있다. 오버래핑에서, 적진을 뚫고 달려간 선수는

패스된 볼을 잡아 골문을 향해 나아간다.

공을 소유한 팀과 선수에게 중요한 또 다른 요인은 바로 동료선수들의 도움이다(최소한 두 명의 동료선수들은 공을 가진 선수로부터 약 10~15m 근처에서 공을 받아줘야 한다.). 적절한 도움(전후 및 좌우)과 커뮤니케이션, 월 패스(wall passing)와 주고 달리기(give and goes)와 같은 협력플레이를 통해 공간을 만들어 가면서 (패스와 드리블에 의해)적진을 뚫고 나갈 수 있게 된다. 상대수비벽을 뚫고 득점기회를 만든 후에는 마무리의 원리, 즉 득점이 효과적으로 이루어져야 한다. 득점을 하는 유일한 방법은 바로 슈팅이며,

이것을 완벽하게 해내기 위해서는 많은 연습이 필요하다.

수비 원리(쫓기, 지연, 도움, 균형과 집중력, 도전, 역공)

축구에 있어 수비는 공격만큼 중요하다. 팀이 매 경기에서 경쟁력을 가지기 위해서는 선수들이 수비 원리에 따라 잘 모이고 정확한 판단을 할 수 있어야 한다. 수비는 공을 상대팀에게 빼앗기는 순간부터 시작된다. 공을 빼앗기게 되면, 바로 공 가진 선수에게로 쫓아가 압박을 가해야 한다. 수비수의 목표는 공 가진 선수의 공격을 지연시키고 터치라인에 최대한 가까이 몰아붙여 수비벽이 뚫리는 것을 막는 것이다. 이러한 공격지연을 통해 선수들은 후방으로 내려와 수비를 재정비(자리 찾기, 마크, 진로 등)하고, 동료 수비수를 도울 수 있는 시간을 벌 수 있게 된다. 여기에서 도움이란 상대공격수에게 공간을 내주지 않기 위해 수비수들이 균형 있게 자리 잡고, 서로 커버해주는 것을 말한다. 이러한 수비수들 간의 도움은 상대팀이 원하는 공격선택을 할 수 없도록(일반적으로 가장 이상적인 슈팅각도가 나오는 중앙 위치를 내주지 않도록 해야 함) 집중해야 하는 페널티박스 근처에서 특히 중요하다.

일단 수비수 간의 도움과 커버가 적절히 이루어지면, 공 가진 공격수를 맡고 있는 수비수는 상대선수에게 달려들어 태클을 시도할 수 있다. 주요 수비수가 뺏은 공은 흔히 커버를 해준 동료선수가 갖게 된다. 공을 빼앗게 되면, 그 공의 위치가 어디냐에 따라 역공(속공)을 펼칠 수도 있고, 아니면 더 신중하게 공격 준비를 갖추어 나갈 수도 있다. 그러므로 90분의 축구 경기는 여러 가지 공격형태의 연속, 수비가 무너지거나 공격의 실패, 속공, 패스를 통한 재정비, 그리고 창의적 플레이로 정의될 수 있다.

교육 시 고려사항

축구 지도가 모두에게 즐겁고 긍정적인 경험임에는 분명하다. 교사나 코치의 책임 중 가장 먼저 그리고 가장 중요한 것은 선수의 건강과 안전으로, 지도를 시작하기 전 선수들은 병원에서 신체검사를 받고, 그 결과를 보관하고 있어야 하며, 지도자는 응급처치와 심폐소생술(CPR)관련 자격증을 가지고 있어야 한다. 연습과 실제경기에서의 응급상황에 대한 대처요령을 '출력'한 후 현장에 비치하여, 축구 지도와 관련된 모든 이들이 알고 있도록 해야 한다.

시즌과 연습에 대한 계획에는 강도 높은 연습과 경기에 참여하기 전에 달성해야 할 적정 체력 수준이 포함되어야 한다. 연습은 반드시 안전한 학습 환경에서 이루어져야 하며, 지도자는 연습 전 항상 시설물(경기장, 라커룸, 그리고 보안시설)을 체크해야한다.

연습은 재미있고, 빠르게 진행되면서도 체계적이어야 한다. 또한 연습의 시작은 형식에 얽매이지 않고 '서로 알아가기 위한' 활동들을 한 다음, 좀 더 정형화된 준비운동(드리블, 조깅, 패스, 정적 유연성 등)을 7~10분 정도 실시한다. 준비운동은 개인운동(예: 볼 저글링)과 협력활동들(예: 상호 협력적 스트레칭)을 모두 포함해야 한다. 지도자는 참여자의 연령, 체력 및 기술 수준, 계절, 그리고 일일 혹은 장기간에 걸쳐 달성하고자 하는 목표에 따라 연습내용을 조절하여 세분화시킨다. 다음은 한 시간 동안의 연습 시, 실시할 수 있는 구체적인 내용의 예시이다.

준비운동	7~10분
기능 체력	7~10분
유산소성 지구력(서킷 트레이닝 코스)	
무산소(속도)	
근력(힘)	
개인기술 지도와 평가	5~10분

미니 게임	5~10분
전술훈련	5~10분
연습경기	5~10분
정리운동(정적 스트레칭)	5분

지 도 전 략

팀의 모든 선수들이 축구 기술뿐만 아니라, 전략적인 부분까지도 완전히 이해하고 있다는 것은 중요한 사안이다. 새로운 기술을 소개할 때에는 시간, 공간, 페이스, 휴식 정도를 다양하게 하면서 지도하고, 상대방의 대응은 아래에서와 같이 단계별로 실시한다.

• 개인별 지도(도입 단계)
• 개인별 피드백과 기술 숙달
• 개인/그룹 대 개인(1:1, 2:1, 3:1, 소극적 대응)
• 소그룹(2:1, 2:5, 2:3, 페이스가 점차적으로 빨라짐)
• 적은 인원으로 하는 게임(6:4, 5:4)
• 하프 혹은 정규사이즈 경기장을 선으로 그어 그 안에서 하는 게임(7:7 혹은 8:8, 지속적인 압박과 그에 내한 적극적인 내용)

　　신수는 단계별 지도가 진행되는 모든 과정에서 핸드-온 지도(hands-on instruction: 지도자가 손으로 선수의 신체부위를 잡고 자세를 도와주는 지도방법 – 역자 주), 긍정적인 피드백, 그리고 정확한 평가를 받아야 한다. 비록 축구 기술들이 하나하나씩 따로 지도된다 하더라도, 궁극적으로는 변화무쌍한 실제 경기 상황들(상대방의 대응, 페이스, 경기 흐름, 타이밍 등)에서 활용된다는 것을 유념하여 매번 연습할 때마다 이러한 경기상황들을 연출하여 그 속에서 기술 연습이 될 수 있도록 한다. 또한, 내 연습 시, 기술의 숙달, 자신감, 그리고 개인과 팀에 대한 스스로의 가치를 강조해야 한다. 축구지도는 특정 시점에 끝나지 않고 여러 과정들이 계속 이어지는 것으로, 자신이 지도한 선수가 여러 대회들을 거치면서 성장하여 세계에서 가장 인기 있는 스포츠의 일부가 되는 과정을 보는 것보다 더 가치 있는 것은 없을 것이다.

용어 해설

간접 프리킥(indirect free kick) 킥한 공이 골인되기 전에 반드시 다른 선수의 터치가 이루어져야 하는 프리킥.

경기재개(restart) 플레이가 중단되거나 전·후반전이 시작될 때, 경기를 시작하는 것을 의미한다. 흔히 '데드볼(dead ball)'이라고도 한다.

골 지역(goal area) 골킥을 위해 공을 놓는 곳인 골라인 앞의 사각형 지역을 말한다.

공격 팀(attacking team) 공을 소유하고 있는 팀.

그리드(grids) 연습이나 미니게임을 위해 만든 제한된 공간을 사용하는 것을 의미한다.

기술훈련(functional training) 실제 경기상황 하에서 기술을 반복해서 연습하는 것을 의미한다.

뎁스(depth) 공격이나 수비를 할 때 동료선수들의 적절한 도움을 의미한다.

드로우인(throw-in) 터치라인에서 공을 양손으로 잡고 머리위에서 던지면서 경기를 재개시키는 행위.

드롭 볼(drop ball) 주심이 공을 허리높이에서 떨어뜨리는 행위.

드롭킥(dropkick) 골키퍼가 공을 땅에 떨어뜨린 후, 튀어 오름과 동시에 차는 킥.

드리블(dribbling) 공을 컨트롤하면서 밀거나 터치하여 전방으로 나아가는 행위.

마크(mark) 수비의 목적으로 상대선수에 가까이 머무는 행위를 말한다.

맨온(man-on) 동료선수에게 신호를 보내는데 많이 사용되는 용어로, 수비수가 압박을 해올 때, 동료선수에게 빨리 패스하거나 볼 처리를 하도록 제안하는 것을 말한다.

바나나 샷(banana shot) 바나나킥이라고 하며, 공이 휘어지는 슛 혹은 패스를 의미한다.

발리(volley) 공중에 떠 있는 공을 신체의 특정부위로 처리하여 동료선수에게 보내거나 골인시키는 것을 말한다.

벌리기(width) 공격 진영에서 수비수들을 흩어지게 하기 위한 공격 팀의 시도를 의미한다.

북중미카리브 축구연맹(CONCACF: Confederation of North American and Caribbean Association Football) 북중미카리브 축구연맹으로, 미국이 회원국으로 등록되어 있으며, 월드컵 결선에 나가기 위해서는 CONCACF 대회에서 반드시 우승해야 한다.

블로킹(blocking) 드리블하고 있는 상대선수의 공을 막기 위해 발을 안쪽을 사용하여 구사한 태클을 말한다.

사선으로 달리기(diagonal run) 수비수를 경기장 중앙으로부터 끌어내면서 수비벽을 무너뜨릴 목적으로 달려 나가는 것.

센터(center) 좌우 윙을 맡고 있는 선수가 경기장 아웃사이드에서 중앙으로 패스하는 것을 의미한다.

수비 집중현상(defensive concentration) 수비수들이 경기장 가운데로 몰리는 현상으로, 보통 페널티박스 근처에서 주로 일어난다.

수비 팀(defending team) 공을 뺏으려고 하는 팀.

실딩(shielding) 드리블을 하고 있던 선수가 자신을 마크하는 수비수와 공 사이에서 머무르는 것을 말한다.

스루패스(through pass) 수비수들 사이로 지나가는 패스.

스위퍼(sweeper) 최종수비수.

스퀘어 패스(square pass) 동료선수나 공간을 향해 옆으로 패스하는 것을 의미한다.

스토퍼(stopper) 스위퍼 앞에 위치하는 중앙수비수.

스트라이커(striker) 가장 전방에 위치하는 공격수.

오프사이드(offside) 동료선수로부터 공을 받을 때, 상대 수비수보다 수비 진영에 먼저 들어와 있는 반칙 행위를 말한다.

월(wall) 수비전술로서, 페널티박스 근처의 직접 혹은 간접 프리킥 지점에서 10야드(9.14m) 떨어진 곳에 여러 수비수들이 벽을 쌓는 것을 말한다.

이코노미컬 트레이닝(economical training) 경기의 네 가지 요소들(체력, 테크닉, 전술, 심리훈련) 중 최소한 두 가지를 포함한 연습 형태를 말한다.

임피던스(impedance) 신체를 불법적으로 사용하여 상대방이 공을 잡지 못하도록 하는 것을 의미한다.

자살골(own goal) 자기 팀 선수에 의해 골이 들어간 경우를 의미한다.

직접 프리킥(direct free kick) 킥한 공이 바로 득점으로 인정될 수 있는 프리킥.

차지(charge) 두 명의 상대선수들 사이의 신체접촉으로, 플레이 의도에 따라 반칙이 될 수도 있고, 그렇지 않을 수도 있다.

칩(chip) 공을 공중으로 띄워 다른 선수를 넘기는 기술.

커버(cover) 동료수비수를 도와주는 행위로서, 특히 대인마크와 태클 시에 유용하다.

컬렉팅(collecting) 공을 받아 컨트롤하는 테크닉.

코너킥(corner kick) 상대수비수에 의해 마지막으로 터치된 공이 골라인을 넘어갔을 때, 경기를 재개하는 방식.

크로스(cross) 윙(아웃사이드) 지역에서 공을 차서 골 지역이나 반대쪽 공간의 동료선수에게 보내는 행위.

클리어(clear) 공을 발로 차거나 머리로 헤딩하여 골대로부터 멀리 보내는 행위.

킥오프(kickoff) 전·후반 경기를 시작하거나 매 득점 상황이 발생하였을 때, 경기를 재개하는 방식이다.

타깃 플레이어(target player) 주로 공을 받는 경우가 많은 스트라이커를 의미한다.

태클(tackle) 상대선수로부터 공을 빼앗는 행위.

터치라인(touchline) 경기장의 사이드영역을 나타내는 선으로, 사이드라인이라고도 한다.

트래핑(trapping) 공을 잡아 컨트롤 하는데 사용되는 테크닉을 의미한다. 보통 발, 허벅지, 또는 가슴을 사용하여 트래핑 한다.

파 포스트(far post) 공이 있는 쪽에서 멀리 있는 골포스트를 의미한다.

페널티지역(penalty area) 흔히 페널티박스라고 불린다. 골대 앞의 큰 직사각형 모양의 구역을 의미하며, 골키퍼는 이 구역 내에서 손으로 공을 다룰 수 있다. 수비수가 페널티박스 안에서 파울을 범할 경우, 공격 팀에게 페널티킥을 허용하게 된다.

포커 태클(poke tackle) 발가락으로 공격수의 공을 밀어내는 행위를 말한다.

하프 발리(half-volley) 공이 땅에 바운스 되자마자 바로 킥하는 것을 의미한다.

헤딩(heading) 머리로 공을 처리하는 행위를 말한다.

홀딩(holding) 손이나 팔을 뻗어 다른 선수를 잡는 반칙 행위를 말한다.

추가 읽을거리

Bangsbo, J. 2002. *Defensive soccer tactics*. Champaign, IL: Human Kinetics.

Bangsbo, J. 2004. *Offensive soccer systems*. Champaign, IL: Human Kinetics.

Beswick, B. 2001. *Focused for soccer*. Champaign, IL: Human Kinetics.

Coaching youth soccer. 2001. 3rd ed. Champaign, IL: Human Kinetics. 미국 코치 효율성 프로그램의 일부. 부모코칭과 최초 코칭의 기초를 다룸. 대부분의 기술에 대한 단계별 지도 진행.

Fédération Internationale de Football Association. Current ed. *FIFA laws of the game*. Zurich: FIFA.

Garland, J. 2003. *Youth soccer drills*. 2nd ed. Champaign, IL: Human Kinetics. 5세부터 12세까지의 유소년 선수들의 코치와 부모에게 최적화된 지도와 재미를 위한 84가지 드릴 제공

Luongo, A. 1996. *The soccer handbook for players, coaches and parents*. Jefferson, NC: McFarland and Company.

Luongo, A. 2000. *Soccer drills*. Jefferson, NC: McFarland and Company.

Luxbacker, J. 1999. *Attacking soccer*. Champaign, IL: Human Kinetics.

Luxbacker, J. 2002. *The soccer goalkeeper*. 3rd ed. Champaign, IL: Human Kinetics.

Luxbacker, J. 2005. *Soccer practice games*. 3rd ed. Champaign, IL: Human Kinetics. 모든 연령대의 선수들에게 피트니스, 기술, 전략적 인식을 개발시켜주는 재미있는 경기 소개.

Luxbacker, J. 2005. *Teaching soccer: Steps to success*. 3rd ed. Champaign, IL: Human Kinetics. 관리 및 안전지침, 평가표, 155개 드릴, 지도 힌트, 에러 식별 및 교정 제안, 테스트 질문 포함.

McAvoy, N. 1998. *Teaching soccer fundamentals*. Champaign, IL: Human Kinetics.

McShane, K. 2002. *Coaching youth soccer*. Jefferson, NC: McFarland and Company.

Mielke, D. 2003. *Soccer fundamentals*. Champaign, IL: Human Kinetics.

National Collegiate Athletic Association. Current ed. *NCAA soccer rules manual*. Shawnee Mission, KS: NCAA.

National Collegiate Athletic Association. Current ed. *Official NCAA soccer guide*. New York: NCAA.

Pellett, T. 1997. *Soccer skills analysis: A practical guide for observing performance*. Dubuque, IA: McGraw-Hill.

Pronk, N., and Gorman, B. 2005. *Soccer everyone*. Winston-Salem, NC: Hunter Textbooks.

Rees, R. 2003. *Coaching soccer successfully*. 2nd ed. Champaign, IL: Human Kinetics. 성공적인 축구 프로그램을 만들고 유지하기 위해 고려해야 할 요인들을 다룸.

Reyna, C. 2004. *More than goals*. Champaign, IL: Human Kinetics.

Schmid, S. 2002. *Complete conditioning for soccer*. Champaign, IL: Human Kinetics.

Schmidt, C. 1997. *Advanced soccer drills*. Champaign, IL: Human Kinetics. 고급 선수들을 위한 축구 드릴.

Simon, J., and Reeves, J. 1999. *Soccer restart plays*. 2nd ed. Champaign, IL: Human Kinetics.

Summers, W. 2002. *The soccer starter*. Jefferson, NC: McFarland and Company.

U.S. Olympic Committee's Sports Series. 2004. *A basic guide to soccer*. Torrance, CA: Griffin Publishing.

U.S. Soccer Federation. 1998. *FIFA laws of the game: A guide for referees*. Hitzigweg, Switzerland: FIFA.

Wein, H. 2000. *Developing youth soccer players*. Champaign, IL: Human Kinetics.

자료

비디오

Soccer on video. Soccer Learning Systems, San Ramon, California 94583.

Soccer series: *Laws of the game, Fair and unfair challenges, Unsporting behavior*. United States

Soccer Federation, U.S. Soccer House, 1811 S. Prairie Ave., Chicago, IL 60616.

Soccer series: *The world's greatest goals; Great goals; The world's greatest saves; The world's greatest players.* HIJ Coerver Goal Series. ACME, One Acme Plaza, P.O. Box 811, Carrboro, NC 27510.

120여 종의 축구관련 비디오를 인터넷을 통해 찾아볼 수 있다.

그 외 비디오 자료는 부록 C를 참조하라.

컴퓨터 소프트웨어

*Let's play soccer: ESPN socce*r. Multimedia PC CD-Rom. Champaign, IL: Human Kinetics.

Soccer for all ages. Champions on film & video, 745 State Circle, Box 1941, Ann Arbor MI 48106

Winning Soccer: The basics of the game. Champions on film & video, 745 State Circle, Box 1941, Ann Arbor MI 48106.

웹사이트

www.bysw.net

www.finesoccer.com

www.nscaa.com

www.socceramerica.com

www.soccercoaching.net

www.usysa.org

축구에 관한 만 개 이상의 웹사이트는 다양한 인터넷 검색엔진을 사용하여 찾을 수 있다.

30 카약과 카누

이 장을 완벽하게 습득한 뒤, 독자들은 다음과 같은 사항들을 할 수 있어야 한다.

▶ 카누와 카약의 역사와 발달에 대해 설명한다.
▶ 적절한 장비를 선택하고 관리한다.
▶ 카누와 카약 기본 기술을 설명하고 실행한다.
▶ 적절한 안전수칙을 실행한다.
▶ 보팅 에티켓을 실행한다.
▶ 카누와 카약의 기본 기술을 학생들에게 가르친다.

역 사

카누와 카약은 오랜 세월 발전해왔다. 최초의 보팅 (boating) 선박은 통나무 한 개로 만들어진 배나 줄을 사용하여 통나무 여러 개를 하나로 엮은 형태(뗏목)였을 것으로 추측된다. 원시적인 도구와 불을 사용할 수 있게 되면서부터 통나무배와 같은 배가 등장했다. 중앙아메리카와 피지 섬, 아프리카, 솔로몬제도의 원주민, 그리고 북아메리카의 인디언 부족 등은 통나무배를 이용하여 이동하고 무역을 했으며 전쟁을 치렀다.

카누와 카약의 기원은 북아메리카의 인디언 부족과 에스키모까지 거슬러 올라간다. 그 당시 이들이 살던 지역에는 나무가 귀했으므로 틀을 만든 뒤 동물의 가죽을 입혀 배를 만들었다. 나무나 뼈로 뱃전, 용골, 늑재를 건조한 뒤 이러한 틀을 버펄로, 말코손바닥사슴(moose, 엘크[elk]라고도 함 – 역자 주), 소의 가죽을 꿰맨 것으로 덮었다. 바느질을 한 솔기의 틈은 송진이나 동물의 지방으로 메웠다. 목재가 풍부한 미국과 캐나다 중북부에서는 나무틀에 박달나무 껍질을 입혔다.

갑판이 있는 데크보트(decked boat)는 주로 알래스카와 그린란드(Greenland)의 에스키모들이 사용했다. 데크보트는 '카약', 또는 '우미악(umiak)'이라고 불렸다. 그 중 크기가 작은 카약은 1인용으로서 더블블레이드 패들(dubble-blade paddle)을 사용하여 노를 저

639

었다. 반면 크기가 큰 우미악은 길이가 30피트(9.14m)에 달했고 싱글블레이드 패들(single-blade paddle)을 사용하여 패들러(paddler, 노 젓는 사람 – 역자 주) 여덟 명이 노를 저었다. 오픈보트(open boat)는 '카누'라고 불렸다. 1인용 카누의 길이는 12~17피트(3.7~5.2m)였고 여러 사람이 탈 수 있는 카누도 있었으며, 이 경우 길이는 30피트(9.14m)에 이르기도 했다. 카누에는 주로 싱글블레이드 패들이 사용되었다. 강을 거슬러 올라가며 방향을 조종하기 위해 긴 장대가 사용되기도 했다.

카누와 카약은 중요한 이동수단이었다. 사냥, 그리고 사냥감의 모피를 시장까지 운반하는 데 이용되었다. 미국에 정착했을 때 유럽과 영국인들은 이 인디언 배, 즉 카누와 카약을 사용하여 이동했다. 카누는 속도가 빠르고 물에서의 기동성이 뛰어났으며 무게가 가벼워 호수나 강까지 운반하기 쉬웠다. 여행자(voyageurs)라고 알려진 프랑스 이민자 다수는 땅을 개간하고 농사를 짓는 것보다 사냥을 하고 덫을 놓는 모험적인 삶을 선호한 까닭에 캐나다 북부에 정착하게 되었다. 그들은 인디언식 생활방식을 받아들이고 직접 카누 조종의 전문가가 되었다.

프랑스 여행자들과 달리 다른 유럽국가 출신의 정착민들은 인디언을 패들러로 고용했다. 샹플랭(Samuel de Champlain), 마키(Jacques Marquette), 졸리(Louis Joliet), 루이스와 클라크(Lewis and Clark) 등 수많은 사람들이 길안내와 카누 패들링에 인디언을 고용했다. 따라서 이 탐험가들은 결코 패들링에 능숙해지지 못했다.

노를 젓는 것이든 바람을 이용하는 것이든, 1880년대에서 1940년대 사이 카약과 카누는 여가생활과 대회를 목적으로 각광을 받았다. 그리고 1885년, 캐나다를 포함한 북미카누협회(American Canoe Association)가 창설되었다. 북미에서 카누가 대중화된 데에는 1878년 비숍(Nathaniel H. Bishop)의 『종이 카누 여행(Voyage of the Paper Canoe)』의 출판도 한 몫을 했다. 이 책에는 퀘벡에서부터 여러 호수와 강을 거쳐 멕시코 만(the Gulf of Mexico) 동부 해안선을 따라 연안 해역을 지나는 카누 여행이 상세하게 담겨 있다. 또한 당시는 야외 레크리에이션 활동에 대한 관심이 광범위하게 확산되던 시기였다. 러시턴(J. Henry Rushton)과 같이 보트 제작에 천부적인 재능을 가진 수많은 장인들이 탄생한 것도 이 시기였다.

흥미로운 사실은 미국과 캐나다를 여행하며 카누나 카약을 접한 유럽인들이 자신의 나라에서 이를 스포츠로서 대중화했다는 것이다. 1865년, 맥그리거(John MacGregor)는 롭 로이(Rob Roy)라는 이름의 카누를 타고 영국과 유럽 전역을 여행했는데, 이것이 바로 유명한 1000마일 여행이었다. 롭 로이 및 그와 비슷한 카누들은 클로즈드, 즉 데크 보트였으므로 유럽 전역에서는 카약이 카누로 알려지게 되었다. 프랑스 모피 사냥꾼들은 위쪽이 개방된 인디언 스타일의 배를 선호했고, 이들의 영향 때문에 '캐나다 식(un canadien)'이 카누의 대명사가 되었으며 유럽 전체에서 이 이름은 아직도 통용되고 있다. 유럽에서는 화이트워터 패들링이 레저 활동으로 사랑받았고 20세기 전반에 걸쳐 유럽 국가들이 국제 카누 및 카약 경기를 지배해 왔다.

카누경기와 카약경기는 북미와 유럽에서 여전히 각광받고 있다. 또한 낚시, 사냥 등 다른 야외 여가활동과 함께 사용되는 경우도 흔하다. 사설 캠프, YMCA 캠프, 군대식 사립 고등학교 등이 젊은이들에게 이 종목을 소개하는 일을 훌륭하게 수행해왔다. 북미카누협회와 미국 적십자는 오랫동안 훌륭한 카누 입문 및 안전 프로그램을 소개하는 작업을 공동으로 펼쳤다. 세계 제2차 대전 이전에는 올드 타운(Old Town)이라 불리고 캔버스를 덧씌운 전통적인 나무 카누와 베니어합판으로 만든 카누가 사용됐지만 전쟁이 끝난 뒤에는 내구성이 강한 알루미늄으로 만들어진 그루먼(Grumman)이 사용되었다. 그러나 최근 이러한 특제 카누들이 복원되고 있으며 널빤지로 만든 수제 목재 카누와 더불어 흔하게 볼 수 있는 것이 되었다.

사회적, 경제적, 환경적 가치관이 성숙된 것과 더불어 유리섬유, 아크릴로니트릴 부타디엔 스티렌(ABS: acrylonitrile butadiene styrene), 케블라와 같은 합성소재가 개발되어 카누와 카약의 인기는 더 높아지게 되었다. 플랫워터(flat-water, 평탄한 강 – 역자 주) 보팅(boating)의 인기는 제자리에서 벗어나지 못하고 있지만 화이트워터(whitewater, 급류 등의 거품이 이는 물, 또는 바닥이 보이는 맑은 바닷물 – 역자 주) 카누와 카약의 인기는 꾸준히 증가하고 있다. 1990년대 이후로 투어링 카약(sea kayak, 또는 touring kayak)에 대한 관심은 크게 증가했다. 미국의 경우 해안, 또는 내륙의 대형 수역에서 투어링 카약을 타고 해수 습지와 연안수역을 탐험하고, 고래와 돌고래를 관찰하며 비교적 안정된 상태에서 광활하게 펼쳐진 열린 수역의 안주(barrier islands, 파랑이나 연안류에 의해 운반된 모래가 해안에 평행하게 쌓인 모래섬 – 역자 주)를 여행할 수 있다.

또한 카누이스트(canoeist, 카누를 타고 이동하는 사람 – 역자 주)와 카야커들은 플레이-보트(play-boat), 핫도그(곡예 같은 묘기를 보이는 것 – 역자 주), 프리스타일에도 도전하고 있다. 스키, 서핑, 암벽등반처럼 배를 조종하는 데 익숙해지면 사람들은 자신의 한계를 시험해보고 싶은 욕구가 생기기 마련이다. 따라서 보트를 옆으로 기울여 재빨리 회전하는 기술, 즉 피루엣(pirouette) 등이 지속적으로 발전하고 있다.

올림픽에 카누가 도입된 배경에는 1924년 시범행사를 개최한 클로슨(Wally Van B. Clausen)이라는 인물이 있다. 카누 경기는 1936년 베를린 올림픽에서 처음 도입되었고 당시에는 1,500과 10,000미터 경기로 치러졌다. 그 이후 하계 올림픽 정식종목으로 유지되어 왔으며 현재 남자부와 여자부 싱글 및 2인승과 4인승 플랫워터 카약, 남자부 싱글 및 2인승 카누 경기가 치러진다. 경주 거리는 500미터와 1,000미터이다. 뮌헨, 바르셀로나, 애틀랜타, 시드니 올림픽에서는 카누와 카약 슬라롬(장애물) 경기도 열렸다.

미국은 1940년대 말에서 1960년대 초까지 국제대회에서 강자로 인정받았다. 이후 오랜 세월 정식 경기에서 별다른 성적을 올리지 못하던 중 1984년 로스앤젤레스 올림픽에서 20년 만에 첫 메달리스트를 배출했다. 남자 싱글 카약 1,000미터 종목에서 바턴(Greg Barton)이 동메달을 획득한 것이다. 1988년 서울 올림픽에서 그는 예상을 뒤엎고 싱글, 그리고 벨링엄(Norman Bellingham)과 함께 출전한 2인승 카약에서 금메달을 획득했다. 미국이 수십 년 동안 유럽이 독점하던 세계 화이트워터 대회(World Whitewater Competition)를 처음 개최한 것은 1989년, 메릴랜드 주 새비지강(Savage River)에서였다. 캐시 헌(Kathy Hearn), 데비 헌(Davey Hearn), 러그빌(Jon Lugbill) 등의 선수가 미국의 화이트워터 슬라롬 레이스를 부활시켰다. 1992년 스페인 바르셀로나 올림픽에서 자코비(Joe Jacobi)와 스트라우스버그(Scott Strausbaugh)가 미국 선수로는 처음으로 화이트워터 종목에서 금메달을 획득했다. 또한 클라덱(Dana Chladek)은 여자 카누 1인승에서 동메달을 획득했다. 1996년 애틀랜타 올림픽에서는 화이트워터 카누와 카약 다운리버(downriver) 및 슬라롬은 물론 플랫워터 카누와 카약 경기도 열렸다. 당시 화이트워터 경기는 테네시 주 남동부에 위치한 오코에 강(Ocoee River)에서 열렸다. 미국의 클라덱이 여자 싱글 카약에서 은메달을 획득했지만 또 다시 유럽 선수들이 카누와 카약 종목 메달을 휩쓸었다. 2000년 호주 시드니 올림픽에서는 이 종목에 걸린 메달 중 거의 3분의 1(48개 중 15개)을 독일과 헝가리 선수가 차지했다. 나머지 메달은 다른 15개국의 선수들이 나눠가졌다. 당시 미국팀의 최고 성적은 뉴튼(Peter Newton)과 페레즈(Angel Perez)가 500미터 카약 스프린트 2인승에서 6위를 차지한 것이었다. 우리나라의 경우 최초로 자력으로 출전권을 따낸 이순자 선수가 2008년 베이징 올림픽에 참가한 것이 전부이다.

2004년 그리스 아테네 올림픽에서는 화이트워터 슬라롬과 플랫워터 스프린트 종목이 모두 치러졌다. 화이트워터 슬라롬 종목은 헬리니코 종합체육관(Helliniko Sports Complex)의 올림픽 카누 카약 슬라롬 센터(the Olympic Canoe/Kayak Slalom Center)에서, 플랫워터 스프린트 종목은 스키니아스(Schinias)의 올림픽 로잉 카누잉 센터(the Olympic Rowing and Canoeing Center)에서 열렸다. 2000년 올림픽과 마찬가지로 독일과 헝가리 선수들이 이 종목을 장악하며 시상대 최고 자리를 차지했고, 또 다시 48개의 메달 중 15개를 차지했다. 반면 미국 올림픽 대표팀의 최고 성적은 기든스(Rebecca Giddens)가 여자 싱글 카약 화이트워터 슬라롬 경기에서 은메달을 획득한 것이었다. 이는 1996년 올림픽 이후 미국 올림픽 카누 카약 팀이 획득한 첫 메달이었다.

가치

야외 여가활동과 스포츠 대부분이 하체 근육을 발달시키는 반면 카누와 카약은 등, 복부, 어깨, 팔의 근육을 주로 발달시킨다. 또한 카누와 카약 활동은 30분 이상 지속되고, 반나절에서 며칠까지 장시간에 걸쳐 진행되는 경우도 흔하므로 훌륭한 유산소활동이기도 하다. 처음에는 취미활동이나 아마추어로서 카누와 카약을 즐기는 것으로 충분하다. 그러다가 기술이 발전하면 선택할 수 있는 여지란 무궁무진하다. 혼자서 카누나 카약을 해도 되고 파트너와 함께 해도 된다. 카누와 카약 타기는 무리를 지었을 때는 교제의 기회를, 혼자일 때는 고독을 느낄 기회를 준다. 또한 카누와 카약은 남녀노소를 불문하고 즐길 수 있다.

카누와 카약은 놀랄 만큼 다양하게 응용될 수 있다. 아주 작은 지류나 강, 호수, 심지어 바다에서도 노를 저을 수 있다. 자신이 사용하는 배를 다루는 기술을 충분히 습득한 뒤에는 패들링을 하며 사진을 찍고 경치를 감상하거나 낚시, 사냥, 들새관찰(bird-watching) 등의 활동을 할 수 있다. 선수가 되고자 한다면 플랫워터 경기나 화이트워터 슬라롬, 다운리버 경기대회에 참가하면 된다. 또한 시민경기(초보 선수를 위한 친선경기)에서 올림픽까지, 참가할 수 있는 대회의 종류도 다양하다.

장비

최근 패들, 보트, 개인장비, 의복은 엄청나게 변화했다. 의복과 보트의 재료는 천연소재에서 합성소재로 바뀌었고, 그 때문에 카약 역시 변화하게 되었다.

과거 알루미늄 카누 등의 장비는 다양한 용도로 사용되었다. 그러나 오늘날에는 다양한 보팅과 패들링 유형에 적합한 장비들이 존재한다. 장비의 종류와 형태가 매우 다양하므로 강사나 보트 용품 전문가에게 장비에 대해 자문을 구한다면 바람직한 선택을 할 수 있다.

의복

매우 더운 여름 낮 동안에는 수영복이나 면으로 된 셔츠와 반바지를 입는 것이 카약을 하기에 편할 것이다. 그러나 봄이나 가을, 차가운 강이나 호수의 물속에 있을 때는 항상 저체온증이 발생할 수 있다는 사실을 유념해야 한다.

옷을 여러 겹 껴입으면 체온을 보존하는 동시에 편하게 움직일 수 있다. 몸과 맞닿은, 가장 안쪽에 입은 옷은 피부로부터 나온 수분을 바깥쪽 층의 옷으로 전달한다. 그러한 용도로 적합한 소재는 실크와 폴리프로필렌이 있다. 수분을 흡수하는 재질의 옷은 중간층에 위치한다. 울, 양털, 번팅(bunting, 갓난아기가 입는 후드가 달린 따뜻한 포대기 – 역자 주)은 수분을 바깥층으로 전달한다. 가장 바깥에 착용한 옷은 바람과 물로부터 인체를 보호하기 위해 주로 나일론이나 고어텍스(Gore-Tex)로 만들어진다. 항상 이 모든 의복을 착용해야 하는 것은 아니지만 언제나 날씨가 험악해질 때를 염두에 두어야 한다. 당장 필요하지 않은 의복은 마른 가방 안에 보관한다. 날씨 등의 조건이 열악할 때 윗 수트(wet suit)나 드라이 수트(dry suit)를 착용하는 패들러도 많다.

신발도 신중히 고려해야 한다. 언제 물에 들어가거나 나올지, 그리고 육지를 통해 이동할지 예측할 수 없기 때문이다. 낡은 스니커즈, 하이킹 부츠, 샌들, 부티(발목 정도 오는 신발 – 역자 주)를 착용해도 된다. 사고는 대부분 유리파편에 스치거나 그 위에 발을 디뎌 발생한다. 따라서 부상을 당하지 않도록 발을 보호해야 한다.

그 밖에 개인에 따라 선택적으로 착용할 수 있는 의복으로는 모자와 선글라스가 있다. 모자는 체온을 유지하고 눈부신 태양광선으로부터 눈을 보호한다. 선글라스 역시 해로운 자외선을 막아주어 태양광선으로부터 눈을 보호하는 역할을 한다.

부속 장비

카누와 카약의 부속 장비로는 패들, 구명조끼, 부양 장치, 스프레이커버(spray cover, 배 안으로 물이 들어오는 것을 막기 위해 덮는 천 또는 비닐 커버 – 역자 주), 구급상자, 구조장비가 있다. 적절한 카누나 카약의 선택 다음으로 중요한 것은 패들의 선택이다. 패들은 나무, 유리섬유, 탄소섬유, 플라스틱, 알루미늄 등으로 만들어진다. 손잡이는 서양배(pear) 모양이나 T자 모양을 한다. 샤프트는 일직선이거나 5~15도 각

도로 기울어진 형태이다. 블레이드의 폭은 6~9인치(15.2~22.9cm)이며 그 이상 되는 것도 있다. 길이는 패들러의 키, 그리고 패들러가 앉은 자세로 패들을 사용할 것인지, 또는 무릎을 꿇은 자세로 사용할 것인지에 따라 결정된다. 세웠을 때 카누 패들은 대략 사용자의 턱까지 와야 한다. 고성능 패들은 가볍지만 고가인데다 내구성이 떨어지는 경우도 있으므로 패들의 내구성이 요구되는 거칠고 긴 항로에는 적합하지 않을 수 있다. 알루미늄 샤프트는 가볍고 내구성 뛰어나지만 맨손으로 잡기에는 차가운 감이 있다. 초보 패들러는 주로 용품 판매점 점원이 권하는 것을 사용하지만 본격적으로 카누나 카약을 타고 싶다면 구매하기 전에 어떤 선택의 여지가 있는지 알아봐야 한다.

패들러는 항상 미국 해안경비대가 승인한 구명조끼를 착용해야 하며, 그 목적은 적절한 부양, 신체보호, 체온의 보존 등이다 (도해 30.1). 개인 부양 장치(PFE: personal flotation devices) 중 유형III과 유형V가 가장 일반적으로 사용된다. 패들 데크 보트(카약, C-1 등)나 오픈 보트를 타고 전복될 위험이 있는 난코스의 강을 탈 경우 패들러는 헬멧을 착용해야 한다. 헬멧의 바깥부분은 플라스틱이나 유리섬유로 만들어지고 내부에는 충격을 흡수하는 라이너가 부착되어 있다.

부양은 카누와 카약을 할 때 반드시 필요한 요소이므로 부양 장치는 물에 들어가서도 가라앉지 않아야 한다. 알루미늄과 유리섬유로 만들어진 카누 중 다수는 뱃머리와 선미에 부양 장치가 밀봉된 부분을 갖추고 있다. 클로즈드 보트의 부양 장치로는 에어백, 에탄올수지나 스티로폼으로 만든 벽 등이 있으며, 이는 다리를 움직일 수 없는 상황에서 갑판이 보터의 다리 위로 무너지는 것을 방지한다. 오픈 보트의 부양 장치로는 공기를 넣어 부풀릴 수 있는 에어백(inflatable air bag), 스티로폼 블록, 타이어 이너 튜브(tire inner tube, 타이어 속에 끼워 넣는 튜브이며 공기를 압입한다 – 역자 주)가 있다. 추가 부양 장치를 사용하

제1 유형 PFD-연안 라이프 재킷

즉시 구조를 받을 수 없는 곳, 즉 탁 트이거나 거칠거나 육지에서 멀리 떨어진 수역에 가장 적합하다.
장점: 부양력이 가장 높다. 착용자가 의식이 없을 때도 대부분 얼굴이 수면위로 드러난다. 쉽게 눈에 띄는 색이다.
단점: 부피가 크다

제2 유형 PFD-근해 부양 조끼

육지내의 잔잔한 수역이나 쉽게 구조될 수 있는 곳에 적합하다.
장점: 착용자가 의식이 없을 때 얼굴이 수면위로 드러나게 할 수 있다. 제1유형보다 부피가 작고 사용이 편하다.
단점: 파도가 물살이 거칠 때 장시간 견디지 못한다. 착용자가 의식이 없을 때 얼굴이 수면 밑으로 잠기기도 한다.

제3 유형 PFD-보조부양기구

육지내의 잔잔한 수역이나 쉽게 구조될 수 있는 곳에서 사용된다.
장점: 일반적으로 장시간 착용하기에 가장 편한 유형이다. 일반적인 보팅 또는 장치에 명시된 활동에 적합하게 고안되었다.
단점: 얼굴이 아래로 향하는 것을 방지하기 위해 착용자가 머리를 뒤로 젖혀야 하는 경우도 있다. 물살이 거친 곳에서 파도가 칠 때 착용자의 얼굴이 파도에 잠기기도 한다. 거친 수역에서 오래 생존할 수 없다.

제4 유형 PFD-던질 수 있는 장치

육지 내의 잔잔한 수역, 보트가 다수 존재 하여 언제든 구조를 받을 수 있는 곳에 적합하다.
장점: 누구에게든 던질 수 있다. 착용하는 PFD를 훌륭하게 대체한다. 방석처럼 사용할 수 있는 제품도 있다.
단점: 의식이 없는 사람에게 사용할 수 없다. 수영을 하지 못하는 사람이나 어린이에게 사용할 수 없다. 물살이 거친 곳에서 장시간 사용할 수 없다.

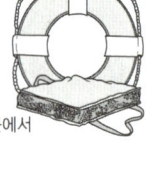

제5 유형 PFD-특수한 용도의 장치들

거친 화이트워터에서의 카누잉이나 카야킹, 윈드서핑 등 특수한 용도로, 특수한 상황에서 사용된다.
장점: 부양력이 높다. 지속적으로 착용하기 좋다. 착용자가 의식이 없더라도 대부분 얼굴이 수면위로 드러난다.
단점: 정해진 용도로만 사용해야 한다.

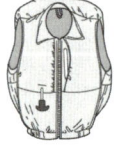

도해 30.1. 개인용 부양 장치의 종류.

면 보트가 전복되었을 때 유입된 물을 제거하는 데 큰 도움이 되는 것은 물론 보터를 구조하기도 쉬워진다.

스프레이 커버와 스프레이 스커트는 배 안으로 물이 유입되는 것을 방지하며 카약의 대부분과 일부 조건의 카누에서 사용된다. 패들러가 쉽게 보트에서 빠져나올 수 있으려면 스프레이 커버와 스커트는 정상적인 보팅 조건에서 확실히 분리되는 동시에 다시 장착할 수 있어야 한다.

응급처치 장비는 모든 보터들이 반드시 갖춰야 할 도구이다. 구성 내용은 담당자의 역량과 여행의 성격에 따라 달라진다. 장거리, 또는 거친 여행에는 더 많은 물품을 갖춰야 한다. 기본적으로 갖춰야 할 물품으로는 붕대, 연고, 소독제, 진통제, 비상시 전화번호, 각 참가자들의 건강기록표가 있다.

예상치 못한 위급상황에 대비하기 위해 구조 장비는 중요하다. 인명을 구조하거나 보트를 살리기 위해 주로 구명줄(throw line)이나 구조 백(rescue bag)이 필요하다. 카누의 '페인터 라인(Painter line, 카누의 뱃머리나 선미, 또는 두 곳 모두에 부착하는 밧줄 – 역자 주)'과 카약의 그랩루프(grab loop, 카약의 뱃머리와 선미에 부착하는 손잡이, 줄 등을 말하며 카약을 운반하거나 인명을 구조하는 데 사용한다 – 역자 주)는 사람이 보트에서 탈출하는 동시에 보트에서 완전히 분리되지 않게 해주므로 인명구조에 도움이 된다. 그 밖의 구조 장비로는 밧줄과 도르래 장치(pulley- and-rope system), 그리고 장거리 여행을 위한 수리장비 등이 있다.

보 트

카누와 카약의 특징은 매우 다양하다. 패들러는 자신의 근력과 체격, 목적 (경기, 투어링, 여가활동)에 맞는 보트를 선택해야 한다. 카누, 카약, 패들러의 가장 중요한 특징은 도해 30.2에 있다.

길이

보트의 전체 길이는 한 쪽 끝에서 다른 쪽 끝까지의 거리를 말한다. 폭이 일정할 경우 길이가 길수록 보트의 속도와 트래킹 능력이 높아진다.

폭(빔, Beam)

폭은 카누의 경우 두 지점에서 측정된다. 형폭(molded beam)과 수면폭(waterline beam)이다. 형폭은 카누

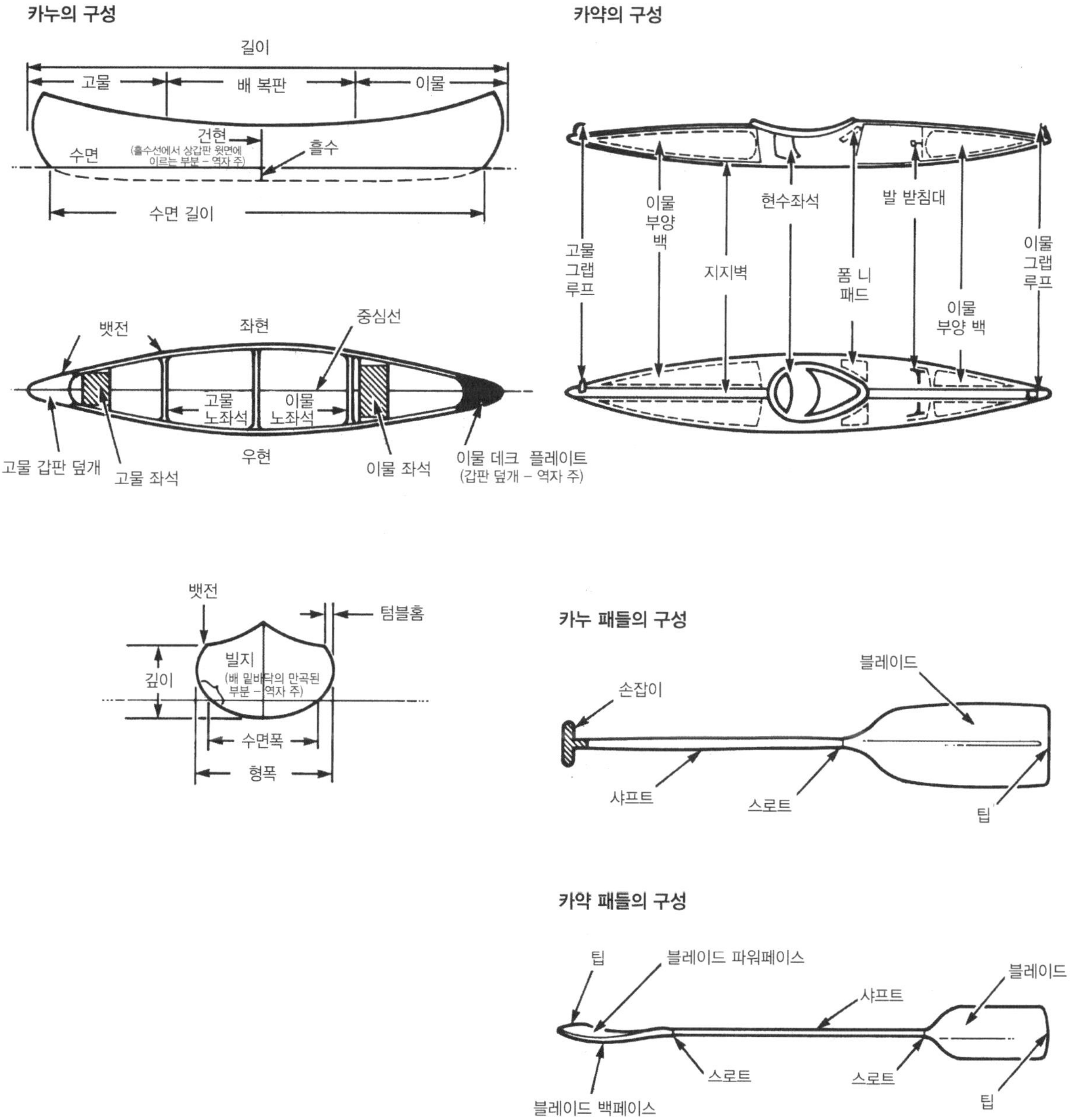

카누의 구성

길이

고물　배 복판　이물

건현
(흘수선에서 상갑판 윗면에
이르는 부분 – 역자 주)

수면　흘수

수면 길이

뱃전　좌현　중심선

고물
노좌석　이물
노좌석

우현

고물 갑판 덮개　고물 좌석　이물 좌석　이물 데크 플레이트
(갑판 덮개 – 역자 주)

카약의 구성

이물
부양
백

현수좌석　발 받침대

고물
그랩
루프

지지벽　폼 니
패드

이물
그랩
루프

이물
부양 백

뱃전　텀블홈

빌지
(배 밑바닥의 만곡된
부분 – 역자 주)

깊이

수면폭

형폭

카누 패들의 구성

손잡이　블레이드

샤프트　스로트　팁

카약 패들의 구성

팁　블레이드 파워페이스

샤프트　블레이드

스로트　스로트　팁

블레이드 백페이스

도해 30.2. 카누, 카약, 패들의 특징

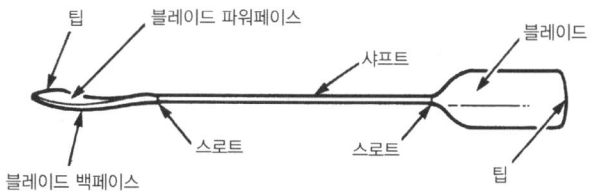

의 양 측면 가장 윗부분 사이의 거리이다. 패들러가 팔을 멀리 뻗을 필요가 없으므로 이 폭이 좁을수록 노를 젓기 쉽다. 수면 폭은 보트가 수면과 닿은 부분의 폭을 말한다. 보트에 가해진 중량이 높을수록 일반적으로 수면 폭이 넓어진다. 카약의 경우 폭은 가장 넓

은 지점에서 측정된다. 화이트워터용 카약은 일반적으로 가운데 부분이 가장 폭이 넓고, 그 덕에 기동성이 증가한다. 투어용이나 강하류용 카약은 가운데서 약간 뒷부분의 폭이 가장 넓다. 이렇게 하면 직선 트래킹 능력은 높아지지만 기동성은 떨어진다.

깊이

카누의 경우 깊이는 배 가장자리로부터 아래를 향해 측정된다. 보트의 깊이가 깊을수록 물살과 파도를 잘 헤쳐 나가는 반면 바람의 저항을 많이 받는다. 깊이가 얕은 보트는 바람의 저항을 적게 받는 대신 물을 뒤집어쓸 확률이 높다. 카약의 경우 깊이에 따라 다리를 놓을 공간이 결정된다.

로커

로커는 수면 아래에 잠긴 선체의 용골 부분의 모양이 구부러진 배를 말한다 (도해 30.3). 직선용골의 경우 트래킹 능력이 향상된다. 반면 로커 형태일 경우 저항이 줄어들어 투어링이 용이해진다.

플레어와 텀블홈

플레어(flare)와 텀블홈(tumblehome)은 수면 위로 드러나는 보트의 모양을 일컫는 용어이다 (도해 30.4).

측면이 플레어 모양일 경우 안정성이 높아진다. 반면 텀블홈일 경우 수면 폭보다 형폭이 좁다. 따라서 극도로 기울 경우 안정성이 급격하게 떨어진다.

대칭

전후대칭(symmetry)은 보트가 수면과 닿는 부분의 뱃머리에서 정중앙까지, 이곳에서 다시 선미까지의 모양이 같은지를 말한다 (도해 30.5). 대칭은 물을 가르는 보트의 움직임과 방향전환 능력에 영향을 미친다. 높은 기동성을 필요로 하는 경우 대칭을 이룬 보트가 필요하다. 비대칭 보트는 주로 뱃머리가 길고 유선형으로 이루어져 물 위에서 이동의 효율성이 증가한다. 비대칭형 보트의 경우 방향을 쉽게 통제할 수 있지만 방향전환 능력은 감소한다.

V자모양 바닥, 아크바닥, 플랫바닥

V자모양 바닥(vees), 아크바닥(arches), 플랫바닥(flat

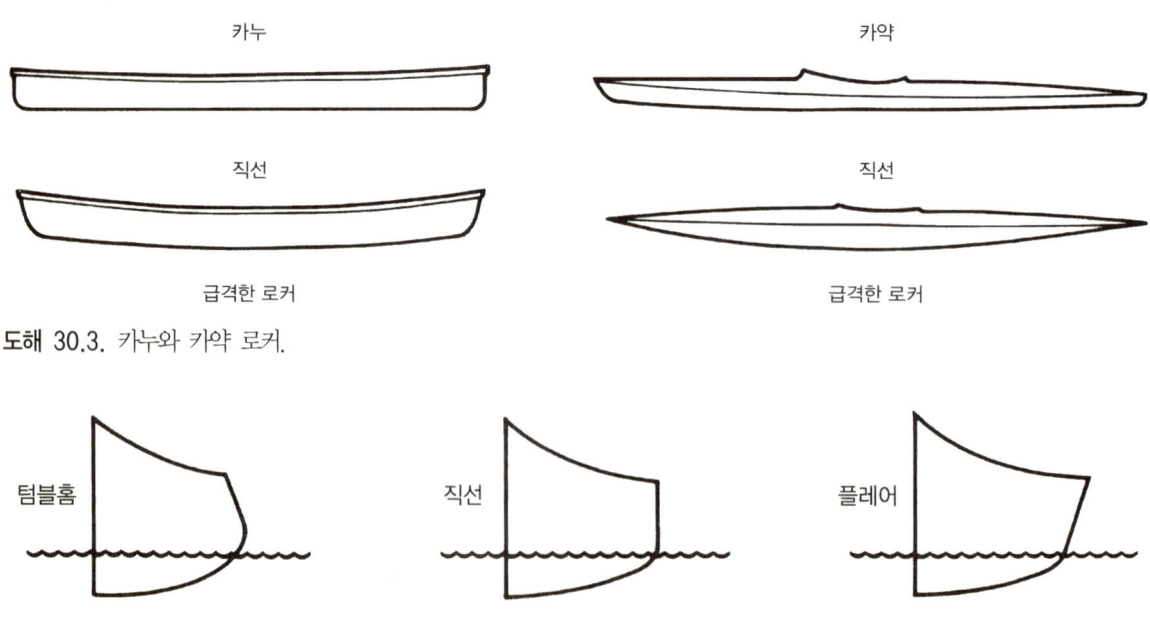

도해 30.3. 카누와 카약 로커.

도해 30.4. 플레어와 텀블홈.

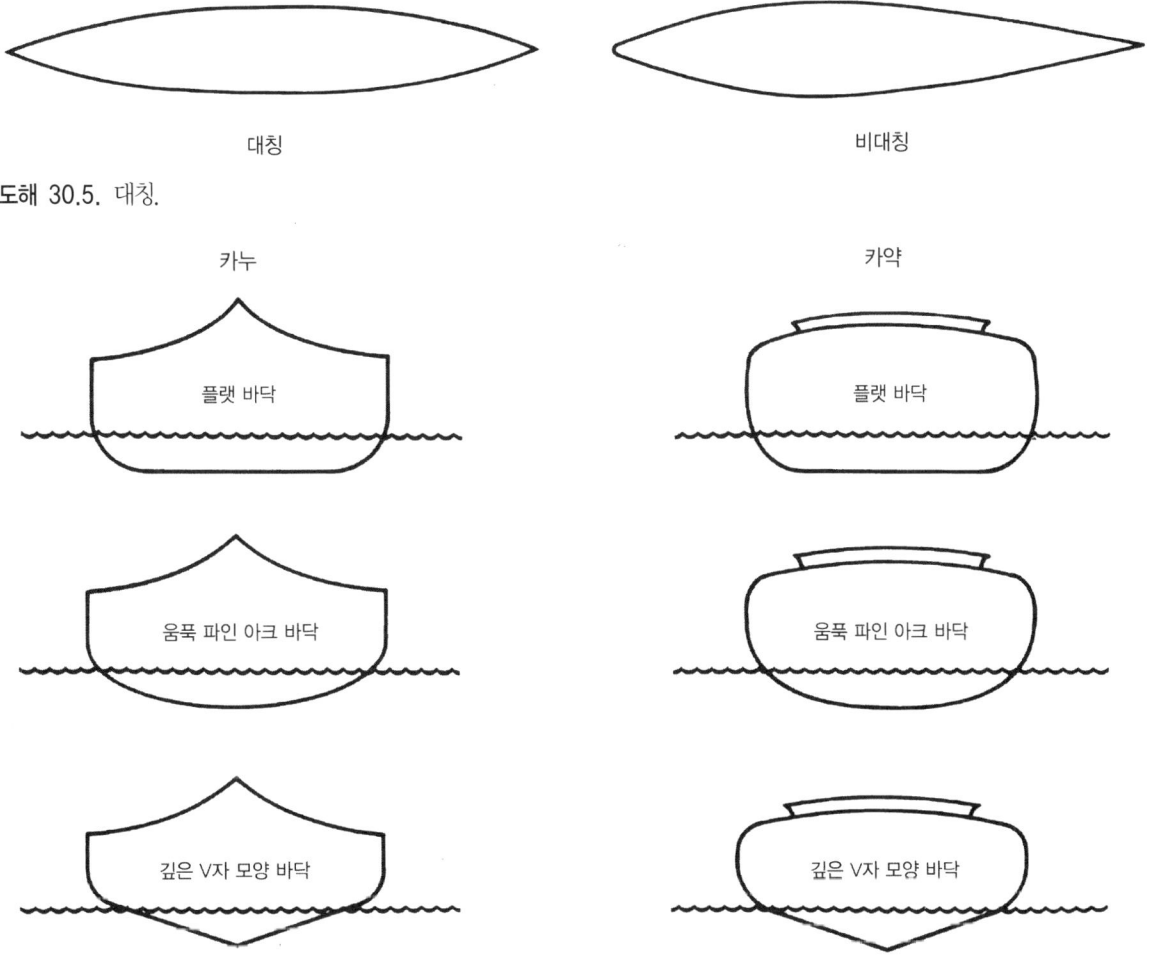

도해 30.5. 대칭.

도해 30.6. V자, 아크, 플랫 바닥.

bottoms)은 보트의 바닥 모양을 설명하는 용어이다 (도해 30.6). 플랫바닥 보트는 대부분 안정감이 매우 뛰어나다. 측면이 플레어일 경우 곡선 모양의 선체는 바로 섰을 때 플랫바닥보다 안정성이 떨어진다. 하지만 기울어졌을 때는 안정성이 높고 쉽게 전복되지 않는다. 보트가 더욱 확실하게 V자 형태를 지닐수록 방향성이 증가하는 반면 안정성은 낮아진다.

용적(Volume)

용적은 보트의 부피를 가득 채웠을 때의 부피, 또는 운반할 수 있는 중량을 의미한다. 경기용 고기능 선박은 용적이 작다. 부피가 중간 정도 되는 보트는 일부 장비를 실을 수 있고 일반적인 레크리에이션용 패들링에 적합하다. 용적이 큰 보트는 200파운드(90kg) 이상의 짐을 운반할 수 있으며 장거리 이동에 사용된다.

보트 유형

카누는 두 가지 유형으로 나뉜다. 탠덤(두 사람이 이용한다)과 솔로 카누다. (캐나다 전쟁용 카누와 용선(Oriental Dragon boat)처럼 길이가 약 18~30피트에 달하고 최대 15명까지 선원을 태울 수 있는 '다인승' 카누도 존재하지만 이 책에서는 이러한 유형의 카누를 상세히 다루지 않을 것이다.) 카누는 유형마다 각각 사용 목적에 따라 다시 나뉜다. 2인승 카누의 경우 일반적인 레크리에이션, 당일치기 여행, 투어링, 다운리버 보트가 가장 잘 알려져 있다. 레크리에이션 카누는 일반적으로 가격을 가장 염두에 두고 제작되므로 내구성이 낮고 수송능력과 안전성은 중간 정도에 해당한다 (도해 30.7A). 성능은 가장 우선시되는 고려사항이 아니다. 트리퍼와 투어링 카누는 부피가 중간 정도에 해당된다 (도해 30.7B). 이 두 가지 보트는 패들러 두 명과

장비를 운반하도록 고안되었으며 전체적인 기능은 떨어지지만 가벼워서 이동하기 편하고 물에서 상당히 빠르게 나아간다. 다운리버 카누에서 가장 중시되는 것은 방향성, 또는 직선 코스에서의 빠른 주행이다 (도해 30.7C). 이는 저수지와 개방된 만(bay)에서 비전문가용 클래스Ⅱ와 클래스Ⅱ 화이트워터까지 다양한 수역에서 뛰어난 기능을 발휘한다. 다양한 경기 조건에 맞게 발전한 2인승 카누의 형태로는 경기 크루징, 화이트워터 플레이 보트, 화이트워터 슬라롬, 올림픽 플랫-워터용 보트가 있다.

카누의 두 번째 유형은 솔로 카누이다. 솔로 카누의 유형은 크루징, 경기용, 스포츠, 화이트워터, 올림픽 플랫-워터이다 (도해 30.8). 크루징 카누는 여행객이 사용하기 편리하게 고안되었다. 스포츠 카누는 당일치기 여행, 또는 호수나 저수지에서의 '물놀이'에 이

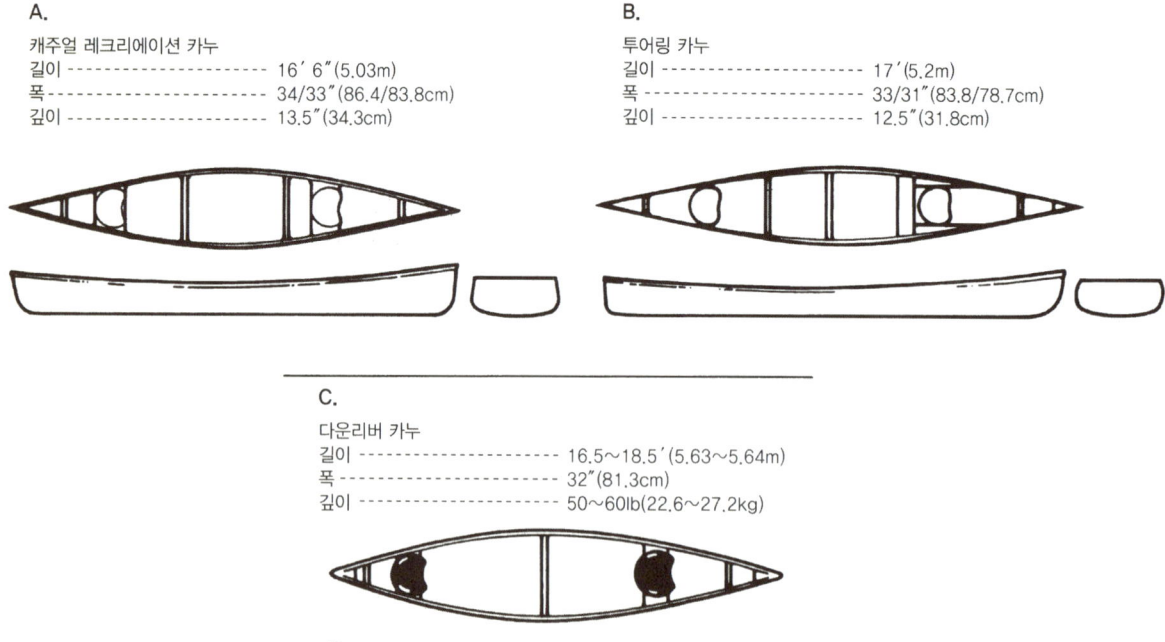

A.
캐주얼 레크리에이션 카누
길이 --------------------- 16′6″(5.03m)
폭 --------------------- 34/33″(86.4/83.8cm)
깊이 --------------------- 13.5″(34.3cm)

B.
투어링 카누
길이 --------------------- 17′(5.2m)
폭 --------------------- 33/31″(83.8/78.7cm)
깊이 --------------------- 12.5″(31.8cm)

C.
다운리버 카누
길이 --------------------- 16.5~18.5′(5.63~5.64m)
폭 --------------------- 32″(81.3cm)
깊이 --------------------- 50~60lb(22.6~27.2kg)

도해 30.7. 탠덤 카누의 종류.

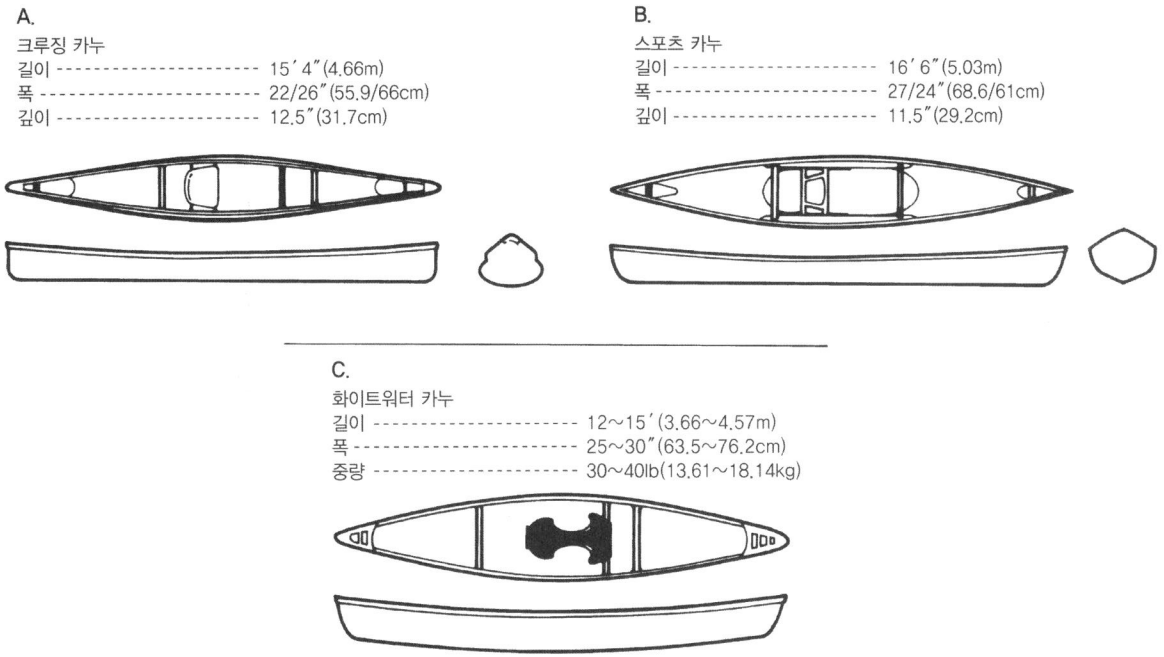

A.

크루징 카누
길이 ----------------------- 15′4″(4.66m)
폭 ----------------------- 22/26″(55.9/66cm)
깊이 ----------------------- 12.5″(31.7cm)

B.

스포츠 카누
길이 ----------------------- 16′6″(5.03m)
폭 ----------------------- 27/24″(68.6/61cm)
깊이 ----------------------- 11.5″(29.2cm)

C.

화이트워터 카누
길이 ----------------------- 12~15′(3.66~4.57m)
폭 ----------------------- 25~30″(63.5~76.2cm)
중량 ----------------------- 30~40lb(13.61~18.14kg)

도해 30.8. 솔로 카누의 종류.

상적이다. 이는 조작과 방향전환이 용이하다.

카약 역시 다양한 디자인이 존재한다 (도해 30.9). 여기에는 일반적인 레크리에이션, 투어링, 바다 카약, 다운리버, 화이트워터 슬라롬, 화이트워터 플레이 보트, 스쿼트 보트(패들러가 부양할 수 있는 범위 내에서 부피를 최대한 줄인 보트 – 역자 주), 올림픽 플랫-워터용 보트가 포함된다. 캐주얼 투어링 카약의 주 역할은 투어링 보트이지만 중간 정도의 화이트워터에서도 쉽게 조작할 수 있다. 투어링 카약은 부피가 크고 많은 짐을 운반하는 동시에 일반적인 러프워터에서 조작성이 떨어지지 않도록 고안되었다. 바다 카약은 길고 부피가 크며 변화무쌍하고 거친 개방 해역에서 상대적으로 쉽게 장거리를 이동할 수 있도록 고안되었다. 개방 수역과 해안을 탐험하는 일에 대한 사람들의 관심이 증가하는 만큼 이는 카약 산업 중에서 가장 빠르게 성장하고 있는 분야이다. 그 외의 카약은 일반적으로 경기용이나 화이트워터에서의 레크리에이션용이다.

일반적인 규칙과 수중 에티켓

다른 사람에게 친절하라

진한 친구나 배우자와는 함께 노를 젓지 말라는 옛말이 있다. 항로를 선택하는 데 의견이 일치하지 않거나 보트가 전복되기 십상이기 때문이다. 당신의 파트너와 의사소통을 하라. 파트너를 돕거나 보완해 주어라. 파트너가 요청하면 보조해주어라. 큰소리를 내거나 불쾌하게 굴지 말라. 최고의 연습 장소, 경치 등에 집착하지 말라.

무리에서 이탈하지 말라

무리를 지어 이동할 경우 보트 사이에 적당한 거리를 유지할 수 있도록 다른 사람들의 보조에 맞춰 빠르게, 혹은 느리게 노를 저어야 한다. 너무 앞서 나가거나 뒤에 처지면 무리와 떨어질 수 있고 그룹으로 이동할

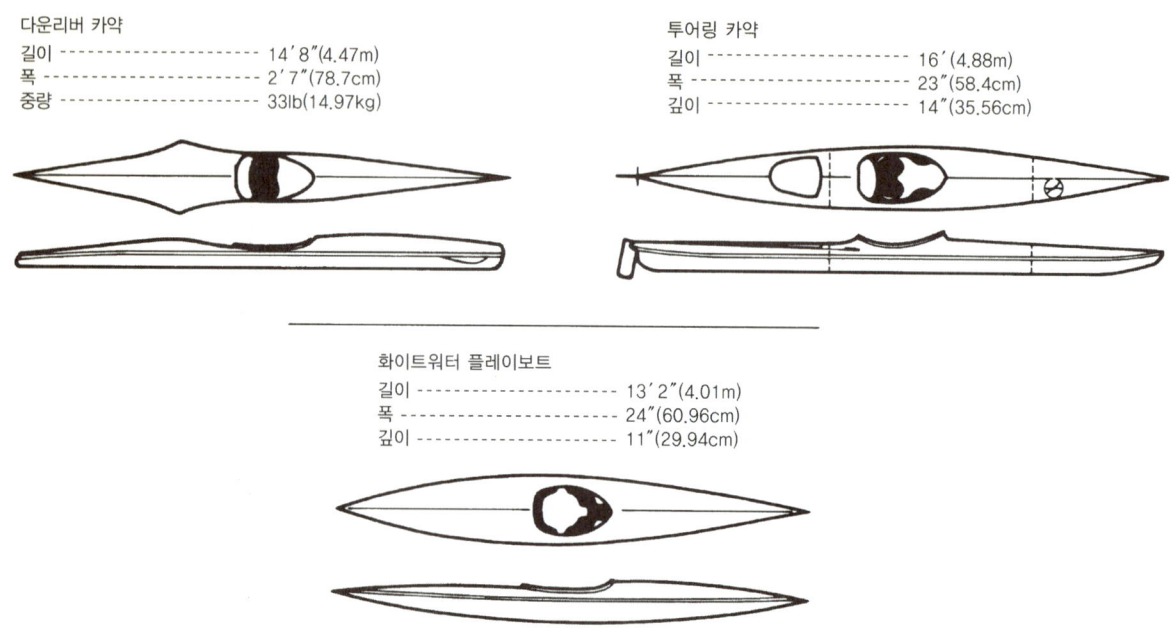

다운리버 카약
길이 -------------------- 14′8″(4.47m)
폭 ---------------------- 2′7″(78.7cm)
중량 -------------------- 33lb(14.97kg)

투어링 카약
길이 -------------------- 16′(4.88m)
폭 ---------------------- 23″(58.4cm)
깊이 -------------------- 14″(35.56cm)

화이트워터 플레이보트
길이 --------------------- 13′2″(4.01m)
폭 ----------------------- 24″(60.96cm)
깊이 --------------------- 11″(29.94cm)

도해 30.9. 카약의 종류.

때 얻을 수 있는 안전성이 줄어들며 다른 사람들의 원성을 사기 쉽다. 필요하다면 빠르게 갈 사람들과 느리게 갈 사람들, 두 그룹으로 나누어라.

다른 사람의 소유물을 소중히 하라

보트를 물에 띄우고 물에서 꺼낼 때 허락을 받아라. 음식을 먹거나 휴식을 취하거나 잠을 자기 위해 보트를 호숫가나 강가에 세워둘 때 나무와 동물, 울타리, 대지에게 허락을 구하고 이들을 존중하라. 주위를 어지럽히지 말라. 그리고 가능하다면 다른 사람들이 어지른 것까지 치워라.

정해진 규칙을 따라라

미국 해안경비대를 비롯한 북미카누협회 산하 화이트워터 협회 등의 관리단체들은 물에서 안전을 지키기 위한 규칙을 정해놓고 있다. 이를 숙지하는 것은 물론

반드시 지켜야 한다. 일반적인 규칙은 다음과 같다.

1. 노를 저어 나아가는 보트는 모터보트에 대해 통행 우선권을 지닌다.
2. 두 대가 교차하는 상황에서는 오른쪽에서 오는 보트가 통행 우선권을 지닌다.
3. 다른 사람들과 의사소통을 하기 위해 일반적으로 통용되는 강 신호(river signal)를 사용하라 (도해 30.10).

기본 기술과 테크닉

패들러가 보트에 익숙해지게 하기

카누와 카약은 가볍고 선체가 얕은 배이다. 이들은 중량의 분배에 민감하다(선수와 선미는 물론 양 측면으로도 마찬가지이다). 지지기반(BS: base of support)의 무게중심(CG: center of gravity)을 유지하는 것이 관건이다. 카누의 경우 물에 직접 닿는 부분을 지지기반으로 생각하면 된다. 카누나 카약에 추가로 무거운

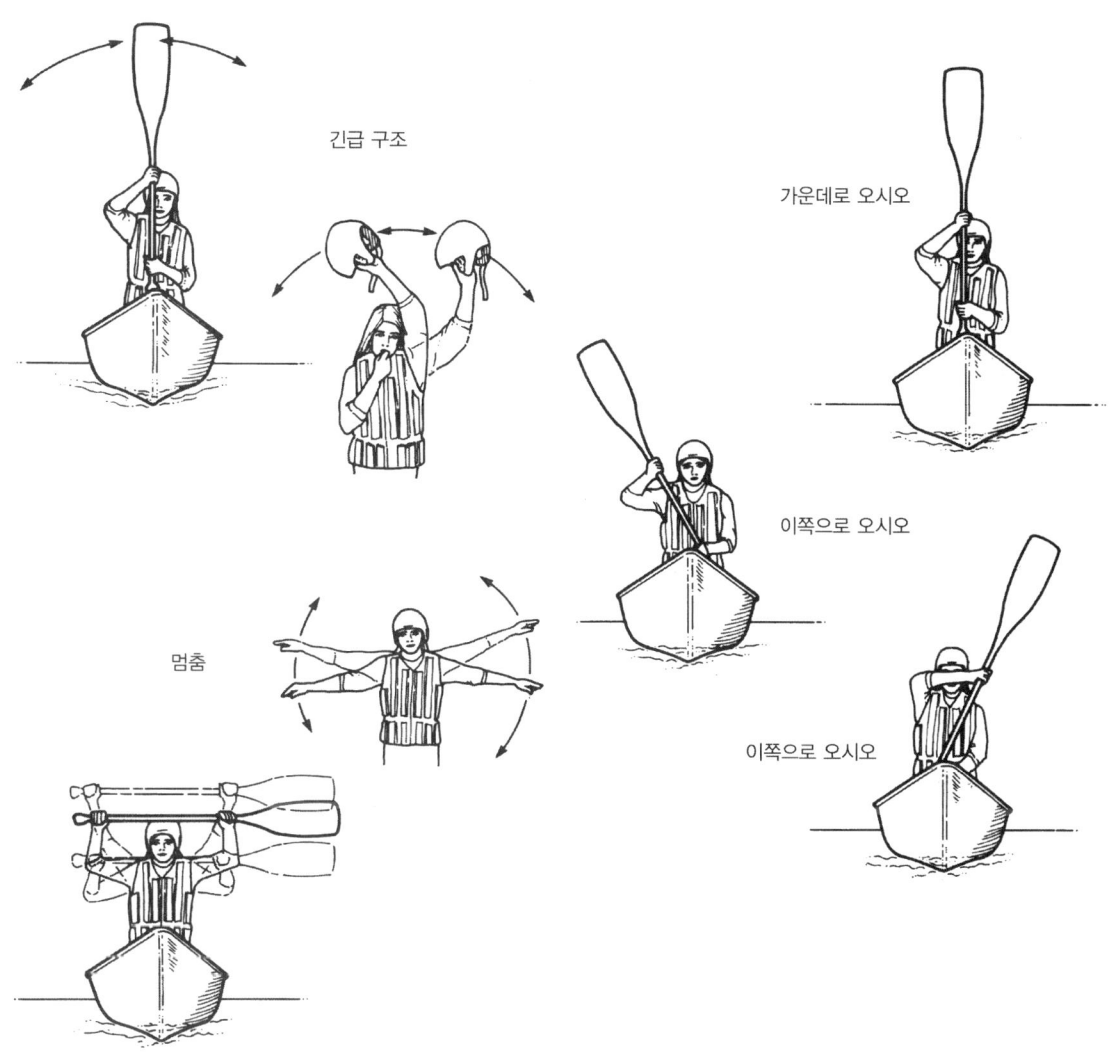

도해 30.10. 공용되는 강 수신호.

짐을 싣거나 패들러가 타면 CG와 BS 모두 선수, 선미, 또는 양 측면으로 이동할 수도 있다.

무게중심의 위치가 지지기반 안에 놓이게 유지하고 가능한 CG를 낮게 유지해야 카누와 카약의 균형을 유지할 수 있다. 파도나 충돌, 한쪽으로 기울기 등 외부적인 힘에 의해 평형상태가 갑자기 변하면 CG가 BS 밖으로 벗어날 수 있다. 이 경우 '힙플립(hip flip)'이라는 조정 동작을 통해 BS에 대한 CG를 바로잡아야

한다. 예를 들어 보트를 왼쪽으로 기울이면 왼쪽 뱃전이 낮아져 물과 가까워진다. 계속해서 왼쪽으로 기울이면 CG는 카누 밑면 밖에 위치하여 보트가 전복된다. 이를 방지하기 위해 카누이스트는 패들을 사용하여 자신의 체중을 오른쪽 무릎으로 옮기는 동시에 오른쪽 엉덩이로 몸을 지탱하여 카누의 균형을 다시 잡거나 수평을 되찾고 CG를 BS 위로 이동시킬 수 있다.

권장할 만한 카누 패들링 자세는 무릎을 구부리는

자세(kneeling)이다. 이렇게 하면 무게중심이 낮아지고 카누에 닿는 신체 부분이 세 군데가 된다. 엉덩이를 좌석, 또는 가로장(노를 젓는 사람이 앉는 보트의 널빤지 – 역자 주)에 붙인 채 양 무릎을 넓게 벌린다. 이 자세에서는 조정 동작(힙플립)을 신속하게 취할 수 있다. 그 밖에도 좌석에 앉거나 무릎을 구부리거나 일어선 자세로 패들링을 할 수 있다. 하지만 자세에 따라 BS에 비해 CG가 높아질 수 있으므로 카누이스트는 카누를 느낄 수 있고 기본적인 패들링 스트로크에 능숙해질 때까지 이를 시도해서는 안 된다.

카야커는 반드시 배 바닥에 앉아 다리를 앞으로 뻗어야 한다. 자리를 잘 잡기 위해, 또는 '카약을 입기' 위해서는 양 무릎을 편안하게 구부린 채 옆으로 벌려 카약의 위쪽 벽에 대는 것이 좋다. 또한 발 받침대를 조절하여 발볼이 받침대를 누르게 해야 한다. 이렇듯 편안하게 카약에 몸을 잘 맞추면 CG가 낮아지고 평형을 유지하기 위한 힙플립을 쉽게 취할 수 있다.

안정성을 키울 수 있는 좋은 드릴(drill, 반복훈련 – 역자 주)은 보트 안, 좌석에 앉아 몸을 한쪽으로 기울였다가 뒤편, 아래쪽으로 힙플립을 하여 BS를 수정하고 평형 상태를 되찾는 것이다. 또 다른 드릴로는 배꼽, 양 어깨, 머리를 중심에 놓은 채 몸을 왼쪽에서 오른쪽으로, 다시 오른쪽에서 왼쪽으로 반복해서 움직이는 방법이 있다. 두 가지 드릴 모두 패들러가 보트를 민감하게 느끼고 조건이 변하더라도 조정을 통해 배의 안정성을 유지할 수 있다는 사실을 깨닫게 해 준다.

카누와 카약을 제대로 타기 위해서는 보트를 올바른 방법으로 물에 띄우고 부두에 대야(물에 들어가고 나와야) 한다. 카누를 탈 때는 카누를 물가에 수평으로, 혹은 옆에 대서 측면이 물가나 부두와 평행을 이룬 상태에서 끝부분부터 오른다. 두 명이 승선할 경우 주로 이물에 위치할 사람(보우 패들러[bow person]를 말한다 – 역자 주)이 먼저 카누에 올라 수평 상태를 유지한다. 이때 고물에 앉을 사람(스턴 패들러[stern person]를 말한다 – 역자 주)은 한 발을 육지에, 다른 한 발을 카누에 싣고 뱃전을 잡아 보우 패들러가 승선하는 것을 돕는다. 보우 패들러는 먼저 카누의 중앙, 혹은 용골선에 한 발을 놓는데, 이때 무게중심은 체중을 물가, 혹은 부두에 놓은 발에 놓는다. 그리고 난 뒤 골반과 양 무릎을 구부려 자세를 낮게 유지한 채 양손으로 양쪽 뱃전을 잡는다. 그리고 뒤따르는 다리, 즉 육지에 놓였던 다리를 카누로 이동시킨 다음 무릎을 꿇는 자세를 취하여 스턴 패들러가 쉽게 카누에 오르도록 한다 (도해 30.11). 카누에서 내릴 때는 그 반대의 순서대로 한다. 부두와 평행을 이루도록 카누를 물

도해 30.11. 물에 띄우기.

도해 30.12. 부두에 평행하게 대기.

에 띄우거나 부두에 대는 것도 같은 과정을 거친다. 그런 다음 카누의 한가운데 발을 디디고 양쪽 뱃전을 잡는다. 무게중심을 낮게 유지한다 (도해 30.12).

카약은 패들러가 앉는 콕피트(cockpit: 조종석 – 역자 주)가 매우 협소하므로 카누보다 오르고 내리기가 어렵다. 가장 좋은 방법은 다음과 같다. 우선 카약을 물가나 부두 바로 옆에 평행하게 댄다. 패들을 콕피트 바로 뒤쪽에 비스듬하게 놓되, 이때 패들의 한쪽 블레이드 면을 물가에 놓아 지지력을 더한다. 카약과 가까운 손으로 카약 패들과 콕피트가 만나는 지점을 잡아 보트가 움직이지 않게 한다. 체중을 육지에 놓인 발에 실은 채 카약과 가까운 다리를 좌석 바로 뒤에 놓는다 (도해 30.13). 그리고 나머지 다리를 카약으로 옮긴다. 그런 다음 콕피트 윗부분에 정강이가 긁히지 않게 조심하며 몸을 낮춰 좌석에 앉는다. 카약에서 내리는 과정은 그 반대이다.

카누와 카약을 탈 때 윗 엔트리(wet entry)와 윗 엑시트(wet exit)를 수행해야 하는 경우도 생길 것이다. 배에서 빠져나가는 방법, 즉 윗 엑시트를 수행하는 방법은 간단하다. 카누의 경우 양손으로 한쪽 뱃전을 잡아 접촉을 유지한 채 같은 방향으로 카누 측면을 넘어 물속으로 미끄러져 들어간다. 이렇게 하는 것이 뛰어

내리거나 보트를 뒤집는 것보다 안전하다. 윗 엔트리를 수행할 때는 파트너나 다른 카누가 지지와 보조 역할을 해주어야 한다. 파트너나 다른 카누가 반대쪽에서 지탱해주는 상태에서 양손을 뱃전에 놓고 양력(위로 올라가는 힘 – 역자 주)을 얻기 위해 가위차기를 하며 양팔로 몸을 들어 올리는데, 이렇게 지지자세를 취했을 때 골반은 뱃전 근처에 위치한다. 그런 다음, 한 번에 한쪽씩 다리를 휘두르며 뱃전 너머, 카누 안으로 올려놓는다. 그 과정을 수행하는 동안 몸을 일으켜 세우지 말아야 한다. 카약의 윗 엑시트는 보트를 전복시킴으로써 이루어지며, 이때 스커트를 잡아당겨 콕피트 가장자리에서 이를 제거하고 신중하게 골반과 다리를 보트에서 빼낸다. 카약을 바로잡고 보트 뒤쪽에서 대각선 방향으로 접근해서 양손을 콕피트에 얹은 다음 뒤쪽 갑판 위로 몸을 끌어올리는 동시에 다리를 벌린 자세로 카약 위에 앉는다. 그런 다음 양손을 골반 뒤에 놓은 채 양 다리를 동시에 들어올려(양측으로) 부드럽게 카약 안에 집어넣은 다음 미끄러져 들어가 제자리에 착석한다.

패들링 역학

카누와 카약 스트로크는 크게 세 가지 유형으로 나눌 수 있다. 파워 스트로크, 터닝 및 측면, 또는 조정 스트로크, 그리고 브레이싱 스트로크이다. 파워 스트로크(power stroke)의 가장 중요한 역할은 전진이나 후진 시 추진력을 제공하는 것이다. 터닝(turning) 및 측면 스트로크(lateral stroke)는 보트를 회전시키거나 측면으로 나아가게 할 때 사용하는 반면 조정 스트로크(corrective stroke)는 보트의 이동 경로를 수정하여 직선 코스를 유지하는 것이 목적이다. 브레이싱 스트로크(bracing stroke)는 보트의 안정성을 제공한다.

스트로크는 온사이드 스트로크와 오프사이드 스트로크로도 나눌 수 있다. 온사이드 스트로크(onside

도해 30.13. 카약에 오르기.

stroke)는 선택된 방향으로만 패들링을 실행하는 스트로크이다. 오프사이드 스트로크(offside stroke)는 그 반대 방향으로만 패들링을 실행하는 스트로크이다. 스트로크는 두 단계로 구성된다. 우선 추진단계(propulsion phase)는 패들에 힘을 가해 물을 미는 단계를 말한다. 회복단계(recovery phase)는 패들을 원래의 '캐치' 포지션(catch position)으로 가져오는 단계를 말하며, 여기에서 캐치 포지션이란 블레이드를 수면 위에 댄 채 추진단계를 시작할 준비가 되어 있는 상태를 말한다. 회복단계에서는 패들을 물 위에서 수평으로 젓거나 물을 긁어내듯 움직일 수도 있다.

또한 스트로크는 동적 스트로크와 정적 스트로크로도 나눌 수 있다. 동적 스트로크는 정해진 규칙 없이 물에 대해 블레이드를 자유자재로 움직이는 스트로크이다. 정적 스트로크는 고정된 자세의 스트로크이며, 보트를 회전시키거나 보트의 방향을 바꿀 때 사용한다. 정적 스트로크는 보트가 물의 속도, 즉 유속보다 빠르게 움직일 때 효과를 거둘 수 있다.

스트로크 패들링은 지렛대와 같은 작용을 하여 물을 가르고 나아가는 추진력을 만들어낸다. 패들 윗부분을 잡은 손을 단단히 쥔 채 패들러는 아래쪽 손을 선택한 방향으로 뻗어 보트(카누나 카약)가 물을 가르고 나아가도록(앞으로, 뒤로, 옆으로, 또는 회전) 한다. 패들 블레이드를 물에 집어넣을 때 물이 아니라 당밀이나 시멘트에 패들을 집어넣는다고 생각해도 된다. 비록 보트가 물에서 미끄러진다는 점이 다르기는 하지만 같은 근육이 작용하여 배를 원하는 방향으로 나아가게 만든다. 패들 끝 부분의 블레이드로 스피드와 다양한 동작을 만들어내면 역학적인 이점이 생긴다. 제이(J)와 프라이(pry), 또는 푸시-어웨이(push-away) 등의 스트로크를 선택했을 때 패들러는 노를 저을 때처럼 샤프트 중간 부분을 카누 뱃전을 향해 겨누어 스트로크의 힘을 직접 카누에 전달하고 스트로크의 효율성을 높일 수 있다.

파워 페이스(power face)는 전진 스트로크(forward stroke)를 할 때 물을 밀어내는 블레이드의 면을 말한다. 백 페이스(back face)는 그 반대 면을 말하며 후진 스트로크(backstroke)를 할 때 물을 밀어내는 면이다. 터닝, 측면, 조정, 브레이싱 스트로크는 스트로크를 실행할 때 패들의 파워 페이스를 사용하느냐, 또는 백 페이스를 사용하느냐에 따라 구분할 것이다.

카누나 카약을 직선으로 움직이기 위해서는 패들을 수면과 직각이 되게 세우고 보트의 용골선과 평행하게, 일직선으로 움직이는 것이 가장 바람직하다 (도해 30.14). 반면 보트가 회전하게 만들기 위해서는 (도해 30.15) 보트 중간 지점에서 최대한 패들을 옆으로 뻗어 회전축을 기준으로 아크를 형성하는 것이 가장 바람직하다.

뉴튼의 제3법칙(Newton's Third Law of Motion)에 의하면 모든 작용에는 같은 크기의 반작용이 존재한다. 패들링의 경우 블레이드에 힘을 가하는 것이 작용에, 반대 방향으로 나아가는 보트의 움직임이 반작용에 해당된다. 따라서 앞으로 나아가려면 물을 뒤로 밀어내고 오른쪽으로 가려면 보트 왼쪽에서 물을 밀거나 오른쪽에서 물을 잡아당겨야 한다.

가장 강력한 스트로크 작용은 양 팔을 편 상태에서 뻗은 자세를 흐트러뜨리지 않고 등과 상체의 크고 강력한 근육을 사용함으로써 이루어진다. 이러한 개념을 상체 회전(torso rotation) (도해 30.16)이라고 부

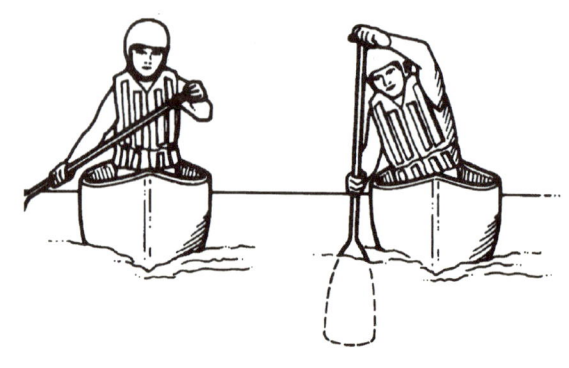

도해 30.14. 직선 움직임을 위한 패들의 위치.

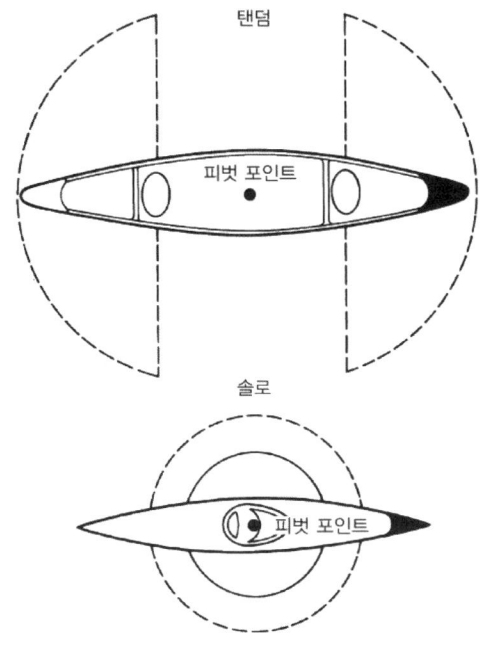

도해 30.15. 회전 움직임.

른다. 회복 단계에서는 몸을 '감기' 위해 온사이드 쪽의 어깨를 앞으로 회전시킨다. 추진 단계에서는 감았던 상체를 푼다.

배에 영향을 줄 수 있는 바람과 물의 저항은 세 가지가 있으며, 이는 정면 저항, 수면 저항, 역류 저항이다 (도해 30.17). 정면 저항은 바람이나 물의 힘이 먼저 보트에 가해질 때 발생한다. 이는 보트에 가장 큰 압력을 가한다. 표면 저항은 바람이나 물이 선체를 따라 흐를 때 발생한다. 역류 저항은 배의 가장 넓은 부분이 원래 바람이나 물이 있던 공간에 대신 들어설 때 발생한다. 이 경우 물이 밀려나며 형성된 소용돌이로 그 빈 공간이 채워진다. 이러한 저항을 이해하면 패들러가 주어진 상황에서 어떤 스트로크를 사용할지 결정하는 데 도움이 된다. 예를 들어 조정 스트로크는 역류 저항이 발생했을 때 가장 효과적인 패들링 방법이다. 전진 패들링의 경우, 선미에 앉는 사람이 보트

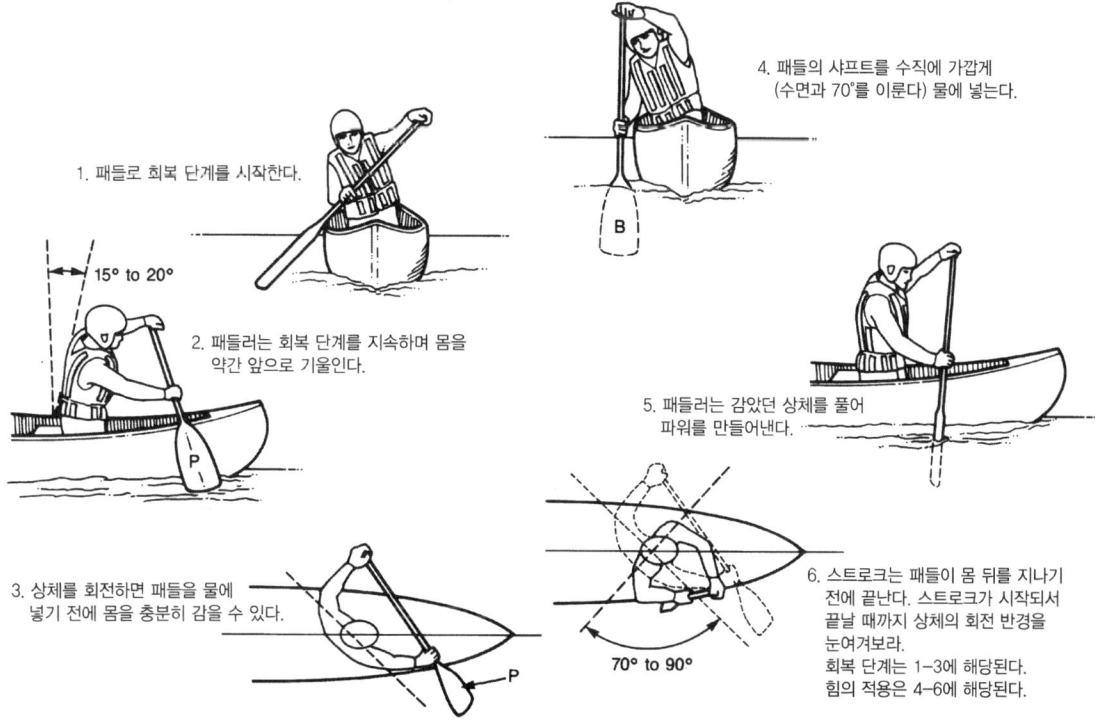

도해 30.16. 전진 스트로크 시의 상체 회전.

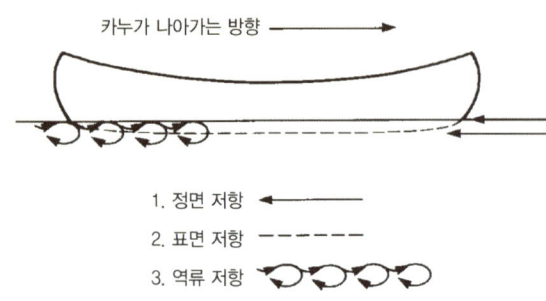

1. 정면 저항 ←——

2. 표면 저항 - - - - - -

3. 역류 저항

도해 30.17. 저항의 세 가지 유형.

의 방향을 조종하기 쉽다. 후진 패들링의 경우, 노 젓는 사람이 보트의 방향을 조종하기 쉽다.

패들링 스트로크

파워 스트로크

전진 스트로크. 전진 스트로크는 1인승 및 2인승 카누와 카약에서 사용된다. 보다 정확히 하기 위해 카누의 전진 스트로크와 카약의 전진 스트로크를 분리해서 설명할 것이다.

캐치 포지션에서 몸을 회전시키되 패들 아래를 잡은 손과 같은 쪽의 팔, 즉 샤프트 암(shaft arm)을 최대한 멀리 뻗는다. 양팔을 거의 직선으로 뻗는다. 패들 위를 잡는, 또는 컨트롤 암(control arm)을 몸 중앙을 가로지르게 뻗어 패들이 수면과 수직을 이루게 한다. 상체는 직립에 가까운 자세를 취하고 20도 이상 구부러지지 않게 한다 (도해 30.18). 등을 앞으로 쑥 내밀었다가 바로 세우면 카누가 물에서 출렁이게 된다. 전진 스트로크의 추진 단계는 감았던 상체를 풀때 이루어진다. 양팔은 비교적 바로 편 상태를 유지하고, 동작은 대부분 패들과 가까운 쪽 어깨를 스프링처럼 풀면서 만들어낸다.

물에 집어넣을 때 패들을 앞으로 기울이고 블레이

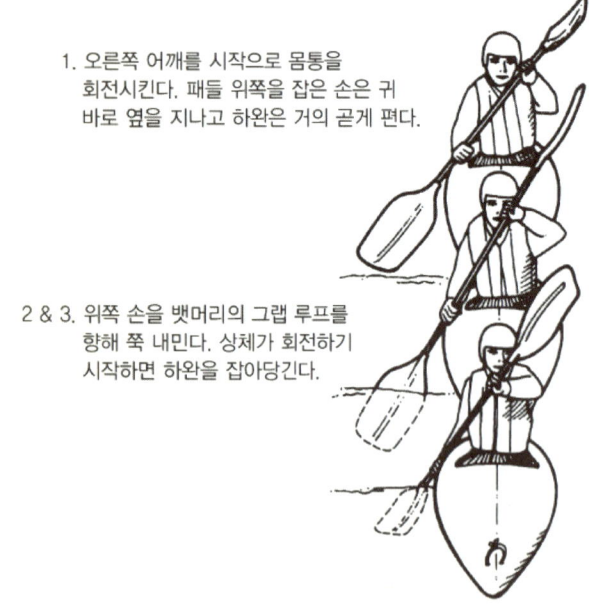

1. 오른쪽 어깨를 시작으로 몸통을 회전시킨다. 패들 위쪽을 잡은 손은 귀 바로 옆을 지나고 하완은 거의 곧게 편다.

2 & 3. 위쪽 손을 뱃머리의 그랩 루프를 향해 쭉 내민다. 상체가 회전하기 시작하면 하완을 잡아당긴다.

4. 위쪽 손을 쭉 뻗어 팔을 완전히 뻗고 상체를 끝까지 회전시킨다.

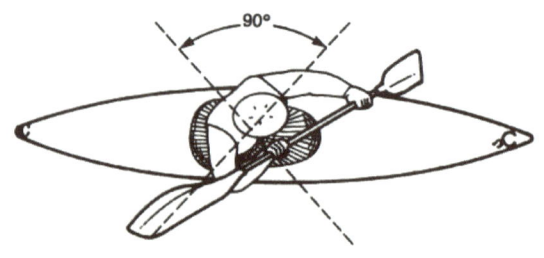

5. 패들러는 다른 방향으로 다음 '캐치'를 준비한다(왼쪽). 이번에는 어깨를 시작으로 몸통이 왼쪽으로 회전하는 것을 주목하라.

도해 30.18. 전진 스트로크 - 카약.

드는 30~45도 각도로 기울인 상태에서 그립보다 앞으로 뻗는다. 힘을 가할 때 패들이 물을 가르며 뒤로 잡아당겨지는 듯이 보이지만 실제로는 카누가 블레이드의 위치를 지나 움직이며 '미끄러지는' 거리는 극히 짧다. 가장 큰 추진력을 만들어내는 것은 패들을 물에 넣은 순간부터 샤프트를 15~30도 각도를 이루며 뒤로 기울일 때이다. 회복 단계는 샤프트가 엉덩이 높이에 다다르기 전에 시작되어야 한다. 회복 단계에서 공기 저항을 줄이기 위해 칼로 자르듯 블레이드로 비스듬하게 공기를 갈라야 한다.

전진 카약 스트로크는 몸통의 회전과 밀었다 당기는 상체의 푸시-풀 동작에 크게 의존한다 (도해 30.18). 패들 샤프트 가장 윗부분은 정적인 푸시를 사용하여 고정시키고 몸통과 하완의 힘으로 샤프트를 잡아당겨 카약을 앞으로 움직인다.

물에서 카누 패들의 움직이는 경로는 이동 방향과 평행한 직선처럼 보이지만, 카약 패들의 블레이드는 몸통의 회전이 증가함에 따라 보트로부터 아크를 그리며 움직인다. 특히 날개 모양의 경기용 패들의 경우 더욱 그러하다. 출수 및 회복 단계는 하완이 엉덩이 높이에 다다르면 시작된다. 손목과 팔꿈치를 어깨 높이만큼 들어올려 패들 블레이드를 물에서 꺼낸다. 이러한 동작을 취하면 다음 스트로크를 위해 깔끔한 출수와 빠른 회복이 가능하다.

스트로크의 효율성을 떨어뜨리는 가장 흔한 원인은 블레이드를 완전히 입수시키지 않거나, 몸을 앞으로 기울이거나(런지), 스트로크를 너무 길게 하거나, 블레이드를 용골선과 수평을 이룬 상태에서 수직으로 잡아당기지 않고 아크를 그리며 휘두르는 것이다. 보트를 계속해서 직선 코스로 나아가게 하기 위해서는 타이밍과 파워가 필요하며, 처음에는 이를 갖추기 힘들다.

후진 스트로크. 카누와 카약의 후진 스트로크는 전진 스트로크와 같은 신체 테크닉을 따른다. 캐치 포지션은 엉덩이 바로 뒤, 블레이드와 가까운 곳이며 추진 단계는 위쪽 손이 어깨 근처에 왔을 때 종료된다. 패들 블레이드의 백 페이스를 사용한다. 초보자는 자신이 어느 방향으로 가고 있는지 보기 위해 어깨 너머로 확인해야 한다.

회전, 수평, 조정 스트로크

J 스트로크. 전진 스트로크를 사용하면 카누는 솔로이스트(soloist, 1인승 카누의 경우)나 패들러의 오프 패들링 쪽(off paddling side)으로 선회한다. 따라서 조정 스크로크를 사용하여 보트가 경로를 유지하도록 해야 한다. 이때 J 스트로크 (도해 30.19)를 사용한다. J 스트로크는 카약용 스트로크가 아니다.

캐치와 추진 단계의 초기 등 J 스트로크의 시작 부분은 전진 스트로크와 비슷하다. 패들 샤프트를 수직으로 세우고 몸통을 회전시키는 것이 J 스트로크를 훌륭하게 실행할 수 있는 열쇠이다. 하지만 패들이 엉덩이 높이로 다시 돌아오는 순간, 전진 스트로크와 달라진다. 즉시 회복 단계에 접어들지 않고 패들 샤프트를 뱃전으로 가져간다. 위쪽, 즉 컨트롤 핸드로 패들 샤프트를 잡고 수직을 이룬다. 그 상태에서 엄지를 아래로 회전시키면 패들의 파워 페이스는 수직을 이룬 상태에서 카누 반대쪽을 향해 드러난다. 이 위치에서 컨트롤 핸드를 사용하여 블레이드를 카누 측면으로 곡

도해 30.19. J 스트로크.

선을 그리며 움직이면 패들러는 방향을 전환하여 카루를 원래 경로로 되돌려 놓을 수 있다.

패들러가 신속한 동시에 파워풀하게 이러한 움직임을 수행해야 일정한 속도, 즉 스트로크 속도를 유지할 수 있다. J 스트로크는 패들러가 한 명인지 두 명인지의 여부, 2인승인 탠덤의 경우 힘과 체중의 비율 등의 요소에 따라 다양하게 사용할 수 있다. 전진 스트로크와 결합하여 스트로크를 할 때마다 사용될 수도, 두 번에 한 번씩 번갈아가며 사용될 수도 있다. 방향을 전환했을 때를 예측하고 그 반작용을 제거하는 것을 목적으로 J 스트로크를 사용하는 것이 요령이다.

드로우 스트로크. 드로우 스트로크(draw stroke)는 카누와 카약을 측면으로 움직이거나 회전시킬 때 사용하며, 사용하는 조건에 따라 보트를 측면으로 움직일 수도, 회전시킬 수도 있다. 기본적인 드로우 스트로크 (도해 30.20)는 패들러 몸의 측면과 수직을 이루며 수행한다. 우선 양 팔을 C자 모양으로 만들고 패들을 수직으로 세운 채 팔을 보트에서 먼 방향으로 뻗은 상태에서 패들을 완전히 물에 잠기게 한다. 그렇게 하면 보트가 블레이드를 향해 잡아당겨진다. 힘은 대부분 아래쪽 팔, 즉 샤프트 암을 엉덩이 쪽으로 잡아당길 때 생긴다. 그와 동시에 엉덩이는 패들 블레이드를 향해 밀리고, 그 결과 보트는 패들러의 무게중심 아래

위치로 돌아간다. 드로우 스트로크는 블레이드가 보트와 평행을 이루며 보트 가까이 올 때 종료된다. 회복 단계는 물 위에서 블레이드를 가르는 듯 뒤로 움직일 때, 또는 물에 잠기게 한 채 블레이드를 칼로 베는 듯 움직여 캐치 포지션으로 돌아오는 것으로 시작된다. 드로우 스트로크는 다양한 유형이 있으며, 정적인 드로우 스트로크(stationary draw stroke), 동적인 드로우 스트로크(dynamic draw stroke, 연달아서 몇 번 실행함)의 실행도 여기에 포함된다. 정적인 드로우 스트로크는 보트가 높은 속도에 적합한 것이고, 패들러가 강력한 스트로크 한 가지를 사용하여 보트를 자신의 온사이드를 향해 방향을 측면으로 전환하거나 회전 동작을 시작할 때 사용한다. 동적인 드로우 스트로크는 측면으로 움직이거나 회전시킬 때 사용하며, 끊임없이 스트로크를 하거나 보트를 전진하게 만드는 추진력이 없어야 한다. 선체 중앙에서 드로우 스트로크를 사용하면 보트는 측면으로 움직인다. 패들러가 배의 선수나 선미에 위치했을 때, 또는 톱 핸드를 선수나 선미로 낮추었을 때 드로우 스트로크를 사용하여 보트를 회전시킬 수 있다. 그 외의 드로우 스트로크로는 조정 스트로크와 듀펙 스트로크(Duffek stroke)가 있으며, 이에 대해서는 나중에 설명할 것이다.

크로스 드로우 스트로크. 크로스 드로우 스트로크 (cross draw stroke, 도해 30.21)를 하기 위해서 패들

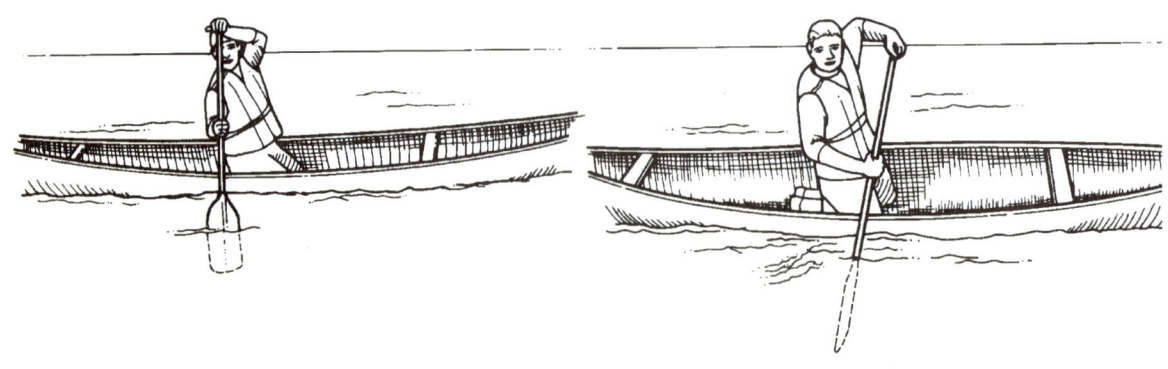

도해 30.20. 기본적인 드로우 스트로크.

도해 30.21. 크로스 드로우 스트로크.

러는 보트를 가로지르며 오프사이드로 패들을 들어야 한다. 몸과 양 팔을 비틀어 오프사이드로 향하게 한다. 톱 핸드는 겨드랑이 위치, 또는 근처에 고정시킨다. 패들링 동작은 전적으로 하완에 의해 수행된다. 샤프트 핸드의 손바닥은 아래를 향한다. 그립 핸드의 손바닥은 앞을 향한다. 패들 블레이드의 파워 페이스는 직각으로 세운 채 이물을 향해 잡아당긴다. 패들을 물 밖으로 꺼내 회복 단계를 진행한다. 크로스 드로우 스트로크는 프라이 스트로크와 서로 바꿔서 사용할 수 있다. 또한 카누를 회전시키거나 측면으로 움직이게 할 때 사용된다. 농적인 드로우 스트로크나 정적인 드로우 스트로크로 사용할 수도 있다.

프라이 스트로크. 푸시-어웨이 스트로크(push-away stroke)라고도 불리는 프라이 스트로크(pry stroke)는 스트로크 방향과 반대 방향으로 카누를 움직이게 한다. 보트를 패들러의 오프사이드로 움직이게 하고, 힘이 가해지는 위치, 그리고 패들링하는 카누이스트가 한 명인지 두 명인지에 따라 보트를 회전시키거나 측면으로 이동하게 할 때 사용되기도 한다. 프라이 스트로크는 카약에서는 사용되지 않는다.

프라이 스트로크 (도해 30.22)를 수행하기 위해서는 우선 샤프트를 뱃전에 댄 채 패들을 직각으로 세운다. 아래쪽 손으로 패들을 잡고 이를 뱃전에 대면 패

들을 고정시키는 것은 물론 최고의 지렛대 역할을 하게 만들 수 있다. 톱 핸드는 손가락 관절이 밖으로 드러나게 한 상태에서 몸의 중심선을 향해 측면으로 잡아당긴다. 패들의 백 페이스를 사용하여 스트로크를 하며, 동작은 짧고 신속하여 파워풀하게 수행한다. 회복 단계는 물 밖에서, 또는 물을 가르며 수행할 수 있다. 어떤 경우든 패들을 베거나 자르는 듯 움직여 캐치 포지션으로 돌아가야 한다.

프라이 스트로크는 동적 스트로크로(연속해서 몇 번), 또는 단독 스트로크로 사용될 수 있다. 또한 전진 스트로크와 접목하는 등 다른 스트로크와 결합해서 사용할 수도 있다.

스위프 스트로크. 스위프 스트로크(sweep stroke)는 이름처럼 패들을 휘두르는 스트로크이며 가장 크게 아크를 형성한다. 카누나 카약의 솔로 스위프 스트로크는 패들로 180도 아크를 그리는 까닭에 반(半) 회전 스위프 스트로크(one-half weep stroke, 도해 30.23)라고도 불린다. 탠덤 스위프 스트로크(tandem sweep stroke)는 패들러의 위치를 고려한 스트로크이므로 아크가 90도 각도를 이루고 1/4 스위프 스트로크(one-

도해 30.22. 프라이 스트로크.

fourth sweep stroke, 도해 30.24)라고도 불린다.

이전까지 설명한 스트로크는 패들을 수직 위치에 놓지만, 그와 달리 스위프 스트로크에서는 패들을 기울인 채 낮게 가져가야 한다. 전진 스위핑 동작은 블레이드의 파워 페이스를 사용한다. 후진 스위프에서는 백 페이스를 사용한다. 스트로크의 목적은 회전이므로 몸통을 일찌감치 회전시켜 캐치 포지션을 취하고 출수되는 블레이드를 따라 움직인다.

배 중앙, 솔로 포지션에서 전진 스위프를 실행할 때

도해 30.23. 반 스위프 스트로크.

도해 30.24. 1/4 스위프 스트로크.

는 패들이 12시 방향에서 입수하여 6시 방향에서 출수하며 그러는 동안 패들러는 양쪽 어깨가 용골선과 평행을 이룰 때까지 몸통, 머리, 양 팔을 패들의 움직임에 맞춰 움직인다. 전진 스위프 스트로크는 보트를 패들러의 오프사이드로 회전시킨다. 1인승의 경우 후진 스위프 스트로크는 6시 방향에서 시작하여 12시 방향에서 끝나며, 보트를 패들러의 온사이드로 회전시킨다.

탠덤 보트에서 탠덤 스위프를 수행할 때 보우 패들러는 12시 방향에서 시작하여 3시 방향(혹은 9시 방향)에서 끝나는 아크를 그린다. 스턴 패들러의 스트로크는 3시 방향(또는 9시 방향)에서 시작하여 6시 방향에서 끝난다. 보우 패들러가 1/4 전진 스위프 스트로크를 수행하고 스턴 패들러가 1/4 후진 스위프 스트로크를 수행하면 카누는 한 방향으로 회전한다. 보우 패들러가 1/4 후진 스위프 스트로크를 수행하고 스턴 패들러가 1/4 전진 스위프 스트로크를 수행하면 보트는 반대 방향으로 회전한다.

듀펙. 듀펙 스트로크(Duffek stroke)는 회전하기 위한 스트로크이다. 처음에는 카약에서 사용되었지만 카누의 솔로 패들러나 2인승의 보우 패들러에 의해 사

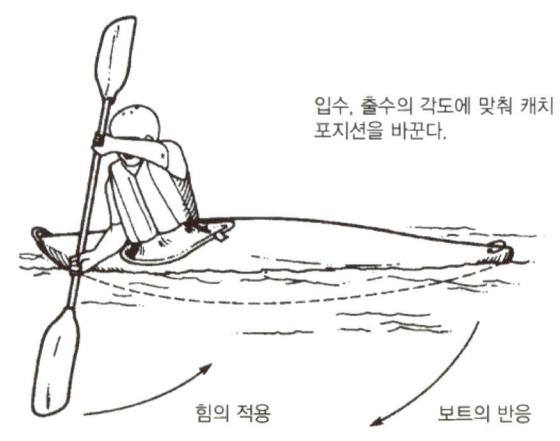

도해 30.25. 듀펙 스트로크.

용될 수 있다. 듀펙 스트로크의 목적은 소용돌이가 이는 빠른 물살 속에서 패들을 입수 또는 출수하며 180도 회전하거나 부두나 방파제와 같이 단단한 물체를 선회하는 것이다. 보트가 전진하는 추진력을 지니고 있으므로 스위프 스트로크(전진이나 후진)를 사용하여 턴을 시작한다.

예를 들어 카약을 왼쪽으로 회전할 경우 오른쪽에서 전진 스위프 스트로크로 시작한다. 그런 다음 회전하는 방향, 즉 왼쪽에서 듀펙 스트로크를 수행한다 (도해 30.25). 여러 가지 측면에서 듀펙 스트로크는 정적인 드로우 스트로크와 유사하다. 특히 패들이 수면과 직각을 이루는 것이 그러하다. 하지만 캐치 포지션에서 수면 위로 올라올 때까지 블레이드를 개방해야 한다. 양손목을 젖혀 패들의 파워 페이스가 보트와 직각을 이루도록 한다. 보트가 패들을 돌아 회전할 때, 즉 패들을 축이나 닻처럼 사용하여 회전할 때 양손목을 편다. 그 밖에 듀펙 스트로크에서 중요한 사항은 스트로크를 시작할 때 고물을 볼 수 있도록 몸을 회전하는 것이다. 톱 암도 최대한 낮게 유지해야 한다(이마 앞으로 가로지르게 한다). 하완은 힘을 주지 않고 구부린 상태에서 보트 너머, 약간 앞을 향해 뻗는다. 이러한 요소들은 모두 어깨의 위치를 고정시키는 데 중요하다. 크로스 드로우 스트로크처럼 크로스 듀펙 스트로크도 카누이스트의 오프사이드로 수행할 수 있다.

브레이싱 스트로크

하이 브레이싱 스트로크. 브레이싱 스트로크는 보트를 바로세우거나 전복되는 것을 막기 위해 사용한다 (도해 30.26). 하이 브레이싱 스트로크(high bracing stroke)는 드로우 스트로크를 변형시킨 형태이다. 블레이드의 파워 페이스로 물을 밀어낸다. 패들을 수직으로 세운 채 보트를 패들의 위치로 잡아당기지 않고 블레이드의 각도를 비스듬하게 만든다. 이렇게 하면 힘의 일부분이 아래쪽으로 가해져 패들러는 균형을

되찾고, 패들과 가까운 쪽의 엉덩이를 패들을 향해 밀 수 있다. 이렇게 하면 보트의 위치를 몸 아래로 움직여 CG를 다시 보트 안으로 옮길 시간을 벌 수 있다. 블레이드를 살짝 위로 향하게 한 상태에서 약간 앞 또는 뒤로 휘두르면 이 스트로크로 보트를 바로세우는 힘을 증가시킬 수 있다.

로우 브레이싱 스트로크. 로우 브레이싱 스트로크(low bracing stroke)는 카누와 카약에서 보트를 기울여 회전을 시작하거나, 전복되려는 찰나 이를 수정하기 위해 사용된다 (도해 30.27). 로우 브레이싱 스트로크를 수행할 때는 엉덩이 뒤쪽 수면에 패들의 백 페이스를 평평하게 놓는다. 그립 핸드와 샤프트 핸드의 손가락마디는 아래를 향한다. 샤프트 핸드 쪽의 팔꿈치는 패들보다 위에 위치한다. 입수 위치에서 블레이드를 아래로 미는 동시에 보트와 수직이 되게 측면으로 쓸어내듯 움직인다. 재빨리 패들을 아래로 밀면 보트가 반대 방향으로 회전하여 패들러는 균형을 되찾을 수 있다. 극히 위급한 상황에서는 머리와 몸통을 물속에 넣고, 무릎과 엉덩이 위치로 보트를 가져온(힙 플립) 다음 에스키모 롤에서 하듯 회복 단계에 다다르면 몸을 다시 수면 위로(보트 위로) 이동시킨다.

에스키모 롤. 에스키모 롤 스트로크(Eskimo roll stroke)는 상급 기술로서 주로 매우 거친 화이트워터에서 사용한다. 항상 위험이 도사리고 있으므로 에스키모 롤은 먼저 잔잔한 물에서 차근차근 배워야 한다. 에스키모 롤 또는 응용 C-투-C 롤(modified C-to C roll)은 스위프 스트로크와 힙 스냅을 함께 사용하며, 그 과정은 두 부분으로 나눌 수 있다 (도해 30.28). 먼저 패들러는 전진 스위프를 수행하여 몸을 보트 아래에서 수면 위로 가져와 C 포지션에 놓이게 한다. 그런 다음 힙 스냅을 수행하여 하체로 보트를 튕기듯 움직여 보트가 바로 서게 만든 다음 다시 C 포지션을 취한다.

잔잔한 물에서의 보트 조작 연습

연못, 호수, 느리게 흐르는 강에서 필요한 보트 조작
법은 직선으로 움직이기, 측면으로 움직이기, 스핀,
유턴(U-turn) 등이 있다. 각 조작법은 지금까지 설명
한 스트로크를 한 가지 이상 사용한다. 주로 보트의
종류가 카누인지 카약인지, 패들러가 한 명인지 두 명

인지에 따라 사용할 스트로크를 선택한다.

스핀

가장 먼저 스핀(spin)을 설명하는 것은 여러 사람에게
동시에 가르칠 수 있고 다양한 연습 조건에서 수행할
수 있는 동시에 그룹이 같은 장소에 머물게 할 수 있기

도해 30.26. 하이 브레이싱 스트로크.

도해 30.27. 로우 브레이싱 스트로크.

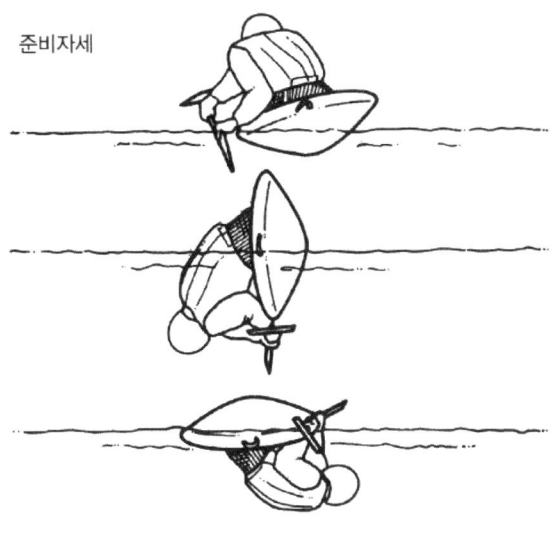

준비자세

힙 스냅

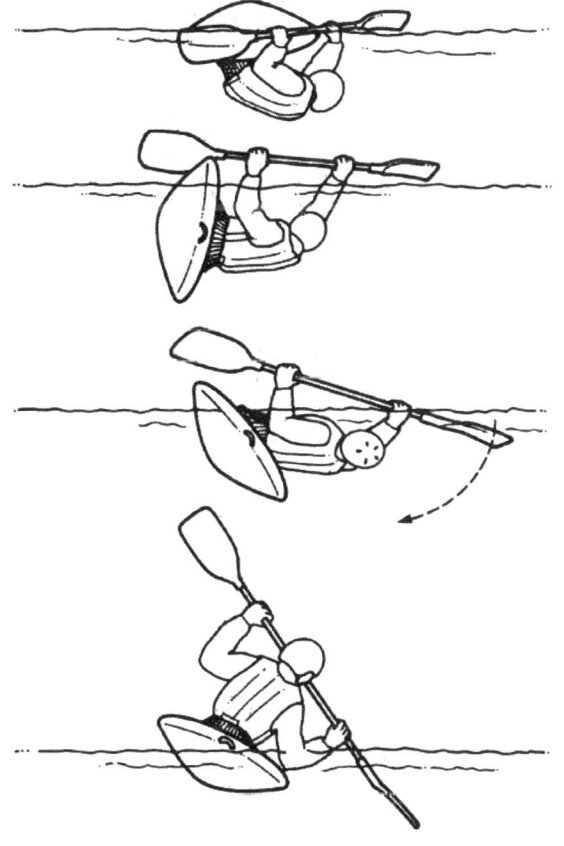

도해 30.28. 에스키모 롤.

때문이다. 완전한 것이든 부분적인 것이든 스핀은 강의 굽은 곳을 돌 때, 또는 보트나 부두와 같은 다른 물체 주변에 위치할 때 사용한다.

카약이나 카누의 솔로 위치로부터 전진 하프 스위프를 수행하면 보트를 스트로크의 오프사이드로 회전시킬 수 있다. 후진 하프 스위프를 수행하면 이물이 스트로크의 온사이드로 이동한다. 탠덤 패들링 위치에서 몇 가지 스트로크를 결합하면 카누를 빙글빙글 돌게 만들 수 있다 (도해 30.29A). 패들러 두 명이 모두 프라이 스트로크를 수행하면 카누는 오프사이드로 회전한다. 보우 패들러가 1/4 전진 스위프 스트로크를, 그와 동시에 스턴 패들러가 1/4 후진 스위프 스트로크를 수행하면 카누는 오프사이드로 회전한다 (도해 30.29B). 보우 패들러가 1/4 후진 스위프를, 스턴 패들러가 1/4 전진 스위프를 수행하면 카누는 아웃사이드로 회전한다.

측면으로 움직이기

카누나 카약을 측면으로 움직이는 것은 다른 보트 옆이나 물가에 보트를 세우거나, 물 속의 바위나 나뭇가지 등의 물체를 피하기 위해 측면으로 이동하는 데 도움이 된다.

카약이나 솔로카누를 패들링할 때 보트 중간에서 오른쪽이나 왼쪽으로 드로우 스트로크를 수행하면 보트는 온사이드, 즉 패들링 사이드를 향해 측면으로 이동한다 (도해 30.30). 프라이나 크로스 드로우 스트로크를 사용하면 보트가 오프사이드로 움직인다 (도해 30.31). 탠덤 패들링의 경우 그와 반대인 스트로크(각각 드로우와 프라이)를 사용하면 보트가 측면으로 움직인다 (도해 30.32).

직선으로 움직이기

패들링은 주로 직선으로 움직이기 위해 실행한다. 이때 대부분 전진 스트로크를 사용하는데, 그 까닭은 이

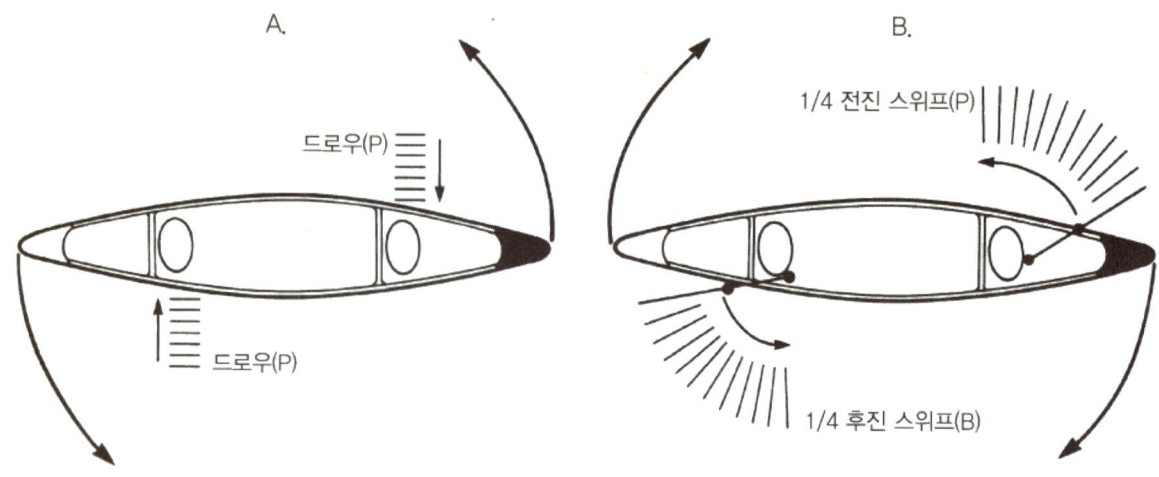

도해 30.29. 스핀.

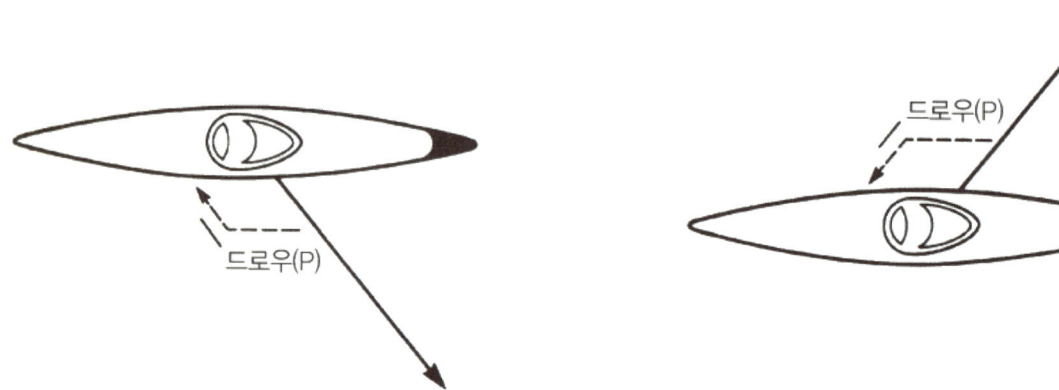

도해 30.30. 드로우 스트로크를 이용하여 측면으로 이동하기.

스트로크가 가장 강력하고 효율적이라는 데 있다. 또한 자신이 어디로 가고 있는지 볼 수도 있다!

카약에서 전진하는 움직임은 양쪽으로 파워 스트로크를 수행할 때 발생한다 (도해 30.33). 보트와 패들이 좌우대칭을 이루어야 똑같은 크기의 힘이 보트 양쪽에 가해져 전진하는 힘을 높인다는 사실을 명심하라. 솔로 카누의 경우 전진할 때 주로 J 스트로크를 사용한다. 하지만 드로우 스트로크에서 바로 J 스트로크로 이어질 때는 반드시 C 스트로크를 사용해야 한다. C 스트로크와 J 스트로크는 모두 카누의 방향이

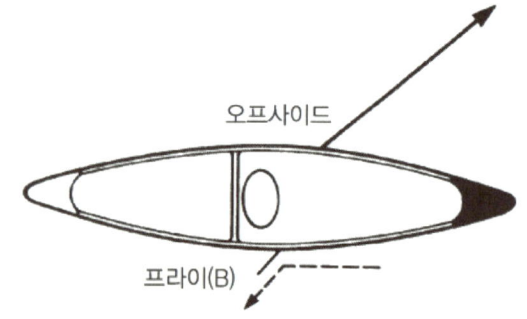

도해 30.31. 프라이 스트로크를 사용하여 옆으로 이동하기.

패들러의 오프사이드로 향하는 것을 막아준다 (도해

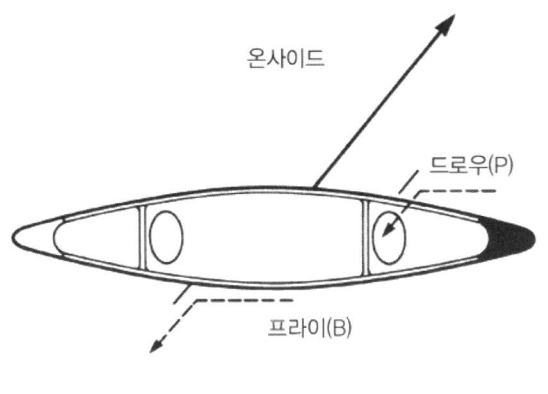
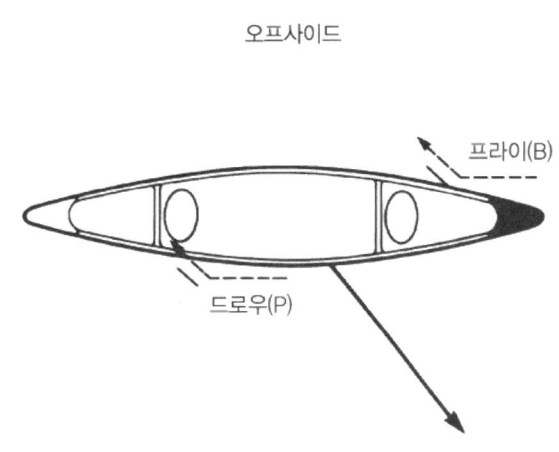

도해 30.32. 탠덤 패들링에서 측면으로 이동하기.

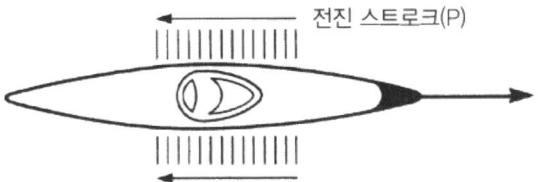

도해 30.33. 카약에서 앞으로 이동하기.

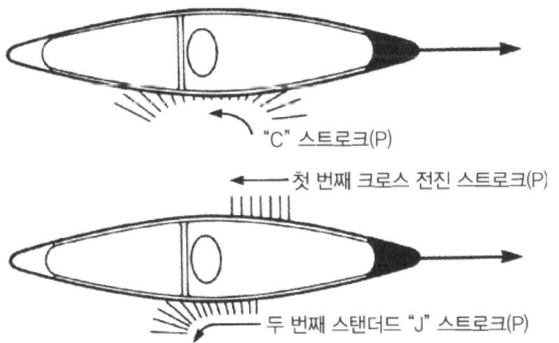

도해 30.34. 솔로 카누에서 앞으로 이동하기.

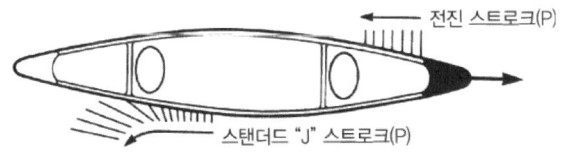

도해 30.35. 탠덤 카누에서 앞으로 이동하기.

30.34). 탠덤 카누의 경우 보우 패들러가 전진 파워 스트로크를 사용한다. 스턴 패들러는 보트를 계속 직선으로 나아가게 하기 위해 필요할 경우 전진 스트로크와 J 스트로크나 1/4 전진 스위프 스트로크를 함께 사용한다 (도해 30.35).

탠덤 카누를 직선으로 이동시킬 때 이를 대신할 수 있는 방법은 스턴 패들러가 '스위치(switch)'를 요청하여 스트로크를 몇 번 할 때마다 보우 패들러와 스턴 패들러가 패들링의 방향을 바꾸는 것이다. 탠덤 카누는 패들러 두 명이 각기 다른 방향으로 패들링을 하므로 일반적으로 직선경로에서 크게 이탈하지 않는다. 하지만 점점 스턴 패들러 쪽으로 방향이 틀어지게 된다. 스트로크를 몇 번 할 때마다 패들링 방향을 바꾸는 테크닉을 구사하려면 시간을 투자하여 방향조종 스트로크를 사용하지 않고도 방향을 일관되게 유지하는 법을 배우고 이에 대한 경험을 쌓아야 한다.

물가나 다른 보트, 위험으로부터 뒤로 나아갈 때처럼 뒤로 가야 하는 경우도 생길 것이다.

카약의 경우 패들러는 양쪽으로 번갈아가며 후진 스트로크를 사용한다 (도해 30.36). 솔로 카누의 경우 패들러는 후진 스트로크와 역(reverse) J 스트로크를 함께 사용한다. 이 경우 방향 전환이 카누의 뒤쪽 끝, 즉 이물로

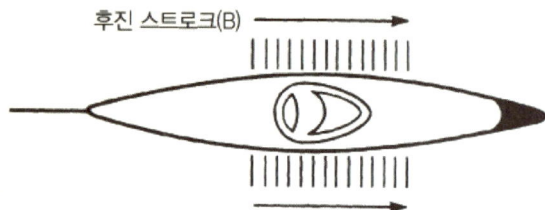

도해 30.36. 카약에서 뒤로 움직이기.

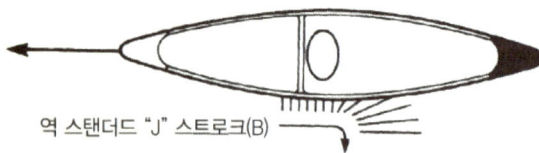

도해 30.37. 솔로 카누에서 뒤로 움직이기.

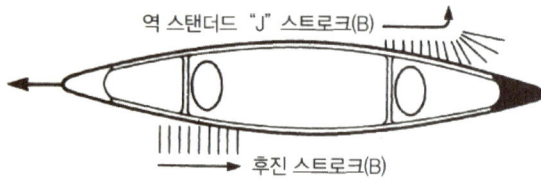

도해 30.38. 탠덤 카누에서 뒤로 움직이기.

부터 이루어지기 때문이다 (도해 30.37). 탠덤 패들링의 경우 스턴 패들러는 후진 스트로크를 수행하고 보우 패들러는 역 J 스트로크로 방향을 조종한다 (도해 30.38).

턴

물을 가르며 전진하는 동안 '스핀'에서 설명한 테크닉을 구사하면 보트는 반드시 방향을 틀게 된다. 또한 선체의 곡선은 방향 전환에 보조적인 역할을 하기도 한다. 카누와 카약은 경사진 방향과 반대 방향으로 회전할 것이다. 이 테크닉에 필요한 정교함을 익혀야 한다는 사실을 명심하라.

유턴

플랫-워터 패들링에서의 유턴(약 180도로 이루어지

는 턴)은 반드시 필요한 기술은 아니지만 복합적인 기술을 효율적으로 사용하기 위해 배우기도 한다. 하지만 유턴의 가치는 바위 앞에서 멈추거나(소용돌이 턴) 강의 흐름을 다시 타야 할 때(필 아웃, peel out) 분명해진다.

카약의 경우 유턴을 수행하는 방법은, 우선 바깥쪽으로 스위프 스트로크를 실행하여 턴을 시작한 뒤 전진하려는 추진력을 유지한 채 턴의 안쪽으로 듀펙 스

패들러가 저지를 수 있는 오류와 수정 방법

가능한 실수	수정 카누에서 방법
카누가 패들러의 오프사이드로 방향을 전환한다.	스턴 패들러는 보다 효율적으로 J 스트로크를 수행해야 한다. 스트로크 마지막 부분에서 패들 블레이드를 더욱 수직에 가깝게 세우고, 패들로 카누에서 측면으로 멀리 떨어진 지점의 물을 밀어내야 한다.
카누가 완만한 곡선을 그리며 점점 회전한다.	파워 패들링 스트로크를 할 때 반드시 패들을 수직으로 잡고 패들이 뱃전의 선을 따라 휘어지지 않고 직선을 이루며 뒤로 움직이게 하라.
카누가 S자 모양으로 나아간다.	방향의 변화를 예측하라. 한 쪽으로 지나치게 경로를 수정하지 말라.
카누가 물 위에서 아래위로 출렁거린다.	패들 스트로크의 입수와 출수를 정확하게 수행해야 한다. 앞으로 너무 멀리 패들을 뻗지 말고 수면 아래를 향해 밀어 넣은 뒤 스트로크 마지막 단계에서 수면 위로 끌어 올린다.
회전 스트로크가 비효율적이고 방향 전환이 느리게 이루어진다.	드로우 및 프라이 스트로크를 수행할 때 패들을 수면과 수직이 되도록 하라. 반드시 패들로 확실히 측면을 향해 물을 밀거나 잡아당겨야 한다.
페리 동작이 비효율적이다.	패들러는 강의 물살과 물의 흐름에 맞는 적절한 각도를 확보해야 한다. 움직이는 방향을 약간 비스듬히 유지하라.
소용돌이 턴이 비효율적이다.	패들러는 적절한 속도에서 45도 각도를 이룬 상태에서 회전을 시작하고 회전하는 방향으로 몸을 기울여야 한다.
필 아웃이 비효율적이다.	강 아래로 흘러가는 물에 카누의 이물부터 들어가야 한다. 흐르는 물에서는 적절한 듀펙 스트로크를 수행해야 하며 패들러는 회전하는 방향으로 몸을 기울여야 한다.

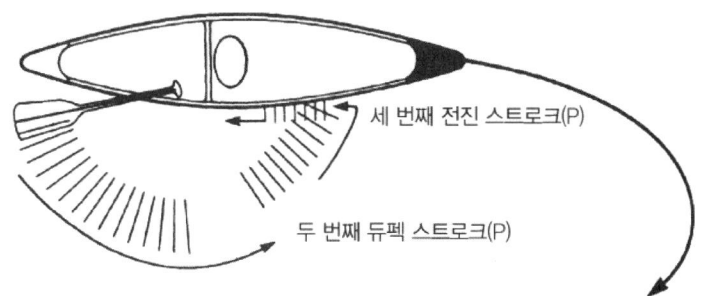

세 번째 전진 스트로크(P)

두 번째 듀펙 스트로크(P)

첫 번째 역 스위핑 로우 브레이싱 스트로크(B)

도해 30.39. 온사이드 유턴.

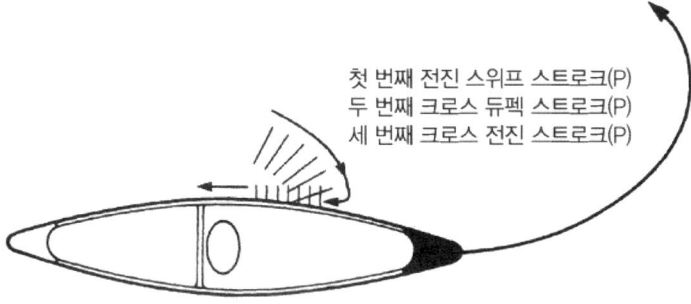

첫 번째 전진 스위프 스트로크(P)
두 번째 크로스 듀펙 스트로크(P)
세 번째 크로스 전진 스트로크(P)

도해 30.40. 오프사이드 유턴.

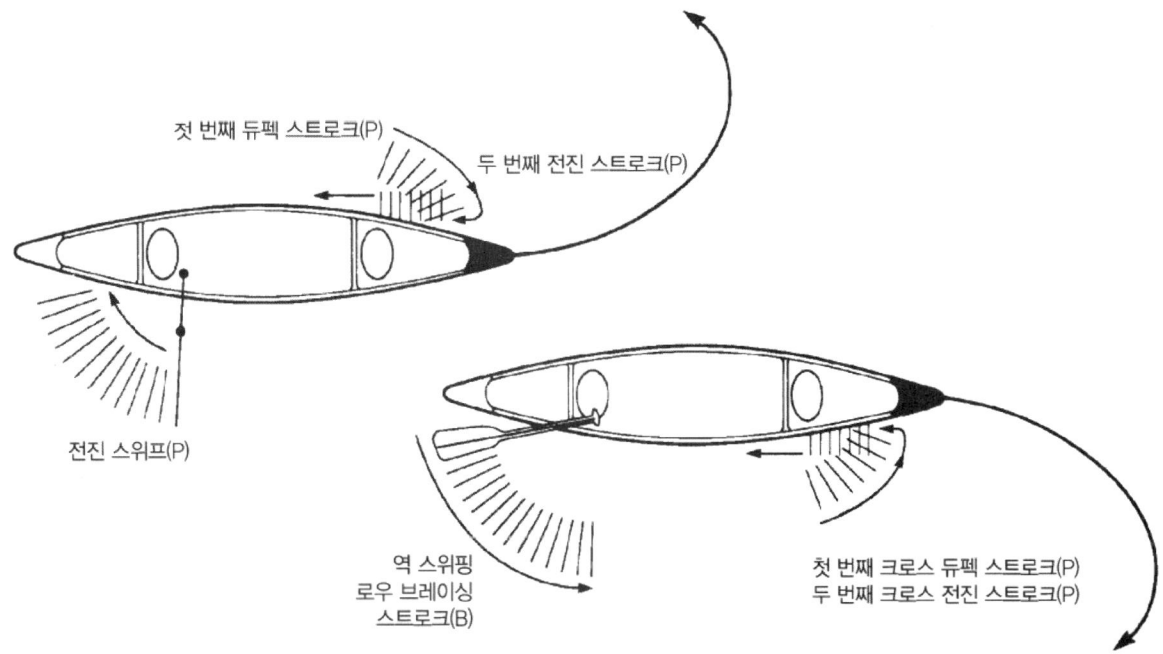

첫 번째 듀펙 스트로크(P)

두 번째 전진 스트로크(P)

전진 스위프(P)

역 스위핑
로우 브레이싱
스트로크(B)

첫 번째 크로스 듀펙 스트로크(P)
두 번째 크로스 전진 스트로크(P)

도해 30.41. 탠덤 카누의 유턴.

트로크를 수행한다. 솔로 카누의 경우 패들러는 회전하는 방향에 따라 스트로크를 선택한다. 온사이드로 회전하려면 역 스위프 로우 브레이싱 스트로크를 수행한 뒤 듀펙 및 전진 스트로크를 수행한다 (도해 30.39). 오프사이드로 회전하기 위해서는 전진 스트로크에 이어 크로스 듀펙 스트로크를 수행한다 (도해 30.40). 탠덤 패들링의 경우 온사이드로 회전하기 위해서는 스턴 패들러가 1/4 전진 스위프 스트로크를 수행하고, 그와 동시에 보우 패들러가 듀펙에 이어 전진 스트로크를 수행한다. 오프사이드로 회전하려면 스턴 패들러는 역 스위핑 로우 브레이싱 스트로크를, 보우 패들러는 크로스 듀펙에 이어 크로스 전진 스트로크를 수행한다 (도해 30.41).

구조

구조 원칙

플랫워터에서 카누나 카약에 물이 차거나 보트가 전복될 수 있으며 그 원인으로는 바람, 파도, 파워보트의 항적(航跡)이 있다. 때로 패들러가 균형을 잃거나 과도한 선적 때문에 보트의 평형상태가 무너져 이러한 상황이 발생하기도 한다. 보트가 전복되면 패들러는 상황을 평가하여 일련의 행동을 결정해야 한다. 이때 고려해야 할 지침은 다음과 같다.

1. 전복된 보트에 함께 타고 있던 다른 보터를 경계시켜라.
2. 물에 빠진 당사자들은 즉시 자기구조 과정을 시작하고 다른 사람의 도움을 수용할 준비를 해야 한다.
3. 안전한 방법일 경우 구조 과정에서 다른 패들러들로부터 도움을 받는다.
4. 구조 작업에 참여하지 않는 패들러들은 현장과 거리를 유지한 채 추가로 도움이 필요할 때를 대비하여 구조 작업을 지속적으로 평가한다.

위험해질 수 있는 상황에서 혼란을 줄이기 위해 구조에는 우선순위가 있다. 최우선 과제는 물에서 패들러를 구조하는 것이다. 물에 빠지면 패들러는 자기구조 과정을 시작해야 한다. 데크 보트의 패들러는 에스키모 롤을 수행해야 한다. 보트에서 떨어졌을 때 위험요소가 존재할 경우 탑승자는 안전을 위해 헤엄쳐 보트로부터 멀어져야 한다. 패들러와 동승한 탑승자는 눈과 귀로 패들러를 확인할 수 있어야 한다. 보트가 전복되었을 경우 상황을 판단한 뒤 패들러는 뒤집힌 보트와 함께 머물 것인지 특정한 절차를 따라 다시 보트에 오를지 선택할 수 있다. 그 절차는 차후에 설명하겠다. 또한 충분히 가깝다면 물가를 향해 보팅 장비를 갖고 헤엄쳐 갈 수도 있다. 하지만 보트를 비롯한 장비들의 구조는 그렇게 해도 안전할 때만 실행해야 한다.

두 번째 우선순위는 가라앉은 보트를 회복하는 것이다. 패들러는 보트에 대해 자기구조를 시도할 수 있고, 다른 패들러의 도움을 받을 수 있을 경우 단체 구조 테크닉을 사용할 수도 있다.

구조 활동에 있어서 세 번째 우선순위는 다른 구조 장비를 확보하는 것이다. 플랫-워터에서 신발, 장비 가방, 아이스박스 등의 물체들을 느슨하게 묶는다. 그렇게 하면 패들러의 안전이 확보되고 보트를 바로 세울 때까지 부력을 유지할 수 있다. 그런 다음 장비를 다시 보트에 실으면 된다.

자기구조(self-rescue)

패들러가 두 명일 경우에는 깊은 물에서 다른 보트의 도움 없이도 캐피스트라노 플립(Capistrano flip), 즉 셰이크-아웃 테크닉(shake-out technique)을 사용하여 가라앉은 보트를 구조할 수 있다. 캐피스트라노 플립을 수행하기 위해서는 우선 패들러 두 명 모두 전복된 카누 밑, 공기가 있는 빈 공간 안으로 들어간다. 그런 다음 가위킥을 하며 한쪽으로 강력한 리프팅 동작을 취하여 보트를 수면 위로 밀면서 돌려 바로 세운다. 보트가 전복되지 않은 상태라면 셰이크아웃을 수행한다. 패들러가 한 명일 경우에는 카누 한쪽 끝을 누르는 동시에 앞으로 민다. 이렇게 했을 때 물이 다시 들어차기 전에 카누의 반대편이 수면 위로 올라와야 한다. 셰이크-아웃 테크닉을 수행하는 다른 방법은 카누를 왼쪽에서 오른쪽으로, 다시 오른쪽에서 왼쪽으로(또는 반대여도 된다 – 역자 주) 굴리는 것이다. 이때 물이 다시 들어오기 전에 뱃전을 재빨리 위로 끌어당겨야 한다. 하지만 이러한 테크닉으로는 카누에 유입된 물을 모두 제거할 수 없다. 따라서 패들러는 부분적으로 잠긴 보트를 어떻게 처리할지 결정해야 한다. 이 경우 패들러가 선택할 수 있는 방법은 보트에 다시 탑승하여 패들링을 하여 물가로 가거나 물을 추가로 퍼내는 것이다. 속도가 느리고 불안정하기는 하지만 보트에 물이 찼을 때도 패들링을 할 수는 있다.

단체구조(group rescue)

다른 보트가 구조를 도울 수 있을 경우 구조 과정은 바뀐다. 패들러는 자신이 도울 수 있는 곳까지 헤엄쳐 이동한다. 이 위치는 뒤집힌 보트의 한쪽 끝, 즉 자신이 밀 수 있는 곳이나 구조 보트의 한쪽 끝, 즉 안정될 수 있는 곳이 된다. 뒤집힌 보트를 구조 보트를 향해 대각선 방향으로 놓은 상태에서 한쪽 끝을 들고 구조 보트 위로 밀어 올린다. 기울어진 보트를 구조 보트 위에 얹은 다음 균형을 잡고 뒤집힌 상태를 바로잡은 뒤 다시 물속으로 미끄러뜨린다 (도해 30.42). 이렇게 하면 보트를 구조 보트 옆에 고정시켜 물에 빠진 패들러가 다시 보트에 오를 수 있다.

안전

카누와 카약 보팅은 도전적이고 모험적인 활동인 만큼 위험이 내재되어 있다. 따라서 안전에 대한 인지력

도해 30.42. 단체구조

을 높이고 안전한 패들링을 도모할 수 있는 기술을 습득해야 한다. 보팅에서 위험을 완전히 제거할 수는 없지만 적절한 수준까지 낮출 수는 있다. 협회에서 자격을 인증받은 강사에게 카누잉이나 카야킹을 배우고 참가자가 직접 자격증 코스에 참가하는 것이 매우 바람직하다.

최근 카누와 카약을 즐기는 인구가 증가했고, 그 때문에 사고와 사망이 증가했다. 미국 해안경비대의 사건 보고서를 도대로 많은 것을 배울 수 있나. 소형 선박에서 사망사고가 발생하는 가장 중요한 원인은 바로 보팅에 대해 무지하고 경험이 부족한 보터들이다. 사고 보고서는 다섯 가지 공통된 문제점을 제시하고 있다.

1. 패들러가 구명 재킷을 입지 않는 경우가 자주 발생한다. 깜빡 잊기도 하고, 그 위에 물건을 놓거나 무릎을 꿇는 등 부적절하게 사용한다.
2. 물이 차거나 날씨가 춥다. 저체온증은 이성 기능을 마비시켜 효과적인 패들링, 자기 구조를 불가능하게 민든다.
3. 희생자들은 대부분 정식으로 교육을 받지 않았거나 연습을 하지 않은, 경험이 부족한 사람들이다.
4. 알코올 역시 영향을 미치는 요소이다. 약물과 알

코올은 협응성과 판단력에 영향을 미친다. 위험한 상황에서 반응속도가 느려지고 판단력이 떨어지면 사고가 일어날 수밖에 없다.

5. 희생자들 중에는 수영을 하지 못하는 사람들이 종종 있다. 물 주변이나 물속에서 자유자재로 움직일 수 있는 능력을 갖추면 긴장된 상황에서도 헤엄을 칠 수 있다.

수역 난이도에 대한 국제 기준

북미화이트워터협회가 제시하는 국제 수역 난이도는 강의 험난한 구역을 결정하기 위한 유용한 도구이다. 이 지침이 여러 강에 대해 일반적인 분류를 제공하는 것은 분명하지만 그 시스템이 100% 정확하지 않다는 사실을 인지해야 한다. 언제나 강을 다양한 기준에 맞춰 분명하게 분류할 수는 없다. 분류 시스템을 기준으로 판단하면 오해를 불러일으킬 수 있는 곳도 존재한다. 또한 유속이 빠른 강은 일반적으로 한 단계 높은 범위에 속하며, 수온이 10℃ 미만이거나 야생 구역에서의 장기 여행을 할 경우에도 강의 난이도를 한 단계 높게 잡아야 한다.

패들러가 생소한 강을 대할 때는 반드시 경계하는 자세를 지녀야 한다.

흐르는 물은 세 가지로 분류할 수 있다.

1. 클래스 A-시속 2마일 미만
2. 클래스 B-시속 2~4마일
3. 클래스 C-시속 4마일 이상

화이트워터는 여섯 가지로 분류할 수 있다.

클래스 I : 매우 쉬운 코스

• 장애물이 드물다- 모두 분명하게 보이고 쉽게 피할 수 있다.
• 물살이 빠르더라도 수심이 얕거나 파도가 작다.
• 수영하는 데 위험한 요소가 거의 없다.
• 자기구조를 실행하기 쉽다.

클래스 II : 초보자용

• 빠른 직선경로지만 넓고 시야가 탁 트인 곳으로서 정찰이 필요 없다.
• 가끔 조작법을 사용해야 할 때도 있지만 훈련을 받은 패들러라면 바위와 중간 크기의 파도를 쉽게 피할 수 있다.
• 수영하는 사람이 부상을 당할 위험이 적으며 그룹의 도움이 있으면 도움이 되지만 거의 필요하지는 않다.

클래스 III : 중급자용

• 유속은 중간 정도이고, 파도가 불규칙하여 피하기 어렵고 오픈 보트의 경우 물이 찰 수 있다.
• 유속이 빠르고 종종 좁은 수로에서 복잡한 조작법을 사용해야 하므로 보트 통제력이 좋아야 한다.
• 커다란 파도와 함정, 장애물이 존재하지만 쉽게 피할 수 있다.
• 특히 물의 양이 많은 강에서 강력한 소용돌이와 빠른 유속에 의해 영향을 받을 수 있다.
• 경험이 적은 무리를 위해 정찰을 하는 것이 바람직하다.
• 수영하는 동안 부상을 입을 확률은 낮지만 오래 수영하지 않으려면 무리의 도움을 받아야 하기도 한다.

클래스 IV : 상급자용

• 물살이 험하고 강한 급류를 말하며 사나운 물에서 확실하게 보트를 조종해야 한다.
• 강의 특징에 따라 길고 피할 수 없는 물결과 함정을 만나거나 또는 급박한 상황에서 신속한 조작을 요구하는 협소한 통로를 지날 수도 있다.
• 드롭(drop, 급격하게 높이가 낮아지는 지점 – 역자

주)을 통과하거나 급류를 정찰하거나 휴식을 취하기 위해 빠르고 급격하게 회전을 해야 할 때도 있다.

- 위험한 장애물 위를 지나는 필수 기술을 갖춰야 하는 급류도 있다.
- 처음에는 정찰이 필요하다.
- 수영하는 사람이 부상당할 위험이 중간 내지 높은 정도이며 물 상태가 구조하기 어렵다.
- 대부분 무리의 도움이 반드시 필요하지만, 동시에 훈련 받은 기술을 갖춰야 한다.
- 확실하게 에스키모 롤을 익히는 것이 바람직하다.

클래스 Ⅴ : 전문가용

- 매우 길고 장애물이 많거나 난폭한 급류를 말하며 패들러는 평균 이상의 부상 위험에 노출된다.
- 드롭에 매우 크고 피할 수 없는 파도와 함정, 절벽, 그리고 경로가 어렵고 힘든 급류구간이 많다.
- 잔잔한 수역이나 소용돌이 사이, 긴 거리를 계속 정찰해야 하는 경우가 많으며 매우 강한 체력을 요구한다.
- 작고 험하며 통과하기 힘든 소용돌이가 존재할 수도 있다.
- 여기에 속하는 강 중에서도 난이도가 매우 높은 강의 경우 위의 요소 중 몇 가지가 복합적으로 존재할 수도 있다.
- 반드시 정찰을 해야 한다.
- 전문가일지라도 구조가 매우 어렵다.
- 매우 확실한 에스키모 롤과 평균 이상의 구조 기술이 필요하다.

클래스 Ⅵ : 거의 불가능한 지역

- 클래스 Ⅴ의 위험요소들 때문에 조종이 불가능한 경우가 해당된다.
- 보팅이 거의 불가능하거나 매우 위험하다.
- 위험도가 높고 구조가 불가능할 수도 있다.

- 전문가가 팀을 이루더라도 수위가 적절한 곳에서 정밀한 연구를 하고 모든 예방책을 갖춘 상태에서만 보팅이 가능하다.
- 이 등급의 강에서는 급류의 빈도가 전혀 영향을 미치지 않는다. 클래스 Ⅵ에 속하는 수많은 급류가 계속해서 나타나기 때문이다.

교육 시 고려해야 할 사항

1. 항상 교습 장소를 신중하게 선택하라. 웅덩이, 연못, 호수, 강의 고요한 장소를 사용하면 된다. 시끄러운 소음, 다른 그룹의 사람들 등 주의를 산만하게 만드는 요인이 없고 나무, 나뭇가지, 나무 파편, 깨진 유리 조각, 기타 물체의 위험이 없는 장소를 선택해야 한다.

2. 처음 강습은 육지의 물가, 물이나 풀의 가장자리에서 이루어질 수 있다. 이렇게 하면 패들을 사용하는 테크닉을 연습하고 교정이 필요한 사람들에게 자유롭게 걸어가 피드백을 제공할 수 있다.

3. 미니어처 보트와 패들, 도표, 모래에 대충 그린 보트 그림 등 시각적인 방법을 사용하여 스트로크 테크닉과 조작법의 핵심을 보여주어라.

4. 단순한 것에서 복잡한 것으로 나아가라. 동작과 스트로크에 대한 물의 반응을 보기 위해 실제로 손을 사용하여 패들링을 할 수도 있다. 이렇듯 간단한 이론을 이해하면 일찍 패들을 사용할 수 있고, 그런 다음 더욱 복잡한 드릴로 나아갈 수 있다.

5. 스핀과 터닝 스트로크를 먼저 가르쳐 무리를 이룬 사람들이 당신에게서 멀리 떨어지지 않게 하라. 그런 다음 그룹이 초보적인 패들 통제력과 지식을 갖추었을 때 파워 스트로크와 브레이싱 스트로크를 가르친다.

6. 좋은 테크닉과 스트로크 역학을 가르치고 다듬어

라. 예를 들어 보트를 회전시키기 위한 스트로크의 경우 비트는 힘을 만드는 각도를 형성하며 중심에서 먼 곳으로부터 스트로크를 해야 한다. 스트로크가 보트를 직선 경로(전진, 후진, 또는 측면 이동)로 이동하는 추진력을 내기 위한 것이라면 수면과 수직을 이룬 상태에서 의도한 이동 방향과 반대쪽으로 패들을 잡아당겨야 한다.

7. 학생들이 한쪽 패들링이나 위치에 익숙해진 뒤에는 방향을 바꾸도록 허용하라. 그런 다음 방향이나 위치에 상관없이 패들링을 할 수 있도록 반대쪽으로 패들링 하는 법을 학습하고 위치(이물, 또는 고물)를 바꾸어 돌아가며 다른 사람과 패들링을 하고 탠덤에서 솔로 패들링으로 바꾸게 하라.

8. 학생들이 스트로크와 간단한 조작법을 학습하고 나면 그들이 저절로 반응할 수 있도록 훈련하는 드릴을 개발하라. 예를 들어, 당신이 언어적 명령을 내리면 학생들이 그에 대한 반응으로 오른쪽으로 회전하거나 왼쪽으로 회전하거나 오른쪽으로 사이드슬립을 하거나 왼쪽으로 사이드슬립을 하게 하는 것이다. 여러 가지 명령을 섞어가며 내려 그들의 반응이 제2의 본능이 되도록 하라.

9. 간단한 단일 조작법에서 몇 가지가 결합된 복합 조작법으로 이동하라. 플랫-워터인 연못, 호수, 강에 흰색 병이나 밀크 카톤(milk carton, 두꺼운 종이에 폴리에틸렌 등을 재료로 제작한 우유용 종이 용기 – 역자 주)으로 만든 부표 등 통과해야 할 장애물을 사용하여 코스를 만들어라. 예를 들어 보트에 올라 물가로부터 사이드슬립으로 입수하여 앞으로 패들링을 한 뒤 곡선 코스(장애물)에서 왼쪽으로 회전하고 다시 물살을 거슬러 바위 두 개(장애물) 사이를 통과하고 오른쪽으로 회전한 뒤 앞으로 패들링을 하는 식이다.

10. 통제된 장애물 코스에서 학생들이 바위 두 개 사이를 통과하고 나무나 커브를 돌며 측면으로 이동하여 부둣가로 갈 수 있는 자연적인 환경으로 발전시킨다.

11. 먼저 플랫 워터에서 모든 스트로크와 조작법을 학습한 뒤 흐르는 물로 나아가라.

12. 일단 교실 등에서 학생들에게 강의 흐름을 읽는 법을 가르친 뒤 물과 만나도록 하라. 예를 들어 강에서 연습하기 전에 상류를 향하거나 하류를 향한 V, 스트레이너(strainer, 물의 힘에 의해 잡아당겨지는 효과 – 역자 주), 수력학, 정재파(standing wave, 파형[波形]이 매질을 통하여 더 진행하지 못하고 일정한 곳에 머물러 진동하는 파동. 진행파와 반사파가 서로 겹쳐 간섭하게 되는 경우에 일어난다. 양 끝을 고정한 활시위의 진동 따위이다. 정상파라고도 함 – 역자 주) 등을 모두 설명해야 한다.

13. 지도와 나침판 읽는 법을 연습하고 하루짜리 여행을 떠날 때는 미리 여행 계획 과정을 논의하라.

14. 패들링에 이어 안전수칙 및 구조과정을 수행하는 연습을 하라. 예를 들어 다른 보트와 함께 패들링을 하다가 한 척을 전복되게 한다(물가 근처에 머물러야 한다). 그리고 구조과정을 수행한 뒤 다시 패들링을 하여 물가로 돌아온다.

15. 강사는 자격을 갖추어 표준이 되는 연습 방법을 알고 있어야 한다.

16. 충분한 수의 보트를 준비할 수 없다면(보트 한 대당 학생 두 명) 지역 용품 판매점과 YMCA, 카누 클럽 등에 자문을 구하라. 대부분 기꺼이 도와줄 것이다.

용어 해설

J 스트로크(J stroke) 탠덤보트의 스턴 패들러나 솔로 패들러가 전진 스트로크만 사용해서 보트가 특정한 쪽으로 진행 방향이 바뀌었을 때 이를 오프사이드로 향하게 수정하는 스트로크.

가로대(thwart) 한쪽 뱃전에서 다른 쪽 뱃전까지 가로질러 이어지는 버팀대. 뱃전을 강화한다. 스프레더(spreader) 또는 크로스바(crossbar)라고도 알려져 있다.

갑판(deck) 전통적인 오픈 카누에서 이물과 고물의 삼각형 부분을 말하여 그 끝과 뱃전이 연결된다. 데크 플레이트(deck plate)라고도 불린다. 클로즈드 카누나 카약의 경우 선체 전부를 덮는다.

강기슭 안쪽(inside bank) 강 만곡 부분의 강가를 말하며 흐르는 속도가 느리고 수심이 얕다.

강어귀(mouth) 강이 다른 수류와 만나는 지역.

고물(stern) 선박의 뒤쪽 부분.

고물의(astern) 카누, 카약, 기타 선박의 뒤쪽의.

구명조끼(life vest) 개인 부양 장비이며 조끼처럼 입는다. 상체를 보호하고 보온기능을 가진다. PFD(personal flotation device)라고도 불린다.

균형(trim) 물 위에서 카누가 나아가는 방식.

넌파워 페이스(nonpower face) 파워 페이스 반대편의 패들 블레이드 면.

다운스트림 V(downstream V) 맑고 깊은 수로 중 카누나 카약이 두 개의 바위 사이를 헤쳐 나가는 지점을 말한다.

더블 블레이드(double blade) 양쪽 끝에 블레이드가 달린 패들. 주로 카약에 사용되며 오픈, 또는 클로즈드 카누에 사용되는 경우도 있다.

듀펙 스트로크(Duffek stroke) 체코슬로바키아(Czechslovakia)의 밀로반 듀펙(Milovan Duffek)이 처음 카약에서 사용한 하이 브레이싱 스트로크. 주로 소용돌이 턴(들어갈 때)이나 필-아웃(빠져나올 때)을 하여 소용돌이로 들어가거나 그곳에서 빠져나올 때 사용한다.

드로우 스트로크(draw stroke) 선박을 패들러의 온사이드, 또는 블레이드의 파워 페이스 쪽으로 움직이도록 고안된 패들 스트로크.

러더링(ruddering) 방향을 조종하기 위해 물에서 패들 블레이드를 고정된 각도로 유지하는 것.

로우 브레이스(low brace) 패들 전체를 수면 위에 거의 평평하게 대는 브레이싱 스트로크.

로커(rocker) 용골선이 카누 양쪽 측면으로 기우뚱거리는 움직임.

리, 리워드, 리웨이(lee, leeward, leeway) 장애물이 바람이나 물로부터 보호받는 부분이며 바람이나 물의 정상적인 방향과 힘이 깨진다. 리워드는 '바람 부는 아래쪽'을 말하고 리웨이는 '바람 아래쪽으로 보트가 떠내려가는 것'을 말한다.

모래톱(bar) 주로 강의 만곡 부위 안쪽에 모래, 자갈, 바위 등이 축적된 것.

배 중앙(amidships, 줄여서 midships라고도 함) 이물과 고물 사이의 지점.

백패들(back paddle) 앞으로 향하는 움직임을 느리게 하거나 점검하기 위해 보트를 뒤로 향하게 하는 패들링.

뱃전(gunwale) 카누 양쪽 측면의 제일 윗부분의 좁고 긴 부분. 이물에서 고물까지 이어지며 갑판과 상갑판이 만나는 지점이다.

베일(bail) 보트로부터 물을 제거하다.

부양 장비(flotation) 전복되거나 물에 잠겼을 때 부양력을 유지하기 위해 카누에 구비된 물품.

보우 퍼슨(bow person) 2인승 보트에서 이물, 즉 앞좌석에서 패들링을 하는 사람.

복합 스트로크(combination stroke) 단순 스트로크 두 가지 이상으로 구성된 혼합 스트로크 조작법.

브레이싱 스트로크(bracing stroke) 측면으로 흐르는 물에 의해 발생하는 전복되려는 힘에 맞서 안정성을 제공하는 패들 스트로크. 회전할 때도 사용된다.

브로치(broach) 선박의 넓은 면을 다가오는 파도나 장애물을 향해 돌리는 행위.

블레이드(blade) 패들의 넓고 납작한 부분.

빔(beam) 가장 넓은 지점에서 측정한 보트의 폭.

사이드슬리핑(sideslipping) 보트가 회전하는 동안에도 카누의 무게중심이 처음 이동 방향을 유지하는 상황.

선체(hull) 선박의 골격, 또는 몸. 장비와 부양 장비는 여기에서 제외된다.

소용돌이(eddy) 장애물 아래와 만곡의 안쪽에서 수류가 멈추거나 상류로 향하는 지점.

소용돌이 턴(eddy turn) 보트가 소용돌이로 들어갈 때 사용하는 역동적인 테크닉.

수류(current, 水流) 표고차에 의해 강물이 흐르는 전반적인 움직임.

수리(hydraulic) 댐, 바위, 암붕(ledge, 岩棚) 위로 강물이 갑자기 낙하하여 생기는 물의 형태로서 수면에 역류를 만들며 보트를 붙잡아두거나 회전하도록 만든다.

수평 젓기(feather) 한쪽 에지를 앞세워 블레이드를 캐치 포지션(추진동작에 대비하여)으로 되돌려 물이나 공기 저항을 줄이는 동작.

스로트(throat) 패들 샤프트가 넓어지는 부분. 여기부터 블레이드가 시작된다.

스루(through) 두 번의 스탠딩 웨이브 사이의 낮은, 혹은 움푹 들어간 지점.

스위프 카누(sweep canoe) 무리를 이룰 때 가장 뒤에 가는 카누로서 주로 경험이 많은 패들러가 탑승하고 있으며 추가 장비, 구조밧줄, 구급용품 등을 선적하고 있다.

스위프 스트로크(sweep stroke) 넓고 얕게 하는 스트로크이며 카누를 회전시킬 때 사용한다.

스커트(skirt) 클로즈드 보트 패들러의 허리 주변에 두르는 장치. 코밍(coaming, 물이 들어오는 것을 방지하기 위해 솟아있는 선체의 골격 부분) 주위에 장착되며 콕피트에 물이 들어오지 않게 한다.

스컬, 스컬링(scull, sculling) 계속해서 8자를 그리며 패들을 좌우로 움직여 선박을 앞으로 나아가게 하거나 정렬하는 것. 처음부터 끝까지 파워 페이스만 사용한다.

스탠딩 웨이브(standing wave) 수류 방향과 직각으로 형성된 파도. 주로 몇 번 연속해서 일어나며 대부분 수로의 수심이 깊다는 의미이다.

스트레이너(strainer) 물속의 단단한 물체(떨어진 나무 등)를 말하며 물은 그 위를 통과할 수 있지만 보트와 사람은 강 하류 쪽으로 흘러가지 못한다.

업스트림 V(upstream V) 강 아래쪽으로 향하는 흐름을 양쪽으로 가르는 한 개의 바위를 말하며 이곳을 지나면 물의 흐름이 달라진다. 주로 소용돌이 때문에 발생한다.

역 J (inverted J) J 스트로크와 반대되는 스트로크. 역방향으로 카누잉을 할 때 탠덤보트의 보우 패들러나 솔로 패들러가 사용한다.

오프사이드(offside) 패들러가 평소에 패들링을 하지 않는 카누의 방향.

요크(yoke) 쿠션이 덧대진 일종의 멜빵이며 카누 뱃전에 고정되어 있다. 패들러는 이를 어깨에 걸고 카누를 뒤집어 운반할 수 있다.

용골(keel) 이물부터 고물까지, 선체 바깥쪽 중심선을 따라 돌출된 좁고 긴 부분.

우현(starboard) 이물을 보고 섰을 때 선박의 오른쪽 측면.

이물(bow) 선박의 앞쪽 끝 부분.

이물(stem) 곡선 모양을 한 카누의 한쪽 끝을 말하며, 전진, 또는 후진 패들링을 할 때 이곳으로 물을 가른다.

저체온증(hypothermia) 생명을 위협할 수 있는 심각한 신체 증상이며 체내 깊은 곳의 온도가 낮아진다.

전복(capsize) 배가 뒤집힘.

전진 스트로크(forward stroke) 기본적인 추진 스트로크이며, 카누를 곧장 앞으로 나아가게 한다. 기본 포워드(basic forward), 또는 파워 포워드(power forward) 스트로크라고도 불린다.

침수(swamp) 카누에 물이 찼지만 전복되지 않은 상태.

컨트롤 핸드(control hand) 카누 패들을 잡은 위쪽 손을 말하며 패들 블레이드의 회전을 통제한다.

케이-1(K-1) 패들러 한 사람이 엉덩이를 보트에 대고 앉는 카약. 패들러는 양 다리를 앞으로 뻗고 더블블레이드 패들을 사용한다.

크로스 드로우(cross draw) 카누, 또는 카누의 일부분을 패들러의 정상적인 오프사이드로 움직이기 위해 사용하는 스트로크.

클로즈드 보트(closed boat) 배 전체에 갑판이 있는 보트.

탠덤(tandem) 두 명의 패들러가 타는 카누.

텀블홈(tumblehome) 안쪽으로 구부러진 카누의 위쪽 부분을 말하며 데크 높이에서 빔이 좁아지게 만든다.

트랙(track) 직선으로 하는 패들링.

파워 페이스(power face) 물에 닿는 패들 면.

패들(paddle) 원하는 방향으로 보트를 나아가게 할 때 사용하는 도구.

페인터(painter) 카누 끝에 부착된 긴 밧줄.

포트(port) 이물을 향해 섰을 때 선박의 왼쪽.

포티지(portage) 장애물을 피해 카누와 장비를 나르는 행위. 또한 카누를 물 밖으로 꺼내 육지를 통해 강의 장애물이나 위험 지점을 피해가야 하는 장소.

프라이(pry) 지렛대처럼 블레이드와 먼 방향으로 보트를 움직이는 스트로크.

프리보드(freeboard) 카누의 뱃전, 또는 갑판이 있는 모든 보트의 이음새 위쪽에서 수면 사이의 가장 짧은 거리.

필로우(pillow) 강 수면이 완만하게 튀어나온 부분이며 물이 수면 아래의 장애물을 지나며 생긴다.

합류(confluence) 강의 지류 두 곳 이상이 합쳐지는 곳.

회복(recovery) 다음 추진동작을 준비하기 위한 스트로크의 한 부분.

추가 읽을거리

Curran, D. 1999. *Canoe trip*. Mechanicsburg, PA: Stackpole Books.

Ford, K. 1995. *Kayaking*. Champaign, IL: Human Kinetics. 아름다운 사진과 명확한 삽화, 훌륭한 내용을 담고 있다. 화이트워터와 해양 카야킹을 처음 배우는 학생들을 위한 책이다.

Gullion, L. 1994. *Canoeing*. Champaign, IL: Human Kinetics. 정교한 사진과 삽화들을 담고 있다. 콰이어트-워터 카누잉을 처음 접할 때 이상적인 책이다.

Gullion, L. 1996. *Kayak and canoe games*. Springfield, VA: American Canoe Association. 가벼운 패들링 게임으로 시작하여 견실한 기술과 지식을 축적하고 흥미를 쌓으며 안전을 유지할 수 있는 추가 게임을 제안하고 있다.

Harrison, D. 1996. *Canoeing*. Mechanicsburg, PA: Stackpole Books.

Harrison, D. 1998. *Kayak touring*. Mechanicsburg, PA: Stackpole Books.

Harrison, D. 1998. *Whitewater kayaking*. Mechanicsburg, PA: Stackpole Books.

Jackson, E. 1999. *Whitewater paddling*. Mechanicsburg, PA: Stackpole Books.

Kearney, J., and McKenzie, D. 2000. *Physiology of canoe sport in exercise and sport science*. Philadelphia, PA: Lippincott, Williams and Wilkins.

Kuhne, C. 1998. *Canoeing*. Mechanicsburg, PA: Stackpole Books. 장비, 기초 및 상급 패들링 테크닉, 안전장치를 포함하고 있다. 카누 아우팅에 대비한 체크리스트와 자료도 제공한다.

Kuhne, C. 1998. *Kayaking*. Mechanicsburg, PA: Stackpole Books. 기초 및 상급 패들링, 컨디셔닝, 트립 계획 세우기, 안전 등에 대한 기술을 보여주는 삽화를 담고 있다.

Kuhne, C. 1999. *Kayak touring and camping*. Mechanicsburg, PA: Stackpole Books.

Ray, S. 1999. *The canoe handbook*. Mechanicsburg, PA: Stackpole Books.

Rounds, J. 2003. *Basic canoeing*. Mechanicsburg, PA: Stackpole Books.

Rounds, J. 2005. *Basic kayaking*. Mechanicsburg, PA: Stackpole Books.

Szanto, C. 1992. *Racing canoeing*. Beijing, China: China Publishing Corporation.

사료

Adney, E., and Chapelle, H. 1964. *The bark canoes and skin boats of North America*. Washington, DC: Smithsonian Institution.

Bishop, N. 1878. *Voyage of the paper canoe*. Cambridge, MA: John Wilson & Son.

Manley, A. 1968. *Rushton and his times in American canoeing*. Syracuse, NY: The Adirondack Museum/Syracuse University Press.

Toro, A. 1986. Canoeing: *An Olympic sport*. San Francisco, CA: Olympian Graphics.

참고자료

잡지

American Whitewater, American Whitewater Affiliation, 1343 N Portage, Palatine, IL 60067.

Canoe & Kayak Magazine.

Paddler, Paddling Group, 4061 Oceanside Blvd., Suite M, Oceanside, CA 92056.

조직

미국적십자(American Red Cross), 2025 E Street NW, Washington, DC 20006; (202) 303-4498. 교육과정, 책, 영상자료 등의 훌륭한 제공 장소이다.

미국카누 및 카약 협회(USA Canoe & Kayak), 301 S. Tryon Street, Suite 1750, Charlotte, NC 28282; (704) 348-4330.

북미카누협회(*American Canoe Association*), 7432

Alban Station Blvd., Suite B226, Springfield, VA 22150; (703) 451-0141. 회원제로 운영되며 책과 영상물을 완벽하게 구비하고 있다.

시에나클럽(Sierra Club), 85 Second St., 2nd Floor, San Francisco, CA 94105; (414) 977-5500.

캐나다 레크리에이션 카누협회(Canadian Recreational Canoeing Association), P.O. Box 398, 446 Main St. West, Merrickville ON KOG INO.; 1-888-252-6292.

지역 및 국가 별로 수많은 카누 클럽이 있다. 해당 단체의 위치를 알고 담당자와 연락을 취하기 위해 급류타기 용품점으로 검색해보라.

비디오

Cold, wet, and alive. Nichols Productions, 17000 Carwell Rd., Silver Springs, MD 20904. 이 비디오는 일련의 시즌 초기, 콜드-워터 스트림을 타는 패들러들과 소리 없는 살인마인 저체온증에 걸린 기록을 담고 있다.

Heads up! River rescue for river runners. Russ Nichols/Walkabout Productions, American Canoe Association, 7432 Alban Station Blvd., Springfield, VA 22150. 간단한 자기구조 테크닉에서 그룹 구조 테크닉까지, 강에서의 기초 구조법을 담고 있다.

The kayaker's edge. Whitewater Instruction, 160 Hideaway Rd., Durango, CO 81301. 카약의 화이트워터 패들링을 시작하는 방법을 찾는 사람들이나 기술을 연마하고자 하는 노련한 베테랑을 위한 비디오다.

Path of the paddle: Quiet water. Blue Heron Enterprises, 6212 W Cermak Rd., Berwyn, IL 60402. 메이슨(Bill Mason)이 시범으로 보여주는 솔로 및 탠덤 패들러를 위한 기본 패들링 스트로크: 험난한 캐나다 순상지(Canadian Shield country)에서 촬영되었다.

Path of the paddle: Whitewater. Blue Heron Enterprises, 6212 W Cermak Rd., Berwyn, IL 60402. 급류를 읽고 경로를 계획하며 보트를 완전히 통제하며 그 경로를 따라 이동하는 방법.

Performance sea kayaking. American Canoe Association, 7432 Alban Station Blvd., Springfield, VA 22150. 이 비디오는 패들링, 구조법, 서핑 테크닉, 기초 선박조종술을 설명하고 이에 대한 시범을 보여준다.

Sea kayaking: Getting started. American Canoe Association, 7432 Alban Station Blvd., Springfield, VA 22150. 초보 및 숙련된 패들러 모두를 위한 포괄적이고 잘 분류된 자료. 스트로크, 구조법, 기본 항해술, 일반 지식 등을 명확히 보여주어 다양한 해양 카야킹에 대한 훌륭한 개요를 제공한다.

Solo playboating. Whitewater Instruction, 160 Hideaway Rd., Durango, CO 81301. 상급 기술을 배울 준비가 된 중급 화이트워터 오픈 카누 패들러들에게 속도감 있게 진행되는 이 비디오는 훌륭한 학습 테이프가 될 것이다.

Uncalculated risk. American Red Cross, General Supply Offi ce, 17th and D Sts. NW, Washington, DC 20006. 강의 급류타기에 따르는 위험을 중점적으로 다루고 있다.

Whitewater self-defense: The Eskimo roll. Nichols Productions, 17000 Carwell Rd., Silver Springs, MD 20904. 수중 카메라로 촬영한 느린 화면과 정지화면을 통해 에스키모 롤의 시범을 보이고 이 기술의 구성요소를 명확하게 보여준다.

Wild Americans. Watershed Films, P.O. Box 551, Lotus, CA 95651. 강력한 액션, 필수적인 와이프아웃(wipeout, 보트에서 나가떨어지기 – 역자 주), 오리지널 음악, 그리고 엉뚱한 유머가 조화를 이루어 이를 즉시 보팅의 고전으로 만든다. 캘리포니아의 축축하고 거친 자연을 맛보라!

웹사이트

http://canoekayak.com
이 웹사이트에는 카약을 구입할 수 있는 곳과 카약의 유형, 패들링 학교, 필요한 기초 장비와 복장, 다른 패들 웹사이트의 링크가 담겨 있으며 이곳에서 발행하는 잡지 「Canoe & Kayak」의 정기구독을 신청할 수 있다.

www.usacanoekayak.org
미국 카누 및 카약협회(USACK, USA Canoe/kayak)는 미국 내 카누 및 카약 경기를 관장하는 정부단체이다.

www.uscanoe.com

미국카누협회(USCA: U.S. Canoe Association)는 비영리 교육단체로서 레크리에이션 패들러 및 대회 참가자의 발전을 추구한다.

www.acanet.org

북미카누협회(ACA: The American Canoe Association)는 카누잉과 카야킹, 래프팅을 통해 건강 및 사회적, 개인적 이득을 도모한다.

http://paddling.about.com/

카누잉, 해양 카야킹, 화이트워터 보팅, 패들링 기술 등에 대한 정보를 담고 있으며, 이는 모두 당신을 더욱 훌륭한 보터로 만들어줄 것이다.

http://sportsvl.com/water/canoeing.htm

관련 웹사이트의 전체 목록을 담고 있다.

http://www.paddlemagazine.com

온라인 패들링 잡지.

http://www.seakayakadventures.com

카약 투어링을 참고하라.

31 탁구

이 장을 완벽하게 습득한 뒤, 독자들은 다음과 같은 사항들을 할 수 있어야 한다.

▶ 탁구의 역사적 변천과 사회적 가치를 인식한다.
▶ 탁구 장비를 적절하게 선택한다.
▶ 단식과 복식경기 규칙을 적절히 적용한다.
▶ 올바른 그립방법, 풋워크, 그리고 슛에 대한 시범을 보이고 각 기술을 경기 중에 수행한다.
▶ 단식과 복식경기를 위한 전략을 이해한다.

역사

오늘날 탁구(table tennis)라고 불리는 스포츠의 정확한 기원은 알려진 바 없다. 탁구의 기원이 1810년 이전일지도 모른다는 것을 암시해주는 석판 인쇄물이 발견되기도 하였지만, 대부분의 전문가들은 19세기 후반 영국에서 시작되었다고 추측하고 있다. 탁구는 과거 한때 '핑퐁(ping-pong)'이란 이름으로 불리기도 하였다. 핑퐁이라고 명명된 이유는 볼이 테이블을 쳤을 때 나는 소리('ping')와 그 당시 라켓의 패들(paddle: 볼과의 접촉이 이루어지는 라켓 부위 – 역자 주)로 사용되었던 속이 빈 벨룸 배틀도어(vellum battledore: 소가

죽을 가공 처리하여 만든 방망이 형태의 라켓)로 볼을 쳤을 때 나는 소리('pong') 때문이다. 현재 탁구의 영문표현으로는 ping-pong과 table tennis 두 가지 모두 사용되고 있지만, 레크리에이션 활동 시에는 주로 ping-pong을, 그리고 스포츠 현장에서는 주로 table tennis라고 표현한다. 또한, 탁구의 별칭으로 과거에는 고지마(Gossima), 프림프램(Flim-Flam), 위프와프(Whif-Whaf)라는 이름으로 불리기도 하였다. 미국의 경우, 초창기에는 탁구가 대중들에게 잘 알려지지 않았다. 1920년 전후로 탁구의 인기가 부활하면서 점차적으로 전 세계에 확산되었다. 1926년 베를린에서 국제탁구연맹(ITTF: International Table Tennis

Federation)의 설립을 시작으로, 1933년에는 미국탁구협회(USTTA: United States Table Tennis Association)가 설립되었다. 미국탁구협회는 1994년에 USA Table Tennis(USATT)로 명칭을 바꾸었다.

탁구는 현재 세계에서 두 번째로 참여율이 높은 스포츠이며, 주로 아시아와 유럽에서 성행하고 있다. 탁구는 매년 세계적으로 13만 명 이상의 선수들이 각종 대회에서 경쟁하는 가장 대중적인 라켓스포츠이다.

비록 세계선수권대회가 1926년부터 열리기 시작하였지만, 탁구가 올림픽 정식종목으로 채택된 것은 1988년 서울올림픽대회였다. 초창기 국제대회에서는 중앙 유럽 국가들, 특히 헝가리와 체코슬로바키아의 강세가 두드려졌다. 그러다가 1950년대에 들어와서는 일본이 강세를 보였다. 1960대년부터 1980년대까지는 중국이 탁구를 지배하였다. 중국은 1987년 뉴델리 세계선수권대회에서 7개의 종목들에서 6개를 석권하였다. 이 대회에서 한국은 여자복식을 우승하면서 중국의 전 종목 석권을 차단시켰다. 1988년 서울올림픽에서는 중국과 한국이 4개의 금메달을 나눠가져갔는데, 중국은 여자단식과 남자복식에서, 그리고 한국은 남자단식과 여자복식에서 우승하였다.

1992년 바르셀로나올림픽에서는 중국 팀이 탁구의 4개 종목들(남녀단식과 복식) 모두에서 강세를 보였다. 이 대회에서 중국은 탁구에 걸린 총 메달 수 12개 중 6개를 차지하였으며, 이 중 3개가 금메달이었다.

1996년 애틀랜타의 조지아에서 개최된 하계올림픽에서는 중국이 4종목(남녀단식과 복식) 모두에서 우승하였다. 2000년 호주의 시드니에서 열린 하계올림픽에서는 중국이 총 메달 수 12개 중 8개(금메달 4개, 은메달 3개, 그리고 동메달 1개)를 가져갔다.

2004년 아테네의 그리스에서 개최된 올림픽에서 중국은 4개 종목에서 3개의 금메달을(남자단식은 한국의 유승민이 우승) 포함하여 총 12개 중 6개의 메달을 가져갔으며, 나머지 6개의 메달은 한국(3개), 홍콩(2개), 그리고 덴마크(1개)에게 돌아갔다.

탁구의 가치

탁구는 장비가 많이 필요하지 않고, 상대적으로 비용이 적게 들며, 연령에 상관없이 거의 모든 장소에서 플레이를 할 수 있기 때문에 클럽에서뿐만 아니라, 집에서도 쉽게 접할 수 있는 최상의 스포츠이자 레크리에이션 활동이다. 탁구는 레크리에이션뿐만 아니라 지역사회 체육시설에서도 인기가 상당히 높다. 매년 많은 탁구대회들이 열리고 있다. 탁구는 작은 라켓과 깃털처럼 가벼운 공을 사용하기 때문에 부상을 당할 위험이 매우 낮다.

단식 혹은 복식경기를 위한 상대를 구하는 것 역시 어렵지 않다. 만일 실력 차가 난다면, 더 잘하는 선수가 점수를 몇 점 접어줌으로써 경기를 팽팽하게 만들 수 있다.

탁구 장비

몸을 자유롭게 움직일 수 있는 편안한 복장이라면, 어떠한 것도 괜찮다. 신발의 경우, 좌우로 안전하게 움직일 수 있도록 밑창이 고무 재질로 된 것이 좋다. 그러나 미국탁구협회(USATT)에서는 대회에 참가하는 선수의 유니폼 색깔에 대한 제한은 없지만, 대회에 사용되는 공의 색깔과는 확연히 달라야 한다고 규정하고 있다. 예를 들면, 오렌지색 공이 사용될 때에는 유니폼의 색깔이 오렌지가 아닌 흰색을 착용해야 한다.

라켓(Blade: 블레이드)

현재 시중에는 다양한 종류의 좋은 탁구 라켓들이 판

매되고 있다. 탁구판 혹은 블레이드(blade: 러버를 붙이기 이전의 탁구판 자체를 가리킴 – 역자 주) 두께의 최소 85퍼센트는 원목이어야 한다. 판 내부의 접착층은 카본 섬유, 유리 섬유 같은 섬유 소재, 혹은 압축 용지 등으로 강화할 수 있으나 전체 두께의 7.5퍼센트 또는 0.35mm를 초과해서는 안 된다. 공을 치는 면은 접착제를 포함해 2mm 이하의 돌기가 밖으로 나와 있는 고무(ordinary pimpled rubber)를 씌우거나 또는 돌기가 안으로 향한 것이든 밖으로 향한 것이든 접착제를 포함해 4mm 이하의 샌드위치 러버(sandwich rubber)를 씌운다. 커버링(covering, 판 덮개)은 판 전체를 덮되 판보다 커서는 안 된다. 단, 손잡이 근처 손가락으로 잡히는 부분은 아무것도 붙이지 않거나 혹은 어떤 재료를 붙여도 상관없다. 커버링을 한 면 혹은 커버링을 하지 않은 면은 적색으로 하고 다른 쪽은 검정색으로 한다.

공

탁구공은 셀룰로이드와 유색 매트 재질의 작고 둥근 모양으로, 지름이 40mm이고 무게가 2.7g이다. 공은 약하기는 하지만, 발로 밟지 않는 이상 쉽게 깨지지는 않는다. 미국탁구협회가 승인하고 있는 표준화된 볼 바운스 규정에 의하면, 공을 12인치(30.5cm) 높이에서 규정 탁구대에 떨어뜨렸을 때 이것이 바운스되는 높이는 8 3/4~9 3/4인치(22~25cm)가 되어야 한다.

탁구대

탁구대는 일반적으로 합판이나 파티클 보드(particle board: 나무 부스러기를 압축하여 수지로 굳힌 건축용 합판 – 역자 주)로 만들어지며, 두께는 3/4인치(1.9cm)의 직사각형으로, 가로 9피트(2.74m) 세로 5피트(1.52m)로 되어있다. 플레잉 서피스(playing surface: 탁구대 윗면 – 역자 주)는 빛이 반사되지 않는 짙은 색깔(보통 초록색 혹은 파랑색)이어야 하며, 바닥에서 2피트 6인치(76cm) 높이에 수평으로 놓여있어야 한다. 사이드라인과 엔드라인은 너비가 3/4인치(1.9cm)인 흰색 선으로 처리된다. 센터라인 역시 흰색이지만 너비는

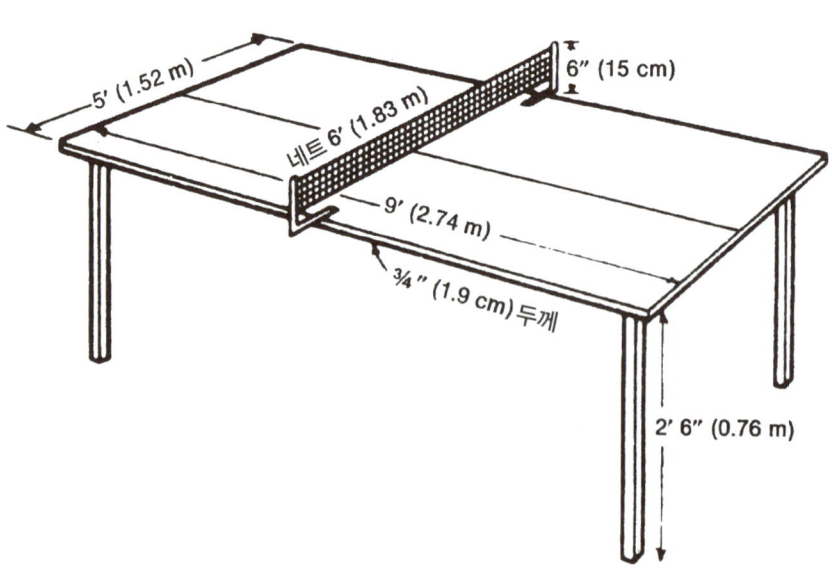

도해 31.1. 탁구대와 네트.

1/8인치(3mm)이다 (도해 31.1). 탁구대는 국제탁구연맹이나 미국탁구협회에서 승인한 것을 사용하는 것이 최상이다. 선수들이 공을 '쫓아갈' 때 장애물과의 충돌을 피할 수 있도록, 탁구대 주변에 충분한 공간을 확보해야 한다. 공식대회에서 규정하고 있는 최소 플레이 공간은 각 탁구대 당 길이 40피트(12m), 너비 20피트(6m), 그리고 높이는 11.5피트(3.5m) 이상은 되어야 한다.

네트

탁구네트는 무게가 가벼우며, 탁구대 중간을 가로질러 양쪽 끝에 있는 지주대에 연결되어 있다. 네트 높이는 탁구대 위로 6인치(15cm)이어야 하며, 네트는 사이드라인으로부터 6인치(15cm) 밖에서 지주대에 연결되어야 한다. 네트의 아래쪽은 탁구대에 최대한 가까이 내려와야 하며, 양쪽 끝 부분 역시 지주대와 최대한 가까이 있어야 한다.

규칙(요약)

단식

단식경기는 11점을 먼저 얻는 선수가 승리하게 되지만, 양선수의 스코어가 10:10인 상황이 발생하면, 먼저 2점을 선취하는 선수가 승리하게 된다.

탁구대에서의 플레이 위치 선택과 서브 순서는 동전 던지기에 의해 결정된다. 여기에서 이긴 선수가 먼저 플레이 위치를 선택하면, 상대선수는 서브(service)나 리시브(receive) 둘 중 하나를 결정하게 된다. 이긴 선수가 서브나 리시브를 결정하면, 상대선수는 플레이 위치를 결정하게 된다.

서브권은 매 2점마다 바뀌게 된다. 득점 상황은 서브된 볼의 플레이가 끝났을 때 발생한다. 한 게임이 끝날 때까지 혹은 스코어가 10:10이 될 때까지, 매 2점마다 리시버(receiver)는 서버(server)로, 그리고 서버는 리시버로 각각의 역할이 바뀌게 된다. 스코어가 10:10인 경우에는, 그 게임이 끝날 때까지 매 1점마다 서브권을 바꿔야 한다.

새로운 게임을 시작할 때에는, 이전 게임에서 첫 번째 서브를 넣은 선수가 리시버가 되고, 리시버였던 상대선수는 서버가 되는 방식으로 매 게임마다 최초 서브권을 교대한다.

또한, 양 선수는 매 게임마다 자리를 바꿔야 하지만, 승패를 결정짓는 마지막 게임에서는 한 선수가 5점에 도달했을 때 자리를 바꾼다. 단식경기는 대부분 5게임(혹은 7게임)을 실시한다.

서브

유효한 서브를 넣기 위해서는, 프리핸드(free hand: 라켓 반대쪽 손)로 공을 잘 토스해야 하고, 반드시 플레잉 서페이스(탁구대 윗면) 위에서 시작되어야 한다. 먼저 프리핸드의 엄지손가락을 나머지 손가락들로부터 분리시킨 상태로 손바닥을 펴, 그 위에 공을 올려 놓는다. 그런 다음, 공에 스핀을 주지 말고 거의 수직 방향으로 15cm 이상 토스해준다. 공이 아래로 떨어질 때 라켓으로 쳐서 서버의 코트에 먼저 맞힌 다음, 네트 위 혹은 옆으로 바로 넘어가 상대방 코트에 바운스 되도록 한다. 서브에서 라켓과 공이 접촉하는 순간에는 라켓 손잡이와 공이 서버 코트의 엔드라인 뒤에 있어야 하지만, 네트에서 가장 멀리 떨어져 있는 서버의 신체 부위(팔, 다리, 또는 머리)보다는 더 멀리 갈 수 없다.

유효한 서브리턴을 위해 리시버는 반드시 첫 번째 바운스 후 공을 쳐서 네트 위로 바로 넘기거나 혹은 옆으로 하여 상대코트에 떨어지게 해야 한다.

득점

랠리(rally)가 렛(let)이 되지 않는 한, 다음과 같은 상황에서는 상대방에게 점수가 주어진다.

1. 서브가 유효하지 못한 경우
2. 서브 리턴이 유효하지 못한 경우
3. 플레이 중 신체부위, 라켓, 유니폼, 장신구 등이 네트나 지지대를 건드린 경우
4. 플레이 중 신체부위, 라켓, 유니폼, 장신구 등으로 플레잉 서피스를 움직인 경우
5. 플레이 중 선수의 프리핸드가 플레잉 서피스에 접촉된 경우
6. 자신의 플레잉 서피스에 바운스 되기 전에 상대방이 친 타구에 유니폼이나 장신구 등이 맞았을 경우. 단, 이러한 상황은 반드시 타구가 엔드라인 혹은 사이드라인을 지나기 전에 일어나야 한다.
7. 플레이 중 선수가 공을 발리(volley)로 처리하였을 때, 즉 공이 탁구대 상단에 떨어지기 전에 치는 경우로, '렛' 상황은 예외로 한다.
8. 공을 두 번 연속 친 경우

렛(Let)

다음의 상황들에서는 렛이 선언되며, 플레이를 다시 해야 한다.

1. 서브된 공이 네트 혹은 지주대에 맞고 상대 코트에 떨어지거나, 또는 상대선수가 발리로 처리한 경우
2. 리시브하는 측의 선수(또는 조)가 준비가 되지 않는 상태에서 서브가 이루어진 경우. 단, 리시버나 그의 파트너가 공을 치려고 시도하지 않은 경우여야 한다.
3. 올바른 서브나 올바른 리턴을 하지 못했거나 규정을 준수하지 못한 것이 선수가 통제할 수 없는 상황에 의해 발생하였을 경우
4. '득점'의 3~7번 항목과 같은 상황이 선수가 통제할 수 없는 사건에 의해 발생하고, 그 득점을 포기한 경우
5. 순서나 자리 위치에 대한 에러를 고치기 위해 게임이 중단된 경우

스코어

랠리가 끝나기 전에 성공적인 리턴을 마지막으로 수행한 선수에게 1점씩 부여된다. 성공적이지 못한 리턴은 공을 맞히지 못한 경우, 허용되지 않는 라켓 면으로 공을 치는 경우, 테이블을 친 경우, 네트를 맞힌 경우, 또는 타구된 공이 자신의 코트에 먼저 맞는 경우에 발생한다. 또한 렛이 아니면서 서브가 유효하지 못한 경우에도 상대방에게 실점을 허용하게 된다.

인플레이(In play)

서브를 위해 프리핸드로 공을 토스하는 순간부터 렛 혹은 득점이 결정될 때까지, 플레이가 진행 중인 상황을 의미한다.

복식

유효 서브

복식 서브는 서브를 넣는 사람의 탁구대 오른쪽 코트에 공이 먼저 닿은 다음, 네트 위 혹은 옆으로 넘어가 상대방의 오른쪽 코트에 닿아야 한다는 점을 제외하고는 단식 서브와 같다. 센터라인이 각 진영의 오른쪽 코트를 구분해주는 경계선이다.

플레이 순서의 선택

공식대회 규정에는 동전던지기를 통해 이긴 팀이 먼저 자리를 선택하거나, 아니면 서브권이나 리시브 둘 중 하나를 선택하도록 되어 있다. 한 팀이 어떠한 선택을 하게 되면, 상대팀은 나머지 선택을 하게 된다.

서브권을 가진 팀의 두 선수들은 누가 먼저 서브를 넣을 것인가를 결정해야 하고, 이와 유사하게, 수비팀 역시 누가 먼저 리시브를 받을 것인가를 결정해야 한다.

서브 순서

서브권을 가진 팀에서 결정된 선수(1)가 두 번의 서브를 먼저 넣고, 상대팀에서도 선별된 선수(3)가 리시브를 받는다 (도해 31.2A). 그런 다음, 서브권이 넘어가 리시브를 받았던 선수(3)가 두 번의 서브를 넣게 되고, 상대팀은 처음 서브를 넣었던 선수의 파트너(2)가 리시버가 된다 (도해 31.2B). 세 번째 서브권의 경우, 처음 서브를 넣었던 선수의 파트너(2)가 두 번의 서브를 넣고, 상대팀은 처음 리시브를 받았던 선수의 파트너가(4)가 리시버가 된다 (도해 31.2C). 네 번째 서브권의 경우에는 처음 리시브를 받았던 선수의 파트너(4)가 두 번의 서브를 넣고, 상대팀은 처음 서브를 넣었던 선수(1)가 리시버가 된다 (도해 31.2D). 그리고 다섯 번째 서브권에서는 다시 처음으로 돌아가 같은 방식으로 게임이 끝날 때까지 혹은 스코어가 10:10 듀스가 될 때까지 진행된다. 듀스 상황에서는 게임이 끝날 때까지 각 선수가 돌아가면서 한 번씩 서브를 넣게 된다.

이전 게임에서 처음 서브를 넣었던 팀(혹은 단식에서의 선수)은 다음 게임에서 리시버가 된다. 매 게임에서의 서브 순서는 이전 게임의 순서와 반대로 진행된다.

한 게임 승부 혹은 두 게임 이상으로 구성된 매치의 마지막 게임에서는 어느 팀이든 5포인트를 먼저 획득한 경우, 다음 리시브조는 리시브 순서를 바꾼다.

기초 기술 및 테크닉

셰이크핸드 그립(Shakehands Grip)

셰이크핸드 그립은 매우 다양하게 활용되므로 많은 사람들이 선호하는 편이다. 라켓판을 바닥에 수직으로 세워 악수하듯이 손잡이를 잡아준다. 이때 집게손가락은 라켓판의 밑 부분을 따라가게 놓고, 엄지손가락은 반대쪽 면을 향하게 한다.

포핸드 그립(Forehand grip)

포핸드 그립에서는 라켓판과 가까워지도록 라켓을 짧게 잡는데, 이때 손과 검지로 라켓판의 일정부분을 잡

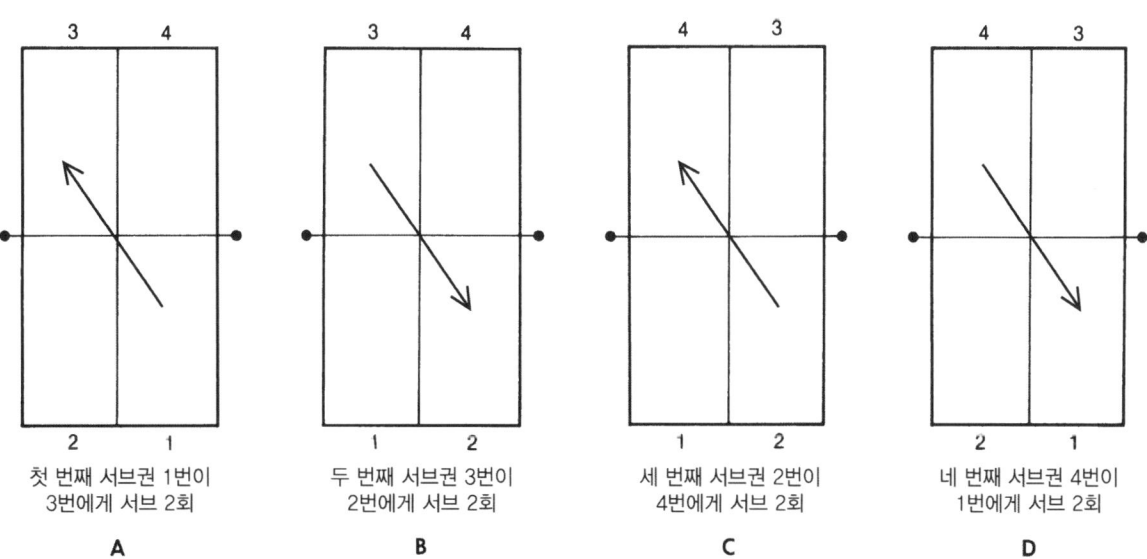

첫 번째 서브권 1번이	두 번째 서브권 3번이	세 번째 서브권 2번이	네 번째 서브권 4번이
3번에게 서브 2회	2번에게 서브 2회	4번에게 서브 2회	1번에게 서브 2회
A	**B**	**C**	**D**

도해 31.2. 복식에서의 서브 순서.

아주고, 엄지손가락으로는 반대쪽을 감싸 쥔다 (도해 31.3A).

백핸드 그립(Backhand grip)

백핸드 그립을 잡는 방법은 포핸드 그립과 동일하다 (도해 31.3B).

펜홀드 그립(Penhold Grip)

펜홀드 그립을 사용하는 선수가 백핸드와 포핸드 샷을 구사할 때에는 대부분 라켓의 한쪽 면으로만 볼을 친다. 따라서 랠리 중에 의도적으로 라켓을 돌려 반대쪽 면으로 공을 치는 경우가 아니라면, 그립 자세에는 변화가 없다. 라켓을 아래로 향하게 하여 손잡이와 라켓판이 만나는 지점에서 엄지와 검지로 라켓을 잡는다. 이것은 펜을 잡는 것과 유사한 모양새를 보이게 된다. 나머지 손가락들은 위로 말아 올려주거나 펴준다. 도해 31.3C와 D는 펜홀드 그립을 보여주고 있다.

그립에서 유념해야 할 핵심 내용

1. 라켓을 너무 타이트하게 잡지 않도록 한다.
2. 손목을 단단히 잡아주고, 라켓의 올바른 각도를 위해 필요하다면 전완(forearm)을 회전시켜준다.
3. 앞으로 나아가면서 포핸드 및 백핸드로 공을 칠 때에는, 가능한 몸을 돌려 공을 바라볼 수 있도록 한다.
4. 라켓 헤드가 아래로 떨어지면 손목이 꺾이게 되므로, 헤드의 위치를 수시로 확인한다.
5. 엄지와 검지가 제 위치에 있는지 주기적으로 확인한다.

서브 요령

포핸드 혹은 백핸드 스트로크로 톱스핀(topspin)을 주기 위해서는, 먼저 편평하게 한 프리핸드 위에 올려놓은 공을 위쪽으로 토스해주면서 적절한 궤도를 그리도록 한다 (도해 31.4). 공은 아래로 떨어지면서 라켓과 만나게 되는데, 이때 스윙은 앞으로, 그리고 위로 해주며, 라켓페이스(racquet face: 공과 직접 접촉하는 라켓의 전면)는 닫아준다(탁구대 상단과 네트를 향하도록 함).

백스핀(backspin) 서브의 경우 라켓을 아래쪽으로 그리고 앞쪽으로 움직이면서 공을 친다 (도해 31.5). 이때 라켓페이스는 열어줘야 한다(탁구대 상단과 네트로부터 위쪽으로 향하도록 함). 학습자는 연습을 통해 가장 효과적인 라켓 각도를 잡아가도록 노력해야 할 것이다. 백스핀 서브를 능숙하게 구사할 수 있게 되면, 포핸드 및 백핸드 사이드스핀(side-spin) 서브를 연습할 필요가 있다.

포핸드 사이드스핀 서브는 서버(오른손잡이)의 몸 앞에서 라켓헤드를 거의 수직으로 세운 상태로 공을 치며, 임팩트 순간 라켓을 오른쪽에서 왼쪽으로 스윙하면서 공의 옆면을 깎아 치듯이 타구한다.

백핸드 사이드스핀 서브의 경우(오른손잡이)에는 공이 왼손에서 릴리스되는 순간 몸 앞에서 라켓을 왼쪽에서 오른쪽으로 스윙하면서 공을 친다. 효과적인 스핀 서브를 위해서는 공에 스핀이 충분히 들어가야 한다.

서버는 서브를 넣을 때 엄지손가락을 제외한 손가락들을 모아 펴주도록 한다. 공을 컵 잡듯이 잡거나 감싸 쥐는 것은 허용되지 않는다. 만일 이 규정을 어겼을 때에는 렛이 선언되며, 서버는 경고를 받게 된다. 그리고 이러한 서브 반칙이 반복되면 상대방에게 실점을 허용하게 된다.

풋워크와 스탠스

테니스, 배드민턴, 또는 순간 동작을 지속적으로 수행

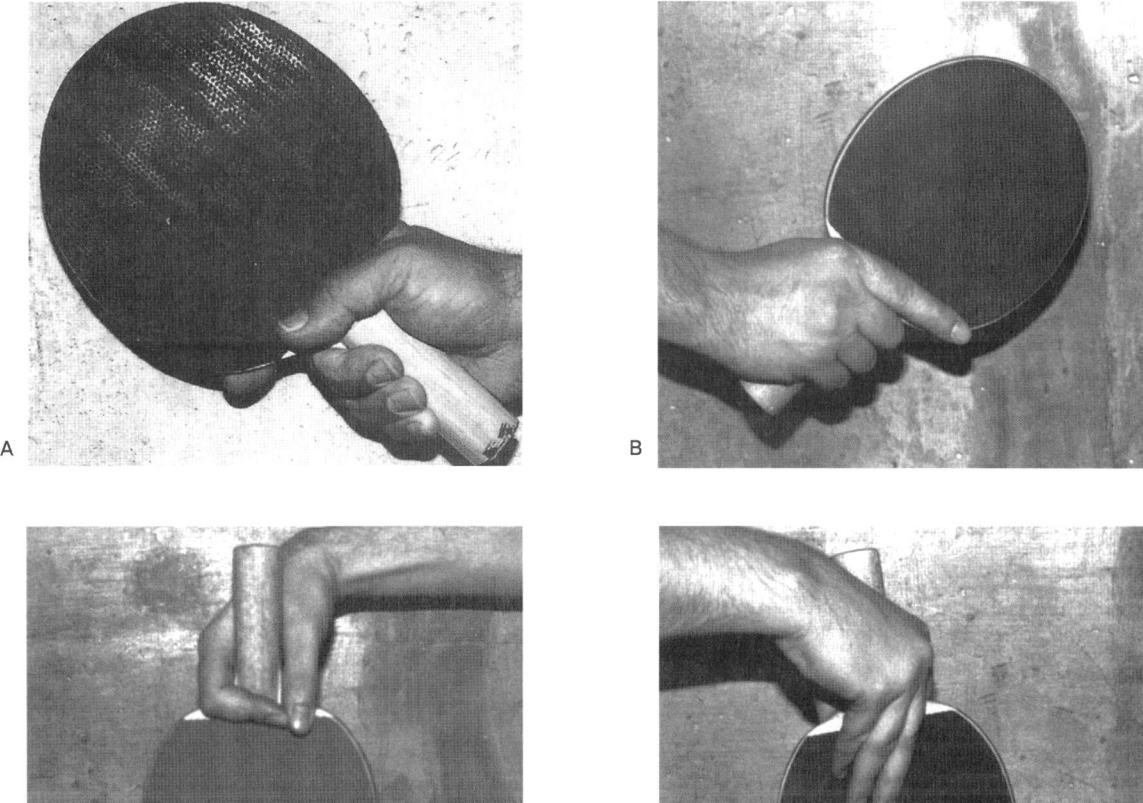

도해 31.3. 그림: A. 세이크핸드, 포핸드. B. 세이크핸드, 백핸드. C. 펜홀드, 볼을 치는 면. D. 펜홀드, 뒷면.

해야 하는 스포츠에서처럼, 서브와 리시브에서의 적절한 스탠스와 풋워크는 탁구를 배우는데 있어 중요하다.

초보자가 서브를 넣을 때의 이상적인 스탠스는 라켓을 잡은 쪽의 팔꿈치가 탁구대의 중앙선 바로 뒤쪽으로 약 1.5~2피트(45~60cm) 떨어진 곳에 위치하도록 자세를 잡는 것이다. 이때 몸은 약간 오른쪽으로 틀어주고, 양발을 적당히 벌린 채, 왼발을 앞으로 내민다(오른손잡이의 경우). 유념해야 할 서브 규정으로,

임팩트 순간에 라켓과 공은 모두 탁구대의 엔드라인 뒤쪽에 나와 있어야 한다는 점이다. 뿐만 아니라, 서브를 위한 토스는 탁구대 위쪽에서 시작되어야 한다.

서브 리시브를 위한 이상적인 스탠스는 라켓을 잡은 쪽의 팔꿈치가 탁구대의 중앙선 뒤쪽으로 약 2~2.5피트(60~75cm) 정도 떨어진 곳에서 자세를 취하는 것이다. 이때 양발은 적당히 벌린 채, 무릎은 약간 굽혀주고, 동시에 몸을 앞으로 기울이면서 경계태세를 갖춘다. 이 자세에서 선수는 포핸드 및 백핸드 샷을 구

도해 31.4. 포핸드 톱스핀 서브의 시작 동작.

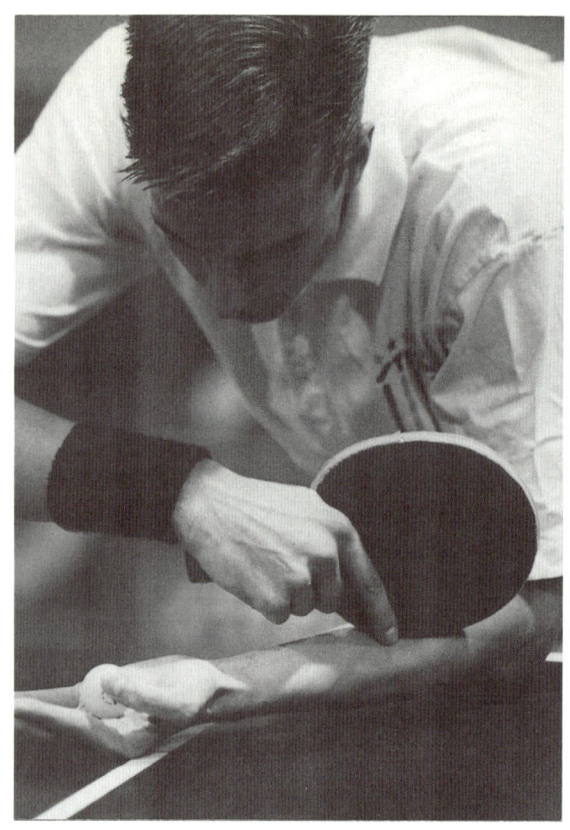

도해 31.5. 백핸드 서브.

사하기 위해 전후 그리고 좌우로 재빠르게 이동할 수 있게 된다. 샷을 한 후에는 원래의 자리로 되돌아와 다음 리턴을 준비해야 한다.

포핸드 혹은 백핸드 리턴 수행 시, 라켓과 공의 접촉이 이루어지는 순간에 발은 공의 비행궤도와 수직이 되는 지점에서 자리를 잡고 있어야 한다. 그리고 발을 적당히 벌려, 샷을 구사할 때 전후로의 체중이동이 잘 되도록 해야 한다.

공을 칠 때에는 가능한 몸이 앞으로 나가면서 치도록 한다. 그리고 효과적인 샷을 구사하고자 한다면, 플레이 하는 내내 공을 바라보고 있어야 한다는 점을 잊지 말아야 한다. 또한, 샷을 구사한 후에는 재빨리 코트 중앙으로 되돌아 와야 한다는 것도 기억하고 있어야 한다.

스트로크 테크닉(Stroke Techniques)

푸시 샷(Push shot)

푸시 샷은 백스핀 서브나 샷을 가장 쉽게 처리할 수 있는 방법이다. 백핸드 푸시는 공이 바운스된 후, 몸 앞쪽에서 라켓페이스를 약간 아래로 내린 상태로 공을 부드럽게 쳐 네트너머로 넘기는 기술이다. 백핸드 푸시는 몸 앞쪽에서 이루어지는 반면, 포핸드 푸시는 포핸드 사이드에서 이루어진다.

또한, 공과 라켓의 접촉이 이루어지는 순간에는 거의 정지된 동작이 되어야 공이 라켓에 자연스럽게 팅겨나가 네트 너머로 넘어가게 된다. 탁구에서는 이것을 '블록 샷(block shot)'이라고도 하며, 다음에 나오는 드라이브 샷의 축소판이라고 할 수 있다.

포핸드 톱스핀 샷(Forehand topspin shot)

포핸드 톱스핀 샷은 공격용 드라이브 샷의 기초기술이다. 이 샷은 라켓을 위로 그리고 앞쪽으로 강하게 스윙함으로써 만들어진다. 공은 몸 우측 앞에 놓고(오른손잡이의 경우) 바운스의 최고점 혹은 그 지점을 지난 직후에 쳐야 한다. 공과의 접촉이 이루어지는 시점에서 라켓을 앞으로 기울여준다. 라켓을 위로 들어 올리는 동작을 통해 공에 더 많은 스핀을 줄 수 있게 된다. 이 샷은 기술과 정확성 모두를 필요로 하기 때문에 코트 깊숙이 오거나 바운스가 높은 공을 처리하는 데 가장 적합하다고 할 수 있다. 팔꿈치를 기준으로 팔을 뒤로 돌려주면서 체중을 앞쪽으로 이동시킴으로써 샷에 파워를 부가시킬 수 있다.

포핸드 및 백핸드 루프 샷(Forehand and backhand loop shots)

루프 샷을 구사하기 위해서는 먼저 무릎을 굽히고 탁구대 아래에서 라켓을 아래쪽으로 향하게 한 자세를 취한다. 루프 샷은 라켓헤드를 높이 그리고 뒤로 뺀 뒤 충분히 낮췄다가, 전방으로 완만하게 상향궤도를 그리면서 스윙을 이어간다. 이러한 방식으로 스윙을 하게 되면, 공에 많은 스핀을 줄 수 있게 되고, 이렇게 스핀이 걸린 공은 높이 떠서 상대코트 깊숙한 곳에 바운스된다. 라켓헤드를 높이 들어 올린 채 샷 동작을 마무리한다. 임팩트 순간 손목 스냅을 사용하면 공의 스핀과 스피드를 높일 수 있다. 날아오는 공의 구질과 스핀 정도에 따라 스윙 방향, 즉 위쪽으로의 스윙과 앞쪽으로의 스윙 둘 중 어느 쪽에 더 집중할 것인지를 결정해야 한다.

백핸드 드라이브(Backhand drive)

백핸드 드라이브는 포핸드 드라이브와 유사하나, 한 가지 다른 점은 몸을 옆으로 돌리지 않은 상황에서 스윙이 몸 앞쪽에서 대각선방향으로 이루어지기 때문에, 상대방코트에 떨어지는 지점이 상대적으로 더 짧다. 공은 몸 앞쪽이면서 약간 옆쪽에서 바운스된 후 떠오를 때 치는 것이 좋다. 공을 타구하는 순간 손목 스냅을 약간 주더라도 라켓은 공이 날아가는 방향을 따라 앞으로 계속 나아가야 한다. 라켓은 거의 수직으로 세워주고, 공이 타구될 때 탁구대 상단을 향해 라켓을 아래쪽으로 돌려준다(시계방향).

포핸드 촙(Forehand chop)

포핸드 촙은 주로 수비용으로 사용되는 스트로크이다. 이것은 마치 손도끼로 사물을 자르는 듯한 형태로 동작수행이 이루어진다. 이 스트로크는 가능한 어깨 높이 정도에서 시작하여, 라켓판 상단을 오픈시킨(공에서 멀어지도록 뒤로 기울임) 채, 앞쪽으로 그리고 아래쪽으로 스윙한다. 그런 다음, 몸 앞에서 팔을 최대한 편 상태로 스트로크를 마무리 한다. 공의 뒷면 아래쪽을 자르듯이 하는 라켓의 다운스윙은 타구된 공에 백스핀이 들어가게 한다. 이 스트로크는 빠른 스피드로 전개되어야 한다. 촙 샷(chop shot)은 수비용 리턴에 주로 사용된다.

백핸드 촙(Backhand chop)

백핸드 촙 역시 라켓을 뒤로 기울여주어야(오픈) 한다. 이 스트로크는 포핸드 촙과 유사하지만, 동작이 상대적으로 더 짧고, 전완과 손목을 더 강하게 사용해야 한다. 이 스트로크는 가슴 높이 정도에서 시작하여 허리 높이 정도에서 끝난다. 대부분의 샷과 마찬가지로, 백핸드 촙 역시 많은 연습을 통해 컨트롤과 정확성을 적정 수준으로 끌어올려야 한다.

드롭 샷(Drop shot)

드롭 샷은 라켓으로 마치 드라이브를 넣는 것처럼 하

다가, 라켓의 전진 동작에서 정지하고, 임팩트 직전에 라켓페이스를 오픈시켜 공을 쳐 네트너머 바로 앞에 떨어지게 하는 기술이다. 이 샷은 가끔씩 사용해야 하며, 페이스의 변화, 상대수비 교란, 또는 이전 샷에 의해 상대선수가 탁구대에서 멀리 떨어졌을 때 사용하면 효과적이다.

스매싱(Smash shot)

스매싱은 따로 설명이 필요 없는 기술이다. 이것은 공이 네트보다 더 높이 바운스되었을 때(바운스가 높을수록 더 좋음) 사용된다. 스매싱은 라켓을 앞쪽으로 그리고 아래쪽 방향으로 스윙하면서 공을 정면으로 쳐서 상대코트에 넘기는데, 이때 공에는 스핀이 들어가지 않도록 해야 한다. 이 샷은 유리한 상황이 도래하였을 때에만 시도하도록 한다. 스매싱을 할 때에는 체중을 뒤에 놓고 정확한 동작으로 수행하여야 한다. 스매싱은 킬(kill) 혹은 득점 샷이기도 하다. 단, 스매싱 후 탁구대를 건드리면 안 된다는 점을 기억해야 한다.

스트로크 수행 시 유념해야 할 핵심내용

1. 다양한 전략과 샷을 구사한다. 상대방으로 하여금 다음 스트로크가 무엇이지를 추측하도록 만든다.
2. 상대방의 약점을 집중 공략하는 반면, 자신의 약점은 보완하도록 한다.
3. 스핀의 컨트롤과 정확성에 초점을 맞춰 연습한다.
4. 드라이브가 더 적절하고 안전한 상황에서 스매싱을 구사하지 않도록 한다.
5. 공에 집중한다.
6. 스매싱 수행 시, 너무 급하게 서두르거나 초조해하지 않도록 한다.
7. 상대방에게 자신의 의도나 샷을 미리 내보이지 않도록 한다.
8. 만일 타구가 네트를 때리는 경우가 너무 잦으면, 수평

스윙 대신 위로 들어 올려주는 동작으로 스윙한다.
9. 드라이브의 마무리 동작으로 팔로우스루를 반드시 수행해야 한다.
10. 다양한 서브와 리턴을 구사한다.
11. 주어진 자세에서 나올 수 있는 것보다 더 강하게 치지 않도록 한다.
12. 완벽한 자세를 갖추도록 노력한다.
13. 항상 상대방이 공을 리턴할 것이라고 가정한다.
14. 자세는 항상 고정시키고, 스피드와 파워를 위해 자세가 흐트러지지 않도록 한다. 스피드와 파워는 좋은 자세와 테크닉이 갖춰지면 자연적으로 좋아질 것이다.

전략

경기 중 상대방이 구사한 볼 스핀의 종류와 양을 최대한 빨리 알아차리는 것은 매우 중요하다. 샷은 종류에 따라 여러 가지 스핀을 만들어내기 때문에, 각각에 대한 적절한 대응 샷(counter shot)이 반드시 구사되어야 한다. 이러한 게임의 다양한 측면에 능숙하게 대응하기 위해서는 많은 학습과 연습이 필요하다.

단식 플레이

수비와 공격 모두에 있어 아마도 가장 안전한 전략은 테니스에서도 그러하듯이, 상대선수의 실수를 유도하는 것이다. 따라서 공을 상대코트에 안전하게 리턴시키는 데 집중해야 한다. 볼 스피드를 다양하게 하여 리턴시키도록 한다. 다양한 샷을 구사하고 상대선수의 약점과 장점을 분석하도록 한다. 그런 다음, 상대선수의 약점을 집중 공략한다. 상대방으로 하여금 계속 추측하도록 만들면서도, 쉬운 샷은 주지 않도록 한다. 인플레이가 계속 지속되도록 한다.

복식 플레이

복식 플레이의 전략은 기본적으로 단식과 동일하다.

복식은 파트너와 번갈아가면서 샷을 성공적으로 구사하는 단식게임이라 보면 된다. 그러므로 복식에서의 공격전술의 핵심은 테니스에서처럼, 상대선수들을 계속해서 뛰어다니게 하면서 균형을 깨뜨리는 것이다. 경기 흐름을 늦추지 말고, 플레이 템포를 변화시키면서 다양한 샷을 구사하도록 한다.

게임 시작 시 동전을 던져 이겼다면, 먼저 리시브를 하는 것이 올바른 선택일 것이다. 이럴 경우, 상대팀은 누가 먼저 서브를 넣을 것인지를 결정해야 하고, 리시빙 팀(receiving team)은 그것을 지켜보고 나서 누가 리시브를 할 것인지를 현명하게 결정할 수 있다(서버와 리시버는 게임 내내 동일해야 함). 먼저 리시브를 함으로써, 마지막 게임이 끝나는 중요한 순간에 유리한 위치를 점령할 수 있을 것이다.

공에서 눈을 떼지 않도록 해야 한다. 각 게임 상황에 적절한 샷 종류를 빠르게 선택하는 요령을 익히도록 한다. 샷은 되도록 대각선 방향으로 보내고, 지속적으로 상대선수들의 균형을 깨뜨리도록 노력한다. 다양하고 상대방을 속일 수 있는 공격을 지속적으로 구사하는 반면, 수비할 때에는 상대선수들이 다음 샷을 예상할 수 없도록 한다.

매번 샷을 구사하고 나면 반드시 준비 자세를 제대로 갖추어야 한다. 보통 팀의 한 선수는 샷을 구사한 후, 다음 플레이에 지장을 주지 않는 범위 내에서 탁구대에서 뒤쪽으로 빠져줌으로써 파트너의 이동경로를 막지 않으려고 애를 쓴다. 좌우로 왔다 갔다 하는 움직임은 자신의 순서가 왔을 때 제자리를 찾지 못하는 결과를 종종 초래할 수 있다.

교육 시 고려사항

1. 학생들로 하여금 먼저 포핸드로 공을 위 아래로 바운스 시키는 연습을 하도록 한 다음, 백핸드와 라켓을 양쪽 면을 교대로 사용하면서 동일한 연습을 하도록 한다. 또한 거리의 변화를 주면서 벽에다 공을 치거나 두 학생들로 하여금 서로 마주보고 탁구대 없이 발리를 주고받도록 하는 것도 유익한 연습이 된다.

2. 처음 시작할 때에는 가능한 탁구대 1개에 2명의 학생들로 조를 짜 연습하도록 한다.

3. 초보자의 경우, 그립 잡는 법을 가르치고 단순하고 쉬운 서브(공이 탁구대에서 바운스 되어 올라갈 때 드롭 샷을 구사함)를 넣어준다. 여기에서의 주요 목적은 인플레이 상황을 이어가는 것이다. 정식 서브와 스핀은 나중에 지도하면 된다.

4. 준비 자세와 포핸드 및 백핸드 라켓 자세를 가르친다. 초보자들에게 구체적인 공격 스트로크를 소개하기 전에 파트너와 함께 공을 치면서 서로 주고받는 연습을 하도록 한다. 이 연습에서 학생들이 공을 최소한 8번 연속으로 네트를 넘길 수 있다는 것은 실제 게임 상황에서처럼 네트 쪽으로 공을 낮게 타구하고 상대 코트의 여러 지점으로 보낼 준비가 되었다는 것을 의미한다.

5. 기본적인 볼 컨트롤 능력이 갖춰진 후에는 특정 유형의 공격 및 수비 샷을 가르치고 스핀 샷을 소개한다.

6. 복식 규칙 전에 단식 규칙을 먼저 가르치도록 한다.

7. 매 레슨 때마다 게임이나 비슷한 형태의 플레이를 할 수 있는 기회를 제공해준다. 게임 시에는 스코어나 규칙의 변형을 통해 플레이가 기술 향상을 도모할 수 있도록 한다(예: "공은 항상 네트 위로 6인치[15cm] 이상 떠있어야 한다." 또는 "공은 반드시 상대코트의 양쪽 면에 교대로 바운스 되어야 한다.").

8. 게임을 할 때에는 기술 수준이 비슷한 학생들끼리 매치시킨다. 학생 수가 많은 경우에는 점수제가 아닌 시간제를 적용하여 모든 학생들이 동일한 플레이 시간을 가지면서 로테이션이 이루어지도록 한다.

용어 해설

USATT 미국탁구협회.

데드(dead) 스핀이 없는 공.

듀스(deuce) 게임이 10:10 동점이 된 상황을 말하며, 2점을 먼저 득점하는 쪽이 승리한다.

드라이브(drive) 공을 칠 때 라켓을 약간 앞쪽으로 돌려 주면서 톱스핀(topspin)을 주는 것으로, 라켓페이스를 닫아서 볼을 쳐야 한다.

드롭 샷(drop shot) 네트를 겨우 넘길 정도의 샷. 이 샷은 상대선수가 탁구대에서 떨어졌을 때 사용하면 가장 효과적이다.

딥(deep) 엔드라인에 매우 근접한 곳에 바운스 되는 공.

랠리(rally) 양 팀이 계속해서 타구하는 것으로, 득점상황이 발생하면 종료된다.

러버(rubber) 라켓에 붙이는 탄력성 있는 고무.

렛(let) 경기 중인 아닌 노 플레이(no play) 상황으로, 서브된 공이 네트를 맞고 넘어갔을 때, 리시버가 준비가 안 되었을 때, 또는 예기치 못한 상황으로 인해 서브나 리턴이 방해받았을 때 선언된다.

로디드(loaded) 스핀이 많이 들어간 공.

루프(loop) 공의 아랫면에 라켓을 최대한 격렬하게 마찰시켜 전면으로 강한 톱스핀을 거는 동작.

매치(match) 단체전이나 개인전에서 3게임 또는 5게임을 묶어서 1 매치라고 한다.

발리(volley) 공이 탁구대에 떨어지기 전 공중에 있을 때 치는 반칙 행위.

백스핀(backspin) 공이 날아오는 방향과 반대방향으로 회전시키는 것(시계반대방향으로의 스핀)으로, 주로 수비용 샷으로 사용된다.

백핸드(backhand) 손등을 동작 방향 쪽으로 향하게 하여 공을 치는 것.

블레이드(blade) 라켓페이스 중 커버를 제외한 모든 부위.

블록(block) 라켓을 공이 오는 방향에다 정면으로 대면서 바운스 된 공을 바로 블록 시키면서 네트를 넘기는 빠른 리턴을 말한다.

서브(serve) 탁구 경기를 시작하는 제 1구를 말한다.

셰이크핸드(shakehands) 탁구의 두 가지 주요 그립 중 하나로, 악수하듯이 라켓손잡이를 잡는다.

순위(rating) 개인전 경기결과에 따라 선수들에게 주어지는 번호. 번호가 높을수록 더 뛰어난 선수임을 의미한다.

스매싱(smash) 빠르고 강하게 치는 샷으로, 보통 공의 바운스가 높을 때 시도한다.

스코어(score) 스코어는 항상 서버의 것부터 먼저 부른다.

스핀(spin) 공의 회전.

애드(advantage: ad) 어드밴티지. 게임을 끝내는 데 있어 유리한 위치에 있다는 의미로, 주로 듀스 상황에서 서버가 먼저 득점을 올리면 애드 인(ad in), 그리고 리시버가 먼저 득점을 올린 경우에는 애드 아웃(ad out)이라고 한다.

앵글 샷(angle shot) 대각선 방향의 상대코트로 샷을 날리는 것으로, 크로스코트 샷(crosscourt shot)이라고도 한다.

에이스(ace) 리시버의 리턴이 불가능한 샷에 의한 득점.

오픈 라켓(open racquet) 라켓페이스를 연 상태로 라켓 상단 부위를 뒤로 젖혀준 형태.

점수(points) 한 게임은 11점으로 구성되며, 반드시 2점 차이가 나야 한다.

촙(chop) 공의 뒷면을 아래쪽으로 치면서 백스핀을 넣는 샷으로, 탁구대에서 떨어졌을 때 수비용으로 주로 사용한다.

클로즈드 라켓(closed racquet) 라켓페이스를 닫은 상태로 라켓 상단 부위를 앞으로 숙여준 형태.

킬 샷(kill shot) "스매싱"의 정의와 같다.

톱스핀(topspin) 전방으로의 회전(시계방향으로의 회전).

투-스텝 풋워크(two-step footwork) 한발로 이동하고자 하는 방향으로 짧은 스텝을 밟는 동시에 다른 발로 스텝을 밟아주면서 양쪽 발이 동시에 움직이는 것을 말한다.

팔로우스루(follow-through) 공을 친 후 스윙을 계속 이어가는 것.

펜홀드(penhold) 탁구의 두 가지 주요 그립 중 하나로, 펜을 잡듯이 라켓손잡이를 잡는다.

포핸드(forehand) 손바닥을 동작 방향 쪽으로 향하게 하여 공을 치는 것.

푸시(push) 백스핀 샷에 대해 백스핀 리턴으로 응수하는 것.

플랫(flat) 스핀이 들어가지 않은 공으로서, 보통 속도가 매우 빠르다.

플레잉 서피스(playing surface) 에지를 포함한 탁구대 상단 전면을 말한다.

플립 또는 플릭(flip, or flick) 네트 부근의 짧고 낮은 공을 적극적인 선제공격의 일환으로 가볍게 타구하는 것을 말한다.

핍스(pips) 라켓의 공을 치는 면에 붙이는 고무시트의 한쪽 면에 있는 원뿔모양의 미세한 고무.

혼합복식(mixed doubles) 남녀 선수 한명씩으로 구성된 양 팀의 경기.

추가 읽을거리

Boggan, T. 2000. *History of U.S. table tennis, Vol I.* Geneva, Switzerland, Below the Line Productions S.A.

Charyn, J. 2001. *Sizzling chops and devilish spins: Ping pong and the art of staying alive.* New York, NY: Four Walls Eight Windows.

English Table Tennis Association. 2000. *Know the game: Table tennis.* London, England: A & C Black Publishers.

Gudal, M. 1997. *Train to win.* Ottawa, Ontario. Published by author.

Gurney, G. 1994. *Table tennis: The early years.* 53 London Road, St. Leonards-on-Sea, East Sussex, TN37 6AY, England, International Table Tennis Federation.

Hodges, L. 1993. *Table tennis: Steps to success.* Champaign, IL: Human Kinetics. 120개 이상의 드릴과 140개의 삽화 포함.

The laws of table tennis. Current ed. Colorado Springs, CO: USA Table Tennis.

Messins, D. 2000. *Table tennis from A to Z.* Athens, Greece. Published by author.

Seemiller, D., and Holowchak, M. 1997. *Winning table tennis: Skills, drills and strategies.* Champaign, IL: Human Kinetics.

정기간행물

USA Table Tennis Magazine. Published by USA Table Tennis, One Olympic Plaza, Colorado Springs, CO 80909.

자료

비디오

Available at http://www.Alphatt.com

Two videos—*Modern table tennis 101 and Modern table tennis 102.*

그 외 비디오 자료는 부록 C를 참조하라.

웹사이트

ITTF Web site: www.ittf.com

NCTTA: www.nctta.org 전미대학탁구협회(national collegiate table tennis association)

Table-Tennis.Com: www.table-tennis.com

USATT-Net: www.usatt.org

32 테니스

이 장을 완벽하게 습득한 뒤, 독자들은 다음과 같은 사항들을 할 수 있어야 한다.

▶ 테니스 역사의 발전에 대한 기본적인 지식을 습득한다.

▶ 적절한 장비를 선택하는 방법을 이해한다.

▶ 테니스의 규칙과 득점방식을 인지하고 경기 에티켓을 익힌다.

▶ 플레이 기술을 효과적으로 구사하기 위한 기본 기술을 실행하고 시범을 보인다.

▶ 경기에서 승리하기 위한 기본 전략을 학습한다.

▶ 견실한 훈련 및 실전 기술을 사용하여 다른 사람을 가르친다.

역 사

고대 그리스와 로마제국 시절에 테니스와 유사한 형태의 스포츠를 즐겼으며 동양에서는 2천 년 전에 일종의 라켓으로 공을 쳐서 서로 주고받는 운동이 존재했다는 증거가 있다. 또한 기원전 500년 경 이집트나 페르시아에서 테니스가 시작되었을지도 모른다는 증거도 있다.

고대에도 테니스가 존재했다는 반론이 있지만 13세기 프랑스에서 즐기던 게임이 오늘날의 테니스와 가장 흡사하다는 데는 이견이 없다. 쥬 드 뽐므(jeu de paume, 직역하면 '손으로 하는 게임'이다)라는 이 게임은 맨손으로 속을 채운 헝겊 공을 쳐서 가운데 쳐 놓은 밧줄을 넘기는 형태에서 출발했다. 그리고 손잡이가 짧은 라켓, 훗날 손잡이가 긴 라켓을 사용하면서 이 게임은 대중화되기 시작했다. 14세기 말, 잉글랜드에서도 확고히 자리를 잡게 된다.

프랑스 심판들이 '테네즈(tenez)'라고 하는 말을 들은 영국인들이 '테니스'라는 이름을 붙였다는 것이 정설이다. 테네즈는 야구심판들이 외치는 '플레이 볼'과 비슷한 말로써 경기를 다시 시작한다는 의미였다. 영국인들은 테네즈가 '손(le paume)'을 의미한다고 생각했다. 그리고 나중에 테니스라는 영어 단어가 그 자리를 대신했다.

15세기 초 프랑스에는 1,400명의 프로 테니스 선수가 있었지만 1599년이 되어서야 표준화된 정식 규칙이 만들어졌다. 16세기 및 17세기에 영국과 프랑스에서 테니스는 최고의 인기를 누렸지만 영국에서는 시민전쟁이, 프랑스에서는 혁명이 일어나며 거의 자취를 감추게 되었다.

그 후 영국에서 다시 테니스가 모습을 드러낸 곳은 1873년 육군 소령 윙필드(Walter C. Wingfield)가 주최한 가든파티였다. 윙필드 소령은 손님들에게 '스페어리스타이크(sphairistike)'라는 게임을 소개했으며, 이 경기는 훗날 경기의 형태를 묘사하여 '론 테니스(lawn tennis)'라고 불리게 된다. 윙필드 소령의 파티에 참석한 손님 중에는 육군 장교가 있었는데 그는 발령지인 버뮤다(Bermuda)에 주둔해 있던 군대의 오락거리로 이 경기를 소개했다. 1873년 겨울부터 1874년까지 버뮤다 섬에서 휴가를 보내던 아우터브리지(Mary Outerbridge)는 이 경기에 매료되었고 테니스 장비를 갖고 뉴욕의 집으로 돌아오게 된다.

스태튼아일랜드 크리켓 팀과 야구클럽의 회원이던 아우터브리지는 클럽의 허가를 받아 사용되지 않는 운동장 구석에 테니스 코트를 만들었다. 몇 년 지나지 않아 미국 동부의 경우 모든 주요 크리켓 클럽에서 테니스를 치게 되었고 곧 대중이 즐기는 스포츠가 되었다. 그러나 규칙은 제각각이었고 결국 1880년 아우터브리지의 오빠는 표준화된 규칙을 정립하기 위해 뉴욕에서 회의를 소집했다. 그 결과 미국테니스협회(USTA: United States Tennis Association)가 설립되어 오늘날까지 미국 테니스계 전체를 관장하고 있다.

같은 해 말, 로드아일랜드 주 뉴포트에서 미국 최초의 전국 대회가 열렸다. 이후 1915년 롱아일랜드로 개최시가 변경되었다가 1978년 현재 개최지인 뉴욕 시의 내셔널 테니스 센터(the National Tennis Center)로 옮겨졌다. 이 대회는 U.S.오픈의 전신이다. U.S.오픈은 호주오픈, 프랑스오픈, 윔블던과 함께 프로 투어에서 '그랜드슬램'으로 꼽히고 있다.

테니스는 제1회 아테네 올림픽부터 정식종목으로 채택되었지만 프로 선수의 참가가 문제가 되어 1924년 파리 올림픽을 마지막으로 제외되게 되었다가 1988년 서울 올림픽에서 부활하기에 이른다. 당시 여자 단식에서 우승한 독일의 슈테피 그라프(Steffi Graf)는 같은 해 4대 그랜드슬램까지 휩쓸어 '골든 그랜드슬램'이라는 엄청난 업적을 이루었다.

테니스가 대중화된 의미와 원인

테니스는 전 세계인들이 평생 즐길 수 있는 대중적인 스포츠이며 그 이유는 다음과 같다.

1. 장애가 없는 사람들은 물론 장애가 있는 사람들까지도 즐길 수 있다.
2. 남성과 여성 모두 즐길 수 있고 혼성대회에도 적합하다.
3. 두 명 또는 네 명만 있으면 할 수 있다.
4. 실내 및 실외에서 모두 할 수 있다.
5. 격렬한 신체활동을 제공하는 종목으로써 심폐지구력와 민첩한 동작, 그리고 유연성을 요구한다.
6. 어디서든 공공 및 사설 코트를 이용할 수 있다.
7. 기술 수준이 어떻든 각자 자신에게 맞는 테니스 수업을 받을 수 있다.
8. 지역사회 대부분에서 여가로 테니스를 즐기는 사람들을 위한 조직화된 리그와 토너먼트가 개최된다.
9. 장비의 가격이 비교적 낮다.
10. 개인은 물론 팀 종목으로 치를 수 있다.

장비

복장

역사적으로 테니스 복장은 패션과 기능적인 면을 모두 갖추어왔다. 오랜 세월 동안 테니스 복장은 '모두 흰색'이라는 특징을 지녔으며 입는 사람의 사회적 지위를 나타내는 역할을 했다. 그러나 오늘날 테니스 의류는 기능적인 면을 훨씬 강조하고 있다. 마이크로파이버로 만들어진 의류는 발한작용이 원활하여 더욱 안락한 상태에서 테니스를 칠 수 있게 되었고, 신발은 발에 꼭 맞고 충격을 흡수하며 내구성이 강하게 디자인된다.

공

테니스공은 고무 컵 두 개의 아귀를 맞추고 색깔이 있는 펠트로 씌운 뒤 일정한 압력까지 공기를 불어넣어 만든다. 제조사 대부분은 정상고도 및 고지대용 공을 생산한다. 고지대용 공은 표준 공보다 낮은 압력으로 공기가 주입되어 해발 4,000피트(1,219미터) 이상 지역에서 플레이하기 적합하다. 제조사들은 다양한 색상을 사용하여 테니스공을 만들어보았지만 그 중 눈에 잘 띄는 노란색이 가장 널리 제조되고 있으며 프로 투어에서도 노란색 공이 사용되고 있다.

라켓

오랫동안 테니스 라켓은 나무로 만들어졌고 프레임의 크기와 모양 역시 별로 변하지 않았다. 그러던 중 1970년대 금속 라켓이 나무 라켓을 대체하기 시작했고 곧 합성소재로 만든 프레임이 금속 프레임을 대체하기 시작했다. 오늘날 테니스 라켓 대부분은 그래파이트, 케블라 섬유, 또는 유리섬유로 만들어진다.

1980년대 중반 스포츠용품 회사인 윌슨(Wilson Sporting Goods) 사는 파격적인 프로파일(Profile) 와이드보디 라켓을 처음 출시하며 프레임 디자인과 개발에 혁명을 일으켰다. 와이드보디 라켓이 지닌 가장 큰 장점은 세로로 더 견고해져 평범한 디자인의 라켓보다 더 강한 힘을 발휘한다는 것이었다. 반면 와이드보디 라켓의 가장 큰 단점은 공을 칠 때 충격이 팔로 더 많이 전달되고 스트링이 빨리 마모된다는 것이다.

그 이후 제조사들은 프레임의 폭, 길이, 구성 등의 특징을 지속적으로 개조하여 테니스를 치기에 더 적합한 프레임을 만들기 위해 노력해왔다. 그 결과 최근 제조사들은 '스위트스폿(sweet spot: 공을 칠 때 적은 힘을 들이고도 원하는 방향으로 더 멀리, 빠르게 날아가게 하는 최적의 지점 – 역자 주)'이 넓어 중심에서 벗어난 지점으로 샷을 하더라도 힘을 발휘할 수 있는 라켓 프레임을 개발했다. 그러한 일이 가능했던 것은 무엇보다 프레임의 모양을 삼각형으로 만든 덕분이었는데, 프레임을 삼각형으로 만들 경우 스위트스폿이 넓어지고 라켓 머리 쪽으로 옮겨 간다.

스트링

테니스 라켓의 스트링은 14(두꺼움)-18(얇음)게이지까지 다양한 직경의 것이 사용되며 여가생활로 테니스를 치는 사람들은 16게이지의 스트링을 가장 많이 사용한다. 스트링은 주로 천연 거트(소의 창자)와 합성소재로 만들어진다. 프로 선수들은 아직도 천연 거트 스트링을 가장 많이 사용하지만 취미로 테니스를 즐기는 동호인들은 내구성이 강하고 가격이 저렴한 합성소재 스트링을 사용한다. 보통 테니스 라켓의 텐션은 55~70파운드(25~32kg)이다. 텐션이 높은 라켓은 공을 강하게 치는 플레이어에게 적합한 반면 중간 범위의 텐션을 지닌 라켓은 동호인에게 적합하다. 테니스 라켓 스트링은 시간이 지남에 따라 탄력이 떨어지고 마모되므로 주기적으로 교체해주어야 한다. 교체 주기는 플레이의 빈도와 수준에 따라 달라진다. 적절히 즐기는 수준의 플레이어들의 경우 1년에 한 번이 일반적인 교체주기이다. 활발한 플레이어들은 보통 1년에 몇 차례 스트링을 교체한다.

그립

플레이어의 손이 위치하는 라켓 부분을 '그립'이라고 부른다. 성인용 테니스 라켓 그립은 둘레가 4~5인치(10.2~12.7cm)이고 $1/8$ 인치(0.32cm) 단위로 사이즈가 달라진다. 성인 남성의 경우 가장 일반적인 그립 사이즈는 4$1/2$ 와 4$3/4$ 인치(11.5~12.1cm)이다. 성인 여성의 경우 4~4$1/2$ 인치(10.2~11.5cm)가 가장 일반적이다. 어린이용 라켓의 그립은 주로 3~4인치(7.65~10.2cm)로 성인용에 비해 작다. 올바른 그립 사이즈를 측정하는 방법은 이스턴 포핸드 그립 (도해 32.1)을 취하는 것, 즉 엄지가 중지의 첫 번째 마디에 살짝 닿은 상태로 라켓을 쥐어보는 것이다. 그립이 너무 작으면 공이 라켓 중심에서 벗어난 곳에 맞았을 때 손이 뒤틀릴 수 있고 그립이 너무 크면 공을 때릴 때 라켓을 제대로 들고 있기 힘들기 때문에 올바른 그립을 선택해야 한다.

코트

테니스 코트의 표면은 클레이, 잔디, 시멘트나 아스팔트, 합성고무, 이렇게 네 가지 재료로 만들어진다. 미국의 퍼블릭 코트는 대체로 내구성이 강하고 유지비가 적게 드는 시멘트나 아스팔트로 마무리된다. 반면 유럽, 남아메리카, 미국 남동부에서는 여전히 클레이 코트가 주를 이룬다. 최근 미국의 다른 지역에서도 클레이 코트가 다시 각광을 받고 있는데, 이는 하드 코트에 비해 몸에 스트레스를 덜 주고 공을 치기 쉬우며 신발도 덜 마모되기 때문이다. 또한 공이 더 높게 바운드 되어 플레이어가 리턴할 수 있는 위치까지 갈 시간이 길어지기 때문에 매치 플레이에 특히 적합하다. 그로 인해 빠른 코트에서보다 랠리가 길어지고 플레이어들은 더욱 열중하게 된다. 잔디 코트는 표면이 차분하고 부드럽다는 장점을 지니며 그로 인해 몸과 장비에 부담을 덜어주지만 유지비용이 높고 내구성이 떨어진다는 한계를 지니고 있다. 잔디 코트는 사설 클럽과 리조트에서 가장 많이 볼 수 있다. 합성고무 코트는 다목적 경기장에서 열리는 실내 프로 대회나 대학의 체육관 등에서 주로 사용된다.

테니스 코트는 대부분 단식과 복식 모두에 맞게 지어지고 라인이 그려진다. 단식 라인만 그려진 테니스 코트는 드물다. 일부 프로 대회, 주로 실내 대회에서는 싱글 라인만 그려지기도 한다.

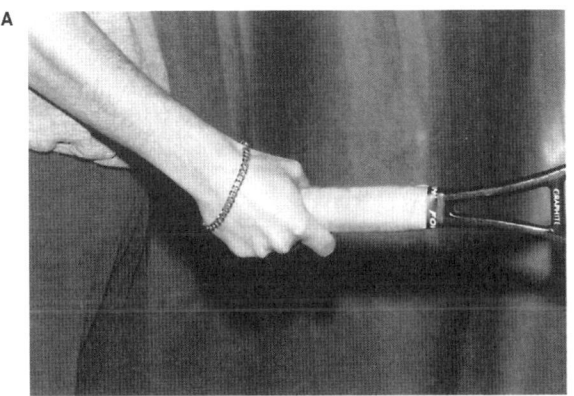
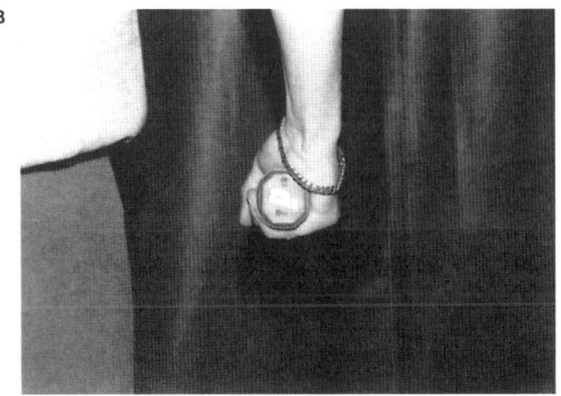

도해 32.1. 이스턴 포핸드 그립. A. 옆에서 본 모습. B. 뒤에서 본 모습

코트의 크기

1. 단식 코트: 78×27피트(23.8×8.23m)

2. 복식 코트: 78×36피트(23.8×10.97m) (양 옆으로 4 1/2 피트[1.37m]씩 넓어진다)

3. 네트 센터의 높이: 3피트(0.914m), 주로 라켓의 길이에 라켓 헤드(보통 사이즈의 라켓)폭을 더한 수치임

4. 단식 사이드라인의 네트 높이: 3 1/2 피트(1.07m)

5. 포스트의 높이: 3 1/2 피트(1.07m)

6. 사이드라인에서 포스트까지의 거리: 3피트(0.914m)

7. 베이스라인과 서비스 라인 사이의 거리: 18피트 (5.49m)

8. 서비스라인에서 네트 사이의 거리: 21피트(6.40m)

끝선은 '베이스라인'이라고 하며 옆선은 '사이드라인'이라고 한다. 포코트는 네트와 가까운 쪽을 의미하고 백코트는 베이스라인과 가까운 쪽을 의미한다 (도해 32.2).

규칙과 득점

단식경기

미국테니스연합(USTA: United States Tennis Association)은 국제테니스연합(ITA: International Tennis Association)와 더불어 테니스 규칙을 확립했다. USTA가 발간한 책자 '프렌드 앳 코트'(Friend at Court, 높은 지위에 있는 친구라는 의미로서 테니스에 대한 권위를 지닌 협회에서 발행하는 책이라는 의미로 해석됨 – 역자 주)는 테니스 규칙, 행동규범, USTA 규칙, 규칙과 관련하여 일반적으로 발생하는 문제의 해결 방법, 심판을 보기 위한 기술과 과정 등을 수록한 완전한 가이드라 할 수 있다.

1. 한 명의 플레이어가 매치 첫 번째 게임에서 계속 서브를 넣고 다음 게임에서는 리시브를 받았던 선수가 내내 서브를 넣으며, 그 다음 게임은 첫 번째 게임의 서버가 서브를 하는 식으로 교대로 서비스를 넣는다.

2. 매치를 시작하기 위해 '토스'(toss: 동전던지기를 의미하지만 테니스에서는 동전을 사용하지 않는다 – 역자 주)'에서 이긴 선수가 (a) 첫 번째 게임에서 먼저 서브를 넣을지 서브를 받을지 선택하고 진 선수는 어느 쪽 코트를 사용할지 결정하거나 이긴 선수가 (b) 어느 쪽 코트를 사용할지 결정하면 진 선수가 서브를 넣을지 리시브를 할지를 결정한다. '토스'는 주로 라켓을 돌려 미리 정한 표시가 위로 오거나 아래로 오는 것으로 결정한다.

3. 서버는 베이스라인 밖, 센터마크에 해당하는 지점과 단식 사이드라인 사이에서 라인을 건드리지 않

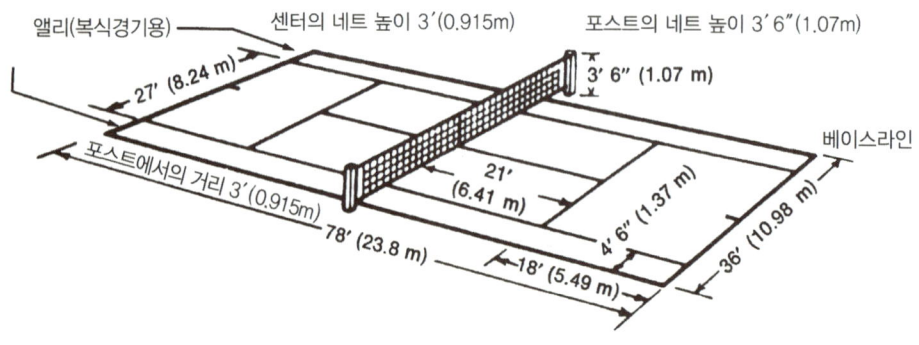

도해 32.2. 테니스 코트

은 상태에서 서비스 위치를 잡아야 한다. 그 위치에서 서버는 손으로 공을 공중으로 던진 뒤 공이 땅에 떨어지기 전에 때려야 하는데, 이때 공을 치는 방식은 어떤 것이라도 상관없다(언더핸드 서브도 규칙에 어긋나지 않는다).

4. 매 포인트마다 서버는 코트의 유효한 면에 서비스를 넣을 수 있는 기회를 두 번 갖는다. 게임이 시작되면 서버는 센터마크 오른쪽에 서서 공을 대각선으로 보내 공이 네트를 지나 리시버의 오른쪽 서비스 코트로 들어가게 한다. 첫 번째 포인트가 완료되면 서버는 센터마크 왼쪽에 서서 대각선 방향으로 서브를 넣는다. 따라서 완료된 포인트의 숫자가 짝수일 경우 서비스는 센터마크 오른쪽에서 이루어지고 홀수일 때는 왼쪽에서 이루어진다. 플레이어가 의도하지 않은 상태에서 센터마크의 잘못된 지점에서 서브를 했을 경우 그 서브로부터 시작된 플레이는 유효하지만 발견되는 즉시 서버의 부적절한 위치는 수정되어야 한다.

5. **폴트**는 무효인 서브를 말하며 한 번의 서비스 시도로 간주된다. **풋폴트**는 라켓이 공에 닿기 전에 서버가 베이스라인을 밟거나 코트 안으로 들어올 경우, 또는 센터마크에서 이어진 가상의 연장선이나 단식 사이드라인을 밟았을 때 발생한다. 그러나 서버가 풋폴트 구역에서 완전히 벗어났을 경우 위치에 상관없이 서브는 유효한 것으로 간주된다. 또 다른 서비스 폴트는 서버가 치려는 의도에서 공을 던졌지만 치는 데 실패했을 때 발생한다(공을 던졌다가 잡으면 서브를 시도했다고 보지 않으므로 페널티가 적용되지 않는다). 마지막으로 유효한 서비스 코트 안이나 그 코트의 윤곽을 이루고 있는 라인 안에 공이 떨어지지 않을 경우도 폴트가 선언된다. 공이 네트에 닿은 뒤 유효한 서비스 코트 안, 그리고 라인에 떨어지면 이는 폴트가 아닌 렛(let)이 된다.

6. 렛인 서브는 서비스 시도로 간주되지 않고 항상 다시 실행된다. 또한 공을 리턴하려는 시도가 없었다면 서브를 리시브할 준비가 되지 않았을 때 리시버는 렛를 부를 수 있다. 외부로부터 정상적인 플레이에 방해가 있을 경우도 렛에 해당되며 해당 포인트는 리플레이된다. 예를 들어 이웃 코트에서 날아온 공이 랠리나 두 번의 서비스 중 어떤 것이든 방해했을 때 해당하는 포인트는 완전히 리플레이되며 서버는 두 번의 서브 기회를 다시 갖는다.

7. 리시버의 위치를 제한하는 규칙은 없으며 서비스 코트 안을 포함한 모든 곳이 허용된다. 그러나 리시버는 서브된 공이 코트 지면에 닿기 전에는 공을 때릴 수 없다.

8. 공이 유효하게 서브되었을 때 리턴된 공이 코트 경계선 안에 놓여있는 다른 공을 건드리더라도 플레이어가 유효한 리턴을 한 이상 플레이는 계속된다. 또한 라인에 떨어진 공은 그 라인과 인접한 코트 안에 떨어진 것으로 간주된다. 서비스가 이루어진 뒤에는 서버와 리시버 모두 공이 지면에 닿기 전에 리턴을 할 수 있다.

9. 서비스가 이루어지고 선수가 유효한 리턴을 하고 나면 다음과 같은 상황에서 플레이는 지속된다.

   a. 날아온 공이 유효한 코트 안에 떨어졌을 때.

   b. 공이 네트를 맞고 넘어와 유효한 코트 안에 떨어졌을 때.

   c. 한 선수가 친 공이 네트를 맞고 상대 코트로 넘어갔을 때. 이 경우 팔로우스루 시 라켓이 네트를 넘어가는 것은 허용되지만 건드리는 것은 그렇지 않다. 단, 네트를 맞고 넘어간 공이 스핀이 걸려 상대 코트에 떨어진 뒤 네트를 넘어 공을 친 선수쪽 코트로 되돌아올 경우 이 선수는 네트나 상대 코트에 접촉하지 않는 한 공이 네트를 넘어오기 전에 공을 칠 수 있다.

10. 서버는 유효한 서브가 리턴되지 않거나 서비스코트 지면에 닿기 전에 리시버나 리시버의 라켓에 닿았을 때 포인트를 획득한다. 리시버는 서버가 두 번 연속해서 폴트(더블폴트)를 범했을 때, 그 밖에 규칙에 어긋난 방식으로 공을 넘겼을 때 포인트를 획득한다. 서비스가 이루어진 뒤 다음과 같은 경우 플레이어는 포인트를 잃는다.

   a. 플레이어가 치기 전 공이 지면에 두 번 튀었을 때.

   b. 리턴한 공이 상대 코트 바깥에 떨어졌을 때.

   c. 공이 코트 안에 떨어진 뒤 두 번째 바운스가 이루어지기 전에 고정설비(permanent fixture)에 맞았을 때.

   d. 플레이어가 서 있던 위치, 스트로크가 이루어진 때에 상관없이 한 플레이어가 바운스되기 전에 공을 쳤지만 유효한 리턴을 하지 못했을 경우.

   e. 공이 플레이 되는 도중에 플레이어나 플레이어의 옷, 또는 라켓이 네트나 네트 포스트에 닿았을 때.

   f. 플레이어가 공이 아직 네트를 지나 자신의 코트로 넘어오지 않은 상태에서 날아오는 공을 때렸을 때.

   g. 플레이 중인 공이 플레이어, 또는 라켓 외 플레이어가 착용하거나 소지하는 것에 닿았을 때. 단 리턴은 라켓의 어느 부분으로 이루어져도 유효하다.

   h. 플레이어가 라켓을 던져 공을 맞혔을 때.

   i. 플레이어가 의도적으로 상대의 플레이를 방해했을 때.

11. 플레이어들은 첫 번째, 세 번째 등 한 세트의 홀수 게임이 끝난 뒤, 그리고 매 세트가 끝난 뒤에 코트를 바꾼다. 단, 게임의 수가 짝수인 상태에서 세트가 종료될 경우 다음 세트의 첫 번째 게임이 끝난 뒤 코트를 교체한다.

스코어링

선수는 최소한 네 포인트를 획득해야 한 게임을 따내고 여섯 게임 이상을 따내야 한 세트를 승리하며 보통 두 세트 이상을 승리해야 매치에서 이긴다. 한 선수가 한 게임에서 단 한 포인트도 얻지 못할 경우 이 스코어를 러브라고 부른다. 첫 번째 포인트는 피프틴(15), 두 번째 포인트는 써티(30), 세 번째 포인트는 포티(40)이라고 부르고 네 번째 포인트를 따낸 선수가 게임을 이기는데, 이때 이 선수는 상대보다 두 포인트 이상 앞서야 한다.

두 선수 모두 한 포인트를 땄을 때 이 스코어를 피프틴-올(15-all)이라고 부르고 두 포인트를 땄을 때는 써티-올(30-all)이라고 부르는 반면 세 포인트를 땄을 때는 듀스(deuce)라고 부른다. 듀스가 되면 한 선수가 두 포인트를 연속해서 따내야만 게임에서 승리하게 된다. 듀스가 이루어진 상황에서 한 선수가 먼저 포인트를 얻을 경우 이를 **어드밴티지**(advantage, 줄여서 **애드**[ad])라고 부른다. 서버가 어드밴티지를 획득했을 때 **애드 인**(ad in), 리시버가 획득했을 때는 **애드 아웃**(ad out)이라고 부른다. 어드밴티지를 획득한 선수가 다음 포인트를 획득했을 때 이 선수가 해당 게임을 따내게 된다. 반면 다른 선수가 다음 포인트를 획득했을 경우 스코어는 다시 듀스로 돌아가고 한 선수가 두 포인트를 연속해서 따낼 때까지 듀스 상황은 유지된다.

한 선수가 두 게임 이상의 차이로 여섯 게임을 획득할 경우 세트를 따낸다. 한 선수가 여섯 게임을 획득했지만 상대 선수가 다섯 게임 이상을 획득했을 때는 전통적으로 한 선수가 두 게임 이상 앞설 때까지 세트가 연장된다. 그러나 그러한 관례는 바뀌어 두 선수 모두 여섯 게임을 따내 동률을 이루었을 때 타이-브레이커(tie-breaker) 게임을 치르게 되었다. 타이브레이커 게임에서는 두 포인트 이상 앞선 상태에서 일곱 포인트를 따낸 선수가 세트를 획득한다. 타이브레이커 게임을 시작할 때 세트 스코어 6-6의 상황에서 A 선수가 13번째 게임의 서브를 넣을 차례라면 그 선수가 첫 번째 포인트에 대한 서브를 넣는다. 그런 다음 B 선수가 2, 3번째 포인트에 대한 서브를 넣는다. 2번째 포인트에 대한 서브를 넣을 때 선수 B가 센터마크 왼쪽에서 서브를 넣은 뒤 3번째 포인트에서는 오른쪽에서 서브를 넣는다는 사실을 주목하라. 다음 4, 5번째 포인트에 대한 서브를 선수 A가 넣고 센터마크 왼쪽에서 먼저 넣은 뒤 오른쪽에서 넣는다. 선수 B가 다음 여섯 번째 포인트에 대한 서브를 넣은 뒤 코트를 바꾸고 다시 선수 B가 일곱 번째 포인트에 대한 서브를 넣는다. 한 선수가 두 포인트 이상의 차이로 일곱 포인트 이상을 획득할 때까지 두 선수는 번갈아가며 두 번씩 서브를 넣는다. 포인트의 합계가 6의 배수가 될 때마다 코트를 바꾼다.

타이브레이커 게임에서는 15, 30 등 관례에 따르지 않고 4-7, 5-7 등의 숫자로 스코어를 표시한다. 타이브레이커 게임이 끝난 뒤 선수 B가 다음 세트, 첫 번째 게임의 서브를 넣고 코트는 바꾸지 않는다 (표 32.1).

복식경기

1. 서버는 센터마크의 연장선과 복식용 사이드라인 사이, 베이스라인 밖 어느 곳에서든 위치할 수 있다. 선수 한 명이 세트 첫 번째 게임에서 서브를 넣은 뒤 상대 팀 한 명이 두 번째 게임에서 서브를 넣는다. 첫 번째 게임에서 서브를 넣은 선수의 파트너가 세 번째 세트에서 서브를 넣고 두 번째 게임에서 서브를 넣은 선수의 파트너가 네 번째 게임에서 서브를 넣는 식으로 차례가 돌아가므로 결국 한 선수가 네 게임마다 한 번씩 서브를 넣게 된다. 세트가 바뀌면 서브 순서를 바꿀 수 있다.

2. 차례가 아닌데 파트너가 서브를 했을 경우 이 사실을 아는 즉시 정정해야 하지만 그 사실이 밝혀지기 전까지 완료된 플레이는 인정된다. 서브 차례가 잘못되었다는 사실을 모른 채 게임이 완료되었을 경우 그 이후로는 바뀐 순서대로 서브를 넣는다.

3. 각 팀의 선수 한 명이 오른쪽 서비스코트에서 모든 서브를 받아야 하며 그 선수의 파트너는 왼쪽 서비스코트에서 한 세트 동안 모든 서브를 리시브해야 한다. 세트가 종료되면 어느 팀이든 다음 세트에서 서브를 리시브하는 순서를 바꿀 수 있다. 리시브 순서는 서브 순서에 의해 정해지지 않는다.

4. 차례가 아닌데 리시브를 했더라도 그 사실이 드러

표 32.1. 테니스 스코어링

포인트	게임	세트	타이－브레이크	매치
러브, 15, 30, 40, 듀스, 애드 인, 애드 아웃.	2포인트 이상의 차이로 먼저 4포인트를 획득한 선수나 팀이 승리한다. 스코어가 40-40으로 타이일 경우를 듀스라고 한다. 듀스 상황에서 2점을 연속해서 먼저 획득한 선수가 게임을 따낸다.	2게임 이상의 차이로 6게임을 먼저 따낸 선수나 팀이 승리한다. 세트 스코어가 6-6으로 타이를 이루었을 때 타이－브레이크를 치러 그 세트의 승자를 가린다. 각 게임에 앞서 스코어가 선언되며, 이때 서버의 점수가 선행하고 리시버의 점수가 나중에 언급된다.	2포인트 이상의 차이로 먼저 7점을 획득한 선수나 팀이 승리한다. 타이－브레이크에서 승리한 팀은 게임 스코어 7-6으로 그 세트를 승리한다. 서버의 점수, 리시버의 점수 순으로 타이－브레이크의 각 포인트에 앞서 스코어가 선언된다.	3세트 중 2세트, 또는 5세트 중 3세트를 먼저 획득한 선수나 팀이 승리한다. 대부분의 매치는 3세트 중 2세트를 획득하는 형식으로 치러진다. 그러나 일부 남자 프로 대회에서는 5세트 중 3세트를 획득하는 형식으로 치러진다.
서버와 리시버 모두 포인트를 획득할 수 있다. 다음 포인트를 위해 경기가 재개되기 전 스코어가 선언되며 이때 서버의 점수가 먼저 언급된다.				

난 게임이 끝날 때까지 바뀐 리시브 순서가 유지되며, 이 팀이 다음 리시브할 게임에서 원래의 순서대로 그 파트너가 리시브를 한다.

5. 서브된 공이 서버의 파트너(파트너의 라켓을 포함하여)에게 맞을 경우 이는 서비스 폴트에 해당된다. 그러나 서브된 공이 지면에 닿기 전에 리시버의 파트너나 파트너의 라켓에 닿을 경우 서브를 넣는 팀이 득점하게 된다.

6. 리시버가 아닌 파트너가 서비스리턴을 할 경우 서브권을 가진 팀이 득점한다.

7. 타이브레이크 게임에서 그 세트의 13번째 게임(게임 스코어 6대6인 상황에서)에서 서브를 넣을 차례인 선수가 첫 번째 서브를 넣는다. 그런 다음 각 선수가 두 포인트씩 서브를 넣으며, 이때 단식에서와 마찬가지로 그 세트에서 사용된 것과 같은 로테이션을 유지하고 여섯 포인트마다 코트를 바꾼다.

에티켓

테니스에는 규범이 되는 에티켓이 있으며 모든 선수들은 의무적으로 그러한 규칙에 맞는 태도를 유지해야 한다. 상대에게 라인 콜에 대한 이의제기를 허용하고 서브를 넣을 때 풋폴트를 범하지 않으며 의도적으로 상대의 주의를 흐트러뜨리지 않고 항상 모든 사람이 테니스를 즐길 수 있도록 처신하는 일이 포함된다. 다음은 특정한 상황에서 지켜야 할 에티켓이다.

1. 반드시 공이 지면에 닿자마자 상대의 공에 대해 '아웃'을 선언해야 하며 공을 네트 너머로 보내기 전이어야 한다.

2. 자신이 확실히 판정할 수 없을 때 포인트를 되돌릴 것을 요구할 수 없다. 이는 테니스 규칙 상 허용되지 않는 일이므로 의심이 드는 상황은 상대선수에게 판단을 맡겨야 한다.

3. 그러나 자신의 코트에 떨어진 공을 확실히 보지 못했을 때 상대에게 콜을 요청할 수 있다.

4. 포인트를 결정짓는 샷을 했지만 확실히 아웃된 것을 보았다면 상대선수가 인을 선언하더라도 이를 정정해야 한다. 스트로크는 물론 서브를 할 때도 마찬가지이다.

5. 반면 자신의 서브가 아웃이 된 것을 보았지만 상대선수가 아웃을 선언하지 않은 채 리턴하여 포인트를 획득했다면 상대선수가 악의 없이 리턴샷을 했다고 간주해야 한다. 따라서 그 포인트는 인정되고 당신은 아웃 콜을 할 수 없다(아웃 콜을 할 경우 세컨드 서브를 넣을 수 있다).

6. 자신이 규정을 위반했다는 사실을 인지하면 선수는 즉시 콜을 선언해야 한다. 여기에는 지면에 두 번 바운스된 뒤 공을 치는 행위, 네트를 건드리는 행위, 또는 네트를 넘어오기 전에 공을 치는 행위 등이 포함된다.

7. 서버는 득점이 이루어진 뒤 서브를 하기 전에 그 게임의 스코어를 불러야 하며, 이때 항상 서버의 스코어가 먼저 온다.

8. 스코어에 대해 의견이 차이가 나고 이를 해결할 수 없다면 양측의 의견이 일치하는 가장 나중의 스코어로 돌아간다.

9. 서버는 리시버가 시간을 갖고 준비 자세를 취할 때까지 서브를 해서는 안 된다.

10. 리시버는 확실히 아웃인 서브를 리턴해서는 안 된다.

11. 한 포인트에 대한 플레이가 끝나면 리시버는 반드시 공을 서버에게 곧장 돌려주어야 하며 부주의하게 보내서는 안 된다.

12. 자신이 친 공이 인접한 코트 안에 들어가면 그 코트에서 플레이하는 선수들이 포인트를 마칠 때까지 기다렸다가 공을 돌려달라고 요청해야 한다.

13. 인근 코트에서 자신의 코트로 공이 날아오면 즉시 돌려주어야 한다. 그 공이 당신의 포인트를 방해

했다면 렛을 선언하라.

14. 복식경기에서 리시버를 대신하여 그 파트너가 서비스 폴트를 불러야 한다.

15. 매 포인트마다 최선을 다하라. 대충 한다든지 과시하기 위한 플레이는 상대선수를 모욕하는 행위이다.

16. 대회가 아닌 경우 반드시 경기 도중 공을 교체하라. 자신보다 실력이 뛰어난 사람을 상대할 때는 더 자주 교체하라.

17. 불필요하게 코트를 손상시키지 말라.

기본 기술과 테크닉

모든 테니스 스트로크는 공을 때리는 기술이 견실하게 뒷받침되어야 하며 모든 샷은 그러한 기술을 바탕으로 한다. 코트의 상황이 어떠하든 자동적으로 실행해야 하는 기본 기술은 다음과 같다.

긴장을 푼 상태를 유지하라. 근육이 긴장되면 샷이 경직되고, 그 결과 샷의 위력이 떨어지고 불완전해진다. 부드럽고 조화로운 샷을 구사하려면 긴장을 푼 상태를 유지해야 하며, 이는 무기력한 상대가 아니라 인정된 상태를 의미한다. 여유로운 동시에 생기 있고 에너지가 넘치는 상태를 유지하는 것이다.

리듬과 타이밍을 생각하라. 여유로운 시작, 충실한 중간 과정, 거리낌 없는 피니시까지, 매번 흐르는 듯한 동작으로 스윙하라.

반응할 준비를 하라. 샷을 한 뒤 다음 샷을 할 때까지 무게중심을 낮추고 양발을 어깨 너비로 벌리며 무릎은 구부리고 체중은 주로 발가락에 실으며 엉덩이를 낮춘 채 반응할 준비 자세(a ready-to-react position)를 취하라. 이때 양 어깨의 긴장을 풀고 라켓 그립을 부드럽게 잡는다.

전신을 회전하라. 반응 준비 자세를 취한 상태에서 다가오는 공을 보는 즉시 전신을 회전하기 시작하되, 이때 양 어깨와 팔, 엉덩이를 동시에 돌려 깔끔하고 일관된 백스윙을 하며 몸을 감았다가 포스윙을 하며 푼다. 이는 특히 백핸드를 구사할 때 반드시 지켜야 할 사항인데 백스윙을 할 때 양 어깨가 파워를 일으키는 중요한 역할을 하기 때문이다.

임팩트 순간 앞으로 나아가라. 라켓과 공이 접촉하는 순간 체중이 앞으로 쏠려야 의도한 방향으로 샷을 보낼 수 있다. 스트로크를 할 때 라켓, 팔, 어깨, 엉덩이, 무릎 등 모든 것을 앞으로 보내라. 자신이 보내고자 하는 곳으로 공을 보내는 몸의 에너지를 느껴라.

공을 일찍 쳐라. 그라운드스트로크를 할 때 자신의 위치와 같거나 뒤에 왔을 때 공을 때리지 말고 약간 못 미쳤을 때, 즉 몸과 대각선 위치에 왔을 때 때려라. 발리를 할 때는 날아오는 공을 일찍 차단하라. 서브를 할 때는 높이, 베이스라인보다 앞으로 나아가라.

공을 끝까지 쳐라. 공을 때리는 순간 라켓이 앞으로 나아가는 속도를 늦추지 말라. 발리나 로브를 포함하여 샷을 할 때는 항상 히팅존(hitting zone)을 완전히 통과시키며 라켓을 멈추지 않아야 한다.

무릎을 구부려라. 공을 칠 때, 치기 위해 기다릴 때, 서브할 때, 또는 서브 리시브를 할 때나 네트 플레이를 할 때 양 무릎을 고정시키지 말라. 무릎을 구부리면 체중을 이동하기 쉽고, 일관되고 리드미컬한 스윙을 할 수 있다.

항상 공을 주시하라. 상대의 라켓에서 떠나는 순간 공에 집중했다가 바운드된 뒤 다시 집중하라. 지면에 바운드된 뒤 공의 속도가 얼마나 느려지는지 주시하여 눈을 익숙하게 하고 스윙을 조정할 시간을 가져라. 서브를 할 때는 턱을 치켜들어 실제로 공이 라켓에 맞는 것을 보아야 한다.

감았다가 풀어라. 모든 스윙은 감기와 풀기를 연속으로 실행하는 동작이다. 백스윙 하면서 감았다가 포스윙 하면서 푸는 것이다. 스윙이 아무리 강하다 해도 모든 샷은 힘들이지 않고 자연스럽게 감았다 푸는 동작이어야 한다.

그 립

라켓을 잡는 방식은 게임을 하는 데 중요하지 않게 보일지도 모르지만 실제로 그립은 공을 효과적으로 치는 능력에 핵심적인 역할을 한다. 그립은 플레이어가 공을 맞히기 위해 라켓 페이스의 방향을 조정할 때 라켓에 대한 통제력을 유지하는 역할을 한다. 포핸드 샷과 백핸드 샷의 메커니즘이 다르기 때문에 샷에 따라 다른 그립을 사용하면 게임을 향상시킬 수 있다.

포핸드 그립

이스턴 포핸드 그립

손으로 라켓 그립을 잡는 모양이 악수할 때와 똑같기 때문에 이스턴 포핸드 그립은 '악수(shakehands)' 그립이라고 불리기도 한다. 도해 32.1A에서 손바닥이 손잡이의 오른쪽 면에 닿는 모습과 30.1B에서 손바닥 아랫부분이 라켓 오른쪽 가장 윗부분에 비스듬하게 닿은 모습에 주의하라. 그라운드스트로크를 할 때 라켓 페이스의 각도를 효과적으로 조절할 수 있으므로

이스턴 포핸드는 초보자와 중간 레벨의 플레이어에게 적합하다. 또한 서브와 포핸드 발리를 할 때도 사용할 수 있는 그립이다.

웨스턴 포핸드 그립

웨스턴 그립은 상급자들이 톱스핀을 걸어 포핸드 그라운드스트로크를 칠 때 애용하는 그립이다. 도해 32.3A를 보면 손이 오른쪽으로 회전되어 손바닥이 손잡이의 아랫부분, 오른쪽에 비스듬한 각도로 닿아 있는 것을 볼 수 있다. 도해 32.3B는 실제로 손이 라켓 밑에 위치한다는 사실을 보여준다. 웨스턴 포핸드 그립의 가장 큰 단점은 백핸드 그라운드스트로크나 발리를 구사할 때 손의 위치가 상대적으로 크게 변해야 하고 서브를 할 때 사용할 수 없다는 것이다.

콘티넨털 그립

콘티넨털 그립은 이스턴 포핸드 그립과 매우 유사하며 가장 큰 차이점은 손이 손잡이 왼쪽으로 살짝 회전된다는 것이다. 도해 32.4A를 보면 손바닥이 그립의 상단 오른쪽에 비스듬한 각도로 닿는다는 것을 알 수 있다. 도해 32.4B에서는 손바닥 아랫부분이 반드시 웨스턴 포핸드 그립과 같은 위치에 오는 것을 볼 수 있

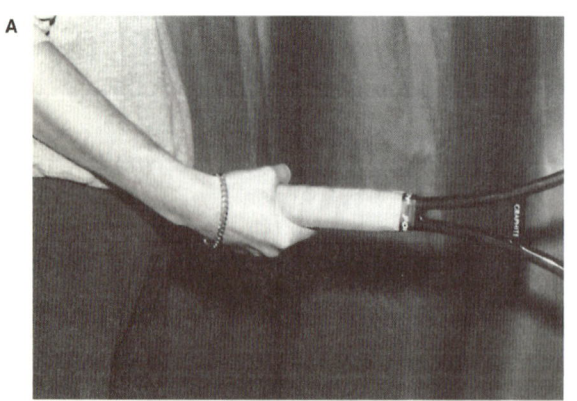
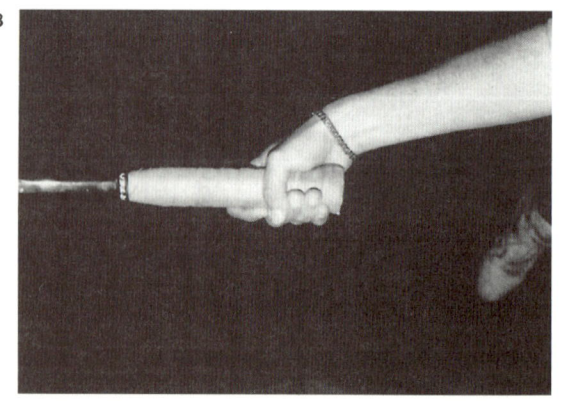

도해 32.3. 웨스턴 포핸드 그립. A. 옆에서 본 모습. B. 위에서 본 모습.

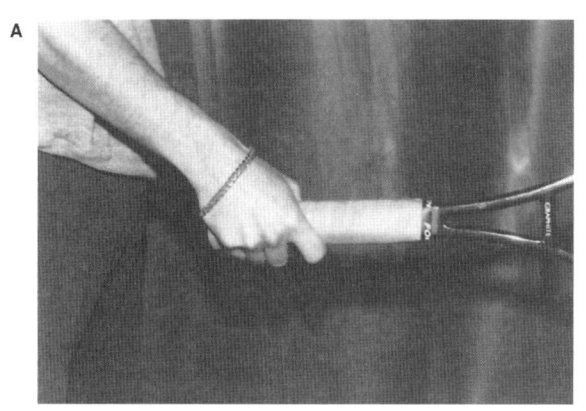
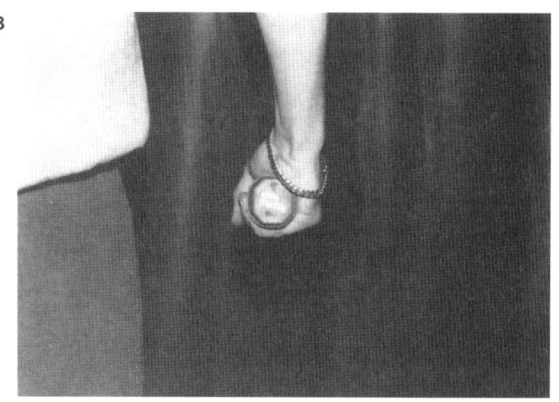

도해 32.4. 콘티넨털 그립. A, 옆에서 본 모습. B, 뒤에서 본 모습.

다. 콘티넨털 그립은 전천후 그립으로서 포핸드와 백핸드 그라운드스트로크, 서브, 발리 등 모든 샷에 사용할 수 있다. 콘티넨털 그립의 가장 큰 단점이라면 그 어떤 샷을 하더라도 가장 효율적인 그립은 아니라는 것이다. 따라서 오늘날 발리나 서브할 때를 제외하고 콘티넨털 그립을 사용하는 플레이어는 드물다.

백핸드 그립

이스턴 백핸드 그립

이스턴 백핸드는 원핸드 백핸드 그라운드스트로크를 할 때 가장 일반적으로 사용되는 그립이다. 상급자들은 서브를 할 때도 이스턴 백핸드 그립을 사용한다. 도해 32.5A를 보면 손바닥이 손잡이 상단에 비스듬하게 닿은 것을 알 수 있다. 도해 32.5B에서 손바닥이 코트 지면을 향하는 모습을 주목하라. 취미로 테니스를 치는 사람들이 익히기 어려운 샷이기는 하지만 그라운드스트로크를 할 때 톱스핀을 걸기에 가장 이상적인 원핸드 그립이 바로 이스턴 백핸드 그립이다. 이스턴 백핸드 그립의 가장 큰 단점은 히완괴 손의 힘이 매우 강해야 공이 맞는 임팩트 순간 라켓을 통제할 수 있다는 것이다. 또한 근력이 부족한 사람이 그라운드

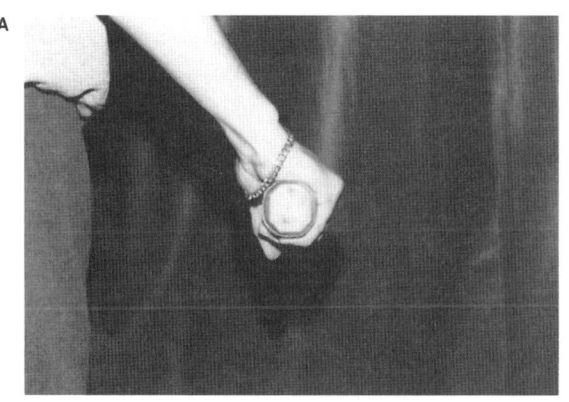
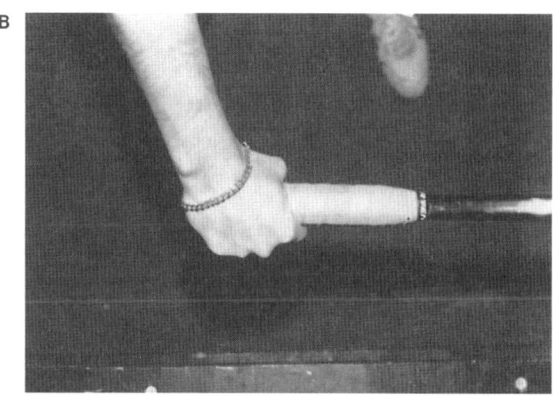

도해 32.5. 이스턴 백핸드 그립. A, 뒤에서 본 모습. B, 위에서 본 모습.

스트로크에 이 그립을 사용할 경우 테니스 엘보우가 발병할 수 있다는 단점도 있다.

투핸드 백핸드 그립

투핸드 그립은 이스턴 백핸드 그립을 대신할 수 있는 효과적인 방법이며 가장 널리 사용된다. 도해 32.6A 를 보면 오른손이 이스턴 포핸드나 콘티넨털 그립과 같은 위치에 있고 왼손이 라켓 헤드쪽을 향해 놓여 웨스턴 그립을 만드는 것을 알 수 있다. 도해 32.6B는 오른손 엄지손가락이 왼쪽 손바닥 아랫부분에 닿은 모습을 볼 수 있다. 투핸드 백핸드 그립은 이스턴 백핸드 그립보다 훨씬 강력한 그립이며 원핸드 그립보다 사용하기 쉽고 효율적인 경우도 있다. 투핸드 백핸드 그립을 사용할 때 두 가지 단점이 있다. 우선 매우 낮은 위치에서 샷을 하기 어렵다는 점을 들 수 있다. 다른 한 가지는 샷을 할 수 있는 폭이 비교적 좁다는 것이다.

콘티넨털 그립

포핸드 그립에서 설명했듯이 콘티넨털 그립은 전천후 그립이며 포핸드와 백핸드를 구사할 때 모두 사용할 수 있다. 콘티넨털 그립의 가장 큰 장점은 (도해 32.4 를 보라) 각기 다른 샷을 할 때 손의 위치를 바꿀 필요가 없다는 것이다. 또한 콘티넨털 백핸드는 언더스핀을 거는 백핸드 샷에 적합한 그립이다. 한 가지 단점이라면 톱스핀을 걸기 힘들다는 것이다. 또 다른 단점은 이스턴 백핸드처럼 하완과 손의 힘이 강해야 한다는 것이다.

그립과 관련한 권장사항

초보 플레이어들이 공을 치기 전, 가장 먼저 배워야 할 것 중 하나가 라켓을 잡는 방법이다. 테니스를 배울 때 어쩔 수 없이 겪는 어려움은 특정한 샷에 적합하게 라켓을 쥐는 방법을 바꿔야 샷을 치기 쉽다는 것이다. 지금부터 공을 칠 때 쉽고 효과적으로 샷을 하기 위해 초보자가 그립과 관련하여 어떤 사항을 유의해야 하는지 알아보자.

이스턴 포핸드 (도해 32.1A와 32.1B)는 그라운드스트로크, 발리, 로브, 오버헤드, 서브, 서비스 리턴 등 몸의 포핸드 위치에서 치는 짧은 샷 대분에 일반적으로 사용되는 가장 효과적인 그립이다. 다양한 샷을 싱글 그립으로 구사할 때 얻을 수 있는 가장 큰 장점은 플레이어가 샷에 맞춰 그립을 조정할 필요가 없다는

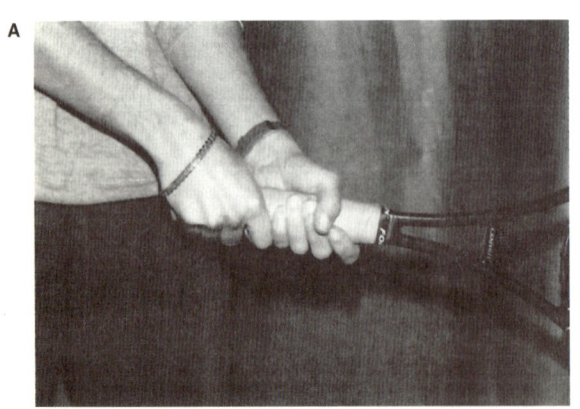
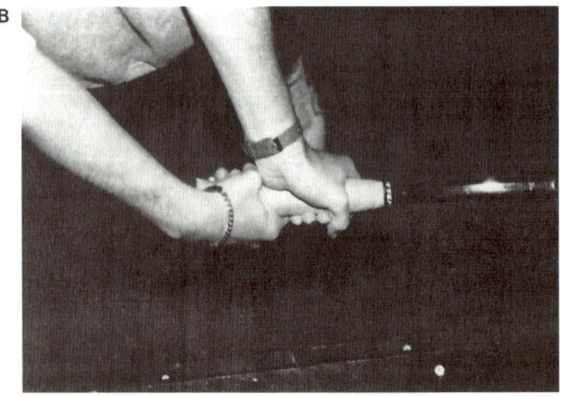

도해 32.6. 투핸드 백핸드 그립. A. 옆에서 본 모습. B. 위에서 본 모습.

것이다. 단점은 한 가지 싱글 그립이 다양한 샷에 대해 가장 효과적인 방법이 아니라는 것이다. 그러나 이스턴 포핸드 그립은 모든 샷에 적합하며 초보자의 경우 중급 수준에서도 적절히 사용할 수 있다. 투핸드 백핸드 그립은 대부분의 플레이어들에게 백핸드, 그라운드스트로크, 발리, 서비스 리턴을 할 때 최고의 선택이다 (도해 32.6). 투핸드 그립의 가장 큰 장점은 훨씬 강력한 샷을 구사할 수 있고 이제 막 테니스를 배우는 사람들도 계산하지 않고 직관적으로 칠 수 있다는 데 있다. 또 다른 장점은 플레이어 대부분이 포핸드샷을 할 때와 같은 이스턴 포핸드 그립을 사용하므로 웨스턴 그립을 사용하여 다른 한 손으로 라켓을 쥐기만 하면 백핸드를 구사할 수 있다는 것이다.

서비스 리턴을 할 때 우선 투핸드 백핸드 그립을 쥐었다가 포핸드 쪽으로 공이 오면 이스턴 포핸드 그립으로 바꾸는 것이 가장 바람직하다. 이스턴 포핸드 그립이 투핸드 그립의 일부분이므로 상대적으로 샷을 하기 쉽다. 이미 투핸드 그립으로 라켓을 쥐고 있으므로 백핸드 쪽에서 서비스 리턴을 해야 할 경우에도 충분히 준비된 상태가 된다.

샷 의 종 류

테니스를 잘 치려면 게임의 기본이 되는 7가지 샷을 모두 효과적으로 칠 수 있어야 한다. 일곱 가지 샷에는 **그라운드스트로크, 서브, 서비스 리턴, 발리, 오버헤드, 로브, 어프로치샷**이 있다. 아직 배우는 단계의 플레이어들이 이 모든 샷을 구사하기를 바라는 것은 무리지만 다양한 샷을 구사하여 진지하게 게임에 임하려는 사람들은 반드시 어느 정도 능숙하게 일곱 가지 샷을 구사할 수 있어야 한다.

그라운드스트로크는 테니스 게임을 할 때 가장 기본이 되는 동시에 가장 많이 사용되는 샷이다. 그라운드스트로크는 선수들 사이에 랠리가 이어질 때 사용되며 공이 바운드 된 뒤 라켓을 포핸드나 백핸드로 휘둘러 공을 때리는 것을 의미한다. **서브**는 게임이 시작될 때 사용되는 스트로크이며 서브를 기점으로 랠리가 시작된다. 서브는 실질적으로 항상 포핸드 쪽에서 이루어지며 서버는 언더핸드로 공중을 향해 공을 던진 뒤 공이 바닥에 떨어지기 전에 쳐야 한다. 테니스 규칙 상 서브는 베이스라인 뒤에서 이루어져야 하며 게임 스코어에 따라 어드밴티지 코트나 듀스 코트에서 이루어진다. **서비스 리턴**은 서브에 대응하여 이루어지는 플레이다. 리턴은 언제나 공이 바운드 된 뒤 이루어져야 하며 주로 베이스라인 인근에서 플레이된다. 그라운드스트로크와 마찬가지로 서비스 리턴도 포핸드와 백핸드를 모두 사용할 수 있다. **발리**는 공이 지면에 닿기 전에 때리는 샷이며 주로 한 명 또는 두 명의 플레이어들이 네트 가까이에 위치한 상태에서 랠리를 할 때 사용된다. 발리 역시 포핸드와 백핸드 스트로크 모두 사용할 수 있다. **오버헤드**는 서브와 비슷한 스트로크를 사용하여 구사하는 샷으로서 로브에 대응하는 샷으로 가장 많이 이용된다. 오버헤드는 공이 바운드되기 전과 후 모두 사용될 수 있고 코트 어떤 곳에서도 플레이될 수 있다. 오버헤드 대부분은 서브처럼 몸의 포핸드 쪽에서 구사되지만 간혹 기술이 뛰어난 선수들은 구사하기 매우 어려운 백핸드 오버헤드를 시도하기도 한다. **로브**는 높고 아치를 그리는 샷이며 네트 가까이 있는 상대 선수의 키를 넘기기 위해 백코트에서 구사된다. 로브를 할 때는 그라운드스트로크와 비슷한 방식으로 공을 치고 포핸드와 백핸드 스트로크 두 가지 방법으로 구사할 수 있다. 어프로치샷은 플레이어가 네트에 다가가기 위해 베이스라인 근처에서 코트 앞으로 이동할 때 구사하는 샷이다. **어프로치샷**은 발리와 비슷한 스윙으로 포핸드는 물론 백핸드로도 구사할 수 있으며 한 가지 차이점이라면 바운드된 뒤 공을 때린다는 것이다.

하프-발리, 로브-발리, 언더핸드 서브 등 기본 형태를 변형한 샷들이 존재하지만 일부에 불과하므로 굳이 언급할 필요는 없다. 자주 사용되지 않는 것은 물론이고 특정한 상황에서만 필요한 샷이며 숙련된 플레이어들은 필요할 때 구사할 수 있다.

그라운드스트로크

백핸드와 포핸드 모두 그라운드스트로크라고 부른다. 게임을 구성하는 모든 요소 중에서도 기본 틀을 이루는 것이 그라운드스트로크이다. 효과적으로 그라운드스트로크를 구사하기 위해서는 다음 사항을 따라야 한다.

1. 처음에는 그립을 느슨하게 잡았다가 공을 때리는 순간 단단히 쥔다. 샷 사이에는 그립을 느슨하게 쥔다. 그렇게 하면 공이 다가올 때 저절로 라켓을 더 강하게 쥘 것이다.

2. 백핸드샷 특히 투핸드 백핸드샷을 할 때는 어깨를 충분히 돌리며 백스윙을 시작하여 몸을 감아라.

3. 백핸드샷을 하기 위해 몸을 감으면서 몸 앞쪽에 위치한 어깨 너머로 다가오는 공을 보라. 양 어깨를 관통하는 활이 공을 겨냥한다는 기분으로 몸을 감아라. 앞쪽에 위치한 어깨는 공이 낮게 날아올 경우 낮게, 높이 날아올 경우 높게 가져간다.

4. 히팅존으로 들어오는 공을 계속 주시하라. 공이 실제로 스트링에 맞을 때 공을 볼 필요는 없지만 공이 라켓에 다가오는 동안 공에 대해 강한 집중력을 유지해야 한다.

5. 백스윙을 위해 몸을 감을 때 앞쪽 발에 체중을 싣지 않으면 샷을 하는 순간 앞으로 나가게 된다.

6. 백스윙을 할 때 라켓 손잡이의 끝이 목표지점(당신이 공을 보내고자 하는 지점)을 향하게 하라.

7. 샷에 체중을 전부 실어라. 공이 맞는 순간 라켓 회전속도를 더욱 빠르게 하고 목표를 향해 체중을 실어라.

8. 투핸드 백핸드를 구사할 경우 공이 맞는 순간 어깨를 웅크리며 팔을 들지 말고 뒤에 위치한 팔이 라켓 손잡이 바로 뒤에 오도록 하라.

9. 공의 위치를 완전히 통과하도록 스윙을 충분히 크게 하고 공을 때리기 전에는 스윙을 늦추지 말라.

10. 가능한 오래 공이 라켓 스트링에 닿게 하라. 진짜 공 뒤에 공 세 개가 달려있다고 상상하라. 그리고 스윙을 할 때 공 네 개를 모두 통과시킨다는 느낌으로 라켓을 휘둘러라.

서브

게임을 할 때 모든 포인트는 서브로부터 시작되므로 서브는 테니스를 효과적으로 플레이하는 데 가장 중요한 기술이다. 다음은 효과적인 서브를 하기 위해 기억해야 할 몇 가지 핵심 사항이다.

1. 서브는 다이내믹하고 전신을 사용하는 동작이다. 우선 정신적, 신체적으로 자유로운 상태를 갖춘다. 움츠러들면 근육이 긴장되어 팔이 딱딱해진 느낌의 스윙을 하게 된다. 전신의 긴장을 풀라. 그리고 팔을 유연하게 만들어라.

2. 서브 동작을 취하기 전에 베이스라인 뒤에서 서브를 위한 스탠스를 취한다. 네트 너머로 공을 던질 듯한 자세로 선다.

3. 공중에서 라켓과 공이 만날 지점을 상상하라. 그 지점 바로 아래에서 토스할 손에 공을 쥔다. 손바닥이 닿지 않게 손가락으로 공을 살짝 쥔다. 이때 엄지가 상상의 지점을 향하게 한다.

4. 공과 라켓을 모두 자신의 앞으로 가져가 목표한 서비스 코트를 정확하게 겨눈다.

5. 양팔을 사용하여 서브동작을 시작하면 멈추지 말고 마지막 동작까지 수행한다. 동작을 시작할 때 서두를 필요는 없지만 와인드업 과정 중에는 정지

된 틈이 있어서는 안 된다.

6. 엄지를 최종적으로 공을 토스할 지점을 향하도록 한 채 여유를 갖고 공을 위로 던진다.

7. 포핸드를 준비할 때와 비슷한 방식으로 몸을 감고 라켓 손잡이가 토스한 공을 향하도록 한 상태에서 라켓을 몸 뒤로 가져간다.

8. 공을 토스하고 와인드업 할 때 모든 체중, 또는 체중의 대부분이 뒤쪽 발에서 나와야 한다. 양 무릎을 살짝 구부린다.

9. 공을 향해 포스윙을 철저하게 실행한다. 즉, 구부렸던 양 무릎을 펴고 감겼던 척추를 풀며 라켓을 쥔 쪽 어깨를 공을 향해 튀어나가게 한다. 또한 팔꿈치를 펴고 마지막으로 손목에 강한 스냅을 주며 라켓을 쥔 쪽의 팔을 위로 강하게 휘둘러 라켓을 채찍처럼 움직인다.

10. 경험이 쌓이면 스피드를 키운다. 공을 때리는 순간에도 스윙에 가해지는 가속은 줄어서는 안 된다. 스윙은 처음부터 끝까지 깔끔하게 아치모양을 그리며 느리게 시작하여 빠르게 끝나야 하고 위쪽, 전면을 향해야 한다.

서비스 리턴

모든 포인트는 서브로부터 시작되는 반면 다음 샷은 언제나 서비스 리턴으로 이어진다. 서브와 마찬가지로 서비스 리턴은 핵심 기술이며 다른 테니스 기본 샷과 더불어 훈련해야 하는 샷이다. 서비스 리턴은 그라운드스트로크와 유사하지만 중요한 차이점이 몇 가지 있다.

1. 서버가 공을 보낼 수 있는 좌우 범위의 중앙에 선다. 의도대로 공을 때릴 수 있는 자신감이 있는 범위 안에서 최대한 네트 가까이 선다.

2. 라켓을 몸 바로 앞에 놓고 느슨하게 잡으며 몸의 긴장을 풀고 체중을 앞쪽 발에 싣는다.

3. 서비스박스 구석으로 서브가 올 경우 대각선 방향, 앞으로 이동하여 날아오는 공과 90도 각도인 지점으로 간다.

4. 서브가 강할수록 서비스 리턴의 스윙은 간결해야 하며 백스윙은 줄이되 팔로우스루는 완전히 수행해야 한다.

5. 공을 때릴 때, 특히 서브가 강할 때는 손목의 상태를 견고하고 확실하게 유지해야 한다.

6. '죽기 살기'로 임하라. 어떻게든 공을 네트 너머로 다시 보내라.

포코트에서의 플레이

가장 생동감 있는 테니스 플레이는 네트에서 이루어진다. 전술적으로 유리할 뿐 아니라 게임을 다채롭게 만들어주므로 자주 네트로 대시하라. 하지만 상대가 친 공이 코트에 얕게 떨어지거나 자신이 충분히 강하게 공을 때려 상대의 리턴이 약할 것이라고 예상 될 때만 네트로 대시해야 한다. 네트 앞에 섰을 때 두 가지 공격 무기는 발리와 오버헤드이나.

복식경기에서는 반드시라고 해도 과언이 아닐 만큼 네트 플레이가 자주 이루어진다. 훌륭한 서브와 발리, 오버헤드는 복식경기에서 반드시 필요한 샷이다.

발리

1. 발리는 짧은 스트로크이다. 간결하고 단단하게 공을 차단하는 샷으로서 팔을 휘두르며 스윙을 하지 말고 끊듯이 때려야 한다.

2. 상대의 리턴이 약할수록 발리 스트로크는 일반적인 그라운드스트로크와 비슷해진다.

3. 공을 일찍, 자신의 몸 측면에 도달하기 전에 쳐야 한다.

4. 콘티넨털 그립을 사용하면 포핸드는 물론 백핸드 발리까지 구사할 수 있다.

5. 측면 깊숙이 오는 와이드 볼의 경우 재빨리 양 어깨를 돌리고 리딩풋을 짧게 한 걸음 내딛으며 라켓을 뻗고 필요할 경우 뒤따르는 트레일링풋을 리딩풋 앞으로 가로질러 한 걸음 내딛는다.

6. 라켓 헤드를 몸 앞, 뺨 높이에 놓고 샷을 준비한다.

7. 아이스하키 골키퍼처럼 네트를 사수하라. 공을 습격하라!! 라켓이 닿는 공은 모두 치고 가능할 때마다 공격적으로 나가라.

오버헤드

1. 공중에 뜬공이 머리 위, 앞에 위치했을 때 오버헤드를 구사해야 한다. 가볍게 뛰며 샷 위치로 이동한다. 공을 치기 전 마지막 순간까지 양 다리는 구부리고 무릎은 열린 상태를 유지한다.

2. 오버헤드는 서브와 비슷하지만 와인드업이 보다 간결하다는 차이점이 있다. 멋있게 와인드업을 할 생각은 접어라. 궁수가 화살통에서 화살을 꺼내기 위해 팔을 뒤로 뻗을 때처럼 그저 라켓을 어깨 너머 위로 가져간다.

3. 공을 때릴 위치로 이동하는 동안 몸을 옆으로 돌리고 시선은 공에 고정시킨다.

4. 서브를 칠 때보다 앞에서 공을 때린다.

5. 통제할 수 있는 범위 안에서 최대한 강하게 공을 때린다. 오버헤드는 강하게 날아오는 공을 밀어내는 샷이 아니므로 그저 라켓을 휘둘러 포인트를 따내면 된다.

로브

네트 앞으로 나온 상대를 넘기는 샷을 하거나 코트에서 샷을 하기 위한 위치로 돌아올 시간이 필요할 때 로브를 사용한다.

1. 라켓만 움직이면 된다. 로브를 구사하려고 전신을 들어 올릴 필요가 없다.

2. 백스윙을 짧게 하라. 라켓을 공이 닿는 포인트의 아래로 가져간 뒤 공을 띄우고자 하는 만큼 위로, 그리고 앞을 향해 공을 때린다.

3. 가능한 오래 스트링에 공을 붙잡아 놓고 공을 보내고자 하는 방향으로 팔로우스루를 하라.

4. 로브를 구사할 때는 팔목을 사용하지 않도록 한다.

5. 가능하면 상대의 라켓이 살짝 미치지 않게 공을 보낸다. 반드시 상대를 넘기도록 하며 낮은 것보다 너무 높은 것이 낫다.

6. 상대가 공을 강하게 쳤을 때는 어떻게든 공을 충분히 띄워라.

하프발리

하프발리는 까다로운 샷이므로 네트나 백코트에서는 사용을 자제해야 한다. 하프발리를 해야 할 때는 다음의 절차에 따라 기술을 수행하도록 한다.

1. 양 무릎을 구부려 낮은 공에 대비한다.

2. 상대가 공을 친 순간부터 자신의 라켓에 도달할 때까지 계속 공을 주시한다.

3. 백스윙은 생략하되 팔로우스루는 처음부터 끝까지 실행하여 공을 높이 띄우고 상대 코트 안에 떨어지게 한다.

4. 공이 라켓에 맞는 순간 움직임을 멈추고 체중을 앞으로 이동시켜 균형을 잡는다.

5. 몸을 확실하고 정확하게 비틀어 라켓과 90도를 이루게 한다. 적절한 각도를 유지했을 경우 라켓은 반드시 공보다 높은 곳에 위치한다.

6. 하프발리 샷을 구사한 뒤 코트 중간에 머물지 말고 네트로 대시하라.

스핀

초보자나 여가활동으로 테니스를 치는 사람들은 잘 깨닫지 못하지만 테니스공의 스핀을 통제하는 능력은 게임에서 중요한 요소이다. 숙련된 플레이어들은 지극히 의도적으로 샷마다 특정 유형과 크기의 스핀을 첨가한다. 이 플레이어들은 스핀을 잘 다루는 능력이 공의 비행을 통제하고 샷을 정확하게 코트 안으로 떨어뜨리는 능력을 향상시킨다는 사실을 알고 있다. 샷을 했을 때 테니스공은 크게 두 가지 방향으로 회전하며 이는 톱스핀을 구사하느냐 백스핀을 구사하느냐에 따라 달라진다. 톱스핀과 백스핀 모두 방향성이 있는 회전이며 회전율은 공이 지면에 닿았을 때 어떻게 바운드 되는지는 물론 공중에서 공이 어떻게 날아가는지에도 크게 영향을 미친다. 스핀을 걸지 않았을 때와 비교하자면 톱스핀을 걸 경우 테니스공은 코트에 더 빨리 떨어지는 반면 백스핀을 걸 경우 조금 더 날아간다. 공이 지면에 닿으면 톱스핀을 건 공은 높게 바운드 되는 반면 백스핀을 건 공은 코트 지면에서 낮게 바운드 된다.

톱스핀을 걸기 위해서는 라켓을 아래에서 위로 향하는 궤적을 그리며 휘둘러야 하는 반면 위에서 아래로 향하는 궤적의 스윙은 백스핀을 걸 때 사용된다. 샷마다 적합한 유형의 스윙이 다른데, 이는 주로 샷의 메커니즘 때문이다. 그러므로 라켓이 그리는 궤적에 따라 특정 스핀이 강하게 걸리게 된다. 예를 들어 포핸드와 투핸드 백핸드 그라운드스트로크는 주로 톱스핀이 걸리는 반면 원핸드 백핸드 그라운드스트로크는 주로 백스핀이 걸린다. 어프로치샷과 발리에는 대부분 백스핀이 걸리고 로브에는 톱스핀과 백스핀 모두 걸 수 있다. 서브나 오버헤드샷을 칠 때 슬라이스라는 다른 유형의 스핀을 구사하는 플레이어도 있다.

일반적으로 기억해야 할 사항들

플레이의 수준에 상관없이 플레이의 질에 중요한 부분을 차지하는 코트 위에서의 행동이 있다.

1. 게임에 대해 긍정적으로 생각하라. 자신의 신체반응을 지휘하라.
2. 라켓을 몸의 일부, 즉 팔의 연장선이라고 생각하라.
3. 연속되고 리드미컬하며 흐르는 듯한 동작으로 모든 샷을 하라.
4. 팔만 이용하지 말고 전신을 이용하여 공을 쳐라.
5. 스타일에 어느 정도 융통성을 발휘하고 굳이 완벽하고 교과서 사진에 나올 법한 폼에 얽매이지 말라.
6. 상대나 네트, 베이스라인, 이미 잘못한 샷이 아니라 플레이 되고 있는 공에 주의를 집중하라.
7. 다이내믹하고 공격적이며 자연스러운 플레이를 하라.
8. 매번 게임을 즐겨라. 테니스가 선사하는 순수한 신체적 즐거움을 만끽하라.

효율적인 연습

실력 향상의 기본은 연습이다. 연습은 근육을 단련시키는 시간이므로 충분한 연습을 한다면 당신은 경기에서 스윙의 역학적 원리에 신경 쓰지 않고 테니스가 주는 즐거움에만 의식을 집중할 수 있을 것이다.

기계적으로 발달시켜라. 체계화되지 않은 방식으로 연습을 할 경우 무릎을 구부리지 않거나 체중을 제대로 이동시키지 않는 등 안이한 습관에 빠져들기 쉽다. 테니스의 기초를 염두에 두고 우선 그립에 주의한 뒤 피벗(한 발을 축으로 회전하는 일 – 역자 주)이나 백스윙을 점검하라. 공을 향하는 라켓의 속도를 높이는 데 특히 집중하라. 물 흐르듯 자연스러운 스트로크를 통해 근육을 단련하라.

공격과 수비 예행연습을 하라. 공격적인 테니스를 하려면 계속해서 상대 코트 깊숙한 곳에 공을 보내고 강력한 서브를 구사해야 한다. 또한 공격적인 테니스를 연습하려면 그라운드스트로크를 할 때마다 상대 서비스라인 뒤에 공을 보내고 매번 전력을 다해 서브를 넣어야 한다. 하지만 그와 동시에 충분히 띄운 로브, 강한 서브에 대한 리턴 등 경기에서 필요한 수비 샷도 연습해야 한다.

실전처럼 연습하라. 연습시간의 일부를 할애하여 게임이나 게임의 일부를 재현하면 아무런 목표 없이 그저 공을 주고받는 것 이상의 훈련을 할 수 있다. 경기와 비슷한 상황을 설정하면 연습이 보다 흥미로워지고 잘 하고자 하는 동기를 부여할 수 있다.

특정한 샷을 연습하라. 파트너에게 당신이 연습하고자 하는 샷을 치도록 하라. 예를 들어 당신이 오버헤드를 연습하고 싶다면 파트너에게 로브를 쳐 달라고 부탁하라. 공 몇 개가 아니라 파트너에게 당신의 샷에 리턴을 하지 말고 공을 한 바구니 정도 쳐 달라고 하는 것이 더 바람직하다. 바구니가 비면 역할을 바꿔 당신이 파트너의 연습을 도우면 된다.

특정한 포인트를 재현하라. 경기 중 상황을 연출하라. 얼마든지 창조성을 발휘해도 되지만 이 방법으로 연습하기 위해서는 가능한 현실과 가깝게 상황을 연출해야 한다. 공 세 개를 가지고 하는 랠리를 예로 들자면 우선 당신의 파트너가 공을 보내면 당신은 깊은 샷을 친 뒤 네트로 달려간다. 그렇게 날아간 공과 상관없이 파트너가 다른 공을 보내면 당신은 발리를 치고, 파트너가 세 번째 공을 띄우면 당신은 오버헤드를 치는 것이다. 또는 파트너가 서브를 연습하는 동안 인이 되든지 아웃이 되든지 매 서브에 리턴을 시도하여 서비스 리턴을 연습할 수도 있으며, 이때 파트너는 당신의 리턴을 쫓지 않고 오로지 서브만 넣는다.

유산소 조건형성 훈련을 포함시킨다. 기술적 예행연습과 테니스에 필요한 유산소 조건형성 훈련을 혼합한 연습을 할 수 있다. 파트너가 공 한 바구니를 코트의 다양한 지점으로 보내는 방법도 훌륭한 훈련이 된다. 이렇듯 코트 전역을 누비는 방식을 올 코트 스크램블(all court scramble)이라고 한다. 이때 가능한 모든 공을 쫓아 리턴을 하고 당신의 파트너는 계속해서 공을 보낼 뿐 당신의 샷을 받아치지 않는다.

자연스러운 순서대로 연습하라. 충분히 워밍업을 한 뒤 몇 분 동안 가볍게 스트로크를 한다. 그리고 매우 깊숙한 샷을 한 뒤 코트의 특정한 부분으로 샷을 보내도록 한다. 당신과 연습 파트너가 서비스라인 바로 안, 네트를 가운데 놓고 마주보게 되었을 때는 서로 발리를 주고받으며 '속사포' 연습을 한다. 그런 다음 서브와 서비스 리턴을 한다. 경기와 같은 상황에서 플레이하라. 그리고 유산소 조건형성이 포함된 훈련을 한 뒤 리듬과 폼에만 신경을 쓰며 자유 히팅을 마지막으로 연습을 끝낸다.

연습을 즐겁게 만들라. 연습에 다양성을 더하라. 여러 가지 기술을 시도하거나 공에 스핀을 더해보라. 또는 공이 네트를 넘어가는 것을 유일한 규칙으로 삼은 채 몇 포인트 플레이하라. 연습시간을 테니스에 대한 흥미를 북돋우고 새롭게 불붙이는 계기로 삼아라. 테니스는 게임이라는 사실을 명심하라. 그 목적은 당신의 삶에 즐거움을 더하는 것이어야 한다.

백보드 또는 볼 머신을 사용하라

백보드에 대고 하는 연습, 또는 볼 머신을 이용한 연습은 그라운드스트로크, 서브, 발리를 다듬을 수 있는 효과적인 방법이다. 벽이나 기계로부터 계속 공이 날아오기 때문에 플레이어는 다른 플레이어에게 공을 보내는 일보다 완전한 스트로크 메커니즘과 동작, 포지셔닝에 집중할 수 있다. 또한 한두 시간 백보드나 볼 머신을 이용하여 연습하면 격렬한 신체운동도 할 수 있다. 백보드는 공원, 학교, 사설 테니스 시설에서 쉽게 이용할 수 있고 그 중에는 볼 머신을 사용할 수 있는 곳도 있다.

백보드는 대부분 높이가 10~12피트이며 지면에서 3피트 높이에 두께가 2인치 정도 되는 선이 그려져 있어 네트가 있는 상황에서 연습할 수 있다. 포핸드와 백핸드로 크로스코트나 다운 더 라인의 그라운드스트로크를 치고 언더스핀과 톱스핀을 걸어 그라운드스트로크를 치거나 퍼스트와 세컨드 서브를 치는 것도 훌륭한 연습방법이 될 수 있다. 크로스코트와 다운 더 라인 스트로크를 번갈아 치면 스윙과 몸의 포지셔닝 타이밍의 미묘한 차이를 구분할 수 있어 이들 샷을 더욱 잘 칠 수 있게 된다. 스핀을 걸어 공을 치는 연습을 하면 아래에서 위로 궤적을 그리는 스트로크, 즉 톱스핀에 사용되는 스트로크와 위에서 아래로 궤적을 그리는 스트로크, 즉 언더스핀에 사용되는 스트로크의 차이도 알게 된다. 또한 백보드를 이용한 연습은 포핸드와 백핸드 그립의 변화를 효율적으로 익힐 수 있는 방법이다. 연습을 통해 당신은 의식적으로 노력하지 않아도 저절로 포핸드에서 백핸드로 샷을 바꿀 때 손의 위치를 바꾸는 법을 배울 것이다. 백보드를 이용한 연습의 단점은 진짜 코트에서 플레이 했을 때 자신이 친 샷이 코트 안에 떨어졌을지 알 수 없다는 것이다. 백보드를 사용할 때는 그저 공을 세게 치지만 말고 실제로 테니스 코트 안으로 공을 친다고 생각하는 것이 바람직하다.

실제로 코트 안에서 연습하기 때문에 볼 머신은 백보드보다 효과적인 도구이다. 볼 머신은 공기압, 또는 수레바퀴가 회전하는 원리에 의해 일관되게 테니스공을 '던지도록' 디자인되었다. 정교한 볼 머신은 스핀의 종류, 공의 속도와 각도를 다양하게 변화시켜 공을 보낼 수 있다.

백보드와 마찬가지로 볼 머신은 크로스코트와 다운 더 라인 그라운드스트로크 등의 포핸드 및 백핸드 그라운드스트로크, 그리고 스핀을 연습하는 데 효과적인 방법이다. 또한 백보드보다 발리 연습에 적절한 도구이며 백보드로는 할 수 없는 오버헤드를 연습할 수 있는 볼 머신도 있다. 볼 머신으로는 서브를 연습할 수 없지만 서비스 리턴을 연습할 수 있는 머신은 있다. 볼 머신의 가장 큰 단점은 상대방이 인간일 때 더욱 예측하기 힘들고 머신보다 더 다양한 샷을 구사하므로 실제 플레이를 재현할 수 없다는 것이다. 인간이 치는 다양한 샷에 대응하여 성공적으로 플레이 하는 능력은 머신으로 배우기 어렵다.

연습과 플레이

신체활동의 즐거움, 운동, 경쟁, 사회적 교류, 운동 기술의 시험과 향상 등 사람들은 수많은 이유로 스포츠에 참가한다. 테니스가 그토록 인기 있는 한 가지 이유는 플레이를 잘하기 위해 다양한 기술이 필요하며 이를 마스터하는 일은 신체적으로나 정신적으로 도전적인 일이라는 데 있다. 테니스에 푹 빠진 사람들은 교습을 많이 받거나 연습을 많이 하지 않고도 비교적 짧은 시간 안에 테니스에 능숙해져 플레이를 할 수 있게 되지만 머지않아 대부분 꾸준히 연습하고 플레이를 해야 전체적인 게임을 향상시킬 수 있다는 사실을 깨닫는다.

다수의 플레이어는 경기를 치르면 연습이 된다고 생각하며, 전략을 적용하는 법 등 실제로 연습을 통해 제대로 배울 수 없는 것들을 경기 중에 배울 수 있다. 그러나 경기 중에는 포인트를 따고 게임을 이기는 것이 목적이므로 약점은 피하고 장점에 의지하게 된다. 신체적, 정신적으로 노력해야 하므로 애초에 연습이 즐거울 수 없을지 몰라도 약점을 수정하고 전체적인 경기실력을 향상시키기 위한 최선의 방법은 꾸준한 연습이다. 게임을 하는 것과는 달리 꾸준한 연습을 하기 위해서는 경기 도중 사용할 기술과 실행을 개선하기 위해 디자인된 특정한 활동이 필요하다.

반복연습

테니스 기초를 연습할 수 있는 방법은 다음과 같다. 그라운드스트로크, 어프로치샷, 발리를 반복연습하기 위해서는 파트너와 플레이를 하거나 볼 머신을 사용해야 하는 반면 서브는 단독으로 해야 한다.

깊은 랠리 연습

플레이어 두 명(P1과 P2)이 회색으로 표시된 부분에 계속해서 샷을 넣는 것을 목표로 그라운드스트로크를 주고받는다. 이때 포핸드나 백핸드만을 사용할 수도, 두 가지 스트로크를 모두 사용할 수도 있다 (도해 32.7).

크로스코트 연습

플레이어 두 명(P1과 P2)이 회색으로 표시된 부분에 계속해서 크로스코트샷을 치는 것을 목표로 그라운드스트로크를 주고받는다. 예를 들어 A2 부분에서 B1 부분으로 포핸드를 치거나 A1에서 B2로 백핸드를 치는 것이다 (도해 32.8).

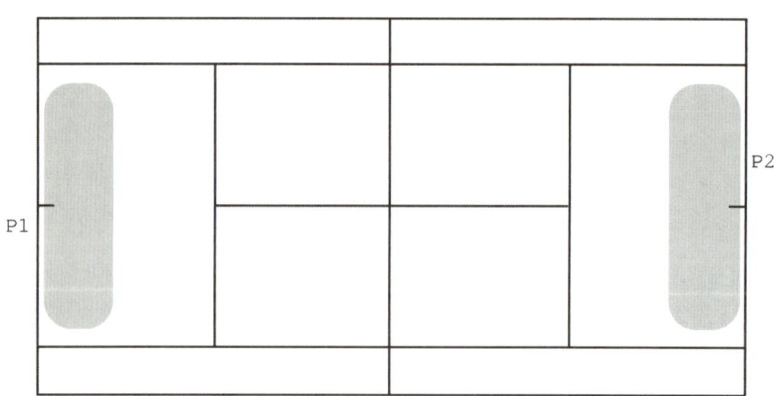

도해 32.7. 깊은 랠리 연습.

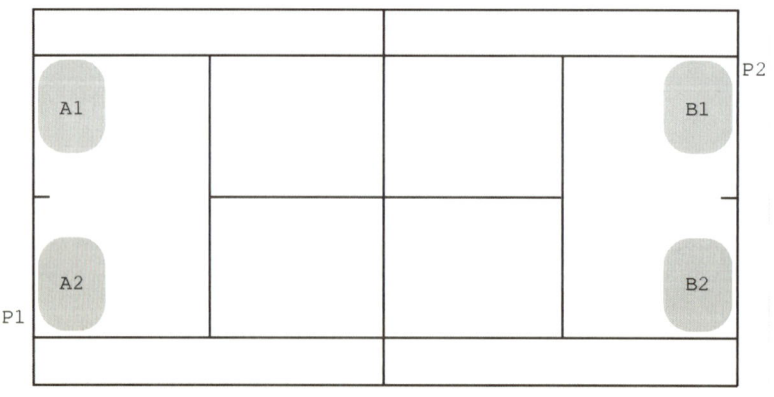

도해 32.8. 크로스코트 연습.

다운 더 라인 연습

플레이어 두 명(P1과 P2)이 회색으로 표시된 부분에 다운 더 라인 샷을 계속해서 넣는 것을 목표로 그라운드스트로크를 주고받는다. 이때 코트 오른쪽에서는 포핸드만, 왼쪽에서는 백핸드만 친다 (도해 32.9).

어프로치샷 연습

플레이어 두 명(P1과 P2)이 2, 3회 깊은 그라운드스트로크로(GD: groundstrokes deep) 랠리를 한 뒤 P1이 짧은 샷(GS)을 치면 P2가 코트 앞으로 이동하여 어프로치샷을 통해 공을 P1에게 보낸다. P1이 샷을 리턴하면 P2는 네트 앞에서 발리를 친다 (도해 32.10).

발리 연습-1

네트 플레이어(V)는 포핸드나 백핸드 발리로 상대가 베이스라인(B)에서 친 공을 리턴하여 연습한다. 포핸드 발리는 A1에서, 백핸드 발리는 A2에서 이루어진다 (도해 32.11).

발리 연습-2

플레이어 두 명 모두 네트 가까이에 위치한 상태에서 포핸드 및 백핸드 발리를 연습한다 (도해 32.12).

서브 연습

플레이어(P)는 네 가지 유형의 서브를 연습한다. 듀스 코트로 와이드 서브(A1)와 다운 더 센터 서브(A2)를, 어드밴티지 코트로 다운 더 센터 서브(B1)와 와이드 서브(B2)를 넣는다. 상급자의 경우 목표를 정하고 퍼스트와 세컨드 서브를 치는 연습을 한다 (도해 32.13).

전 략

테니스 게임을 효과적으로 플레이하기 위한 전략은 매우 간단하다. 게임 도중 벌어지는 상황에는 대부분 정답이 있거나 적어도 바람직한 대응방법이 있다.

단식경기

공이 플레이 되는 상황을 계속 유지하라. 테니스 전략의 첫 번째 규칙은 공을 쳐서 네트를 넘기고 상대 코트에 떨어뜨려 바운드 되게 하는 과정을 매 포인트마다 한 번이라도 더 해내는 것이다. 최악의 실수는 네트에 걸리는 공을 치는 것이다. 공이 네트에 걸리면 어떤 방법으로도 구제할 수 없으며 상대가 에러를 범할 기회도 사라진다. 계속해서 포인트를 따낼 생각만 하지 말고 확실히 넘어갈 수 있게 공을 네트 위로 충분히 높게 보내라. 상대가 잘못된 플레이를 할 기회를 노려라.

공을 깊게 보내라. 이 전략에 해당되는 전술은 계속해서 공을 깊숙한 곳으로 보내는 것이다. 그렇게 하면 상대는 뒤로 물러날 수밖에 없고 네트로 나와 포인트를 획득할 기회가 줄어든다. 그와 동시에 상대가 리턴하는 데 더 많은 시간이 걸릴수록 당신은 다음 샷을 할 때까지 더 많은 시간을 갖게 되어 공을 칠 때마다 더 유리한 위치로 이동하며 마음을 가다듬고 리드미컬하고 흐르는 듯한 스윙을 할 수 있게 된다.

각도를 이용할 순간을 알아라. 상대가 얕은 공을 보내면 더 넓어진 코트의 각도를 이용하여 리턴을 하라. 코트 안에서 공을 치기 위해 멀리 이동할수록 사이드라인을 향해 각이 깊은 샷을 보낼 기회도 많아진다. 얕은 공 때문에 코트 한쪽으로 밀려나면 크로스코트 리턴을 치기에 더 적합한 상황이 된다.

포코트를 자주 사용하라. 자신이 없더라도 가능한 자주 네트 앞으로 나가라. 상대가 예민할 경우 당신이 네트 앞에 비디고 있는 깃민으로도 실수를 저지를 수 있다. 또한 네트 앞에 나가면 최대한 빨리 포인트를 결정지어라. 매 샷을 상대의 라켓이 미치지 못하는 곳으로 보내라.

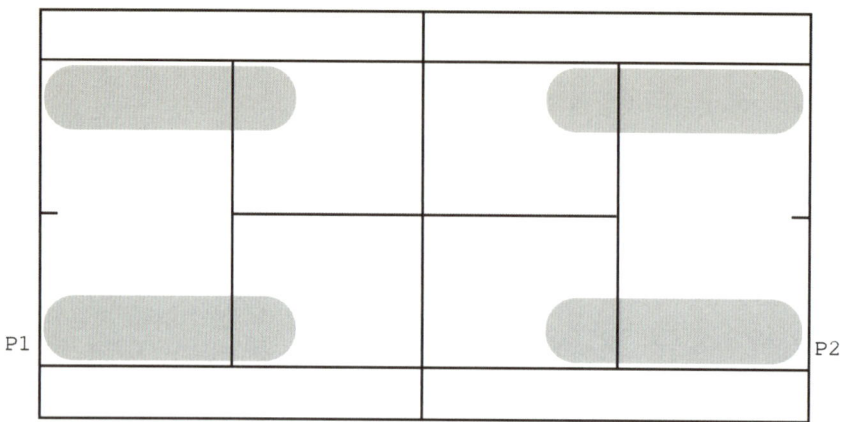

도해 32.9. 다운 더 라인 연습.

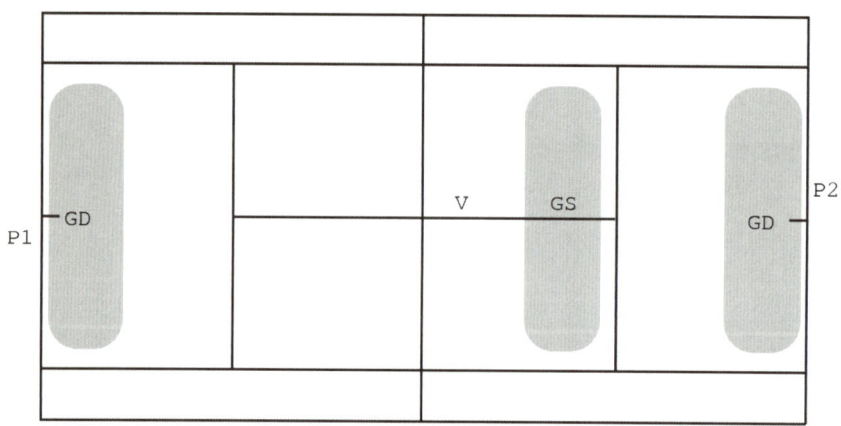

도해 32.10. 어프로치샷 연습.

도해 32.11. 발리 연습—1.

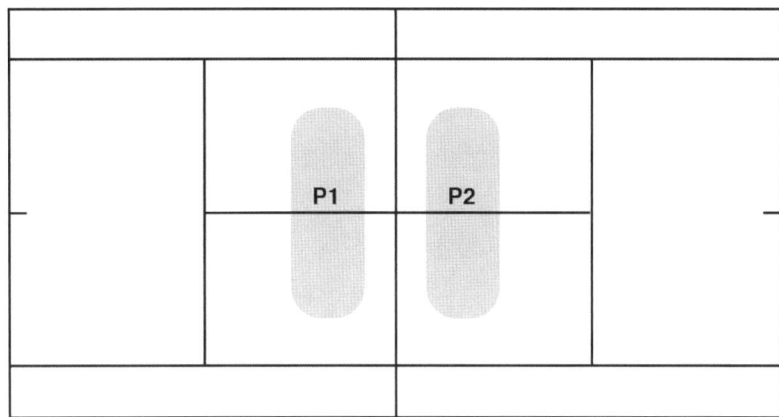

도해 32.12. 발리 연습-2.

도해 32.13. 서비스 연습.

퍼스트 서브를 성공시켜라. 첫 번째 서브를 강하게 넣고 실패하면 두 번째 서브를 다소 약하게 넣어야 한다고 생각하기 쉽지만 그렇지 않다. 퍼스트 서브의 속도를 줄이는 대신 세컨드 서브의 속도를 높여보라. 그렇게 하면 퍼스트 서비스의 성공률을 높이는 것은 물론 세컨드 서브 때 상대가 공격적으로 리턴을 하기 위해 앞으로 나오는 것을 막을 수 있다.

확률의 테니스를 하라. 어떤 상황이든 두 가지 질문만 해보면 된다. (1) 내가 가장 잘하는 것은 무엇인가? (2) 상대의 약점은 무엇인가? 자신의 장점을 살려라.

상대가 잘하지 못하는 것을 파악하여 그 약점을 자주 공략하라. 당신은 지지 않기 위해 애쓰는 대신 경기에서 승리할 것이다.

복식경기

네트를 섬령하라. 복식은 네트 싸움이다. 복식에서 기본이 되는 것, 그리고 상대보다 우위에 서기 위한 목표는 네트를 지배하는 것이다. 복식에서는 대부분 네트에서 포인트가 결정되기 때문이다. 그러기 위해서는 기회가 생길 때마다 두 선수 모두 포코트로 나가야 한다.

성공률이 높은 서브를 하라. 서브의 페이스를 조절하라. 가능한 리시버의 백핸드 쪽으로 서브를 보내면 리턴이 약해져 네트플레이를 하는 파트너가 조금 더 여유를 갖고 발리를 구사하여 포인트를 획득할 확률이 높아진다.

반드시 네트플레이어를 지나도록 샷을 하라. 상대 조중 한 명은 네트 앞으로 나오고 다른 한 명은 백코트에 있을 때 네트플레이어한테 차단되지 않고 지나가도록 공을 쳐라. 서비스 리턴을 가능한 깊숙이 서버에게 보내는 일은 매우 중요하다. 아니면 로브를 구사하여 네트플레이어를 넘기는 것도 한 가지 방법이다.

열린 공간을 이용하라. 복식 팀은 흔히 앨리(단식 코트에 복식용으로 추가되는 양 사이드라인 쪽의 공간 – 역자 주)에 대한 수비를 지나치게 의식한 나머지 너무 멀찍이 떨어져서 플레이를 한다. 누가 공을 쳐야 할지 불확실하여 잠시 망설이게 되므로 두 선수 사이, 중앙으로 공을 보내라. 그러나 크로스코트로 샷을 칠 기회가 있다면 단식보다 넓은 복식 코트의 특성을 이용하라. 구석을 노리되 단식용 사이드라인에 공을 떨어뜨리는 것을 목표로 하면 샷이 다소 잘못되더라도 코트 안에 떨어뜨릴 수 있다.

빈 공간을 커버하라. 자신과 파트너가 보이지 않는 끈으로 연결되었다고 생각하라. 파트너가 코트 측면으로 밀려나가면 끈으로 연결된 당신도 끌려가 더 넓어진 상대의 리턴 공간을 커버하는 것이다. 팀 동료가 위치에서 밀려날 경우 나머지 코트 공간의 중간에 있어야 한다.

교육 시 고려사항

1. 숙련된 히팅 기술은 물리학적 공통요소가 있다. 선수들마다 스타일이 제각각인 것처럼 보여도 라켓과 공이 접촉하는 결정적인 순간에는 똑같은 힘을 가해야 똑같은 결과를 얻을 수 있다. 테니스공을 칠 때 적용되는 물리학을 학습한 뒤 학생들이 물리학 법칙을 이해하고 이를 바탕으로 수행능력을 향상시키도록 하라.

2. 교습은 간단하게 하라. 각 스트로크와 관련한 사실을 한꺼번에 지나치게 많이 가르치기 쉽다. 그러나 어느 정도 한계에 다다르면 배우는 사람들은 그 모든 정보를 처리하는 동시에 근육이 해야 할 일에 대한 지식을 더 이상 체계적으로 다룰 수 없게 된다. 가장 간단한 방법이 최고의 방법인 경우가 많다. 히팅의 가장 중요한 부분에만 집중하라.

3. 리드미컬한 스윙 패턴에 가장 많이 신경을 써라. 우선 학생들이 항상 부드럽고 흐르는 듯한 동작으로 스윙을 하도록 하되 공이 어디로 가느냐를 토대로 학생들의 스윙을 판단할 필요는 없다. 몸의 감기와 풀기, 그리고 공과 관련한 몸의 자세를 강조하라. 그리고 테니스를 예술처럼 생각하도록 하라. 공을 치는 모습이 '좋아 보이도록' 하라. 스윙을 할 때마다 학생들이 리듬과 타이밍의 감각에 정신을 집중하도록 하라.

4. 리듬과 적합한 자세를 강조하기 위해 가능한 '미니 테니스' 게임을 많이 치러라. 파트너 한 명이 네트 앞에 서서 공을 던지면 다른 한 명이 바운드 된 공을 치고, 그런 다음 역할을 바꾸는 방식이다. 또는 두 명이 네트를 가운데 놓고 양쪽 서비스라인에 선 채 서비스코트 안으로만 공을 넣으며 랠리를 하도록 한다. 학생들이 게임에 대한 감각을 키워 즉시 성취감을 느낄 수 있는 모의게임을 제공하라.

5. 목표지향적인 방법을 사용하라. 특정한 목표를 위한 랠리를 사용하라. 예를 들어 샷의 깊이를 향상시키는 한 가지 방법은, 베이스라인에서 약 몇 피트 정도 안쪽에 코트를 가로질러 줄을 연결하여 깊

은 그라운드스트로크의 목표점으로 사용하는 것이다. 서브의 경우 공을 담는 캔을 서비스 코트 안 모서리 네 곳에 목표물로 세워놓는다. 또는 코트 안과 마찬가지로 앨리를 사용하여 그라운드스트로크를 주고받는다.

6. 가장 흔히 저지르는 실수는 머리를 너무 일찍 돌려 라켓에 맞기 전에 공이 갈 곳을 쳐다보는 것이다. 학생들이 공을 따라 히팅 존으로 들어갈 때 공의 모든 면을 주시하도록 하라. 스핀에 집중할 때면 실제로 공의 솔기를 보도록 노력하게 하라. 또는 공의 색을 구별하고 공이 다가올 때 색을 명확히 보도록 하라. 바운스된 뒤 공에 다시 초점을 맞추는 습관을 기르도록 하라. 그런 다음 '바운스-앤드-히트' 방법을 사용하는데, 이때 두 명 모두 공이 바운드될 때마다 "바운스"를 외치고(상대 코트에 바운드될 때도 마찬가지다) 자신이 공을 칠 때마다 "히트"를 외친다. 이는 공이 바운스된 뒤 스윙의 역학적 원리 부분보다 공에 다시 초점을 맞추고 집중하는 데 도움이 된다.

7. 수많은 플레이어들이 골머리를 앓는 중요한 원인 중 하나가 서비스 토스이다. 공을 공중으로 던질 때 무릎의 힘을 너무 많이 사용하는 경우가 빈번하다. 토스 동작만 따로 연습하며, 이때 공을 토스할 손을 앞쪽에 놓인 다리의 허벅지 안쪽에 놓은 상태에서 시작하여 공을 때릴 지점과 같은 높이의 선반에 얹는다는 느낌으로 공을 손에서 놓으며 던진다. 라켓을 바닥에 놓고 머리를 앞쪽에 놓인 발의 안쪽, 전면으로 향한다. 적절한 높이로 공을 토스한 뒤 바닥에 놓인 라켓 페이스에 떨어지는지 보라.

8. 초보자에게 서브를 가르칠 때는 연속된 네 단계 동작으로 나눠라. (1) 우선 양손을 모으고 팔꿈치를 구부리며 라켓은 목표로 하는 코트를 향하게 한다. (2) 양손을 동시에 앞쪽에 놓인 다리 허벅지를 향해 아래로 내린다. (3) 양손을 동시에 위로 올리며 공을 손에서 놓고 아크를 그리며 라켓을 어깨 너머로 보낸다. (4) 속도를 붙여 앞으로 휘두르며 라켓을 공 뒤쪽으로 가져간다. 이 동작들을 연습할 때 학생들이 "함께 아래로, 함께 위로, 스윙"이라고 외치도록 한다.

9. 특정한 기술을 사용하도록 다양한 게임을 제공하라. 서브를 생략한 채 그라운드스트로크만 하는 게임을 예를 들자면, 각 포인트는 한 명이 그라운드스트로크를 쳐서 시작되고 세 번의 랠리 이내로 포인트를 결정지어야 득점으로 인정한다(이 경우 플레이어들은 정교한 샷으로 랠리를 하게 된다). 또는 서비스 기회가 단 한 번만 주어지는 게임을 통해 세컨드 서브를 연습한다. 서버는 평소 속도의 절반 수준인 서브만 넣고 그 뒤 서버와 리시버 모두 백핸드만 사용하는 게임을 할 수도 있다.

10. 연습시간을 즐겁게 만들라. 오른손잡이는 왼손으로, 왼손잡이는 오른손으로 라켓을 드는 등 강습 시간에 다양한 요소를 가미하라. 공이 네트를 넘어간 뒤 펜스에 닿기 전에 바운드돼야 한다는 한 가지 규칙만 세우고 몇 포인트 플레이를 하라. 또는 한 번 샷을 할 때마다 앞으로 달려가 라켓으로 네트를 건드려야 한다는 규칙을 세운 채 플레이를 하라. 한 명이 샷을 한 뒤 다른 사람에게 라켓을 건네주고 그 사람이 다음 샷을 하는 게임을 시도해보라.

테니스의 고전

테니스와 관련한 책은 늦어도 1900년대 초반부터 출판되었으니 버지(Don Budge), 크래머(Jack Kramer), 틸든(Bill Tilden) 등 당시 유명한 프로선수들이 테니스에 대한 아마추어의 이해를 돕고 플레이를 향상시키기 위한 책을 썼다. 기본적인 규칙이나 테니스 코트의 크기는 오랜 세월이 지난 지금까지도 변하지 않았지만 플레이어의 복장이나 플레이 스타일, 경기 전략 등 다른 요소들은 진화했다. 오랜 세월 출판된 수많은 책에는 테니스 역사에 대한 통찰력과 테니스의 발전이 담겨있다.

이 장의 추가 읽을거리에는 그러한 테니스 관련 서적들이 다수 소개되고 있다. 대부분 이미 오래 전에 절판되었지만 공공도서관이나 아마존(Amazon.com), 또는 파월스북스(Powellsbooks.com) 등의 웹사이트 중고서적 코너에서 찾을 수 있다.

가장 추천할 만한 책 두 권은 틸버트(William F. Talbert)와 올즈(Bruce S. Olds)가 쓴 『단식 테니스 경기(*The Game of Singles in Tennis*, 1962)』와 『복식 테니스 경기(*The Game of Doubles in Tennis*, 1968)』이다. 두 권 모두 단식과 복식의 역사에 대한 정보는 물론 다양한 스트로크를 보여주는 뛰어난 삽화와 유서 깊은 대회의 통계분석, 그리고 경기 도중 흔히 이루어지는 랠리를 묘사한 광범위한 도표를 담고 있다. 두 권 모두 역사적 이유에서는 물론 현대 플레이어들에게도 상당히 귀한 정보를 다수 담고 있다는 점에서 테니스 애호가들에게 특히 중요한 책이다.

용어 해설

게임(game) 세트를 구성하는 단위로서 상대가 세 포인트를 따내기 전에 한쪽이 네 포인트를 따냈을 때, 또는 양쪽이 세 포인트를 딴 상태에서 한쪽이 두 포인트를 연속해서 따내면 종료된다.

그라운드스트로크(groundstroke) 바운드된 뒤 공을 치는 포핸드나 백핸드 스트로크.

다운 더 라인 샷(down-the-line shot) 사이드라인과 평행하게 네트 너머로 공을 치는 일.

듀스 코트(deuce court) 오른쪽 서비스 코트이자 해당 게임에서 플레이 된 포인트가 짝수일 때 서브를 보내는 코트.

듀스(deuce) 여섯 포인트 이상 플레이되었을 때 스코어가 동점이거나 열 게임 이상 플레이되었을 때 게임 스코어가 동률일 때.

더블 폴트(double fault) 두 번의 서비스 기회 모두를 유효한 서비스 코트로 보내지 못하는 일.

랠리(rally) 서브가 이루어진 뒤 상대와 샷을 주고받는 행위로서 주로 오래 지속되는 플레이를 말한다.

러브(love) 0점. 러브 게임은 한쪽이 한 게임에서 단 한 점도 획득하지 못한 경우를 말하며 러브 세트는 한쪽이 한 세트에서 단 한 세트도 따내지 못한 경우를 말한다.

렛(let) 리플레이되어야 하는 모든 포인트. 주로 서브가 네트 상단을 맞은 뒤 유효한 서비스 코트에 떨어졌을 때를 의미한다.

로브(lob) 높고 아크를 그리는 샷으로서 상대 코트의 베이스라인 근처에 떨어진다.

매치(match) 두 명, 또는 네 명의 선수 사이에서 벌어지는 경쟁을 말하며 미리 정해진 게임이나 세트를 획득한 쪽이 승리한다.

매치포인트(match point) 양 선수, 또는 팀 중 한쪽이 한 포인트만 더 따면 매치를 이기는 상황.

발리(volley) 짧은 펀치스윙으로 구사하는 스트로크이며 공이 바운드되기 전에 친다.

백코트(backcourt) 베이스라인 근처의 막연한 부분.

백핸드(backhand) 라켓을 쥔 손의 반대쪽으로 날아오는 공을 칠 때 사용하는 스트로크.

베이스라인(baseline) 코트의 끝을 표시하는 선.

브레이크 또는 서비스 브레이크(break, service break) 상대가 서브인 게임에서 승리하는 것.

사이드라인(sideline) 단식, 또는 복식 코트에서 양 옆의 끝을 표시하는 선.

서브(serve) 포인트가 시작될 때마다 공이 플레이되게 하는 데 사용되는 스트로크. 서브권이나 서브된 공 자체와 구별하기 위해 서비스(service)라는 보다 포괄적인 용어가 사용되기도 한다.

서비스 브레이크(service break) 리시버가 게임을 따낸 경우.

세트(set) 한쪽이 여섯 게임, 또는 타이브레이커 게임에서 승리했을 때 종료되는 매치의 단위.

세트포인트(set point) 한쪽이 한 포인트만 더 따내면 세트를 이기는 상황.

센터마크(center mark) 베이스라인에서 안쪽으로 그려진 짧은 선으로서 센터 서비스 라인의 연장선상에 있으며 코트를 양분하는 표시로 서버는 센터마크를 경계로 좌, 우에서 서브를 넣어야 한다.

슬라이스(slice) 위에서 아래로 향하는 스윙으로 치는 샷이며 이때 공은 뒤로 회전하여 스핀이 걸리지 않았을 때보다 더 오래 공중을 날아간 뒤 낮게 바운드된다.

애드 아웃(ad out) 리시버가 어드밴티지를 얻는 득점을 할 때.

애드 인(ad in) 서버가 어드밴티지를 얻는 득점을 할 때.

애드 코트(ad court) 왼쪽 서비스 코트이자 해당 게임에서 플레이 된 전체 포인트가 홀수일 때 서브를 보내는 코트.

앨리(alley) 단식 코트 양 옆의 부분으로서 복식경기에 추가된다.

어드밴티지(advantage) 듀스 스코어 다음에 이루어지는 득점. 이 포인트를 획득하는 선수에게 '어드밴티지'가 선언되며 다음 포인트마저 획득할 경우 그 선수가 게임을 따내고 그렇지 않을 경우 스코어는 다시 듀스로 되돌아간다.

어프로치샷(approach shot) 네트로 나아가는 길을 열기 위해 치는 그라운드스트로크.

에이스(ace) 포인트를 득점하는 서브로서 리시버의 리치에서 벗어난다.

오버헤드, 또는 스매시(overhead, smash) 머리 위를 넘어가는 공을 칠 때 사용하는 스트로크이며 정해진 스윙 방법은 없다.

크로스코트 샷(cross-court shot) 코트 한 쪽에서 네트를 지나 상대 코트 반대편, 대각선 방향을 향해 공을 치는 샷.

타이브레이커(tie-breaker) 오래 지속되는 세트를 끝내기 위해 고안된 스코어링 시스템을 말하며 한 선수가 두 포인트 이상 앞선 채 일곱 포인트를 획득하면 해당 세트를 따내게 된다. 두 선수 모두 여섯 게임을 따내 동률을 이루었을 때 치러진다.

톱스핀(topspin) 아래에서 위로 향하는 스윙으로 치는 샷이며 이때 공은 앞으로 회전하여 스핀이 걸리지 않았을 때보다 코트에 빨리 떨어지고 높게 바운드된다.

포코트(forecourt) 네트와 서비스라인 사이의 부분.

포핸드(forehand) 라켓을 쥔 손과 같은 방향으로 오는 공을 치는 데 사용되는 스트로크.

폴트(fault) 유효한 서비스 코트 안에 들어가지 않은 서브, 또는 모든 서비스 규칙 위반.

풋폴트(foot fault) 서브를 할 때 서버가 베이스라인이나 코트를 침범한 상태에서 라켓이 공에 닿아 반칙이 선언되는 상황.

추가 읽을거리

The American Sport Education Program. 2002. *Coaching youth tennis*. 3rd ed. Champaign, IL: Human Kinetics.

Bollettieri, N. 2001. *Bollettieri's tennis handbook*. Champaign, IL: Human Kinetics.

Brown, J. 2003. *Tennis Steps to seccess*. 3rd ed. Champaign, IL: Human Kinetics.

Bryant, J. E. 2002. *Game-set-match*. 6th ed. Pacific Grove, CA: Brooks Cole.

Cayer, L. 2004. *Doubles tennis tactics*. Champaign, IL: Human Kinetics.

Chafin, M., and Moore, C. 1994. *Tennis everyone*. 5th ed. Winston-Salem, NC: Hunter Textbooks.

Chu, J. 1995. *Power tennis training*. Champaign, IL: Human Kinetics.

Claxton, D. 1999. *Tennis*. New York city, NY: McGraw-Hill.

Dinoffer, J. 2003. *Tennis practice games*. Champaign, IL: Human Kinetics.

Hoskins, T. 2003. *The tennis drill book*. Champaign, IL: Human Kinetics.

Johnson, J., and Xanthers, J. 2003. *Tennis*. 8th ed. New York City, NY: McGraw-Hill.

Johnson, M. L., Hill, M. L., and Hill, K. 1999. *Tennis: The game for any age*. 6th ed. Winston-alem, NC: Hunter Textbooks.

Matsuzaki, C. 2004. *Tennis fundamentals*. Champaign, IL: Human Kinetics.

Payen, G. 1991. *Tennis for beginners and intermediate players*. 6th ed. Dubuque, IA: Kendall/Hunt Publishers.

Roetert, E., and Groppel, J. 2001. *World-class tennis technique*. 8th ed. Champaign, IL: Human Kinetics.

Rutherford, J. 1999. *Skills, drills & strategies for tennis.* Scottsdale, AZ: Holcomb Hathaway Publishing.

Schwartz, B., and Dazet, C. 1998. *Competitive tennis.* Champaign, IL: Human Kinetics.

Smith, S. 2002. *Winning doubles.* Champaign, IL: Human Kinetics.

Smith, S. 2004. *Coaching tennis successfully.* 2nd ed. Champaign, IL: Human Kinetics.

U.S. Tennis Association. 1996. *Tennis tactics: Winning patterns of play.* Champaign, IL: Human Kinetics.

U.S. Tennis Association. 1998. *Complete conditioning for tennis.* Champaign, IL: Human Kinetics.

Wardlaw, P. 2000. *Pressure tennis.* Champaign, IL: Human Kinetics.

Williams, S., and Peterson, R. 2000. *Serious tennis.* Champaign, IL: Human Kinetics.

Yandell, J. 1999. *Visual tennis.* 2nd ed. Champaign, IL: Human Kinetics.

테니스 고전 중 추가 읽을 거리

Budge, J. D. 1939. *Budge on tennis.* New York: Prentice-Hall.

Cochet, H. 1966. *Le tennis de A à Z; une nouvelle méthode d'enseignement accéléré, par Henri Cochet et Jacques Feuillet. Dessins de Marc Feuillet.* Paris: La Table Ronde.

Connolly, M. 1954. *Power tennis.* New York: Barnes.

Gallwey, W. T. 1974. *The inner game of tennis.* New York: Random House.

Gonzales, P. 1962. *Tennis, by Pancho Gonzales and Dick Hawk.* New York: Fleet pub. Corp.

Hardwick, M. 1937. *Lawn tennis for women, by Mary Hardwick.* New York: M.S. Mill Co., Inc.

Kramer, J. 1949. *Winning tennis.* London: Marston.

Kramer, J. 1977. *How to play your best tennis all the time.* New York: Atheneum/SMI.

Lacoste, J. R. c1928. *Lacoste on tennis, with an introduction by William T. Tilden.* New York: W. Morrow & Company.

Lenglen, S. 1937. *Initiation au tennis, principes essentiels et préparation physique.* Paris: A. Michel.

Little, R. D. 1913. *Tennis tactics, by Raymond D. Little.* New York: Outing Publishing company.

Sedgman, F. 1954. *Winning tennis: the Australian way to a better game.* New York: Prentice-Hall.

Talbert, W. F., and Old, B. E. 1962. *The game of singles in tennis.* Philadelphia: J. B. Lippincott Co.

Talbert, W. F., and Old, B. E. 1968. *The game of doubles in tennis.* 3rd. ed. New York: J. B. Lippincott Co.

Tilden, W. T. 1921. *The art of lawn tennis.* New York: George H. Doran Company.

Tilden, W. T. 1922. *Lawn tennis for club players.* London: Methuen & Co. Ltd.

Tilden, W. T. 1923. *The expert.* New York: American Sports Publishing Co.

Tilden, W. T. c1925. *Better tennis for the club player.* New York: American Sports Publishing Company.

Tilden, W. T. c1925. *The junior player, formerly "the kid"; a tennis lesson.* New York: American Sports Publishing Company.

Tilden, W. T. 1925. *Match play and the spin of the ball. 2nd ed.* New York: American Sports Publishing Company.

Tilden, W. T. c1931. *Tennis for the junior player, the club player, the expert.* New York: American Sports Publishing Company.

Tilden, W. T. 1950. *Tennis A to Z.* London: Gollancz.

Vaile, P. A. c1906. *The Strokes and science of lawn tennis.* New York: American Sports Publishing Company.

Vaile, P. A. *Modern tennis. 2nd ed.* New York: London Funk & Wagnalls.

Vines, E. c1938. *How to play better tennis, by*

Ellsworth Vines. Philadelphia: David McKay Company.

Vines, E. c1939. *Ellsworth Vines quick way to better tennis; a practical book on tennis for men and women*. New York: Sun Dial Press.

Wills, H. 1928. *Tennis, by Helen Wills*. New York: London, C. Scribner's Sons.

참고문헌

비디오 및 DVD

United States Tennis Association. *Dynamic tennis warm-ups DVD*. Champaign, IL: Human Kinetics.

Tennis practice game book/video. Champaign, IL: Human Kinetics.

USTA's Teaching group tennis video. Champaign, IL: Human Kinetics.

그 외 비디오 자료는 부록 C를 참조하라.

웹사이트

데이비스컵(The Davis Cup): www.daviscup.org

미국테니스협회(United States Tennis Association): www.usta.com

미국프로테니스협회(United States Professional Tennis Association): www.uspta.com

여성테니스협회(Women's Tennis Association): www.wtaworld.com

테니스 온라인(Tennis Online): www.tennisonline.com

테니스서버(The Tennis Server): www.tennisserver.com

프로테니스협회(Association of Tennis Professionals): www.atptennis.com

USA테니스(USA Tennis): www.usatennis.com

33 펜싱

이 장을 완벽하게 습득한 뒤, 독자들은 다음과 같은 사항들을 할 수 있어야 한다.

▶ 펜싱의 발전 역사를 설명한다.
▶ 다양한 펜싱 무기들의 차이를 구분한다.
▶ 펜싱의 기본 규칙을 인용한다.
▶ 기본적인 펜싱 기술의 시범을 보인다.
▶ 기본적인 공격 및 방어 전술을 실행한다.
▶ 처음 펜싱을 배우는 학생들에게 적절한 테크닉, 용어, 안전한 기술을 가르친다.

역 사

펜싱은 검술을 예술과 스포츠로 승화시킨 종목이라고 할 수 있다. 펜싱의 매혹적인 역사는 원시인들이 무기를 만들 수 있게 된 직후 펜싱과 비슷한 형태의 교전을 했던 것으로부터 시작된다. 14세기 독일은 결투를 생사가 달린 전투가 아닌 스포츠로 만들려 했다. 전도유망한 독일 남자 대학생 다수가 검 때문에 재판을 받았고 뺨에 난 흉터는 남자다움의 상징이 되었다.

15세기 스페인, 16세기 이탈리아에서 펜싱전문학교가 처음 생겨났다. 이 학교에 입학하여 대가의 비밀을 배우기 위해 먼 곳에서부터 학생들이 몰려들었다.

화약이 발명된 덕에 검은 주무기로서의 효율성이 떨어지게 되었다. 결투는 개인적으로 모욕을 당했을 때 복수하거나 명예를 되찾는 수단으로 전락했다.

18세기에 보호 장비가 탄생하고 유럽 대부분에서 사망자가 나오는 결투를 법으로 금지한 것도 펜싱이 스포츠로서 발전한 원인 중 한가지이다.

이탈리아, 프랑스, 독일은 각기 다른 유형의 검을 만들었고 이 검들은 마침내 현대 펜싱의 무기가 된다. 바로 플뢰레(foil), 에페(epee), 사브르(saber)이다. 펜싱전문학교들은 유럽 전역에서 번창했다. 검의 무게가 가벼워져 속도와 민첩성, 정확도가 크게 향상되었다. 따라서 전투에서 상대를 죽이는 데 사용되던 검은 기술, 정확도, 집중력을 강조한 현대 스포츠로서 세계적으로 인기를 얻게 되었다.

펜싱은 현대 올림픽이 시작된 1896년부터 정식종목으로 채택되었다. 또한 범미주경기대회(Pan American Games)의 종목이며 펜싱만을 겨루는 월드 챔피언십(World Championships)이 따로 개최된다. 그 밖에도 월드 유니버시티 게임(World University Games), 청소년 및 사관생도를 대상으로 하는 주니어 앤드 카데트 월드 챔피언십(Junior and Cadet World Championship), 50세 이상을 대상으로 하는 베테랑 월드 챔피언십(Veterans World Championships) 등의 세계 대회가 있다. 휠체어 펜싱은 장애인 올림픽 정식종목이며 2005년부터 월드 챔피언십에도 포함되었다.

초기 올림픽부터 1960년대까지 프랑스와 이탈리아가 펜싱 메달 대부분을 휩쓸었다. 이탈리아의 에두아르도 만지아로티(Eduardo Mangiarotti)는 1932년부터 1956년까지 모두 13개(금메달 6개, 은메달 5개, 동메달 2개)라는 놀라운 수의 메달을 가져갔다. 1960년대부터 올림픽 펜싱은 동유럽과 소련 선수들이 장악했지만 1996년 올림픽은 다시 프랑스(7개의 메달)와 이탈리아(6개의 메달)의 독무대가 되었다.

2000년 올림픽에는 여자 사브르가 포함되지 않았다. 너무나도 새로운 종목이었기 때문이다. 대신 별도의 월드챔피언십이 개최되었다. 여자 사브르가 펜싱 월드 챔피언십 프로그램에 포함된 것도 1999년부터였다. 올림픽이 열리는 해에는 펜싱 월드 챔피언십이 개최되지 않는다.

고도의 신체적 조건형성과 집중력을 필요로 하므로 펜싱은 현대 신체교육과 레크리에이션 프로그램에서 중요한 위치를 차지한다. 펜싱은 스포츠맨십과 명예라는 오랜 전통을 지니고 있다. 또한 연령, 성별은 물론 신체적 장애와 상관없이 모든 사람에게 적합한 운동이다. 펜싱은 다양한 레벨의 사람들이 즐길 수 있는 종목이다. 초보자들도 정확하게 동작을 실행하면

숙련자가 도전적인 바우트(bout, 한판승부)에서 느끼는 것과 같은 만족감을 느끼게 될 것이다. 대회 규정에는 여성과 남성 모두가 세 가지 무기를 전부 사용하여 겨룰 수 있다.

우리나라의 경우 1947년 조선펜싱연맹이 창설된 뒤 1956년 대한펜싱협회(Korean Fencing Federation)로 개칭했다. 1960년 국제펜싱연맹에, 1972년에 아시아 펜싱연맹에 가입했다. 1964년 도쿄 올림픽에 처음 참가했지만 모든 선수들(남자 3명, 여자 1명)이 예선 탈락했다. 1974년 제7회 테헤란(Teheran) 아시아경기대회에서 5명이 출전하여, 플뢰레 단체전에서 북한과 중국을 누르고 은메달을 따는 데 성공하였다. 1978년 제8회 방콕(Bangkok) 아시아경기대회에서는 일본과 중국을 누르고 플뢰레 단체전에서 사상 처음으로 금메달을 따냈으며, 그밖에 은메달 1개, 동메달 3개를 획득하였다.

1979년 8월 한국 펜싱으로서는 처음으로 오스트레일리아 멜버른(Melbourne)에서 열린 세계펜싱선수권대회에 남자선수 6명이 출전, 플뢰레 종합 11위에 머물렀다. 1986년 제10회 서울 아시아경기대회에서는 금메달 4개, 은메달 3개, 동메달 2개를 획득하여 아시아 정상을 차지하였다. 1992년 제25회 바르셀로나(Barcelona) 올림픽경기대회에서는 남자 플뢰레 단체전이 쿠바와 준결승에서 패하여 4위를 하였지만 세계 정상으로 도약할 수 있는 기틀을 마련하였다. 1994년 그리스 아테네(Athenae)에서 열린 세계펜싱선수권대회에서 사상 처음으로 에페종목이 단체전 동메달을 획득하였다. 같은 해 제22회 히로시마 아시아경기대회에서는 금메달 2개, 은메달 2개, 동메달 3개를 획득, 한국이 종합 2위하는 데 공헌하였다. 또한 2000년 제27회 시드니 올림픽경기대회에서 남자 개인 에페 종목의 이상기가 동메달을 획득한 데 이어 남자 플뢰레 종목에서 김영호가 금메달을 따냈다. 이로써 1984년 제23회 로스앤젤레스 올림픽경기대회에

첫 출전한 이래 한국 펜싱 사상 처음으로 금메달을
획득했다. 2008년 베이징 올림픽경기대회에서는 여
자 개인 플뢰레 종목의 남현희가 은메달을 획득하면
서 한국 여자 펜싱 역사상 첫 메달을 따냈다. 2010년
광저우 아시안게임에서는 금메달 7개, 은메달 2개,
동메달 5개로 역대 최고의 성적을 거두었으며, 특히
남현희는 2006년에 이어 여자 플뢰레 개인전에서 2연
패를 했다.

도해 33.1. 무기 별 유효면. 그림의
흰 부분이 유효면이다. A는 플뢰레의
유효면, B는 에페의 유효면, C는 사
브르의 유효면이다.

펜싱의 목적

두 선수가 펼치는 펜싱 경기는 바우트라고 불린다. 펜
싱의 목적은 상대 선수의 유효면에 다섯 번의 찌르기
를 성공시켜 터치가 선언되게 함으로써 이 한판 승부
에서 승리하는 것이며 유효면은 검의 종류에 따라 다
르다 (도해 33.1). 플뢰레와 에페의 경우 검의 끝이 닿
아야 점수로 인정된다. 사브르의 경우는 검의 끝이나
날이 닿으면 점수로 인정된다. 대전하는 선수를 상대
로 5번의 유효 터치를 기록하면 바우트 한 번이 성립
된다. 풀 바우트(pool bout)에 할당된 3분의 시간 동
안 두 선수 모두 다섯 번의 유효 터치를 기록하지 못하
면 더 높은 점수를 얻은 선수가 승리한다. (펜싱 점수
의 집계는 양 선수의 터치를 모두 인정하던 것에서 먼
저 터치한 선수에게 점수를 주는 것으로 변했다.) 바
우트가 종료된 시점에서 동점을 이루었을 경우 심판
은 동전을 던져 한 선수에게 우선권을 준다. 추가 할
당된 1분이라는 시간 동안 두 선수 모두 단 한 번도 터
치를 기록하지 못하면 우선권을 가진 선수의 승리가
선언된다. 바우트마다 할당된 경기시간은 경기가 중
지되는 사이의 시간은 제외되고 오로지 펜싱이 진행
되는 시간만 계산된다.

장비

1. 경기복은 나일론이나 케블라, 또는 두 가지 섬유를
   모두 사용한 것이어야 한다. 가격 면에서나 내구성
   면 모두를 생각했을 때 수업용으로는 묵직한 즈크
   (duck, 삼실이나 무명실 따위로 짠 직물 – 역자
   주)로 만든 복장이 가장 바람직하다.
2. 마스크는 목보호구가 달려있어 얼굴과 목을 보호
   한다.
3. 여성의 경우 축구선수들과 비슷한 플라스틱 가슴
   보호구나 금속 보호구를 착용한다. 여자선수의 재
   킷에는 가슴 보호구를 넣을 수 있는 주머니가 있어
   야 한다.
4. 가죽으로 덧댄 부드러운 장갑은 손과 팔꿈치 아랫
   부분의 팔을 재킷 위로 3분의 1까지 덮어야 한다.
5. 사브르의 경우 가죽이나 복합재료로 만든 팔꿈치 보

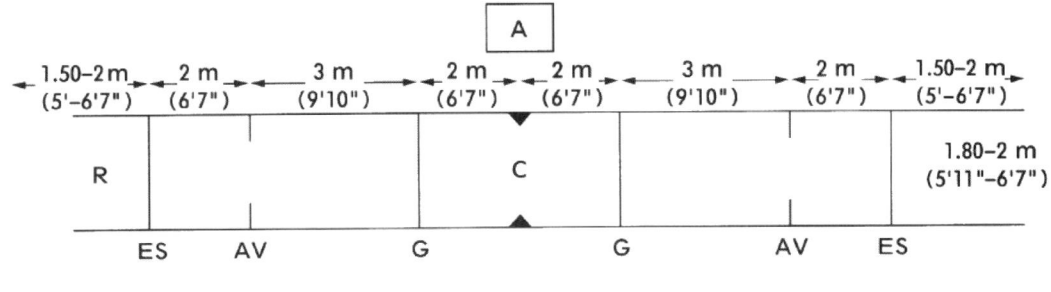

A = 전기심판기 테이블
G = 경계선(온가드선)
R = 피스트 확장부분(대기 장소)

C = 중앙선
AV = 경고선(2미터 시그널 에어리어 시작선)
ES = 후퇴제한선

전기심판기를 사용할 경우 전선의 길이는 피스트의 길이와 폭을 모두 커버할 수 있어야 하며 여기에는 확장부분도 포함된다.

주: 폭이 가장 좁은 부분의 거리를 보라. ES에서 AV의 거리가 6피트 7인치이다.

도해 33.2. 세 가지 무기의 경기에서 공통으로 사용되는 규격 스트립(피스트).

호대를 착용한다 (단, 경기 중에는 사용하지 않고 레크리에이션 활동으로서 펜싱을 할 때만 권장한다).

6. 매트는 바우트가 실행되는 장소로서 좁고 긴 모양을 갖춘다. 너비는 5피트 11인치~6피트 11인치(1.8~2.0m), 길이는 45피트 11인치(13.8m)이다. 매트에는 다섯 개의 평행한 선이 그려져 있다. 매트 양쪽 끝부분만 그려져 있는 중앙선, 양쪽 끝을 완전히 잇는 공격선(on-guard line)과 최종 경계선(rear-limit line)이다. 최종 경계선 안쪽 2미터 구간은 확연히 구분되어 선수가 스트립 위에서 자신의 위치를 인식할 수 있어야 하며 가능하면 다른 색으로 스트립의 다른 구간과 차별화하는 것이 좋다 (도해 33.2).

7. 펜싱 무기.

펜싱 무기

플뢰레

플뢰레는 펜싱에서 가장 기본이 되는 무기이며 찌르기를 목적으로 한다. 무게는 17.64온스(500g) 이하, 길이는 33인치(82.5cm) 이하이며 칼날과 칼자루로 구성된다. 날은 강철로 만들어지고 정사각형의 단면을 지녔으며, 포르테(forte, 날의 가장 단단한 부분으로서 전체의 3분의 1을 차지함), 중간부분, 포이블(foible, 가장 약하고 잘 구부러지는 부분이며 끝이 단추처럼 생김)의 세 부분으로 나뉜다. 손잡이는 벨 가드(bell guard)와 엄지 패드(thumb pad), 손잡이, 퍼멀(pommel)로 구성된다. 벨 가드는 보통 '가드'라고 불리고 원형이며 손을 보호하기 위해 오목한 모양을 하고 있다. 손잡이는 그립이라고도 불리며 다양한 유형이 사용된다. 나무로 만들기도 하고 끈을 감기도 하며 금속이나 플라스틱으로 주물을 떠서 만들기도 한다. 곧게 만들어지기도 하고 선수에게 맞춰 변형되기도 한다. 퍼멀은 플뢰레 반대쪽 끝과 무게 균형을 맞추는 역할을 한다. 또한 슴베(손잡이에 끼우는 날 부분)를 고정시켜 무기가 연결되게 만든다.

에페

에페 역시 찌르기용 무기이다. 무게는 27온스(770g) 이하, 길이는 43.2인치(108cm) 이하로서 플뢰레보다 무겁고 단단하다.

사브르

사브르는 날 앞면 전체와 뒷면의 끝 쪽 3분의 1이 절삭날(cutting edge)로 되어있다. 찌르기는 물론 베기도 가능하다.

사브르의 무게는 17.5온스(500g) 이하, 길이는 41.2인치(103cm) 이하이다.

안전

펜싱은 가장 안전한 스포츠 중의 하나이며 다음과 같은 기본 주의사항을 따라야 한다.

1. 펜싱의 기본 안전수칙을 강조한다: 마스크를 쓰지 않은 사람에게 절대 무기를 겨누지 않는다. 이 수칙을 첫 번째 수업시간에 가르치고 매번 수업이 시작될 때마다 반복하여 가르친다.
2. 검은 '펜싱 무기'라고 부른다. 이것이 올바른 용어이며 그렇게 불러야 학생들이 안전의 필요성을 강하게 인식할 수 있다.
3. 펜싱 무기를 들고 이동할 때는 항상 끝이 바닥을 향하게 한다.
4. 무기는 중간 부분이 위로, 끝 부분이 아래로 향하게 구부러져야 찔렸을 때 위험한 상황을 피할 수 있다 (도해 33.1)
5. 펜싱은 힘을 주어 가격하는 것이 아니라 상대를 가볍게 터치하는 종목이라는 사실을 강조한다. 난폭하거나 집요한 경기를 허용하지 않는다.
6. 소란스럽게 장난을 치거나 과제 외 행동을 할 것 같은 학생들에게는 펜싱을 가르치지 않는다.
7. 수업을 시작할 때는 언제나 학생의 재킷이 해지거나 찢어지지 않았는지, 마스크가 움푹 들어갔거나 녹슬었는지, 목보호구가 느슨하게 연결되었는지, 고무나 플라스틱으로 된 무기의 끝이 닳았는지, 빠진 부분은 없는지 확인한다.
8. 반드시 학생들이 올바른 장비는 물론 스웨트팬츠와 장갑, 여자 선수의 경우 축구선수들이 입는 것과 같은 가슴 보호대를 착용하도록 한다. 반드시 테니스화를 신어야 한다. 평상복, 특히 주머니가 달린 옷은 허용될 수 없다. 이 모든 것을 갖추기 전까지 절대 학생들이 펜싱을 하도록 허용하지 말라.

펜싱 규칙 요약

경기의 종류

단체경기는 같은 무기를 사용하고 남녀로 구분된다 (예. 남자 플뢰레 팀, 여자 플뢰레 팀 등). 각 팀은 주전선수 세 명과 교체선수 한 명으로 구성되며 주장을 맡는 선수는 주전선수로서 시합에 참가할 수도, 참가하지 않을 수도 있다. 세 명의 선수는 각각 상대 팀 선수들과 로테이션 방식으로 펜싱을 겨룬다.

단체경기는 릴레이 형식으로 진행되며 5배수의 터치를 득점해야 한다. 첫 번째 경기에서 5회의 터치를 득점하거나 3분 동안 경기가 진행되고, 두 번째 조는 10회의 터치를 득점하거나 3분의 경기시간이 종료될 때까지 경기를 진행하는 식으로 총 9회의 바우트를 치른다. 45터치를 득점하거나 아홉 번째 바우트가 끝났을 때 더 많은 터치를 득점한 팀에게 승리가 선언된다. 아홉 번째 바우트가 끝났을 때 동점을 이루었을 경우 마지막 바우트에 나선 선수들이 연장전을 치른다. 연장전을 치르기 전에 심판은 동전을 던져 어느쪽 선수가 '우선권'을 가질지 결정한다. 연장전에서는 먼저 터치를 기록한 선수가 승리하고 터치 없이 경기가 끝날 경우 우선권을 가진 선수가 승리하고 전체 경기의 승리는 그 선수가 속한 팀에게 돌아간다.

개인경기는 남녀 경기가 구분되어 있으며 가장 일반적인 경기형태는 세 가지이다. 3분 안에 최대 5회의 터치를 득점해야 하는 풀 라운드(pool round), 3분씩 3회의 바우트를 치르고 그 사이 1분의 휴식시간이 주어지며 최대 15회의 터치를 득점해야 하는 디렉트 엘리미네이션 바우트(direct elimination bouts), 첫 경기에서 패한 선수들이 패자부활전을 할 때 사용되는 디렉트 엘리미네이션(direct elimination)이 있다. 패자부활전을 통해 올라온 선수는 대진표에 따라 경기하는 중 두 번째 패배를 기록하기 전까지는 탈락하지 않는다. 패자부활전에는 별도로 대진표가 사용된다.

최고수준의 국제대회는 6~7명의 선수가 치르는 풀 라운드 방식으로 치러지며 그 중 약 70퍼센트가 심플 디렉트 엘리미네이션(simple direct elimination)으로 진행된다.

경기 진행방식

1. 전자 무기를 사용하지 않는 시합에서(현재 수업을 제외하고는 전자 장비를 사용하지 않는 경우가 드물다) 판정은 부심 네 명과 주심, 계시원, 득점 기록원이 내린다.
2. 전자 무기를 사용하지 않는 시합에서 3회의 터치를 득점하고 나면 선수들은 스트립(strip) 위치를 바꾸며, 한 선수가 왼손잡이일 경우에는 심판의 재량에 따라 스트립의 위치를 바꿀 수 있다. 선수들은 바우트가 시작될 때와 끝난 뒤 상대방과 주심, 관중에게 경례를 한다. 이를 어길 시에는 경기에서 '퇴장(expulsion)' 당할 수 있다. 또한 시합을 치르는 선수들은 바우트가 끝난 뒤 악수를 해야 한다.
3. 전자 장비를 사용하여 득점을 기록하는 경기에서는 주심, 계시원, 득점 기록원만이 필요하다.
4. 시간 계측은 '경기 시작(fence)'과 '중단(halt)'일 때만 실행된다. 선수들은 주심에게 바우트 도중 시계가 멈췄을 때 언제라도 남은 시간의 양을 문의할 수 있다.
5. 풀라운드의 경우 3분 동안의 바우트에서 5회의 터치를 먼저 득점한 선수가 승리한다. 디렉트 엘리미네이션 바우트의 경우 15회의 터치를 득점하거나 9분의 시합시간이 종료되었을 때 더 높은 점수를 기록한 선수가 승리한다. 시합이 종료되었을 때 동점일 경우 주심은 동전을 던져 한 선수에게 우선권을 부여한다. 그리고 1분의 바우트가 추가로 진행된다. 추가시간 동안 먼저 터치를 득점하는 선수가 승리한다. 두 선수 모두 터치를 득점하지 못할 경우 우선권을 부여받은 선수가 바우트에서 승리한다.

통행권(right of way)

통행권은 공격권을 의미한다. 무기를 든 팔을 완전히 뻗어 무기 끝을 상대 선수의 유효면에 먼저 겨누는 선수에게 주어진다. 상대 선수는 이미 내밀어진 검을 향해 팔을 뻗을 수 없고 오직 공격하는 선수의 찌르기를 방어한 (이를 회피[parrying]라고 함) 뒤에 검을 뻗어 상대 선수를 가격할 수 있다 (이를 되찌르기[riposte]라고 함). 한 선수가 득점할 때까지 이 과정을 반복한다.

두 선수가 동시에 터치했을 경우 통행권을 부여받은 선수가 득점하게 된다. 통행권이 부여되지 않은 상황에서는 동시에 이루어졌다 해도 두 선수의 터치 모두 인정되지 않는다.

유효면

플뢰레의 유효면은 칼라에서 허벅지 경계선까지의 상체 앞면과 칼라에서 엉덩이뼈 윗부분을 평행하여 가로지르는 경계선 위의 상체 뒷면이다 (도해 33.1).

플뢰레의 경우 '라메(lamé)'라는 전도성 의복이 득점면을 커버한다. 득점을 인정받기 위해서는 플뢰레의 터치는 다음과 같아야 한다.

1. 검의 날을 사용하지 않고 반드시 검의 끝으로 확실하고 깔끔한 찌르기 동작을 통해 유효면에 닿아야 한다.

2. '통행권'이나 '공격권' 등 특정한 관례, 또는 순서에 관한 규칙에 따른다.

에페는 전신을 유효면으로 한다 (도해 33.1).

에페에서는 관례적으로 통행권이 주어지지 않는다. 25분의 1초 오차로 두 선수가 동시에 터치를 했을 경우(더블 터치) 두 선수 모두 득점을 인정받는다. 동점을 이룬 상태에서 시합이 종료될 경우 1분을 추가하거나 한 선수가 먼저 터치를 득점할 때까지 바우트를 계속한다. 규정시간이 종료되었을 때 주심은 동전을 던져 한 선수에게 우선권을 부여한다. 1분의 추가시간이 끝난 뒤에도 동점을 이룬다면 우선권을 부여받은 선수에게 승리가 선언된다. 또한 동점인 상황에서 시합이 종료될 경우 추가시간에 이루어진 터치와 상관없이 득점표의 스코어는 5-5로 남고 승자와 패자만이 기록된다.

사브르의 유효면은 머리, 양팔, 양손, 지면과 평행하여 대퇴골(엉덩이뼈) 윗부분을 지나는 선 윗부분의 상체 앞뒷면이다 (도해 33.1).

사브르는 플뢰레처럼 관례적으로 우선권이 부여되고 득점이 이루어진다.

경기방법

선수들은 상대방과 주심에게 경례를 한 뒤 온가드선에 마주서서 공격태세를 취한다. 주심은 '펜서즈 레디(fencers ready)'를 선언한다. 선수들은 준비가 되지 않았을 때만 대답을 한다. 아무런 대답이 없을 경우

주심은 '펜스'를 선언한다. 두 선수는 어느 한쪽이 공격을 시도할 때까지 안전한 거리를 유지하며 스트립 좌우를 오가며 움직인다. 경기 중 공격이 기록되면 주심은 '홀트(halt, 중지)'를 명령한다. 그런 다음 통행권 규칙을 적용하여 어떤 선수의 터치를 인정할지 결정한다. 주심은 반칙을 판단하는 역할도 한다. 터치가 성공될 때마다 두 선수는 온가드 자리로 돌아가 주심이 경기 재개를 선언할 때까지 대기한다. 터치가 인정되지 않을 경우 선수들은 '홀트'가 선언된 스트립 지점에 머문다.

기본 기술과 기법

펜싱을 배울 때 학생은 검의 움직임에 대한 눈과 손의 공동작용에 다리의 움직임을 조화시켜야 한다. 또한 날카로운 거리감과 속도감, 그리고 상황에 따라 어떻게 움직여야 하는지 생각하고 전술을 변화하는 능력을 갖춰야 한다. 펜싱을 가장 잘 표현한 말은 '시속 100마일(160km)로 체스두기'이다.

프렌치 그립

프렌치 그립을 사용하는 가장 큰 목적은 손가락을 사용할 때와 손이나 손목을 사용할 때의 검의 움직임에 대한 기초를 학습하는 것이다. 검 손잡이의 곡선 중 볼록한 면이 엄지손가락 아랫부분의 손바닥에 위치해야 한다. 엄지손가락은 손잡이의 넓은 부분의 꼭대기, 원형의 가드 가까이 위치해야 한다. 검지는 그 반대편에 놓아 엄지와 검지로 검을 조종해야 한다. 나머지 세 손가락으로 감싸듯 손잡이를 쥐어 손가락 끝이 검의 오목한 부분에 오게 하고 엄지 밑 부분에 대고 손잡이를 확실하게 누른다. 손목은 약간 구부리고 안쪽이 위를 향하게 하여 아래쪽 팔을 쭉 뻗었을 때 플뢰레가

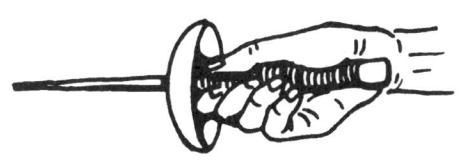

도해 33.3. 펜싱 그립(위에서 본 모습).

상대편 유효면과 일직선을 이루도록 퍼멀을 손목에 단단히 고정시킨다 (도해 33.3).

온가드

온가드 자세를 취하면 전진 및 후퇴하거나 직접 공격할 때 공격은 물론 방어 동작을 효과적으로 수행하고 균형을 가장 잘 잡을 수 있다. 또한 유효면을 상대에게 가장 적게 노출할 수 있다.

올바른 그립을 취하면서 무기를 든 팔을 상대 선수를 향해 뻗고 팔꿈치를 둔각으로 구부린 채 몸과 거의 일직선을 이루게 한다. 무기를 든 손은 아래쪽 흉골 높이에 위치하고 무기는 약간 위쪽, 상대의 흉부를 정확하게 겨냥한다.

온가드 자세에서 양발은 어깨너비 정도 벌린 채 직각을 이루고 양발의 뒤꿈치는 일직선을 이룬다. 체중은 양발에 고루 싣는다. 양 무릎은 발등보다 앞으로 나갈 정도로 구부린다. 상체는 바로 세우고 무기를 든 쪽 몸의 측면과 앞으로 내민 발 쪽의 상체가 상대를 향하게 한다. 머리는 바로 세우고 상대를 향해 돌린다. 무기를 들지 않은 팔은 상완이 바닥과 수평을 이루고 하완은 직각을 이룬 자세로 들고 손은 긴장을 완전히 푼 채 머리 뒤에 위치하게 한다.

전진과 후퇴

전진과 후퇴는 온가드 자세에서 취하는 기본 동작이다. 전진하기 위해서는 앞에 놓인 발을 먼저 앞으로 움직인 뒤 다른 발이 따라와야 한다. 후퇴의 경우 뒤쪽 발이 뒤로 먼저 움직인 뒤 앞쪽 발을 뒤로 움직인다. 스텝은 수 인치 짧게 취한다. 무릎을 구부린 채 양 다리는 온가드 자세를 유지해야 한다. 전진의 목적은 상대를 공격할 수 있는 공격범위 안으로 파고드는 것이다. 후퇴의 목적은 상대의 공격범위에서 벗어나는 것이다.

또 다른 전진 스텝은 '발레스트라(ballestra)'라는 점프 동작이다. 양발을 동시에 지면에서 떨어뜨렸다가 동시에 지면에 닿게 한다. 후퇴할 때 뒤로 점프하는 동작이 사용되기도 한다.

찌르기

통행권을 얻기 위해서는 공격하기 전에 반드시 무기를 든 팔을 뻗는 찌르기를 취해야 한다. 무기를 들고 온가드 자세를 취한 상태에서 빠르지만 부드럽게 팔꿈치부터 무기를 든 팔을 뻗는다. 팔꿈치를 고정시키지 말고 어깨를 구부리거나 들어올리지 않도록 주의한다. 이렇게 되면 무기의 끝은 손보다 약간 아래에 위치하고 상대의 가슴 중앙을 겨냥하게 된다. 검의 끝이 상대의 몸에 닿으면 더 이상 찌르기를 할 수 없다. 타격이 가해지는 순간 긴장을 풀고 손을 약간 들어올려 검의 끝이 목표를 향해 휘어져 아래로 파고들도록 하되 부상을 방지하기 위해 위로 파고들지 않도록 한다.

런지

런지 동작은 반드시 정확하게 취해야 한다. 런지는 목표를 가격하기 위해 팔을 완전히 뻗을 수 있는 거리를 확보하는 데 자주 사용되는 방법이다. 런지는 온가드 자세에서 실행되고 찌르기로 이어진다. 찌르기를 실행한 뒤 앞에 놓인 다리를 지면에서 살짝 들어올리며

도해 33.4. 런지 동작. 오른쪽 선수의 금속자켓(lame)이 플뢰레 유효면을 정확히 보여주고 있다.

뒤쪽 다리를 완전히 펴 강한 동력을 얻는다. 그렇게 얻은 동력으로 인해 앞쪽 다리를 앞으로 내밀고 무릎을 구부린 채 단단히 착지한다. 앞쪽 다리의 무릎은 직각을 이루며 이때 허벅지는 바닥과 평행을 이루고 무릎이 발목 바로 위에 오게 한다. 뒤쪽 발은 제자리에 고정한다. 런지 동작을 취할 때 뒤쪽 팔은 완전히 편다 (도해 33.4).

런지에서 자세 회복하기

온가드 자세를 회복하기 위해서는 왼쪽 다리를 구부리는 동시에 오른쪽 다리를 다시 밀어 앞에 놓인 발을 재빨리 뒤로 옮긴다. 뒤쪽 팔을 원래 온가드 자세와 같이 취하면 런지에서 자세를 회복하는 데 도움이 된다. 동작을 회복하는 동안 몸은 낮게 유지해야 한다.

상대 선수가 런지에 이어 후퇴할 때 생긴 공간을 차지하기 위해 앞으로 움직이며 회복해야 할 때도 있다. 뒤쪽 발을 온가드 위치에 놓기만 하면 그러한 동작을

취할 수 있다. 그렇게 함으로써 공격선수는 공격이 실패했을 때 자신을 방어한 뒤 다시 공격하거나 상대가 반격했을 때 후퇴할 수 있다.

라인

공격이나 방어에 대해 이야기하기 전에 라인의 개념을 언급해야 할 것이다. 공격과 방어를 할 때 유효면은 '라인(line)'이라는 네 구역으로 나뉜다. 일반적으로 라인은 다음과 같이 구분된다 (도해 33.5을 보라).

라인 6: 수비하는 사람이 온가드 자세를 취했을 때 검 바깥쪽, 손보다 높은 곳을 의미한다.
라인 4: 수비하는 사람이 온가드 자세를 취했을 때 검의 안쪽, 손보다 높은 곳을 의미한다.
라인 8: 수비하는 사람이 온가드 자세를 취했을 때 검의 바깥쪽, 손보다 낮은 곳을 의미한다.
라인 7: 수비하는 사람이 온가드 자세를 취했을 때 검

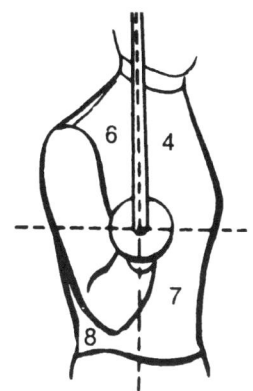

도해 33.5. 유효면의 네 구역

의 안쪽, 손보다 낮은 곳을 의미한다.

라인 6이 정해진 온가드 라인이다. 수비하는 사람이 방어하는 라인은 '닫혔다(closed)'고, 방어하지 않는 라인은 '열렸다(open)'고 표현한다. 예를 들어 온가드 6 자세에서는 라인 6은 닫히고 라인 4, 7, 8은 열리게 된다. 공격하는 사람은 열린 라인에 대해서만 공격을 시도하게 된다. '라인의 변경'은 터치를 성공시키기 위해 공격하는 사람이 검을 방어 중인 라인에서 열린 라인으로 검의 위치를 변경하는 공격동작이다.

단 순 공 격

단순공격은 상대의 열린 라인에 대해 견제나 선제 위협을 하지 않는 단일 동작을 의미한다. 단순공격은 크게 세 가지 유형으로 나눌 수 있으며, 직선공격(straight attack), 이탈(disengage), 현재 사용 빈도가 낮아진 컷오버(cutover)가 있다.

직선공격

앞서 설명한 런지는 '직선공격'이라고 불리기도 한다.

이탈

이탈은 공격자의 무기 끝이 수비자 무기의 벨가드 주위를 지나 닫힌 라인을 열린 라인으로 바꾸면 성공하게 된다. 이탈 도중 통행권을 유지하기 위해서는 무기를 든 팔을 뻗은 상태를 유지해야 하고 수비자는 검을 비켜서는 안 된다. V자 모양의 이 동작은 손과 손가락을 이용하여 수행된다. 손가락에 긴장을 풀면 플뢰레를 벨가드 아래로 늘어뜨리고 열린 라인으로 움직일 수 있다. 그런 다음 손가락에 힘을 주면 검의 끝이 원래대로 벨가드와 같은 높이에 오게 된다. 움직임을 작게 유지하기 위해서는 자신의 검을 상대의 검에서 떨어뜨리지 않아야 한다. 수비자가 회피하는 동작이 빠르다면 공격자는 열린 라인을 찾기 위해 두 번 이상 이탈을 실행해야 할 때도 있다. 이탈은 런지의 유무와 상관없이 사용된다.

컷오버

컷오버는 이탈과 반대되는 단순공격법이다. 수비자가 위쪽 라인을 방어할 때 무기의 끝이 수비자의 검 끝 위를 지나가게 하거나 수비자가 아래쪽 라인을 방어할 때 무기의 끝이 수비자의 검 끝 아래를 지나가게 하는 방법이다. 이 공격의 수행방법은 팔 전체가 아닌 손목과 손가락만을 이용하여 수비자의 검 끝 위로 자신의 검 끝을 민첩하게 들어올리는 것이다. 자신의 검이 상대 검의 끝 위를 지나 유효면을 향해 나아갈 때 검을 든 팔은 완전히 뻗어야 한다. 수비자가 검 끝을 내렸을 때 주로 사용되며 공격자 검의 포르테(forte, 검의 중간에서 손잡이 사이의 부분으로서 가장 단단한 부분이다)에 맞서 수비자가 검의 약한 부분에 힘을 가할 때 사용되기도 한다.

복합공격

복합공격은 두 가지 이상의 동작으로 구성된다. 첫 번째 동작은 견제하거나 검을 부딪치는 것으로써 상대의 반응을 이끌어내려는 목적을 지닌다.

비트

비트(beat)는 공격자가 검 중앙으로 빠르고 날카롭게 상대 검의 약한 부분을 가격하여 공격하기 전에 열린 공간을 만들거나 견제하기 위한 동작이다.

원-투(이중이탈)

단순공격에서 언급했듯이 공격자는 검을 이탈함으로써 수비자 회피동작을 취하게 만든다. 원-투(one-two), 또는 이중이탈(double disengage)은 수비자가 단순 회피로 대응했을 때 공격자가 일단 검의 접촉을 피한 뒤 두 번째 이탈동작을 취하여 원래 목표한 공격라인으로 치고 들어가는 방법을 말한다. 보통 공격은 두 번째 이탈동작에서 이루어진다.

더블먼트(Doublement, 또는 더블)

더블먼트 역시 검의 이탈로 시작하여 수비자의 회피를 유도하는 공격법이다. 먼저 수비자가 원형 회피(circular parry)로 대응하면 공격자는 수비자의 벨가드를 따른다. 즉, 수비자의 검 끝이 벨가드 위와 주변을 지날 때 공격자도 검 끝을 같은 경로를 따라 움직이는 것이다. 이렇게 하면 이탈에 이어 공격을 완수하게 된다.

수 비

펜싱의 수비동작으로는 평행회피와 원형회피가 있으

며 공격자의 검을 피하여 터치를 허용하지 않는 것이 목적이다. 공격이 이루어질 때 수비자는 공격당하는 목표 라인 가까이 검을 가져간다. 특히 경기 초반 공격은 대부분 위쪽 라인을 목표로 이루어지기 때문에 라인 4와 라인 6에 대한 쳐내기가 가장 흔하게 이루어진다. 예를 들어 라인 4를 목표로 공격이 이루어질 경우 수비자는 손가락을 이용하여 검을 움직이기만 해도 충분히 방어할 수 있다. 라인 6을 목표로 공격이 이루어질 경우 수비자는 검을 움직여 방어한다.

회피는 포르테(검의 가장 단단한 부분)를 상대의 포이블(검의 중간에서 끝 부분, 가장 약한 부분이다) 가까운 곳으로 움직여 공격자의 검이 목표에서 빗나가게 만드는 방법이다. 회피동작 뒤에 수비자는 무기를 든 팔을 단순히 뻗는 찌르기를 즉시 실행한다.

수비목표는 공격목표에 따라 달라진다. 검의 날은 크게 네 구역, 또는 네 가지 라인을 방어해야 한다. 회피는 방어의 대상인 라인에 따라 다음과 같이 명칭이 달라진다.

회피 6: 검의 끝은 공격자의 흉부를 겨냥하고 무기를 든 팔의 팔꿈치는 구부리며 손은 검의 끝과 같은 높이에 위치한다.

회피 4: 목표의 안쪽, 위편을 방어하는 점을 제외하고 회피 6과 같다. 즉시 반격을 할 수 있도록 검을 공격자가 목표로 한 구역과 일직선을 유지하는 점에 주목하라.

회피 8: 검의 날이 측면을 보호한다. 손은 무릎 높이에 위치한 검 끝보다 높은 곳에 자리잡도록 한다.

회피 7: 낮은 라인의 안쪽을 방어하기 위해 검을 이동하는 점을 제외하고 회피 8과 같다.

회피 시 기억해야 할 사항

1. 팔을 반드시 구부려야 한다. 팔을 편 상태로는 회

피동작을 취할 수 없다.

2. 검의 수평 동작을 극도로 자제해야 회피동작을 신속하게, 여러 번 취할 수 있다.

3. 회피를 할 때는 전진해서는 안 된다.

4. 회피동작을 실행하는 중에는 목표 라인과 검이 일직선이 되도록 유지해야 한다.

5. 회피의 강도는 검이 빗나갈 수 있을 정도로만 힘을 가해야 한다. 회피하고 난 뒤 상대의 검을 계속 밀지 말라. 회피가 가벼울수록 빠르게 되찌르기를 할 수 있다.

기본 전략

펜싱 경기에서 승리하기 위해서는 움직임에 대한 계획을 세워야 한다. 상대와 마주서기 전에 어떤 것이든 상대의 약점을 찾아내라. 상대가 오른손잡이인가 왼손잡이인가? 상대 선수가 공격적인 스타일인가, 수비를 위주로 하며 시간을 오래 끄는 스타일인가? 풋워크는 좋은가 나쁜가? 스트립을 오르내리며 많이 움직이는 스타일인가 한 자리에 머무르는 스타일인가? 주요 공격방법은 무엇인가? 주특기인 방법으로 공격해 들어올 때 득점을 저지할 방법은 무엇인가? 특정한 선수를 상대할 때 가장 효율적인 공격방법은 무엇이 될까?

펜싱 에티켓

1. 상대선수가 뒤쪽 손을 흔들어 심판에게 바우트를 중단할 것을 요청하면 공격을 멈추어 상대선수에 대한 존중을 표시하라.

2. 경기 시작에서 끝까지 페어플레이를 하라. 성공했다고 여겨지면 언제든 '터치'를 외쳐라. 또한 유효면 외, 즉 허용되지 않은 신체 부위를 공격했을 때는 '오프-타겟'을 외쳐라.

3. 경기 규칙을 완전히 익혀라.

4. 어떤 터치가 유효로 인정되는지 숙지하라.

5. 득점이 유효한 것인지 미심쩍을 때는 이의를 제기하라.

6. 부심들의 판단을 존중하라.

7. 바우트가 시작되기 전, 상대선수, 부심, 주심에게 반드시 경례를 하라.

8. 상대선수가 무기를 내리면 다시 자세를 취할 때까지 공격을 보류하라.

9. 바우트가 끝난 뒤 상대선수와 주심, 관중에게 경례를 한 뒤 상대선수와 악수를 한다.

유념해야 할 사항

펜싱 무기는 다른 스포츠의 무기와 쓰임새가 매우 다르다. 펜싱에서 무기는 때리거나 휘두르는 것이 아니라 상대를 찌르기 위한 용도로 사용된다. 펜싱 기술은 초보자들에게 생소하고 다른 종목과 매우 다르므로 초보자들은 반드시 기초적인 기술을 배워야 한다. 펜싱은 지렛대작용을 이용한 경기이다. 수비자는 검의 가장 강한 부분을 사용하여 공격자 검의 가장 약한 부분에 맞서고, 공격자는 검의 가장 약한 부분을 사용하여 수비자 검의 가장 강한 부분에 맞선다.

순발력, 반응속도, 정교함, 민첩성, 기민성이 가장 중요하긴 하지만 펜싱은 날로 공격 중심으로 변하고 있으므로 근력과 지구력에 대한 조건형성도 필요하다.

교육 시 고려사항

1. 안전점검을 한 뒤 지난 수업 내용을 복습하며 수업을 시작한다. 학생들은 반복해서 펜싱의 기초를 학습해야 한다.

2. 한 번의 수업에서 한두 가지 기술만 가르쳐라. 신체적인 것은 물론 정신적인 기술도 쌓을 수 있는 훈련방법을 개발하여 학생들이 흥미를 잃지 않도록 하라.

3. 펜싱의 기초를 가르칠 때는 플뢰레를 사용하라. 그립과 온가드 자세부터 시작하라. 그런 다음 전진과 후퇴를 가르쳐라. 조건형성 운동과 스트레칭을 하면 학생들은 민첩한 풋워크를 개발할 수 있다.

4. 공격을 연습할 때는 반드시 먼저 벽에 선명하게 네 개의 라인을 그린 뒤 이를 대상으로 해야 한다. 그런 다음 공격은 하지 않고 방어만 하는, 즉 수동적인 수비를 하는 상대와 연습하는데, 처음에는 수비자가 예고한 방식으로만 대응하고 나중에는 예고 없이 대응한다. 수비자의 역할을 할 때 학생들이 안전하게 연습할 수 있을 정도로 플뢰레를 정교하게 통제할 수 있을 때까지 움직이지 말아야 한다.

5. 찌르기 득점을 하기 위한 연속동작과 뒤쪽 다리를 뻗고 앞쪽 다리를 차는 동작, 그리고 회복이 자연스러워질 때까지 런지를 연습하라.

6. 특정한 라인의 공격, 회피, 되찌르기를 연습하라 (예를 들어 공격자가 라인 4를 공격하면 수비자는 라인 4를 수비한 뒤 되찌르기를 한다). 처음에는 공격자나 수비자의 역할에 해당되는 연속동작들을 연습한 다음 자기주도적인 역할을 연습한다.

7. 가능한 모든 조합의 공격 및 수비 시퀀스를 연습하라. 펜싱용어를 숙지하여 의사소통이 원활하도록 하라.

8. 학생이 공격 및 수비 동작을 충분히 익히면 곧 허용된 동작에 국한하여 바우트를 실시한다.

9. 학생들이 주심을 보는 방법을 배우도록 하면 어떤 행동을 통해 통행권을 포착하고 습득할 수 있는지 이해할 수 있다.

권장할 만한 훈련방법

1. 학생들은 무기를 사용하여 움직임을 취할 수 있을 때까지 무기 없이 풋워크를 연습한다.

2. 두 명씩 짝을 지어 한 명은 리드하고(leader) 다른 한 명은 따르는(follower) 형태로 풋워크 기술을 연습한다. 두 학생은 온가드 거리를 유지하도록 해야 한다.

3. 가상으로 펜싱을 한다. 즉, 검이 없는 상태에서 모든 연결동작을 연습한다. 예를 들어 리더가 런지를 취하면 팔로우어는 회피한 뒤 되찌르기를 해야 한다. 이렇듯 무기를 들지 않고 모든 시퀀스를 연습하면 무기를 사용했을 때 정확한 대응을 취할 수 있다. 기술과 안전을 동시에 도모할 수 있는 방법이다.

4. 온가드 자세에서 리더는 팔로우어를 향해 검을 뻗는다. 또한 검 끝이 파트너의 가슴에 닿을 때까지 전진한 뒤 검이 구부러지도록 검 끝을 누른다. 그렇게 함으로써 두 명 모두 검 끝으로 상대를 찌르기 위해 필요한 거리를 인식하는 것은 물론 성공했을 때의 느낌을 알게 된다. 전진과 런지에도 사용할 수 있는 방법이다. 검이 올바른 방향으로 구부러지도록 주의하라.

5. 파트너를 상대로 런지를 연습하라. 런지가 부정확하게 이루어졌을 때 파트너는 터치를 하지 못하게 해야 한다 (도해 33.6).

6. 한 명은 검(플뢰레)을 들고 다른 한 명은 검이 없는 상태에서 연습하면 거리감을 향상시킬 수 있다. 먼저 검을 든 사람이 정지된 위치에서 공격을 시작한다. 무장을 하지 않은 사람은 공격이 실패할 정도로만 뒤로 물러난다. 이 훈련법은 반응속도를 줄이고 런지 속도를 높이기도 한다.

7. 검을 회피 위치에 정확히 놓고 그 자세를 취했을 때 파트너에게 공격하도록 하여 회피를 연습하라.

도해 33.6. 런지 연습하기.

회피가 정확하지 않을 경우 라인은 닫히고 파트너는 터치를 득점할 수 없게 된다. 검이 정확한 위치에 올 때까지 자세를 조정하라.

8. 작은 동전을 바닥에 놓고 리딩 풋 뒤꿈치로 이를 밟은 채 온가드 자세를 취한다. 런지에 들어갔을 때 뒤꿈치가 지면에서 전혀 떨어지지 않으면 이 동전은 바닥을 가로질러 움직일 것이다. 반면 런지를 할 때 리딩 풋이 너무 많이 들리면 동전은 원래 있던 자리에 남을 것이다.

9. 원뿔, 체육관에 그려진 선, 또는 호루라기를 사용하여 신속하게 방향을 전환하도록 한다.

10. 테니스공을 이용하여 런지에 앞서 찌르기를 하는 정확한 방법을 학습할 수 있다. 손바닥이 위로 온 상태에서 손을 컵 모양으로 만들고 그 안에 공을 놓는다. 팔을 뻗으며 파트너에게 공을 던진다. 전진과 후퇴를 하며 이 동작을 실시한다. 런지에 이어 이 동작을 실시한다.

권장할 만한 학습 시퀀스

1. 첫 번째 수업에서 펜싱의 세 가지 무기를 보여주고 그 차이를 이야기한다. 상급자 학생이 있을 경우 실제로 펜싱이 어떤 운동인지 시범을 보인다. 비디오테이프를 보여주는 방법도 있다.

2. 학생들에게 경례, 온가드, 전진, 후퇴, 찌르기, 런지에 대해 가르친다. 여기에는 2회 이상의 수업이 필요하며 각 수업이 끝날 때마다 복습을 해야 한다. 권장 훈련법을 이용하여 풋워크를 보다 즐겁게 학습한다.

3. 학생들에게 마스크, 플뢰레, 장갑을 나눠준다. 안전 상 예방조치에 대해 논의한다. 플뢰레를 쥐는 방법을 연습하게 한다. 벽을 상대로 학생들이 발 동작과 런지를 연습하게 한다. 가벼운 터치가 중요하다는 사실을 강조한다.

4. 학생들에게 재킷을 나눠주고 올바른 복장을 착용하도록 한다. 학생들이 검을 들고 서로 전진 및 후퇴하며 거리감을 익히도록 한다. 권장 훈련법을 연습하여 파트너를 다치지 않게 하면서 터치하는 방법을 배우도록 한다. 런지를 실행하기 전에 무기를 든 팔을 뻗도록 한다.

5. 통행권의 개념을 소개한다. 안전에 대해 검토하고 지금까지 배운 기술을 복습한다. 리더와 팔로우어 훈련법을 사용하여 학생들이 공격 타이밍을 이해하도록 한다.

6. 학생들에게 수비의 개념을 소개하고 통행권에 대한 논의를 계속한다. 학생들이 터치하는 연습은 물론 터치를 당하지 않도록 수비하는 방법도 연습하게 한다.

7. 되찌르기에 대해 소개한다. 회피를 한 번 할 때마다 학생들에게 통행권을 얻고 득점을 하기 위해 되찌르기가 필요하다는 사실을 주지시킨다.

8. 이탈(disengage)과 비트(beat)에 대해 소개한다. 이 동작들을 언제 어떻게 사용하는지, 여기에 맞서 어떻게 방어하는지 논의한다.

9. 복습한다. 원형 회피를 사용하여 이중, 그리고 다

중 이탈을 방어하는 법을 가르친다.

10. 비트와 프레스, 그리고 이 동작들과 단순공격을 결합한 복합공격에 대해 소개한다.

11. 복습한다. 아래쪽 라인과 아래쪽 라인 공격에 대해 소개한다. 매 수업마다 규칙에 대해 학습한다.

12. 학생들에게 제한적으로 바우트를 허용하기 시작한다.

권장할 만한 연습 바우트

1. 바우트를 시작하기 전에 항상 학생들이 장비와 복장을 올바르고 안전하게 착용했는지 확인한다.

2. 한 명은 공격을, 다른 한 명은 수비를 하게 한다. 단순공격과 회피, 되찌르기만 허용한다. 학생들이 바우트에 익숙해지면 이 두 가지 동작이 끝난 뒤 바우트를 중단한다.

3. 실력이 향상됨에 따라 학생들에게 터치를 득점할 때까지 계속 동작을 할 수 있도록 허용하라. 통제할 수 없거나 위험해지면 즉시 경기를 멈춰라.

4. 학생들에게 특정한 한 가지 공격으로 터치를 득점하거나 특정한 수비방법으로 방어를 하도록 한다.

5. 학생들을 세 그룹으로 나눈다. 두 그룹은 서로 바우트를 하고 한 그룹은 심판을 본다. 차례로 역할을 바꾼다.

6. 상대의 장점과 단점을 파악하고 이를 최대한 활용할 방법을 논의한다.

용어 해설

검에 대한 공격(attack on the blade) 상대의 검을 민첩하게 치거나 눌러 유효면에서 벗어나게 만드는 공격법. 때리기, 누르기, 활주 등의 방법이 사용된다.

검의 구조(blade part):

　　포이블(Foible): 검 끝 1/3을 구성하는 검의 약하고 잘 휘는 부분

　　포르테(Forte): 가드 근처 1/3을 구성하는 단단하고 휘지 않는 부분

　　미들(middle): 검 중간의 1/3

검의 부재(absence of blade) 검을 사용하지 않는다.

견제(feint) 상대로부터 회피 등의 반응을 이끌어내기 위해 검을 뻗는 행동.

공격(attack) 무기를 든 팔을 뻗어 상대의 유효면을 위협하며 공격을 시작하는 동작.

교전(engagement) 무기를 교차하거나 접촉시키는 행동.

단순공격(simple attack) 선행되는 견제 동작 없이 한 가지 동작으로 이루어지는 공격을 말함. 직선 찌르기, 컷오버, 이탈의 세 가지 방법이 있다.

되찌르기(riposte) 공격을 회피한 뒤 행하는 동격행위.

때리기(beat attack) 공격 상대의 검을 민첩하게 강타하여 공격할 수 있는 라인을 열고자 하는 행위.

르미즈(remise) 수비자가 되찌르기를 하지 않을 때 실행하는 공격방법. 검의 위치가 거의 바뀌지 않으므로 공격자는 검 끝을 다시 타겟면으로 가져갈 수 있다.

매치(match) 두 팀이 선수들 사이에서 바우트를 하는 단체 경기.

바우트(bout) 두 명이 벌이는 펜싱 경기.

반격(counterattack) 공격 또는 공격과 수비를 동시에 추구하는 행동으로서 상대의 공격에 대응하여 실행한다 (도해 33.7).

복합공격(compound attack) 두 가지 이상의 움직임으로 이루어진 공격(이중이탈 등이 있다).

사브르(saber) 상대의 제한된 유효면에 검의 끝이나 측면으로 터치를 따내는 펜싱 종목. 유효면은 온가드 자세를 취했을 때 허벅지와 상체가 접히는 선의 윗부분부터 지면과 평행한 선 위의 전신에 해당된다. 타겟에서 벗어나 터치가 이루어져도 경기가 중단되거나 이후에 이루어지는 터치가 무효화되지 않는다. 사브르는 통행권이라는 관습의 지배를 받는다. 즉, 펜싱 행위의 결과로서 한 사람만 터치를 득점한다.

심사원단(jury) 부심 네 명과 주심 한 명을 의미하며 전자심판기를 사용하지 않는 바우트를 진행한다.

에페(épée) 펜싱에서 사용되는 세 가지 무기 중 하나이며 머리끝에서 발끝까지 상대의 신체 모든 부분에 터치를 기록하는 경기이다. 두 선수가 25분의 1초 오차 안에서 동시에 찌르기를 성공했을 경우 두 공

도해 33.7. 에페에서 손에 대한 반격 장면.

격 모두 득점으로 인정되어 양 선수에게 점수가 주어진다.

오프타켓(off-target) 상대의 유효하지 않은 부분에 타격을 가하는 행위.

온가드(on guard) 선수가 펜싱 경기를 치를 준비가 되었음을 알리는 자세.

원형 회피(cicular parry) 공격을 피하기 위해 상대의 움직임에 맞춰 실행하는 회피. 예를 들어 수비자가 평행이 아닌 원형으로 움직여 공격하는 검을 눌러싸면 공격을 피할 수 있다.

이차공격(attack of second intention) 회피를 목적으로 하는 공격으로서 이를 통해 공격자는 되찌르기를 피하고 맞되찌르기를 통해 득점을 할 수 있다.

전진(advance) 공격을 시작하기 위해 앞으로 나아간다.

점프 런지(또는 ballestra) 런지를 하기 전에 앞이나 뒤로 실행하는 동작.

주심(referee) 바우트를 관장하는 수석 경기임원을 말한다.

준비에 대한 공격(attack on the preparation) 상대선수가 준비과정에 있는 동안 실행하는 반격이다. 유효성을 인정받기 위해서 공격자는 상대의 마지막 움직임이 시작되기 전에 공격을 시작하거나 상대가 목표를 놓쳐야 한다 (도해 33.7).

통행권(right of way) 공격할 수 있는 권리를 말함. 무기를 든 팔을 먼저 뻗어 검 끝으로 상대의 유효면을 위협한 선수에게 주어진다.

퍼멀(pommel) 무기 손잡이 끝에 있는 땅콩 모양의 금속부분으로서 손잡이를 고정하는 역할을 한다.

펜싱타임(fencing time) 한 가지 단일 펜싱 동작을 실행하는 데 필요한 시간.

플레슈(flêche) 뒤쪽 발을 리드하는 발 앞으로 가로지르는 공격동작으로서 주로 짧은 보폭으로 달리는 농작으로 이어진다 (도해 33.8). 플뢰레와 에페에서만 유효하다.

플뢰레(foil) 상대의 제한된 유효면에 가볍고 구부러지는 무기의 끝으로 터치를 따내는 펜싱의 한 종목. 타겟은 상치의 앞뒷면만 해당되고 다른 부분은 제외된다. 타겟에서 벗어난 부분에 터치가 이루어질 경우 바우트는 중단되고 이 터치가 발생한 스트립 지점에서 다시 바우트가 시작된다. 플뢰레는 통행권이라는 관습의 지배를 받는다. 즉, 펜싱 행위의 결과로서 한 사람만 터치를 득점한다.

회피(parry) 터치를 허용하지 않기 위해 무기로 행하는 수비동작.

후퇴(retreat) 상대로부터 거리를 확보하기 위해 뒤로 물러나는 행위.

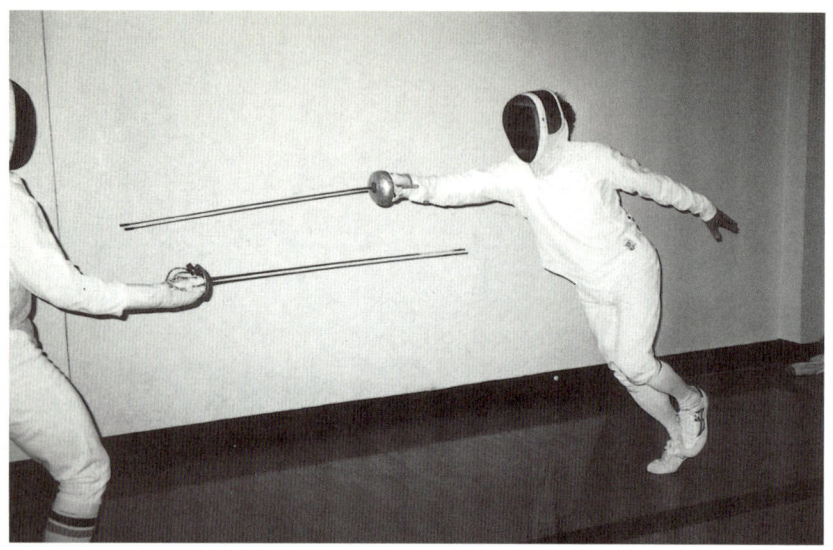

도표 33.8, 플레슈(flệche)

추가 읽을거리

Bower, M., de. 1997. *Foil fencing*. 8th ed. Dubuque, IA: McGraw-Hill. 플뢰레를 처음 시작하는 사람들을 위한 기본자세, 기술, 전략을 설명한다. 또한 공격 및 수비 훈련법과 조건형성 운동, 바우트 전략을 담고 있다. 삽화와 용어 해설이 뛰어난 책이다.

Cheris, E. 2002. *Fencing-steps to success*. Champaign, IL: Human Kinetics.

Evangelista, N. 1999. *The art and sciene of fencing*. Indianapolis, IN: Masters Press. 펜싱의 역사, 장비의 종류, 각각의 검에 해당되는 특정한 기술을 담고 있다. 읽을 가치가 매우 높은 책이다.

Gillet, J. 2000. *Foil techniques and terminology*. Staten Island, NY: SKA Swordplay Books. 펜싱 용어에 대한 뛰어난 안내서이다.

Lukovich, I. 2000. *Fencing the modern international style*. Staten Island, NY: SKA Swordplay Books. 세 가지 무기에 대한 소개와 더불어 훈련법과 전술을 담고 있다.

Simonian, C. 2005. *Basic foil fencing*. 6th ed. Dubuque, IA: Kendall/Hunt.

Szabo, L. 2998. *Fencing and the master*. Staten Island, NO: SKA Swordplay Books. 펜싱의 교습과 학습을 다룬 가장 완벽한 책이다.

Westbrook, P. 2997. *Harnessing anger: The inner discipline of athletic experience*. New York, NY: Seven Stories Press. 웨스트브룩(Peter Westbrook)이 불우한 환경을 극복하고 분노를 발판삼아 올림픽 6회 참가라는 전설을 이룰 수 있었던 자전적 이야기가 담겨 있다.

자료 및 웹사이트

펜싱협회

미국 펜싱 코치 학교(Annual Coaches College). 콜로라도 주 콜로라도스프링스에 위치한 올림픽 트레이닝 센터(the Olympic Training Center)에서 매년 여름마다 4주 동안 교육이 실시된다. 펜싱 지도자와 코치를 위한 4단계 수준별 코스가 있으며 세 가지 무기 모두를 다룬다. 교장은 알렉스 비기넷(Alex Beguinet, Alexusfa@ad.com)이다. USFA 웹사이트에서 추가 정보를 얻을 수 있다.

미국 펜싱협회(USFA: United States Fencing Association), 1 Olympic Plaza, Colorado Springs, CO 80909(phone 719-866-4511; fax 719-632 -5737). 웹사이트: www.usfencing.org; e-mail: info@usfencing.org. USFA는 미국 올림픽 펜싱계를 관장하는 단체이다. 전국 규모의 공식대회를 개최하고 지역 규모의 대회를 인가하는 역할을 한다.

Fencers Quarterly, 3075 (Overlook Place, Clearwater, FL 34620(phone 813-535-3404; fax 813-531-5766), www.fencersquarterly.com. 베테랑 펜서들의 목소리이다. 미국 펜싱(American Fencing)과는 묘한 대조를 보인다.

비디오

Saber Seminar with Fencing Master Nazlimov; Seminar in epee, Foil, and Saber. 이 시리즈의 모든 비디오 및 다른 비디오는 USFA를 통해 구입할 수 있다.

그 외 비디오 자료는 부록 C를 참조하라.

34 필드하키

이 장을 완벽하게 습득한 뒤, 독자들은 다음과 같은 사항들을 할 수 있어야 한다.

▸ 필드하키의 역사와 발전을 설명한다.
▸ 주요 장비의 선택과 고려 사항에 대해 인지한다.
▸ 필드하키 및 관련된 경기의 규칙을 이해한다.
▸ 올바른 그립, 드리블, 볼 컨트롤, 패싱 기술을 실행한다.
▸ 학생들에게 필드하키 기본 사항의 시범을 보인다.
▸ 필드하키 용어를 정확하게 인지, 사용한다.

역 사

약 2,500년 전, 초기 그리스를 비롯한 고대국가들은 오늘날의 하키와 매우 유사한 경기를 했다. 오랜 세월이 지난 뒤 그 경기는 프랑스에서 다시 행해졌고 '오케(hoquet)'라 불렸다. 그런 다음 영국인들이 '호키(hokay)'라 부르며 같은 경기를 하기 시작했다. 그리고 영국식 철자와 발음대로 그 경기는 통상 하키라고 알려졌다. 그러나 훗날 하키와 비슷하지만 빙판 위에서 치르는 아이스하키가 인기를 끌면서 그 경기는 '필드하키'라고 불렸고 북아메리카 지역에서는 아직까지도 이 명칭을 사용하고 있다.

1880년에서 1890년 사이, 필드하키는 영국, 프랑스, 기타 유럽 국가에서 남성의 전유물이었고 지금도 이들 사이에서 높은 인기를 얻고 있다. 반면 미국에도 필드하키가 도입되기는 했지만 남성들에게 별 호응을 얻지 못했다.

그 무렵 영국 출신의 여성들이 뉴욕 주 스태튼아일랜드에서 필드하키 클럽인 리빙스턴 협회(Livingston Association)를 결성했지만 오래 지속되지는 못했다. 그러던 중 1901년 브리티시 체육교육대학(British College of Physical Education)의 애플비(Constance M. K. Applebee)가 래드클리프대학(Radcliffe College)을 방문한 기간 동안 필드하키 시범을 보였다. 그는 여대생이 경쟁하며 여가를 즐기는 동시에 건강을 도모할 수 있는 운동으로서 필드하키를 권장했다. 그 뒤 애플비는 스미스(Smith), 바사(Vassar), 웰즐리(Wellesley), 브린마워(Bryn Mawr), 마운트홀리오크(Mount Holyoke) 등 동부의 몇몇 여대에 초대되었고 시범을 본 학생들 모두 필드하키에 열광했다. 여자 필드하키 팀들이 결성되었고 1902년 처음 학교대항 경기가 개최되었다.

1922년 필라델피아에서 미국 필드하키연합(USFHA: United States Field Hockey Association)이 결성되어 여성 필드하키를 관할했고 설립 목적은 성인 여성과 소녀들의 하키에 대한 흥미를 증진하는 것이었다. 하키의 인기는 학교, 대학, 클럽 사이에서 빠르게 번져나갔다.

1927년 전 세계적으로 필드하키에 대한 관심이 높아졌고 그 결과 국제 여자 하키 연맹(IFWHA: International Federation of Women's Hockey Associations)이 결성되고 필라델피아와 덴마크에서 토너먼트가 열렸다.

1963년 USFHA는 25개의 IFWHA 회원국 중 18개국을 초대했다. 이러한 연합을 위해 4년에 한 번씩 모여 경기에 대해 회의하고 국제 규칙과 하키의 문제에 대해 토론하기로 한다.

다음 회의는 독일 쾰른(Cologne)에서 1967년 개최되었고 형식은 바뀌지 않았다. 최초의 비공식 IFWHA 세계 챔피언십은 1971년 뉴질랜드 오클랜드에서 개최되었다. 이 대회에서 네덜란드가 우승했고 미국은 8위에 그쳤다. 최초의 공식 세계 챔피언십은 1975년, 스코틀랜드 에든버러(Edinburgh)에서 개최되었다. 이 대회에서 잉글랜드가 우승을 차지했고 미국은 11위에 머물렀다.

제 2회 세계 챔피언십은 1979년 캐나다 밴쿠버에서 열렸다. 미국은 이 대회에서 3위라는 놀라운 성적을 거두었다. 네덜란드가 우승을, 독일이 준우승을 차지했다.

1930년까지 남자부를 관할하던 국제 하키연맹(FIH: Fédération Internationale de Hockey)이 올림픽 하키를 관리하게 되었고 회원국은 50개국을 훌쩍 넘어섰다. 회원국들은 올림픽 사이에 남녀 세계 챔피언십을 개최했다. IFWHA와 FIH는 1981년 통합되어 단일한 국제 관리 단체가 되었다.

여자 하키는 1980년 처음 올림픽 종목으로 채택되었고 두 세계 기구가 결합한 위원회가 조직되어 예선전 방식과 기준, 과정을 체계화했다. 짐바브웨가 라운드-로빈 방식으로 치러진 대회에서(6개 팀 참가) 우승하며 여자하키에서 처음으로 올림픽 금메달을 거머쥐었다.

1988년 올림픽에서는 영국이 남자부 금메달을, 호주가 여자부 금메달을 차지했다. 1992년 바르셀로나 올림픽에서는 독일이 남자부에서, 스페인이 여자부에서 금메달을 차지했다. 올림픽 100주년을 맞이하여 미국 애틀랜타에서 개최된 1996년 올림픽에서는 네덜란드가 남자 경기 금메달을, 호주가 여자 경기 금메달을 거머쥐었다. 호주 시드니에서 열린 2000년 올림픽에서는 네덜란드기 남자부에서, 홈팀인 호주가 여자부에서 금메달을 획득했다. 2004년 올림픽의 경우 호주가 남자하키에서 우승했고 독일이 여자 하키 금메달을 가지고 귀향했다.

남자 필드하키는 전 세계적으로 사랑받고 있으며 1908년부터 올림픽 종목으로 채택되었다. 오랜 세월 인도와 파키스탄이 남자 하키계를 지배했으나 독일, 네덜란드, 호주 역시 세계 정상급 팀으로 군림해왔다.

현재 인도어 하키가 겨울용 스포츠로 인기를 끌고 있다. 많은 득점이 이루어진다는 점을 제외하고 필드하키와의 차이점은 다음과 같다.

1. 한 팀이 여섯 명의 선수(골키퍼 한 명과 다섯 명의 선수)로 구성된다.
2. 공을 치면 안 되고 슛 외의 공은 밀어서 마루에 굴려야 한다.
3. 슛 외에 공을 공중으로 올리면 반칙에 해당된다.

4. 오프사이드가 없다.

5. 코트 길이는 36~40미터, 너비는 18~20미터이다.

개 요

공식 경기는 천연 잔디나 인조 잔디 경기장에서 각각 11명의 선수로 구성된 두 팀이 치른다. 각 선수는 스틱을 사용하여 공을 보내고 받는다. 각 팀은 공을 상대의 골 안에 넣으려 하며, 다른 선수와 달리 특별한 권한이 주어지는 골키퍼는 특별한 장비를 갖춘 채 이를 수비한다.

어린이, 체육수업, 사내스포츠를 위해 다양하게 변형되어 개인의 참여와 즐거움을 최대화해야 한다. 공간이 협소할 경우 깔때기로 골을 표시하고 2명, 3명, 또는 4명의 선수로 각 팀을 구성하면 상황에 맞게 즐길 수 있다.

장 비

스틱

필드하키에서 공을 보내고 받기 위해 사용하는 도구는 스틱이며 일반적으로 핸들과 헤드로 나누어 스틱을 설명하고 그 형태에 따라 선택한다. 공을 다루는 스틱 부분인 헤드는 곡선 모양이며 왼쪽은 평면, 오른쪽은 둥글게 되어 있어야 한다. 평면인 방향으로만 공을 다루어야 하며, 이 부분은 스틱의 '페이스(face)'라고 불리기도 한다. 핸들은 얇고 곡선으로 되어 있어 손으로 편하게 잡을 수 있어야 한다. 또한 핸들은 대부분 타월, 고무, 가죽으로 감싸지고, 헤드는 아무것도 덧대지 않으며 주로 합성재질로 만들어진다. 스틱은 모두 오른손잡이용으로 만들어지는데, 드물긴 하지만 왼손잡이용 스틱이 플레이에 사용되기도 한다.

스틱의 길이는 30~38인치(0.77~0.97m)까지 다양하다. 고등학생과 성인 대부분은 36~37.5인치(0.93~0.96m)짜리를 사용해야 한다. 어린이와 중학생 플레이어의 경우 30~34인치(0.77~0.87m)짜리 스틱을 사용한다. 스틱이 약간 길 경우 조금 짧게 잡거나 길이를 수선하면 된다.

공

미국에서 사용되는 공인구는 폴리우레탄 재질로 만들어진다. 공의 원주는 9$\frac{1}{4}$인치(23.1cm) 이하, 8$\frac{13}{16}$인치(22cm) 이상이며 무게는 5$\frac{1}{2}$~5$\frac{3}{4}$온스(157~164g)이어야 한다. 국제대회에서 공인구는 골프공처럼 옴폭 들어간 모양을 한다.

정강이 보호대

다양한 형태의 다리 보호용 장비가 판매되고 있다. 안쪽에 얇은 패딩을 덧댄 플라스틱 제품이 대부분이다. 축구에서처럼 정강이 보호대를 착용하고도 쉽게 무릎까지 올라오는 양말을 신을 수 있고, 종아리 부분을 조여 주는 탄력성 끈이 있는 제품도 있다. 부상을 방지하기 위해 선수들은 정강이 보호대를 착용해야 한다.

신발

잔디 위에서 플레이를 하기에는 클리트(cleat)가 달린 신발이 가장 적합하다. 클리트의 재질은 고무, 플라스틱, 금속 중 어떤 것도 상관없다. 표면이 단단한 곳에서는 농구화가 적합하다. 인조잔디에서 플레이할 수 있는 잔디용 신발(turf shoes)도 판매되고 있다.

복장

남자선수의 경우 전통적인 경기복은 반바지, 셔츠, 양

말이다. 여자선수의 경우 킬트, 셔츠, 양말이다. 골키퍼는 아이스하키 스타일로 반바지를 착용하고 그 안에 라이크라 바지를 입기도 하며 반대되는 색의 골키퍼용 긴 팔 저지 셔츠를 입는다.

골키퍼의 장비

패드(pads). 골키퍼는 허벅지 윗부분을 보호해야 한다. 최근 고밀도 폼 패드가 개발되어 기동성을 높이는 동시에 뛰어난 보호효과를 얻을 수 있다

키커(kickers). 신발 위와 주변을 감싸는 패드를 말한다. 키커에도 고밀도 폼이 사용되며, 그로 인해 강한 샷으로부터 발을 보호하는 힘을 크게 향상시킨다. 끈으로 발의 뒤와 측면에 고정시킨다.

글러브(gloves). 건틀렛(Gauntlet) 스타일 글러브나 아이스하키 글러브가 가장 흔하게 사용된다. 왼쪽 손바닥 부분은 두껍게 패딩이 되어 있는 반면 오른쪽 손바닥 부분은 얇아 스틱을 쉽게 잡을 수 있다. 최근 고밀도 폼 '블로커'가 개발되어 손을 더욱 잘 보호할 수 있게 되었다. 그 덕에 골키퍼는 실제로 공을 잡는 대신 공이 골대를 벗어나게 방향을 틀 수 있게 되었다.

상체 보호구(upper body protectors). 어깨, 팔, 가슴, 복부 모두 보호되어야 할 부분이다. 고정된 패딩은 물론 라이크라로 패딩이 된 '풀오버' 보호구를 갖춰야 골키퍼가 강한 샷을 다루고 활동성을 증가시킬 수 있다. 골키퍼는 상체 보호구를 반드시 착용해야 한다.

목 보호구(throat protectors). 폼으로 만들어졌으며 옷깃처럼 목을 감싼다. 상급 플레이어에게 권장되는 사항이다.

마우스가드(mouthguards). 모든 플레이어는 마우스가드를 착용해야 한다.

헬멧(helmets). 현재 모든 골키퍼들은 헬멧을 착용해야 한다. 아이스하키 헬멧과 비슷하며 얼굴 전체를 보호한다. 주문제작한 페이스마스크를 착용하는 골키퍼도 있지만 대부분 비용이 엄청나게 든다.

경기장 규격

하키 경기장(도해 34.1)은 풋볼 경기장보다 조금 넓은 100×60야드(91.4×54.9m)이며, 양 끝에 골대가 있다. 골포스트는 너비 4야드(3.7m), 높이 7피트(2.13m)이며 크로스바로 연결되어 있다. 골포스트에는 네트나 와이어 스크린이 쳐져있고 골포스트 뒤에 높이 4.6피트(1.2~1.8m)인 보조 골포스트가 있어 네트를 지탱한다. 골대의 사이드보드와 백보드의 높이는 18인치(45.7cm)이다. 각 골대 앞에는 반경 16야드(14.6m)인 반원이 그려져 있으며 그 안이 득점구역을 의미한다. 주니어 플레이어의 경우 규격보다 작은 경기장을 사용할 수 있다.

규 칙

기본규칙

필드하키는 각각 11명의 선수로 구성된 두 팀이 펼치는 경기이다. 11명 중 한 명은 골키퍼이다.

경기 시간은 경기 성격에 따라 다양하지만 전후반 각각 35분 이하(고등학교의 경우 30분)이어야 하고 전반이 종료되면 5~10분 동안 휴식시간을 갖는다. 동점인 상황에서 경기가 끝날 경우 최대 두 번, 각각 15분 동안 연장전을 치를 수 있고 이때 선수의 수는 일곱 명으로 줄어든다. 처음 15분의 연장전을 마치고도 승부가 나지 않으면 서든데스 방식으로 두 번째 연장전을 치른다. 서든데스에서도 승패가 갈리지 않을 경우 스트로크-오프(stroke-off)를 통해 승자를 결정한다. 국제 규정에 따르면 연장전을 치를 경우 정규 경기와 같이 각 팀 11명의 선수가 7분 30초씩 전후반을 경기

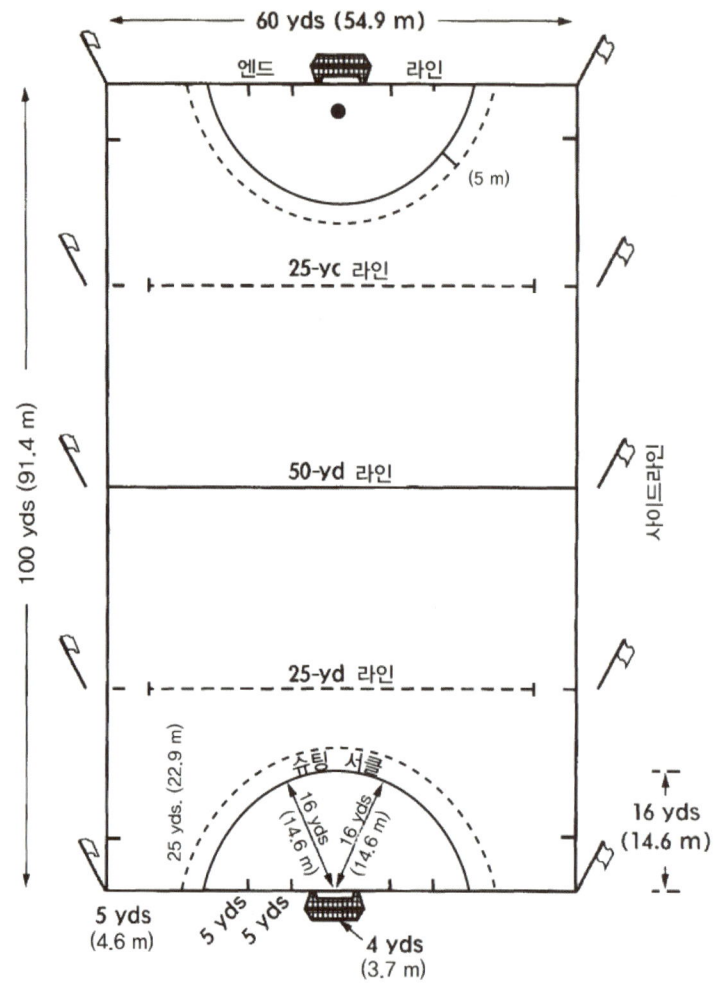

도해 34.1. 경기장 배치도

한다. 그래도 동점일 경우 '골든 골(golden goal, 첫 번째 골을 넣는 팀이 승리함)'이 치러진다.

패스-백

하프타임이 끝난 뒤, 그리고 골이 득점된 뒤 경기를 다시 시작하거나 플레이를 재개할 때 경기장 중앙에 서 패스-백을 실행한다. 경기를 시작할 때 패스-백은 동전던지기를 하지 않은 선수들 중 한 명이 맡으며 하프타임이 끝난 뒤에는 상대 팀이, 그리고 골이 득점된

뒤에는 수비를 했던 팀의 선수가 담당한다. 패스-백을 하는 팀은 한 번의 스트로크로 중앙선을 넘길 수 있다. 패스-백은 중앙선 너머의 지점을 향해도 된다.

패스-백을 맡은 선수를 제외한 다른 선수들은 공격 진영에 위치해야 한다. 수비하는 상대 팀 선수들은 볼로부터 5야드(4.6m) 이상 떨어져야 한다. 시계는 주심이 골을 선언하면 멈췄다가 패스-백을 선언하는 휘슬을 불면 다시 작동한다(국제경기에서 시계는 멈추지 않는다).

동전던지기

양 팀 주장이 동전던지기를 하여 공격권이나 진영을 정한다. 동전던지기에서 이긴 사람은 경기를 시작할 때 공의 소유권을 가질지 전반전에 어느 쪽 진영을 공격할지 중 하나를 결정할 수 있다. 패한 주장은 이긴 주장이 선택하지 않은 사항을 결정한다.

득점

공을 완전히 골라인을 넘겨 상대 골 안으로 집어넣으면 득점이 이루어진다. 슈팅 서클 안에서 공격 팀 선수에게 닿아야 득점으로 인정된다. 각 골은 1점에 해당된다.

파울

플레이어는 다음과 같은 행동을 해서는 안 된다.

1. 스틱의 둥근 부분으로 공을 다룬다.
2. 위험한 방식으로 스틱을 든다.
3. 신체 일부분으로 공을 움직인다.
4. 위험한 플레이를 한다. 즉, 상대 선수를 거칠게, 또는 의도적으로 가격하거나 공을 통제할 수 없을 정도로 띄운다.
5. 어떤 식으로든 상대 스틱의 움직임을 방해한다.
6. 상대 선수나 장비를 넘어뜨리거나 가격하거나 밀거나 방해한다.
7. 손을 사용하여 공을 멈추거나 잡는다.

기본적으로 골키퍼에게도 같은 규칙이 적용되지만, 골키퍼는 공을 발로 다룰 수 있고 공중에 뜬 공을 약간 앞으로 움직일 수 있다. 그러나 슈팅 서클을 벗어나면 골키퍼도 이러한 특권을 잃는다.

파울을 당한 팀이 유리한 상황을 유지할 수 있을 때, 또는 파울이 일어나기 전과 같거나 그보나 더 나은 기회를 얻는다면 파울이 선언되지 않아야 한다.

페널티

1. 서클 밖에서 파울이 발생했을 때 상대 팀은 파울이 발생한 곳에서 프리히트를 얻는다. 25야드 라인 안에서 의도적이고 노골적인 파울을 범했을 때는 페널티 코너를 허용하게 된다.
2. 서클 안에서 공격선수가 파울을 범했을 때 수비팀이 프리히트(16야드)를 얻는다.
3. 서클 안에서 수비선수가 파울을 범했을 때 공격팀은 페널티 코너를 얻는다.
4. 서클 안에서 수비선수가 파울을 범했고 그 때문에 골에 방해가 생겼다면 공격팀에게 페널티 스트로크가 주어진다.

오프사이드

1996년 필드하키에서 오프사이드 규정이 사라진 뒤로 수비형태는 극적으로 변했고 공격선수가 득점할 수 있는 기회가 늘어났으며 골키퍼의 역할이 확대되었다.

프리히트

프리히트는 파울을 범한 팀의 선수가 있던 지점에서 실시된다. 단, 서클 안에서 공격자가 파울을 범했을 때는 예외이다. 이 경우 수비하던 선수는 서클 안 어떤 곳에서든 프리히트를 할 수 있다. 대부분 파울이 일어난 지점에서 16야드 안에서 이루어진다.

공은 정지된 상태여야 하고 공을 치는 선수는 유효한 스트로크라면 어떤 것이든 사용할 수 있다. 그러나 위험하게 공을 띄워서는 안 된다. 프리히트가 이루어지는 순간에는 모든 상대 팀 선수들은 공으로부터 5야드(4.6m) 이상 떨어져야 한다. 그러나 심판이 보기에 어떤 선수가 시간을 벌기 위해 5야드 안에 서 있다고 판단될 경우 프리히트는 지체되지 않는다.

서클에서 5야드 안에서 규칙 위반이 발생하여 공격팀에게 프리히트가 주어질 경우 프리히트를 실시하는 순간 양 팀 선수들은 공으로부터 5야드 떨어져야 한다. 이 지역을 명확히 표시하기 위해 경기장 표시에 우물정자가 추가되었다. 프리히트가 이루어진 뒤, 공을 때린 선수는 다른 선수에게 접촉하기 전에는 다시 공과 접촉할 수 없다.

페널티 코너

1. 페널티 코너를 실시하는 선수(도해 34.2의 선수 XA)가 공을 때리거나 밀어 한 지점으로 보내며, 이 지점은 공격팀이 선택한 사이드의 골포스트에서 10야드(9.1m) 밖에 위치해야 한다. 페널티 코너를 치는 선수는 한쪽 발을 엔드라인 밖에 두어야 한

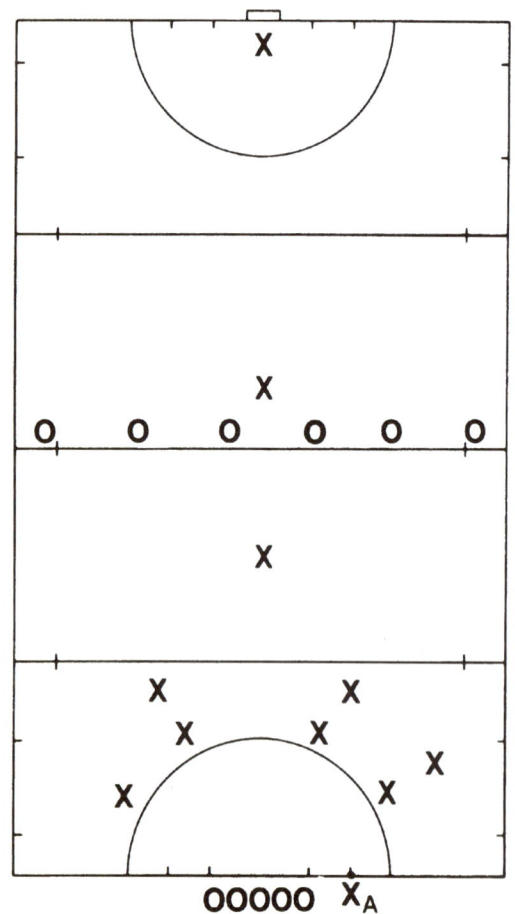

도해 34.2. 필드하키 페널티 코너.

다. 또한 다른 선수와 접촉하기 전에는 다시 공과 접촉할 수 없다.

2. XA와 같은 팀 선수는 모두 리시버가 될 수 있다. 또한 이들은 공을 치기 전까지 신체의 모든 부분은 물론 스틱도 서클 안에 들어가게 해서는 안 된다. 페널티 코너 히터로부터 5야드(4.6m) 이상 떨어져야 한다. 리시버는 슛을 하기 전에 서클 밖에서 공을 컨트롤해야 한다.

3. 수비팀은 엔드라인 선상에 다섯 명까지 설 수 있다. 나머지 여섯 명은 50야드(45.5m)라인으로 가야 한다. 이들의 신체와 스틱은 라인 밖에 있다가 공의 타격이 이루어지고 나면 수비를 위해 이동한다. 수비선수는 페널티 코너가 실시될 때 타격하는 선수로부터 5야드(4.6m) 이상 떨어져야 한다.

페널티 스트로크

페널티 스트로크는 골키퍼와 파울을 당한 팀의 한 선수 사이에 이루어진다.

1. 골키퍼에게 복장이나 장비의 어떠한 변화도 허용되지 않는다. 골키퍼는 발 일부분을 반드시 골라인에 닿게 해야 하고 공의 스트로크가 이루어질 때까지 움직여서는 안 된다. 공이 스트로크되는 순간 골키퍼는 모든 유효한 방법을 사용하여 공이 골 안으로 들어가는 것을 막을 수 있다. 단, 공을 반드시 쳐낼 필요는 없다.

2. 스트로커는 골라인 중앙에서 7야드(6.4m) 떨어진 지점에 선다. 스트로커는 공을 밀거나 가볍게 치거나 띄울 수는 있지만 때려서는 안 된다. 우선 스틱이 공에 닿을 수 있는 범위 안에 선다. 공은 단 한 번만 터치가 이루어져야 하며 스트로크를 하는 선수는 상대를 속이는 페이크 없이 부드럽게 이어지도록 페널티 스트로크를 수행해야 한다.

3. 양 팀의 다른 선수들은 모두 25야드(22.9m)라인 밖으로 물러나야 하며 골키퍼의 시야를 가려서는 안 된다.

4. 골이 성공되면 패스-백이 이루어진다. 골이 실패할 경우 골라인 중앙 반대편에서 수비팀에게 16야드(14.6m)히트가 주어진다.

아웃-오브-바운즈

1. 공이 사이드라인 너머, 아웃-오브-바운즈로 들어갈 경우 반대편 팀에게 사이드-인이 주어진다.
2. 수비팀이 비고의적으로 25야드(22.9m)지역 안에서 공을 엔드라인 너머로 보냈을 때 공격팀은 롱 히트(long hit)를 할 수 있다. 공이 골라인을 넘어간 사이드에서 가장 가까운 코너 깃발로부터 공격팀 선수 한 명이 5야드(4.6m) 떨어진 엔드라인 지점에서 공을 때릴 수 있다.
3. 공이 공격선수에 의해 엔드라인을 넘어갔을 경우 수비팀에게 16야드(14.6m) 히트가 주어진다.

사이드-인

아웃-오브-바운즈가 된 지점에서 팀의 어떤 선수든 공을 밀거나 때려서 플레이를 시작할 수 있다. 이때 이 선수의 양발은 사이드라인에 걸쳐야 한다. 사이드-인(side-in)이 수행될 때 상대 선수들은 5.4야드(5m) 떨어져야 한다. 히트-인(hit-in)이 이루어진 뒤 공을 때린 선수는 양 팀 어떤 선수에게든 공이 닿거나 플레이가 되기 전에는 다시 공과 접촉할 수 없다. 사이드-인을 할 때는 공을 지면에서 떨어뜨려서는 안 된다.

16야드 히트

공이 아웃-오브-바운즈로 나간 엔드라인 지점으로부터 16야드(14.6m) 안에서 공을 쳐야 한다. 이때도 프리 히트에 적용되는 규칙이 적용된다.

러시-인, 또는 프리 히트 상황에서의 파울

1. 공을 친 선수가 파울을 범했을 때 같은 지점에서 상대팀에게 히트-인이나 프리 히트가 주어진다. 서클 안에서 프리 히트를 수행하던 선수가 파울을 범했을 때는 예외이며, 이 경우 상대팀에게 페널티 코너가 주어진다.
2. 상대 선수가 파울을 범하더라도 상대에게 이로운 파울일 경우에만 러시-인이나 프리 히트를 다시 실행한다.

페널티 코너 상황에서의 파울

1. 페널티 코너 상황에서 공격팀이 파울을 범했을 때 수비팀은 서클 안 모든 곳에서 프리 히트를 한다. 서클 밖이라도 파울이 발생한 곳에서 1야드(0.91m) 이내의 지점이라면 프리 히트를 할 수 있다.
2. 수비선수가 파울을 범하더라도 그 때문에 수비팀에게 이로운 상황이 벌어질 때만 다시 플레이를 한다.

인도어 하키 규칙

따로 언급되는 사항을 제외하고 인도어 하키의 규칙은 필드하키의 것과 대체로 같다. 공을 띄우거나(골을 시도할 때를 제외하고) 스트로크를 할 때 백스윙을 하는 것이 허용되지 않는다는 점만 다르다. 인도어 하키는 각각 6명으로 구성된 두 팀이 경기를 한다. 전후반은 각각 20분 이하로 제한된다.

경기의 시작과 재개

경기를 시작할 때는 동전던지기에서 승리한 팀의 선수가 패스-백을 하고 골이 이루어진 뒤에는 골을 허용한 팀의 선수가 패스-백을 실행한다. 패스는 전진 방향으로 이루어져도 된다. 모든 선수들은 각자 진영에 머물러야 하고 패스를 히는 선수 외에는 공으로부 3.3야드(3m) 안으로 접근해서는 안 된다. 공이 푸시되기 전에는 어떤 선수도 중앙선을 넘을 수 없다.

경기장

코트는 43.8 × 21.9야드(40 × 20m) 규격의 직사각형 모양이다. 가능할 경우 이 구역 주변을 너비 약 10cm에 안쪽으로 약간 기울어진 사이드보드로 둘러싼다.

서클

서클 반경은 15야드(14.1m)가 아닌 10야드(9.4m)이다. 경기장이 규격보다 작을 경우 서클과 사이드라인이 닿을 수도 있다. 페널티 코너 마크는 골포스트로부터 6.6야드(6m) 떨어진 곳에 위치하고 페널티 스트로크는 골 입구 중앙에서 6.6야드(6m) 떨어진 곳에서 이루어진다.

파울

하키를 할 때 다음과 같은 행동을 해서는 안 된다.
1. 공중에 뜬 공을 때리거나 플레이한다.
2. 골키퍼를 제외한 선수가 바닥에 누운 채 플레이에 참가한다.
3. 공을 때린다.
4. 서클 밖으로 공을 띄운다.

프리 푸시

프리 히트를 '프리 푸시(free push)'라고 부른다. 모든 선수들은 푸시를 하는 선수로부터 3.3야드(3m) 이상 떨어져야 한다.

페널티 코너

공격팀

1. 푸시를 하는 선수는 가까운 골포스트로부터 6.6야드(6m) 떨어진 곳에 위치한다.
2. 다른 선수들은 푸시를 하는 선수로부터 3.3야드(3m) 이내의 거리에 들어와서는 안 된다.
3. 페널티 코너가 완료될 때까지 전반이나 후반, 또

는 경기 전체가 연장된다. 공이 서클을 벗어나거나 득점이 이루어지면 페널티 코너가 종료된다.

수비팀 모든 선수들은 수비에 참가해도 되지만 푸시를 하는 선수와 반대되는 엔드라인에 위치해야 한다. 골키퍼를 제외한 수비선수들은 페널티 코너가 시작되는 순간까지 골 안으로 들어가서는 안 된다 (도해 34.3).

사이드보드를 넘어가는 아웃-오브-바운즈

공이 사이드보드를 넘어갈 경우 반드시 상대 팀 선수가 사이드보드에서 1.1야드(1m) 떨어진 지점에서 플레이를 재개한다. 단, 서클 밖이어야 한다. 이때 다른

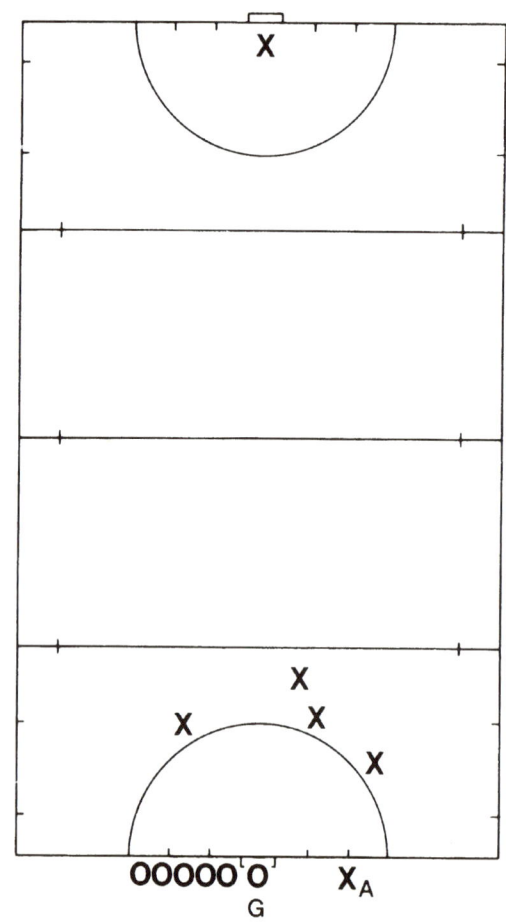

도해 34.3. 인도어 하키의 페널티 코너.

도해 34.4. 그립

선수들은 모두 공을 푸시하는 선수로부터 3.3야드(3m) 이상 떨어져야 한다.

엔드라인을 넘어가는 아웃-오브-바운즈

누가 공을 엔드라인 너머로 공을 보냈든 수비팀에게 서클 안에서 프리 푸시가 주어진다. 단, 수비선수가 의도적으로 공을 엔드보드 너머로 공을 보내거나 밖으로 공이 나가는 것을 막으려는 노력을 하지 않았을 때는 예외이다. 이 경우 페널티 코너가 주어진다.

기본기술과 기법

스틱워크

핵심포인트

1. 그립: 왼손이 위에 온다. 엄지와 검지 사이의 V자가 스틱의 아래를 향한다. 오른손은 아래를 향해 스틱 중간을 편안하게 감싼다 (도해 34.4).
2. 시선은 공 앞 약 2야드(1.8m) 앞의 지점에 고정하되 전체를 살펴야 한다. 180도 주변을 볼 수 있어야 한다. 위를 보는 것도 매우 중요하다!
3. 포핸드 드리블: 앞으로 내민 발의 정중앙에서 약간 바깥쪽에 공을 놓아야 필드에 대한 시야를 최대한 확보할 수 있다. 포핸드 사이드 드리블은 두 가지 유형이 있다. 글로즈와 루즈이다.
   a. 글로즈 드리블: 항싱 공을 스틱에 대고, 톡톡 두드리지 않는다! 선수들이 밀집한 상황에서 실행하는 기술이며 언제든 재빨리 방향을 전환할 준비가 되어 있어야 한다.
   b. 루즈 드리블: 공을 스틱에서 3피트(0.9m) 거리 안에 둔다. 스틱을 뒤로 기울여 공 아래에서 45도 각도를 이루게 한다. 그 상태를 유지하며 양손을 미끄러뜨리듯 스틱 위쪽을 향해 이동시킨다. 클로즈 드리블보다 공을 오른발 정 중앙에 가까운 위치에서 민다.
4. 백핸드 드리블: 왼손으로 공을 컨트롤한다. 오른손은 스틱에서 떼도 된다. 위쪽에 오는 왼손을 왼쪽으로 1/4바퀴 정도 회전시켜 그립을 전환해야

한다. 공은 왼쪽 어깨 앞, 왼발 바깥쪽에 온다. 공이 왼쪽 어깨보다 뒤에 남겨지지 않도록 주의하라. 계속 움직이는 중이 아니라면 공을 장애물처럼 여겨라!

스핀동작

1. 열린 공간에서 공을 소유한 채 적절한 패스를 하거나 회피기술(elimination skill)을 사용할 시간을 갖는 것을 목표로 해야 한다. 선수들이 밀집한 곳으로 들어가지 말라!

2. 수비수의 한쪽 발을 살짝 비껴가도록 공을 몰며 동작을 시작한다. 상대와 신체를 접촉할 수 없고(부딪친 뒤 달릴 수 없다!) 몸이 움직일 공간을 만들어야 하므로 수비수에게서 충분히 떨어진 곳에서 스핀을 시작해야 한다.

3. 45도 각도로, 열린 공간을 향해 이동하면 동작이 마무리된다. 그리고 땅만 보지 말고 위를 보라!

드리블

모든 선수들은 모든 종류의 상대에 대적하여 다양한 거리를 빠른 속도로 드리블할 때 공과 자신 사이에 리듬과 조화를 이루는 것을 궁극적인 목표로 삼아야 한다. 드리블은 우위를 확보하고 상대를 끌어들여 패스를 계획하며 상대를 따돌리기 위해 필요하다. 열린 공간에서는 직선 드리블(공을 직선으로 몰고 가는 것)이 가장 적합하다. 반면 상대를 추월하거나 따돌리기 전에 인디언 드리블(Indian dribble), 즉 지그재그 드리블(zigzag dribble, 공을 앞으로 몰고 가지만 어느 방향이든 대각선으로 향하는 움직임과 번갈아 가며 드리블하는 방식)을 수행하면 상대를 속이는 동시에 빠르게 나아갈 수 있다.

그립

스트레이트 드리블. 왼쪽 손등이 오른쪽 어깨를 비스듬하게 위를 향하게 한다. 오른쪽 손등은 뒤쪽을 향한다. 훈련의 핵심은 '손목이 보는 것을 읽어라'이다. 일반적으로 왼손으로 그립을 단단하게 쥐면 스틱이 오른손 그립 사이로 미끄러진다.

인디언 드리블. 공을 왼쪽으로 움직이려 할 때 왼쪽 손등을 스트레이트 드리블과 같은 방향을 향하게 한다. 공을 오른쪽으로 움직일 때는 왼쪽 손등이 지면을 향한다. 오른쪽 손등은 드리블을 하는 동안 오른쪽과 왼쪽을 번갈아가며 향한다.

손목과 팔

스트레이트 드리블. 왼쪽 손목과 팔 아랫부분은 스틱과 일직선을 이룬다. 팔꿈치를 90도 각도로 구부려 몸에서 10~12인치(25~30cm) 떨어뜨린다. 오른쪽 손목을 과도하게 뻗어 오른팔을 일직선으로 만든다.

인디언 드리블. 왼팔을 몸 앞으로 거의 일직선으로 뻗고 오른쪽 손목을 바로 편다는 점을 제외하고 스트레이트 드리블과 같다.

몸과 머리

스트레이트 드리블. 몸은 공에서 약간 왼쪽, 뒤에 위치하고 무게중심은 공 없이 달릴 때보다 약간 낮게 가져간다. 가능한 머리를 자주 들어 시야를 확보한다.

인디언 드리블. 몸이 공 바로 뒤에 온다는 점을 제외하고 스트레이트 드리블과 같은 과정으로 움직인다. 1대1 상황에서 플레이어는 직선으로 달리는 대신 목표한 방향으로 갑자기 몸을 틀어야 한다. 자주 머리를 들어야 한다.

발과 다리

스트레이트 드리블. 양발은 공의 뒤쪽, 약간 왼편에 위치한다. 균형을 잡으면 공을 놓치지 않고 상당히 빠르게 달릴 수 있다.

인디언 드리블. 양발은 공의 뒤에 놓는다. 선수는 빠르게 달리며 속도와 방향을 재빨리 전환하여 상대를 신속하게 따돌릴 수 있다.

스틱

스트레이트 드리블. 스틱은 몸을 45도 각도로 가로지른다. 손잡이 윗부분은 왼쪽 허벅지와 반대방향에 온다. 스틱 페이스는 플레이어가 나아가고자 하는 방향을 향하고 오른발 약간 오른쪽, 앞을 향한다.

인디언 드리블. 스틱은 몸 앞에서 바로 세운다. 왼손 그립을 시계 반대방향으로 1/4 회전시키면 스틱을 역방향으로 움직일 수 있다. 공을 왼쪽으로 몰고 갈 때 스틱 페이스는 왼쪽, 대각선 방향을 향한다. 공을 오른쪽으로 몰고 갈 때 스틱은 뒤집고 헤드의 끝을 낮춰 공을 오른쪽 대각선 방향으로 움직인다. 헤드 끝을 낮추며 공을 다루는 기술을 '리버스 스틱(reverse stick)'이라고 부른다. 왼손으로 스틱을 회전시키고 오른손으로는 스틱을 가볍게 쥔다.

공

스트레이트 드리블. 공을 오른발의 약간 오른쪽, 14~18인치(35~45cm) 앞에 놓는다. 짧은 탭을 연속해서 실행하며 공을 앞으로 움직인다.

인디언 드리블. 몸의 앞에서 왼쪽과 오른쪽으로 번갈아가며 대각선 방향으로 공을 움직이되 움직임의 폭은 몸의 너비를 벗어나지 않는다. 오른쪽으로 공을 움직일 때는 오른발, 왼쪽으로 움직일 때는 왼발보다 바깥쪽으로 공이 나아가게 해야 한다.

흔히 저지르는 실수

1. 발에서 스틱을 45도 각도로 떨어뜨리지 못한다.

2. 공을 발에 너무 가깝게 붙인다.
3. 시선을 공에 고정시킨다. 어떤 플레이를 할지 선택하기 위해 경기장 전체를 살필 수 없다.

푸시

푸시(도해 34.5)는 짧은 거리를 패스할 때 사용된다. 푸시의 특징은 백스윙을 하지 않아 빠르게 실행하고 마지막 순간까지 패스 방향을 숨길 수 있다는 것이다.

그립

드리블할 때와 같은 그립을 사용한다. 편안함과 효율을 높이기 위해 필요할 경우 스틱을 회전시킨다.

손목과 팔

양손은 함께 같은 동작을 취한다. 초보자는 끄는 동작이 아닌 떠내는 동작을 사용하는 경향이 있다.

몸과 머리

머리는 공 위에 위치하고 몸은 앞으로 기울인다. 왼쪽 어깨는 패스할 방향을 향한다. 푸시를 하기 전에 체중을 뒤로 이동히여 오른발에 싣는다. 오른손과 손목을 사용하여 공을 푸시하는 순간 체중을 왼발로 이동한다. 팔로우스루 동작에서 몸을 낮게 가져가고 완전히 편다. 팔로우스루는 힘과 방향성을 제공한다.

발과 다리

양발을 어깨 너비보다 조금 더 넓게 벌린 상태에서 왼발을 오른발보다 조금 앞으로 가져간다. 그렇게 하면 양발은 평행하지만 약간 비스듬한 상태가 된다. 무릎을 구부렸다가 팔로우스루를 할 때 오른쪽 다리를 편다. 몸 중앙선보다 약간 뒤에서 공이 움직이기 시작하는 것이 가장 바람직하다.

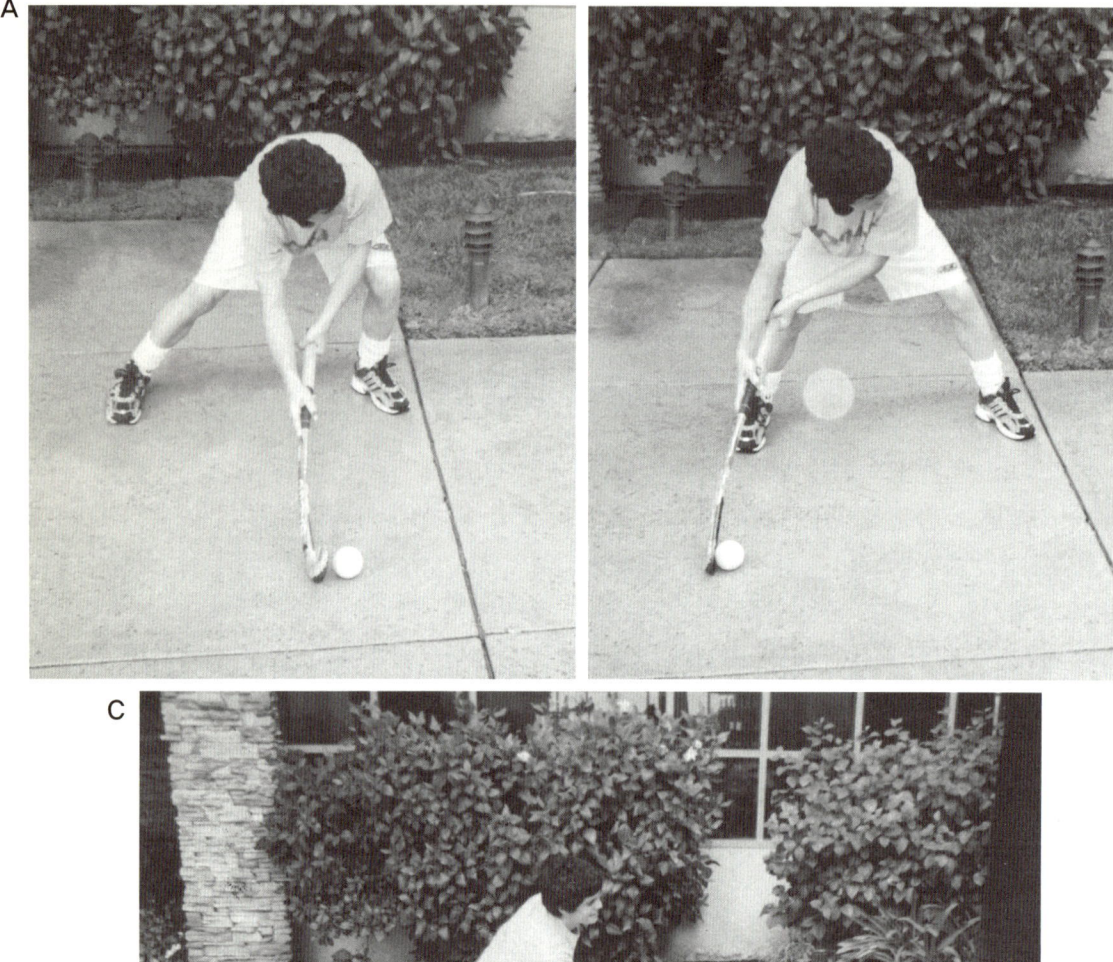

도해 34.5. 푸시. A, 시작 단계. B, 중간 단계. C, 팔로우스루.

스틱

스틱 헤드보다 손잡이가 약간 앞으로 나온 상태에서 스틱을 몸 앞에 45도 각도로 가로지르게 잡는다. 스틱 페이스는 공 바로 뒤에 댄다.

일반적으로 저지르는 실수

1. 제대로 체중을 이동하지 못한다.

2. 왼쪽 어깨를 회전시키지 않는다.

3. 스틱을 기울이지 않고 지면과 수직으로 잡는다.

4. 몸을 너무 세우고 무릎을 구부리지 않는다.

5. 몸 앞을 가로지를 때 양손을 함께 움직이지 않는다.

6. 팔로우스루를 제대로 하지 못한다.

리시브 기술

공 컨트롤은 어떤 방향에서 오든 공을 통제할 수 있는, 즉 '캐치'할 수 있는 능력을 말한다. 스틱 페이스에 닿는 순간 공은 멈춘다. 궁극적으로 플레이어는 공을 받는 즉시 플레이를 할 수 있어야 한다. 계속해서 움직이는 상태에서 공을 가볍게 쳐야 한다. 그래야 수비수가 쉽게 당신을 막을 수 없기 때문이다.

그립

선수 앞으로 오는 공. 공을 받아들일 수 있을 정도로 양손의 긴장을 충분히 풀고 공격하기에 가장 유리한 위치로 가져간다. 45도 각도로 그립을 젖혀 공을 '가둘' 때도 있다.

왼쪽에서 오는 공. 공이 자신의 몸 앞을 가로질러 가게 한 뒤 오른발을 지난 지점에서 공을 받는다. 스틱은 공의 흐름에 맞춰 움직인다.

오른쪽에서 오는 공. 공이 자신의 몸 앞을 가로질러 가게 한 뒤 왼발을 지난 지점에서 공을 받는다. 스틱은 공의 흐름에 맞춰 움직인다.

공을 받을 때는 스틱에 편안하게 대고 있는 오른손의 긴장을 완전히 풀어야 오른손이 스틱 페이스를 공 뒤로 움직인 뒤 공과 접촉할 때 발생하는 충격을 흡수하고 빗나가는 것을 막을 수 있다.

손목과 발

플레이어 앞으로 오는 공. 왼쪽 손목과 하완을 펴서 스틱과 일직선을 이루게 하고 팔꿈치는 90도 각도로 구부린다. 오른쪽 손목은 있는 힘껏 펴고 오른팔 전체를 편안하게 가져가 공의 충격을 흡수하게 한다.

왼쪽에서 오는 공. 왼쪽 손목과 팔을 스틱과 일직선을 이루도록 편다. 오른쪽 손목과 팔은 편안하게 놓아 공의 충격을 흡수한다.

오른쪽에서 오는 공. 양손과 손목을 공이 앞에서 올 때처럼 가져가며 양발의 중간 지점에서 공을 받는다. 양쪽 손과 손목을 공이 왼쪽에서 올 때처럼 가져가며 스틱을 역방향으로 틀어 공을 받는다.

몸과 머리

공을 받을 때 플레이어는 반드시 스틱 페이스가 공에 닿는 것을 눈으로 확인할 수 있을 정도로 정신을 집중해야 한다.

플레이어 앞으로 오는 공. 몸은 공 뒤쪽, 약간 왼편에 위치한다.

왼쪽에서 오는 공. 몸을 앞으로 기울인다.

오른쪽에서 오는 공. 허리를 90도 각도로 틀어 다가오는 공을 바라보며 양발의 중간 지점에서 공을 받는다. 공이 왼쪽에서 올 때처럼 스틱을 역방향으로 가져가며 공을 받는다.

발과 다리

양발 정 중앙 지점에서 공을 받을 때를 제외하고 양발을 공 뒤로 충분히 물러나게 해야 지나치지 않을 수 있다. 공격 목표를 마주한 상태에서 공을 받는 것이 가장 바람직하다.

다른 스포츠에서와 마찬가지로 움직이는 상태에서 공을 받아야 패스를 가로채이지 않을 수 있다.

스틱

공을 처리하고 공이 스틱에 닿는 순간 스틱 페이스를 반드시 공과 정면으로 만나게 해야 한다. 공을 향해 스틱 페이스를 약간 기울여야 공을 가두고 지면에 붙잡아둘 수 있다.

플레이어 앞으로 오는 공. 스틱을 45도 각도로 몸 앞에서 잡는다. 손잡이는 왼쪽 허벅지와 반대 방향을 향하고 헤드는 오른발 앞, 약간 오른쪽 지면에 댄다.

왼쪽에서 오는 공. 스틱을 오른발 앞에서 앞으로 기울인다. 헤드의 끝을 세운다.

오른쪽에서 오는 공. 손잡이가 왼쪽 무릎의 왼편, 약간 위쪽에 오고 스틱 헤드를 양발 사이, 앞부분 바닥에 댄 상태로 몸을 가로지르게 스틱을 잡고 양발 중간 지점에서 공을 받는다. 리버스 스틱의 경우 헤드 끝을 아래로 내린 채 왼발 반대편을 향해 스틱을 기울인다.

공

스틱과 접촉한 뒤 공은 드리블, 푸시, 히트, 샷을 하기 위한 위치에 놓이게 된다. 위험할 정도가 아니라면 공이 빗나가거나 다시 튕겨나가도 괜찮다.

일반적으로 저지르는 실수

1. 스틱 페이스가 다가오는 공과 정면으로 만나지 않는다.
2. 왼쪽 손목이 구부러진다.
3. 오른손이 지나치게 긴장되어 플레이어가 스틱으로 공을 느끼지 못한다.
4. 플레이어가 스틱으로 공의 속도를 흡수하지 않고 스틱을 공에 부딪친다.
5. 스틱 윗부분이 앞으로 기울어지지 않아 스틱이 위쪽으로 비껴간다.

히트

히트는 필드의 특정 지점까지 공을 멀리, 강하게, 그리고 단호하게 보낼 때 사용된다. 플레이를 열고 전개해나감으로써 경기를 박진감 있게 만들기 때문에 히트는 푸시에서 반드시 필요한 요소이다. '훌륭한 공'은 강하고 정확한 패스를 말하며, 공중에 뜨지 않고 리시버가 처리할 수 있어야 한다. 다음은 히트의 구성 요소이기는 하지만 성공적으로 히트를 수행하기 위해 필요한 것은 단 한 가지 동작이다. 즉, 백스윙, 다운스윙, 히트, 팔로우스루가 하나로 연결된 동작이다.

그립

예비그립. 왼쪽 손등을 패스할 방향으로 향하게 하는 전통적인 그립을 사용한다. 오른손은 손등이 오른쪽을 향한 상태에서 왼손 바로 아래에 댄다. 양손, 엄지와 검지 사이의 V자 모양은 스틱 헤드의 끝과 일직선을 이룬다. 대부분의 경우 오른손이 왼손 위로 미끄러지듯 움직이게 하지만 왼손을 아래로 미끄러뜨리는 쪽을 선호하는 선수도 있다. 힘이 아닌 속도가 이 '짧게 잡는' 그립을 가능하게 하는 비결이다.

백스윙. 같은 그립이 사용된다.

히트와 팔로우스루. 공과 스틱 헤드가 만나는 순간 그립을 더 강하게 잡는다.

손목과 팔

예비자세. 양쪽 손목과 팔을 몸 바깥쪽으로 약간 구부린다.

백스윙. 양쪽 팔, 손목과 함께 스틱을 뒤로 가져가되 신체의 어떤 부분도 건드리지 않아야 한다. 양쪽 손목을 허리 높이에서 확실히 구부려 스틱 헤드가 허리보다 높이 오게 한다. 오른팔을 회전하고 약간 구부리며 양팔을 함께 움직여 백스윙을 한다. 오른쪽 팔꿈치는 뒤를 향하고 몸에서 6인치(15cm) 정도 떨어뜨린다. 양손은 골반으로부터 5~7인치(12.5~17.5cm) 떨어뜨린다. 스틱 헤드의 끝이 위를 향한 채 백스윙이 끝나야 한다.

히트와 팔로우스루. 왼발로 다운스윙을 하며 체중을 오른발에서 왼발로 이동한다(공과 헤드가 만날 때도). 양쪽 팔과 손목, 골반의 회전, 체중이동은 강력한 히트를 만들어낸다. 다른 모든 근육과 마찬가지로 팔과 손목의 근육은 임팩트 순간 긴장시켜야 하지만 백스윙과 팔로우스루에서는 긴장을 풀어야 한다. 백스윙을 할 때처럼 팔로우스루도 자연스럽게 호를 그리며 한다.

몸과 머리

모든 과정이 끝날 때까지 머리는 공 위에 위치해야 한다.

예비자세. 몸을 회전시켜 왼쪽 어깨가 패스할 방향을 향하게 한다.

백스윙. 체중을 뒤쪽 발로 옮긴다.

히트와 팔로우스루. 스틱과 공이 접촉하기 직전에 체중을 앞쪽 발로 옮긴다. 스윙에서 나오는 힘이 자연스럽게 몸을 히트를 하는 방향으로 움직이게 만들어야 한다.

발과 다리

예비자세. 양발은 어깨 너비로 벌리고 히트의 방향과 직각을 이루게 한다. 왼발이 오른발 앞에 온다. 양다리는 약간 구부린 채 단단하게 고정한다.

백스윙. 같은 자세를 취한다. 골반을 약간 돌리는 것이 중요하다.

히드와 필로우스루. 임팩트 순간 디리 근육이 조어져야 하지만 굳어서는 안 된다. 체중을 실은 채 왼쪽 다리를 90도 가까이 구부린다. 오른쪽 다리는 공과 헤드가 닿은 뒤에만 균형을 잡기 위해 사용한다.

스틱

예비자세. 스틱의 평평한 면을 패스할 방향을 향해 공 바로 뒤에 댄다.

백스윙. 스틱을 바로 뒤로 가져가되 오른쪽 어깨보다 멀리 보내지 않는다. 헤드의 끝이 약간 위를 향한 상태로 허리 위로 올라온다.

히트와 팔로우스루. 왼쪽 무릎 높이, 또는 그와 비슷한 높이에서 공과 접촉하는 순간 스틱이 무릎과 직각을 이루고, 헤드가 허리 높이를 지나 최고 위치에 다다를 때까지 히트하는 방향으로 계속 움직인다. 히트는 회전을 이용하는 기술이다. 골프에서 공을 때리는 방식이 아니라 야구에서 공을 때리는 방식과 유사하다.

공

예비자세. 공을 히트하기 편한 만큼 몸에서 떨어뜨리고 공을 직선으로 히트하는 순간 왼발과 일직선을 이루게 한다(몸의 자세와 직각을 이룬다).

히트. 스틱 페이스 중앙 부분에 맞은 뒤 공은 지면을 다라 부드럽게 굴러가야 한다.

일반적으로 저지르는 실수

1. 팔과 골반이 동시에 움직이지 않아 히트가 일관성이 없어지고 공중으로 뜨거나 깎아내듯 이루어진다.
2. 히트가 끝나기 전에 공에서 시선을 떼고, 그 결과 공의 윗부분을 때린다.
3. 왼쪽 어깨가 충분히 돌아가지 않아 방향이 틀어진다.
4. 양팔을 몸에 너무 붙여 제대로 움직이지 못한다.
5. 왼발로 체중을 완전히 이동하지 못한다.
6. 손목이나 팔만 사용한다. 파워는 체중 이동을 통해 다리에서 나온다.
7. 팔로우스루를 제대로 하지 못한다.
8. 스틱을 백스윙 위치로 너무 많이 보내 의도를 그대로 들킨다.
9. 공을 '오버히트' 하려 한다. 컨트롤과 정확성에는 힘보다 타이밍이 중요하다.

플릭

플릭(flick)은 공을 공중으로 띄우는 스트로크이며 득점을 하거나 상대의 키를 넘길 때 사용한다. 기본 사항은 푸시와 같지만 다음과 같은 차이점이 있다.

1. 스틱은 공 뒤는 물론 약간 아래에 위치해야 한다.

2. 플릭을 하기 직전, 공은 푸시를 할 때보다 약간 앞에 위치해야 한다.

3. 오른쪽 어깨와 팔꿈치를 45도 각도로 기울여 공 뒤쪽을 향하게 하면 플릭의 높이를 높일 수 있다.

4. 체중은 그대로 사라지는 것이 아니라 공을 통해 플릭의 방향으로 전해져야 한다.

태클

태클러의 역할은 상대팀 선수의 볼 소유권을 무력화하는 것이다. 이것이 불가능할 경우 압박을 가해 상대팀 선수가 패스를 하여 같은 팀 선수가 가로챌 수 있는 기회를 만든다.

잽

잽(jab)을 할 때는 스틱을 '프라이팬' 그립으로 잡는다. 태클러는 공 아래를 찌르듯 쳐서(잽) 공이 드리블하는 선수의 스틱 위로 튀어 오르게 한다. 태클러는 공이 튀어 오르자마자 스틱을 뒤로 잡아당겨 발을 보호해야 한다. 태클할 때의 자세는 공격수의 움직임에 따라 달라진다.

블록

블록을 하기 위해서는 드리블을 하는 선수의 정면에 마주선다. 수비선수는 포핸드나 백핸드 방향으로 스틱을 뻗어 공간을 '차단'하고 공을 쳐낸다. 태클을 할 때는 양손을 모두 사용해야 하며 체중은 양발에 골고루 싣거나 앞쪽에 실어 공격적으로 공을 획득한다.

일반적으로 저지르는 실수

1. 무게중심을 너무 높게 가져간다.
2. 상대선수의 스틱이나 다리를 친다.
3. 공을 향해 충분히 강하게 달려들지 않는다.
4. 의욕이 과하거나 지나치게 공격적으로 블록을 한다.

패스

패스는 하키의 핵심이다. 같은 팀 선수 두 명이 의도적으로 공을 움직이는 것을 말한다. 패스는 수비수를 젖히는 데도 사용된다.

기법

1. 공을 전달하기 위해 밀거나 때린다.
2. 콘트롤, 또는 필딩 기술을 사용하여 공을 받는다.

공을 소유하지 않은 선수들

패스를 받기 위해 공을 소유하지 않은 동료들이 먼저 움직이고 수비수를 따돌려야 패스를 받을 수 있다. 순간적으로 치고 나가 달아나는 것도 상대를 따돌리는 한 가지 방법이다.

공을 소유한 선수

패스를 하는 선수는 패스하고자 하는 경로, 또는 그 근처에 상대선수가 위치하지 않았다는 확신이 들 때 패스를 해야 한다. 패스할 경로가 열리면 패스하는 선수는 동료에게 정확하게, 그리고 적절한 속도로 공을 보낸다. 너무 강하게 치면 공이 같은 팀 선수를 지나치고 너무 약하게 치면 상대가 이동하여 가로챌 시간을 주게 된다. 정확한 패스를 하기 위해 패스하는 선수는 팀 동료의 속도와 방향을 평가하여 달리는 상태에서 공을 받게 한다. 공을 소유하지 않은 선수들은 수비수를 따돌렸다 해도 다시 수비를 받기까지 시간이 많지 않다. 동료가 자유로운 상태라는 사실을 패스하는 선수가 늦게 알아차릴 경우 너무 늦게 패스가 이루어져 가로채기를 당할 가능성이 높다. 반대로 동료가 수비수를 따돌리고 몇 발자국만 움직이면 패스를 받을 수 있는 경우도 있으므로 패스를 하는 선수는 언제 잠시 공을 갖고 있어야 할지 알아야 한다. 패스를 너무 빨리 하면 동료가 그곳에 없을 것이다. 넓은 시야, 타이밍, 정확성이 패스를 성공시키는 데 중요한 요소이다.

패스 전략

업필드(upfield, 공격팀이 향하고 있는 필드 - 역자 주) **패스** (도해 34.6A). 가능한 공을 소유한 선수보다 골 근처에 위치한 오픈된 동료에게 패스가 가야 한다. 업필드 패스는 다양한 각도에서 이루어진다.

스루 패스 (도해 34.6B). 이는 최고의 업필드 패스이다. 사이드라인과 평행하게 이루어지며 수비수 두 명을 젖히므로 침투력이 매우 강한 패스이다.

스퀘어 패스 (도해 34.6C). 엔드라인과 평행하게 이루어지므로 이 패스는 필드 포지션을 얻지 못한다. 가로채기를 당한 위험이 있을 경우 사용해서는 안 된다. 스퀘어 패스는 '주고 달리기(give and go)' 상황에서 사용하는 것이 가장 바람직하다 (도해 34.6D). 이 패스 조합은 농구를 가장 먼저 떠올리게 하지만 필드하키에서도 유용하고 효과적인 방법이다. 한 선수가 공을 소유한 채 상대 신수 가까이 간다. 그 선수가 동료에게 스퀘어 패스를 '주고' 수비수 뒤편의 열린 공간으로 재빨리 '달려간' 뒤 패스를 다시 받는다.

백패스. 뒤쪽으로 패스함으로써 필드를 열어 팀의 공격 지점을 바꿀 수 있는 경우도 종종 있다.

슈팅. 골의 득점을 마지막 패스로 여겨야 한다. 골키퍼를 지나 골 안으로 공이 들어가는 패스인 셈이다.

기 본 수 비

간단히 말해서 수비팀은 공을 소유하지 않은 팀을 말한다. 상대가 공을 소유했을 때 공 근처에 있는 선수들은 활발하게 공을 획득하려 시도해야 하고 다른 수비선수들은 갑자기 공의 위치가 바뀔 때를 대비하여 가장 적절한 수비 위치로 즉시 돌아와야 한다. 압박(pressure), 마킹(marking), 커버링(covering)이 수비의 기본 원칙이다 (도해 34.7).

압박. 공격수가 공을 놓쳤을 때 태클을 할 수 있도록 공을 소유한 선수에게 압박을 가해야 한다. 태클이 불가능할 경우 압박을 통해 패스의 각도를 줄여야 한다.

마킹. 공을 소유하지 않은 상대 공격수들이 공을 리시브하지 못하게 하거나 패스를 받았을 경우 즉시 압박을 가하는 식으로 수비를 해야 한다. 전면 마킹을 제외하고 효과적으로 마크하기 위해 수비수는 공격수와 골대 사이, 또는 공격수와 공 사이에 위치해야 하고 상대 선수와 공을 모두 보아야 한다. 공격수가 공에서 멀리 위치할수록 마크를 타이트하게 할 필요가 줄어든다.

커버링. 공격 지점에서 공을 소유한 선수가 압박을 받고 근처에 있는 다른 공격수들이 마크를 당할 경우 수비수 뒤쪽에 빈 공간이 생기게 된다. 패스가 통과하거나 공격수가 수비를 뚫고 지나가지 못하도록 이 공간을 커버하는 수비수가 있어야 한다.

기 본 공 격

공격팀은 공을 소유한 팀을 말한다. 어떤 선수가 공을 획득하는 순간 모든 동료들은 공격에 대해 생각하고 공 근처에 있는 선수들은 적극적으로 공격에 참가해야 한다.

공격의 원칙

공과 상관없는 움직임. 공격을 성공시키기 위한 열쇠는 공을 소유하지 않은 선수들이 열린 공간을 찾는 것이다. 공을 소유한 선수가 패스할 수 있는 오픈된 동료가 두 명 이상 있어야 한다.

폭. 모든 팀 경기에서 발생하는 가장 큰 문제는 선수들이 한 곳에 밀집되는 것이다. 선수들이 가장 먼저

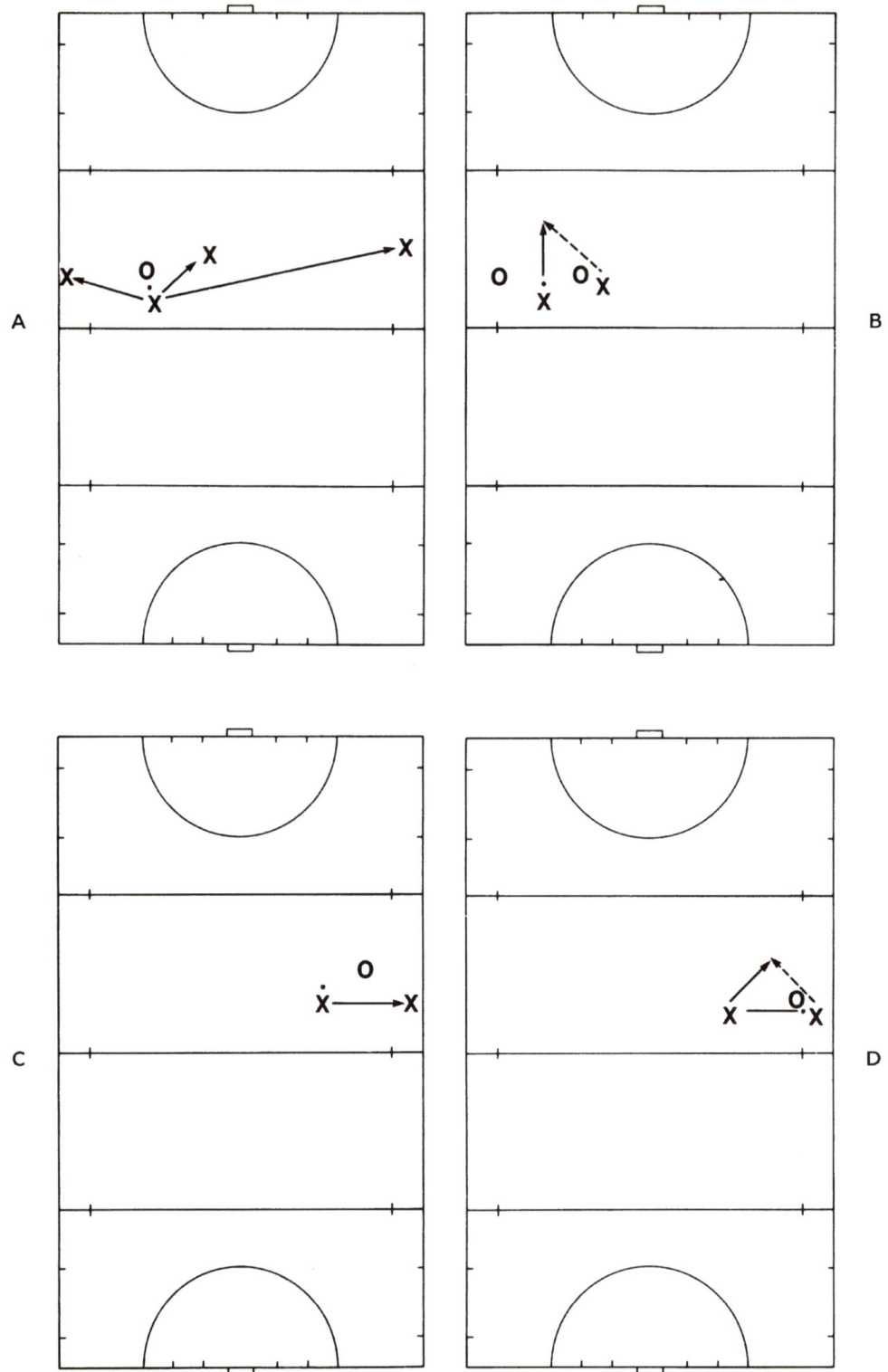

도해 34.6. 패스 전략. A. 업필드 패스. B. 스루 패스. C. 스퀘어 패스. D. 기브 앤드 고.

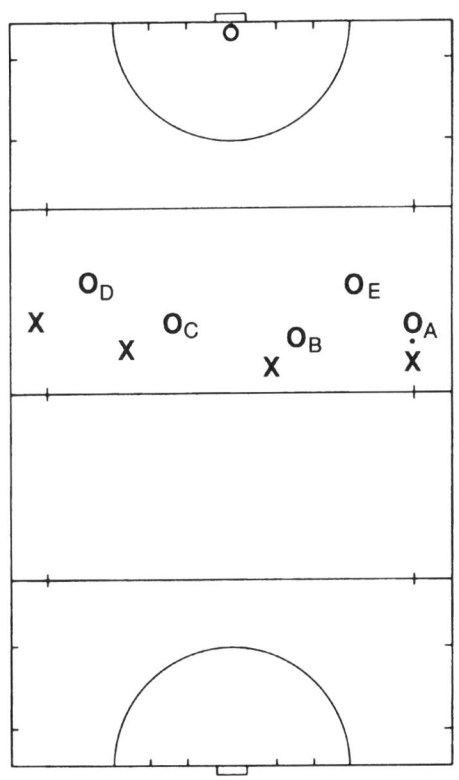

도해 34.7. 수비. OA는 압박, OB, OC, OD는 마킹, OE는 커버링이다.

치해야 할 움직임은 사이드라인 쪽으로 넓게 퍼지는 것이다. 이때 수비수는 한 가지 결정을 해야 한다. 공격수를 쫓아야 할까, 그 자리를 지켜야 할까? 넓게 퍼져 수비 영역을 넓히면 공격수는 공을 받을 수 있고 공격할 공간이 생기게 된다.

깊이. 이 원칙은 공격수들이 일직선을 이루지 말고 불규칙하게 분포되라는 의미이다. 그렇게 하면 공을 소유한 선수에게 패스할 기회가 더 많이 생기게 된다.

고정된 상황

프리 히트

공격에 있어서 최우선 과제는 상대팀이 수비진영을 구축하기 전에 재빨리 프리 히트를 하는 것이다. 이것이 불가능할 경우 프리 히트를 하는 선수는 약간 지체하여 동료들이 진영을 정비할 기회를 줄 수도 있다. 패스하는 선수는 상대를 속이고 리시버는 계속해서 움직여야 한다. 주로 짧은 패스가 효과적이며 긴 패스는 받을 선수가 완전히 열린 상태일 때만 사용해야 한다.

수비의 경우 프리 히트에 대항하여 팀이 신속하게 복귀하고 진영을 갖춰 프리 히트가 빠져나갈 출구를 차단해야 한다.

사이드-인

사이드-인 전술은 본질적으로 프리 히트와 같다. 공격팀은 공의 소유권을 지켜야 하고 푸시를 하는 선수는 가로채기를 당할 위험이 있거나 공격적인 패스가 가능할 경우 백패스나 스퀘어 패스를 해서는 안 된다.

페널티 코너

공격. 히트-인을 하는 선수는 받을 선수에게 공을 정확하고 부드럽게 보낼 수 있어야 하고 받는 선수, 즉 트래퍼는 공을 받아서 슛을 할 수 있는 위치에 있는 슈터에게 부드럽고 정확하게 전달해야 한다. 슈터는 강하고 정확하며 신속하게 공을 칠 수 있는 능력이 가장 뛰어난 선수가 맡아야 한다. 대학 및 국제 경기에서는 슈터를 위해 정확하게 공을 멈추는 '스틱 스토퍼(stick stopper)'가 있다. 인조 잔디 경기장에서 이는 매우 흔하게 존재한다. 다른 포워드들은 빗나가거나 골키퍼가 쳐낸 공을 골로 연결할 수 있는 지점에 위치한다. 공이 서클 밖으로 나올 때를 대비하여 주로 수비수 세 명이 백업 위치에 있게 된다. 공을 투입하고 스틱 스톱하기 편하므로 왼쪽에서 페널티 코너를 하는 것이 전술적으로 가장 바람직하다.

수비. 페널티 코너에 대한 수비 전략은 셀 수 없이 많다. 그 중 가장 일반적인 전략은 가장 빠른 선수가 슈터를 맡아 공을 막거나 적어도 슈터의 리듬과 집중력을 방해하는 것이다. 양쪽에 한 명씩 두 명의 선수가 이 선수를 따라 가 빗나가는 공을 획득한다. 수비수 한 명이 커버하고 다른 한 명은 공이 갑자기 패스될 때를 대비하여 반대편 코너에서 나오는 것이다. 그 누구도 샷의 각도를 줄이려 밖으로 나오는 골키퍼를 블록할 수 없다. 포스트를 보호하고 골키퍼가 튕겨낸 공을 처리하는 선수를 따로 정한다.

골 키 핑

골키퍼는 수비의 최후방선이다. 골키퍼는 지속적인 집중력과 민첩성, 신속함, 근력, 파워, 예측력, 효과적으로 의사소통 하는 능력을 필요로 한다. 이러한 특성을 확실히 갖추었더라도 용기나 공격성, 자신감이 조금이라도 부족한 기미가 보인다면 그 선수는 골키퍼로서 적당하지 않다.

기술

스토핑과 클리어링. 고밀도 폼 패드가 출현한 덕분에 골키퍼는 자신을 향해 날아오는 샷의 90퍼센트의 방향을 전환할 수 있게 되었다. 골키퍼가 균형을 유지하는 동시에 공을 처리할 수 있으므로(한 번에 클리어하기) 공을 '컨트롤'한 뒤 클리어(스톱과 클리어처럼)하던 날들은 이제 갔다.

공중에 뜬 공. 골키퍼는 지면에 누웠을 때는 물론 서있을 때도 반드시 손을 사용해야 한다. 방어에 성공하면 대부분 공은 즉시 방향이 바뀌고, 다음 플레이로 연결된다. 골키퍼는 어떠한 경우든 공을 감싸서는 안 된다 (아이스하키에서 골키퍼에게 허용된 것과는 달리).

전술

골키퍼의 기본 전술은 앞에서 날아오는 숏의 각도를 빗나가게 하는 것이다. 골라인에서 나와 바로 공과 골 사이에 위치함으로써 골키퍼는 슈터가 득점할 수 있는 기회를 줄이고 자신이 방어에 성공할 확률을 최대화 한다.

포 메 이 션

일정한 자리에 머무르는 골키퍼를 제외하고 선수들은 어떠한 방식으로 정렬해도 좋다. 이제 두세 명의 수비수나 공격수가 공격과 수비를 모두 하는 미드필더, 또는 링크를 담당하는 시스템을 사용하는 것이 보편화되었다 (도해 34.8, 최고의 고등학생용 시스템, 도해 34.9, 최고의 대학 및 국제경기용 시스템). 그 결과 수비는 더 촘촘하고 견고해졌으며 공격은 다양하고 예측하기 어려워졌다. 일반적으로 각 팀은 공을 커버하고 추적하며 공을 갖고 앞으로 돌진하는 스위퍼가 필요하다. 과거 뒤에 머물던 스위퍼는 현대 하키에서는 주로 수비수 바로 앞에 위치한다. 각 팀은 백(back) 세 명이 필요하며, 이들은 1차 수비를 맡게 된다. 또한 60퍼센트는 수비에, 40퍼센트는 공격에 가담하는 미드필더가 두세 명, 득점이 가장 큰 임무인 포워드가 서너 명 필요하다. 그러나 모든 선수들은 균형 잡힌 체계 내에서 공격과 수비를 할 수 있는 능력을 갖춰야 한다. 최고 기량을 가진 팀들은 대부분 각기 다른 공격과 수비 시스템을 갖추고 있다.

프 로 그 램

일반

모든 플레이어들은 자신이 다룰 수 있는 장비를 갖춰

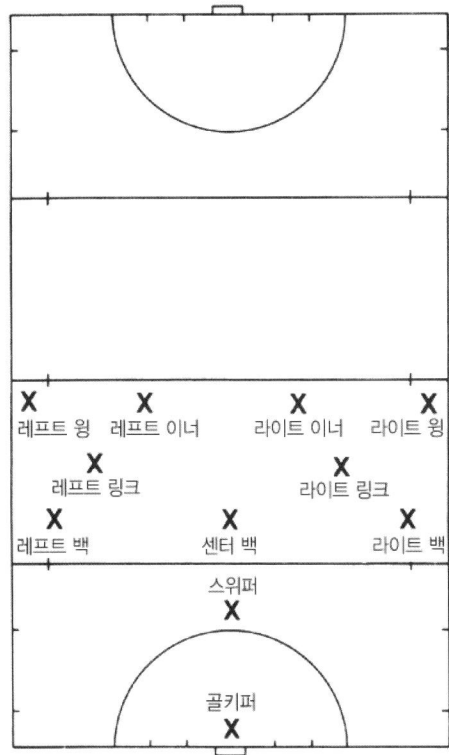

도해 **34.8.** 4-2-3-1 시스템.

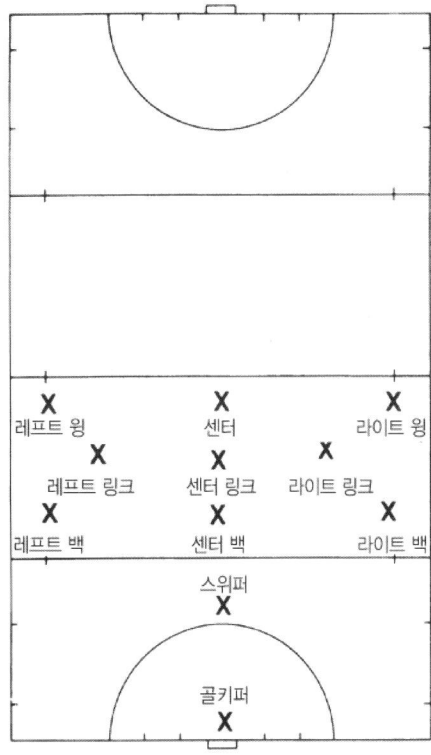

도해 **34.9.** 3-3-3-1 시스템.

야 한다. 너무 길거나 무거운 스틱을 사용할 경우 플레이어는 이를 보완하러 나쁜 기법을 사용하게 된다. 초기 단계에서 초보자들은 각 기술의 모든 부분을 알아야 한다. 사소한 부분을 조정한 다양한 어린이용 경기를 통해 기술을 학습하고 향상시킬 수 있다. 모든 종류의 술래잡기, 재연, 장애물 코스, 그리고 '공 뺏기(keep away)'나 '물건 빼앗기(steal the bacon)'과 같은 게임도 도움이 되는 동시에 즐거움도 느낄 수 있다.

소규모 게임과 경기

처음에는 한 명 대 한 명으로 경기를 시작한 뒤 2대2, 3대3, 4대4 등 점차적으로 규모를 늘려가며 경기를 플레이한다. 2대1이나 3대2 등 균형이 맞지 않게 팀을 구성하여 일관된 양 진영에 변화를 주어 특정한 그룹

플레이를 연습하고 한 팀에게 플레이를 성공시킬 확률을 높여준다. 이러한 유형의 게임은 11대11로 치르는 경기에 필요한 모든 기술과 전술이 담겨 있지만 플레이어들이 공을 다룰 기회가 더 많다 (도해 34.10). 어린 플레이어들과 초보자들은 기법 게임과 기술 훈련을 통해 기술과 기법에 집중해야 한다. 기본적인 수준의 기법을 습득한 뒤에 전술을 학습해야 한다.

득점

소규모 게임과 경기에서 득점의 목적은 다양하다.

1. 공 뺏기의 목적은 어느 팀이 가장 많은 연속 패스를 기록하느냐를 가리는 것이다.
2. 경기장에 한 개나 두 개, 또는 그 이상의 골(콘으로 표시한)을 일직선상이나 무작위로 놓고 양 팀 중

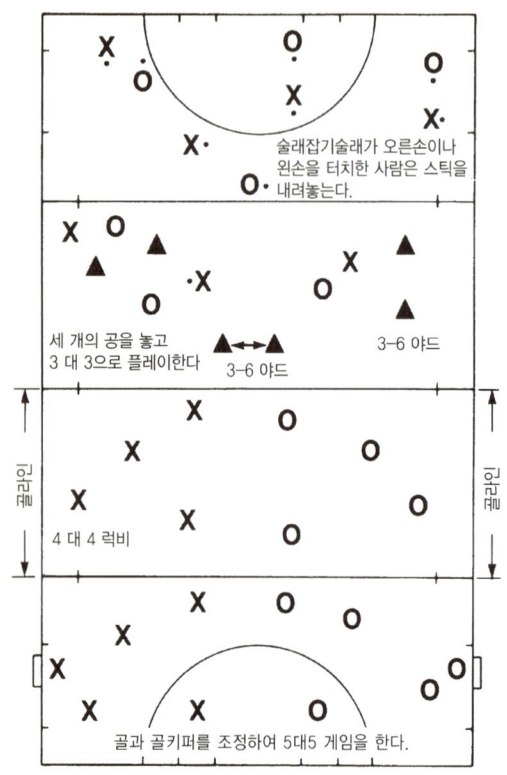

술래잡기술래가 오른손이나 왼손을 터치한 사람은 스틱을 내려놓는다.

세 개의 공을 놓고 3 대 3으로 플레이한다

3-6 야드

3-6 야드

4 대 4 럭비

골과 골키퍼를 조정하여 5대5 게임을 한다.

도해 34.10. 소규모 게임과 경기.

한 팀이 득점을 하게 하되 골키퍼는 없어도 된다.

3. 제한된 공간에서 골키퍼의 유무와 상관없이 선수의 수에 따라 골을 조정한다.

4. 럭비—25야드(22.9m) 길이의 라인 어느 곳에서든 공의 소유권을 획득한다. 이 게임은 스프레딩 플레이에 탁월한 효과가 있다. 플레이어들은 이 라인을 서클 가장자리로 여겨야 한다. 이 라인에서 공을 컨트롤하면 골을 향해 샷을 해도 된다고 확신할 수 있을 것이다.

5. 창조적인 플레이를 하라.

플로어 하키

플로어 하키는 인기 있는 경기이며 필드하키에 앞서

학습할 수 있는 훌륭한 입문 게임이다. 플로어 하키는 아이스하키와 농구를 결합한 형태이며 격렬하고 소년과 소녀 모두에게 이상적이며 단기간에 학습할 수 있다. 그러나 한쪽 면만 사용하는 필드하키와는 스틱 사용법이 매우 달라 플레이어는 스틱의 양면을 모두 사용할 수 있다. 학생들에게 스틱의 길이와 만곡부의 차이도 보여주어야 한다.

안전을 위해 참가자들은 상대선수가 아니라 퍽을 대상으로 플레이해야 한다. 스틱은 항상 허리 아래에서 사용해야 하며 보디체크는 허용되지 않는다.

농구코트를 경기장으로 사용할 수 있으며 퍽이나 플로어 하키용 공을 사용할 수도 있다. 농구코트의 중앙선이 센터라인에 해당된다. 농구코트의 중앙에 있는 점프 서클이 센터 서클이 되며, 이 지점에서 항상 플레이가 시작된다(득점이나 페널티가 이루어진 뒤). 골 에어리어는 58×46인치(1.45×1.15m) 이하여야 하고 하키 네트를 사용하는 것이 바람직하다. 골 앞쪽으로 5피트(1.52m), 폭 4피트(1.22m)인 공격제한선이 골 박스에 해당된다.

각 팀은 여섯 명의 선수로 구성된다. 그 중 한 명은 스틱, 발, 손을 사용하여 샷을 막을 수 있는 골키퍼다. 한 명은 유일하게 풀 코트를 이동할 수 있고 공격을 주도하는 센터이다. 센터가 사용하는 스틱은 검은 테이프로 표시를 해야 한다. 수비수 두 명은 센터라인을 넘어가지 못하고 이들의 주요 임무는 퍽을 자신의 코트에 들어오지 못하게 하는 것이다. 두 명의 포워드는 센터 플레이어와 함께 공격을 담당한다. 이들은 수비 코트로 들어가지 못한다.

경기는 각각 8분씩 3피리어드로 구성되며 그 사이에 5분의 휴식시간을 갖는다. 동전던지기로 경기 시작에 앞서 어떤 팀이 퍽의 소유권을 가질지 결정한다. 지고 있는 팀이 두 번째와 세 번째 피리어드를 시작할 때 퍽의 소유권을 가진다. 플레이는 심판의 휘슬에 맞춰 시작된다. 퍽의 소유권을 가진 팀의 센터가 패스를 하며 플레이를 시작한다. 이때 센터는 패스를 하는 동안 적어도 한쪽 발을 센터 서클 안에 두어야 하며 다른 모든 선수들은 10피트(3.05m) 제한구역 서클 밖에 위치해야 한다.

어떤 선수든 센터의 패스를 받아 퍽과 접촉하고 플레이가 지속될 경우 경기시간이 흐르며, 거친 파울, 규정에 어긋나는 행위의 선언, 또는 골의 득점이 이루어졌을 때는 예외이다. 전체 파울 수가 다섯 개가 되거나 거친 파울과 규정에 어긋나는 행위를 합해 세 개가 된 플레이어는 즉시 교체되어야 한다. 언제든 자유로이 선수를 교체할 수 있다.

교육 시 고려 사항

1. 초보자 연습 시간 대부분은 패스, 리시브, 드리블 훈련을 해야 하며 연습기회를 최대화하기 위해 혼자 할 수도, 파트너와 함께 할 수도 있다. 가능한 빨리 드리블과 패스를 결합한 훈련을 한다. 스틱 사용과 관련한 안전수칙을 확실히 교육한다. 스틱의 한쪽 면만 사용하는 데 익숙해질 수 있도록 선수가 오른쪽에서 오는 패스를 받는 일을 도와야 한다는 사실을 명심하라.

2. 어느 정도 공을 컨트롤할 수 있게 되면 2대1 상황을 이용하여 공간 열기와 신속한 패스, 돌진, 태클, 그리고 수비와 공격 전략을 중점적으로 연습한다. 2대1 훈련은 '공 뺏기' 상황이나 두 명의 공격수가 골키퍼를 상대로 슈팅을 하는 형태로 진행할 수 있다.

3. 5대5 게임, 또는 4대3이나 5대3 상황의 연습을 통해 모든 필수 기술과 전략을 학습할 수 있다. 하키를 '공간적인' 경기로 교육하고, 선수의 수를 줄여 초보자가 기본 전략을 쉽게 사용할 수 있게 해야한다. 선수의 수가 줄어들면 연습 기회도 늘어난

다. 수비수를 피하는 방법, 그리고 적은 선수로 수비하는 방법을 가르친다.

4. 보다 상급인 학생들만 특수한 상황을 연습한다(페널티 코너와 같은 상황). 이러한 상황은 경기 속도를 늦추는 경향이 있다.

5. 안전수칙을 위반할 경우 이를 엄격하게 지적하되 초보자에게는 오프사이드와 장애물 등과 같은 파울에 대해서 융통성을 가진다.

용어 해설

골(goal) (1) 득점의 단위. (2) 각 팀이 공을 집어넣으려는 엔드라인 선상의 골조.

드리블(dribble) 스틱 끝으로 짧게 탭을 하며 공을 움직이고 컨트롤을 유지하는 개인 기술.

디펜더(defender) 상대로부터 공을 뺏는 것이 주된 역할인 선수. 상대가 득점하는 것을 막는다.

리버스 사이드(reverse side) (1) 플레이어의 왼쪽. (2) 공에서 멀리 떨어진 경기장 지점.

리버스(백핸드) 스틱(reverse[backhand] stick) 스틱 헤드의 끝을 아래로 향한 채 공을 다루는 것.

리시브(receiving) 스틱 끝으로 공의 속도를 흡수하여 즉시 공을 컨트롤 할 수 있게 하는 것.

링크/인사이드 포워드(links/inside forwards) 미드필더. 공격과 수비 모두를 담당한다.

마킹(marking) (1) 상대가 패스를 받지 못하게 방해할 수 있을 정도로 공격수와 가까운 곳에서 하는 수비 플레이. (2) 상대가 공을 받은 즉시 태클이나 압박을 할 수 있을 정도로 공격수와 가까운 곳에 있는 수비수. (3) 1대1 수비.

볼 컨트롤(ball control) 공을 다루거나 소유권을 유지하는 것.

스루 패스(through pass) 상대 선수 사이를 사이드라인과 평행하게 통과하는 패스.

스위퍼(sweeper) 수비수 앞이나 뒤에서 이동하며 커버하는 수비수로서 통과하는 모든 패스를 차단하고 공을 가진 채 수비수를 따돌린 포워드를 맡는다.

스코어(score) 골. 마지막 패스.

스퀘어(square) 전진하며 달리는 팀 동료에게 엔드라인

과 평행하게 하는 패스.

시스템(system) 필드에서 플레이어들의 배열.

압박(pressure) 공격수가 패스나 드리블 할 시간과 공간을 줄이는 것.

인디언 드리블(Indian dribble) 몸 앞에서 공을 컨트롤하여 지그재그 형태로 앞으로 몰고 가는 것. 표준 드리블과 리버스 스틱을 번갈아가며 사용하여 공을 움직인다.

전술(tactics) 지능적인 플레이. 상대를 속인다.

커버(cover) 공을 막으려는 팀 동료 뒤에 위치한 디펜더를 말하며, 동료가 실패했을 때 그 자리를 대신한다.

클리어(clear) 공을 득점 에어리어에서 벗어나게 하는 것.

타이밍(timing) 적절한 순간 패스를 보내는 것. 팀 동료와 상대 선수들의 위치에 대해 정확하게 판단해야 한다.

패스(pass) 선수 한 명으로부터 다른 팀 동료에게 향하는 의도적인 공의 움직임.

포워드/스트라이커(forwards/strikers) 주로 공격을 하는 선수. 공격의 최전방에 푸시(push) 짧은 패스에 사용되는 스트로크. 공을 보내기 전에 해야 하는 동작이 없기 때문에 신속하게 패스할 수 있다.

플릭(flick) 공중에 공을 띄우는 푸시. 공을 위험한 상황에서 벗어나게 하는 샷이나 슈팅 기술로서 가장 많이 사용된다.

히트(hit) 공을 멀리 보내고 슛을 하기 위해 사용되는 스트로크.

추가 읽을 거리

Anders, E. 1999. *Field hockey: Steps to success*, Champaign, IL: Human Kinetics.

Mitchell-Taverner, C. 2005. *Field hockey techniques and tactics*. Champaign, IL: Human Kinetics.

Rulebook for outdoor and indoor hockey. Current edition. Colorado Springs: United States Field Hockey Association.

United States Field Hockey Association manual for coaches. Current edition. Colorado Springs: United States Field Hockey Association.

자료

Longstreth Sporting Goods. Major U.S. 전세계 최근 도서, 비디오, 정기간행물의 공급자. Contact: Longstreth Sporting Goods, P.O. Box 475, Parkerford, PA 18457; 800-322-7022.

United States Field Hockey Association. 다양한 코칭 출판물과 최신 규칙을 다룬 도서. Contact: USFHA, One Olympic Plaza, Colorado Springs, CO 80909; 719-866-4567.

비디오

Field hockey: The basic skills. P.O. Box 475, Old Schnylkill Rd., Parkerford, PA 18457에서 구입 가능

Hockey for coaches, 5 videotapes. Reedswain, Inc., 62 Byers Rd., Chester Springs, PA 19425를 통해 구입 가능.

Hockey-the skills revolution. Available through the United States Field Hockey Association, 1750 E Boulder St., Colorado Springs, CO 80909. 그 외 비디오 자료는 부록 C를 참조하라.

웹 사이트

국제올림픽위원회(IOC: International Olympic Committee)
www.olympic.org

국제하키연맹(FIH: Fédération Internationale de Hockey)
www.fihockey.org

미국필드하키연합(USFHA: United States Field Hockey Association)
www.usfieldhockey.com

www.fieldhockey.com (resources and news)
정기적으로 필드하키 정보가 추가되고 있으며 독자들은 위의 사이트에 접속하여 최신 자료를 구할 수 있다.

www.fieldhockey.tv
24시간 무료로 세계 정상급의 하키게임을 즐길 수 있다.

www.planetfieldhockey.com

35 핸드볼

이 장을 완벽하게 습득한 뒤, 독자들은 다음과 같은 사항들을 할 수 있어야 한다.

▶ 핸드볼의 진화, 발달, 그리고 스포츠로서의 가치를 인식한다.

▶ 핸드볼 코트를 그릴 수 있다.

▶ 핸드볼 규칙을 숙지한다.

▶ 패스, 러닝, 드리블, 그리고 슛과 관련된 기초기술들을 수행한다.

▶ 핸드볼 게임의 공격과 수비 원리를 이해한다.

▶ 학생들에게 핸드볼을 지도한다.

역 사

올림픽 인기종목인 핸드볼은 1900년대 초에 유럽(보헤미아, 독일, 덴마크, 그리고 스웨덴)에서 처음 시작되었으며, 미국에서는 빠른 경기 진행의 특성을 가진 스쿼시나 라켓볼 등과 구분하기 위해 팀 핸드볼(team handball)로 불리고 있다. 핸드볼은 알려진대로 독일의 라프볼(raffball) 및 토볼(torball) 그리고 덴마크의 핸드볼드(handbold)와 같은 중부 유럽이 여러 나라에서 성행하던 게임들에서 점차 발전하여 필드 핸드볼(field handball)이라는 새로운 스포츠로 탄생된 후 전세계로 확산되었다.

1928년 11개국의 대표들 주도로 아마추어핸드볼연맹(Amateur Handball Federation)이 설립되었으며, 야외축구장에서 한 팀당 11명씩 구성하여 플레이를 하는 첫 번째 규정을 만들었다. 이러한 형태를 '필드 핸드볼'이라고 불렀으며, 1933년에 1936 베를린올림픽의 정식종목으로 채택되었다. 필드 핸드볼이 올림픽 프로그램에 포함된 것은 이때가 처음이자 마지막이었다. 필드 핸드볼은 1948년 세계대전으로 중지되었던 올림픽이 런던에서 재개되었을 때에는 정식종목에 포함되지 못하였으며, 이후 오랜 기간 동안 올림픽에서 볼 수 없다가 1972년 뮌헨올림픽에서 다시 정식종목으로 돌아왔다.

1996년 하계올림픽게임에서는 덴마크가 여자부 금

메달을 차지하였으며, 미국 여자팀은 8개국 출전 팀들 중 최하위를 기록하였다. 한편, 남자부에서는 크로아티아가 금메달을 차지하였으며, 미국 남자팀은 9위를 기록하였다.

2000년 호주 시드니에서 개최된 하계올림픽에서는 러시아가 남자부 금메달을, 그리고 스웨덴과 스페인이 각각 은메달과 동메달을 가져갔다. 여자부 결승에서는 덴마크가 헝가리를 물리치면서 우승하였고 동메달은 노르웨이에게 돌아갔다.

그리스 아테네에서 개최된 2004 하계올림픽에서는 크로아티아가 남자부 금메달을 차지하였다. 독일과 러시아는 각각 은메달과 동메달을 가져갔다. 여자부 경기에서는 덴마크가 한국에 승리하면서 금메달을, 그리고 우크라이나는 동메달을 차지하였다.

오늘날 플레이되고 있는 형태의 핸드볼은 스칸디나비아 국가들이 유럽의 북부와 동부지역의 매서운 겨울을 피하기 위해 야외 경기를 실내로 옮겨오면서 시작되었다. 그 당시에는 11명의 팀이 서로 플레이할 수 있는 실내 시설이 부족했기 때문에 팀 당 선수의 수를 골키퍼 1명을 포함하여 총 7명으로 줄었다. 이러한 새로운 규정은 1946년에 열렸던 국제핸드볼연맹(International Handball Federation: IHF)의 세미나 회담에서 결정되었다. 이때의 IHF는 거의 3백만 명의 선수들을 대표하는 54개의 회원국들로 구성되어 있었다. 핸드볼은 1965년 국제올림픽위원회(International Olympic Committed: IOC)에 의해 국제적 스포츠로 인정받게 된 후, 1972년 뮌헨올림픽에서 남자부 경기가, 그리고 1976년 몬트리올올림픽에서 여자부 경기가 각각 정식종목으로 채택되었다.

일반적으로 핸드볼 종목에서는 동유럽 국가들과 소비에트연방(Soviet Union: 구소련)이 강세를 보여왔다. 1972년 이래로, 남자 핸드볼에서의 금메달은 유고슬라비아(1972), 구소련(1976), 동독(1980), 유고슬라비아(1984), 구소련(1988), 그리고 독립국가연합(1992)이 각각 차지하였다. 여자부 금메달은 구소련(1976, 1980), 유고슬라비아(1984), 그리고 한국(1988, 1992)이 각각 가져갔다. 중국과 한국과 같은 아시아 국가들이 강세를 보이기 시작하는데, 특히 한국은 여자부에서 1988년과 1992년에 걸쳐 올림픽 2연패를 달성하였으며, 남자팀은 1988년 서울올림픽에서 은메달을 차지하였다.

미국은 1959년에 미국핸드볼연맹(United States Team Handball Federation: USTHF)을 설립하였으며, 국제핸드볼연맹과 미주핸드볼연맹(Pan American Handball Federation)에도 회원국으로 가입하였다. 미국핸드볼연맹은 미국올림픽위원회(United States Olympic Committee: USOC)의 산하 단체가 되었으며, 공식 사무실은 미국올림픽 트레이닝센터가 있는 콜로라도 주의 콜로라도 스프링스(Colorado Springs)에 소재해 있다. 이 연맹은 "미국팀핸드볼(Team Handball-USA)"을 공식적으로 출간하기도 하였다.

핸드볼은 전 세계적으로 80개가 넘는 나라들에서 급속도로 발전해 온 반면에, 미국에서는 상대적으로 성장속도가 느렸다. 그래도 최근 10년 동안에는 많은 사람들이 핸드볼에 참여하고 있으며, 특히 동부 해안지역에서 성행해오고 있다. 미국에서 핸드볼의 인기가 높아지고 있는 이유는 이 경기가 가지고 있는 빠르고 격렬한 동작 수행과 다른 스포츠에 비해 적게 드는 참여비용 때문이다.

참여 가치

핸드볼은 체육수업과 레크리에이션 프로그램의 일환으로 활용하기에 더할 나위 없이 좋은 스포츠이다. 핸드볼은 최소장비에 상대적으로 적은 비용이 장점이다. 농구코트와 같은 기존의 시설을 약간만 변형시킨다면 언제든지 게임을 할 수 있다.

핸드볼은 빠르게 움직여야 하므로 심폐체력 향상을 위한 강도 높은 운동량을 제공해준다. 또한, 달리기, 점핑, 던지기, 그리고 캐치와 같이 다른 인기스포츠 종목들에서 흔히 사용되는 운동기술들의 향상을 도모할 수 있다. 이에 반해 규칙은 아주 단순하다. 공식대회에서의 플레이만 본다면, 핸드볼은 가장 빠르고 힘든 스포츠 종목 중 하나이다.

핸드볼은 한 팀당 최소 5명에서 최대 7명까지 플레이할 수 있다. 이러한 규정은 농구, 라크로스(lacrosse), 축구, 그리고 수구에서의 그것과 유사하다고 할 수 있다. 핸드볼 경기의 목적은 수비 팀에게 볼을 빼앗기지 않고 상대 골대 가까이 가서 골키퍼가 막을 수 없는 슛을 날려 득점을 올리는 것이다. 드리블, 패스, 그리고 수비 테크닉은 농구의 그것들과 유사하다. 한 골당 1점으로 처리된다.

핸드볼은 공간에 따라 5명에서 15명까지 플레이 하도록 변형시킬 수 있다. 핸드볼은 중고등학생들과 대학생들뿐만 아니라, 초등학생들(이 경우 남녀 혼성 활동으로 좋음)도 참여할 수 있는 스포츠이다. 또한, 핸드볼은 대학 내 스포츠 활동(intramural: 교내 스포츠 동아리 활동), 대학 간 스포츠대회(intercollegiate competition), 그리고 레크리에이션 스포츠로서의 가치가 매우 높다.

요약하자면, 핸드볼은 사계절용이며, 연령에 상관없이 격렬하고 흥미진진한 게임에 열정적일 수 있는 사람은 누구나 참여할 수 있는 스포츠이다. 핸드볼은 쉽게 배울 수 있고, 실내와 실외 모두에서 할 수 있으며, 거의 모든 장소나 환경에 맞춰서 변화가 가능할 뿐만 아니라, 장애인들을 위한 변형도 가능하다.

장비

핸드볼에 필요한 장비는 그리 많지 않다. 농구화 형태의 신발로 실내와 실외 모두 플레이가 가능하며, 잔디 코트에서는 미끄럼방지용 밑창이 있는 신발을 착용하는 것이 좋다. 팀 유니폼의 경우, 골키퍼는 다른 선수들과 구분되어야 한다. 선수들은 원하는 경우에 무릎과 팔꿈치를 보호하는 패드와 마우스가드(mouthguard: 외부의 충격으로부터 턱뼈 및 치아를 보호하는 장치물 – 역자 주)를 착용할 수 있고, 골키퍼는 부가적인 보호 장비의 착용이 필요하다.

그 외에 필요한 장비는 공뿐이다. 미국핸드볼연맹이 승인하고 있는 남자용 공의 조건은 무게가 15~17온스(0.43~0.48kg), 둘레가 23~24인치(58~60cm)이며, 여자와 청소년용은 무게가 11.5~14온스(0.33~0.40kg), 둘레가 21~22인치(54~56cm)이다. 핸드볼 공은 12, 18, 혹은 32개의 패널(panel: 공의 커버를 이루고 있는 가죽 조각 – 역자 주)로 만들어진다. 게임을 시작하기 위해서는 최소한 2개의 공이 미리 준비되어 있어야 한다(체육수업이나 레크리에이션 프로그램에서 공이 없는 경우에는 사이즈가 비슷한 놀이용 공으로 대체할 수 있다.).

필드 혹은 실내코트

다음에서 다루고 있는 내용은 미국핸드볼연맹에서 제시하고 있는 경기장 규격으로, 이것은 표준 규격에 관한 국제핸드볼연맹의 허용범위 내에서 만들어졌다. 핸드볼 경기장의 국제 규격에 대한 자세한 내용은 국제핸드볼연맹이나 미국핸드볼연맹의 IHF 규칙에 나와 있다.

공식경기를 위한 실내 혹은 실외 코트는 최소 126×60피트(38×18m), 최대 147×75피트(44×22m) 이내로 규정되어 있다 (도해 35.1). 국제대회를 위한 경기장은 131피트 4인치×65피트 8인치(40×20m)이다. 실내 농구코트의 경우, 별다른 어려움 없이 핸드

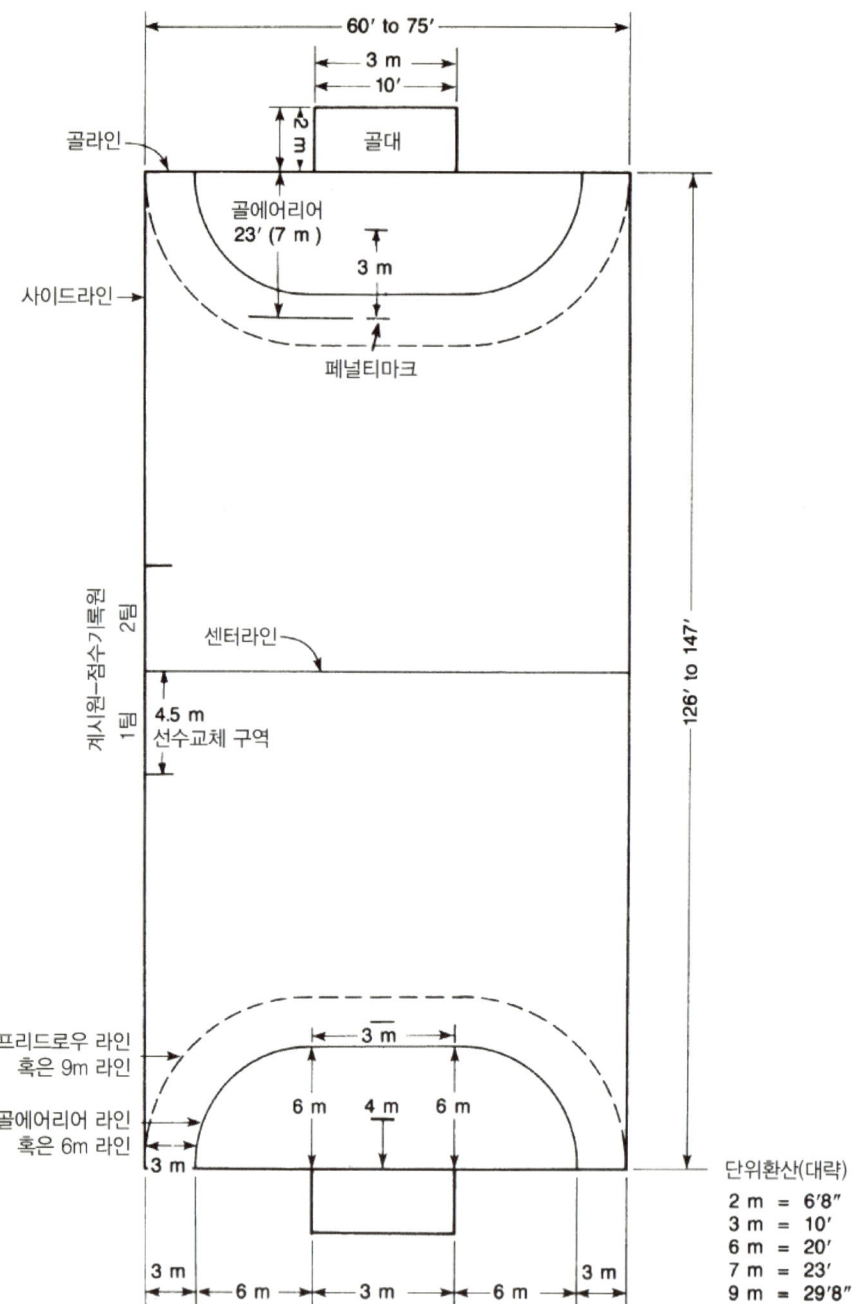

도해 35.1. 핸드볼 경기장 제원과 지점 표시.

볼 코트로 변형시킬 수 있다 (도해 35.2).

핸드볼 골대는 양쪽 엔드라인 중앙에 위치하며, 높이가 6피트 8인치(2m)이며 너비는 10피트(3m)이다.

골대는 보통 3×3인치의 목재와 파이프로 만들어지며, 볼이 바로 튕겨나가지 않도록 나일론 재질의 네트로 탱탱하게 연결되어 있다 (도해 35.3). 각 골대

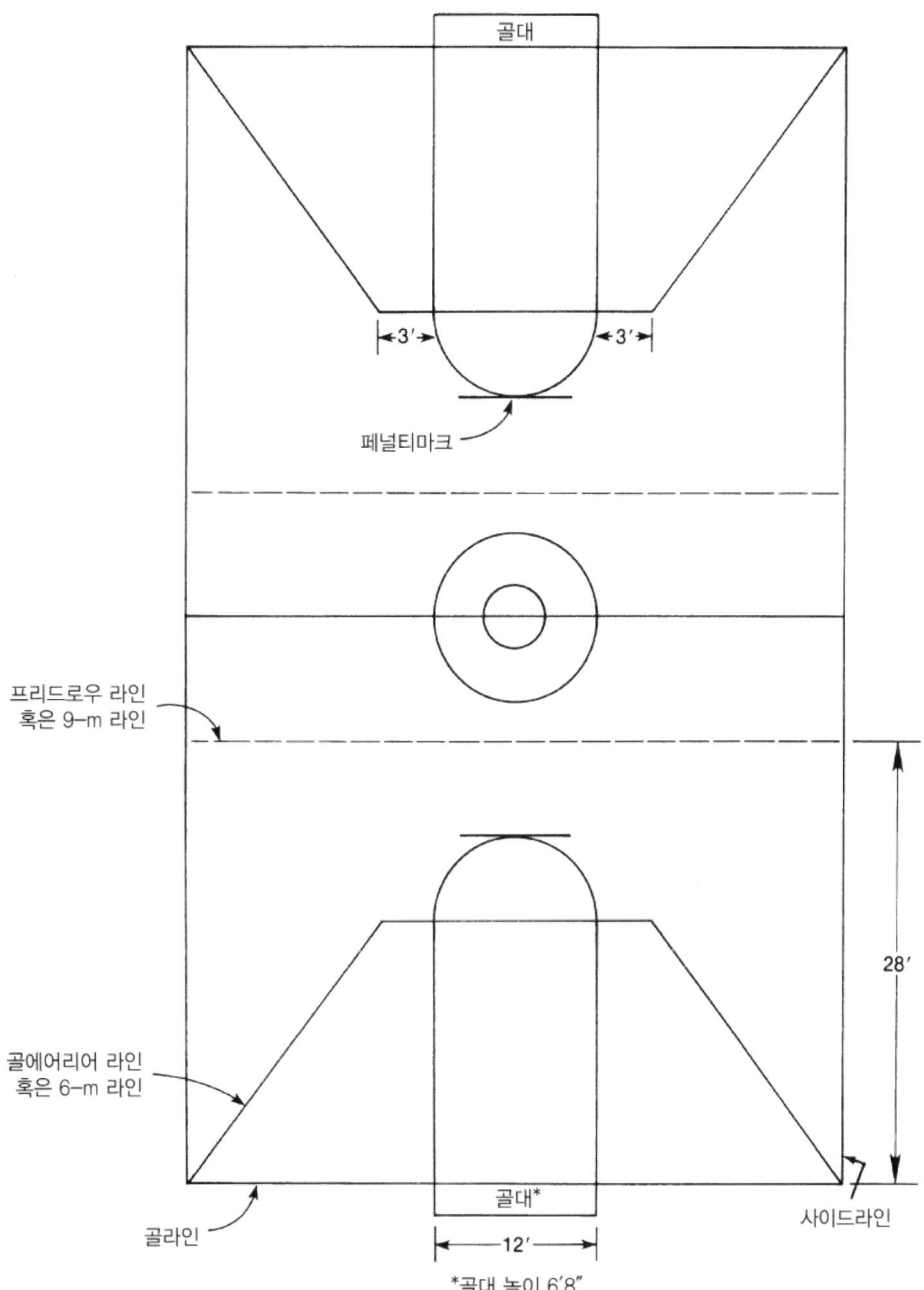

도해 35.2. 핸드볼 코트를 위한 농구코트의 변형.

앞에는 두 개의 반원이 있는데, 안쪽 아크(골 에어리어 라인 혹은 6m 라인: 골키퍼 외에는 들어갈 수 없는 지역 – 역자 주)는 골에어리어의 경계를 나타내며, 골대 로부터 반경 20피트(6m)에 실선으로 표시된다. 바깥쪽 아크는 프리드로우(free throw) 혹은 9m 라인이라고 하며, 골에어리어 라인보다 3m 더 떨어진 곳에 점

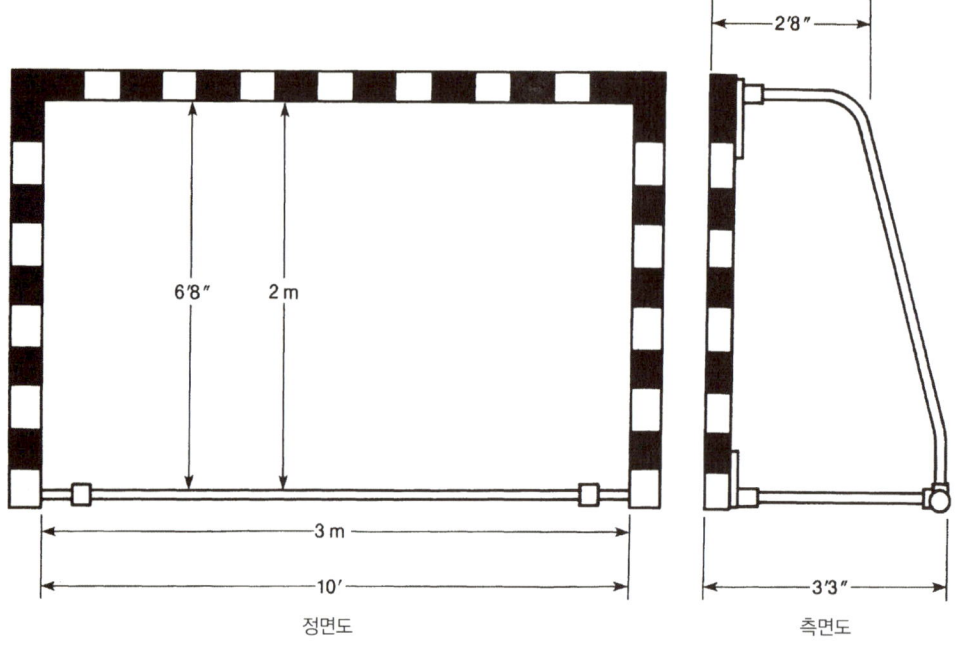

정면도 측면도

도해 35.3. 핸드볼 골대 사양.

선으로 평행하게 그려져 있다. 각 골대 앞쪽 정면으로 두 개의 마크가 그려지는데, 이 중 하나는 페널티 마크로 골대로부터 23피트(7m) 거리에 위치하는 반면, 나머지 마크는 골대에서 13피트(4m) 거리의 페널티 마크와 골대 사이에 위치하게 된다. 13피트(4m) 라인은 페널티드로우가 상대팀에게 주어졌을 때, 골키퍼가 슈터를 향해 앞으로 나올 수 있는 최대 거리의 경계를 나타낸다. 양쪽 골라인 사이 중앙에는 센터라인이 그려져 있으며, 양 팀의 선수교체 구역을 나타내기 위해 벤치와 가장 가까운 거리에 있는 사이드라인 안쪽으로 6인치(15cm) 길이의 라인이 그려져 있는데, 이 라인은 센터라인으로부터 양쪽으로 14피트 7인치(4.45m) 떨어진 곳에 위치한다. 코트 내 그려진 모든 라인들의 너비는 2인치(5cm)이다. 모든 라인들이 표기된 코트 도면의 제원은 도해 35.1에서 묘사되고 있다.

규 칙

심판진

핸드볼은 두 명의 레퍼리(referee: 심판)들이 경기를 운영한다. 두 명의 레퍼리 모두 선수에게 경고 및 퇴장을 명령할 수 있고, 그리고 최종 판정에 대한 권한을 가진다. 심판들이 경기에서 가장 흔히 사용하는 신호들은 도해 35.4에서 묘사되고 있다.

필드 레퍼리(field referee)는 플레이가 진행되는 곳의 뒤쪽에 위치한다. 필드 레퍼리의 역할은 페널티 드로우 선언, 그리고 경고 및 퇴장을 명령하는 것이다. 필드 레퍼리는 볼을 가진 선수와 그를 마크하는 상대 수비수를 집중적으로 관찰한다. 필드 레퍼리의 또 다른 책임은 프리드로우(free throw) 상황에서 수비수들의 적정 거리를 확인하는 것이다. 판정에 대한 골 레퍼리(goal referee)와의 의견 충돌 시에는 필드 레퍼리의 결정을 우선시 한다.

골에어리어에 들어간 경우

위법적인 캐치, 바운스, 또는 펌블의 경우

스텝을 너무 많이 밟았거나 공을 너무 오래 잡고 있는 경우

시간 끌기

팔을 친 경우

상대방을 잡은 경우

밀기, 상대방에게 달려들기, 또는 서로 점프하면서 충돌한 경우

득점

드로우인

골드로우

프리드로우 방향

레퍼리 드로우

3m 거리 이상 떨어지라고 명령하는 경우

경고(노란색) 퇴장(빨간색)

2분간 퇴장

득점 혹은 플레이가 인정되지 않는 경우

타임아웃

도해 35.4. 핸드볼 심판의 신호 유형.

골 레퍼리는 플레이가 진행되는 곳의 앞쪽 골라인에 서서 경기를 지켜보도록 되어 있다. 골 레퍼리의 역할은 골에어리어에서의 반칙을 감시하고, 페널티 드로우, 득점, 그리고 코너 드로우를 선언하며, 드로우오프(throw-off: 전·후반 및 연장전, 또는 매 득점 상황 후 센터라인에서 경기를 재개하는 것 – 역자 주)와 드로우인(throw-in: 볼이 사이드라인을 완전히 넘어간 경우, 수비 팀 선수에 닿은 후 외곽 골라인을 넘어간 경우 혹은 코트 위 천정이나 시설물에 맞은 경우에 경기를 재개하는 것 – 역자 주)을 진행시키는 것이다.

핸드볼 경기에는 두 명의 레프리들 외에도 점수기록원과 계시원이 필요하다. 이 사람들은 경기시간 조절, 교체선수들이 들어가고 나가는 것에 대한 모니터, 퇴장 시간에 대한 관리, 그리고 레퍼리들이 이러한 사안들에 대해 인식하고 있도록 도와주는 책무를 가진다.

경기시간

핸드볼 게임시간은 연령, 성별, 그리고 대회 사정에 따라 조절될 수 있다. 여기에서의 대회란 미국핸드볼연맹의 공식경기와 토너먼트를 말한다. 미국핸드볼연맹의 공식대회에서의 경기시간은 남자부가 전·후반 각각 30분과 하프타임 10분, 남자 청소년부는 전·후반 각각 25분과 하프타임 10분, 그리고 그 외 나머지 경우에는 모두 전·후반 각각 20분과 하프타임 10분이다. 토너먼트가 하루나 이틀 동안 열리는 동안 여러 게임을 해야 하는 대회에서는 중간 휴식 없이 경기가 진행될 수도 있으며, 이럴 경우 남자부는 전·후반 각각 15분, 그리고 남자 청소년부와 나머지는 전·후반 각각 10분으로 줄여서 하기도 한다.

경기가 동점으로 끝났을 때에는 5분간의 연장전이 주어진다. 경기 시작 전, 연장전의 시간제한에 대한 어떠한 결정도 없었다면, 승자가 가려질 때까지 경기는 계속된다. 연장전을 위해 새로운 선수를 선수명단

에 올릴 수 없다.

선수 인원수와 교체 및 퇴장 횟수

핸드볼은 성별과 상관없이 5~15명의 선수들로 경기를 할 수 있다. 미국핸드볼연맹의 규정에 의하면, 공식대회에서는 팀당 12명의 선수들을 보유하고, 이 중 10명의 선수들이 코트에서 뛸 수 있으며(한 번에 6명의 선수들만 플레이할 수 있음), 골키퍼는 2명까지 보유할 수 있다(한 번에 1명의 골키퍼만 플레이 할 수 있음). 선수들의 포지션은 골키퍼(goalkeeper), 센터하프백(center halfback), 라이트 및 레프트 백(right and left backs), 센터포워드(center forward), 그리고 라이트 및 레프트 윙(right and left wings)이 있다.

선수교체는 코트 중앙에 가까운 벤치 영역에서 이루어진다. 교체선수는 플레이하던 선수가 코트에서 나와야 들어갈 수 있다. 선수교체에 대해서는 계시원에게 따로 알릴 필요는 없다. 골키퍼 교체 역시 동일한 절차에 의해 이루어지지만, 유니폼은 반드시 달라야 한다. 위법적인 선수교체가 일어난 경우에는 상대팀에게 프리드로우 혹은 페널티드로우가 주어지게 된다.

선수들은 파울의 심각성 여부에 따라 2분간, 5분간, 또는 영구적으로 퇴장될 수 있다. 퇴장 명령이 내려지면, 상대팀에게는 페널티드로우가 주어진다.

코트 선수들의 플레이에 관한 규정

1. 공을 3초간 잡고 있을 수 있고, 패스, 숏, 드리블, 또는 공을 잡고 세 발자국을 뛸 수 있다.
2. 3초 이상 공을 잡고 있을 수 없고, 더블 드리블과 공을 발로 차는 것은 허용되지 않으며, 세 발자국을 초과하며 이동할 수 없다(벌칙: 프리드로우).
3. 스톨링(stalling: 시간을 끌기 위해 적극적인 공격 의사 없이 무의미한 패스만 반복하는 것 – 역자

주)은 허용되지 않는다(레퍼리의 판단).

4. 수비수는 자신의 몸과 팔을 사용하여 상대공격수를 막을 수 있다. 상대선수를 치거나 잡는 행위, 또는 태클은 허용되지 않는다.

5. 골키퍼 외에는 어떤 코트 선수도 공을 잡기 위해 바닥에 다이빙을 시도하거나 구르는 동작을 수행할 수 없다.

골키퍼의 플레이에 관한 규정

1. 골키퍼는 손, 발, 그리고 몸을 사용하여 어떤 식으로든 골을 막을 수 있다.

2. 공 소유 시간과 스텝에 대한 제한 규정은 코트 선수의 그것과 같다.

3. 공을 잡고 있지 않은 상황에서 골에어리어 밖으로 자유롭게 나올 수 있지만, 이런 경우 골키퍼는 다른 코트 선수들과 같은 규정이 적용된다.

4. 골키퍼는 공을 잡은 채 골에어리어를 벗어날 수 없다(벌칙: 프리드로우).

5. 골키퍼가 막아내거나 골대를 벗어난 슛을 다시 잡아 드로우아웃(throw-out)을 시도할 때, 상대선수는 6m 라인 밖에서 공을 차단할 수 있고, 드로우아웃으로 바로 득점을 올릴 수도 있다. 그리고 골키퍼는 드로우 아웃된 공이 다른 선수에 닿기 전에는 다시 잡을 수 없다.

6. 골키퍼는 골에어리어 밖에서 잡은 공을 안으로 가져올 수 없다(벌칙: 페널티드로우).

7. 코트 선수가 골키퍼를 보기 위해 선수교체를 할 경우, 경기장에 들어가기 전에 반드시 심판진에 알려야 한다(벌칙: 페널티드로우). 해당 코트 선수는 골키퍼가 코트에서 나오기 전까지는 골에어리어에 들어갈 수 없다(벌칙: 페널티스로우).

8. 코트 선수는 골에어리어 안에 있는 동료 골키퍼에게 공을 던질 수 없다(벌칙: 페널티 샷).

경기 시작

핸드볼 게임은 공식적으로 팀 당 일곱 명의 선수들로 시작되어야 한다(코트 선수 6명과 골키퍼 1명). 동전 던지기를 통해 코트 사이드 혹은 선공에 대한 선택을 한다. 게임은 레퍼리가 호각을 불고난 후 3초 이내에 시작되어야 한다. 게임이 시작될 때, 모든 선수들은 자신들의 하프 코트 영역에 위치하고 있어야 한다. 드로우오프로 득점을 올릴 수는 없다.

드로우오프는 코트 중앙에서 같은 팀 선수에게 공을 던지면서 시작된다. 드로우오프가 수행될 때, 모든 선수들은 자신들의 코트에 있어야 하며, 상대선수들은 공에서 최소한 10피트(3m)이상 떨어져 있어야 한다. 매 득점 상황 시, 골을 내준 팀은 코트 중앙에서 드로우오프를 통해 플레이를 재개한다. 드로우오프, 드로우인, 프리드로우, 또는 페널티드로우를 수행할 때, 공을 던지는 선수의 한쪽 발은 지면에 계속 붙어 있어야 한다. 그러나 이 선수의 반대쪽 발은 들었다 놓았다하는 동작을 반복적으로 할 수 있다.

볼 아웃오브바운즈(Ball Out-of-Bounds)

공은 골라인이나 사이드라인을 완전히 벗어나기 전에는 아웃오브바운즈가 아니다. 공이 사이드라인을 벗어난 경우에는 마지막 터치를 하지 않은 팀의 드로우인(throw-in)을 통해 플레이가 재개된다. 드로우인은 사이드라인 바깥쪽에서 수행되어야 하며, 공을 던지는 동안 한쪽 발은 고정되어 있어야 한다. 공은 한손 혹은 양손으로 던질 수 있다. 드로우인에서 바로 골을 넣을 수는 없다.

공격팀에 의해 마지막으로 터치된 공이 골라인을 넘어가거나 골대를 향해 날린 슛을 골키퍼가 쳐내는 과정에서 공이 골라인을 넘어간 경우에는 드로우아웃이 된다. 골키퍼는 골에어리어 내에서 어떠한 식으로든 드로우아웃을 수행할 수 있다. 드로우아웃에서 바로 골을 넣을 수는 없다. 드로우아웃 시, 상대선수들은 9m 라인 뒤쪽에 있어야 한다.

공이 골키퍼가 아닌 수비 선수에 의해 마지막으로 터치된 후 골라인을 넘어간 경우에는 공격 팀에게 코너드로우(corner throw)가 주어진다. 코너드로우의 요령은 드로우인과 같으며, 골라인과 사이드라인이 만나는 지점에서 실시한다.

파울-일반적인 경우(벌칙: 프로스로우)

일반적인 파울은 잘못된 선수교체 및 드로우인, 골라인이나 사이드라인을 밟으면서 플레이하는 경우, 신체접촉이나 상대방을 쳐서 공을 놓치게 하거나 플레이를 중단시키는 것과 같은 바이얼레이션을 말한다. 또한, 수비수는 반드시 공격수와 골대 사이에 위치해야 한다. 이러한 바이얼레이션을 범하게 되면, 상대 팀에게 프리드로우가 주어진다. 신체접촉이 너무 심하지 않거나 수비수가 자리를 잘 잡고 있는 경우에는 파울이 선언되지 않는다. 더블 드리블, 공 잡고 세 발자국 이상 스텝을 밟은 경우, 공을 3초 이상 잡고 있는 경우, 공격자 파울, 공이 바닥이나 다른 선수 혹은 골에 맞지 않은 상태에서 공을 한 번 이상 잡는 경우, 홀딩 혹은 푸싱파울, 또는 불필요하게 과격한 플레이 등에도 프리드로우가 주어진다.

파울-명백한 파울 혹은 악의적인 파울(벌칙: 페널티 샷)

공격수로부터 공을 빼앗는 경우, 손이나 팔 혹은 발로 방해하는 경우, 상대선수를 잡는 경우, 상대선수를 골에어리어 안으로 밀어붙이는 경우, 그리고 상대선수의 얼굴이나 몸을 향해 의도적으로 공을 던지거나 숏을 날리는 경우 등의 바이얼레이션을 범했을 때에는 명백한 혹은 악의적인 파울이 선언된다. 이러한 파울들은 상대 팀에게 페널티 샷의 기회를 제공한다. 만일

파울이 너무 심하다고 심판이 판단할 경우에는 해당 선수를 퇴장시킬 수 있다.

프리드로우

프리드로우는 파울이 일어난 지점에서 시행된다. 그러나 파울이 6.6과 9.9야드(6과 9미터)라인 사이에서 일어났다면, 파울 지점과 가장 가까운 9.9야드(9m)라인에서 플레이가 재개된다. 모든 공격수들은 9.9야드(9m) 라인 밖에 있어야 하고, 모든 수비수들은 볼에서 최소한 10피트(3m) 이상 떨어져야 한다. 프리드로우에서는 골대를 향해 바로 숏을 날리거나 패스를 할 수 있다.

7m 드로우(페널티 샷)

이것은 골키퍼와의 1:1 상황에서 주어진 프리 샷(free shot)으로, 골키퍼는 샷을 날리기 전에 슈터로부터 최소한 10피트(3m) 이상 떨어져 있어야 한다. 7m 드로우는 팀 내 선수들 중 누구나 할 수 있으며, 볼을 던질 때는 한쪽 발이 항상 고정되어 있어야 한다. 레퍼리가 호각을 불면 3초 이내에 숏을 날려야 한다. 7m 드로우가 진행되는 동안 모든 선수들은 9.9야드(9m) 라인 밖에 있어야 한다.

레퍼리 드로우(Referee's Throw)

레퍼리 드로우는 흔한 경우는 아니지만 특정 게임 상황에서 발생하기도 한다. 양 팀 선수들이 동시에 파울을 범하거나 부상 등과 같이 예기치 못한 사정으로 인해 게임이 중지되었을 때, 플레이를 재개시키는 유일하고도 공정한 방법은 레퍼리 드로우이다. 레퍼리는 파울이 동시에 일어난 지점에 서서 볼을 바운스 시키면서 플레이를 재개시킨다. 모든 선수들은 볼이 바운스 될 때까지 10피트(3m) 이상 떨어져 있어야 한다.

골에어리어(Goal Area)

규정

1. 골키퍼만이 골에어리어 안에 들어갈 수 있다.
2. 코트 선수는 골에어리어 안에 들어갈 수 없다. 단, 공을 처리한 후 골에어리어 안에 들어가더라도 상대편에 어떠한 불이익도 주지 않는 경우는 예외이다.

규정 위반에 대한 벌칙

1. 골에어리어 안에서 공을 소유하고 있는 코트 선수 (벌칙: 프리드로우).
2. 골에어리어 안에서 공을 소유하고 있지는 않지만 이득을 본 코트 선수(벌칙: 프리드로우).
3. 골에어리어 안으로 들어감으로 인해 수비에 이득을 본 코트 선수(벌칙: 페널티드로우).

기초 기술 및 테크닉

핸드볼은 러닝(running), 패스(passing), 그리고 득점을 위해 숏을 날린다는 측면에서 보면 농구의 기초기술들과 많이 유사하다. 따라서 핸드볼 기초기술들은 농구의 그것들과 병행하여 연습하는 것이 좋다.

패스(Passing)

패스는 핸드볼 게임을 위한 기초기술이자 프로그램을 시작할 때 가장 먼저 익혀야 하는 기술 중 하나이다. 패스는 한손 혹은 양손으로 할 수 있다. 초보자들은 체스트 혹은 푸시 패스(chest or push pass), 바운스 패스(bounce pass), 오버헤드 패스(overhead pass), 셔블 혹은 언더핸드 패스(shovel or underhand pass), 베이스볼 패스(baseball pass), 리버스 패스(reverse pass), 그리고 혹 패스(hook pass)를 숙달시켜야 한다 (도해 35.5). 그리고 중급 이상의 선수들은 클로즈 핸드오프 패스(close hand-off pass), 점프 패스(jump pass), 비하인드-숄더 패스(behind-the-shoulder pass), 그리고 리스트 패스(wrist pass)를 구사할 수 있어야 한다 (도해 35.6). 초보자들은 소프트볼 사이즈의 핸드볼을 손바닥으로 꽉 집는 경향이 있는데, 이는 볼 컨트롤을 어렵게 만드는 잘못된 그립이다. 손가락으로 공을 잡은 상태에서 손목 스냅을 이용하여 패스를 해야 한다. 선수들에게 패스는 짧고 경쾌하게 그리고 자주 해야 한다는 점을 수시로 인식시켜주도록 한다. 농구에서와 마찬가지로, 핸드볼에서도 패스가 잘 이루어지는 팀이 그렇지 않은 팀에 비해 많은 강점을 가지게 된다.

도해 35.5. 패스. A. 바운스 패스. B. 베이스볼 패스. C. 혹 패스.

도해 35.6. 고난이도 패스. A, 클로즈 핸드오프 패스. B, 점프 패스. C, 비하인드-숄더 패스. D, 리스트 패스.

슛(Shooting)

핸드볼과 농구에서의 슛들은 대부분 다르지만, 유사한 점도 많이 있으며, 몇몇 슛들은 같은 이름으로 사용되고 있다. 농구와 유사하며 약간의 기술적인 변형을 연습함으로써 적용이 가능한 핸드볼 슛에는 점프샷(jump shot), 다이빙 샷(dive shot), 로브 샷(lob shot), 언더핸드 샷(underhand shot), 그리고 덩크슛(dunk shot)에 사용되기도 하는 비틀기 동작에서의 샷 등이 있다. 기술적 변형의 예시로는 공을 꽉 잡지 말고, 손목 스냅을 많이 사용하며, 그리고 소프트볼의 던지기에서와 같이 아래팔(lower arm: 전완)을 많이 사용하는 것 등이 있다. 슛의 파워를 극대화시키기 위해서는 양팔이 아닌 한 팔로 슛을 날리는 것이 좋다. 또한, 점프 샷은 달리는 힘을 이용하여 수행하는 것이 이상적이다. 그리고 마지막으로, 선수들은 공중에 최대한 높이 떠 골대의 아래쪽 구석을 향해 던지는 기술뿐만 아니라, 골대에 맞고 튕겨 나오는 공을 처리하는 것도 배워야 한다. 다양한 슛 유형들은 도해 35.7에서 묘사되고 있다.

도해 35.7. 샷 유형. A. 점프 샷. B. 다이빙 샷. C. 로브 샷. D. 사이드 샷. E. 리버스 샷. F. 언더핸드 샷.

드리블(Dribbling)

핸드볼의 드리블은 기본적으로 농구의 그것과 같다. 드리블에서 중요한 것은 몸을 낮춰 움직임을 용이하게 하고 낮은 드리블로 공을 보호함과 동시에, 머리를 들어 패스나 슛을 위한 공간을 찾아야 한다. 상대코트로 넘어가는데 있어서는 드리블보다는 패스가 훨씬 빠르기 때문에, 드리블을 시도하기 전에 먼저 패스할 곳을 찾아야 한다는 점을 기억하고 있어야 한다.

러닝(Running)

러닝을 통해 유리한 상황을 만들어내는 것은 핸드볼에서 중요한 부분이다. 최상의 팀 플레이어는 공의 소유와 상관없이 동료신수를 도울 수 있는 신수이다. 핸드볼 러닝 능력을 키우기 위해서는 빠른 방향전환과 좌우 움직임으로 구성된 순발력 훈련이 중요할 뿐만 아니라, 지구력, 근력, 파워, 그리고 유연성 향상을 위한 훈련에도 시간을 할애해야 한다.

공격 플레이(Offensive Play)

핸드볼의 공격수의 세 가지 기본 포지션은 윙 플레이어(wing player), 서클 러너(circle runner), 그리고 백코트 플레이어(back-court player)이다. 이들 공격 포지션들은 각각의 역할들을 가지고 있다.

윙 플레이어(보통 2명)는 재빠르고 민첩하며 상대 수비 진영을 빠르게 뚫을 수 있어야 한다. 이러한 포지선의 선수는 공을 쉽게 뺏기지 않고 숫 찬스가 왔을 때 골을 넣을 수 있어야 한다. 서클 러너는 보통 팀에서 가장 크고 강한 선수이며, 주요 역할은 윙 플레이어와 백코트 플레이어를 위해 블로킹을 해주는 것이다. 이러한 서클 러너(보통 1명)는 선수들이 밀집된 곳에서 공을 잘 다룰 수 있는 강인함이 필요하며, 다른 동료 선수들과 함께 조화롭게 움직일 수 있는 능력을 갖추어야 한다. 백코트 플레이어(보통 3명)는 일단 힘이 세고, 패스, 달리기, 드리블, 그리고 숫을 잘 쏠 수 있는 강인한 어깨를 가진 선수이어야 한다. 이들 공격 플레이어들은 강인한 체력을 바탕으로 공격과 수비 모두에서 최상의 기량을 발휘할 수 있어야 할 뿐만 아니라, 팀 득점의 대부분을 책임져야 한다.

가장 기본적인 공격대형은 3-3 어택(attack)이다 (도해 35.8). 이 대형에서는 백코트 플레이어가 주로 공을 다루면서 플레이메이커의 역할을 하게 된다. 그리고 윙 플레이어와 서클 러너는 공격수들 중 한명에게 득점 기회가 올 때까지 계속해서 아치를 따라 움직이면서 스크린(screen: 공격수가 자신의 몸으로 상대 수비수의 이동경로를 차단시키는 행위 – 역자 주)을 형성한다. 공격수들은 이러한 기본 공격시스템에 기초하여 여러 가지 형태의 창의적인 플레이를 선택할

수 있다.

농구와 마찬가지로, 핸드볼에서도 세트플레이(set plays)가 있으며, 이것의 성공 여부는 선수들의 스크린 세팅 능력과 득점 샷을 날릴 선수를 누구로 하느냐에 달려있다. 공격 상황에서, 선수들은 팀 움직임에 집중하고, 코트에 넓게 퍼져 드리블보다는 패스를 먼저 생각해야 하며, 볼 처리를 빨리하면서 항상 득점의 위협을 줄 수 있어야 한다.

핸드볼에서의 수비 팀은 대인방어나 지역방어 중 하나를 선택하는 것 외에도 상당부분 농구의 수비 원리를 따르기 때문에, 공격 팀은 모든 수비대형들에 대비한 연습을 실시해야 한다.

수비 플레이(Defensive Play)

가장 효율적인 핸드볼 수비를 위해, 수비수들은 프리 드로우 라인과 골라인 사이에 자리를 잡고 있어야 한다. 핸드볼에서 가장 많이 활용되고 있는 수비시스템은 6-0대형이다 (도해 35.9). 이 대형은 지역방어와 대인방어의 혼합된 형태이다. 모든 수비수들은 서로 돕는 것 외에도, 각자의 역할이 따로 있다. 기본 수비대형을 사용하는 다른 팀 스포츠와 마찬가지로, 핸드볼에서도 상대공격을 저지하기 위해 수비 팀이 만들어낼 수 있는 플레이는 다양하다. 기본적인 수비대형으로는 대인방어와 지역방어가 있다. 대인방어의 경우, 각 수비수는 한 명의 공격수를 맡게 된다. 지역방

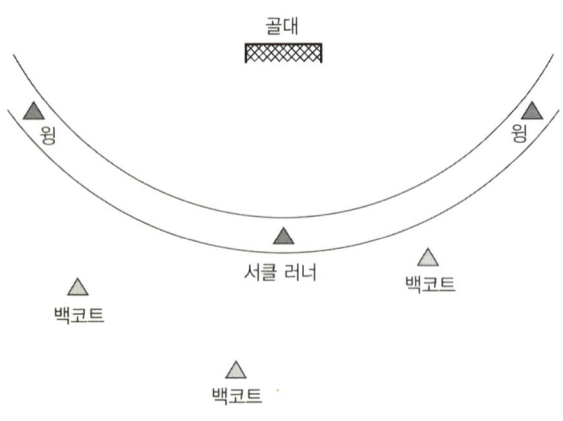

도해 35.8. 기본 공격 대형.

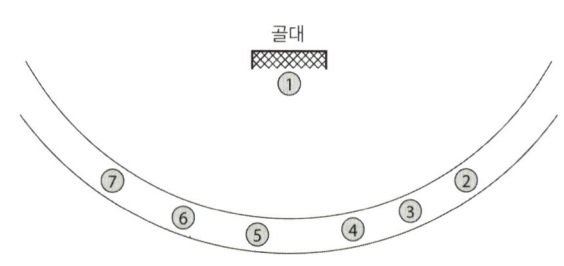

도해 35.9. 일반적인 수비대형.

어에서는 각 수비수가 코트의 한 영역 혹은 특정 지역을 맡게 된다. 지역방어의 목적은 상대공격수로 하여금 가까운 거리에서의 슛을 쏘지 못하도록 하고, 먼 거리에서의 슛을 남발하도록 유도하는데 있다. 수비팀의 모든 선수들은 각각의 수비대형에서의 성공적인 플레이를 위해 지속적인 의사소통이 이루어져야 한다.

요약하자면, 각 수비수는 골대와 지정된 공격수 사이에 있어야 하고, 수비대형의 이동은 개개인이 아닌 전체로 해야 하며, 그리고 모든 공격시스템에 맞는 수비대형은 없다는 점을 명심해야 한다. 또한, 상대공격수의 슛 혹은 패스를 차단시키고자 할 때에는 너무 빨리 점프하지 않도록 해야 하고, 수비수들 간의 지속적인 의사소통이 필요하다는 점도 잊지 말아야 한다.

골키퍼

골키퍼는 아마도 핸드볼에서 가장 중요하고 어려운 포지션일 것이다. 골키퍼는 빠르고, 공에 대한 두려움이 없어야 하며, 손과 눈 그리고 발과 눈의 협응성이 좋아야 하고, 공을 재빨리 던져 속공을 이끌어낼 수 있는 능력이 있어야 한다. 골키퍼는 공이 정면으로 날아오지 않는 한, 직접 잡으려 하지 말고, 신체부위로 슛을 막아 공이 아래로, 옆으로, 또는 골라인 너머로 벗어나게 해야 한다. 재능이 뛰어나고 훈련이 잘 된 골키퍼를 가진 팀은 유리한 경기를 펼칠 수 있다.

초보자를 위한 기초 활동 및 훈련방법

1. 한손씩 드리블을 연습한다. 이동하면서 드리블하기, 드리블하면서 콘(cones: 플라스틱 제질의 원뿔형 표시 도구 - 역자 주)이나 급우 사이를 통과하기, 그리고 드리블하면서 술래잡기 놀이(tag play)를 실시한다.

2. 드로잉(throwing: 던지기)과 캐칭(catching)을 연습한다. 오버핸드 패스(overhand pass), 언더핸드 플릭 패스(underhand flick pass), 리버스 패스(reverse pass), 그리고 바운스 패스(bounce pass)를 실시한다.

3. 2인 1조의 학생들을 약 30피트(9m) 간격으로 떨어지게 한 후, 앞서 나온 드로우와 캐치를 스텝(3스텝 이내)과 함께 연습한다. 앞으로 나아가면서 공을 던진 다음, 파트너에 의해 다시 던져진 공을 캐치하기 전에 원래의 자리로 되돌아간다. 학생들의 숙련도와 힘이 향상됨에 따라 파트너와의 거리를 늘려간다.

4. 그룹 당 3~4명의 학생들로 구성된 두 그룹들을 약 40~50피트(12~15m) 떨어진 라인에 각각 세우고 서로 마주보게 한다. 라인 1의 첫 번째 학생은 반대쪽 라인을 향해 3스텝을 달려 나가서 점프한 후 라인 2의 첫 번째 학생에게 공을 던지고 나서, 라인 2의 끝으로 달려간다. 그런 다음, 공을 캐치한 라인 2의 첫 번째 선수는 앞서 설명한 풋워크와 점프를 실시한 후 라인 1의 새로운 학생에게 공을 던지고 라인 1의 끝에 가서 선다. 모든 학생들이 양쪽 라인으로의 이동을 반복하면서, 볼 캐치, 3스텝 풋워크, 점프와 드로우, 그리고 반대쪽 라인 끝으로의 이동 훈련을 계속한다.

교육 시 고려사항

1. 핸드볼의 기초 기술들은 슛을 제외하고는 기본적으로 농구의 그것들과 같다. 핸드볼과 축구에서의 슛 전략은 위치선정의 중요성 측면에서 보나면 서로 유사하다고 할 수 있다. 부가적인 지도 정보를 위해 이 교재의 농구와 축구 부분을 참고하도록 한다.

2. 학생들로 하여금 패스 및 슈팅과 함께 풋워크 연습

이 이루어지도록 한다. 학생들은 슛을 날리기 전에 점프하는 법을 반드시 배워야 한다.

3. 모든 연습과 놀이에서의 참여도를 극대화시키기 위해 학급 사이즈를 작게 하는 것이 좋다. 장소가 큰 곳에서 많은 학생들을 지도하기보다는 작은 코트(혹은 실외 공간)에서 적은 인원을 지도하도록 한다.

4. 핸드볼은 농구공보다 가볍고 작기 때문에, 상대적으로 더 많은 학생들이 공을 더 멀리 던지고 더 강하게 패스할 수 있을 것이다. 2~3명과 협력하면서 상대방이 움직이고 있는 방향의 앞쪽에 패스를 하고 빈 공간을 찾아가면서 패스를 받는 연습을 하도록 한다. 이때 강조해야 할 것은 상대진영으로 넘어가는데 있어 (드리블보다는) 패스가 가장 빠른 방법이라는 점이다.

5. 공격 시, 수비수를 점차적으로 늘려간다(예: 3:1 혹은 3:2 상황). 처음에는 공이 엔드라인을 넘어가거나 무방비상태에서 골대 안으로 들어가면 득점으로 인정한다. 그러다 나중에 골키퍼를 세우고 3:3과 4:4 게임을 실시한다.

6. 골에어리어라인 주변에서 실제로 골을 넣기 위한 연습을 실시한다. 학생들은 이러한 연습에 필요한 기술과 전략에 익숙해져야 한다.

7. 양 팀이 4:4 게임보다 더 많은 선수들로 구성되고 아직까지 4:4 플레이 다음 단계로 넘어가지 않았다면, 각 선수에게 구체적인 역할을 부여해준다(윙 플레이어, 서클러너, 그리고 백코트 플레이어).

8. 학생들이 기본적인 대인방어를 숙달하고 나면 지역방어(특히 큰 코트에서)를 소개해준다. 학생들에게 공격만큼 수비도 중요하다는 점을 강조한다.

9. 매 수업 시 학생들이 실제게임과 같은 플레이를 할 수 있도록 해준다(처음에는 변형된 게임 실시). 수업에서 배운 내용을 보강하기 위해 학생들로 하여

금 변형된 규칙(드리블 없는 플레이, 또는 사이드에서만 득점할 수 있음)을 따르면서 기술 향상과 전략개발을 도모하도록 한다.

10. 연습경기를 자주 실시하면서 각 선수의 기술적인 부분과 전술적인 이해에 대한 피드백을 제공해주어야 한다.

용어 해설

골키퍼(goalkeeper) 골에어리어 내에서 플레이할 수 있고 발을 사용할 수 있는 유일한 선수.

공격수(offensive player) 공을 소유하고 있는 팀의 선수.

다이빙 샷(dive shot) 득점을 올리기 위해 골대를 향해 몸을 날리면서 던지는 슛.

드로우아웃(throw-out) 골키퍼가 슛을 잡거나 막아낸 공이 골라인을 벗어나지 않은 경우, 골키퍼는 드로우아웃을 통해 플레이를 바로 재개시킬 수 있다.

드로우오프(throw-off) 코트 중앙에서 공을 패스하면서 경기를 시작하는 행위.

드로우온(throw-on) 코트 중앙에서 경기를 시작하거나 골을 넣은 후 플레이를 재개시키는 방법.

드로우인(throw-in) 공이 사이드라인을 벗어났을 때, 상대팀은 드로우인을 통해 플레이를 재개한다.

레퍼리드로우(referee's throw) 흔한 경우는 아니지만 양 팀 선수들이 동시에 파울을 범하거나 예상치 못한 상황에 의해 경기가 방해를 받았을 때, 레퍼리가 공을 바운스시키며 경기를 재개시키는 것으로, 레퍼리드로우 시 모든 선수들은 10피트(3m) 이상 떨어져 있어야 한다.

수비수(defensive player) 공을 소유하고 있지 않은 팀의 선수.

일반적인 파울(common foul) 위법적인 선수교체, 드로인 반칙, 위법적인 신체접촉, 더블드리블, 그리고 볼을 잡고 3발자국 이상 이동하는 것과 같은 바이얼레이션(벌칙: 프리드로우).

정도가 심한 파울(flagrant foul) 격렬한 신체접촉과 비신사적인 행위와 같은 바이얼레이션(벌칙: 페널티드로우, 경우에 따라서는 퇴장도 가능).

코너드로우(corner throw) 수비수에 의해 마지막으로 터치된 공이 골라인을 벗어난 후 플레이 재개를 위해

공격수가 공을 던지는 것을 말한다. 단, 골키퍼가 숫을 막아내는 과정에서 공이 골라인을 넘어가는 경우는 예외이다.

코트 플레이어(court player) 골키퍼를 제외한 모든 선수들.

트래블링(traveling) 바이얼레이션의 한 유형으로, 공을 잡고 3스텝 이상 걷거나 달리는 행위.

프리드로우(free throw) 일반적인 파울 시 주어지는 벌칙으로, 반칙이 일어난 곳에서 공을 패스하면서 경기가 재개된다. 단, 반칙이 6.6과 9.9야드(6과 9m) 라인 사이에서 일어났다면, 반칙지점과 가장 가까운 9.9 야드(9m) 라인에서 프리드로우를 실시해야 한다.

페널티드로우(penalty throw) 파울정도가 심한 경우에 대한 벌칙으로, 페널티마크로부터 골키퍼와 1:1 상황에서 자유투가 주어지게 되는데, 이때 슈터는 숫을 던지는 동안 한발을 바닥에 고정시켜야 한다.

헬드볼(held ball) 공을 3초 이상 잡고 있는 경우를 말한다.

추가 읽을거리

Clanton, R., and Dwight, M. 1997. *Team handball: Steps to success.* Champaign, IL: Human Kinetics.

Hamil, B., and LaPoint, J. 1994. *Team handball, skills, strategies and training.* Dubuque, IA: Eddie Bowers Publishing.

Team handball: Rules of the game. Current edition. United States Team Handball Federation.

웹사이트

www.hickoksports.com
www.ihf.info
www.team-handball.net
www.usateamhandball.org

부록 1 기타 필드 및 코트 규격

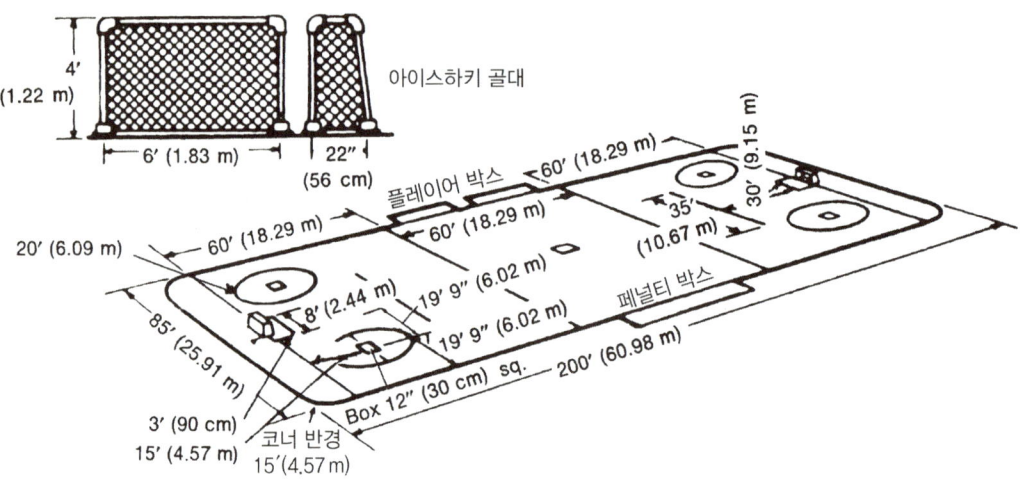

도해 A.1. 아이스하키 링크

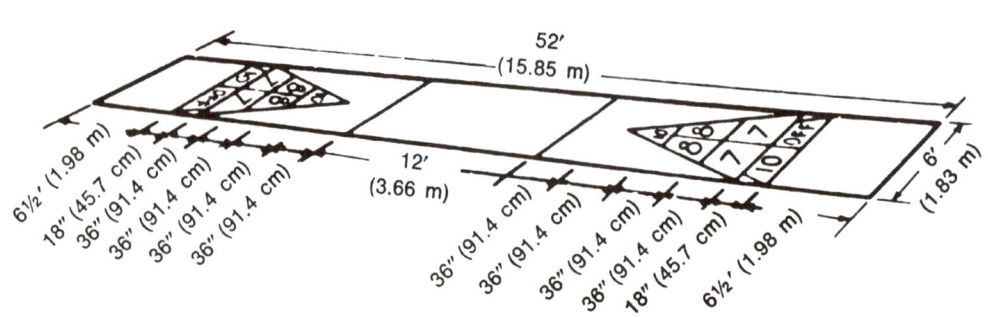

도해 A.2. 셔플보드 코트

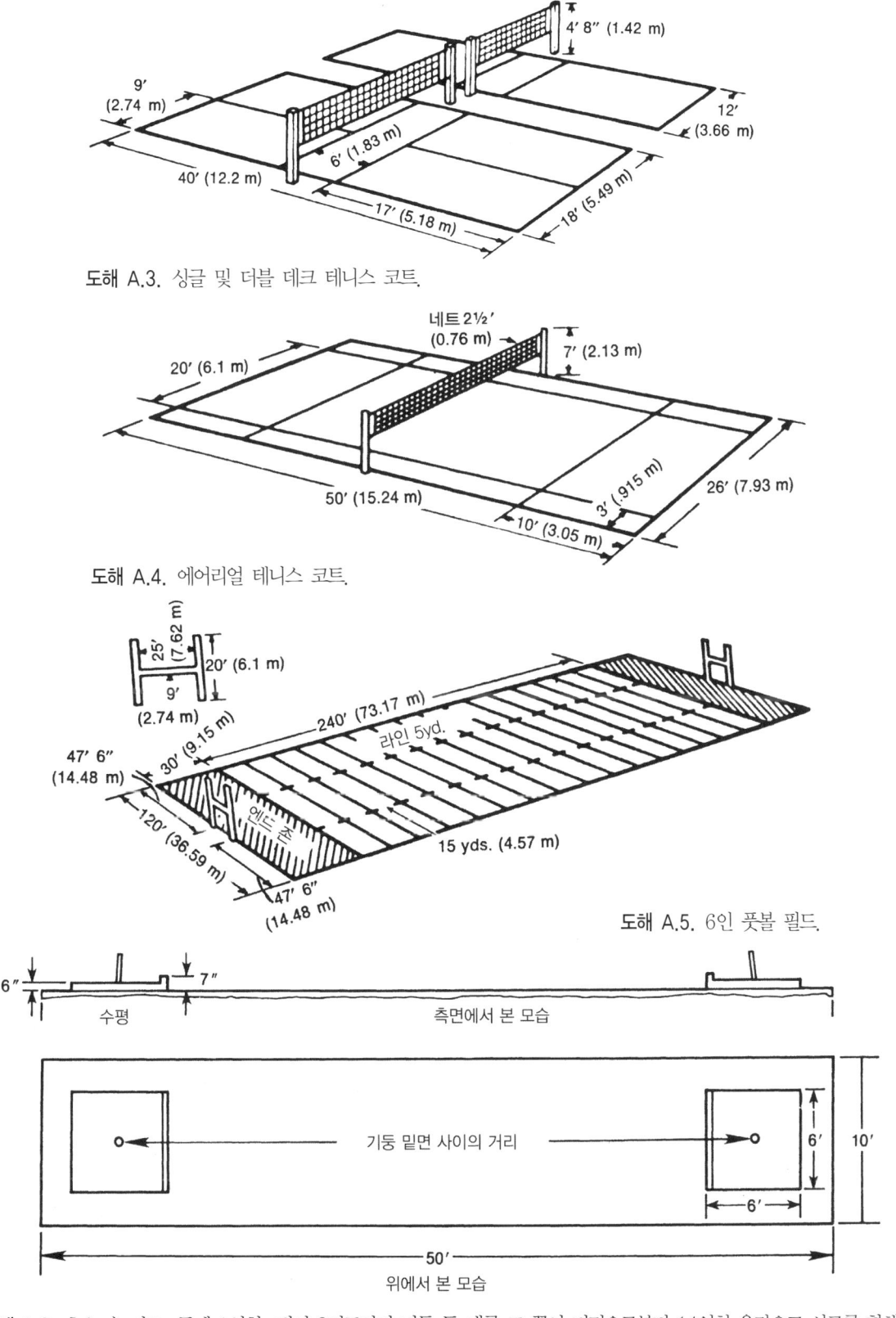

도해 A.3. 싱글 및 더블 데크 테니스 코트.

도해 A.4. 에어리얼 테니스 코트.

도해 A.5. 6인 풋볼 필드.

도해 A.6. 호스 슈 피트. 두께 1인치, 길이 3피트짜리 기둥 두 개를 그 끝이 지면으로부터 14인치 올라오고 서로를 향해 3인치 기울어지게 고정시킨다. 여성 및 16세 이하 소년의 경우 각 기둥은 30피트 떨어진 곳에 위치한다.

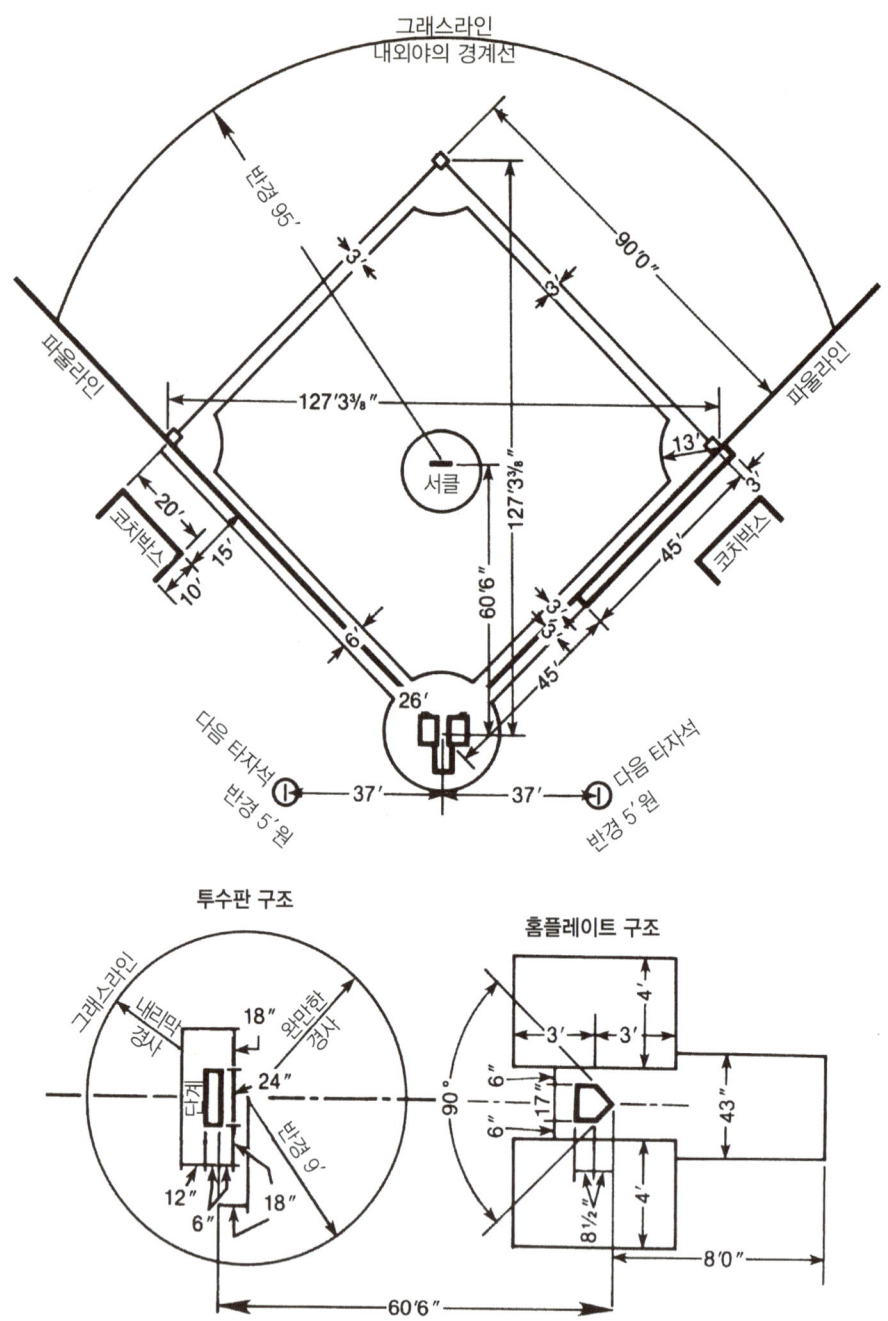

도해 A.7. 야구 경기장 규격

2 미터단위와 미국식 단위로의 변환

표 B.1. 변환

길이	
1밀리미터(mm)	=0.04인치
1센티미터(cm)	=10밀리미터=0.4인치
1미터(m)	=39.4인치=3.3피트=1.1야드
1야드(yd)	=0.9미터
1피트(ft)	=30센티미터
1인치(in)	=2.5센티미터

거리	
1미터(m)	=39.4인치=3.3피트=1.1야드
1킬로미터(km)	=1000미터=0.62마일
1마일(mi)	1.6킬로미터

무게	
1그램(g)	=0.035온스
1킬로그램(kg)	=2.2파운드
1온스(oz)	=28그램
1파운드(1b)=	0.45킬로그램

표 B.2. 트랙 및 필드 경기에서 사용하는 길이의 단위

			트랙 경기			
미터	마일	야드	피트	인치	야드	미터
1	0	1	0	3.37	40	36.58
2	0	2	0	6.74	50	45.72
3	0	3	0	10.11	60	54.86
4	0	4	1	1.48	70	64.01
5	0	5	1	4.85	75	68.58
10	0	10	2	9.70	100	91.44
20	0	21	2	7.40	110	100.58
30	0	32	2	5.10	120	109.73
40	0	43	2	2.80	220	201.17
50	0	54	2	.50	300	274.32
60	0	65	1	10.20	440	402.34
70	0	76	1	7.90	600	548.64
80	0	87	1	5.60	880	804.67
90	0	98	1	3.30	1000	914.40
100	0	109	1	1.00	1320	1207.01
110	0	120	0	10.70		
200	0	218	2	2.00	마일	미터
300	0	328	0	3.00	1	1609.3
400	0	437	1	4.00	2	3218.7
500	0	546	2	5.00	3	4828.0
1000	0	1093	1	10.00	4	6437.4
1500	0	1640	1	3.00	5	8046.7
2000	1	427	0	8.00	6	9656.1
2500	1	974	0	1.00	7	11,265.4
3000	1	1520	2	6.00	8	12,874.8
5000	3	188	0	2.00	9	14,484.1
10,000	6	376	0	4.00	10	16,093.5

26마일-3850야드=42킬로미터-195.1미터

			필드 경기			
피트	미터	피트	미터	피트	미터	피트	미터
1	0.305	6	1.829	20	6.096	70	21.336
2	.610	7	2.134	30	9.144	80	24.384
3	.914	8	2.438	40	12.192	90	27.432
4	1.219	9	2.743	50	15.240	100	30.480
5	1.524	10	3.048	60	18.288	200	60.960

미국식 단위를 미터법 단위로 환산한 수치. 미터 단위의 도구가 없는 상태에서 코스 길이를 측정하거나 체크할 때는 다음 공식을 활용하면 된다. 1미터=39.37인치=3.2808피트=1.0936야드. 1킬로미터=1000미터=0.621370마일.

다음 비디오 자료를 배포하는 곳들은 가나다순으로 나열되었다. 그리고 이 책에서 다루는 스포츠와 레크리에이션 활동에 해당되는 비디오 배포처의 번호가 제시되었다.

1. 미국 건강 및 신체교육, 레크리에이션, 댄스연합
   www.aahperd.org

2. 벨로 프레스 www.velopress.com

3. 스포츠 네이션 www.sportsnationvideo.com

4. 스포츠 ID www.sportsid.com

5. 시스코 스포츠 북 앤드 비디오 www.syskos.com

6. 액티브 비디오 www.activevideos.com

7. 온라인 스포츠 www.onlinesports.com

8. 인간 동역학 www.humankinetics.com

9. 인사이트 미디어 www.insight-media.com

10. 저스트 푸시 플레이 www.justpushplay.com

11. 전 종목 스포츠 교육 비디오
    www.school-tech.com

장	배포처
2. 건강관련 체력	2, 4, 9
3. 골프	1 3, 5, 7, 8, 9, 10
4. 농구	1, 2, 3, 5, 7, 8, 9, 10
5. 럭비	8

6. 레슬링	1, 3, 5, 7, 8, 9
7. 무용: 상연용과 오락용	1, 2, 3, 4, 5
8. 배구	3, 5, 7, 8
9. 배낭여행	4, 7
10. 배드민턴	8
11. 볼링	1, 5, 8
12. 산악등반	4, 5, 8
13. 소프트볼(슬로피치)	3, 5, 7, 9, 10
14. 수구	10
15. 수영	3, 5, 7, 8, 9
16. 스키: 알파인	3, 5, 6, 8
17. 스키: 크로스컨트리	5, 6, 8
20. 양궁	3, 5, 7, 8
21. 에어로빅댄스	1, 3, 4
22. 웨이트트레이닝	1, 3, 4, 8
23. 육상	3, 5, 7, 8, 9
24. 인라인 스케이팅	1, 5, 6, 8
25. 자기방어	1, 3
26. 자전거타기	5, 6, 7, 8, 11
27. 조깅과 걷기	3
28. 제소와 텀블링	1, 3, 5, 7, 8, 9
29. 축구	1, 3, 5, 7, 8, 9
31. 탁구	8
32. 테니스	1, 3, 5, 7, 8, 9
34. 필드하키	8, 9

● 저자 소개

Dale P. Mood

    콜로라도대학교 통합생리학과 교수

Frank F. Musker

    (전)보스톤대학교 체육학과 교수, 메사추세츠 피바디공립학교 체육교과 주임교사 역임

Judith E. Rink

    사우스캐롤라이나대학교 체육학과 교수

● 역자 소개

이범진(leebomjin@silla.ac.kr)

    명지대학교 체육학과 졸업

    포트헤이스 주립대학교 체육학 석사

    미시간주립대학교 체육학 박사

    현 신라대학교 체육학부 부교수

    한국특수체육학회 편집위원, 한국운동재활협회 이사

    대한장애인체육회 체육연구위원

    미국적십자 미시건지부 건강 및 안전부서 강사트레이너

    미국 미시건주립대학교 체육학과 강사 / 미국 미시건 몬테소리학교 체육교사 역임

주요 서적

『통합체육: 휠체어 사용자, 절단장애』(공역, 도서출판 무지개사)

『국민공통기본교육과정 지체장애 체육 I, II, 교사용 지도서』(공저, 대한교과서주식회사)

『현대사회와 스포츠』(공저, 신라대학교 출판부) 외 다수

김명경(mk9983@hanmail.net)

    경기대학교 영어영문학과 졸업

    현 프리랜서 번역가

주요 서적

『건강과 근육(*Muscle & Fitness*)』2004년 12월호~2007년 1월호. (역서, 홍영표 보디빌딩연구소)

『로버트 파커의 보르도 와인(*BORDEAUX*)』(공역, 바롬웍스)

『와인테이스팅 노트 따라하기(*How to choose wine*)』(역서, 바롬웍스)

『와인바이블(*Wine Bible*)』(역서, 바롬웍스)

『와인력(*Making Sense of Wine*)』(역서, 바롬웍스) 외 다수

조윤경(mammalphilly@hanmail.net)

    한림대학교 식품영양학과 졸업

    현 프리랜서 번역가

주요 서적

『마케팅의 미래는 마이크로(*Micromarketing*)』(역서, 브레인스토어)

『스키 이너게임(*Inner Skiing*)』(역서, 푸른물고기)

『테니스 이너게임(*The Inner Game of Tennis*)』(역서, 푸른물고기)

『포커스 존(*Find Your Focus Zone*)』(역서, 멘토르)

『마음은 몸으로 말을 한다(*The Cure Within*)』(역서, 살림 출판사)

『숲 그리고 희망(*The Last Forest*)』(역서, 예지) 외 다수